中国石油组织史资料

第一卷（上）

国家部委时期

（1949.10—1970.6）

中国石油天然气集团公司人事部
中国石油天然气集团公司办公厅 编

石油工业出版社

《中国石油组织史资料》编审委员会

《中国石油组织史资料》编纂人员名单

编纂领导小组

主　　　编：单昆基　刘志华　王志刚　张卫国

副　主　编：金　华　徐新福　任一村　曲　浩

编纂办公室

主　　　任：张昌寰　周家尧　尚　真

常务副主任：白广田

副　主　任：郎东晓　于维海　王　昕　张桂珍

成　　　员：胡红民　樊卫国　黄　革　郭向东　王立平　李宏伟
李　刚　吴正斌　王希文　郝庆华　丁传峰　朱长根
李　林　崔利民　寇登科　李国辉　王永军　腾　云
王子云　戴瑞祥

本卷编纂组

总纂组组长：白广田　孙万安　齐治欣　张建华

初纂组组长：徐　涛　王晓平　郭光明　董凤霞

责 任 编 纂：李廷璐（上册）　鲜于文晶（中册）　王海英（下册）

编 辑 编 务：张洪国　邢　军　吴雁荣　刘　浩　石　军　白　丽
于晓飞　周　勇　武晓达　候瑞华　宋艳钊　杜　昕
尚桂秋　任洁江　绳德芳

特 邀 统 稿：（以姓氏笔画排序）
王　昕　王一端　牛　暄　许进军　孙　喧　李希文
林传礼　周家尧

前　言

以铜为鉴，可正衣冠；以史为鉴，可知兴替；以人为鉴，可明得失。企业的组织机构沿革和人事更迭情况，是企业发展史的一个重要组成部分。自新中国成立以来，石油工业管理体制几经调整，石油企业分合变迁，企业的组织机构和领导班子情况发生了很大变化，但一直缺少一套全面系统记录这段历史的组织史资料。许多石油战线的老领导、老职工都有一个共同的想法，希望把新中国成立以来石油工业的组织沿革好好梳理一下，编纂成册。2012年3月，中国石油天然气集团公司党组决定全面启动《中国石油组织史资料》的编纂工作，经过两年半的辛勤工作，现已告竣。这部以编年体和纪事本末体史志体例编纂的组织史资料丛书,既涵盖了从燃料工业部(石油管理总局)、石油工业部、燃料化学工业部、石油化学工业部、石油工业部等国家部委管理时期的中国石油工业发展历程，又涵盖了从中国石油天然气总公司到中国石油天然气集团公司的企业发展历史，比较全面、系统、客观、准确地记录了中国石油组织机构60多年来的历史沿革。

中国石油工业的历史，是几代石油人艰苦奋斗、顽强拼搏、探索前进，用激情与汗水、勇气与智慧谱写的一部波澜壮阔的创业史、奋进史、辉煌史。中国是世界上最早发现和利用石油及天然气的国家之一，但由于长期受封建主义、帝国主义和官僚买办资本主义的阻碍及战争环境的影响，石油工业发展非常缓慢,基础十分薄弱。从1878年台湾苗栗第一口工业油井出油，到1949年新中国成立的70多年间，尽管不少爱国知识分子和有识之士，为实现“实业救国”的理想，为勘查石油和发展中国石油工业，前赴后继，历尽艰辛，但收效甚微。中国被扣上“贫油”的帽子，成为国际“洋油”倾销的市场。到1949年，全国石油产量仅有12万吨，其中还包括人造石油5万吨。

伴随着新中国前进的步伐，中国石油工业艰难创业，在20世纪60年代实现了历史性重大转折，经历了十年动乱的严峻考验，70年代末进入世界产油大国行列，改革开放后进入了一个全新的发展时期，80年代在机制转变中持续发展，90年代在经济转型中加速发展，进入21世纪在重组改制中跨越式发展，为促进国民经济持续发展、保障国家能源安全、全面建设小康社会做出了重要贡献。新中国石油工业经过60多年的发展，实现了从小到大、从弱到强，取得了辉煌成就。

1949年至1960年，新中国石油工业在十分薄弱的基础上艰难起步。1949年，全国各地陆续解放，中国人民解放军开始接收残破的石油工业，陆续接管中国石油有限公司及其所属单位。中国共产党和人民政府对石油工业的恢复和发展给予了极大的重视和关怀，从此翻开了中国石油工业的新篇章。新中国成立后，中央人民政府设立燃料工业部，主管煤炭、电力和石油工业的恢复及建设工作。1950年4月，在燃料工业部设立石油管理总局，统一领导石油工业的勘探和生产建设工作。1955年7月，为迅速改变中国石油工业的落后局面，为国民经济发展提供强大的能源保证，设立石油工业部，负责石油工业的勘探和生产建设工作，并由地质部承担石油资源的普查工作。在此期间，中国石油工业在对原有石油厂矿实行国有化的基础上，经过三年恢复和“一五”计划，初步建立起高度集中统一的管理体制，并将石油工业发展重点从人造石油转向天然石油，开展大规模的石油普查勘探，先后发现和开发建设了新疆克拉玛依油田、青海冷湖油田和四川油气田，并扩大了玉门油田，初步形成了玉门、新疆、青海、四川4个石油天然气生产基地。在西部取得重要成果后逐步把勘探重点转到东部，相继获得一系列重大发现，特别是1959年发现了大庆油田，中国终于甩掉了“贫油”的帽子。建国后，经过10年的艰苦努力，新中国石油工业的面貌发生了很大变化，石油工业初步形成了勘探、开发、钻井、基建、炼油、储运、机械制造、科研、设计和石油教育等专业配套的工业体系。1959年，全国石油产量达到373万吨，原油年加工能力达到579万吨，当年实际加工原油395万吨。

1960年至1978年，中国石油工业在石油大会战中高速发展。以大庆石油会战为标志，中国石油工业在计划经济的大背景下，充分发挥社会主义能够集中力量办大事的优越性，创造了会战管理模式和大庆经验，成功组织开展了华北（含胜利、大港和渤海海上）、四川、江汉、辽河、陕甘宁、冀中、吉林、河南、江苏、濮阳等一系列石油大会战，完成了催化裂化、催化重整、延迟焦化、尿素脱蜡和炼油催化剂与石油添加剂“五朵金花”炼油攻关会战，使石油工业原油产量、炼油能力、经济总量和经济效益持续高速增长，创造了中国乃至世界石油工业史上的一个奇迹。在此期间，石油工业从勘探开发等上游业务到管道运输、炼油化工等中下游业务，大部分时间都由国家部委实行统一管理。1967年，石油工业实行军事管制。1970年6月，石油工业部与化学工业部、煤炭工业部合并为燃料化学工业部。1975年1月，改为石油化学工业部。1978年3月，恢复石油工业部。1978年，全国石油产量达到1.04亿吨，天然气产量达到137亿立方米，原油年加工能力达到9291万吨，当年实际加工原油7069万吨，累计建成原油管道5714千米、天然气管道2206千米。石油工业总产值为244亿元，占全国生产总值的6.7%。正是石油工业的高速发展，有力地支持了国民经济和其他工业部门的持续发展。

1978年至1988年，石油工业在改革开放中不断前进。以1978年12月中国共产党十一届三中全会为标志，中国进入了改革开放的历史新时期。1979年，随着国务院《关于扩大企业经营管理自主权的若干规定》、《关于国营企业实行利润留成的规定》等文件的相继颁布，石油工业部开启了以扩权让利为主要内容的石油企业改革，对外开放率先在海洋石油领域展开，并逐步扩大到陆上。1982年2月，国家成立副部级的中国海洋石油总公司，归口石油工业部管理。1983年7月，原由石油工业部管理及由地方管理的炼油化工企业，联合成立国务院直接领导的中国石油化工总公司。这一时期，石油工业贯彻执行“调整、改革、整顿、提高”的方针和“对外开放、对内搞活”的政策，通过一系列经济政策的调整，特别是国家决定首先在石油全行业实行1亿吨原油产量包干、海上大陆架石油对外开放、采取多种形式引进国外先进技术装备的三项政策，极大地增强了石油工业的发展活力。经过艰苦努力，石油工业战胜了十年动乱带来的严重困难，发展成为用现代技术装备起来的专业配套的能源生产行业。期间，石油勘探开发实现两大突破并取得十大重大发现，建成大庆、吉林、辽河、大港、华北、胜利、中原、河南、江苏、江汉、新疆、青海、玉门、长庆、四川、滇黔桂和延长油矿等17个油气生产勘探开发基地，海上投入开发了渤海、东海、南海东部、南海西部4个油田生产基地，石油工业的地域分布发生了根本性变化。原油产量迅速增长，1985年全国石油产量上升到世界第6位，1988年达到1.37亿吨，进入世界主要产油国行列。为国家创收大量外汇，积累了大量资金，累计上缴财政687亿元，出口创汇320亿美元，有力地支持了国家经济建设。

1988年至1998年，陆上石油工业在经济转型中加速发展。随着社会主义市场经济体制的确立和国家经济体制改革的推进，石油工业管理体制发生了重大变革。1988年3月，根据中共十三大关于经济体制改革和政企分开、转变职能、精简机构的建议，国家决定设立能源部，将石油工业部的政府职能移交能源部行使，隶属于石油工业部的中国海洋石油总公司正式分立，以石油工业部为基础组建中国石油天然气总公司。9月，中国石油天然气总公司正式挂牌成立。1993年3月，国家撤销能源部，中国石油天然气总公司与中国石油化工总公司、中国海洋石油总公司全部由国务院直接领导。这一时期，中国石油天然气总公司在治理整顿中全面深化陆上石油工业改革，完善包干政策，大力推行项目管理和各种形式的承包责任制；转换经营机制，调整企业组织结构，推行资产经营责任制，加快解体“大而全”、“小而全”，不断探索“油公司”新型管理体制，石油企业从国家统负盈亏逐步变成自主经营、自负盈亏的市场竞争主体，逐步实现了由计划经济向市场经济的体制转变。随着中国经济的快速发展，1993年中国从石油净出口国再一次变为石油净进口国。按照国家的部署和要求，中国石油天然气总公司作出了实施三大战略的重大决策。一是实施“稳定东部、发展西部”战略，坚持油气并举，东部地区总体上保持了基本稳定，西部地区发展成为重要的战略接替地区。二是实施“扩大对外合作、开展国际化经营”战略，积极扩大对外经济技术合作与交流，扩大各种形式的对外贸易，努力开拓海外勘探开发市场，在参与国际竞争中不断发展和壮大。三是实施“多元开发、多种经营”战略，实行一业为主、多元开发，产业结构得到调整，炼油化工和多种经营业务快速发展。1994年结束了连续6年的政策性亏损，实现利润102亿元，石油工业恢复了全国工业利税大户的地位。1997年原油产量增加到1.43亿吨，天然气产量上升到171亿立方米。

从1998年开始，中国石油工业在重组改制中实现跨越式发展，综合实力和国际竞争力显著增强，进入了国际资本市场和国际化经营的新阶段。1998年3月，第九届全国人民代表大会第一次会议审议通过的《国务院机构改革方案》，将化学工业部、中国石油天然气总公司、中国石油化工总公司的政府职能合并，组建国家石油和化学工业局。化学工业部和两个总公司下属的油气田、炼油、石油化工、化肥、化纤等石油与化工企业以及石油公司和加油站，按照上下游结合的原则，分别组建两个特大型石油石化企业集团公司。7月，中国石油天然气集团公司正式挂牌成立，由原来的行政性、行业性公司，变成一个真正意义上的石油集团，作为竞争主体进入市场，彻底实现了政企分开，主营业务也从油气勘探开发扩展到上下游、内外贸、产销一体化经营。1999年，中国石油天然气集团公司进行重组改制，发起创立中国石油天然气股份有限公司，并对内部现行管理体制和经营机制进行持续改革重组，实现了我国石油工业发展史上具有里程碑意义的重大变革。1998年以来，中国石油天然气集团公司在开拓中奋进，大力实施资源、市场、国际化三大战略，实现了以上游业务为主向上下游、国内外、生产销售贸易一体化企业的转变，实现了以国内业务为主的石油公司向跨国经营的国际能源公司的转变，实现了以计划调控和行政命令为主要管理方式的国有企业向市场化管理、国际规范运营的现代企业的转变，管理和运营更为稳健成熟，业绩和实力得到国际国内及业界同行的普遍认可。国内油气生产能力持续增强，一批大型炼化基地建成投运，油气管道业务蓬勃发展。海外油气合作区硕果累累，“海外大庆”高质量如期建成，油气战略通道和运营中心建设全面推进，形成综合性国际能源公司的总体架构。从石油天然气勘探开发、炼油化工生产、储运运输、贸易营销，到科研设计、工程技术、工程建设、装备制造、金融服务，再到新能源开发利用，专业门类齐全，技术管理先进，布局结构比较合理，生产经营覆盖全国城乡、连接海内外，实现了长期可持续发展，综合经济效益和整体实力显著增强。2013年，中国石油天然气集团公司总资产达到3.75万亿元，国内外油气权益当量产量达到2.42亿吨，实现营业收入2.76万亿元，利润总额1880亿元。2014年《财富》杂志全球500强排名中位居第5位，在世界50家大石油公司综合排名中位居第4位，规模实力跨入世界大石油公司前列。

中国当代石油工业的发展和重大成就，闪耀着中国共产党的理论、路线、方针、政策的光辉，凝聚着党的历代中央领导集体和老一辈无产阶级革命家的关怀、支持、鼓励和殷切期望。新中国成立后，毛泽东、周恩来、刘少奇、朱德、邓小平、陈云、李先念等党和国家领导人对石油工业的发展给予了高度重视和具体指导，倾注了很多心血。20世纪60年代，毛泽东发出“工业学大庆”的号召，亲手树起了大庆这面旗帜，还多次接见铁人王进喜，把大庆精神铁人精神所蕴涵的无私奉献的核心价值观和艰苦奋斗作风推向了全国。邓小平主管石油工业时期，作出了战略东移的重大决策，推动了石油工业历史性的突破。江泽民多次视察油气田企业，并作出重要指示，称赞“石油部门是为我国社会主义现代化建设创立了卓越功勋的部门，石油工人是中国工人阶级的一支英雄队伍”。胡锦涛和习近平多次视察石油企业，希望石油工业战线的广大职工不辜负党和人民的期望，不断传承和弘扬光荣传统，顽强拼搏，开拓进取，为我国石油工业的发展，为推进改革开放和社会主义现代化建设做出新的更大贡献。

中国当代石油工业的发展和重大成就，凝聚着百万石油职工为国争光、为民争气、开发祖国石油的满腔热忱和艰苦奋斗、勇于探索、开拓创新的辛勤劳动。60多年来，一代又一代石油领导人、科技人员、管理干部和广大石油工人，发扬“爱国、创业、求实、奉献”的大庆精神铁人精神，以“两论”为指导，在荒凉的戈壁、沙漠、高山、草原、海上和国外，自力更生，奋发图强，艰苦奋斗，无私奉献，勇往直前，顽强探索中国石油工业发展道路，建立起独立完整、具有相当规模和实力的现代石油工业体系，使中国从一个几乎完全依赖“洋油”的“贫油国”，发展成为位居世界前列的石油天然气生产、炼油化工及乙烯生产大国，开辟了石油工业现代化的新纪元，为支持国民经济增长、社会发展和人民生活改善做出了重大贡献。许多爱国志士、科技工作者、勘探队员和石油职工献出了自己的青春年华，有的甚至献出了自己宝贵的生命。他们是中国石油的骄傲，是永远值得人们尊敬的英雄。正是“一部艰难创业史，百万覆地翻天人”。

中国当代石油工业的发展和重大成就，也凝聚着全国人民的智慧和心血。在创建新中国石油工业的宏大事业中，与石油队伍并肩战斗的广大地质队伍，作为开发矿业的尖兵，在石油地质普查中做了大量艰苦工作。中国人民解放军、国务院各相关部门、各省市自治区政府、全国各行各业以及广大的人民群众，对石油工业的建设给予了人财物等多方面的大力支援。

通古达今，史为镜鉴。编纂《中国石油组织史资料》，全面收集整理中国石油的组织发展脉络，系统总结中国石油组织建设方面的成就和经验，对研究探索中国石油组织建设的规律，充实完善中国石油的史志资料，都具有十分重要的意义。编纂人员以马列主义、毛泽东思想、邓小平理论和“三个代表”重要思想为指导，以科学发展观统领全书，坚持辩证唯物主义和历史唯物主义的立场、观点和方法，按照实事求是的原则和“广征、核准、精编、严审”的工作方针，以档案文件的真实记录为依据，去伪存真，去粗取精，反复修改，几易其稿，终于形成了这部全面系统、资料翔实的石油组织史资料史册。这是一部传承石油历史、传播石油文化的重要历史文献，也是一部了解石油企事业单位组织人事工作沿革的业务工具书。既丰富了中国石油工业的历史资料，也丰富了中华人民共和国国史资料。随着时间的推移，这套资料的价值必将越来越为人们所重视，其社会效益将愈益显著。

希望本丛书作为中国石油企业管理和文化建设的重要基础性工程，发挥“资政、存史、育人、交流”的作用，用辉煌成就鼓舞人，用优良传统教育人，用成功经验启迪人，用历史教训警示人。希望广大石油员工多读历史，多了解历史，从历史中汲取营养，获得前行的动力和方向，在中国石油天然气集团公司建设世界水平的综合性国际能源公司的新征程中，开拓奋进，继续谱写更加宏伟壮丽的篇章。

凡　例

一、本书按照中共中央组织部、中共中央党史资料征集委员会、中央档案馆制定的《关于〈中国共产党组织史资料〉征集、整理和编纂修订方案》和中国石油天然气集团公司下发的《〈中国石油组织史资料〉编纂工作方案》、《〈中国石油组织史资料〉编纂技术规范》进行编纂。

二、指导思想。本书以马列主义、毛泽东思想、邓小平理论和“三个代表”重要思想为指导，以科学发展观统领全书，坚持辩证唯物主义和历史唯物主义的立场、观点和方法，按照实事求是的原则和“广征、核准、精编、严审”的工作方针，全面客观记述中国石油的组织演变发展历程和人事变动情况，发挥“资政、存史、育人、交流”的作用。

三、断限。本书收录上限始自1949年10月中华人民共和国成立，下限断至2013年12月。

四、指代。本书中“中国石油”以1988年9月中国石油天然气总公司成立为界，之前泛指中国石油工业，之后特指“中国石油天然气总公司”和“中国石油天然气集团公司”。“燃料部”、“石油部”、“燃化部”、“石化部”、“总公司”、“集团公司”、“股份公司”等简称分别指代“燃料工业部”、“石油工业部”、“燃料化学工业部”、“石油化学工业部”、“中国石油天然气总公司”、“中国石油天然气集团公司”、“中国石油天然气股份有限公司”。

五、资料的收录范围。本书收录的资料分三部分：一是组织机构沿革及领导成员名录等正卷正文收录资料；二是组织人事统计资料及其他相关人员名录等附录附表资料；三是组织人事大事纪要、重要文献资料等附卷资料。

组织机构和领导名录按照下延一级的原则收录，组织机构收录范围主要是依据行政隶属关系和股权管理确定，领导名录收录范围主要是按照干部管理权限确定。具体包括：总部领导机构及其领导成员，总部机关部门、附属单位、专业分公司和所属企事业单位、控股子公司领导机构及其领导班子成员；所属企事业单位下属的局级二级单位，收录到总部管理的副局级以上干部；参股公司只收录总部派出的董事、监事、高级经营管理人员或股东代表。

附录附表资料主要包括：组织机构名录及沿革图，院士、专家、技术能手、教授级职称等高层次人才队伍人员名录，全国党代表、人大代表、政协委员名录，先进集体、先进个人和石油英模名录，历年人事劳资统计简表等。

组织人事大事纪要主要收录组织干部、人事劳资、教育培训等重要事件的时间、决定机关、依据文件、主要内容或结果等。

重要历史文献资料主要收录具有政策性、指导性、价值性、全局性的人事管理文件、重要的工作报告、领导讲话、工作总结、经验材料等。

六、资料的收录原则。以党政组织机构为主，其他组织机构次之；以总部组织机构为主，所属企事业单位组织机构次之；本级组织机构较详，下属组织机构较略；集团公司和总公司时期较详，国家部委时期较略；存续下来的组织机构较详，期间撤销或划出的组织机构较略；组织机构及领导成员资料较详，其他资料较略。

七、编纂结构体例。本书采取“先分阶段，再分层级，后分层次”横竖结合的方法，以卷、编、章、节、目等层次进行编纂，按历史阶段立卷设编分册，共5卷9册：第一卷　国家部委时期（1949.10—1988.9）（分上中下三册）、第二卷　中国石油天然气总公司时期（1988.9—1998.7）（共一册）、第三卷　中国石油天然气集团公司时期（1998.7—2013.12）（分上下两册）、附卷一　组织人事大事纪要（1949—2013）（分上下两册）、附卷二　文献资料选编（1949—2013）（共一册）。

第一卷，依据石油工业的历史沿革分为燃料工业部（石油管理总局）（1949.10—1955.7）、石油工业部（1955.7—1970.6）、燃料化学工业部（1970.6—1975.1）、石油化学工业部（1975.1—1978.3）、石油工业部（1978.3—1988.9）5个阶段，每个阶段为一编。第一编以燃料工业部领导机构、石油管理总局领导机构、石油管理总局机关部门、石油工业企事业单位和附录立章，第二编至第五编以各部领导机构、机关部门、石油工业企事业单位和附录立章。

第二卷，以总公司总部组织机构、所属企事业单位组织机构和附录分别设编：第一编以总公司领导机构、总部机关部门分别立章，第二编按所收编企事业单位的业务属性类别划块立章，第三编为附录。

第三卷，以集团公司总部组织机构、集团公司所属企事业单位组织机构、股份公司总部组织机构、股份公司所属企事业单位组织机构和附录分别设编：第一编、第三编分别以集团公司、股份公司总部领导机构、机关部门、附属单位、专业分公司直接立章，第二编、第四编分别按所收录企事业单位的业务板块或业务属性分类立章，第五编为附录。

各章之下，一般以本章所收编的具体机关部门、企事业单位类别或具体建制单位等分别设节，节下或不设节的章下，分别收编具体的组织机构。其中，各卷（编）“领导机构”一章及第一卷各编“机关部门” 一章，章下不再设节，直接分条目收编具体的领导机构及机关部门；第二、第三卷“机关部门”一章，章下设节收录具体的机关部门；第一卷各编“石油工业企事业单位”一章，按所收编企事业单位的业务属性划块分别设节，节下分条目收编具体的建制单位；第二卷第二编和第三卷第二、第四编下各章，设节收编具体的建制单位。

第一卷各编和第二卷、第三卷之末设有附录，主要收录本级组织机构名录及沿革图、基本情况统计表、组织人事（劳资）统计报表和高层次人才、劳动模范、先进集体名录等内容。

附卷一和附卷二不再立章设节。附卷一按照大事纪要的编纂体例，分年月列条目编排；附卷二按照组织人事业务模块，分类别列条目编排。

八、本书第一卷至第三卷资料编排。本书采用文字叙述、组织机构及领导成员名录、图表相结合的编纂体例进行资料编排。

（一）组织机构沿革文字叙述的编排。本书文字叙述主要起连接机构、名录、图表的作用，主要包括综述、分述和简述。在第一卷各编之首和第二卷、第三卷各卷卷首，写有本编或本卷组织机构沿革综述。主要记述该时期本级组织机构的基本简况、沿革变化及其历史背景；下设工作机构和所属单位的机构改革、体制调整等组织沿革发展变化情况；本级组织机构在企业管理和改革、生产经营、干部和员工队伍建设、党的建设和企业文化建设等方面所采取的重大决策、重要措施及取得的主要成绩等内容。

在各章或节之首，写有本时期领导机构、机关工作部门、所属单位每个层次的分述，即本层次组织机构沿革情况概述或提要。主要是围绕本层次组织机构发展主线，采取编年纪事与本末纪事相结合的方式，简要概述本层次所涉及的重大管理体制调整、组织机构调整、业务重组整合、领导届次变化和组织机构的基本概况等。

在各节或目下，分别收编具体组织机构，其下一般为两部分：第一部分为该组织机构沿革的文字简述，第二部分为该组织机构及领导成员名录。简述主要记述该机构建立、撤销、分设、合并、名称改变、职能变化、业务划转、规格调整、体制调整的依据及结果，上级下属、内部机构设置及人员编制的变化情况，机构驻地和生产规模、工作业绩概况等。

（二）组织机构的编排顺序。一般按机构成立时间先后或编纂下限时的规范顺序排列。领导机构，以届次或时间先后收编；机关工作机构和部门，按职能部门、专业公司、直附属单位的顺序排列；各所属企事业单位，按成立时间先后或编纂下限时的规范顺序排列。

所属企事业单位党组织、行政组织和工会组织，国家部委时期按党组织、行政组织和工会组织依次编排，总公司和集团公司时期按行政组织、党组织和工会组织依次编排，有明确规定的，按规定顺序编排。设董事会、监事会的，董事会、监事会列在最前面。

“文革”时期，设有军管会、革委会的，依次进行收录和编排。

（三）领导名录的编排顺序。一般按正职（职级）、副职（职级）和任职时间先后的顺序分别排列。同为副职的，按任职先后排列；同时进班子的，按任免文件或任命时已注明的顺序排列；领导班子中有正、副局级巡视员及其他相应职级干部的，依次编排在领导班子成员名录后；提前退出领导班子现职的成员，本书未收录。

党内职务排序依次为正职、副职、常委（委员）、纪委（纪检）书记（组长）。常委（委员）的排列按选举产生或历史文献列定的顺序，后增补的按任职时间先后排列。行政职务排序一般为正职、副职、总师。一人兼任多职的，按不同职务序列名称分别编排。除上级部门领导兼任下级职务和“安全总监”职务标注“兼任”外，其他同一人分别任不同职务序列和岗位职务时一般不标注“兼任”。

本书领导名录编排顺序不代表班子成员实际排序。

（四）本书图表。各卷卷尾收录了中国石油历史沿革及历任主要领导一览表、本时期石油工业所辖主要单位区划分布示意图。第三卷还收录了集团公司海外业务分布示意图。

（五）其他。组织机构名称一般使用全称，名称过长或有常用简称的，第一次出现时使用全称，并括注之后用简称。目录和标题中的机构名称一般用全称或规范的简称。一个单位有两个名称的，第二个名称使用括号。在列名录时，涉及两个或两个以上职务名称的，第二个名称使用括号。

九、本书收录的领导成员资料包括其职务（含代理）、姓名（含曾用名）、性别、少数民族族别、非中国国籍、任职起止年月等人事状况。凡涉及女性、少数民族、兼任、主持工作、挂职、未到职或领导成员实际行政级别与组织机构职务级别不一致等情况，均在任离职时间括号内标注。涉及同一人的备注信息，仅在该节第一次出现时加注。同一卷中姓名相同的，加注性别或籍贯、出生年月、毕业院校等以示区别。对组织上明确设有“常务”职务的，一般单列职务名录或在副职名录后括号内加注，并编排在其他副职前。

十、本书收录的组织机构及领导成员，均在其后括号内注明其存在或任职起止年月。月不详者注季，季不详者注上半年、下半年或年，年、月均不详者括号内为空白。任职上下限时间在同一年者，标注下限时间时省略年，例如“（19××.×—×）”；在同一个月内者，任职时间只标注年月，例如“（19××.×）”。同一组织、同一领导成员，其存在或任职年月有两个或两个以上时期时，前后两个时期之间用“；”隔开；组织机构名称变更后，排列时原名称在前、新名称在后，中间用“—”连接。收录的某一组织机构，在其存在时限内，其领导成员一直空缺或不明者，分别在职务后括号内标注“空缺”或“不详”。

十一、组织机构设立和撤销时间，以上级机构管理部门正式下发的文件为准；没有文件的，以工商注册或资产变更等法定程序为准。

十二、领导成员任离职时间，均以干部主管部门任免时间或完成法定聘任（选举）程序时间为准。同一人有几级任免文件的，按干部管理权限，以主管部门任免行文时间为准。属自然免职或无免职文件的，将下列情况作为离职时间：被调离原单位的时间，办理了离退休手续的时间，去世时间，机构撤销时间，选举时落选时间，新领导人接替时间，副职升正职的时间，随机构名称变更而职务变化的时间，刑事处罚、行政处分和纪律处分时间。确无文件依据的，经组织确认后，加以说明或标注。

十三、本书入编机构，只收录以人事部门机构文件为准的常设机构，未收录各种临时机构、虚设机构、领导小组、委员会等非常设机构。

十四、本书资料收录的截止时间，不是组织机构和领导成员任职的终止时间。各组织机构一般按第一卷至第三卷七个时期的时限划段，分别收编在第一卷各编和第二卷、第三卷内；对跨时限时间较短的，则集中收编在上一卷（编）或下一卷（编）内。

十五、本书对历史上的地域、组织、人物、事件等，均使用历史称谓。中国共产党各级组织名称的书写，一般简写为“中共……”；各级组织机构，除章、节标题和收录党组织领导名录外，一般省略“中共”二字。中国共产党第×次全国代表大会，统一简称为“中共×大”；中华人民共和国第×届全国人民代表大会，统一简称为“第×届全国人大”；中国人民政治协商会议第×届全国委员会，统一简称为“全国政协第×届会议”，以此类推。

十六、本书一律使用规范的简化字。数字使用依据《出版物上数字用法》（GB/T 15835—2011），采用公历纪年，年代、年、月、日和计数、计量、百分比均用阿拉伯数字，表示概数或用数字构成的专用名词用汉字数字，货币单位除特指外，均指人民币。

十七、本书采用行文括号注和页末注。行文括号注包括领导成员的人事状况，组织的又称、简称、代称，专用语全称与简称的互注等。页末注系需要说明的问题。同一内容的注释，只在该节（目）第一次出现时注明。

十八、本书收录的文献多为全文照录，保留原标题。篇幅较长的文献，以突出组织人事工作主线进行适当节录。对已公开出版或已经收录到文件选编的，一般只列出标题，内文从略。

十九、本书收录的资料，仅反映组织机构沿革、领导成员更迭和干部队伍发展变化的历史，不作为机构和干部个人职级待遇的依据。由于情况复杂，个别人员姓名和任职时限难免出现错漏和误差，有待匡正。

二十、本书各卷在本凡例之后设有“本卷编纂说明”，进一步说明该卷编纂中还需要交代的具体事项。

总 目 录

本卷编纂说明

一、本卷为《中国石油组织史资料》第一卷，收录1949年10月至1988年9月国家部委时期的组织机构沿革和主要领导成员资料。

二、本卷章节设置：

本卷按燃料工业部（石油管理总局）（1949.10—1955.7）、石油工业部（1955.7—1970.6）、燃料化学工业部（1970.6—1975.1）、石油化学工业部（1975.1—1978.3）、石油工业部（1978.3—1988.9）五个时期分五编编纂。

第一编，燃料工业部（石油管理总局）时期按燃料工业部领导机构、石油管理总局领导机构、石油管理总局机关部门、石油工业企事业单位、附录分为五章。

第二编，石油工业部时期按石油工业部领导机构、石油工业部机关部门、石油工业企事业单位、附录分为四章。

第三编，燃料化学工业部时期按燃料化学工业部领导机构、燃料化学工业部机关部门、石油工业企事业单位、附录分为四章。

第四编，石油化学工业部时期按石油化学工业部领导机构、石油化学工业部机关部门、石油工业企事业单位、附录分为四章。

第五编，石油工业部时期按石油工业部领导机构、石油工业部机关部门、石油工业企事业单位、附录分为四章。

三、本卷组织机构及领导成员收录范围：

（一）第一编：燃料工业部（石油管理总局）时期

燃料工业部领导机构：党小组、党组领导班子成员，行政领导班子成员，部长助理。

石油管理总局领导机构及机关部门：党组领导班子成员，行政领导班子成员，机关部门领导班子成员。

石油工业企事业单位：党组织领导班子成员，纪委书记，行政领导班子成员，工会主席。

附录资料：燃料工业部（石油管理总局）时期石油工业组织机构及沿革图，

石油工业基本情况统计表，石油工业全国人大代表及获得国家级表彰的先进个人和专家名单，新中国成立前的全国石油工业机构和队伍情况表。

（二）第二编：石油工业部时期

石油工业部领导机构及机关部门：党组（党委）领导班子成员，监察组组长，政治部主任，行政领导班子成员，军管会领导班子成员，部长助理，机关部门领导班子成员。

石油工业企事业单位：党组织领导班子成员，革委会党的核心小组领导成员，监委书记，政治部主任，行政领导班子成员，军管会领导班子成员，革委会领导班子成员，工会主席。

附录资料：石油工业部时期石油工业组织机构及沿革图，石油工业基本情况统计表，石油工业院士、专家名单，石油工业全国党代表、人大代表、政协委员及获得国家级表彰的先进集体和个人。

（三）第三编：燃料化学工业部时期

燃料化学工业部领导机构及机关部门：党的核心小组，革委会领导班子成员，机关部门领导班子成员。

石油工业企事业单位：党的核心小组、党委领导班子成员，政治部主任，军管会、革委会、行政领导班子成员，工会主任，所属副局级以上二级单位主要领导班子成员。

附录资料：燃料化学工业部时期石油工业组织机构及沿革图，石油工业基本情况统计表，石油工业全国党代表、人大代表及获得国家级表彰的先进个人。

（四）第四编：石油化学工业部时期

石油化学工业部领导机构及机关部门：党的核心小组、党组领导班子成员，行政领导班子成员，机关部门领导班子成员。

石油工业企事业单位：党的核心小组、党委领导班子成员，政治部主任，革委会、行政领导班子成员，工会主任，所属副局级以上二级单位主要领导班子成员。

附录资料：石油化学工业部时期石油工业组织机构及沿革图，石油工业基本情况统计表，石油工业全国党代表、人大代表、政协委员及获得国家级表彰的先进个人。

（五）第五编：石油工业部时期

石油工业部领导机构及机关部门：党组领导班子成员，纪检组组长（中纪委驻部纪检组组长），政治部主任，行政领导班子成员、顾问，机关部门领导班子成员。

石油工业企事业单位：党的核心小组、党委领导班子成员，纪委书记，政治部主任，革委会、行政领导班子成员，工会主席，所属副局级以上二级单位主要领导班子成员。

附录资料：石油工业部时期石油工业组织机构及沿革图，石油工业基本情况统计表，石油工业全国党代表、人大代表、政协委员及获得国家级表彰的先进个人。

四、本卷特殊说明：

（一）1949年10月1日，设立中央人民政府燃料工业部。1950年4月，燃料工业部决定设立石油管理总局，5月明确石油管理总局负责人，6月完成改组并开始办公，7月正式挂牌。在编纂本卷第一编时，统一将燃料工业部的编纂上限时间确定为1949年10月；将石油管理总局的编纂上限时间确定为1950年5月；将新中国成立前解放军陆续接管的石油企业的编纂上限时间确定为1949年10月。

（二）1955年7月，第一届全国人大二次会议决定撤销燃料工业部，并以燃料工业部（石油管理总局）为基础成立石油工业部；8月31日，燃料工业部及其石油管理总局正式撤销；9月1日，石油工业部正式成立。在编纂本卷第一编时，统一将燃料工业部（石油管理总局）编纂下限时间确定为1955年7月，其机关部门和所属单位组织机构收录下限时间确定为1955年8月；在编纂本卷第二编时，统一将石油工业部编纂上限时间确定为1955年7月，其机关部门和所属单位组织机构收录上限时间确定为1955年9月。

（三）1975年1月，中共中央决定撤销燃料化学工业部，分别成立石油化学工业部和煤炭工业部，并任命了主要领导。但石油化学工业部成立后，一直到1975年10月才成立党的核心小组和任命副部长。为保持燃料化学工业部向石油化学工业部过渡期间领导任职时间的连续性，统一将第三编燃料化学工业部党的核心小组和革委会领导成员下限时间延至1975年10月；同时，统一将第四编石油化学工业部党的核心小组和副部长上限时间确定为1975年10月。

（四）1978年3月，第五届全国人大一次会议决定撤销石油化学工业部，成立石油工业部；7月，国务院批复石油工业部机构设置；8月，国务院任命石油工业部各司局领导人员。在编纂本卷第五编时，统一将石油工业部领导班子成员收录上限时间确定为1978年3月，机关部门收录上限时间确定为1978年7月，各司局领导人员名录的收录上限时间确定为1978年8月。同时，为保持石油工业部向中国石油天然气总公司过渡期间领导任职时间及机关部门的连续性，统一将本卷第五编部分领导任职时间下限确定为1988年8月，部分机关部门收录下限时间确定为1988年10月。

（五）对本卷收录时限期间移交省市自治区地方政府或划归其他系统管理的各级组织，移交和划转后仍由国家部委进行业务指导的石油工业企事业单位，对其组织机构及领导名录进行简要收录；移交和划转后不再接受国家部委业务指导或其后再也没有划归石油工业管理的企业不再收录，只在文字叙述中进行说明。收录时限期间划归石油工业统一管理的各级组织，对其划归前的组织机构沿革只作简要说明，划归后的组织机构及领导名录进行详细收录。另外，为了体现企事业单位的整体性和延续性，对国家部委时期由地方管理的石油企事业单位，本卷也尽量进行了收录。

（六）为保证资料的完整性和准确性，对国家部委时期成立而今已不存在的单位，凡能查找到资料的都尽可能进行了收录。个别单位由于资料缺失未收录进来。

（七）为简化表述，本卷中出现的企事业单位名称，在多数情况下均省略了冠在其前面的“石油管理总局”、“石油工业部”、“燃料化学工业部”、“石油化学工业部”名称。

（八）有些单位在上一时期、本时期或下一时期存在时间较短，为完整且连续反映该单位组织机构及领导任职情况，一般通过时间上溯或下延的方式，把这些单位的组织史资料统一收录在某一个历史时期内。

（九）各企事业单位的排序，主要按时间成立先后参考各时期的统计年报顺序编排，不代表当时实际排序。

五、本卷每编开篇均设有综述。

第一编综述包括五部分：新中国成立前的石油工业；新中国石油工业管理体制和组织机构沿革；石油工业的恢复与发展；石油工业管理制度的初步

形成；石油工业干部人才队伍的发展壮大。

第二编综述包括四部分：石油工业部的成立与组织机构沿革；石油工业的发展及主要成就；石油企业管理制度的形成与发展；干部人事及教育培训工作。

第三编综述包括四部分：燃料化学工业部的成立和石油企业组织机构沿革；石油工业发展战略及主要工作；石油企业管理制度的恢复和发展；工业学大庆活动。

第四编综述包括三部分：石油化学工业部的成立和石油企业组织机构沿革；石油工业发展战略及主要工作；企业恢复性整顿和工业学大庆工作。

第五编综述包括四部分：石油工业部的成立和组织机构沿革；石油工业发展战略及主要工作；干部人事及教育培训工作；党的建设和思想政治工作。

六、本卷原始资料主要来源：中央档案馆、集团公司档案馆的文书资料；各直属企事业单位征集上报的资料；原隶属国家部委时期领导，后划归系统外管理的石油石化单位和高校征集上报的资料；石油工业统计年报、有关文件选编、会议材料、工作总结、人事劳资统计报表等。由于早期部分档案文件缺失，在编纂过程中部分征集资料来源于会议纪要、当事人口述回忆资料。

七、本卷卷尾收录了中国石油历史沿革及历任主要领导一览表（1949.10—1988.9）、1982年底石油工业油田及炼化企业分布示意图，以便查阅参考。

目　录

上　册

第一编　燃料工业部（石油管理总局）（1949.10—1955.7）

第二编 石油工业部（1955.7—1970.6）

中 册

第三编 燃料化学工业部（1970.6—1975.1）

第四编 石油化学工业部（1975.1—1978.3）

下 册

第五编 石油工业部（1978.3—1988.9）

第一编
燃料工业部
（石油管理总局）

（1949.10—1955.7）

综　述

中国石油、天然气的开发利用，是一项新兴而古老的事业。中国是世界上最早发现和利用石油、天然气的国家之一，但由于长期受封建主义、帝国主义和官僚买办资本主义的阻碍及战争环境的影响，石油工业发展非常缓慢，基础十分薄弱。直到1949年，中国人民革命的胜利和中华人民共和国的诞生，从此翻开了中国石油工业新的历史篇章。1949年至1955年期间，新中国石油工业在不断探索、实践中前进，以旧中国所无法比拟的发展速度，建设成为一个新兴的、初具规模的能源产业。

一、新中国成立前的石油工业

中国发现和利用石油、天然气技术的历史可追溯到两千年以前，并在天然气开发利用、油气钻井技术、天然气管输等领域达到当时世界领先的水平。但在长期以农耕经济为主的封建社会中，并没有真正意义上的石油工业。中国近代石油工业萌芽于19世纪中叶，经历了70多年的艰难历程，到中华人民共和国成立前夕，基础仍然极其薄弱，而石油工业成为中国现代能源生产的一个重要工业部门，则是新中国成立以后的事情。

（一）中国古代石油天然气的开采和利用

在遥远古代中国发现油气苗的情形，曾被载入多种史书。中国古代对油苗的记载可追溯到公元前500多年。周代的《易经·革卦》中有“泽中有火”的记载。《山海经》记述：“……令丘之山。无草木，多火。”这些都是讲的天然气露到地面后，发生燃烧的现象。《汉书》、《蜀都赋》等书、文，记载着陕西延安和四川地区一带相继发现石油苗和天然气。地处陕西神木西南的鸿门，挖掘水井时获得天然气并发生燃烧，被称为火井，是最早有记载的一口天然气井。东汉《汉书·地理志》中，记述了今陕西延长县地区的石油苗“高奴，有洧水，可燃”。这些火井、洧水，就是中国古代劳动人民对天然气和石油的发现。在历朝历代的史书、地方志、奏章和私家著述中，对于石油天然气的记载，地理位置分布遍及当今行政区域20多个省市自治区。“石油”这一名称，第一次出现在北宋科学家沈括的著作《梦溪笔谈》一书中，并预言“此物后必大行于世”。

中国古代对石油和天然气的利用已经相当广泛，包括用于燃灯、灶饭、照明、军事作战和医学等。公元220年至公元265年（三国时期），四川等地的人民已将天然气用于煮盐。据《太平广记》记述“火井一所，纵广五丈，深二三丈，在蜀都者，时以竹板投以取火。诸葛丞相往视后，火转盛热。以盆著井上，煮盐得盐”。可见用天然气煮盐迄今已有1700多年。公元265年至公元420年（两晋、十六国时期），河西走廊一带人民在玉门发现石油。据《博物志》称：酒泉延寿（今玉门）南山（祁连山）流出的泉水“有肥，如肉汁”，盛入容器，由黄变黑，凝结成膏状，燃烧发光，极其明亮，人们用来照明，润滑车轴。公元561年，新疆发现石油，并发现其具有药用价值。《北史》中记载龟兹国（今新疆库车县一带）“西北大山中有如膏者，流出成川，行数里入地，甚臭”。这里讲的“流出成川”即大量流出的石油在地表风化后的现象。当时人们把这种石油视作灵丹妙药，认为“服之发齿已落者能令更生，病人服之皆愈”。石油天然气还被用于战争。公元587年（周武帝宣政元年）西北少数民族突厥军队围攻酒泉城，城内守军用早已储存的玉门石油，从城头上泼下，燃起熊熊大火，阻挡攻城的军队。突厥人汲水灭火，反而烧得更加厉害，从而打退了敌军，守住了酒泉城。宋代（公元960年至公元1279年）战争连年不断，除用石油作为制造火药的配方外，还将石油提炼后制造燃烧性武器。公元1068年至公元1085年，宋神宗在中央政府设置了10个制作军器的大作坊，其中有一个作坊叫做“猛火油作”，是中国最早的一个炼油作坊，用于制造威力很强的武器。作战时，“中人皆糜烂，水不能灭。若水战，则可烧浮桥、战舰”。

在漫长的发现和利用石油天然气的历史进程中，中国古代人民依靠自己的勤劳和智慧，在石油天然气地质勘探、钻井、开采、集输等方面创造了许多划时代的先进技术，为人类社会发展作出了重要贡献。在勘查方面，古代在打井前，要请“山匠”（凿井工匠中的一个工种名称）通过“相山”、“看龙脉”、“草拾土嗅之”等办法来选择比较好的地质条件定井位、找矿，实际上就是早期的油气勘探。到了明清时期，人们对石油天然气地质的认识又有一定的发展，开始通过捞取钻井岩屑来分析和认识地层，以确定天然气和水的层位。19世纪中叶，中国已开始建立气田的地层系统，并进行地层分类对比工作。在钻井方面，早在公元前250年，四川劳动人民就用人力掘凿盐井。北宋中期（公元1041年前后），四川地区开始以简单的机械冲击钻凿方法（即顿钻）代替手工掘凿，成功地钻凿出井径如碗口大的“卓筒井”。这种“卓筒井”自井口下入相当口径的竹管至一定深度，借以防止井壁塌陷或封隔水层，有的井深达五十余丈。“卓筒井”的凿成，是中国古代钻井工艺技术上的重大创新。英国著名的科学家李约瑟在其著作《中国科学技术》中说，这种凿井技术大约在12世纪前就已经传到西方各国。到宋末元初（公元13世纪初），钻井绞盘车的动力以畜力部分地代替了人力。明代时，中国已有了一套完整的钻井、打捞、完井的工艺方法和程序，这个程序基本上与现代钻井一致。到了清代道光年间（1821—1850），顿钻钻井技术逐步完善，已有较为细密的、以技术要求为基础的分工，在凿井工匠中开始划分山匠、碓工、辊工等工种，其中井上工种15至19个，用工50至70人。中国古代钻井技术的发展，在世界钻井史上留下了光辉的一页。随着天然气的开发利用，人们还用竹筒和木头来制作“笕”——输气管线。这在缺乏钢铁等金属的时代是一项重大的创造。这种管线能翻山越涧，乃至穿过河底，将天然气或盐水输出一二十里以外。到明朝中期，自流井天然气的开发规模已相当庞大，地面管线形成了完善的集输系统，总长达二三百里。

（二）中国近代的石油工业

古代中国在发现和利用石油天然气方面虽然曾一度处于世界领先水平，但是，长期的封建统治，使生产力发展极其迟缓。从11世纪出现“卓筒井”算起，在长达800多年的历史中，除天然气的开采、利用有所发展外，石油的开采始终处于原始状态。直到19世纪中叶，中国沦为半殖民地半封建社会，在洋务派官僚和早期资产阶级改良派参加的洋务运动中，中国近代的石油工业才开始出现。

19世纪下半叶，当美国、俄国等国家已经采用现代方法大规模开采石油的时候，中国还停留在土法捞油的状态。美国、俄国等国家在国内石油生产过剩的情况下，利用鸦片战争强加给中国不平等条约，开始向中国输入石油。

最先是从倾销煤油开始的，当时民间称为“洋油”。美国是世界上最早大规模生产石油的国家，在中国市场倾销煤油也是从美国商人首先开始。1863年，美国商人向中国输入煤油2100加仑（约6.8吨），主要供应在华外国人照明使用，后来输入量逐年增加，并增加了汽油、柴油、润滑油等，5年内增加近6倍，1868年达到11.4万加仑（约368吨）。与此同时，俄国、秘鲁、印度尼西亚等国家石油工业迅速发展，也开始向中国输入石油。1935年至1937年，中国平均每年进口石油产品约2.6亿加仑。1946年至1948年，每年达4亿加仑以上。据统计，1863年至1937年间，外国商人输入中国的各种石油产品约2880万吨，其中煤油约2318万吨、汽油约132万吨。外国石油公司的油品倾销中国市场，对中国社会经济产生了巨大的负面影响，民族石油工业处于岌岌可危的境地。据海关统计，1890年至1931年，石油进口货值占全国进口货值的7.07%～8.11%，居于第5位到第3位，1946年“洋油”进口价值6364万美元，比抗日战争前的1310万美元增长3.8倍。到解放战争前夕，美孚、亚细亚、德士古3个外国石油公司在中国经销的油品，占中国市场总量的94%，遍布全国的加油站、储油设备绝大部分掌握在外国人手中。由于灯用煤油逐步取代了以动物油作燃料的传统灯盏，因而豆油、菜籽油、棉籽油、花生油及蜡烛等销量日少，影响了农民收入，危害了白蜡生产和蜡烛制造业，使许多农民、白蜡生产者和挑运脚夫失去了生计，生活陷于极端贫困的境地。同时，随着煤油倾销量不断加大，加剧了贸易的不平等，造成对外贸易长期入超。外商在中国市场大量倾销煤油，换取大量低价农副产品、手工产品、丝绸及白银，从中获得巨额利润。

中国近代石油地质理论的萌芽和发展。19世纪中叶，西方地质科学开始传入中国。19世纪末，中国还未进行地质调查的时候，一些外国学者就先后进入中国进行地质调查，清朝政府也花钱聘请一些外国人进行地质调查。20世纪初，随着探矿、冶金事业的发展和地质调查工作的不断加强，特别是随着一批早期留学的地质学者陆续归国，近代地质学逐步受到重视。中国不仅成立了地质学会和地质研究所，而且不断组建地质调查和科研机构，许多大学开办了地质系，发展地质教育，从而使地质人才队伍逐渐壮大，中国地质学家开始进行地质测绘和矿产勘探工作。但由于当时的勘查技术和方法落后，再加上从20年代起，美国等一些国家散布“中国贫油论”，直到抗日战争爆发，中国石油地质勘查的成果都不大。针对西方国家强加给中国的“贫油”结论，丁文江、翁文灏、李四光、谢家荣等一批中国地质学家先后提出：“未曾钻探之处尚多，倘能依据地质学原理，更作精密之调查，未必无获得佳油之希望，故一隅之失败，殊不能断定全局之命运耳。”中国的地质学家坚信中国不是无油可办，而是勘探不周，“石油仍是中国有希望的矿产”。据此，翁文灏、李四光、丁文江、谢家荣、潘钟祥、黄汲清、孙建初等人，结合中国的地质条件，展开研究探索，提出和形成了中国人自己的石油地质理论认识：一是认识到陆相地层可以生油；二是认识到中国各个时代的地层都生石油，时代较新的地层油量较多，希望最大；三是认识到有利的含油区域遍及大半个中国。陆相生油理论等一批研究成果和学术观点的提出，不仅为中国的地质勘查提供了理论指南，拓宽了人们找油找气的视野，更重要的是显示了中国地质学家对在自己国土上勘探石油充满了信心。在地质学家探索研究石油地质的同时，勘探工作也逐步展开，并在玉门、四川、陕北、新疆陆续有了新发现，展示了中国石油工业的良好前景。这一时期，在钻井工艺、开采工艺、石油储运、炼化等技术方面都取得了很大进步。

中国近代石油的开端——台湾苗栗油矿。中国近代石油工业始于洋务运动中开发的台湾苗栗油矿。1861年，台湾苗栗发现石油，其后当地人开始用土法开采。洋务运动开始后，洋务派开始试图依靠和利用外国的技术和设备开办中国的近代石油工业。1874年，清朝政府两江总督沈葆桢得知台湾苗栗产石油，主张停止私人开采，将油矿收为官办。1877年，福建巡抚丁曰昌上奏朝廷，提出开发台湾石油，开办苗栗油矿，该油井被收归清朝政府官办。1878年，从美国购回一台以蒸汽为动力的新式顿钻钻机，并转托在上海的美国商人布朗聘请2名美国技师，组成中国近代石油史上第一支钻井队。当年春天，在苗栗开钻第一口井，这是中国使用近代钻机钻成的第一口油井，初期每天产油1.5吨。同年7月至8月，在钻探第二口油井时，因钻具落井及环境条件太差等原因，美国人年底回国，钻探工作就此中断。1887年，台湾设省后的首任巡抚刘铭传上奏朝廷，重新设立台湾苗栗矿油局。1887年至1890年，先后在出磺坑钻井5口，但仅一口油井出油，而且产量降低。因设备落后，资金缺乏，刘铭传打算引进外资开发油矿，却遭到清朝政府强烈反对。1891年，矿油局被撤销，苗栗油矿开办再度中断。1895年日本侵占台湾省后，为了掠夺石油资源，三次大规模进行地质调查，又发现了台湾锦水、竹东、牛山、六重溪等一批油气田。在开发磺坑矿区的基础上，又成立了锦水、竹东、新营（包括牛山、六重溪、竹头崎、冻子脚等探区）3个矿区。1927年，产量达到1.9万吨。从1904年有记载算起，到1945年，台湾省共生产原油16.83万吨。同时，从1913年开始，日本开始在台湾建造炼油厂和天然气厂，大肆利用掠夺的石油天然气资源为其侵略战争服务，先后建成高雄炼油厂、天然汽油厂、液化天然气厂、碳烟厂、嘉义溶剂厂和新竹石油研究所等机构。抗日战争胜利后，中华民国政府（以下简称国民政府）接管台湾，先后从玉门调入一批从事勘探开发和炼制事业的技术人员到台北接管油田，成为台湾现代石油工业的奠基人。

中国大陆最早的油矿——延长油矿。20世纪初，中国人使用煤油灯已比较普遍，对国外煤油的需求量越来越大。1901年，煤油的输入达43.1万吨，造成对外贸易逆差。国内有识之士对开发本国石油的呼声日盛。随后，陕西巡抚曹鸿勋等提出“以延长煤油与外国煤油争衡”，“以中国之财力，开中国之利源”。1903年，陕西当局将延长石油收归官办。1904年11月，清朝政府批准筹备试办“延长石油官矿局”（后更名为延长石油官厂）。1905年，延长石油官矿局——中国大陆最早的油矿正式成立。1907年初，延长石油官厂聘请2名日本技师和6名工匠。7月，第一口油井钻成，这是中国大陆用近代钻机钻成的第一口油井。油矿工人用自产小铜釜试炼的煤油，光白烟微，不比“洋油”逊色。10月，从日本进口的炼油釜装置竣工投产，10斤原油可提炼6斤煤油，遂将所产煤油装箱运往西安销售，一时“内外传颂，交相称赞”，中国由此出现了比较重视开发石油工业的热潮。此后，又先后钻井5口，但仅2口油井出油，且日产量较低。期间，外国技师和工匠先后回国，从1911年起油矿工人已能单独操作机器钻井，但随后由于资金设备短缺和辛亥革命爆发，油矿处于半停顿状态。1914年，北洋军阀政府将地方油矿一律“归为国有”，设立筹办煤油事宜处。2月，北洋政府与美孚石油公司签订《中美陕直二省石油合同》，成立中美油矿事务所，合作勘探开发陕西省延安府和直隶省承德府以及两处附连区域的石油，这是中国最早的油气勘探开发对外合作。但是，由于美孚先后钻探的7口油井没有达到预期效果，1916年停止了钻探工作，反而给中国戴上了“贫油”的帽子。1932年，国民政府派地质调查所地质师到陕北进行地质调查，更正了美孚石油公司对地层的错误划分，并发现了永坪、延长的储油构造。1934年，成立陕北油矿探勘处。随后，从德国、美国购进钻机设备，中国人自己独立定井位，钻出了石油，发现了永坪油田。与此同时，建立了中国第一支钻井队，人数为100人。到1935年，先后钻井15口，有12口油井见油。从20世纪初到30年代，延长石油官厂除生产煤油外，还生产挥发油、擦枪油和石蜡等，并设计了油品商标，分别命名为“石马”、“双枪”、“雁塔”、“锦鸡”等，投入市场销售。这是在中国市场上第一次销售有商标的国产油品。

最早“投身革命”的陕北石油资源。1935年4月28日，陕北红军解放延长，继而解放永坪，接管了陕北油矿探勘处本部和延长石油官厂。5月，延长石油官厂更名为延长石油厂。10月，中央红军北上先遣支队到达陕北，决定组织恢复延长、永坪两地的石油生产，并将永坪采出的原油用毛驴驮运到延长，炼出了煤油、擦枪油、蜡烛、石墨等产品，供应党中央机关和红军各部队。1936年2月，毛泽东视察延长石油厂，这是他最早视察的石油企业。为解决陕北抗日根据地原油产量较低的问题，在迅速恢复延长油矿石油生产的同时，延长石油厂加快了对陕北地区的石油地质勘探。1941年至1943年，发现和开发了七里村油田。1943年，延长石油厂原油产量达到1279吨，创造了建厂以来的最高纪录。期间，延长石油厂在加工、储运和销售等方面都取得了很大的发展。在艰苦的抗日战争年代里，延长石油成了陕甘宁边区政府的主要经济支柱之一。延长石油厂共生产原油3155吨，经加工生产汽油163.94吨、煤油1512.33吨、蜡烛5760箱、蜡片3.98吨，以及擦枪油、凡士林、油墨、黄油等产品，满足了陕甘宁边区的运输、照明、印刷等需要。还以部分产品换取大量布匹和其他物资，落实毛泽东关于“增加煤油生产，保障煤油自给，并争取部分出口”的指示，直接支援了抗日战争。同时，中国共产党从抗日大局出发，积极支援国民政府发展甘肃和新疆地区的石油工业。1938年，玉门油田发现后，陕甘宁边区政府向玉门油矿支援2部钻机设备和相关配件，由此也拉开了玉门油田开发的序幕。为积极支持独山子矿区的生产和发展，1938年，中国共产党派毛泽民（化名周彬）留在新疆工作，先后担任新疆财政厅副厅长、厅长等职务，他几次拨款支持独山子矿区的扩建，并按最低价格为独山子矿区提供了大量生活物资等。抗日战争胜利后，国民党发动内战，占领了延长油矿，油矿职工一部分撤退，一部分坚持打游击。1948年4月，延长再次解放，石油职工立即组织恢复生产，当年生产原油158吨，有力地支援了解放战争。

中国石油工业的摇篮——玉门油矿。玉门油矿是新中国成立到投入开发规模最大、产量最高的油田。中国老一辈的地质学家和矢志开发祖国石油资源的仁人志士，为兴办玉门油矿倾注了极大的爱国热忱，付出了艰苦的劳动。玉门一带的油苗，从19世纪末期开始已为中外地质学家所重视。1892年至1894年，俄国地质学家曾到酒泉、玉门一带进行地质考察。1906年，清朝政府聘请比利时矿师勘查玉门石油，打算开办油矿，后因“距省太远，运销不便”而终止。1921年，地质学家翁文灏、谢家荣到玉门一带进行地质调查。1928年，地质学家张人鉴对赤金堡、白杨河的石油也进行过调查。但他们的报告和论文都没有引起国民政府的重视。对玉门油矿进行详细勘查并发现老君庙油田的是地质学家孙健初。1937年，在国民政府中央地质调查所任职的孙健初参加了由中国煤油探矿公司筹备处组织的西北地质矿产试探队，与美国地质学家韦勒、工程师萨顿合作，在玉门发现了老君庙干油泉、石油沟的油苗和地层露头。1938年，侵华日军占领中国大片领土，沿海城市相继沦陷，石油进口的通道几乎阻断，为此开发国内石油的呼声日益高涨。4月，在翁文灏主持下，国民政府资源委员会决定成立甘肃油矿筹备处，由严爽主持，再次派孙健初到玉门详查。6月18日，由国民政府资源委员会致函国民革命军第十八集团军驻汉口办事处，商谈借用延长油矿钻机，周恩来当即同意。1939年3月，从延长调来的钻机运到老君庙安装开钻，成功钻出第一口油井。1940年4月，发现玉门油田主力油层；9月，国民政府资源委员会决定正式开发玉门油矿。从此，玉门油矿成为当时中国最大的油田，也是世界上开发最早的非海相油田之一。到1948年，经过10年的发展，玉门油矿共钻井44口，总进尺2.2万米，生产原油45.5万吨，约占1904年至1948年国内天然原油产量总和的72.3%。1949年，玉门油矿已成为一个具有地质勘探、钻井、采油、炼油、机修、运输等生产部门和一些当时比较先进的工艺技术和装备的综合性石油企业，原油年生产能力达8万吨，原油年加工能力10万吨，能生产12种油品。玉门油矿的开发、建设，为中国培养了能够掌握近代技术的技术干部和石油工人，在创建新中国石油工业中发挥了重要作用。

新疆独山子油矿的勘探开发。20世纪初，中国一些地理学家就曾勘查过独山子油苗及克拉玛依沥青丘的状况。1909年，清朝新疆地方政府筹集纹银从俄国购进钻井设备一台，并雇佣俄国工匠在独山子开凿油井。同时，将从俄国购进的炼油设备安装在乌鲁木齐工艺厂（1919年改为安集海炼油厂），至此新疆开始有了近代石油开采业和炼制业。1911年，乌鲁木齐工艺厂因辛亥革命爆发和经费困难而停办。1934年，新疆省政府恢复安集海炼油厂生产。1936年春，新疆地方政府同苏联合作开采独山子油矿，并将安集海炼油厂设备迁至独山子，成立中苏合办的独山子炼油厂。到1943年中苏合作终止，共钻井33口，年产量最高的1942年生产原油6909吨，独山子油矿发展成为与延长油矿、玉门油矿并列的三大油矿之一。1944年8月，国民政府资源委员会甘肃油矿局成立乌苏油矿筹备处，恢复独山子油矿生产，但不到一年又停产，直到新疆和平解放，一直处于小规模开采状态。

四川油气资源的勘探开发。四川盆地丰富的天然气资源很早就引起了国内外石油地质界的关注。1866年后，一些外国地质学家陆续到四川进行地质调查，国内学者也去那里进行勘查、研究工作，先后发现了120多个地质构造。1936年，国民政府资源委员会在四川石油沟成立四川油矿探勘处。1937年10月，四川油矿探勘处派人在巴县石油沟钻第一口探井（巴一井），1939年5月钻井完成并获得工业性天然气流。从1937年至1949年的12年中，巴县和隆昌一带共钻井6口，完井5口，进尺5598米，但仅在石油沟和圣灯山各钻获1口低产气井。

国民政府统治区石油炼制与人造石油工业的发展。中国近代的石油炼制和人造石油工业的形成和发展极为缓慢，而且地域分布极不合理。1937年以前，国民政府统治区只有延长、新疆独山子有些简陋的炼油装置，而且时开时停，产量很低。为解决石油产品和燃料短缺问题，从1930年，国民政府开始研究人造石油，1936年在上海、济南、山西、陕西、湖南等地建设了6个代替汽油的酒精厂。抗日战争期间，由于国民政府对石油工业的重视和扶持，石油炼制和人造石油工业发展很快。但当时中国的原油加工主要集中在西北地区，只有陕西延长、新疆独山子和甘肃玉门3个小型炼油厂。1937年，抗日战争爆发后，中国主要海岸先后被日本侵占后，进口石油的渠道阻断，中国液体燃料供应极为困难。在自产原油难以满足需要的情况下，国民政府统治区的代用液体燃料和人造石油工业得到发展：一是先后在四川等地建成了62个酒精厂，大量生产酒精代替汽油；二是建设重庆动力油料厂及其分厂，用植物油制取石油产品；三是进行煤炼油研究工作，开建部分煤炼油试验工厂。

日本对东北地区石油资源的掠夺。日本帝国主义对中国矿产资源觊觎已久，在疯狂掠夺台湾油气资源的同时，又对东北地区的油气资源进行大肆掠夺。1905年日俄战争后，日本侵略势力入侵中国东北地区，从1928年起，利用在辽宁、吉林发现的油页岩和东北丰富的煤炭资源，陆续建立和侵占的人造石油、煤炼油、炼油和油化企业主要有：吉林桦甸油岩矿、抚顺炭矿制油工场、抚顺炭矿石炭液化工场、抚顺炭矿东制油工场、吉林四平油化厂（曾更名为陆军燃料厂）、锦州合成燃料厂、吉林人造石油厂等7座人造石油厂，大连制油所（后称大连炼油厂）、锦西制作所（后称锦西燃料厂、锦西炼油厂）2座炼油厂，以及抚顺炭矿化学工业所。期间，日本帝国主义曾在黑龙江和辽宁省一带进行石油钻探，但都一无所获。1942年，页岩油最高年产量曾达25.7万吨，煤炼油年产量约2.4万吨。1946年3月，国民政府接收这些企业，但接收人员大量盗卖资财和设备，到1948年东北全境解放时，人造石油厂只有极少数设备能够维持生产。

中国近代石油工业是在半殖民地半封建社会条件下诞生的。从1878年台湾苗栗使用近代顿钻钻井算起，到1948年，经过了70年的漫长岁月，发展极为缓慢。在广阔的国土上，仅有陕西、甘肃、新疆、四川、贵州、黑龙江、辽宁、浙江和台湾等几个省（区）的局部地区进行过石油地质调查。投入开发的只有台湾出磺坑、陕西延长、新疆独山子、甘肃老君庙4个油田以及四川自流井、石油沟、圣灯山和台湾锦水、竹东、牛山、六重溪等几个气田，在东北有10个人造石油厂和油化厂，也大都没有完全建成。根据有关资料统计，1904年至1948年，共生产天然原油62.96万吨（不包括独山子油矿约1.14万吨）；1907年至1948年，全国共钻井169口[①]，总进尺约6.7万米，生产天然气约11.7亿立方米；1930年至1948年，生产人造石油232.41万吨。石油产量最高的是1943年，年产量32万多吨。到1948年，中国原油生产能力仅为17.5万吨（其中天然石油8.9万吨，

---

① 本数据来源于《石油工业统计提要（1949—1965）》，解放前新疆独山子、上海和台湾均有钻井，因资料不详，未计入在内。新疆独山子估计1939—1950年钻井约1.41万米；台湾估计1904—1948年钻井29.43万米。

人造石油8.6万吨），原油年加工能力140万吨。

（三）中国近代石油工业管理体制的发展和组织机构沿革

中国近代石油工业是在沦为半殖民地半封建社会的历史进程中缓慢发展起来的，从诞生之日起就受到外国侵略势力和国内封建势力的双重阻挠和压制，惨淡经营，步履维艰，石油工业经过了禁矿与开矿、学习西方、洋商办矿、华洋合办、油矿国有等多种形式办矿的艰难历程。在油田开发上也出现了多种经营方式，主要有土法采油方式、私营公司、石油官厂、中苏合作经营和中国石油有限公司国营等。新中国成立前对石油天然气工业的组织管理大体分为清朝政府时期、北洋军阀时期和国民政府时期三个阶段。

清朝政府时期的矿务局和石油工业的组织管理。清朝政府历来不提倡办矿，甚至限制办矿。鸦片战争打开了中国闭关自守的大门，帝国主义国家认为有利可图，外国资本纷纷侵入中国，开矿设厂，掠夺中国资源。与此同时，外国人在华办厂的高额利润，激发了当时的官僚、买办和商人投资办企业的热情。19世纪60年代到90年代，清朝政府统治阶级内部形成了一批具有买办性质的官僚军阀，办起一系列的军工厂和新式企业，开始了中国历史上的“洋务运动”。洋务运动打开了中国禁矿之门，清朝政府开始了从官办到华洋合营的探索历程。1877年，清朝政府将台湾的苗栗油矿收归官办，后因故中断。1887年，清朝政府设立矿油局，负责主持台湾苗栗油矿的开发事宜，1891年因故再次被撤销。此后，虽然对官办还是商办进行了多次讨论，但是总的来说全国有了专门的管理机构，并迫于当时面临列强瓜分和朝臣上下要求自立办矿的形势，清朝政府不得不采取由禁矿到提倡开矿的政策。1897年，新疆商务总局在独山子设厂采掘石油。1898年，清朝政府设立矿务铁路总局，统管全国矿路事务。1899年，四川煤油煤矿公司与伦敦普济公司签订合办合同，开采四川的石油和煤、铁、金。1902年，法国华利公司代理人与四川保富公司组建华法合成公司，合办四川巴县、万县石油矿务。1905年，合办成立中英四川江北片煤公司。为学习和利用西方的矿业技术，1902年，清朝政府研究拟定开办矿务章程。1904年10月，清朝政府试办延长石油官矿局。1905年甘肃省洋务总局成立甘肃制油烛糖酒公司，聘用比利时矿师筹划开采玉门油矿，后因故停办。1907年，清朝政府正式颁布矿务章程，规定矿务体制分清朝政府、省、县三级管理，建立探矿、开矿、租矿三种执照等。期间，清朝政府农工商部奏请各省设矿务调查局，外务部在上海设立勘矿总公司（内设化验司、钻地司、绘画司）。1908年，设立陕西石油总局，掌管石油事宜，1909年该局撤销后，其业务移交新成立的陕西劝业道公署。期间，由于俄国、法国、英国等外国公司和商人，通过内外勾结的方式，先后在新疆迪化（即乌鲁木齐）、四川巴县、四川万县等地开发中国的石油资源。为了抵制外国人的掠夺，清朝政府主张招徕私商办矿。1899年成立私营的全川煤油公司，负责四川石油开采等事宜；1910年陕西商民成立保陕石油公司，力主对本省石油自办；期间还成立有热河裕华石油筹备公司等私营公司。然而这些公司大多没有开始实际工作即在1914年前后收归国有或被禁止。这一时期，石油工业的开采仅限于台湾、新疆、四川、陕西4省，清朝政府对于刚刚起步的石油工业实行专制的官僚管理，同时也利用外国人的技术。

北洋军阀政府时期石油工业的组织管理。1912年，中华民国南京临时政府成立后，曾在实业部矿政司下组建地质科，章鸿钊任科长。至此，“地质”二字才开始纳入中国行政管理部门。1913年9月，北洋军阀政府将工商部地质科改为地质调查所，主要负责全国地质调查和科学研究等工作，丁文江任所长，此后先后隶属于农商部、农矿部、实业部、经济部等政府部门管理。虽然当时的地质调查所还没有设立油气田勘查方面的专门组织，但其工作人员已先后参与陕西、新疆、甘肃、四川等地的油气勘查工作。中国近代成立最早的专门从事石油地质勘查的机构是1914年成立的筹办全国煤油事宜处，作为国家统一经营石油工业的政府机关，这是第一次全国统办石油，由熊希龄任督办，下设总务股、技术股、编译股，各股设股长1人。1917年6月，全国煤油事宜处因在“陕西凿井无效”，被北洋军阀政府“以节约靡费”而撤销。另外，1913年北洋军阀政府在设立地质调查所的同时，在工商部下还设立了一个地质研究所，主要承担培养地质人才的任务，招收20多名学生，由章鸿钊、丁文江、翁文灏任教，丁文江兼任所长。1916年7月，这些学生毕业时有18人获得毕业证书，包括谢家荣、王竹泉等大部分学生后来成为地质调查所的调查员，很多人成为中国地质事业和石油勘查事业的骨干。

国民政府时期石油工业的组织管理。在1930年至1936年间，国民政府在北京、陕北、四川先后成立燃料研究室、石油勘探处等石油地质研究机构。1934年4月，国民政府将国防设计委员会更名为国民政府资源委员会，以加强对资源的调查研究和开发，并经营石油事业，对石油企业实行设权、给照和注册备案管理等。1934年夏，成立陕北油矿探勘处，孙越琦任处长。1936年4月，新疆地方政府与苏联联合组成独山子石油考察团，在独山子进行石油勘探，8月改称独山子石油考察厂（即独山子联合石油公司）。9月，成立四川石油探勘处，王糳任处长。1938年，在汉口成立甘肃油矿筹备处，负责开发玉门油矿工作，严爽任处长。1941年3月，甘肃油矿筹备处在重庆改组为甘肃油矿局，孙越琦任总经理，后来发展为国民党统战区唯一的石油开发生产管理机构，下设矿场、炼厂、机电厂、土木厂、地质处、营运处等生产单位，集中了一批石油技术人才。1944年8月，甘肃油矿局接管新疆独山子油矿，成立乌苏油矿筹备处。1945年前后，国民政府还成立了矿产测勘处，负责石油地质勘查，由谢文荣担任处长；还相继由国民政府实业部颁发石油开发特许状，1935年，外交家顾维钧和银行家周新民等获得南京国民政府特许探采甘肃、新疆、青海3省的石油，1936年成立中国煤油探矿公司筹备处，1938年国民政府资源委员会收回了3省石油探采特许权。

解放战争时期的中国石油有限公司。抗日战争结束后，除大连制油所被苏联红军接管实行中苏合办外，东北、台湾等地区原被日伪控制的石油企业及其机器设备很快被国民政府所控制。1946年6月，国民政府资源委员会在上海成立中国石油有限公司，隶属于国民政府资源委员会领导，负责经营全国石油事业，中国石油有限公司是一个集开发、勘探、生产、运输、销售、器材供应、行业管理等职能为一体的，按照现代企业制度建立起来的国家石油公司，下属单位有分公司、勘探处、炼油厂、研究所和营业所等。其利用各地的原有基础，将国民党统治区的甘肃油矿局、四川油矿探勘处、东北炼油厂（其前身为日伪时期的锦西燃料厂，下辖日伪时期的锦州合成燃料厂、四平燃料厂和吉林人造石油厂）、台湾油矿探勘处、高雄炼油厂、嘉义溶剂厂、新竹研究所等7个单位，上海、广州、汉口、青岛、天津、重庆、兰州、台湾、南京、沈阳等10个营业所，以及南京、广州、台湾3个办事处，均纳入统一管理。中国石油有限公司董事长由翁文灏担任，常务董事为吴兆洪、许本纯，董事为孙越崎、孙拯、王守竞、霍宝树，监察人为张峻、季树农。总部办公地点在上海江西中路131号。1947年，中国石油有限公司与招商局合办中国油轮公司。中国石油有限公司成立后，开始对中国的石油工业和市场进行控制并初步形成了相对垄断。到1948年，公司职员总数13578人，其中职员1433名、技术人员685名、技术工人4499名、普通工人6961名。全国解放时，中国石油有限公司少部分职工迁往台湾，绝大部分留在大陆职员后，成为新中国石油工业的骨干力量。

解放区管理的延长石油厂。1935年4月，刘志丹率领中国工农红军解放延长县，接管延长石油官厂和陕北油矿探勘处，合并为延长石油厂，并建立中共党组织，郝巨才、高维新、李长青、郭宝仁等相继加入共产党，郝巨才任厂长。10月，中央红军到达陕北后，开始组织恢复生产，严爽任厂长，高登榜为党代表。1937年，延长石油厂更名为军工五厂，由原隶属于陕甘宁边区政府建设厅改为中央军委总后勤部军工局的直属单位，1938年更名为延长石油厂。1938年以后，张永清、陈振复、张俊、万品山等先后任厂长和政委（指导员）。1947年，延长石油厂更名为兵工十三厂，由生产支前转入直接参加战斗。1947年3月，国民党军队占领延安后，兵工十三厂成立了工人支队，张俊任队长，柏映群任指导员，边战斗，边保护坚壁清野的石油生产设备，为收复后的恢复生产打下了基础。

（四）近代石油工业的人事管理

近代石油工业人事管理业务的形成。中国曾经在相当长的时间里没有石油工业人事管理法规。最早提出“矿工”问题的是1910年清朝颁布的“大清矿章”，矿章中专门就矿工的资格、条规、惩办等进行规定，但没有执行清朝即灭亡。1923年，国民政府以部令颁布“矿工待遇规则”，共22条，规定矿业权者应订立矿工服务规则，并就业务种类、解雇事由及程序、工资支付、工作时间及换班、赏罚事项、抚恤事项、工龄、雇佣时限、矿工卫生、教育等进行了规定，但也未等执行即被北洋军阀政府命令暂缓。因此，直到国民党资源委员会创办石油事业，才开始明确提出了企业的人事管理问题，于1934年、1935年和1943年公布了《公务员任用条例》、《技术人员任用条例》和《资源委员会司机工警管理规则》等。各石油企业依据这些规定也相继制定了具体的人事管理办法、规则，如《四川油矿学徒规则》、《甘肃油矿局矿厂工人管理规则草案》、《中国石油有限公司工人管理办法草案》、《中国石油有限公司职员保证书》和《中国石油有限公司职员任免迁调暂行办法》等。在中国石油有限公司时期，人事管理已逐渐成为企业管理的一项重要业务，并成立了专门机构。中国石油有限公司总务处设立职工管理室，在分公司秘书室设有人事科，在下属厂处单位的总务科设有人事管理人员，从而形成了上下贯通的人事管理系统。

中国近代石油工人队伍的形成和发展。在古代，四川开采利用天然气的工人主要是为了采卤煮盐，陕北延长、新疆独山子、甘肃玉门等地采集石油的大多是附近的农民，他们不脱离农业劳动，采集石油也带有明显的季节性，夏季人多、冬季人少。所以，在古代的中国并没有形成一支专业的石油职工队伍。中国近代石油工人的产生，最早出现在台湾和陕北延长，招募雇佣的一般是农民和民间工匠。1877年，台湾苗栗出磺坑油矿首先使用现代钻机凿井、采油，开始有了专门的从事石油钻采的职工数十人。1905年，陕北延长油矿开发，雇佣日本技师和工匠钻井，中国职工不多；1932年日本技师撤走，中国职工增加到30多人。从1877年到抗日战争爆发前的1935年，主要产油的陕北延长油矿有职工116人，其中职员11人、工人105人；四川油矿有职工112人，其中职员21人、工人91人；新疆独山子油矿有职工130人，其中职员10人、工人120人，3个主要油矿从事石油专业的职工总数有351人。抗日战争期间，延长油矿的职工总数增加到300多人，新疆独山子油矿职工最多时达到960多人，玉门油矿1943年8月曾达到7282人。在国民政府统治区和日本侵占区，一般的工人主要是通过抓壮丁、征劳工、搜罗逃荒灾民等方式充实。在油矿生产中，企业职员占有相当比例，担负着生产管理和工程技术等各项工作，他们的来源：一是招聘其他行业的在职人员，1940年以后，玉门油矿每年招数百人；二是聘请、雇佣外国技术人员，新疆独山子矿在新疆地方政府与苏联合办期间，73%的职员是苏联人；三是招收大专院校、中等职业学校的学生进厂实习，实习期满后转为职员，其中不少是西北工学院、西南联大、武汉大学、中央大学、交通大学、重庆大学的毕业生。各油矿还招收了一批从沦陷区到内地的知识分子和青年学生。中国共产党管理的延长油矿，主要是通过军、工结合的方式，使职工队伍规模得到了较大发展。到1945年抗日战争胜利时，全国石油工业职工共有2.4万多人（因桦甸矿业所职工大多为基建人员，所以未列入）。此后，由于国民政府发动内战，使刚刚有所发展的中国石油工业遭受严重打击，原油产量锐减。到1948年，全国石油职工人数下降到1.6万人，其中工程技术和管理人员有1700人。

石油教育和石油职工的培训。中国近代既没有一所培养石油工程技术人员的大专院校，也没有学校开设石油专业或有关石油专业的课程，石油专业教育还是空白。为解决技术人员的严重不足，曾采取几种办法：一是聘请或招聘外国技术人员来矿工作，并带领矿工学习技术。在早期钻采中，台湾出磺坑油矿、陕北延长油矿、新疆独山子油矿都曾先后聘请美国、日本、俄国（苏联）的技术人员到矿帮助工作；抗战时期，国民政府资源委员会也多次聘请美国钻井、炼油和采油技术人员到玉门油矿工作，向职工传授石油工程技术。二是选派工程技术人员到国外留学、实习、考察，培养自己的石油工程技术和管理人员。1908年，延长石油官厂从练习学生中选派4人到日本学习石油工程技术，这是中国最早派遣人员出国学习石油工程技术。1942年、1944年和1945年，国民政府资源委员会先后分3批选派技术人员到美国、法国、伊朗等国留学或实习，主要专攻石油技术。期间，还选派多人到国外专门学习考察石油工程技术。三是在研究机构、大学设置地质研究专业和科系，培养地质人才。1913年，北洋军阀政府在工商部成立地质研究所，主要任务是培养高级地质人才。此后，北京大学（前身为京师大学堂）、南京中央大学、中山大学、清华大学、重庆大学、山东大学、山西大学、浙江大学、北洋大学、台湾大学等都先后设置地质系或地质专业。虽然这些教育机构培养的学生没有专门学习石油地质课程，但很多人后来都从事了石油地质工作，造就了一大批石油技术人才。四是实习培训，在生产实践中开展培训技术人才。在延长石油官厂时期，中国已开始重视石油专门人才的培养，曾选派8名学生到生产现场练习，称为练习学生，并开始通过现场的实习锻炼、口授知识和派人到其他矿区实习等方式进行职工培训。抗日战争时期石油技术人员主要来源于各高等院校的应届毕业生，为了培养、选拔石油技术人才，制定了关于“选用新华大学生”、“工科学生来厂实习”等方面的一系列规则。要求毕业生到企业后都要进行3至6个月的实习期，企业为每个学生指定资深的技术人员作为指导老师，制订实习计划，实习涉及企业的每一个工种，使其对企业的所有生产工艺都有一个全面的了解，实习完毕写出书面总结由实习指导人员审查后交人事部门。然后这些学生被分配到基层生产单位担任工务员，他们在完成技术工作任务外，还和工人一起进行操作，为将来成为高级技术人员奠定基础。五是开办职业教育和职业学校，提高职工的技术水平。1939年后，各矿厂通过举办训练班、讲习班、讲座及现场师傅带徒弟等方式，由技术人员和外聘老师授课，进行工人培训，以培养技工。培训多半为脱产、半脱产或业余培训，主要学习钻井、炼油等技术，也开设一些政治课。从1942年开始，玉门油矿开始举办技工及初级技术人员培训班，既讲理论又练习操作。同时，还举办文化学习班，提高工人文化水平。1943年，玉门油矿开始举办机厂、矿场、炼厂等艺徒学校，要求入学者必须高小毕业，每天下班后用2个小时学习文化课和专业课，目的是培养各工种高级技工。此外，各油矿还通过组织技术高超的老师傅收徒弟等方式，培养了一大批技术工人。1942年，玉门油矿培养徒弟300多人，成为当时培养技工的一条重要途径。1945年7月，甘肃油矿局在玉门油矿开办第一所职工中专，即石油职业学校，以培养初级专业人员为主要目的，同时还举办文化补习班作为培养初级专业人员的预科班。

劳动组织管理方面。在早期没有明确分工的土法采油中，劳动组织工作只是业主的监督和对工人的奴役，工人主要从事简单的采油、运油等工作。在天然气井场中，为了衔接各工种的工作、劳动的协作配合和连续作业的工作交接等，就开始有了各工种的分工，劳动组织管理开始出现，因而出现了由各行的管事、掌柜等来组织劳动生产的情况。到了官办石油企业出现后，由于接触机器生产、聘用外国技师和工匠，开始有了工程师、技师来组织生产活动的工作。到了中国石油有限公司时期，国民政府资源委员会已经颁布“公司法”和一系列组织管理法规，构成了公司上下的经营管理体制，各层级组织都制定有本级的组织规程。在技术人员管理上开始规定技术职务及技术专责，设置正副工程师、地质师、管理师、研究员以及工人技师、技工等。

石油职工的工资与福利。抗日战争之前，各油矿的生产时开时停，工人工资待遇始终得不到保障。抗日战争后，随着石油工业的发展，各矿区职工工资与福利已经有了很大的变化。陕甘宁边区所属延长石油厂职工的工资开始时实行供给制，从1943年起工人实行工资制，干部实行供给制，工人的工作服、工作餐、住宿、就医等福利均由油厂供给，工人8小时之外工作还有加班费，工人月工资一般为30元边币（下同）左右，能供三四口人生活，干部每月只有1元的津贴，职工士气高涨，生产积极性非常高。在新疆地方政府与苏联合办的独山子矿区，苏联职工工资与中国职工工资待遇相差很大，最大差距达15倍，后来职工意见较大，纷纷要求增薪，差距有所减小。增薪后职员的月工资为最高一等400元新币（下同），最低三等90元；工人工资等级分为技工、技佐、技术员、技手、司机工、常工、车夫、杂役等，最高的一等技工400元，一等技佐300元，一等技术员200元，一等技手150元，司机工、车夫、杂役等80元，最低的二等杂役50元。最高工资是最低工资的8倍。职员和工人的最高工资无差别，仅在最低工资等级上有1.8倍的差距。职工除工资外，食宿、工作服也由油矿供给，有病到油矿医院医治，队伍趋于稳定。在国民政府统治的玉门油矿，工人们所受的剥削和压迫非常残酷，官僚资本家任意限制工人人身自由、延长劳动时间、榨取高额利润。玉门油矿职员工资分33级，底薪标准最高为600元法币（下同），最低40元；工人分26级，底薪最高40元，最低6元，工人与职员的最高工资相差15倍，最低与最高相差100倍，加上后来通货膨胀，法币、金圆券贬值，职工生活已难以维持。工人们通过罢工、逃亡等方式同国民党当局进行反饥饿、反剥削、反压迫的斗争，一些技术工人另谋生路，职工数量锐减。在日本帝国主义侵占的东北地区，石油工人工资微薄，劳动强度大，生活条件差，遭到残酷压迫，职工通过各种方式同日本侵略者进行坚决斗争。

（五）近代石油工业的企业管理

在近代石油工业的发展早期，对石油工业的发展和管理实际上仍处于一种盲目和粗放的状态，根本谈不上真正的企业管理。近代石油工业的计划管理，是从国民政府资源委员会经营石油事业开始的，在其1935年制订的三年计划中，明确将石油生产列入计划内容，从1936年起将石油工业列入国家预算。在制订宏观计划管理的同时，对正常的生产经营也实行计划管理，主要包括年度预算（经费预算书）、月度工作报告（月报）、年度工作报告（成绩检查报告书）3个业务程序，分别由各单位按业务程度在规定时间上报。从管理体制上来看，当时的财务计划是统一体的，设置财务处，掌管调度、会计、稽核等业务，并开始加强决算及盈亏分配方面的管理工作。在技术管理上，中国石油有限公司成立后，对技术工作制订了一系列业务规划，实行自上而下的垂直管理，并建立了有关奖励专利和发明创造的一系列规章。另外，设备和技术的引进是中国近代石油工业发展史上的一项重要工作，从开始引进动力钻机以后，各油矿都有购机聘匠的记载。在美国纽约设有中国石油有限公司办事处，专门负责洽商购料、聘请教师、引进技术等工作。

二、新中国石油工业管理体制和组织机构沿革

1949年10月1日，中央人民政府召开第一次全体会议，根据中国人民政治协商会议第一届全体会议通过的《中华人民共和国中央人民政府组织法》第十八条规定，决定设立中央人民政府燃料工业部（以下简称燃料部），作为政务院的组成部门，在政务院财政经济委员会（以下简称中财委）的指导下，主管煤炭、电力和石油工业的恢复及建设工作。主要职责是：拟定本部的工作计划和政府关于燃料工业的决议、命令；审核、批准本部所属各机构的工作计划，并监督其执行情况；编制本部业务的分析和决算；组织领导矿山企业接收、改造和新建工作；组织领导生产建设材料的供应工作；组织领导本部的统计工作；制订本部产品的销售计划，并监督保证产品的质量；推动各企业新技术的研究和改进工作；编制、审核有关产品的标准（规格）草案；编制设计及建设规范和手册；监督、审核私营燃料企业的登记及其业务的开展情况；研究与改进劳动组织定额和工资的标准化，编制工人考核手册，提高工人技能；开展煤矿、石油和电力等部门的领导和技术干部的培养工作；组织与指导本部财政工作的预算与决算；监督矿藏、发电厂和高压线路的运营；组织与管理本部所属学校、出版、设计及科学研究等事宜。10月19日，中央人民政府第三次会议任命陈郁为燃料部部长，李范一、吴德为副部长。11月，中共中央批准燃料部成立党组小组（后改为党组），陈郁任书记。成立时，部机关设办公厅、人事司、计划司、经理司，编制400余人。

（一）1950年前，石油企业实行分散管理的体制

中国共产党领导的解放战争，是从点到面逐步推向全国，各地从国民政府统治下获得解放的时间有前有后，接管石油厂矿也有早有晚。由于全国解放前各革命根据地（老解放区）比较分散，在当时的困难条件下，各根据地只能自主地进行经济建设，财政上则实行自收自支。这种体制沿用到全国解放初期，形成了石油厂矿由各地接收、分散管理的局面。

1947年5月，吉林桦甸解放，解放军接管桦甸油母页岩矿。1948年3月，吉林解放，当地人民政府接管四平油化厂；6月，吉林化工厅以日军未建成的

一个火药厂为基础筹建吉林江南化工厂；10月，抚顺解放，东北行政委员会接管抚顺矿务局西制油厂、东制油厂、人造石油厂和第一化学厂；11月，锦州和锦西解放，东北行政委员会接管锦州合成燃料厂、锦西燃料厂（即锦西炼油厂）。1949年5月，上海军事管制委员会派孙冶方为总代表、徐今强为军代表，接管国民政府资源委员会中国石油有限公司总部及其上海炼油厂（当时仍在前期筹建）。7月，中国石油有限公司下属上海营业所组建为华东区国外贸易总公司下属的中国石油运销公司（1950年更名为中国石油公司华东区公司，隶属于中央贸易部），实行产销分离。9月，解放军接管中国石油有限公司甘青分公司，并实行军管。11月，重庆解放，西南军政委员会接管中国石油有限公司四川油矿探勘处和重庆营业所。12月，解放军进驻新疆独山子油矿。建国初期，除甘青分公司等少数几个石油厂矿仍实行军事管制外，其余大多数石油厂矿均移交当地人民政府工业部门管理。

（二）1950年石油管理总局成立后，形成了天然石油与人造石油分开管理的体制格局

1950年1月，中财委在致华东财委并工业部《关于成立石油管理总局统一领导石油单位的通知》的电函中，提出了建立石油管理体制的设想。通知指出："为统一石油生产之领导，决定在燃料部直接领导下成立全国石油管理总局。今后西北石油管理局、原中国石油公司四川探勘处、上海炼油厂等单位有关生产建设计划、生产技术等问题统归该局领导。"3月，为统一全国的财政经济管理，政务院发布关于统一财政经济工作的10条规定，其中对国家所有的企业划分为三种：第一种是属于中央政府直接管理的企业；第二种是属于中央所有，委托地方管理的企业；第三种是划归地方政府管理的企业。从而将国营企业管理体制从分散管理转向以统一管理为主。

1950年4月，中央人民政府燃料部在北京召开的全国第一次石油工业会议上决定，在燃料部下设全国石油管理总局，负责石油工业的领导与研究工作，统一拟定生产、探勘、建设、财务、干部、器材供应、调拨及工程标准。石油管理总局在国家机关中是中央的第二级机构，直属燃料部领导。5月，燃料部任命徐今强任副局长并代理局长职务，严爽任副局长。6月1日，中国石油有限公司改组为燃料工业部石油管理总局，并开始在上海办公；22日，石油管理总局迁往北京办公，并于7月1日正式挂牌。成立时，石油管理总局内设

秘书处、人事处、计划处、经理处、生产技术处和探勘处等6个部门，干部70余人。9月，根据呈报的石油管理总局组织规程草案规定，其主要职权是：建议和掌握政府核定的发展石油工业（包括天然石油与人造石油）的方针与政策；配合全国经济建设计划研究和拟定石油工业的生产计划、基建计划和探勘计划，经政府核定后，负责检查其执行，监督其完成；研究和拟定石油工业的技术经济指标、质量指标和生产成本，经政府核定后，负责检查监督其实施；筹划和供应各企业必需之原料、器材、设备及动员其内部资源；领导和考核各企业、机构的财政措施、会计账表、经济核算和资金调拨；编制各企业、机构所需器材设备的规范，拟定材料的消耗标准，分析其使用结果，并筹划有关器材的国内制造；重要章约的审定、修改或废止；培养干部、领导劳动组织与定额和有计划地使用及调遣职工，并进行按件计资及超额奖励的工资制度；拟定所属各机构的设立、调整或解散，并核准其工作规程和办事细则。

1950年6月，石油管理总局迁至北京后，在上海成立办事处，负责就近处理总局在上海的相关业务；成立上海炼油厂，由总局直接领导。7月，将中国石油有限公司四川油矿探勘处和重庆营业所合并，正式成立石油管理总局重庆办事处，下设石油沟和隆昌2个气矿；以中国石油有限公司甘青分公司为基础组建西北石油管理局，负责领导西北地区石油工业的各项工作，下辖玉门油矿、延长油矿、运销公司、陕北探勘大队、西安办事处等单位。9月，根据中苏两国政府协定，中苏石油股份公司正式成立，独山子油矿移交中苏石油股份公司管理，燃料部石油管理总局为中方股东代表。至此，全国天然石油已由燃料部石油管理总局统一管理。

这一时期，东北的人造石油工业仍由东北人民政府直接管理。1950年，为加强对东北人造石油和炼油厂的管理，东北人民政府按照全国石油工业会议精神，在东北人民政府工业部的领导下，建立了东北人造石油工业会议制度，吸收东北化工局、抚顺、大连等地主要干部参加，经常进行生产技术的研究与改进。另外，由于新中国成立后大连中苏石油精制股份公司原国民政府股东已不复存在，该公司实际上由苏方单独经营。

（三）1951年至1953年，石油工业初步形成部、总局、局、厂矿四级管理体制

1951年初至1953年7月期间，石油管理总局调整组织机构，明确各级职责，

开始把由各地工业部门管理的石油厂矿集中起来统一管理，石油厂矿逐步从分散管理走向集中统一管理，并初步形成了部、总局、局、厂矿四级管理格局。

1951年1月，大连中苏石油精制股份公司苏方股权移交中方，由中方独自经营，并更名为大连石油厂。9月，石油管理总局决定在北京、西南、西北、东北建立4所石油专科学校，随后陆续组建了西南石油工业专科学校（后更名西南石油工业学校）、西北石油工业学校、北京石油工业学校，加上此前由大连中苏石油精制股份公司成立的大连石油工业学校，到1952年8月，新中国4所中等石油专业学校全部建成。12月，石油管理总局上海办事处接管上海万国橡胶厂。同年，为更好地适应石油工业组织管理的需要，石油管理总局先后对机关部门进行调整，将秘书处改为办公室；原经理处财务工作划出，成立财务处；经理处更名为供应处；生产技术处人造石油小组和设计小组工作划出，成立设计处。机关部门由成立时的6个增至8个。

1952年8月，中苏石油股份公司中国方面委托中央人民政府燃料部领导，由石油管理总局负责建立领导关系。9月，为加快东北地区石油工业的恢复和发展，燃料部和东北人民政府决定成立东北石油管理局，负责领导东北地区石油工业的各项工作，由东北人民政府工业部领导。东北石油管理局成立后，开始接管分布在东北各地的石油加工企业，并将抚顺矿务局西制油厂、抚顺矿务局东制油厂、抚顺矿务局人造石油厂、抚顺矿务局化工厂、锦州合成燃料厂、锦西炼油厂、大连石油厂、吉林四平油化厂、吉林桦甸油母页岩矿、吉林江南化工厂等单位分别更名为东北石油管理局第一至第十厂。11月，为进一步做好国民经济恢复后期的石油探勘工作，燃料部石油管理总局和西南军政委员会决定，撤销重庆办事处，成立西南军政委员会工业部西南石油探勘处；同时，西南石油工业学校更名为重庆石油工业学校。年底，西南石油探勘处划归石油管理总局直接领导，并更名为石油管理总局西南石油探勘处。

（四）1953年至1955年，石油工业逐步由部、总局、局、厂矿四级管理向部、总局、厂矿三级管理过渡，逐步加强集中统一管理的体制格局

1953年7月至1955年7月期间，国家开始实行第一个五年计划，财政经济管理学习苏联模式，实行集中统一的计划经济管理体制。石油管理总局按照要求，有计划地调整组织机构，减少管理层级，石油工业逐步由四级管理向三级管理迈进，为集中、统一管理创造了条件。

1953年1月，东北石油管理局划归石油管理总局领导；高教部、燃料部商定，天津大学附设石油工业学校由燃料部领导，3月明确由石油管理总局领导，5月更名为天津石油工业学校。2月，重工业部西南工业部三〇三厂划归石油管理总局，9月更名为石油管理总局隆昌炭黑厂。3月，为加强石油设计力量，石油管理总局将设计处扩编为石油设计局，为总局直属单位。4月，燃料部决定，将煤矿管理总局所属抚顺矿务局研究所有关油类部分划归东北石油管理局管理，成立东北石油管理局抚顺研究所。5月，陇海铁路管理局宝鸡机厂由铁路系统移交燃料部石油管理总局领导，更名为石油管理总局第一机械厂。7月，商业部、燃料部决定，将石油管理总局所有石油销售业务划归商业部领导，石油管理总局兰州运销公司移交商业部；石油管理总局撤销西北石油管理局，其所属玉门矿务局、延长油矿、咸阳器材库、西安石油工业学校等单位由石油管理总局直接领导，同时在西安成立地质局、钻探局；培黎工业学校更名为培黎石油技工学校，划归钻探局领导；为加强西部油气资源的运输工作，石油管理总局成立运输处，交由玉门矿务局领导。9月，石油管理总局在北京成立甘肃炼油厂筹备处，随后迁至兰州并更名为兰州炼油厂筹建处；北京石油工业学校更名为北京石油地质探勘学校；西安石油工业学校更名为西安石油学校；天津石油工业学校更名为天津石油学校；大连石油工业学校迁至抚顺市，更名为抚顺石油学校。10月，成立北京石油学院，接受高等教育部和燃料部的双重领导；重庆石油工业学校更名为重庆石油学校，直属石油管理总局领导。11月，石油管理总局撤销东北石油管理局，将其所属第一至第十厂、抚顺研究所、抚顺石油学校等单位划归石油管理总局直接领导，其中东北石油管理局第一至第十厂更名为石油管理总局东北石油一厂至东北石油十厂。12月，为加强东北人造石油厂建设施工力量，石油管理总局成立东北建筑安装工程公司；为加强东北地区的器材供应工作，石油管理总局成立东北供应站。

1954年4月，石油管理总局决定，撤销西南石油探勘处，成立钻探局西南石油钻探处和地质局西南石油地质处。9月，中央人民政府燃料工业部更名为中华人民共和国燃料工业部（以下简称燃料部），作为国务院的组成部门，由国务院第二办公室协助总理管理，继续行使原职责，石油管理总局仍隶属于燃料部管理。12月，为尽快扭转石油普查勘探工作的落后局面，国务院决定，从1955年起，地质部担负石油、天然气的普查任务；石油管理总局担负石油、天然气详查细测和钻探开发任务；中国科学院地质研究所担负石油综合研究任务。同时，成立石油普查委员会，李四光兼任主任，刘毅任党委书记，谢家荣、黄汲清为技术负责人。

为加强石油地质勘探领导和管理工作，增强部门间的沟通与配合，经中央批准，1955年，石油管理总局对下属机构进行大规模调整。调整的基本原则是：加强探勘，适应新情况，加强以地区为主的地质钻探合一的统一领导，依靠地方党委政府，便于企业配合协作，及时解决问题，并使工程工序得到合理安排；建立技术责任制，在石油系统各级机构及基层厂矿均建立总工程师制，探勘及采矿机构增设总地质师，在总局则依据专业性质，分别设置总工程师；总局工作量增加后，为加强总局领导，维护专业工作均衡发展，增设副局长，并明确专责分工；各级机构组织力求合理，编制人数力求精干并严加控制；在干部安排上以加强基层为主，做到经济合理的安排，充分发挥现有技术力量。

1955年1月，中苏石油股份公司中的苏联政府股份全部移交中国政府，并更名为新疆石油公司，直属石油管理总局领导。2月，燃料部决定，将石油管理总局所属石油院校划归燃料部直接领导，具体工作由石油管理总局管理。4月，根据燃料部对调整石油勘探组织机构的指示，石油管理总局决定，撤销地质局和钻探局，其所属地质队和钻探队划归各勘探区域新成立的机构；成立四川石油探勘局，负责西南地区的地质探勘工作；成立青海石油探勘局，负责青海地区地质探勘工作；成立西安地质调查处，负责甘、青、川、新以外地区的地质调查工作。调整后，总局直属油气田勘探单位变更为玉门矿务局、新疆石油公司、青海石油探勘局、四川石油探勘局、延长油矿、西安地质调查处等6个单位。5月，石油管理总局决定，在西安成立器材供应办事处，统一负责西部地区的器材供应工作；在广东茂名地区成立茂名页岩油厂筹建处，统一领导该地区各企业的筹建工作；隆昌炭黑厂划归四川石油探勘局领导。7月，成立兰州建筑安装工程公司，负责兰州炼油厂的建设工作。

期间，为进一步加强石油管理总局的领导和管理职能，多次对石油管理总局机关组织机构进行调整。1953年，撤销生产技术处，分别成立炼油处、钻井处、采油处和技术安全监察处；撤销设计处，成立石油管理总局直属的石油设计局；探勘处更名为地质处；成立基建处；将供应处运销工作划出，成立运销处。调整后，石油管理总局内设12个处室，机关人员编制530余人。

1954年1月，石油管理总局决定，将基建处机电业务划出，成立机电处。6月，人事处劳动工资工作划出，成立劳动工资处。1955年1月，根据燃料部指示，为了更好地发挥苏联专家的作用，保证专家建议能够得到有效执行，石油管理总局决定成立专家工作室，并要求石油管理总局所属各局、厂、矿等单位，根据具体情况建立专家工作机构；将人民监察室从人事处划出，直属石油管理总局领导。4月，为加强科学技术的研究和管理工作，将原炼油处科学研究部分工作划出，成立技术处。调整后，石油管理总局机关下设办公室、专家工作室、人事处、劳动工资处、人民监察室、供应处、财务处、运销处、计划处、基建处、机电处、地质处、钻井处、采油处、炼油处、技术安全监察处和技术处等17个处室，人员编制600余人。

通过对石油企业组织机构的调整，进一步理顺了各级管理权限，石油管理总局与各基层单位直接建立了领导关系，减少了管理层级，优化了组织结构，实现了从部、石油管理总局、局、厂矿四级管理向部、总局、厂矿（局）三级管理体制过渡，管理效率得到进一步提升。总局直属机构由6个增至26个，壮大了地质、钻井、设计、基建及运输力量，提高了专业技术人员的技术水平和管理水平，对石油工业的发展起到了一定促进作用，也锻炼了各级领导干部。

截至1955年6月，石油工业油气勘探开发和炼油化工生产企业中，主要从事天然石油勘探的单位有：四川石油探勘局、青海石油探勘局、西安地质调查处；生产天然石油的单位主要有：玉门矿务局、延长油矿、新疆石油公司和四川石油探勘局隆昌炭黑厂（后更名为隆昌气矿）；生产页岩人造石油的单位主要有：东北石油一厂、东北石油二厂、东北石油九厂；生产煤炼人造原油的单位主要有：东北石油五厂（1956年形成生产能力）、东北石油六厂；生产汽油、煤油、柴油石油产品的单位主要有：东北石油一厂、东北石油三厂、东北石油五厂、东北石油六厂、东北石油七厂、东北石油十厂、上海炼油厂、重庆炼油厂和玉门矿务局、延长油矿、新疆石油公司；生产燃料油的单位主要有：东北石油一厂、东北石油四厂、东北石油五厂、东北石油七厂、东北石油十厂、上海炼油厂和玉门矿务局、延长油矿、新疆石油公司；生产炭黑的单位主要有：东北石油四厂、隆昌炭黑厂；生产焦炭的单位主要有：东北石油三厂、东北石油五厂、东北石油六厂；生产硫酸的单位主要有：东北石油一厂、东北石油二厂。另外，东北石油八厂当时没有石油生产能力，主要从事部分金属加工业务。

1955年7月，国家撤销燃料工业部，成立石油工业部。石油工业管理体制由部、总局、局（厂矿）三级改为部、局（厂矿）两级管理，中间层次减少，新中国与计划经济相适应的石油工业两级组织管理体制基本形成，并一直延续到20世纪80年代。

三、石油工业的恢复与发展

1949年，中华人民共和国诞生，揭开了中国石油工业新的历史篇章。在中国共产党的领导下和优越的社会主义制度下，中国石油工业同国民经济其他部门一样，首先进入了三年恢复和初步发展时期。

（一）石油工业生产恢复的任务和方针

建国初期，石油工业的基础仍然极其薄弱，石油生产和加工能力十分有限。当时，天然石油主要集中在西北，天然气主要在四川，人造石油厂则集中在东北，产量都很低。1949年，全国原油产量（不包括台湾，下同）只有12万吨（天然石油7万吨，人造石油5万吨），不到旧中国最高年产量的40%。天然石油地质勘探的专门人才严重匮乏，仅有石油地质干部24人，钻井工程师10余人，采油工程师5人；全国可使用的钻机只有3部。全国石油资源的分布状况基本不掌握，对已开发的玉门、延长等油矿资源情况也未摸清，亟待进一步勘查。东北的人造石油工业刚刚开始恢复，生产能力低下，而且多系日本人在侵华战争时期，为解决石油迫切需要仓促而建，缺乏整体布局，8个人造石油厂就有6种不同的生产方式，技术问题复杂。全国仅有86万吨的炼油设备也遭到很大破坏，较完整的只有玉门油矿、抚顺矿务局工业处西制油厂（后为石油一厂）、锦西炼油厂（后为石油五厂）等单位约30万吨的炼油能力。

新中国成立以来，中央政府对石油工业的恢复和发展给予了极大地关心和支持。中华人民共和国刚刚成立，中央人民政府迅速组建燃料部，立即着手恢复石油工业的生产建设。

1950年初，中财委发出指示，要求“加强陕北勘探工作”。1月，中共中央书记处书记、中央人民政府副主席刘少奇向正在苏联访问的中共中央主席、中央人民政府主席毛泽东建议，同苏联政府协商，在新疆合办石油企业和有色金属冶炼企业，得到毛泽东重视，开启了中苏两国在新疆创办新疆石油联合股份公司（简称中苏石油股份公司）和有色及稀有金属股份公司的谈判。2月，《中苏友好同盟互助条约》在莫斯科签订。根据条约规定，苏联政府从当年起，派出专家和技术工人援助中国包括石油工业在内的经济建设，同时部分专家到中国石油院校任教。3月，中苏两国政府在莫斯科签署以平权合股形式，创办中苏石油股份公司和有色及稀有金属股份公司的协定。协定规定，中苏石油股份公司"在新疆省进行寻觅、探测、开采及提炼石油和煤气"，"产品由中苏双方平分之"，"公司之开支及其所得之利润同样由双方平分之"。同时，大连中苏石油精制股份有限公司恢复生产，当年加工苏联原油5万吨。

4月13日至24日，燃料部在北京召开第一次全国石油工业会议，燃料部部长陈郁作了关于《中国石油工业方针与任务》的报告。会议通过了《第一次石油工业会议决议》，并确定了"在三年内恢复已有基础，发挥现有设备的效能，提高产量，有步骤、有重点地进行探勘与建设工作，以适应国防、交通、工业与民生的需要"的基本方针。会议同时要求，根据基本方针，必须加强领导和有计划地使用现有的工程干部与各项设备、器材，采用先进技术，落实企业化的定额管理制度，以达到质好、量多、成本低与效率高的目标。会议决定大力开发西北石油资源，尽快恢复东北人造石油工业，并且有计划地向这两个地区调送大批优秀干部，同时大力培训和培养石油干部。这次会议确定的方针及其贯彻执行，使中国石油工业得以很快恢复，并取得了初步发展。

（二）石油工业生产的三年恢复

1950年至1952年，是石油工业的三年恢复时期。石油管理总局按照中央统一部署，迅速恢复在旧中国遭到严重破坏的石油工业，领导广大职工进行民主改革和生产改革，逐步实现国家对石油工业的社会主义改造。

恢复西北老油田，努力增产天然原油。旧中国在大陆上建立的甘肃玉门、新疆独山子、陕西延长3个天然油矿中，玉门油矿1949年原油产量为6.9万吨，占当年全国天然原油产量的98%。因此，决定将恢复工作的重点放在玉门。1949年9月解放后，玉门油矿军代表迅速领导全体职工恢复和发展生产，对原有的技术人员和管理人员，实行"原职、原薪、原制度"的政策，在工作上妥善安排。1950年2月，经过民主选举，玉门油矿产生了第一届工厂管理委员会，管委会发动群众，进行民主改革，建立新的管理制度。广大职工的生产积极性空前高涨，钻井工人打破惯例，坚持冬季出工，全矿生产建设一派欣欣向荣。从1950年至1952年，玉门油矿3年完成钻井进尺1.7万米，相当于该矿解放前十年钻井总进尺的四分之三，增加30口生产井。1952年玉门油矿生产原油14.3万吨，为解放前全矿最高年产量7.8万吨的1.8倍。1947年延长油矿一度被国民党占领，1948年重新回到解放区后迅速恢复了生产，1952年，生产原油756吨。新疆独山子油田的恢复是同苏联合作进行的，1950年该矿只有2口出油井，日产原油2至3吨。到1952年又完成并投产生产井12口，全年生产原油5.2万吨，相当于独山子油矿解放前累计产量的4.5倍。截至1952年底，中国天然原油年产量已达19.54万吨，为旧中国天然原油最高年产量8.2万吨的2.3倍。

以陕、甘地区为重点，开展石油资源勘探。1950年3月22日至27日，燃料部勘探组召开筹备工作会议，勘探组技术负责人孙健初主持会议。会议根据中央“重点勘探天然石油，有步骤、有重点地恢复人造石油”的方针，讨论了石油勘探的基本原则、勘探重点和1950年至1952年的勘探工作计划等。会议期间，还邀请了在北京的袁复礼、潘钟祥、王嘉荫等30余位地质专家和教授进行座谈，就中国石油资源的发展前景和勘探方向征询意见。与会的专家们提出，除已知的陕、甘、青、新、川的油气资源外，中国的东北、西南、中南和华北广大地区都可能蕴藏石油，值得进行勘查。但考虑到国家财力、物力的实际情况，应该把原有工作基础较好的地区作为钻探重点，同时，有计划地进行广泛的地质调查和地球物理勘探工作。根据与会专家的建议，并同苏联专家交换意见后，确定集中主要力量，以过去有一定工作基础和已发现油田的陕甘地区为勘探重点，在甘肃河西走廊和陕西、四川、新疆的部分地区开展地质调查、地球物理勘探和钻探工作。1952年6月，政务院副总理陈云、李富春给中共中央西北局书记习仲勋写信，强调要大力开发西北天然石油，要将石油工业的建设放在今后国家工业建设的主要地位，并请他对陕北和甘肃河西地区的石油勘探与开发予以支持和重视。在各级领导的重视和各方面的支持下，西北地区的石油勘探在三年间普查面积达2万多平方千米，发现适于储油的构造50个，并在老君庙、延长2个老油田的外围，陕北的四郎庙、永坪，酒泉盆地的石油沟、青草湾，潮水盆地的窖水等7个构造上进行钻探，扩大老君庙油田的含油面积，增加地质储量，探明了延长永坪油田。同时，在新疆准噶尔盆地南缘的天山山前坳陷区和南疆的喀什及库车地区也进行地质、地球物理调查及钻探，在准噶尔盆地西北缘的克拉玛依地区进行初步地质调查及电法勘探，并在浅井中见到了油气显示，新中国石油勘探由此迈出了第一步。同时，在玉门油矿，改建达布斯裂炼厂，新钻生产井，新建叠合厂、汽油处理厂及柴油冷榨去蜡厂。在延长油矿，新钻生产井并新建炼炉。

积极恢复东北人造石油工业。1949年以前，中国基本上没有像样的炼油工业。中国的石油炼制工业是20世纪30年代从炼制人造石油（页岩油、煤制油）起家的，而且主要生产能力集中在东北的抚顺地区。日本帝国主义侵占中国东北期间，在辽宁、吉林建造的几个人造石油厂，到1948年只有抚顺西制油厂的两座干馏炉维持生产，其他厂基本处于停产状态。至1949年，人造石油年产量下降到5.1万吨，仅为新中国成立前最高年产量25.7万吨的20%。由于东北的辽宁、吉林有着丰富的油页岩资源，尽快恢复人造石油生产，对适应国家需要具有重要作用。东北解放后，各人造石油厂相继开始恢复生产，1952年东北石油管理局成立后，进一步加强了恢复工作的领导。各人造石油厂在接管初期，设备、材料和技术人员极其缺乏，有的厂连资料和图纸都被烧毁或运走，恢复工作十分困难。但这些工厂在中国共产党领导下，充分发动群众，收集散失器材，依靠老工人的经验，发挥技术人员的作用，以挖、修、改、代等办法，克服设备器材不足的困难，分批分期实现了恢复计划。在两年多时间里，除东北石油二厂（原抚顺东制油厂）和东北石油五厂（原锦西炼油厂）已恢复生产外，东北石油一厂（原抚顺西制油厂）、东北石油三厂（原抚顺人造石油厂）、东北石油九厂（原桦甸页岩油厂）、东北石油六厂（原锦州合成燃料厂）等几个主要企业也都完成了部分恢复工作。到1952年，人造石油年产量达24万吨，占当时全国原油总产量的55%；全国原油加工量53.3万吨。其中当年东北石油一厂生产人造原油22.5万吨，占93.75%；加工原油22.6万吨，占42.4%，当时抚顺已成为新中国名副其实的人造石油和炼化生产基地。东北人造石油工业的恢复，不但支援了国家建设，还为抗美援朝战争提供了油品供给。

三年恢复期间，在中央关于“重点探勘天然石油，有步骤、有重点逐步地恢复人造石油”的正确方针下，石油管理总局对天然石油和人造石油都做了许多工作，石油工业得到了迅速恢复。到1952年，地质干部由24人增加到160人，钻井队由3个增加到21个（不含新疆地区）；三年恢复时期钻井进尺7.68万米，为解放前32年（3.74万米，不包括中国台湾）的2倍；原油产量达到43.56万吨，为1949年的3.6倍；炼油厂设备生产能力由30万吨增至99万吨；页岩油设备生产能力由5万吨增加到25万吨。国家对石油工业投资13635亿元（当时币值，下同），利润折旧上缴13929亿元。与1950年相比，1952年劳动生产率上涨205.6%，成本降至63%，生产总值为273%，平均发展速度为15.5%。

（三）优先发展天然石油，新中国石油工业初具规模

1953年，中国第一个五年计划开始时，被认为是“工业血液”的石油仍然十分短缺，石油工业在国家的工业部门中，还是最薄弱的一个环节。按照中国1952年石油产品的产量，自给率只有不到四分之一。尤其困难的是，还不掌握当时石油资源的储备情况，而“中国贫油论”的悲观论调仍很有影响，严重阻碍了石油工业的战略决策和布局。中国究竟走人造石油的加工路子，还是走开发天然石油的路子？对此，毛泽东、周恩来等国家领导人都十分关注，希望弄清楚中国到底有无丰富的油气资源，以便制定一个合理的中国能源政策。

1953年10月，苏联政府派出以特拉菲穆克院士为首的6位高级专家来华，帮助制订新中国石油工业的第一个五年计划和调查评价甘肃石油资源是否能满足将要建设的兰州炼油厂所需原油。为帮助中国展开大规模石油地质普查勘探，在北京短期工作结束后，苏联专家在石油管理总局局长康世恩的陪同下，历经7个省，历时5个多月，足迹踏遍大半个中国，对玉门、陕北、四川、贵州、广东和广西等地的石油地质情况进行了一次实地大调查，并对中国石油工业远景进行了全面探讨。特拉菲穆克组织专家们认真总结，完成约40万字的《中国油气田》石油地质专著。特拉菲穆克从石油地质的基本理论出发，对中国主要沉积盆地和全国含油气远景作了积极评价。这次调查，无论是对中国的石油工业领导人来说，还是对中国的石油地质学家来说，都是一个非常重要的转折，使他们了解了中国石油资源极其丰富这个现实，对在中国大地上找油增强了信心，同时在研究和部署石油勘探问题时，树立了战略眼光和整体观念。

12月，毛泽东、刘少奇、周恩来、朱德等中央领导同志把地质部部长李四光请到中南海，征询他对中国石油资源的看法。毛主席十分担心地说，要进行建设，石油是不可缺少的，天上飞的，地下跑的，没有石油都转不动。李四光根据数十年来对地质力学的研究，从他所建立的构造体系，特别是新华夏构造

体的观点，分析了中国的地质条件，陈述了他不同意“中国贫油”的论点，深信在中国辽阔的领域内，天然石油资源的蕴藏量应当是丰富的，关键是要抓紧进行地质勘探工作。他提出，应当打开局限于西北一隅的勘探局面，在全国范围内广泛开展石油地质普查工作，找出几个希望大、面积广的可能含油地区。这同燃料部及国内其他方面的许多地质学家的意见是一致的。中央在第一个五年计划中明确提出：“石油工业在我国特别落后，不但产量很低、设备能力很小，而且是资源情况不明。因此，要求我们大力地勘查天然石油的资源，同时发展人造石油，长期地积极地努力发展石油工业”。同时，将玉门油矿、兰州炼油厂、东北石油二厂等列入国家“一五”期间156个重点大型项目建设计划。

1954年3月，石油管理总局邀请李四光到石油管理总局作了题为《从大地构造看我国石油勘探的远景》报告。李四光提出了中国三大石油勘探远景区：青、康、滇、缅大地槽；阿拉善—陕北盆地；东北平原—华北平原，并建议从东北平原起，通过渤海湾，到华北平原，再往南到两湖地区，可以先做些工作。同年12月，国务院决定，从1955年起，除由燃料部石油管理总局继续加强对可能含油构造的细测和钻探外，并由地质部、科学院分别承担石油和天然气的普查和科学研究工作。

1955年1月20日，地质部召开第一次石油普查工作会议。根据会议决议，组成了新疆、柴达木、鄂尔多斯、四川、华北5个石油普查大队。6月，成立松辽平原探勘组。1955年是全国石油地质普查工作大丰收的一年，发现了很多可能储油的构造，同时通过对华北平原、松辽平原的概略普查，认为这两个地区有较好的含油前景，值得进一步开展工作。6月13日至23日，石油管理总局在北京召开第六次全国石油勘探会议，确定1955年以酒泉、四川、柴达木盆地为勘探重点，并在华北平原进行地球物理勘探。

国家“一五”计划的执行，推动了石油工业主体业务的发展。从1953年开始，玉门油矿、兰州炼油厂、东北石油二厂等，开始执行“一五”计划，着手进行筹备和建设。随后，石油勘探力量迅速壮大，石油管理总局成立了地质局和钻探局，地质局下属有陕北、酒泉、潮水、民和等4个地质大队，钻探局有下属延长、四郎庙、枣园、永昌、永坪、民和等6个钻探大队。第一个五年计划的前三年，在地质勘探方面，虽然石油工业的装备落后，经验很少，三分之二以上的勘探力量集中在酒泉、潮水、民和、准噶尔、吐鲁番、柴达木等盆地的局部地区，只有少数队伍在四川及其他一些地区工作。在此期间，也只在甘肃发现了白杨河、石油沟2个小油田，在青海油泉子构造和新疆克拉玛依地区各有一口井出油，初期勘探效果并不理想。但是，随着地质勘探工作的深入开展，人们开始逐渐认识到在中国广袤的大地上储存着大量石油，使得石油工业发展的指导思想发生了重大转变，为后期打开新局面奠定了良好的基础。在石油炼制方面，改建了玉门油矿、延长油矿的裂炼厂及上海炼油厂，进一步恢复了东北各厂的炼油设备和生产能力。1954年，原油产量78.9万吨，天然气产量5491万立方米。截至1955年8月，石油工业的几个主要指标与1949年相比，发生了翻天覆地的变化，月平均生产总值提高19.6倍，原油产量提高7.8倍，劳动生产率提高5.1倍，钻井进尺提高61.2倍。1955年，中国原油年产量96.6万吨，其中天然石油产量42.3万吨、人造石油产量54.3万吨；天然气产量6461万立方米。

在1949年至1955年期间，石油工业的各项工作，得到了中央各部门和地方政府的大力帮助。如干部和工人的培养教育、充实增加，得到了教育部门、劳动部门以及军委的大力帮助；页岩与炼油煤的供应，得到了燃料部煤矿管理总局的大力帮助；各种器材的进口与制造及生产上的联系与配合，得到了对外贸易部、重工业部、各机械部、化学工业管理局等单位的协助；地质勘探与科学研究方面得到地质部与科学院的帮助，尤其是在1954年石油工业加速发展方案提出后，地质部与科学院在人力与物力上给予了大力支援。

四、石油工业管理制度的初步形成

新中国成立初期的石油企业，原来的基础很不相同，管理制度各异。石油管理总局成立后，根据当时石油工业的实际状况和燃料部的统一部署要求，经过民主改革并吸收了苏联的一些做法，建立健全社会主义国有企业管理制度和生产管理制度，逐步确立了石油工业的管理制度体系雏形。

（一）坚持思想领先的原则

1949年新中国成立后，石油厂矿开始逐步转变为社会主义的国营企业，广大石油职工从被剥削的雇佣劳动者地位中解放出来，成为国家和企业的主人。国家从接管企业时起，就把中国人民解放军注重思想政治工作的传统做法运用到石油企业管理中来，在各项工作中实行思想领先的原则，把行政管理制度的建立与执行和各项任务的完成，尽可能建立在上下一致和群众自觉的基础上。50年代初期，在企业的民主改革和恢复工作中实行思想领先的原则，使石油工人真正感受到自己在企业中的主人翁地位，在企业职工中第一次建立起在根本利益一致基础上共同劳动的新型关系，极大地激发了职工群众的积极性，以旧中国难以想象的效率，完成了恢复和发展生产的任务。

（二）对石油企业进行民主改革，推行厂长负责制

1949年，石油工业在接管旧中国的石油企业以后，按照中央统一要求，开始对石油企业进行民主改革，到1952年“三反”（反贪污、反浪费、反官僚主义）运动结束时基本完成。这项改革的主要目标是：通过镇压反革命、“三反”运动和知识分子思想改造等工作，清除隐藏的反革命分子，改造旧职工的思想作风，建立社会主义新型的企业领导者与管理人员、工程技术人员和工人群众的关系。具体工作方面包括：企业接收时首先派遣军事代表进行监督和间接管理，发动与依靠人民群众，打击隐藏在企业内部的反革命分子；纯洁工人队伍，进行“三反”运动；废除企业中带有封建性的剥削压迫关系的旧制度；建立企业或工厂管理委员会与职工代表会议，推行管理民主化；委派厂长（或经理）管理企业，实行厂长负责制与管理民主化结合；建立健全企业或厂矿中的党团、工会组织，充分发挥党组织的监督作用，并依靠工会组织教育与组织广大职工群众；积极推广先进经验，发挥先进者的带头作用。上述工作的开展，对提高职工劳动积极性，建立新型的社会主义企业制度等方面都发挥了重要作用。

在1952年底“三反”运动结束、基本完成民主改革之后，石油企业工作重点由民主改革转向了生产改革。1953年，随着中央对工业管理体制的日益重视，开始在全国各石油厂矿企业全面推行厂长负责制，同时要求加强党的政治领导和监督作用。

（三）健全企业管理机构和生产责任制度

建国初期接收的石油厂矿企业普遍存在管理机构不健全，缺乏科学分工，生产建设、原材料供应、产品质量、机器保护与维修等各个方面无人负责的情况。为了克服由于历史上遗留下来的若干不合理制度和坏风气而引起的生

产混乱、安全事故多及生产率低下等问题，提高各级管理水平，开始在石油工业的主要厂矿推行作业计划，建立厂矿调度纲要和每日检查制度，并实行全厂指示图表及以作业计划为中心的日进度竞赛，大力推进技术管理，推广先进经验，推动各级干部深入现场，抓主要矛盾，稳扎实干，使得生产、建设等各个方面均取得很大成效。

1951年3月，东北工业部制定《东北区工程技术人员职责暂行条例》，规定各厂矿及局属各处以上企业管理机构，设立主任工程师（必要时可设副职）及各专业工程技术人员，明确主任工程师对各单位的工程技术业务负全部责任。生产责任制的建立和执行，对于解决当时存在的生产无人负责的状况，提高职工的责任心，都发挥了重要作用。之后开始在全国石油企业推广，到1953年，各石油企业普遍建立健全了包括行政专责制、技术责任制、生产调度责任制、设备维护与维修责任制、安全技术责任制、技术供应责任制以及成本财务责任制等一系列相关制度，修订了各项操作规程及安全运行规程。在实施过程中，加强计划和定额管理，实施作业计划，克服生产中的不均衡现象。加强技术管理，以提高企业的生产技术水平，强调制定产品的技术标准，推行新工程规程，提高各种产品收率等。加强设备维护保养管理，提高设备完好率。在劳动纪律、安全生产及卫生管理等方面也开展了一系列工作。

（四）推行经济核算制

由于长期战争环境形成的供给制已不能适应恢复和发展工业的需要，政务院于1951年4月通过的《关于1951年国营工业生产建设的决定》提出：国家对国营企业经过以下五项方法，实施经济核算制的管理：即实行计划管理，建立系统的检查制度；确定每个企业必要的固定资产与流动资金；实行独立会计制，逐渐发挥银行对企业财务活动的监督作用；在完成国家平衡计划的条件下，企业有权通过合同制自行销售产品与收购原材料；实行工厂奖励基金制。随后，石油企业按照基础差别，有针对性地推行经济核算制。1953年后，又重点在资金管理、成本管理以及材料管理与核算等方面进行了改进和完善。

（五）改革工资制度

建国初期，面对严重通货膨胀的局面，实行了以实物为基础计算工资的办法，这对于保证职工生活和维护社会稳定起到了重要作用。全国物价稳定后，工资制度成为改革的重点。从1951起，各大行政区根据各自情况，先后进行了工资改革。改革的内容主要有：统一以“工资分”为工资的计算单位；企业工人实行新的工资等级制度，职员实行新的职务等级制度；推广计件工资制和奖励工资制；统一工资总额组成。这次工资改革对于保证职工生活，提高工资水平和激发职工的劳动激情，都起到了推动作用。

（六）开展生产竞赛活动

随着厂矿企业民主改革和生产改革的进行，极大地增强了职工群众的主人翁精神，劳动积极性日益高涨，生产竞赛也随之逐步开展起来。生产竞赛期间，职工群众在改进机器、改进操作方法、改进劳动组织等方面，积累了很多先进经验，提出了许多合理化建议，对石油企业的生产恢复发挥了积极作用。

通过一系列管理制度的实施，使得安全情况明显好转，生产建设稳步有序，部门之间的配合协作日益规范，极大地提高了各单位的劳动生产能力和劳动生产率。

五、石油工业干部人才队伍的发展壮大

1949年底，全国石油职工人数只有1.1万人（不包括台湾省），其中技术干部约700人、管理人员600多人。在技术干部中，从事石油地质的技术干部仅20余人，钻井工程师10余人，地球物理、采油的技术人员也各只有几个人，石油专业技术力量十分匮乏。石油管理总局成立时，干部只有七八十人，而且大部分干部都是刚参加革命不久，没有经过长期的锻炼考验；从解放区来的干部，虽然长期参加革命，但对石油工业是门外汉，业务水平不够。石油工业要发展，干部和人才队伍成为关键。因此，中共中央和燃料部对此非常重视。早在1950年4月，燃料部在北京召开的第一次全国石油工业会议上，干部和人才问题就作为一项十分重要的工作被列入会议议程。

（一）多渠道调配骨干力量充实石油职工队伍

在三年恢复期间，新中国石油工业队伍主要来自四个方面：

一是党政军干部。解放战争后期和中华人民共和国成立以后，中共中央从中国人民解放军和老解放区抽调了大批干部，接管或参加石油厂矿的工作，

国家还从其他兄弟部门，调集了一批管理干部和技术人员转到石油行业工作。

二是旧中国从事石油生产、技术或管理工作的石油工作者和建国初期从国外归来的爱国知识分子。他们是新中国成立后石油工业的业务、技术骨干，积极参加新中国石油工业的创建工作，为中国石油工业的发展作出了贡献。

三是国家分配的大中专毕业生和多种方式培训、选拔的干部。三年中，通过举办各种专业训练班、委托清华大学等高等院校设置石油专业等渠道，共培养各类石油专业技术干部700多人。连同国家分配的大中专毕业生170多人，这个时期新增加技术干部近千人。此外，各石油厂矿还通过多种方式，从工人中培养、选拔干部，仅玉门油矿两年内就从工人中选拔300多名干部。

四是中国人民解放军成建制转入石油工业。1952年2月，正当国民经济恢复任务接近完成，有计划的经济建设即将开始之际，毛泽东发布命令，批准中国人民解放军第十九军第五十七师转为中国人民解放军石油工程第一师。命令指出："你们过去曾是久经锻炼的有高度组织性纪律性的战斗队，我相信你们将在生产战线上，成为有熟练技术的建设突击队。"从此，以张复振为师长、张文彬为政治委员的石油师全体指战员7747人，成为石油产业大军的一支生力军。这支队伍和以后几批陆续复员转业到石油战线的解放军指战员，大都在较短的时间内，掌握了技术业务知识和基本操作技能，成为石油战线各方面的骨干。更有重要意义的是他们把中国共产党和人民解放军的优良传统和革命精神带进了石油工业队伍，为建设一支具有严格组织纪律性、高度献身精神、艰苦创业的石油产业大军打下了良好基础。

截至 1954 年 12 月，中国石油工业职工队伍人数已达 6.6 万多人，是建国初期的 6 倍，其中技术人员 4600 人、管理人员 3700 人。

（二）发展石油职业技术教育体系，开始系统培养各类石油人才

石油工业的发展在很大程度上取决于科学技术的进步和人才的培养。人才的培养，基础在教育。三年恢复和"一五"计划执行期间，石油管理总局根据当时石油工业的实际状况及燃料部的统一部署和要求，大力发展石油工业教育和培训体系，培养大批管理干部和技术人员，对中国石油工业的发展奠定了人才基础。石油职业技术教育包括石油中等专业技术学校、技工学校和职业高中教育，在石油教育事业中占有重要地位，为石油工业培养和输送了一大批技术人才。

石油工业自成立之日起就非常重视职工教育工作。早在1949年11月燃料部成立时，就在部机关人事司内设教育处，主管教育工作。1950年石油管理总局成立时，总局人事处下设教育科，主管石油教育工作。50年代初期，石油工业职工队伍人数少，文化程度很低。为此，石油管理总局要求所属厂矿建立业余技术学校和业务文化补习学校，以提高在职人员的整体素质。当时，比较成熟的是在玉门矿务局、石油一厂和石油六厂建立的业余文化训练组和技术学校。

通过举办各专业训练班等方式加快人才培养。1950年4月，召开的第一次全国石油工业会议将干部教育和人才培养工作作为一项重要议题进行了讨论，并形成决议：为了完成会议规定的各项具体任务，迎接石油工业的快速发展，大量培训干部是非常重要的事，各局厂矿必须注意干部教育问题；建议中央政府教育部在各大学设立有关石油工业的科系，并由燃料部拨出一笔资金给清华大学、北洋大学、西北大学、南京矿冶学院等学校，定向培养一批地质、物探、采矿专业人才；划拨一定的经费，要求由新成立的石油管理总局设立各类短训班，并委托大连中苏石油精制股份有限公司（即大连石油七厂）办石油工业学校。石油管理总局成立后，为了适应恢复和发展石油事业的需要，开始依靠本部门的工程技术人员，举办地球物理勘探、钻井、石油地质、测绘、炼油、材料管理等训练班，招收初、高中程度和部分大学肄业的知识青年，进行为期一至三年的专业培训。8月，经中央财委批准，石油管理总局决定在华东、北京、兰州、西安等地开办地质勘探、地球物理、测绘、炼油、钻井等5个训练班。1951年1月，燃料部制订《一九五一年教育工作计划（草案）》，规定石油管理总局在教育工作中的主要任务是：扩充办理北京地球物理勘探干部训练班；继续办好兰州测绘人员训练班；委托华东工业部继续办理南京地质采矿专修学校培训班；委托大连中苏石油公司继续办理炼油工程干部训练班；委托西北大学继续办理石油地质训练班；委托抚顺矿业专科学校代办石油专修班；委托锦州合成厂举办炼油干部训练班；委托大连石油研究所培养高级石油钻采、炼制方面的实验分析技术干部；开办西北管理技术干部、工人训练班。1952年至1955年期间，直属单位通过培训提高在职职工熟练程度的人数达2.6万人，其中工人2.2万余人；通过各种方式培养新工人1.06万人，其中通过技术学校培养836人、训练班培养1734人、企业个别方式培养8056人。

发展石油中等教育，培养专业技术和管理骨干。为落实好燃料部提出的大力发展石油教育的要求，石油管理总局向燃料部呈报拟分区成立北京、西南、东北和西北4所石油专科学校，并先后通知有关单位在各地训练班的基础上进行筹建。这些学校在两年内迅速得以成立，有效改善了石油人才严重匮乏的局面。1950年11月，根据燃料部的指示，大连中苏石油精制股份公司正式成立大连石油工业学校，这是新中国第一所石油工业学校。1951年至1952年，又先后成立西南石油工业专科学校、西北石油工业学校、北京石油工业学校。1953年1月，高教部、燃料部商定天津大学附设石油工业学校更名为天津石油学校，划归石油管理总局领导。期间，国家还将财政部黑龙江省财政学校更名为燃料部双城工业计划经济学校，改为专门的石油工业中等专业学校。截至1955年初，中等专业在校学生人数为5299人，1953年至1955年三年间实际毕业1451人。

发展石油技工学校，培养熟练的石油技术工人。1951年10月，新西兰友好人士路易·艾黎于1942年创办著名的培黎工艺学校更名为西北石油管理局培黎工业学校（属中专性质），1953年7月培黎工业学校更名为培黎石油技工学校。期间，较大的石油厂矿也相继成立了技工学校，如1953年前后成立的锦州石油技工学校、玉门石油技工学校、重庆石油技工学校等；1955年前后成立的石油一厂技工学校、玉门石油钻探技工学校等。

1952年6月，为培养更高层次的人才队伍，中苏石油股份公司向苏联派出首批留学生23人，赴莫斯科石油学院和克拉斯诺达尔石油专科学校进修，期限5年。这是新中国成立后石油部门派出的首批留学生。

（三）发展石油工业高等教育，加快培养高层次石油工业专门人才

旧中国的大专院校都没有设置石油专业。为了创办石油高等教育，更多地培养石油高级技术人才，在燃料部、教育部的领导和支持下，石油管理总局与北洋大学、清华大学、北京大学等许多大学的教师及学生建立联系，动员他们从事石油学科的研究和学习，并与有关学校合作成立石油组。根据燃料部的要求，北洋大学化工系、地质系转为石油炼制系和石油地质系，在机械系内设石油机械组，采矿系基本上转向为燃料部服务。燃料部与清华大学化工系合作，成立清华大学燃料研究室。1951年5月，在燃料研究室的基础上成立石油炼制组。在清华大学其他系还设立了石油钻采、石油地质组。期间，石油管理总局

与北京大学的有关院系建立了联系。11月，全国第一次高等工业院校会议在北京召开，徐今强作为燃料部主管石油工业的代表参加会议，并在会上作了长篇发言，呼吁重视石油技术人才的培养，建议学习苏联经验，建立中国的石油教育体系，不仅要办石油中等技术学校，也要办正规的高等石油院校。建议在条件成熟的时候，及时筹办石油学院。这是最早提出筹办石油学院的建议。同月，石油管理总局在北京举办石油工业展览会，毛泽东、周恩来、刘少奇、朱德等党和国家领导人亲临现场观看。很多青年学生观看展览后，深受新中国石油工业的吸引和激励，许多学生积极报名学习石油学科，1951年至1952年上半年在全国许多大学中出现了“石油热”。西北工学院采矿系、化工系成立石油组，招收新生。在重庆大学，先后成立石油地质组、石油炼制组和石油钻井组。在大连工学院化工系，成立液体燃料组。在浙江大学机械系和化工系成立石油机械组和石油炼制组。在中国人民大学工业经济系也设立石油组。

1952年7月，燃料部和石油管理总局抓住全国高校院系调整的时机，由石油管理总局向燃料部、教育部、人事部和政务院财经委员会、政务院文化教育委员会报告，请求在北京兴办石油学院，并由陈郁部长向周恩来汇报，周恩来对此给予了肯定。9月24日，以清华大学地质系、采矿系、化工系的石油组为基础，汇合天津大学四个系的石油组以及北京大学化工系、燕京大学数学系的师生力量，成立清华大学石油工程系。系内设有石油钻井专业、石油开采专业、石油储运专业、石油矿场机械专业、石油炼厂机械专业和石油炼制专业。11月，政务院文化教育委员会下达《文教企字466号通知》，正式批准成立北京石油学院。1953年5月29日，政务院第180次政务会议批准的1953年全国高校院系调整计划，明确将清华大学石油工程系独立为北京石油学院。10月1日，北京石油学院在北京海淀区九间房村正式成立，此时的北京石油学院汇聚了清华大学石油系，大连工学院化工系液体燃料组四年级学生及部分教师，西北工学院采矿系、化工系石油组部分学生，北京地质学院部分学生，北京财经学院部分干部和教师，中国人民大学部分干部，师生总数1000余人。此后，北京石油学院迅速发展成为中国石油工业高层次人才培养的重要基地，被誉为“石油科技人才的摇篮”，为中国石油工业的成长和发展输送了大批优秀人才。

第一章　燃料工业部领导机构

1949年10月1日，中央人民政府第一次会议决定成立中央人民政府燃料工业部，专管煤炭、石油和电力工业的恢复及建设工作，并在中央人民政府政务院财政经济委员会（以下简称中财委）的指导下工作。机关设办公厅、人事司、计划司、经理司，编制400余人。10月19日，中央人民政府第三次会议任命陈郁为燃料工业部部长，李范一、吴德为副部长。11月，中共中央批准燃料工业部成立党组小组（后改为党组），陈郁任书记。

1950年9月，中央人民政府委员会第9次会议任命刘澜波为燃料工业部副部长，免去吴德的燃料工业部副部长职务。

1952年8月，中央人民政府委员会第17次会议任命李人俊为燃料工业部副部长（李人俊已于本年1月到职）。

1953年2月，中央人民政府委员会第22次会议任命徐达本为燃料工业部副部长。

1954年9月，中华人民共和国国务院成立，燃料工业部作为中华人民共和国国务院的组成部门，由国务院第二办公室协助总理管理，继续行使原职责。

1955年1月，中共中央批准陈郁、刘澜波、李人俊、徐达本、王林、刘向三、程明升、钟子云等8人组成燃料工业部党组，陈郁为党组书记，刘澜波为副书记。

截至1955年6月，燃料工业部机关设办公厅、人事司、经理司、计划司、基本建设司、行政司、财务司、设计行政司、劳动工资司、教育司、生产技术司、机关党委、安全监察局、人民监察司、对外联络司等15个部门及煤矿、电业、石油3个专业管理总局，人员总数3680余人。

1955年7月，中华人民共和国第一届全国人民代表大会第二次会议决定，撤销中华人民共和国燃料工业部，成立中华人民共和国煤炭工业部、电力工业部和石油工业部。8月31日，燃料工业部撤销。

一、中央人民政府燃料工业部党组小组、党组—中华人民共和国燃料工业部党组领导名录（1949.11—1955.8）

（一）中央人民政府燃料工业部党组小组、党组领导名录（1949.11—1955.1）

书　　记　陈　郁（1949.11—1955.1）

副 书 记　刘澜波（1950.4—1955.1）

　　　　　　赵世兰（女，1952—1954.10）

成　　员　吴　德（1949.11—1950.9）

　　　　　　赵世兰（女，人事司司长，1950.4—1952）

　　　　　　郭　达（办公厅主任，1950.4—1952）

　　　　　　齐　明（计划司副司长，1950.4—1952）

　　　　　　贾林放（经理司副司长，1950.4—1952）

　　　　　　李人俊（1952.8—1955.1）

　　　　　　王　林（办公厅主任，1952—1954.8；1954.8—1955.1）

　　　　　　黄　凯（人事司司长，1952—　）

　　　　　　常佩池（计划司副司长，1952—　）

　　　　　　徐达本（1953.2—1955.1）

（二）中华人民共和国燃料工业部党组领导名录（1955.1—8）

书　　记　陈　郁（1955.1—8）

副 书 记　刘澜波（1955.1—8）

成　　员　李人俊（1955.1—8）

　　　　　　徐达本（1955.1—8）

　　　　　　王　林（1955.1—8）

　　　　　　刘向三（1955.1—8）

　　　　　　程明升（程明陞，1955.1—8）

　　　　　　钟子云（1955.1—8）

二、中央人民政府燃料工业部—中华人民共和国燃料工业部领导名录（1949.10—1955.8）

（一）中央人民政府燃料工业部领导名录（1949.10—1954.9）

部　　长　陈　郁（1949.10—1954.9）

副 部 长　李范一（1949.10—1954.9）
吴　德（1949.10—1950.9）
刘澜波（1950.9—1954.9）
李人俊（1952.8—1954.9）
徐达本（1953.2—1954.9）
王　林（1954.8—9）

（二）中华人民共和国燃料工业部领导名录（1954.9—1955.8）

部　　长　陈　郁（1954.9—1955.8）

副 部 长　李范一（1954.9—1955.8）
刘澜波（1954.9—1955.8）
李人俊（1954.9—1955.8）
徐达本（1954.9—1955.8）
王　林（1954.9—1955.8）

三、中华人民共和国燃料工业部部长助理（1955.1—8）

刘向三（1955.1—8）
程明升（程明陞，1955.1—8）
钟子云（1955.1—8）

第二章　石油管理总局领导机构

1950年4月，燃料工业部在北京召开第一次全国石油工业会议，会议决定成立石油管理总局，以加强对石油工业的领导与研究工作，统一生产、探勘、建设、财务、干部、器材供应、调拨及工程标准的拟定。石油管理总局在国家机关中是中央的第二级机构，直属燃料工业部领导。5月31月，燃料工业部党组会议决定徐今强为石油管理总局副局长，代理局长职务；严爽为副局长。6月1日，将中国石油有限公司（该公司于1946年6月成立，由国民政府资源委员会管理，负责经营全国的石油业务，1949年5月由上海市军管会接管）改组为石油管理总局，开始在上海办公，22日迁至北京秦老胡同办公。28日，燃料工业部发文，明确石油管理总局由本部直接领导，并委派徐今强为该局副局长代理局长职务，严爽为副局长。7月1日，石油管理总局在北京正式成立。11月，燃料工业部任命唐克为石油管理总局副局长。

1951年11月，石油管理总局迁至北京琉璃门六号新址办公。

1952年1月，燃料工业部任命刘放为石油管理总局副局长，10月任命贾启允为石油管理总局副局长。

1953年8月，燃料工业部任命康世恩为石油管理总局局长，徐今强不再代理局长职务。

1954年2月，燃料工业部党组批准石油管理总局党组由康世恩、徐今强、田方、连庆溥、杨达、甘宁、许士杰等7名同志组成，康世恩为党组书记，徐今强为副书记。11月，燃料工业部党组批准张维汉为石油管理总局副局长、党组成员。

1955年7月，中华人民共和国第一届全国人民代表大会第二次会议决定撤销燃料工业部，以石油管理总局为基础成立石油工业部。8月31日，石油管理总局撤销。

一、石油管理总局党组领导名录（1954.2—1955.8）

书　　记 康世恩（1954.2—1955.8）

副 书 记 徐今强（1954.2—1955.8）

成　　员 田　方（蓝田方，1954.2—1955.8）

连庆溥（女，1954.2—1955.8）

杨　达（女，1954.2—1955.8）

甘　宁（1954.2—1955.8）

许士杰（1954.2—1955.8）

张维汉（1954.11—1955.8）

二、石油管理总局领导名录（1950.5—1955.8）

局　　长 康世恩（1953.8—1955.8）

副 局 长 徐今强（代理局长，1950.5—1953.8；1953.8—1955.8）

严　爽（1950.5—1955.8）

唐　克（1950.11—1955.8）

刘　放（1952.1—1955.8）

贾启允（1952.10—1955.8）

张维汉（1954.11—1955.8）

第三章　石油管理总局机关部门

1950年7月，石油管理总局成立时，机关设秘书处、人事处、计划处、经理处、生产技术处和探勘处等6个处室，干部70余人。

1951年1月，秘书处更名为办公室。6月，经理处财务工作划出，成立财务处，同时将经理处更名为供应处。10月，生产技术处人造石油小组和设计小组工作划出，成立设计处。机关部门增至8个处室。同年10月，石油管理总局召开机关工会大会，选举产生由16人组成的工会委员会，并推选刘克任工会主席。

1953年3月，成立基建处；撤销设计处，成立石油设计局，为总局直属单位。4月，成立运销处；撤销生产技术处，分别成立钻井处、采油处、炼油处和技术安全监察处。调整后，总局机关内设12个处室，编制530余人。

1954年1月，石油管理总局决定，基建处机电业务划出，成立机电处。6月，人事处劳动工资工作划出，成立劳动工资处。

1955年1月，石油管理总局决定，将专家工作室从办公室划出，直属总局领导。同月，人民监察室从人事处划出，直属总局领导。4月，炼油处科学研究工作划出，成立技术处。调整后，总局机关设办公室、专家工作室、人事处、劳动工资处、人民监察室、供应处、财务处、运销处、计划处、基建处、机电处、地质处、钻井处、采油处、炼油处、技术安全监察处、技术处等17个处室，编制600余人。

一、秘书处—办公室（1950.7—1955.8）

1950年7月，石油管理总局成立秘书处，内设公文组、档案组、事务组和会计组。主要职责：例行公务和机要公务的处理；印信的保管；规章制度的汇编；人事考勤；职工福利；财产与经费的管理，以及其他机关事务工作。

机要工作由局长室工作人员负责处理。

1951年1月，秘书处更名为办公室。11月，石油管理总局决定将计划处资料组（包括图书在内）划归办公室领导，并增加资料图书管理的职能。

1952年，档案组并入公文组；增加编译组。同时，将文印工作由公文组划出，单独成立一组。

1953年，根据燃料工业部指示，石油管理总局决定成立专家工作室，行政上由总局办公室领导。当时，办公室内设行政科、秘书科、研究室、专家工作室及机要科等部门；在秘书科下仍分秘书、公文、文印、资料、图书各组；在行政科下分事务、机关会计两组及招待所、休养所等部门；各局长秘书不属于各科室。

1954年，秘书科所属资料组与公文组档案部分合并为档案资料组，行政科增设财产管理组、警卫组和保健组等部门。调整后，办公室人员编制207人。

1955年1月，石油管理总局决定，将专家工作室划出，直属总局领导。

（一）**秘书处**（1950.7—12）

负 责 人　蔡　淳（1950.7）

张宝衡（1950.7—12）

（二）**办公室**（1951.1—1955.8）

主　　任　杨　达（女，1951.1—1953.4）

许士杰（1953.7—1955.8）

副 主 任　柳永生（1953.7—1955.8）

雷　振（1953.7—1955.1）

赵俊义（1955—1955.8）

二、专家工作室（1955.1—8）

1955年1月，石油管理总局决定，将办公室的专家工作室上划总局直接领导，内设专家工作室、秘书组及编译室。主要职责：专家招待及其他对外对内联系及临时发生的机要事项；检查对苏联专家建议的执行情况；协助专家制订季度计划；配备干部向专家学习及编译室的领导工作。

主　　任　雷　振（1955.1—8）

副 主 任　柳　青（女，1955.1—8）

三、人事处（1950.7—1955.8）

1950年7月，石油管理总局成立时，以原中国石油有限公司的员工管理室为基础成立总局人事处，编制7人，内设干部组、学校教育组和工资组。成立初期，人事处的工作重心是贯彻执行全国石油会议决议，大量培养并有计划地向西北、东北输送大批优秀干部，改革不适合发展生产的现行工资制度。主要职责：干部的培养、任免、调配、调查、研究、分析，统计在职干部的业务与政治学习；工薪标准、奖惩制度的拟定和审核；有关福利制度、工矿安全卫生的研究与推动检查，以及各机构组织系统与人事管理制度审核拟定工作。

1953年，人事处内设干部科、教育科、工资科、保卫科和人民监察室。

1954年，石油管理总局调整人事处组织机构和职责，内设专业干部科、工人管理科、计划统计科、教育科、行政干部科、在职干部科、机关人事科、工资科、保卫科及人民监察室等部门，人员编制49人。主要职责：协助局领导进行正确执行国家干部政策，培养各种专业干部，研究劳动工资方针政策与执行监督检查；根据国家干部政策负责了解干部使用调配、培养、提拔及挑选预备干部，以保证干部政策的贯彻执行，并根据石油工业发展的方针，制订长期的干部培养计划；正确地组织劳动及拟定工资制度，研究提出劳动工资指标，提高劳动生产率及逐步提高职工物质文化水平。同年6月，劳动工资工作划出，成立劳动工资处，直属总局领导。

1955年1月，人民监察室上划石油管理总局领导。同年，劳动工资处工人科并入人事处干部科。

处　　长　连庆溥（女，1950.6—1955.8）

副 处 长　王志成（1954—1955.8）

四、劳动工资处（1954.6—1955.8）

1954年6月，石油管理总局决定，成立劳动工资处，内设劳动组织技术定额科、工资计划科和工人科，人员编制19人。主要职责：辅助局领导贯彻国家劳动工资政策法令，监督检查企业正确地组织劳动过程工资制度的执行，以最大限度地提高劳动生产率和在生产发展基础上逐步改善职工物质文化生活水平。

1955年，工人科并入人事处干部科。同时，将劳动组织技术定额科更名为劳动组织科。

副 处 长 路 遥（1954.6—1955.8）

五、人民监察室（1955.1—8）

1955年1月，石油管理总局决定，将人事处人民监察室上划总局直接领导。主要职责：监督与检查本机关及所属机关及其工作人员对国家政策、法律法令、方针、计划、决议、命令的贯彻执行情况；对违法失职人员进行纠正，检举与提出惩戒意见，对成绩优良挽救事故有功人员给予支持及提出奖励意见；受理职工及人民团体的检举控告；领导总局所属企业监察室工作，接受上级监察机关及本机关领导交办的监察任务。

负 责 人 支明玉（女，1955.1—8）

六、经理处—供应处（1950.7—1955.8）

1950年7月，石油管理总局成立经理处，内设供应组、运销组、会计组、成本组和财务组。主要职责：总局所属各机构财务工作的领导，财务计划的编制、监督和执行；财务措施、会计账表的研究、分析、制定与审核；供应计划的制订执行，材料设备及器材的购拨、储运；外汇申请及国外器材的订购；石油产品供销方案的研究与拟定，国内外市场的调查及油品运销业务的考核；现金出纳及契约证券的保管；其他有关财务及器材供应、资料收集及报表的汇报工作。

1951年6月，石油管理总局决定，将经理处财务工作划出，成立财务处，直属总局领导。同时，将经理处更名为供应处，内设国外组、国内组和储运组。

1953年初，增设计划组。4月，供应处运销工作划出，成立运销处，直属总局领导。下半年，供应处组织机构进行调整，内设计划科、平衡科、国内科、国外科和管理科。

1954年，供应处增设供应财务科。同时，将其主要职责调整为：协助总局领导进行器材供应、计划、平衡及管理工作；根据国家工业生产建设计划负责保证器材设备的及时供应；分析研究先进器材消耗定额，了解器材设备的合理使用及库存情况；掌握和储备物资分配，并汇编及平衡物资计划，检查和监督供应计划的执行情况，组织国内外的采购工作，以尽量节约流动资金的原则来组织供应及仓库保管工作；尽量减少仓库储备料，组织督促呆滞料的处理，加强资金周转，正确组织及严格制定器材供应制度。人员编制59人。

（一）**经理处**（1950.6—1951.6）

处　　长　林　强（1950.6—1951.6）

副 处 长　许辑纲（1950.6—1951.6）

（二）**供应处**（1951.6—1955.8）

副 处 长　许辑纲（代理处长，1951.6—1953.7；1953.7—1955.8）

黄国斌（1953.7—1955.8）

七、财务处（1951.6—1955.8）

1951年6月，石油管理总局决定，将经理处财务工作划出，成立财务处，内设会计、审核组，负责总局及所属企业的财务管理和指导工作。

1952年，审核组更名为财务组。

1953年，财务处进行机构调整，内设生产会计科、生产财务科、基建会计科和基建财务科。

1954年，石油管理总局调整财务处组织机构和职责，内设生产财务科、生产会计成本科、基建财务科、基建会计成本科、固定资金管理科、研究室等部门，人员编制59人。主要职责：协助总局领导审查与核算全局需要的生产资金及基建投资，执行全局的资金供应及调度，监督生产资金及基建投资的合理使用；根据已批准的财务计划及银行信贷计划执行及办理清算和出纳业务；汇编全局的收支计划，及时完成财政任务的上缴工作；协同计划、基建等相关处室共同进行经济活动的各项分析工作；及时、正确并完整地核算资产负债的变动情况，管理各单位流动资金及生产经营、业务经营及工程建设的核算，根据已批准的计划及立法来检查财经纪律的遵守情况和各项资金使用情况，并有权对违反财经纪律者提出处分意见。

处　　长　林　强（1951.6—1954.8）
　　　　　王致中（1954.8—1955.8）
副 处 长　支明玉（女，1954.8—1955.8）

八、运销处（1953.4—1955.8）

1953年4月，石油管理总局决定，成立运销处。主要职责：协助石油管理总局领导管理指导各基层单位有关储、运、销业务；组织运输供应和产成品、半成品推销计划、平衡、管理及调度工作；保证按月、季度计划完成原油东运、器材上运和油品外运工作；监督检查基层产品管理制度；执行产销平衡计划，组织订货，监督检查计划和合同的执行情况。

1954年，石油管理总局调整运销处组织机构，内设产品管理科、运输科、原油东运科、产品推销科等，人员编制22人。

1955年，运销处重新调整为销售和运输两科。

负 责 人　王　恕（1953—1954）
处　　长　李景新（1954—1955.8）
副 处 长　万震寰（1953.4—1955.8）

九、计划处（1950.7—1955.8）

1950年7月，石油管理总局成立计划处，内设计划组、统计组和资料组。主要职责：研究全国石油工业（包括人造石油）发展计划；编制未来的年度生产范围与程序、生产指数与成本计划；审核汇编有关探勘、生产、建设与业务计划；检查各项定额的实施情况；考核计划进行与完成情况；掌握有关石油事业资料的收集、统计、研究及国外石油企业业务情况；拟定汇编各种统计报表；以及总局资料图书的管理工作等。

1951年，计划组分为生产计划和基建计划两个组。

1952年4月，增设远景计划组。同年，资料组划归总局办公室领导。

1953年，计划处基本建设工作划出，成立基本建设处，直属总局领导。

1954年，石油管理总局调整计划处组织机构和职责，内设生产计划科、基建计划科、远景计划科、综合计划科和统计科，人员编制46人。主要职责：指导总局所属企业各种经济及技术活动；根据国家经济建设及石油工业发展政策及国家指标指导并编制石油工业全国发展的远景规划及生产基建年度轮廓计划；审查、平衡、汇编、修正年度生产基建计划；对计划任务执行情况进行监督；掌握经济技术指标，指导统计工作；保证有效的经济技术分析，发掘内部潜在力量，制定动员潜在方案，以保证完成和超额完成生产和基建任务。

1955年，撤销远景计划科，业务上划燃料工业部管理。

处　　长　翁心源（1950.6—1953.3）

　　　　　　杨　达（女，1953.4—1955.8）

副 处 长　黄　伟（1953.4—1955.8）

十、基建处（1953.3—1955.8）

1953年3月，石油管理总局决定，成立基建处，内设基建管理科和设计行政科。主要职责：协助总局领导进行指导石油工业基本建设工作；掌握监督国家基建年度计划的执行及基本建设的经营管理工作；石油建设建筑安装工程的技术指导与各类技术规范审定工作；制定工程管理制度，检查工程进度质量，并组织有关部门进行重点工程的竣工验收及试厂工作。

1954年1月，石油管理总局决定，将基建处机电业务划出，成立机电处，直属总局领导。1954年，基建处进行机构调整，内设工程管理科、工程技术室和设计行政科，人员编制36人。

1955年，增设企业管理科。

负 责 人　翁心源（1953.3—9）

处　　长　呼育之（1953.10—1954.1）

王　恕（1955.1—8）

十一、机电处（1954.1—1955.8）

1954年1月，石油管理总局决定，将基建处机电业务划出，成立机电处，内设制造科和管理科，人员编制18人。主要职责：协助总局领导管理总局所属机械厂生产技术工作；研究提高设备利用率；审查监督设备检修维护计划执行情况；制定检修规章制度及配件消耗定额；审查机电工程机电设备的设计安装工作；设计及掌握试制机件，制定并审查制品的检验规章制度。

处　　长　邓家辉（1954.1—1955.8）

十二、探勘处—地质处（1950.7—1955.8）

1950年7月，石油管理总局成立探勘处，内设地面组、地下组、地球物理组和测量组。主要职责：负责全国探勘计划的研究和建议；已核定计划的筹划、推动与执行；各地探区工作的领导与检查；探勘仪器的研究、设计、制造、校正与修配；探勘资料的搜集、整理鉴定与研究；油田开发计划的研究与建议；地质图与有关图表的绘制与汇编。

1953年4月，探勘处更名为地质处。

1954年，石油管理总局决定调整地质处组织机构及职能，内设主任地质师室和管理科，人员编制29人。主要职责：实施对总局所属辖区的地形测量、地球物理、野外地质、钻井地质、采油采气、油田探勘及生产组织的技术领导；对上述工作进行监督检查，系统地将调查、探勘及开发油气田与油页岩矿床的工作做成报告，并向有关单位提出建议并做出结论。

（一）**探勘处**（1950.6—1953.4）

处　长　孙健初（1950.6—1951）

严　爽（兼任，1952—1953）

副处长　翁文波（1950.6—1953.4）

张　更（1950.6—1953.4）

（二）**地质处**（1953.4—1955.8）

副处长　职若愚（1953.4—1955.6）

翁文波（1953.4—1955.8）

沈　晨（1955.7—8）

十三、生产技术处（1950.7—1953.4）

1950年7月，石油管理总局决定，成立生产技术处，内设钻井组、采油组、炼制组、人造石油组和设计组。主要职责：全国石油工业各项技术的研究、改进、介绍、经验交流以及总局所属各厂矿提高生产能力和效率方面的研究；各项生产、技术及材料消耗上的标准与规范的制定；各地区天然油品及人造石油产品的检查与研究；各项技术定额的研究与建议，有关器材的研究与设计及国内自制的筹划，有关基建改进恢复与发展工作的设计或审定；各项技术资料的研究分析与汇编。

1951年10月，生产技术处人造石油组、设计组划出，成立设计处。

1953年4月，石油管理总局决定，撤销生产技术处，分别成立钻井处、采油处、炼油处和技术安全监察处。

处　长　王　檄（1950.6—1951）

严　爽（兼任，1952—1953.4）

十四、设计处（1951.10—1953.3）

1951年10月，经燃料工业部批准，石油管理总局决定，以生产技术处人造石油组和设计组为基础成立设计处。主要职责：负责有关基本建设的调查研究工作；主持或组织重大工程的设计工作；审核所属单位个别工程设计。

1952年9月，燃料工业部决定将石油管理总局设计处的预算分出，列入国家专业费支出，人员编制限额120人。

1953年3月，经燃料工业部批准，石油管理总局决定撤销设计处，成立石油设计局，为总局直属单位。

处　　长　田　方（蓝田方，1951.10—1953.3）

十五、钻井处（1953.4—1955.8）

1953年4月，石油管理总局决定，以生产技术处钻机工作为基础成立钻井处，人员编制10人。主要职责：协同计划处制订钻井远景计划，审查钻井进度及油井技术设计，检查督促各单位贯彻执行苏联专家建议，研究、指导解决有关技术问题；研究推广先进工作方法，汇总钻井工作总结，提出或审查技术组织措施方案，监督检查钻井定额及操作规程执行情况；监督钻井局与其他厂矿切实履行合同义务，掌握设备使用情况与动态。

处　　长　严　爽（兼任，1953.4—12）

副 处 长　柏映群（1953.12—1955.8）

十六、采油处（1953.4—1955.8）

1953年4月，石油管理总局决定，以生产技术处采油工作为基础成立采油处，人员编制10人。主要职责：监督检查已批准的总局所属各企业生产计划的完成情况；根据地质资料研究经济、有效的采油方法及各项技术措施，并协同计划处、地质处拟定油田开发计划，指导各厂矿的采油采气、洗井、修井工作；审核、总结、推广采油修井等的合理化措施，研究推广先进经验，贯彻苏联专家建议，改进生产定额，降低成本措施。

1954年，采油处内设技术室和生产管理科。

处　　长　严　爽（兼任，1953.4—12）

副 处 长　张清杰（1954.1—1955.8）

十七、炼油处（1953.4—1955.8）

1953年4月，石油管理总局决定，以生产技术处炼油工作为基础成立炼油处，直属总局领导，内设生产科和技术科。主要职责：监督检查已批准的总局所属各企业恒产计划的完成，并研究天然石油、人造石油加工炼制的各项技术措施及提高质量、产量的技术方案；根据国家石油开发计划，协同计划处拟定天然石油及人造石油加工工业远景计划，协同审定设备能力、炼率、消耗率；制定先进技术定额，贯彻苏联专家建议，推广合理化建议，监督审核各厂矿炼油定额标准、操作规程及产品质量。

1954年，炼油处生产科、技术科分别更名为生产技术管理科和炼油技术室。人员编制31人。

1955年初，炼油处组织机构调整，内设科学研究科、定额科、生产调度科和产品质量科。4月，科学研究业务划出，成立技术处，直属总局领导。

处　　长　甘　宁（1953.12—1955.8）

副 处 长　刘　琦（1953.4—11）

韩　春（1954.12—1955.2）

十八、技术安全监察处（1953.4—1955.8）

1953年4月，石油管理总局决定，以生产技术处技术安全监察工作为基础成立技术安全监察处，内设安全科和卫生科。主要职责：研究总局所属各单位安全技术的方案及技术改进措施；会同有关部门审核总局及所属单位新建扩建工程设计的有关技术安全部分；审核远景计划工程项目有关安全部分；审核各项技术安全规程、制度及操作流程；审核研究所属各单位安全技术的合理化建议，并加以总结推广；研究改善所属各单位劳动条件，提出具体方案或技术安全措施；根据事故统计和事故原因分析研究防治的对策及办法；与有关科学技术研究部门进行有关安全技术方面的联系。

1954年，技术安全监察处内设卫生科、检查科、研究科和宣教组，人员编制19人。

1955年，增设计划科。

负 责 人　刘　琦（1953.4—1955.8）

十九、技术处（1954.4—8）

1954年4月，石油管理总局决定，以炼油处科学研究业务为基础成立技术处。主要职责：研究天然石油、人造石油加工炼制的各项技术措施及提高质量、产量的技术方案等。

处　　长　黄　伟（1954.4—8）

第四章 石油工业企事业单位

解放前，全国主要的石油企业是1946年6月成立的中国石油有限公司，隶属国民政府资源委员会领导，负责经营全国石油事业，公司总部设在上海。截至1948年，该公司下设甘青分公司、台湾油矿探勘处、四川油矿探勘处、高雄炼油厂、嘉义溶剂厂、延长石油厂、独山子油矿、新竹研究所、上海炼油厂建厂委员会以及上海、南京、广州、汉口、青岛、天津、重庆营业所和广州、台湾两个办事处等单位，职工总数约2万人。此时，在东北地区的人造石油厂和炼油厂主要包括抚顺矿务局西制油厂、抚顺矿务局东制油厂、抚顺矿务局人造油厂、抚顺矿务局第一化学厂、锦州合成厂、桦甸油母页岩矿、四平油化厂，以及中苏合营的大连中苏石油精制股份有限公司。

1947年5月，桦甸解放，解放军接管桦甸油母页岩矿。1948年3月，吉林解放，当地人民政府接管四平油化厂。6月，吉林化工厅以日军未建成的一个火药厂为基础筹建吉林江南化工厂。10月，抚顺解放，解放军接管顺矿务局西制油厂、抚顺矿务局东制油厂、抚顺矿务局人造油厂和抚顺矿务局第一化学厂。11月，锦州解放，解放军接管锦州合成厂。同月，锦西解放，解放军接管锦西炼油厂。

1949年5月，上海解放，上海军事管制委员会派孙冶方为总代表、徐今强为军代表接管国民政府资源委员会中国石油有限公司。7月，原中国石油有限公司所属营业所划归中国石油运销公司（后更名为中国石油公司，隶属中央贸易部）管理，实行产销分离。9月，玉门解放，解放军接管中国石油有限公司甘青分公司，并实行军管。11月，重庆解放，解放军接管中国石油有限公司四川油矿探勘处和重庆营业所。12月，解放军进驻新疆独山子油矿。

建国初期，除甘青分公司等少数几个石油厂矿仍实行军事管制外，其余大多数石油厂矿均移交当地人民政府工业部门负责管理，1950 年中央人民政府燃料工业部石油管理总局成立后，开始把由各地工业部门管理的石油厂矿集中起来统一管理，石油厂矿逐步从分散管理走向集中统一管理。

1953 年 7 月，为统一国内的石油销售，商业部、燃料工业部商定，将石油管理总局全部石油销售业务划归商业部领导，石油管理总局兰州运销公司机构及公司中有关销售部分的干部、主要领导也移交商业部。

第一节　油田、勘探单位

1949年新中国成立时，天然油气田勘探生产单位只有玉门油矿、延长油矿、四川油矿探勘处等少数几个，生产能力非常有限。

1950年3月，为尽快推动中国石油工业的恢复和发展，中苏两国政府在莫斯科签署协定以平权合股形式创办中苏石油股份公司，负责在新疆省勘探、开采及提炼石油与天然气。7月，石油管理总局决定，将中国石油有限公司四川油矿探勘处和重庆营业所合并，成立石油管理总局重庆办事处。同时，在玉门以中国石油有限公司甘青分公司为基础成立西北石油管理局，负责领导西北地区石油工业的各项工作，下辖玉门油矿、延长油矿、运销公司、陕北探勘大队、西安办事处和西北石油学校等单位。9月，中苏石油股份公司正式成立。

1952年8月，中苏石油股份公司中国方面委托燃料工业部领导，并由石油管理总局负责建立领导关系。11月，石油管理总局决定撤销重庆办事处，成立西南石油探勘处。

1953年7月，西北石油管理局撤销。同时，在西安成立地质局和钻探局。地质局、钻探局、玉门矿务局、延长油矿等单位改由石油管理总局直接领导。

1954年4月，石油管理总局决定，撤销西南石油探勘处，成立钻探局西南石油钻探处和地质局西南石油地质处。

1955年1月，中苏石油股份公司中的苏联政府股份全部移交中国政府，并更名为新疆石油公司，直属石油管理总局领导。1955年4月，根据燃料工业部对调整石油勘探组织机构的指示，石油管理总局决定：撤销地质局和钻探局，其所属地质队和钻探队划归各勘探区域新成立的机构；成立四川石油探勘局，负责西南地区的地质探勘工作；成立青海石油探勘局，负责青海地区地质探勘工作；成立西安地质调查处，负责甘、青、川、新以外地质调查工作。调整后，总局直属油气田勘探单位变更为6家，分别是：玉门矿务局、新疆石油公司、青海石油探勘局、四川石油探勘局、延长油矿、西安地质调查处。

一、甘青分公司—西北石油管理局（1949.10—1953.7）

西北石油管理局前身是国民政府资源委员中国石油有限公司甘青分公司。

1937年，国民政府决定勘探开发玉门石油资源，于1938年6月组建甘肃油矿筹备处。1941年3月，为了扩大玉门油矿的生产规模，国民政府资源委员会决定成立甘肃油矿局，任命孙越崎为总经理。1946年6月，国民政府资源委员会决定，将甘肃油矿局改设为甘青分公司，隶属中国石油有限公司，经理由中国石油有限公司协理郭开诠兼任，1948年改由邹明任经理。

1949年9月，玉门油田和平解放，甘青分公司暂由酒泉军事管制委员会领导。随后成立甘青分公司军事管制委员会，康世恩任军事总代表，焦力人、张俊任军事副总代表。军管期间维持原甘青分公司的组织机构，实行原职、原薪、原制度的三原政策，在兰州设探勘处，在玉门设矿场、炼厂、总务组、工务组、会计组、秘书室、医院、学校，随后机构改设为矿场、炼油厂、总务组、工务组、会计组、经理室、探勘处。10月，经中共中央西北局批准，成立中共甘青分公司总支部委员会，康世恩任总支部书记。下设军管会、四台区、矿场和工务组4个党支部。

1950年7月，燃料工业部决定，将甘青分公司改组为西北石油管理局，统一领导西北地区的石油工业，由石油管理总局领导。同时，在玉门老君庙成立玉门矿务局，由西北石油管理局领导。成立时，局机关设秘书处、财务处、人事处、计划处、材料处、保卫处等部门，所属玉门矿务局、延长油矿、运销公司、陕北探勘大队及西安办事处等机构。康世恩任局长，杨拯民、邹明任副局长。8月，西北石油管理局由玉门迁往兰州办公。

1951年10月，山丹培黎工艺学校划归西北石油管理局领导，更名为西北石油管理局培黎工业学校。同时，为大量培养石油技术干部，西北石油管理局决定以西安力行中学为基础，成立西北石油工业学校，后该校更名为西安石油工业学校。11月，西北石油管理局迁往陕西西安，在东羊市街21号办公。局机关迁往陕西后，对组织结构进行调整：以局探勘处留在西北工作的队伍为基础成立探勘处，以便加强西北地区的探勘工作；增设矿物处、工务处；将秘书处更名为办公室，以加强行政上的领导及管理。

1953年7月，经中财委和燃料工业部批准，石油管理总局决定自当年7月10日起撤销西北石油管理局，其所属玉门矿务局、延长油矿、运销公司、咸阳器材库、西安石油工业学校等单位由总局直接领导。

局　　长　康世恩（1950.7—1953.7）
副 局 长　杨拯民（1950.7—1953.7）
　　　　　　邹　明（1950.7—1953.7）
　　　　　　张　俊（1951.11—1953.7）
　　　　　　李光业（李广业，1951.11—1953.7）
　　　　　　张文彬（1953.2—7，兼任石油工程第一师政委）

二、地质局（1953.7—1955.4）

1953年7月，经中财委批准，燃料工业部决定，在西安成立石油管理总局地质局。成立时，局机关设主任地质师室、地质钻井科、计划科、秘书科、器材供应科、财务科、资产科、监察室、干部科、劳动工资科、总务科、卫生科和保卫处等部门，下辖陕北地质大队、酒泉地质大队、民和地质大队、潮水地质大队、地球物理实验室和地质实验室等单位。12月，地质局撤销资产科，原有业务分别并入财务科及器材供应科；卫生科更名为劳保卫生科；地球物理实验室自1954年1月起划归钻探局领导，该室地震重力仪检修试验部分并入地质实验室。人员编制275人。

1954年4月，成立基建科。5月，民和地质大队撤销，其所属501、502两个地质钻机队划归地质局直接领导；改组西南探勘处，设置西南地质处，指挥四川、贵州各小队工作；在青海柴达木盆地设置柴达木地质大队和吐鲁番地质大队；东北石油九厂桦甸勘测队改组为桦甸探勘队，由地质局直接领导。当年，局机关设计划处、财务处、办公室、政治处、人事处、秘书处、保卫处、监察室、主任地质师室、钻井工程室、技术安全监察科、器材供应科及党团人员。人员编制350人。

1955年4月，经中财委和燃料工业部批准，石油管理总局决定撤销地质局，其所属酒泉地质大队划归玉门矿务局领导；西南地质处划归四川石油探勘局领导；柴达木探勘筹备处、民和综合研究队、地质实验室划归青海石油探勘局领导；陕北地质大队、潮水地质大队及其直属经纬度测量队、资料研究队划归西安地质调查处领导。

局　　　长　张　俊（1953.7—1955.4）
副　局　长　沈　晨（1953.8—1955.4）
　　　　　　　张　更（1953.7—1955.4）
　　　　　　　李笃信（1953.7—1955.4）
钻井总工程师　刘树人（1954.3—1955.4）

三、钻探局（1953.7—1955.4）

1953年7月，经中财委批准，燃料工业部决定，在西安成立石油管理总局钻探局。成立时，局机关设政治处、保卫处、办公室、人事处、器材供应处、财务处、计划处、基本建设处、机械动力主任工程师室、地质主任工程师室、钻井主任工程师室等部门，直属各钻探大队。人员编制200余人。同月，培黎工业学校划归钻探局领导，更名为培黎石油技工学校。

1954年，地质局机关人员总计457人。同年，石油管理总局直属第一机械厂及地质局所属地球物理实验室划归钻探局领导。

1955年4月，经中财委和燃料工业部批准，石油管理总局决定撤销钻探局，其所属酒泉钻探处移交玉门矿务局；延长钻探大队、西南钻探处移交四川石油探勘局；四郎庙、枣园、永昌、永坪及民和钻探大队移交青海石油探勘局；地球物理实验室与西安地球物理仪器修造所合并，成立地球物理仪器制造所；第一机械厂及培黎石油技工学校由总局直接领导。

局　　长　张文彬（1953.7—1955.6）

副 局 长　陈寿华[①]（1953.8—1955.6）

杨文彬[②]（1953.8—1955.6）

张忠良（1953.8—1955.6）

四、玉门矿务局（1949.10—1955.8）

玉门油矿诞生在抗日战争年代。1937年，在孙健初、韦勒、萨顿等中外地质学家地质调查的基础上，经翁文灏、钱昌照等爱国人士的奔走斡旋，国民政府决定勘探开发玉门石油资源，于1938年6月组建甘肃油矿筹备处。在中共代表周恩来的直接关心下，陕甘宁边区政府从延长油矿抽调20多名技术工人和两部顿钻钻机支援老君庙油田的勘探开发。1939年8月，祁连山下玉门老君庙旁的一号井获工业油流。同年，在石油河畔靠一口仅炼制70加仑的蒸馏釜，开始了简单的原油加工。

1941年3月，为了扩大玉门油矿的生产规模，国民政府资源委员会决定成立甘肃油矿局。同年，中共党员刁德顺、王道一、陈赍3人在玉门油矿共同发起并正式成立中共老君庙矿区支部，刁德顺任支部书记。随着油田设备、技术、人力的不断加强，油田开发逐渐走向正规。油矿采取增加出油井数量、扩大炼油厂规模、加快辅助设施配套、加速培养石油人才等措施，使玉门油矿进入高速发展时期。1942年，玉门原油年产量达到4.6万多吨，年生产汽油7475吨。至1945年，累计生产原油25万多吨，汽油年产量保持在8000吨以上。在“一滴油一滴血”的战争年代，玉门油矿所生产的油品，有力地支援了抗日战争，为抗日战争的胜利作出了特殊贡献。1946年6月，国民政府资源委员会决定，将甘肃油矿局改设为甘青分公司，隶属中国石油有限公司。

1949年解放前夕，为了防止国民党破坏，时任甘青分公司经理的邹明率领工人积极进行护矿斗争，油矿成立了以工人为主的护矿队。护矿队储备粮

① 陈寿华为石油管理总局钻探局第三副局长。

② 杨文彬为石油管理总局钻探局第四副局长。

食、加强自卫、就地掩埋炼厂机泵等主要设备、加强油井的消防保护，使油矿完整地回到了人民手中。

1949年9月，玉门油田和平解放，甘青分公司暂由酒泉军事管制委员会领导。随后成立甘青分公司军事管制委员会，军管期间维持原甘青分公司的组织机构。此时，玉门油矿已经拥有一支4000余人的石油产业队伍。其中，技术人员和管理人员2200余人，技术工人1600余人。探明可采储量1700多万吨，年产原油7万多吨，累计生产原油50多万吨，占全国同期产量的90%以上。建成了可生产汽、煤、柴、润等12种产品的炼油规模。至此，油田拥有地质勘探、钻井、采油、炼油、机修、水电、土建、运输和通讯等专业队伍，成为当时中国规模最大、产量最高、员工最多和工艺技术领先的现代石油矿场。

1950年7月，燃料工业部决定，将甘青分公司改组为西北石油管理局，由石油管理总局领导。同时，在玉门老君庙成立玉门矿务局，由西北石油管理局领导。

1951年至1952年，在西北石油管理局直接指挥下，共有600多名玉门石油工人奔赴陕北参加石油勘探工作。

1952年，中共中央决定在玉门建设中国第一个石油工业基地，要求玉门油矿在第一个五年计划期间（1953—1957）尽快发现新的石油储量，1957年原油产量达到100万吨，建成新中国的现代石油基地。玉门油矿建设被列为全国156项重点工程之一，要求全国从人力、物力和财力多个方面对玉门石油基地的建设给予支持。中国人民解放军第19军57师改编为石油工程第一师，其中有4300余名指战员来到玉门油矿，被分配在油田钻井、采油、炼油、机械、水电、油建、运输等主要生产单位。

1953年7月，为适应国家建设五年计划的需要，燃料工业部决定，撤销西北石油管理局，另成立地质局、钻探局。玉门矿务局划归石油管理总局直接领导，所属地质大队划归地质局领导，所属钻探队划归钻探局领导。同时，中共玉门矿务局委员会成立。10月，经国务院批准，在甘肃玉门成立玉门矿区政府，玉门为丁等县建制，由甘肃省直辖。

1954年3月，中共玉门矿务局委员会更名为中共玉门油矿委员会，党委办事机构设秘书室、组织部、宣传部。5月，中共玉门油矿第一次代表大会召开，选举产生中共玉门油矿第一届委员会和常务委员会，委员25人、常委8人，选举刘长亮为党委第一书记，杨拯民为第二书记，杨志范、秦峰为副书记。当时，油矿党委下设3个基层党委、14个党总支、107个党支部，共有党员1736名。

1950年至1954年，玉门油田调出职工883人，支援延长油矿、上海炼油厂等单位建设。燃料工业部时期，玉门矿务局年均工业总产值3573万元，年均原油产量12.51万吨、原油加工量12.22万吨。

截至1955年8月，玉门矿务局机关设职能处室18个：地质处、办公室、行政管理处、计划处、卫生处、设计处、基建处、安全监察处、生产技术处、机械动力处、营业处、财务处、器材处、教育处、干部处、劳动工资处、人民监察室、保卫处；直属学校4个：业余技工学校、石油技工学校、钻井技工学校、中等技术学校；所属生产单位12个：地质调查处、地球物理处、建筑公司、安装公司、钻探公司、试油修井处、采油厂、炼油厂、机械厂、水电厂、内燃机修理厂、运输处。

1955年9月，玉门矿务局划归石油工业部领导。

（一）中共玉门矿务局委员会领导名录（1950.8—1954.3）

书　　记　杨拯民（1950.8—1954.3）
副 书 记　焦力人（1950.8—1953.3）
　　　　　杨志范（1952.8—1954.3）

（二）中共玉门油矿委员会领导名录（1954.3—1955.8）

第一书记　刘长亮（1954.3—1955.8）
第二书记　杨拯民（1954.3—1955.8）
　　　　　焦万海（1955.5—8）
第一副书记　杨志范（1954.3—1955.8）
第二副书记　秦　峰（回族，1954.3—8）
副 书 记　焦万海（1954.12—1955.5）
常　　委　焦力人（1954.5—1955.8）
　　　　　焦万海（1954.5—1955.12）
　　　　　张复振（1954.5—1955.8）
　　　　　张忠良（1954.5—1955.8）

（三）玉门矿务局领导名录（1950.8—1955.8）

局　　长　杨拯民（1950.8—1955.8）
副 局 长　张　俊（1950.8—1951.1）

熊尚元（1950.8—1952.4）
龙显烈（1951.11—1952.12）
焦万海（1951.11—1955.8）
詹　石（1951.11—1955.8）
蒋麟湘（1951.11—1952.4）
沈　晨（1952.4—1953.8）
张复振（1953.2—1955.8，兼任石油工程师师长）
焦力人（1953.3—1955.8）
范元绶（1953.7—1955.8）
陈　宾（1954.12—1955.8）

总工程师　熊尚元（1951.11—1953.3）

主任工程师　蒋麟湘（1952.4—12）

（四）玉门矿务局工会（1950.9—1955.8）

主　　席　焦力人（1950.9—1954.8）
杨志范（1954.8—1955.8）

五、重庆办事处—西南石油探勘处—西南石油钻探处、西南石油地质处—四川石油探勘局（1949.11—1955.8）

1936年9月，国民政府资源委员会在重庆设立四川油矿探勘处。1937年，四川油矿探勘处在四川巴县首钻巴1井，这是中国近代史上旋转钻机钻成的第一口井，日产天然气1.5万立方米。1946年，中国石油有限公司成立后，接管四川油矿探勘处，并成立重庆营业所。

1949年11月，重庆解放。12月，西南军政委员会工业部接管中国石油有限公司四川油矿探勘处和重庆营业所。截至1949年底，四川油矿探勘处先后钻井6口，完钻5口，获低产气井2口，探明天然气储量3.85亿立方米，生产天然气4387万立方米，共有职工663人。

1950年1月，四川石油史上第一个党组织——中共四川油矿探勘处、重庆大溪沟发电厂支部委员会成立。

（一）重庆办事处（1950.6—1952.11）

1950年6月，根据第一次全国石油会议决定，改组四川油矿探勘处和重庆营业所，设立石油管理总局重庆办事处，统管四川省石油探勘和物资转运工作，接受燃料工业部石油管理总局和西南军政委员会工业部双重领导。办公地址在重庆市枣子岚垭94号，1951年3月迁至重庆市和平路潘家沟1号。

7月1日，重庆办事处正式成立，军代表焦益文为主任，朱友仁为党支部书记。内设业务、储运、财务和秘书组，下属7个单位：隆昌业场、石油沟业场、歌乐山站、化龙桥库、中渡口库、黑石子库、汉口转运站。同时，根据全国石油会议关于集中力量重点开发西北的方针，陆续组织人员及设备器材支援西北石油勘探工作。

1950年9月，西南军政委员会工业部筹建隆昌炭黑厂，1951年3月命名为西南工业部三〇三厂，1953年改由燃料工业部石油管理总局领导，并更名为隆昌炭黑厂。

1950年，生产天然气150.9万立方米、炭黑11吨，固定资产原值176万元。年末职工总数为294人。

1951年，撤销汉口转运站（汉口转送站），并将歌乐山站、中渡口库、黑石子库合并到化龙桥库，下属隆昌矿场（隆昌业场）、石油沟业场（石油沟气矿）、化龙桥库等3个单位，职工总数371人。

1952年6月，中财委决定，重庆办事处及隆昌气矿划归西南军政委员会工业部直接领导，但业务上仍接受燃料工业部石油管理总局指导。

11月，重庆办事处改组为西南石油探勘处。

1. **中共重庆办事处支部委员会领导名录**（1950.7—1952.11）

书　记　朱友仁（1950.7—1951.11）
　　　　　焦益文（1951.11—1952.11）
副书记　杜秀屏（女，1951—1952.11）

2. **重庆办事处领导名录**（1950.7—1952.11）

主　任　焦益文（1950.7—1952.11）
副主任　孙稚兴（1950.7—12）
　　　　　王显文（1950.12—1952.11）

（二）**西南石油探勘处**（1952.11—1954.4）

1952年11月，为进一步做好国民经济恢复后期的石油探勘工作，燃料工业部石油管理总局和西南军政委员会决定，撤销重庆办事处，成立西南军政委员会工业部西南石油探勘处，行政上由西南军政委员会工业部领导，业务上接受燃料工业部石油管理总局指导。12月，西南石油探勘处收购私营重庆新民机器厂，定名为西南石油探勘处修配厂，该厂成为四川石油行业第一个机械加工厂，1953年迁至成都，后更名为成都石油总机修厂。年底，西南石油探勘处划归石油管理总局直接领导，并更名为燃料工业部石油管理总局西南石油探勘处。

1953年，全国石油会议确定四川盆地为全国石油探勘重点地区之一。按照总局部署，西南石油探勘处开展了地质普查、水文普查、构造细测、地球物理普查和深井钻探等油气探勘基础工作，同时加快石油探勘机构和队伍的组建，共组建24个野外地质队、4个深井钻井队。7月，西南石油探勘处机关由重庆市迁往成都市狮子巷75号，并在重庆成立西南石油探勘处重庆供应站，负责重庆器材储运事宜。年底，职工总数增至2016人。

1953年9月，四川省委组织部同意成立中共西南石油探勘处委员会，隶属中共四川省委领导。

1954年4月，石油管理总局决定撤销西南石油探勘处，分别成立钻探局西南石油钻探处和地质局西南石油地质处。

1. **中共西南石油探勘处支部委员会领导名录**（1952.11—1953.9）

书　　记　焦益文（1952.11—1953.9）

2. **中共西南石油探勘处委员会领导名录**（1953.9—1954.4）

书　　记　何千里（1953.9—1954.4）

副 书 记　焦益文（1953.9—1954.4）

3. **西南石油探勘处领导名录**（1952.11—1954.4）

处　　长　何千里（1952.11—1954.4）

副 处 长　杨伯华（1952.11—1954.4）

焦益文（1952.11—1954.4）

（三）**钻探局西南石油钻探处**（1954.4—1955.4）

1954年4月，根据第五次全国石油探勘会议关于全面进行四川油气探勘工作的精神，石油管理总局决定撤销西南石油探勘处，成立西南石油钻探处，由石油管理总局钻探局领导。7月，经四川省委批准，成立钻探局西南石油钻探处党委，同时任命党政领导班子。职工总数1961人。

1. **中共钻探局西南石油钻探处委员会领导名录**（1954.7—1955.4）

书　　记　何千里（1954.7—1955.4）

副 书 记　萧淑清（1954.7—1955.4）

2. **钻探局西南石油钻探处领导名录**（1954.7—1955.4）

处　　长　何千里（1954.7—1955.4）

副 处 长　孙继先（1954.7—1955.4）

郭必发（1954.7—1955.4）

（四）地质局西南石油地质处（1954.4—1955.4）

1954年4月，根据第五次全国石油探勘会议关于全面进行四川油气探勘工作的精神，石油管理总局决定撤销西南石油探勘处，成立西南石油地质处，由石油管理总局地质局领导。7月，经四川省委批准，成立地质局西南石油地质处党委，同时任命党政领导班子。职工总数1119人。

1. **中共地质局西南石油地质处委员会领导名录**（1954.7—1955.4）

书　　记　李滋润（1954.7—1955.4）

2. **地质局西南石油地质处领导名录**（1954.7—1955.4）

处　　长　李滋润（1954.7—1955.4）

副 处 长　焦益文（1954.7—1955.4）

杨伯华（1954.7—1955.4）

（五）四川石油探勘局（1955.5—8）

1955年4月，鉴于地质和钻井工作归口不同部门管理，工作协调难度较大，为方便工作，石油管理总局决定，撤销钻探局西南石油钻探处和地质局西南石油地质处，成立石油管理总局四川石油探勘局，统一领导四川地区石油地质、钻探及隆昌炭黑厂生产。5月，四川石油探勘局在成都西南石油钻探处原址正式成立。7月，隆昌炭黑厂与隆昌钻探队合并，成立四川石油探勘局隆昌气矿。

8月，四川石油探勘局党委成立，李滋润任党委书记。党组织关系隶属于中共四川省委。9月，四川石油勘探局划归石油工业部领导。

1. **中共四川石油探勘局委员会领导名录**（1955.8）

书　　记　李滋润（1955.8）

委　　员　张忠良（1955.8）

何千里（1955.8）

许培德（1955.8）

武崇祥（1955.8）

赵步高（1955.8）

焦益文（1955.8）

王爱忠（1955.8）

李绍亮（1955.8）

李　振（1955.8）

2. **四川石油探勘局领导名录**（1955.6—8）

局　　长　张忠良（1955.6—8）

副 局 长　李滋润（1955.6—8）

何千里（1955.6—8）

许培德（1955.6—8）

六、中苏石油股份公司—新疆石油公司（1949.10—1955.8）

新疆独山子油矿的勘探开采工作始于20世纪初。到1936年，统治新疆的盛世才地方政府与苏联政府合作，引进苏联的石油钻采与炼制技术、设备，正式创办独山子炼油厂，并在独山子油田先后钻井33口，原油日产量30至50吨，当时职工队伍达到950人。抗日战争期间，独山子油矿与玉门油矿、延长油矿齐名，1942年是油矿极盛时期，年产原油7321吨，原油加工能力达到5万吨。1943年6月，由于盛世才地方政府与苏联关系恶化，苏方封闭油井，拆走机器设备，撤回人员，独山子油矿从此一蹶不振。1944年8月，国民政府资源委员会甘肃油矿局在独山子设立乌苏油矿筹备处。1945年9月，新疆三区（伊犁、塔城、阿勒泰）民族军占领独山子，随后三区革命临时政府接管经营独山子石油公司。由于战乱，油矿濒临倒闭局面，1949年9月新疆和平解放时，独山子油矿只有150名职工，每天生产原油仅两三吨。

（一）**中苏石油股份公司**（1950.9—1954.12）

1950年1月，中共中央书记处书记、中央人民政府副主席刘少奇向正在苏联访问的中共中央主席、中央人民政府主席毛泽东建议，同苏联政府协商，在新疆合办石油企业和有色金属冶炼企业，得到毛泽东重视，开启了中苏两国在新疆创办新疆石油联合股份公司（简称中苏石油股份公司）和有色及稀有金属股份公司的谈判。2月，《中苏友好同盟互助条约》在莫斯科签订。根据条约规定，苏联政府从当年起，派出专家和技术工人援助中国包括石油工业在内的经济建设，同时部分专家到中国石油院校任教。3月，中国与苏联两国政府在莫斯科按平权合股原则签订创办中苏石油股份公司的协定，在中国新疆省进行寻觅、探测、开采及提炼石油与天然气。8月，新疆省人民政府成立清理委员会，赴独山子油矿与三区革命政府独山子石油公司进行了油矿的清理交接工作。9月，中苏石油股份公司第一次创办人（股东）会议在新疆省迪化市（今乌鲁木齐市）召开，会议通过了《中苏石油股份公司组织条例》和《中苏石油股份公司章程》。同时，第一次管理委员会会议召开，选举中方代表张英明为中苏石油股份公司管理委员会主任委员，苏方代表阿盖耶夫为副主任委员，宣告中苏石油股份公司正式成立。10月，新疆省人民政府工业厅依法准予注册。中苏石油股份公司接受中国中央人民政府燃料工业部与苏联石油工业部（全苏石油及煤气产地探测托拉斯）领导，实行经理负责制，采用公司、厂（处）、车间（队）三级管理。中苏石油股份公司总经理部设在新疆独山子。

1951年6月，中共中苏石油股份公司委员会成立。党组织关系隶属于中共新疆分局。

1952年8月，中共中央、政务院决定，将中苏石油股份公司的中方领导关系交由燃料工业部负责，燃料工业部委托石油管理总局负责建立领导关系，并布置报送报表等事宜，日常业务委托新疆财经委员会代管。

1953年1月，由于勘探规模的不断扩大，中苏石油股份公司总经理部迁至迪化市。同时设立独山子矿务局，管理独山子地区生产业务。

1954年10月，中苏两国政府发表《中苏关于将各股份公司中的苏联股份移交给中华人民共和国的联合公报》，决定中苏各股份公司从1955年1月1日起结束业务活动，包括中苏石油股份公司在内的各股份公司中的苏联股份移交给中国。并自同日起成立新疆石油公司，机关办公地址在新疆省乌鲁木齐市。

12月，中苏石油股份公司召开特别股东大会和管理委员会第九次会议，决定于1954年12月31日结束公司业务活动，将业务管理和属于公司的全部财产移交新疆石油公司。

截至1954年12月，中苏石油股份公司机关设14个工作机构：生产技术处、地质处、设计处、技术器材供销处、计划处、会计处、劳资处、干部处、行政庶务处、财务处、翻译室、专务处、基建处、住宅科。所属单位8个：独山子矿务局、独山子炼油厂、独山子技术器材供应处、独山子建筑处、乌鲁木齐建筑处、地质调查处、运输处、中心科学研究化验室。职工总数5520余人。1951至1954年共生产原油17.46万吨、天然气1000.4万立方米，加工原油17.33万吨。

1. **中苏石油股份公司股东大会**（1950.9—1954.12）

中方股东代表　张英明（1950.9—1954.6）
康世恩（1954.6—12）

苏方股东代表　阿盖耶夫（1950.9—1952.12）
聂列亭（1952.12—1954.6）
沃斯克列辛斯基（1954.6—12）

2. **中苏石油股份公司管理委员会领导名录**（1950.9—1954.12）

主 任 委 员　张英明（1950.9—1954.6）
列维斯基（苏联，1954.6—12）

副 主 任 委 员　阿盖耶夫（苏联，1950.9—1952.12）
索斯诺夫（苏联，1952.12—1954.6）
辛兰亭（1954.6—12）

3. **中共中苏石油股份公司委员会领导名录**（1951.6—1954.12）

书　　　记　钱　萍（1951.10—1952.10）
第 一 书 记　钱　萍（1952.10—1954.12）
代 第 一 书 记　马　载（1954.8—1954.12）
第 二 书 记　范子久（1952.10—1954.12）

副　书　记　贾丕谟（1951.6—1952.6）
　　　　　　黎　岚（1951.6—1954.12）

4. **中苏石油股份公司总经理部领导名录**（1950.9—1954.12）

总　经　理　聂列亭（苏联，1950.9—1954.6）
　　　　　　马　载（1954.6—12）
副 总 经 理　阿里木阿洪（维吾尔族，1950.9—1951.10）
　　　　　　钱　萍（1951.10—1954.6）
　　　　　　聂列亭（苏联，1954.6—10）
　　　　　　波波文（苏联，1954.10—12）
总 工 程 师　索斯诺夫（苏联，1952.8—1954.12）
总 地 质 师　巴格洛夫（苏联，1952.8—1954.6）
　　　　　　西雷克（苏联，1954.6—12）

5. **中苏石油股份公司工会**（1951.1—1954.12）

筹委会主席　哈比都拉（哈萨克族，1951.1—12）
主　　　席　瓦力斯·斯地克（哈萨克族，1952.12—1954.12）

（二）新疆石油公司（1955.1—8）

1955年1月，新疆石油公司在乌鲁木齐市正式成立。根据上级“方针不变，组织不变，制度不变，计划不变，抽配强的干部，巩固既得成绩”的指示精神，基本上保持中苏合营时期的机构设置和经营管理制度，从全国石油系统调进一批领导干部、技术干部和技术工人，充实各级岗位。同年成立中共新疆石油公司委员会，党的工作机构和专职工作人员列入公司编制。9月，新疆石油公司划归石油工业部领导。

1. **中共新疆石油公司委员会领导名录**（1955.1—8）

书　　　记　王其人（1955.1—8）
第 二 书 记　钱　萍（1955.1—8）
常　　　委　马　载（1955.1—8）
　　　　　　秦　峰（回族，1955.1—8）
　　　　　　米吉提·扎依托夫（维吾尔族，1955.1—8）
　　　　　　张之林（1955.1—8）
　　　　　　李旺昭（1955.1—8）

张彦卿（1955.8）
张文彬（1955.8）
监委书记 石　俊（1955.8）

2. **新疆石油公司领导名录**（1955.1—8）
总经理 马　载（1955.1—8）
副总经理 钱　萍（1955.1—8）
秦　峰（1955.1—8）
米吉提·扎依托夫（维吾尔族，1955.1—8）
总地质师 杜傅民（代理，1955.5—8）
总工程师 秦　峰（1955.1—8）
史久光（1955.8）

3. **新疆石油公司工会**（1955.1—8）
主席 瓦力斯·斯地克（哈萨克族，1955.1—8）

七、延长油矿（1949.10—1955.8）

延长油矿创建于清光绪年间。1904年，清政府批准试办延长石油官厂。先后由陕西省矿务总局、陕西石油总局、陕西劝业道公署管辖。1927年，划归国民政府驻陕总部建设厅管辖。1934年春，成立陕北油矿探勘处。1935年4月，陕北工农红军接管延长石油官厂和陕北油矿探勘处，合并为延长石油厂，设立石油部和炼油部。到1949年全国解放时，先后更名为军工五厂、延长石油厂、兵工十三厂。

1950年9月，更名为延长油矿，划归西北石油管理局领导。当年原油产量452吨，职工总数400余人。

1951年至1953年，机构进行了较大调整。截至1953年6月，延长油矿设计划科、统计科、监察室、设计科、秘书室、地质室、生产技术科、机械动力科、安全技术劳动保护科、财务科、材料科、资产科、劳动工资科、保卫科、运销科、总务科、社会福利科，以及延安办事处、医院等机构；直属采油队、钻井队、炼油厂、机械厂等二级单位。7月，西北石油管理局撤销，延长油矿划归石油管理总局直接领导。

1954年，成立永坪采油车间。

1954年至1955年，先后选送68名干部职工到中国人民大学、陕西省党校、西安石油干部学校、四川财经学院等院校以及工农速成中学学习。

1955年，延长油矿设办公室、人事科、行政科、经营管理科，撤销安全科、保卫科、化验室、机电车间等部门。职工总数达到880人，其中采油、井下作业人员438人，技术人员38人。当年原油产量4293吨。

1955年9月，延长油矿划归石油工业部领导。

（一）中共延长油矿委员会领导名录（1953.1—1955.8）

书　　记　只金耀（1953.1—9）
　　　　　　李广业（李光业，1953.1—1954.8）

副 书 记　杨雨亭（1953—1955.2）

（二）延长油矿领导名录（1950.9—1955.8）

矿　　长　柏映群（代理，1950.9—1953.9）
　　　　　　李广业（1953.9—1954.10）
　　　　　　只金耀（1954.10—1955.5）
　　　　　　冯作霖（1955.4—8）

副 矿 长　冯作霖（1950.9—1955.5）
　　　　　　寇学增（1950.9—1954）
　　　　　　冯　义（1950—1951）
　　　　　　刘树仁（1952—1953）
　　　　　　胡树津（1953.9—1954）
　　　　　　只金耀（1954—1954.6）
　　　　　　叶文彬（叶文斌，1954.4—1955.8）
　　　　　　焦玉振（1954.4—1955.8）

八、青海石油探勘局（1955.6—8）

青海油田的主要勘探开发区域在素有“聚宝盆”之称的柴达木盆地。盆地地理面积25万平方千米，沉积面积12万平方千米，油田工作区平均海拔2700

至3000米，自然环境、气候条件十分恶劣，是全国陆上海拔最高、勘探条件最艰苦的油田。

柴达木盆地勘探开发工作始于1954年。1954年3月，石油管理总局在西安召开第五次全国石油勘探会议，决定稳步开展柴达木盆地的地质勘探，随即成立了由地质、重磁力、测量、手摇钻等9个专业队组成的柴达木盆地石油地质勘探大队。4月，柴达木地质大队共484人，分三批进入柴达木盆地开展柴达木盆地的石油资源勘查工作。10月，柴达木地质大队发展到13个地质勘探队。地质勘探队通过在柴达木盆地尕斯库勒湖到刚察一带的地质调查及重力普查，在油砂山附近共发现18个可能储油构造和9处油苗，依据此次地质普查结果，国家决定对柴达木盆地进行石油勘探。

1955年1月，第六次全国石油勘探会议确定柴达木盆地为1955年勘探重点。4月，石油管理总局决定成立青海石油探勘局。5月，以地质局机关及钻探局部分钻井专业干部、柴达木石油地质大队、柴达木勘探筹备处、民和区队为基础，组建青海石油探勘局。6月1日，青海石油探勘局在西宁市东关大街150号正式成立，张俊任青海石油探勘局局长。成立时，机关设办公室、人民监察室、计划科、统计科、财务科、成本会计科、资产管理科、试油科、机械动力科、钻井科、设计预算科、技术安全监察科、浅钻工程科、地质科、地下地质科、测量科、地球物理科、器材供应科、通讯联络科、劳动工资科、人事科、教育科、保卫科、行政管理科、卫生科等25个科室，人员编制220人。同时，石油管理总局决定将枣园钻探大队、永坪钻探大队、四郎庙钻探大队、民和钻探大队、铜川转运站等5个单位划归青海石油探勘局领导，并从酒泉地质大队、吐鲁番地质大队、玉门油矿、延长油矿等单位抽调部分骨干人员，充实柴达木石油勘探队伍。截至1955年6月底，共组建地质调查队18个，地形测量队6个，野外地球物理队7个，矿场地球物理队3个，轻便钻井队7个，石油钻井队4个，试油采油队1个，职工总数4754人。

8月，中共青海省委决定，成立中共青海石油探勘局委员会，并任命党委班子成员。党组织关系隶属于中共青海省委。9月，青海石油勘探局划归石油工业部领导。

（一）中共青海石油探勘局委员会领导名录（1955.8）

书　　记　张　俊（1955.8）

副 书 记　潘生玺（1955.8）

委　　员 陈寿华（1955.8）

杨文彬（1955.8）

郭究圣（1955.8）

刘永德（1955.8）

吉建一（1955.8）

苗德胜（1955.8）

赵启明（1955.8）

周济泉（1955.8）

（二）青海石油探勘局领导名录（1955.6—8）

局　　长 张　俊（1955.6—8）

副 局 长 陈寿华（1955.6—8）

杨文彬（1955.6—8）

郭究圣（1955.6—8）

总地质师 王尚文（1955.6—8）

九、西安地质调查处（1955.6—8）

1955年4月，为加强地质勘察工作，经国务院、燃料工业部批准，石油管理总局决定成立西安地质调查处，负责全国除甘肃、青海、四川、新疆等省以外地区的地质调查工作。6月，西安地质调查处正式成立，办公地址在西安东仓门公字一号。成立时，西安地质调查处设办公室、人民监察室、计划科、财务科、供应科、人事科、测量科、地质科、地下地质科、地球物理科、绘图室、地球物理仪器制造所、航空测量办公室等部门。机关编制100人。9月，西安地质调查处划归石油工业部领导。

处　　长 职若愚（1955.6—8）

副 处 长 宋世宽（1955.6—8）

赵仁寿（1955.6—8）

第二节　炼油化工单位

新中国炼油化工工业是在旧中国残破的石油炼制工业基础上发展起来的。1949年全国解放时，仅有的一些炼油设施，也遭到了很大破坏，较完整的只有玉门、抚顺、锦西等地部分炼油企业，大约30万吨/年的炼油能力，石油炼制能力和水平非常有限。

1950年，石油管理总局成立后，对全国炼油化工工业进行了大规模的恢复和建设工作。6月，以上海高桥东厂为基础成立上海炼油厂。9月，西南工业部筹建隆昌炭黑厂（后更名为西南工业部三〇三厂）。

1951年1月，中苏合办的大连中苏石油精制股份有限公司移交中国独立经营，更名为大连石油厂。

1952年9月，为加快东北地区石油工业的恢复和发展工作，燃料工业部和东北人民政府决定成立东北石油管理局，负责领导东北地区石油工业的各项工作，由东北人民政府工业部领导。东北石油管理局成立后，开始接管分布在东北各地的石油加工企业，包括：抚顺矿务局西制油厂、抚顺矿务局东制油厂、抚顺矿务局人造石油厂、抚顺矿务局化工厂、锦州合成厂、锦西炼油厂、大连石油厂、四平油化厂、桦甸油母页岩矿、吉林江南化工厂等10个单位。整合后，分别更名为东北石油管理局第一厂至第十厂。1953年1月，东北石油管理局划归石油管理总局领导。

1953年9月，经中财委、燃料工业部批准，石油管理总局决定在甘肃建设炼油厂，同时在北京成立甘肃炼油厂筹备处。10月，甘肃炼油厂筹备处迁至兰州，更名为兰州炼油厂筹建处。11月，东北石油管理局撤销，其所属第一厂至第十厂划归石油管理总局直接领导，分别更名为石油管理总局东北石油一厂至东北石油十厂。同年，西南工业部三〇三厂改由石油管理总局领导，并更名为隆昌炭黑厂。

1955年，石油管理总局计划在茂名地区成立一家开发油页岩的大型企业。5月，成立茂名页岩油厂筹建处。

经过5年的恢复和发展，中国石油炼制工业水平得到较大提升，1955年生产各类油品90余万吨，是1950年的5倍。

一、东北石油管理局（1952.9—1953.11）

1952年9月，燃料工业部和东北人民政府决定成立东北石油管理局，统一领导东北地区的石油工业，由东北人民政府工业部领导。成立时，局机关设人事处、秘书处、基建处、计划处、经理处和设计处等6个部门，另有附属单位供应处。局内的干部主要由抚顺矿务局和东北化学工业管理局调来的干部组成。抚顺矿务局西制油厂、东制油厂、人造石油厂、化工厂和锦西炼油厂、锦州合成厂、大连石油厂、四平油化厂等8个单位划归东北石油管理局领导，并分别更名为东北石油管理局第一至第八厂。12月，燃料工业部决定将桦甸油母页岩矿和吉林江南化工厂划归东北石油管理局领导。当年，东北石油管理局职工总数为1.95万人。

1953年1月，东北石油管理局划归石油管理总局领导。3月，桦甸油母页岩矿更名为东北石油管理局第九厂，吉林江南化工厂更名为东北石油管理局第十厂。同时，燃料工业部将煤矿管理总局所属抚顺研究所有关油类部分自当年4月1日起划归东北石油管理局领导。6月，东北石油六厂技工学校更名为锦州石油技工学校，由东北石油管理局领导。10月，经中财委和中央组织部批准，燃料工业部决定自1953年11月1日起撤销东北石油管理局，其所属单位（太平矿除外）由石油管理总局直接领导。

局　　长　张定一（1953.1—11）
副 局 长　唐　海（1953.1—11）
　　　　　　褚志远（1953.1—11）

二、抚顺矿务局西制油厂—东北石油一厂（1949.10—1955.8）

东北石油一厂始建于1928年4月，时称南满洲铁道株式会社抚顺炭矿临时制油工场建设事务所，位于抚顺西露天矿坑以北。1929年12月至1948年2月，厂名先后变更为抚顺炭矿制油工场、抚顺炭矿工业局制油工场、抚顺炭矿建设局西制油场、经济部抚顺煤矿制油厂、抚顺矿务局制油厂、抚顺煤矿制油厂、抚顺矿务局制油厂、抚顺矿务局炼制处制油厂、行政院资源委员会抚顺矿务局炼制处制油厂、行政院资源委员会抚顺矿务局工业处制油厂。

1948年10月，抚顺解放，解放军接管抚顺矿务局（辽沈战役结束后，由东北行政委员会正式接管），工厂更名为抚顺煤矿临时委员会制油厂。12月，更名为东北人民政府工业部抚顺矿务局西制油厂。同时，在中共抚顺市望花区工委的领导下，成立西制油厂党支部。1949年8月，中共抚顺市委决定成立西制油厂党委。

自1948年接收以后，全厂开始恢复并改扩建。至1950年，工业总产值达到3098万元，实现利税1225万元。至1952年，主要产品产量均已超过日伪时期的最高水平。

1952年9月，西制油厂从抚顺矿务局划出，直属东北石油管理局管理，更名为东北石油管理局第一厂。10月，西制油厂党委改称东北石油管理局第一厂党委。机关设厂办公室、计划科、技术科、生产科、设计科、基建科、工务科、人事科、会计科、经理科和保卫科。基层单位由分场改称车间。职工人数增加到6832人。

1953年8月12日至15日，中共东北石油管理局第一厂第一次代表大会召开，选举产生中共东北石油管理局第一厂第一届委员会，党委委员9名，李丕荣为党委副书记。下属1个基层党委、4个党总支、34个党支部，共有党员1053名。

11月，东北石油管理局撤销，东北石油管理局第一厂划归石油管理总局直接领导，更名为石油管理总局东北石油一厂，行政级别为县（团）级。党委名称也进行了相应变更。

1953年，东北石油一厂机关设技术检查科、行政管理科、福利科、卫生科、干部科、劳动工资科、教育科、经理科、检修科、设备动力科、财务科、会计科、设计科、生产技术科、技术保安科、总务科、运输科、计划科、办公室等19个科室；下辖东破碎车间、西破碎车间、东原油车间、西原油车间、东硫铵车间、西硫铵车间、东蒸馏车间、西蒸馏车间、铅室车间、硫酸接触车间、石蜡车间、汽油车间、润滑油车间、东汽锅车间、西汽锅车间、机工车间、电工车间、土木工程场等18个基层单位。主要产品有：页岩原油、硫铵、汽油、灯油、柴油、燃料油、石蜡、石油焦、硫酸、润滑脂、添氢原料、裂化原料、润滑油等多个品种；原油产量29.5万吨，原油加工量29.9万吨，汽油、柴油、煤油、润滑油产量8.5万吨；工业总产值7781万元，实现利税1923万元。职工总数7400余人。

1954年，工厂开始推行“一长制”领导体制，建立厂长、车间主任和工段长“三级一长制”，实行生产区域管理制。同时，制定各级、各部门，以及个人业务范围、职权责任，相互间的联系制度和专业管理制度。

1955年9月，东北石油一厂划归石油工业部领导，更名为石油工业部石油一厂。

（一）抚顺矿务局西制油厂（1949.10—1952.9）

1. 中共抚顺矿务局西制油厂委员会领导名录（1949.9—1952.10）

书　　记 王怀义（1949.9—1950.12）
甘　宁（1950.11—1951.8）
白如海（1951.11—1952.10）

副 书 记 曹　波（1950.11—1952.10）

委　　员 王　奇（1950.11—1952.10）
周更新（1950.11—1952.10）
王文志（1950.11—1952.10）

纪委书记 曹　波（兼任，1951.11—1952.10）

2. 抚顺矿务局西制油厂领导名录（1949.10—1952.8）

厂　　长 甘　宁（1949.10—1952.8）

第一副厂长 陈　骥（1949.10—1950.5）

第二副厂长 贺子杰（1949.10—11）
乌承尧（1950.2—1951.3）

第三副厂长 于　坚（女，1952.1—8）

副 厂 长 葛贤辅（1950.9—1952.8）
顾敬心（1951.11—1952.8）

总工程师 杨　伟（1950.5—1951.1）
顾敬心（1951.1—1952.8）

3. **抚顺矿务局西制油厂工会**（1949.10—1952.8）

主　　席　王文先（1949.10—1951）
　　　　　　王文志（1951.4—1952.8）

（二）**东北石油管理局第一厂**（1952.9—1953.11）

1. **中共东北石油管理局第一厂委员会领导名录**（1952.10—1953.11）

书　　记　白如海（1952.10—1953.2）
副 书 记　曹　波（1952.10—12）
　　　　　　张清泉（1952.10—1953.11）
纪委书记　曹　波（兼任，1952.10—12）

2. **东北石油管理局第一厂领导名录**（1952.8—1953.11）

厂　　长　甘　宁（1952.8—1953.11）
第一副厂长　顾敬心（1952.8—1953.11）
第二副厂长　叶忠贵（1953.4—11）
副 厂 长　葛贤辅（1952.8—1953.11）
　　　　　　于　坚（1952.8—1953.1）
总工程师　顾敬心（1952.8—1953.11）

3. **东北石油管理局第一厂工会**（1952.8—1953.11）

主　　席　王文志（1952.8—1953.11）

（三）**东北石油一厂**（1953.11—1955.8）

1. **中共东北石油一厂委员会领导名录**（1953.11—1955.8）

书　　记　吴向春（1954.7—1955.5）
第一书记　吴向春（1955.5—8）
第二书记　欧阳章（1955.5—8）
副 书 记　李丕荣（主持工作，1953.11—1954.7；1954.7—1955.8）

2. **东北石油一厂领导名录**（1953.11—1955.8）

厂　　长　唐　海（1953.11—1955.8）
第一副厂长　顾敬心（1953.11—1955.8）
副 厂 长　倪毓孚（倪玉孚，1953.11—1955.4）
　　　　　　薛秀川（1953.12—1955.6）
　　　　　　马　龙（1955.5—9）

叶忠贵（1953.4—1955.8）

总 工 程 师　顾敬心（1953.11—1955.8）

3. **东北石油一厂工会**（1954.8—1955.8）

主　　　席　段景运（1954.8—1955.8）

三、抚顺矿务局东制油厂—东北石油二厂（1949.10—1955.8）

东北石油二厂前身是南满洲铁道株式会社抚顺炭矿东制油工场，厂址在抚顺东洲。1939年初提出建设计划，4月成立东制油工场建设事务所并开始建设，1944年建成投产，日本投降时已建成40座干馏炉。1946年4月，国民党政府接管东制油厂并由抚顺矿务局管理。

1948年10月，抚顺解放，解放军接管抚顺矿务局（辽沈战役结束后，由东北行政委员会正式接管）。1949年11月，抚顺矿务局决定成立东制油厂复工工程处，任命贺子杰为主任。1950年2月，改组复工工程处，恢复东制油厂厂名，任命葛贤辅为厂长、贺子杰为副厂长，开始组织恢复生产。3月，成立党支部，田福金任书记，由抚顺矿务局西制油厂党委领导，1951年由中共抚顺市委直接领导。

1952年9月，东制油厂划归东北石油管理局领导，并更名为东北石油管理局第二厂，职工总数1500人。10月，组建中共东北石油管理局第二厂总支委员会，沈明轩为总支书记。同月，成立东北石油管理局第二厂工会。

1953年11月，东北石油管理局撤销，东北石油管理局第二厂划归石油管理总局直接领导，更名为石油管理总局东北石油二厂，行政级别为县（团）级。

1954年4月，抚顺市委决定成立中共东北石油二厂委员会。5月，工厂60台干馏炉及其配套工程恢复生产。11月，石油二厂恢复建设结束，原油一、二、三部干馏炉相继投产。工厂组织机构也进一步完善充实，机关设生产科、厂长室、人事科、工资科、保密室、教育科、会计科、财务科、运销科、供应科、总务科、监察室、保卫科、基建科、保安科、设备科、设计组、中心实验室等18个科室，下辖原油车间、原矿车间、机工车间、电工车间、汽锅车间等5个基层单位。职工总数约1600人。

1955年，东北石油二厂主要生产页岩人造石油、硫酸等产品。9月，东北石油二厂划归石油工业部领导，更名为石油工业部石油二厂。

（一）抚顺矿务局东制油厂（1950.2—1952.9）

1. **中共抚顺矿务局东制油厂支部委员会领导名录**（1950.3—1952.10）

书　　记　田福金（1950.3—1952.9）

2. **抚顺矿务局东制油厂领导名录**（1950.2—1952.8）

厂　　长　葛贤辅（1950.2—1952.8）

副 厂 长　贺子杰（1950.2—1952）

卢　士（1952.1—8）

（二）东北石油管理局第二厂（1952.9—1953.11）

1. **中共东北石油管理局第二厂总支委员会领导名录**（1952.10—1954.4）

书　　记　沈明轩（1952.10—12）

刘镇北（1952.12—1954.4）

副 书 记　沈明轩（1952. 12—1954.4）

2. **东北石油管理局第二厂领导名录**（1952.9—1953.11）

厂　　长　葛贤辅（1952.9—1953.11）

副 厂 长　卢　士（1952.9—11）

王连志（1953.4—11）

3. **东北石油管理局第二厂工会**（1952—1953.11）

主　　席　张金堂（1952—1953.11）

（三）东北石油二厂（1953.11—1955.8）

1. **中共东北石油二厂委员会领导名录**（1954.4—1955.8）

书　　记　刘今生（1954.6—1955.1）

王鲁明（1955.7—8）

副 书 记　缪　文（女，1954.6—1955.8）

刘今生（1955.7—8）

常　　委　褚志远（1954.4—1955.8）

葛贤辅（1954.4—1955.8）

张云山（1954.4—　　）

刘镇北（1954.4—1955.8）

杨雨林（1954.4—　　）
缪　文（1954.4—6）
纪委书记　乔　威（女，1954.10—1955.9）

2. **东北石油二厂领导名录**（1953.10—1955.8）

厂　长　褚志远（1953.11—1955.8）
副厂长　毕振德（1953.10—1955.8）
杨　洁（女，1953.11—12）
王连志（1953.11—1955.8）
葛贤辅（1953.11—1955.8）
张云山（1954.3—　　）
李鲁村（1954.9—11）
马　龙（1954.11）
李　隽（1954.11—1955.8）
李曙光（1954.11—1955.8）
总工程师　毕振德（1953.10—1955.8）

3. **东北石油二厂工会**（1953.11—1955.8）

主　席　张金堂（1953.11—1954.4）
宋华核（1954.8—1955.8）

四、抚顺矿务局人造石油厂—东北石油三厂（1949.10—1955.8）

东北石油三厂前身是1936年8月成立的抚顺炭矿石炭液化工场，位于抚顺西露天矿坑以西，1938年底基本建成，1939年6月生产出一次加氢液化原油。1943年11月，更名为抚顺人造石油厂，隶属于满洲人造石油株式会社。1946年4月，国民党政府接管抚顺炭矿并将其更名为抚顺矿务局，同时将抚顺人造石油厂划归抚顺矿务局抚顺化工总厂领导，更名为抚顺化工总厂第二化学厂。

1948年10月，抚顺解放，抚顺矿务局开始组建抚顺矿务局第二化学厂修建委员会，马龙任主任。1949年5月，成立党支部，隶属于中共抚顺市委。11月，成立工会组织。1950年5月，抚顺第二化学厂更名为抚顺矿务局人造石油厂。11月，人造石油厂党支部改组为党总支。1951年，工业总产值237万元，实现利税61万元。

1952年9月，人造石油厂划归东北石油管理局领导，更名为东北石油管理局第三厂，行政级别为县（团）级。职工总数1663人，其中生产工人1055人，工程技术人员112人。

1953年11月，东北石油管理局撤销，东北石油管理局第三厂划归石油管理总局直接领导，并更名为石油管理总局东北石油三厂，行政级别为县团级，党组织关系隶属于抚顺市委。机关设厂长办公室、计划科、财务科、经理科、人事科、劳动工资科、安全监察科、保卫科、总工程师室、技术检查科、生产技术科、基建科、工务科、劳保卫生科、设计室、总务科、教育科等17个科室，下辖一车间、二车间、三车间、四车间和五车间。

同年11月11日至13日，中共东北石油三厂委员会第一次代表大会召开，选举产生第一届委员会，党委委员7名，爱国为党委副书记。下属1个基层党委、1个党总支、8个党支部，共有党员139名。

1953年，工厂主要产品有：汽油、航空汽油、70号车用汽油、煤油、灯用煤油、油漆溶剂油等。工业总产值1438万元，实现利税869万元。职工总数1600余人。

1955年9月，东北石油三厂划归石油工业部领导，并更名为石油工业部石油三厂。

（一）抚顺矿务局人造石油厂（1950.5—1952.9）

1. **中共抚顺矿务局人造石油厂总支委员会领导名录**（1950.11—1952.9）

书　　记　隋　勇（女，1950.11—1951.1）
　　　　　　田　林（1951.2—1952.9）

副 书 记　谢　富（1952.7—9）

2. **抚顺矿务局人造石油厂领导名录**（1950.1—1952.8）

厂　　长　褚志远（1950.1—1951.2）
　　　　　　陈　骥（1951.3—1952.8）

副 厂 长　陈　骥（1950.1—1951.2）
　　　　　　顾敬心（1950.2—11）
　　　　　　赵锡群（1951.10—1952.6）

张炳驹（1951.11—1952.8）

总工程师 顾敬心（1950.2—1951.7）

张炳驹（1951.8—1952.8）

3. **抚顺矿务局人造石油厂工会**（1950.3—1952.8）

主　　席 郎未英（1950.3—1952.8）

（二）东北石油管理局第三厂（1952.9—1953.11）

1. **中共东北石油管理局第三厂总支委员会领导名录**（1952.9—1953.10）

副书记 谢　富（1952.9—1953.10）

2. **东北石油管理局第三厂领导名录**（1952.9—1953.9）

厂　　长 尹　光（1952.9—1953.9）

副厂长 张炳驹（1952.9—1953.9）

总工程师 张炳驹（1952.9—1953.9）

3. **东北石油管理局第三厂工会**（1952.9—1953.11）

主　　席 周玉顺（1952.9—1953.11）

（三）东北石油三厂（1953.11—1955.8）

1. **中共东北石油三厂委员会领导名录**（1953.11—1955.8）

副书记 爱　国（主持工作，1953.11—1955.8）

张凤楼（1953.11—1954.7）

金宗棋（1954.9—1955.8）

纪委书记 张凤楼（1953.11—1954.7）

乔　威（女，1954.10—1955.8）

2. **东北石油三厂领导名录**（1953.110—1955.8）

厂　　长 余　迈（于迈，1953.10—1955.8）

副厂长 张秉驹（1953.10—1955.8）

肖　梦（1953.11—　　）

庄润霖（1954.7—1955.8）

张义山（1955.6—8）

总工程师 张秉驹（1953.10—1955.8）

五、抚顺矿务局化工厂—东北石油四厂（1949.10—1955.8）

东北石油四厂的前身是始建于1908年的化学工业所，位于抚顺西露天矿坑以北，后隶属于南满洲铁道株式会社抚顺炭矿。1945年更名为抚顺炭矿化学工业所，1948年10月，抚顺解放，厂名为抚顺矿务局第一化学厂，马佣（女）任厂长。11月，成立厂工会组织，李玉华、山福元先后任工会主席。1950年，工厂更名为抚顺矿务局化工厂。同年初成立中共抚顺矿务局化工厂支部委员会，书记肖梦（女）；同年年末改为党总支，肖梦、王朴（女）、张洪升（张鸿升）先后任书记，党组织关系隶属于中共抚顺市委。1951年，工厂隶属于东北人民政府工业部。

1952年10月，抚顺矿务局化工厂划归东北石油管理局领导，更名为东北石油管理局第四厂。

1953年11月，东北石油管理局撤销，东北石油管理局第四厂划归石油管理总局直接领导，更名为石油管理总局东北石油四厂。期间，王正、张洪升先后任厂长，齐锐新、王朴、李世源、白维英先后任副厂长。

1955年，东北石油四厂主要生产燃料油、炭黑等产品。9月，石油工业部成立，东北石油四厂划归石油工业部领导，更名为石油工业部石油四厂。

六、锦西炼油厂—东北石油五厂（1949.10—1955.8）

东北石油五厂始建于1939年，为日军侵略东北时的陆军省所建，位于辽西省锦西县（今辽宁省葫芦岛）五里河南侧，占地面积3400万平方米。1940年定名为锦西燃料厂，1943年更名为陆军燃料厂第二制造所，1945年日本战败投降后，由国民党政府接管。

1948年11月，锦西解放，地下党组织派党员到厂，成立了最初的党组织，接受中共锦西县委领导。

1949年2月，厂名正式定为东北人民政府工业部东北化学工业管理局锦西炼油厂，朱子坚为厂长。11月，辽西省派李舒明担任锦西炼油厂党支部书记。

12月，成立锦西炼油厂党总支。

1950年1月，更名为锦西化工厂。

1952年9月，东北石油管理局成立，锦西化工厂划归东北石油管理局领导，更名为东北石油管理局第五厂，同时建立东北石油管理局第五厂党支部，王泽代理厂长并兼任党支部书记。12月，经中共辽西省委决定，报请中共中央东北局组织部批准，建立东北石油管理局第五厂党总支，直属中共辽西省委领导。

1953年11月，东北石油管理局撤销，东北石油管理局第五厂划归石油管理总局直接领导，并更名为石油管理总局东北石油五厂。1954年12月，东北石油五厂召开第一次工会会员代表大会，大会选举产生第一届工会委员会。

1954年8月，中共辽西省委撤销后，东北石油五厂党组织关系改为隶属中共锦州市委。

1955年，东北石油五厂主要生产煤炼人造原油，以及燃料油、焦炭等产品。同年1月，石油管理总局决定，东北石油五厂成立煤低温干馏车间。主要生产粗柴油、粗汽油，年产量3000吨左右，是当时国内炼油厂中最大的车间之一。3月，东北石油五厂党总支部改为党委，由锦州市委领导。年底，党委下属1个党总支、14个党支部，共有党员377名。职工总数2400多人。

9月，东北石油五厂划归石油工业部领导，更名为石油工业部石油五厂。

（一）锦西炼油厂（1949.10—1950.1）

1. **中共锦西炼油厂总支委员会领导名录**（1949.11—1950.1）

书　　记　李舒明（1949.11—1950.1）

副 书 记　程　斐（女，1949.11—1950.1）

2. **锦西炼油厂领导名录**（1949.10—1950.1）

厂　　长　顾　明（1949.10—1950.1）

副 厂 长　刘子廉（1949.10—1950.1）

李　风（女，1949.10—1950.1）

3. **锦西炼油厂工会**（1949.10—1950.1）

主　　任　李守仁（1949.10—1950.1）

（二）锦西化工厂（1950.1—1952.9）

1. **中共锦西化工厂总支委员会领导名录**（1950.1—1952.1）

书　　记　李舒明（1950.1—1951.5）

顾　明（1951.5—8）

郝巨金（1951.9—1952.1）

副 书 记　程　斐（1950.1—1952.1）

2. **中共锦西化工厂委员会领导名录**（1952.1—9）

书　记　郝巨金（1952.1—9）

副 书 记　高　峰（1952.1—9）

3. **锦西化工厂领导名录**（1950.1—1952.9）

厂　长　顾　明（1950.1—1951.8）

李　风（1951.9—11）

刘子廉（1951.11—1952.9）

副 厂 长　刘子廉（1950.1—1951.11）

李　风（1950.1—1951.8）

高盛华（1950.8—1952.9）

王　泽（1951.11—1952.9）

郝振贵（1952.4—9）

4. **锦西化工厂工会**（1950.1—1951.8）

主　席　李守仁（1950.1—8）

王之三（1950.8—1951.8）

（三）**东北石油管理局第五厂**（1952.9—1953.11）

1. **中共东北石油管理局第五厂支部委员会领导名录**（1952.9—12）

书　记　王　泽（1952.9—12）

2. **中共东北石油管理局第五厂总支部委员会领导名录**（1952.12—1953.11）

书　记　王　泽（1952.12—1953.2）

武续功（1953.2—11）

委　员　张凤林（1953.7—11）

李占林（1953.8—11）

3. **东北石油管理局第五厂领导名录**（1952.9—1953.11）

代理厂长　王　泽（1952.9—1953.11）

第三副厂长　葛启宽（1953.6—11）

4. **东北石油管理局第五厂工会**（1952.9—1953.11）

副　主　席　施宗林（主持工作，1953.1—11）

（四）东北石油五厂（1953.11—1955.8）

1. **中共东北石油五厂总支委员会领导名录**（1953.11—1955.8）

书　　记　武续功（1953.11—1955.8）
副 书 记　刘庆运（1954.4—1955.8）
委　　员　张凤林（1953.11—1955.8）
李占林（1953.11—1955.8）
姜德馨（1955.2—5）

2. **东北石油五厂领导名录**（1953.11—1955.8）

厂　　长　刘征鸿（1955.2—8）
第一副厂长　王　泽（代理厂长，1953.7—1954.3）
刘征鸿（1954.3—1955.2）
第二副厂长　王　泽（1954.3—1955.8）
葛启宽（1953.5—7）
第三副厂长　葛启宽（1953.7—1955.8）
副 厂 长　张鸿升（1954.5—　　）
刘少男（1954.10—1955.8）
张瀛洲（1955.7—8）

3. **东北石油五厂工会**（1953.11—1955.8）

副　主　席　施宗林（主持工作，1953.11—1955.8）

七、锦州合成厂—东北石油六厂（1949.10—1955.8）

东北石油六厂的前身是始建于1938年5月的满洲合成燃料株式会社锦州工场，厂址在辽西省锦州市第一区（今辽宁省锦州市古塔区重庆路2号）。工场以煤为原料，经过费雪尔—托罗普施合成法生产石油，设计能力为3万吨/年。1945年11月，国民政府接收工场，先后更名为锦州合成燃料厂、东北炼油厂锦州合成厂。此后，国民政府宣布“无经济价值，且已停办”，并将部分试验仪器、机器设备与特种文献资料运走，工厂遭到严重破坏。

1948年10月，锦州解放，锦州合成厂由冀察热辽工矿管理局接管，同时成立锦州合成厂党支部。11月，移交东北行政委员会工业部企业管理局化学公司管理。

1949年3月，锦州合成厂隶属东北人民政府工业部化学工业管理局。9月，成立锦州合成厂党总支。

1950年4月，燃料工业部决定对锦州合成厂进行修复，1951年2月修复完成，当年生产合成石油3100吨。

1952年2月，经中共锦州市委批准，成立中共锦州合成厂委员会。8月，锦州合成厂划归东北石油管理局领导，10月更名为东北石油管理局第六厂。

1953年11月，东北石油管理局撤销，东北石油管理局第六厂划归石油管理总局领导，更名为石油管理总局东北石油六厂。

截至1954年8月，东北石油六厂机关设21个科室：秘书科、福利科、行政管理科、监察室、保卫科、劳动工资科、教育科、人事科、设计室、研究室、机电科、技术安全监察科、生产技术科、基本建设科、运销科、材料供应科、技术检查科、财务科、计划统计科、总工会、团委；所属12个单位：煤气车间、合成车间、精油车间、新钴剂车间、还原车间、动力车间、煤焦供应车间、修配车间、资料室、卫生所、职工子弟小学、技工学校。主要生产煤炼人造原油、汽油、煤油、柴油、焦炭等产品，当年生产人造石油1.9万吨。职工总数2600余人。

1955年9月，东北石油六厂划归石油工业部领导，并更名为石油工业部石油六厂。

（一）锦州合成厂（1949.10—1952.8）

1. 中共锦州合成厂总支委员会—委员会领导名录（1949.10—1952.8）

书　　记　宋晓天（1949.10—12）
赵子卿（1950.1—10）
夏云昌（1950.11—1951.5）
卢鹤田（1951.6—1952.2）
甄树森（1952.2—8）

副 书 记　卢鹤田（1952.2—8）

纪委书记　赵子卿（1950.4—10）

2. **锦州合成厂领导名录**（1949.10—1952.8）

厂　　长　黄　伟（1949.10—1950.6）

甄树森（1950.6—1952.8）

副 厂 长　杨　杰（女，1949.10—1952.5）

黄　伟（1950.6—1951.4）

李立德（1950.8—1952.5）

徐　玲（1952.5—8）

刘茂丰（1952.5—8）

左　琨（1952.6—8）

总工程师　赵宗燠（1949.10—1952.8）

3. **锦州合成厂工会**（1949.10—1952.8）

主　　任　宋晓天（1949.10—11）

孙兆丰（1949.11—1950.6）

主　　席　王国士（1950.6—1951.5）

石连惠（1951.5—1952.8）

（二）**东北石油管理局第六厂**（1952.8—1953.11）

1. **中共东北石油管理局第六厂委员会领导名录**（1952.8—1953.11）

书　　记　甄树森（1952.8—1953.11）

副 书 记　卢鹤田（1952.8—1953.11）

2. **东北石油管理局第六厂领导名录**（1952.8—1953.11）

厂　　长　甄树森（1952.8—1953.11）

副 厂 长　徐　玲（1952.8—1953.11）

刘茂丰（1952.8—1953.1）

左　琨（1952.8—12）

崔紫林（1953.9—11）

总工程师　赵宗燠（1952.8—1953.11）

3. **东北石油管理局第六厂工会**（1952.8—1953.11）

主　　席　石连惠（1952.8—1953.11）

（三）东北石油六厂（1953.11—1955.8）

1. **中共东北石油六厂委员会领导名录**（1953.11—1955.8）

书　　记 甄树森（1953.11—1955.8）

副 书 记 卢鹤田（1953.11—12）

王芝有（1953.11—1955.8）

纪委书记 王芝有（1955.5—8）

2. **东北石油六厂领导名录**（1953.11—1955.8）

厂　　长 甄树森（1953.11—1955.8）

副 厂 长 徐　玲（1953.11—1955.8）

崔紫林（1953.11—1955.8）

王国斌（1954.3—1955.8）

总工程师 赵宗燠（1952.8—1955.5）

3. **东北石油六厂工会**（1953.11—1955.8）

主　　席 石连惠（1953.11—1955.8）

八、大连中苏石油精制股份有限公司—东北石油七厂（1949.10—1955.8）

东北石油七厂位于大连市甘井子区山中街1号，始建于1933年12月，厂名为满洲石油株式会社大连制油所，原油加工能力15万吨/年。1945年8月，日本投降后，苏联军队接管大连制油所。1947年6月，国民政府和苏联政府开始中苏合营，成立大连中苏石油精制股份有限公司。

1950年1月，苏联政府决定将大连的中苏合营企业和苏联代管企业无偿移交中国政府。同月，中共旅大市委批准组建中苏石油精制股份有限公司党总支。3月，在苏联专家的帮助下，工厂进行恢复性生产，当年加工苏联原油5万吨，生产汽油、煤油、柴油、重油等产品。11月，大连石油工业学校在中苏石油精制股份有限公司成立。

1951年1月，大连中苏石油精制股份有限公司正式由中方自主经营，企业更名为大连石油厂，由东北人民政府工业部化学工业局管理，党组织关系隶属于中共旅大市委。

1952年8月，东北人民政府成立东北石油管理局，大连石油厂划归东北石油管理局管理，更名为东北石油管理局第七厂；大连石油工业学校改由东北石油管理局管理。当年原油加工量9.45万吨，约占全国原油加工量的五分之一。

1953年5月，石油管理总局明确大连石油工业学校由东北石油管理局领导。11月，东北石油管理局撤销，东北石油管理局第七厂划归石油管理总局领导，更名为石油管理总局东北石油七厂。厂设机关科室15个：秘书室、人事科、工资科、材料科、保卫科、团总支、财务科、计划科、生产技术科、技术安全监察科、总务科、基建科、化验室、技术检查科、业务科；车间5个：蒸馏车间、热裂化车间、动力科、成品车间、保修科。在册职工1608人。当年原油加工量为10.67万吨。

1954年7月，成立东北石油七厂子弟中学。

1955年，东北石油七厂主要生产汽油、煤油、柴油、燃料油等产品。同年4月，建成中国第一套润滑油装置，成立润滑油车间，成功生产出锭子油、车用机油、透平油、变压器油等38种润滑油，产量达3.8万吨/年，结束了中国润滑油依赖进口的历史。6月，为适应石油工业发展和满足兰州炼油厂培养技术人员的需要，石油管理总局决定成立东北石油七厂技工学校。

9月，东北石油七厂划归石油工业部领导，并更名为石油工业部石油七厂。

（一）大连中苏石油精制股份有限公司（1949.10—1951.1）

1. 大连中苏石油精制股份有限公司党组织领导名录（1949.10—1951.1）

党支部书记 苏德山（1949.10—1950.1）

党总支书记 苏德山（1950.1—1951.1）

2. 大连中苏石油精制股份有限公司领导名录（1949.10—1951.1）

董　事　长 张有萱（1949.10—1951.1）

副董事长 柯诺年科（苏联，1949.10—1951.1）

总　经　理 彼得洛夫（苏联，1949.10—1951.1）

副总经理 汪家宝（1949.10—1951.1）

总工程师 林　风（1950.7—11）

3. 大连中苏石油精制股份有限公司工会（1949.10—1951.1）

工会主席 王殿臣（1949.10—1951.1）

（二）**大连石油厂**（1951.1—1952.8）

1. **中共大连石油厂总支委员会领导名录**（1951.1—1952.8）

书　　记　苏德山（1951.1—7）

隋书栋（1951.7—1952.8）

2. **大连石油厂领导名录**（1951.1—1952.8）

厂　　长　汪家宝（1951.1—8）

李　风（女，1951.11—1952.8）

副 厂 长　苏德山（1951.7—1952.8）

总工程师　张芳骞（代理，1951.7—1952.8）

3. **大连石油厂工会**（1951.1—1952.5）

主　　席　王殿臣（1951.1—1952.5）

（三）**东北石油管理局第七厂**（1952.8—1953.11）

1. **中共东北石油管理局第七厂总支委员会领导名录**（1952.8—1953.11）

书　　记　隋书栋（1952.8—1953.11）

2. **东北石油管理局第七厂领导名录**（1952.8—1953.11）

厂　　长　李 风（1952.8—1953.11）

副 厂 长　苏德山（1952.8—1953.11）

汤学永（1953.7—11）

朱吉仁（1953.10—11）

总工程师　张芳骞（代理，1952.8—1953.11）

（四）**东北石油七厂**（1953.11—1955.8）

1. **中共东北石油七厂总支委员会领导名录**（1953.11—1955.8）

书　　记　隋书栋（1953.11—1955.8）

2. **东北石油七厂领导名录**（1953.11—1955.8）

厂　　长　李　风（1953.11—1954.4）

副 厂 长　苏德山（1953.11—1954.4；代理厂长，1954.4—1955.8）

汤学永（1953.11—1955.8）

朱吉仁（1953.11—1954.2）

胡涵秋（1954.1—11）

赵　科（1954.3—1955.8）

刘　钊（1955.1—8）

王子安（1955.5—8）

总 工 程 师 张芳骞（代理，1953.11—1955.8）

3\. **东北石油七厂工会**（1954.1—1955.8）

主　　席 王殿臣（1954.1—1955.8）

九、四平油化厂—东北石油八厂（1949.10—1955.8）

东北石油八厂前身是1936年创建的四平油化厂。1936年，为了生产航空汽油，日本石油株式会社、满洲石油株式会社及西安煤矿等出资创建四平油化厂。厂址在吉林省四平市辽东区北二道街。工厂建成后，约80%的厂房设备遭到战争破坏，基本无生产能力。解放战争结束后，辽北省人民政府派员接收，并开办小型肥皂厂，以维持在厂工人生活。同时，东北经济委员会修复吉林油化厂，将该厂部分生产设备拆移。

1952年，四平油化厂划归东北石油管理局领导，并更名为东北石油管理局第八厂。当时，该厂主要生产机械设备尚存，但机器附件、动力设备及其他可以移动的装备均被盗卖或已作他用，一直处于停产状态。

1953年11月，东北石油管理局撤销，四平油化厂划归石油管理总局领导，并更名为石油管理总局东北石油八厂。

1955年，东北石油八厂没有石油生产能力，主要从事部分金属加工业务。9月，东北石油八厂划归石油工业部领导，更名为石油工业部石油八厂。

厂　　长 郑衍文（1954.11—1955.8）

副 厂 长 黄文焕（1954.3—1955.8）

刘茂丰（1954.3—1955.8）

总工程师 黄文焕（1954—1955.8）

十、桦甸油母页岩矿—东北石油九厂（1949.10—1955.8）

东北石油九厂位于吉林省桦甸县东公吉区连家村。1937年，当地发现页岩。1943年，满洲炭矿株式会社经营成立矿业所，在试验期间日产页岩原油110公斤。

1947年5月，桦甸解放后，矿业所由吉辽军区后勤部接管，修复部分设备，日产油110公斤。11月由吉林省建设厅接管，进行全面恢复工作，到1949年4月全部恢复后，产量达每月50吨。建国后，厂名先后为桦甸油母页岩矿、吉林油母页岩矿，由吉林省化工厅管理。1951年底，经过新建设备和技术提升，每月可产450吨原油。

1952年底，燃料工业部决定将吉林油母页岩矿划归东北石油管理局领导，并更名为东北石油管理局第九厂。

1953年9月，东北石油管理局决定该厂设17个科室、2个坑、6个车间。11月，东北石油管理局撤销，东北石油管理局第九厂划归石油管理总局直接领导，并更名为石油管理总局东北石油九厂。

1954年4月，燃料工业部决定，将东北石油九厂油母页岩矿部分交煤矿管理总局领导，该厂制油生产部分仍由石油管理总局领导。

1955年，东北石油九厂主要生产页岩人造石油。9月，东北石油九厂划归石油工业部领导，并更名为石油工业部石油九厂。

厂　　长　贾承烈（1953.5—1955.8）
第一副厂长　苏宝馨（1953.5—1955.8）
第二副厂长　王　健（1953.5—　　）
总工程师　王祖赓

十一、吉林江南化工厂—东北石油十厂 (1949.10—1955.8)

东北石油十厂位于吉林市南10千米，前身为日本关东军未建成的火药厂。

1948年6月，吉林省工业厅以该厂为基础筹建工厂。1950年8月开始，以桦甸页岩原油及抚顺轻柴油、燃料油为原料生产火油。当时厂名为吉林江南化工厂，后更名为吉林化工第一厂，隶属于吉林省化工厅。

1952年底，燃料工业部决定，将吉林化工第一厂划归东北石油管理局领导，并更名为东北石油管理局第十厂。

1953年11月，东北石油管理局撤销，东北石油管理局第十厂划归石油管理总局直接领导，并更名为石油管理总局东北石油十厂。

1955年，东北石油十厂主要生产汽油、煤油、柴油、燃料油等产品。9月，东北石油十厂划归石油工业部领导，更名为石油工业部石油十厂。

副 厂 长　冯忠义（代理厂长，1954.11—1955.8）
　　　　　　朱振山（1954.11—1955.8）

十二、上海炼油厂（1949.10—1955.8）

上海炼油厂始建于1945年11月。当时，国民政府授权资源委员会接办上海敌（日）资工厂，将丸善石油株式会社、出光油槽所、大华石油联营会社合并组建上海炼油厂。1946年4月，暂由甘肃油矿局主管，在内部机构设置时把制造和储油分为东厂与西厂两部分，东厂以制造、维修为主，西厂以储油为主。该厂后由中国石油有限公司领导。截至1949年，东厂仅有6座小油罐、4座旧仓库，以及用来回收废机油的一些简陋设备。

1949年5月，上海解放后，上海军事管制委员会委派徐今强等为军代表，接管了东厂，由军管会重工业处投资15000石（当时金额以米价换算）进行建设。8月，开始以东厂为基础筹建上海炼油厂，并成立上海炼油厂建厂委员会，隶属华东军政委员会工业部中国石油有限公司，郭可铨代总经理兼主任委员，翁心源、李景汾任副主任委员，徐今强等11人为委员。下设总务组、设计考核组、会计组、工务组、供应组。

1950年6月，上海炼油厂成立，隶属石油管理总局领导，以炼油及修制炼油设备为主，设工务组、财务组、总务组、供应组。8月，石油管理总局决定，上海炼油厂的领导关系，行政方面（包括会计）由新成立的上海办事处领导，技术计划方面由石油管理总局领导。

1951年3月，石油管理总局决定将上海炼油厂全部交由上海办事处领导。

1952年5月，石油管理总局上海办事处撤销，上海炼油厂由燃料工业部上海办事处代管。7月，上海炼油厂调整组织机构，成立临时党委、工会、计划科、财务科、人事科、技术科、总务科、供销科、炼油车间、装配车间、机械车间。

1953年3月，燃料工业部决定，上海炼油厂由石油管理总局直接领导。8月，为加强民主管理机构，举行了第一次职工代表大会，普选出工厂管理委员5人，连同厂长、副厂长、工会主席，组成工厂管理委员会，负责讨论制定有关制度、办法或决定重大事项。同时选出职工代表31名，推进和督促工厂管理委员会工作。当年，为适应扩建后生产需要，管理机构再次进行调整，成立厂长办公室、劳动工资科、机械科、技术检验科、人民监察室；总务科更名为行政福利科；供销科划分为材料科及运销科。同时，成立蒸馏、裂化、润滑油、设备动力车间；金工间与装配车间合并为机械车间。8月，成立保卫科、基建科、动力设备科、机械制造科。10月，成立技术安全监察科。

1954年，推行厂长、车间主任和工段长“三级一长制”，实行生产区域管理制，职能人员专责制和生产工人岗位责任制。年末，机械制造科并入机械车间。

1955年初，实行党委领导下的分工负责制。同时，健全职工代表大会制度，监督企业各项政策、生产计划的落实。2月，成立研究室。5月，成立机械师室和动力师室。8月，技术检验科更名为技术检查科，行政福利科更名为行政管理科。同时，机械加工转移外厂，工厂则以炼油为主。当年，主要设备平均生产能力达到15万吨/年。

（一）中共上海炼油厂临时委员会领导名录（1950.6—1955.8）

书　　记　王明山（1952.8—1953.7）

王兴鲁（1953.7—1955.1）
孙文卿（1955.1—8）
副 书 记　阎峰璐（1955.1—8）
马玉霖（1955.4—　）
纪委书记　杨一凡（1953.12—1954）

（二）上海炼油厂领导名录（1950.6—1955.8）

厂　　长　王　禹（1950.6—1954.4）
江云海（1954.10—1955.8）
代理厂长　王礼庭（1954.4—10）
副 厂 长　周赓谟（1950.8—1952.7）
王明山（1952.7—1953.7）
余　琳（女，1953.8—1961.8）
王礼庭（1954.3—1955.1）
任士学（1954.4—10）
汪明远（1954.10—1955.8）
朱吉仁（1954.10—1955.8）
周茂祥（1954.10—1955.8）

（三）上海炼油厂工会（1950.6—1955.8）

主　　任　张建勋（1950.7—　　）
主　　席　孔庆尧（1952.1—1954）
陈金荣（1954—1955）
吴昆进（1955.7—8）

十三、甘肃炼油厂筹备处—兰州炼油厂筹建处（1953.9—1955.8）

1953年9月，经中央财政经济委员会、燃料工业部批准，石油管理总局决定在甘肃建设炼油厂，同时在北京成立甘肃炼油厂筹备处。10月，筹备处迁至兰州，更名为兰州炼油厂筹建处，办公地址：兰州市民主东路208号。筹建处设秘书室、计划科、人事科、财务科和工程师室等5个科室。当年，兰州炼油厂项目被列入苏联援建的156个重点项目之一。

1955年2月，筹建处机构调整，设办公室、计划处、人事处、供应处、财务处、行政处、工程处等7个处室。

9月，兰州炼油厂筹建处划归石油工业部领导。

主　　任　王　俊（1953.9—1955.8）

十四、茂名页岩油厂筹建处（1955.5—8）

1955年5月，经燃料工业部批准，石油管理总局决定在广东茂名地区成立茂名页岩油厂筹建处，统一领导该地区各企业的筹建工作，直属石油管理总局领导。9月，茂名页岩油厂筹建处划归石油工业部领导。

主　　任　方　华（1955.5—8）

副 主 任　倪毓孚（1955.5—8）

十五、隆昌炭黑厂（1953.9—1955.5）

1952年9月，西南工业部筹建隆昌炭黑厂，后命名为西南工业部三〇三厂。

1953年2月，经燃料工业部和重工业部协商后，决定将西南工业部三〇三厂划归燃料工业部领导。燃料工业部委托石油管理总局办理交接事宜。9月，石油管理总局决定，将工厂更名为石油管理总局隆昌炭黑厂，由总局直接领导，并委托西南石油探勘处就近指导。

1955年5月，石油管理总局决定，将隆昌炭黑厂与隆昌钻探队合并，在原隆昌炭黑厂旧址成立隆昌气矿，由四川石油探勘局领导。

厂　　长　孟庆瑗（1954.10—1955.5）

副 厂 长　周学厚（1954.10—1955.5）

　　　　　　张铁生（1954.10—1955.5）

总工程师　张铁生（1954.10—1955.5）

十六、上海万国橡胶厂（1951.12—1953.10）

1951年12月，石油管理总局上海办事处接管上海万国橡胶厂。

1952年5月，石油管理总局上海办事处撤销后，上海万国橡胶厂由燃料工业部上海办事处代管。

1953年3月，燃料工业部决定，上海万国橡胶厂由石油管理总局直接领导。5月，中央财经委决定，将上海万国橡胶厂划归华东财委领导。10月，上海万国橡胶厂移交上海市人民政府工业局管理。

厂　　长　王道一（1951.12—1953.10）

第三节　机械制造、建筑安装、物资供应单位

1950年6月，石油管理总局由上海迁至北京后，成立上海办事处，统一管理总局在上海地区的相关业务。

1953年5月，陇海铁路管理局宝鸡机厂由铁路系统移交到燃料工业部石油管理总局领导，更名为石油管理总局第一机械厂。7月，商业部、燃料工业部决定，将石油管理总局全部石油销售业务划归商业部领导，石油管理总局兰州运销公司移交商业部。同时，石油管理总局决定成立运输处，交由玉门矿务局领导，以加强西部油气资源的运输工作。同月，西北石油管理局撤销，其所属咸阳器材库由石油管理总局直接领导。12月，燃料工业部批准成立石油管理总局东北建筑安装工程公司。同月，石油管理总局成立东北供应站，负责东北地区的器材供应工作。

1954年4月，第一机械厂划归钻探局管理。

1955年5月，石油管理总局决定，在西安成立器材供应办事处，统一负责西部地区的器材供应工作。同月，第一机械厂划归石油管理总局直接领导。7月，兰州建筑安装工程公司成立，负责兰州炼油厂的建设工作。

一、第一机械厂（1953.5—1955.8）

石油管理总局第一机械厂前身是国民政府于1937年5月成立的陇海铁路管理局宝鸡机厂。1938年10月，宝鸡机厂正式开工生产，担负机车修理兼作机务段检修业务。

1949年7月，宝鸡解放，宝鸡机厂实行军管，接受郑州铁路管理局西安分局领导，仍担负铁路机车的修理任务。1950年12月，改由郑州铁路管理局（厂务处）领导。1952年12月，改由铁道部机车车辆制造局领导，仍担负铁路机车的修理任务。

1953年5月，宝鸡机厂由铁路系统转到石油工业系统，由燃料工业部石油管理总局领导，更名为石油管理总局第一机械厂。生产性质由修理铁路机车改变为石油钻探设备、工具及配件的制造，职工总数805人。同年，第一机械厂试制出顿钻活环、顿钻钻头、泥浆罐、20吨天车、试油井架、手摇钻机、钻杆接头和射孔弹等20多种产品，产量220吨，产值129万元。

1954年4月，石油管理总局决定自本年4月1日起将第一机械厂划归钻探局领导。

1954至1955年期间，第一机械厂先后设立卫生所和职工子弟学校。

1955年5月，第一机械厂召开第二次党代会，选举党委委员7人，孙励斋任党委书记。

1953年至1955年，老厂区进行改造，新增面积8900平方米，完成投资950万元，初步具备一定的生产规模和能力。“一五”期间，试制成功41米井架底座、大型油水管、电测绞车、试井车、泥浆搅拌机、油水分离器、射孔枪、振动筛等53种新产品。

1955年5月，第一机械厂划归石油管理总局领导，9月划归石油工业部领导。1955年完成工业总产值481万元，实现利润139万元。

（一）中共第一机械厂委员会领导名录（1953.5—1955.8）

书　　记　孙励斋（1953.5—1955.6）
　　　　　　崔明亮（1955.6—8）

（二）第一机械厂领导名录（1953.5—1955.8）

厂　　长　孙励斋（1953.5—1955.6）
　　　　　　刘若愚（1955.6—8）

副 厂 长　王国兰（1953.6—1955.8）
　　　　　　靳学礼（1953.6—1955.8）

总工程师　寇学增（1954.7—1955.8）

（三）第一机械厂工会（1953.5—1955.8）

主　　席　张庆云（1953.5—1955.8）

二、西安地球物理仪器制造所（1955.6—8）

1952年，石油管理总局决定，在陕北测井站基础上成立西安地球物理试验室，专门从事测井仪器研制工作。1953年，明确西安地球物理试验室隶属钻探局领导，并更名为地球物理测井仪器修造所。职工总数50余人。

1955年6月，石油管理局总局决定，将钻探局地球物理测井仪器修造所与地质局仪器修造室合并，成立西安地球物理仪器制造所，隶属西安地质调查处领导，设计划统计股、生产技术股、人事股、材料供应股、财务会计股、行政管理股、保卫股等办事机构，党组织关系隶属于中共西安市雁塔区委，办公地址：西安和平门外雁塔路33号。

8月，北京地球物理实验室迁往西安，并入西安地球物理仪器制造所。同时，成立地震试验研究队。

（一）中共西安地球物理仪器制造所支部委员会领导名录（1955.6—8）

副　书　记　胡延亭（1955.6—8）

（二）西安地球物理仪器制造所领导名录（1955.6—8　）

所　　　长　韩其信（1955.6—8　）

主任工程师　刘永年（1955.6—8）

三、东北建筑安装工程公司（1954.1—1955.8）

1953年10月，为了有计划地对人造石油厂进行扩建，扩大生产能力，石油管理总局决定，将东北地区各石油单位建设施工力量集中管理，组建工程公司，由东北石油管理局负责具体组织事宜。12月，燃料工业部批准石油管理总局成立东北建筑安装工程公司。

1954年1月，东北建筑安装工程公司正式成立，行政级别为正处级，由石油管理总局直接领导。主要职责是采取各种措施，学习苏联建设经验，不断改进工地施工组织，推广先进经验，实行经济核算制，逐步实现施工机械化与工厂化，以提高工程质量、降低建筑安装工程成本，完成国家基建任务。成立之初，东北建筑安装工程公司设机械安装和土建两个大队，主要承担东北石油一厂、东北石油二厂等老炼油厂的恢复建设工程。办公地点在东北石油二厂。

1955年3月，东北建筑安装工程公司党委成立，隶属于中共抚顺市委。4月，逐步健全管理机构，成立办公室、计划统计科、施工管理科、技术检查科、供应科、人事科、劳动工资科、财务科、监察室、总务科和保卫科等11个科室。基层为5个工地，另有木材加工场、汽车队等直属单位。9月，东北建筑安装工程公司划归石油工业部领导，更名为石油工业部第一建筑安装工程公司。当年，职工总数2829人，建筑安装完成工作量941.37万元。

（一）中共东北建筑安装工程公司总支委员会、委员会领导名录

（1954.1—1955.8）

书　　记　杨雨霖（1954.4—1955.6）

方　印（1955.6—8）

第二书记　沈明轩（1954.4—1955.8）

副 书 记　武进文（1954.4—1955.2）

常　　委　葛贤辅（1954.5—8）

夏云昌（1954.5—1955.8）

（二）东北建筑安装工程公司领导名录（1954.1—1955.8）

经　　理　葛贤辅（兼任，1954.1—8）

褚志远（兼任，1954.8—1955初）

陈李中（1955.5—8）

副 经 理　夏云昌（1954.1—1955.8）

刘　铭（1954.1—1955.8）

宋金海（1954.1—1955.8）

王子安（1954.1—1955.8）

王连志（1954.1—1955.8）

主任工程师　乌承尧（1954.1—1955.8）

四、兰州建筑安装工程公司（1955.8）

1955年8月，石油管理总局决定，在兰州成立兰州建筑安装工程公司，由石油管理总局直接领导，承担兰州炼油厂的建设任务。9月，兰州建筑安装工程公司划归石油工业部领导，更名为石油工业部第二建筑安装工程公司。

经　　理　崔绳先（代理，1955.8）
副 经 理　贾振礼（1955.8）
　　　　　　齐泽国（1955.8）
　　　　　　王子安（1955.8）
总工程师　敖明模（1955.8）

五、上海办事处（1950.6—1952.5）

1950年6月，石油管理总局决定设立上海办事处。8月，石油管理总局决定，上海办事处业务方面由总局经理处领导。

1951年底，为执行政务院“关于机关部队在津沪等地采购物资的规定”，燃料工业部决定，将石油和电业两个管理总局分设在上海的办事机关，与燃料部经理司上海办事处合并，成立燃料工业部上海办事处，并规定原由石油管理总局上海办事处管理的橡胶厂、制造厂、炼油厂，人事招聘与技术人员培养工作，以及自行设计等工作，均由石油管理总局另行成立机构管理。

1952年5月，燃料工业部上海办事处正式成立。原石油管理总局上海办事处管理的机构与工作，均由石油管理总局直接领导，并委托燃料工业部上海办事处代为管理。

主　　任　许辑纲（兼任，1950.6—1951.6）
　　　　　　孟沛然（1951.6—1952.5）
副 主 任　蒋丹海（代理主任，1950.10—1951.6；1951.6—1952.5）
　　　　　　张振仁（1950.10—1952.5）

六、咸阳器材库—第一器材库（1953.7—1955.6）

1953年7月，咸阳器材库划归石油管理总局直接领导。器材库设秘书股、财务股、保养股、运输股、国外储备股、国内储备股、基本建设组、潜在物资处理办公室等部门，工作人员204人（不含兰州及铜川转运库人数）。其中，库长1人，副库长3人，技师1人。

1954年6月，咸阳器材库更名为石油管理总局第一器材库。同年，秘书股更名为行政管理股；增设人事股。

1955年6月，第一器材库划归西安器材供应办事处领导，更名为石油管理总局西安器材供应办事处第一器材库。

库　　长　赵一清（1953.7—1955.6）

副 库 长　蓝玉玺（1953.7—1955.6）

杨国英（1953.7—1955.6）

张今生（1953.7—1955.6）

七、东北供应站（1953.12—1955.8）

1953年12月，燃料工业部批准石油管理总局成立东北供应站和东北供应站推销部，负责东北地区的器材供应工作。

1955年9月，东北供应站划归石油工业部领导。

主　　任　张　仑（1953.12—1955.8）

副 主 任　张博强（1953.12—1955.8）

八、西安器材供应办事处（1955.5—8）

1955年4月，经国务院、燃料工业部批准，石油管理总局决定在西安成立器材供应办事处。5月5日，西安器材供应办事处在西安西关外任家庄正式成立。6月，石油管理总局第一器材库划归西安器材供应办事处领导，更名为石油管理总局西安器材供应办事处第一器材库。9月，西安器材供应办事处划归石油工业部领导，更名为石油工业部西安供应办事处。

主　　任　崔元贵（1955.5—8）

第四节 科研院校

1950年8月，经中央财政经济委员会批准，石油管理总局决定在华东、北京、兰州、西安等地开办地质勘探、地球物理、测绘、炼油、钻井等5个训练班。同年，大连石油工业学校成立，由大连中苏石油精制股份有限公司（后更名为大连石油厂）管理。

1951年9月，石油管理总局决定成立4个石油专科学校：北京石油工业学校，由总局直接领导；西南石油工业专科学校，由重庆办事处领导；西北石油工业学校，由西北石油管理局领导；东北石油专科学校（即大连石油工业学校），由大连石油厂领导。同月，西南石油工业专科学校成立，直属石油管理总局领导。10月，西北石油工业学校成立，由西北石油管理局领导。同月，山丹培黎学校划归西北石油管理局领导，更名为西北石油管理局培黎工业学校。

1952年2月，西南石油工业专科学校划归重庆办事处管理，更名为西南石油工业学校。8月，北京石油工业学校成立，由石油管理总局直接领导。11月，西南石油工业学校改由西南石油探勘处管理，更名为重庆石油工业学校。同年，大连石油工业学校划归东北石油管理局领导。

1953年1月，高等教育部、燃料工业部商定天津大学附设石油工业学校由燃料工业部领导。3月，燃料工业部明确天津大学附设石油工业学校由石油管理总局领导。同月，为加强石油设计力量，经中财委和燃料工业部批准，石油管理总局决定，将设计处扩编为石油设计局，为总局直属单位。4月，燃料工业部决定将煤矿管理总局所属抚顺矿务局研究所有关油类部分划归东北石油管理局管理，成立东北石油管理局抚顺研究所。5月，西北石油工业学校更名为西安石油工业学校，天津大学附设石油工业学校更名为天津石油工业学校。7月，培黎工业学校划归钻探局领导，更名为培黎石油技工学校。9月，北京石油工业学校更名为北京石油地质探勘学校；西安石油工业学校更名为西安石油学校；天津石油工业学校更名为天津石油学校；大连石油工业学校迁至抚顺市望花区，更名为抚顺石油学校。10月，重庆石油工业学校更名为重庆石油学校，直属石油管理总局领导。同月，在清华大学石油工程学系、大连工学院化工系燃料专业及其他院校有关专业的基础上组建的北京石油学院正式成立，接受高等教育部和燃料工业部的双重领导。同年，由于西北石油管理局和东北石油管理局相继撤销，西安石油学校、抚顺石油学校和抚顺研究所划归石油管理总局直接领导。

1954年3月，抚顺研究所划归东北石油一厂管理，更名为东北石油一厂研究所。

1955年2月，燃料工业部决定，将石油管理总局所属的石油院校划归部直接领导，具体工作由石油管理总局直接参加或直接办理。5月，石油管理总局决定成立西安石油干部学校。同月，培黎石油技工学校划归石油管理总局直接领导。

一、石油设计局（1953.3—1955.8）

1953年3月，经中财委和燃料工业部批准，石油管理总局决定撤销设计处，成立石油设计局，为总局直属单位。4月，石油设计局正式成立。

1954年，石油设计局机关进行调整，设秘书处、人事处、计划处、专家工作室、保卫科、总预算室、施工室、土建室、给水排水室、机械室、设备室、储运室、动力组、总图室、工艺室、总工程师室、技术监察室、出版室、测量队、工程地质队等部门。人员编制290余人。

1955年9月，石油设计局划归石油工业部领导。

局　　长　田　方（蓝田方，1953—1954）
　　　　　　杨　真（1954—1955.1）
　　　　　　章维仁（1955.1—8）
副 局 长　熊尚元（1954—1955.8）
总工程师　熊尚元（1954—1955.8）
总建筑师　梁翕章（1955.6—8）

二、抚顺研究所（1953.4—1954.3）

1953年4月，燃料工业部决定将煤矿管理总局所属抚顺矿务局研究所有关油类部分划归东北石油管理局管理，成立东北石油管理局抚顺研究所，主要从事人造石油和石油炼制方面的科研工作。职工总数46人，其中技术人员35人。

1953年11月，东北石油管理局撤销，其所属抚顺研究所划归石油管理总局直接领导，12月更名为石油管理总局抚顺研究所，设高压加氢、润滑油脂、裂化汽油、接触裂化、叠合汽油、柴油精制等6个研究室。职工总数120人，其中技术人员63人。

1954年3月，石油管理总局决定，将抚顺研究所划归东北石油一厂领导，更名为石油管理总局东北石油一厂研究所。

所　　长　张鸿升（兼任，1953.4）
　　　　　　杨　伟（1953.4—1954.3）

三、北京石油学院（1953.10—1955.8）

1952年7月，为满足建国后石油工业恢复与发展对石油科技人才的战略需求，石油管理总局向燃料工业部、教育部、人事部和中央财经委员会、政务院文化教育委员会报告，请求在北京设立石油学院。燃料工业部建议，以清华大学石油工程系为基础筹办北京石油学院，并要求把筹建北京石油学院的任务列入燃料工业部第一个五年计划。10月，石油管理总局成立由人事处处长连庆溥为组长的北京石油学院筹备工作组。11月，政务院文化教育委员会正式批准设立北京石油学院。

1953年1月，北京石油学院筹备委员会正式成立，由教育部副部长曾昭伦任主任委员，燃料工业部副部长刘澜波、石油管理总局副局长贾启允任副主任委员。同时，在筹委会下设立北京石油学院建校筹备处，负责开展建校具体筹备工作，并指定贾启允为筹备处主任。4月，北京石油学院筹备委员会制定《北京石油学院组织草案》，明确规定学院实行院长负责制。9月，中共北京石油学院总支部委员会成立，下属3个党支部，党员103人。

同年10月，北京石油学院正式成立，并由燃料工业部呈报高等教育部备案，1000余名师生在位于北京海淀区九间房村的北京石油学院校区举行了开学典礼，10月1日被定为校庆日。学院由张定一任副院长，贾皞任党总支书记。成立初期，北京石油学院的师生来源主要以原清华大学石油工程系为主，同时包括大连工学院化工系液体燃料组四年级学生及部分教师，西北工学院采矿系、化工系石油组部分学生，北京地质学院部分学生，北京财经学院部分干部和教师，以及中国人民大学部分干部。

12月，北京石油学院组成临时行政小组，分工负责学院各方面的工作。领导小组成员有张定一、贾皞、曹本熹、武亚柏、宋明祥、严振海、刘若愚、陈骥、骆正愉、许德贵、黄圣伦等。

1954年1月，阎子元任北京石油学院院长。同时，成立北京石油学院校代会，负责管理校务。阎子元任主席，张定一任副主席。3月，成立石油地质系，同时设立石油及天然气地质勘探专业。10月，中国教育工会北京石油学院基层委员会成立。同年，北京地质学院石油地质专业三年级学生60人转入北京石油学院学习。

截至1955年8月，北京石油学院设院长办公室、教务处、人事处等7个党政管理部门，石油地质系、石油钻采系、石油炼制系、石油机械系、公共教研室等5个教学行政单位，石油地质、石油钻井、石油开采、人造石油、石油炼制（工学）、石油矿场机械、石油炼厂机械、石油储运等8个专业以及石油钻井、石油炼厂机械2个专修科。本科学制四年，专修科学制两年。

（一）中共北京石油学院总支委员会领导名录（1953.9—1955.8）

书　记　贾　皞（1953.9—1955.8）

副书记　严振海（1953.9—1955.8）

（二）北京石油学院领导名录（1953.10—1955.8）

院　长　阎子元（1953.10—1955.8）

副院长　张定一（1953.10—1955.8）

孙卓夫（1955—1955.8）

（三）北京石油学院工会（1954.10—1955.8）

主　席　周建民（1954.10—1955.8）

四、大连石油工业学校—抚顺石油学校（1950.11—1955.8）

1950年4月，燃料工业部在北京召开第一次全国石油工业会议，提出由大连中苏石油精制股份有限公司创办一所石油工业学校。11月，大连石油工业学校正式成立，由大连中苏石油精制股份有限公司（后更名为大连石油厂）领导。学校设研究班、专科班、中专班、技校班，学制两年，首届招收学员108名，教师主要由大连中苏石油精制股份有限公司工程师和技术员兼任，校址在大连甘井子。

1952年，东北石油管理局成立后，大连石油工业学校划归东北石油管理局领导。学制由两年改为三年。

1953年5月，石油管理总局明确大连石油工业学校由东北石油管理局领导。9月，大连石油工业学校迁至抚顺市望龙区，并更名为抚顺石油学校。11月，迁校工作完成。同月，东北石油管理局撤销，抚顺石油学校由石油管理总局直接领导。

1954年9月，设化工科和石油机械科。

1955年2月，燃料工业部决定，抚顺石油学校划归部直接领导，具体工作由石油管理总局管理。9月，抚顺石油学校划归石油工业部领导。

（一）大连石油工业学校（1950.11—1953.11）

党支部书记　袁政华（1952.10—1953.11）
校　　长　汪家宝（1950.11—1951.8）
　　　　　李　风（1951.8—1953.11）
副 校 长　苏德山（1950.11—1953.11）

（二）抚顺石油学校（1953.11—1955.8）

党支部书记　袁政华（1953.12—1954.12）
　　　　　王者春（1955.1—8）
校　　长　李建生（代理，1954.2—1955.2）
　　　　　崔　刚（1955.3—8）
副 校 长　崔　刚（1954.8—1955.3）
　　　　　王者春（1954.8—1955.8）

五、西南石油工业专科学校—重庆石油学校（1951.9—1955.8）

1951年1月，石油管理总局向燃料工业部呈报拟分区成立北京、西南、东北及西北四所石油工业专科学校，随即通知石油管理总局重庆办事处，负责筹建西南石油工业专科学校。4月，石油管理总局同意在西南工业部干部学校（重庆江北盘溪）设立石油干部班，以培训钻井技术干部为主，并在此基础上筹建西南石油工业专科学校。同月，石油干部班开学。9月20日，学校正式成立，并呈报燃料工业部备案，正式名称为中央燃料工业部石油管理总局西南石油工业专科学校。后来即以9月20日为校庆日。当月，石油钻探和石油机械专科专业（两年制）招收学生217人。10月，西南石油工业专科学校暂在重庆市中区潘家沟1号（现和平路156号）重庆办事处驻地办公，正式启用校印。由于尚未任命校长，暂时成立临时校务委员会主持学校日常工作，主任委员孙自全，副主任委员李秀峰、李维钧。学校设教务处、辅导处（负责人事及政工）、总务处，教职工29人。党组织关系在重庆办事处党支部。

1952年2月，石油管理总局决定西南石油工业专科学校由石油管理总局重庆办事处管理，办事处主任焦益文兼任校长；学校在重庆化龙桥校址正式开课。3月，学校更名为西南石油工业学校，在校生149人，教职工43人。10月，学校党支部成立，宋世杰为支部书记。11月，石油管理总局重庆办事处撤销，西南石油工业学校改为隶属西南军政委员会工业部西南石油探勘处，并更名为重庆石油工业学校。

1953年3月，重庆石油工业学校改由石油管理总局西南石油探勘处管理。当月，学校开办石油与天然气钻井1个中专班。9月，专科班全部毕业，学校改为中专学校。10月，更名为重庆石油学校，直属石油管理总局领导。

1954年3月，重庆石油学校由钻探局西南石油钻探处代管。9月，开办石油矿场矿机和石油及天然气钻井工程专业。10月，学校由石油管理总局直接领导。

1955年2月，燃料工业部决定，重庆石油学校划归部直接领导，具体工作由石油管理总局管理。9月，重庆石油学校划归石油工业部领导。

（一）西南石油工业专科学校临时校务委员会（1951.9—1952.2）

主 任 委 员　孙自全（1951.9—1952.2）

副主任委员　李秀峰（1951.9—1952.2）

李维钧（1951.9—1952.2）

（二）西南石油工业学校（1952.2—11）

党支部书记　宋世杰（1952.10—11）

校　　　长　焦益文（1952.2—11）

副　校　长　胡砺善（1952.2—11）

（三）重庆石油工业学校（1952.11—1953.10）

党支部书记　宋世杰（1952.11—1953.4）

周庆堂（1953.4—10）

校　　　长　焦益文（1952.11—1953.10）

副　校　长　胡砺善（1952.11—1953.9）

周庆堂（1953.2—10）

（四）重庆石油学校（1953.10—1955.8）

党支部书记　周庆堂（1953.10—1955.8）

校　　　长　（空缺）

副　校　长　周庆堂（代理校长，1953.10—1955.8）

六、西北石油工业学校—西安石油学校（1951.10—1955.8）

1951年9月，为发展石油事业，大量培养石油技术干部，石油管理总局决定成立西北石油工业学校，由西北石油管理局领导。10月，西北石油管理局决定以原力行中学为基础，成立西北石油工业学校。成立初期，学校设置钻井、采油及测绘3个专业。学制分别为三年、四年。校址：西安市后宰门11号。

1952年，成立钻井、采油、测量、会统4个专业科；增设会计、统计2个专业和3个政治辅导室。同年，教导处改为教务处；设立图书馆，并开始筹建学校实习工厂。

1953年5月，石油管理总局决定，将西北石油工业学校更名为西安石油工业学校。7月，西北石油管理局撤销，西安石油工业学校划归石油管理总局直接领导。9月，经中央高教部审核批准后，燃料工业部决定将西安石油工业学校更名为西安石油学校，校址迁至陕西西安南郊东八里村。同年，学校对组织机构进行调整，撤销政治辅导室；增设校长办公室；教务处下设教研室，领导各学科教学研究小组。后期撤销教研室，改教研小组为学科委员会，专业课学科委员会分别由各专业科领导，基础课学科委员会由教务处领导。

1954年，停办会计、统计2个专业，增设石油器材技术供应、石油储运、内燃机3个专业，测绘专业分为地形测量、大地测量2个专业。在校学生900余名，共21个班。

1955年2月，燃料工业部决定，西安石油学校划归部直接领导，具体工作由石油管理总局管理。9月，西安石油学校划归石油工业部领导。

（一）**西北石油工业学校**（1951.10—1953.5）

党总支书记 马　文（1952.10—1953.5）

校　　长 赵曼青（赵曼清，1951.10—1952.10）

马　文（1952.10—1953.5）

副 校 长 刘洪参（1951.10—1953.7）

马　文（1952.9—10）

（二）**西安石油工业学校—西安石油学校**（1953.5—1955.8）

党总支书记 马　文（1953.5—9）

段得民（1953.9—1955.8）

校　　长 马　文（1953.5—1955.8）

副 校 长 段得民（1953.9—1955.8）

七、北京石油工业学校—北京石油地质探勘学校（1952.8—1955.8）

1950年初，燃料工业部石油管理总局呈报中央人民政府财政委员会，申请开办地球物理勘探训练班，8月获得批准，9月训练班正式开学。

1951年5月，石油管理总局呈报燃料工业部，确定将自办的材料管理训练班、上海地球物理勘探干部训练班及锦州石油专科学校集中，成立北京石油工业专科学校，培养地球物理、材料及炼油干部，由总局直接领导。学校选址北京市交道口秦老胡同13号。9月，石油管理总局决定成立北京石油工业学校，由总局直接领导。

1952年2月，训练班建立党组织，由石油总局党委领导，后改由北京东四区委领导，行政上由燃料工业部教育司领导。同时，增设炼厂机械甲、乙班，学生82人。8月，训练班正式更名为北京石油工业学校。

1953年9月，经中央高教部审核批准后，燃料工业部决定，将北京石油工业学校更名为北京石油地质探勘学校，设野外地球物理、矿场地球物理、石油与天然气地质勘探3个专业。校址由北京秦老胡同迁至北京原通县辖区的定福庄。

1955年2月，燃料工业部决定，北京石油地质探勘学校划归部直接领导，具体工作由石油管理总局管理。5月，成立地质、地球物理两个专业科。6月，学校党支部改为党总支。9月，北京石油地质探勘学校划归石油工业部领导，更名为石油工业部北京石油地质学校。

（一）北京石油工业学校（1952.8—1953.9）

党支部书记 曾　潜（1952.8—　　）
李　杰（1953.4—9）

代理校长 温可门（1952.8—12）
李　杰（1953.4—9）

（二）北京石油地质探勘学校（1953.9—1955.8）

党支部书记 李　杰（1953.9—1954.8）

党总支书记 王永清（1954.8—1955.8）

校　　长 王永清（1954.8—1955.8）

副校长 李　杰（代理校长，1953.9—1954.8；1954.8—1955.8）

八、天津石油学校（1953.1—1955.8）

天津石油学校前身是1903年在天津成立的北洋工艺学堂，其先后更名为直隶高等工业学堂、直隶高等工业学校、直隶公立工业专门学校、河北省立工业专门学校、河北省立工学院。1929年起，设立附属学校。

1949年，天津解放，中国人民解放军军管会代表接管河北省立工学院。1950年，学院更名为河北工学院，原附设学校更名为河北工学院附设工业学校。1951年，中央人民政府教育部决定将北洋大学、河北工学院合并为天津大学，河北工学院附设工业学校改称天津大学附设工业学校。

1952年，天津大学附设工业学校向石油战线输送第一批5科134名毕业生。同年8月，天津大学附设工业学校改称为天津大学附设石油工业学校。

1953年1月，经燃料工业部和高等教育部商定，天津大学附设石油工业学校划归燃料工业部直接领导。3月，燃料工业部明确该校由石油管理总局领导。5月，经燃料工业部批准，石油管理总局决定，将天津大学附设石油工业学校更名为天津石油工业学校。9月，更名为天津石油学校。

1954年9月，天津石油学校设化工科和石油机械科。当时，天津石油学校校长、党支部书记为冯际平，副校长为张克庸。

1955年2月，燃料工业部决定，天津石油学校划归部直接领导，具体工作由石油管理总局管理。9月，天津石油学校划归石油工业部领导。

九、培黎工业学校—培黎石油技工学校（1951.10—1955.8）

培黎石油技工学校始建于1940年。1942年，陕西凤县双石铺培黎工艺学校正式建成并投入使用，隶属于中国工业合作协会西北办事处，创建人为国际友人路易·艾黎先生。1943年，培黎工艺学校更名为山丹培黎工艺学校。

1951年10月，山丹培黎工艺学校划归西北石油管理局领导，更名为西北石油管理局培黎工业学校，属中等专业学校。同时，为适应西北石油工业及重工业发展的需要，西北石油管理局决定，该校设机械、电机、土木建筑、探矿及测绘等班，培养初级技术干部及技工，并由艾黎先生继续担任校长。

1953年7月，西北石油管理局撤销，培黎工业学校划归石油管理总局钻探局领导，并更名为培黎石油技工学校。学校迁址兰州安宁区十里店邱家湾。

1955年5月，钻探局撤销，培黎石油技工学校划归石油管理总局直接领导，9月划归石油工业部领导。

（一）培黎工业学校（1951.10—1953.7）

党支部书记　段得民（1951.10—1953.7）

校　　长　路易·艾黎（新西兰，1951.10—1953.7）

副 校 长　段士谋（1951.10—1953.7）

段得民（1951.10—1953.7）

（二）培黎石油技工学校（1955.5—8）

党支部书记　段得民（1953.7—10）

刘俊卿（1953.11—1955. 8）

校　　长　路易·艾黎（1953.7—1955. 8）

第二校长　许云程（1955.7—8）

副 校 长　刘俊卿（1953.11—1955. 8）

段士谋（1953.7—1955.8）

第五章 附 录

第一节 燃料工业部（石油管理总局）时期石油工业组织机构及沿革图

一、1950年7月石油管理总局机关及石油工业企事业单位组织机构名录

单位		所在地
一、燃料工业部石油管理总局机关职能部门（6个）		
1	秘书处	北京市
2	人事处	北京市
3	计划处	北京市
4	经理处	北京市
5	生产技术处	北京市
6	探勘处	北京市
二、石油工业企事业单位（16个）		
（一）油气田勘探单位（4个）		
1	西北石油管理局	甘肃省兰州市
2	玉门矿务局	甘肃省玉门县
3	重庆办事处	重庆市
4	延长油矿	陕西省延长地区
（二）炼油化工单位（11个）		
1	上海炼油厂	上海市
2	抚顺矿务局西制油厂	辽宁省抚顺市
3	抚顺矿务局东制油厂	辽宁省抚顺市
4	抚顺矿务局人造石油厂	辽宁省抚顺市
5	抚顺矿务局化工厂	辽宁省抚顺市
6	锦西炼油厂	辽宁省锦州市
7	锦州合成厂	辽宁省锦州市
8	大连中苏石油精制股份有限公司	辽宁省大连市
9	四平油化厂	吉林省四平市
10	桦甸油母页岩矿	吉林省桦甸县
11	吉林江南化工厂	吉林省吉林市
（三）机械制造、建筑安装、物资供应单位（1个）		
1	上海办事处	上海市

注：单位所在地名称均为当时名称。

二、石油管理总局机关及石油工业企事业单位组织机构沿革图

机构沿革图例说明

1．本图主要按编年记事的方式简要绘制组织机构的沿革变化，主要包括机构的成立、更名、合并、拆分、撤销、划转、托管、业务重组整合等事项。

2．本图中机构沿革变化以“机构名称”中首字对应年份为时间节点。机构名称在一年中发生多次变革的，只显示最终名称。

3．机构延续用“⟶”符号表示；撤销用“||”符号表示；停止办公用“|”表示；合并用“⊐”符号表示；分设（分拆）用“匚”符号表示。

4．某机构被其他单位收购或整体划转其他单位（不再列组织机构序列），用“□”符号表示。

5．移交地方或划转系统外的，用“▲”符号表示，并在括号内直接标明去向；由地方或系统外划入的，用“▼”符号表示。

6．具体图例符号使用详见每页机构沿革图下的“图例说明”。

（一）石油管理总局总部机关部门组织机构沿革图

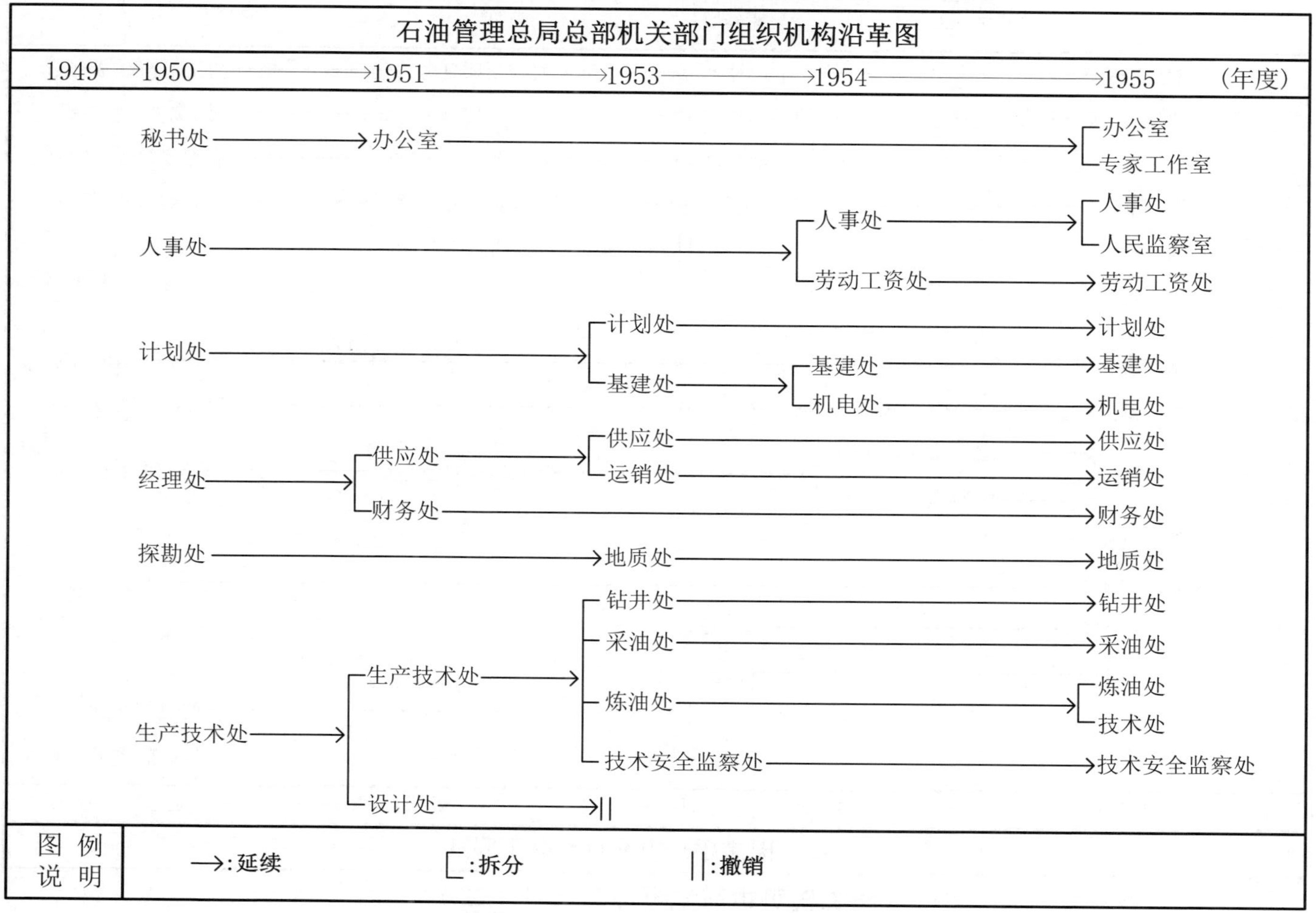

（二）石油工业企事业单位沿革图

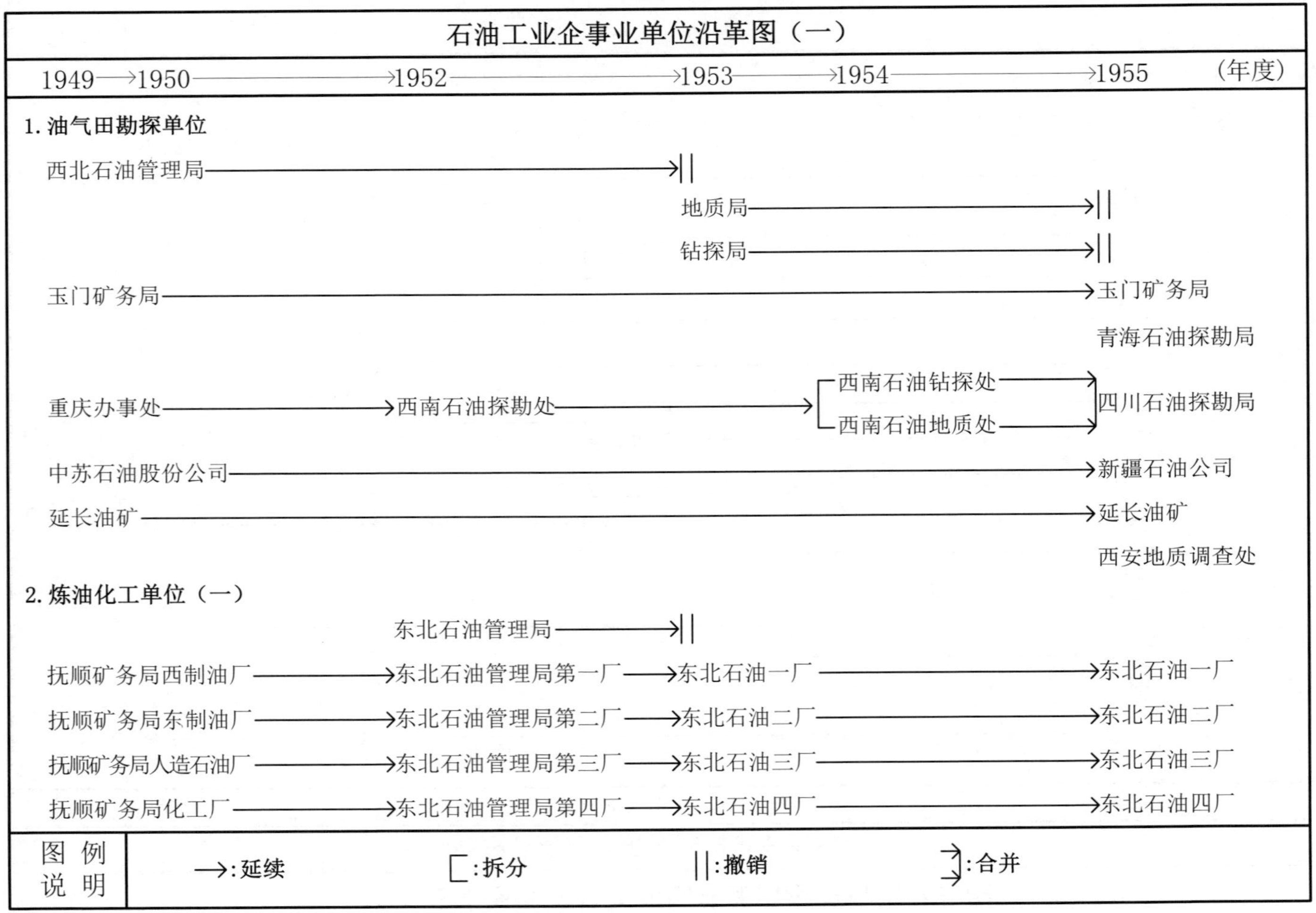

石油工业企事业单位沿革图（二）

1949 → 1951 → 1952 → 1953 → 1954 → 1955 （年度）

2. 炼油化工单位（二）

锦西炼油厂 → 东北石油管理局第五厂 → 东北石油五厂 → 东北石油五厂

锦州合成厂 → 东北石油管理局第六厂 → 东北石油六厂 → 东北石油六厂

大连中苏石油精制股份有限公司 → 大连石油厂 → 东北石油管理局第七厂 → 东北石油七厂 → 东北石油七厂

四平油化厂 → 东北石油管理局第八厂 → 东北石油八厂 → 东北石油八厂

桦甸油母页岩矿 → 东北石油管理局第九厂 → 东北石油九厂 → 东北石油九厂

吉林江南化工厂 → 东北石油管理局第十厂 → 东北石油十厂 → 东北石油十厂

上海炼油厂 → 上海炼油厂

上海万国橡胶厂 ↓（上海市）

兰州炼油厂筹建处 → 兰州炼油厂筹建处

茂名页岩油厂筹建处

隆昌炭黑厂 → □（四川石油探勘局）

图例说明	→：延续	□：划转	↓：划入地方

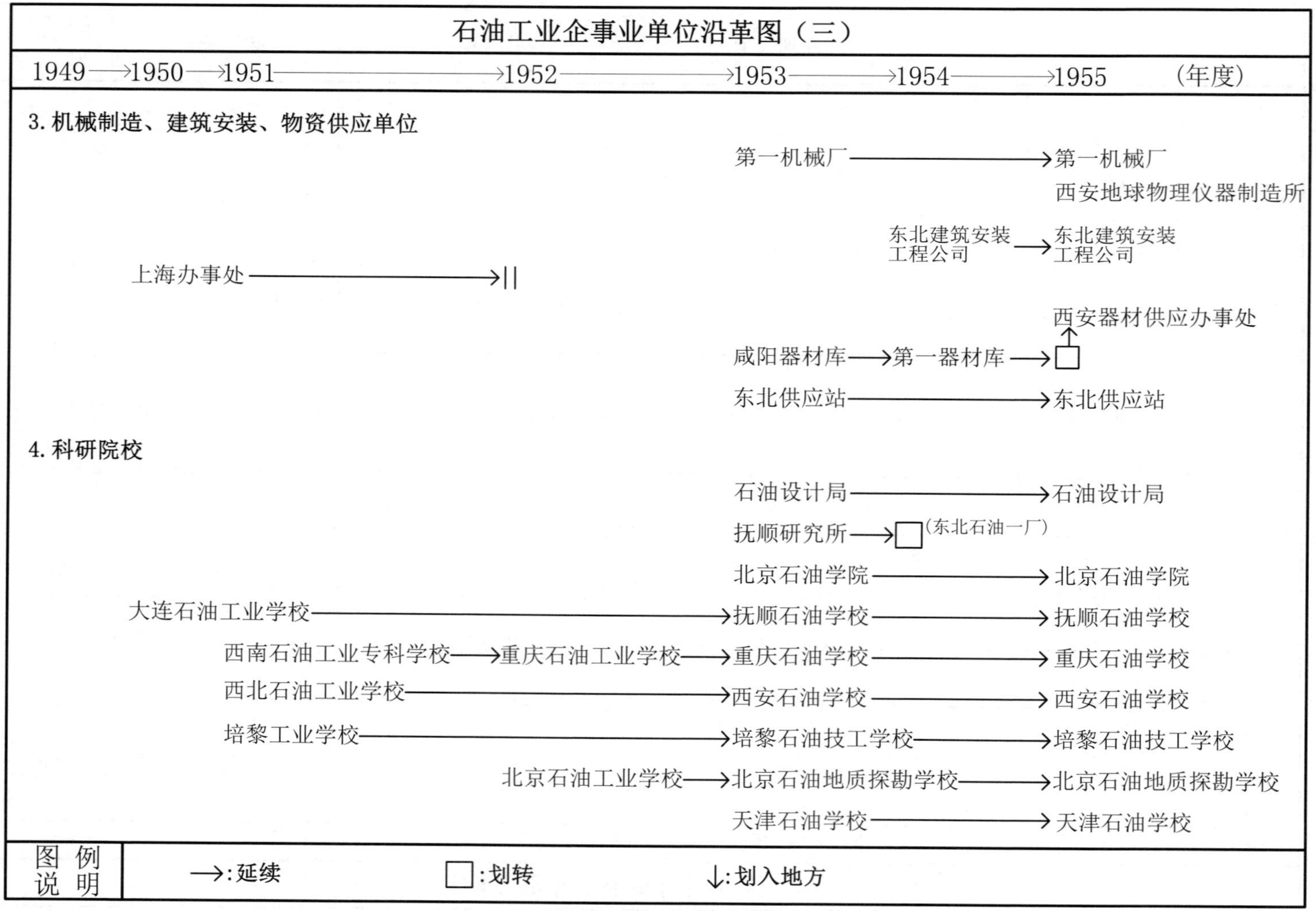
石油工业企事业单位沿革图（三）
1949→1950→1951→1952→1953→1954→1955 （年度）
3. 机械制造、建筑安装、物资供应单位
第一机械厂→第一机械厂
西安地球物理仪器制造所
东北建筑安装工程公司→东北建筑安装工程公司
上海办事处→||
西安器材供应办事处
咸阳器材库→第一器材库→
东北供应站→东北供应站
4. 科研院校
石油设计局→石油设计局
抚顺研究所→
(东北石油一厂)
北京石油学院→北京石油学院
大连石油工业学校→抚顺石油学校→抚顺石油学校
西南石油工业专科学校→重庆石油工业学校→重庆石油学校→重庆石油学校
西北石油工业学校→西安石油学校→西安石油学校
培黎工业学校→培黎石油技工学校→培黎石油技工学校
北京石油工业学校→北京石油地质探勘学校→北京石油地质探勘学校
天津石油学校→天津石油学校
图例说明
→:延续
:划转
↓:划入地方

三、1955年8月石油管理总局机关及石油工业企事业单位组织机构名录

单　　位		所　在　地
一、燃料工业部石油管理总局机关职能部门（17 个）		
1	办公室	北京市
2	专家工作室	北京市
3	人事处	北京市
4	劳动工资处	北京市
5	人民监察室	北京市
6	计划处	北京市
7	基建处	北京市
8	财务处	北京市
9	供应处	北京市
10	运销处	北京市
11	机电处	北京市
12	钻井处	北京市
13	采油处	北京市
14	炼油处	北京市
15	技术安全监察处	北京市
16	技术处	北京市
17	地质处	北京市
二、石油工业企事业单位（32 个）		
（一）油气田勘探单位（6 个）		
1	玉门矿务局	甘肃省玉门市
2	新疆石油公司	新疆维吾尔自治区乌鲁木齐市
3	青海石油探勘局	青海省西宁市
4	四川石油探勘局	四川省成都市
5	延长油矿	陕西省延安市
6	西安地质调查处	陕西省西安市
（二）炼油化工单位（13 个）		
1	上海炼油厂	上海市
2	东北石油一厂	辽宁省抚顺市

续表

单　位		所 在 地
3	东北石油二厂	辽宁省抚顺市
4	东北石油三厂	辽宁省抚顺市
5	东北石油四厂	辽宁省抚顺市
6	东北石油五厂	辽宁省锦州市
7	东北石油六厂	辽宁省锦州市
8	东北石油七厂	辽宁省大连市
9	东北石油八厂	吉林省四平市
10	东北石油九厂	吉林省桦甸县
11	东北石油十厂	吉林省桦甸县
12	兰州炼油厂筹建处	甘肃省兰州市
13	茂名页岩油厂筹建处	广东省茂名市
（三）机械制造、建筑安装、运输、物资供应单位（5个）		
1	第一机械厂	陕西省宝鸡市
2	西安地球物理仪器仪表制造所	陕西省西安市
3	兰州建筑安装工程公司	甘肃省兰州市
4	西安器材供应办事处	陕西省西安市
5	东北供应站	辽宁省沈阳市
（四）科研院校（8个）		
1	石油设计局	北京市
2	抚顺研究所	辽宁省抚顺市
3	北京石油学院	北京市
4	北京石油地质探勘学校	北京市
5	抚顺石油学校	辽宁省抚顺市
6	西安石油学校	陕西省西安市
7	天津石油学校	天津市
8	培黎石油技工学校	甘肃省兰州市

注：单位所在地名称均为当时名称。

第二节 石油工业基本情况统计表

一、石油工业基本情况

项目 \ 年份	1949	1950	1951	1952	1953	1954
一、工业总产值（亿元）	0.26	0.66	0.98	1.73	2.31	3.17
二、利润（亿元）	—	—	0.09	0.55	0.46	0.73
三、资产总额（亿元）	—	—	—	—	5.02	6.35
四、主要产品产量						
1.原油（万吨）	12.1	20.0	30.6	43.6	62.2	78.9
2.天然气（万立方米）	0.17	0.16	0.12	0.22	0.42	0.55
3.汽油（万吨）	2.3	4.3	6.1	12.1	17.0	24.1
4.煤油（万吨）	0.5	2.3	4.0	7.1	8.3	10.9
5.柴油（万吨）	0.7	5.3	7.7	5.9	12.2	12.0
五、主要生产能力						
1.原油（万吨）	18	22	44	51	71	102
2.天然气（亿立方米）	—	—	—	—	—	—
3.原油加工（万吨）	17	46	79	99	154	175

注：工业总产值按照1970年不变价计算。

二、石油工业人数、工资与劳动生产率情况

项目 \ 年份	1949	1950	1951	1952	1953	1954
一、职工人数（人）	11000	20303	30191	35806	58138	66708
二、工资总额（万元）	200	457	1249	2217	3797	5439
三、平均工资（元/人）	240	296	552	741	839	847
四、劳动生产率						
1.工业生产（元/人）	3501	5682	5409	7924	8475	9652
2.采油工人实物（吨/人）	207.4	215.9	145.3	192.5	204.4	174.9

注：劳动生产率按照1970年不变价计算。

三、石油工业职工按岗位分类情况

单位：人

项目＼年份	1949	1950	1951	1952	1953	1954
年末人数	11000	20303	30191	35806	58138	66708
工人	7290	11463	15596	19057	27011	35333
学徒	525	544	999	947	1176	1646
工程技术人员	367	744	1347	1673	2548	4612
管理人员	727	1305	1909	2144	2895	3702
服务人员	865	1599	1730	1988	1810	1872
其他	1226	4648	8610	9997	22698	19543

注：其他人员包括农副业、长期学习、长期病伤假、出国援外、派出外单位人员。

四、石油工业职工按部门分类情况

单位：人

项目＼年份	1949	1950	1951	1952	1953	1954
工业生产	10469	15240	23130	25851	33527	38281
地质钻井	—	493	1555	3137	7139	12639
建筑安装	—	2419	2929	5094	8842	9954
运输	—	—	—	1908	3162	3780

第三节 全国人大代表及获得国家级表彰的先进个人和专家名单

一、全国人大代表人员名单

姓名	工作单位及职务	任职届次	备 注
郭孟和	玉门矿务局工人	第一届全国人大代表	
熊尚元	设计局副局长兼总工程师	第一届全国人大代表	

二、全国劳动模范人员名单

授予年份	荣誉称号	获奖者姓名	工作单位及职务
1950	全国劳动模范	王日才	玉门油矿工程师
		王亚洲	吉林电石厂车间主任
		朱国华	锦州成厂氢气场工人
		段忠珠	抚顺矿务局西制油厂

三、全国工业战线劳动模范人员名单

授予年份	荣誉称号	获奖者姓名	工作单位
1951	全国工业战线劳动模范	郭孟和	玉门矿务局

四、中央管理的科学技术专家名单

年 份	称 号	姓 名	专 业	工作单位
1950	中科院专门委员	孙健初	石油地质	

第四节 新中国成立前的全国石油工业机构和队伍情况表

一、1945年抗战胜利时全国石油职工人数及其分布

分布矿场名称	职工总人数（人）	其中		成立年月
		职员（人）	工人（人）	
延长石油厂	324	24	300	1905
独山子油矿	960	184	776	1936
四川油矿探勘处	283	66	217	1936.9
甘肃油矿局	6492	589	5903	1941.3
重庆动力油料厂	290	81	209	1938.3
抚顺石炭液化厂	9632	955	8677	1938.8
抚顺西制油厂	830	260	570	1928.4
抚顺东制油厂	1433	263	1170	1939.4
锦西燃料厂	2232	124	2108	1940
锦州合成油厂	1155	115	1040	1937.5
大连制油厂	339	26	313	1935.1
四平油化厂	1700	—	—	1936..8
吉林油化厂	2715	—	—	1939
桦甸矿业所	8000	—	—	1943
合　计	36385	—	—	—

注：1．独山子油矿的职员中含苏联职员130人。

2．抚顺石炭液化厂员工总人数含日本籍职员228人，工人115人。

3．桦甸矿业所员工总人数为1943年人数，其中大部属基建人员。

4．合计中职员和工人人数因四平染料厂、吉林油化厂、桦甸矿业所职员、工人人数分不开，故与员工总人数不和。

二、中国石油有限公司机关及其主要生产单位职员构成一览表

统计时间：1949 年　　　　单位：人

构成人数单位	其中			钻探与开发			炼油	工务				其他	一般管理			合计
	地质	物理	探勘	钻探与开发	钻井	采油	化工	机械	土木	电机	工程	医农	普通	会计	料运	
中国石油有限公司	5	9	3	2	6	—	16	15	9	2	2	—	83	62	29	243
上海炼油厂建成委员会	—	—	—	—	—	—	9	8	3	5	4	—	11	12	7	59
甘青分公司	17	—	7	—	58		42	31	10	7	9	21	173	62	40	477
四川油矿探勘处	1	—	—	3	18	1	—	—	—	—	1	1	15	14	7	61
台湾油矿探勘处	5	—	1	5	21	10	11	17	3	3	1	8	25	15	14	139
高雄炼油厂	—	—	—	—	—	—	64	29	7	9	—	4	30	17	25	185
嘉义溶剂厂	—	—	—	—	—	—	32	10	1	4	1	1	23	9	13	94
新竹研究所	—	—	—	—	—	—	35	12	2	—	1	1	4	9	3	67
合　计	28	9	11	10	103	11	209	122	35	30	19	36	364	200	138	1325
	48			124			209	206				36	702			

三、1949年全国石油员工人数及其分布

分布矿场名称	员工总人数（人）	其中		组建年月
		职员（人）	工人（人）	
中国石油有限公司机关	392	243	149	1946.6
甘青分公司	5349	477	4872	1946.6
四川油矿探勘处	206	61	145	1936.7
台湾油矿探勘处	1852	139	1713	1946
高雄炼油厂	2103	175	1928	1946
东北炼油厂	1025	91	934	1946.10
上海炼油厂建厂委员会	347	59	288	1946
嘉义溶剂厂	871	94	777	1947.5
新竹研究所	312	67	245	1946.12
南京办事所	20	14	6	1946.7
上海营业所	547	65	482	1946.7
广州营业所	41	16	25	1946
汉口营业所	55	18	37	1946.9
青岛营业所	28	15	13	1946.8
天津营业所	56	18	38	1946
重庆营业所	275	57	218	1946.7
台湾营业所	106	32	74	1946
南京营业所	61	13	48	1947.3
沈阳营业所	31	17	14	1947.8
兰州营业所	982	166	816	1946.9
延长石油厂	500	—	—	1935.5
独山子油矿	196	—	—	1936
抚顺西制油厂	4145	441	3704	1946
抚顺人造油厂	—	—	—	1946
桦甸油页岩矿	1323	—	—	1947.5
大连炼油厂	—	—	—	1935.1
合　计	20823	—	—	—

注：东北炼油厂、沈阳营业所员工总人数为1948年人数。

第二编
石油工业部
（1955.7—1970.6）

综 述

20世纪50年代中期，随着社会主义建设事业的发展，落后的石油工业已不能满足经济建设和国防建设的需要，石油工业成为制约国民经济发展的一个瓶颈，迫切需要强化对石油工业的领导和投入，使石油工业有一个突破性的发展。在此背景下，国家于1955年7月成立石油工业部，自此石油工业初步形成了集中统一的管理体制，中国的石油工业进入了一个高速发展时期。

一、石油工业部的成立与组织机构沿革

1955年7月，第一届全国人大第二次会议上通过的发展国民经济第一个五年计划提出："特别是我国石油工业的产量很低，不能满足国家的需要，石油工业的落后状况还不可能有很大的改变，同需要的程度相差很远，我们必须努力地去找寻更多的石油资源和研究发展人造石油工业的办法，以便把石油工业的建设规模加以扩大。"会议决定，撤销燃料工业部，在燃料工业部石油管理总局的基础上成立石油工业部（以下简称石油部），任命李聚奎为石油部部长。自此，石油工业开始实行专业部门管理，统揽全国石油企业和石油生产建设工作，石油部成为石油计划经济体制的核心管理部门。

石油部的主要任务是保证国民经济所需的原油、石油产品及可燃气体。主要负责：油气的地质勘探和钻探工作；油气田的开发工作；天然油和天然气的炼制工作；从煤和油母页岩中生产人造液体燃料的工作；原油的运输和储藏工作；油矿企业和工厂的建设工作；石油企业所需设备的部分生产和修理工作，科学研究和各级各类干部、人才的培养工作。

8月5日，国务院任命李范一、李人俊、周文龙为石油部副部长，康世恩、刘放、黄凯为部长助理；27日，中华全国总工会书记处第89次会议通过成立"中华全国总工会石油工会工作委员会"，张兆美为主任委员；30日，燃料工业部上报中央组织部，石油部党组由李聚奎、李人俊、周文龙、康世恩、刘

放、黄凯组成，李聚奎任党组书记。

9月1日，石油部在北京市北郊六铺炕——原燃料工业部石油管理总局机关办公地址正式挂牌成立。成立初期，石油部机关设办公厅、计划司、技术司、炼油司、地质勘探司、基本建设司、财务司、劳动工资司、干部司、教育司、行政司、人民监察司、器材供应制造局等13个厅司局；对外联络处、运销处、人防保卫处3个独立处，以及党、工、团等机构，共有674人，其中部长和部长助理7人、司局长23人。直属企事业单位有36个：玉门矿务局、青海石油探勘局、四川石油探勘局、新疆石油公司、延长油矿、西安地质调查处、上海炼油厂、石油一厂、石油二厂、石油三厂、石油四厂、石油五厂、石油六厂、石油七厂、石油八厂、石油九厂、石油十厂、兰州炼油厂筹建处、茂名页岩油厂筹建处、第一机械厂、西安地球物理仪器制造所、第一建筑安装工程公司、第二建筑安装工程公司、西安供应办事处、东北供应站、设计局、石油工业出版社筹备处、北京石油学院、西安石油学校、天津石油学校、抚顺石油学校、北京石油地质学校、重庆石油学校、双城工业计划经济学校、培黎石油技工学校、西安石油干部学校，职工总数8万余人。

1958年2月，第一届全国人大第五次会议任命余秋里为石油部部长。4月，中共中央批准余秋里任石油部党组书记。

1964年12月，石油部部长余秋里任国家计划委员会第一副主任兼秘书长，石油部日常工作由副部长康世恩主持。

1965年2月，经中共中央批准，石油部党组改为石油部党委，康世恩任党委书记。

1966年“文化大革命”开始后，石油部领导和机关部门受到严重冲击，被迫陆续停止办公。

1967年6月，按照中央决定，中国人民解放军对石油部实行军事管制，成立石油工业部军事管制委员会（以下简称军管会），欧阳毅、宋承志、王星先后担任军管会主任。

石油部时期，石油工业的企业管理体制经历了集中、下放、回收、再下放的沿革变化过程。在领导体制上，主要是实行党委领导下的厂长负责制。“文化大革命”开始后，企业的领导体制受到破坏，先后以军管会、革命委员会（以下简称革委会）取代了企业的党政领导机构。

（一）1955年至1958年上半年，石油企业实行集中统一的管理体制

石油部成立后，根据高度集中的经济管理体制要求，全国的油气田和炼油企事业单位全部纳入石油部直接领导，并实行部、局（厂、矿）两级行政管理，石油部对所属企事业单位的人财物、生产计划和基本建设等实行统一管理。

1955年至1958年上半年，石油部根据业务发展需要，对所属组织机构进行多次调整。1955年10月，撤销石油十厂建制，其润滑油生产设备和人员划归石油八厂；成立石油工业部天津供应办事处和上海供应办事处；东北供应站更名为沈阳供应办事处。1956年1月，分别在茂名、锦州成立第四、第五建筑安装工程公司；在北京成立石油工业出版社。2月，人民监察司更名为国家监察局；成立桦甸建筑安装工程公司（后并入第一建筑安装工程公司）。6月，新疆石油公司改组为新疆石油管理局；第二建筑安装工程公司并入兰州炼油厂筹建处；撤销设计局，成立设计管理局、北京石油勘察设计院和北京设计院。8月，成立北京石油炼制研究所筹建处、北京石油地质勘探研究所筹建处；石油八厂改建为润滑油生产企业。1957年2月，石油四厂划归国务院化学工业部管理；西安地球物理仪器制造所更名为西安地球物理仪器修造厂；石油一厂抚顺研究所改组为石油工业部抚顺油母页岩油研究所，6月更名为石油工业部抚顺研究所。3月，青海石油勘探局运输公司改由石油部直接领导，更名为石油工业部运输公司。12月，撤销第五建筑安装工程公司。1958年1月，成立四川天然气研究室；第四建筑安装工程公司划归国务院建筑工程部管理。3月，石油九厂与桦甸油母页岩矿合并，组建石油工业部桦甸页岩油公司。4月，为了加强松辽盆地勘探力量，成立松辽勘探大队；茂名页岩露天油矿与茂名页岩油厂筹建处合并，组建茂名页岩油公司筹建处。5月，撤销西安地质调查处，成立银川石油勘探处、松辽石油勘探处和华北石油勘探大队，均由石油部直接领导；四川石油勘探局改组为四川石油管理局。1956至1957年，先后在兰州、广州、酒泉、乌鲁木齐、北京和抚顺等地成立石油学校、石油干部学校，并撤销西安石油干部学校。

（二）1958年6月以后，石油企事业单位经历了一次短暂下放地方管理之后又收回石油部管理的过程

在新中国第一个五年计划后期，随着社会主义改造的基本完成，中共中

央和国务院开始着手研究经济体制改革的问题。从1956年开始，毛泽东自觉地反思这一体制的弊端，并就如何合理配置中央与地方的权力结构问题进行了广泛而深入的研究和探索。1956年4月25日，毛泽东在政治局扩大会议上作了《论十大关系》的报告，以专门的篇幅集中讨论中央与地方的关系问题。他认为，在中央和地方的关系问题上，要在巩固中央统一领导的前提下，扩大地方的权力（即权力下放给地方），让地方办更多的事情，发挥中央和地方两个积极性。随后，国务院召开全国体制会议，检查中央集权过多的问题。1957年11月，国务院下发《关于改进工业管理体制的规定（草案）》、《关于改进财政体制和划分中央和地方对财政管理权限的规定（草案）》和《关于改进商业管理体制的规定（草案）》3个文件的主要精神是，把管理工业、财政、商业的部分权力下发给地方和企业，把以部门管理的条条管理体制改变为以地方综合平衡为基础的、专业部门和地方相结合的计划体制，以便因地制宜地完成国家的统一计划。12月，石油部根据石油工业企业管理的具体情况，下发《关于改进石油工业管理体制的初步方案（草案）》，对石油企业实行分级管理，适当扩大企业权限。

1958年4月，国务院下发《中共中央、国务院关于工业企业下放的几项决定》，要求国务院各主管工业部门，除了一些重要的、特殊的，以及“试验田”性质的企业仍归中央继续管理以外，其余企业原则上一律下放地方管理。同时，明确要求中央各主管部门在企业下放后，应当是以三四分力量掌管全国规划和直接管理的大企业，并且加强科学研究工作；以六七分力量帮助地方办好企业，应在供应技术资料、指导技术设计、培养技术人员、交流先进经验、进行全面规划等方面给予地方帮助。在保证完成中央计划的条件下，各地方对中央在该地主管的企业，有权在生产部署和协作、材料调度、劳动力调配方面进行调剂和平衡。各地属于中央主管的某些原材料工业企业，超额完成国家部分地方可以分成。

6月2日，中共中央下发《关于企业、事业单位和技术力量下放的规定》，要求中央各部委做好企业、事业单位和技术力量的下放工作，给地方政府和企业一定程度的因地制宜的权限。6月中旬，经国务院批准，石油部决定将石油一厂、石油二厂、石油三厂、石油六厂、石油七厂、第一建筑安装工程公司、抚顺石油干部学校移交辽宁省；桦甸页岩油公司（即石油九厂）移交吉林省；上海炼油厂移交上海市；延长油矿、第一机械厂移交陕西省。6月下旬，石油部决定撤销松辽石油勘探处，成立松辽石油勘探局，由东北协作区领导；撤销贵阳石油勘探处，成立贵州石油勘探局，由贵州省领导；撤销银川石油勘探处，成立陕甘宁石油勘探局，后更名为银川石油勘探局，由西北协作区领导；成立华东石油勘探局，由华东协作区领导；撤销华北石油勘探大队，成立华北石油勘探处，由山东省领导，并明确以上新单位于7月10日正式成立。7月，根据中央关于文教事业体制下放的指示，石油部决定将酒泉石油学校、兰州石油学校、重庆石油学校、乌鲁木齐石油学校、抚顺石油学校、广州石油学校、天津石油学校、西安石油学校（西安石油学院）、双城工业计划经济学校和兰州石油技工学校（原培黎石油技工学校）分别移交所在省市自治区人民委员会管理。

随着石油企业的下放，为加强地方石油工业的管理和发展，石油部于1958年5月、10月先后在北京召开全国地方石油工业会议，确定发展地方石油工业的方针：综合利用，小型为主，土洋结合，依靠群众。9月，石油部下发《关于抽调技术干部支援地方石油工业的通知》，到1958年底，从石油部机关和石油厂矿共抽调740名技术干部，支援全国27个省市的石油工业建设。同时，采用各种短期培训方式，共为各省市培养训练技术干部2471名、工人12597名。

1957年至1958年，石油部对机关组织机构进行整顿，精简编制。炼油司与技术司合并为生产技术司；行政司并入办公厅；对外联络处并入生产技术司，更名为科学技术情报处，后划归办公厅领导；撤销人防保卫处，成立保卫科，划归办公厅领导；教育司与干部司合并为人事司，后与劳动工资司合并成立新的人事司；撤销国家监察局；供应制造局改为部外一级局，兼部机关职能。调整后，石油部机关下设办公厅、人事司、生产技术司、基本建设司、地质勘探司、计划司、财务司、供应制造局等8个部门，以及运销处和机关党委、团委。机关人员由711人减至555人，机关附属机构人员由396人减至238人。同时，对在京事业单位也进行相应调整，撤销设计管理局（部外局），其业务划归基建司负责；炼制研究所筹建处与地质研究所筹建处合并为石油科学研究院筹建处。在京事业单位由3081人减至1408人，进一步压缩了机构和人员编制。

然而，由于1958年开始的企业大规模下放速度过于迅猛，配套措施没有到位，各级领导部门及其思想准备不足等原因，放权导致了经济秩序的混乱。

从1959年1月开始，根据国民经济发展的需要，中央又陆续将部分下放到地方的企业往上回收。进入“三年经济困难时期”以后，1961年1月，中共中央下发《关于调整管理体制的若干暂行规定》，明确“经济管理大权应当集中到中央、中央局和省三级。1958年以来，各省市自治区和中央各部下放的人、财、商、工权，放得不适当的，一律收回；中央各部直属企业的行政管理、生产指挥、物资调拨、干部安排权，统归中央主管部门；重要物资，均由中央统一管理，统一分配。”根据文件精神，石油部决定将1958年下放地方的企业陆续收回。此后，除延长油矿、上海炼油厂、桦甸页岩油公司等少数单位外，其他移交地方的石油企事业单位又都收归石油部直接领导。1961年3月，石油部下发《人事管理有关制度》，收回部分原交由企业负责的管理职权，明确规定石油部对直属企业领导任免、职工外调、组织机构设立或变动、人员培训及部属院校学生毕业或抽调等管理权限。

与此同时，1958年下半年至1970年石油企业第二次下放之前，根据中央要求和生产发展需要，先后成立、改建、收回、调整和撤并了一些石油企业。特别是1961至1962年间，石油部将直属企事业单位撤销32个、合并8个、减少各类机构298个，部直属企事业单位由1961年的91个（含大专、中技、技工及干校45所）减至51个（含大专、中技、技工及干校12所）。

调整部分油气田勘探单位组织机构。1958年11月，石油部成立川中石油会战总指挥部。1959年1月，玉门矿务局改组为玉门石油管理局；青海石油勘探局改组为青海石油管理局；松辽石油勘探局、华东石油勘探局和华北石油勘探局改由石油部直接领导。2月，银川石油勘探局改由石油部直接领导。3月，贵州石油勘探局改由石油部直接领导。1960年2月，经中央批准，成立松辽石油会战领导小组，对外称松辽石油勘探局；1961年11月，撤销松辽石油会战领导小组，成立松辽会战指挥部；1964年9月，松辽石油会战指挥部更名为大庆会战指挥部；1968年5月，大庆会战指挥部对外名称由松辽石油勘探局改为大庆油田。1961年10月，成立江汉石油勘探处；撤销贵州石油勘探局，成立云贵石油勘探大队，由四川石油管理局领导；华北石油勘探处并入华东石油勘探局。1964年1月，经中央批准，成立华北石油会战总指挥部，下分东营勘探指挥部（代号九二三厂，即胜利油田）和河北勘探指挥部（代号六四一厂，即大港油田）。1965年5月，成立四川石油会战领导小组，组织四川“开气找油”大会战。1966年5月，河北勘探指挥部更名为华北石油勘探指挥部，对外仍称六四一厂。7月，石油部决定成立江汉石油勘探会战指挥部，对外代号五七厂。1969年11月，江汉石油勘探会战指挥部更名为五七油田会战指挥部，由武汉军区和湖北省革委会领导。

调整部分炼油化工企业组织机构。1958年10月，兰州炼油厂筹建处更名为兰州炼油厂。1959年3月，石油二厂收归石油部领导。1961年4月，黑龙江省成立黑龙江炼油厂，业务上由石油部指导，1962年2月划归石油部直接领导，1964年3月更名为大庆炼油厂，1965年1月划归大庆会战指挥部领导。1961年11月，石油三厂、石油六厂收归石油部领导。1962年4月，石油一厂、石油七厂收归石油部领导。1963年9月，南京炼油厂由江苏省划归石油部直接领导。1965年1月，经中央批准，石油部成立长岭炼油厂和大同炼油厂（当年7月因故停建）。1967年3月，成立东方红炼油厂筹建处，负责在北京地区建设一座炼油厂。9月，成立红旗炼油厂筹建处，负责在河南洛阳建设一座炼油厂。1970年1月，华北石油会战总指挥部（九二三厂）下属胜利炼油厂、山东胜利合成氨厂改由山东省、石油部双重管理，以山东省为主。5月，石油部军管会决定将茂名石油公司下放广东省，实行以地方为主的双重管理。

调整部分机械制造企业组织机构。1959年1月，宝鸡石油机械厂收归石油部领导，更名为石油工业部第一机械厂。1960年9月，石油部西北供应办事处咸阳转运库钢管加工厂更名为石油工业部钢管加工厂，1961年1月石油部将其与由天津迁至咸阳的钢绳加工厂合并，组建石油工业部钢管钢绳加工厂。1960年12月，第一建筑安装工程公司施工机具机修厂更名为石油工业部施工机具机修厂，1964年6月划归炼厂建设工程公司管理，1967年3月重新上划石油部领导，并更名为石油工业部抚顺石油机械厂。1961年3月，宝鸡钢管厂由陕西省划归石油部管理。1962年1月，成立石油工业部北京实验厂（代号六二一厂），5月划归石油科学研究院管理。1964年8月，济南柴油机厂由农业机械部划归石油部领导，10月交由华北石油会战总指挥部（九二三厂）管理。1967年，上海石油机械厂上划石油部军管会直接领导。1969年，西安石油学院改建为西安石油仪器二厂，直属石油部领导。1970年3月，承德石油学校改建为石油工业部第五机械厂。

调整物资供应组织机构。1958年7月，根据中央关于改进物资分配体制改革的精神，石油部撤销西安、上海和天津3个供应办事处，分别成立咸阳、上海和天津3个专用器材储备总库，同时将沈阳供应办事处移交辽宁省领导。1959年1月，根据中央武昌会议精神，石油部决定撤销咸阳、上海和天津3个专用器材储备总库，分别恢复石油部西安、上海和天津3个供应办事处。4月，石油部恢复原沈阳供应机构，成立东北供应办事处。7月，西安、天津和上海3个供应办事处分别更名为西北、华北和华东3个供应办事处。1965年10月，石油部决定在四川省成都市成立西南供应办事处。1968年，根据中央撤销各地办事处的指示精神，石油部军管会相继撤销设在西安、上海、天津、沈阳和成都等地的供应办事处，物资供应工作交由地方和所属石油企业负责。

调整部分建筑安装和运输企业组织机构。1959年1月，第一建筑安装工程公司收归石油部管理。同时，石油部决定从第一建筑安装工程公司抽调力量，成立西北输油管线工程筹建处，承担西北输油管线工作。4月，石油部决定，第一建筑安装工程公司与西北输油管线工程筹建处合并，组建石油工业部第一工程局，直属石油部领导，其下属单位改编为第一、第二、第三公司。1960年初，第一工程局机关及下属第二、第三公司赴东北地区参加松辽石油会战，后划归松辽石油会战指挥部领导，第一工程局第一公司改由石油部直接领导。1964年6月，第一工程局第一公司更名为石油工业部炼厂建设工程公司，1966年4月与胜利炼油厂筹建处合并，组建胜利炼油厂建设指挥部。1968年12月，撤销胜利炼油厂建设指挥部，分别成立胜利炼油厂、胜利炼建；石油部军管会决定成立林木运输站。1969年1月，胜利炼建与红旗炼油厂合并，组建石油工业部工程建设红旗总队，承担红旗炼油厂的建设任务，直属石油部领导；11月，兰州炼油厂安装公司更名为石油工业部工程建设东方红总队，承担东方红炼油厂的建设任务。期间，根据国家三线建设需要，分别于1965年、1967年、1968年开工建设陕西汉平运输站（贮备库）、河南红旗贮备库、广西东风贮备库3个战备油库。

调整科研事业单位组织机构。1960年4月，北京石油勘察设计院并入北京设计院。1961年1月，石油工业出版社改组为石油部编辑室，其图书出版职能划归中国工业出版社。1964年7月，撤销石油部编辑室，成立石油部石油科学技术情报研究所。1965年1月，四川设计院划归四川石油管理局管理，1968年1月重新上划石油部直接领导，1970年1月再次下放四川石油管理局管理。

1969年，石油科学研究院、北京设计院、抚顺设计院等科研设计单位迁往三线地区，支援地方建设。1970年6月，撤销抚顺设计院。

调整撤并石油院校组织机构。1958年至1961年，随着石油工业发展的需要，陆续组建了一批石油高等学校。1958年6月，西安石油学院在西安石油学校的基础上正式成立。9月，四川石油学院在四川省南充市正式成立。1960年10月，北京石油学院被确定为全国重点高校。1961年4月，东北石油学院在黑龙江省安达市正式成立。1958年至1960年的“大跃进”期间，由于受“左”的思想影响，加之缺乏经验，根据中央三年内每个协作区成立一所石油学院的指示，全国各地先后成立了河北石油学院、玉门石油学院、华南石油学院、兰州石油学院、抚顺石油学院、新疆石油学院、黑龙江石油学院、北京石油科学技术专科学校等8所高等院校。1961年开始，由于国家经济困难，石油部根据中央提出的“调整、巩固、充实、提高”的方针，重点对“大跃进”期间地方和石油企业先后新建的8所大专院校、20所中等专业学校和26所技工学校进行调整、撤销、合并。到1962年底，共撤销29所大中专、技工和干校，合并4所，部直属院校由1961年的45所减至12所。1963年以后，随着国民经济的逐渐好转和石油工业的快速发展，一批石油院校迅速得到恢复和发展。到1964年，石油部直属的17所石油院校分别是：北京、东北、西安、四川等4所石油学院；兰州、承德、广州、重庆、抚顺、哈尔滨、独山子、大庆等8所石油学校；锦州、西安、宝鸡、乌鲁木齐等4所石油技工学校和北京石油干部学校。1969年4月，按照中央指示精神，石油部军管会在湖北潜江成立石油工业部五七干校。

截至1969年12月至1970年初，石油企业第二次下放前，石油部直属企事业单位几经调整后主要有49个，其中包括大庆会战指挥部（大庆油田）、玉门石油管理局、新疆石油管理局、青海石油管理局、四川石油管理局、华北石油会战总指挥部（九二三厂）、华北石油会战指挥部（大港油田）、六四六厂等8个油田勘探企业；石油一厂、石油二厂、石油三厂、石油五厂、石油六厂、石油七厂、兰州炼油厂、南京炼油厂、茂名石油公司、长岭炼油厂、东方红炼油厂等11个炼油厂；第一机械厂、西安石油仪器厂、抚顺石油机械厂、宝鸡钢管厂、钢管钢绳加工厂、上海石油机械厂、西安石油仪器二厂、第五机械厂等8个机械厂；工程建设红旗总队、工程建设东方红总队、运输公司3个建筑安装、运输单位；汉平运输站、红旗贮备库、东风贮备库3个油库；石油科学研究院、石油科学技术情报研究所、北京设计院、抚顺设计院、四川设计院等5个科研事业单位；北京石油学院、东北石油学院、四川石油学院3所大学；广东石油学校、抚顺石油学校、重庆石油学校、大庆石油地质学校、大庆石油财经学校、独山子石油学校、兰州炼油厂工人技术学校等7所中等技术学校和五七干校。到1969年底，石油部职工总数39.3万人，其中部机关和附属单位861人。1970年4月，经国务院批准，石油部军管会与沈阳军区、辽宁省革委会研究决定，成立辽河石油勘探指挥部（对外称六七三石油勘探指挥部）。

（三）1969年以后，石油企事业单位再次大规模下放地方管理

第二次石油企业下放和双重管理时期，开始于1969年下半年，绝大多数石油企事业单位下放地方或厂矿管理，只有少数几个在建单位保留。此次石油企业下放时间较长，大多数单位在80年代末和90年代期间行政管理上才陆续划归当时的石油工业部或中国石油天然气总公司管理。

1966年，国民经济状况好转后，毛泽东再次提出向地方下放权力的问题。他在1966年3月的一次讲话中说："中央还是虚君共和①好，中央只管虚，只管政策方针，不管实，或少管点实。中央部门收上的厂收多了，凡是收的都叫他们出中央，到地方上去，连人带马都去。"1969年，毛泽东亲自指示把鞍山钢铁公司下放辽宁省。1969年2月27日，全国计划座谈会印发《中央各部关于企业管理体制下放的初步设想》，冶金、煤炭、石油等19个部委对所属企事业单位和学校的管理体制提出初步改革意见，主旨是企业下放。1970年3月5日，国务院拟定《关于国务院工业交通各部直属企业下放地方管理的通知（草案）》，要求国务院工业交通各部在1970年把直属企事业单位绝大部分下放地方管理；少数由中央部和地方双重领导，以地方为主；极少数的大型或骨干企业由中央部委和地方双重领导，以中央部委为主。正在施工的各直属基本建设项目，按照通知精神分别下放地方管理。同日，中共中央决定，大庆油田、长春汽车制造厂、开滦煤矿、吉林化学工业公司等2600多个中央直属企

① "虚君共和"思想的提出，开始于毛泽东对苏联体制和受苏联体制影响下建立起来的新中国过于集中的行政管理体制的反思。它包含两个方面的内容:中央下放权力和地方创办企业,其实质是一种政治治理方式的变革。毛泽东先后于1958年和1969年两次发起了实施"虚君共和"的改革实践，中央向地方大规模放权，包括企业管辖权、财权、物资权、计划权等都迅速下放，并将中央管理的企业下放给地方政府管理。

事业单位下放地方管理。根据国家计委生产组1970年9月25日《工作情况》介绍，到1970年9月，国务院工业交通9个部门直属企事业单位3082个，已下放2237个，占总数的73%；其中完全下放地方的有1412个，双重领导以地方为主的有814个，双重领导以中央为主的有11个。随着工业企业的下放，商业部也将下属一级批发站全部下放到省，省属二级批发站下放到专区。外贸部在各地的企业也全部下放地方，实行双重领导，以地方为主。各部直属高等院校全部下放地方管理。

从1969年开始，经中共中央、国务院批准，石油部军管会陆续将绝大多数石油企事业单位下放地方或厂矿管理，只将少数几个在建单位予以保留。下放和调整的具体情况：

一是将部属院校全部下放地方或厂矿管理。1969年4月起，根据毛泽东关于教育改革的一系列指示精神，石油部军管会决定对直属院校办学体制进行彻底改革，将部属院校一律下放地方或厂矿，实行厂校结合，以厂办校，以厂管校。北京石油学院迁至山东东营，更名为华东石油学院，移交山东省领导；东北石油学院移交黑龙江省大庆市领导；四川石油学院更名为西南石油学院，移交四川省领导；西安石油学院改建为西安石油仪器二厂，实行以厂办校；承德石油学校改建为石油工业部第五机械厂，实行以厂办校；重庆石油学校与四川石油管理局仪修厂合并，组建四川石油管理局重庆石油仪器修配厂，实行以厂办校，由四川石油管理局领导。其他石油院校也相继移交部属单位管理。

二是将部属多数在京科研事业单位迁出北京。1969年11月，为适应当时战备形势的需要，根据国务院关于大专院校和科研、设计单位迁出北京的指示精神，石油部军管会决定，将北京石油科学研究院、北京石油设计院等一批在京科研、设计单位下放、迁出北京。

三是将石油生产企业下放地方管理。1970年6月，石油部军管会决定，将22个企业完全下放地方或与地方实行双重管理，其中完全下放地方管理的有6个：玉门石油管理局、四川石油管理局、青海石油管理局、兰州炼油厂、南京炼油厂、上海石油机械厂；以地方为主实行双重领导的16个：大庆会战指挥部、辽河石油勘探指挥部、华北石油会战总指挥部（九二三厂）、华北石油勘探指挥部（天津市）、石油一厂、石油二厂、石油三厂、石油五厂、石油六厂、石油七厂、西安石油仪器厂、西安石油仪器二厂、宝鸡石油钢管厂、咸阳钢管钢绳厂、宝鸡石油第一机械厂、渭北石油勘探大队（陕西省）。并规定企业下放地方管理后，产品方向不变，其生产计划、产品分配等由石油部根据国家统一计划平衡安排；专用原料、材料、设备的供应，在国家物资供应体制未改变前仍由石油部统一安排解决。同时，考虑到石油工业今后发展的需要，下放地方、以地方为主双重领导的企业，承担抽调干部、工人和队伍支援新探区会战、新炼油厂建设、培训技术力量的责任，同时还要承担全国性科研、新产品试制、援外和协作等任务。

（四）加强企业政治思想工作，健全企业政治机构和编制

1964年以后，根据中央的要求，石油工业开始实行"以政治为核心的管理体制"，企业组织机构和管理模式发生了很大变化。

早在1963年春，中国工业战线上掀起了一场比先进、学先进、赶先进、帮后进的群众性运动，在全国形成了互相学习的良好氛围。与此同时，人民解放军中不断涌现出雷锋、"南京路上好八连"等模范人物、模范集体和先进事迹，引起中央领导的高度重视，学习解放军的风潮逐渐形成。1963年12月15日，薄一波在给毛泽东的信中讲道："学习解放军，调一批解放军的好干部到工业部门工作，确实是加强工业企业的政治工作的好办法。几年以来，石油部就是这样做的，已经取得了显著的成绩，并且创造了一套比较完整的工业企业思想政治工作的经验。其他工业部门如水利电力部、冶金工业部、化学工业部也正在开始学习石油部的经验。"次日，毛泽东给中央军委主要领导转发了此信，并讲道："这个问题我考虑了几年了，现在因为工业部门主动提出学解放军，并有石油部的伟大成绩可以说服人，这就到了普遍实行的时候了。"

1964年初，毛泽东和中共中央提出，全国各行各业都要学习解放军，都要设政治部、政治处、政治指导员。为响应中央号召，经中共中央工业交通政治部批准，石油部决定成立政治部，主要负责：各级党的组织和党委核心的管理；基层党团组织的建设；党的路线、方针、政策和形势的宣传教育；马列主义、毛泽东思想的系统教育；干部的调配和任免工作；党政、技术干部的管理工作。根据工作需要，政治部下设组织部、宣传部、干部部和办公室。石油部直属政治部、保卫处、工会、中央监察小组，在工作上接受政治部领导或与政治部合署办公。5月，石油部党组决定，在所属企事业单位设置政治机构。其中松辽

石油会战指挥部（松辽石油勘探局）、玉门石油管理局、新疆石油管理局、四川石油管理局、青海石油管理局、华北石油会战总指挥部、石油一厂、石油二厂、石油三厂、石油五厂、石油六厂、石油七厂、兰州炼油厂、大庆炼油厂、南京炼油厂、茂名石油公司、第一工程局第一公司（后更名为炼厂建设工程公司）、运输公司、石油科学研究院、北京设计院、抚顺设计院、石油第五设计院等22个单位设立政治部；江汉石油勘探处、银川石油勘探处、第一机械厂、西安石油仪器仪表制造厂、宝鸡钢管厂、四川天然气研究所、四川设计院、抚顺石油研究所等8个单位设立政治处；施工机具机修厂、六二一厂、钢管钢绳加工厂、石油机械科学研究实验厂、合成实验室等5个单位配备教导员；华北供应办事处、西北供应办事处、华东供应办事处、东北供应办事处等4个单位配备指导员，并陆续在下属石油院校设立政治处（部）。

各级政治机构成立后，除原属于石油部管理的干部4000多人外，属部管理的政治干部又相应增加450多人，部管理干部的工作量进一步加大，审批程序和工作量不断增加。1964年9月，石油部党组颁发《关于变动属石油部管理的干部职务的任免办法的通知》，将原属于部管理干部的权限进行重新调整，进一步明确了部党组、部政治部、各直属单位党委、各直属单位政治部门分管干部的权限。通过调整，扩大了部属单位管理干部的权限，简化了干部调动、任免程序。

（五）在领导体制上，实行党委领导下的厂长负责制

国家“一五”计划时期，石油企业学习苏联管理经验，普遍推行“一长制”。1956年，党的八大会议明确提出，“在企业中，应当建立以党委为核心的集体领导和个人负责相结合的领导制度。凡是重大的问题，都应当经过集体讨论和共同决定，凡是日常的工作都应当由专人分工负责。”按照中央要求，石油企业普遍实行了党委领导下的局（厂、矿）长负责制。这一制度对石油工业的大发展起到了积极作用。1958年4月，石油部在南充召开党组扩大会议，决定在井队和生产车间建立党支部，以加强基层党组织建设和思想政治工作，保证生产任务的完成。在当时生产条件极为艰苦的情况下，各级党组织和党员干部带领群众攻坚破难，发扬优良工作作风，树立身边先进典型，积极帮助落后群众，真正起到了“组织员”、“宣传员”、“协调员”和“服务员”的作用。

根据企业实行党委领导下的厂长负责制的规定，企业党委作为决策机关，不直接指挥生产，不处理行政事务，除抓好党的建设和职工的思想政治工作外，

主要根据国家和上级的方针、政策、指示精神，通过深入基层蹲点，调查研究，抓关键、抓典型，从企业的实际出发，确定企业的发展方向。企业的生产行政工作由局长（厂长、指挥）负责，根据党委的决策，组织和管理企业的生产经营活动，并结合日常生产做好职工的思想政治工作。在局长直接领导下，从上到下建立起以调度为中心的集中统一的生产指挥系统。企业的各项生产经营活动、政治思想工作、生活安排的组织、协调和衔接等，都在生产调度会议上集体决定、统一下达。各基层单位按照调度命令规定的运行进度准确地完成自己的任务。以钻井为例，为了组织一口井达到高速、优质、安全、低耗，生产指挥系统把钻前准备、钻进过程、完井作业三个环节，按每一个环节工艺流程标准绘制成工作流程图，要求各单位按工作流程图正点运行，钻机一到位，水、电、通讯、油料、工具、配套料、重晶石、钻具和套管必须同时到达井场。

石油企业在领导体制中，明确党政分工，认真贯彻民主集中制原则，使决策机构尽量摆脱行政事务，集中精力深入实际调查研究，可以比较冷静地纵观全局，尽可能做到决策正确、及时。行政领导在贯彻决策中有比较充分、广泛的实际权力。生产指挥系统做到了组织严、指挥灵、行动快、办事准，保证了企业生产经营活动的协调一致和工作效率。

“大跃进”期间，这种管理体制受到了当时“书记挂帅”思想的冲击，实际执行上受到一定影响。“文化大革命”开始后，企业的领导体制受到破坏，先后以军管会和革委会取代了企业的党政组织，实行党政合一的管理体制。企业党组织陆续恢复正常工作后，实行党的一元化领导体制。

（六）“文化大革命”期间，石油工业实行军管会和革委会并行的管理体制

1966年，“文化大革命”开始后，石油部从总部机关到直属企事业单位均受到严重冲击，部机关党的组织和行政部门被迫陆续停止办公。

1967年1月，中共中央、国务院、中央军委、中央文革小组发出《关于人民解放军坚决支持革命左派群众的决定》。中国人民解放军根据中央决定，介入地方“文化大革命”，进行“三支两军”[①]，开始对石油工业系统各企事业单位陆续实行军事管制。6月，中国人民解放军按照中央决定，对石油部实行军事管制，欧阳毅任军管会主任，并成立石油部军管会生产组。11月，根据《中共中央、

① 三支两军指“文化大革命”期间，军队支左（支持当时被称为左派群众的人们）、支工（支援工业）、支农（支援农业）、军管（对一些地区、部门和单位实行军事管制）、军训（对学生进行军事训练）。

国务院、中央军委、中央文革小组关于对石油部实行军事管制的决定（试行草案）》的精神，经国务院批准，石油部军管会决定撤销生产组，成立生产指挥部，对部机关和部属企事业单位的生产运输调度业务实行集中指挥。随后，向大多数石油企事业单位派驻军管会或军宣队、工宣队。

1968年8月，为响应毛主席关于“精兵简政”的指示精神，石油部军管会决定在生产指挥部下设办事组、干部人事组、生产组、后勤组和科研组，原机关各司局暂时停止办公。10月，石油部军管会呈报中央《关于对贯彻落实毛主席关于干部下放劳动的最新指示的意见》，计划将部机关现有人员1213人，除保留150～200人之外，其余人员按中央指示精神，下放劳动。12月，为进一步精简机构、紧缩人员，部军管会决定撤销生产指挥部，并在其基础上成立政工组、生产组、后勤组和办事组，共计143人，直属军管会领导，负责部机关的日常工作。其余900多人编成5个连队，继续完成“斗、批、改”等任务。自1968年开始，各石油单位陆续成立了由革命干部、群众代表、军队代表“三结合”组成的革委会，对企业实行党政合一的一元化领导。

1969年4月，石油部军管会决定在湖北省潜江县组建石油工业部五七干校，并成立由吴星峰等12人组成的临时领导小组。5月，石油部机关和在京事业单位大批干部开始按计划陆续下放到五七干校①。1969年以后，各石油单位开始恢复党组织生活，陆续成立革委会党的核心小组或恢复单位党委，一般由党的核心小组组长（党委书记）兼任革委会主任。

二、石油工业的发展战略及主要成就

1955年9月至1970年6月的石油部时期，是中国石油工业史上的一个极为

① 1966年5月7日，毛泽东给林彪写了一封信，信的大意是，部队不但要搞军事，还要多业并举，并提出各行各业都要办成亦工亦农、亦文亦武的革命化大学校的思想，又说“学生也是这样，以学为主，兼学别样，既不但学文，也要学工、学农、学军，也要批判资产阶级。学制要缩短，教育要革命……。”这就是著名的“五七”指示。1968年5月7日，为纪念“五七”指示发表两周年，黑龙江省革委会在庆安县柳河办了一所命名为五七干校的机关农场，500名来自黑龙江省的干部在这里劳动锻炼。毛泽东肯定了这一做法，认为，“广大干部下放劳动，这对干部是一种重新学习的极好机会，除老弱病残外都应该这样做。在职干部也应分批下放劳动。”由此，五七干校迅速在全国各地涌现出来。

重要的时期，也是石油工业排除“大跃进”运动、三年自然灾害、“文化大革命”各种影响和干扰的形势下实现大发展的时期。中国石油人在自然环境和政治环境极其困难和复杂的情况下，按照毛泽东关于石油工业要“革命加拼命”的指示，先是在西部新疆准噶尔盆地、青海柴达木盆地、四川盆地陆续获得新发现，然后石油勘探由西部扩展到东部，初步掌握了在没有地层露头和油苗的覆盖区找油的方法和技术，扩大了勘探领域。随后，又集中人力、物力开展松辽石油会战，只用了三年多时间，就探明、建成了年产600万吨原油生产能力的一个大油田，做到了石油基本自给，实现了中国石油工业发展史上的一次飞跃。1964年，乘大庆石油会战胜利的东风，又开展了华北石油会战，发现和开发了山东胜利、天津大港两个油田，开辟了渤海湾石油勘探新领域。与此同时，在大庆石油会战取得胜利，原油产量迅速增长的基础上，自1963年开始，大力发展炼油新技术，加快炼油厂建设，于1965年实现了石油产品全部自给。

（一）立足找油，全面加强石油地质勘探工作

石油部成立之时，茫茫大地，何处找油？怎样找油？仍然是困扰石油工业的重大难题。为此，石油部一方面大力建设西北老石油生产基地，一方面大力加强石油地质勘探。

1955年9月，为探索发展中国石油工业的可行办法，石油部第一次部务会议决定派出以周文龙、康世恩为团长的两个石油代表团，分赴东欧和苏联考察。赴东欧的代表团，主要考察人造石油的情况；赴苏联的代表团，主要考察天然石油的情况。为深入学习苏联老油田的后续开发和新油田的前期开发经验，代表团先后考察了巴库油田、罗马什金油田等几个不同类型的油田。访问期间，还参观了苏联石油部和科学院下属的研究机构及石油院校。历时5个多月的学习考察，不仅带回了苏联石油工业的发展经验，聘请了苏联石油专家，还购置了一批先进设备，有力提升了中国地质勘探和石油炼制水平。康世恩在给石油部党组的报告中提到：“对我们启发最大的是苏联高度重视科学研究工作，在这方面下了很大的本钱。”并指出“在科学研究指导下，提高了勘探开发的效率”，同时也更加清楚地认识到培养石油技术人才的紧迫性。这些认识对以后加强石油工业的科学研究力量及提升人才教育的规模和水平，起到了重要的推动作用。12月，地质部华北石油普查大队编写的《华

北平原石油普查地质报告》中认为，华北盆地为中、新生代沉积盆地，有凹陷和隆起存在；奥陶系、石炭系、侏罗系及第三系可能为生油岩系；找油对象一是古生界，一是包括白垩系在内的中、新生界。1955年，中国原油产量96.6万吨，其中天然石油42.3万吨、人造石油54.3万吨；天然气产量6461万立方米。

1956年1月，为加强石油地质勘探工作，石油部、地质部、中国科学院联合召开第一届全国石油勘探会议。正在苏联考察的康世恩寄给大会《在中国如何寻找石油》的长信，提出将全国含油地区做出全面规划，从解决根本问题着手，有步骤地进行勘探的建议。并强调应集中力量在大盆地和地台上展开区域勘探，把勘探重点从山前凹陷及山间小盆地向大盆地中央的地台转移。建议得到了与会领导和专家的高度重视，对1956年以后中国石油勘探方法的转变和一系列成果的取得，起到了至关重要的作用。

1956年2月26日，李聚奎和康世恩到中南海向毛泽东汇报石油工业情况，在座的有周恩来、刘少奇、邓小平、李富春、李先念、薄一波等中央领导。康世恩详细汇报了中国石油工业的现状、赴苏联考察情况以及下一步找油的打算，向中央领导及时传递了石油工业的基本信息和发展思路，引起了中央领导的高度重视。毛泽东说："美国人讲中国地层老，没有石油，看起来起码新疆、甘肃这些地方是有油的，怎么样，石油工业部你也给我们树立点希望"，"搞石油艰苦啦！看来发展石油工业，还得革命加拼命"。这次汇报，进一步明确了在全国广泛开展石油勘探的发展战略。在党中央的支持下，先后抽调大批干部和数万复转军人充实石油队伍，保证了石油工业发展的需要。3月，为加强全国石油地质勘探工作，地质部、石油部和中国科学院联合成立全国石油地质委员会，李四光任主任委员。

5月23日，《人民日报》在发表的《加速发展石油工业和石油地质勘探工作》社论中指出，目前摆在石油工业和石油地质勘探工作全体职工面前的任务是：生产更多的石油，满足国民经济发展的需要。这个任务是艰巨的，也是急不容缓的。发展石油工业的方针和任务过去是、现在也还是：大力加强天然石油资源的勘探和开采工作，获得储量丰富的油田，并且用新的方法炼出所需要的各种油类；在有利条件下发展人造石油，加速地、进一步改变中国石油工业落后状态，使石油工业的发展适应国家建设和人民需要。

1956年，为加强勘探工作，石油部成立29个地质队、调查队，12个大地及地形测量队，12个重磁力队、电法队和4个地震队。石油部与地质部分工配合，先后对新疆、柴达木、鄂尔多斯、四川、华北平原和松辽平原进行大规模石油地质普查，发现很多可能储油的构造，使石油工业领导和地质学家们逐渐认识到中国的石油资源是丰富的，增强了在中国大地上寻找石油的信心。当年全国共生产石油116.3万吨（其中天然石油58.9万吨、人造石油57.4万吨）、天然气7274万立方米，石油年产量首次突破100万吨。

（二）成功开发西部新油田，建设石油生产基地

石油部成立时，石油工业是全国所有工业部门中最薄弱的环节，国家每年需花费1亿多美元外汇进口石油产品，极大地限制了国民经济发展的速度和规模。为尽快摆脱落后局面，石油部将西北地区新油田的勘探开发和生产基地建设工作放到首要位置，并取得重大突破。

青海柴达木盆地的勘探。1956年4月，为加强柴达木盆地的勘探开发工作，石油部和青海省批准青海石油勘探局领导机关迁至茫崖，并迅速扩大勘探力量。1958年，随着对盆地认识的不断提高，发现了冷湖油田，这对尚在起步阶段的中国石油工业具有重要的历史意义。1959年，冷湖油田生产原油30.7万吨。

新疆准噶尔盆地的石油勘探。1955年10月，新疆准噶尔盆地西北缘黑油山地区第一口探井喷出石油和天然气，从而发现了克拉玛依油田。1956年，石油部做出勘探重点由准噶尔盆地南缘转向西北缘，采取“撒大网，捞大鱼”的方针，在克拉玛依——乌尔禾广大地区展开勘探。1956年5月11日，新华社向国内外发布消息：新疆维吾尔自治区的准噶尔盆地克拉玛依地区，已经证实是一个很有希望的大油田。1956年9月5日，《人民日报》发表了《支援克拉玛依和柴达木油田》的社论，向全世界宣告了“中国贫油论”的结束 。10月1日，在国庆典礼中，克拉玛依油田的巨大模型在游行队伍中通过天安门广场，接受毛泽东等党和国家领导人的检阅。此后，一首脍炙人口的《克拉玛依之歌》传遍全国，成为中国石油工业的第一曲壮歌。随后，国务院组织13个部门支援克拉玛依油田，并从苏联、民主德国、罗马尼亚、捷克斯洛伐克、波兰、匈牙利等国家为克拉玛依油田进口部分设备和配件。全国35个城市的企业为克拉玛依油田加工制造各种设备和器材。石油部从玉门、延长、四川抽

调钻井队，组织转业官兵和分配的大中专毕业生奔赴油田；新疆维吾尔自治区吸收上海、四川、湖南、湖北等地的知识青年和民工参加，并动员500多辆汽车支援克拉玛依建设。1958年9月，中共中央副主席朱德视察克拉玛依时高兴地说："3年时间，在荒凉的戈壁滩上，建立起一座4万人口的石油城市，这是一个很大的成绩，也是一个动人的神话。"1958年，克拉玛依油田年产原油33万多吨，1960年达到163万余吨，占当年全国原油产量的39%，是大庆油田发现以前中国最大的石油生产基地。

1957年1月，在甘肃省酒西盆地西南部的鸭1井获得工业油流，发现了鸭儿峡油田，这是玉门油矿继石油沟、白杨河油田后地质勘探上的又一次重大突破。1957年，玉门油矿生产原油75.5万吨，占当年全国原油产量的87.8%。与此同时，玉门油矿大批的职工住宅及少年宫、疗养院、公园、医院、学校、幼儿园、商店等配套设施很快建设起来，玉门成为一座名副其实的石油城。10月8日，新华社从兰州发出电讯宣告：中国第一个天然石油基地，在玉门油矿基本建成。从此，玉门油田担负起了大学校、大试验田、大研究所，出石油、出技术、出经验、出人才的"三大四出"的历史责任。1955年，数千名玉门石油工人挺进柴达木盆地；1956年，成建制的队伍西出阳关，参加克拉玛依油田会战；1958年，3000多名职工东渡黄河，参加四川会战；1960年，以王进喜为代表的数万玉门石油工人奔赴东北，参加松辽大会战。此后，无论是黄土高原的长庆油田，中原大地的华北油田、中原油田，还是戈壁滩上的吐哈油田，到处都有玉门石油人的身影。玉门油田先后向全国各油田输送骨干力量10万余人，被誉为中国石油工业的"摇篮"，为共和国的石油工业作出了巨大贡献。

四川盆地的石油勘探工作，1955年前收效不大。1956年起，勘探重点从川西北的龙门山山前坳陷区向盆地内部的川中及川东、川南地区转移，很快发现了东起重庆、綦江，西至自贡、宜宾，南达叙永、古蔺的川东、川南天然气区。1957年，四川天然气产量达6000多万立方米。

到1957年底，国家"一五"计划结束时，中国已初步形成玉门、新疆、青海、四川4个油气生产基地，有力地推动了石油工业的发展。但是，由于当时石油工业的基础太薄弱，油田分布极不均匀，石油产量还远远不能满足国家经济建设的需要。石油部是唯一一个没有完成"一五"计划的工业部门，天然石油只有86万吨，人造石油60万吨。因此，必须从根本上改变石油工业落后的面貌。

（三）石油勘探部署的战略东移与大庆石油会战

为改变中国石油工业偏居西北一隅的不合理局面，中共中央决定要在全国更大的范围内开展勘探，把石油勘探布局向东部转移，扩大勘探区域，开辟石油工业建设新战场。随着对全国石油地质勘探力度的加大和技术力量的提高，东部勘探取得突破性进展，极大地改善了中国石油工业布局。

1958年2月，主管石油工业的中共中央书记处总书记邓小平在听取石油部汇报时强调指出："石油勘探工作，应当从战略方面考虑问题，战略、战役、战术总是要三者相结合的"，"应该选择重要的地区先突击勘探，选择突击方向是石油勘探的第一个问题"，"在建设西北天然石油基地的同时，要把石油勘探的重点放到东部地区"，"第二个五年计划期间，东北地区能够找出油来，就很好"，"对松辽、华北、华东、四川、鄂尔多斯五个地区要好好花一些精力，多做一些工作"。这个重要指示对加速中国石油勘探"战略东移"的进程具有重要意义。3月，石油部召开党组扩大会议，传达邓小平的重要指示，决定改变石油地质勘探现有的组织结构和队伍安排，加速中国石油勘探"战略东移"的进程。党组会议确定了在全国建立10个石油勘探战略区域，其中5个老油区有准噶尔、柴达木、河西走廊、四川、鄂尔多斯，以川中、克拉玛依为重点；开辟松辽、苏北、山东、贵州、吐鲁番5个新区，将松辽、苏北列为战略勘探的第一位。会议还进一步明确了石油工业的发展方针：天然石油、人造石油并重；抓住大的，不放松中的，多办小的；典型示范，遍地开花。并提出："要快马加鞭，苦战五年，关键在于今、明两年，从根本上扭转当前石油工业的落后局面。"5月，在全国开展"大跃进"的情况下，石油部第一次全国石油勘探开发研究会议在北京召开，会议传达了党中央和邓小平对石油工业的重要指示，统一思想，并制定了下一步石油勘探工作的原则、方法和任务。

1958年3月27日，毛泽东视察四川隆昌气矿。同月，川中龙女寺、南充、蓬莱几口井先后喷出高产油流。4月，石油部在南充召开全国石油工业南充现场促进会，决定以南充、蓬莱、龙女寺构造为主攻目标，组织川中石油会战，并决定从全国各油田抽调94台钻机及相关设备，从玉门矿务局、延长油矿、青海石油勘探局、兰州炼油厂、第一建筑安装工程公司等石油企业，炮兵二校、总后重庆办事处、514部队、成都军区等部队单位，西南第五工程公司等地方单位抽调人员支援川中会战。11月，石油部成立川中会战总指挥部，由此拉开川中会战第二阶段序幕。1958年底，职工人数达到3.19万人。1959年3月会战结束时，已发现蓬莱、南充、合川、桂花、罗渡、营山等6个小油田，初步控制了桂花地区42平方千米的大安寨油层的稳产面积，形成了年产原油10万吨的生产规模，从而结束了四川和大西南无油的历史。4月，会战队伍陆续撤离。这次会战虽然没有达到预期目标，但发现了裂缝性油藏这种特殊的地层，丰富了中国石油地质理论和实践的宝库，并且锻炼了队伍，找到了一条集中优势兵力打歼灭战，用大会战的方式拿下大油田的经验和途径。

从1958年3月开始，为加强全国石油地质勘探工作，石油部对石油地质勘探力量进行整合，从西安地质调查处、西北的老油田和石油部机关选派大批干部充实东部新区的勘探机构。经过几个月的组织和调度，调整后的勘探机构、人员、设备陆续到位，“战略东移”开始实施，东部勘探普查工作全面展开。4月，勘探队伍首次在吉林省前郭旗南17井发现油砂，以后陆续在其他油井发现油砂。当年，共发现大同镇等17个圈闭，基本明确了勘探方向。6月，石油部决定成立松辽石油勘探局，短短三个月内，石油部将在松辽盆地负责勘探的松辽勘探大队，到松辽石油勘探处，再到松辽石油勘探局，连升三级。1959年9月26日，位于松辽盆地的松基3井喷出油流，这是这个地区第一口自喷工业油流井。经过试采，产油稳定可靠，能够较长期保持稳定，标志着大庆油田的诞生。11月，根据黑龙江省委书记欧阳钦的提议，为庆祝建国10周年大庆和松基3井喷油，将大同镇改为大庆区，得到省委的一致赞同。此后，在地质图上大同长垣改名为大庆长垣，大庆油田由此得名。为探明松辽地区石油的基本储量，勘探队伍相继在高台子和葡萄花两个构造上打了多口探井，并相继喷出工业油流。1960年2月，经初步测算，葡萄花油田已拿到地质储量1亿吨以上，相当于克拉玛依油田的规模；大庆长垣也发现了油气储量。

开展松辽石油大会战（即大庆石油会战）。1960年2月13日，石油部向中央呈报《关于东北松辽地区石油勘探情况和今后工作部署问题的报告》，提出集中全系统的优势力量，以打歼灭战的形式，组织松辽石油大会战。中共中央迅速作出批示，要求各地予以支援，“积极地、加快地进行松辽地区的石油勘探和开发工作”，并于2月20日以中央文件形式，向有关地区和部门转发。2月21日，石油部在哈尔滨召开松辽石油会战第一次筹备会议，决定全国石油系统37个厂、矿、院校由主要领导带队，组织精兵强将，自带设备、工资参加石油会战；将大庆长垣划分为5个战区，分别由新疆石油管理局、四川石油管理局、青海石油管理局、玉门石油管理局和松辽石油勘探局 5 个单位负责。同时，决定在石油部党组直接领导下，成立松辽石油会战领导小组，康世恩兼任组长。2月22日，中共中央发出《中央决定动员三万名退伍兵给石油部》的指示。此后，中央军委又决定给大庆油田分配3000名军队转业干部，在松辽会战中发挥了主力军的作用。3月13日和17日，为支援松辽石油大会战，国家计委、经委、建委也连续发出电报，迅速动员一批钢材、设备及其他基建物资，要求有关单位迅速组织货源，各地迅速就近加工，迅速运到现场。冶金、机械、林业、电力、铁道等国务院部门全力以赴支持松辽会战。据统计，当年到达的钢材73130吨，木材50023吨，水泥72713吨，机电设备50268吨，各种车辆400台套，地方建筑材料64245吨。全国有18个省市自治区的400多个厂家，为松辽会战生产加工需要的设备和原材料，200多个科研、设计单位和企业在技术上支援会战。随后，石油部组织召开松辽石油会战第二次筹备会议，确定在萨尔图地区部署玉门石油管理局、新疆石油管理局和四川石油管理局的主力队伍；宣布石油会战领导机关迁往黑龙江安达第一线办公，石油部机关党委为会战期间党的办事机构，余秋里兼任机关党委书记。同时，石油部决定成立松辽石油会战指挥部，康世恩兼任指挥，对外称松辽石油勘探局。石油部的工作重心转移到松辽盆地。

1960年4月16日，随着大会战队伍“挥师北上”，重心北移到萨尔图地区，为了集中优势兵力迅速拿下萨尔图油田，会战工委决定：以敖包塔、葡萄花、太平屯和高台子为主，组成第一探区；以杏树岗、龙虎泡为主，组成第二探区；萨南、萨中、萨北合并，组成第三探区。第一探区由松辽石油勘探局负责；第二探区由四川石油管理局、青海石油管理局负责；第三探区由新疆石油管理局、玉门石油管理局负责。29日，松辽石油会战指挥部在黑龙江萨尔图召开松辽石油会战万人誓师大会，宣布松辽石油会战开始。5月，各单位支援松辽石油会战人数达到34733人，其中石油系统各厂矿、科研院所、学校参加会战人员14647人，省支援人员1182人，退伍军人18904人，加上原松辽石油勘探局的5000多人，会战队伍人员超过4万人。6月，松辽地区已控制含油面积约1000平方千米，探明储量约4亿多吨。7月，松辽石油会战指挥部召开万人大会，总结第一战役，宣布第二战役任务，并树立以“铁人”王进喜为代表的“五面红旗”，号召全体会战职工学习他们在艰苦会战中体现的“十不、三要”精神。到1960年底，基本探明松辽地区蕴藏着一个世界级的大油田，并于当年生产原油97万吨。1960年，中国原油产量521.2万吨（其中天然石油419.6万吨、人造石油101.6万吨），首次突破500万吨，超额完成国家计划。大庆油田从第一口井喷油到探明长垣面积仅用了1年零3个月的时间，远远高于国外同类油田勘探开发水平，探索出了一套符合中国特点的勘探方法。

从1961年开始，松辽勘探会战指挥部组织对油田进行地质储量的计算工作。这是中国第一次自行计算油田地质储量，在勘探中录取了大量、准确的第一手资料数据，科学地计算出了油田储量，正式上报党中央、国务院的地质储量为22.6亿吨。这在世界来说，也是一个罕见的特大油田，一举打破了陆相沉积贫油的观点，为中国石油勘探提供了宝贵经验。1963年9月，石油部召开大庆油田勘探技术座谈会，正式宣布松辽盆地的普查工作全面结束。大庆油田从松基3井出油到1963年底，国家共投资7.1亿元，建成原油生产能力500万吨，累计生产原油1500万吨，上缴利润9.44亿元，折旧1.16亿元，合计10.6亿元，投资回报率达到149%。特别是在实践中积累了一套成功的勘探、开发、管理经验，培养了一支特别能战斗的“铁人”式职工队伍，为中国石油工业的大发展奠定了基础。1963年11月，周恩来总理在第二届全国人大第四次会议上庄严宣布：“由于大庆油田的发现和建成，我国经济建设、国防建设和人民需要的石油，过去大部分依靠进口，现在不管是在数量上或者在品种上，都已经基本自给了。”、“中国人民使用‘洋油’的时期，即将一去不复返了！”

1964年4月19日，中央人民广播电台播出长篇通讯《大庆精神大庆人》，首次对外披露中国已有大庆油田。1964年底，大庆油田年产原油突破1000万吨，接近全国原油年产量的90%，顺利实现了石油工业布局的战略东移。大庆石油会战的胜利，促进了石油工业的全面发展，石油部从国民经济的一个薄弱环节，转变为一个重要的能源生产部门，从根本上改变了中国石油工业的落后面貌。

（四）勘探重点南移，开拓渤海湾等新的石油基地

随着“战略东移”的实施，中国东部地区的油气勘探相继获得一系列重大发现。1961年至1970年，继大庆石油会战以后，经党中央、国务院批准，石油部与有关省市相继运用大庆石油会战管理模式，陆续成功组织开展了华北、四川、江汉、辽河、吉林等一系列油气田的石油大会战。

开展华北石油会战。1958年5月至1960年3月，为了探明更多的油气资源，石油部党组决定对渤海湾盆地进行重点勘探。1961年4月，山东东营地区首次发现工业油流。10月，石油部党组决定将华东石油勘探局与华北石油勘探处合并，机关办公地点从上海迁到山东东营，集中力量加强渤海湾沿岸地区的勘探工作。1962年9月23日，山东东营坳陷北部的营2井喜获原油，这是当时全国产量最高的一口油井。后来为纪念这个日子，对外将东营探区称为“九二三厂”（即胜利油田）。1964年1月15日，石油部决定组织华北石油会战。1月22日，石油部党组向中央书记处呈报《关于组织华北石油会战的简要报告》，提出在天津以南、山东东营以北地区组织开展石油会战。1月25日，中共中央批转报告，同意组织华北石油勘探会战，指出“这是继松辽石油会战之后的又一次重要的会战”。石油部决定成立华北石油勘探总指挥部和会战工委，下设河北、东营2个分指挥部，总指挥部设在东营，并抽调大庆、青海、新疆、玉门等油田的2万多名职工，在南部的济阳凹陷和北部的黄骅凹陷两个主战场，同时展开石油勘探会战。华北石油会战的一个重要成果，是发现了胜利油田，到1966年共发现了胜坨、东辛、永安、郝家、纯化、滨南、尚店、平方王等油田，原油产量达134万吨。此后，胜利油田的勘探范围从东营凹陷扩大到整个济阳凹陷，又相继开发建设了一批油田，1970年胜利油田的胜坨油田产量达到333万吨。华北石油会战的另一个重要成果是发现了大港油田，1964年12月和1965年2月，在港东的港5井、港7井先后获得工业油流，只用1年多时间初步探明了港东油田；1965年7月，港西地区相继有11口探井发现良好油气显示。1966年大港油田原油产量达到11.5万吨；经进一步勘探开发，1971年原油产量达到169.23万吨。

开展四川“开气找油”会战。1965年初，美国侵略越南战争爆发。党中央发出加强战备的指示，要求第三个五年计划“以国防建设为第一，加速三线建设，逐步改变我国现有的工业布局”。当年5月，毛泽东在中央工作会议

期间，同国家计委第一副主任余秋里谈话时明确提出：“在西南地区光搞煤炭不行，要搞点石油，搞点天然气。”此后中央领导多次谈到在四川找油找气的问题。根据中央的指示，1965年6月1日，石油部成立四川石油会战领导小组，从西北、东北、华北等地区10多个石油企业抽调4000多名职工，以威远构造和泸州古隆起为主战场，组织“开气找油”会战。1966年12月，会战因“文化大革命”而被迫中断。历时一年半的会战，在42个构造上先后钻探出125口井，发现10个气田和2个小油田，并建成4条天然气长输管线。1966年底，四川天然气井口产量达到10.4亿立方米，生产原油3.3万吨。

1965年，全国原油产量1131.5万吨，首次突破1000万吨。中国东北和华北地区已形成了黑龙江大庆、山东东营、天津大港3个新油区，其原油产量占全国产量的88.2%。

石油工业在周恩来等国务院领导的重视和支持下，克服“文化大革命”干扰的重重困难，在继续做好大庆、胜利、大港、玉门、四川、克拉玛依等油田开发的同时，又开始着手准备组织吉林油田、江汉油田、辽河油田、陕甘宁盆地等油田的会战工作。

组织开展吉林扶余油田会战。1959年9月，松辽盆地南部的扶27井发现工业油流。1960年4月，石油部、地质部和吉林省在长春召开联席会议，决定成立江北、江南2个指挥所。江北由石油部负责，江南由地质部统一指挥（包括石油部的力量）。1961年1月，吉林省决定成立吉林省扶余油化厂，为省营直属企业，业务上由石油部领导。随后，石油部松辽石油会战指挥部吉林大队的3个钻井队、地质部松辽石油普查大队二区队的6部钻机和全部配套设备调配给吉林省扶余油化厂。此后，石油部陆续调拨其他油田钻井力量支援油田建设。5月，松辽石油会战指挥部吉林大队3231队在红岗构造承钻的红1井试油，发现红岗油田。10月，石油部下放吉林省的桦甸油页岩公司1000余名职工分批调入吉林省扶余油化厂。1966年，扶余油化厂生产原油10.7万吨。1969年8月，石油部工作组对扶余油田勘探开发工作进行评估，认为扶余油田生产规模可达到100万吨。1970年初，吉林省和石油部决定，抽调万余名知识青年和近千名解放军战士，组织扶余油田会战，后被称为“七〇”大会战。到1972年底，扶余油田的建设全部完成，年产原油达到126万余吨。

组织开展江汉石油会战。1965年底，经石油部和地质部在江汉地区联合勘探，在湖北潜江地区获得高产油流。为加快三线找油步伐，1966年7月，石油部向国务院呈报《关于在江汉地区组织石油大会战的报告》，报告因“文化大革命”而夭折。1969年初发生珍宝岛事件，战备成为压倒一切的政治任务，江汉石油会战被重新提上议事日程。1月27日，石油部军管会再次向中共中央和国务院提交《关于在湖北省江汉地区组织石油勘探会战的报告》。6月，国务院正式批准在江汉地区展开一场大规模的石油会战。为了保证会战的顺利进行，国务院和中央军委决定，江汉石油会战由武汉军区和湖北省统一领导。10月17日，国务院副总理李先念听取了江汉石油勘探会战指挥部的工作汇报，对江汉石油会战的方针和任务作出指示。据此，会战指挥部制订江汉石油会战的总体规划方案，其主要内容是：通过石油会战，把江汉油田逐步建设成为石油勘探基地、原油生产基地、石油加工基地、石油机械制造基地、石油科研教育基地和农副业生产基地。到1970年，共建成99口油井，参加会战的总人数高达12.9万人，其中从大庆、胜利、大港、新疆、四川、玉门等40多个石油企事业单位来参战的职工有5.28万人，石油部等机关干部1250人。

组织开展辽河油田的勘探会战。1967年3月，为解决鞍钢的燃料问题，按照国家统一部署，石油部军管会决定由大庆油田负责辽宁省辽河地区的石油天然气勘探开发工作。大庆油田组织1000余人的队伍奔赴辽河进行石油勘探，这支队伍组建的机构被命名为大庆油田六七三厂。到1969年底，辽河勘探取得重大突破。1970年2月，国务院批准石油部军管会提交的《关于加速辽河盆地石油勘探的报告》；3月22日，石油部决定立即从大港油田抽调5000多名干部、技术人员和工人，会同大庆油田原六七三厂勘探队伍一起，组织辽河石油会战；4月，石油部军管会与沈阳军区、辽宁省革委会研究决定，成立辽河石油勘探指挥部，对外称六七三石油勘探指挥部；6月，辽河油田天然气通过输气管线正式输往鞍钢。1970年辽河油田生产原油5300吨、天然气4100万立方米。

组织开展陕甘宁盆地的石油勘探会战。1969年10月，根据战备需要和“三线建设要抓紧”的重要指示，石油部军管会决定在陕甘宁革命老区开辟石油勘探重点探区，并提出以玉门石油管理局为主，组织陕甘宁石油勘探会战筹备组。1970年2月，石油勘探重心移至陇东，并成立陇东石油勘探会战指挥部，同时从玉门石油管理局机关抽调三分之二的干部到陇东办公，组织5台大钻、5台中钻、150台各型车辆以及配套的机修、油建、水电讯等队伍参加陇东会战；8月，华池县城关的庆3井等探井获得工业油流。

在加大陆地找油的基础上，同时展开浅海勘探工作。1963年，石油部决定，在茂名页岩油公司设立主管海陆石油勘探工作的地质处，加快南海石油勘探步伐。同时，广东省专门成立海上石油勘探领导小组，由省长陈郁、副省长刘田夫担任组长、副组长，方华为领导小组成员并兼任茂名领导小组组长，具体组织实施海上石油勘探。1964年，组建海洋1011钻井队，钻井队在海南岛的莺歌海浅海发现少量油气。后由于美国入侵越南，石油部决定将勘探战场转移到渤海湾。1966年，在天津市塘沽港外不远处的浅海区，建成中国石油工业海上第一个钻井平台——“海1井钻井平台”，并于1967初开钻，6月喜喷原油，这是中国海洋石油工业的重大突破。随后，在渤海浅海的第二座海上钻井平台——“海2井钻井平台”也相继打出工业油流。这两座钻井平台，被人们称为海洋石油工业的“姐妹花”。到1970年初，海洋石油工业已完成地震测线2万千米，钻井3口均见到油流，为中国海洋石油工业的起步和发展打下了坚实基础。

在人造石油方面，经过扩建和改造，东北各人造油厂的产量有了大幅度的增长。1959年，人造石油产量达到97万吨，当时在世界上处于领先地位。

到1969年底，原油生产能力2410万吨，天然气开采能力45.2亿立方米。1969年，全国原油年产量突破2000万吨，达到2174.7万吨。全年石油工业建设投资7.4亿元，工业总产值74.3亿元。

（五）组织炼油技术攻关，石油产品全部实现自给

为了适应国民经济发展需要，石油工业除了解决石油资源问题，还要把炼油工业搞上去，为国家提供合格和足够的油品。在第一、第二个五年计划期间，随着原油生产的发展，通过改造老炼油厂，建设新炼油厂，已逐步建立起现代炼油工业的基础。到1962年，炼油工业已从原来简单的粗加工逐步发展到深度加工，但在工艺技术上仅相当于国际二三十年代水平，只能生产416种石油产品，按当时的需要还有70多种产品不能生产。产品数量上，虽然石油产品的自给率比50年代有很大提高，也只达到63%，特别是军用油品大部分依赖进口。与此同时，随着大庆油田的开发建设，中国原油产量迅猛增长，但大庆原油蜡含量高，难以得到低凝固点的油料，必须进行二次加工。由于中国炼油二次加工能力严重不足，技术落后，因此，进行炼油技术攻关

和新建炼厂成为最大的问题，发展炼油工业成为一项重大而紧迫的任务。

1958年2月，中共中央总书记、国务院副总理邓小平听取石油部的工作汇报。对于中国发展石油工业，是靠天然石油还是靠人造石油问题，邓小平明确指出："中国这样大的国家，要有更多的石油，当然要靠天然石油"，"包括铁道运输、兰州炼油厂扩建、油罐等都要赶上来，要和兰州炼油厂、独山子炼油厂、玉门炼油厂共同考虑，研究一下满足这些炼厂需要采取哪些措施"。按照邓小平的指示精神，石油部加大炼制工作力度，先后扩建、新建了上海、克拉玛依、冷湖、兰州、大连等地区8个年加工能力为10万～100万吨的炼油厂。1959年，生产汽、煤、柴、润四大类油品234.9万吨，主要石油产品自给率达到40.6%。

1960年，中苏关系恶化后，油品进口更加困难，严重威胁着国民经济和国防建设的油料保障。1960年3月21日，根据周恩来总理"在松辽会战中同时考虑建设300万吨炼油厂"的指示，石油部向国家计划委员会呈送《关于建设年加工原油300万吨炼油厂的请示》，国家计划委员会批复同意，并列入1960年国家计划。从1960年冬季开始，石油部党组多次讨论炼油发展方针和炼油厂建设布局问题，明确了"抓石油炼制，扩建老厂，建设新厂，生产出更多石油产品"的工作思路，由此展开了一场为期5年的炼油攻关会战。这场会战围绕产品开发、技术开发、炼厂建设和企业管理逐步展开。一是军用油品以立足国内为目标，大力发展各种石油新产品，包括航空用油和为原子弹、导弹、新型飞机配套油品；二是以催化裂化、催化重整、延迟焦化、尿素脱蜡和炼油催化剂与石油添加剂为重点，开发炼油新技术、新工艺；三是扩大原油加工能力和提高加工深度以满足国内消费需要为目的，改造扩建老厂和建设新厂；四是以坚持良好生产秩序、提高经济效益为目的，开展企业设备整顿、生产管理样板、推行勤俭办企业活动等。

1962年1月，石油部在《1963—1972年国家炼油科技发展规划》中提出：在学习、吸收国外先进炼油技术基础上，依靠国内技术力量，尽快掌握炼油的工艺技术。10月，石油部在北京召开炼油科研工作会议，研究确定要集中各方面的技术力量，独立自主地开发炼油新工艺、新技术。主要是流化催化裂化、催化重整、延迟焦化、尿素脱蜡，以及有关的催化剂和添加剂等5个方面的炼油新技术，被誉为炼油工业的"五朵金花"。在侯祥麟等技术专家带领下，石油科技工作者争分夺秒地加快研制进程。1963年至1965年，“五朵金花”结出硕果，成功开发了新工艺、新技术、新产品，分别在抚顺、兰州2个炼厂实现了工业化应用。至此，被外国人讥笑为“小茶壶式”的中国炼油工业实现了重大跨越，很快接近了国际先进水平，炼油能力快速提升。“五朵金花”后来被列为国家级成果，并获得全国科学大会奖。

1963年初，石油部提出，在石油产品品种和数量上要“三年过关，五年立足于国内”，在第三个五年计划期间石油产品全部实现自给。此后，中国第一个独立自主、自力更生设计的大型炼油厂——大庆炼油厂建成，生产规模达到250万吨/年，可生产各类产品240多种，开启了中国炼油工业的一个新时代。同时，还扩建上海炼油厂、石油七厂，并将生产人造石油的石油一厂、石油二厂、石油五厂和茂名石油公司改为主要加工天然原油，炼油能力显著提高。同时，军用油品研制任务提前完成，进一步缩小了与国外炼油技术水平的差距。特别是抚顺石油一厂、石油二厂、石油三厂，经过新中国成立以来的快速发展，已形成炼油科研、设计、工程施工、机械制造以及石油院校等产学研相配套的石油炼化工业体系，具备了较强的生产能力，并且原油加工手段齐全、技术比较先进、人才比较充足，为中国石油炼化工业的大发展支援了大批技术、管理人才和设备，后来抚顺石化也被誉为新中国炼油工业的摇篮。

到1965年底，中国新建催化重整、流化催化裂化、延迟焦化、加氢裂化、尿素脱蜡装置13套，炼油能力达到1423万吨，是1959年的2.46倍；石油产品种类达到494种，比1959年增加185种；汽油、煤油、柴油、润滑油等四大类产品产量达到617万吨，自给率达到97.6%；炼油技术接近世界水平，形成了比较完备的石油化工产业，从此结束了中国人使用“洋油”的历史，挺起了民族脊梁。1966年以后，又陆续新建和改扩建了兰州、上海、南京、山东、茂名、大庆、锦州、大连、长岭等地的炼油厂。到1969年底，中国原油加工能力达到2421万吨。

石油部期间，石油工业工程技术、基本建设、管道运输、机械制造、科学技术等方面都取得了突出成就。通过组织石油职工和家属开荒种地，兴办农副业，石油职工生活也得到了一定改善，甘肃玉门、新疆克拉玛依、黑龙江大庆、山东东营、天津大港、四川川中等石油矿区建设初具规模。

石油部期间，是当代中国石油工业全面振兴、快速发展的一个重要时期。

60年代上半期，大庆石油会战的胜利以及渤海湾石油勘探、炼油技术攻关的成功，使石油工业的面貌发生了根本性变化。东部地区石油产量迅猛上升，石油工业布局有了重大改善；原油产量和石油产品产量迅速增长，石油产品实现自给，石油生产由被动转为主动；石油地质理论、油田开发和炼油工艺技术，都取得了突破性进展，中国石油科学技术开始走上了独立自主的发展道路；提高了石油职工队伍的素质和水平，一大批骨干人才成长为有较强的组织能力、熟悉勘探开发技术和业务善于组织大兵团作战的指挥员；老一代石油科技人员和一大批新中国自己培养的大中专毕业生，在科研和生产实践中成长为能独立解决生产技术问题的专家；在广大职工中涌现出了以王进喜为代表的一大批英雄人物，石油工业队伍的战斗力进一步增强。仅用10年时间石油部从成立之初中国工业部门中的最薄弱环节，一跃成为国民经济的重要支柱部门。1963年至1965年期间，石油工业财政上缴额48.95亿元，占国家财政收入的4%。1965年，石油工业总产值44.9亿元，占全国工业总产值的3.2%。

1966年到1970年，石油工业生产受到严重干扰和冲击，但在周恩来、李先念、余秋里等国家领导对石油工业的大力支持和保护下，广大石油职工经受住了严峻考验，在极端困难的条件下，努力排除干扰，竭尽全力组织生产，缓解了国家能源紧张的状况，并使中国跻身于世界产油大国的行列，1970年列世界第14位。1966年至1970年期间，石油工业财政上缴额181.2亿元，占国家财政收入的7.2%。1970年，石油工业总产值106亿元，占全国工业总产值的4.4%。

三、石油企业管理制度的形成与发展

石油部时期，石油工业在计划管理、生产管理、财务管理到组织机构等方面，主要是学习借鉴苏联工业企业管理模式，实行高度集中的计划经济管理体制。从60年代开始，为了适应国民经济发展的需要，在大庆等油田的勘探开发过程中，石油工业从实际情况出发，不断探索、总结，逐步形成了一套以大庆会战经验为基础的石油企业管理工作制度，并不断得到发展和完善。

（一）实行高度集中的计划经济管理体制

石油部成立后，虽然国家经济管理体制、企业管理体制和国务院机构历经多次调整，部分石油企业在1958年和1969年也一度下放地方管理。但石油工业在实际发展中，仍继续实行高度集中统一的计划经济管理体制，中央政府始终有一个主管部门对石油工业实行统一领导。突出的表现就是对有限的人力、财力、物力实行统一调度，集中财力保重点，选准关乎全局性的重点方向，通过组织“石油大会战”，实现了突破性发展。其表现形式为：

在石油基本工业建设项目管理方面，基本建设项目的审批权高度集中，500万元以上的石油建设项目需经国家建设委员会审批、国务院批准；60万元以上的需按审核和批准程序，由石油部审批。石油部对重点项目的管理权也很集中，从人、财、物的调度到设计、施工、生产准备的安排均一管到底。

在石油计划管理方面，国家对石油企业实行直接计划管理，由国家向石油企业直接下达指令性计划指标。指令性指标有12项：总产值、重要产品和产量、新品种产品试制、重要的技术经济定额、成本降低率、成本降低额、职工总数、年底工人达到数、工资总额、平均工资、劳动生产率和利润，基本涵盖石油企业生产建设的各个方面。

在财务管理方面，国家对石油企业实行统收统支的财务管理制度。石油企业需要的资金，按企业的隶属关系，由石油部拨款，超定额流动资金由国家银行贷款。石油企业除了按照财政部的规定缴纳税款外，还需要按照隶属关系把全部折旧基金和大部分利润上缴财政部，企业只能按照国家规定提取一定比例的计划利润和超计划利润作为企业奖励基金。超计划利润扣除应提的企业奖励基金和企业社会主义竞赛奖金以后，60%上缴国库，剩余部分40%留归石油主管部门使用，并对使用范围作了严格规定。

在物资管理方面，为加强对物资集中统一管理，将物资分为统配物资、部管物资和地方管理物资三类。与这种物资管理体制相适应，在物资价格管理上，一、二类物资都是按国家计划价格组织调拨。国家对石油企业也全部实行生产直接计划、下达指令性指标，对其所需要的一、二类物资也实行直接计划供应的办法，企业通过向石油主管部门申请供应，经批准后由国家计划调拨。

在劳动管理方面，以中央集中管理为主，国家对石油职工逐步实行包下来的政策，从大学毕业生到技工学校毕业生，包括复员退伍军人，都纳入国家统一分配的范围。在工资管理方面，石油企业统一执行国家制定的工资标准和定级、升级制度。

在销售体制方面，50年代至70年代，石油及其产品的销售和管理，采取国家统一分配、国务院有关部门分别管理的体制。即全部石油及其产品纳入国家计划，实行统一分配、分级管理，在国内形成统一的石油市场。1950年至1957年，全国石油产品自给率最高时只有38.9%，大部分油品依靠进口，供销计划的执行部门主要是商业部和石油部。两部及时衔接，确保重点，积极做好平衡分配工作，严格实行经济合同制，管供、管用、管节约，市场比较稳定，基本适应了国民经济有计划按比例发展的需要。1950年，根据国家《石油统购统销暂行办法》的规定，燃料工业部所属各炼油厂生产的汽油、柴油、煤油、燃料油和进口石油，除军用外，由中国石油公司[①]统一收购和经营，严格禁止油矿自销和集体、个体石油商业企业采购。各地区用油向中国石油公司提报计划，视需要组织分配供应。1954年，政务院决定对石油产品实行三级管理：汽油、柴油、燃料油列为统配物资，由国家计委平衡分配；煤油、润滑油列为部管物资，由商业部平衡分配；润滑脂和其他石油产品，由中国石油公司平衡分配。1958年以后，石油和石油产品成倍地增长，国内市场不断扩大，石油开始出口，石油运销业务有了很大发展。1959年，国家计委、商业部联合发出通知，规定将煤油和润滑油也列入中央统配物资范围，由各石油采购供应站（一级站）和商业厅（局）按分配计划执行调拨和供应。1962年，国家计委、经委、商业部又规定：凡列入国家生产计划的石油产品和国外进口的成品油，均属中央统配物资。在具体分工上，国家规定由石油部管理原油、天然气、特种油品、沥青、液化气、石油焦、燃料油、试验用油和小厂油料等石油产品；由商业部管理购销汽油、煤油、柴油和润滑油四大类石油产品；由外贸部管理石油进出口业务。各油田和炼油厂均按国家制订的生产计划和统一分配的调拨计划安排生产、组织销售。这种销售管理体制一直持续到1978年，对促进国民经济发展、稳定市场和保证出口起到了重要作用。

这一时期，国家对石油企业管理、基本建设项目管理、计划管理、财务管理、物资管理、劳动工资管理等方面，都建立了高度集中的管理制度，从而形成了比较完整的石油计划经济管理体制，为石油部在此后组织的石油大

① 1950年5月，中国政府在中央贸易部下组建中国石油公司，1952年改为隶属商业部管理。1958年，随着国家商业体制改革，先后更名为商业部燃料局、石油局，负责对成品油进行统一经营管理。

会战奠定了基础，并发挥出积极作用。这种管理体制直到1981年石油工业实行一亿吨原油产量包干以后才有所改变。

（二）石油会战管理体制

石油部成立后，国民经济正处于恢复计划工作后的关键时期，国家对石油的需求更加紧迫。为尽快扭转国民经济落后的局面，为国民经济建设提供能源保障，石油部将分散于各地的力量集中起来，采取以优势兵力打歼灭战的方式，迅速开发有希望的大油田、建设新项目或组织进行重要科研攻关。在石油部期间，石油工业从勘探开发等上游业务到炼油加工等下游业务，大部分时间都由石油部统一管理，新疆克拉玛依油田、四川川中油田、大庆油田、胜利油田、大港油田和大庆等炼厂建设、炼油科技攻关等都是在石油部的统一部署下，经过石油大会战而逐步建成投产的。通过石油大会战，使石油工业经济总量和经济效益持续高速增长，创造了中国乃至世界石油工业史上的一个奇迹。其中大庆石油勘探开发会战（以下简称大庆石油会战）是最具有典型意义的一次石油会战，不仅为其他油田的开发积累了经验，而且推动了石油工业快速发展。

1960年组织的大庆石油会战是在极为困难的时间、困难的地方、困难的条件下展开的。来自全国石油厂矿、院校和军队、地方及其他部门4万多人，以及几万吨物资设备陆续抵达大庆，原来的企业管理模式显然无法适应。党中央和石油部决定，运用选准主攻方向、集中优势兵力打歼灭仗的战略思想，把人民解放军大兵团作战的成功经验移植到石油生产建设中来，开创了一套完整的石油会战管理模式。这是在计划经济体制下对中国工业化道路的有益探索，是社会主义制度集中力量办大事的具体体现。

石油会战管理体制是一种举国行动体制。在大庆石油会战中，中央书记处决定，对会战的监督检查和组织支援工作，由国务院副总理薄一波主持，国家计划委员会、国家经济委员会、国家建设委员会具体负责。在党中央、国务院的领导下，各地、各部门迅速行动起来，全国18个省、自治区、直辖市的500多个企业为会战提供各种设备和物资，200多个科研、设计单位为会战提供技术支援，3万多名部队复员转业官兵参加会战，展开空前规模的社会主义大协作，国民经济各部门成为会战的强大后盾。

石油会战管理体制是多兵种协同作战体制。大庆石油会战中，石油部党组在战区成立会战工委、会战指挥部和政治部，从各石油厂矿成建制抽调队伍，按专业分设二级指挥部，建立以计划为龙头、生产调度为中心的生产指挥系统，统一决策，统一指挥，令行禁止。同时，发扬人民解放军“支部建在连上”的传统，在所有基层单位成立党支部，党支部书记兼任政治指导员，加强思想政治工作；学习解放军的“三八作风”①和“三大纪律、八项注意”，在职工队伍中形成“三老四严②”、“四个一样③”的优良作风，打造出了一支组织严密、纪律严明、作风顽强、能征善战的石油野战军。在领导机关，还形成了“三个面向④”、“五到现场⑤”的工作作风，提高了生产指挥和企业管理的科学性和有效性。

石油会战管理体制是高度集中的垂直一体化管理体制。大庆石油会战中，石油部领导担任会战工委书记和指挥，部机关的主要力量在现场办公，直接决策和指挥。集中石油部的财力、物力，将参加会战石油企业携带的物资、装备、器材等固定资产，全部采取转账的方式，统一划归大庆会战指挥部。将107个分级独立核算单位集中为会战指挥部一级核算，对计划、财务、物资、劳动、工资等实行统一管理、一管到底，使参加会战的上百个单位、几万人形成统一的整体，有效提高了资源配置和运行效率。

20世纪60年代初，在中国松辽平原上进行的这场气壮山河的石油大会战，在中国石油工业发展史上谱写了光辉夺目的篇章。大庆会战创造的集中兵力打歼灭战的会战模式，充分发挥社会主义制度能够集中力量办大事的优势，从思想、理论、技术、队伍和资源基础等方面，为中国石油工业的高速发展创造了重要条件。大庆石油会战的成功，改变了中国石油工业的布局，开拓了广阔的找油领域，解决了当时经济发展所需要的石油资源，原油生产逐步转向主动。大庆石油会战成功的事实证明，中国人民完全可以依靠自己的力

① 三句话是：坚定正确的政治方向，艰苦朴素的工作作风，灵活机动的战略战术；八个字是：团结，紧张，严肃，活泼。通称“三八作风”。

② “三老四严”指：对待事业要当老实人、说老实话、做老实事，对待工作要有严格的要求，严密的组织，严肃的态度，严明的纪律。

③ “四个一样”即对待革命工作要做到：黑天和白天干工作一个样；坏天气和好天气干工作一个样；领导在场和领导不在场干工作一个样；没有人检查和有人检查一个样。

④ “三个面向”是石油大会战时期的一个基本指导思想，即面向生产、面向基层、面向群众。

⑤ “五到现场”是大庆人在会战中形成的传统作风，即生产指挥到现场、政治工作到现场、材料供应到现场、科研设计到现场、生活服务到现场。

量高速度、高水平地勘探开发建设大油田。大庆石油会战摸索和总结出了一套科学的管理制度和经验，积累了比较丰富的队伍建设经验。大庆石油会战不仅创造了巨大的物质财富，而且涌现出以铁人王进喜为代表的一大批英雄模范人物，培育了震撼民魂的大庆精神铁人精神。大庆石油会战从根本上改变了中国石油工业的面貌，一举甩掉了中国贫油落后的帽子，中国石油工业从此走进了历史的新纪元。

（三）开展技术革新和技术革命运动，推行“两参一改三结合”制度

从1956年开始，在组织实施增产节约群众运动中，为了完成和超额完成任务，除了鼓足干劲、提高劳动强度以外，石油部按照中央会议精神，有计划、有步骤地进行技术革新和技术革命（以下简称“两革”）活动，革新工艺、改进设备工具和生产方法，充分挖掘现有设备潜力、改善劳动组织和生产组织等方面的薄弱环节，提高了劳动生产率。

1960年，随着中央提出“四化”（半机械化、机械化、半自动化、自动化）的口号以后，石油部的“两革”运动有了进一步发展。从1960年3月的统计数据看，石油部各主要厂矿提出的革新建议有83.3万件，其中当时已实现的有13.6万件。“两革”运动的显著成绩主要表现在：一是提高了“四化”程度，减轻了劳动强度，节约了劳动力，提高了劳动效率；二是改进了操作方法，提高了油井和设备的生产能力；三是试制了许多新产品，研制了新设备和新技术。从1958年生产90余种油品，到1960年上半年增长到近300种油品；四是提高了原材料的使用效率，节约了生产成本；五是进一步改变了石油工业广大职工的精神面貌。但是，由于受当时全国“大跃进”的影响，也出现了一些浮夸现象，有些新技术和新想法脱离实际，许多经验并不成熟，也产生了一定程度的负面影响。

1960年3月，毛泽东在中共中央批转《鞍山市委关于工业战线上的技术革新和技术革命运动开展情况的报告》中，将鞍钢在企业管理中的“两参一改三结合”制度称之为“鞍钢宪法”，并要求在全国推广。“两参一改三结合”制度主要包括三项内容：干部参加劳动、工人参加管理；改革企业不合理的规章制度；领导干部、技术人员、工人三方面结合起来，共同研究解决企业生产管理中的问题。10月，中共中央正式向全党发出了“关于发展‘两参一改三结合’制度提高企业管理工作的指示”。随后，石油工业厂矿企业开始学

习推广这一做法，并在实践中进行创新和发展。

（四）普遍推行岗位责任制

松辽会战前期，因勘探开发任务繁重，生产管理并未摆到主要议事日程。油田干部职工普遍存在重速度、轻质量的现象，质量问题和生产事故频发。1962年5月，投产不久的一个注水站着了一把大火，烧光了全部厂房设备。这次事故暴露了管理上存在的大量漏洞，提出了一个如何把成千上万名职工的积极性同生产中大量的、常见的千千万万件事情结合起来的问题。既要搞好生产，又要忙而不乱。会战领导决定，不照抄现成的条例，不靠少数人闭门造车，而是组织了100多名管理和技术干部分别到10个基层单位蹲点调查，依靠职工群众，总结生产管理的实践经验，寻求解决办法。经过几个月的调查研究，形成了包括六项内容的一套基层生产岗位责任制度：即从查物点数、弄清家底入手，把每台设备、每项工作分区域、分岗位地划清职责范围，落实到值班干部和工人，形成岗位专责制；根据老工人在交接班时认真询问情况和检查要害部位的做法，以及他们在当班时定时、定点，按一定路线检查设备运转情况的经验，拟定交接班制和巡回检查制；针对一些设备连续发生故障和一些工作缺少明确的质量标准的问题，拟定设备维修保养制和质量检查负责制；根据老企业的做法，拟定班组经济核算制。1962年6月，周恩来总理视察大庆油田，高度赞扬了岗位责任制。后来，随着生产的发展，工人岗位责任制又增加了岗位练兵制和安全生产制，成为八大制度：岗位专责制、交接班制、巡回检查制、设备维修保养制、质量负责制、岗位练兵制、安全生产制和班组经济核算制。

这套制度，来自于职工群众，来自于生产实践，职工能够自觉执行。工人在交接班中，实行“七个不交不接”：即任务不清，不交不接；质量要求和措施不明，不交不接；设备保养不好，不交不接；工具、设备、配件缺少损坏，不交不接；安全设备不正常，工作场所不整洁，有跑、冒、滴、漏现象，不交不接；原始资料不全、不准，不交不接；上班为下班准备工作没做好，不交不接。这样，除了岗位工人巡回检查外，每一次交接班都是一次对生产的大检查，等于全油田几万人每天要检查几次，生产上的漏洞就能及时发现，及时解决，真正做到了事事有人管，人人有专责。大庆油田十分重视岗位责任制的贯彻执行，在生产实践中的具体做法是：一抓思想，强化职工的岗位责任心；二抓作风，提高职工严格执行岗位责任制的自觉性；三抓检查、评比，表扬先进，鞭策落后，激励干部和群众认真执行岗位责任制。大庆油田严格坚持岗位责任制，产生了积极的效果：增强了广大职工的主人翁意识和组织纪律观念，保障了广大职工创造力的积极开发与运用，提高了生产条件的合理利用水平，使生产过程中的各种要素有机地结合起来，保证了生产规模持续不断地向前发展。从1962年6月开始建立制度以来，大庆会战指挥部每月都要组织一次全油田的岗位责任制大检查，风雨无阻，从未间断。到1963年底，已检查17次，每次检查都有侧重点和不同的要求，使广大职工严格执行制度成为一种习惯。

大庆油田在推行工人岗位责任制的过程中发现，如果不建立干部岗位责任制，工人岗位责任制的作用也不能够充分发挥。于是又在总结经验的基础上，建立了基层干部岗位责任制、领导干部和机关干部岗位责任制。基层干部岗位责任制主要包括岗位专责制、工作检查制、生产分析制、经济活动分析制、顶岗劳动制和学习制度等六项内容。领导干部和机关干部的岗位责任制主要包括岗位专责制、现场办公制、调查研究制、参加集体劳动制、工作总结制、向工人学习日制、学习制度、家访制度、谈心制度等九项内容。

从1963年开始，各石油企业在基层生产单位普遍推行岗位责任制和干部岗位责任制。从生产管理到技术管理、经济管理基本形成了一整套以岗位责任制为核心，既全面系统又科学规范的规章制度，基本达到了人人有专责、事事有标准、岗岗有规范、效益有考核，各项管理工作有了可靠的制度保障，大幅度提升了石油企业整体管理水平。如各炼油厂，在普遍推行岗位责任制的基础上，统一了操作规程、工艺卡片，解决了以往三班操作不统一的老问题，提高了工作效率。

岗位责任制，是石油企业生产管理上的一项综合性制度，其内容包括岗位的专责（即职责），完成专责必备的权限，必须进行的工作和基本方法，以及应当达到的基本要求，其中岗位专责制是核心，交接班制是关键。由于岗位不同，工作任务不同，工人岗位责任制、基层干部岗位责任制、领导干部和机关干部岗位责任制的具体内容也各不相同。岗位责任制，不仅适应石油企业社会化大生产的客观要求，也符合社会主义生产关系的基本要求，保障了企业职工当家做主的权利，是企业内部人与人之间、特别是领导与群众之间平等的、同志式的分工协作关系的体现，具有广泛的科学性、群众性和实践性，对石油企业的科学管理发挥了重要作用。

（五）发扬政治、生产技术和经济三大民主的制度

在大庆石油会战中，坚决贯彻党的群众路线，广泛实行了政治、生产技术和经济三大民主。政治民主，就是保证每个职工都有向一切歪风邪气、违反国家政策、法令的现象作斗争和在会议上批评干部的权利。生产技术民主，就是广泛吸引职工参加生产管理，包括讨论生产的实施办法和规章制度，参与解决重大的生产技术问题。经济民主，就是组织职工参加企业经济管理、伙食管理和农副业收入管理，等等。为了保证这些权利的实现，石油企业逐步形成了一些制度：一是五级三结合会议制度。即由油田（局）、所属二级单位、大队（厂、矿）、小队（车间）、班组五级包括领导、技术人员和工人代表参加的会议，主要讨论企业的全面生产任务、重大部署和措施等；二是技术座谈会制度。由各级技术人员，包括专家、总地质（工程）师和有关的技术人员、有经验的技术工人参加，对重大的技术措施或科学技术课题进行论证；三是各种工作会、生活会制度。主要是总结检查工作，开展批评与自我批评。

为了保证工人参与生产管理中的民主权利，对不同岗位工人的职权都作了相应的规定。如采油工都要掌握地下油层动态，定期进行油井分析，钻井施工设计要征求工人的意见。规定各个岗位的生产工人享有五项职权，即在生产中如无胜任的操作人员代替时，有权拒绝执行离开岗位的命令；岗位工人有权阻止非本岗位人员动用本岗位的物品，拒绝没有合格证或实习证的人员操作自己所管理的设备；有权拒绝接受上级关于超过检修期继续操作的命令；在生产上有隐患时，应报告上级请求处理，如上级既不指示，又不处理，发展到危险程度时，有权停止操作；岗位工人在无操作规程、无质量标准、无安全措施的情况下，有权拒绝生产或施工。有了这些规定，不仅增强了工人的主人翁责任感，加强了自下而上的监督，而且有效地限制了官僚主义和瞎指挥。

（六）企业管理立足于加强“三基”工作

自大庆石油会战以来，石油企业普遍加强“三基”工作，即基层建设、基础工作和基本功训练，使石油企业管理工作建立在扎实牢靠的基础上，起到了良好的作用。

基层建设。即钻井队、采油队、作业队、施工队、车间等基层生产组织的建设。企业的一切工作都要落实到基层单位，都要靠基层单位来实现。基层组织战斗力强，生产上就能打胜仗，反之就完不成任务，再好的制度，再好的措施，也贯彻不下去。60年代以来，石油企业下工夫抓基层建设，主要措施是：配备好基层领导班子，即队长（车间主任）、指导员和技术员；学习解放军“支部建在连上”的经验，建设好党的基层支部；建立基层的各项工作制度，使基层成为团结、协调、有战斗力的集体。

基础工作。即企业生产中的基础性工作，主要包括三个方面；一是取全取准生产中的原始资料、数据，及时进行分析综合，掌握生产动态。大庆油田开发初期，每天要准确无误地录取上万个数据，有一点儿误差就要重新测算，每口油井每天都要进行动态分析，产量波动、含水增减、压力升降，都要找出原因，及时采取措施；二是保证优等的工程质量。对石油企业来说，一口油井、一个装置，在几十年的使用过程中要经受多次反复的高压作业和复杂措施的考验，质量不好，不仅给国家造成损失，而且会给生产带来无穷的后患。因此，石油企业把确保各项工程质量作为重要的基础工作来抓。第一抓设计，事前要周密调查，设计要“三结合”审查，施工前要向工人交底。第二抓施工材料的检验，不合格的不准使用。第三抓好施工，规定情况不明、施工图纸不清不施工，质量规格标准和技术措施不清楚不施工，施工设备、仪表不齐全完好不施工，上道工序质量不合格，下道工序不施工。第四一旦工程质量不合格，必须加以纠正，甚至“推倒重来”，决不马虎凑合；三是确保设备的良好技术状况。为了保持设备技术良好，实行定人、定机、定岗位的专机专责制、定期强制保养制和严格的操作规程。

基本功训练。即对各个岗位的职工，从生产需要出发，实行岗位练兵和各种技术、业务培训，掌握过硬本领，做到在机器上过得硬，熟悉机器性能，会维护保养，会排除故障；在操作上过硬，动作熟练、精确，协同好；质量上过硬，干的活正正规规，符合质量规格标准；在复杂情况面前过硬，能判断、预防和处理事故。

（七）加强政治思想工作，抓生产从思想入手，抓思想从生产出发

石油队伍长期在边远地区、艰苦环境野外作业，而且往往是远离领导机关，独立作业。在这样的条件下，要把几十万、上百万职工组织锻炼成为有

战斗力的产业大军，使每个企业和独立作业的单位都形成一个令行禁止、有效率的团结战斗集体，单靠行政命令、制度约束和物质鼓励是不行的。因此，石油工业始终把加强思想政治教育作为石油企业管理的一个重要内容，并在实践中建立了一套紧密围绕生产抓思想政治工作的制度。

一是坚持思想领先，深入细致地做思想政治工作。石油工业学习解放军政治思想工作的优良传统，坚持政治工作从搞好生产出发，从大多数群众出发，从积极方面出发，为生产服务的方针，把生动活泼的政治工作贯穿于生产的全过程，发挥了巨大的作用。在60年代初，国家财政经济严重困难的时候，几万名石油职工从西北、西南奔赴松辽平原，苦战三年拿下大庆油田，国家石油基本上实现了自给，并在这个时期形成了一套有石油特色的企业管理制度。在"文化大革命"中，各级领导机构处于基本瘫痪的情况下，石油企业仍然做到了生产不停、队伍不散，实现了石油生产的持续增长。其重要原因之一，就是坚持了思想领先的原则，近百万职工和家属了解国家的形势、石油的形势，知道自己应该干什么，为什么这样干。具体做法是：在日常生产和生活中，"一把钥匙开一把锁"，在相互理解的基础上，耐心地做好一人一事的思想工作；充分发扬政治、生产技术和经济民主，调动广大职工的积极性；在会战过程中，适时地开展总结评比，使群众中各方面的积极因素都能得到调动。

同时，坚持抓生产从思想入手，抓思想从生产出发。这是大庆油田正确处理思想政治工作与经济工作关系的基本原则，也是大庆油田思想政治工作的一条基本经验。抓生产从思想入手，就是坚持思想领先。抓生产首先要抓人的思想政治教育，注重解决生产过程中遇到的各种思想问题，把思想工作做在前头。抓思想从生产出发，就是思想政治工作必须围绕经济建设这个中心，根据生产经营实际，确定思想政治工作任务，把思想政治工作贯穿于生产建设的全过程，保证生产建设任务的完成和经济效益的提高。

二是社会主义竞赛评比和评、比、选、树活动。石油部成立后，石油工业系统的社会主义竞赛评比活动和评先进、比贡献、选模范、树标兵活动，有力地推动了石油工业的发展。1957年3月1日，石油部和中国石油工会在北京召开1956年度炼厂厂际竞赛评比会议。1958年3月20日至28日，石油部和中国石油工会全委会在北京召开1957年全国炼厂厂际社会主义竞赛评比会议，通过座谈会、辩论会等形式，交流1957年的先进经验，评选出1957年厂际竞赛的先进厂，签订了1958年厂际竞赛合同。1960年4月29日，石油部在黑龙江省萨尔图召开大庆石油会战万人誓师大会，“铁人”王进喜作为会战中涌现出来的第一个标兵，披红戴花，骑着由领导干部牵着的高头大马，被职工们敲锣打鼓送进会场，拥上主席台。石油部部长余秋里在大会上带头高呼：“向铁人学习，人人争做铁人。”从此，一个“学铁人，做铁人”活动在大庆油田展开。7月1日，大庆会战指挥部在萨尔图第三探区召开万人大会，树立了“铁人”王进喜、马德仁、段兴枝、薛国邦、朱洪昌 “五面红旗”。五大标兵很快发展到百名标兵，比学赶帮活动热气腾腾，激励着石油会战职工克服各种困难，把会战打了上去。

三是大庆石油会战期间的学“两论”活动。大庆会战初期的萨尔图地区，草原一片，人烟稀少。4万多人的石油会战队伍来到这片草原上，正处于天寒地冻的季节，吃、住都很困难。尤其是以前中国没有开发建设过这样大的油田，国外经验又不可能拿来照抄照搬，困难摆在石油会战队伍的面前。会战领导小组成员学习《实践论》、《矛盾论》，总结以往油田勘探和开发中的经验教训，深入实际，调查研究，解决石油会战中的各种问题，并于1960年4月10日，作出了关于学习毛泽东同志所著《实践论》和《矛盾论》的决定。号召全体会战职工以“两论”为指导，掌握武器，勇于实践，认识油田规律，找出一套符合中国实际情况的开发、建设油田的理论和办法。在随后的实践中，广大职工掀起了学习“两论”的高潮，用辩证唯物主义去分析、研究、解决生产生活上遇到的矛盾、困难和油田开发建设中遇到的一系列问题。这次深入的学习，对油田组织实施生产自救、战胜困难，对“高速度、高水平”拿下大庆油田，起到了重要的思想保证作用。此后，“两论”起家的基本功在石油企业得以不断发扬光大。

四是大庆石油会战后的“工业学大庆”活动。大庆石油会战取得的成绩和成功经验，得到毛泽东主席的高度评价。1964年2月5日，中共中央发出《关于传达石油工业部关于大庆石油会战情况的报告的通知》，决定在全国工业、交通、财贸、文教系统和各级机关、团体、部队中，普遍传达石油工业部关于大庆石油会战情况的报告。“工业学大庆”运动在全国展开。2月13日，毛泽东在春节座谈会上指出：“要鼓起劲来，所以，要学解放军，学大庆。要学习解放军、学习石油部大庆油田的经验，学习城市、乡村、工厂、学校、机关的好典型。”4月20日，《人民日报》第一次刊发关于大庆石油会战的长篇通信《大庆精神大庆人》，首次向全世界公布中国发现了大庆油田，报道了以铁人王进喜为代表的大庆人的英雄壮举。随后，首都各大报刊相继发表了《永不卷刃的尖刀》、《在岗位上》等一系列报道，“工业学大庆”的热潮迅速在全国掀起，大庆成为全国工业战线上的一面旗帜。在“工业学大庆”活动中，大庆油田认真组织干部群众学习毛泽东关于一分为二的“两分法”思想，要求广大职工学会用“两分法”看问题，在任何时候，对任何事情，都又要运用“两分法”。成绩越大，形势越好，越要一分为二，越要把工作干好。后来，“两分法”成为大庆石油人面对成绩和挫折、顺境和逆境的考验，胜不骄，败不馁，锐意进取的制胜法宝。此后一直到70年代末，“工业学大庆”始终是石油工业思想政治工作的主旋律。

（八）领导机关为基层服务，后勤为生产前线服务

石油企业管理的一个重要特点是明确机关是为生产而设置的，企业的领导机关及其各个部门必须为基层服务，为生产服务，做到“三个面向”、“五到现场”，即面向群众、面向基层、面向生产；生产指挥到现场、政治工作到现场、物资供应到现场、科研设计到现场、生活服务到现场。这样，不乱作报告，不乱开会，不乱发报表，取消“苛捐杂税”，较好地克服了官僚主义，发挥了机关和各个业务部门对生产的保证作用。同时，一手抓生产，一手抓生活，既关心职工，也关心家属。从大庆石油会战时起，石油企业把安排好职工生活和组织家属参加劳动作为一件大事来抓，逐步形成了传统。大庆会战中规定各级领导干部要进食堂、进宿舍，查铺盖被，问寒问暖。在最艰苦的时候，也要保证职工能够吃上热饭，喝上开水，冬天要住上暖房，穿上棉衣，并保证8小时的睡眠。当时，组织家属参加农副业劳动，解决了职工生活中的大问题。此后，大多数石油企业都设立了专门机构负责组织、管理家属和农副业生产工作。事实说明，企业关心职工生活一分，职工就会关心生产十分，特别在条件艰苦的石油企业中，抓生活，管家属，已成为企业管理的一项不可缺少的重要内容。

1957年至1960年期间，根据中共中央的指示，石油部组织进行整风和干部下放劳动工作。1957年2月，毛泽东在《关于正确处理人民内部矛盾的问题》

的报告中一再强调：要精简机构、下放干部，从而“使相当大的一批干部回到生产中去”，以进一步克服官僚主义、密切党群关系。4月，毛泽东在为中央起草的《关于整风和党政主要干部参加劳动的指示》中，把整风与党政主要干部每年抽一部分时间下乡劳动并列，作为反对主观主义、官僚主义，正确处理人民内部矛盾的主要方法。5月，中央发出《关于各级领导人员参加体力劳动的指示》，要求各级领导干部，“凡是能够参加体力劳动的，都应该每年抽出一部分时间参加一部分体力劳动”。根据中央关于干部下放参加劳动锻炼的指示，石油部机关及各局厂矿在1958年初先后进行了干部下放工作。据统计，部机关及在京事业单位下放干部461人，其中下放到农村227人、厂矿234人。后由于生产建设任务的需要，经中央同意，绝大多数下放人员于1958年底抽回原单位或重新分配工作。此后，石油部又分别于1959年和1960年安排第二批和第三批数百名机关干部，下放到地方和企业劳动。

四、干部人事及教育培训工作

石油部成立后，坚持以建章立制为基础，逐步建立健全干部人事管理、工资管理等相关制度体系，不断满足石油工业发展的需要。

（一）加强人事干部管理，石油职工队伍规模不断壮大

1956年6月，为适应石油工业发展的需要，石油部召开第一次干部工作会议，主要内容是：研究确定两年工作任务、确定干部职务名称表、建立健全考察了解、任免、档案、后备干部培养训练等干部管理工作制度，讨论形成石油工业12年干部工作规划草案。到1957年底，干部劳动人事管理规章制度主要有：《关于干部任免手续暂行规定》、《分级管理的干部职务名称表》、《石油部管理的干部职务名称表》、《关于干部任免办法暂行规定（草案）》、《关于系统考察了解干部暂行办法（草案）》、《关于改进和建立企业奖励工资制度的指示》、《所属企业奖励办法（草案）》、《石油工业领导人员、工程技术人员和职员的职务工资标准表》、《石油部所属各种工人技术等级标准（草案）》、《石油部所属生产厂矿组织机构定员试行方案》、《企业组织机构和定员管理暂行办法》、《关于厂矿组织机构定员实行方案（草案）》和《石油部所

属各种工人技术等级标准》。

同时，石油部还进一步加强外国专家的聘任和管理工作。1956年5月，聘任外国专家最多时达到379人，其中苏联专家354人、罗马尼亚专家4人、捷克专家9人、德国专家12人。这些专家为石油工业的恢复和发展提供了必要的咨询和技术支持。

随着石油工业的发展，石油职工队伍发展很快，特别是石油系统的干部队伍迅速壮大起来。从1952年至1970年，经中央和国务院批准整建制或成批加入石油系统的复转军人达8.6万人。1957年，职工总数从建国初期的不到1.5万人增加到14万余人，其中部队转业和地方转来的干部1.1万人，工人提拔的干部6000余人，国家统一分配的大中专毕业生6800余人。到1969年，职工总数达40.3万人，其中管理和技术干部5万人，为石油工业生产建设任务的完成提供了人员保证。

1956年以后，由于各石油企业对1957年和第二个五年计划期间的生产形势估计过高，各企业自行招收了大量工人，1956年石油职工总数由1955年的8万人增加到13.3万人。1956年下半年，石油部召开劳动组织管理座谈会，提出要整顿劳动组织，压缩机构层级，停止招收临时工，减少过多的辅助和非工业生产人员，以提高劳动效率。但由于受全国"大跃进"的影响，石油职工队伍从1958年又开始迅猛增加，到1960年已达到30多万人。此后，经过不断调整压缩，1962年又降至1958年的22万多人。期间，直到1965年一直控制在30万人以内。

（二）改革和完善工资制度

随着国民经济的恢复和发展，劳动生产率有了较大提高，解放初期实行实物供给制、包干制或半包干制、工资分制等多种形式并存的工资制度，已不适应经济发展的需要，不利于调动广大职工的积极性。

1956年，中共中央、国务院决定进行第一次全国性的工资改革。1月，石油部发出《关于进行工资改革准备工作的通知》，明确在石油企业中进行一次全面的工资改革与整顿。5月，石油部党组决定成立工资改革委员会，具体负责工资改革的组织工作。6月，根据国务院第三十二次会议通过《国务院关于工资改革的决定》，石油部开始在全系统内进行全面的工资改革与整顿，重点是建立产业内统一的工资制度。根据企业在国民经济中的重要性、产量与对国家的贡献、设备及技术复杂程度、规模大小等原则，将石油企业划分为四类。7月，石油部在北京召开第一次全系统工资会议，主要任务是传达贯彻国务院关于工资改革的决定精神，部署两年的工资改革工作任务。8月，石油部发出《石油部关于执行〈国务院关于工资改革的决定〉的指示》，开始在全系统进行全面的工资改革，废除工资分制度，实行货币工资制；制定并实施领导人员、技术人员和职员的职务工资标准和工人技术等级标准；改进地区津贴、野外津贴制度；改进和建立企业奖励工资制度。职工标准工资普遍增长13%～15%，基本建立起了产业内统一的工资制度和激励机制。

1959年，根据国家《关于职工升级工作的通知》精神，石油部相应对职工工资进行升级、定级和调整，并开始设置综合奖。当年，国家对企事业单位职工在加班加点、事假、病假和停工期间的工作待遇等下发文件进行明确。此后，国家虽然多次进行升降级和工资标准的调整，但基本工资制度没有大的变化。

（三）重视人才培养，大力发展石油教育

石油部十分重视构建石油工业教育体系和做好人才培养工作，以适应石油工业飞速发展的人才需要。

1956年5月，石油部下发《关于开展职工业余教育工作的决定》，制定石油职工业余教育规划，开展各种形式的职工教育活动，同时在北京、抚顺、西安等地成立石油干部学校，对在职干部进行轮训和重点培养，并选送一批优秀干部到北京石油学院特别班和本科学习，为石油工业管理人才的培养打下了坚实基础。

石油部成立后，在原北京石油学院、北京石油地质学校、天津石油学校、西安石油学校、抚顺石油学校、重庆石油学校、培黎石油技工学校、双城工业计划经济学校等石油院校的基础上，以石油企业为依托，相继成立了兰州石油学院、广州石油学校、乌鲁木齐石油学校等一批石油专业技术院校，为石油工业培养和输送了大量技术干部和技术工人。到1957年，全国石油中等专业学校发展到11所，在校生7815人。这些中等专业学校，后来经过多次变动和调整，有的改为石油学院，有的保留下来，有的进行了合并。

1958年6月，根据中共中央工业工作部指示精神，石油部党组召开石油部第二次人事工作会议，强调从石油工业大发展的形势出发，将培养、训练领导干部和工程技术干部摆在今后人事工作的首要地位，并根据中央10年干部培训规划要求，编制实施《石油部1958—1967年干部培训规划》，明确10～15年内基本上建成中国工人阶级自己的科学技术干部队伍的培养目标。

国家领导人十分关心石油教育事业。1957年12月，朱德副主席写信给北京石油学院的同学，满怀期望地说："你们所从事的工作对祖国的工业化事业有重大意义。石油是中国目前最感缺乏的物资，也是国家工业化过程中十分需要的物资。祖国和人民的利益在期待着你们以高度的热情和毅力，把祖国的石油资源开发出来。"1957年老教育家徐特立同志和北京石油学院学生亲切座谈，鼓励他们要树立为社会主义和共产主义而奋斗的远大理想。1958年至1961年期间，随着石油工业的快速发展，又陆续组建了西安石油学院、四川石油学院、东北石油学院等一批高等院校，到1962年石油高等院校在校生人数近1.1万人。

1958年，根据全国教育工作会议精神，将石油中专和技工学校全部下放地方领导。9月，中共中央、国务院发出《关于教育工作的指示》，要求"用大量发展业余的文化技术学校和半农半读学校来普及教育"，同时要求各地区、各部门应逐渐建立起比较完整的教育体系。石油部结合自身情况，遵照中央提出的"一主二辅三结合"指导方针，大力构建石油工业教育体系，相继成立了一批不同层次和规模的石油院校。1958年底，中等以上学校由1957年的11所发展到23所，增加一倍以上，大学在校学生人数达到5330人，比1957年增加39%，中专、技校在校生人数近1.12万人，比1957年增加43%。到1959年底，石油部在各地设立5所石油学院、2所石油专科学校、18所中等专业学校、14所技工学校和156所业余学校，全日制在校生达到3.98万人，近10万人参加学习培训，其中培训各级各类干部近6000人。

1960年2月，石油部召开全国教育工作会议，传达贯彻中央大办教育，办好教育，工业部门建立教育体系的精神，部署1960年教育工作任务，制订教育工作三年规划与八年设想。4月，石油部召开全国教育电话会议，检查厂矿业余教育及新建学校情况，强调教育要与生产劳动、技术革新结合起来发展。两次教育工作会议后，各直属企业又陆续设立了多所石油院校和业余学校。1960年，在大庆石油会战过程中，按照"干什么学什么，缺什么补什么"的原则，开展各种形式的岗位练兵活动，进一步提高了职工的文化技术水平和操作技能。经过两年多的发展，通过加强对职工教育工作的领导，充实师资力量，改善办学条件，建立部、局、厂（矿）三级职工教育基地，初步形成了多层次、多形式的石油职工教育体系。

但是，当时在全国“大跃进”的形势下，各地区、各石油企业先后新组建的20所中等专业学校和26所技工学校，由于脱离客观条件，盲目发展，师资严重不足，缺乏必要的校舍和教学设备，教学质量受到严重影响。1961年开始，由于国家经济困难，石油部根据中央提出的“调整、巩固、充实、提高”的方针，对所属院校进行了大规模的裁、撤、并、转工作。到1962年底，共撤销29所大中专院校、技工学校及干校，合并4所，部直属院校由1961年的45所减至12所。直属中专学校在校生由1961年初的6350人减至1963年末的3630人，直属技校在校生由1961年初的8340人减至1963年的620人。

1964年以后，随着国民经济的逐渐好转和石油工业的快速发展，石油职工教育工作得到一定程度的恢复和发展。1964年，中央提出要加强半工半读教育，实行“两种教育制度”，即全日制学校和半工半读、半农半读两种教育制度同时推行，互相补充。随后，石油部、教育部相继召开会议部署落实，大部分石油技校转为半工半读学校。到1964年底，石油部直属的石油院校总计有17所。1966年上半年，北京、西安、大庆、四川等4所石油学院已初具规模，有教师1379人，在校生9010人，校舍面积达27.7万平方米。1954年到1966年，共培养大专毕业生1.29万人、研究生130人。这批毕业生，专业知识扎实，思想觉悟较高，热爱石油事业，大多数人已成为石油战线各专业的骨干人才。在此期间，北京和西安2所石油学院还为朝鲜、越南、阿尔巴尼亚、古巴等国家培养了一批留学生和实习生。全国9所石油中等专业学校，在校生达到6121人，教师720人；21所技工学校和半工半读学校，在校生达到3.75万人。从1952年到1966年间，共毕业中专生1.72万人、技校生1.17万人。

十年动乱期间，各地石油院校教学和招生工作处于瘫痪状态，大多数停办或解散，石油高等教育受到严重摧残，教师大量流失，学校被迁占，教学设施损坏严重，图书、资料大批散失，招生工作中断，使石油学院少为国家培养1万多名大专毕业生，中等专业学校约少为石油工业培养中专生1.7万多人，技工学校、半工半读学校约少培养10万人。

第一章 石油工业部领导机构

1955年7月30日，第一届全国人民代表大会第二次会议决定撤销燃料工业部，并以原燃料工业部所属石油管理总局为基础成立石油工业部。同时，中央任命李聚奎为石油工业部部长。8月，国务院任命李范一、李人俊、周文龙为石油工业部副部长，康世恩、刘放、黄凯为石油工业部部长助理。同月，中华全国总工会书记处第89次会议通过成立中华全国总工会石油工会工作委员会，并选举张兆美为主任委员。

8月30日，燃料工业部上报中央组织部，石油工业部党组由李聚奎、李人俊、周文龙、康世恩、刘放、黄凯组成，李聚奎任党组书记。9月1日，石油工业部在北京北郊六铺炕正式挂牌成立。

9月16日，石油工业部党组会议确定部长及部长助理分工：李聚奎部长负责领导办公厅、计划司、人民监察司；李范一副部长负责领导炼油司；李人俊副部长负责领导财务司、基建司、技术司、器材供应制造局、设计局、运销处；周文龙副部长负责领导干部司、教育司、行政司、劳动工资司、人防保卫处、党团工会工作；康世恩部长助理负责领导地质勘探司；刘放部长助理负责协助李范一副部长；黄凯部长助理负责协助周文龙副部长。

1956年3月，石油工业部党组扩大会议调整部长、部长助理分工：李范一副部长、刘放部长助理负责领导炼油司和技术司；周文龙副部长负责领导国家监察局、劳动工资司、教育司；黄凯部长助理负责领导干部司、行政司、人防保卫处；康世恩部长助理负责领导地质勘探司、器材供应制造局和运销处；徐今强同志负责领导基建司、财务司、设计局和对外联络处。4月，中央政治局会议决定徐今强任石油工业部部长助理。9月，中央批准周文龙、徐今强参加石油工业部党组，周文龙任党组副书记；中央政治局会议决定康世恩任石油工业部副部长，免去其石油工业部部长助理职务。12月，中央批准薛迅任石油工业部部长助理、党组成员。

1958年1月，中央决定免去黄凯石油工业部部长助理职务。2月，第一届全国人民代表大会第五次会议通过余秋里为石油工业部部长的任命，免去李聚奎石油工业部部长职务。4月，中共中央批准余秋里任石油工业部党组书记，免去李聚奎石油工业部党组书记职务。9月，中央决定，调建筑工程部副部长孙敬文任石油工业部副部长。

1959年4月，国务院全体会议第87次会议通过，免去薛迅的石油工业部部长助理职务。8月，国务院全体会议第91次会议通过，任命李人俊、李范一、周文龙、孙敬文、康世恩、刘放为石油工业部副部长。

1961年11月，中央批准李人俊任党组副书记。

1962年9月，中央决定向国务院所属各部门派出监察组常驻，由中央监察委员会直接领导，1963年8月国家编委批复派驻石油工业部监察组编制11人，1964年8月任命周文龙兼任监察组组长。

1963年10月，中央批准邓洁任石油工业部副部长、党组成员。

1964年2月，经中央工业交通政治部批准，石油工业部党组决定成立政治部，吴星峰任政治部主任。8月，中央决定免去李人俊石油工业部副部长、党组副书记职务。同月，石油工业部党组上报国务院，鉴于李人俊已于8月20日调离石油工业部，其担任的常务副部长一职由孙敬文接替。12月，余秋里调任国家计划委员会第一副主任兼秘书长，石油工业部日常工作由康世恩主持。

1965年2月，经中央批准，石油工业部党组改为石油工业部党委。石油工业部党委会由15人组成，康世恩任党委书记，周文龙、唐克任副书记，徐今强、吴星峰、孙晓风、张定一、张文彬、汤贤珍、张兆美、任成玉、杨达、王志群、张俊、魏玉晶等为委员。同月，国务院全体会议第153次会议通过，任命唐克、孙晓风、张定一、张文彬为石油工业部副部长。3月10日，石油工业部党委印章开始使用，原党组印章同时废止。同月，国务院全体会议第154次会议通过，免去邓洁的石油工业部副部长职务。

1966年9月，徐今强调任化学工业部代理部长、代理党委书记职务。

1967年6月，中共中央、国务院、中央军委、中央文革小组决定对石油工业部实行军事管制，成立石油工业部军事管制委员会（以下简称军管会），欧阳毅、宋承志、王星先后担任军管会主任。原石油工业部的领导机构陆续停止办公。

1970年6月，中共中央决定，石油工业部、煤炭工业部、化学工业部三部合并，成立燃料化学工业部。7月，石油工业部军管会停止工作。

一、石油工业部党组—党委领导名录（1955.8—“文革”初期）

（一）石油工业部党组领导名录（1955.8[①]—1965.2）

书　　记 李聚奎（1955.8—1958.4）
余秋里（1958.4—1965.2）

副 书 记 周文龙（1956.9—1965.2）
李人俊（1961.11—1964.8）

成　　员 李人俊（1955.8—1961.11）
周文龙（1955.8—1956.9）
康世恩（1955.8—1965.2）
刘　放（1955.8—1963.10）
黄　凯（1955.8—1959.4）
徐今强（1956.9—1965.2）
薛　迅（女，1956.12—1959.4）
孙敬文（1958.9—1965.2）
吴星峰（1963.3—1965.2）
邓　洁（1963.10—1965.2）

政治部主任 吴星峰（1964.3—1965.2）

中央监委驻石油工业部监察组（1964.8—1965.2）

组　　长 周文龙（兼任，1964.8—1965.2）

（二）石油工业部党委领导名录（1965.2—“文革”初期）

书　　记 康世恩（1965.2—“文革”初期）

副 书 记 周文龙（1965.2—“文革”初期）
唐　克（1965.2—“文革”初期）

委　　员 徐今强（1965.2—“文革”初期）
吴星峰（1965.2—“文革”初期）
孙晓风（1965.2—“文革”初期）
张定一（1965.2—“文革”初期）

---

① 1955年8月，在石油工业部组建过程中，燃料工业部党组向中央组织部呈报关于石油工业部党组人员组成的请示。石油工业部党组由此正式开展工作，但未查到中央组织部正式批复文件。

张文彬（1965.2—“文革”初期）
汤贤珍（1965.2—“文革”初期）
张兆美（1965.2—“文革”初期）
任成玉（1965.2—“文革”初期）
杨　达（女，1965.2—“文革”初期）
王志群（1965.2—“文革”初期）
张　俊（1965.2—“文革”初期）
魏玉晶（1965.2—“文革”初期）

政治部主任　吴星峰（1965.2—“文革”初期）

中央监委驻石油工业部监察组（1965.2—“文革”初期）

组　　长　周文龙（兼任，1965.2—“文革”初期）

二、石油工业部领导名录（1955.7—“文革”初期）

部　　长　李聚奎（1955.7—1958.2）
余秋里（1958.2—“文革”初期）

副 部 长　李范一（1955.8—“文革”初期）
李人俊（1955.8—1964.8）
周文龙（1955.8—“文革”初期）
康世恩（1956.9—1964.12；主持工作，1964.12—“文革”初期）
孙敬文（1958.9—1965.2）
刘　放（1959.8—1963.12）
徐今强（1963.3—1966.9）
邓　洁（1963.10—1965.3）
唐　克（1965.2—“文革”初期）
孙晓风（1965.2—“文革”初期）
张定一（1965.2—“文革”初期）
张文彬（1965.2—“文革”初期）

三、石油工业部军管会领导名录（1967.6—1970.7）

主　　任　欧阳毅（1967.6—9）
宋承志（1967.9—1969.1）

王　星（1969.1—1970.7）

副 主 任 李云峰（1967.6—9）

石　壁（1967.6—1969.1）

袁　剑（1967.9—1969.1）

谭山民（1969.1—1970.7）

曹国栋（1969.1—1970.7）

委　　员 韩志龙（1967.6—9）

赵德生（1967.9—　　）

王其炳

四、石油工业部部长助理（1955.8—1959.8）

康世恩（1955.8—1956.9）

刘　放（1955.8—1959.8）

黄　凯（1955.8—1958.1）

徐今强（1956.4—1957.10）

薛　迅（1956.12—1959.4）

第二章　石油工业部机关部门

1955年9月，石油工业部成立时，部机关设办公厅、计划司、技术司、炼油司、地质勘探司、基本建设司、财务司、劳动工资司、干部司、教育司、行政司、人民监察司、器材供应制造局等13个厅司局，对外联络处、运销处、人防保卫处3个独立处，以及党团机构。人员编制674人，其中部长及部长助理7人，司局长23人。同月，经中直机关党委批准，成立石油工业部机关党委。

1956年2月，人民监察司更名为国家监察局。6月，石油工业部机关召开第一次党代会，选举产生机关党委会和监察委员会。10月，器材供应制造局拆分为器材供应局和机械配件制造局。同年，成立技术安全监察处。

1957年9月，教育司与干部司合并，成立人事司；对外联络处并入技术司；技术安全监察处并入国家监察局；器材供应局和机械配件制造局重新合并为器材供应制造局，并改为部外一级局，兼部机关职能。

1958年后，随着石油企业管理体制调整，石油工业部整顿组织机构，精简机关编制，对部机关机构进行调整：炼油司与技术司合并为生产技术司；行政司并入办公厅；撤销人防保卫处，成立保卫科，划归办公厅领导；劳动工资司与人事司合并，成立新的人事司；撤销国家监察局。调整后，部机关设办公厅、人事司、生产技术司、基本建设司、地质勘探司、计划司、财务司、供应制造局等8个厅司局，以及运销处和机关党团机构，机关人员由711人精简至555人，机关附属机构由396人精简至238人。

1961年1月，石油工业部决定成立编辑室，属部内行政机构，由部直接领导。3月，国务院批准石油工业部机关组织机构及编制定员526人。

1964年2月，经中共中央工业交通政治部批准，石油工业部党组决定成立政治部。7月，撤销编辑室。

1967年6月，石油工业部开始实行军事管制，成立军管会生产组。11月，经国务院批准，石油工业部军管会决定撤销军管会生产组，成立生产指挥部，对部机关和部属厂矿企业、事业单位的生产运输调度业务实行集中指挥。

1968年8月，根据中央“精兵简政”的要求，军管会决定在生产指挥部下设办事组、干部人事组、生产组、后勤组和科研组，原各司局暂时停止办公。12月，为进一步精简机构和人员，军管会决定撤销生产指挥部，并在其基础上成立政工组、生产组、后勤组和办事组，4个组共计143人，直属军管会领导，负责部机关的日常工作。其余935人编成5个连，一连223人，二连155人，三连234人，四连200人，五连123人。

截至1969年底，石油工业部机关及附属单位总计861人。但由于受“文化大革命”运动的冲击，大批干部下放到湖北潜江石油工业部五七干校劳动。

一、办公厅（1955.9—“文革”初期）

1955年9月，国务院批准石油工业部成立办公厅，内设部长研究室、秘书组、文书科、机要室、档案资料科和专家工作室，人员编制87人。主要职责：协助部长综合研究石油工业情况和政策，推行石油工业各项工作；协助部长密切部内外各方面的工作联系，掌握机关内部的统一战线问题和石油工业系统的保密工作；组织部务会议，协同组织各项专业会议，检查与监督会议决议的执行情况；审核各单位上报、下达及对外的主要稿件，掌握石油工业季度、年度工作总结及各项专题上报事项；组织石油工业新闻报道工作，审核有关新闻稿件，编译、出版石油工业各项书籍，办理石油工业展览事项；拟定机关工作制度，接待人民来访，处理人民来信；掌管机要工作，处理机要文件，保管印信办理公文收发和运转，保管档案及资料；翻译本部俄文文件、函件及技术资料，担任本部苏联专家的翻译工作，及部长交办的其他有关俄文翻译工作，办理俄文图书资料选购和保管工作，并协助指导其他外文翻译工作；掌握向专家学习事项，检查、总结专家建议的执行情况，审核各专业提出的延聘、续聘、解聘的专家名单并办理手续及签订合同和协议；办理部长交办及不属于其他部门的事项。

1958年3月，办公厅的人民来信工作移交国家监察局。6月，国家监察局所属人民来信和来访工作划归办公厅。同年，行政司并入办公厅。人员编制134人。1958年，石油工业部决定撤销人防保卫处，成立保卫科，划归办公厅领导。

1959年1月，在生产技术司对外联络处和办公厅专家工作室的基础上成立科学技术情报处，由办公厅领导。7月，成立安全技术处。

1961年3月，办公厅组织机构调整后，内设秘书室、研究室、编译室、保卫处、行政处、安全技术处、机要室、文书科、档案科、六铺炕机关公社办公室、北郊公共事业管委会、十三陵绿化队。人员编制176人。

1963年11月，撤销安全技术处，其业务划归各有关司局负责。

1964年8月，撤销办公厅档案科，成立档案管理处，隶属办公厅领导。

1968年8月，石油工业部军管会决定各司、局、直属处停止办公。

主　　任　王志群（1956.9—“文革”初期）

副 主 任　王志群（1955.9—1956.9）

孙晓风（1956.2—1960.3）

唐　克（1956.9—1958.10）

鲍建章（1958.10—“文革”初期）

董尧卿（1960.11—“文革”初期）

宋　惠（1964.9—“文革”初期）

二、行政司（1955.9—1958）

1955年9月，国务院批准石油工业部成立行政司，内设财务科、供给科、房产科、总务科、医务室、接待室和电话室，另有技工和司机16人、工务员33人、伙食团17人、科办员3人、炊事员14人，共计104人。主要职责：掌管部机关财政开支，编审部机关及所属单位行政管理费的预算、决算书；统一管理、分配修缮本部及各局所有房屋，管理固定资产，办理买、典、租、拨等事项；统一管理本部及各局办公用品的采购、供应保管工作；接待来宾，办理各种专业会议的事务工作及招待事项；管理本部机关伙食及公务人员；办理职工医疗、病员修养、疾病预防及清洁卫生等工作；负责机关汽车管理及维护检修事项；管理幼儿园、哺乳室；指导各司局的行政事务工作。

1958年，行政司并入办公厅。

司　　长　鲍建章（1955.9—1958.10）

副 司 长　张　楷（1956.5—1958.7）

三、计划司（1955.9—“文革”初期）

1955年9月，国务院批准石油工业部成立计划司，内设办公室、发展规划科、基建计划科、生产计划科、劳动成本科和统计科，人员编制53人。主要职责：汇编石油工业年度及发展的生产计划、基本建设计划、成本和劳动计划；根据国家批准的计划审批各局、厂的生产、基建、劳动和成本计划；综合平衡石油其他有关各项计划；审核固定资产的调拨、报废和产权的转移；编制计划执行情况的统计报表，并统一审批部属各单位的专业报表；根据计划及统计报表所规定的指标分析和检查计划执行情况；业务上指导部属各单位的计划和统计工作。

1961年3月，计划司组织机构调整后，内设办公室、年度科、发展科、统计科4个科室，编制27人。

1968年8月，石油工业部军管会决定各司、局、直属处停止办公。

司　　长 杨海鹏（1955.9—1958.10）
刘　康（1958.10—1963.12）
杨　达（女，1965.8—“文革”初期）

副 司 长 杨　达（1955.9—1963.12；代理司长，1963.12—1965.8）
田之群（1956.11—“文革”初期）
蔡述圣（1966.5—“文革”初期）

四、财务司（1955.9—“文革”初期）

1955年9月，国务院批准石油工业部成立财务司，内设办公室、综合科、会计制度科、生产财务科、基建财务科、生产核算科和事业经费科，人员编制46人。主要职责：审核拟定石油工业财务、会计、成本管理的规程制度并监督其执行；审核拟定石油工业生产、包工、基建、供应财务收支计划、信贷计划、拨款计划、并检查总结其执行情况，协同计划部门拟定成本计划；审核拟定生产、包工、供应、利润、折旧及基建财务各项上缴指标；审核拟定事业基建财务收支计划，并检查总结其执行情况；监督、检查企业成本的执行情况，分析与总结；监督、检查各种流动资金运用及闲置器材的处理以及各种特种基金的运用，会同人民监察司处理违反财政纪律的案件；处理合营企业财务事项；办理各种预算拨款和各种预算缴款的结算事项；办理低值及易耗品、固定资产的调拨、产权的转移等事项；办理非进口外汇，企业外事费用、顾问专家费用及来华实习人员费用的收缴和结算。

1961年3月，财务司组织机构调整后，内设办公室、综合财务科、成本价格科3个科室，人员编制22人。

1968年8月，石油工业部军管会决定各司、局、直属处停止办公。

司　　长　王凤来（1964.6—“文革”初期）

副 司 长　王凤来（1955.9—1964.6）

刘培芝（1956.9—1958.10）

宋冠英（1961.2—“文革”初期）

五、干部司（1955.9—1957.9）

1955年9月，国务院批准石油工业部成立干部司，内设干部管理处、在职培训处和干部调配计划统计科、出国人员派遣科、机关人事科，人员编制39人。主要职责：负责部管干部的了解考察、任免、提拔、奖惩、调配，并协助了解考察中央管理的干部；拟定干部需要及平衡计划和后备干部的挑选、提拔计划并掌管干部统计工作；编审在职及后备干部的培训计划，并组织监督其按期完成；拟定出国实习人员及出国留学生的派遣计划，办理出国人员的政治审查、俄文学习及其他出国事宜；审核、拟定干部管理制度；督促、检查本部系统的干部政策的贯彻执行；领导机关人事工作。

1957年9月，干部司与教育司合并，成立人事司。

司　　长　阎玉森（1956.12—9）

副 司 长　苏　风（1955.9—1957.9）

六、教育司（1955.9—1957.9）

1955年9月，国务院批准石油工业部成立教育司，内设教学指导科、计划基建财务科、技工科、政治指导科、干部科和业务教育科，人员编制33人。主要职责：管理本部所属中等专业学校，及本部直属的职工子弟中小学校；掌管教学行政工作，包括审核、拟定中等专业学校、业余技术学校的机构编制，组织招生及师资培养，供应教学大纲、教学计划与教学资料；督促检查学生的生产实习及教学实习工作，推行有关政策法令；指导教学方法，包括组织指导中等专业、业余技术学校交流教学经验，编制典型教案，出版教材，研究课程设计及毕业设计，拟定教学设备标准；掌管学校设备，包括审核及拟定新建、扩建、改建方案，综合办理学校间教学设备的调剂工作；研究、拟定中等专业学校的年度、长远招生计划，毕业人数计划，审核基本建设计划，设备购置计划，年度经费预算及财务管理制度；拟定中等、专业学校正副校长任免名单，调配教员干部；检查、督促本部所属单位的技工学校、速成中学、业余技术学校、文化学校的教学工作；协同高等教育部管理石油学院；办理出国留学及外国来华留学生的各项事宜。

1957年9月，教育司与干部司合并，成立人事司。

副 司 长 连庆溥（女，1955.9—1957.9）
宗世鉴（1956.4—1957.9）

七、劳动工资司（1955.9—1958）

1955年9月，国务院批准石油工业部成立劳动工资司，内设劳动组织与工人调配处、工人培训处、工资处和劳动保护科，人员编制34人。主要职责：审批、拟定本部及所属单位的组织机构、人员编制、劳动组织规程（条例），技术及劳动定额；研究改进劳动组织，进行工人的平衡、调配工作，拟定工人管理制度及技术标准（包括生产基建）；编制年度、远景工人培训计划，管理工人培训工作；拟定工资制度、奖励制度，工资支付办法，协助编制平均工资计划指标，审核调整工资方案，并检查执行情况；审核、编制卫生事业计划，研究指导劳动卫生工作及医疗预防工作；主管劳动保护及职工福利工作。

1958年，劳动工资司与人事司合并，成立新的人事司。

司　　长 李荆和（1956.9—1958.8）

副 司 长 李荆和（1955.9—1956.9）

任成玉（1956.4—11）

八、人事司（1957.9—“文革”初期）

1957年9月，石油工业部决定，将干部司和教育司合并，成立人事司。人员编制53人。

1958年，人事司与劳动工资司合并，成立新的人事司。人员编制68人。

1960年10月，人事司设办公室、干部处、培训处和劳动工资处。人员编制缩减为36人。

1961年3月，人事司办公室改称秘书组，培训处改称教育处。人员编制28人。

1964年2月，石油工业部党组决定，将人事司干部处划归政治部领导，相应的干部管理职能移交政治部。

1968年8月，石油工业部军管会决定各司、局、直属处停止办公。

司　　长 阎玉森（1957.9—1963.12）

刘　康（1963.12—“文革”初期）

副 司 长 连庆溥（女，1957.9—1958.10）

苏　风（1957.9—1960.9）

范文兴（1958.10—“文革”初期）

古德勤（1961.4—“文革”初期）

王志成（1961.4—“文革”初期）

九、技术司（1955.9—1958）

1955年9月，国务院批准石油工业部成立技术司，内设技术处和科学研究处，人员编制24人。主要职责：根据国家需要和石油工业的发展，提出有关炼油厂的新建、扩建、改建方案，并收集、掌握、研究人造油资源资料及各种炼油的先进方法资料；根据远景计划及当前生产上的重要技术问题制定科学研究项目，组织研究力量以及监督检查科学研究所研究任务的执行情况，并组织审批科学研究报告和建厂设计数据；提出新产品方案和确定新产品研究任务并组织安排研究任务；组织审编石油产品规格和标准实验分析方法，及标准分析仪器的校正和确定，并参加石油产品全国规格委员会秘书组的工作；组织审编技术标准和标准操作规程；对炼油方面的重大技术问题，协助研究解决并参加审查工程设计和重要工程验收及试运转工作；贯彻苏联专家对石油发展远景计划的建议；审核基建方面向国外的订货料单和科学研究方面向国外申请的技术资料；负责技术委员会的日常工作。

1957年9月，石油工业部决定，将部直属的对外联络处并入技术司。

1958年，石油工业部决定，将技术司部分职能和任务移交石油科学研究院。同时，将技术司与炼油司合并，成立生产技术司。

副 司 长　侯祥麟（1956.9—1958.9）
唐　海（1957.11—1958.10）
徐文杰（　　　—1958.10）

十、炼油司（1955.9—1958）

1955年9月，国务院批准石油工业部成立炼油司，内设办公室、炼制处、技术安全处和机械动力处，人员编制41人。主要职责：监督检查各炼油厂生产任务和新产品试制任务以及技术措施计划的执行情况，并协助各炼油厂解决生产技术上主要关键问题；监督制定保证完成生产任务的技术措施和安全措施并监督其实现；审核炼油生产方案和新生产方法的选择并介绍推广苏联先进经验；协同技术司审编炼油标准操作规程和技术检查方面的各项标准规程制度，并监督其贯彻；监督检查石油产品规格及标准试验方法的贯彻；监督检查各炼油厂设备维护保养和检修工作；参加审查炼油厂工程设计并监督新工程生产准备工作及参加验收和试运转工作；监督检查各炼油厂对专家建议执行和合理化建议开展情况；审核生产方面向国外所提出的订货料单和为了改进生产技术向国外申请的技术资料。

1958年，炼油司与技术司合并，成立生产技术司。

司　　长　张维汉（1955.9—1957.10）
副 司 长　甘　宁（1955.9—1958.10）
总工程师　赵宗燠（1955.9—1958）

十一、生产技术司（1958—“文革”初期）

1958年，石油工业部决定，将技术司与炼油司合并，成立生产技术司，继续履行原技术司和炼油司的相关职能。人员编制46人。

1959年1月，生产技术司对外联络处划归办公厅领导。

1960年10月，生产技术司设办公室、大型人造石油处、地方中小型石油处、机动室和原油加工处，人员编制35人。

1961年3月，生产技术司机构调整后，设办公室、炼制处、人造石油处、地方石油处、新型材料处和技术情报处，人员编制50人。

1968年8月，石油工业部军管会决定各司、局、直属处停止办公。

司　　长　孙晓风（1960.3—1965.3）
　　　　　　任向文（1965.3—“文革’初期）
副 司 长　唐　海（1958.10—1962.3）
　　　　　　甘　宁（1958.10—“文革”初期）
　　　　　　李景新（1960.11—“文革”初期）
　　　　　　雷　振（1961.2—1965.2）

李世源（1965.8—“文革”初期）

总工程师 赵宗燠（1958—1964.12）

十二、地质勘探司（1955.9—“文革”初期）

1955年9月，国务院批准石油工业部成立地质勘探司，内设办公室、地质处、地球物理处、钻井处、采油处和机械动力处，人员编制85人。

1961年3月，地质勘探司组织机构调整后，内设办公室、勘探处、钻井处、油田处和机动处等部门，人员编制50人。

1963年7月，石油工业部决定，在地质勘探司内成立生产调度处，负责日常生产调度的相关工作。

1968年8月，石油工业部军管会决定各司、局、直属处停止办公。

司　　长 唐　克（1958.10—1965.2）

焦力人（1965.3—“文革”初期）

副 司 长 崔振东（1955.9—1958.7）

严　爽（1955.9—1962.3）

沈　晨（1955.9—“文革”初期）

邓家辉（1958.10—“文革”初期）

张清杰（1959.7—1960.4）

范元绶（1960.11—“文革”初期）

杨文彬（1965.3—“文革”初期）

赵声振（1965.8—“文革”初期）

总工程师 翁文波（1955.9—1956.3）

赵声振（1964.8—1965.8）

朱兆明（1965.6—“文革”初期）

姜辅志（1965.6—“文革”初期）

干志坚（1965.6—“文革”初期）

总地质师 翟光明（1965.6—“文革”初期）

十三、基本建设司（1955.9—“文革”初期）

1955年9月，国务院批准石油工业部成立基本建设司，内设办公室、工程管理处、工程技术处、设计行政处和设计鉴定处，人员编制42人。主要职责：研究、拟定石油工业基本建设方面（包括地质、设计、施工）的技术政策、技术发展方向，重要技术措施，并监督其执行；协助审核、拟定石油工业地质、施工计划、技术定额，并组织主要工程移交生产的工作；拟定、修正地质、施工技术规程和保安规程及其材料消耗定额，并解决其中的重大技术问题；掌管自营工程的施工进度及质量，并监督其执行；审核地质勘探设计书、鉴定地质勘探报告书，审批施工文件，审核包工合同；审查基建方面的合理化建议、创造发明并推广地质施工方面的先进经验；审核部分或全部限额以上工程设计预算文件；组织工程标准设计文件的审查；协助有关单位拟定生产、基建技术标准；审核推广设计技术先进经验，贯彻和推广苏联专家对设计技术方面的建议；审查成套设备订货技术规程。

1958年，设计管理局撤销，相关职能划归基本建设司。人员编制71人。

1961年3月，基本建设司组织机构调整后，内设办公室、设计研究处、工程处和计划科，人员编制50人。

1968年8月，石油工业部军管会决定各司、局、直属处停止办公。

司　　长　马　载（1955.12—1958.10）
张　仁（1958.10—1965.3）
陈李中（1965.3—“文革”初期）

副 司 长　王　恕（1955.9—1958.10）
徐文杰（1958.10—　　　）
刘崇忠（1959.6—1964.6）
陈李中（1961.7—1965.3）
任向文（1961.8—1965.3）
张定一（兼任，1962.10—1965.2）
刘少男（1965.8—“文革”初期）

总工程师 翁心源（1955.9—1958.9）

敖明模（1965.6—“文革”初期）

十四、器材供应制造局—器材供应局、机械配件制造局—器材供应制造局（1955.9—“文革”初期）

1955年9月，国务院批准石油工业部成立器材供应制造局（部内局）。内设办公室、制造处、供应计划处、供应管理处、人事处、财务会计科以及党、团、工会组织，共计123人。主要职责：根据部的基建和生产长远规划以及物资消耗定额，会同部有关部门编制部的长远物资供应计划；根据部年度基建计划及生产计划，负责年度供应计划的布置、汇编、上报和下达，组织有关部门进行审核和平衡，并检查供应计划的供应情况；编制部本身的物资储备计划并进行储备；组织和领导部属各单位的统配部管物资和配件的订货工作以及市场采购工作；统一办理国外贸易订货和国外成套设备的各项工作；组织部属各单位库存物资的普查工作及破旧设备的维修和回收工作；督促检查部属各单位的器材供应管理工作，制定有关供应管理制度，并审核其完成情况；领导各供应办事处；部领导交办的其他工作。

1956年10月，石油工业部决定，将器材供应制造局分为器材供应局（简称供应局）和机械配件制造局（简称制造局），均为部内局，分别履行器材供应和机械配件制造的相关职能。其中，供应局设办公室、计划处、国外处、管理处、供应处、人事处和财务科等部门，人员编制123人；制造局设办公室、生产处、技术处、基建处、供销财务处、人事处、计划处等部门，人员编制114人。

1957年9月，石油工业部决定，将供应局和制造局合并为石油工业部器材供应制造局（简称供应制造局），其性质为部外一级局，兼部机关职能。内设办公室、生产技术处、设计处、计划处、管理处和供应处。人员编制179人。

1961年3月，部机关整编调整后，供应制造局内设办公室、计划处、制造处、管理处、材料处和设备处，人员编制94人。

1968年8月，石油工业部军管会决定各司、局、直属处停止办公。

（一）**器材供应制造局**（1955.9—1956.10）

副 局 长　周　鉴（1955.9—1956.11）

邓家辉（1955.9—1956.11）

（二）**器材供应局、机械配件制造局**（1956.10—1957.9）

1. **器材供应局**（1956.10—1957.9）

局　　长　周　鉴（1956.11—1957.9）

副 局 长　李雨轩（1957.1—9）

2. **机械配件制造局**（1956.10—1957.9）

局　　长　任成玉（1956.11—1957.10）

副 局 长　邓家辉（1956.11—1957.9）

（三）**器材供应制造局**（1957.9—1968.8）

局　　长　周　鉴（1957.9—1964.10）

宗世鉴（1964.10—1965）

副 局 长　李雨轩（1957.9—1958.1）

邓家辉（1957.9—1958.10）

董汉炳（1959.9—“文革”初期）

宗世鉴（1962.3—1964.10）

刘少男（1964.10—1965.8）

程元樑（1965.10—“文革”初期）

詹　石（1965.12—“文革”初期）

总工程师　邹　明（1965.6—“文革”初期）

十五、人民监察司—国家监察局（1955.9—1958.6）

1955年9月，中央监察委员会批准石油工业部成立人民监察司，内设办公室、生产财务监察处、基建财务监察处和公民控告处理科，人员编制25人。主要职责：监督、检查本部对国家制定的方针、政策、法令以及有关规定的贯彻执行；监督、检查本部决议、命令、指示、计划的贯彻执行；监督、检查生产、基建财务制度及国家资财的管理和使用；监督、检查本部机关工作人员的官僚主义及违法乱纪行为；接待人民来访、处理人民来信，受理人民检举控告案件；组织与领导人民监察通讯员的工作；拟定监察工作计划和工作制度，监督、检查指导本部监察系统的工作；执行部长及监察部所交办的监察工作任务。

1956年2月，人民监察司改称国家监察局。1957年9月，技术安全监察处划归国家监察局领导。

1958年3月，办公厅的人民来信工作移交国家监察局。6月，石油工业部决定撤销国家监察局，其所属技术安全监察业务分别划归生产技术司、基本建设司、地质勘探司、运销处，人民来信和来访工作划归办公厅领导。

（一）**人民监察司**（1955.9—1956.2）

司　　长　孙润华（1955.9—1956.2）

（二）**国家监察局**（1956.2—1958.6）

局　　长　孙润华（1956.2—7）

杨　霖（1956.7—1959.1）

十六、机关党委（1955.9—“文革”初期）

1955年9月，中央直属机关党委批准成立石油工业部机关党委，内设办公室、组织部、宣传部、团委4个机构及理论、文化教员专职干部4人，人员编制21人。主要负责部机关党团组织的日常工作及部党组交付的其他工作。

1956年6月，石油工业部机关第一次党代会召开，选举产生机关党委和监察委员会，委员13人，常委6人，周文龙兼任党委书记，苏风任监委书记。7月，国家机关党委批准石油工业部机关党委常委、党委书记、监委书记等人员组成。

1958年8月，石油工业部党组上报国家机关党委：周文龙同志因病修养，经党组研究，拟由部党组书记余秋里同志兼任部机关党委书记，免去周文龙同志兼任的部机关党委书记职务。12月，石油工业部机关党委会全体会议选举余秋里、吴星峰、王志群、阎玉森、刘康、齐泽国、李鸣岐等7人为机关党委常委；余秋里为机关党委书记，吴星峰为副书记；刘放为监委书记。1958

年，直属机关党员总数677人。

1959年1月，国家机关党委批准石油工业部机关党委常委、党委书记、监委书记等人员组成。

1960年4月，石油工业部党组决定，部机关党委同时作为松辽石油会战期间党的办事机构，具体负责会战地区的政治工作，自4月8日起在黑龙江省安达县办公。

1961年3月，部机关整编调整后，机关党委编制缩减为12人。11月，黑龙江省省委和石油工业部党组决定成立大庆会战工作委员会，部机关党委不再作为会战期间党的办事机构。1961年，直属机关党员总数1035人。

1965年8月，中央批准任成玉兼任机关党委书记。

1968年8月，石油工业部军管会决定各司、局、直属处停止办公。

书　　记　周文龙（兼任，1956.7—1958.8）
余秋里（兼任，1958.8—1965.4）
任成玉（1965.4—“文革”初期）

副 书 记　吴星峰（1959.1—1965.4）
任成玉（1959.12—1965.4）
潘生玺（1965.8—“文革”初期）

常　　委　黄　凯（1956.7—1959.1）
张美璠（1956.7—1959.1）
杨海鹏（1956.7—1959.1）
苏　风（1956.7—1959.1）
罗光远（1956.7—1959.1）
王志群（1959.1—“文革”初期）
阎玉森（1959.1—1965.4）
刘　康（1959.1—“文革”初期）
齐泽国（1959.1—“文革”初期）
李鸣岐（1959.1—1961.3）
唐　克（1961.3—“文革”初期）
张　仁（1961.3—1965.4）
谢采贤（1961.3—1965.4）

周文龙（1965.4—“文革”初期）
吴星峰（1965.4—“文革”初期）
焦力人（1965.4—“文革”初期）
任向文（1965.4—“文革”初期）
刘东明（1965.4—“文革”初期）

机关监委（1956.7—“文革”初期）

书　　记　苏　风（1956.7—1959.1）
刘　放（1959.1—1961.3）
任成玉（1961.3—1965.4；兼任，1965.4—“文革”初期）

副 书 记　魏志侃（1956.7—1959.1）
齐泽国（1959.1—1961.3）
古德勤（1961.3—1965.4）
雷　振（1965.4—“文革”初期）

十七、监察组（1963.8—“文革”初期）

1962年9月，中央决定向国务院所属各部门派出监察组，由中央监察委员会直接领导。1963年8月，国家编制委员会批复派驻石油工业部监察组编制11人，并列入石油工业部机关编制。1964年8月，中央任命周文龙兼任监察组组长。

组　　长　周文龙（兼任，1964.8—“文革”初期）

副 组 长　张　俊（1963.12—“文革”初期）

十八、政治部（1964.2—“文革”初期）

1964年2月，经中共中央工业交通政治部批准，石油工业部党组决定成立政治部，内设4个司局级部门：办公室、干部部、组织部、宣传部，人员编制70人。主要职责：各级党团组织的建设与管理；党的路线、方针、政策和形势的宣传教育；马列主义、毛泽东思想的系统教育；干部的调配和任免工作；党政、技术干部的管理工作。部直属工作部、保卫处、工会、中央监察小组在工作上接受政治部领导或与政治部合署办公，其编制不包括在政治部的定员内。

1968年8月，石油工业部军管会决定各司、局、直属处停止办公。

主　　任　吴星峰（1964.3—“文革”初期）

副 主 任　汤贤珍（1964.3—“文革”初期）

任成玉（1964.5—“文革”初期）

张兆美（1964.8—“文革”初期）

（一）办公室

主　　任　刘　韬（1965.8—“文革”初期）

副 主 任　段志高（1965.8—“文革”初期）

（二）干部部

部　　长　魏玉晶（1964.7—“文革”初期）

副 部 长　雷　振（1965.2—“文革”初期）

（三）组织部

部　　长　马西夫（1964.7—“文革”初期）

（四）宣传部

副 部 长　薛仁宗（1965.8—“文革”初期）

（五）直属工作部

部　　长　潘生玺（兼任，1965.8—“文革”初期）

副 部 长　梁　健（女，1965.10—“文革”初期）

十九、运销处（1955.9—“文革”初期）

1955年9月，国务院批准石油工业部成立运销处，直属部领导。成立时，运销处内设运输科和销售科，人员编制18人。主要职责：编制主要产品和部管物资的推销计划及石油综合运销计划、器材运输计划，并监督其执行；办理本部推销产品与各部签订总体协议书；搜集用户对本部产品规格、质量的要求，及时向生产单位提出改进意见；制定有关销售制度，并监督其执行。

1960年10月，运销处内设办公室、销售科、运销科，人员编制19人。

1961年3月，部机关整编调整后，运销处内设公路科、铁路科和秘书组，人员编制14人。

1968年8月，石油工业部军管会决定各司、局、直属处停止办公。

处　　长　李景新（1955.9—1960.11；兼任，1960.11—“文革”初期）

副 处 长　万震寰（1955.9—1957.7）

高　琨（1956.7—“文革”初期）

二十、对外联络处（1955.9—1957.9）

1955年9月，国务院批准石油工业部成立对外联络处，直属部领导。主要职责：办理本部国外设计与成套设备项目的一切对外联络事项，包括委托谈判、签订合同、收发设计资料文件、监督合同的执行等；管理对外技术合作工作，参加谈判、协议及合同的签订，统一管理国外技术资料及图纸的申请和收发、保管和资料使用情况的检查；办理驻国外技术人员的派遣事项，领导驻国外技术人员进行技术援助工作，办理出国、来华专家、实习生、留学生及参观人员的联系事项。成立时，对外联络处编制6人。

1957年9月，对外联络处并入技术司。

副 处 长　缪　文（女，代理处长，1955.9—1957.9）

二十一、人防保卫处（1955.9—1958）

1955年9月，国务院批准石油工业部成立人防保卫处，设调查研究科、保卫科和人防科，人员编制26人，直属部领导。主要职责：机关的保卫及专案侦察工作；人民防空工作，贯彻人民防空工程实施，编制人民防空措施项目及所需投资、设计、施工计划，计划任务书、初步设计和技术设计的审核；对所属单位人防部门进行业务指导；人防组训工作。

1958年，石油工业部决定撤销人防保卫处，成立保卫科，划归办公厅领导。

处　　长　欧阳天（1955.9—1958）

二十二、编辑室（1961.1—1964.7）

1961年1月，石油工业部决定撤销石油工业出版社，成立石油工业部编辑室，内设办公室、图书编辑室、石油译丛编辑室、编译室和石油工业通报编辑室。编辑室属部内行政机构，由部直接领导，主要负责石油工业书刊的编辑工作。定员36人。

1964年7月，石油工业部决定撤销编辑室，成立石油工业部科学技术情报研究所，为部直属机构。

主　　任　刘　韬（1961.1—1964.7）

副 主 任　支明玉（女，1961.1—1964.7）

二十三、军管会生产组—军管会生产指挥部—军管会政工组、生产组、后勤组、办事组（1967.6—1970.6）

1967年6月，石油工业部开始实行军事管制，成立军管会生产组。11月，经国务院批准，石油工业部军管会决定撤销生产组，成立石油工业部军管会生产指挥部。指挥部是在部军管会领导下“抓革命、促生产、促工作”的领导机构，对部机关和部属厂矿企业、事业单位的生产运输调度业务实行集中指挥。生产指挥部由军代表、司局长级干部及群众代表共17人组成，下设生产办公室和行政人事办公室。

1968年8月，石油工业部军管会决定调整生产指挥部机构，下设办事组、干部人事组、生产组、后勤组和科研组。其中，干部人事组主要负责干部、人事等政工业务工作；生产组主要负责油田炼厂生产运销、地质勘探、基建、计划等工作；后勤组主要负责器材供应、财务等工作；科研组主要负责科研院校的相关工作，并决定从1968年8月24日开始集中开展工作，各司、局、直属处停止办公。12月，石油工业部军管会决定对机关机构进行调整，撤销生产指挥部，在其基础上成立政工组、生产组、后勤组和办事组，共143人，直属军管会领导。

（一）军管会生产组（1967.6—11）

组　　长　王其炳（1967.6—11）

（二）军管会生产指挥部（1967.11—1968.12）

主　　任　袁　剑（兼任，1967.11—1968.12）

副 主 任　孙晓风（1967.11—1968.12）

王其炳（1967.11—1968.12）

1. **生产办公室**

主　　任　蔡述圣（1967.11—1968.8）

2. **行政人事办公室**

主　　任　马西夫（1967.11—1968.8）

副 主 任　王志成（1967.11—1968.8）

陈福成（1967.11—1968.8）

（三）军管会政工组、生产组、后勤组、办事组（1968.12—1970.6）

1. **政工组**（1968.12—1970.6）

组　　长　张云渤（军代表，1968.12—1970.6）

2. **生产组**（1968.12—1970.6）

组　　长　曹国栋（军代表，1968.12—1970.6）

副 组 长　康世恩（1968.12—1970.6）

李景新（1968.12—1970.6）

甘　宁（1968.12—1970.6）

3. **后勤组**（1968.12—1970.6）

组　　长　丛翠滋（军代表，1968.12—1970.6）

副 组 长　詹　石（1968.12—1970.6）

4. **办事组**（1968.12—1970.6）

组　　长　王志成（1968.12—1970.6）

副 组 长　李洪甲（1968.12—1970.6）

李　斌（1968.12—1970.6）

第三章　石油工业企事业单位

第一节　油田、勘探单位

1955年9月，石油工业部成立时，油气田探勘单位有玉门矿务局、四川石油探勘局、青海石油探勘局、新疆石油公司、延长油矿和西安地质调查处等。11月，四川石油探勘局更名为四川石油勘探局；青海石油探勘局更名为青海石油勘探局。当年，石油工业部各类地质勘探队370余个，完成油气地质勘探投资总额2.08亿元，钻井进尺约19.5万公尺。

1956年6月，新疆石油公司改组为新疆石油管理局。

1958年5月，石油工业部决定撤销西安地质调查处，成立银川石油勘探处、松辽石油勘探处和华北石油勘探大队，由部直接领导。同月，四川石油勘探局改组为四川石油管理局。6月，延长油矿下放陕西省领导。同月，石油工业部决定自7月10日起：撤销松辽石油勘探处，成立松辽石油勘探局，由东北协作区领导；撤销贵阳石油勘探处，成立贵州石油勘探局，由贵州省领导；撤销银川石油勘探处，成立陕甘宁石油勘探局，后更名为银川石油勘探局，由西北协作区领导；成立华东石油勘探局，由华东协作区领导；撤销华北石油勘探大队，成立华北石油勘探处，由山东省领导。1958年，石油工业部组织第一次川中石油会战。

1959年1月，玉门矿务局改组为玉门石油管理局；青海石油勘探局改组为青海石油管理局。同月，石油工业部决定，将松辽石油勘探局、华东石油勘探局、华北石油勘探处等单位改由部直接领导，2月银川石油勘探局改由部直接领导，3月贵州石油勘探局改由部直接领导。

1960年2月，经中央批准，石油工业部党组决定在松辽地区组织石油系统37个单位开展石油会战。同时，成立松辽石油会战领导小组，对外称松辽石油勘探局。到1960年底，基本探明松辽地区蕴藏着一个世界级的大油田，并于当年生产原油97万吨。1960年，全国原油产量首次突破500万吨。

1961年10月，成立江汉石油勘探处。同时，撤销贵州石油勘探局，成立云贵石油勘探大队，由四川石油管理局领导，并将华北石油勘探处并入华东石油勘探局。11月，石油工业部决定撤销松辽石油会战领导小组，成立松辽会战指挥部，对外称松辽石油勘探局。

1964年1月，经中央批准，石油工业部党组决定在天津以南、山东东营以北地区组织石油会战，同时成立华北石油会战总指挥部，下分东营勘探指挥部（代号九二三厂）和河北勘探指挥部（代号六四一厂）。9月，松辽石油会战指挥部更名为大庆会战指挥部。

1965年，石油工业部响应中央提出的"加速三线建设"的要求，组织2万多人开展第二次川中会战。

1966年5月，河北勘探指挥部更名为华北石油勘探指挥部，对外仍称六四一厂。7月，石油工业部决定成立江汉石油勘探会战指挥部，对外代号五七厂。

1966年，中国石油工业海上第一个钻井平台——"海1井钻井平台"架立在塘沽港外不远处的浅海区，并于1967初开钻，当年6月喜喷原油，实现中国海洋石油工业的首次重大突破。

1969年6月，国务院批准在江汉盆地开展石油会战，并决定江汉石油会战由武汉军区和湖北省革委会统一领导、统一指挥。8月，江汉石油勘探会战指挥部成立，11月更名为五七油田会战指挥部。1969年，从事石油工业地质、钻井的职工约12万人，全国原油产量2174.7万吨，突破2000万吨。

1970年2月，成立云南省石油会战指挥部。4月，经国务院批准，石油工业部军管会与沈阳军区、辽宁省革委会研究决定，成立辽河石油勘探指挥部（对外称六七三石油勘探指挥部）。

6月，经中央批准，石油工业部军管会决定，将玉门石油管理局、四川石油管理局、青海石油管理局完全下放给地方领导，大庆会战指挥部、华北石油会战总指挥部（九二三厂）、华北石油勘探指挥部、辽河石油勘探指挥部实行以地方为主的双重领导。

一、玉门矿务局—玉门石油管理局（1955.9—1970.6）

（一）玉门矿务局（1955.9—1959.1）

1955年9月，玉门矿务局隶属石油工业部领导，设机关处室18个，所属生产单位12个、学校4个。同月，国务院批准成立玉门市，与玉门矿务局实行政企合一。1955年，玉门矿务局3090名职工，成建制地参加了克拉玛依油田建设和柴达木石油会战。

1956年4月，玉门矿务局破格晋升了105名技术员为工程师。5月，玉门矿务局所属酒泉运输处划归青海石油勘探局领导。

6月，中共玉门油矿第二次代表大会召开，选举产生中共玉门油矿第二届委员会，实行常委制，刘长亮为党委书记，杨拯民、焦万海、杨志范为党委副书记。下属10个基层党委、40个党支部。

1957年10月，经中共甘肃省委批准，撤销中共玉门油矿委员会，成立中共玉门市委员会（中共玉门矿务局委员会），玉门市委与玉门矿务局党委合署办公，矿务局党委的办事机构改为市委的办事机构。下属10个基层党委、40个党支部。10月8日，新华社兰州电讯称：我国第一个天然石油基地——玉门油矿建成。当时玉门矿务局已建设成为地质勘探、钻井、采油、炼油、机械修配、油田建设、石油科研等门类齐全的大型石油联合企业。党和国家领导人朱德、陈云、邓小平、叶剑英、彭德怀等曾先后到玉门视察。苏联、罗马尼亚、民主德国、匈牙利、捷克斯洛伐克等国家先后派出专家到玉门支援开发建设。同年，玉门矿务局调出6544名职工，支援克拉玛依油田、青海油田建设。

在第一个五年计划时期（1953—1957），玉门矿务局年均原油产量44.76万吨、原油加工量29.72万吨，年均工业总产值11877万元。1957年，玉门矿务局原油年产量达到75.54万吨，占当年全国天然原油产量的87.78%。

1958年2月，石油工业部决定对油田设计单位部分机构进行调整。将原石油工业部玉门设计院承担的油气田开发设计业务划归石油工业部北京石油地质勘探研究所承担。石油工业部玉门设计院改组为石油工业部油矿勘察设计院，设计院迁至新疆乌鲁木齐市。3月，成立吐鲁番勘探大队、民和勘探大队。

同年，四川盆地发现石油。玉门油田先后调出45个钻井队、3000多名职工入川参加川中石油会战。随后，玉门油田为支援四川油田、华北油田建设，共调出职工5666人。

在此期间，玉门矿务局加快炼油产业发展。1959年，实际加工原油42.6万吨，产品达139种，其中1号专用沥青和医药白凡士林填补了国内空白。玉门炼油厂还是新中国第一个石油军品基地，生产的海军舰艇专用柴油等军用油品，为国防事业作出重要贡献。

1959年1月，玉门矿务局改组为玉门石油管理局。

1．中共玉门油矿委员会领导名录（1955.9—1957.10）

第一书记　刘长亮（1955.9—1957.10）
第二书记　杨拯民（1955.9—1957.10）
第三书记　焦万海（1955.9—1957.10）
第一副书记　杨志范（1955.9—1957.10）
常　　委　张复振（1955.9—1957.10）
焦力人（1955.9—1957.10）
秦　峰（回族，1955.9—1956.6）
张忠良（1955.9—1956.6）
陈　宾（1956.6—1957.10）
程　浩（1956.6—1957.10）
秦文彩（1956.6—1957.10）
石志刚（1956.6—1957.10）
黎　中（1956.6—1957.10）

2．中共玉门矿务局委员会领导名录（1957.10—1959.3）

书　　记　刘长亮（1957.10—1959.3）
副 书 记　焦万海（1957.10—1959.3）
杨志范（1957.10—1959.3）
焦力人（1958.4—1959.3）

3．玉门矿务局领导名录（1955.9—1959.1）

局　　长　杨拯民（1955.9—1958.3）
焦力人（1958.3—1959.1）

副　局　长　詹　石（1955.9—1958.3）
张复振（1955.9—1956.11）
焦力人（1955.9—1958.3）
范元绶（1955.9—1956.2）
陈　宾（1955.9—1959.1）
秦文彩（1956.6—1958.5）
贾振礼（1956.11—1959.1）
总工程师　蒋麟湘（1956.6—1959.1）
总地质师　李德生（1956.3—1959.1）

4. **玉门矿务局工会**（1955.9—1959.1）

主　　席　杨志范（1955.9—1958.4）
黎　中（1958.4—1959.1）

（二）玉门石油管理局（1959.1—1970.6）

1959年1月，玉门矿务局改组为玉门石油管理局。机关设处室10个：办公室、计划处、财务处、人事处、保卫处、地质处、生产技术处、基本建设处、器材处、生活管理处，所属二级单位15个：吐鲁番矿务局、东部勘探处、地质勘探公司、采油厂、炼油厂、机械厂、水电厂、运输处、油田建设公司、石油科学研究所、石油学院、石油学校、技工学校、职工医院、兰州办事处。

3月，在原中共玉门市委员会基础上成立玉门市委书记处，原市委书记改称第一书记，副书记改称书记处书记，市、局实行政企合一的领导体制。6月，经中共甘肃省委决定，中共玉门矿务局委员会撤销，成立中共玉门石油管理局委员会，隶属于中共玉门市委，局党委书记由玉门市委书记兼任。党群系统设立党委办公室、党委组织部、党委宣传部、监委、工会、团委、机关党委等部门。下属基层党委42个、党总支80个、党支部675个，共有党员1.09万名。

12月，中共玉门石油管理局第三次代表大会召开，选举产生中共玉门石油管理局第三届委员会，实行常委制，刘长亮为党委书记，焦万海、石志刚为党委副书记。

1959年，在册职工3.83万人，原油产量140.30万吨。

在中国石油工业步入快速发展的历史时期，玉门油田从全国“一盘棋”出发，按照“一援、二让、三上”的行动方针，把成建制的骨干队伍和成套设备一批又一批地送往新发现的油田，有力地支援了全国新油田的勘探生产和开发建设。

1960年2月，石油工业部决定组织实施松辽石油大会战，玉门石油管理局主要领导带队，组织精兵强将，自带设备赴松辽参加石油会战。3月，局长焦力人带领1.8万余名职工和成套设备参加会战，负责萨尔图探区的勘探开发工作。此次会战中涌现出的许多英雄模范人物，有很多来自玉门，其中包括被誉为会战“五面红旗”中的王进喜、马德仁、段兴枝和薛国邦，以及会战“八大老总”中的閔豫、李虞庚、刘树人、史久光、张家骐和王彦达。以王进喜为代表的石油工人在会战中展现出来的大庆精神铁人精神，成为中国石油工业宝贵的精神财富。

1961年12月，经国务院批准，玉门市与玉门石油管理局政企分设，中共玉门石油管理局委员会隶属于中共甘肃省委，玉门石油管理局行政上仍然隶属于石油工业部领导。由于政企分设和大批人员参加大庆会战，党的基层组织相对减少，至1961年底，下属基层党委14个、党总支18个、党支部296个。

在第二个五年计划时期（1958—1962），玉门油田年均原油产量97.37万吨、原油加工量38.26万吨，年均工业总产值2.03亿元。

1964年5月，中共玉门石油管理局第四次代表大会召开，选举产生中共玉门石油管理局第四届委员会和监察委员会，焦万海为党委书记，郭究圣、任志恒为党委副书记，任志恒为监委书记。

12月，石油工业部决定，将所属的银川石油勘探处划归玉门石油管理局，同时将玉门石油管理局所担负的吐鲁番盆地石油勘探工作的一个地震队、一个综合研究队划归新疆石油管理局。

1965年，建成了被誉为中国炼油工业“五朵金花”之一的尿素脱蜡装置。

1963年至1965年，玉门石油管理局年均原油产量46.33万吨、原油加工量22.53万吨，年均工业总产值1.25亿元。

1966年5月，中共玉门石油管理局第五次代表大会召开，选举产生中共玉门石油管理局第五届委员会和监察委员会，赵启明为党委副书记、代理书记职务，任志恒为党委副书记、监委书记。

6月，成立玉门石油管理局银川石油会战指挥部。

1967年1月，玉门石油管理局机关受“文化大革命”冲击，党、政组织机构瘫痪。4月，兰州军区发出通告，宣布对玉门石油管理局实行军事管制，成立玉门石油管理局军事管制小组。6月，军事管制小组发出通告，决定在玉门石油管理局机关成立生产指挥部，生产指挥部经由兰州军区批准的群众组织代表、领导干部代表和技术干部代表组成。1963年至1967年，为支援胜利、江汉等油田建设，玉门石油管理局共调出职工5273人。

1968年3月，玉门石油管理局军事管制小组撤销，玉门石油管理局革命委员会成立，革委会机关设政治部、办公室、生产部、后勤部等4个部门，所属银川石油会战指挥部、东风油矿（原老君庙油矿）、鸭儿峡油矿、白杨河油矿、石油沟油矿、井下处、炼油厂、运输处、水电厂、机械厂、内燃机修理厂、地面工程处、研究所、职工医院、报社、半工半读中级技术学校等16个二级单位相继成立革命委员会。

1969年10月，根据战备需要，石油工业部决定在陕甘宁革命老区开辟石油勘探的重点探区，要求以玉门石油管理局为主，组成陕甘宁石油勘探会战筹备组，在陇东等地摆开3个重点探区，组织开展长庆油田会战。随后，石油工业部成立了陇东地区石油勘探指挥部。12月，玉门石油管理局所属的银川石油会战指挥部并入陇东地区石油勘探指挥部。

12月，甘肃省革命委员会整党领导小组决定，恢复中共玉门石油管理局委员会。同月，中共玉门石油管理局第六次代表大会召开，选举产生中共玉门石油管理局第六届委员会，实行常委制，宋志斌为党委书记，赵启明、于耀先为党委副书记。

1970年1月，局党委、革委会联席会议决定成立支援三线办公室，全力支援陇东会战。明确提出"玉门石油管理局领导班子重心东移，坐镇庆阳，指挥玉门，全力以赴保证陇东会战，要人给精兵，要设备给最好的。当玉门与陇东的需要发生冲突时，要首先满足陇东会战"。2月，玉门石油管理局党委、革委会在庆阳举行扩大会议，贯彻石油工业部在三线找油的指示，决定加强对庆阳地区石油勘探的领导，提出"跑步上庆阳"的口号，并对机关和各厂矿参加会战的人员、设备提出具体要求。

此时，玉门石油管理局机关设政治部、生产部、后勤部和办公室，所属单位有陇东地区石油勘探指挥部、东风油矿（原老君庙油矿）、鸭儿峡油矿、白杨河油矿、石油沟油矿、井下处、炼油厂、运输处、水电厂、机械厂、内燃机修理厂、地面工程处、研究所、职工医院、报社、半工半读中级技术学校等。

1958年至1970年，为支援大庆、四川、长庆、华北、胜利、江汉等地的石油会战，石油部陆续从玉门油田调走了大批石油骨干。1970年，玉门石油管理局职工减至1.44万人，基层党委减至10个、党支部减至145个，党员人数减至3726人。1966年至1970年，年均工业总产值1.68亿元，年均原油产量48.94万吨、原油加工量32.64万吨。

1970年6月，经国务院批准，石油工业部军管会决定将玉门石油管理局下放甘肃省领导。

1. **中共玉门矿务局委员会领导名录**（1959.3—6）

第一书记　刘长亮（1959.3—6）
书记处书记　焦万海（1959.3—6）
杨志范（1959.3—6）
焦力人（1959.3—6）
程　浩（1959.3—6）
张志华（1959.3—6）
周　佚（1959.3—6）

2. **中共玉门石油管理局委员会领导名录**（1959.6—1970.6）

书　　记　刘长亮（1959.6—1963.12）
焦万海（1963.12—1965.4）
宋志斌（1969.12—1970.6）
代理书记　余群立（1965.4—1966.5）
赵启明（1966.6—1969.12）
副 书 记　焦万海（1959.6—1963.11）
石志刚（1959.6—1963.12）
陈　宾（1960.12—1963.12）
郗林英（女，1960.12—1963.12）
郭究圣（1963.12—1965.4）
任志恒（1963.12—1970.6）
赵启明（1965.6—1967.4；1969.12—1970.6）
于耀先（1969.12—1970.6）
常　　委　贾振礼（1959.12—1960.8）

余群立（1959.12—1965.4；1966.5—1967.4）
焦力人（1959.12—1961.4）
陈　宾（1959.12—1960.12）
韩　春（1959.12—1964.5）
郗林英（1959.12—1960.12）
任志恒（1959.12—1963.11）
段得民（1959.12—1962.4）
冯元富（1964.5—1966.5）
向同水（1965.12—1967.4）
耿　健（1966.5—1967.4）
石万富（1965.12—　　）
张九合（1965.12—　　）
于耀先（1965.12—1967.4）
赵宗鼐（1966.5—1967.4）
王德礼（1969.12—1970.6）
李一民（1969.12—1970.6）
窦小群（1969.12—1970.6）
陈秋来（1969.12—1970.6）
张健民（1969.12—1970.6）
张一青（1969.12—1970.6）
林秀峰（1969.12—1970.6）
李江河（1969.12—1970.6）

监委书记　郗林英（1959.6—1964.5）
任志恒（1964.9—1967.4）

3. **玉门石油管理局领导名录**（1959.1—1967.4）

局　　长　焦力人（1959.1—1961.4）
焦万海（1961.6—1965.4）

代理局长　余群立（1965.4—1967.4）

副 局 长　陈　宾（1959.1—1963.5）
贾振礼（1959.1—1960.8）

蒋麟湘（1959.1—1965.6）
余群立（1959.1—1966.6）
韩　春（1959.1—1961.4）
段得民（1960.12—1962.4）
任志恒（1960.12—1963.12）
冯元富（1960.12—1967.4）
郭究圣（1963.12—1965.4）
于耀先（1965.6—1967.4）
石万富（1965.6—1967.4）
胡廷尧（1965.6—1967.4）
张焕君（1965.6—1967.4）
向同水（1966.6—1967.4）
吴开富（1966.3—6）
耿　健（1966.6—1967.4）

总工程师 蒋麟湘（1959.1—1965.6）
向同水（1965.6—1967.4）

总机械师 周汉卿（1964.8—1967.4）

总地质师 李德渊（1965.6—1967.4）

4. **玉门石油管理局军事管制小组领导名录**（1967.4—1968.3）

组　　长 宋志斌（1967.4—1968.3）

副 组 长 茇连元（1967.4—1968.3）

5. **玉门石油管理局革委会领导名录**（1968.3—1970.6）

主　　任 宋志斌（1968.3—1970.6）

副 主 任 张俊英（1968.3—1970.6）
于耀先（1968.3—1970.6）
张健民（1968.3—1970.6）
阎思贵（1968.3—1970.6）
张文跃（1968.3—1970.6）
赵启明（1968.10—1970.6）

6. **玉门石油管理局工会**（1959.1—1970.6）

主　　席　黎　中（1959.1—1961.12）

刘耀武（1961.12—1962.10）

郭孟和（1962.10—1970.6）

二、新疆石油公司—新疆石油管理局（1955.9—1970.6）

（一）新疆石油公司（1955.9—1956.6）

1955年9月，新疆石油公司隶属石油工业部领导。机关设党委办公室、党委组织部、党委宣传部、计划处、会计处、财务处、干部处、劳动工资处、专家工作室、秘书处、专务室、生产技术处、地质处、机动处、基建处、器材供销处、保卫处等17个处（室），下属地质调查处、运输处、中心科学研究化验室、独山子炼油厂、独山子矿务局、独山子技术器材供应处、独山子建筑处等7个单位。10月，黑油山（克拉玛依）1号井出油，发现克拉玛依油田。截至1955年底，新疆石油公司在册职工7333人，固定资产原值1.1亿元、净值0.95亿元，生产原油3.29万吨、天然气882.4万立方米。

1956年6月16日至26日，中共新疆石油公司第一次代表大会召开，选举产生中共新疆石油公司第一届委员会和监察委员会，王其人为党委书记，石峻为监委书记。下属基层党委3个、党总支8个、党支部48个，共有党员1739名。

1956年6月，国务院批准新疆石油公司改组为新疆石油管理局。

1. **中共新疆石油公司委员会领导名录**（1955.9—1956.6）

书　　记　王其人（1955.9—1956.6）

第二书记　钱　萍（1955.9—1956.6）

张文彬（1956.6）

副 书 记　李旺昭（1956.6）

阿瓦哈力・沙比洛夫（维吾尔族，1956.6）

石　峻（1956.6）

常　　委　秦　峰（回族，1955.9—1956.6）

米吉提・扎依托夫（维吾尔族，1955.9—1956.6）

张之林（1955.9—1956.6）
张彦卿（1955.9—1956.6）
张文彬（1955.9—1956.6）
钱　萍（1956.6）
瓦力斯·斯地克（哈萨克族，1956.6）
余　萍（1956.6）
黄仁毅（1956.6）

监委书记　石　峻（1955.9—1956.6）

2．**新疆石油公司领导名录**（1955.9—1956.6）

总 经 理　张文彬（1955.9—1956.6）

副总经理　钱　萍（1955.9—1956.6）
秦　峰（1955.9—1956.6）
米吉提·扎依托夫（1955.9—1956.6）

总地质师　杜博民（代理，1955.9—1956.6）

总工程师　史久光（1955.9—1956.6）

3．**新疆石油公司工会**（1955.9—1956.6）

主　　席　瓦力斯·斯地克（1955.9—1956.6）

（二）新疆石油管理局（1956.7—1970.6）

1956年7月1日，新疆石油公司正式改称新疆石油管理局。9月，设立直属的克拉玛依矿务局。10月，根据中共中央决定，新疆石油管理局实行党委领导下的局长负责制。

1958年5月，国务院批准设立新疆维吾尔自治区直辖的克拉玛依市。7月25日至28日，克拉玛依市召开第一届人民代表大会第一次会议，宣告克拉玛依市正式成立。同时，新疆维吾尔自治区党委决定，中共克拉玛依市委职权由中共新疆石油管理局克拉玛依矿区委员会代行。1962年11月，克拉玛依矿区党委撤销后，中共克拉玛依市委职权由中共新疆石油管理局委员会代行。

1958年8月，新疆石油管理局在阿克苏设立塔里木矿务局，形成以克拉玛依、独山子、塔里木3个矿务局为主体的局、矿务局、厂（处）、车间（队）四级管理体制。1959年7月，根据上级收缩和调整勘探工作，重点转向克拉玛依油田开发的指示，撤销塔里木矿务局，1961年6月撤销独山子矿务局。1962

年3月，遵照中共中央“精兵简政”和石油工业部“减少层次，充实基层，加强生产第一线”的指示精神，新疆石油管理局机关由乌鲁木齐明园迁至克拉玛依市，与克拉玛依矿区党政群机关合署办公，9月撤销克拉玛依矿务局。原3个矿务局所属单位由新疆石油管理局直接领导，采用局、厂（处）、车间（队）三级管理体制。

1958年8月，经石油工业部和新疆维吾尔自治区党委批准，开办新疆石油学院，设立党委，院址设在乌鲁木齐市，1964年9月停办。期间，新疆石油管理局局长张文彬兼任新疆石油学院党委书记、院长，1962年局长秦峰兼任院长。

1961年12月1日至15日，中共新疆石油管理局第二次代表大会召开，选举产生中共新疆石油管理局第二届委员会。下属基层党委和分党委29个、党总支38个、党支部522个，共有党员8188人。

从1956年至1966年初，新疆石油工业迅速发展。1956年新疆石油管理局在克拉玛依到乌尔禾长160千米、宽30千米的广大范围内，部署10条钻探剖面甩开勘探，扩大油田面积。1958年克拉玛依油田原油生产正式列入国家计划，到1960年底，共有采油井1040口，年产油166.22万吨，占当年全国天然石油产量的39%。1962年到1964年，针对油田出现的地层压力下降、单井日产量下降、气油比上升的“两降一升”问题，重新认识油田，编制油田调整规划，进行全面开发调整，目标是稳定和扩大油田生产能力，五年稳产100万吨。到1965年底，共有采油井1339口，注水井231口，当年产油97.31万吨，实现了调整目标。

1966年5月，“文化大革命”运动开始，新疆石油管理局各级党政领导机构和工作机构受到冲击先后瘫痪，管理局陷入无政府混乱状态。

1967年4月，中国人民解放军新疆军区8010部队奉命对新疆石油管理局及其所属单位实行军事管制，军代表崔虎为新疆石油管理局军事管制委员会主任。局、厂两级设立了“军干群”三结合的生产指挥部，部分受批斗的领导干部被解放，进入生产指挥部，负责组织领导生产、业务工作。

1969年4月，经新疆维吾尔自治区革命委员会批准，成立政企合一、“军干群”三结合的新疆石油管理局、克拉玛依市革命委员会。革命委员会工作机构设立办事组、政治工作组、生产指挥组、人民保卫组。军管会生产指挥部撤销。

1970年3月，新疆军区8015部队接替8010部队，对新疆石油管理局继续实行军事管制。同月，经新疆维吾尔自治区革委会党的核心小组批准，成立中共克拉玛依市革命委员会核心小组。

6月，新疆石油管理局机关设办事组、政治工作组、生产指挥组、保卫组、人民防空办公室、报社等6个机构，所属乌鲁木齐办事处、南疆石油勘探会战指挥部、地质调查处、钻井处、采油一厂、采油二厂、采油三厂、克拉玛依炼油厂、输油大队、井下作业处、油田维修公司、机械厂、运输处、电厂、供水大队、油田研究所、油田工艺科研大队、克拉玛依职工医院、服务公司、独山子炼油厂、独山子石油学校、器材供应处、新源铁厂等23个单位，职工2.86万人。1970年，生产原油153.6万吨、天然气1.65亿立方米，加工原油84.69万吨，工业总产值4.05亿元。

期间，新疆石油管理局克拉玛依矿务局井架安装大队架工吐尔逊·阿吉（维吾尔族）当选第二届全国人大代表。新疆石油管理局生产技术处主任工程师吴士璧、井下作业处修井队副队长克尤木·买提尼牙孜（维吾尔族）当选第三届全国人大代表。

1. **中共新疆石油管理局委员会领导名录**（1956.7—“文革”初期）

书　　记　王其人（1956.7—1964.7）
秦　峰（回族，1965.10—1967.4）

第二书记　张文彬（1956.7—1960.2）

副 书 记　李旺昭（1956.7—1961.11）
阿瓦哈力·沙比洛夫（维吾尔族，1956.7—1967.4）
石　峻（1956.7—1962.8）
何子立（1960.2—1965.6）
秦　峰（1961.12—1963.11；代理书记，1963.11—1965.10）
张之林（1961.12—1962.8）
赵　炎（1963.4—1967.4）

常　　委　钱　萍（1956.7—1958.2）
米吉提·扎依托夫（维吾尔族，1956.7—1958.2）
瓦力斯·斯地克（哈萨克族，1956.7—1961.12）
张之林（1956.7—1961.12）

余　萍（1956.7—1958.4）
黄仁毅（1956.7—1959.9）
范子久（1957.8—1965.6）
何子立（1957.8—1960.2）
瓦力斯江·吐尔地（维吾尔族，1961.12—1967.4）
詹　石（1961.12—1962.11）
曹进奎（1963.4—1965.11）
于耀先（1964.8—1965.6）

监委书记　石　峻（1956.7—1962.9）
赵　炎（1965.8—1967.4）

2. **中共新疆石油管理局革委会核心小组领导名录**（1970.3—6）

组　长　孙世英（军代表，1970.3—6）

副组长　周忆云（军代表，1970.3—6）
毕可钦（军代表，1970.3—6）

3. **新疆石油管理局领导名录**（1956.7—1967.4）

局　长　张文彬（1956.7—1961.10）
秦　峰（1961.10—1967.4）

副局长　钱　萍（1956.7—1958.2）
秦　峰（1956.7—1960.2；代理局长，1960.2—1961.10）
米吉提·扎依托夫（1956.7—1958.8）
范子久（1956.7—1965.8）
詹　石（1958.2—1962.11）
瓦力斯江·吐尔地（1959.2—1967.4）
杨百让（1959.12—1964.7）
曹进奎（1963.4—1965.11）
胡涵秋（1964.6—1965.11）
胡树津（1964.6—1967.4）
程云山（1964.6—1965.7）
刘照民（1964.6—1967.4）

总工程师 史久光（1956.7—1959.3）
张 毅（1965.2—1967.4）
总地质师 杜博民（代理，1956.7—1964.3）
张 恺（1964.6—1967.4）
总会计师 雷 震（1963.10—1967.4）

4. **新疆石油管理局军管会领导名录**（1967.4—1970.6）

主 任 崔 虎（1967.4—1970.3）
孙世英（1970.3—6）
副主任 李正忠（1967.4—1970.3）
刘锡山（1967.4—1970.3）
张茂林（1970.3—6）
毕可钦（1970.3—6）
周忆云（1970.3—6）
张孝升（1970.3—6）

5. **新疆石油管理局革委会领导名录**（1969.4—1970.6）

主 任 吴 英（军代表，1969.4—1970.3）
孙世英（军代表，1970.3—6）
副主任 雎万金（军代表，1969.4—1970.3）
赵祥娃（军代表，1969.4—1970.3）
赵铭海（群众代表，1969.4—1970.6）
孙廷宏（群众代表，1969.4—1970.6）
汪守良（群众代表，1969.4—1970.6）
曹芳春（群众代表，1969.4—1970.6）
毕可钦（军代表，1970.3—6）
周忆云（军代表，1970.3—6）

6. **新疆石油管理局工会**（1956.7—1964.9）

主 席 瓦力斯·斯地克（1956.7—1964.9）
李旺昭（1957.8—1961.11）

三、青海石油探勘局—青海石油勘探局—青海石油管理局（1955.9—1970.6）

（一）青海石油探勘局（1955.9—11）

1955年9月，青海石油探勘局划归石油工业部领导，更名为石油工业部青海石油探勘局。10月，成立中共青海石油探勘局监察委员会。

11月，青海石油探勘局更名为青海石油勘探局。

1. 中共青海石油探勘局委员会领导名录（1955.9—11）

书　　记　张　俊（1955.9—11）
副 书 记　潘生玺（1955.9—11）
委　　员　陈寿华（1955.9—11）
　　　　　杨文彬（1955.9—11）
　　　　　郭究圣（1955.9—11）
　　　　　刘永德（1955.9—11）
　　　　　吉建一（1955.9—11）
　　　　　苗德胜（1955.9—11）
　　　　　赵启明（1955.9—11）
　　　　　周济泉（1955.9—11）
监委书记　陈寿华（1955.10—11）

2. 青海石油探勘局领导名录（1955.9—11）

局　　长　张　俊（1955.9—11）
副 局 长　陈寿华（1955.9—11）
　　　　　杨文彬（1955.9—11）
　　　　　郭究圣（1955.9—11）

（二）青海石油勘探局（1955.11—1959.1）

1955年11月，青海石油探勘局更名为青海石油勘探局。11月24日，柴达木盆地第一口深探井—油泉子1井开钻，12月12日喜获工业油流。之后，又先后发现了冷湖四号、油砂山、开特米里克、南翼山等油田和马海气田。

1956年3月15日至19日，中共青海石油勘探局第一次代表大会召开，选举产生中共青海石油勘探局第一届委员会和纪律检查委员会，实行常委制，张俊为党委第一书记，陈寿华为党委第二书记兼兼委书记，刘坚壁为党委第三书记，潘生玺为党委副书记。所属4个基层党委、21个党总支、137个党支部，共有党员3622名。勘探局实行党委领导下的局长负责制。

4月，中国石油工会青海勘探局委员会成立。同月，青海石油勘探局机关从西宁迁至柴达木盆地西部的老茫崖办公。5月，玉门矿务局所属酒泉运输处划归青海石油勘探局领导。

1956年5月，地质部632地质队1分队，在对冷湖4号构造进行钻探过程中，钻遇浅油层，原油喷射达20米，依据这次钻探结果，青海石油勘探局决定对冷湖5号构造进行钻探。9月5日，《人民日报》发表题为《支援克拉玛依和柴达木油区》的社论，柴达木盆地的石油勘探引起各方关注，来自全国各地的复转军人、技术骨干和工人加入到柴达木石油勘探队伍的行列。截至1956年底，青海石油勘探局新增细查队、水文地质队、导线测量队、地震队、重磁力队、电法队、电测队、气测队、射孔队、轻便钻井队、水文钻井队、石油钻井队、井架安装队、试采队等专业队伍60个，职工总数1.45万人。

1957年3月，石油工业部决定，将青海石油勘探局运输公司划归部直接领导。

1958年8月，部署在冷湖五号构造高点上的地中4井开钻，9月13日，钻达650米发生井涌，日喷原油800吨，冷湖油田从此诞生，成为当年中国石油勘探的重大发现。随后，石油工业部调集近万名职工组织了声势浩大的冷湖石油会战，在短时间内建成了集钻、采、输、炼、销为一体的冷湖石油基地。10月，随着青海石油勘探局工作重点东移，局机关陆续从老茫崖迁至大柴旦。

截至1958年底，青海石油勘探局专业队伍发展到111个，职工总数2.29万人，工业生产总值1310万元。

期间，青海石油勘探局党委第一书记、局长张俊当选中共八大代表。

1. **中共青海石油勘探局委员会领导名录**（1955.11—1958.12）

第一书记 张　俊（1955.11—1958.1）

第二书记 陈寿华（1955.11—1958.1）

第三书记 刘坚壁（1955.11—1958.1）

书　　记　任成玉（1957.10—1958.5）
　　　　　　薛宏福（1958.1—12）
副 书 记　潘生玺（1956.6—1958.1）
常　　委　杨文彬（1955.11—1958.12）
　　　　　　郭究圣（1955.11—1958.12）
　　　　　　张复振（1956.11—1957.8）
　　　　　　李铁轮（1958.4—12）
监委书记　陈寿华（1955.11—1958.12）

2．**青海石油勘探局领导名录**（1955.11—1959.5）

局　　长　张　俊（1955.11—1958.4）
　　　　　　李铁轮（1958.4—1959.5）
副 局 长　陈寿华（1955.11—1959.3）
　　　　　　杨文彬（1955.11—1959.3）
　　　　　　郭究圣（1955.11—1959.3）
　　　　　　张复振（1956.11—1957.8）
总地质师　王尚文（1956.8—1958.12）
总工程师　刘树人（1956.8—1958.12）

3．**青海石油勘探局工会**（1956.4—1958.12）

主　　席　潘生玺（1956.4—1958.1）
　　　　　　张兆美（1958.3—12）

（三）青海石油管理局（1959.1—1970.6）

1959年1月1日，经国务院批复，青海石油勘探局更名为青海石油管理局。同月，中共青海省委批准，青海石油勘探局党委改为青海石油管理局党委。3月，石油工业部部长余秋里、副部长康世恩先后来到冷湖，确定了“调整部署，暂时收缩茫崖、马海地区，集中力量，加速冷湖地区的勘探，拿下冷湖油田”的方针。按照这一方针，青海石油管理局集中力量，仅用5个月时间，基本控制冷湖四号和五号油田的石油地质储量，把冷湖建成了一个初具规模，能够适应勘探、建设、油田开发和炼油的综合性石油基地。3月，根据石油工业部的指示，为减少管理层次，便于生产指挥，青海石油管理局机关从大柴旦迁至冷湖。

截至1959年底，生产原油30万吨，占全国当年产量的12%，一举成为国内四大油区之一，有力地支援了国家经济发展和国防建设。当年，共有4260名复转军人进入油田，职工总数达到2.61万人，初步形成了钻井、测井、试油、采油、油田建设、炼油、机修、运输、科研、文教卫生和生活服务等工种比较齐全，能进行试油、勘探、开发的综合性生产管理企业。

1961年，为贯彻国民经济“调整、巩固、充实、提高”的八字方针，按照石油工业部的指示，青海石油管理局压缩勘探生产战线，精简机构人员。1961年7月至1962年7月，先后精简下放职工1.1万人、石油学校（中技、技工）学生1131人；支援松辽会战6599人，支援其他兄弟油田907人。职工总人数由1960年的2.51万人减至1964年的5163人。面对队伍减少、生活物资供应短缺等问题，油田职工开展生产自救，抽调1000多名职工，在青海、甘肃、新疆三省（自治区）18个工作点开办农场，石油工业部专门从大庆调拨了30万斤粮食支援青海石油管理局。

1963年11月，青海石油管理局掀起了学习解放军、学习大庆的热潮，积极倡导“三老四严”和“四个一样”的工作作风，机关工作强调“三个面向”、“五到现场”，狠抓“三基”工作。

1964年2月，设立政治部。当年，油田开始组织岗位责任制大检查，逐步落实以岗位责任制为核心的八项生产管理制度，促进了采油工艺、深井钻探和设备整修等业务的开展。12月，位于柴达木盆地涩北1号构造的北参3井获得高产气流，发现涩北气田。

1965年11月25日至30日，中共青海石油管理局第二次代表大会召开，选举产生中共青海石油管理局第二届委员会和监察委员会，刘宏胜为党委书记，周世英、张俊魁、薛纪元为党委副书记，张俊魁为监委书记。下属8个基层党委、3个党总支、78个党支部，共有党员1320名。

1967年4月，青海省军区派中国人民解放军毛泽东思想宣传队进驻青海石油管理局，11月，青海石油管理局实行军事管制。受“文化大革命”的影响，领导班子不能正常开展工作，但多数职工仍坚守岗位，组织生产，把动乱对生产的影响降到最低程度，油田钻井、采油、炼油等岗位的生产没有停顿。

1968年12月，青海石油管理局革命委员会成立。

1969年3月，中共青海石油管理局核心小组成立。5月，刘宏胜任核心小组组长、革委会主任。11月以后，油田基层单位陆续恢复党委。

截至1970年底，青海石油管理局机关设4个部室：政治部、生产指挥部、后勤部和办公室。政治部下设6个部门：组织组、宣传组、干部组、保卫组、武装部、信访室，生产指挥部下设4个部门：人事组、计划组、生产技术组、调度组，后勤部下设9个部门：政治组、财务组、家属管理组、生活供应组、器材供应组、资产动力组、办事组、基建队、增产节约办公室。所属13个二级单位：西部勘探指挥部、钻井大队、勘探处、冷湖油矿、运输处、炼油厂、水电厂、机修厂、研究所、职工医院、西宁办事处、西宁慢性病医院、南湖五七劳动学校。先后发现油泉子、油墩子、油砂山、冷湖、南翼山等浅层油田和马海气田，年产原油9.22万吨、汽油3.6万吨、柴油1.85万吨、煤油1072吨，平均生产总值3534.3万元。职工总数8660余人。

1970年6月，经国务院批准，石油工业部军管会将青海石油管理局下放青海省领导。同时，中共青海石油管理局核心小组撤销。

1. **中共青海石油管理局委员会领导名录**（1959.1—1968.12）

书　　记　薛宏福（1959.1—5）
李铁轮（1959.5—11）
陈寿华（1959.5—1965.2）
张定一（1960.6—1962.7）
郭究圣（1963.3—8）
狄贵善（1965.2—6）
刘宏胜（1965.10—1968.12）

副 书 记　陈寿华（1959.1—5）
潘生玺（1959.5—1965.2）
刘坚壁（1959.5—11）
赵启明（1960.6—1963.12）
狄贵善（1963.12—1965.2）
刘宏胜（1964.11—1965.2）
苗德胜（1965.1—8）
周世英（1965.8—1968.12）
张俊魁（1965.8—1968.12）

薛纪元（1965.8—1968.12）

常　　委　张　俊（1959.1—7）

李铁轮（1959.1—5）

张定一（1960.2—1962.7）

苗德胜（1962.1—1965.2）

郭究圣（1959.1—1963.3）

刘宏胜（1959.5—1964.11）

杨文彬（1959.1—1961.12）

周世英（1963.12—1965.8）

杨文彬（1959.3—1961.12）

吉建一（1959.5—1963.7）

刘永德（1959.5—1965.5）

程元梁（1962.1—1965.8）

侯志诚（1964.8—1968.12）

李建辛（1965.8—1968.12）

吴同才（1965.8—1968.12）

监委书记　潘生玺（1959.1—1965.8）

张俊魁（1965.8—1968.12）

政治部主任　狄贵善（兼任，1964.4—1965.1）

苗德胜（兼任，1965.1—8）

薛纪元（兼任，1965.8—1968.12）

2．中共青海石油管理局核心小组领导名录（1969.3—1970.6）

组　　长　刘宏胜（1969.5—1970.4）

薛纪元（1970.3—6）

副 组 长　王秉昌（军代表，1969.3—1970.6）

冉振录（军代表，1969.8—1970.6）

成　　员　薛纪元（1969.3—1970.6）

冉振录（1969.3—8）

陈志华（军代表，1969.3—1970.6）

李建辛（1969.3—1970.6）

周世英（1970.3—6）
赵志国（军代表，1969—1970）
尹克升（1970.3—6）
山乃荣（军代表，1970.3—6）

政治部主任　冉振录（1968.12—1970.6）

3. **青海石油管理局领导名录**（1959.1—1968.12）

局　　长　李铁轮（1959.5—11）
张定一（1959.11—1962.7）
郭究圣（1962.7—1963.8）
刘宏胜（1963.8—1968.12）

副 局 长　陈寿华（1959.3—5）
杨文彬（1959.3—1961.12）
郭究圣（1959.3—1962.7）
刘永德（1959.4—1965.5）
刘宏胜（1959.4—1963.8）
吉建一（1959.4—1963.7）
苗德胜（1962.1—1965.1）
程元梁（1962.1—1965.8）
周世英（1963.12—1968.12）
侯志诚（1964.8—1968.12）
李建辛（1965.8—1968.12）
吴同才（1965.8—1968.12）

总地质师　王尚文（1959.1—1961.12）

总工程师　刘树人（1959.1—1960.12）

4. **青海石油管理局革委会领导名录**（1968.12—1970.6）

主　　任　刘宏胜（1968.12—1970.6）

副 主 任　周世英（1968.12—1970.6）
侯志诚（1968.12—1970.6）
李建辛（1968.12—1970.6）
薛纪元（1969.3—1970.6）

陈泰祥（1969.3—1970.6）
赵延信（1969.3—1970.6）
冉振录（军代表，1969.8—1970.6）
王秉昌（军代表，1969.8—1970.6）

常　　委　刘宏胜（1968.12—1970.6）
侯志诚（1968.12—1970.6）
李建辛（1968.12—1970.6）
薛纪元（1969.3—1970.6）
刘昌荣（1969—1970）
齐鹏效（1969—1970.6）
冉振录（军代表，1969.8—1970.6）
王秉昌（军代表，1969.8—1970.6）
刘松恒（军代表，1970.1—6）
张俊魁（1970.1—6）

5. **青海石油管理局工会**（1959.1—1962.12）

主　　席　张兆美（兼任，1959.1—1962.12）

四、四川石油探勘局—四川石油勘探局—四川石油管理局（1955.9—1970.6）

（一）四川石油探勘局（1955.9—11）

1955年9月，四川石油探勘局划归石油工业部领导，党组织关系隶属于中共四川省委。机关办公地点在四川省成都市。

11月，四川石油探勘局更名为四川石油勘探局。机关设25个科室：办公室、人民监察室、计划科、统计科、财务科、成本会计科、资产管理科、地质科、钻井科、试油科、机械动力科、设计预算科、技术安全监察科、浅钻工程科、地下地质科、测量科、地球物理科、劳动工资科、人事科、教育科、保卫科、行政管理科、卫生科、材料供应科、基本建设科。人员编制250人。下属16个二级单位：隆昌气矿、江油区队、石油沟区队、龙泉山钻探队、厚坝构造钻井队、苏码头构造钻井队、修配厂、延长大队、地球物理队、测量队、汉口转运站、地质钻井队、手摇钻井队、成都八里庄仓库、成都采购站、隆昌气矿重庆炼油厂。职工总数5523人。

1. **中共四川石油探勘局委员会领导名录**（1955.9—11）

书　　记　李滋润（1955.9—11）

委　　员　张忠良（1955.9—11）

何千里（1955.9—11）

许培德（1955.9—11）

武崇祥（1955.9—11）

赵步高（1955.9—11）

焦益文（1955.9—11）

王爱忠（1955.9—11）

李绍亮（1955.9—11）

李　振（1955.9—11）

刘　忠（1955.9—11）

2. **四川石油探勘局领导名录**（1955.9—11）

局　　长　张忠良（1955.9—11）

副 局 长　何千里（1955.9—11）

许培德（1955.9—11）

总地质师　曾鼎乾（1955.9—11）

（二）四川石油勘探局（1955.11—1958.5）

1955年11月，四川石油探勘局更名为四川石油勘探局。机关办公地址：成都市小关庙街附4号。1957年秋迁往成都市府青路一段3号。当年，四川石油勘探局拥有气田2个，气井4口，生产天然气1138万立方米、炭黑329吨，全年工业总产值379万元。

1956年1月，第一届全国石油勘探会议要求，四川石油勘探工作要以中生代为主要对象，加强地质及地球物理勘探，完成重力磁力普查任务，进行地震剖面工作，综合研究地质资料，在寻找油气方面提出新的依据，为打探井做好准备。6月，成立地质调查处。

1956年6月，中共四川石油勘探局第一次代表大会在成都召开。9月，经中共四川省委组织部批准，成立中共四川石油勘探局委员会和监察委员会，实行常委制，党委常委7人，李滋润为党委书记，王合林为党委副书记、监委书记。下属4个基层党委、10个党总支、3个党支部，共有党员2401名。开始实行党委领导下的局长负责制。

1957年，成立川中钻探处，下辖蓬莱、龙女两个钻探区队。

截至1957年底，四川油气区共发现石油沟、东溪、圣灯山、黄瓜山、高木顶5个具有工业开采价值的气田，累计探明天然气地质储量42.93亿立方米。构成东起綦江，西至自贡、宜宾，北起隆昌、永川，南至叙永、古蔺的川东南含气区，生产井12口，全年采气6714.5万立方米，生产炭黑1159吨。随着天然气钻探的新发现，勘探队伍不断扩大，组建地质勘查队93个，深井钻井队27个，试油队10个、电测队6个。下属二级单位19个：川中钻探处、隆昌气矿、地质调查处、石油沟大队、黄瓜山钻探队、高木顶钻探队、威远钻探队、龙泉山钻探队、蓬莱钻探队、成都修配厂、中心试验室、重庆供应站、成都器材库、重晶石粉厂、土木建筑工程队、成都采购组、汽车司机训练班、技工学校、综合训练班。职工总数增至1.29万人。

1958年1月，石油工业部抽调锦州第五建筑安装工程公司418人，组建四川石油勘探局建筑安装工程大队。

3月，在川中龙女寺构造女2井凉高山组、南充构造充3井凉高山组、蓬莱镇构造蓬1井自流井组，先后钻获日产70.39吨、200吨、46吨的高产油流，加上4月底广安构造喷油，推算含油面积近两万平方千米，一时形成川中是高产大油气田的认识，经《人民日报》、中央人民广播电台公布后，全国为之振奋。由此，石油工业部决定组织川中会战。这次会战适逢“大跃进”时期，更促使找油大战如火如荼地进行。4月，石油工业部在南充召开全国石油工业南充现场促进会，会议决定从全国各油田抽调94台钻机及相关设备，从玉门矿务局、延长油矿、青海石油勘探局、兰州炼油厂、第一建筑安装工程公司等石油企业，炮兵二校、总后重庆办事处、514部队、成都军区等部队单位，西南第五工程公司等地方单位抽调人员支援川中会战，同时在南充、龙女、蓬莱、营山、合川、八角等10多个构造展开钻探，由此拉开了第一次川中石油会战的序幕。后因油田地质情况十分复杂，加之技术装备和技术水平难以解决勘探中出现的问题，20口关键井仅6口出油，且产量不高、稳产时间不长，与预期目标相差甚远。

5月，四川石油勘探局改组为四川石油管理局。同时，对机构进行调整，撤销川中钻探处，在南充成立川中矿务局，建筑安装工程大队更名为建筑安装工程处，划归川中矿务局领导；在隆昌成立川南矿务局（9月迁往泸州市蓝田坝）；在成都组建成都试验研究所；成立重庆办事处，负责四川石油管理局驻重庆各单位的行政和政治思想工作；将四川石油管理局代管的贵阳石油勘探处改为贵州石油勘探处，统一领导云南、贵州、广西地区的地质勘查和钻探工作。石油工业部决定将重庆石油学校下放四川石油管理局管理。

1. **中共四川石油勘探局委员会领导名录**（1956.4—1958.5）

书　　记　李滋润（1956.4—1957.11）
　　　　　　黄　凯（1957.11—1958.5）
副 书 记　王合林（1956.2—1958.5）
　　　　　　李滋润（1957.11—1958.5）
常　　委　焦益文（1956.9—1957.12）
　　　　　　张忠良（1956.9—1958.5）
　　　　　　许培德（1956.9—1958.5）
　　　　　　何千里（1956.9—1958.5）
　　　　　　王爱忠（1956.9—1958.5）
监委书记　王合林（1956.9—1958.5）

2. **四川石油勘探局领导名录**（1955.11—1958.5）

局　　长　张忠良（1955.11—1958.5）
副 局 长　李滋润（1955.11—1956.4）
　　　　　　何千里（1955.11—1958.5）
　　　　　　许培德（1955.11—1958.5）
　　　　　　刘选伍（1956.9—1958.5）
　　　　　　焦益文（1957.1—12）
　　　　　　秦文彩（1958.3—5）
总地质师　曾鼎乾（1955.11—1958.5）
　　　　　　李德生（1958.3—5）

（三）四川石油管理局（1958.5—1970.6）

1958年5月，四川石油勘探局改组为四川石油管理局，统一领导四川、云南、贵州、广西等地区的石油地质勘查及钻探工作。机关设13个处室：办公室、监察室、地质处、生产技术处、技术安全处、计划处、基本建设处、供销处、财务处、人事处、劳动工资处、保卫处、行政处。下属10个二级单位：川中矿务局、川南矿务局、地质调查处、贵州勘探处、成都试验研究所、成都勘探设备修理厂、运输大队、重庆石油学校、隆昌技工学校、重庆办事处。

6月，经中共四川省委批准，中共四川石油勘探局委员会更名为中共四川石油管理局委员会。根据石油工业部党组要求，四川石油管理局党委代管两湖（湖北、湖南）勘探大队、广西勘探大队等单位党委。同月，石油工业部决定，自7月10日起，撤销贵阳石油勘探处，成立贵州石油勘探局，由贵州省领导。

7月，石油工业部四川设计院在成都市成立，系当时国内唯一以天然气地面工程和长输管道为主的综合性油气勘察设计院。8月，南充炼油厂开工建设。

1958年10月，石油工业部党组决定，必须全力以赴，拿下川中油田，拿出产量，由此拉开川中会战第二阶段序幕。11月，石油工业部成立川中石油会战总指挥部，副部长康世恩任总指挥，下设蓬莱、龙女、合川、南充、营山5个指挥部，实行分片包干，各负其责。玉门石油管理局局长焦力人任蓬莱指挥部指挥，新疆石油管理局局长张文彬任龙女指挥部指挥，合川、南充、营山3个指挥部的指挥分别由四川石油管理局领导担任。1958年底，职工总数达到3.19万人。经过半年来的会战，获得蓬莱、南充、合川、桂花、罗渡、营山等6个小油田。1959年3月，石油工业部决定收缩队伍，结束大规模的川中会战。4月，会战队伍陆续撤离。

从1958年至1961年，川中地区经过4个阶段会战，共钻井482口，获油井117口，原油年产量由1958年的1.18万吨，上升到1961年的10.22万吨，4年累产原油31.14万吨，结束了四川乃至大西南不产油的历史。尤其是深化了对川中油气聚集规律的认识，即川中油田是面积大、产层多、油层薄、产量低，不受局部构造控制的裂缝性油田的结论，为后来四川持久滚动勘探开发提供了宝贵经验。1961年底，川中会战总指挥部撤销，油田管理工作交川中矿务局负责。

四川盆地油气勘探受到党和国家的高度重视。毛泽东、朱德、邓小平等党和国家领导人先后到油田视察。特别是1958年3月27日，毛泽东视察了隆昌气矿炭黑厂，并作出综合利用天然气的指示，这是新中国成立以来毛主席唯一一次亲临石油行业视察。

1960年4月8日至13日，中共四川石油管理局第二次代表大会召开，选举产生第二届委员会和监察委员会，黄凯为党委书记，何千里、王合林、魏玉晶为党委副书记，王合林为监委书记。下属基层党委22个、党总支31个、党支部350个，共有党员5633名。

10月，抽调32个钻井队，9个试油、采油、电测、运输队，各类设备46台，职工1700余人参加松辽石油会战。1961年8月，四川石油管理局广西勘探大队400多名职工调往江汉地区开展区域综合勘探。9月，石油工业部决定撤销贵州石油勘探局，自1961年10月15日起成立云贵石油勘探大队（后更名为云贵勘探处），由四川石油管理局领导。同时，又派出3个地震队共316人参加松辽石油会战。1962年2月，四川石油管理局抽调3204、3222钻井队支援江汉石油勘探处。

1962年，根据石油工业部精简机构、压缩劳动力的精神，调整全局组织机构、人员结构。年底，共精减下放职工1.04万人，职工总数减至2.32万人。

1963年5月，撤销川中矿务局和川南矿务局；在川中蓬莱钻探大队基础上组建蓬莱油矿；在南充钻探大队、第二钻探大队、第三钻探大队基础上组建南充油矿；川中第一钻探大队与石油沟气矿川东区队合并，组建川东钻探处。12月，井下作业处成立；川中矿务局综合机修厂调整为四川石油管理局直属的南充机修厂，后更名为南充机械厂。

1964年7月1日，中共四川石油管理局第三次代表大会在成都召开，选举产生第三届委员会和监察委员会，黄凯为党委书记，何千里、王合林为党委副书记，王合林为监委书记。

1962至1964年期间，四川石油管理局继续加大对川西南、川东探区的天然气勘探，特别是威2井在震旦系钻获日产74.1万立方米高产气流，经勘探评价，控制含气面积216平方千米，探明天然气储量400亿立方米，发现了新中国第一个大气田——威远气田。1964年天然气产量达到9.9亿立方米。

1965年5月，石油工业部根据毛主席关于“三线建设要抓紧”和“西南地区光搞煤不成，要搞点石油搞点气”的指示，决定以威远构造、泸州古隆起和川中为主战场，再次组织四川“开气找油”大会战，发出“一切为了70亿，一切为了大油田”的动员令，相继成立四川石油会战领导小组和四川石油会战指挥部，四川石油会战领导小组是会战时期党的组织，对外称四川石油管理局党委，四川石油会战指挥部是会战时期的行政管理机构，对外称四川石油管理局。石油工业部副部长张文彬任会战领导小组组长兼指挥，统管四川石油会战指挥部的党政工作。会战领导小组决定，成立川南矿区指挥部、川中矿区指挥部（由蓬莱、南充两个矿区合并组成）、川东北探区指挥部、隆昌矿区指挥部、石油沟矿区指挥部等5个指挥部，划定各自会战勘探范围，明确相关负责人，会战组织机构得到全面落实。

会战围绕泸州古隆起、华蓥西、厚坝三个“找油”战场，威远、自流井、泸州、卧龙河四个“开气”战场，威远至成都输气一条管线“三油四气一管线”目标迅速展开。指挥部机关从成都迁至威远红村。随后，从大庆、华北、胜利、新疆、玉门等油田抽调78台钻机、200辆汽车、5000多名职工入川参战，职工从1964年底的2.2万人增至1965年的3.63万人，钻机最多时达到101台。为满足会战需要，先后成立安装工程处，工程指挥所（后更名为钻采工艺研究所），石油仪器厂，成都、隆昌、南充、资阳器材库以及钻前施工和后辅单位。通过会战，泸州古隆起、华蓥西、厚坝三个找油战场基本失利，威远、自流井、泸州、卧龙河四大“开气”战场取得初步成效，总长146.4千米的威成输气管线建成投产。

截至1966年，四川石油管理局机关设22个处室：政治部办公室、组织部、宣传部、干部部、保卫处、监委、团委、工会、机关政治处、群众工作部、生产办公室、总调度室、生产技术室、技术情报室、机动处、工程技术室、计划处、财务处、资产处、教育处、劳资处、基建处。下属26个二级单位：川中矿区指挥部、川南矿区勘探指挥部、石油沟矿区指挥部、隆昌矿区指挥部、川东北勘探区指挥部、厚坝矿区指挥部、地质调查处指挥部、云贵勘探处、井下作业指挥部、机械化筑路处、总机修厂、南充炼油厂、一坪化工厂、合川化工厂、运输指挥部、供应指挥部、基建指挥部、地质指挥所、工程指挥所、炼制研究所、四川设计院、安装工程处、重庆办事处、重庆仪修厂、合川子弟中学、东观工读学校。由单一的勘探单位逐步发展成为拥有地质、钻探、试油、试采、炼化、炭黑以及科研、机修、运输、油建、供应等于一体的综合性企业。1966年，生产天然气11亿立方米、原油3.3万吨，加工原油2万吨。

“文化大革命”运动开始后，会战受到严重冲击。1967年1月，四川石油会战领导小组、会战指挥部被夺权，会战工作处于瘫痪、半瘫痪状态，原油产量逐年下降，1967年产油3.02万吨，1968年下降到2.4万吨。3月，四川石油管理局军事管制委员会成立。

1968年10月，经四川省革命委员会批准，成立四川石油管理局革命委员会，实行党的一元化领导。革委会由75人组成，实际到位68人，其中常委25人。革委会设办事组、政治工作组和生产指挥部，承担四川石油管理局机关工作机构职能。1969年3月，中共四川石油管理局革命委员会核心小组成立。1970年5月，经四川省革命委员会核心领导小组批准，成立四川石油管理局革命委员会核心领导小组。

1970年6月，经国务院批准，石油工业部军管会将四川石油管理局下放四川省领导。

期间，四川石油管理局职工张文治、川中矿务局钻井队司钻成晓法当选第二届全国人大代表。成都石油科学研究所总地质师司徒愈旺、四川设计院二室工程师沙云和当选第三届全国人大代表。

1958年6月至1967年3月：

1. **川中会战总指挥部领导名录**（1958.11—1959.3）

总　指　挥　康世恩（石油工业部副部长，1958.11—1959.3）
副 总 指 挥　黄　凯（四川局党委书记，1958.11—1959.3）
周　鉴（石油工业部供应局局长，1958.11—1959.3）
董汉炳（四川局副局长，1958.11—1959.3）
参　谋　长　唐　克（石油工业部勘探司司长，1958.11—1959.3）
龙女矿区指挥　张文彬（新疆局局长，1958.11—1959.3）
蓬莱矿区指挥　焦力人（玉门矿务局局长，1958.11—1959.3）
南充矿区指挥　秦文彩（川中矿务局局长，1958.11—1959.3）
合川矿区指挥　张忠良（四川局局长，1958.11—1959.3）
营山矿区指挥　何千里（四川局副局长，1958.11—1959.3）

后勤部副部长　董汉炳（四川局副局长，1958.11—1959.3）
总 工 程 师　郝凤台（1958.11—1959.3）

2．**四川石油会战领导小组领导名录**（1965.5—1967.3）

组　　长　张文彬（石油工业部副部长，1965.5—1967.3）
副 组 长　黄　凯（四川局党委书记，1965.5—1967.3）
陈李中（石油工业部基建司司长，1966.2—1967.3）
张忠良（四川局局长，1965.5—1967.3）
杨文彬(石油工业部勘探司副司长，1965.5—1967.3）
组　　员　秦文彩（1965.5—1967.3）
孙继先（1965.5—1967.3）
郑　浩（1965.5—1967.3）
刘荫藩（1965.5—1967.3）
夏云昌（1965.5—1967.3）
郝凤台（1965.5—1967.3）
刘选伍（1965.5—1967.3）
马文林（1965.5—1966.6）
杜志福（杜志富，1965.5—1966.6）
关耀家（1965.5—1967.3）
董金璧（1966.2—1967.1）
董中央（董中林，1966.2—1967.3）
李　敬（1966.6—1967.3）
王新波（1966.6—1967.3）
张瀛洲（1966.6—1967.3）

3．**四川石油会战指挥部领导名录**（1965.5—1967.3）

指　　挥　张文彬（1965.5—1967.1）
副 指 挥　黄　凯（1965.5—1967.1）
陈李中（1966.2—1967.1）
张忠良（1965.5—1967.1）
杨文彬（1965.5—1967.1）
秦文彩（1965.5—1966.6）

孙继先（1965.5—1966.6）
郑　浩（1965.5—1967.3）
刘荫藩（1965.5—1967.3）
夏云昌（1965.5—1967.3）
郝凤台（1965.5—1966.6）
刘选伍（1965.5—1967.3）
杜志富（1965.5—1966.6）
关耀家（1965.5—1966.6）
马文林（1965.5—1966.6）
董金璧（1966.2—1967.3）
董中央（董中林，1966.2—1967.3）
李　敬（1966.6—1967.3）
王新波（1966.6—1967.3）
蔚华之（1966.6—1967.1）
张瀛洲（1966.6—1967.3）

政治部主任　秦文彩（1966.6—1967.3）
总工程师　刘荫藩（兼，1966.6—1967.3）
总机械师　任康生（1966.6—1967.3）

4. **中共四川石油管理局委员会领导名录**（1958.6—1967.3）

书　记　黄　凯（1958.6—1967.3）
副书记　李滋润（1958.6—1959.6）
王合林（1958.6—1967.3）
欧阳天（1958.6—1960.3）
何千里（1960.3—1965.10）
魏玉晶（1963.9—1965.4）
张忠良（1965.10—1967.3）
秦文彩（1965.11—1967.3）
蔚华之（1966.3—1967.3）

常　委　张忠良（1958.6—1967.3）
马西夫（1960.4—1964.7）

古德勤（1960.4—1964.7）
何千里（1964.8—1965.10）
秦文彩（1964.8—1967.3）
吴志峰（1964.8—1967.3）
夏云昌（1964.8—1967.3）
监委书记 王合林（1958.6—1967.3）
魏玉晶（1963.9—1967.3）
政治部主任 何千里（兼任，1964.3—1965.11）
秦文彩（兼任，1965.11—1967.3）

5. 四川石油管理局领导名录（1958.5—1967.3）

局长 张忠良（1958.5—1967.3）
副局长 何千里（1958.5—1960.3）
秦文彩（1958.5—1965.11）
许培德（1958.5—1959）
董汉炳（1958.5—1959）
马西夫（1958.5—1965.4）
欧阳天（1960.3—1963.10）
郝凤台（1961.9—1967.3）
刘选伍（1961.10—1967.3）
刘荫藩（1964.5—1965.6）
夏云昌（1965.10—1967.3）
董金璧（1965.10—1967.3）
董中央（1965.10—1967.3）
蔚华之（1966.3—1967.3）
总地质师 李德生（1958.5—9）
包 茨（1964.5— ）
总工程师 郝凤台（1959.5—1967.3）
刘荫藩（1965.10—1967.3）
总机械师 任康生（1964.6—1967.3）

1967年3月至1970年6月：

1. **四川石油管理局军管会领导名录**（1967.3—1970.6）

主　　任 萧　延（军代表，1967.3—6）
赵永清（军代表，1967.6—1970.6）
副 主 任 尹文昌（军代表，1967.3—1970.6）

2. **中共四川石油管理局革委会核心小组领导名录**（1969.3—1970.5）

组　　长 赵永清（1969.3—1970.5）
副 组 长 蔚华之（1969.3—9）
尹文昌（1969.3—1970.5）
彭家治（1969.3—1970.5）
成　　员 马文林（1969.3—1970.5）
杨文彬（1969.3—1970.5）
赵拉柱（1969.3—1970.5）

3. **中共四川石油管理局革委会核心领导小组领导名录**（1970.5—6）

组　　长 赵永清（1970.5—6）
副 组 长 杨锡洪（军代表，1970.5—6）
张克文（军代表，1970.5—6）
黄　凯（1970.5—6）
秦文彩（1970.5—6）
成　　员 尹文昌（军代表，1970.5—6）
范德富（1970.5—6）
赵汉臣（1970.5—6）
王克贤（1970.5—6）
马文林（1970.5—6）
杨文彬（1970.5—6）

4. **四川石油管理局革委会领导名录**（1968.10—1970.6）

主　　任 赵永清（1968.10—1970.6）
副 主 任 蔚华之（1968.10—1969.9）
尹文昌（1968.10—1970.6）
马文林（1968.10—1970.6）

杨文彬（1968.10—1970.6）
彭家治（群众代表，1968.10—1970.6）
金初明（群众代表，1968.10—1970.6）
李富荣（群众代表，1968.10—1970.6）

五、松辽石油勘探处—松辽石油勘探局（1958.5—1960.2）

松辽盆地油气勘探始于20世纪初。1913年至1915年期间，美孚石油公司曾组织地质专家对内蒙和东北地区进行地质调查，并于1926年11月发表《中国东北部含油远景》论文，认为中国东北、内蒙古、华北不可能有石油，断言中国是“贫油”国家。在日伪统治时期，日本曾在阜新和海拉尔打过两口探井，井深都超过1000米，见到油气显示，但没有获得工业油流。新中国成立后，将松辽盆地作为重要勘探区域之一。1953年，松辽盆地初步勘探工作开始。1955年8月，地质部东北地质局组成了石油踏勘组，在松辽盆地东部边缘进行了路线地质勘探。1956年2月，地质部东北地质局157队，在盆地边缘及东南地区进行了地质普查及一些浅井钻探；物探局112队在盆地南部进行了区域重力预查。成立松辽石油普查大队，继续调查。1957年，地质部物探局904队和112队开展了重力、磁力及电法等地球物理勘查。期间，石油工业部派出以邱中建为首的西安地质调查处116地质研究队，开始油苗调查和资料整理工作。

1958年3月，石油工业部决定勘探方向战略东移，把松辽盆地作为东移的主战场。4月，松辽勘探大队成立。5月，成立松辽石油勘探处，由石油工业部直接领导，宋世宽任处长。6月，石油工业部决定，自7月10日起撤销松辽石油勘探处，成立松辽石油勘探局，由东北协作区领导，并从西安、玉门、青海等地调来1000多名职工，各种勘探队伍增加到32个。李荆和任局长，宋世宽、只金耀任副局长，余伯良任总地质师。7月，成立中共松辽石油勘探局委员会，李荆和任党委书记。办公地址在吉林省长春市东二条22号。同时，地质部也增加了地质普查力量，从而展开了松辽盆地更大规模的石油勘探。

从1958年开始，松辽石油勘探重点逐步转向沉积岩厚度最大的中央凹陷区。1959年1月，松辽石油勘探局改由石油工业部领导，更名为石油工业部松辽石油勘探局。4月11日，松辽石油勘探局32118钻井队在队长包世忠带领下，松基3井开钻，8月3日见到油气显示，9月26日喷出具有工业价值的油流，日产原油12.02吨，宣告松辽盆地第一个油田——大庆油田的诞生。

1960年2月13日，石油工业部向中央提交开展松辽石油大会战报告。20日，中央批准石油大会战。4月1日，由石油工业部机关各司局部分人员和松辽石油勘探局机关工作人员组成松辽石油大会战领导小组及其工作机构。

（一）中共松辽石油勘探局委员会领导名录（1958.7—1960.2）

书　记　李荆和（1958.7—1960.2）

（二）松辽石油勘探局领导名录（1958.6—1960.2）

局　长　李荆和（1958.6—1960.2）

副 局 长　宋世宽（1958.6—1960.2）

只金耀（1959.3—1960.2）

赵　炎（1959.3—1960.2）

总地质师　余伯良（1958.6—1960.2）

六、松辽石油会战领导小组—松辽石油会战指挥部—大庆会战指挥部（1960.2—1970.6）

1959年，松辽石油勘探局组织的松基1井、松基2井完钻后，都没有发现工业性油流。石油工业部决定将松基3井井位定在黑龙江省肇州县大同镇西北高台子隆起上。1959年4月，松辽石油勘探局32118钻井队，在队长包世忠带领下，松基3井开钻，8月3日见到油气显示，9月26日喷出具有工业价值的油流。因松基3井在建国10周年大庆前夕喜获工业油流，为避免将来大同镇一旦设市与山西省大同市重名，中共黑龙江省委第一书记欧阳钦提议把油井所在地大同镇改为大庆镇。此后，这个新油田被称为“大庆油田”。

（一）松辽石油会战领导小组（1960.2—1961.11）

1960年2月13日，石油工业部向中央提交开展松辽石油大会战报告。20日，中央批准石油大会战。21日，石油工业部党组在哈尔滨召开松辽石油会战第一次筹备会议。会议决定由部长余秋里、副部长康世恩亲临前线指挥会战，并成立石油会战领导小组（对外称石油工业部松辽石油勘探局），康世恩兼任组长，唐克、吴星峰任副组长。要求全国石油系统各单位主要领导要亲自带队，自带设备参加松辽石油大会战，并把会战区域按地质构造划分为太平屯、葡萄花、高台子、杏树岗、萨尔图5个战区。太平屯地区由玉门石油管理局“包打”，兰州炼油厂配合；葡萄花地区由松辽石油勘探局“包打”，石油一厂配合；高台子地区由青海石油管理局“包打”，石油三厂配合；杏树岗地区由四川石油管理局“包打”，石油六厂配合；萨尔图地区由新疆石油管理局“包打”，石油二厂配合。

2月22日，为集中力量迅速开采油田，中央决定从部队当年退伍兵中动员3万人给石油工业部。此后，中央军委又决定分配3000名军队转业干部参加石油会战。同时，石油工业部党组采取“拔萝卜”，优中选优筛队伍；“割韭菜”，整装建制调队伍；“切西瓜”，一分为二拨队伍等方式，从全国11个省、市、自治区的37个厂矿院校中组织精兵强将，支援石油大会战。

石油会战队伍迅速集中的同时，勘探工作仍在紧张进行。大庆长垣北部的3口探井相继喷出工业油流，对石油会战重点地区的转移起了推动作用。第一口探井是位于萨尔图构造中央部位的萨1井（现萨66井）。3月11日，该井完钻喷油。会战领导小组根据这种新情况，同时考虑到萨尔图地区有哈尔滨至满洲里的铁路线通过，交通方便，有利于油田的勘探、开发和建设，于是当机立断，决定把石油会战的重点，由大庆长垣南部转移到北部的萨尔图地区。3月17日，会战领导小组决定战略转移、挥师北上，重新调整了勘探队伍，把太平屯、葡萄花、高台子、杏树岗、萨尔图5个战区，调整为萨南、萨中、萨北、葡萄花、高台子5个探区。接着，位于高台子以北、萨尔图以南的杏树岗构造上的杏66井和位于大庆长垣最北部喇嘛甸构造上的—喇72井也相继喷油，这三口探井曾被誉为“三点定乾坤”，表明大庆长垣越往北，油层越厚，产量越高。

3月25日，石油工业部党组在哈尔滨召开松辽石油会战第二次筹备会议。会议决定，为加强党对会战的领导，成立中共石油工业部松辽石油会战临时工作委员会（简称会战临时工委），余秋里兼任书记，吴星峰任副书记。

4月1日，松辽石油勘探局机关由吉林省长春市迁至黑龙江省安达县安达镇办公，与石油工业部机关各司、局参加会战的干部组成会战领导小组的办事机构，为了保密，代号为“农垦2号院”。会战领导小组下设工程组、油田组、研究组、办公室、群众工作组。4月8日，石油工业部机关党委在安达镇正式办公，作为会战临时工委党的办事机构，代号为“农垦1号院”。临时工委下设办公室、组织部、宣传部、技术革命办公室、工会、团委等6个部门。

4月16日，随着大会战队伍“挥师北上”，重心北移到萨尔图地区，为集中优势兵力迅速拿下萨尔图油田，会战临时工委决定：以敖包塔、葡萄花、太平屯和高台子为主，组成第一探区；以杏树岗、龙虎泡为主，组成第二探区；萨南、萨中、萨北合并组成第三探区。第一探区由松辽石油勘探局负责；第二探区由四川、青海石油管理局负责；第三探区由新疆、玉门石油管理局负责。

会战开始以后，几万名会战职工汇集到这个人烟稀少的地方，没有房子，没有施工设备，缺少粮食蔬菜，生产和生活都有很大困难。4月中旬，会战临时工委作出决定，号召学习毛泽东著作《实践论》、《矛盾论》，广大职工掀起大学“两论”的热潮。1205钻井队队长王进喜喊出了“有条件要上、没有条件创造条件也要上”的响亮口号，带领职工靠人拉肩扛把60多吨重的钻机从萨尔图火车站拖到20千米以外的井场；连续几天几夜不下钻台，创出了5天4小时钻完一口中深井的纪录，王进喜被称为“铁人”，成为会战中涌现出的第一个标兵。29日，会战临时工委在萨尔图镇召开万人誓师大会。会上，授予王进喜、马德仁、段兴枝、薛国邦、朱洪昌为大会战“五面红旗”。“铁人”王进喜代表会战职工吼出了“宁可少活二十年，拼命也要拿下大油田”的钢铁誓言。

4月29日，中共中央为加快松辽石油基地建设，决定撤销安达县，成立安达市，撤销县委成立市委，把大庆石油区划归安达市委领导。安达市委与会战临时工委、安达市人民委员会与石油会战领导小组同时存在，部分领导交叉任职，形成两个党委、两个行政班子的领导体制。

10月20日，为便于生产、靠前指挥，会战临时工委和会战领导小组机关由安达市天泉区迁至萨尔图区2号院（现为大庆油田历史陈列馆）。同时，撤销第三探区指挥部、基建指挥部、供应运输指挥部等中层机构，成立钻井、采油、油田建设、工程、建筑、水机电、器材供应、运输等8个指挥部和运销处，由会战领导小组直接领导。这次机构调整，充实加强了基层力量，机关干部由970人减至350人。会战职工达到4.5万人。

1961年1月，会战领导小组决定成立勘探指挥部，同月，第一探区、第二探区相继划归勘探指挥部。6月10日，经黑龙江省委同意，石油工业部党组决定成立会战政治部。政治部设办公室、组织部、宣传部、监委办公室，受临时工委委托领导工会、共青团和保卫处的工作。钻井队、采油队、作业队等设政治指导员，政治指导员一般由党支部书记担任；车间设专职党支部书记，机关设兼职党支部书记。

松辽石油会战得到全国各地、各行业的大力支持，共有18个省、市、自治区的400多个厂家为会战生产提供急需的设备和原材料，累计钢材73130吨、木材50023立方米、水泥72713吨、各种车辆400台（套），为油田生产建设提供了有力保障。从会战开始到第一列原油外运，仅用31天时间，创造了国内油田开发史上的奇迹。截至1961年11月，通过一年多的地质勘探，证实了大庆长垣7个局部构造有油，初步确定了油田面积，探明了油田储量。并在松花江、嫩江以南、三肇地区、齐齐哈尔至泰康地区、大庆长垣以北广大地区进行了地震普查和勘探，寻找新的油气藏，发现了升平、龙虎泡两个含油气地区。累计钻井661口、钻井进尺75万米、生产原油374.4万吨，有效缓解了国家石油产品紧缺的困难局面。

1. **中共松辽石油会战临时工作委员会领导名录**（1960.3—1961.11）

书　　记　余秋里（兼任，1960.3—1961.11）

副 书 记　吴星峰（兼任，1960.3—1961.11）

2. **松辽石油会战领导小组领导名录**（1960.2—1961.11）

组　　长　康世恩（兼任，1960.2—1961.11）

副 组 长　唐　克（1960.2—1961.11）

吴星峰（1960.2—1961.11）

张文彬（1960.10—1961.11）

成　　员　张　俊（1960.2—1961.11）

闫子元（1960.2—1961.11）

张　仁（1960.2—1961.11）

宗世鉴（1960.2—1961.11）

张文彬（1960.2—10）

焦力人（1960.2—1961.11）

张兆美（1960.2—9）

李荆和（1960.2—1961.11）
陈李中（1960.2—1961.11）
李镇靖（1960.2—1961.11）
杜志福（1960.2—1961.11）
王新坡（1960.10—1961.11）
只金耀（1960.10—1961.11）
刘少男（1960.10—1961.11）
杨继清（1960.10—1961.11）
宋世宽（1960.10—1961.11）
陈国润（1960.10—1961.11）

3．松辽石油会战领导小组工会（1960.4—1961.11）

主　　席　张兆美（1960.4—9）
陈国润（1960.9—1961.11）

（二）松辽石油会战指挥部（1961.11—1964.9）

1961年4月19日，石油工业部党组商得黑龙江省委同意，在萨尔图召开扩大会议，决定成立中共石油工业部松辽会战工作委员会（简称会战工委）。11月7日，会战工委召开第一次会议，传达省委和部党组关于成立会战工委的指示，在成立会战工委的同时，撤销会战领导小组，石油工业部机关党委在松辽会战工作结束。同时成立松辽会战指挥部和政治部，撤销中共松辽石油勘探局委员会。为保密和对外联络工作，继续保留松辽石油勘探局名称。会上宣布了会战工委、指挥部、政治部领导班子组成：余秋里任会战工委书记，康世恩、吴星峰、张文彬任副书记；康世恩任指挥部指挥，吴星峰、唐克、张文彬、焦力人、陈李中、杨文彬、王新坡、范元绶、刘少男、宋世宽、只金耀、宋振明任副指挥。会战工委成立后，受黑龙江省委和石油工业部党组双重领导，在部党组亲临前线直接领导下，指挥会战工作。党组织关系由黑龙江省委管理，办公地点在安达市萨尔图区2号院。

截至1961年11月，政治部设工作机构4个：办公室、组织部、宣传部、监委办公室。同时，政治部受工委委托，领导工会、共青团和保卫处的工作。会战指挥部设工作机构12个：办公室（接待处）、财务处、计划处、劳动工资处、技术安全处、生产办公室、总调度室、基建处、工程室、生活办公室、卫生处、行政处。所属二级单位18个：勘探指挥部、钻井指挥部、采油指挥部、工程指挥部、油建指挥部、机电安装指挥部、建筑指挥部、干打垒指挥部、水供电指挥部、总机械修理厂、器材供应指挥部、运输指挥部、石油工业部第五设计院、哈尔滨办事处、职工医院、地质指挥所、运销处、北安副业场。在册职工6.1万人。

1962年初，随着生产规模越来越大，建设任务越来越重，工作环节纵横交错，转油站、注水站、变电站连续运转。5月8日，“中一注水站”因管理不善，酿成大火。为此，会战工委决定建立健全岗位责任制，做到事事有人管、人人有专责、办事有标准、工作有检查，并在全战区开展了岗位责任制大检查。岗位责任制逐步发展成为石油系统基层管理的重要经验。7月，为贯彻生产技术工作上的总工程师负责制，减少机构层次，便于领导，会战指挥部决定撤销工程室，将其下设的工程技术室、规划室、机动处由生产办公室直接领导，工程技术室为技术委员会的常设办事机构。同时，将生产、技术、计划等部门并入生产办公室。生产办公室设8个总工程师，分别负责钻井、采油、水、机、电、基建、地质和规划等8个专业。为有利生产、便于指挥，油田日常生产以总调度室为中心，组成油田会战指挥部、二级单位指挥部、矿（大队）较为完善的三级调度网，实行“人归一家”、“物归一家”、“粮归一家”，凡是动用人员、设备和召开会议，都由总调度室归口下达，形成“一捆一口一个漏斗”。1963年11月，石油工业部决定，勘探指挥部机关、2个勘探处及所属58个地震队、17个钻井队和23个生产辅助队，共7700余名职工参加华北石油会战。

经过三年多的石油会战，探明了一个面积达860平方千米的特大油田，建成年产600万多吨的生产能力，累计生产原油1166万吨，占同期全国原油产量的51.3%，从根本上改变了中国石油工业的面貌。1963年11月17日，周恩来总理在全国人大二届四次会议上，庄严宣布：“由于大庆油田的发现和建成，我国石油已经基本自给了！中国人民使用洋油的时期，即将一去不复返了！”12月28日、29日，余秋里和康世恩代表石油部党组分别向中央机关和北京工矿企业领导介绍大庆石油会战的经验。

1964年1月25日，毛泽东主席发出“工业学大庆”的号召。2月5日，中央下发大庆石油会战情况的通知。期间，《人民日报》连续发表长篇通讯和社论，在全国掀起了学大庆活动的热潮。2月22日，由于大庆石油会战工作经验及成果需公开报道，报刊上将用“大庆”名字公开发表。为了保密，黑龙江省人民工作委员会通知，将安达市所属大庆区改称为大同区，凡有大庆的名称都改为大同。

会战开始至1964年初，大庆油田体制尚未确定，形成了地方政权和企业领导机关并存的局面。1962年2月，周恩来总理视察大庆，提出实行“政企合一”的设想。1964年6月23日，中共中央、国务院决定撤销安达市，设立安达特区，恢复安达县。安达特区实行政企合一管理体制。

截至1964年9月，会战政治部设工作机构7个：办公室、组织部、干部部、宣传部、监委办公室、妇女工作部、武装部。政治部受工委委托，领导工会、共青团、直属机关党委和保卫处的工作。会战指挥部设3个综合性办公室，即生产办公室、生活办公室和行政办公室，内设19个处（室）。所属二级单位15个：钻井指挥部、采油指挥部、工程指挥部、油田建设指挥部、炼建施工指挥部、机电安装指挥部、水厂、供电指挥所、总机械修理厂、器材供应指挥部、运输指挥部、石油工业部油田建设设计研究院、职工医院、油田开发研究院、运销处。在册职工5.7万人。

大庆石油会战以来，以“铁人”王进喜为代表的石油工人，在极其困难的条件下，以“三老四严”、“四个一样”高度的主人翁责任感和科学求实精神，自力更生、艰苦奋斗，仅用4年的时间，累计探明石油地质储量22.68亿吨、可采储量1.98亿吨，累计探明天然气储量54.67亿立方米，累计生产原油1791.3万吨，占同期全国原油产量的73.7%，累计实现财政上缴18.28亿元。先后涌现出一大批功勋集体，1205钻井队被石油部授予“钢铁钻井队”；1202钻井队被石油部授予“石油战线上的猛虎”；1203钻井队被石油部授予“五好钢铁钻井队”；采油一部三矿四队被石油部授予“高度觉悟，严细成风”的采油队。这些功勋集体极大地鼓舞了会战职工的士气，激发了会战职工革命加拼命的干劲，为石油工业发展作出了巨大贡献。

1. **中共松辽石油会战工作委员会领导名录**（1961.11—1964.9）

书　　记　余秋里（兼任，1961.11—1964.9）

副 书 记　康世恩（兼任，1961.11—1964.6）

吴星峰（1961.11—1964.6）

张文彬（1961.11—1964.6）

秘　书　长　李荆和（1961.11—1964.9）
委　　　员　唐　克（1961.11—1964.6）
焦力人（1961.11—1964.9）
李荆和（1961.11—1964.9）
陈李中（1961.11—1964.9）
杨继清（1961.11—1964.9）
杨文彬（1961.11—1964.6）
王新坡（1961.11—1964.9）
徐今强（1961.11—1964.9）
闫子元（1961.11—1964.9）
张　俊（1961.11—1964.9）
监委书记　杨继清（1961.1—1964.9）
政治部主任　李荆和（1961.11—1964.9）

2. **松辽石油会战指挥部领导名录**（1961.11—1964.9）

指　　　挥　康世恩（兼任，1961.11—1964.6）
徐今强（兼任，1964.6—9）
副　指　挥　吴星峰（1961.11—1964.6）
唐　克（1961.11—1964.6）
张文彬（1961.11—1964.6）
焦力人（1961.11—1964.9）
陈李中（1961.11—1964.9）
杨文彬（1961.11—1964.6）
王新坡（1961.11—1964.9）
范元绶（1961.11—1964.6）
刘少男（1961.11—1964.9）
宋世宽（1961.11—1964.9）
只金耀（1961.11—1964.9）
宋振明（1961.11—1964.9）

3．**松辽石油会战指挥部工会**（1961.11—1964.9）

主　　席　陈国润（1961.11—1964.2）

只金耀（1964.2—1964.9）

（三）大庆会战指挥部（1964.9—1970.6）

1964年9月1日，石油工业部党组决定，中共松辽石油会战工作委员会更名为中共大庆会战工作委员会（简称会战工委），松辽石油会战指挥部更名为大庆会战指挥部，松辽石油会战政治部更名为大庆会战政治部。会战工作委员会和会战指挥部成为油田独立的领导机构。

1964年12月，石油工业部决定，大庆炼油厂不再作为部直属企业，改由大庆会战指挥部统一领导。1965年12月，大庆炼油厂建成投产，成为中国第一个自主设计、独立施工，年生产规模250万吨、可生产240多种产品的大型炼油厂。

1965年1月1日，根据中共黑龙江省委、黑龙江省人民工作委员会决定，安达特区正式成立，会战工委也是特区党委。特区成立后，特区领导由会战工委和会战指挥部领导兼任，实行一套班子两块牌子的“政企合一”领导体制。党的工作和政治工作实行以石油工业部党组领导为主、省委领导为辅的双重领导制度。特区政府工作中有关企业工作以石油工业部领导为主，有关地方工作以黑龙江省人委领导为主。在政府机构和油田机构设置上采取“能并则并、能兼则兼”的办法，劳动、交通、物资、公安、文教、卫生等部门实行一个机构两块牌子，合署办公。

1966年5月，“文革”开始，大庆党政领导班子受到严重冲击，大庆工委17名领导成员有16名被揪斗，油田科研部门被解散，岗位责任制被视为“管卡压”，正常的生产秩序难以维持。为确保油田各项生产工作有序进行，1967年3月23日，中共中央、国务院和中央军委作出《关于大庆油田实行军事管制的决定》。27日，由沈阳军区派出部队组成大庆军事管制委员会，实行军事管制。大庆军管会受石油工业部和沈阳军区双重领导。23军副军长安怀、16军副军长褚传禹、黑龙江省军区副司令员丁继先，先后担任军管会主任。

1967年3月，经国务院批准，大庆会战指挥部抽调3部钻机、5个地震队710人到辽河参加会战。5月，又抽调钻井队、地震队、试油队等452人前往辽河。两批队伍组建成立大庆“六七三”厂，负责下辽河盆地石油勘探开发。经过三年会战，完成探井34口，其中19口发现工业油流。1970年4月，大庆“六七三”厂划归辽河石油勘探指挥部。

1968年5月，黑龙江省革命委员会批准成立大庆革命委员会。6月22日，正式启用大庆革命委员会公章，停止使用中共大庆会战工作委员会、松辽石油勘探局公章。仍实行政企合一体制，隶属于石油工业部和黑龙江省革命委员会双重领导，以石油工业部领导为主。革委会主任褚传禹，副主任周的民、李荆和、齐健敏、张绳武、王进喜、张洪池、陈俊、刘淑源。办公地点在安达市红旗镇。

1969年2月，为加强党的领导，经黑龙江省革委会党的核心小组批准，成立中共大庆革命委员会核心小组。组长褚传禹，副组长周的民、王进喜、李荆和。党的核心小组对党、政、军、民等一切工作实行统一领导，同一层次各个不同性质的组织和领导机关，均接受同级党组织的一元化领导。

1969年12月至1970年1月，为加快五七油田（即江汉油田）开发建设，大庆会战指挥部先后抽调油建队伍2300人、试油试采队伍650人、机修队伍802人、汽车运输队伍80人、通讯队伍37人、大庆炼油厂365人、研究院700人、设计院212人、1202钻井队216人成建制带设备，共计5362人参加五七油田会战。

受“文革”影响，大庆革命委员会内设机构多次发生变化。革委会成立初期，设政治组、生产组、人民保卫组、办事组。1969年8月，设政治部、生产指挥部、后勤部、办公室、人民保卫组，各部室下设组。1970年5月，设政治部、生产指挥部、后勤部、人民保卫部、核心小组办公室、革委会办公室、战备领导小组办公室。

大庆油田经过10年的发展建设，截至1969年底，共打调整井506口，调整区块总面积达87平方千米。累计探明石油地质储量22.68亿吨、可采储量3.55亿吨，累计探明天然气储量54.67亿立方米，累计钻井3716口、钻井进尺869万米，累计生产原油7450.3万吨。所属二级单位19个：钻井指挥部、第一采油指挥部、第二采油指挥部、第三采油指挥部、第四采油指挥部、井下作业指挥部、油田建设指挥部、运输指挥部、物资供应指挥部、大庆炼油厂、水电指挥部、总机械修理厂、建筑公司、油田开发研究院、油田建设设计研究院、五七农场、职工医院、大庆石油钻采学校、五七学校。在册职工7.15万人。

期间，大庆会战指挥部钻井指挥部二大队大队长王进喜、油建指挥部副大队长朱洪昌、大庆石油会战工委秘书长李荆和、钻井指挥部测井中队副指导员张洪池当选第三届全国人大代表。大庆会战指挥部副指挥、总地质师闵豫任第四届全国政协委员。大庆革委会党的核心小组副组长、革委会副主任王进喜当选中共九大代表、第九届中央委员。

1. **中共大庆会战工作委员会领导名录**（1964.9—1965.5）

书　　记　余秋里（兼任，1964.9—1965.5）

秘 书 长　李荆和（1964.9—1965.5）

委　　员　李荆和（1964.9—1965.5）

陈李中（1964.9—1965.5）

杨继清（1964.9—1965.5）

王新坡（1964.9—1965.5）

徐今强（1964.9—1965.5）

闫子元（1964.9—1965.5）

张　俊（1964.9—1965.5）

监委书记　杨继清（1964.9—1965.5）

政治部主任　季铁中（1964.9—1965.5）

2. **中共大庆会战工作委员会（安达特区党委）领导名录**（1965.5—1968.5）

书　　记　徐今强（兼任，1965.5—1966.9）

副 书 记　李荆和（1965.5—1968.5）

季铁中（1965.5—1968.5）

宋振明（1965.5—1968.5）

常　　委　王新坡（1965.5—1966.5）

王云午（1965.5—1966.5）

宋世宽（1965.5—1968.5）

只金耀（1965.5—1966.5）

陈烈民（1965.5—1968.5）

贾　皞（1966.5—1968.5）

姬永兴（1966.5—1968.5）

王炳诚（1966.5—1968.5）

监委书记　杨继清（1965.5—8）
　　　　　李荆和（1965.8—1968.5）
政治部主任　季铁中（1965.9—1966.5）
　　　　　陈烈民（1966.5—1968.5）

3. 大庆会战指挥部领导名录（1964.9—1968.5）

指　　挥　徐今强（兼任，1964.9—1966.9）
副 指 挥　宋振明（1964.9—1968.5）
　　　　　宋世宽（1964.9—1968.5）
　　　　　只金耀（1964.9—1968.5）
　　　　　王新坡（1964.9—1966.5）
　　　　　王云午（1964.9—1968.5）
　　　　　邢子陶（1964.9—1968.5）
　　　　　李　敬（1964.9—1968.5）
　　　　　欧阳义（1964.9—1966.1）
　　　　　王炳诚（1964.9—1968.5）
　　　　　李虞庚（1964.9—1968.5）
　　　　　杨　录（1964.12—1968.5）
　　　　　闵　豫（1964.12—1968.5）
　　　　　崔海天（1964.12—1968.5）
　　　　　王进喜（1966.2—1968.5）
钻井总工程师　王炳诚（1964.9—1968.5）
采油总工程师　李虞庚（1964.9—1968.5）

4. 大庆会战指挥部工会（1964.9—1968.5）

主　　席　只金耀（1964.9—1968.5）

5. 大庆军管会领导名录（1967.3—1970.6）

主　　任　安　怀（1967.3—1968.5）
　　　　　褚传禹（1968.5—1969.11）
　　　　　丁继先（1970.4—6）
副 主 任　褚传禹（1967.3—1968.5）
　　　　　周的民（军代表，1967.3—1969.11）

6. **大庆革委会领导名录**（1968.5—1970.6）

主　　任　褚传禹（1968.5—1969.11）
丁继先（1970.4—6）
第一副主任　任云峰（1970.2—6）
副　主　任　周的民（1968.5—1969.11）
李荆和（1968.5—1970.6）
齐健敏（1968.5—1970.6）
张绳武（1968.5—1969.11）
王进喜（1968.5—1970.6）
张洪池（基层代表，1968.5—1970.6）
陈　俊（1968.5—1970.6）
刘淑源（1968.5—1970.6）
燕培星（1969.7—1970.6）
付金平（军代表，1969.7—1970.6）
任云峰（1969.11—1970.2）
李成德（1969.11—1970.6）
范文斌（1969.11—1970.6）

7. **中共大庆革委会核心小组领导名录**（1969.2—1970.6）

组　　长　褚传禹（军代表，1969.2—11）
丁继先（军代表，1970.4—6）
第一副组长　任云峰（军代表，1970.2—6）
副　组　长　周的民（军代表，1969.2—11）
王进喜（基层代表，1969.2—1970.6）
李荆和（1969.2—1970.6）
成　　员　张绳武（军代表，1969.2—11）
齐健敏（军代表，1969.2—1970.6）
燕培星（军代表，1969.2—1970.6）
高　峰（军代表，1969.2—1970.2）
宋世宽（1969.2—1970.6）
刘淑源（女，群众代表，1969.2—1970.6）

李福泉（群众代表，1969.2—1970.6）
李成德（军代表，1969.11—1970.6）
范文斌（军代表，1969.11—1970.6）
陈　俊（基层代表，1970.2—6）
高清廉（军代表，1970.2—6）

政治部主任　范文斌（1969.11—1970.1）
高清廉（1970.1—6）

七、华北石油勘探处、华东石油勘探局—华北石油会战总指挥部（九二三厂）（1958.7—1970.6）

（一）华北石油勘探处（1958.7—1961.7）

胜利油田是在20世纪50年代华北地区地质普查和石油勘探的基础上发现的。1956年3月，石油工业部决定在河北省南宫县明化镇成立华北石油钻探大队，由西安地质调查处领导，下设3个井队，人员总计359人。1958年5月，改称华北石油勘探大队，机关迁往济南，直属石油工业部领导。

1958年6月，石油工业部决定，自7月10日起撤销华北石油勘探大队，成立华北石油勘探处，负责华北地区石油勘探工作，由山东省领导。

1959年1月，华北石油勘探处改由石油工业部直接领导。4月，中共华北石油勘探处委员会成立，孙竹任党委书记。

1961年4月16日，位于东营构造上的华8井首获工业油流，标志着胜利油田的发现；7月，华北石油勘探处并入华东石油勘探局。

1．**中共华北石油勘探处委员会领导名录**（1959.4—1961.4）

书　　记　孙　竹（1959.4—1961.4）

2．**华北石油勘探处领导名录**（1958.5—1961.4）

处　　长　靳耀华（1958.6—1961.4）

（二）华东石油勘探局（1958.6—1964.1）

1958年6月，石油工业部决定，自7月10日起在上海成立华东石油勘探局，由华东协作区领导。12月，经国家经委和上海市委同意，石油工业部决定自1959年1月起将华东石油勘探局划归部直接领导。

1961年7月，华北石油勘探处并入华东石油勘探局。9月，华东石油勘探局设东营办事处，直接组织领导山东石油勘探工作。

1962年9月23日，营2井获日产555吨的高产油流，这是当时全国日产量最高的一口油井，胜利油田早期称为“九二三厂”即由此而来。10月，华东石油勘探局党委成立东营办事处党的领导小组，刘南任组长，职若愚任副组长。

1963年7月，华东石油勘探局机关由上海迁入山东东营办公。9月，石油工业部决定，华东石油勘探局东营办事处使用第二厂名——广饶农场，对外代号“九二三厂”。

1. **中共华东石油勘探局委员会领导名录**（1959.10—1963.12）

书　　记　黄国斌（兼任，1959.10—1961.11）
陈寿华（兼任，1961.11—1963.12）

副 书 记　李义和（1961.11—1963.1）
职若愚（兼任，1963.1—12）

委　　员　刘　南（1959.10—　　）
陈显发（1959.10—　　）
刘维杰（1959.10—　　）
胥德元（1959.10—　　）
王尚文（1961.11—　　）
徐成华（1961.11—　　）
刘灼光（1961.11—　　）
陶述祥（1961.11—　　）
程玉崐（1961.11—　　）
靳耀华（1961.11—　　）
刘长沛（1961.11—　　）
职若愚（1962.7—　　）

2. **华东石油勘探局领导名录**（1958.6—1963.12）

局　　长　陈寿华（1961.11—1963.12）

副 局 长　刘　南（1958.6—　　）
黄国斌（1958.6—　　）
职若愚（1962.4—　　）

（三）华北石油勘探会战总指挥部（九二三厂）（1964.1—1970.6）

1964年1月25日，中共中央批准华北石油勘探会战，同时批准石油工业部党组成立华北石油勘探会战总指挥部和工作委员会，下设河北和东营（山东）两个勘探指挥部。3月，石油工业部决定，成立华北石油勘探会战总指挥部，下分东营勘探指挥部（代号九二三厂）和河北勘探指挥部（代号六四一厂），总部机关设在山东东营，并直接领导东营勘探指挥部的工作，对外代号暂用九二三厂。6月，华北石油勘探会战总指挥部（简称会战总指挥部）和中共华北石油勘探会战工作委员会（简称会战工委）正式成立。干部管理工作接受石油工业部党组和中共山东省委的双重领导，享有地市级单位干部管理权限。同年，石油工业部陆续从大庆、玉门、青海、新疆、四川等油田单位调集会战队伍，继松辽油田大会战之后的又一次重要会战从此全面展开。会战初期，石油工业部和会战总指挥部从东营地区复杂的地质情况出发，制定了“区域展开，重点突破，各个歼灭”的勘探方针，仅用9个月时间，基本探明山东境内的第一个大油田——胜坨油田。

1964年3月，九二三厂试采指挥部成立。7月，地质指挥所成立。10月，济南柴油机厂划归九二三厂领导。

1964年，厂机关设政治部、办公室、生产办公室和生活办公室。其中，政治部内设办公室、组织部、宣传部、干部部、监委办公室、保卫处、武装部、工会、团委，办公室内设文书科、研究室、档案室、济南办事处，生产办公室内设技术委员会、企业管理小组、总调度室、工程技术室、机动指挥所、基建处、计划处、财务处、人事处，生活办公室内设财务科、生活服务科、家属管理科、行政科。下属地质指挥所、钻井工程处、试采指挥部、机修厂、济南柴油机厂、供应指挥部、职工医院、钻井一大队、钻井二大队、矿场地球物理站、运输大队等单位。

1965年1月，为加强经济核算，改进经营管理，石油工业部决定将九二三厂改为生产企业。4月，九二三厂油田建设指挥部成立。10月，石油工业部决定成立胜利炼油厂建设指挥部，由九二三厂领导。11月，九二三厂决定以大庆调来的钻井队伍及3个钻井大队、钻井工程处、矿场地球物理站和油建四大队为基础成立钻井指挥部。同时，撤销试采指挥部，以原试采指挥部的井下作业大队和大庆调来的井下作业队为基础，成立井下作业指挥部；以原试采指挥部的采油队为基础，成立采油指挥部。同月，由大庆设计院援建九二三厂68名人员组成油建指挥部设计室，1972年9月组建为设计处。

1966年1月，九二三厂运输大队与石油工业部运输二分公司合并，成立九二三厂运输指挥部。7月，根据石油工业部通知，六四六厂地调二大队大队部及其所属6个地震队划归九二三厂管理。到1966年，先后探明和初步探明胜坨、东辛、滨南、现河庄、纯化等油气田，原油产量达到134万吨。

1967年底，华北石油勘探会战总指挥部（九二三厂）机关增设亦工亦农工作部。直属单位主要有水电厂、油田建设指挥部、钻井指挥部、井下作业指挥部、采油指挥部、运输指挥部、地调大队、胜利炼油厂等。会战总指挥部党组织关系隶属于山东省委。截至1967年12月，下属12个基层党委、29个党总支、351个党支部，共有党员6784名。

1967年，生产原油130.3万吨，销售量122.97万吨，天然气产量0.24亿立方米；实现收入1.77亿元，产值1.65亿元，实现利税0.42亿元；年末固定资产净值总计2.68亿元；累计发现油田18个，累计探明石油地质储量4.21亿吨；投入开发油田1个，油井总数231口。在册职工3.17万人。

1967年2月上旬，中国人民解放军6003部队进驻九二三厂"支左"。6月，济南军区第26军奉命对九二三厂实行军事管制。1968年1月，经山东省革委会批准，九二三厂革委会成立。1969年6月，经中共山东省革委会核心领导小组批准，中共九二三厂核心领导小组成立。

1968年5月，经九二三厂军管会同意，召开九二三厂革命工人代表大会（后被确认为胜利油田第一次工会代表大会），选举产生由22人组成的九二三厂革命工人代表大会领导小组。

1969年7月，石油工业部军管会决定成立山东胜利合成氨厂领导小组，由九二三厂领导。12月，石油工业部军事管制委员会、山东省革命委员会联合通知，自1970年1月起，将胜利炼油厂、山东胜利合成氨厂改由山东省、石油工业部双重领导，以山东省为主。

1969年5月至1970年4月，九二三厂抽调油建、运输、汽修、机修、作业等系统1400多名职工和748台（套）生产设备、120辆汽车，支援江汉石油会战。

1969年底，九二三厂机关设政治部、办公室、生产指挥部、福利及服务办公室等部门。增设一分厂1个直属单位。

1969年，生产原油292.7万吨，销售量283.45万吨，天然气产量0.6亿立方米；实现收入7.53亿元、产值7.7亿元、利税3.9亿元；年末固定资产净值总计4.09亿元；累计发现油田19个、探明石油地质储量5.48亿吨；投入开发油田3个，油井总数447口。在册职工4.18万人。

1964年1月至1968年1月：

1. **中共华北石油勘探会战工作委员会领导名录**（1964.6—1968.1）

书　　记　康世恩（兼任，1964.6—1965.6；兼任，1966.1—1968.1）
张文彬（兼任，1965.5—1966.1）

副 书 记　吴星峰（兼任，1964.6—1965.6）
张文彬（1964.6—1965.2）
王瑞龙（1965.1—1968.1）
焦万海（1965.5—1968.1）
马骥祥（1965.5—1968.1）
焦力人（兼任，1966.1—1968.1）

政治部主任　任成玉（兼任，1964.6—1965.1）
马骥祥（1965.1—6）
王瑞龙（兼任，1965.5—1968.1）

2. **华北石油勘探会战总指挥部领导名录**（1964.6—1968.1）

指　　挥　康世恩（兼任，1964.6—1965.5）
张文彬（兼任，1965.5—1966.1）
焦力人（兼任，1966.1—1968.1）

副 指 挥　唐　克（1964.6—1965.2）
张文彬（1964.6—1965.2）
杨文彬（1964.6—12）
范元绶（1964.6—12）
刘　南（1964.6—1968.1）
马骥祥（1964.6—1965.1；1965.5—1968.1）
张振海（1964.6—1968.1）
张载褒（1964.6—1968.1）
翟光明（1964.6—12）
赵声振（1964.6—12）

李　云（1964.6—1968.1）
职若愚（1964.6—1965.6）
王照明（1965.1—1966.1）
李光明（1965.1—1966.6）
刘安时（1965.1—8）
孙荣富（1965.1—1968.1）
焦万海（1965.5—1968.1）
王　军（1965.5—1968.1）
刘占仓（1965.5—1968.1）
姚福林（1965.5—1968.1）
刘佩荣（1965.9—1968.1）
杨继清（1965.9—1968.1）
欧阳义（兼任，1966.1—1968.1）

总工程师　张载褒（兼任，1964.6—1968.1）

总地质师　谭文彬（1966.1—1968.1）

1968年1月至1970年6月：

1. **中共九二三厂核心小组领导名录**（1969.6—1970.6）

组　　长　张　豪（军代表，1969.6—1970.6）

副组长　贾仲岭（1969.6—1970.6）
焦力人（1969.6—1970.2）

2. **九二三厂革委会领导名录**（1968.1—1970.6）

主　　任　贾仲岭（1968.1—1970.6）

副主任　王岱东（军代表，1968.1—1970.6）
朱家胜（群众代表，1968.1—1970.2）
张　豪（军代表，1968.1—1970.6）
焦力人（1969.6—1970.2）
米宝石（军代表，1969.6—1970.6）
芦廷起（军代表，1969.6—1970.6）
刘佩荣（1970.2—6）
欧阳义（1970.2—6）

八、河北勘探指挥部（六四一厂）—华北石油勘探指挥部（六四一厂）—华北石油勘探指挥部（1964.1—1970.6）

（一）河北勘探指挥部（六四一厂）（1964.1—1966.5）

1963年7月，根据地质部在华北地区石油普查结果，为加快石油工业发展，石油工业部决定将勘探重点向南转移，调集大庆会战指挥部勘探队伍赴渤海湾开展石油勘探会战。12月3日，地质部勘探队在河北省黄骅县境内羊三木构造钻探黄3井获工业油流，为加快黄骅裂谷盆地油气勘探奠定了基础。20日，石油工业部致函河北省、天津市人民委员会，决定在天津市成立华北石油勘探指挥部，在河北、天津等地开展石油勘探工作。

1964年1月3日，国务院批准石油工业部在天津市设立华北石油勘探指挥部。25日，中央批准石油工业部党组成立华北石油勘探会战总指挥部和工作委员会，下设河北和东营（山东）两个勘探指挥部。按照勘探的总体部署，石油工业部从大庆会战指挥部抽调53个地震队、17个钻井队和23个生产辅助队伍，以及部分机关干部共7700名职工，由石油工业部松辽会战指挥部副指挥杨文彬等带队开赴华北地区，拉开了华北石油勘探会战序幕。

2月，河北勘探指挥部以代号六四一厂公开对外，主要负责华北地区石油资源的勘探工作，党组织关系隶属中共天津市委管理，厂部设在天津市北郊区北仓镇，利用天津钢管厂的旧厂房作为工作和生活的驻地。大庆勘探会战队伍到华北后，仍沿用大庆会战指挥部时期党委集体领导体制，因系原建制调动，各级政治部都按原机构开展工作。机关设政治部（办公室、组织部、干部部、宣传部、监委办公室、保卫处、工会、团委、机关党委）、行政办公室、生活办公室、调度室、生产技术处、财务处、劳动工资处等部门。下设第一勘探处、第四勘探处、地质调查处、运输处、完井作业处、地质研究所、工程技术研究室、工程大队、总机厂、器材供应处、职工医院等11个单位。

5月，东营勘探指挥部驻徐水的炼厂勘察队划归河北勘探指挥部管理，更名为河北勘探指挥部勘察大队。12月，位于北大港构造带的预探井港5井喜喷原油，这是大港地区勘探的第一个突破，标志着大港油田的诞生。

1965年，石油工业部作出“上山下海、大战平原”的决策，加快了石油勘探会战的步伐。1月，河北勘探指挥部所属的地质调查处（后更名为地调指挥部），对外公开称石油工业部六四六厂。5月，河北勘探指挥部1020人，由兼任指挥的杨文彬带队支援四川石油会战。9月至12月，河北勘探指挥部机关由天津市北郊区北仓镇搬迁至南郊区滨海村，即大港油田的发祥地，被命名为“一号院”，并在天津市和平区大理道30号设立办事处。

1966年1月，石油工业部批准河北勘探指挥部增设海洋勘探指挥部、钻前工程处、井下作业处、采油处、教育处等5个机构，同时撤销试采处和工程大队。3月，原油储运库在天津西郊区周李庄建成，河北勘探指挥部生产的原油开始通过汽车运输到周李庄原油储运库。同月，第一列铁路槽车原油外运，发往锦西石油五厂。

1966年5月，河北勘探指挥部更名为华北石油勘探指挥部，对外仍称六四一厂。

1. **中共河北勘探指挥部委员会领导名录**（1965.5—1966.5）

书　　记　郭究圣（1965.5—1966.5）

副 书 记　关耀家（1965.5—1966.5）

冯　浩（1965.5—1966.5）

常　　委　杨文彬（1965.5—1966.5）

刘安时（1965.5—1966.5）

余　萍（1965.5—1966.5）

张会智（1965.5—1966.5）

王天儒（1965.5—1966.5）

王　涛（1965.5—1966.5）

曹进奎（1966.2—5）

政治部主任　王天儒（1965.5—1966.5）

2. **河北勘探指挥部领导名录**（1965.5—1966.5）

指　　挥　杨文彬（兼任，1965.5—1966.2）

曹进奎（1966.2—5）

副 指 挥　刘安时（1965.5—1966.5）

余　萍（1965.5—1966.5）

张会智（1965.5—1966.5）
杜志福（1965.5—1966.5）
孙德福（1965.5—1966.5）
彭佐猷（1965.5—1966.5）
万鹏飞（1965.5—1966.5）
田在艺（1965.5—1966.5）
林祖膂（1965.5—1966.5）
王　涛（1965.5—1966.5）
郭志忠（1965.5—1966.5）
王连志（1965.6—1966.5）
高自谦（1966.3—5）
钟一鸣（1966.5）

总 工 程 师　李克向（1965.5—1966.5）
总 地 质 师　王　涛（1965.5—1966.5）
总地球物理师　孟尔盛（1965.5—1966.5）

（二）华北石油勘探指挥部（六四一厂）—华北石油勘探指挥部（1966.5—1970.6）

1966年5月22日，河北勘探指挥部更名为华北石油勘探指挥部，对外仍称六四一厂。同时，增设采油指挥部、井下作业指挥部、基建指挥部和地质指挥所。24日，石油工业部党委决定，撤销中共石油工业部河北石油勘探委员会和监察委员会，成立中共石油工业部华北石油勘探工作委员会和监察委员会。31日，华北石油勘探指挥部所属地质调查处第二大队队部及6个地震队，整建制划归东营勘探指挥部；第五大队队部及16个地震队，整建制划归四川石油管理局；第三大队队部和5个地震队及166名职工整建制划归江汉油田。9月，华北石油勘探指挥部地质调查处第六大队划归东营勘探指挥部。12月，华北石油勘探指挥部机关迁至天津市南郊区北大港水库南端新建成的“二号院”办公。

截至1966年底，该地区探明地质储量1.56亿吨，已有王徐庄、港东、港西、周青庄、唐家河5个油田探井陆续投入生产，油井开井35口，年生产原油11.47万吨、天然气1800万立方米。

1967年1月，华北石油勘探指挥部改为生产企业。3月，为加强华北地区天然地震工作，按照国务院通知要求，石油工业部批准华北石油勘探指挥部在当地招收800名固定工，由地调指挥部组成25个天然地震队。4月，五七厂（江汉油田）所属901勘探队划归华北石油勘探指挥部。

6月，中国人民解放军天津警备区对华北石油勘探指挥部实行军事管制。成立华北石油勘探指挥部（六四一厂）军管会临时生产指挥部，由天津市革委会生产指挥部代管。

同月，海洋石油勘探指挥部在位于天津市塘沽港外的浅海区钻探的海1井，喜喷原油，创造了中国海上打探井出油的先例，是中国海洋石油工业的重大突破，标志着中国石油工业钻井技术的新发展。为此，国务院致电表示祝贺。

1968年3月，经天津市革命委员会批准，成立华北石油勘探指挥部革委会。同时，中共华北石油勘探指挥部工作委员会停止工作。6月，中国人民解放军天津警备区决定，解除对华北石油勘探指挥部的军事管制，仍由天津市革委会生产指挥部代管。12月，石油工业部军管会决定，取消华北石油勘探指挥部六四一厂的代号，使用石油工业部华北石油勘探指挥部名称。

1969年3月，石油工业部军管会决定，将华北石油勘探指挥部参加四川会战的钻井队伍908人及装备划归四川石油管理局。4月，华北石油勘探指挥部所属地调指挥部（对外称六四六厂）改为石油工业部直属单位，划转职工4819人。同月，石油工业部军管会与河北省革委会在河北省霸县召开冀中石油勘探会战筹备会，决定成立冀中勘探会战领导小组和冀中勘探指挥部，负责冀中石油会战的组织领导。截至1969年底，华北石油勘探指挥部革委会先后多次对内设机构进行精简调整，减少机关工作人员354人，减幅为80.5%。机关设政治部、生产指挥部、生活指挥部、武装部和革命委员会办公室。下属钻井指挥部、冀中勘探指挥部、海洋勘探指挥部、井下作业指挥部、基建指挥部、采油指挥部、机修厂、水电厂、运输处、供应处、炼油厂、职工医院、地球物理勘探大队、研究大队等14个单位。职工1.4万人。

1970年1月，六四六厂海洋一大队划归华北石油勘探指挥部海洋勘探指挥部管理。

3月，中共天津市革命委员会核心小组批复，同意建立中共华北石油勘探指挥部委员会，并任命党委班子成员。下属9个基层党委、10个党总支、183个党支部，共有党员3083名。

4月，华北石油勘探指挥部钻井队以及相应的试油、油田建设、机修、运输等队伍3072人划归辽河石油勘探指挥部管理。

1970年6月，经国务院批准，石油工业部军管会将华北石油勘探指挥部下放天津市，实行双重领导，以天津市为主。

期间，华北石油勘探指挥部党委常委臧成平当选中共九大代表。

1．**中共华北石油勘探指挥部工作委员会领导名录**（1966.5—1968.3）

书　　记　吴星峰（1966.5—1968.3）

副 书 记　郭究圣（1966.5—1968.3）

曹进奎（1966.5—1968.3）

赵复成（1966.5—1968.3）

段志高（1966.5—1968.3）

常　　委　余　萍（1966.5—1968.3）

齐国贤（1966.5—1968.3）

监委书记　赵复成（1966.5—1968.3）

政治部主任　齐国贤（1966.5—1968.3）

2．**中共华北石油勘探指挥部委员会领导名录**（1970.3—6）

书　　记　曹进奎（1970.3—4）

副 书 记　霍洪山（1970.3—6）

赵复成（1970.3—6）

苑青山（1970.3—6）

马永林（1970.3—6）

刘仁杰（1970.3—6）

常　　委　侯　忠（1970.3—6）

贺清德（1970.3—6）

臧成平（1970.3—6）

3．**华北石油勘探指挥部领导名录**（1966.5—1968.3）

指　　挥　吴星峰（1966.5—1968.3）

副 指 挥　曹进奎（1966.5—1968.3）

余　萍（1966.5—1968.3）
张会智（1966.5—1968.3）
王　涛（1966.5—1968.3）
游静裕（1966.5—1968.3）
丁　达（1966.5—1968.3）
满应科（1966.5—1968.3）
冯　浩（1966.5—1968.3）
郭志忠（1966.5—1968.3）
钟一鸣（1966.5—1968.3）
高自谦（1966.5—1968.3）
王连志（1966.5—1968.3）
刘安时（1966.5—1968.3）
万鹏飞（1966.5—1968.3）

总工程师　游静裕（1966.5—1968.3）

总地质师　王　涛（1966.5—1968.3）

4. **华北石油勘探指挥部革委会领导名录**（1968.3—1970.6）

主　　任　曹进奎（1968.3—1970.4）

副 主 任　余　萍（1968.3—1970.6）
霍洪山（军代表，1968.3—1970.6）
苑青山（军代表，1968.3—1970.6）
赵复成（1970.4—6）
马永林（1970.4—6）
刘仁杰（1970.4—6）

常　　委　赵复成（1968.3—1970.6）
冯　浩（1968.3—1970.6）
郭志忠（1968.3—1970.6）
张金虎（军代表，1968.3—1970.6）
顾德华（1968.3—1970.6）
陈厚勇（1968.3—1970.6）
张景波（1968.3—1970.6）

侯 忠（1968.3—1970.6）

贺清德（1968.3—1970.6）

臧成平（群众代表，1969.5—1970.6）

吕连生（群众代表，1969.5—1970.6）

九、江汉石油勘探处—江汉石油勘探会战指挥部（五七厂）—五七油田会战指挥部（1961.11—1964.12；1966.7—1970.6）

（一）江汉石油勘探处（1961.11—1964.12）

1961年8月，为尽快打开中国中南地区石油勘探局面，石油工业部决定，将四川石油管理局广西勘探大队北调江汉盆地，开展区域综合勘探。10月，石油工业部决定成立江汉石油勘探处，由部直接领导。该处下设广东海南岛石油勘探大队，处址设在湖北省潜江县，人员编制为1086人。11月，江汉石油勘探处正式成立。1962年3月，成立中共石油工业部江汉石油勘探处委员会。勘探处直属石油工业部领导，机关设党委办公室（包括组织科、宣传科、保卫科、团委、工会）、办公室和生产生活职能科室（包括计划科、财务科、人事科、行政科、供应科、地质室、钻井室、机动室、机要室、资料室）；下属地震队、钻井队、地质队、综合测量队、电法队、放射性队、电测队、土建安装队、运输队、修配车间、泽口仓库、卫生所等12个直属单位，职工564人，机关办公地点在潜江县城区。随后，石油工业部从四川石油管理局、贵州石油勘探局和银川石油勘探处抽调部分人员、设备，加强江汉盆地的勘探力量。截至1962年末，职工增至1130人。

1964年4月，江汉石油勘探处成立政治处。同年底，为加强中国南部地区石油勘探工作，石油工业部决定从1965年1月1日起，将江汉石油勘探处划归茂名石油公司领导。领导关系改变后，其担负的江汉平原及附近地区的石油勘探工作，由茂名石油公司根据部的统一勘探工作部署，进行具体安排。

1. **中共江汉石油勘探处委员会领导名录**（1962.3—1964.12）

书　　记　杜志立（1962.3—1964.12）

副 书 记　李绍亮（1962.3—1964.12）

2. **江汉石油勘探处领导名录**（1961.11—1964.12）

处　　长　李绍亮（1961.11—1964.12）

副 处 长　李炳珩（1961.11—1964.12）

　　　　　　肖　斌（1962.9—1964.12）

（二）江汉石油勘探会战指挥部（五七厂）（1966.7—1969.8）

1966年7月，石油工业部决定，成立江汉石油勘探会战指挥部，从九二三厂和其他石油单位抽调一批地质勘探、油田开发和地面建设队伍，在江汉盆地开展小型会战。同时，成立中共石油工业部江汉石油勘探会战工作委员会。8月，会战工委和会战指挥部揭牌，指挥部代号“五七厂”，机关设于江汉一村（今江汉油田五七地区），设有政治部（包括办公室、保卫处、团委、工会）、生产办公室（包括生产调度室、综合组、企业管理组、财务组、工程技术组、机动组）、生活办公室（包括行政管理组、农副业生产组）、指挥部办公室；下属地质调查指挥部、湘鄂西勘探指挥部、钻井工程处、地质指挥所、试采大队、沙市钻井队、基本建设工程处、运输大队、机修厂、供应指挥部、职工医院、水电厂、武汉办事处、半工半读总校等14个基层单位。

1967年2月，解放军7212部队进厂“支左”，成立“抓革命，促生产”指挥部。

1968年1月，经湖北省革委会批准，成立五七厂革命委员会，隶属石油工业部和湖北省双重领导。机关设在江汉一村，下属13个基层单位，除撤销半工半读总校外，其他下属单位与江汉石油勘探会战指挥部时期没有变化。

1. **中共江汉石油勘探会战指挥部工作委员会领导名录**（1966.7—1968.1）

副 书 记　马骥祥（代理书记，1966.7—1968.1）

　　　　　　王照明（1966.7—1968.1）

2. **江汉石油勘探会战指挥部领导名录**（1966.7—1968.1）

指 挥 长　马骥祥（1966.7—1968.1）

副指挥长　冯元富（1966.7—1968.1）

　　　　　　孙继先（1966.7—1968.1）

李树荣（1966.7—1968.1）
田在艺（1966.7—1968.1）
李荣藻（1966.7—1968.1）

总工程师　李荣藻（1966.7—1968.1）

3. **五七厂革委会领导名录**（1968.1—1969.7）

主　　任　冯元富（1968.1—1969.7）

副 主 任　李树荣（1968.1—1969.7）
唐必安（1968.1—1969.7）
刘志刚（1968.1—1969.7）

常　　委　李荣藻（1968.1—1969.7）
李祖序（1968.1—1969.7）
赵建国（1968.1—1969.7）
龙启宇（军代表，1968.1—1969.7）
李全云（1968.1—1969.7）
何守立（1968.1—1969.7）
陈方亮（1968.1—1969.7）

（三）江汉石油勘探会战指挥部—五七油田会战指挥部（1969.8—1970.6）

1969年2月，石油工业部军管会向党中央、国务院和中央军委提交《关于在湖北省江汉地区组织石油勘探会战的报告》。6月，国务院批准在江汉盆地开展石油会战，并指示把江汉油田建成综合石油基地，即：原油生产基地、炼油基地、机械制造基地、石油科学研究基地、技术人才教育基地。鉴于当时国内形势，国务院和中央军委决定，江汉石油会战由武汉军区和湖北省革委会统一领导、统一指挥。8月，江汉石油勘探会战指挥部成立，武汉军区副司令员韩东山任政委兼指挥长。机关设在潜江县五七地区（今江汉油田职工培训中心所在地），设有政工组、勘探指挥组（后改为生产指挥组）、地方工作组和办事组。10月，经中共武汉军区委员会批准，成立中共江汉石油勘探会战指挥部临时委员会。11月，江汉石油勘探会战指挥部更名为五七油田会战指挥部。根据国务院和中央军委统一部署，从全国40多个石油单位和中央、地方有关部门抽调精干队伍参加会战。包括：来自全国40多个石油单位的5.28万余人；武汉军区和湖北省军区的退伍战士共2.54万人；国务院有关部、委和其他单位1.21余人；

地方民兵师共37400多人；上级部门共派出干部1256人，其中武汉军区和湖北省军区1016人，湖北省革委会124人，石油工业部军管会116人。

会战初期，设9个分指挥部。第一分指挥部由原五七厂的队伍组成，第二分指挥部由大庆油田的队伍组成，第三分指挥部由原五七厂物探队伍及六四一厂、六四六厂的队伍组成，第四分指挥部由九二三厂的队伍组成，第五分指挥部由四川石油管理局的队伍组成，第六分指挥部由地质部第四物探大队组成，第七分指挥部由地质部第五普查勘探大队组成，第八分指挥部由炼建、炼油队伍组成，第九分指挥部即后勤部，主要由后勤单位和3个机械厂组成。到1970年3月，队伍大部分集中，总数为10.79万人，采用军队编制。

1970年4月，为适应形势发展需要，将二级机构调整合并为第一、第三、第四、第八分指挥部和后勤部，下设22个团、1个独立营和若干附属单位。具体是：第一分指挥部辖10个团和7个附属单位，即第一团（钻井）、第二团（钻井）、第三团（油建）、第四团（油田开发）、第五团（建工）、第六团（地质研究）、第七团（运输）、第八团（机修、汽修）、第九团（水电）、第十二团（农副业生产），第一职工医院、第二职工医院、职工子弟学校、电测站、矿机研究所、五七报社、广华中学。指挥部机关设于五七地区（今钻井公司）。主要担负江汉盆地的潜江凹陷、小板地区的地质勘探任务及油田开发、建设任务。第三分指挥部辖第十和第十一两个地震团、第十一营（修理）、第十二营（教导营，即地质学校）、第十三营（直属）、第十四营（农副业生产）。指挥部机关设在潜江县城（今物探处），担负探区的地质调查和物探任务。第四分指挥部辖第十三、第十四、第十五三个钻井团和直属地质营，主要担负江汉盆地的江陵凹陷、沔阳凹陷、新沟地区及湘鄂西地区、鄂东南地区、河南南阳地区的钻井任务。第八分指挥部辖第十六团（炼建）、第十七团（炼建）、第十八团（炼油）及设计研究院。指挥部机关设于荆门县原种场。主要担负五七炼油厂（今荆门炼油厂）的建设和炼油任务。后勤部辖第十九团（供应）、第二十团（运输）、第二十一团（今第三机械厂）、第二十二团（今第四机械厂）、独立营（今仪表厂）和武汉办事处。机关设于红旗地区，主要担负物资供应、交通运输、财务管理等后勤工作和3个内迁机械厂的生产建设任务。各分指挥部机关设司令部、政治部、后勤部。后勤部机关设政治部、器材供应处、财务处、供给处、机械处和战勤处。

各级指挥部门在抓好队伍组建工作的同时，逐步建立健全各级党组织，恢复和加强思想政治工作，为会战任务的完成奠定了坚实基础。

1. **中共五七油田会战指挥部临时委员会**（1969.10—1970.6）

书　记 韩东山（1969.10—1970.6）
副书记 康世恩（1969.10—1970.6）
张显扬（1969.10—1970.6）
曾昌华（1969.10—1970.6）
常　委 曹国栋（1969.10—1970.6）
王树成（1969.10—1970.6）
裴　凯（1969.10—1970.6）
江　洪（1969.10—1970.6）
任登仕（1969.10—1970.6）
白　琳（1969.10—1970.6）
刘鹤田（1969.11—1970.6）
焦力人（1970.3—6）

2. **五七油田会战指挥部领导名录**（1969.8—1970.6）

指挥长 韩东山（1969.8—1970.6）
政　委 韩东山（1969.8—1970.6）
副指挥长 张显扬（1969.8—1970.6）
王树成（1969.8—1970.6）
曹国栋（1969.8—1970.6）
康世恩（1969.8—1970.6）
江　洪（1969.8—1970.6）
任登仕（1969.8—1970.6）
刘鹤田（1969.11—1970.6）
焦力人（1970.3—6）
副政委 曾昌华（1969.8—1970.6）
裴　凯（1969.8—1970.6）
边宝山（1969.8—1970.6）

十、吉林省扶余油化厂（扶余油矿）—吉林省工农油田（扶余油矿）—吉林省扶余油化厂（扶余油矿）（1961.1—1970.8）

（一）吉林省扶余油化厂（扶余油矿）（1961.1—1966.8）

吉林省扶余油矿的油气勘探，始于20世纪50年代中期，与整个松辽盆地的地质普查工作处于同一时期。1958年4月，在吉林省前郭尔罗斯蒙古族自治县达里巴村的南17井，首次在松辽盆地内白垩系姚家组地层中钻遇含油砂岩。1959年9月，松辽盆地南部的扶27井发现工业油流。1960年4月，石油工业部、地质部和吉林省在长春召开联席会议，决定成立江北、江南两个指挥所。江北由石油工业部负责，江南由地质部统一指挥（包括石油工业部的力量）。江南指挥所领导机构由地质部、吉林省有关领导干部组成。办公地点在长春市。江南指挥所组织北京地质学院、长春地质学院和有关科研部门的力量，开展松花江以南地区的石油会战。截至1960年5月，扶余油田发现3个含油构造，面积约450平方千米。其中，扶余Ⅲ号构造（雅达虹）初步查明含油面积为140平方千米，埋藏深度在300—500米，石油地质储量为1亿吨左右。已钻完的20口井均见到油层，并获得工业油流。进行试油的9口井（自喷和提捞）平均日产达5.7吨，扶26井日产达16吨。同月，党中央批复中共吉林省委、地质部党组《关于松辽平原石油勘探情况的报告》。6月，吉林省成立石油工作指挥部筹备组，起草吉林探区《石油建设发展规划》。8月，成立吉林省白城专区扶余油化厂，由白城地区行署领导。机关设党委办公室、党委组织部、党委宣传部、办公室、人事科、保卫科、计划统计科、生产技术科、供销科、财务科、化验室、基建科、机修厂及工会、共青团组织等，直属3个队：钻井队、试采队、运输队。职工主要来自松花江以南原有的石油勘探力量，包括地质部和石油工业部的部分勘探队伍，以及白城地委党校工农干部班结业的150多名学员，职工总数200余人。机关办公地点在吉林省扶余县扶余镇文化街。

1961年1月，中共吉林省委决定在白城专区扶余油化厂的基础上成立吉林省扶余油化厂，为省管直属企业。当时，整个松辽油田对外保密，对内称为吉林省扶余油矿，实行党委领导下的矿长负责制。吉林省扶余油化厂党的工作由中共白城地委领导，行政工作由吉林省石化工业厅领导，业务工作由石油工业部领导。同月，石油工业部松辽石油会战指挥部吉林大队的3个钻井队、地质部松辽石油普查大队二区队的6部KAM500钻机和全部配套设备，以及10名地质技术干部和20名钻工调配给吉林省扶余油化厂。此后，石油工业部陆续调拨其他油田钻井力量支援油田建设。5月，松辽石油勘探局吉林大队3231队在红岗构造承钻的红1井试油，日产5.9吨，发现了红岗油田。6月，职工总数1945人。下属党总支部5个、党支部27个，共有党员249名。

10月，石油工业部下放吉林省的桦甸油页岩公司1000余名职工分批调入吉林省扶余油化厂。12月，成立采油厂（试采区）、钻井队（下设5个钻井小队）。同时组建试油队、安装队和机关及辅助单位等11个单位。调整后，机关设置办公室、人事科、保卫科、计划科、生产技术科、基建科、供销科、财务科、党委办公室、党委组织部（工会、团委）、党委宣传部等11个科室，直属单位有采油厂、钻井队（包括5个钻井小队、安装队、试油队）、第一技术室、第二技术室、化验室、地面建设队、炼油厂（筹建组）、运输队、职工医院等9个单位，并增设机关党总支。职工总数2739人，其中干部616人。全年投产油井33口，生产原油7425吨。

1962年4月，组织原油储运大会战，历时3个月，建成江南江北油库和40个单井罐，形成储运一条龙，原油开始外运。8月，吉林省委工业部将吉林省扶余油化厂划为轻工业厅系统一类企业。正职配备相当于地级，副职相当于主要县级和一般县级。1962年，吉林省扶余油化厂根据吉林省石化厅下达的1962年精减职工指标，精减职工近600人。

1963年8月，撤销研究所成立化验室。9月，吉林省经委批准，扶余县综合化工厂并入吉林省扶余油化厂。

1964年6月，成立政治部，内设办公室、组织部、干部科、宣传部、保卫部5个科室。

1965年2月，吉林省扶余油化厂调整机构设置，撤销生产、计划、劳动工资、劳动保护、福利、矿长办公室等科室，设置生产办公室、行政办公室、供应科、财务科。生产办公室下设：调度组、技术组、设备组、计划统计组、劳动组；行政办公室下设：行政组、档案组、福利组、职工医院。物资供应工作实行集中统一、分口负责，供应保障在基层，服务到班组；财务管理工作实行集中财权、统一领导。坚持工作到基层、服务到现场的原则，减少了环节，提高了工作效率，较好发挥了机关部门的生产、经营管理职能。

截至1965年底，探明含油面积89.95平方千米，探明地质储量增至1.29亿吨，是中国较好的亿吨级浅层油田。全年钻井50口，生产原油5.2万吨，并在生产试验区开展注水、压裂、火烧油层等开发试验，取得较好效果，为重新评价扶余油田提供了依据。

1966年8月，吉林省扶余油化厂更名为吉林省工农油田。

1. **中共吉林省扶余油化厂（扶余油矿）委员会领导名录**（1961.1—1966.8）

书　　记　张立业（1961.2—1965.8）
郭　瑞（1966.6—8）

副 书 记　沈广有（石油工业部松辽石油勘探局吉林大队党总支部书记，1961.1—3）
隗福林（1961.4—1962.11）
刘　芳（1963.12—1966.3）
王　彬（1966.3—8）
崔德珍（1966.6—8）

委　　员　包继昌（1961.11—1965.8）
王世宝（1961.11—　　）
金泰燮（1961.11—1962.1）
田洪巨（组织部长，1961.11—1963.11）
王文斗（1961.11—1962.12）
郭景超（1963.11—1964.7）
肖锡晓（1963.11—1966.8）
侯文岐（机关党总支书记，1963.11—1965.8）
徐甫全（政治部副主任，1965.6—1966.8）
张景阳（1965.6—1966.8）
李学明（1965.6—1966.8）

监委书记　隗福林（1962.7—11）

政治部主任　王　彬（兼任，1966.3—8）

2. **吉林省扶余油化厂（扶余油矿）领导名录**（1961.1—1966.8）

矿　　长　贾承烈（吉林省石油化工厅副厅长，1961.1—4）
金泰燮（1961.4—1962.1）
郭景超（1962.1—1964.7）
崔德珍（1966.6—8）

副 矿 长　刘汉章（地质部松辽石油普查大队二区队党总支部书记，1961.1—3）
包继昌（1961.1—1965.8）
苏宝馨（1961.8—1966.8）
肖锡晓（1962.12—1966.8）

（二）吉林省工农油田（扶余油矿）（1966.8—1968.8）

1966年8月，为适应备战需要，根据吉林省委“学习大庆油田，亦工亦农，建设林茂粮丰油增产的吉林省‘小大庆’”的指示，吉林省扶余油化厂更名为吉林省工农油田，继续使用中共吉林省扶余油矿委员会、吉林省扶余油化厂公章。此后，开始创建工农新村，建设农副业生产基地，解决家属的住房、就业、吃饭问题，并成为全省工厂办农场的先进典型，推广经验。9月，在工农新村先锋基地创办工农学校，设中专部、中学部和小学部。11月，由大庆会战指挥部设计、吉林省扶余油化厂自行施工建设的第二松花江跨江输油管线建成通油，年设计输油能力65万吨，是国内第一条跨江输油管线，成为吉林省扶余油化厂标志性工程。

11月，中共吉林省工农油田（吉林省扶余油矿）代表大会召开，选举郭瑞为党委书记，王彬为监委书记。下属党总支9个、党支部37个，共有党员509名。当年，油田钻井91口，进尺4.3万米，共有生产井108口，日产原油近300吨，全年生产原油10.7万余吨。

1967年2月，中国人民解放军白城军分区的军代表进驻扶余油矿，开展“三支两军”工作。3月，先后成立吉林省工农油田临时生产指挥部、工农新村管理站、井下工艺研究队、注采动态攻关组、管子站等单位。9月，“文化大革命”全面展开，各级党政组织瘫痪，吉林省工农油田全面停产。11月，吉林省军区生产办公室决定，由吉林省工农油田负责组建前郭炼油厂。截至1967年底，职工总数3500余人。

1968年2月，中国人民解放军白城军分区对吉林省工农油田及其所有单位实行军事管制，并成立军事管制委员会。

8月，恢复使用吉林省扶余油化厂（吉林省扶余油矿）名称。

1. **中共吉林省工农油田（扶余油矿）委员会领导名录**（1966.8—1967.8）

书　　记　郭　瑞（1966.8—1967.8）

副 书 记　崔德珍（1966.8—1967.8）

王　彬（1966.8—1967.8）

委　　员　郭　瑞（1966.8—1967.8）

崔德珍（1966.8—1967.8）

王　彬（1966.8—1967.8）

苏宝馨（1966.8—1967.8）

肖锡晓（1966.8—1967.8）

王为政（1966.12— 1967.8）

监委书记　王　彬（1966.8—1967.8）

政治部主任　王　彬（兼任，1966.8—1967.8）

2. **吉林省扶余油化厂军管会领导名录**（1968.2—8）

主　　任　刘东亮（1968.2—8）

副 主 任　杨茂永（1968.2—8）

孙占山（1968.2—8）

3. **吉林省工农油田（扶余油化厂）领导名录**（1966.8—1967.8）

矿　　长　崔德珍（1966.8—1967.8）

副 矿 长　苏宝馨（1966.8—1967.8）

肖锡晓（1966.8—1967.8）

（三）吉林省扶余油化厂（扶余油矿）（1968.8—1970.8）

1968年8月，中国人民解放军总后勤部白城办事处党委批准，成立吉林省扶余油化厂革命委员会，下设政工组、生产指挥组、办事组、后勤组，成立工代会。同时，对外恢复吉林省扶余油化厂（扶余油矿）的名称。当年，油田生产各项工作逐渐恢复正常。

1969年8月，石油工业部工作组对扶余油田勘探开发工作进行评估，认为扶余油田生产规模可达到100万吨，油田要采取边勘探、边建设、边开发的方法，逐步提高勘探程度，增加原油生产。9月30日，扶余油矿经过3个月奋战，原油产量翻一番，日产达到1069.76吨，试验成功东方红-92型采油泵，完成81口井主干输油管线工程，为原油集输打下基础，并提前超额完成国家计划，以优异成绩向国庆二十周年献礼。

1969年10月，吉林省扶余油化厂革委会调整工作机构，将政工组改为政治部，生产指挥组和后勤组合并为生产指挥部，办事组改为办公室。12月，成立扶余采油二厂，采油厂改名为采油一厂。12月，分三批从当地招收学徒工250人。截至1969年底，吉林省扶余油化厂职工总数4300余人。年产原油22万吨。

1970年4月，经吉林省革委会和石油工业部军管会批准，成立吉林省石油会战指挥部，并决定组织1970年油田生产建设大会战，对扶余油田进行全面开发，史称“七〇石油大会战”。5月上旬，来自吉林省各地抽调的近万名知识青年和千余名解放军官兵参加了会战。会战期间，实行营、连、排、班建制的准军事化管理。

截至6月底，实现原油日产3000吨的目标，取得会战第一阶段战役的胜利。

1．**吉林省石油会战指挥部领导小组领导名录**（1970.4—7）

组　长　皋　峰（军代表，1970.4—7）

副组长　陈祖邦（军代表，1970.4—7）

王子卿（军代表，1970.4—7）

成　员　孙善英（吉林省地质局局长，1970.4—7）

贾承烈（吉林省石化厅副厅长，1970.4—7）

王海波（军代表，1970.4—7）

邓　岚（军代表，1970.4—7）

郭　瑞（油矿代表，1970.4—7）

2．**吉林省扶余油化厂（扶余油矿）军管会领导名录**（1968.8—1970.8）

主　任　刘东亮（军代表，1968.8—1970.4）

邓　岚（1970.5—8）

副主任　杨茂永（军代表，1968.8—1970.8）

孙占山（军代表，1968.8—12）

3．**吉林省扶余油化厂（扶余油矿）革委会领导名录**（1968.8—1970.8）

主　任　李旭初（军代表，1968.8—1969.8）

副主任　郭　瑞（1968.8—1970.8）
吴洪钦（军代表，1968.8—1969.8）
肖锡晓（1968.8—1970.8）
杨连友（军代表，1969.1—1970.8）
李福明（军代表，1969.1—1970.8）
常　委　李忠显（军代表，1968.8—1970.8）
张景阳（1968.8—1970.8）
孙振魁（1968.8—1970.8）
徐维华（1968.8—1970.8）
刘　义（1968.8—1970.5）
张宝库（1968.8—1970.8）
雷茂久（1968.8—1970.8）
陈桂芳（女，1968.8—1970.8）
宋林植（军代表，1968.8—1970.8）
王道福（军代表，1968.8—1970.8）

十一、辽河石油勘探指挥部（1970.4—9）

1967年3月，经国家计委批准，石油工业部军管会从大庆油田抽调3个钻井队、2个试油队、1个特种车队及部分地质、测井、射孔、机修、生活服务人员共1000多人，组建大庆六七三厂，负责下辽河盆地石油勘探开发，仍隶属大庆油田管理。

建厂初期，大庆六七三厂厂部设在辽宁省盘山县沙岭；1969年10月，迁到大洼县红村；1970年3月，迁到大洼县黄金带。

1969年9月，位于下辽河坳陷西部凹陷兴隆台构造的第一口油井—兴1井获高产油流，发现兴隆台油田。

1970年3月，国务院批准石油工业部《关于加速下辽河盆地石油勘探的报告》。同月，辽宁省革委会决定，成立辽宁三二二会战总指挥部。3月22日，召开加速下辽河石油勘探誓师大会，组织三二二油田会战队伍，拉开了辽河石油会战的序幕。此后，石油工业部从大港、胜利、新疆等油田抽调部分地质、油建、测井、供应、运输队伍；辽宁省从营口、辽阳两市调入医务人员，从沈阳、鞍山、营口等城市招收知识青年，参加辽河石油会战。

4月，经国务院批准，石油工业部军管会与沈阳军区、辽宁省革委会研究决定，成立辽河石油勘探指挥部（对外称六七三石油勘探指挥部），对大庆六七三厂的勘探队伍和大港油田六四一厂调往下辽河地区的队伍实行一元化领导。辽河石油勘探指挥部接受辽宁省和石油工业部双重领导。6月，正式向鞍钢输送天然气。

当时，辽河石油勘探指挥部设政工组、生产组、后勤组、人保组、办公室、人武部等6个机关办事机构，下属钻井团、试采团、油建团、地质团、运输营、机修营、供应营、职工医院等8个二级单位，共有职工1.3万人。1970年生产原油5300吨、天然气4100万立方米。

1970年9月，经辽宁省革委会批准，辽河石油勘探指挥部正式更名为三二二油田，同时成立三二二油田革委会。

指 挥 长　曹进奎（1970.4—9）
政　　委　刘长亮（1970.4—9）
副指挥长　林治开（1970.4—9）
副 政 委　李兴林（军代表，1970.4—9）
参 谋 长　王　涛（1970.4—9）

十二、延长油矿（1955.9—1970.6）

1955年9月，延长油矿划归石油工业部领导。

1956年，延长油矿内设办公室、计划科、技术检查科、财务科、器材供应科、生产技术科、技术安全监察科、人事科、教育科、保卫科、行政科、地质室等科室，机关人员编制77人，领导职数3人。截至1957年底，职工总数750人，完成采油量7000余吨。

1957年，生产单位由3个车间改为1个车间。当年，油矿全部工程师和80%的四级以上技工外调，支援全国油田建设。

1958年2月，撤销地质室。6月，根据中共中央关于企业事业单位和技术力量下放的规定，石油工业部党组决定将延长油矿移交陕西省领导。

1959年，延长油矿总部由延长七里村迁至延川永坪，在七里村设延长综合车间。6月，成立“三延”地区地质勘探指挥部、地质科。

1960年5月，成立延安油矿。10月，成立青化砭会战指挥部。1964年5月，成立青化砭试采队、钻井队。

1965年3月，成立生产办公室，撤销地质科。

1966年5月，延长油矿移交延安地区专员公署领导。同年，成立政治处、生产科、火烧油层试验队。

1967年，“文化大革命”运动导致机关瘫痪，成立生产第一线指挥部维持生产。同年，成立青化砭综合车间。

1968年9月，延长油矿革命委员会成立。延长油矿所属勘探队、采油车间、延长综合车间、青化砭综合车间、机电车间、检验科、职工医院、火烧油层试验队分别成立革命领导小组，矿直机关设政工组、生产组、服务组等，生产组负责地质技术工作。

（一）中共延长油矿委员会领导名录（1955.10—1967）

书　　记　张志清（1955.10—1959.3；1961.3—1964.5）
杨雨亭（1959.3—1960.8）
石　磊（1964.5—1966.5）

代理书记　韩萃臣（1966—1967）

第二书记　沙仲金（1955.10—1956）

副 书 记　连如钰（1956.5—1966.5）
张志清（1959.3—1960）
张学元（1959.9—1960.5）
韩萃臣（1960.9—1965）

（二）延长油矿领导名录（1955.9—1968）

矿　　长　冯作霖（1955.9—1960.10）[①]
叶文斌（1961.1—1965.5）
连如钰（1966.5—1967）

① 1958年9月至1959年3月期间，冯作霖参加学习，叶文斌代理矿长职务。

代理矿长　叶文斌（1960.11—1961.1）

副 矿 长　叶文斌（1955—1960.11）

焦玉振（1955—1960.6）

沙仲金（1959.2—1960.6）

韩荩臣（1959.9—1961.3）

张学元（1959.9—1960.5）

张杨洲（1960.5—1964.8）

刘生连（1960.5—1968）

王树勋（1961.1—1966.11）

（三）延长油矿革委会领导名录（1968.9—1970.6）

主　　任　郭鑫群（1968.9—1969）

副 主 任　房志超（1968.9—1969）

段长明（1968.9—1970.6）

袁俊安（1968.9—1970.6）

韩秀林（1968.9—1969）

郭岗成（1968.9—1969）

周　权（1969.8—　　）

孙存智（1969.8—1970.6）

曹海亮（1970.1—6）

十三、银川石油勘探处—银川石油勘探局—银川石油勘探处（1958.5—1965.1）

（一）银川石油勘探处（1958.5—7）

1958年5月15日，为了加强鄂尔多斯、松辽、华北和苏北等地区的石油地质勘探工作，石油工业部决定撤销西安地质调查处，成立银川石油勘探处，由部直接领导，负责鄂尔多斯地区的地质勘探工作。

处　　长　职若愚（1958.5—6）

（二）陕甘宁石油勘探局—银川石油勘探局（1958.7—1962.4）

1958年6月，石油工业部决定，自7月10日起，撤销银川石油勘探处，成立陕甘宁石油勘探局，下设地质室、钻井室、计划科、基建科、财务科、器材供应科、人事科、办公室等部门，负责陕、甘、宁地区的石油地质勘探工作。局机关设在银川，由西北协作区领导。7月，石油工业部决定将陕甘宁石油勘探局更名为银川石油勘探局，改由宁夏回族自治区领导。

1959年2月，经国家经委批准，并征得宁夏回族自治区工委同意，银川石油勘探局划归石油工业部直接领导，并决定自1959年1月起基建投资、勘探任务的安排、设备材料、人员的申请调配等均由部直接领导。同月，中共银川石油勘探局党委常委会由职若愚、白云海、张华诚、张志宽等同志组成。

1. 中共银川石油勘探局委员会领导名录（1959.2—1962.4）

代理书记　职若愚（1959.2—　　）
副 书 记　张华诚（1959.2—　　）
常　　委　白云海（1959.2—　　）
　　　　　　张志宽（1959.2—　　）
监委书记　白云海（1959.2—5）
　　　　　　张月亮（1959.5—　　）

2. 陕甘宁石油勘探局—银川石油勘探局领导名录（1958.6—1962.4）

副 局 长　职若愚（1958.6—1962.4）

（三）银川石油勘探处（1962.4—1965.1）

1962年4月，为贯彻中央关于“调整、巩固、充实、提高”的方针，根据精简机构、缩减基本建设战线的精神和当前鄂尔多斯地区的地质勘探任务，石油工业部决定改组银川石油勘探局。从5月1日起，撤销银川石油勘探局及所属吴忠和内蒙古两个勘探大队的建制，同时成立银川石油勘探处，仍然负责鄂尔多斯地区的地质勘探工作。处内设计划、财务、人事、保卫、器材、生产技术、地质和办公室等8个职能科室；处下不再设大队一级机构，由处直接领导所属各地质钻井队。定员981人。

1964年4月，成立政治处。

1964年底，为了加强鄂尔多斯盆地的石油勘探工作，石油工业部决定，从1965年1月1日起，将银川石油勘探处划归玉门石油管理局领导。领导关系改变后，其担负的鄂尔多斯盆地的石油勘探工作，由玉门石油管理局根据石油工业部的统一工作部署，进行具体安排。

1. **中共银川石油勘探处委员会领导名录**（1963.11—1965.1）

书　　记　赵启明（1963.11—1965.1）

副 书 记　张华诚（1963.11—1965.1）

监委书记　张华诚（1963.11—1965.1）

2. **银川石油勘探处领导名录**（1962.5—1965.1）

副 处 长　何　挺（1962.5—1965.1）

何中山（1962.5—1965.1）

周宗浚（1962.5—1965.1）

十四、贵州石油勘探局（1958.7—1961.10）

1958年6月，为加速石油工业的发展，加强各地区的勘探领导工作，石油工业部决定，自7月10日起，撤销原四川石油管理局贵州石油勘探处，成立贵州石油勘探局，设地质室、钻井室、计划科、基建科、财务科、器材供应科、人事科、办公室等部门，负责贵州、广西、云南等地区的石油地质勘探工作。局机关设在贵阳，由贵州省领导。

1959年3月，贵州石油勘探局划归石油工业部直接领导，并自1959年1月起，基建投资、勘探任务的安排、设备材料、人员的申请调配等均由石油工业部直接管理。

1961年9月，为贯彻中央关于“调整、巩固、充实、提高”的方针，缩短战线，集中力量，确保重点。石油工业部决定撤销贵州石油勘探局，自1961年10月15日起成立云贵石油勘探大队，由四川石油管理局领导。

局　　长　罗伯行（1959.2—7）

副 局 长　郑前辉（1959.2—7）

余　萍（1958.6—1961.10）

十五、西安地质调查处（1955.9—1958.5）

1955年9月，西安地质调查处划归石油工业部领导。

1956年4月，西安地质调查处华北石油钻探大队在河北省南宫县明化镇成立。截至1957年底，职工总数4186人。

1958年5月，为了加强鄂尔多斯、松辽、华北、苏北等地区的石油地质勘探工作，石油工业部决定撤销西安地质调查处，成立银川石油勘探处和松辽石油勘探处，并将华北石油钻探大队改称华北石油勘探大队，均由部直接领导。

处　　长　职若愚（1955.9—1958.4）

十六、六四六厂（1969.5—1970.6）

六四六厂物探队伍主要来自1961年参加松辽石油地震会战的队伍。1961年9月，石油工业部决定组织1961年冬至1962年春松辽地震会战。从新疆、青海、四川、玉门、银川等5个石油管理局、勘探局各抽调3个地震队到松辽盆地，加上松辽地调处的11个地震队，共26个地震队（含1个勤工俭学队）进行地震会战。为了加强会战的组织领导，在松辽石油勘探指挥部领导下成立地震会战前线指挥部，驻地设在吉林省大安县。前线指挥部机关设办公室、地球物理室、工程技术室、经济办公室和政治处；下辖松辽地调处，新疆、青海、四川、玉门、银川等5个地质大队和1个综合研究大队。1962年5月，石油工业部决定，参加会战的地震队伍全部留在松辽，成立新的松辽地调处。

1963年8月，石油工业部决定组织华北石油会战。10至11月，松辽地调处除留下第一大队3个地震队外，其余队伍包括第二、三、四、五大队共22个地震队及机关、机关附属单位整建制调往华北参加石油勘探会战。

1964年3月，松辽地调处划归石油工业部六四一厂领导，定名为石油工业部六四一厂地质调查处，下辖5个大队，共有52个物探队，职工3644人。驻地设在河北省徐水县。5月，九二三厂勘察设计大队划归六四一厂地调处领导；

华东石油勘探局第二勘探大队（即苏北大队）划归六四一厂地调处领导。6月，中共石油工业部华北会战工委研究决定，六四一厂地调处从即日起对内称华北石油勘探会战总指挥部地质调查指挥部，对外名称及隶属关系不变。

1965年1月，石油工业部确定河北勘探指挥部（六四一厂）地质调查处对外代号为石油工业部六四六厂，仍由河北勘探指挥部领导。1966年5月，河北勘探指挥部（六四一厂）更名为华北石油勘探指挥部，六四六厂隶属华北石油勘探指挥部管理。1968年2月，北京军区奉命对六四六厂实行军管。4月，成立六四六厂革命委员会。

1969年4月，石油工业部军管会决定，自1969年5月1日起，将华北石油勘探指挥部六四六厂改为石油工业部直属单位，仍称石油工业部六四六厂。8月，六四六厂党委会经河北省保定地区革委会党的核心小组批复建立。9月，六四六厂所属234、2167地震队调入华北石油勘探指挥部。

截至1969年12月，六四六厂机关设政工组、生产组、综合组、后勤组、办公室、武装部；下属第一至第十四大队、机修厂、仪修站等二级单位，以及子弟学校、服务公司等附属单位。

1970年1月，六四六厂一大队划归华北石油勘探指挥部。5月，石油工业部决定将六四六厂六大队成建制划归中央地震工作小组办公室领导。

1961年至1970年1月，六四六厂分别在松辽盆地、下辽河坳陷、黄骅坳陷、冀中坳陷、济阳坳陷、渤海坳陷和天然地震区先后投入308个队年，共完成二维地震勘探10.4万千米，落实构造104个、圈闭134个，发现2个油气富集区，提供井位22口，其中4口井获工业油气流，发现了以纯化镇、热河台、兴隆台为代表的千吨级油田。

（一）六四六厂军管会领导名录（1969.5—1970.6）

主　　任　李英明（军代表，1969.5—1970.6）

副 主 任　李玉海（军代表，1969.5—1970.6）

鲍恩成（军代表，1969.5—1970.6）

（二）中共六四六厂委员会领导名录（1969.8—1970.6）

书　　记　段志高（1969.8—1970.6）

副 书 记　李炳银（军代表，1969.8—1970.6）

刘　璞（1969.8—1970.6）

（三）六四六厂革委会领导名录（1969.5—1970.6）

主　　任　段志高（1969.5—1970.6）

副 主 任　李炳银（1969.5—1970.6）

刘　璞（1969.5—1970.6）

庄国成（1970.1—6）

何传弟（1970.1—6）

第二节 炼油化工单位

1955年9月，石油工业炼油化工单位主要有：石油一厂至十厂、上海炼油厂、兰州炼油厂筹建处、茂名页岩油厂筹建处以及玉门矿务局所属的玉门炼油厂、新疆石油公司所属的独山子炼油厂、四川石油探勘局所属的隆昌气矿（天然气加工厂）和延长油矿的炼油车间等。其中，石油八厂没有生产能力，兰州炼油厂和茂名页岩油厂处于筹建阶段。10月，石油十厂建制撤销，其润滑油生产设备及人员转入石油八厂。1955年，全国汽、煤、柴、润四种主要油品的产量为69.2万吨，油品自给率28%。

1956年8月，石油八厂改建为润滑油生产企业。1957年2月，石油四厂划转化学工业部领导。

1958年3月，石油九厂与桦甸油母页岩矿合并，成立石油工业部桦甸页岩油公司。同月，茂名页岩露天油矿与茂名页岩油厂筹建处合并，成立茂名页岩油公司筹建处。6月，根据中央关于企业、事业单位和技术力量下放的规定，石油工业部党组决定将石油一厂、石油二厂、石油三厂、石油五厂（后因生产需要实际未下放）、石油六厂、石油七厂和上海炼油厂、桦甸页岩油公司下放地方管理。10月，兰州炼油厂筹建处更名为兰州炼油厂。

1959年3月，石油二厂划归石油工业部直接领导。同月，兰州炼油厂正式投入生产，当年实际加工原油73万吨，提供汽油、柴油、煤油、润滑油4大类产品41万吨。

1961年4月，黑龙江炼油厂成立，隶属黑龙江省，由黑龙江省石油工业管理局代管，业务上由石油工业部指导。11月，石油三厂和石油六厂划归石油工业部直接领导。

1962年2月，黑龙江炼油厂划归石油工业部直接领导。4月，石油一厂和石油七厂划归石油工业部直接领导。

1963年9月，南京炼油厂划归石油工业部直接领导。

1964年3月，黑龙江炼油厂更名为大庆炼油厂，12月划归大庆会战指挥部领导。

1965年1月，经中央批准，石油工业部决定在湖南岳阳和山西大同各建一座炼油厂，其中大同炼油厂于当年7月停建。

随着原油产量的增长，炼油工业同步发展，1963年后，先后扩建了上海炼油厂、石油七厂，将石油一厂、石油二厂、石油五厂和茂名石油公司由生产人造油改为主要加工天然原油，并攻下了被喻为“五朵金花”的催化裂化、催化重整、延迟焦化、尿素脱蜡以及有关催化剂和添加剂等5个方面的工艺技术，大大缩小了与当时国外炼油技术水平的差距。1965年生产汽、煤、柴、润四大类油品617万吨，石油产品品种494种，实现了中国油品全部自给。

1967年3月，成立东方红炼油厂筹建处，负责在北京地区建设炼油厂，直属石油工业部领导。9月，成立红旗炼油厂筹建处，负责在河南洛阳建设一座炼油厂，直属石油工业部领导。

1970年1月，石油工业部九二三厂所属的胜利炼油厂、山东胜利合成氨厂改由山东省、石油工业部双重管理，以山东省为主。5月，石油工业部军管会决定将茂名石油公司下放广东省，实行以地方为主的双重管理。6月，石油工业部军管会决定将所属的石油一厂、石油二厂、石油三厂、石油五厂、石油六厂、石油七厂、兰州炼油厂、南京炼油厂下放地方管理。

一、石油一厂（1955.9—1970.6）

1955年9月，东北石油一厂划归石油工业部领导，更名为石油工业部石油一厂。行政级别为县（团）级，党组织关系隶属于抚顺市委。厂机关设基础建设科、动力科、机械科、保卫科、总务科、教育科、劳动工资科、干部科、劳保卫生科、运销科、消防队、专家办公室、工程师室、设计科、技术检查科、生产技术科、监察室、安全技术监察科、财务科、计划科、办公室等21个科室。所属东破碎、西破碎、东原油、西原油、东硫铵、西硫铵、东蒸馏、西蒸馏、铅室、硫酸接触、石蜡、汽油、润滑油、汽锅等14个车间以及电工场、土木场、检修队、机工场、太平矿、石油研究所等20个辅助单位。

1955年，主要产品有页岩原油、硫铵、汽油、灯油、柴油、燃料油、石蜡、石油焦、硫酸、润滑脂、添氢原料、裂化原料、润滑油等多个品种。原油产量31.8万吨，原油加工量51.1万吨，汽柴煤润产量12.2吨。工业总产值1.3亿元，实现利税4114万元。职工总数6800余人。

1956年4月，中共石油一厂第二次代表大会召开，选举产生新一届委员会和监察委员会。下属39个党支部，共有1794名党员。1956年，所属本溪太平矿划归辽宁省管理。

1957年2月，石油工业部决定将石油一厂研究所更名为石油工业部抚顺页岩油研究所，直属部领导。

1958年6月，石油工业部决定将石油一厂下放辽宁省，实行以地方为主的双重管理，厂名改为抚顺石油一厂。

1959年5月6日，中共抚顺石油一厂第三次代表大会召开，选举产生中共抚顺石油一厂第三届委员会和监察委员会。下属3个党总支、18个党支部，共有1798名党员。

1960年11月5日，中共抚顺石油一厂第四次代表大会召开，大会选举产生中共抚顺石油一厂第四届委员会和监察委员会。下属3个党总支、45个党支部，共有党员1989名。

1961年，抚顺石油一厂组织机构进行调整。质量检查工作从生产技术科分出，成立技术检查科；东西硫铵工段从东西原油车间分出，成立硫铵车间；成立厂调度室，综合利用科合并到生产技术科，基建科合并到机动室；合成氨车间合并到东炼制车间；东西原矿工段从东西原油车间分出，成立原矿车间；人事科改为劳动工资科；成立工程师室；调度室合并到生产技术科，更名为生产科。截至1961年底，厂机关设20个科室，所属11个车间。

1962年4月，抚顺石油一厂重新划归石油工业部领导，并更名为石油工业部石油一厂。6月，厂党委设立政治部。同月，中共石油一厂第五次代表大会召开，268名代表、67名列席代表出席大会，选举产生新一届委员会和监察委员会。

1963年底，开展“工业学大庆”活动，企业管理实行集中到厂部、服务到班组的方法。业务科室按照业务相近的原则再一次进行合并，按生产工艺专业化要求调整了车间，撤销了工段一级建制，车间直接领导班组。撤销车间人事、会计、统计、安全、材料、设备员，其业务集中到有关科室。

1964年3月，石油工业部政治部批准石油一厂正式成立政治部。政治部设办公室、宣传科、组织科、干部科、保卫科、武装科，代管工会、共青团工作。

1965年11月，中共石油一厂第六次代表大会召开，选举产生中共石油一厂第六届委员会和监察委员会。

1968年8月，成立石油一厂革命委员会，革委会设政工组、生产组、办事组、人保组、后勤组、武装部、工代会等办事机构。

1970年6月，石油一厂下放辽宁省，实行以地方为主的双重领导。

期间，石油一厂副总工程师杨伟先后任第三届、第四届全国政协委员。

（一）**中共石油一厂委员会领导名录**（1955.9—“文革”初期）

第一书记　吴向春（1955.9—1958.3）
　　李雨轩（1958.3—1966.7）
书　　记　欧阳章（1960.12—1963.10）
第一副书记　赵兴勤（1965.2—1968.8）
副 书 记　杨宪贵（1958.1—　；1960.12—1968.8）
　　柏长山（1959.4—11）
　　马现俊（1960.12—1962.6）
　　朱明银（1960.12—1962.6）
常　　委　王致中（1960.12—　）
　　王怀德（1960.12—　）
　　刘俊杰（1960.12—　）
　　崔达仁（1960.12—　）
监委书记　盖庆禄（1956.12—1960.11）
　　杨宪贵（兼任，1962初—1968.8）
政治部主任　杨宪贵（兼任，1964.5—1966.6）
　　付永安（1966.6—1968.8）

（二）**石油一厂领导名录**（1955.9—“文革”初期）

厂　　长　唐　海（1955.9—1957.12）
　　兰丕炜（1957.12—1958.12）
　　李　隽（1958.12—1960.6）
　　王致中（1960.6—1966.5）
第一副厂长　顾敬心（1955.9—1956.9）
　　兰丕炜（1956.9—1957.11；代理厂长，1957.11—1958.1；）

副 厂 长 叶忠贵（1955.9—1959.10；1962.5—1968.8）
马 龙（1955.9—1962.5）
何力山（1956.1—1959.9）
王致中（1957.7—1960.6）
马元起（1959.5—1960.4）
王怀德（1959.5—1968.8）
谭锡三（1959.4—1960.6）
丛兆田（1960.7—1962.7）
岳志令（1960.8—1962.7）
林文生（1960.8—1962.7）
单乐亭（1960.8—1962.9）
祝宝贤（1960.8—1962.7）
闫金锋（1960.8—1968.8）
王殿钧（1960.8—1968.8）
陈淑兴（1961.12—1968.8）
戴述金（1966.6—1968.8）
赵玉鹏（1966.1—1968.8）

总工程师 顾敬心（1955.9—1956.9）
王祖庚（代理，1957.3— ）
戴述金（1966.6—1968.8；1968.8—1970.6）

总会计师 单乐亭（1962.1— ）

（三）石油一厂革委会领导名录（1968.8—1970.6）

主 任 张保德（张宝德，军代表，1968.8—1970.6）

副 主 任 赵玉鹏（1968.8—1970.6）
白桂清（军代表，1968.8—1970.6）
依希凡（群众代表，1968.8—1970.6）
李向阳（群众代表，1968.8—1970.6）
王大贵（军代表，1968.8—1970.6）
赵兴勤（1969.11—1970.6）
姚善同（军代表，1969.11—1970.6）

（四）**石油一厂工会**（1955.9—1968.8）

主　　席　段景运（1955.9—1957.6）
张清泉（1957.6—1958.1）
杨宪贵（1958.1—1960.4）
刘俊杰（1960.4—1964.6）
朱明银（1964.6—1968.8）

（五）**石油一厂工代会**（1968.11—1970.6）

主　　任　白桂清（军代表，1968.11—1969.2）
王德双（1969.2—1970.6）

二、石油二厂（1955.9—1970.6）

1955年9月，东北石油二厂划归石油工业部领导，更名为石油工业部石油二厂，行政级别为县（团）级，党组织关系隶属于抚顺市委。

1956年4月20日至22日，中共石油二厂第一次代表大会召开，选举产生第一届委员会和监察委员会，党委实行常委制，党委委员16人，常委7人，刘今生为党委副书记，刘镇北为监委书记。下属47个党支部，共有527名党员。

1958年6月，石油工业部决定将石油二厂下放辽宁省领导，更名为抚顺石油二厂。

1959年3月，抚顺石油二厂划归石油工业部领导，更名为石油工业部石油二厂。5月，中共石油工业部石油二厂第二次代表大会召开，选举产生新一届委员会和监察委员会。1960年12月，中共石油二厂第三次代表大会召开，选举产生新一届委员会和监察委员会。

截至1960年，石油二厂的产品由单一的页岩油增加到石油焦、硫铵、硫酸等9种，产量30.7万吨。工业总产值4808万元，实现利税45万元。职工总数7300余人。

1962年1月，中共石油二厂第四次代表大会召开，选举产生新一届委员会和监察委员会。

1964年3月，石油工业部党组批复同意石油二厂成立政治部。

1965年5月，中共石油二厂第五次代表大会召开，选举产生新一届委员会和监察委员会。下属5个党总支、61个党支部，共有1503名党员。

1965年，厂机关设厂长办公室、教育科、行政科、房产科、财务科、安全技术监察科、质量检查科、供应科、运销科、计划科、设计室、基建科、机动科、生产调度室、劳动工资科、研究室、家属自救委员会、审干办公室等18个科室；所属催化、裂化、北蒸馏、南蒸馏、焦化、石蜡、重整、烷基化8个生产车间，热电、硫酸、干馏3个分厂，以及检修、机工、电工、仪表、汽锅、供排水车间和中转站等18个辅助单位。

1963年至1966年，工厂由以生产页岩油为主，逐步转向加工大庆原油为主。先后建成北蒸馏、热裂化、石蜡、南蒸馏、南焦化、催化裂化、铂重整、烷基化等10余套一、二、三次加工装置。其中催化裂化、铂重整、延迟焦化三套装置被誉为当时石油工业的“五朵金花”中的三朵。

1966年6月，“文化大革命”开始后，石油二厂党组织处于瘫痪状态。

1968年6月，石油二厂革命委员会成立。政治部撤销，厂机关科室合并成立“四大组”：办事组、政工组、生产指挥组、人民保卫组。12月，成立援助阿尔巴尼亚办公室。

1970年，按上级指示，石油二厂将基层车间按军队编制实行政治建连，按生产方式、装置、系统分别改编为炼制一、二、三、四连和干馏、运销营等。

1970年6月，石油二厂下放辽宁省，实行以地方为主的双重领导。

（一）中共石油二厂委员会领导名录（1955.9—“文革”初期）

第一书记 王鲁明（1955.9—1956.3）

书　　记 兰丕炜（1958.12—1968.6）

副 书 记 缪　文（女，1955.9—12）

褚志远（代理书记，1956.3—1958.3）

刘今生（1956.4—1958.6）

王　平（1958.4—　　；1960.12—　　）

于桂银（1959.3—10）

李盛图（1959.3—1968.6）

于长生（1960.4—8）

曹成校（1960.7—12）

盖庆录（1960.12—1964.1）

常　　委 褚志远（1959.6—　　）
宋华核（1959.6—　　）
于长生（1959.6—1960.4；1960.8—　　）
庄润霖（1960.12—　　）
王铭声（1962.2—　　）
赵德润（1962.2—　　）
监委书记 刘镇北（1956.8—1957.3）
宋　坤（1957.4—1959.3）
李盛图（1959.3—　　）
政治部主任 李盛图（1964.4—1966.5）

（二）石油二厂领导名录（1955.9—“文革”初期）

厂　　长 褚志远（1955.9—1961.2）
欧阳章（1963.10—1966.5）[①]
副 厂 长 葛贤辅（1955.9—1957.5）
王连志（1955.9—1958.2）
毕振德（1955.9—1966.5）
李　隽（1955.9—1958.12）
李曙光（1955.9—1959.6）
王　平（1957.5—　　）
任文平（1960.3—5）
宋　坤（1959.3—1960.5）
庄润霖（1959.4—1964.8）
宋华核（1959.7—1964.4）
赵宗麟（1960.7—1966.5）
张秀芝（1960.7—1964.3）
张云山（1960—1961）
王世久（1961.2—1966.5）
廖全清（1962.1—1966.5）

① 1961年2月至1963年10月厂长空缺。

于逢一（1964.4—1966.5）
潘义文（1964.5—1966.5）
任仕学（1964.5—1965.4）
盖庆禄（1964.6—1966.5）
王长荣（1965.6—1966.5）
孙玉宝（1966.4—5）

总工程师 毕振德（1959.2—1970.6）
王长荣（1965.6—　　）

（三）石油二厂革委会领导名录（1968.6—1970.6）

主　　任 孙金跃（军代表，1970.5—6）

第一副主任 欧阳章（1970.5—6）

副 主 任 张　苾（1968.6—1970.6）
刘清槐（军代表，1968.6—1970.6）
鲍素珍（女，群众代表，1968.6—1970.6）
张　翠（群众代表，1968.6—1970.6）
刘万臣（群众代表，1968.6—1970.6）
郑正权（1968.6—1970.6）
韩士英（军代表，1969.12—1970.6）
李盛图（1969.12—1970.6）

（四）石油二厂工会（1955.9—1970.6）

主　　席 宋华核（1955.9—1960.3）
薛占生（1960.3—1961.8）
赵德润（1961.11—1964.4）
武进文（1964.6—1966.5）

三、石油三厂（1955.9—1970.6）

1955年9月，东北石油三厂划归石油工业部领导，更名为石油工业部石油三厂，行政级别为县（团）级，党组织关系隶属于抚顺市委。

1956年4月，中共石油三厂第二次代表大会召开，选举产生中共石油三厂第二届委员会和监察委员会。下属14个党支部，共有387名党员。

1957年1月，首届职工代表大会召开。7月，中共石油三厂第三次代表大会召开，选举产生新一届委员会和监察委员会。

1958年6月，石油工业部决定将石油三厂下放辽宁省管理，更名为抚顺石油三厂。生产计划、产品销售仍归石油工业部统一安排。厂机关设厂长办公室、劳保卫生科、基建科、保卫科、人事科、生产科、技术安全监察科、技术检查科、工务科、设计室、研究室、计划统计科、财务科等13个科室；所属一、二、三、四、五、六车间。职工总数2200余人。

1959年5月，中共抚顺石油三厂第四次代表大会召开，选举产生新一届委员会和监察委员会。

1960年11月25日，中共抚顺石油三厂第五次代表大会召开，选举产生新一届委员会和监察委员会。

1960年，抚顺石油三厂组织机构进行调整，13个行政科室缩减到11个，6个生产车间缩减到4个，管理人员由356人缩减到309人。同时工段合并，减少重叠工序，使劳动组织和定员管理趋于合理。当年实现工业总产值1.01亿元、利税3421万元。

1961年，根据上级有关文件要求，抚顺石油三厂对1958年以后来自农村的新职工、合同工、家属工等进行精减，共精减745人，职工总数由3907人减少到3162人。11月，抚顺石油三厂划归石油工业部直接领导，更名为石油工业部石油三厂。

1962年1月，中共石油三厂第六次代表大会召开，选举产生中共石油三厂第六届委员会和监察委员会。同年，石油三厂调整组织机构，撤销人事科和教育科，分别成立劳动工资科和干部教育科；运销科的运输、装卸、油库和成品储运管理工作划出，成立供应科；设备维修办公室更名为机动科。

1965年，在催化重整新工艺、新技术、新催化剂的实验过程中，培养和锻炼了大批生产技术人才，先后为大庆炼油厂、辽河化肥厂、南京炼油厂、吉林石油化工厂、辽阳石油化纤公司、大连石油七厂等单位输送了61名生产技术骨干。

1966年2月4日至6日，中共石油三厂第七次代表大会召开，选举产生新一届委员会和监察委员会。下属27个党支部，共有710名党员。

1968年8月，石油三厂革命委员会成立。

1970年6月，石油三厂下放辽宁省，实行以地方为主的双重领导。

（一）中共石油三厂委员会领导名录（1955.9—“文革”初期）

书　　记 庄润霖（1956.3—1959.3）
王　英（1959.6—1962.1）
王　平（1962.2—1965.5）
李曙光（1965.6—1966.1）
崔绳先（1966.1—1968.8）

第一副书记 王　英（1957.5—1958.6）

副 书 记 爱　国（1955.9—11）
金宗棋（1956.4—1957.3；1959.2—5）
余润芝（1955.12—1956.2）
张清泉（1959.6—1960.10）
贾秉和（1962.2—1964.8）
李春甫（1962.2—1966.5）

常　　委 余　迈（1956.7— 1959.3 ）
肖　梦（女，1956.7—　　）
乔　威（女，1956.7—1959.3）
张义山（1956.7—　　）
王　英（1962.1—　　）
张清泉（1960.10—　　）
李曙光（1959.6—1965.6；1966.1—　　）
张振东（1959.6—　　）
王　平（1965.5—　　）
贾秉和（1964.8—　　）
李春甫（1966.5—　　）
翟永谦（1962.2—　　）
刘恩德（1962.2—　　）
董玉成（1962.2—　　）

监委书记　乔　威（1955.9—1957.8；1958.8—1959.3；1962.5—1966.5）
王　英（1957.8—1958.8）
张清泉（1959.6—1960.10）
贾秉和（1962.2—5）
刘恩德（1966.5—1968.8）
政治部主任　金国斌（1966.2—1968.8）

（二）石油三厂领导名录（1955.9—“文革”初期）

厂　长　余　迈（1955.9—1959.4）
李曙光（1959.6—1967.7）
副厂长　肖　梦（女，1955.9—1958.2）
张秉驹（1955.9—10）
庄润霖（1955.9—1956.3）
张义山（1955.9—1957；1966.6—1968.7）
高　中（1956.9—1957.2）
王文志（1957.2—1963.3）
王文先（1957—1958.2）
李亚屏（1958.3—1960.1）
张国士（1959.3—1965.4）
翟永谦（1960.1—1966.4）
刘恩德（1960.1—1961.1）
乔　威（1960.3—6）
张殿元（1960.3—1964.8）
王　勇（1962.2—1968.7）
倪毓孚（1962.5—11）
杨昭庆（1964.3—1968.8）
骆登月（1966.2—1968.7）
刘　祥（1966.2—1968.7）
李春甫（1966.2—　　）
林化启（1966.6—1968.8）

总工程师 张秉驹（1955.9—10）
张国士（1956.9—1965.4）
杨昭庆（1965.6—1968.8）

（三）石油三厂革委会领导名录（1968.8—1970.7）

主　任 任广升（军代表，1968.8—1970.6）
韩海儒（军代表，1970.6—7）

副主任 张永德（1968.8—1970.7）
夏文才（1968.8—1970.7）
白如栋（1968.8—1970.7）
何有权（1968.8—1970.7）
卢金祥（军代表，1968.12—1970.7）

（四）石油三厂工会（1955.9—1968.8）

主　席 王文先（1958.2—1959.2）
张振东（1959.2—1960.2）
柏树贤（1960.2—1961.10）
刘恩德（1961.10—1966.12）
张泗存（1966.12—1968.8）

四、石油四厂（1955.9—1957.2）

1955年9月，东北石油四厂划归石油工业部直接领导，更名为石油工业部石油四厂。职工总数1600余人。

1957年2月，石油四厂划归化学工业部领导，更名为国营抚顺化工厂。

厂　长 张鸿生（1955.9—1957.2）

副厂长 李世荣（1955.9—1957.2）
白维英（1956.9—1957.2）

总工程师 张仁俊（1955.9—1957.2）

五、石油五厂（1955.9—1970.6）

1955年9月，东北石油五厂划归石油工业部领导，更名为石油工业部石油五厂。行政级别为县（团）级。厂机关设厂长办公室、经济计划科、财会会计科、技术安全科、生产技术科、机电科、水道科、基本建设科、劳动福利科、人事科、保卫科、卫生科等部门。厂址在锦州市锦西县。党组织关系隶属于锦州市委。

1957年7月17日，中共石油五厂第一次代表大会召开，选举产生第一届委员会和监察委员会。8月，成立党委办公室、党委组织部、党委宣传部。

1959年6月22日，中共石油五厂第二次代表大会召开，选举产生新一届委员会和监察委员会。

1961年6月，石油五厂党委试设立政治部工作机构。同年12月，中共石油五厂第三次代表大会召开，选举产生新一届委员会和监察委员会。

1964年4月，经石油工业部党组批准，石油五厂正式设立政治部，在基层单位设政治教导员、指导员。

1965年4月26日，中共石油五厂第四次代表大会召开，选举产生新一届委员会和监察委员会。

1966年5月，“文化大革命”开始后，党委工作处于瘫痪状态。

1968年4月，石油五厂第一次工人代表大会召开，选举产生革命职工代表大会委员会委员38人及工代会常委会，并设立了办公室、政宣组、斗批改组、群众专政办公室等机构。5月，成立石油五厂革命委员会。8月，撤销政治部，原机关科室更名为组，直属单位更名为营。生产系统设燃料营、润滑营、油品营、检修营、动力营、工程营、供运营、制造营、后勤营等。

1969年12月，开展全面整党工作，党的组织活动逐渐恢复正常。中共石油五厂第五次代表大会召开，选举产生新一届委员会。下属9个党总支、58个党支部，共有1013名党员。在册职工6100人。

1970年6月，石油五厂下放辽宁省，实行以地方为主的双重领导。

（一）中共石油五厂委员会领导名录（1955.9—1970.6）

书　　记　崔绳先（1956.9—1965.9）
张瀛洲（1965.4—1966.5）
朱　科（军代表，1969.12—1970.6）

副 书 记　武续攻（代理书记，1955.10—1956.5；1956.5—1959.4）
梁　超（1956.9—1961.10）
刘庆运（1959.5—1963.9）
施宗林（1960.5—1966.5；代理书记，1966.5—1968.5）
刘　捷（1960.5—1962.10）
时维乾（军代表，1969.12—1970.6）

委　　员　刘少男（1955.10—1956.6）
刘征鸿（1955.10—1956.6）
李　祥（1955.10—1956.6）
刘庆运（1955.10—1956.6）
梁　超（1955.10—1956.6）
马阵营（1955.10—1956.6）
刘玉文（1955.10—1956.6）

常　　委　刘征鸿（1956.6—1957.7）
李　祥（1956.6—1957.7）
刘庆运（1956.6—1959.5）
梁　超（1956.6—9）
郝喜顺（1956.6—1961.12）
张瀛洲（1957.7—1966.5）
葛贤辅（1957.7—1959.1）
张明道（1959.6—1960.4）
葛启宽（1959.6—1968.5）
施宗林（1959.6—1960.5）
王长荣（1961.12—1965.6）
刘　捷（1962.10—1968.5）
张定理（1965.4—1968.5）

张玉林（1965.4—1968.5）
刘玉新（军代表，1965.4—1968.5；1969.12—1970.6））
张定理（1965.4—1968.5；1969.12—1970.6）
张铭枢（1969.12—1970.6）

监委书记 刘庆运（1955.10—1957.10；1958.8—1963.9）
梁　超（1957.10—1958.8）
张玉林（1965.4—1968.7）

（二）石油五厂领导名录（1955.9—1968.5）

厂　　长 刘征鸿（1955.9—1957.8）
葛贤辅（1957.5—1959.1）
张瀛洲（1959.1—1965.8）
张定理（1965.8—1968.5）

副 厂 长 王　泽（1955.9—1957.11）
刘少男（1955.9—1956.3　）
张瀛洲（1955.9—1959.1）
葛启宽（1955.9—1968.5）
张明道（1957.11—1960.4）
李炽连（1960.3—1963.11）
戚文禄（齐文禄，1960.3—7）
毕可盛（1960.5—1964.5）
张定理（1960.5—1965.8）
王长荣（1961.3—1965.6）
崔敬忠（1961.4—1963.2）
刘　捷（1963.10—1968.5）
李子凡（1965.8—1966.5）
曲才绪（1965.8—1968.5）

总工程师 郭汝屏（1955.8—1956.10）
王长荣（1964.5—1965.6）
曲才绪（1965.8—1968.7）

（三）石油五厂革委会领导名录（1968.5—1970.6）

主　　任　朱　科（军代表，1968.5—1970.6）

副 主 任　时维乾（军代表，1968.5—1970.6）

刘玉新（军代表，1968.5—1970.6）

张定理（1968.5—1970.6）

张铭枢（1968.5—1970.6）

宋宝玉（1969.6—1970.6）

乔文学（1969.6—1970.6）

姜作锟（军代表，1970.3—6）

（四）石油五厂工会（1955.9—1968.5）

主　　席　郝喜顺（1956.4—1957.4）

施宗林（代理，1957.4—7）

刘庆运（1957.7—1963.2）

崔敬忠（1963.2—1965.5）

张铭枢（1965.5—1968.5）

第一副主席　刘玉文（主持工作，1955.10—1956.4）

（五）石油五厂工代会（1968.4—1970.6）

主　　任　张　富（1968.4—1970.5）

宋宝玉（1970.5—6）

六、石油六厂（1955.9—1970.6）

1955年9月，石油工业部成立时，东北石油六厂划归石油工业部领导，更名为石油工业部石油六厂。党组织关系隶属于锦州市委。

1956年6月，中共石油六厂第一次代表大会召开。下属1个党总支、19个党支部，共有党员527名。

1958年6月，石油工业部决定将石油六厂下放辽宁省管理，更名为锦州石油六厂。

1960年3月，中共锦州石油六厂第二次代表大会召开，选举产生新一届委员会，实行常委制，王芝有为党委书记，黄兆珍为党委副书记。下属9个党总支、50个党支部，共有党员742名。

1961年11月，锦州石油六厂重新划归石油工业部领导，并更名为石油工业部石油六厂。厂机关设12个科室：厂长办公室、党委办公室、生产技术科、计划科、设备科、财务科、技术安全科、人事科、工资科、保卫科、工会、团委。所属19个单位：供销科、检查科、计量室、副业科、煤气车间、合成车间、精油车间、六〇二车间、方炉车间、动力车间、修配车间、还原车间、钴剂车间、建材厂、房产福利科、医院、业余学校、职工子弟小学、技工学校。在册职工3594余人。

1962年5月，中共石油六厂第三次代表大会召开，选举产生新一届委员会，实行常委制，王芝有为党委书记，高振中、黄兆珍为党委副书记。下属7个党总支、21个党支部，共有党员673名。

1966年1月，中共石油六厂第四次代表大会召开，选举产生新一届委员会，实行常委制，崔紫林为党委书记，高振中、贾辅廷为党委副书记。下属33个党支部，共有837名党员。

1967年1月，“文化大革命”开始后，石油六厂党政组织处于瘫痪状态。

1958年至1967年，石油六厂主要产品发生较大变化。1959年，主要生产地蜡、大豆溶剂油—抽提溶剂油、71号香花溶剂油、90号石油醚、120号橡胶溶剂油、洗涤剂原料油等产品，当年生产合成油4.41万吨。1960年3月，石油工业部决定在石油六厂成立合成橡胶原料小组，开始研制合成橡胶原料，于1965年研制出合成顺丁橡胶，填补了中国合成顺丁橡胶工业的空白。1966年千吨顺丁橡胶中间试验装置投产。1967年6月，国家计划委员会决定石油六厂合成石油装置停产，转为石油化工综合利用试验基地和添加剂、催化剂生产基地。

1968年4月，石油六厂成立革命职工代表委员会（简称工代会）。同月，中国人民解放军陆军第四十军批准成立石油六厂革命委员会，孟同聚为主任，单山林、汪孔义、张炎、刘汉卿为副主任。机关设办公室、政治部、生产指挥部和后勤部。此后，所属二级单位相继成立了革命委员会或革命领导小组。9月至10月，石油六厂开展“组织革命化，精兵简政”工作，机关精简机构，所属单位采用军队连排编制。

1969年10月，中共石油六厂第五次代表大会召开，选举产生新一届委员会。下属38个党支部。

截至1970年5月，石油六厂机关设办事组、生产组、后勤总务组、政工组、人保武装组、团委、工代会；所属30个基层单位：警消连、六〇一连、合成连、煤气连、橡胶连、反修连、钴剂连、还原连、动力连、电工连、制造连、检修一连、检修二连、检修三连、仪表连、研究连、建材连、一车间、质检队、设计连、军工连、五七农场、石油中学、石油一小、石油二小、七二一工校、红建营、红管营、医院连、服务连。在册职工4800余人。

1970年6月，石油六厂下放辽宁省，实行以地方为主的双重管理。

期间，石油六厂还原车间团支部书记刘长江当选中共九大代表。

（一）中共石油六厂委员会领导名录（1955.9—1970.6）

书　　记　甄树森（1955.9—1959.12）
王芝有（1960.3—1964.4）
崔紫林（1964.5—1967.1）
王连仲（军代表，1969.10—1970.6）

副 书 记　王芝有（1955.9—1960.3）
石连惠（1956.6—1961.5）
黄兆珍（1960.3—1963.2）
高振中（1962.5—1967.1）
贾辅廷（1965.7—1967.1）
陈宝库（1969.10—1970.6）
张　炎（1969.10—1970.6）
刘汉卿（1969.10—1970.6）

监委书记　王芝有（1955.9—1956.1）
贾辅廷（1965.7—1967.1）

（二）石油六厂领导名录（1955.9—“文革”初期）

厂　　长　甄树森（1955.9—1964.8）
王国斌（1965.7—1967.1）

副 厂 长　徐　玲（1955.9—1960.6）
崔紫林（1955.9—1964.7）
王国斌（1955.9—1964.8；代理厂长，1964.8—1965.7）

吕明泰（1960.8—1967.1）
马　龙（1962.5—1967.1）
李树楷（1965.7—1967.1）
黄兆珍（1965.7—1967.1）
刘汉卿（1966.3—1967.1）
张　炎（1966.8—1967.1）

总工程师　李树楷（1965.7—1970.6）

（三）石油六厂革委会领导名录（1968.4—1970.6）

主　　任　孟同聚（军代表，1968.4—1969.2）
李胜武（1969.2—9）
王连仲（军代表，1969.10—1970.6）

副 主 任　单山林（军代表，1968.4—1969.9）
汪孔义（军代表，1968.4—1969.9）
张　炎（1968.4—1970.6）
刘汉卿（1968.4—1970.6）
陈宝库（1969.10—1970.6）

（四）石油六厂工会（1955.9—1967.1）

主　　席　石连惠（1955.9—1956.6；1957.7—1960.5）
黄兆珍（1956.6—1957.7；1962.6—1965.8）
刘玉文（1960.5—1962.6）
刘宝振（1965.8—1967.1）

（五）石油六厂工代会（1968.4—1970.6）

主　　任　苏盛全（1968.4—1969.2）
敖秉顺（满族，1969.3—1970.6）

七、石油七厂（1955.9—1970.6）

1955年9月，东北石油七厂划归石油工业部领导，更名为石油工业部石油七厂。党组织关系隶属于旅大市委。石油七厂设20个机关科室：厂长办公室、监察室、工资科、人事科、计划科、团委、财务科、安全科、业务科、总动力师室、总机械师室、生产技术科、基建科、化验室、检查科、行政科、福利科、保卫科、教育科、卫生科；7个车间（队）：蒸馏车间、热裂化车间、高级润滑油车间、动力科、成品车间、保修科、消防队。1955年底，职工总数2283人。当年加工原油21.24万吨。

1956年4月10日，中共石油七厂第一次党员代表大会召开，117名党员代表出席，选举产生第一届委员会，刘钊为党委书记，隋书栋为党委副书记。下属15个党支部，共有490名党员。

1958年12月，石油七厂对组织机构进行调整。人事科、工资科、保卫科、秘书室合并为行政办公室；生产科、计划科、财务科、材料科、安全科合并为生产经营办公室；基建科、总工程师室、设计组合并成立基建办公室；车间取消工段。

1958年6月，石油工业部决定将石油七厂下放辽宁省管理，更名为大连石油七厂。

1959年4月16日，中共大连石油七厂第二次党员代表大会召开，138名党员代表出席，选举产生新一届委员会，实行常委制。刘钊为党委书记，解登峰为党委副书记。下属16个党支部，共有592名党员。

6月，大连石油七厂对机关组织机构进行调整。撤销行政、生产经营和基建3个办公室。成立厂长办公室、生产计划科、财务科、材料科、基建科、机动安全科、人事科、保卫科、教育科、科学技术办公室、总务科。

1960年7月10日，中共大连石油七厂第三次党员代表大会召开，151名党员代表出席，选举产生新一届委员会和监察委员会，党委实行常委制，刘钊为党委书记，刘兆昇、郑丕谟为党委副书记。下属17个党支部，共有682名党员。

1962年4月，大连石油七厂重新划归石油工业部领导，名称恢复为石油工业部石油七厂。厂设22个机关科（室）：厂长办公室、人事科、计划科、团委、财务科、安全科、生产调度科、基建科、检查科、保卫科、教育科、卫生科、研究所、材料科、总务科、运销科、党委组织部、党委宣传部、副业科、机动科（机械动力科）、武装部、技术科；10个车间：蒸馏车间、热裂化车间、高级润滑油车间、消防队、保修车间、动力车间、电气车间、焦化车间、仪表车间、添加剂车间。职工总数3982人。当年原油加工量为105.87万吨。

1962年5月18日，中共石油七厂第四次党员代表大会召开，174名党员代表出席，选举产生新一届委员会和监察委员会，党委实行常委制，段铭德为党委书记，解登峰为党委副书记、监委书记。下属18个党支部，共有党员733名。

1964年4月，经石油工业部党组批准，石油七厂设立政治部。全厂学习解放军政治工作经验，在基层单位设立指导员岗位。

1966年6月，石油七厂成立文化革命领导小组。

1968年9月，中共旅大市委批准成立石油七厂革命委员会。

1970年6月，石油七厂下放辽宁省，实行以地方为主的双重领导。

（一）**中共石油七厂委员会领导名录**（1955.9—“文革”初期）

书　　记　刘　钊（1955.8—1962.1）
段铭德（1962.1—1964.5）
苏德山（1964.5—1966.5）

副 书 记　隋书栋（1955.8—1958.12）
解登峰（1957.4—1964.2）
刘兆昇（1960.3—1964.6）
郑丕谟（1960.3—1962.3；1964.9—1966.5）
曹彦福（1965.6—1966.5）
刘世庆（1968.9—1970.2）

监委书记　黄玉枫（女，1956.7—1957.8）
白福瑞（1957.8—1962.7）
刘兆昇（1960.3—1962.11）
解登峰（1962.11—1964.2）

政治部主任　郑丕谟（兼任，1964.4—　　）

（二）**石油七厂领导名录**（1955.9—“文革”初期）

厂　　长　苏德山（代理，1955.9—1956.10；1956.10—1964.3）
段铭德（1964.3—1966.5）

副 厂 长　汤学永（1955.9—1958.3）
赵　科（1955.9—1966.5）
万震寰（1957.7—1966.5）

解登峰（1955.12—1957.4）
陈丽泉（1959.5—1966.5）
马从龙（1959.5—1963.11）
李瑞平（1960.6—1966.5）
郑丕谟（1961.6—1964.4）
唐启舜（1964.3—1966.5）
金喜春（1965.7—1966.5）
熊尚元（1965.7—1966.5）
邹积同（1966.9—　　）
刘风生（1966.9—　　）

总工程师　张芳骞（代理，1955.9—1956.10；1956.10—1963.12）
唐启舜（1964.3—1970.6）

总机械师　谷　峰（1964.5—1970.6）

（三）石油七厂革委会领导名录（1968.9—1970.6）

主　　任　刘世庆（军代表，1968.9—1970.1）
李绪堂（军代表，1970.2—3）
田维新（军代表，1970.3—6）

副 主 任　刘英子（女，朝鲜族，群众代表，1968.9—1970.6）
姜文进（群众代表，1968.9—1970.6）
石　刚（军代表，1968.9—1970）
吴洪钦（军代表，1969.2—1970.6）
王会林（军代表，1970.2—3）
于景林（军代表，1970.3—6）

（四）石油七厂工会（1955.9—1968.8）

主　　席　陈丽泉（1956.7—1959.5）
马从龙（1958.5—1959.5）
李瑞平（1958.10—1960.6）
孙建华（1960.6—12）
白福瑞（1962.7—1966.5）
焦永振（1966.9—1968.8）

八、石油八厂（1955.9—　　）

1955年9月，东北石油八厂划归石油工业部直接领导，并更名为石油工业部石油八厂。由于生产任务不足，该厂一直处于半停产状态。

同年底，为加强柴达木地区开发油田所需的石油机械配件的供应工作，石油工业部决定在该地区建立石油机械修配厂，并决定石油八厂于本年底停产，选派400余人赴柴达木探区支援石油机械修配厂的建设工作。

1956年8月，为了充分利用石油八厂厂房及设备，增加润滑脂生产，石油工业部决定将石油八厂改建为专门生产润滑脂的工厂，并将石油一厂的润滑脂生产车间和原石油十厂有关润滑脂的生产设备及人员调拨给该厂。同时，成立石油八厂改建筹备处，由王平、郝明雷负责筹建处日常管理工作，工厂仍沿用石油八厂名称。1958年，该厂改组为四平联合化工厂，不再隶属石油工业部管理。

厂　　长　王　平（1955.9—1957.5）

副 厂 长　朱振山（1957—　　　）

九、石油九厂—桦甸页岩油公司（1955.9—1958.6）

1955年9月，东北石油九厂划归石油工业部直接领导，并更名为石油工业部石油九厂。

1956年，石油九厂机关设办公室、计划科、技术检查科、财务科、器材供应科、生产技术科、总机械动力师室、技术安全监察科、人事科、劳动工资科、教育科、保卫科、行政科、卫生科、扩建工程处等科室。人员编制165人。

1958年3月，石油工业部决定，将石油九厂与油母页岩矿合并，成立石油工业部桦甸页岩油公司，统一管理桦甸地区的采矿、炼油和基建任务。

同年6月，根据中央关于企业、事业单位和技术力量下放的规定，石油工业部党组决定，将桦甸页岩油公司下放吉林省领导。

（一）**中共石油九厂委员会领导名录**（1957— ）

书　　记 张　儒（1957— ）

（二）**石油九厂领导名录**（1957— ）

厂　　长 贾承烈（1957— ）

副 厂 长 苏宝馨（1957— ）

严振海（1958.1— ）

十、石油十厂（1955.9—10）

1955年9月，东北石油十厂划归石油工业部直接领导，更名为石油工业部石油十厂。在册职工为890人。10月，石油十厂建制撤销。

1956年初，石油十厂润滑脂生产设备及人员转入石油八厂，并成立石油十厂保管处，该保管处于1958年后撤销。

厂　　长 王　平（兼任，1955.9—10）

副 厂 长 冯忠义（代理厂长，1955.9—10）

朱振山（1955.9—10）

十一、兰州炼油厂筹建处—兰州炼油厂（1955.9—1970.6）

（一）**兰州炼油厂筹建处**（1955.9—1958.10）

1955年9月，兰州炼油厂筹建处划归石油工业部领导。

1956年3月，兰州炼油厂筹建处由兰州市民主东路208号迁至西固区。4月，兰州炼油厂第一期工程动工建设典礼在西固区举行。6月，石油工业部决定，将所属第二建筑安装工程公司合并到兰州炼油厂筹建处，8月合并工作完成。筹建处行政机构调整为14个处室：办公室、计划处、干部处、劳资处、教育处、保卫处、施工技术处、财务处、供应处、监察室、专家工作室、生产准备处、工地代表室、行政处。筹建处职能重点转向建设工程的组织、管理与实施。同月，中共兰州炼油厂筹建处委员会成立，党组织关系隶属于中共兰州市委，王俊为党委书记。党委下设6个部门：党委办公室、党委组织部、党委宣传部、监察委员会、工会、团委。年底，筹建处党委下属12个基层党支部。全厂职工总数2600余人。

1957年10月，兰州炼油厂筹建处第一次工会代表大会召开，选举产生第一届工会委员会。

1958年9月，第一期工程全面建成投产。

1. **中共兰州炼油厂筹建处委员会领导名录**（1956.8—1958.10）

书　　记　王　俊（1956.8—1958.10）

副 书 记　张云山（1956.8—1958.10）

邢元贵（1956.8—1958.10）

杨雨霖（1956.8—1957.9）

委　　员　刘冠三（1956.8—1958.10）

薛秀川（1956.8—1958.10）

任向文（1956.8—1958.10）

贾庆礼（1956.8—1958.10）

贾振礼（1956.8—10）

汪明远（1956.8—1958.10）

姚光前（1956.8—1958.10）

荆治平（1956.8—1958.10）

王振汉（1956.8—10）

艾奇化（1956.8—1958.10）

苗瑞华（1956.10—1958.10）

徐今强（1958.5—10）

2. **兰州炼油厂筹建处领导名录**（1955.9—1958.10）

主　　任　王　俊（1955.9—1957.10）

徐今强（1957.10—1958.10）

副 主 任　艾奇化（1956.8—1958.10）

刘冠三（1956.8—1958.10）

薛秀川（1956.8—1958.10）

任向文（1956.8—1958.10）

贾庆礼（1956.8—1958.10）
姚光前（1956.8—1958.10）
总工程师　龙显烈（1955.9—1958.10）

3. 兰州炼油厂筹建处工会（1956.8—1958.10）

主　　席　韩智勇（1956.8—1957.10）
邢元贵（1958.3—10）

（二）兰州炼油厂（1958.10—1970.6）

1958年10月，兰州炼油厂筹建处更名为兰州炼油厂，中共兰州炼油厂筹建处委员会更名为中共兰州炼油厂委员会。兰州炼油厂作为苏联援建的156项重点工程之一，全部生产装置和主要辅助设施由苏联设计和提供，一期工程设计规模为原油加工能力100万吨/年。加工原油品种为单一的玉门原油，产品种类包括汽油、煤油、柴油、润滑油、石油沥青等，总资产1.42亿元，职工总数7600余人，是新中国首次兴建的生产规模较大、技术水平和自动化程度较高的燃料—润滑油型炼油厂。

1959年3月，兰州炼油厂正式投产。当年实际加工原油73万吨，提供汽油、柴油、煤油、润滑油4大类产品41万吨。

1959年12月，中共兰州炼油厂第一次代表大会召开，选举产生中共兰州炼油厂第一届委员会和监察委员会，实行常委制，徐今强为党委书记，张云山、刘冠三为党委副书记，张云山为监委书记。共有1137名党员。

1960年6月，兰州炼油厂将原厂部、车间、工段三级管理体制改为厂部、分厂、车间三级管理体制。将厂部机关组建成19个职能处（科）室：基本建设科、机械动力处、技术资料室、新产品管理科、质量检查科、生产技术科、生产调度室、财务科、运销科、供应科、卫生科、农副业生产处、行政处、保卫处、劳动工资科、干部科、安全科、计划处、办公室。所属第一分厂、第二分厂、第三分厂、商品分厂、设计室、仪表分厂、机械分厂、安装公司等18个二级单位。职工总数7000余人。

1961年1月，石油工业部将所属第一工程局油毛毡厂划归兰州炼油厂管理。8月，石油工业部将北京设计院所属兰州综合设计室和北京石油科学研究院兰州分院下放兰州炼油厂管理。

1964年，兰州炼油厂对组织机构进行调整，三级管理体制改为二级管理体制。同时成立政治部，内设党委办公室、党委组织部、党委宣传部、监察委员会、武装部、工会、团委。

1964年9月，石油工业部同意接收甘肃省石油技工学校。10月，石油工业部决定学校由兰州炼油厂领导，更名为兰州炼油厂半工半读学校。同月，党组织隶属关系由兰州市委调整为甘肃省委。

1964年9月15日至12月17日及1965年5月19日至24日（期间因故中断），中共兰州炼油厂第二次代表大会召开，大会选举产生中共兰州炼油厂第二届委员会和监察委员会，许士杰为党委书记，张云山、刘冠三为副书记。下属党总支19个、党支部77个，党员总数1366人。

1967年2月，“文化大革命”开始后，兰州炼油厂党组织处于瘫痪状态。兰州军区对兰州炼油厂实行军事管制。

1968年1月，兰州炼油厂革命委员会成立，各车间改为连队建制。3月，设革委会政治部、生产指挥部、后勤部、办公室，分管21个业务组、15个直属连队和10个二级单位。

1968年2月至1969年2月，兰州炼油厂所属二级单位革委会或革命领导小组相继成立。

1969年10月，石油工业部军管会决定，自11月1日起将兰州炼油厂所属安装公司更名为石油工业部工程建设东方红总队，直属石油工业部和甘肃省革委会领导。12月，石油工业部将所属兰州石油学校下放给兰州炼油厂革委会领导。职工总数1.02万人。

1970年6月，兰州炼油厂下放甘肃省领导。

期间，兰州炼油厂副厂长毛鹏飞、基建副总工程师韩荣鑫当选第三届全国人大代表。兰州炼油厂革委会副主任黄成连当选中共九大代表、第九届中央候补委员。

1. **中共兰州炼油厂委员会领导名录**（1958.10—1968.1）

1958年10月至1959年12月：

书　　　记　王　俊（1958.10—1959.7）
　　　　　　　徐今强（1959.7—12）

副　书　记　张云山（1958.10—1959.12）
　　　　　　　刘冠三（1959.5—12）

委　　员　徐今强（1958.10—1959.7）
刘冠三（1958.10—1959.5）
薛秀川（1958.10—1959.12）
任向文（1958.10—1959.12）
贾庆礼（1958.10—1959.12）
汪明远（1958.10—1959.12）
姚光前（1958.10—1959.12）
荆治平（1958.10—1959.12）
艾奇化（1958.10—1959.12）
苗瑞华（1958.10—1959.12）

1959年12月至1968年1月：

书　　记　徐今强（1959.12—1963.3）
谢采贤（未到任，1963.3—10）
许士杰（1963.10—1968.1）

副 书 记　张云山（1959.12—1965.7）
刘冠三（1959.12—1968.1）
时云增（1960.12—1962.4）
贾庆礼（1965.1—1968.1）
侯宏顺（1965.6—1968.1）

常　　委　任向文（1959.12—1964.9）
贾庆礼（1959.12—1965.1）
麻耀林（1960.1—1964.9）
孙考庆（1960.1—1964.9）
葛贤辅（1964.9—1968.1）
时云增（1964.9—1968.1）
葛立兴（1959.12—1968.1）
毛鹏飞（1959.12—1968.1）
龙显烈（1959.12—1968.1）
侯宏顺（1959.12—1965.6）

监 委 书 记　张云山（1959.11—1963.5）
麻耀林（1963.5—1964.8）
政治部负责人　刘冠三（1964.3—1965.4）
政 治 部 主 任　侯宏顺（1965.4—1966.5）

2. **兰州炼油厂领导名录**（1958.10—1968.1）

厂　　长　徐今强（1958.10—1963.3）
贾庆礼（1963.3—1968.1）
副 厂 长　艾奇化（1958.10—1959.11）
任向文（1958.10—1960.4）
薛秀川（1958.10—1963.10）
贾庆礼（1958.10—1963.3）
刘冠三（1958.10—1959.5）
姚光前（1958.10—1959.3）
葛贤铺（1959.3—1967.12）
龙显烈（1961.2—1967.12）
敖明模（1961.2—1962.8）
钱传钧（1961.2—1963.10）
葛立兴（1961.9—1968.1）
时云增（1964.1—1968.1）
毛鹏飞（1964.1—1968.1）
荆治平（1964.1—1965.11）
黄鹏远（1965.6—1968.1）
总 工 程 师　龙显烈（1958.10—1968.1）
总 会 计 师　严家骏（1961.2—1968.1）
总机械动力师　韩荣鑫（1961.9—1968.1）

3. **兰州炼油厂革委会领导名录**（1968.1—1970.6）

主　　任　王芝山（军代表，1968.1—1970.6）
副 主 任　刘　玉（军代表，1968.1—1969.6）
毛鹏飞（1968.1—1970.6）
苗瑞华（1968.1—1970.6）

黄成连（群众代表，1968.1—1970.6）
范有兴（群众代表，1968.1—1969.6）
张志惠（军代表，1969.9—1970.6）

4. **兰州炼油厂工会**（1958.10—1965.12）

主　　任　邢元贵（1958.10—1960.12）
孙考庆（1960.12—1965.12）

十二、上海炼油厂（1955.9—1970.6）

1955年9月，上海炼油厂划归石油工业部直接领导。党组织关系隶属于中共上海市第二重工业管理局委员会。当年，加工原油8.7万吨，产值达2500万元，实现利润1200万元。在册员工1100余人。

1956年初，机关设办公室、计划科、技术检查科、财务科、器材供应科、生产技术科、总机械师室、总动力师室、技术安全监察科、人事科、劳动工资科、教育科、保卫科、行政科、基本建设科等15个科室，人员编制129人。7月，党组织关系改为隶属中共上海东昌区委。9月，人事科撤销，分设干部科、教育科。

1958年6月，根据中共中央关于企业事业单位和技术力量下放的规定，石油工业部党组决定，将所属上海炼油厂正式划归上海市人民委员会直接领导与管理。12月，上海炼油厂贯彻“二参一改三结合”、“精兵简政”精神，实行“大科室”、“大车间”组织形式，将八科五室合并为四科一室，即生产科、人事保卫科、经营科、行政科和试验室，并设红专大学；6个车间合并为4个车间：蒸馏车间、裂化车间、动力车间、机械车间；后增设炼钢车间、纯碱工段。精减干部153人，占原干部数的49.8%。当年，上海炼油厂改造扩建蒸馏装置，使原油年加工能力由15万吨提高到50万吨。

1960年7月，增设党委组织部和党委宣传部；重建焦化车间。同年，成立秘书科。

1961年11月，撤销炼钢车间；蒸馏、裂化、焦化、润滑油车间分别改为一、二、三、四车间。同年，上海炼油厂实行党委领导下的厂长负责制；建立、健全企业管理制度，加强计划管理、技术管理和生产调度。

1962年3月，成立武装部。8月，新建设计室。9月，新设总工程师室和研究室；人事保卫科更名为保卫科；人事业务自保卫科划出，成立人事科；生产技术科更名为技术科；生产业务自技术科划出，成立生产科。10月，新建油品车间、保健站。同年，红专大学更名为职工学校，机械车间更名为机修车间，秘书科更名为办公室。

1963年1月，采购供应站由供销科划出。2月，新建仪表车间。4月，成立上海炼油厂党委监察委员会。9月，增设基建质量监督科、基建施工科、基建财务科、基建计划科。1964年7月，成立政治部。

1965年7月，撤销供销科，分别成立材料供应科和运销科；生产科和技术科合并，成立生产技术科。8月，新建五车间。

1966年1月，研究室更名为研究所，机修车间划分为机修一车间和机修二车间。当年“文化大革命”运动开始后，党政组织处于瘫痪状态。

1967年，成立临时革命委员会，下设“四组一室”：生产组管辖原生产技术、检查、设备、计划、安全、消防、研究、设计、基建、工资等10个科室；后勤组管辖原行政、保健、学校等3个部门；经营组管辖原供应、运销、财务等3个科室；政宣组管辖原宣传、人事、保卫、组织等4个部门；办公室所属一至六车间及仪表车间、动力车间、机一车间、机二车间。

1968年4月，上海炼油厂革命委员会正式成立。革委会设办公室、生产组、后勤组、经营组、政宣组，全面管理各方面业务，原有科室撤销。

1969年11月，中共上海炼油厂委员会第二次代表大会召开，选举产生新一届委员会，党委委员7人，革委会第一、二召集人分别为党委正副书记，党委和革委会实行党政合一领导体制。同年，成立组织组，恢复工会。

1970年，上海炼油厂实行党委领导下的厂长分工负责制。

（一）中共上海炼油厂委员会领导名录（1955.9—1970.6）

书　　记　孙文卿（1955.9—1958.4）
方荷生（1958.9—1967）
马玉霖（1967—1970.6）

副 书 记　阎峰璐（1955.9—1959）
马玉霖（1955.9—1962.10）

赵林青（1958.9—1959）
阮仁泽（1960.6—1967）
吴昆进（1960.6—1965）
杨贤能（1969.11—1970.6）
监委书记　阎峰璐（1956—1959.12）
吴昆进（1963.4—1964）

（二）上海炼油厂领导名录（1955.9—“文革”初期）

厂　　长　江云海（1955.9—1958.9）
马小弟（1958.9—1960.5）
邢江友（1960.6—1962.1）
庄之年（1962.1—1964.4）
马玉霖（1964.8—1966）
副 厂 长　汪明远（1955.9—10）
朱吉仁（1955.9—1964.3）
余　琳（女，1955.9—1961.8）
周茂祥（1955.10—1959）
庄大民（1959.10—1960）
王有竖（1960.5—1962.8）
强硕仁（1961.6—1962）
黄秉铖（1962.3—1964）
阮仁泽（1962.10—1964.7）
马玉霖（1962.10—1964.8）
王阿明（1964.6—1966）
汤蕖荃（1964.6—1966）
王海山（1965.12—1966）
总工程师　朱吉仁（1957.9—　　）
朱吉仁（1966.3—　　）

（三）上海炼油厂革委会（1968.4—1970.6）

召 集 人　吴功戬（军代表，1968.4—12）
许科海（1968.4—12）

王海山（1968.4—12）

第一召集人　马玉霖（1968.12—1970.6）

第二召集人　马玉霖（1968.5—12）

吴功戬（军代表，1968.12—1969）

杨贤能（军代表，1969.12—1970.6）

第三召集人　王福生（1968.12—1970.6）

第四召集人　许科海（1968.12—1970.6）

第五召集人　张自友（1968.12—）

（四）上海炼油厂工会（1955.9—1970.6）

主　　席　吴昆进（1955.9—1960.6）

王阿明（1962—1964.6）

倪翰章（1964.9—1970.6）

十三、茂名页岩油厂筹建处—茂名页岩油公司筹建处—茂名石油公司（1955.9—1970.6）

（一）茂名页岩油厂筹建处（1955.9—1958.1）

1955年9月，茂名页岩油厂筹建处隶属石油工业部领导，更名为石油工业部茂名页岩油厂筹建处。筹建处设办公室、综合规划组、露天矿规划组、热电厂规划组、机修厂规划组。职工总数78人。

1956年5月，筹建处设办公室、总甲方办公室、茂名办事处、设计管理处。职工人数109人。年底，茂名页岩油厂筹建处由茂名迁到广州办公。

1957年7月，茂名页岩油厂筹建处从广州又迁回茂名。职工总数862人。

1958年3月，经国务院1月31日批准，石油工业部决定，将茂名页岩露天矿与茂名页岩油厂筹建处合并，成立石油工业部茂名页岩油公司筹建处。

主　任　方　华（1955.9 —1957.12）

副主任　倪毓孚（1955.9—1957.12）

李建安（1955.9—1957.12）

王　军（1957.5—12）

（二）茂名页岩油公司筹建处（1958.1—1964.5）

1958年3月，经国务院1月31日批准，石油工业部决定，茂名页岩露天矿与茂名页岩油厂合并为联合企业，定名为石油工业部茂名页岩油公司筹建处。筹建处设办公室、人事处、保卫处、计划处、工程处、设计处、生产准备处、财务处、供应处、运输处、施工用电管理处等处室，所属油厂筹建处、露天矿筹建处、机修厂、自来水厂、水泥厂、耐火材料厂等单位。职工总数2万余人。4月，经广东省委批准，成立中共茂名页岩油公司委员会。

1960年1月，茂名市委决定成立油公司党委，公司党委下设3个基层党委（油厂党委、露天矿党委、机修厂党委）、9个总支、82个支部，共有党员1940名。党委设办公室、组织部、宣传部、监委、团委、工会、机关党总支等7个处室。行政设办公室、保卫处、劳动工资处、计划处、设计处、工程处、财务处、供应处、运输处等9个处室。所属油厂筹建处、露天矿筹建处、机修厂、自来水厂、水泥厂、耐火材料厂、技工学校等7家单位。

1960年2月，成立中国石油工会茂名页岩油公司筹备委员会。

1962年3月，公司党委设办公室、组织部、宣传部、武装部、监委。下属1个基层党委、9个党总支、65个党支部，共有党员1548名。公司设办公室、人事处、保卫处、调度室、广州办事处、生产技术处、机动处、计划处、供销处、基建处、财务处、运输处、行政处、福利处、职工医院、疗养院共16个部门和单位。同时将油厂、露天矿、机修厂改为车间，由公司直接领导。职工人数8724人。

1963年3月，行政处、福利处合并为行政福利处；成立地质处；供销处改为供应处，原供销处的销售业务划给运输处；运输处更名为运销处；机动处的安全科划出，直属公司领导。调整后，公司机关处室15个。

1964年4月，成立政治部和人民武装委员会。5月，成立机关党委。

5月，茂名页岩油公司筹建处更名为石油工业部茂名石油公司。

1. **中共茂名页岩油公司筹建处委员会领导名录**（1959.6—1964.5）

第一书记　徐林汉（1961.10—1964.5）

第二书记　蔚华之（1961.10—1963.3）

书　　记　蔚华之（1959.6—1961.10）

副 书 记　方　华（1961.4—1964.5）

郭庆祥（1961.4—1964.5）
宋乃瑞（1961.4—1964.5）

2．茂名页岩油公司筹建处领导名录（1958.1—1964.5）

主　　任　刘　放（1958.1—1959.2）
蔚华之（1959.2—6；1960.4—1963.3）
褚志远（1959.6—1960.4）
方　华（1963.3—1964.5）

副 主 任　方　华（1958.1—1963.2）
崔振东（1958.1—1964.5）
李建安（1958.1—1964.5）
向　洪（1958.1—1964.5）
王　军（1958.1—1964.5）
郭庆祥（1961.4—1964.5）
李德清（1961.4—1964.5）
简　坚（1963.3—1964.5）

（三）茂名石油公司（1964.5—1970.6）

1964年5月，茂名页岩油公司筹建处更名为石油工业部茂名石油公司（简称茂名石油公司）。12月，石油工业部决定，从1965年1月1日起将江汉石油勘探处划归茂名石油公司领导。职工总数9776人。

1965年6月，成立工程处和检修车间。7月，成立运销处、供应处，并将油矿处改为采矿处。9月，成立油毡纸厂，并将耐火材料厂划归油毡纸厂。同时，组织机构调整为总调度、办公室、计划科、安全科、劳动工资科、福利处、研究室、油品质量检查科、供应处、财务科、运销处、地质室、湘西勘探大队、两广勘探大队、江汉勘探大队、机修厂、工程处、机械动力处、炼制科等19个单位。10月，公司党委成立政治部，下设办公室、干部部、组织部、宣传部、保卫部、机要科等机构，并领导监委、工会、团委和武装部。当年，成立生产指挥部和油公司总工程师室。党委下属2个基层党委、7个党总支、47个党支部，共有1441名党员。

1966年1月，石油工业部将茂名石油公司江汉勘探大队改组为茂名石油公司江汉石油勘探指挥部。7月，江汉石油勘探指挥部改由石油工业部直接领导。

9月，成立采矿处；撤销福利处，成立服务公司。

1967年3月，公司实行军事管制，成立茂名石油公司生产委员会。机关设政治部、行政办公室、生产技术处等13个处室。

1968年2月，成立茂名石油公司革命委员会，内设办事组、政工组、保卫组、生产组。10月，成立革委会核心小组。

1969年4月，成立工会。10月，成立后勤、油厂、工程、直属等4个基层党委，11月，成立公司党委，下属8个基层党委、9个党总支、83个党支部，共有党员2402名。同时，成立政治部、生产部、后勤部，政治部下设办事组、组织组、保卫组、宣教组；生产部下设劳资组、生产计划组、办事组、安全质量组、机动组、运销组；后勤部下设办事组、政工组、生产组、福利组、财务组、供应组、援外组、机修厂、一车间、汽车队、总库、职工医院。职工总数13194人。

1970年5月，茂名石油公司下放广东省，实行以地方为主的双重领导。

1. **中共茂名石油公司委员会领导名录**（1964.6—1970.6）

书　　记　徐林汉（1964.6—1969.11）
　　　　　　李华瑞（1970.1—6）
第一副书记　乔聚星（1969.11—1970.6）
副 书 记　方　华（1965.10—　　）
　　　　　　郭庆祥（1965.10—　　）
　　　　　　刘　燊（1969.10—1970.6）
　　　　　　王明章（1969.10—1970.5）

2. **茂名石油公司领导名录**（1964.6—1970.6）

经　　理　方　华（1964.6—1968.1）
副 经 理　简　坚（1964.6—1970.6）
　　　　　　郭庆祥（1964.6—1970.6）
　　　　　　刘　燊（1965.7—1969.9）
　　　　　　王福泰（1965.7—1970.6）
　　　　　　徐志俊（1968.2—1969.4）
　　　　　　黄成和（1968.2—1970.6）
　　　　　　钟广权（1968.2—1970.6）
　　　　　　张学恭（1969.4—1970.6）

吴玉超（1970.5—6）
黄　燊（1970.5—6）
王明章（1970.5—6）
冯志功（1970.5—6）

3. **茂名石油公司革委会领导名录**（1968.1—1970.6）

主　　任　吕凤歧（军代表，1968.1—1969.4）
乔聚星（1969.4—1970.6）

十四、黑龙江炼油厂—大庆炼油厂（1961.4—1964.12）

（一）黑龙江炼油厂（1961.4—1964.3）

黑龙江炼油厂（又称龙凤炼油厂），建于大庆油田会战初期，是中国第一座独立自主设计、制造、施工、投产的炼油厂。

1960年3月，国家计划委员会批复同意在黑龙江省建设年加工原油能力为300万吨的炼油厂，以解决国内成品油供应不足的问题。

5月，黑龙江炼油厂筹建处在齐齐哈尔市昂昂溪区成立，开始厂址勘察、测量工作。曲昭铮任黑龙江炼油厂筹建处副主任。10月，黑龙江炼油厂筹建处迁至大庆油田东部的龙凤地区，筹建处设工程组、设计组、设备组、供应组、总务组、人事组、厂部办公室、农场、工程队、砖厂等机构，共有干部30余名。12月，国家计划委员会和建设委员会正式批复黑龙江炼油厂第一期工程建设规模为年加工原油100万吨，主要加工大庆原油。

1961年3月，中共黑龙江炼油厂支部委员会成立，隶属于中共安达市委，周宇博为党委书记。4月，黑龙江炼油厂筹建处撤销，成立黑龙江炼油厂。

1961年4月，黑龙江炼油厂筹建处撤销，成立黑龙江炼油厂，隶属黑龙江省，由黑龙江省石油工业管理局代管，业务上由石油工业部指导。黑龙江炼油厂设党委办公室、党委组织部、党委宣传部、监察委员会、工会、团委、厂部办公室、行政管理科、福利科、干部科、劳动工资科、教育科、保卫科、材料供应科、设备科、运输科、财务科、计划科、基建科等机构。5月，中共黑龙江炼油厂支部委员会更名为中共黑龙江炼油厂工地委员会，7月更名为中共黑龙江炼油厂委员会。

1962年2月，为加快建设进度，国家经委决定将黑龙江炼油厂移交石油工业部管理。3月，石油工业部决定黑龙江炼油厂由松辽石油会战指挥部代管，并成立以徐今强为指挥的黑龙江炼油厂建厂指挥部，建厂工作打破甲、乙、丙三方的“旧框框”，实行统一领导，统一计划，直接指挥设计、施工等建厂队伍。4月1日，黑龙江炼油厂建设会战正式开始。到1964年初，一期工程投产后，建厂指挥部日常工作由其下设的工程办公室取代。

9月，黑龙江炼油厂首届一次工会代表大会召开，选举产生第一届工会委员会。

1962年，精减下放职工600余人，占当时炼油厂职工总数的39.2%。

1963年1月，国家计划委员会批复同意黑龙江炼油厂第二期工程建设规模为年加工原油150万吨。10月，一期工程顺利完成，建成年处理量为100万吨的常减压装置和30万吨的热裂化装置及辅助系统，工程总投资近9500万元，并相应组建常减压、热裂化、锅炉、供排水、仪表、化验、供电、油品贮运、机修等9个基层单位。10月至11月，黑龙江炼油厂全面投产。12月，黑龙江炼油厂第一列成品油罐车从龙凤火车站启程外运。

截至1963年底，职工总数2000余人，加工原油近11万吨，实现工业总产值近2100万元。

1964年初，黑龙江炼油厂建厂指挥部撤销。3月，黑龙江炼油厂更名为大庆炼油厂。

1. 中共黑龙江炼油厂工地委员会—中共黑龙江炼油厂委员会领导名录（1961.4—1964.4）

中共黑龙江炼油厂工地委员会（1961.5—7）

书　　记　周宇博（1961.5—7）

副 书 记　张　铎（1961.5—7）

中共黑龙江炼油厂委员会（1961.7—1964.4）

书　　记　周宇博（1961.7—1962.11）

邢子陶（1962.11—1964.4）

副 书 记　刘子仁（1961.7—1964.4）

赵　伟（1962.12—1964.4）

监委书记 刘子仁（1961.7—1964.4）

2. **黑龙江炼油厂领导名录**（1961.4—1964.3）

厂　　长 邢子陶（1961.3—1964.3）

副 厂 长 于景波（1961.3—1964.3）

巫从理（1961.4—1964.3）

曲昭铮（1961.4—1964.3）

李亚平（1961.4—1964.3）

黄　伟（1962.3—1964.3）

钱传钧（1963.10—1964.3）

总工程师 钱传钧（1963.3—1964.3）

3. **黑龙江炼油厂建厂指挥部领导名录**（1962.3—1964年初）

指　　挥 徐今强（兼任，1962.3—1964年初）

副 指 挥 邢子陶（1962.3—1964年初）

陈斌章（1962.3—1964年初）

敖明模（1962.3—1964年初）

温其芳（1962.3—1964年初）

俞修文（1962.3—1964年初）

邹　明（1962.3—1964年初）

张定一（1962.5—1964年初）

黄　伟（1962.5—1964年初）

于景波（1962.5—1964年初）

曲静照（1962.5—1964年初）

总工程师 敖明模（1962.5—1964年初）

总设计师 朱康福（1962.5—1964年初）

4. **黑龙江炼油厂工会**（1962.9—1964.3）

主　　席 刘书亭（1962.9—1964.3）

（二）大庆炼油厂（1964.3—12）

1964年3月，石油工业部决定，将黑龙江炼油厂更名为大庆炼油厂，对外使用代号为“黑龙江省萨尔图农垦八场”。4月，中共黑龙江炼油厂委员会更名为中共大庆炼油厂委员会，隶属大庆会战工委。下属2个党总支、22个党支部，共有党员400余名。10月，建成延迟焦化装置。

1964年12月，石油工业部决定，从1965年1月1日起，大庆炼油厂不再作为部直属企业，改由大庆会战指挥部统一领导。

1. **中共大庆炼油厂委员会领导名录**（1964.4—12）

书　　记　邢子陶（1964.4—9；兼任，1964.9—12）

副 书 记　巫从理（1964.4—12）

监委书记　刘子仁（1964.4—8）

2. **大庆炼油厂领导名录**（1964.3—12）

厂　　长　季铁中（1964.3—9）

姬永兴（兼任，1964.9—12）

副 厂 长　黄　伟（1964.3—12）

于景波（1964.3—12）

钱传钧（1964.3—12）

巫从理（1964.3—12）

詹明国（1964.9—12）

柏映群（1964.9—12）

总工程师　钱传钧（1964.3—12）

3. **大庆炼油厂工会**（1964.3—12）

主　　席　刘书亭（1964.3—12）

十五、南京炼油厂（1963.9—1970.6）

1958年，国家批准在南京建设一座年加工原油100万吨的炼油厂，1959年，由于国民经济困难等原因，江苏省委决定缓建南京炼油厂。

1963年，为解决南京炼油厂生产建设的困难，经石油工业部与中共江苏省委、中共南京市委共同研究决定，南京炼油厂自1963年9月1日起划归石油工业部领导，由石油工业部对炼油厂建设作重新规划，并负责解决建设投资、器材供应、原油供给和产品分配。同年10月，中共江苏省委和石油工业部分别委派柯德全和兰州炼油厂副厂长薛秀川担任南京炼油厂党委书记和厂长。为了迅速恢复生产建设，石油工业部和江苏省委决定成立南京炼油厂筹建委员会，并从其他单位抽调技术力量和工程队伍参加工厂建设，江苏省计划委员会主任田兰田任筹建委员会主任。

南京炼油厂从1963年10月恢复建设，到1965年8月，经过22个月的艰苦奋战，工厂基本建成。1965年，南京炼油厂加工原油23.7万吨，生产汽、煤、柴油10.37万吨。上缴利税和折旧费1440万元，占工程建设投资的17.3%。南京炼油厂的投产，结束了南京地区不生产燃料油的历史。

1966年10月，对常减压蒸馏装置进行了首次技术改造，加工能力提高50%，达到150万吨/年。同时开始了铂重整装置的建设。12月，由南京炼油厂和华东化工学院、北京石油设计院共同研究和设计，全国第一套年处理量3万吨的水蒸气脱附分子筛脱蜡装置建设开工。

1968年3月，成立“革命工人大联合委员会”。7月，南京市革命委员会决定对南京炼油厂实行军管，驻栖霞区支左部队派出以胡文杰为组长、杨忠林为副组长的军事管制小组。9月，南京炼油厂成立革命委员会。

1970年6月，经中央批准，石油工业部军管会决定，将南京炼油厂下放江苏省领导。

（一）中共南京炼油厂委员会领导名录（1963.9—1970.6）

书　　记　柯德全（1963.9—1964.4）
王　平（1965.6—1968.7）
姜福义（军代表，1970.1—6）

副 书 记　卫前春（1963.9—1965.10）
薛秀川（1964.7—1965.2；代理书记，1965.2—6；1965.6—1968.7；1970.1—6）
钱耀庭（1966.1—1968.7）
王　平（1970.1—6）

（二）南京炼油厂领导名录（1963.9—1968.7）

厂　　长　薛秀川（1963.10—1968.7）

副 厂 长　淳家琴（1963.9—1968.7）
钱耀庭（1963.9—1966.1）
吴廷坤（1963.9—1968.7）

潘文瀚（1965.1—1968.7）

王连志（1965.6—　　）

总工程师　潘文瀚（1965.1—1968.7）

（三）南京炼油厂革委会领导名录（1968.9—1970.6）

主　　任　姜福义（军代表，1968.9—1973.1）

第一副主任　薛秀川（1969.2—1970.6）

副 主 任　王　平（1969.2—1970.6）

刘挺举（军代表，1969.2—11）

十六、长岭炼油厂（1965.1—1970.6）

1964年8月，石油工业部计划在湖南建设炼油厂。11月，石油工业部派人赴湖南考察选址，决定在临湘县路口铺长岭一带建厂。

1965年1月，经中央批准，石油工业部决定在湖南岳阳建设炼油厂，建设规模为加工原油150万吨/年。为搞好炼油厂气体的综合利用，采用石油—化工联合企业的形式，由石油工业部统一建设，统一管理。2月，将该厂命名为石油工业部长岭炼油厂。5月，石油工业部决定在长岭地区先建战备油库，命名为石油工业部6501工程，同时成立工程指挥部。

1966年1月，战备油库与炼油厂合并建设，仍按原计划建设长岭炼油厂。7月，石油工业部党委决定，成立中共长岭炼油厂建厂指挥部委员会及长岭炼油厂建厂指挥部，统一领导长岭炼油厂的生产建设工作。

1967年6月，受“文化大革命”影响，建厂指挥部陷入瘫痪。

1968年3月，中国人民解放军6900部队（47军）派军代表对长炼建设工地实行军事管制。5月，国家计委、建委军管会联合行文批准经过修订的长炼建厂计划任务书，决定炼厂为燃料型，规模为加工能力250万吨/年，始建常减压、催化裂化、延迟焦化、铂重整等4套生产装置。11月，经湖南省革命委员会批准，成立长岭炼油厂建厂革委会，实行一元化领导，下辖大庆炼建革委会、6501生产队革委会和炼油厂生产准备革命领导小组。长岭炼油厂开始排除“文革”干扰，恢复建设。

1969年2月，成立长岭炼油厂建厂革委会党的核心领导小组。

1965年5月至1966年7月：

（一）中共6501工程指挥部党总支部委员会领导名录（1965.5—1966.7）

书　　记　张　元（1965.5—1966.7）

副 书 记　孙洁然（1965.5—1966.7）

芦尚廉（1965.5—1966.7）

（二）6501工程指挥部（1965.5—1966.7）

总 指 挥　钱思潮（1965.5—1966.7）

副总指挥　张　元（1965.5—1966.7）

1966年7月至1968年11月：

（一）中共长岭炼厂建厂指挥部委员会（1966.7—1968.11）

书　　记　董德玉（1966.7—1968.11）

副 书 记　涂秀森（1966.7—1968.11）

金林祥（1966.7—1968.11）

常　　委　庞守则（庞守则，1966.7—1968.11）

倪松年（1966.7—1968.11）

崔达仁（1966.7—1968.11）

高大民（1966.7—1968.11）

政治部主任　金林祥（兼任，1966.7—1968.11）

（二）长岭炼厂建厂指挥部领导名录（1966.7—1968.11）

指　　挥　涂秀森（1966.7—1968.11）

副 指 挥　庞守则（1966.7—1968.11）

周　皓（1966.7—1968.11）

陈序秋（1966.7—1968.11）

王荫堂（1966.7—1968.11）

范大义（1966.7—1968.11）

倪松年（1966.7—1968.11）

黎煜明（1966.7—1968.11）

崔达仁（1966.7—1968.11）

总工程师　陈序秋（1966.7—1968.11）

1968年11月至1970年6月：

（一）长岭炼油厂建厂革委会党的核心领导小组（1969.2—1970.6）

组　　长　楚　英（军代表，1969.2—1970.6）

副 组 长　古德勤（1969.2—1970.6）

组　　员　凌尔宽（军代表，1969.2—1970.6）

李宝胜（军代表，1969.2—1970.6）

张宝儒（军代表，1969.2—1970.6）

刘忠勇（1969.2—1970.6）

张振勇（1969.2—1970.6）

庞守则（1969.2—1970.6）

崔达仁（1969.2—1970.6）

（二）长岭炼油厂建厂革委会领导名录（1968.11—1970.6）

主　　任　楚　英（1968.11—1970.6）

第一副主任　古德勤（1968.11—1970.6）

副 主 任　许庆祥（军代表，1968.11—1970.6）

刘忠勇（1968.11—1970.6）

曹振恒（群众代表，1968.11—1970.6）

邹志家（群众代表，1968.11—1970.6）

十七、东方红炼油厂筹建处—东方红炼油厂（1967.3—1970.7）

（一）东方红炼油厂筹建处（1967.3—1968.8）

1967年2月，为就近解决北京和华北地区石油产品供应问题，国家计划委员会正式批准石油工业部在北京市房山区周口店镇坟山村一带建设一座年加工能力为250万吨的炼油厂，并定名为东方红炼油厂。3月，石油工业部决定成立东方红炼油厂筹建处，直属石油工业部领导。4月，石油工业部决定东方红炼油厂筹建处由兰州炼油厂全面负责。5月，筹建工作启动，筹建处主要人员30人来自石油工业部机关、兰州炼油厂和北京设计院。10月，石油工业部军管会决定成立东方红炼油厂筹建处领导小组，领导小组设规划（工程）、供应、办事、政工组4个小组。11月，石油工业部军管会发出通知，明确东方红炼油厂的筹建和今后的生产工作由石油工业部领导，党的工作由北京市地方党组织领导。

1968年8月，经中央批准，由中国人民解放军第38军组成军管会对东方红炼油厂实行军事管制，原筹建处机构撤销。

1. **东方红炼油厂筹建处领导名录**（1967.3—10）

主　任　李世源（1967.3—10）

副主任　葛立兴（1967.3—10）

白凤仪（1967.3—10）

白跃亭（1967.3—10）

2. **东方红炼油厂筹建处领导小组领导名录**（1967.10—1968.8）

组　长　李世源（1967.10—1968.8）

副组长　葛立兴（1967.10—1968.8）

白凤仪（1967.10—1968.8）

白跃亭（1967.10—1968.8）

（二）东方红炼油厂（1968.8—1970.7）

1968年8月，东方红炼油厂军管会成立。9月，军管会下设办事组、政工组和建厂指挥组，建厂指挥组下设工程、财务两个小组。实行军管后，工厂的领导体制和组织机构形式实行半军事化，基层以营、连、排、班的形式组织生产，从厂到基层的主要领导都由军管人员担任，对工厂实行全权领导。同月，经北京市革委会批准，撤销军管会，成立东方红炼油厂革委会。10月，东方红炼油厂建设被列为北京市重点工程，作为向国庆20周年献礼项目之一。同时，石油工业部决定，将东方红炼油厂放在全国炼厂建设的首位，并成立东方红炼油厂工程领导小组，孙晓风任组长。

1969年4月，调整职能机构，设立办事组、政工组、生产组、工程组和后勤组；所属7个营、2个直属连。9月，东方红炼油厂一期项目全部建成投产，产品包括各类燃料、润滑油、石蜡、沥青及各种化工原料。全厂占地面积约1.4

平方千米，总投资2.35亿元。1969年末，职工总数2600余人。

1970年7月，经国务院业务组批准，北京市革委会在东方红炼油厂、向阳化工厂、胜利化工厂、东风化工厂、曙光日用化学厂基础上，组建北京石油化工总厂，由北京市和燃料化学工业部双重领导，以北京市领导为主。

1. **东方红炼油厂军管会领导名录**（1968.8—9）

主　任　王向青（军代表，1968.8—9）

2. **东方红炼油厂革委会领导名录**（1968.8—1970.7）

主　任　王向青（1968.9—1969.12）
彭树桢（军代表，1969.12—1970.7）

副主任　李世源（1968.8—1970.7）
白凤仪（1968.8—1970.7）
朱文俊（1968.8—1970.7）
赵玉秀（1968.8—1970.7）

十八、红旗炼油厂筹建处（1967.9—1969.1）

1967年9月，经国家计划委员会和建设委员会批准，石油工业部军管会决定在河南洛阳地区建设一座炼油厂，成立红旗炼油厂筹建处，由部直接领导。

1969年1月，石油工业部决定，将胜利炼建调至河南省豫西地区，与红旗炼油厂合并，组成石油工业部工程建设红旗总队，直属部领导。

十九、杭州炼油厂（1968.4—1970.6）

1968年4月，杭州市革委会批准成立杭州炼油厂革委会，下设生产指挥部，车间、部门均以连队建制，后恢复车间、部门名称，该厂曾先后归属杭州市轻工业局、化工局（公司）管辖。

1969年10月，杭州市轻工业局革委会批准成立中共杭州炼油厂革命委员会核心小组，叶善海任组长，下设6个党支部。

（一）杭州炼油厂革委会党的核心小组领导名录（1969.10—1970.6）

组　　长　叶善海（1969.10—1970.4）
　　　　　　顾汝德（1970.4—6）

（二）杭州炼油厂革委会领导名录（1968.4—1970.6）

主　　任　叶善海（1968.4—1970.4）
　　　　　　顾汝德（1970.4—6）
副 主 任　徐其火（1968.4—1970.6）
　　　　　　周相仁（1968.4—1970.6）
　　　　　　李　森（1968.4—1970.6）

二十、胜利炼油厂（1970.1—5）

1969年12月，石油工业部军事管制委员会、山东省革命委员会联合通知，自1970年1月起，将石油工业部华北石油会战总指挥部（九二三厂）所属的胜利炼油厂改由山东省、石油工业部双重领导，以山东省为主。

1970年5月，烷基化装置试运投产成功，生产出合格的工业异辛烷。

同月，中共山东省革命委员会核心领导小组决定成立山东石油化工建设指挥部，胜利炼油厂改为山东石油化工建设指挥部的直属二级单位。

（一）胜利炼油厂党的核心小组领导名录（1970.1—5）

组　　长　李道廉（1970.1—5）
副 组 长　胡涵秋（1970.1—5）
成　　员　张凤瑞（1970.1—5）
　　　　　　孙占恒（1970.1—5）

（二）胜利炼油厂革委会领导名录（1970.1—5）

主　　任　田之翔（1970.1—5）
副 主 任　朱洪昌（1970.1—5）
　　　　　　何光大（1970.1—5）
　　　　　　聂和庭（军代表，1970.1—5）

二十一、山东胜利合成氨厂建设指挥部（1970.1—5）

1969年12月，石油工业部军事管制委员会、山东省革命委员会联合通知，自1970年1月起，将石油工业部华北石油会战总指挥部（九二三厂）所属山东胜利合成氨厂改由山东省、石油工业部双重领导，以山东省为主。

1970年1月，中共山东省革命委员会核心领导小组决定成立山东胜利合成氨厂建设指挥部，由山东省重点工程会战指挥部领导。山东胜利合成氨厂是以胜利炼油厂焦化干气为原料，以催化干气为燃料转化制氢生产合成氨、尿素的中型氮肥厂，设计能力为年产合成氮6万吨、尿素11万吨。

4月，胜利合成氨厂正式动工兴建，该厂共有合成氨、尿素、化肥催化剂3套主要生产装置。青岛、烟台、淄博的建筑队伍和山东化建公司等近20个单位3000多人参加建设。

5月，中共山东省革命委员会核心领导小组撤销山东胜利合成氨厂建设指挥部，成立山东石油化工建设指挥部，山东胜利合成氨厂为山东石油化工建设指挥部的直属二级单位。

（一）山东胜利合成氨厂建设指挥部党的核心小组领导名录（1970.1—5）

组　　长　张瑞萍（1970.1—5）
副 组 长　李子超（1970.1—5）
成　　员　白书庆（1970.1—5）
　　　　　　应仁浩（1970.1—5）
政治部主任　应仁浩（1970.1—5）

（二）山东胜利合成氨厂建设指挥部领导名录（1970.1—5）

指　　挥　李子超（1970.1—5）
政　　委　张瑞萍（1970.1—5）
副 指 挥　白书庆（1970.1—5）
　　　　　　刘守杰（1970.1—5）

第三节　机械制造单位

1955年9月，石油工业部成立时，所属机械制造类单位有第一机械厂、西安地球物理仪器制造所及部直属局（厂、矿）所属的小型机械加工企业，生产能力非常有限。

1956年8月，石油工业部决定成立西安钻探机械配件制造厂筹建处，1957年该处撤销。

1957年2月，西安地球物理仪器制造所更名为西安地球物理仪器修造厂，截至1970年6月，该厂先后更名为地质勘探仪器修造厂、西安石油仪器仪表制造厂、西安石油仪器厂等。

1958年6月，经中央批准，第一机械厂下放陕西省领导，更名为宝鸡石油机械厂。

1959年1月，宝鸡石油机械厂重新划归石油工业部领导，更名为石油工业部第一机械厂。7月，石油工业部决定在咸阳筹建一个钢管加工厂，拟将工厂建成石油工业钢管加工基地，当时厂名为石油工业部西北供应办事处咸阳转运库钢管加工厂。

1960年9月，咸阳转运库钢管加工厂改由石油工业部直接领导，更名为石油工业部钢管加工厂。12月，第一建筑安装工程公司施工机具机修厂上划石油工业部直接领导，更名为石油工业部施工机具机修厂。

1961年1月，钢管加工厂与由天津迁至咸阳的钢绳加工厂合并，成立石油工业部钢管钢绳加工厂，直属石油工业部领导。3月，宝鸡钢管厂由陕西省划转石油工业部直接经营管理。

1962年1月，石油工业部北京实验厂（代号六二一厂）成立。5月，北京试验厂划归石油科学研究院领导。

1964年6月，施工机具机修厂划归炼厂建设工程公司管理。8月，济南柴油机厂由农业机械部划归石油工业部领导。10月，石油工业部决定，将济南柴油机厂交由华北石油勘探会战总指挥部（九二三厂）管理。

1967年3月，施工机具机修厂上划石油工业部领导，并更名为石油工业部抚顺石油机械厂。

1968年，上海办事处撤销，上海石油机械厂上划石油工业部军管会直接领导。

1969年，西安石油学院改建为西安石油仪器二厂，直属石油工业部领导。

1970年初，为适应战备和支援五七油田会战需要，石油工业部军管会决定，将独山子机械厂迁往湖北天门，定名为石油工业部第三机械厂；将运输公司机修厂迁往湖北江陵，定名为石油工业部第四机械厂；将大庆钻采仪表厂迁往湖北沙洋，定名为石油工业部石油仪器三厂。

1970年3月，承德石油学校改建为为石油工业部第五机械厂，直属石油工业部领导。6月，经中央批准，石油工业部军管会决定，将所属第一机械厂、西安石油仪器厂、宝鸡钢管厂、上海石油机械厂、西安石油仪器二厂下放地方管理。

一、第一机械厂（1955.9—1970.6）

1955年9月，宝鸡第一机械厂划归石油工业部领导，更名为石油工业部第一机械厂。

1956年4月，召开中共第一机械厂第三次代表大会。9月，石油工业部决定抽调182名职工支援新疆克拉玛依油田，建立克拉玛依机修厂。同月，第一机械厂调整组织结构，设秘书室、行政科、劳动工资科、人事保卫科、生产计划科、技术设备科、检验科、供销科、财务科、保健站等10个科室以及铸木、锻冶、冷作、装配、机械、动修等6个车间。

1957年12月，第一机械厂进行机构精简，车间按编号称为一车间、二车间、三车间、四车间、五车间、六车间。

1958年1月，第一机械厂再次精简机构，干部由268人减为153人，占职工总数的12%。6月，石油工业部决定，将第一机械厂下放陕西省领导，更名为陕西省宝鸡石油机械厂。

1959年1月，陕西省宝鸡石油机械厂划归石油工业部领导，更名为石油工业部第一机械厂。同月，召开中共第一机械厂第五次代表大会。

1965年2月，石油工业部决定，将宝鸡石油技工学校改为半工半读学校，移交第一机械厂领导。4月，工厂调整组织机构，成立生产办公室、设计科研办公室、经营办公室、生活福利办公室，同时，政治处改为政治部。

1966年5月，第一机械厂抽调217名职工支援江汉油田，在潜江成立江汉油田总机厂。

1968年1月，第一机械厂革命委员会成立。

1969年11月，撤销宝鸡石油技工学校，427名毕业生分配到厂工作。12月，大庆总机厂轴承车间127名职工和轴承设备迁入，组建轴承车间。

期间，第一机械厂响应国家石油工业战略东移的号召，先后组织力量参加了松辽、江汉等石油会战，生产了以井架、抽油机、抽油杆和抽油泵为主的矿场机械，对大庆会战起了应急作用。同时，工厂坚持钻采设备和炼油设备试制、生产并重，试制出新产品120多项，基本形成全过程的生产配套能力，产品由简单仿制向自行设计、成套生产发展，种类达到300多个，产量4100多吨，产值1900万元，职工总计2900余人。

1970年6月，经中央批准，石油工业部军管会决定，将第一机械厂下放陕西省，实行以地方为主的双重领导。

1. **中共第一机械厂委员会领导名录**（1955.9—1968.1）

书　　记　崔明亮（1955.9—1957.12）
孙励斋（1957.12—1963.4）
詹　石（1963.4—1965.4）
狄贵善（1965.5—1968.1）

副 书 记　邓崇信（1959.1—1963.10）
孙励斋（1963.10—1964.8）
靳学礼（1965.5—1968.1）

监委书记　邓崇信（兼任，1963.4—1964.8）

2. **第一机械厂党的核心小组领导名录**（1968.1—1970.6）

组　　长　纪祥仁（1968.1—1970.6）

3. **第一机械厂领导名录**（1955.9—1968.1）

厂　　长　刘若愚（1955.9—1957.12）
孙励斋（1957.12—1958.3）

靳学礼（1958.3—1963.3；1965.5—1968.1）
詹　石（1963.3—1965.6）

副 厂 长　王国兰（1955.8—1968.1）
靳学礼（1955.8—1956.3；1957.9—1958.3）
黄利国（1956.10—1963.12）
邓崇信（1958.1—1959.1；1962.1—1966.6）
于树椿（1961.10—1963.2）
寇学增（1962.1—1966.6）
张志宽（1962.1—1963.12）
周锦明（1963.2—1966.10）
常茂生（1965.11—1966.6）
孟昭明（1966.6—1968.1）
徐德兴（1966.6—1968.1）

总工程师　寇学增（1955.8—1961.1）
温之鄂（1962.1—1966.6）
周锦明（1966.10—1970）

4．**第一机械厂革委会领导名录**（1968.1—1970.6）

主　　任　纪祥仁（1968.1—1970.6）

副 主 任　杨忠杰（1968.1—1970）
马忠厚（1970.5—6）

5．**第一机械厂工会**（1955.9—1970.6）

主　　席　张庆云（1955.9—1958.4）
张健秋（1958.5—1970.6）

二、西安地球物理仪器制造所—西安石油仪器厂（1955.9—1970.6）

1955年9月，西安地球物理仪器制造所由石油工业部西安地质调查处领导，党组织关系隶属于中共西安市雁塔区委。机关办公地址：西安市和平门外雁塔路33号。11月，更名为西安地质调查处地球物理仪器修造所。

1956年1月，更名为西安地球物理仪器制造所，隶属石油工业部器材供应制造局领导。工作机构设计划统计股、生产技术股、人事股、材料供应股、财务会计股、行政管理股、保卫股和地震试验研究队。5月，更名为西安地球物理仪器制造厂。机关设秘书科、人事保卫科、生产技术科、计划科、供销财务科、检验科、试验研究室，下设机工、钳工、仪器3个生产车间。截至1956年12月，共有职工406人。

1957年2月，更名为石油工业部地球物理仪器修造厂。3月，撤销地球物理仪器修造厂党支部，成立地球物理仪器修造厂党总支。7月，撤销地球物理仪器修造厂党总支，成立中共地球物理仪器修造厂委员会。同时，设立保健站。1957年底，地球物理仪器修造厂研制的JD571型全自动井下电测仪、DZ571型地震仪和QC572型天然气检测仪先后通过石油工业部鉴定，结束了中国石油勘探仪器完全依赖进口的历史。

1959年6月，更名为石油工业部地质勘探仪器修造厂，承担部分地质勘探仪器的试制生产和部所属单位的地质勘探仪器的修理任务。同时，为适应生产科研的需要，地质勘探仪器修造厂对组织机构进行了调整，厂部管理机构设：办公室、生产计划科、财务供销科、人事保卫科、技术试验室、技术检验科；下设4个生产车间：一车间（机工）、二车间（钳工）、三车间（仪器）、四车间（试制车间）。12月，职工增至884人。

1960年1月，成立厂办工人技术学校。4月，成立中共石油工业部地质勘探仪器厂监察委员会。5月，更名为西安石油仪器仪表制造厂。同时，成立基建办公室，增设电缆车间。

1961年10月，石油工业部同意西安石油仪器仪表制造厂设立政治处。12月，西安石油仪器仪表制造厂党组织关系改为隶属西安市委领导，日常工作由市委工业部管理。1962年1月，成立农副业生产办公室。

1964年2月，石油工业部决定，西安石油仪器仪表制造厂技术学校划归石油工业部领导，同时更名为石油工业部西安石油技术学校，党组织关系仍隶属西安石油仪器仪表制造厂。5月，政治处改为政治部。8月，增设检波器车间和动力车间。

截至1964年，作为全国唯一的石油勘探、钻井、采油仪器仪表制造厂，西安石油仪器仪表制造厂已发展成为制造尖端产品的重要企业，每年为全国制造配件302种，共36万余件，并承担生产军工产品和援外任务，对石油勘探、油田生产自动化有特殊重要意义。

1965年2月，石油工业部决定，将西安石油技工学校改为半工半读学校，交由西安石油仪器仪表制造厂领导。

1966年4月，更名为西安石油仪器厂，并决定将钻采仪表人员21人、设备33台、原材料、技术资料和一定数量的通用设备与操作人员全部迁往大庆。5月，根据石油工业部指示，由王皋、马学良组成50人的职工突击队，赴四川南充参加石油会战。12月，职工总数达到1544人。

1967年，"文化大革命"运动中，群众组织夺权，企业党政工作瘫痪。1968年4月，经陕西省支左委员会批准，成立西安石油仪器厂革命委员会。革委会下设革委会办公室、政治办公室、生产办公室、后勤办公室等4个办公室，车间改为连队编制，成立8个连。

1969年11月，经陕西省革委会生产组、重工组领导小组批准，成立西安石油仪器厂整党建党小组。

1970年6月，经中央批准，石油工业部军管会决定，将西安石油仪器厂下放陕西省，实行以地方为主的双重领导。

（一）西安地球物理仪器制造所（1955.9—11）

所　　长　韩其信（1955.9—11）

主任工程师　刘永年（1955.9—11）

（二）西安地质调查处地球物理仪器修造所（1955.11—1956.1）

所　　长　韩其信（1955.11—1956.1）

主任工程师　刘永年（1955.11—1956.1）

（三）西安地球物理仪器制造所（1956.1—5）

所　　长　韩其信（1956.1—5）

主任工程师　刘永年（1956.1—5）

（四）西安地球物理仪器制造厂（1956.5—1957.2）

厂　　长　韩其信（1956.5—1957.2）

副 厂 长　鄢飞明（1956.11—1957.2）

总 工 程 师　刘永年（1956.5—1957.2）

（五）地球物理仪器修造厂（1957.2—1959.6）

1. 中共地球物理仪器修造厂委员会领导名录（1957.8—1959.6）

书　　记　王瑞荣（1957.8—1959.6）

副 书 记　曹在治（1957.8—1959.6）

2. 地球物理仪器修造厂领导名录（1957.2—1959.6）

厂　　长　范止霙（1957.2—1959.6）

副 厂 长　鄢飞明（1957.2—1959.6）

总工程师　刘永年（1957.2—1959.6）

（六）地质勘探仪器修造厂（1959.6—1960.5）

1. 中共地质勘探仪器修造厂委员会领导名录（1959.6—1960.5）

书　　记　王瑞荣（1959.6—10）

范止霙（1959.10—1960.5）

副 书 记　罗生儒（1959.6—1960.5）

王　旭（1959.6—1960.5）

监委书记　张成仁

2. 地质勘探仪器修造厂领导名录（1959.6—1960.5）

厂　　长　范止霙（1959.6—1960.5）

副 厂 长　刘永年（1959.3—1960.5）

鄢飞明（1959.6—1960.5）

刘永年（1959.6—1960.5）

曹在治（1959.12—1960.5）

总工程师　刘永年（1959.6—1960.5）

（七）西安石油仪器仪表制造厂（1960.5—1966.4）

1. 中共西安石油仪器仪表制造厂委员会领导名录（1960.5—1966.4）

书　　记　范止霙（1960.5—1965.8）

苗德胜（1965.8—1966.4）

副 书 记　罗生儒（1960.5—1966.4）

王　旭（1960.5—1965.8）

范止霙（1965.8—1966.4）

2．**西安石油仪器仪表制造厂领导名录**（1960.5—1966.4）

厂　　长　范止霙（1960.5—1966.4）

副 厂 长　曹在治（1960.5—1965.8）

刘永年（1960.5—1966.4）

张希贤（1961.6—1966.4）

张云山（1965.7—1966.4）

总工程师　刘永年（1960.5—1966.4）

（八）**西安石油仪器厂**（1966.4—1970.6）

1．**中共西安石油仪器厂委员会领导名录**（1966.4—1968.4）

书　　记　苗德胜（1966.4—6）

高凤仪（1966.6—1968.4）

副 书 记　罗生儒（1966.4—1968.4）

监委书记　罗生儒（1966.4—1968.4）

2．**西安石油仪器厂领导名录**（1966.4—“文革”初期）

厂　　长　范止霙（1966.4—6）

李清超（1966.6—1968.4）

副 厂 长　张希贤（1966.4—1968.4）

赵久长（1966.6—1968.4）

潘永亭（1966.4—1968.4）

总工程师　赵久长（1966.4—1968.4）

3．**西安石油仪器厂革委会领导名录**（1968.4—1970.6）

主　　任　赵仲祥（军代表，1968.4—1970.1）

刘子谦（军代表，1970.1—6）

副 主 任　王马玉（1968.4—1970.1）

三、施工机具机修厂—抚顺石油机械厂（1960.12—1970.6）

抚顺石油机械厂的前身是成立于1955年的石油工业部第一建筑安装工程公司供应站。厂址位于抚顺市露天区塔湾街，占地面积50.2万平方米，建筑面积24.1万平方米。

1957年至1959年，先后更名为机械化供应站、钢铁机械厂、机械修配厂，均隶属于石油工业部第一建筑安装工程公司。

1960年12月，上划石油工业部直接领导，更名为石油工业部施工机具机修厂。

1961年7月，成立石油工业部施工机具机修厂工会委员会，祝玉林任工会主席。

1962年11月，厂党委改为分党委，隶属于第一工程公司党委。

1964年4月，成立教导员办公室。5月，石油工业部决定，自本年6月1日起将石油工业部施工机具机修厂划归炼厂建设工程公司管理。

1966年，“文化大革命”开始后，党政组织处于瘫痪状态。

1967年1月，成立中共石油工业部抚顺石油机械厂委员会。3月，石油工业部决定，将施工机具机修厂更名为抚顺石油机械厂，由部直接领导。

1968年8月，成立抚顺石油机械厂革命委员会。同年，成立工代会。

（一）中共施工机具机修厂—抚顺石油机械厂委员会领导名录（1962.11—1968.8）

书　　记　任文平（1962.11—1966）
张国生（1967.1—1968.8）

副 书 记　张国生（1962.11—1967.1）

（二）施工机具机修厂—抚顺石油机械厂领导名录（1962—1967）

厂　　长　祝宝贤（1962—1965）
李在家（1966—1967）

副 厂 长　周敬忠（1962.3—　　）
马龙才（1962.11—1967）
郭玉山（1962.11—1967）
祝宝贤（1966—1967）
刘俊杰（1966—1967）

（三）抚顺石油机械厂革委会领导名录（1968.8—1970.6）

主　　任　马龙才（1968.8—1968）
于全名（1969—1970.6）

副 主 任　朴殿弼（1968.8—1970.6）
王玉舟（1968.8—1970.6）
崔德富（1968.8—1970.6）
刘　扣（1968.8—1970.6）
马龙才（1969—1970.6）
刘德明（1969—1970.6）

四、宝鸡钢管厂（1961.3—1970.6）

宝鸡钢管厂始建于1958年，是国家“一五”期间苏联援建的156个重点建设项目之一。建厂初期，宝鸡钢管厂隶属于陕西省冶金工业管理局，党组织关系隶属于宝鸡市委。办公地点在陕西省宝鸡市姜谭路10号。

1961年3月，宝鸡钢管厂由陕西省划转石油工业部管理。主要产品为大口径螺旋埋弧焊钢管，产能7万吨/年。行政级别为县团级，党组织关系隶属于宝鸡市委。机关设11个科室：办公室、教育办公室、农副业办公室、计划科、生产科、技术科、供销科、财务科、人事科、保卫科、行政科；下属3个生产车间：一车间、焊剂车间、机修车间。在册职工1100人。

12月，中共宝鸡钢管厂第三次代表大会召开，选举产生第三届委员会，马麟为党委书记，高玉印为党委副书记。下属2个党总支、9个党支部，共有党员199名。

1962年9月，石油工业部批准宝鸡钢管厂在原8科3室、3个车间的基础上紧缩为6科1室、3个车间，即：计划生产科、技术科、供销科、财务科、人事保卫科、行政科、办公室；一车间、焊剂车间、机修车间。1962年底，在册职工600余人。

1964年4月，石油工业部批准宝鸡钢管厂成立政治处，下设办公室、组织科、宣传科、保卫科，同时负责管理工会、团委工作。

1963年至1965年，中共宝鸡钢管厂先后召开第四、第五、第六次代表大会，选举产生中共宝鸡钢管厂第四、第五、第六届委员会。

1967年，宝鸡钢管厂开始实行军管。12月，经陕西省支左委员会批准，成立宝鸡钢管厂革命委员会。

1969年至1970年，宝鸡钢管厂先后建成螺旋高频焊管生产线、直缝高频焊管生产线，成立二车间、三车间。主要产品有螺旋埋弧焊钢管、螺旋高频焊管和直缝高频焊管。机关设办公室、财务科、劳资科、生产办、机动科、安全科、技术科、保卫科、武装部、工会、团委等11个部门，一车间、二车间、三车间、四车间、五车间、六车间、七车间、检查科、供销科、基建科、一号库、行政科、食堂科、家委会、卫生所、托儿所、子弟校等17个基层单位。固定资产原值4068万元，在册职工1800人。

1970年6月，经中央批准，石油工业部军管会决定，将宝鸡钢管厂下放陕西省，实行以地方为主的双重领导。

（一）中共宝鸡钢管厂委员会领导名录（1961.3—1970.6）

书　　记　马　麟（1961.3—1966.6）

苗德胜（1966.6—1970.6）

副 书 记　高玉印（1961.5—1966.6）

刘文纪（1966.6—1970.6）

监委书记　高玉印（1961.3—1970.6）

（二）宝鸡钢管厂领导名录（1961.3—1967.12）

厂　　长　苗德胜（1966.6—1967.12）

副 厂 长　范鸿秀（1961.3—1967.12）

赵宝珍（1961.3—1967.12）

李家让（1961.3—1966.6）

梁　涛（1961.3—5）

高玉印（1966.6—1967.12）

赵凤东（1966.6—1967.12）

（三）宝鸡钢管厂革委会领导名录（1967.12—1970.6）

主　　任　范鸿秀（1967.12—1970.6）

副 主 任　张忠印（1967.12—1970.6）

朱明显（1967.12—1970.6）

武思清（1967.12—1969.3）

丁凤祥（1968.10—1970.6）

苗德胜（1969.7—1970.6）

杨再华（军代表，1969.9—1970.6）

（四）宝鸡钢管厂工会（1961.3—1968.8）

主 席 罗彦忠（1961.3—1968.8）

五、钢管钢绳加工厂（1961.1—1970.6）

1959年7月，经石油工业部批准，西北供应办事处成立咸阳转运库钢管加工厂。1960年9月，该厂划归石油工业部直接领导，成为独立核算的部属企业，更名为石油工业部钢管加工厂，厂址在陕西省咸阳市东风路35号。同时，石油工业部决定，将华北供应办事处南仓仓库附设钢丝绳加工厂划归部直接领导，更名为石油工业部钢绳加工厂。

1961年1月，石油工业部钢绳加工厂由天津迁至咸阳，与石油工业部钢管加工厂合并，组成石油工业部钢管钢绳加工厂，直属石油工业部领导。

1962年3月，咸阳市委批准成立中共钢管钢绳加工厂总支委员会。

1964年4月，石油工业部党组批准成立教导员办公室。

1970年6月，经中央批准，石油工业部军管会决定，将钢管钢绳加工厂下放陕西省，实行以地方为主的双重领导。同时，更名为咸阳钢管钢绳厂。其原料及产品分配仍由石油工业部统一安排。

（一）中共钢管钢绳加工厂总支委员会领导名录（1962.3—1966）

书 记 靳世杰（1962.3—1966）

（二）中共钢管钢绳加工厂革委会核心小组领导名录（1970.5—6）

组 长 张清吉（1970.5—6）

（三）钢管钢绳加工厂领导名录（1961.5—1967.12）

厂 长 张清吉（兼任，1961.5—1965.10）

李长清（1965.11—1967.12）

副厂长 郭应怀（1961.5—1967.12）

张天翼（1962.3—1967.12）

（四）钢管钢绳加工厂革委会领导名录（1967.12—1970.6）

主　任　李长青（1967.12—1970.6）

副主任　代恩庆（1967.12—1969.10）

王进荣（1967.12—1970.6）

张清吉（1969.10—1970.6）

六、北京实验厂（六二一厂）（1962.1—4）

1962年1月，石油工业部决定成立北京实验厂，代号为六二一厂。4月，为适应新型材料实验研究的需要，石油工业部决定将北京实验厂自1962年5月1日起交由石油科学研究院领导，作为该院的新型材料生产实验厂。该厂厂名仍为石油工业部北京实验厂（代号六二一厂）。

党委书记　路　明（1962）

副 厂 长　王文鹏（1962）

七、上海石油机械厂（1967.1—1970.6）

上海石油机械厂的前身是成立于1958年的华东石油勘探局上海石油机械修配厂。华东石油勘探局撤销后，该厂生产计划由石油工业部直接下达，行政关系由九二三厂领导，并委托华东供应办事处代管。

1967年1月，石油工业部决定，将上海石油机械修配厂划归部直接领导，更名为石油工业部上海机械厂（简称上海石油机械厂）。在未办理移交手续前，有关人事、财务、供应等统计报表、业务手续仍由九二三厂负责办理，汇总报部。

1970年6月，石油工业部军管会决定将上海石油机械厂下放上海市领导，更名为上海第四石油机械厂。

八、西安石油仪器二厂（1969.7—1970.6）

1969年2月，石油工业部决定在西安石油学院原址建设仪器厂。7月，将工厂定名为西安石油仪器二厂，以生产矿场地球物理仪器为主，规模定为500人。12月，山东九二三厂地球物理攻关队成建制迁至西安，并入西安石油仪器二厂。

1970年3月，石油工业部同意西安石油仪器二厂在礼泉县北门外新建仪器车棚制造车间和射孔弹制造车间。5月，西安石油仪器二厂38名职工参加五七油田会战。6月，经国务院批准，石油工业部军管会决定将西安石油仪器二厂下放陕西省，实行以地方为主的双重领导。

革委会副主任　葛连成（1969.2—1970.6）
潘忠信（1969.12—1970.6）

九、第二机械厂（1969.11—1970.6）

1969年8月，石油工业部决定在河南省南阳地区镇平县遮山新建石油钻采配件厂，计划年生产石油专用部件、配件1600吨。11月19日，首批建厂职工进入工地。同月，石油工业部军管会决定成立石油工业部第二机械厂领导小组。石油工业部第二机械厂的领导班子由石油工业部机关、兄弟单位调入的干部及当地驻军代表组成。第二机械厂采取厂、连队（组）二级管理体制，机关设政工组、办事组、后勤组、生产组，基层设冷加工、热加工、挖土方、动力安装、库房、车队和食堂等连队。

12月8日，启用“石油工业部第二机械厂领导小组”印章。石油工业部第二机械厂对外统称“石油二机厂”。

1970年6月，工厂基本建设工程开工。同月，第二机械厂划归燃料化学工业部领导。

指　　挥　周　鉴（1969.10—1970.6）
副 指 挥　石伏波（1970.2—6）
副 政 委　石伏波（1970.2—6）

十、第五机械厂（1970.4—6）

1969年2月，承德石油学校在上报石油工业部军管会《关于我校进行教育革命的请示报告》中，提出将学校改建为石油机械厂，并由厂办一所石油机电学校，走上海机床厂从工人中培养技术人员的道路。4月，石油工业部军管会批复同意将承德石油学校改建为石油机械厂，并由厂办一所石油机电学校。同时，希望承德石油学校在承德市革委会领导下，立即开始筹建。

1970年3月，征得河北省革委会同意，石油工业部军管会决定，自1970年4月1日起，将承德石油学校改建为石油工业部第五机械厂，生产石油专用设备及配件，并由工厂办一所石油机电学校。

第四节 建筑安装、运输单位

1955年9月，石油工业部直属的建筑安装类企业有第一建筑安装工程公司（以下简称第一工程公司）和第二建筑安装工程公司（以下简称第二工程公司）。

1956年1月，石油工业部决定分别在茂名和锦州成立第四建筑安装工程公司和第五建筑安装工程公司。2月，成立桦甸建筑安装工程公司，该公司后并入第一工程公司。5月，成立第六建筑安装工程公司筹建处，当年底停止筹建。6月，第二工程公司并入兰州炼油厂筹建处。

1957年3月，青海石油勘探局运输公司改由石油工业部直接领导，更名为石油工业部运输公司。12月，第五建筑安装工程公司撤销。

1958年1月，第四建筑安装工程公司划归建筑工程部，由中南工程管理总局领导，更名为中南工程管理第三工程公司。6月，第一工程公司下放辽宁省领导。

1959年1月，第一工程公司划归石油工业部直接领导。同时，将第一工程公司部分力量调往西北，成立西北输油管线工程筹建处，承担西北输油管线工作。4月，石油工业部决定将第一工程公司和西北输油管线工程筹建处合并，成立石油工业部第一工程局，下设第一、第二、第三公司。

1960年，第一工程局撤销，第一工程局第一公司改由石油工业部直接领导。

1964年6月，第一工程局第一公司更名为石油工业部炼厂建设工程公司。

1966年4月，炼厂建设工程公司与胜利炼油厂筹建处合并，组成胜利炼油厂建设指挥部，担负胜利炼油厂的建设任务，直属石油工业部领导。

1968年12月，胜利炼油厂建设指挥部撤销，分别成立胜利炼油厂和胜利炼建两个革命委员会。同月，石油工业部军管会决定成立林木运输站，由部直接领导，行政上由茂名石油公司代管。

1969年1月，胜利炼建与红旗炼油厂合并，组成石油工业部工程建设红旗总队，担负红旗炼油厂的建设任务，直属石油工业部领导。11月，兰州炼油厂安装公司更名为石油工业部工程建设东方红总队，担负东方红炼油厂的建设任务，接受石油工业部和有关省市双重领导。

一、第一建筑安装工程公司—第一工程局、第一工程局第一公司—炼厂建设工程公司—胜利炼油厂建设指挥部—工程建设红旗总队（1955.9—1970.6）

（一）第一建筑安装工程公司（1955.9—1959. 4）

1955年9月，东北建筑安装工程公司划归石油工业部领导，更名为石油工业部第一建筑安装工程公司（简称第一工程公司）。基层改编为第一、二、三工程处和506、507两个工地及木材加工场、汽车队等直属单位，后又经过两次机构调整，截至1958年底，机关设13个科室，二级单位设第一、第二、第三、第四、第五工程处、技工学校、钢铁机械厂、木材加工场、汽车运输队等。

1956年，基层工程处建立党总支，工程处下属各工段、施工队建立党支部。

1958年6月，经中央批准，石油工业部决定，将第一工程公司下放辽宁省。

1959年1月，第一工程公司划归石油工业部领导。同时，石油工业部决定从第一建筑安装工程公司抽调力量，成立西北输油管线工程筹建处，承担西北输油管线工作。4月，石油工业部决定，将第一工程公司与西北输油管线工程筹建处合并，成立石油工业部第一工程局，直属石油工业部领导。

1. 中共第一建筑安装工程公司委员会领导名录（1956.4—1959.5）

书　　记　方 印（1956.4—1959.5）
副 书 记　姜克诚（1956.4—1957.2）
　　　　　张守约（1957.2—1959.5）
　　　　　杨雨霖（1957.8—1959.5）
　　　　　刘少男（1959.3—5）
　　　　　郝瑞玉（1959.3—5）
常　　委　陈李中（1956.4—1959.5）
　　　　　沈明轩（1956.4—1959.5）
　　　　　武进文（1956.4—1959.5）
监委书记　姜克诚（1956.4—1957.2）
　　　　　张守约（1957.2—1959.5）

2．第一建筑安装工程公司领导名录（1955.9—1959.5）

经　　理　陈李中（1955.9—1959.5）

副 经 理　夏云昌（1955.9—1957.12）

王连志（1955.9—1959.5）

宋金海（1955.9—1958.12）

王子安（1955.9—1959.5）

许润生（1955.9—1959.5）

沈明轩（1956.2—1959.5）

刘少男（1957.12—1959.5）

詹明国（1959.3—5）

戚维祥（1959.3—5）

张跃东（1959.3—5）

总工程师　乌承尧（1956.12—1959.5）

（二）第一工程局、第一工程局第一公司（1959.5—1964.5）

1959年5月，第一工程局正式成立，陈李中任局长，刘少男任副局长。其下属单位改编为第一、第二、第三公司。第一公司仍留驻抚顺，负责承担石油二厂的第一、二期扩建工程，第二、第三公司随第一工程局赴西北地区，负责承担西北冷湖、武威两段输油管线工程。

第一工程局第一公司机关设经理办公室、计划科、调度室、技术科、质量安全科、设备科、供应科、人事科、定额办公室、财务科、行政科、保卫科等12个行政科室；基层设4个工地及金属结构预制场、修配厂等直属单位。

1960年初，第一工程局机关及所属第二、第三公司赴东北地区参加松辽石油会战，后划归松辽石油会战指挥部领导。第一工程局撤销，第一工程局第一公司改由石油工业部直接领导。

1963年7月，第一工程局第一公司对组织机构进行调整，基层改设3个安装大队、1个土建大队及混凝土构件场、金属结构预制场、修配厂、电气仪表队、机械化施工运输队等。另外，增设南京工程处、锦西工程处。

1964年5月，石油工业部决定，第一工程局第一公司自6月1日起更名为炼厂建设工程公司，直属部领导。1964年，职工总数8886人，完成建筑安装工作量3318万元。

1．**第一工程局**（1959.5—1960）

局　　长　陈李中（1959.5—1961.7）

副 局 长　刘少男（1959.5—1960）

2．**第一工程局第一公司**（1959.5—1964.5）

（1）**中共第一工程局第一公司委员会领导名录**（1959.5—1964.5）

书　　记　方　印（1961.8—1964.5）

副 书 记　张守约（1959.5—　　）

董庆林（1959.5—1964.5）

赵海曙（1959.5—　　）

陶永喜（　　—1962.6）

罗玉奎（1962.7—1964.5）

常　　委　詹明国（1959.6—1964.5）

曾继成（1959.6—1964.5）

陈金德（1959.6—1964.5）

王连志（1962.7—1964.5）

陈　刚（1962.7—1964.5）

监委书记　董庆林（1959.5—1962.7）

罗玉奎（1962.7—1964.5）

（2）**第一工程局第一公司领导名录**（1959.5—1964.5）

经　　理　方　印（1961.8—1964.5）

王连志（1959.5—1964.5）

副 经 理　曾继成（1959.5—1962.6）

郭惠中（1959.5—1964.5）

常玉田（1959.5—1964.5）

陈仲有（1959.5—1964.5）

谢天华（1959.5—1964.5）

刘佩生（回族，1959.5—1964. 5）

周文华（1959.9—　　）

孙修才（1961.1—1964.5）

陈　刚（1962.3—1964.5）

祝宝贤（1964.5）

总工程师 王连志（1962.3—1964.5）

（3）**第一工程局第一公司工会**（1962.6—1964.5）

主　　席 陶永喜（1962.6—1964.5）

（三）**炼厂建设工程公司**（1964.6—1966.4）

1964年6月，第一工程局第一公司更名为炼厂建设工程公司，直属石油工业部领导。公司机关撤销人事科，设劳动工资科、教育科；增设生产办公室，统管计划科、调度室、技术科、质量安全科、设备科等科室的工作。基层增设给排水队、机泵队。同时，石油工业部施工机具机修厂下放炼厂建设工程公司领导。

1965年，分别成立6501工地（湖南）和6502工地（陕西），并在机关设农副业办公室。

1966年初，炼厂建设工程公司承担胜利炼油厂施工的人员陆续进入山东。4月，石油工业部决定，赴山东省承建胜利炼油厂的队伍与抚顺的炼厂建设工程公司分立，同胜利炼油厂筹建处组成胜利炼油厂建设指挥部，直属部领导。1966年，职工总数3132人，完成建筑安装工作量3203万元。

1. **中共炼厂建设工程公司委员会领导名录**（1964.6—1966.4）

书　　记 方　印（1964.6—8）

霍文斌（1965.6—　　）

副 书 记 董庆林（1964.6—　　）

罗玉奎（1964.6—1966.2）

赵兴勤（1964.8—1965.1）

董洪斌（1965.6—1966.2）

监委书记 罗玉奎（1964.6—1966.2）

董庆林（1966.2—　　）

2. **炼厂建设工程公司领导名录**（1964.6—1966.4）

经　　理 方　印（1964.6—8）

董洪斌（1965.6—1966.4）

副 经 理 王连志（1964.6—　　）

孙修才（1964.6—　　）

常玉田（1964.6—　　）

陈　刚（1964.6—　　　）
陈仲有（1964.6—　　　）
谢天华（1964.6—1966.4）
祝宝贤（1964.6—1965.6）
张　源（1964.8—　　　）
田仲垣（1964.8—　　　）
刘佩生（回族，1965.6—1966.4）
朱洪昌（1965.6—1966.1）
林金亭（1966.2—4）
高　士（1966.2—4）

总工程师　高　士（1965.6—1966.4）

3. **炼厂建设工程公司工会**（1964.6—1966.2）

主　　席　陶永喜（1964.6—1966.2）

（四）胜利炼油厂建设指挥部（1966.4—1968.12）

1966年4月，胜利炼油厂建设指挥部成立，隶属石油工业部领导。指挥部机关设生产办公室、生活办公室、供应科、设计室等行政部门；基层设土建、安装、机泵等13个专业施工队（场）。1968年12月，石油工业部军管会决定撤销胜利炼油厂建设指挥部，分别成立胜利炼油厂和胜利炼建两个革命委员会。

这一时期，胜利炼油厂建设指挥部建立党委，隶属九二三厂（即胜利油田）党委领导，基层施工队分别建立党支部。“文化大革命”运动开始后，党组织受到冲击，活动停止。

1969年，职工总数5705人，完成建筑安装工作量1348.65万元。

1. **中共胜利炼油厂建设指挥部工作委员会领导名录**（1966.4—1968.1）

副 书 记　朱洪昌（1966.4—1968.1）

2. **胜利炼油厂建设指挥部领导名录**（1966.4—1968.1）

指　　挥　董洪斌（1966.4—1968.1）

副 指 挥　刘佩生（回族，1966.4—1968.1）
林金亭（1966.4—1968.1）

总工程师　高　士（1966.4—1968.1）

3．**胜利炼油厂（炼建部分）革委会领导名录**（1968.1—12）

副 主 任　朱洪昌（1968.1—12）

何光大（1968.1—12）

4．**胜利炼建指挥部革委会领导名录**（1968.12—1969.1）

主　　任　朱洪昌（1968.12—1969.1）

副 主 任　何光大（1968.12—1969.1）

林金亭（1968.12—1969.1）

（五）工程建设红旗总队（1969.1—1970.6）

1969年1月，石油工业部决定，将胜利炼建调至河南省豫西地区，与红旗炼油厂合并，组成石油工业部工程建设红旗总队，直属部领导。成立时，基层单位仍维持胜利炼建专业施工队的组织形式。6月，总队对原有组织机构和施工组织进行整顿和改编。总队机关行政部门设生产指挥部、后勤部和革命委员会办公室，基层划分为7个大队及洛阳施工机具修配厂等。

1970年3月，红旗总队革命委员会建立党的核心小组，各大队也相继建立党的核心小组，各基层连队普遍建立党支部。本年，由于红旗炼油厂停建，工程建设红旗总队派出2400余人的队伍参加长岭炼油厂建设。

1．**中共工程建设红旗总队核心小组领导名录**（1970.3—6）

组　　长　朱洪昌（1970.3—6）

副 组 长　刘恩惠（军代表，1970.3—6）

成　　员　原所政（1970.3—6）

林金亭（1970.3—6）

邹国顺（1970.3—6）

刘佩生（回族，1970.3—6）

刘希孟（1970.3—6）

2．**工程建设红旗总队革委会领导名录**（1969.1—1970.6）

主　　任　朱洪昌（1969.1—1970.6）

副 主 任　刘恩惠（军代表，1969.1—1970.6）

何光大（群众代表，1969.1—1970.6）

林金亭（1969.1—1970.6）

二、第二建筑安装工程公司（1955.9—1956.6）

1955年9月，兰州建筑安装工程公司划归石油工业部直接领导，更名为石油工业部第二建筑安装工程公司。

1956年6月，石油工业部决定，将第二建筑安装工程公司并入兰州炼油厂筹建处。1956年任务及国家规定的一切有关施工方面的计划统计和施工管理等制度由兰州炼油厂筹建处继续执行。后期该公司名称改为兰州炼油厂筹建处安装公司，1958年10月更名为兰州炼油厂安装公司。

1961年，石油工业部从兰州炼油厂安装公司调出200多人赴大庆建设炼油厂，另有160多人调入第一工程局第一公司。

1969年10月，石油工业部军管会决定，从1969年11月1日起将兰州炼油厂安装公司改为石油工业部工程建设东方红总队，直属部军管会和甘肃省革委会双重领导。

副 经 理　贾振礼（1955.9—　　　）
　　　　　　王子安（1955.9—　　　）
　　　　　　齐泽国（1955.9—　　　）
总工程师　敖明模（1955.9—　　　）

三、第四建筑安装工程公司（1956.1—1958.1）

1955年12月，为给茂名页岩油厂建厂力量打下初步基础，同时承担华南地区国防与运输的储油工程，石油工业部决定，1956年1月在广州市成立石油工业部第四建筑安装工程公司（简称第四工程公司）。第四工程公司为石油工业部委托茂名页岩油厂筹建处代管的独立核算施工企业。成立时，第四工程公司设行政管理科、人事科、教育科、保卫科、计划科、技术稽查科、财务科、器材供应科、施工管理科、技术安全监督科、劳动工资科、工程队等部门。工人编制1050人，干部（材料人员、党群及保卫人员除外）编制210人。

1957年12月，经与国家建筑工程部协商后，石油工业部决定，自1958年1月1日起将第四工程公司交由建筑工程部中南工程管理总局领导，更名为建筑工程部中南工程管理总局第三工程公司（1973年改建为燃料化学工业部第四化工建设公司）。

副经理　杨　光（代理经理，1956.8—1958.1）

四、第五建筑安装工程公司（1956.1—1957.12）

1955年12月，石油工业部决定，自1956年1月1日起在锦州成立石油工业部第五建筑安装工程公司（简称第五工程公司），设秘书科、人事科、教育科、保卫科、劳动工资科、工程队、技术安全监察科、施工技术科、计划科、技术检查科、财务科、器材供应科等科室。人员编制1500人，其中，各类干部300人。主要负责石油五厂、六厂的扩建任务，并承担外部委托的石油工程。

1957年2月，根据上级关于精简机构、减少冗员的要求，对组织机构进行调整：撤销秘书科，成立经理办公室和行政福利科；工程管理科与工程技术科合并成立施工技术科；成立技术监察科；撤销第一工程队、第二工程队、兰州工程队，成立501、502、503、504工地和土建工地。

12月，石油工业部决定，自12月31日起撤销第五工程公司的建制，停止对外办公。第五工程公司原有机构和人员除保证组成四川工程队（后期改建为燃料化学工业部第八化工建设公司）的原则下，根据石油五厂、六厂工程需要，安排新的建厂工程队，并自1958年1月1日起办公。相关事宜分别移交石油五厂、六厂及第一工程公司、四川石油管理局管理。

经　　理　刘少男（代理，1956.3—1957.12）

副 经 理　严振海（1956.6—1958.1）

　　　　　齐尚杰（1956.6—1957.12）

五、桦甸石油建筑安装工程公司（1956.2—6）

1956年2月，为满足石油工业发展和石油九厂扩建的需要，并为石油工业准备和培养专业施工力量，石油工业部决定成立桦甸石油建筑安装工程公司（简称桦甸工程公司）。桦甸工程公司为独立核算的施工单位，由石油九厂厂长贾承烈兼任经理。人员按干部与固定工人1:5的比例进行配备。5月，由于石油九厂工程建设任务大部削减，石油工业部决定将桦甸工程公司并入第一建筑安装工程公司。同时，免去贾承烈兼任桦甸工程公司经理职务。

经　理　贾承烈（兼任，1956.3—6）

六、第六建筑安装工程公司筹建处（1956.5—1956）

1956年5月，为适应国家对石油工业加速发展的要求和各地炼油、输油工程建设的需要，石油工业部决定成立石油工业部第六建筑安装工程公司筹备处，由王子安负责筹备处工作。后由于统一筹划全国石油工业的工程建设项目，决定停止第六建筑安装工程公司的筹备工作。

负责人　王子安（1956.5—1956）

七、工程建设东方红总队（1969.11—1970.6）

1968年4月，按照石油工业部要求，兰州炼油厂组建施工队伍，筹备兰州炼油厂安装公司北京工程队，参加东方红炼油厂建设。10月，兰州炼油厂安装公司北京东方红工程队正式成立。同年8月至11月，兰州炼油厂安装公司分三批共1200余人，赴北京参加东方红炼油厂建设。

1969年10月，为石油工业在三线地区进行炼厂建设的需要，石油工业部军管会决定，从1969年11月1日起将兰州炼油厂安装公司改为石油工业部工程建设东方红总队。工程建设东方红总队是一支炼厂建设专业野战队伍，基地设在兰州，直属部军管会和甘肃省革委会双重领导。在新建炼厂施工时，接受石油工业部和有关省市的双重领导。同时，成立工程建设东方红总队革命委员会，设办事组、政工组、生产组和机关直属连，直属8个工程连队，职工总数1200余人。军代表张云波任革委会主任。11月，石油工业部军管会从工程建设红旗总队分两批调486人加入工程建设东方红总队。年底，职工总数1687人，机关设5个管理组，直属8个施工连队。

革委会主任　张云波（1969.10—1970.9）

八、运输公司（1957.3—1970.6）

1949年8月，兰州解放，军代表接管中国石油有限公司兰州营业处。接管前后兰州营业处及所属外站主要担负玉门油矿所需设备、器材、空桶等物资的上运和油品、副产品的下运任务。1950年9月，兰州营业处正式改组为西北石油管理局运销公司。1952年8月，中国人民解放军19军57师改编为石油工程第一师，该师三团担负公路石油运输任务。1953年10月，西北石油管理局运销公司运销分家，兰州总站、沿途外站及汽车修理厂等运输部分划归玉门矿务局领导，并于10月上旬迁往甘肃酒泉，与石油师三团约1200人组成玉门矿务局运输处。11月1日，运输处开始担负石油运输史上著名的“玉门原油东运”任务。1956年5月，随着“玉门原油东运”的结束和柴达木盆地的石油勘探开发，玉门矿务局运输处由玉门矿务局划归青海石油勘探局领导，并更名为青海石油勘探局运输公司，机关办公地址由酒泉迁至敦煌。

1957年3月，新疆克拉玛依油田勘探开发加速。为适应甘、青、新各油田的运输需要，青海石油勘探局运输公司划归石油工业部直接领导，更名为石油工业部运输公司，党组织由驻地党委领导。机关办公地点在甘肃敦煌。职工4300余人，车辆520辆。

1958年2月，中共石油工业部运输公司第二次代表大会召开，选举产生第二届委员会，张复振为党委书记，周焕南、史少卿为党委副书记。

1959年8月，运输公司行政级别由处级调整为局级，隶属关系不变。机关各科室升格为处室。同时，中共甘肃张掖地委批准成立中共石油工业部运输公司监察委员会，周焕南任监委书记。

1959年12月11日，中共石油工业部运输公司第三次代表大会召开。选举产生第三届委员会。张复振为党委书记，周焕南、史少卿为党委副书记。

1960年4月，石油工业部同意运输公司机关的改组方案，机关设经理办公室、计划处、生产处、技术研究室、器材供应制造处、财务处、人事处、行政处、宣传部和组织部。下属第一运输处、第二运输处、汽车修配厂、运输大队和综合厂等5个二级单位；培训大队、养路大队、工程队、子女学校、职工医院等5个直属单位；另设柳园、冷湖、哈密等23个外站。主要担任青海冷湖和新疆克拉玛依地区石油长途物资运输。9月，石油工业部批准运输公司机关保卫科改为保卫处。年底，职工总数11205人，车辆1133辆。

1960年下半年，由于青海石油外运减少及新疆运量的急剧增加，运输公司驻敦煌的第二运输处全部迁往新疆独山子。同年10月，为统一管理新疆地区各单位的运输工作，运输公司成立新疆办事处。

1961年至1963年，运输公司先后5次抽调1173名职工、200辆汽车支援大庆油田、大港油田、四川石油管理局、兰州炼油厂、宝鸡石油机械厂的开发建设运输工作。

1962年12月12日至22日，中共石油工业部运输公司第四次代表大会在甘肃敦煌召开，选举产生委员会和监委会，张复振为党委书记，周焕南、史少卿为党委副书记，周焕南为监委书记。

1964年3月，遵照石油工业部和甘肃省委指示，运输公司成立政治部。同月，为配合华东石油会战，运输公司对组织机构进行调整，撤销新疆办事处，同时将两个运输处改为两个分公司，第一分公司驻新疆乌鲁木齐，第二分公司驻山东。调整当月，第二分公司的1364名职工、318辆汽车、291辆拖罐、41台机器设备、170余万元器材物资，陆续抵达山东东营参加华东石油会战。

1964年5月3日至11日，中共石油工业部运输公司第五次代表大会召开，选举张复振为党委书记，史少卿为党委副书记、监委书记。

1965年2月至4月，运输公司从第一分公司分两批共抽调1340名职工、404辆车、329辆拖罐、42台机修设备，由新疆搬迁至山东二分公司，参加胜利油田会战。8月，运输公司从第二分公司抽调职工285人、汽车101辆、机修设备

16台，并从敦煌调出汽车60辆及相应人员到四川参加石油会战。11月，成立石油工业部运输公司第三分公司，驻在威远县铺子湾，担任四川省除川东北以外的绝大部分地区各油气矿的运输任务。

1966年2月，运输公司从第二分公司抽调100辆车、500多名职工，再次支援大港油田开发建设，并与大港油田的运输大队合并，成立大港油田运输处，担负起华北石油勘探的运输任务。

1968年9月，石油工业部运输公司成立革命委员会。

1969年3月，石油工业部军管会决定，将1965年9月入川会战的运输大队调至江汉参加会战。11月，运输公司的主要力量和设备参加江汉石油会战。

1970年1月，石油工业部军管会决定，运输公司修配厂搬迁至湖北江陵，更名为石油工业部第四机械厂。运输公司仍在敦煌办公，担任青海运输任务。管辖新疆一分公司。二、三分公司的资产归运输公司，行政上分别由胜利油田和四川石油局领导。

2月，敦煌原汽车修配厂及公司机关的3246名职工、200多台设备、数百吨物资和上千万元可移动资产全部搬迁到湖北江陵。4月，石油工业部第四机械厂与石油工业部运输公司脱离关系。6月，运输公司抽调329人组成修理厂支援辽河油田。

截至1970年6月，运输公司革命委员会机关设政治部、生产指挥部、办事组。其中，政治部下设人事组、宣传组、保卫组；生产指挥部下设办公室、生产组、技术组、财务组。管辖新疆第一分公司和敦煌地区公司，主要承担青海柴达木盆地石油勘探物资运输和新疆克拉玛依油田的原油、成品油的外运以及油田器材物资运输工作。职工总数4832人，车辆459辆。

（一）中共石油工业部运输公司委员会领导名录（1957.3—1968.9）

书　　记　张复振（副局级，1957.3—1968.9）

副 书 记　周焕南（1959.8—1964.3）

史少卿（1957.3—1958.8；正处级，1959.1—1966.3）

李成栋（1966.3—1968.9）

钱立志（1966.6—1968.9）

常　　委　王邦松（1959.12—1964.9）

李长祥（1961.10—1968.9）

王有常（1963.1—1968.9）
常秉旭（1963.1—1968.9）
钱升旺（正处级，1964.12—1966.2）
张子玉（1965.7—1968.9）
监委书记　周焕南（1958.8—1964.3）
史少卿（1964.5—　）

（二）石油工业部运输公司领导名录（1957.3—1968.9）

经　　理　张复振（副局级，1957.3—1966.6）
钱立志（1966.6—1969.1）
副 经 理　王有常（正处级，1957.3—1968.9）
王邦松（正处级，1957.3—1964.5）
邢柏如（正处级，1957.3—1958.5；1959.8—1966.6）
王占荣（1957.3—1968.9）
张子玉（1965.5—1968.9）
高　琨（1965.4—8）
史少卿（1966.2—1968.9）
钱立志（1966.2—6）
谢建国（1966.2—1968.9）
吕长泰（1966.2—1968.9）
吴盛唐（1966.6—1968.9）
总工程师　吴盛唐（1966.6—1968.9）

（三）石油工业部运输公司革委会领导名录（1968.9—1970.6）

主　　任　张佃荣（军代表，1968.9—1970.6）
副 主 任　白鸿彦（军代表，1968.9—1970.6）
杨大祥（群众代表，1968.9—1970.6）
李传孝（群众代表，1968.9—1970.6）
王有常（1969.11—1970. 4）
史少卿（1969.11—1970.6）
张子玉（1969.11—1970.6）

常　　委　杨顺喜（群众代表，1968.9—1970.6）
王丕钦（群众代表，1968.9—1970.6）
刘加先（群众代表，1968.9—1970.6）
荆增桂（革命干部代表，1968.9—1970.6）
常秉旭（革命干部代表，1968.9—1970.6）

（四）石油工业部运输公司工会（1957.3—1970.6）①

主　　席　郭进山（正科级，1957.3—1958.8）
史少卿（副处级，1958.8—1959.1；正处级，1959.6—1963.9）
马作良（副处级，1959.1—6）
王荣兰（1963.9—1966.2）

九、林木运输站（1968.12—1970.6）

1968年，为备战备荒、进山进洞大搞三线建设，石油工业部决定从茂名石油公司抽调部分配套技术工种工人和领导骨干组成一支400余人的施工力量，在广西永福县境内修建国家战略储备油库，具体筹建工作由茂名石油公司负责。茂名石油公司决定成立林木运输站筹备组。

1968年12月，石油工业部根据国家对储备油库建设的战略部署和国家计委《关于“三五”期间国家储备油库建设规划的复函》精神，成立石油工业部林木运输站，由部直接领导，行政上由茂名石油公司代管。同时，茂名石油公司成立林木运输站革委会，革委会下设政工组、生产组、后勤组等3个组；基层按照军队建制编设，设3个营，每个营下设3个连。林木运输站位于广西永福县罗锦公社林村大队金鸡水库旁、河碑岩侧，为保密需要，对外通讯为广西桂林“八号信箱”。截至1969年初，职工人数增至1000余人。

1969年5月，林木运输站成立党的核心小组，组长何林丰。下半年，林木运输站实行军事管制，马德喜任军代表。

1970年1月，中共林木运输站第一次代表大会召开，选举产生中共林木运

① 1966年2月起工会未配备专职干部。

输站第一届委员会，实行常委制，常委7人，马德喜为党委书记。同年，林木运输站第一次工代会召开。

（一）林木运输站革委会党的核心小组领导名录（1969.5—1970.1）

组　　长　何林丰（1969.5—1970.1）

副 组 长　武玉山（1969.5—1970.1）

（二）中共林木运输站委员会领导名录（1970.1—6）

书　　记　马德喜（军代表，1970.1—6）

副 书 记　武玉山（1970.1—6）

（三）林木运输站革委会领导名录（1968.12—1970.6）

主　　任　武玉山（1968.12—1970.1）

马德喜（军代表，1970.1—6）

第一副主任　武玉山（1970.1—6）

副 主 任　何林丰（1968.12—　　）

张群生（1968.12—1970.6）

李　华（1969.2—1970.6）

（四）林木运输站工会（1970—1970.6）

主　　席　张群生（1970—1970.6）

第五节　物资供应单位

1955年9月，石油工业部成立时，直属物资供应单位有西安供应办事处和东北供应站两家。10月，石油工业部决定在上海和天津分别成立上海供应办事处和天津供应办事处，同时将东北供应站更名为沈阳供应办事处，均直属部领导。

1958年7月，根据中央关于改进物资分配体制改革的精神，石油工业部决定撤销西安供应办事处、上海供应办事处和天津供应办事处，分别成立咸阳专用器材储备总库、上海专用器材储备总库和天津专用器材储备总库，隶属关系不变。同时，将沈阳供应办事处移交辽宁省领导。

1959年1月，根据中央武昌会议精神，石油工业部决定撤销咸阳、上海和天津专用器材储备总库，分别恢复石油工业部西安供应办事处、上海供应办事处和天津供应办事处。4月，石油工业部决定恢复沈阳供应机构，成立石油工业部东北供应办事处。7月，西安供应办事处、天津供应办事处、上海供应办事处分别更名为西北供应办事处、华北供应办事处和华东供应办事处。

1965年10月，为加强对四川地区的物资供应管理工作，石油工业部决定在四川省成都市成立西南供应办事处，直属部领导。

1968年，根据中央撤销各地办事处的指示精神，石油工业部军管会相继撤销设在西安、上海、天津、沈阳和成都等地的供应办事处，物资供应工作交由地方和所属企业负责。

一、东北供应站—沈阳供应办事处—东北供应办事处（1955.9—1968）

1955年9月，石油工业部成立时，东北供应站直属部领导。10月，更名为石油工业部沈阳供应办事处。

1958年7月，根据中央关于改进物资分配体制改革的精神，并经国家经委批准同意，石油工业部决定，自7月31日起将沈阳供应办事处移交辽宁省委领导。由原沈阳供应办事处主任马生晖负责移交工作。截至7月31日，职工总数121人。

1959年4月，根据中央武昌会议精神，中央各部直属企业的物资体制仍由各部统一计划分配调度平衡。为适应石油工业物资供应的统筹调度，有领导地组织器材供应工作以及今后东北地区勘探、基建、生产任务的需要，经辽宁省委同意，石油工业部决定恢复沈阳供应机构，成立石油工业部东北供应办事处。

1964年5月，成立政治协理员办公室。

1968年，东北供应办事处撤销。

（一）东北供应站—沈阳供应办事处（1955.10—1958.7）

主　任　马生晖（1956.9—1958.7）

（二）东北供应办事处（1959.4—1968）

主　任　余子宜（兼任，1959.4—10）

戴宗友（1959.8—　　）

副主任　李明孝（1959.6—　　）

吕凤岐（1959.9—　　）

宋风翕（1959.9—　　）

谷兴华（1965.9—　　）

二、西安供应办事处—咸阳专用器材储备总库—西安供应办事处—西北供应办事处（1955.9—1968）

1955年9月，西安器材供应办事处划归石油工业部领导，并更名为石油工业部西安供应办事处。

1958年7月，根据中央关于改进物资分配体制改革的精神，并经国家经委批准同意，石油工业部决定，自8月31日正式撤销西安供应办事处及所属机构，并在咸阳器材库基础上成立石油工业部咸阳专用器材储备总库，主要任务是办理石油工业专用储备物资的储运、转移、发料、结算等事宜。同时，任命原西安供应办事处副主任张清吉任总库副主任，人员编制48人，其行政、业务归石油工业部直接领导，原白杨河器材库资产和人员全部移交玉门矿务局管理。

1959年1月，根据中央武昌会议精神，中央各部直属企业的物资体制仍由各部统一计划分配调度平衡。为适应石油工业物资供应的统筹调度，有领导地组织器材供应工作，石油工业部决定，自1959年1月20日起撤销石油工业部咸阳专用器材储备总库，恢复石油工业部西安供应办事处，由部直接领导。咸阳总库改为石油工业部西安供应办事处咸阳特运库。7月，西安供应办事处更名为西北供应办事处。同月，经石油工业部批准，西北供应办事处成立咸阳转运库钢管加工厂，1960年9月该厂划归石油工业部直接领导，成为独立核算的部属企业。

1964年3月，石油工业部党组批准成立政治协理员办公室。

9月，石油工业部政治部与西安市委协商决定，将西北供应办事处党支部改为党委，由鄢飞明任书记，日常工作由西安市直属机关党委领导。

1968年，西北供应办事处撤销。

（一）西安供应办事处（1955.9—1958.7）

主　任　徐杜周（1956.11—　　）

　　　　崔元贵（　　—1958.1）

副主任　刘若愚（1958.4—　　）

　　　　张清吉（1958.1—7）

　　　　贾连瑞（1958.4—　　）

（二）咸阳专用器材储备总库（1958.7—1959.1）

副主任　张清吉（　　—1959.1）

（三）西安供应办事处（1959.1—7）

主　任　张月亮（　　—1959.5）

副主任　张清吉（1959.1—7）

（四）西北供应办事处（1959.7—1968）

主　任　张清吉（1960.5—　　）

副主任　张清吉（1959.7—1960.5）

　　　　鄢飞明（1960.3—　　）

　　　　张文焕（1961.5—　　）

　　　　张志宽（1963.12—　　）

三、天津供应办事处—天津专用器材储备总库—天津供应办事处—华北供应办事处（1955.10—1968）

1955年10月，燃料工业部天津供应办事处撤销，石油工业部决定成立石油工业部天津供应办事处，由部直接领导。

1958年7月，根据中央关于改进物资分配体制改革的精神，并经国家经委批准同意，石油工业部决定，自7月10日起撤销天津供应办事处，并在原址成立石油工业部天津专用器材储备总库。主要任务是办理石油工业专用储备物资的储运、转移、发料、结算等事宜，其行政、业务等均由石油工业部直接领导。并任命原天津供应办事处主任张俊任总库主任，负责原机构撤销和新机构成立事项。

1959年1月，根据中央武昌会议精神，中央各部直属企业的物资体制仍由各部统一计划分配调度平衡。为适应石油工业物资供应的统筹调度，有领导地组织器材供应工作，石油工业部决定，自1959年1月20日起撤销石油工业部天津专用器材储备总库，恢复石油工业部天津供应办事处，由部直接领导。7月，石油工业部决定将天津供应办事处更名为华北供应办事处。

1960年9月，石油工业部决定，将华北供应办事处南仓仓库附设钢丝绳加工厂划归部直接领导，更名为石油工业部钢绳加工厂。

1964年5月，成立政治协理员办公室。

1968年，华北供应办事处撤销。

（一）天津供应办事处（1955.10—1958.7）

副主任　张清吉（　　—1958.1）

（二）天津专用器材储备总库（1958.7—1959.1）

主　任　张　俊（　　—1959.1）

（三）天津供应办事处（1959.1—7）

主　任　张　俊（1959.1—7）

（四）华北供应办事处（1959.7—1968）

主　任　张　俊（1959.7—　　）

副主任　李秉猷（1959.7—　　）

四、上海供应办事处—上海专用器材储备总库—上海供应办事处—华东供应办事处（1955.10—1968）

1955年10月，燃料工业部上海供应办事处撤销，石油工业部决定成立石油工业部上海供应办事处，由部直接领导。

1958年7月，根据中央关于改进物资分配体制改革的精神，并经国家经委批准同意，石油工业部决定，自7月底撤销上海供应办事处，并在原址成立石油工业部上海专用器材储备总库。主要任务是办理石油工业专用储备物资的储运、转移、发料、结算等事宜。人员编制25人。总库在1958年内其行政、业务由华东石油勘探局代石油工业部管理。

1959年1月，根据中央武昌会议精神，中央各部直属企业的物资体制仍由各部统一计划分配调度平衡。为适应石油工业物资供应的统筹调度，有领导地组织器材供应工作，石油工业部决定，自1959年1月20日起撤销石油工业部上海专用器材储备总库，恢复石油工业部上海供应办事处，由部直接领导。7月，上海供应办事处更名为华东供应办事处。

1964年5月，成立政治协理员办公室。

1968年，华东供应办事处撤销。

（一）上海供应办事处（1955.9—1958.7）

主　任　黄国斌（1955.11—1958.7）

副主任　吴雪枫（1956.12—　　）

　　　　牛一麟（1957.6—1958.7）

（二）上海专用器材储备总库（1958.7—1959.1）

主　任　黄国斌（兼任，1958.7—1959.1）

副主任　牛一麟（1958.7—1959.7）

（三）上海供应办事处（1959.1—7）

主　任　黄国斌（兼任，1959.1—7）

副主任　牛一麟（1959.1—7）

（四）华东供应办事处（1959.7—1968）

主　任　黄国斌（兼任，1959.7—10）

副主任　牛一麟（1959.7—　　　）

五、西南供应办事处（1965.10—1968）

1965年10月，为加强对四川地区的物资供应管理工作，石油工业部决定在四川省成都市成立石油工业部西南供应办事处，由参加四川石油会战的张泽普兼任处长，其余人员由四川石油管理局从供应人员编制内抽调组成。

1968年，西南供应办事处撤销。

主　任　张泽普（兼任，1965.10—）

第六节　科研事业单位

1955年9月，石油工业部成立时，直属部领导的科研事业单位有设计局和石油工业出版社筹备处。12月，石油工业部决定成立中央研究所筹备处。

1956年1月，石油工业出版社正式成立，直属石油工业部领导。6月，经国务院批准，石油工业部决定，自本年7月1日起撤销设计局，成立设计管理局、北京石油勘察设计院、北京设计院，设计管理局由部直接领导，2个设计院由设计管理局领导。此后，又先后成立广州设计院、抚顺设计院、新疆设计院等单位，也由设计管理局统一领导。8月，撤销中央研究所筹备处，成立北京石油炼制研究所筹备处和北京石油地质勘探研究所筹备处。

1957年2月，石油工业部决定，将石油一厂抚顺研究所改组为石油工业部抚顺油母页岩油研究所，由部直接领导。

1958年1月，石油工业部决定成立四川天然气研究室，由部直接领导。9月，石油工业部撤销设计管理局，其相关职能并入基本建设司；设计管理局所属的各设计院划归部直接领导。9月，北京石油炼制研究所筹备处和北京石油地质勘探研究所筹备处合并，成立石油科学研究院筹备处。11月，石油工业部石油科学研究院正式成立，部属研究机构划归石油科学研究院领导。同年，石油工业部决定成立四川设计院，由部直接领导。

1960年4月，石油工业部决定，将北京石油勘察设计院并入北京设计院。

1961年1月，石油工业出版社改组为石油工业部编辑室，属部机关编制。原出版社图书出版职能划归中国工业出版社。

1964年7月，石油工业部编辑室撤销，成立石油工业部科学技术情报研究所，直属部领导。

1965年1月，四川设计院划归四川石油管理局领导。

1968年1月，石油工业部军管会重新明确四川设计院由部直接领导。

1969年，石油科学院、北京设计院、抚顺设计院等科研单位迁往三线地区，支援地方建设。

1970年1月，石油工业部军管会决定，将四川设计院由部直接领导划归四川石油管理局革委会领导。6月，石油工业部军管会决定撤销抚顺设计院。

一、设计局—设计管理局（1955.9—1958.9）

1955年9月，设计局划归石油工业部领导，组织机构延续石油管理总局时期的状况。

1956年6月，经国务院批准，石油工业部决定，自本年7月1日起正式撤销设计局，成立石油工业部设计管理局、北京石油勘察设计院、北京设计院等三家单位，办公地址均设在北京市安定门外六铺炕。设计管理局由部直接领导，北京石油勘察设计院、北京设计院由设计管理局领导。1956年，先后成立的广州设计院、抚顺设计院、新疆设计院等单位也由设计管理局统一领导。人员编制100人。

1957年，广州设计院并入抚顺设计院。

1958年8月，石油工业部决定，自9月1日起撤销设计管理局，其相关职能并入基本建设司。设计管理局所属各设计院亦自该日起改由部直接领导。

（一）**设计局**（1955.9—1956.7）

局　　长　章维仁（1955.9—1956.6）

（二）**设计管理局**（1956.7—1960.8）

局　　长　张　仁（1956.10—1958.10）

副 局 长　田　方（1956.11—1960.8）

总工程师　何俊英（1956.6—　　）

二、中央研究所筹备处—北京石油炼制研究所筹备处、北京石油地质研究所筹备处—石油科学研究院筹备处—石油科学研究院（1955.12—1970.6）

1955年12月，为适应新中国石油工业发展的需要，石油工业部决定成立中央研究所筹备处，负责石油地质和炼制等综合研究工作。申力生任筹备处副主任（未任命正职），负责具体工作。机关设办公室、专家工作室、文书科、财务科、基建科、人事处、器材科、总务科、保卫科和人民监察室等10个科室，下设14个科研科室。职工总数100余人。

1956年1月，国务院编制《十二年科技规划》时，石油工业部就建立全国性石油科研机构问题上报国务院，提出在北京成立石油地质勘探研究所和石油炼制研究所。3月，该报告获国务院批准。7月，石油工业部决定，成立北京石油地质勘探研究所筹备处，并在中央研究所筹备处的基础上成立石油炼制研究所筹备处。成立初期，2个筹备处组成人员主要是从苏联学成回国的科技人员和抽调的油田技术骨干。北京石油地质勘探研究所筹备处组织机构设办公室、研究室、人事室和保卫科4个部门，翁文波任筹备处主任，宋冠英任副主任。北京石油炼制研究所筹备处组织机构延续中央研究所筹备处时期的状况。2个筹建处的人员总数为400余人。

1958年9月，石油工业部决定，将北京石油炼制和地质勘探2个研究所筹备处合并，成立石油工业部石油科学研究院筹备处，张俊为主任。10月，上海石油机械室并入石油科学研究院筹备处。11月，国务院正式批准成立石油科学研究院，行政级别为正局级，隶属石油工业部领导。研究院分炼制、地质两部分。机关设党委办公室、党委组织部、党委宣传部、工会、团委、院办公室、文书科、总务科、人事科、保卫科、财务科、器材科、基建动力科、修配厂、科学计划处和情报处等16个职能部门。地质部分设4个研究室：地质勘探室、地球物理室、钻井机械室和开发室；炼制部分设8个研究室：研究一室至研究八室。下属8家单位：辽宁抚顺页岩油研究所、辽宁锦州石油六厂研究所、四川天然气研究所、陕西西安地球物理所、四川成都钻井工程研究所、海南岛海洋综合勘探队、安达松辽研究站和甘肃兰州炼制研究所。职工总数1700余人，其中，北京本部职工650人。办公地址：北京市海淀区学院路18号院。

石油科学研究院是第一个面向全国石油工业的综合性科学研究机构，兼部机关职能。负责对全国石油系统科技工作进行领导和管理；确定石油系统各独立科研开发单位的科研方向、主要任务及人才配备和科研经费的调拨；各石油工业部所属企业的科研规划与年度科研计划；制订石油系统的科技发展计划，检查执行情况，组织科研成果交流。

1959年1月，为适应科研和炼厂建设的需要，炼制部分在二室仪表组的基础上，设立仪表自动化室（第九研究室）。2月，为支援松辽石油勘探，研究院成立了松辽研究队，主要负责松辽盆地的综合研究工作。9月，发现大庆油田，研究院组织队伍奔赴大庆油田参加会战。11月，为加快新型材料的试制研究，在第三研究室合成油制备和添加剂研究题目组的基础上，成立军用油品研究室（第十研究室）。

1960年3月，成立污水处理研究室。5月，石油科学研究院在综合研究大队的基础上，把开发室和钻井室搬迁到大庆，组建松辽研究站。9月，经石油工业部批准，研究院派出70余名研究和管理人员到兰州炼油厂，成立石油科学研究院兰州炼制研究所，后划归兰州炼油厂领导。10月，石油工业部将“两弹一机”为中心的军用油品研制任务下达给研究院。研究院决定从炼油部分抽出100人左右的科技人员，扩充军用油品室（第十研究室）。同时，将炼制部分的1～9室调整为5个研究室，情报处改为情报室。

1962年4月，石油工业部决定，原北京试验厂（代号六二一厂）自5月1日起交由石油科学研究院领导，作为研究院新型材料生产试验厂。11月，抚顺页岩油研究所更名为石油科学研究院抚顺石油研究所；锦州煤炼油研究所（原气化及合成研究所）更名为合成研究室，由石油六厂代管。

同年12月，中共石油科学研究院第一次代表大会召开，选举产生中共石油科学研究院第一届委员会和监察委员会，党委委员13人，张俊为党委第一书记，谢采贤为党委书记。同月，军工油品研究室（第十研究室）拆分重组为新型燃料研究室（第十一研究室）和新型润滑剂研究室（第十二研究室）。

1964年1月，成立炼制部分总工程师室。11月，经中央同意，石油工业部决定，将北京621厂硅油脂车间的全部设备和人员与院氟油车间的全部设备和人员搬迁至重庆远郊，建立新型材料研究所，对外称一坪化工厂。

1965年1月，天然气研究所划归四川石油管理局管理；合成研究室划归石油六厂管理。2月，为加强对油田生产建设科学技术方面的指导，提高决策的科学性，石油工业部决定从各油田抽调部分技术人员，成立石油科学研究院地质勘探开发综合研究所，下设地质勘探室、油田开发室、地球物理室、钻井室、机械室、采油工艺室、综合室和行政办公室8个部门，人员总数200余人。8月，炼制部分第十一、十二室扩编为第十一至十五室。12月，石油工业部批准成立炼制综合研究所。截至1965年底，全院职工总数2000余人，其中工程技术人员1100人。

1966年1月，石油工业部决定设立“地质二线”、“炼制二线”。石油科学研究院地质研究人员全部被划入“地质二线”；一部分炼制研究人员参加“炼制二线”的工作。6月，成立文化大革命领导小组。

1967年8月，石油工业部军管会向石油科学研究院派驻军代表。

1968年1月，成立革命委员会。8月，石油工业部军管会正式向石油科学研究院派驻军管组，李真为组长，并兼任革委会主任。

1969年1月，石油科学研究院军管组和革委会将全院编为7个连，研究室部分被编为4—7连，原来的单位建制撤销。4月和11月，研究院干部及科技人员800人左右分两批下放到湖北潜江石油工业部五七干校。

1970年1月，石油工业部军管会下达石油科学研究院搬迁的文件。当月，石油科学研究院300名左右从事炼油研究的科技人员，迁至湖北荆门炼油厂研究所。2月，研究院从事合成油脂研究及分析测试的大部分科技人员（150人左右），迁至四川一坪化工厂，成立合成油脂研究室。

1966年至1970年间，受“文化大革命”影响，石油科学研究院的科研工作基本处于停滞状态。

石油科学研究院从成立之初到20世纪70年代，在石油地质研究方面，以石油工业的发展需求为已任，积极奔赴全国各地，开展了野外地质调查、石油地质综合研究、含油气盆地评价、海上地震勘探、地球化学研究、油田开发方案编制、钻井工程研究、提高采收率研究等工作，取得了一系列重要成果，为中国陆相石油地质与油田开发理论技术体系的建立和发展奠定了重要基础，为新中国石油科技工作的快速开展发挥了重要作用。在石油炼制研究方面，被誉为“五朵金花”的“流体床催化裂化新工艺”、“催化重整新工艺、“延迟焦化加工渣油新工艺”、“尿素脱蜡新工艺”和“炼油催化剂与石油产品添加剂的研制”5项炼油技术的成功开发，使中国的炼油科学技术接近了当时世界水平。

在开展综合研究的同时，石油科学研究院广泛参与油田勘探生产实践。伴随着新中国石油工业的起步和发展，研究院开展了全国性的石油地质综合研究工作，组织了石油系统科研工作的规划和管理，参加了四川、克拉玛依、大庆、胜利、大港等油田会战，经历了十几年艰难的创业时期，为新中国石油工业的快速发展和科技进步作出了巨大贡献，培养造就了一大批优秀人才。

这一时期，石油科学研究院的科研成果获国家发明奖5项，国家重要科技成果奖7项，被列入国家科委成果公报的项目达40项，在全国工业新产品展览会中18项获奖。

期间，石油科学研究院副院长翁文波、靳锡庚当选第三届全国人大代表，总工程师童宪章任第四届全国政协特邀委员。

（一）中共石油科学研究院委员会领导名录（1958.11—　　）

第一书记　张　俊（1958.11—1963.1）
侯祥麟（1965.7—　　）

书　　记　任成玉（1958.11—1959.12；兼任，1959.12— 1960.11）
谢采贤（1960.11—1964.7）

副 书 记　齐泽国（1960.1—　　）
章德炎（1964.7—1965.2）
陈　奎（1965.5—　　）

监委书记　齐泽国（1960.1—　　）

（二）石油科学研究院领导名录（1958.11—1970.6）

院　　长　张　俊（1958.11—1964.6）
侯祥麟（1965.7—　　）

副 院 长　翁文波（1958.11—　　）
侯祥麟（1958.11—1965.7）
宋冠英（1958.11—1961.2）
齐泽国（1960.12—1965.2）
章德炎（1964.6—　　）
靳锡庚（1964.6—　　）
林　风（1965.7—　　）
武　迟（1965.7—　　）
咸雪峰（1965.7—　　）
芦成锹（1965.7—　　）
高清岚（1965.7—　　）

总工程师　赵宗燠（1964.12—1970.6）
童宪章（1965.5—1970.6）

王纲道（1965.5—1970.6）
闵恩泽（1965.5—1970.6）
总地质师　林正仙（1965.5—　　　）
李德生（1965.5—1970.6）
余伯良（1965.5—　　　）
曾鼎乾（1965.5—　　　）
王　涛（1965.5—12）

（三）石油科学研究院革委会领导名录（1968.1—1970.6）

主　　任　李　真（1968.8—1970.6）
舒　风（1970.2—6）
第一副主任　章德炎（1968.1—1970.6）
副 主 任　蔡见阔（1968.1—1970.6）
翟怀忠（1968.1—1970.6）
齐泽国（1968.1—1970.6）
常　　委　蒋福康（1968.1—1970.6）
赵金魁（1968.1—1970.6）
高明义（1968.1—1970.6）

三、石油工业出版社（1956.1—1961.1）

石油工业出版社前身是1951年3月成立的燃料工业出版社，直属燃料工业部管理。王林任社长兼总编辑。1955年4月18日，燃料工业部任命刘韬为燃料工业出版社副社长。6月3日，燃料工业部任命赵非为副社长。9月，燃料工业部撤销，国家分别设立煤炭工业部、电力工业部和石油工业部，此时的燃料工业出版社由煤炭工业部、电力工业部和石油工业部3家成立专门委员会共同管理。同时，石油工业部成立石油工业出版社筹备处，任命办公厅主任王志群兼任石油工业出版社筹备处主任。12月31日，燃料工业出版社停止办公。

1956年1月1日，石油工业出版社正式成立，石油工业部任命王志群兼任石油工业出版社社长，办公地点设在北京市北郊六铺炕10号楼。石油工业出版社为部属事业单位，由原石油工业出版社筹备处和燃料工业出版社石油图书编辑室组成，初期设立图书编辑室、期刊编辑室、出版部和党政部门，共有职工40余人，同时开始筹建石油工业出版社印刷厂。此后，出版社规模逐渐扩大，先后设立第一图书编辑室（石油勘探）、第二图书编辑室（石油炼制和人造石油）、石油勘探期刊编辑室、石油炼制期刊编辑室，编辑人员约60人。截至20世纪50年代末，在册职工近200人。

1961年初，为克服国家经济困难，国务院决定把中央部委8个工业出版社（含石油工业出版社）合并组成中国工业出版社。同年1月，石油工业部决定撤销石油工业出版社，出版业务（含部分出版人员）统一划归中国工业出版社管理。同时，成立石油工业部编辑室，承担石油图书和期刊编辑业务，为部机关直属处级单位，下设《石油工业通报》编辑部、《石油译丛》编辑部、图书编辑室（保留专业编辑8人）、编译室、办公室等机构，定员36人。明确部编辑室的工作方针和任务是：贯彻中央关于建设石油工业的方针政策，坚持政治第一、质量第一、面向生产、面向实际、面向工人的方针，为快速发展的石油工业服务，编辑出版《石油工业通报》、《石油译丛》，编辑出版石油科技和教学图书，整理石油科技资料。

1964年7月，经国家科学技术委员会批准，石油工业部决定，将部编辑室改为石油工业部科学技术情报研究所，为部属司局级单位，主要业务包括科学技术情报和科技图书编辑两部分。图书出版业务仍归中国工业出版社统一管理。

社　　长　王志群（兼任，1956.1—1961.1）
副 社 长　赵俊义（1956.1—1961.1）
刘　韬（1956.1—1961.1）
李达夫（1956.11—1961.1）
王寿山（1959.7—1961.1）

四、石油科学技术情报研究所（1964.7—1970.8）

1964年7月，为进一步加强石油技术经济情报研究工作，经国家科学技术委员会及国家编制委员会批准，石油工业部决定，将部编辑室改为石油工业部石油科学技术情报研究所（以下简称情报研究所），为部直属司局级单位。情报研究所是石油工业科学技术情报工作的全国性事业中心，也是石油工业部领导石油工业科学技术情报工作的职能机构，编制60人。基本任务是：紧密围绕石油工业各个时期中心任务和长远规划的需要，努力引进国外新技术，广泛交流国内外科学技术成果和生产技术经验，以促进石油工业的迅速发展。情报研究所办公地址设在北京市西城区六铺炕。8月，石油工业部任命刘韬为情报研究所所长。

1967年，“文化大革命”运动开始后，干部下放，情报研究所领导机构和工作机构受到冲击。截至1969年底，情报研究所大多数职工被下放至湖北潜江石油工业部五七干校。

1970年6月，情报研究所划归燃料化学工业部领导。8月，更名为燃料化学工业科学技术情报研究所。

（一）中共石油科学技术情报研究所委员会领导名录（1965.11—1970.8）

书　　记 甄树森（1965.11—1969.2）
徐　晓（1970.6—8）

副 书 记 支明玉（1965.11—1970.8）

（二）石油科学技术情报研究所领导名录（1964.11—1970.8）

所　　长 刘　韬（1964.11—1965.11）
甄树森（1965.11—1969.2）
徐　晓（1970.6—8）

副 所 长 甄树森（1964.11—1965.11）
翁心源（1965.11—1969.10）
刘文东（1965.11—1967）
李国玉（1965.11—1969）

五、北京设计院（1956.7—1970.6）

1956年6月，经国务院批准，石油工业部决定，自本年7月1日起正式成立北京设计院，由设计管理局领导。办公地址在北京市北郊六铺炕。

1958年9月，石油工业部决定撤销设计管理局，其所属北京设计院划归部直接领导。同月，中共北京设计院总支委员会改为中共北京设计院委员会。

1959年12月，兰州炼油厂设计科并入北京设计院，成立兰州综合设计室。

1960年3月，经石油工业部批准，北京设计院成立石油设计学校，招收学员150人。4月，石油工业部决定，将北京石油勘察设计院并入北京设计院。12月，石油设计学校并入北京石油地质学校。年底，60多名技术及行政管理干部下放到西藏、甘肃和其他厂矿企业。

1961年，根据中央“调整、巩固、充实、提高”和精简机构、下放人员的指示精神，北京设计院进行机构调整，将原北京石油勘察院合并到设计院的勘察技术干部、生产辅助部门的100多人和勘察设备一起调往大庆参加石油会战。同时，撤销兰州综合设计室。调整后，设计院内设办公室、计划科、人事科、保卫科、财务科、总务科、总工程师室、新型炼厂、第一设计室、第二设计室、第三设计室、第四设计室、第五设计室、第六设计室、第七设计室以及附属机构，正式职工613人。

1964年，北京设计院成立政治部，设置组织、宣传、人事、保卫、团委等工作机构。

1967年4月，石油工业部军管会派3名军代表进驻北京设计院“支左”，后增加到12人。

1968年9月，石油工业部军管会批准北京设计院成立革命委员会。革委会由军代表、领导干部和群众代表共12人组成。10月，北京设计院调整组织机构，将原来的8个室和党政机构改编为10个连队的建制。

1969年4月，150多名职工下放到湖北潜江石油工业部五七干校。11月，北京设计院革委会决定将10个连编为3个综合连：一连承担北京东方红炼油厂和援外工程设计；二连承担其他炼油厂的工程设计；三连承担五号炼油厂（即湖北荆门炼油厂）的工程设计；生产管理和后勤系统编为直属排。除后勤部分100余人留京外，其余人员分赴各地，进行全国重点炼厂、战备油库等设计任务。

1970年6月，北京设计院划归燃料化学工业部领导。

（一）中共北京设计院总支委员会—委员会领导名录（1956—1968.8）

书　　记　杨华甫（女，1956）

罗光远（1956—1958）

孙光克（1958—1959）
方　印（1960—1961）
张定一（兼任，1962—1964）
刘东明（1965.5—1968.8）

副　书　记　徐若光（1956—1958）
孙光克（1960—1964）
刘东明（1963—1965.5）
杨华甫（1965.5—1967）

政治部主任　刘东明（兼任，1964—1965.5）
杨华甫（兼任，1965.5—1966.6）
单永复（1966.6—1966）

（二）北京设计院革委会党的核心小组领导名录（1968—1970）

组　　　长　武进生（军代表，1968—1969）
韩立标（军代表，1969）

副　组　长　孙振盛（军代表，1968—1970）
刘东明（1968—1970）

（三）北京设计院领导名录（1956.6—1968.9）

院　　　长　熊尚元（1956.6—1962）
张定一（1962—1965.7）
朱康福（1965.7—1968.9）

副　院　长　罗光远（1956.11—1958）
李高平（1956.6—1958.6）
杨　洁（女，1958.4—1965）
邢活舒（1960—1968.9）
刘东明（1961.6—1965.5）
熊尚元（1963—1965.7）
绍祖光（邵祖光，1965.5—1968.9）
陈福生（1965.5—1968.9）
陈自光（1965.5—1968.9）
卢成锹（1965.7—　　）

贾金会（1966.6—1968.9）

总工程师　熊尚元（1956.6—1965）

总机械师　周庚谟（1956—1958）

（四）北京设计院革委会领导名录（1968.9—1970.6）

主　　任　武进生（军代表，1968.9—1969）

韩立标（军代表，1969—1970.6）

副 主 任　孙振盛（军代表，1968.9—1970.6）

刘东明（1968.9—1970.6）

六、北京石油勘察设计院（1956.7—1960.4）

1956年7月，为加强石油勘查设计工作，石油工业部决定成立北京石油勘察设计院，由设计管理局统一领导。

1958年9月，设计管理局撤销，北京石油勘察设计院划归石油工业部直接领导。当时，北京石油勘察设计院的工作业务包括储备、转运及分配油库设计；输油管线和输气管线设计；矿场及厂外供水排水设施设计；大比例尺的地形及长距离管线测量，工程地质及水文地质勘探工作。设院长室、干部科、保卫科、会计科、行政科、供应科、专家工作室、主任设计师组、油库室、线路室、机电室、建筑室、给水排水室、技术经济室、测量室、地质室、分析室、出版室、计划科、技术室、审干办公室以及党团工会等20余个科室。人员编制600余人。同月，中共北京石油勘察设计院总支委员会改为中共北京石油勘察设计院委员会。

1960年4月，石油工业部决定，将北京石油勘察设计院并入北京设计院。

院　　长　杨　真（1956.6—　　　）

副 院 长　邢活舒（1956.12—　　　）

总工程师　梁翕章（1956.6—　　　）

七、抚顺设计院（1956.10—1970.6）

1956年10月，为加强石油工业设计工作，石油工业部决定成立抚顺设计院，承担人造油炼油厂设计任务，由设计管理局领导。党组织关系隶属于抚顺市委。设工艺、自动控制、土建、机械、动力、总图、给排水及施工预算等8个设计专业室和出版室。机关设院长办公室、计划科、技术室、干部科、行政科、保卫科和专家工作室等7个科室。院址在抚顺市浑河北岸。职工总数241人，其中工程技术人员182人。

1957年1月，抚顺市委批准金元汉、徐震、杨洁、李延洛、刘国珣等5名同志组成中共抚顺石油设计院支部委员会，金元汉为支部书记。7月，石油工业部决定，将广州设计院并入抚顺设计院。8月，抚顺市委批准徐震、杨洁、魏瑞宏、金元汉、李占标、张异云、韩世钦7名同志组成中共抚顺设计院总支委员会，徐震为总支书记。9月，由于广州设计院并入，职工总数增至509人，其中工程技术人员269人。12月，抚顺市委批准成立中共抚顺石油设计院监察委员会，孙风臣为监委书记。

1958年3月，抚顺市委批准徐震、杨洁、孙振芳、魏瑞宏、金元汉、李占标、张异云7人组成中共抚顺石油设计院委员会，徐震代理党委书记，孙振芳为党委副书记兼监委书记。9月，设计管理局撤销，抚顺设计院划归石油工业部直接领导。同年，为适应“大跃进”的形势，设计机构由建院初期的8个专业室改为以工厂设计为主体分工的3个综合室。

1959年5月，中共抚顺设计院委员会第一次党员代表大会召开，党委实行常委制，选举郝英武、孙振芳、徐震、李占标、魏瑞宏等5人组成党委常委会，郝英武为党委书记，孙振芳为党委副书记。

1960年7月，中共抚顺设计院委员会第二次党员代表大会召开，党委实行委员制，选举卢传彬、孙风臣、金元汉、侯宪元、郝贤英、纪明申、高敏、詹俊哲、李延络、余伯轩等10名同志为党委委员，孙风臣为监委书记。

1961年，由于大庆油田的发现，抚顺地区的人造石油厂相继改炼天然石油，抚顺设计院的任务也从人造石油厂设计转为天然油炼厂设计。设计机构从综合室恢复到专业室，设工艺、机械、土建、系统等4个专业室。

1962年5月，中共抚顺设计院委员会第三次代表大会召开，选举卢传彬、孙风臣、梁超、李占标、金元汉、邵恒润、陈东初、侯宪元、张异云等9名同志为党委委员，卢传彬为党委第一副书记，孙风臣为副书记兼监委书记。

1963年秋，设计完成中国第一套流化催化裂化炼油装置——抚顺石油二厂60万吨/年新型催化裂化装置和30万吨/年延迟焦化装置的施工图，并先后完成石油二厂、石油三厂、大庆炼油厂50万吨/年常减压蒸馏装置以及兰州炼油厂硫酸法烷基化装置等23项工程的施工设计任务。

1965年5月，中共抚顺设计院委员会第四次代表大会召开，选举庄润霖、卢传彬、孙风臣、钱思潮、黎煌明、李占标、陈东初、金元汉、侯宪元、张异云、陈俊武、杨景瑞、聂根太等13人为党委委员。党员总数128人。7月，抚顺市委批准庄润霖、卢传彬、孙风臣、钱思潮、李占标、金元汉、张异云等7人组成院党委常委，庄润霖任党委书记，卢传彬、孙风臣任副书记，陈东初为监委书记。10月，职工总数930人，其中工程技术人员671人。

1966年，"文化大革命"运动开始，抚顺设计院党政领导机构受到冲击。1967年2月，抚顺设计院成立由钱思潮、黄汉彩、万飞鹏、寿颂兴、王守皖等5人组成的生产指挥部，主持日常工作。1968年8月，抚顺设计院革命委员会成立，王常德任主任，李占标、王善秀、郝德丰为副主任。设计机构改为连队建制，一连以设计湖南长岭炼油厂为主，二连以设计河南红旗炼油厂为主，三连以辅助设计部门和院职能科室为主。

1969年10月，石油工业部军管会决定，将抚顺设计院迁往三线地区，担负湖南长岭炼油厂和河南红旗炼油厂的设计任务。12月，开始搬迁工作。

1970年2月，一连迁至湖南临湘县，并入中国人民解放军总后勤部2348工程指挥部，命名为设计大队。二连、三连迁至河南宜阳县竹园沟，并入石油工业部工程建设红旗总队，成立工程建设红旗总队设计大队；留在抚顺市的部分人员调入其他单位工作。6月，石油工业部军管会决定撤销抚顺设计院。

（一）中共抚顺设计院支部委员会领导名录（1957.1—8）

书　　记　金元汉（1957.1—8）

（二）中共抚顺设计院总支委员会领导名录（1957.8—1958.3）

书　　记　徐　震（1957.8—1958.3）

监 委 书 记 孙风臣（1957.12—1958.3）

（三）中共抚顺设计院委员会领导名录（1958.3—“文革”初期）

书　　记 徐　震（代理，1958.3—1959.5）
郝英武（1959.5—1962.5）
庄润霖（1964.7—“文革”初期）

第一副书记 卢传彬（1962.5—1965.5）

副 书 记 孙振芳（1958.3—1960.7）
张异云（1958.3—1959.5）
孙风臣（1962.5—“文革”初期）
卢传彬（1965.5—“文革”初期）

监 委 书 记 孙振芳（1958.3—1960.7）
孙风臣（1960.7—1965.5）
陈东初（1965.5—“文革”初期）

政治处主任 孙风臣（兼任，1964.4—“文革”初期）

（四）抚顺设计院领导名录（1956.10—“文革”初期）

院　　长 顾敬心（1961.11—1964.6）
钱思潮（1965.5—“文革”初期）

副 院 长 顾敬心（代理院长，1956.9—1961.11）
杨　洁（女，1956.9—1958.12）
徐　震（1957.4—　　）
李占标（1959.4—“文革”初期）
金元汉（1960.4—“文革”初期）
梁　超（1961.9—1964.4）
钱思潮（1963.12—1965.5）
黎煜明（1964.8—“文革”初期）

总 工 程 师 顾敬心（1961.11—1964.8）
黎煜明（1964.8—“文革”初期）

总 工 艺 师 黎煜明（1957.4—1959.12）

（五）抚顺设计院革委会领导名录（1968.8—　　）

主　　任 王常德（1968.8—　　）

副　主　任　李占标（1968.8—　　）
王善秀（1968.8—　　）
郝德丰（1968.8—　　）

八、四川设计院（1958—1970.6）

1958年，为加强石油工业设计工作，石油工业部决定成立四川设计院，由部直接领导。

1964年底，石油工业部决定，从1965年1月1日起将四川设计院划归四川石油管理局领导。

1968年1月，为方便业务工作指导，石油工业部军管会决定将四川设计院划归部直接领导。

1970年1月，石油工业部军管会决定，将四川设计院由部直接领导划归四川石油管理局革委会领导。

（一）中共四川设计院委员会领导名录（1965.5—1970.6）

书　　　记　蔡崇法（1965.5—　　）
副　书　记　傅　熙（1965.5—　　）
政治部主任　傅　熙（兼任，1965.5—　　）

（二）四川设计院领导名录（1958—1970.6）

院　　　长　柏映群（　—1961.12）
蔡崇法（1961.12—　　）
副　院　长　李高平（1958.6—　　）
尤德华（1965.5—　　）
唐振华（1965.5—　　）
总 工 程 师　翁心源（1958.9—　　）
唐振华（1965.5—　　）

九、抚顺油母页岩研究所—抚顺研究所（1957.2—1958.11）

1957年2月，石油工业部决定，将石油一厂抚顺研究所改组为石油工业部抚顺油母页岩研究所，由部直接领导。抚顺油母页岩研究所主要负责研究各种新的页岩干馏（包括粉末页岩干馏）方法及新炉型，提高现有干馏技术，扩大处理能力及提高油收率。6月，更名为石油工业部抚顺研究所。

1958年11月，石油工业部石油科学研究院成立，抚顺研究所划归石油科学研究院领导。

所　　长 杨　伟（1957.2—1958.11）

十、四川天然气研究室（1958.1—11）

1958年1月，为更好地开展有关天然气及天然气利用的各种科学研究工作，石油工业部决定成立四川天然气研究室。研究室地址设在四川隆昌，由部直接领导，并委托四川石油勘探局隆昌气矿代管，全称石油工业部四川石油勘探局四川天然气研究室，人员编制100人左右。

1958年11月，石油工业部石油科学研究院成立，四川天然气研究室划归石油科学研究院领导，并更名为石油科学研究院四川天然气研究所。

第七节 石油院校

1955年9月，石油工业部直属院校有：北京石油学院、北京石油地质学校、天津石油学校、西安石油学校、重庆石油学校、抚顺石油学校、培黎石油技工学校、双城工业计划经济学校、西安石油干部学校。

1956至1957年，石油工业部陆续在兰州、广州、酒泉、乌鲁木齐等地成立石油学校。同时，撤销西安石油干部学校，并在北京和抚顺成立两所石油干部学校。

1958年6月，石油工业部决定在西南和西北筹建成立四川石油学院和西安石油学院。7月，根据中央关于文教事业体制下放的方针，石油工业部决定，将所属酒泉、兰州、重庆、乌鲁木齐、抚顺、广州、天津等7所石油学校，双城工业计划经济学校，以及兰州石油工人技术学校分别移交各省市自治区人民委员会管理。此后，随着石油工业发展的需要，1960年5月，石油工业部决定在黑龙江设立安达石油学院，后正式名称为东北石油学院。在1958年至1960年的“大跃进”期间，由于受“左”的思想影响，加之缺乏经验，根据中央三年内每个协作区成立一所石油学院的指示，全国各地还先后成立了抚顺石油学院、华南石油学院（后更名为中南石油学院）、河北石油学院、黑龙江石油学院、新疆石油学院、兰州石油学院、玉门石油学院、北京石油科学技术专科学校等8所大专院校，以及18所中等专业学校、14所技工学校和156所业余学校，全日制在校人数达到39800多人。

从1961年开始，由于国家经济困难，石油工业部根据中央提出的“调整、巩固、充实、提高”的方针，对所属院校进行了大规模的裁、撤、并、转工作。截至1962年底，共撤销29所大中专、技工及干校，合并4所，部直属院校由1961年的45所，减至12所。

1963年以后，随着国民经济的逐渐好转和石油工业的快速发展，石油职工教育工作得到迅速恢复和发展。1964年，石油工业部直属的石油院校总计17所，分别是：北京、东北、西安、四川等4所石油学院，兰州、承德、广州、重庆、抚顺、哈尔滨、独山子、大庆等8所石油学校，锦州、西安、宝鸡、乌鲁木齐等4所石油技工学校，以及北京石油干部学校。

1969年4月，按照中央指示精神，石油工业部军管会决定在湖北潜江县沙洋农场举办石油工业部五七干校。

1969年至1970年，石油工业部军管会根据毛泽东关于教育革命的指示，按照将部属院校一律下放地方和厂矿，实行厂校结合，以厂办校，由工人阶级领导管理学校的原则，对直属院校体制进行改革。其中，北京石油学院迁至山东东营，更名为华东石油学院，移交山东省革委会领导；东北石油学院移交大庆革委会领导；四川石油学院更名为西南石油学院，移交四川省革委会领导；西安石油学院改建为西安石油仪器二厂，实行以厂办校；承德石油学校改建为石油工业部第五机械厂，实行以厂办校，由承德市革委会领导；大庆石油财经学校停办；大庆石油钻采学校下放给大庆革委会领导；抚顺石油学校下放给石油三厂革委会领导；广东石油学校下放给茂名石油公司革委会领导；重庆石油学校与四川石油管理局仪修厂合并，成立四川石油管理局重庆石油仪器修配厂，实行以厂办校，由四川石油管理局革委会领导。其他石油院校也相继移交部属单位管理。

一、北京石油学院—华东石油学院（1955.9—1970.6）

1955年9月，北京石油学院接受石油工业部和高教部的双重领导。学院党总支于1955年8月改组为党委，实行常委制，贾皞任党委书记。党组织关系隶属于北京市委。

1956年，中共八大以后，根据党中央的指示和新党章的规定，学院由院长负责制改为党委领导下的院长分工负责制。

1956年12月18日至23日，中共北京石油学院第一次代表大会召开，选举产生第一届委员会、常务委员会和监察委员会，党委常委7人，阎子元为党委书记，张定一、孙卓夫、贾皞、李风为党委副书记，刘永昌为监委书记。

1959年3月14日至20日，中共北京石油学院第二次代表大会召开，选举产生第二届委员会、常务委员会和监察委员会，党委常委11人。这次党代会决定实行党委领导下的院务委员会负责制。院务委员会是党委领导下的学院最高行政机构。院务委员会于1959年4月正式召开第一次会议，选举阎子元为主席，张定一、孙卓夫、曹本熹为副主席，韩浩为秘书长。

1960年2月，北京石油学院组织9个专业、613名高年级学生及43名教师干部参加松辽石油会战。1961年，学院又派出地质系57级、钻采系58级、机械系58级学生和部分教师共709人参加松辽石油会战。1962年以后，每年都有数量不等的学生利用生产实习的机会到大庆参加生产劳动和科学实验。在整个松辽（大庆）石油会战中，北京石油学院师生被评为“五好红旗手”、“五好共青团员”的共441人次，占参战师生总数的67%。

1960年6月10日至13日，中共北京石油学院第三次代表大会召开，选举产生第三届委员会、常务委员会和监察委员会，党委常委13人。

1960年10月，中共中央发出《关于增加全国重点高等学校的决定》，确定北京石油学院为全国重点高校。1960年，中共中央转发教育部《关于全国重点学校暂行管理办法》。按此规定，北京石油学院接受教育部、石油工业部和北京市领导。

1961年6月，成立石油建设与经营系，增设油田油厂建设专业；撤销工业经济系、自动化系和理学系，同时撤销无线电电子学、近代物理、数学、化学、物理、力学等专业；石油地质系更名为石油勘探系；石油钻采系更名为石油开发系。

1961年9月，石油机械系增设动力机械专业，撤销机械制造专业。同年，石油机械系更名为石油机电系，同时石油加工过程自动化专业并入石油机电系。

1962年7月，北京石油学院院务委员会决定，缩短战线，调整合并专业。撤销石油建设专业与建设系，将储运专业并入机械系，将工业经济系、特别班并入钻采系；机电系更名为机械系；撤销动力机械专业；撤销自动化系，但保留仪表自动化专业，并入机械系；撤销理学系及所属专业。12月，取消特种液体燃料专业。

1963年9月，中共中央组织部批准刘长亮为北京石油学院党委书记，同时免去阎子元党委书记和院长职务。

1965年8月，石油工业部通知，由贾皞副院长代理院长。12月，成立政治部。

截至1965年12月，学院设院长办公室、科学工作处等8个党政管理部门，石油勘探系、石油开发系、石油炼制系、石油机械系、基础课教研处、政治理论教研室、体育教研室等7个教学行政单位，以及图书馆、附属中学等5个教辅单位。

北京石油学院自1953年成立至1966年“文革”前，经过近13年的发展，已具备相当规模。共培养本科毕业生12000多名，研究生153名。1966年，全院教职工总数1548人。

1968年9月，北京石油学院革委会成立，张星耀任主任。原党政组织系统停止办公。

1969年底至1970年初，北京石油学院迁往胜利油田，实行以厂办校。

1970年2月，山东省革委会、石油工业部军管会联合发出《关于北京石油学院下放问题的通知》，规定自1970年1月起北京石油学院更名华东石油学院，校址迁至山东省东营市，由山东省革委会领导。

1966年至1970年，受“文化大革命”影响，学院未招生，原在校的61级、62级、63级、64级、65级学生至1970年全部完成毕业分配后，1970年至1971年1月，学院没有在校学生。

1955年8月至1969年12月：

（一）中共北京石油学院委员会领导名录（1955.8—1968.9）

书　　记　贾　皞（1955.8—1956.12）
阎子元（闫子元，1956.12—1963.9）
刘长亮（1963.9—1968.9）

副 书 记　严振海（1955.8—1956.12）
孙卓夫（1956.6—1968.9）
张定一（1956.12—1960.6）
贾　皞（1956.12—1968.9）
李　风（女，1956.12—1962.12）
石　生（女，1960.6—1968.9）
张　楷（1960.6—1968.9）

常　　委　刘永昌（1956.12—1959.3）
武亚柏（1956.12—1959.3）
许德贵（1956.12—1960.6）

骆正愉（1956.12—1960.6）
陈　骥（1959.3—1960.6）
张　楷（1959.3—1960.6）
石　生（1959.3—1960.6）
祝惠民（1959.3—1968.9）
韩　浩（1960.6—1968.9）
陈树基（1960.6—1968.9）
罗梦槐（1960.6—1968.9）
亓镜华（1960.6—1968.9）
沈明轩（1960.6—1968.9）
曹承彬（1960.6—1968.9）

监委书记 刘永昌（1956.12—1959.3）
李　风（1959.3—1960.6）
石　生（1960.6—1968.9）

（二）北京石油学院领导名录（1955.9—1968.9）

院　　长 阎子元（1955.9—1964.9）

副 院 长 张定一（1956.6—1960.2）
孙卓夫（1956.6—1968.9）
曹本熹（1957.5—1962.12）
贾　皞（1960.9—1965.8；代理院长，1965.8—1968.9）
李　风（1960.9—1962.12）
朱亚杰（1963.10—1968.9）
杨光华（1965.11—1968.9）

（三）北京石油学院革委会领导名录（1968.9—1969.12）

主　　任 张星耀（1968.9—1969.12）

副 主 任 孟昭瑞（1968.9—1969.12）
张世忠（1968.9—1969.12）
姜　阳（1968.9—1969.12）
唐天明（女，1968.9—1969.12）

1970年1月至1970年6月：

（一）**华东石油学院革委会党的核心小组领导名录**（1970.1—6）

组　　长　文山弟（1970.1—6）

（二）**华东石油学院革委会领导名录**（1970.1—6）

主　　任　文山弟（1970.1—　）

冯德堂（　—1970.6）

副 主 任　贾　皞（1970.1—　）

王成一（1970.1—6）

于从彬（1970.1—6）

马西夫（1970.1—6）

二、东北石油学院（1960.5—1970.4）

1960年5月，根据石油工业发展的需要，石油工业部决定在黑龙江安达市设立安达石油学院，由部直接领导。学校办学规模为4000人。并决定分配和抽调军队转业干部、技术人员及大专院校毕业生等30余人组成安达石油学院筹建组，开始筹建工作。同时，在筹建组成立党支部，隶属松辽石油会战机关党委领导。朱国兴任筹建组组长、党支部书记。8月，石油工业部决定正式成立安达石油学院筹建处，由陈骥总负责。

1961年3月，学院正式定名为东北石油学院。4月，石油工业部决定撤销安达石油学院筹建处，成立东北石油学院，为部直属院校，学院的党政工作由松辽会战工委直接领导。同时，将黑龙江石油专科学校并入东北石油学院。6月，石油工业部任命松辽会战指挥部副指挥焦力人兼任东北石油学院院长，唐海、陈骥为副院长。9月，东北石油学院正式开学。9月7日定为校庆日。

1962年7月，东北石油学院院务委员会成立，主任委员焦力人，副主任委员李镇靖、唐海。同时，各系均成立系务委员会。

1962年10月，中共东北石油学院第一次代表大会召开，选举产生中共东北石油学院第一届委员会和监察委员会。学院党委由松辽石油会战工委领导。

1964年5月，经石油工业部党组批准，学院成立政治部。

期间，学校内设机构历经多次重组，截至1966年6月，学院设有政治部、院长办公室、教务处、校务处等4个机关部门和石油勘探系、石油开发系等6个系部。

1967年3月，沈阳军区对东北石油学院实行军事管制。5月，解放军毛泽东思想宣传队进驻学院。8月，工人毛泽东思想宣传队进驻学院。军宣队、工宣队掌握了学院的领导权。

1968年11月，东北石油学院革委会成立，由19名委员组成，军代表童贵锁任主任。

1969年3月，中共东北石油学院革委会核心小组成立，军代表童贵锁任组长。

1970年4月，经国务院批准，石油工业部军管会决定，将东北石油学院下放大庆革委会领导，实行以厂办校。

1960年5月至1962年10月：

（一）中共东北石油学院临时委员会领导名录（1961.9—1962.10）

书　　记　杨继清（1961.9—1962.10）

副 书 记　黎　岚（未到职）

常　　委　陈国润（1961.9—1962.10）

唐　海（1961.9—1962.10）

陈　骥（1961.9—1962.10）

李镇靖（1961.9—1962.10）

（二）东北石油学院领导名录（1961.6—1962.10）

院　　长　焦力人（兼任，1961.6—1962.10）

副 院 长　唐　海（1961.6—1962.10）

陈　骥（1961.6—1962.10）

李镇靖（1962.3—10）

陈国润（1962.3—10）

黎　岚（未到职）

（三）东北石油学院工会（1962.9—10）

主　　席　陈国润（1962.9—10）

1962年10月至1970年4月：

（一）中共东北石油学院委员会领导名录（1962.10—1969.2）

书　　记 杨继清（1962.10—1964.11）
赵复成（1964.11—1969.2）

副 书 记 李镇靖（1963.7—1969.2）

委　　员 李镇靖（1962.10—1963.7）
陈国润（1962.10—1969.2）
唐　海（1962.10—1969.2）
陈　骥（1962.10—1963.3）
李　杰（女，1962.10—1965.2）
焦永祥（1962.10—1965.2）
潘秉智（1962.10—1969.2）
齐　征（1965.2—1969.2）
段宏谋（1965.2—1969.2）
陈才年（1965.2—1969.2）
巫从理（1965.8—1969.2）

监委书记 陈国润（1962.10—1969.2）

（二）东北石油学院革委会党的核心小组领导名录（1969.3—1970.4）

组　　长 童贵锁（军代表，1969.3—1970.4）

（三）东北石油学院领导名录（1962.10—“文革”初期）

院　　长 焦力人（兼任，1962.10—1963.12）

副 院 长 陈　骥（1962.10—1963.2）
唐　海（1962.10—“文革”初期）
李镇靖（1962.10—“文革”初期）
陈国润（1962.10—“文革”初期）
陶景明（1965.5—“文革”初期）
潘秉智（1965.5—“文革”初期）

（四）东北石油学院革委会领导名录（1968.11—1970.4）

主　　任 童贵锁（军代表，1968.11—1970.4）

副 主 任 陈国润（1968.11—1970.4）
孙俊复（学生代表，1968.11—1970.4）
辛万全（学生代表，1968.11—1970.4）

（五）东北石油学院工会（1962.10—“文革”初期）

主 席 陈国润（1962.10—“文革”初期）

三、西安石油学校—西安石油学院（1955.9—1969.7）

（一）西安石油学校（1955.9—1958.6）

1955年9月，西安石油学校划归石油工业部领导，组织机构和专业设置延续石油管理总局时期的状况。

1956年夏，西安石油学校被评为陕西省先进教育单位。1956年，除招收新生外，西安石油干部学校调训的测量专业学生转入西安石油学校继续轮训，在校学生达到1549名，共33个班。同年，石油储运专业调整到玉门石油学校，内燃机专业调整到兰州石油学校。

1957年，石油器材技术供应专业停办。当时，在校学生划分成28个班，人数总计1260名。

1958年4月，西安石油干部学校测量干部训练班合并到西安石油学校。其在劳动路的房产由西安石油学校一并接管，成为西安石油学校二部。6月，石油工业部决定，在西安石油学校的基础上组建西安石油学院。

1. **中共西安石油学校总支委员会领导名录**（1955.9—1958.6）

书 记 段得民（1955.9—1956.8）

2. **西安石油学校领导名录**（1955.9—1958.6）

校 长 马 文（1955.9—1958.6）

副校长 段得民（1955.9—1956.8）
邓崇信（1956.1—1958.6）
万品三（1957.4—1958.6）

（二）西安石油学院（1958.6—1969.7）

1958年6月，为适应石油工业大发展，需要培养更多技术干部的要求，根据中央的指示，石油工业部决定在西安石油学校的基础上建立西安石油学院，主要为西北协作区石油工业的发展服务。学院设石油及天然气钻井、石油及天然气开采、石油矿场机器及设备、石油及天然气工学、人造石油、石油炼厂机器及设备等6个专业，学制四年，1958年计划招生500至900人。专业课教师由北京石油学院负责支援。7月，杨霖到西安石油学院主持筹建工作。9月，石油工业部和教育部联合发文，决定新建西安石油学院由陕西省委领导。

建校初期，陕西省和石油工业部决定，保留西安石油学校的牌子，对外分两个单位，内部一套机构。1959年初，由于对外保留学校名称在工作上造成一些不便，陕西省决定将西安石油学校改为西安石油学院中专部。

1959年1月，西安石油学院召开第一次党代会，选举产生中共西安石油学院第一届委员会，实行常委制，杨霖为党委书记，马文、万品三为党委副书记。同月，国务院任命杨霖为西安石油学院院长。1959年至1962年，西安石油学院党组织关系隶属于中共西安市委文教部，1963年至1969年改由中共陕西省委宣传部领导。

1959年4月，根据中共中央、国务院关于教育工作的指示，高等学校实行党委领导下的校务委员会负责制，西安石油学院成立第一届院务委员会，由25位委员组成，杨霖为主任委员。院委会制定了《西安石油学院院务委员会工作暂行办法》，后经院党委批准施行。院委会委员每届任期一年，由前届院务委员会提名，经党委审查和教职工代表会议通过，由群众大会选举产生。1959年，西安石油学院首届工会委员会成立。

1960年9月，陕西省决定，西安石油学院与西安石油学校机构分设。院校分设后，院委会进行改选，成立第二届院务委员会，由21名委员组成，并设立常务委员会。11月，经教育部同意，西安石油学院划归石油工业部领导。

1962年，经陕西省委与石油工业部党组协商后，决定将石油化工学校的原石油部分并入西安石油学院。同时，将西安石油学院石油及天然气井钻凿专业、石油地质专业调整到四川石油学院。在调整专业的同时，学院整顿了组织机构。1961至1962年，分两次精减教职工255人，其中教师32人。截至1962年10月，西安石油学院组织机构的主体为一室三处三系，即：院长办公室、人事处、教务处、总务处，以及钻采、机械、炼制3个系。另外，学院直属单位还有会计科、保卫科和马列主义教研室。

1963年8月，中南石油学院炼油、炼机专业二、三年级学生95人，教师3人转入西安石油学院。

1964年8月，四川石油学院炼油专业三、四年级学生182人，教师19人转入西安石油学院。

9月，中共西安石油学院第二次代表大会召开，选举产生中共西安石油学院第二届委员会，实行常委制，党委常委5人，杨霖为党委书记，马文、段得民为党委副书记。

1966年9月，文革临委会成立。1967年6月，西安石油学院革命委员会成立。革委会成立后，学院党、政、财、文各项权力统归革委会，文革临委会继续存在。

1969年7月，石油工业部军管会发出《关于西安石油学院教育革命改建石油仪器厂有关问题的通知》。按通知要求，将西安石油学院改成石油仪器厂，并由厂办一所技术学校；实现厂校结合、以厂办校，厂名定为西安石油仪器二厂，规模暂定500人。

（一）中共西安石油学院委员会领导名录（1959.1—1969.7）

书　　记　杨　霖（1959.1—1966.8）

副 书 记　马　文（1959.1—1968.5）

万品三（1959.1—1964.9）

段得民（专职，1962.6—1964.9；1964.9—1969.7）

葛连成（专职，1965.1—　　）

范子久（1965.11—　　）

常　　委　陈　因（1959.1—3）

王治臣（1959.1—　　）

杨葆秀（1959.3—　　）

惠世山（1962.8—　　）

宁廷彬（1965.2—　　）

张世英（1965.2—　　）

（二）西安石油学院领导名录（1959.1—　　）

院　　长　杨　霖（1959.1—1966.8）

常务副院长　范子久（1965.11—　　）

副 院 长　马　文（1960.7—　　）

万品三（1960.7—　　）
段得民（1964.7—1965.5）

（三）西安石油学院工会（1959—　　）

主　　席　林仙洲（1959—1964）
段得民（1964—1965.5）
王志臣（1965.5—　　）

四、四川石油学院（1958.6—1970.6）

1958年6月，根据中央指示，石油工业部决定在四川成都成立四川石油学院，主要为西南协作区石油工业的发展服务。学院拟设地质钻采、炼制、机械3个系，并设地质、钻井、采油、矿场机械、炼厂机械、石油学和人造石油等7个专业，学制为四年。当年招生643人，专业课教师由北京石油学院负责支援。9月，石油工业部和教育部联合发文，决定四川石油学院由四川省领导。同月，四川省委同意成立四川石油学院，并成立建院筹备委员会，康乃尔任主任委员，马载任副主任委员。10月，中共南充地委批准，由马载、王礼庭、张威、符义、李直、杨长生六位同志组成中共四川石油学院临时党委会，马载任临时党委书记，王礼庭、张威任副书记。11月1日，四川石油学院在南充飞机场部队营房举行首届开学典礼。12月，四川省委宣传部正式下文，由省委批准成立四川石油学院临时党委。

1959年2月，四川石油学院由劳动教学为主转为课堂教学为主，成立了政治、外文、数学、物理、化学、地质、钻井、采油、石油工学、人造石油、机械、经济等12个教研组；设石油地质、石油钻井、石油开采、石油炼制、炼厂机械、矿场机械和人造石油等专业。4月，经四川省高教局批准，成立四川石油学院首届院务委员会，委员有马载、张威、王礼庭等45人。

1960年1月，中共四川石油学院第一次代表大会召开。7月，设置地球物理测井专业，停办人造石油专业。9月组建采油系，由原来的三个系扩大到地质、采油、炼制、机械四个系。

1962年3月，经四川省委批准，四川石油学院临时党委改为党委，马载任党委书记。6月，学院压缩规模，调整专业。撤销炼厂机械和测井两个专业，分别并入矿场机械专业、采油专业。8月，经石油工业部与四川省委协商后决定，从8月15日起，四川石油学院划归石油工业部领导。

1963年2月，石油工业部决定撤销中南石油学院，该院石油地质、石油钻井两个专业60级和61级学生102人，转入四川石油学院学习。3月，各教研组改为教研室。

1964年7月，石油工业部决定停办炼制系，将石油炼制专业三、四年级学生182人，于1964年暑期后调整到西安石油学院学习。同月，四川石油学院第二次党代会召开，选举产生新一届委员会和监察委员会，蔚华之任党委书记，石志刚任监委书记。

1964至1966年，学校内设机构历经多次重组，截至1966年5月，四川石油学院设院办公室、人事处、教务处、总务处、图书馆、财务科等部门以及石油勘探系、石油开发系、石油机械系和基础课教研处等系部。

1966年6月，成立文化大革命领导委员会。1969年5月，成立四川石油学院革命委员会，由驻院军代表、干部、教师、工人和学生共25人组成，革委会常委由13人组成。

1970年6月，根据中共中央关于高等学校下放问题的通知，经国务院业务组批准，石油工业部军管会决定，将四川石油学院更名为西南石油学院，自1970年7月起下放给四川省革委会领导。

（一）中共四川石油学院临时委员会—中共四川石油学院委员会

（1958.10—1970.6）

书　　记　马　载（1958.10—1962.5）
蔚华之（1963.2—1965.10）
何千里（1965.10—1968.3　）

第一副书记　张　威（1962.3—1964.7）

副 书 记　王礼庭（1958.10—1960.1）
张　威（1958.10—1962.3；1964.7—“文革”初期）
严峰逊（1959.7—1962.3）
刘正庚（1962.3—1964.3）
石志刚（1963.11—1970.6）

委　　　员 符　义（1958.10—“文革”初期）
李　直（1958.10—“文革”初期）
杨长生（1958.10—1962.8）
王礼庭（1962.3—“文革”初期）
杨天贵（1964.7—“文革”初期）
张　考（1964.7—“文革”初期）
郝守发（1964.7—“文革”初期）
邢汝霖（1964.7—“文革”初期）
监委书记 石志刚（1964.7—“文革”初期）

（二）四川石油学院领导名录（1959.1—1970.6）

院　　　长 马　载（1959.1—1962.5）
蔚华之（1963.2—1965.10）
何千里（1965.10—1968.3）
第一副院长 刘正庚（1962.3—1964.3）
副　院　长 王礼庭（1959.1—1970.6）
张　威（1959.3—“文革”初期）
李　直（1960.3—“文革”初期）
刘正庚（1961.7—1962.3）

（三）四川石油学院工会（1960.11—“文革”初期）

主　　　席 李　直（1960.11—1962.4）
陈安达（1962.4—“文革”初期）

五、兰州石油学院筹建处—兰州石油学院（1956.3—1961）

1956年3月，石油工业部决定成立兰州石油学院筹建处，负责筹建兰州石油学院。筹建处地址设在北京石油学院内，另在兰州市民主东路208号设办公室。筹建处暂由副主任陈骥同志负责。6月，石油工业部任命张定一为筹建处主任。1957年，石油工业部决定兰州石油学院缓建。

1960年7月，石油工业部决定恢复兰州石油学院，由部直接领导。学院招生规模为4000人，学制四年，专业设置分石油工学仪表与自动化、炼厂机器与设备、油品应用、喷气燃料、石油储存与运输、石油工业经济与管理等6个专业，兰州炼油厂党委书记徐今强兼任院长。

1961年6月，石油工业部决定撤销兰州石油学院，部分人员和设备并入兰州石油学校。

（一）兰州石油学院筹建处（1956.3—1957）

主　任　张定一（1956.6—1957.4）

副主任　陈　骥（1956.3—1957）

（二）兰州石油学院（1960.7—1961.6）

院　长　徐今强（兼任，1960.7—1961.6）

六、广州石油学校—华南石油学院—中南石油学院—广州石油学校—广东石油学校（1956.1—1969.12）

广东石油学校前身是华南工学院附设工农速成中学，创办于1954年，原校址在广州石牌。1955年10月，为适应中国石油工业发展的需要，国务院批准将学校改为石油中等专业学校。1956年1月，石油工业部决定，将校名改为石油工业部广州石油学校。后由于中山大学工农速成中学也改为石油学校，石油工业部于1956年7月决定，将广州石油学校更名为石油工业部广州第一石油学校。同时，原中山大学工农速成中学更名为石油工业部广州第二石油学校。

1957年2月，石油工业部决定，将广州第二石油学校并入广州第一石油学校，成立石油工业部广州石油学校。并校工作于当年6月完成。9月，经广东省委批准，成立中共广州石油学校委员会。任命牛更生为党委副书记，代理党委书记工作。11月，石油工业部任命冉济川为校长。

1958年3月，广东省委工交部任命冉济川兼任广州石油学校党委书记。8月，石油工业部决定，将广州石油学校下放给广东省重工业厅领导，更名为广东石油学校。同时，对专业进行了调整，改设3个专业：石油及天然气工学、人造石油工学、石油炼厂机械与设备，学制仍为四年。1958年秋季共招新生404人。

1959年4月，石油工业部召开的全国石油教育会议和制定的《关于1959年全国石油院校规划方案》，确定广东石油学校为全国性石油院校之一，面向全国，负责为全国石油系统培养输送技术人才，规定发展规模为1600～1800人，并在原有3个专业的基础上增设石油及天然气地质勘探、石油及天然气钻井、石油及天然气开采3个专业。本年度6个专业共招收新生472人，还开设了数学、物理、制图师资训练班和机械、化工工人训练班等，在校学生增至1437人。

1960年6月，石油工业部和广东省委工业部联合发文，以原广东石油学校为基础，成立华南石油学院，由石油工业部直接领导。学院实行大学、中专两部制，大学部设石油炼制、炼机械、石油地质、石油钻井4个专业，招收高中毕业生，学制五年；中专部仍设6个专业，撤销石油及天然气开采专业，增设矿场机械及设备专业，其他专业保持不变。同年11月，石油工业部和广东省委共同决定，将华南石油学院更名为广东石油学院，由广东省石油工业管理局主管，招生、师资、基建等由广东省统一安排。

1961年11月，经广东省委同意，广东石油学院划归石油工业部直接领导，并更名为中南石油学院。

1963年7月，石油工业部决定撤销中南石油学院，恢复石油工业部广州石油学校，直属部领导。同时决定大学部全部学生转学，机械、炼制两专业两个班级131名学生并入西安石油学院；地质、钻井两专业两个班级110名学生并入四川石油学院。中专保留4个专业，800人规模。

1964年12月，经石油工业部批复同意，广东省委发出了《关于广州石油学校搬迁问题的通知》，要求广州石油学校迁往茂名市，改为半工半读学校。

1965年9月，广州石油学校更名为广东石油学校，仍直属石油工业部领导。

1968年3月，经中共茂名市委和茂名市军管会批准，广东石油学校在茂名市成立“三结合”的革命委员会。革委会由革命干部、教职工和学生代表19人组成，下设政工组、校务组、教务组。

1969年1月，经茂名市革委会批准，按“工人阶级管理学校”的原则改组校革委会。3月，石油工业部军管会召开所属院校教育座谈会，会上明确将广东石油学校下放给茂名石油公司领导，但师资、设备、专业设置、招生分配仍由部统一掌握。12月，石油工业部军管会正式下文，将广东石油学校下放给茂名石油公司革委会领导。

（一）广州石油学校（1957.2—1958.8）

1. 中共广州石油学校委员会领导名录（1957.9—1958.8）

书　　记　冉济川（1958.3—7）

　　　　　韩宽定（1958.7—8）

副 书 记　牛更生（代理书记，1957.9—1958.3；1958.3—8）

2. 广州石油学校领导名录（1957.11—8）

校　　长　冉济川（1957.11—8）

副 校 长　张志鸿（1958.3—8）

　　　　　钟　英（1958.3—8）

（二）广东石油学校（1958.8—1960.6）

1. 中共广东石油学校委员会领导名录（1958.8—1960.6）

书　　记　韩宽定（1958.8—1960.5）

副 书 记　牛更生（1958.8—1960.6）

2. 广东石油学校领导名录（1958.8—1960.6）

校　　长　冉济川（1958.8—1960.6）

副 校 长　张志鸿（1958.8—1960.6）

　　　　　钟　英（1958.8—1960.6）

（三）华南石油学院（1960.6—11）

1. 中共华南石油学院委员会领导名录（1960.6—11）

书　　记　方　定（1960.6—11）

副 书 记　郑雪山（1960.6—11）

2. 华南石油学院领导名录（1960.6—11）

副 院 长　冉济川（1960.6—11）

（四）广东石油学院（1960.11—1961.11）

1. 中共广东石油学院委员会领导名录（1960.11—1961.11）

书　　记　方　定（1960.11—1961.11）

副 书 记　郑雪山（1960.11—1961.11）

2. 广东石油学院领导名录（1960.6—1961.11）

副 院 长　冉济川（1960.11—1961.11）

（五）中南石油学院（1961.11—1963.7）

1. 中共中南石油学院委员会领导名录（1961.11—1963.10）

书　　记 方　定（1961.11—1963.10）

副 书 记 郑雪山（1961.11—1963.10）

2. 中南石油学院领导名录（1961.11—1963.10）

副 院 长 冉济川（1961.11—1963.10）

（六）广州石油学校（1963.7—1965.9）

1. 中共广州石油学校委员会领导名录（1963.10—1965.9）

代理书记 冉济川（1963.10—1965.9）

2. 广州石油学校领导名录（1963.10—1965.9）

校　　长 冉济川（1963.10—1965.9）

副 校 长 吴　健（1963.10—1965.9）

张志鸿（1963.10—1965.9）

钟　英（1963.10—1965.9）

孙慰祖（1965.8—9）

（七）广东石油学校（1965.9—1969.12）

1. 广东石油学校领导名录（1965.9—1968.3）

校　　长 冉济川（1965.9—1968.3）

副 校 长 吴　健（1965.9—1968.3）

张志鸿（1965.9—1968.3）

钟　英（1965.9—1968.3）

孙慰祖（1965.9—1968.3）

2. 广东石油学校革委会领导名录（1968.3—1969.3）

主　　任 吴　健（1968.3—1969.1）

权思和（1969.1—12）

副 主 任 赖维汉（1968.3—1969.1）

赖梅先（学生代表，1968.3—1969.1）

冯　世（学生代表，1968.3—1969.1）

陈善桂（1969.1—12）

吴　健（1969.1—12）

七、天津石油学校—河北石油学院—承德石油学校（1955.9—1970.4）

1955年9月，天津石油学校划归石油工业部领导，组织机构延续了石油管理总局时期的状况。

1958年2月，石油工业部决定，将天津石油学校划归煤炭工业部领导。7月，学校迁至河北承德，划归河北省领导，更名为河北承德石油专科学校。

1960年7月，河北省决定，将河北承德石油专科学校更名为河北石油学院，举办四年制本科，招收高中毕业生，原设中专和五年制专科班仍继续举办。

1963年7月，经河北省委同意，石油工业部党组决定，将河北石油学院收归部直接管理。

1964年5月，石油工业部决定，将河北石油学院改为承德石油学校，培养中技学生，学校办学规模定为200人，学制四年，设置工业企业电气装备、工业企业热工装备、机械制造、化学分析、石油及天然气工业等5个专业，并从1964年暑假开始招生。鉴于原河北石油学院学生到1965年才能全部毕业，为便于毕业手续的办理工作，石油工业部决定等全部学生毕业后，再撤销河北石油学院。

1969年2月，承德石油学校在上报石油工业部军管会《关于我校进行教育革命的请示报告》中，提出将学校改建为石油机械厂，并由厂办一所石油机电学校，走上海机床厂从工人中培养技术人员的道路。4月，石油工业部军管会批复同意将承德石油学校改建为石油机械厂，并由厂办一所石油机电学校。同时，希望承德石油学校在承德市革委会领导下，立即开始筹建。

1970年3月，在征得河北省革委会同意后，石油工业部军管会决定，自1970年4月1日起，将承德石油学校改组为石油工业部第五机械厂，生产石油专用设备及配件，并由工厂办一所石油机电学校。

（一）天津石油学校（1955.9—1958.2）

校　　长　冯际平（1955.9—1958.2）

（二）河北石油学院（1963.7—1964.5）

院　　长　冯际平（1963.7—1964.5）

（三）承德石油学校（1964.5—1970.4）

1. **中共承德石油学校委员会领导名录**（1964.5—“文革”初期）

书　　记　冯际平（1964.4—“文革”初期）

副 书 记　亓加科（1965.6—“文革”初期）

政治处主任　亓加科（1965.6—“文革”初期）

2. **承德石油学校领导名录**（1964.5—“文革”初期）

校　　长　齐之达（1964.5—“文革”初期）

副 校 长　许自超（1965.6—“文革”初期）

张克庸（1965.6—“文革”初期）

王者春（1965—“文革”初期）

八、抚顺石油学校—抚顺石油学院—抚顺石油学校（1955.9—1970.6）

1955年9月，抚顺石油学校划归石油工业部领导。11月，石油工业部决定在抚顺东洲街新建抚顺第二石油学校，将抚顺石油学校更名为抚顺第一石油学校。

1957年2月，根据石油工业人造石油任务的变动和文教投资的紧缩情况，为提高培养质量，稳步地发展中等专业教育事业，石油工业部决定将抚顺第二石油学校并入抚顺第一石油学校，合并后的校名定为石油工业部抚顺石油学校，学制由三年制改为四年制，共设5个专业：石油及天然气工学、人造石油、石油加工厂设备、控制测量仪表及生产自动化、分析化学。在校生总数1810人。

1958年7月，抚顺石油学校移交辽宁省管理。8月，辽宁省决定在抚顺石油学校的基础上创办抚顺石油学院。1958年，开始在人造石油和炼厂机械两个专业招收本科学生。

1962年6月，中央教育部和石油工业部联合发出通知，决定停办抚顺石油学院本科专业，改办中专技校，并更名为抚顺石油学校，由石油工业部直接领导。同时，将锦州石油技工学校二、三年级学生和抚顺石油技工学校的二年级学生转入抚顺石油学校。全校分炼油、炼机、仪表、分析四个专业，学制四年。抚顺石油学院于1964年全部学生毕业后正式撤销。

1969年12月，抚顺石油学校下放给石油三厂革委会领导。

（一）抚顺石油学校（1955.9—1958.8）

党支部书记　王者春（1955.9—1956.1）
党总支书记　王洪玉（1956.2—1957.2）
王富林（1957.4—1958.9）
校　　长　崔　刚（1955.9—1958.8）

（二）抚顺石油学院（1958.8—1962.6）

党委书记　李冀础（1958.9—1962.8）
党委副书记　王富林（1958.9—1961.2）
杜景顺（1958.9—1962.8）
副 院 长　崔　刚（1958.9—1962.8）
刘今生（1958.9—1960.4）
张静彬（1961.11—1962.8）

（三）抚顺石油学校（1962.6—1970.6）

党委书记　李冀础（1962.9—1963.6）
马青坡（1965.7—1968.7）
校　　长　张静彬（1962.9—1968.7）
革委会主任　马青坡（1968.8—1969.4）
何友权（1969.4—9）
于金相（1969.10—1970.6）

九、北京石油地质学校—大庆石油地质学校（1955.9—1970）

（一）北京石油地质学校（1955.9—1965.9）

1955年9月，北京石油地质探勘学校划归石油工业部领导，并更名为石油工业部北京石油地质学校。

1956年2月，学校成立生产委员会。

1957年3月，根据石油工业部要求，各专业改为四年制。玉门石油学校地质一年级学生65人调入。6月，师资训练班解散。

1960年3月，按石油工业部批示，北京石油地质学校组织12个班近700名学生和40名教工参加大庆会战。同月，召开全体党员大会，选举产生首届党委会。7月，石油工业部决定在该校开办地球物理中级特训班。10月，学校党委经朝阳区委批准成立。

1961年10月，增设地球物理仪器制造专业。

1965年3月，石油工业部计划将北京石油地质学校改为半工半读学校，并迁往大庆油田。5月，学校派出第一批师生共350人前往大庆建校，并成立建校临时党支部。同时，石油工业部下达1965年招生计划：招收学生200名，学制四年，全部试行半工半读。8月，成立迁校指挥部。9月，石油工业部正式发文，决定将北京石油地质学校迁往大庆，更名为石油工业部大庆石油地质学校。

1. **中共北京石油地质学校总支委员会领导名录**（1955.9—1960.3）

书　　记 王永清（1955.9—1960.3）

2. **中共北京石油地质学校委员会领导名录**（1960.3—1965.9）

书　　记 王永清（1960.3—　　）
王　皎（1964—1965.9）

副 书 记 王英才（1960.3—　　）
宋治安（1960.3—　　）

3. **北京石油地质学校领导名录**（1955.9—1965.9）

校　　长 王永清（1955.9—　　）

副 校 长 宋治安（1955.9—1965.9）
徐　滨（1956.3—1965.9）
曹莲英（1956.8—1958.3）
王英才（1957—1965.9）
张　赛（1957—　　）

（二）大庆石油地质学校（1965.9—1969.12）

1965年9月，大庆石油地质学校成立时，学校规模为800至1000人，仍设地质、物探、测井、仪器等4个专业，从1963年入学的班级开始，改为半工半读，学制四年，由松辽石油勘探局代部管理。

1969年12月，石油工业部军管会决定，将大庆石油地质学校迁至江汉，交由江汉石油会战指挥部领导。

1970年1月，康世恩接见学校领导，并指示：要把学校办成教学、科研、生产三结合的抗大式学校。3月至5月，学校由大庆迁至湖北枣阳，并改名为教导营（十二营），由江汉会战指挥部三分部领导，代号703，下设6个连队。

1. **中共大庆石油地质学校委员会领导名录**（1965.9—1969.12）

书　记　徐　滨（1965.9—　　　）

副书记　王喜庆（1965.9—1969.12）

2. **大庆石油地质学校领导名录**（1965.9—1968.7）

校　长　王英才（1965.9—1968.7）

副校长　程贻俊（1965.9—1968.7）

张　胜（1965.9—1968.7）

3. **大庆石油地质学校革委会领导名录**（1968.11—1969.12）

副主任　王喜庆（1968.11—1969.12）（迁往江汉后兼任营长）

十、重庆石油学校—重庆石油工业学校—重庆天然气学校—重庆石油学校（1955.9—1970.3）

1955年9月，重庆石油学校划归石油工业部领导，更名为石油工业部重庆石油学校，内设学校办公室、医务室、总务股、伙食股、会计股、人事股、基建股等部门，开办石油及天然气钻井工程、石油矿场矿机、石油及天然气开采等专业，办学地点迁至重庆大坪石油路新址，在校学生410人，教职工101人。同年，新开设四年制地质专业，招生161人。

1956年4月，石油工业部确定重庆石油学校设置石油地质、钻井、开采、矿机等4个专业，学制四年。招生规模为1600人。11月，中共重庆石油学校第一届总支委员会成立，王礼庭任党总支书记。下属教师和职工两个党支部。

1958年5月，石油工业部决定，将重庆石油学校下放给四川石油管理局领导。7月，学校增设泥浆班、人造油和炼厂机械3个专业，学制两年。8月，重庆石油学校移交四川省领导。9月，石油工业部重庆石油学校更名为重庆石油工业学校。10月，学校党总支改选，黄志强任党总支书记，并增设加工厂党支部。

1960年9月，石油工业部决定，撤销学校人造油专业，该专业课程教师及

一、二年级学生迁并泸州天然气学校。

1961年6月，石油工业部决定，将重庆石油工业学校的采气专业并入泸州天然气学校。1962年7月，石油工业部决定，将泸州天然气学校并入重庆石油工业学校。8月，泸州天然气学校教师、干部20人，学生198人，正式并入重庆石油工业学校，同时校名改为重庆天然气学校，设地质、钻井、矿机、储运、天然气综合利用等5个专业。同月，重庆天然气学校划归石油工业部直接领导。为贯彻“调整、巩固、充实、提高”方针，经过1961年和1962年连续两年的精简，学校职工精简至338人，在校学生人数压缩至734人。

1963年，停办天然气综合利用专业，撤销储运专业。

1964年1月，重庆天然气学校更名为重庆石油学校。7月，石油工业部政治部批复重庆石油学校成立政治处。8月，学校迁往四川隆昌县两道桥，同年12月迁回重庆大坪。

1966年2月，重庆市委批复成立重庆石油学校第一届党委，秦政枢任党委书记。10月，中共四川省委决定，将重庆石油学校党的领导关系由重庆市委转给四川石油管理局党委。“文化大革命”运动开始后，学校停止招生，随着学生陆续毕业，1971年在校学生仅有2名，教职工292人。

1968年11月，重庆石油学校革委会成立，下设办事组、政工组、生产组、财务组、医务组等办事机构，秦政枢任革委会主任。

1969年12月，石油工业部军管会决定，将重庆石油学校与四川石油管理局重庆石油仪器修配厂合并，以校改厂，由厂办校，下放给四川石油管理局领导。

1970年3月，石油工业部军管会批复，厂校合并成立四川石油管理局重庆石油仪器修配厂，并由厂办一所中等技术学校。

（一）重庆石油学校（1955.9—1958.9）

1. 中共重庆石油学校支部委员会—总支委员会领导名录（1955.9—1958.10）

书　记　周庆堂（1955.9—11）

郭德华（1955.11—1956.11）

王礼庭（1956.11—1958.10）

副书记　周庆堂（1956.11—1958.5）

2. **重庆石油学校领导名录**（1955.9—1958.5）

校　长　王礼庭（1956.3—1958.5）

副校长　周庆堂（1955.9—1958.9）

　　　　　郭德华（1955.10—　　）

（二）**重庆石油工业学校**（1958.9—1962.8）

1. **中共重庆石油工业学校总支委员会领导名录**（1958.10—1962.8）

书　记　黄志强（1958.10—1962.8）

副书记　周庆堂（1958.10—1962.4）

　　　　　陈世璞（1962.4—8）

2. **重庆石油工业学校领导名录**（1958.9—1962.8）

校　长　王礼庭（1958.9—10）

　　　　　陈世璞（1961.10—1962.8）

副校长　周庆堂（1958.10—1962.8）

　　　　　吕德功（1959.2—1962.8）

（三）**重庆天然气学校**（1962.8—1964.1）

1. **中共重庆天然气学校总支委员会领导名录**（1962.8—1964.1）

书　记　黄志强（1962.8—1964.1）

副书记　陈世璞（1962.8—　　）

2. **重庆天然气学校领导名录**（1962.8—1964.1）

校　长　陈世璞（1962.8—1964.1）

副校长　周庆堂（1962.8—9）

　　　　　吕德功（1962.8—1964.1）

　　　　　余　林（1963.4—1964.1）

（四）**重庆石油学校**（1964.1—1970.3）

1964年1月至1966年2月：

1. **中共重庆石油学校总支委员会领导名录**（1964.1—1966.2）

书　记　黄志强（1964.1—2）

　　　　　秦政枢（1964.2—1966.2）

2. **重庆石油学校领导名录**（1964.1—1966.2）

校　长　陈世璞（1964.1—1966.2）

副校长　吕德功（1964.1—1966.2）
　　　　余　林（1964.1—1966.2）

1966年2月至1969年12月：

1. **中共重庆石油学校委员会领导名录**（1966.2—1968.11）

书　记　秦政枢（1966.2—1968.11）
委　员　余　林（1966.2—1968.1）
　　　　吕德功（1966.2—1968.11）
　　　　刘祖泰（1966.2—1968.11）
　　　　张膺才（1966.2—1968.11）

2. **重庆石油学校领导名录**（1966.2—1968.11）

校　长　陈世璞（1966.2—1968.11）
副校长　吕德功（1966.2—1968.11）
　　　　余　林（1966.2—1968.11）

3. **重庆石油学校革委会领导名录**（1968.11—1969.12）

主　任　秦政枢（1968.11—1969.12）
副主任　杜政体（军代表，1968.11—1969.12）
　　　　应忠林（1968.11—1969.12）
　　　　刘泽钧（1968.11—1969.12）
　　　　宁雪围（1968.11—1969.12）
　　　　董居申（1969.12）

十一、双城工业计划经济学校—哈尔滨石油学校—黑龙江石油学院—大庆石油学校—大庆石油钻采学校、大庆石油财经学校（1955.9—1969.12）

双城工业计划经济学校的前身是1953年创建的松江省财经干部学校，其后先后更名为松江省财政学校、财政部黑龙江省财政学校、燃料工业部双城工业计划经济学校。1955年9月，双城工业计划经济学校划归石油工业部直接领导，更名为石油工业部双城工业计划经济学校。

1956年8月，石油工业部任命商俊生为双城工业计划经济学校校长。

1958年，石油工业部决定，将双城工业计划经济学校转为石油学校，更名为双城石油学校。学校由双城迁至哈尔滨后，更名为哈尔滨石油学校，并于同年7月移交黑龙江省领导。之后，学校升格为大专，先后更名为哈尔滨石油专科学校和黑龙江石油专科学校。1960年，黑龙江石油专科学校升格为黑龙江石油学院。

1961年，黑龙江石油学院撤销，大学部并入东北石油学院；中专部改建为哈尔滨石油学校，划归石油工业部直接领导。

1964年5月，石油工业部党组批准哈尔滨石油学校成立政治处。同时，任命孙希濂为学校党委书记。6月，经教育部批准，石油工业部决定，同年8月将哈尔滨石油学校全部迁往安达，并从1964至1965新学年起更名为石油工业部大庆石油学校。学校迁往安达后，党组织关系和政治思想工作由中共大庆会战工委领导。

1965年9月，石油工业部决定，将大庆石油学校和松辽石油技工学校合并，成立石油工业部大庆石油钻采学校，设置钻井、采油、井下作业、矿机等4个专业，规模为1200人。学校从1963年入学的班级开始，改为半工半读，学制四年。同时，将大庆石油学校的计划统计、财务会计两专业和新增设的器材供应专业划出，成立一所全日制中专学校，定名为石油工业部大庆石油财经学校，规模600人，学制三年，在学习期间安排必要的劳动、实习时间，校址设在安达，使用东北石油学院二部的校舍，原大庆石油学校的校舍拨给东北石油学院使用。两所学校均由松辽石油勘探局代部管理。

1969年1月，经石油工业部军管会批准，大庆石油财经学校停办。12月，大庆石油钻采学校移交大庆革委会领导。

十二、兰州石油学校—兰州炼油厂工人技术学校（1956—1969.12）

1955年10月，为加快培养石油工业急需的建设人才，石油工业部批准筹建兰州石油学校。学校发展规模1440人，每年招生480人；设置石油及天然气工艺、石油加工设备、控制测量仪表及自动化、石油天然气运输和储存等4个专业。校址：兰州市西固区山丹街1号。

1956年8月，正式启用“石油工业部兰州石油学校”印章。设校长1人，副校长2人，实行民主集中制与领导负责制相结合的领导体制。组织机构设学校办公室、党总支办公室、教务科、人事保卫科、总务科、基建科、图书馆、医务室、实验室、实习工厂、炼油专业科、机械专业科、储运专业科等14个科室。各专业科设学科委员会。同时，成立中共兰州石油学校总支委员会，设兼职书记1人。全校教职工134人，当年招生403人。

1958年7月，石油工业部决定，将兰州石油学校下放甘肃省领导。

1961年5月，兰州石油学校重新划归石油工业部领导。6月，石油工业部决定兰州石油学院停止筹建，部分人员和设备并入兰州石油学校。同年成立兰州石油学校党委。

1963年3月，经石油工业部批准，玉门石油学校内燃机专业并入兰州石油学校。1964年4月，石油工业部批准承德石油学校炼油专业并入兰州石油学校。

1967年12月，兰州石油学校革命委员会成立。革委会下设政工组、教育革命组、后勤组、办公室，基层教学系统设炼油、炼机、仪表、电工、金切等5个连。

1969年9月，兰州石油学校和兰州炼油厂半工半读学校合并，成立兰州炼油厂工人技术学校，同时成立兰州炼油厂工人技术学校革委会。10月，兰炼工人技术学校由西固区迁至安宁区十里店。

12月，石油工业部军管会决定，将兰州炼油厂工人技术学校下放兰州炼油厂领导。学校主要担负为全国石油工业培养人才的任务，学校的招生和毕业生分配统一由石油工业部安排。

（一）兰州石油学校（1956—1969.6）

1. 兰州石油学校党总支——党委领导名录（1956.9—1970.6）

书　记　荆治平（兼任，1956.9—1960.10）

燕志成（兼任，1960.10—1963.12）

李　杰（女，1964.1—1967.12）

副书记　唐亚芳（女，1960.10—1963.12）

李志华（1960.10—1963.12）

2. 兰州石油学校领导名录（1956.9—1967.12）

校　长　荆治平（1956.9—1960.10）

燕志诚（1960.10—1963.12）

李　杰（1964.1—1967.12）

副校长　黄建帮（1956.9—1960.10）

陈鸿璠（1956.9—1960.10）

陈恩海（1960.10—1967.12）

郭有义（1960.10—1963.12）

潘清云（1960.10—1967.12）

3．**兰州石油学校革委会领导名录**（1967.12—1969.9）

主　任　李　杰（1967.12—1969.9）

副主任　张兴海（1968.8—1969.9）

（二）兰州炼油厂工人技术学校（1969.9—1970.6）

兰州炼油厂工人技术学校革委会（1969.9—1970.6）

主　任　牛　奎（1969.9—1970.6）

副主任　李　杰（1969.9—1970.6）

张体超（1969.9—1970.6）

十三、乌鲁木齐石油学校—新疆石油学院中技部—独山子石油学校（1956—1970.2）

1956年发现克拉玛依油田后，为了在新疆地区培养更多的石油勘探开发技术人员，石油工业部决定成立乌鲁木齐石油学校筹建处，负责在新疆地区筹建一所石油学校，李杰任筹建处副主任。同时，经协商，石油工业部决定，将乌鲁木齐矿业学校中的石油地质、钻井、采油3个专业，共6个班级并入乌鲁木齐石油学校筹建处，成为该校第一批学生。1956年暑期，乌鲁木齐石油学校正式成立，新疆石油管理局副局长米吉提·扎依托夫兼任校长。同时成立学校党总支，隶属于新疆石油管理局党委，李杰任党总支书记，下属教职工支部及学生支部。

1957年5月，为了适应石油工业发展的新形势，有效地加强对中等专业学校的领导及政治思想工作，提高培养质量，石油工业部决定将乌鲁木齐石油学校交由新疆石油管理局代管。

1958年5月，学校移交新疆石油管理局领导。8月，作为中技部并入新成立的新疆石油学院。

1961年，新疆石油学院中技部迁往独山子，改建为独山子石油学校。

1964年6月，独山子石油学校划归石油工业部直接领导，由新疆石油管理局代管。

1965年11月，石油工业部决定校名定为石油工业部独山子石油学校。

1970年2月，石油工业部军管会决定，将独山子石油学校下放给新疆石油管理局领导。

（一）乌鲁木齐石油学校（1956—1958.5）

党总支书记　李　杰（1956—1958.5）

校　　　长　米吉提·扎依托夫（维吾尔族，兼任，1956—1958.5）

（二）独山子石油学校（1964.6—1970.2）

党 委 书 记　郭必发（1964.11—1967.4）

十四、新疆石油学院（1956.8—1964.9）

1958年8月，根据石油工业部南充、玉门会议精神，为大力培养技术干部，经石油工业部和新疆维吾尔自治区党委批准，开办新疆石油学院，为正厅级单位，隶属石油工业部，由新疆石油管理局代管。院址设在乌鲁木齐石油学校，乌鲁木齐石油学校改作新疆石油学院中技部，学院分为大学部和中技部。1958年10月，设立党委。

1960年8月，学院设教务处，总务处，人事保卫科，财务科，院办公室，实习工厂、农业副业队等机构。总编制223人。开办地质、矿机、采油、钻井、炼油、内燃机等六个专业，师生员工达到1800余人。

1961年5月，学院中技部迁往独山子，成立独山子石油学校。1962年，根据新疆维吾尔自治区党委文教调整领导小组指示，决定停办新疆石油学院，1962年7月撤销新疆石油学院党委。后根据石油工业部提出的调整意见，在校的二、三年级学生经过精简、调整，延续到1964年毕业，1964年9月新疆石油学院正式停办。

（一）中共新疆石油学院委员会领导名录（1958.10—1962.7）

书　　记　张文彬（兼任，1958.10—1960.2）

副 书 记　赵明一（1958.10—1960.5）

刘鸿武（1959.10—1962.7）

（二）新疆石油学院领导名录（1958.8—1964.9）

院　　长　张文彬（兼任，1960.2—1961.10）

秦　峰（兼任，回族，1962.2—1964.9）

副 院 长　赵明一（1959.2—8）

海　麟（1959.10—1964.9）

十五、培黎石油技工学校（1955.9—1956）

1955年9月，培黎石油技工学校划归石油工业部领导。组织机构延续石油管理总局时期的状况。

1956年，石油工业部决定，将培黎石油技工学校交由兰州炼油厂筹建处领导，学校更名为兰州石油技工学校。

1957年，广州石油机械安装技工学校并入兰州石油技工学校。

1958年，兰州石油技工学校部分改建为甘肃省机械制造学校，由甘肃省领导，部分改建为兰州炼油厂半工半读学校。

（一）中共培黎石油技工学校总支委员会领导名录（1955.9—1956）

书　　记　许云程（1955.9—1956）

（二）培黎石油技工学校领导名录（1955.9—1956）

校　　长　路易·艾黎（新西兰，1955.9—1956）

第二校长　许云程（1955.9—1956）

副 校 长　段士谋（1955.9—1956）

十六、锦州石油技工学校（1959.6—1962）

1958年7月，石油六厂决定，自8月1日起撤销原石油六厂工人技术学校，成立锦州合成石油专科学校，由石油六厂管理，内设造气、合成、油品加工、电机、仪表等5个专业。该校后更名为锦州石油技工学校。

1959年6月，在征得辽宁省委同意后，石油工业部决定，将锦州石油技工学校划归部直接领导。

1961年12月，经石油工业部党组同意，锦州市委决定，将中共锦州石油技工学校总支委员会由石油六厂党委改为锦州市委直接领导。

1962年，石油工业部决定，将锦州石油技工学校并入抚顺石油学校。

十七、西安石油技工学校（1964.2—1965）

西安仪表仪器制造厂技工学校是由西安仪表仪器制造厂按照石油工业部统一部署要求成立的技工学校，由西安仪表仪器制造厂领导。1962年，按照中央精简机构的要求，西安仪表仪器制造厂技工学校停办。

1964年2月，根据劳动部武汉会议精神，经劳动部批准，石油工业部决定恢复原西安仪器仪表制造厂技工学校，校名定为石油工业部西安石油技工学校，并于1964年开始招生，由部直接领导。学校发展规模为600人，招收初中毕业生，学制为三年，设置车工、钳工、仪器工等3个工种。教职工编制定员45人。

1965年2月，根据中央关于两种劳动制度和两种教育制度的指示精神，石油工业部决定将石油工业部西安石油技工学校改为半工半读学校，并更名为石油工业部西安仪表仪器制造厂半工半读学校，由西安仪表仪器制造厂领导。

十八、宝鸡石油技工学校（1964.2—1965）

宝鸡第一机械厂技工学校是由第一机械厂按照石油工业部统一部署要求成立的技工学校，由第一机械厂领导。1962年，按照中央精简机构的要求，第一机械厂技工学校停办。

1964年2月，根据劳动部武汉会议精神，经劳动部批准，石油工业部决定恢复原宝鸡第一机械厂技工学校，校名定为石油工业部宝鸡石油技工学校，并于1964年开始招生，由部直接领导。学校发展规模为900人，招收初中毕业生，学制为三年，设置车工、钳工、铸工3个工种。学校教职工编制定员60人。

1965年2月，根据中央关于两种劳动制度和两种教育制度的指示精神，石油工业部决定，将石油工业部宝鸡石油技工学校改为半工半读学校，更名为石油工业部第一机械厂半工半读学校，由第一机械厂领导。

十九、乌鲁木齐石油技工学校（1964.5—1965）

独山子石油技工学校和克拉玛依技工学校是由新疆石油管理局于1956年以后成立的技术学校。1961年，机构调整时，将独山子石油技工学校并入克拉玛依技工学校，1962年，撤销克拉玛依技工学校。

1964年5月，经教育部批准，石油工业部决定恢复独山子石油技工学校，校址迁至乌鲁木齐市，校名定为石油工业部乌鲁木齐石油技工学校，为部直属学校。同时，为加强对学校工作的具体领导，石油工业部委托新疆石油管理局代为管理。学校发展规模为600人，招收初中毕业生，学制为三年，设置钻井、采油、电工、钳工4个工种。教职工编制定员60人。

1965年，学校移交新疆石油管理局领导。

二十、抚顺石油机械安装技工学校—抚顺石油技工学校（1960.7—1962）

1960年7月，石油工业部决定，将原第一建筑安装工程公司所属抚顺石油机械安装工人技术学校更名为石油工业部抚顺石油机械安装技工学校，由部直接领导。

1961年3月，学校更名为石油工业部抚顺石油技工学校，梁玉斌任校长。

1962年8月，石油工业部决定，将抚顺石油技工学校与锦州石油学校技工部合并，成立石油工业部锦州石油技工学校，校址设在锦州。同时，成立并校工作领导小组，朱国华任组长，梁玉斌任副组长。除办校所需人员、物资之外，其余人员按精简规定处理，分别交石油六厂和石油二厂，多余的物资设备按清仓要求造册及报部审批处理。

二十一、西安石油干部学校（1955.9—1957.2）

1955年9月，西安石油干部学校划归石油工业部直接领导。

1957年2月，石油工业部决定撤销西安石油干部学校，学校师生及校舍移交西安石油学校。

校　　长　李笃信（1956.1—1957.2）

副 校 长　万品三（1956.1—1957.2）

二十二、北京石油干部学校（1957.4—　　　）

1957年4月，为了有计划地提高在职干部政治理论与文化水平，石油工业部决定在北京成立石油工业部北京干部学校（简称北京石油干部学校）。学校培养对象主要是厂矿长、处科长及车间主任等，教学内容主要是政治理论学习、文化学习及外文学习等，并于当年9月1日起开始接受教学任务。成立时，北京石油干部学校内设总务科、教研室、教务科、办公室、任务室、传达室及其他编余人员。全校教职工53人，其中，行政干部26人，教员18人，勤工人员9人。学员人数近200人。

副 校 长　钱　进（1957.3—　　）

　　　　　　王者春（1959.8—　　）

　　　　　　杨仲英（1962—　　）

二十三、抚顺石油干部学校（1957.10—1958.6）

1957年8月，为了适应生产需要，有计划地提高干部素质，根据抚顺地区厂矿干部的具体情况，石油工业部决定在抚顺地区设立一所干部文化学校，并抽出一批干部就地进行轮训。学校名称为石油工业部抚顺地区干部文化学校。为更好地组织建校工作，由抚顺地区各单位联合成立学校管理委员会，并决定褚志远、王者春、何力山、张义山、许润生等担任委员，褚志远、王者春分任正副主任委员。管理委员会下设石油工业部抚顺地区干部文化学校筹建处，负责进行筹建中教学与行政上的各项具体工作。校址设在原石油一厂技工学校，学制两年，招生规模为每年300人。

10月，石油工业部部决定撤销干校筹建处，正式成立石油工业部抚顺干部学校（简称抚顺石油干部学校），学校管理委员会予以保留。

1958年6月，根据中央关于企业、事业单位和技术力量下放的规定，石油工业部决定，将抚顺石油干部学校移交辽宁省领导。

副 校 长　王者春（1957.10—1958.6）

二十四、五七干校（1969.4—1970.6）

1966年5月7日，毛泽东提出各行各业均应一业为主，兼学别样，从事农副业生产，批判资产阶级。1968年5月7日，黑龙江省在纪念毛泽东的五七指示发表两周年时，把大批机关干部下放劳动，在庆安县柳河开办一所农场，定名为五七干校。毛泽东肯定了这一做法，认为，“广大干部下放劳动，这对干部是一种重新学习的极好机会，除老弱病残外都应该这样做。在职干部也应分批下放劳动。”此后，全国各地的党政机关纷纷响应，在农村办起五七干校。

1969年4月，按照中央指示精神，石油工业部军管会决定，在湖北潜江县沙洋农场举办石油工业部五七干校。同时决定，石油工业部五七干校在筹建期间由鲍友照等10位军代表赴干校执行“支左”任务，吴星峰等12人组成石油工业部五七干校临时领导小组，下属政工、生产、后勤3个组，学员按照军队的营、连、排、班建制统一编队。截至1969年8月，石油工业部机关共有416名干部下放五七干校学习和劳动。

五七干校临时领导小组领导名录（1969.4—　　）

组　长　吴星峰（1969.4—　　）

副组长　章德炎（1969.4—　　）

魏玉晶（1969.4—　　）

赵志荣（1969.4—　　）

刘司成（1969.4—　　）

第四章　附　录

第一节　石油工业部时期石油工业组织机构及沿革图

一、1955年12月石油工业部机关及石油工业企事业单位组织机构名录

单　位		所　在　地
一、石油工业部机关职能部门（17个）		
1	办公厅	北京市
2	计划司	北京市
3	技术司	北京市
4	炼油司	北京市
5	地质勘探司	北京市
6	基本建设司	北京市
7	财务司	北京市
8	劳动工资司	北京市
9	干部司	北京市
10	教育司	北京市
11	行政司	北京市
12	人民监察司	北京市
13	机关党委	北京市
14	器材供应制造局	北京市
15	对外联络处	北京市
16	运销处	北京市
17	人防保卫处	北京市
二、石油工业企事业单位（40个）		
（一）油气田勘探单位（6个）		
1	玉门矿务局	甘肃省玉门市
2	新疆石油公司	新疆维吾尔自治区乌鲁木齐市
3	青海石油勘探局	青海省西宁市
4	四川石油勘探局	四川省成都市
5	延长油矿	陕西省延安市
6	西安地质调查处	陕西省西安市
（二）炼油化工单位（13个）		
1	上海炼油厂	上海市

续表

单　　位		所 在 地
2	石油一厂	辽宁省抚顺市
3	石油二厂	辽宁省抚顺市
4	石油三厂	辽宁省抚顺市
5	石油四厂	辽宁省抚顺市
6	石油五厂	辽宁省锦州市
7	石油六厂	辽宁省锦州市
8	石油七厂	辽宁省大连市
9	石油八厂	吉林省四平市
10	石油九厂	吉林省桦甸县
11	石油十厂	吉林省桦甸县
12	兰州炼油厂筹建处	甘肃省兰州市
13	茂名页岩油厂筹建处	广东省茂名市
（三）机械制造单位（2个）		
1	第一机械厂	陕西省宝鸡市
2	西安地球物理仪器仪表制造所	陕西省西安市
（四）建筑安装、运输单位（2个）		
1	第一建筑安装工程公司	辽宁省抚顺市
2	第二建筑安装工程公司	甘肃省兰州市
（五）物资供应单位（4个）		
1	上海供应办事处	上海市
2	天津供应办事处	天津市
3	西安供应办事处	陕西省西安市
4	沈阳供应办事处	辽宁省沈阳市
（六）科研单位（4个）		
1	设计局	北京市
2	抚顺研究所	辽宁省抚顺市
3	石油工业出版社筹建处	北京市
4	中央研究所筹建处	北京市
（七）科研院校（9个）		
1	北京石油学院	北京市
2	北京石油地质探勘学校	北京市
3	抚顺石油学校	辽宁省抚顺市
4	西安石油学校	陕西省西安市
5	天津石油学校	天津市
6	重庆石油学校	重庆市
7	培黎石油技工学校	甘肃省兰州市
8	双城工业计划经济学校	黑龙江省双城县
9	西安石油干部学校	陕西省西安市

注：单位所在地名称均为当时名称。

二、石油工业部机关及石油工业企事业单位组织机构沿革图

机构沿革图例说明

1. 本图主要按编年记事的方式简要绘制组织机构的沿革变化，主要包括机构的成立、更名、合并、拆分、撤销、划转、托管、业务重组整合等事项。

2. 本图中机构沿革变化以“机构名称”中首字对应年份为时间节点。机构名称在一年中发生多次变革的，只显示最终名称。

3. 机构延续用“⟶”符号表示；撤销用“‖”符号表示；停止办公用“|”表示；合并用“⇉”符号表示；分设（分拆）用“匚”符号表示。

4. 某机构被其他单位收购或整体划转其他单位（不再列组织机构序列），用“□”符号表示。

5. 移交地方或划转系统外的，用“↑”符号表示，并在括号内直接标明去向；由地方或系统外划入的，用“↓”符号表示。

6. 后续沿革不明用“==”表示。

7. 具体图例符号使用详见每页机构沿革图下的“图例说明”。

（一）石油工业部总部机关部门组织机构沿革图

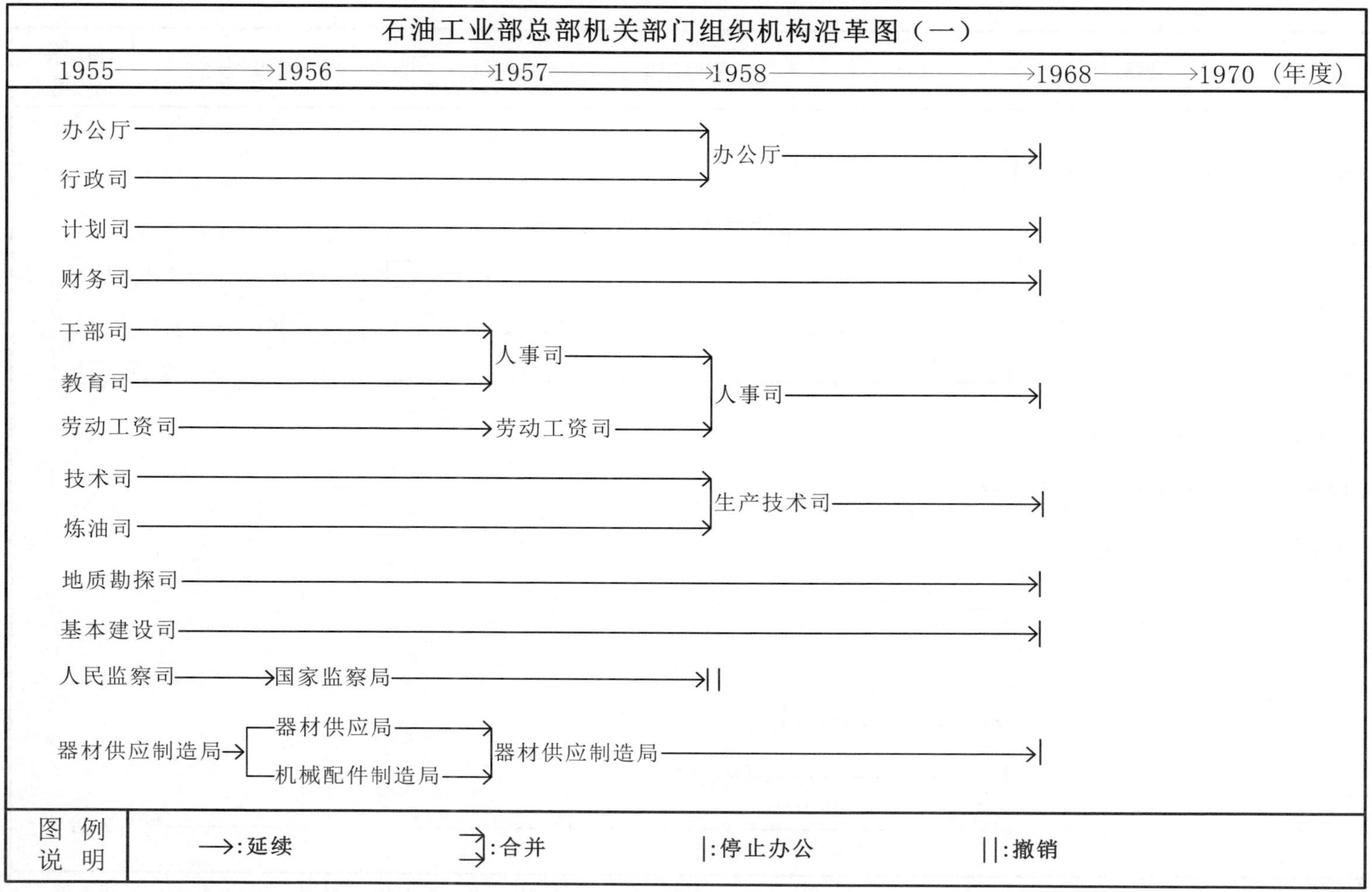

石油工业部总部机关部门组织机构沿革图（二）

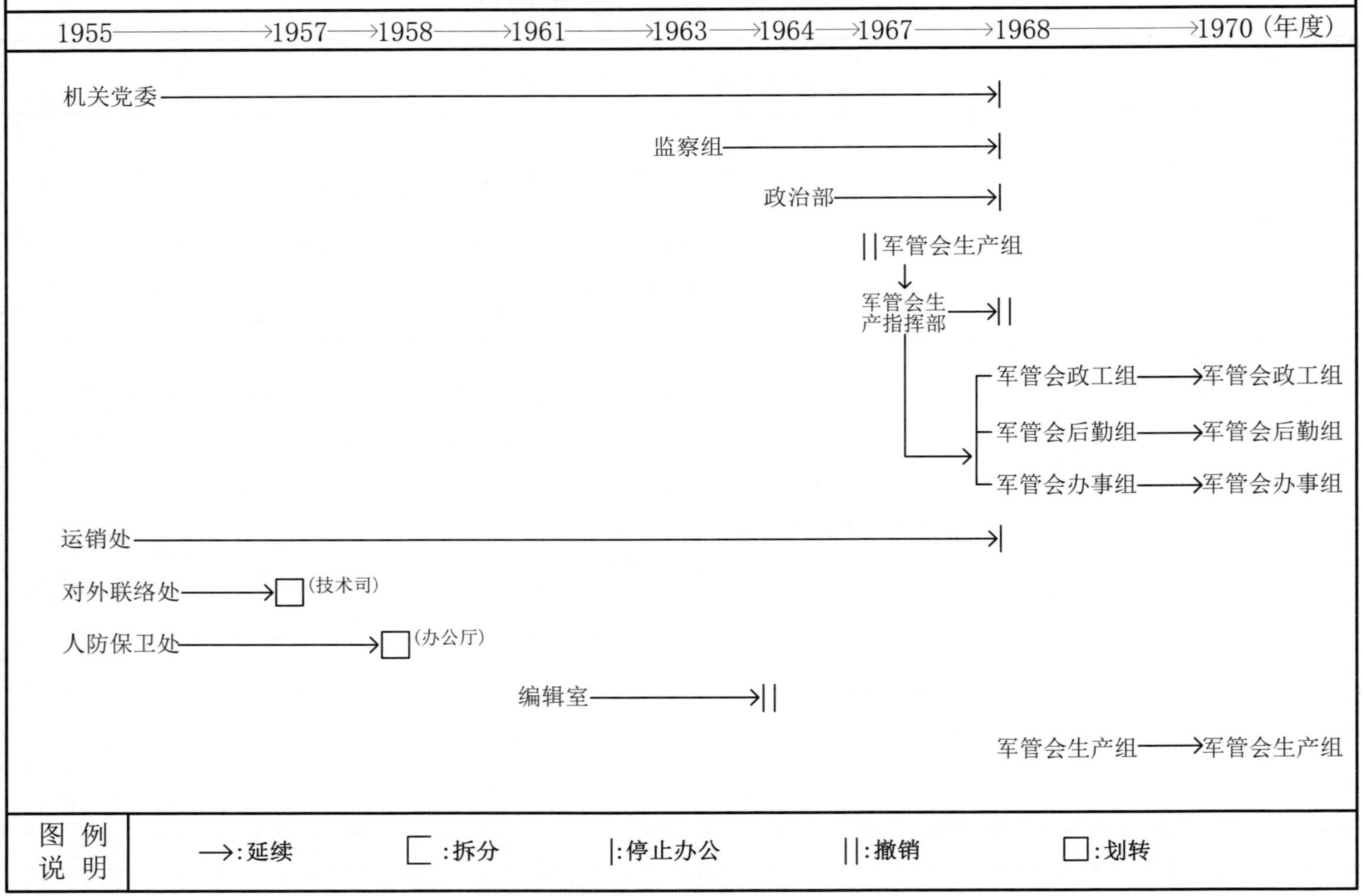

（二）石油工业企事业单位沿革图

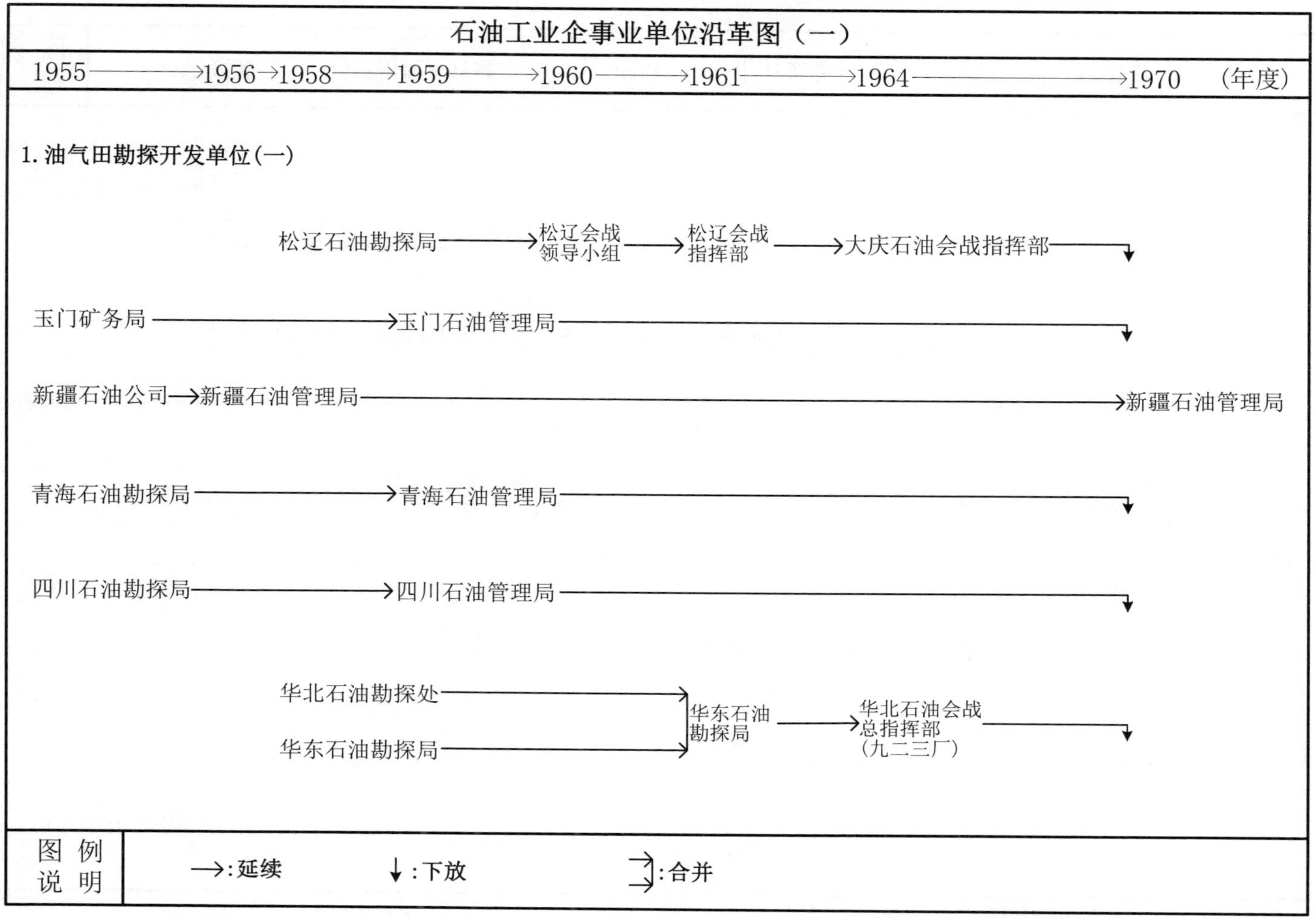

石油工业企事业单位沿革图（二）

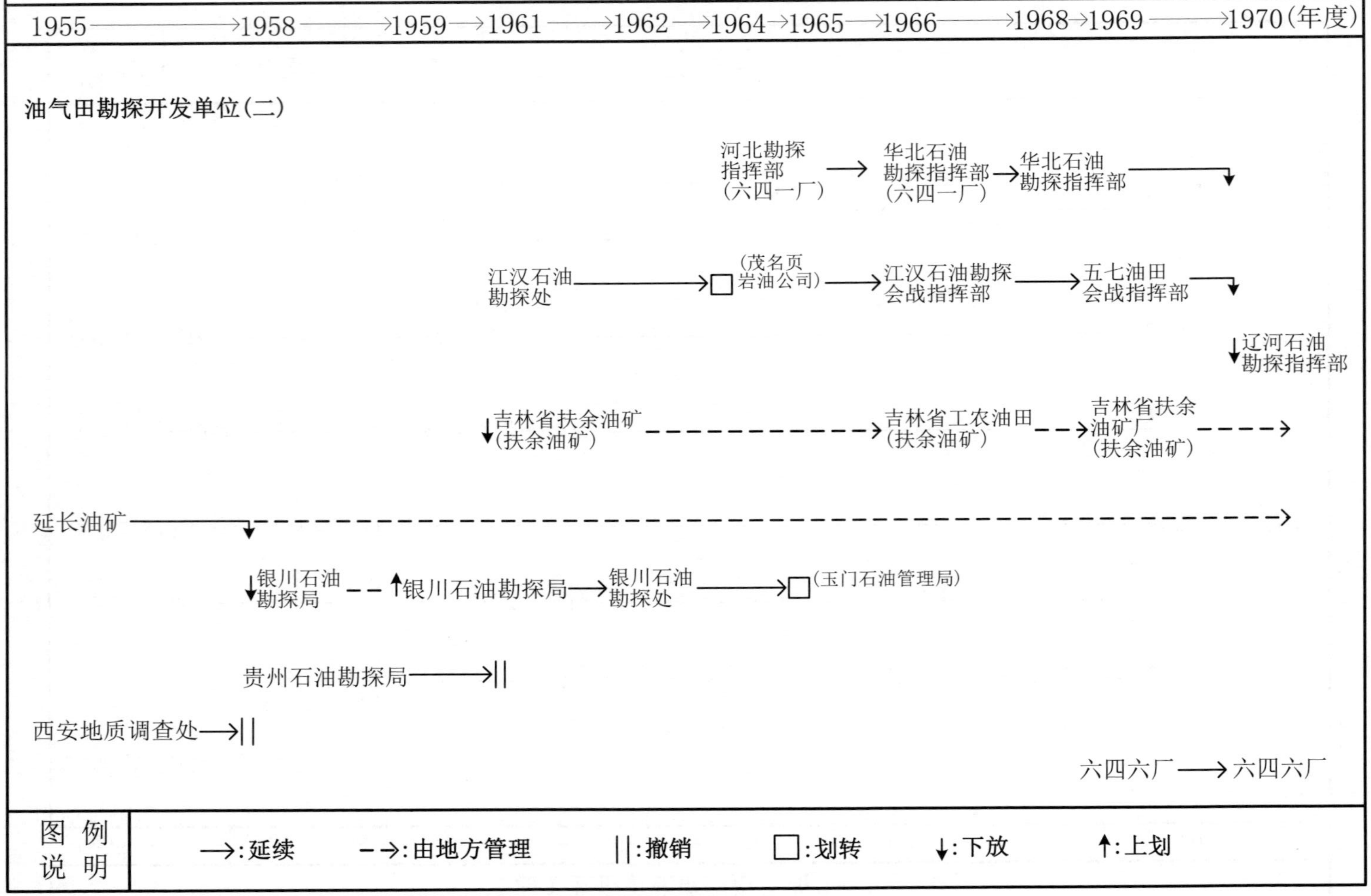

石油工业企事业单位沿革图（三）

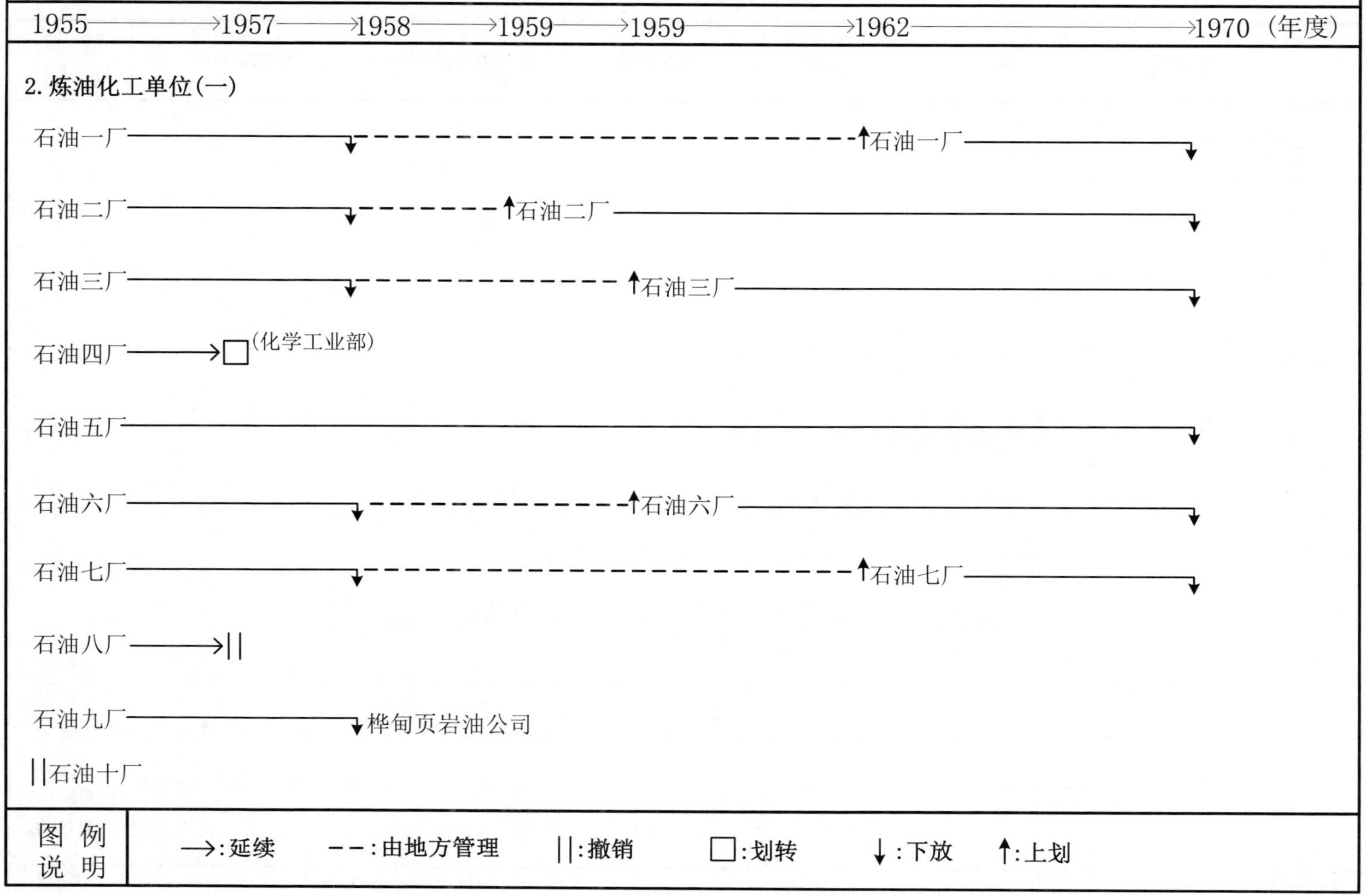

石油工业企事业单位沿革图（四）

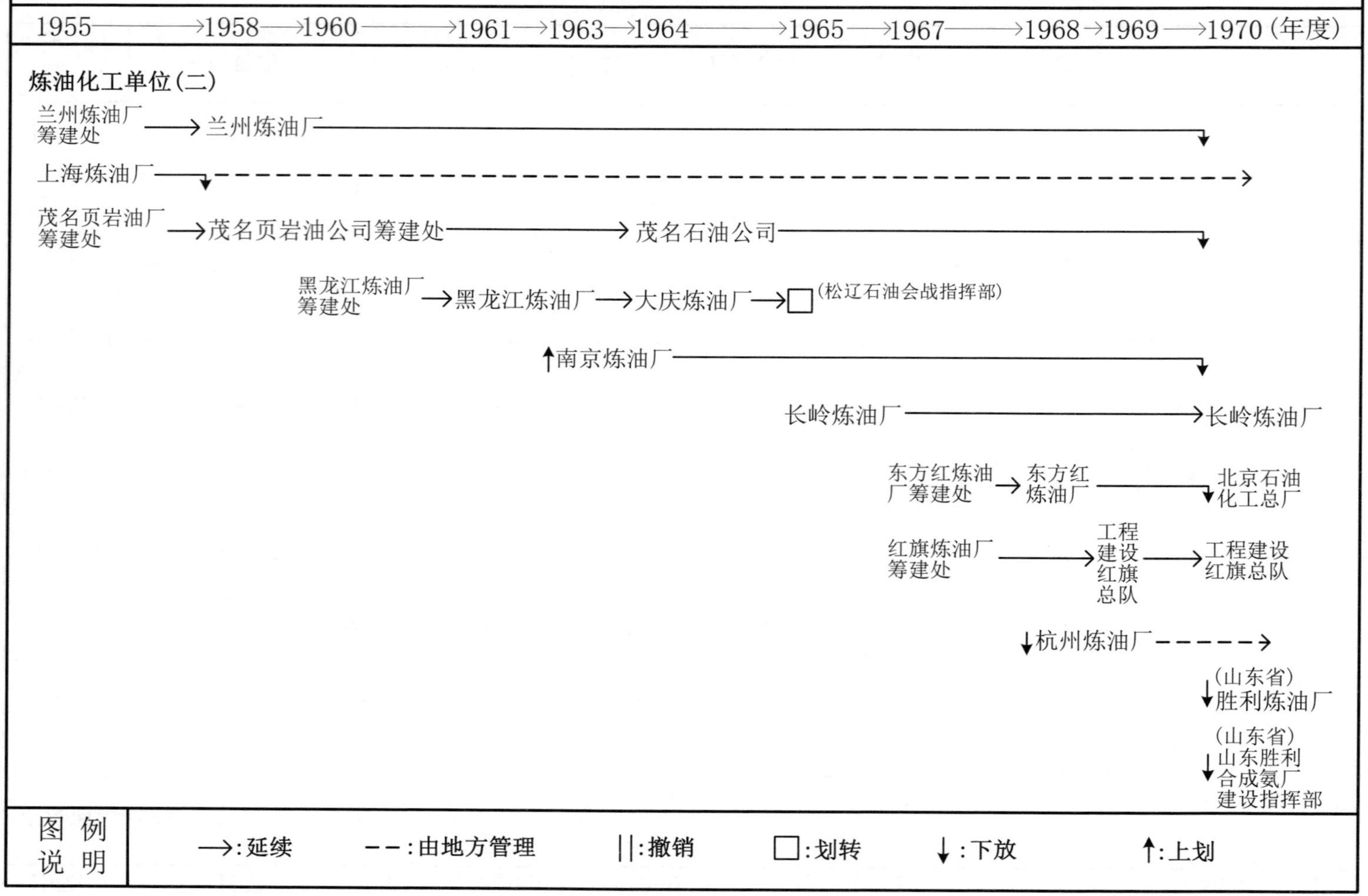

石油工业企事业单位沿革图（五）

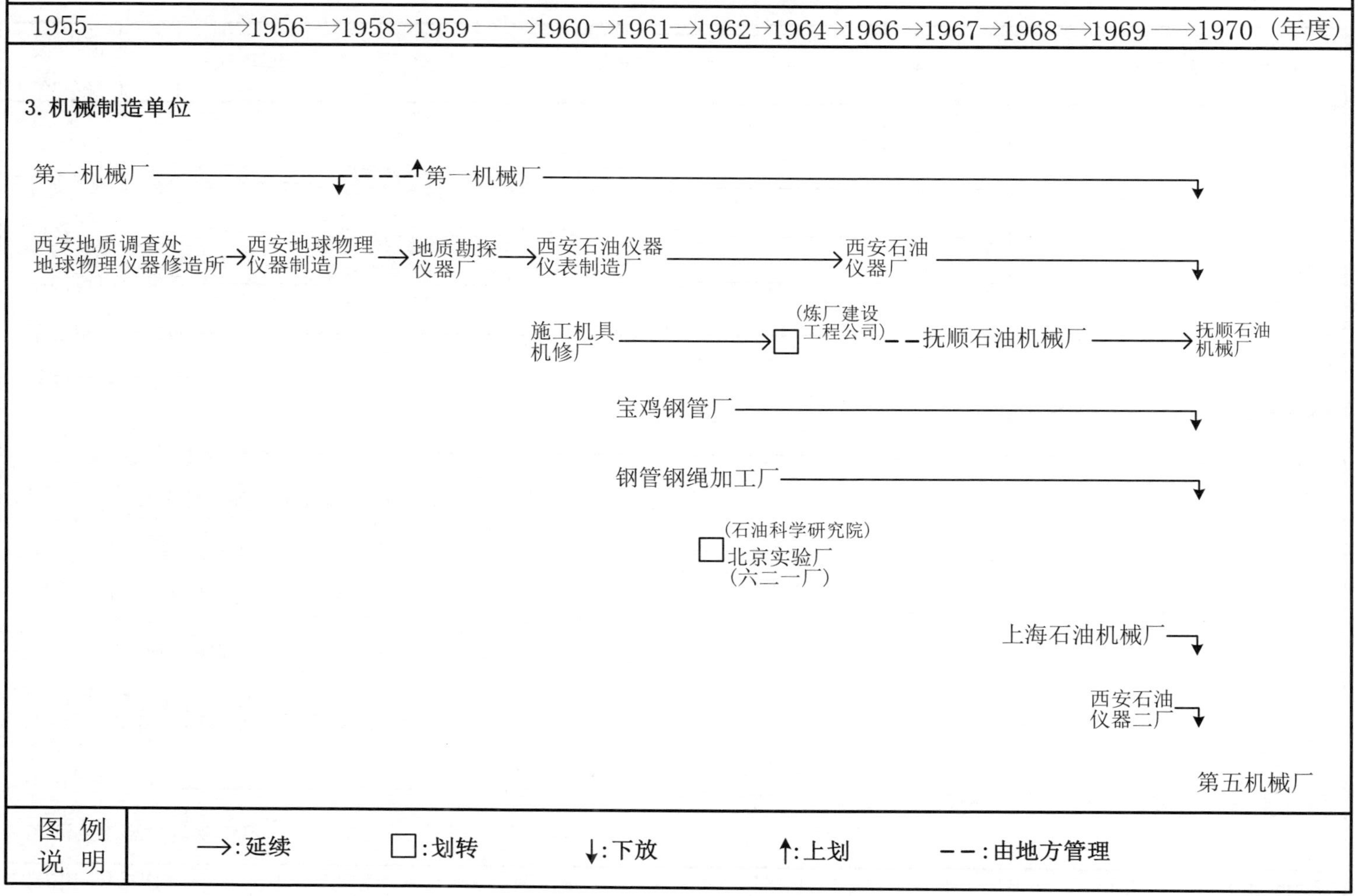

石油工业企事业单位沿革图（六）

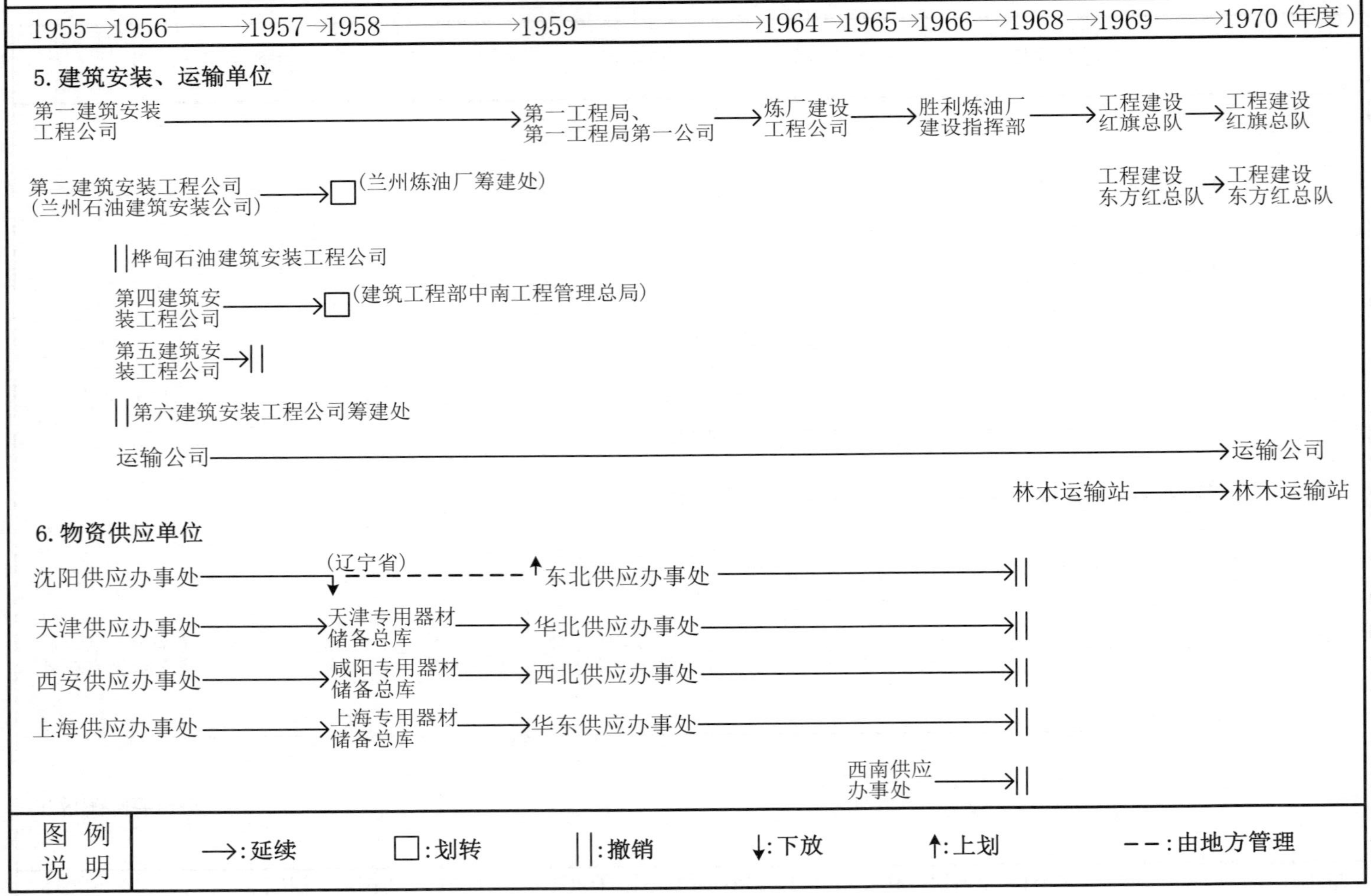

石油工业企事业单位沿革图（七）

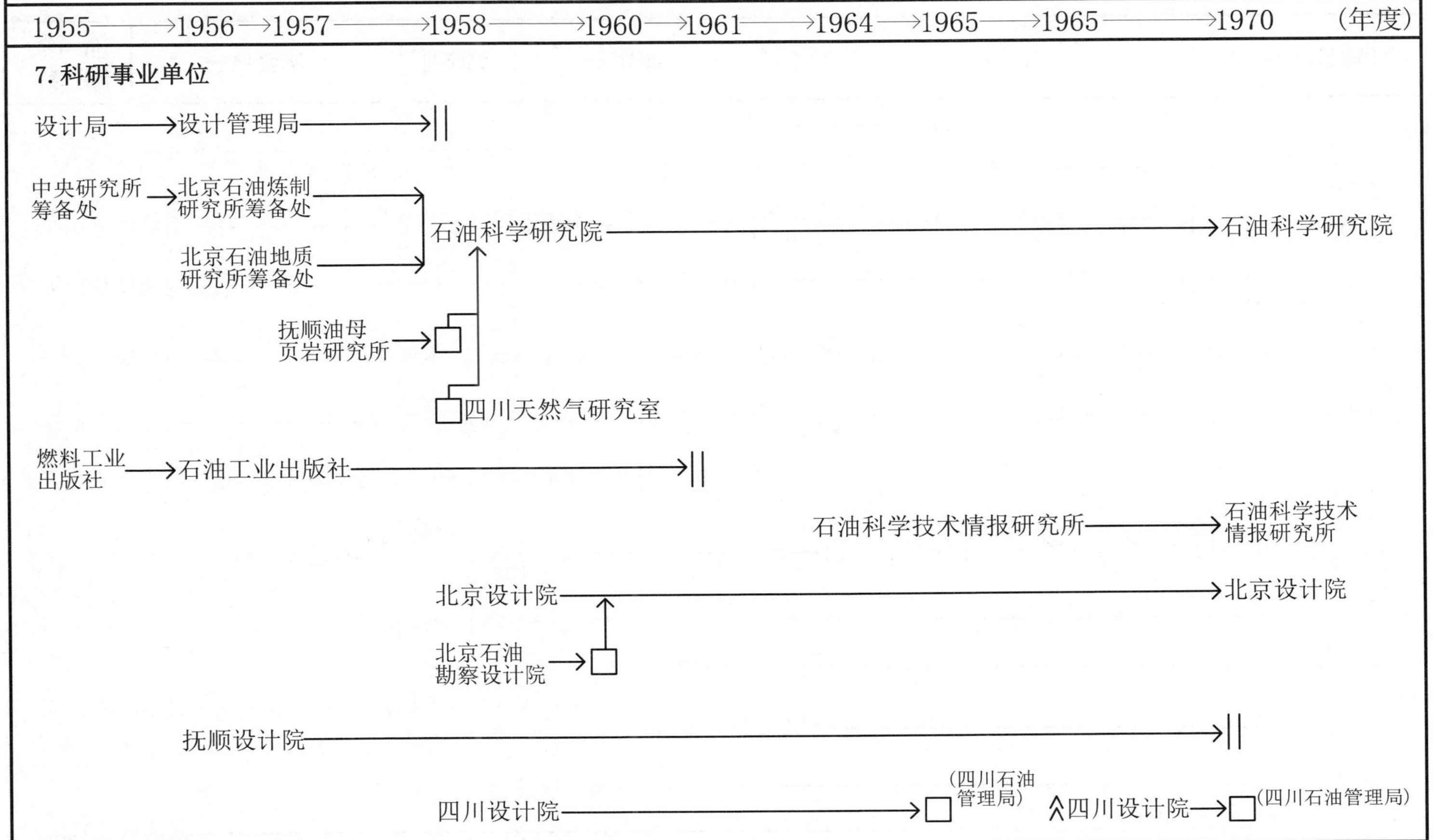

图例说明　→:延续　□:划转　||:撤销　↑:上划　－－:由地方管理

石油工业企事业单位沿革图（八）

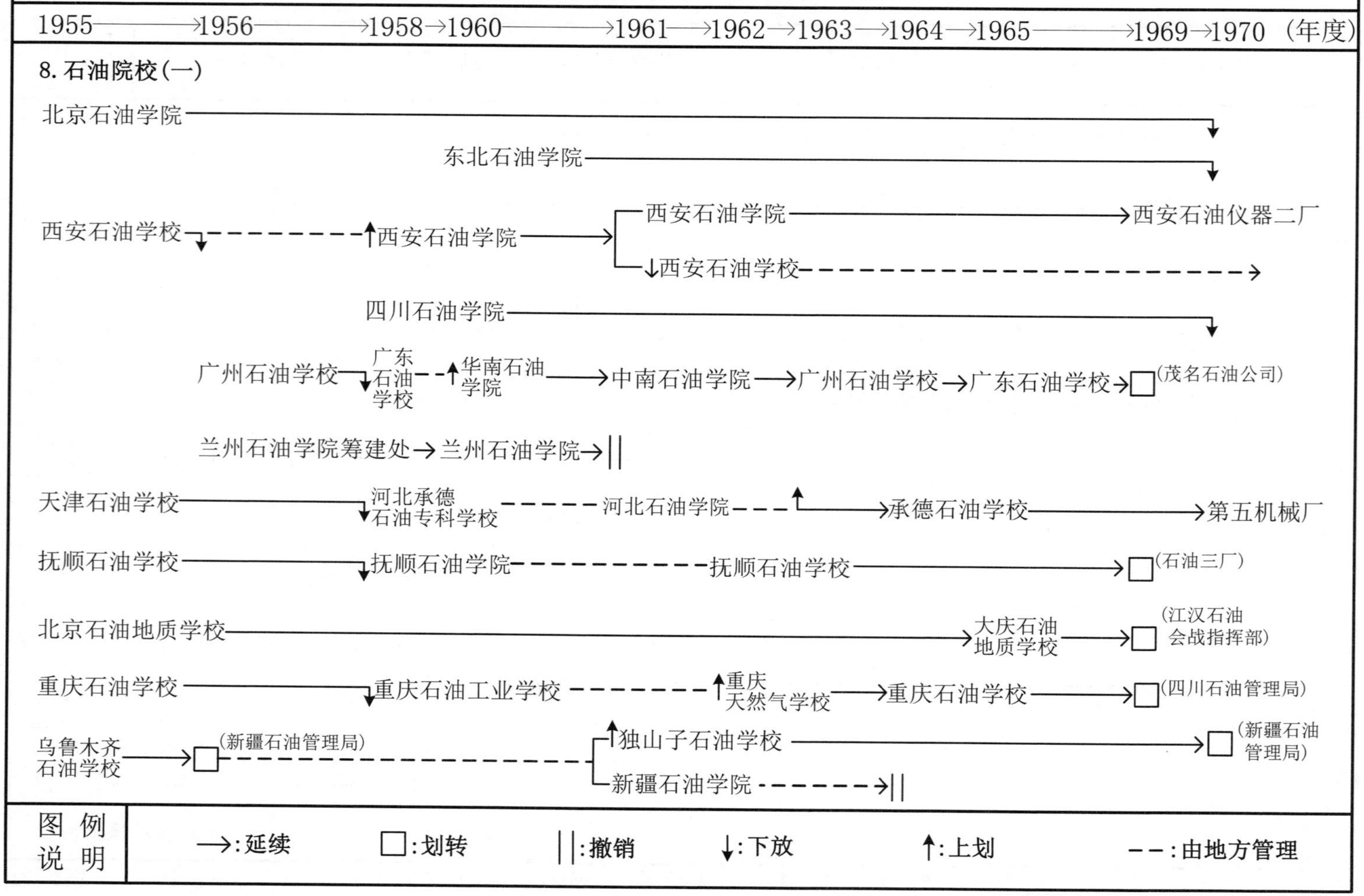

石油工业企事业单位沿革图（九）

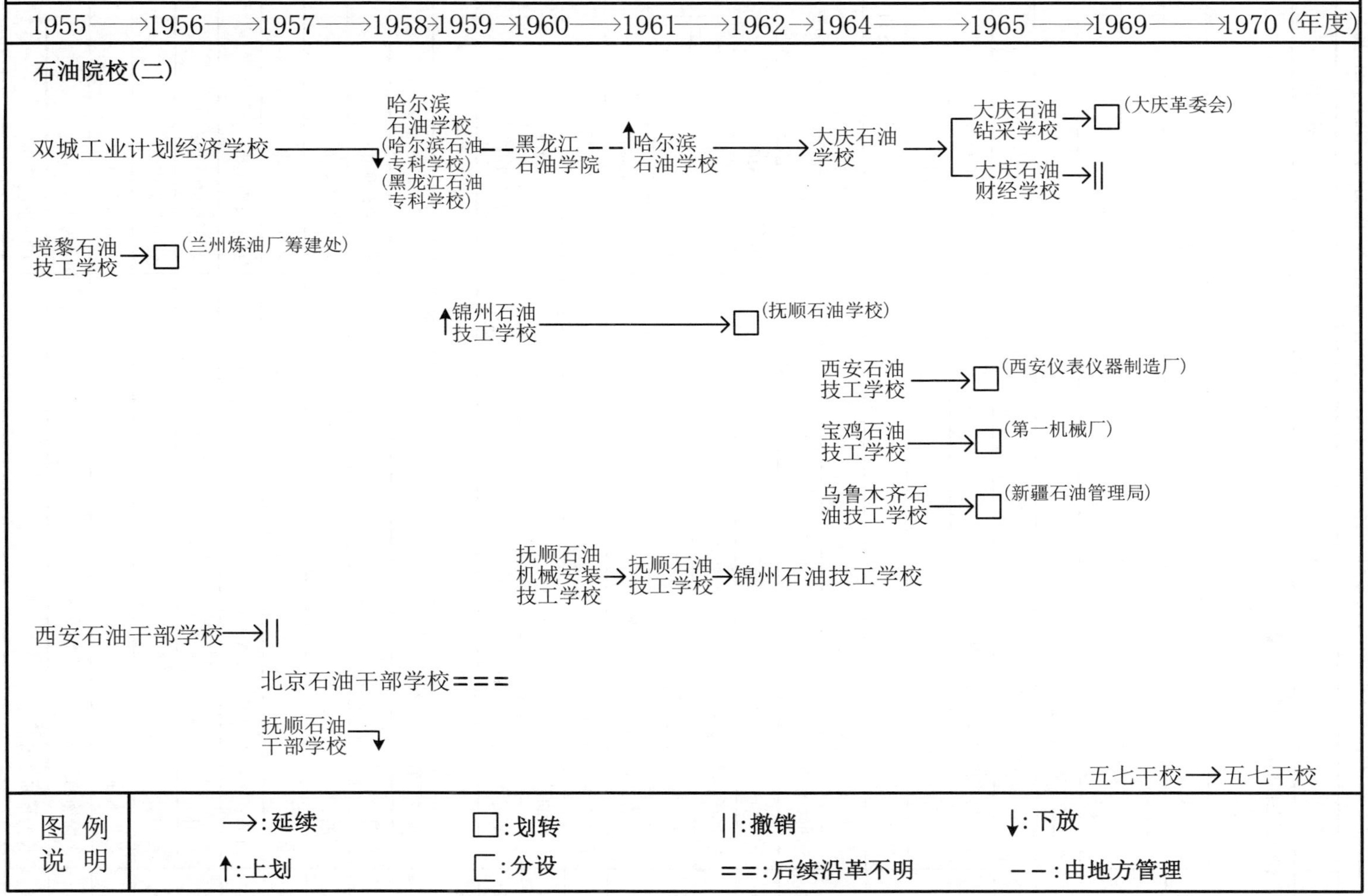

三、1970年6月石油工业部机关及石油工业企事业单位组织机构名录

单位		所在地
一、石油工业部军管会机关职能部门（4个）		
1	政工组	北京市
2	生产组	北京市
3	后勤组	北京市
4	办事组	北京市
二、石油工业企事业单位（45个）		
（一）油气田勘探单位（13个）		
1	大庆会战指挥部（大庆油田）	黑龙江省大庆市
2	玉门石油管理局	甘肃省玉门市
3	新疆石油管理局	新疆维吾尔自治区乌鲁木齐市
4	青海石油管理局	青海省西宁市
5	四川石油管理局	四川省成都市
6	华北石油会战总指挥部（九二三厂）	山东省东营市
7	华北石油勘探会战指挥部	天津市
8	五七油田会战指挥部	湖北省潜江县
9	吉林省扶余油化厂（扶余油矿）	吉林省白城地区
10	辽河石油勘探指挥部	辽宁省盘锦地区
11	延长油矿	陕西省延长地区
12	云南省石油会战指挥部	云南省贵州市
13	六四六厂	河北省保定市
（二）炼油化工单位（13个）		
1	石油一厂	辽宁省抚顺市
2	石油二厂	辽宁省抚顺市
3	石油三厂	辽宁省抚顺市
4	石油五厂	辽宁省锦州市
5	石油六厂	辽宁省锦州市
6	石油七厂	辽宁省大连市
7	兰州炼油厂	甘肃省兰州市
8	上海炼油厂	上海市
9	茂名石油公司	广东省茂名市

续表

单　　位		所 在 地
10	南京炼油厂	江苏省南京市
11	长岭炼油厂	湖南省岳阳市
12	东方红炼油厂	北京市
13	杭州炼油厂	浙江省杭州市
（三）机械制造单位（8个）		
1	第一机械厂	陕西省宝鸡市
2	西安石油仪器厂	陕西省西安市
3	抚顺石油机械厂	辽宁省抚顺市
4	宝鸡钢管厂	陕西省宝鸡市
5	上海石油机械厂	上海市
6	西安石油仪器二厂	陕西省西安市
7	第二机械厂	河南省南阳地区
8	第五机械厂	河北省承德地区
（四）建筑安装、运输单位（4个）		
1	工程建设红旗总队	河南省洛阳市
2	工程建设东方红总队	北京市
3	运输公司	甘肃省敦煌县
4	林木运输站	广西壮族自治区永福县
（五）科研单位（3个）		
1	石油科学研究院	北京市
2	石油科学技术情报研究所	北京市
3	北京设计院	北京市
（六）石油院校（4个）		
1	华东石油学院	山东省东营市
2	东北石油学院	黑龙江省大庆市
3	四川石油学院	四川省成都市
4	五七干校	湖北省潜江县

注：单位所在地名称均为当时名称。

第二节　石油工业基本情况统计表

一、石油工业基本情况

项目＼年份	1955	1956	1957	1958	1959	1960	1961	1962	1963	1964	1965	1966	1967	1968	1969
一、工业总产值（亿元）	4.46	6.01	6.64	10.06	15.03	19.33	16.24	18.08	20.98	27.91	38.13	52.70	46.32	46.71	64.68
二、利润（亿元）	1.38	2.05	2.27	3.99	6.04	7.09	4.41	5.08	6.54	10.19	14.30	20.05	16.94	18.27	29.49
三、资产总额（亿元）	9.55	13.58	15.27	18.14	25.06	29.85	31.31	32.90	36.42	41.81	46.53	52.37	55.19	58.79	63.72
四、主要产品产量															
原油（万吨）	96.6	116.3	145.8	226.5	373.4	521.2	531.4	574.4	647.8	848.1	1131.5	1454.2	1387.7	1597.2	2174.7
天然气（亿立方米）	0.65	0.73	1.33	1.93	4.52	11.34	16.07	14.20	12.72	13.87	15.66	18.01	19.04	19.17	28.04
汽油（万吨）	31.8	41.7	48.0	74.8	101.2	107.5	94.3	112.5	127.6	162.9	217.7	284.1	253.8	262.5	323.8
煤油（万吨）	16.4	19.3	19.6	26.8	26.4	17.1	17.6	31.7	40.2	81.0	134.9	169.1	128.3	120.8	164.7
柴油（万吨）	17.5	31.6	33.7	53.3	87.8	117.4	99.8	97.9	115.7	161.5	229.5	336.9	318.9	347.8	455.8
五、主要生产能力															
原油（万吨）	111	128	173	299	418	481	452	653	842	1024	1294	1721	1911	2171	2410
天然气（亿立方米/年）	—	—	—	—	—	—	11.1	11	12.9	15.5	26.5	32.4	38.5	41.2	45.2
原油加工（万吨）	159	168	245	419	579	632	641	625	893	1143	1423	1800	1781	2032	2421

注：工业总产值按照1970年不变价计算。

二、石油工业人数、工资与劳动生产率情况

项目＼年份	1955	1956	1957	1958	1959	1960	1961	1962	1963	1964	1965	1966	1967	1968	1969
一、职工人数（人）	80120	133844	141481	228842	257129	303503	258786	221722	225027	243387	276452	300767	319835	342434	403175
二、工资总额（万元）	6165	11247	12294	12491	179132	21245	20946	19295	19786	21139	22180	23679	24503	24987	27059
三、平均工资（元/人）	859	1073	1003	832	729	737	739	832	895	893	873	835	779	788	748
四、劳动生产率															
1.工业生产（元/人）	12193	14319	14300	18399	16054	17023	13037	13439	15898	20040	26384	33405	24118	24364	29487
2.施工单位（元/人）	4517	5139	3993	7051	2712	3703	2444	3198	4492	4658	4973	5829	3380	2360	3899

注：劳动生产率按照1970年不变价计算。

三、石油工业职工按岗位分类情况

单位：人

项目＼年份	1955	1956	1957	1958	1959	1960	1961	1962	1963	1964	1965	1966	1967	1968	1969
年末人数	80120	133844	141481	228842	257129	303503	258786	221722	225027	243387	276452	300767	319835	342434	403175
工人	43463	—	—	164344	169902	170310	162924	146798	146622	157346	184634	—	—	244896	323734
学徒	1030														
工程技术人员	6580	9128	—	11063	11034	12176	13406	16225	18455	20758	24108	—	—	—	—
管理人员	3508	—	—	—	22668	26065	27885	22358	21854	21545	24742	—	—	—	—
服务人员	1687	—	—	—	29909	32858	23477	18611	18771	22067	23994	—	—	—	—
其他	23852	—	—	—	2014	3291	14050	4779	4880	6780	8847	—	—	—	—

注：其他人员包括农副业、长期学习、长期病伤假、出国援外、派出外单位人员。

四、石油工业职工按部门分类情况

单位：人

项目＼年份	1955	1956	1957	1958	1959	1960	1961	1962	1963	1964	1965	1966	1967	1968	1969
工业生产	39069	49543	50390	86871	103612	132447	126144	138852	135820	144825	164220	184995	194804	207347	222366
地质钻井	19984	37671	51021	75508	80311	91951	64243	37154	40411	45071	50333	62562	69080	76932	120494
建筑安装	12709	31131	25394	33847	36773	43616	32325	17761	20322	24581	29488	25707	24486	29680	34599
勘察设计	946	2435	2110	119	1931	1978	2301	2362	2633	3188	3791	2572	2601	3574	3050
筹建机构	—	—	862	15614	16606	12976	9119	3084	1865	1285	310	2411	1507	605	—
运输	3980	5448	5488	7047	11205	11326	9911	9558	9531	9546	10131	6966	6892	6948	702
科研、文教	—	—	4136	6745	4787	7264	12956	11302	13167	13679	16988	14371	19212	16366	14783
国家机关	—	—	2080	1391	1904	1945	1787	1649	1278	1212	1191	1183	1253	982	861

五、石油工业主要专业队数及人数情况

项目	年份	1965	1966	1967	1968	1969
地质队	队数（个）	30	63	14	15	40
	职工数（人）	752	667	823	806	599
测量队	队数（个）	16	18	7	7	13
	职工数（人）	527	470	123	129	217
地震队	队数（个）	82	123	48	98	146
	职工数（人）	6259	6219	2571	5875	7203
重磁力队	队数（个）	11	12	3	12	10
	职工数（人）	387	331	106	457	274
电法队	队数（个）	5	5	1	6	8
	职工数（人）	231	191	13	364	376
化学放射性勘探队	队数（个）	4	5	2	2	6
	职工数（人）	108	104	49	38	87
研究队	队数（个）	26	25	6	13	8
	职工数（人）	937	630	156	297	235
钻井队	队数（个）	233	333	188	199	296
	职工数（人）	16397	20520	12229	14392	18445
试油队	队数（个）	45	68	61	43	74
	职工数（人）	2077	3617	3195	2307	3775
采（气）队	队数（个）	601	642	720	737	787
	职工数（人）	51162	51282	53692	57179	78600
输油（气）队	队数（个）	220	250	298	223	233
	职工数（人）	21106	22857	22937	19853	18960

第三节　院士、专家名单

一、院士及中央管理的科学技术专家名单

年　代	称　号	姓　名	专　业	单　　位
1955	院士	侯祥麟	化工	
1964	学部委员	赵宗燠	化工	
1964	科学技术专家	李德生	石油地质	
		闽　豫	石油地质	
		翁文波	地球物理	
		王纲道	地球物理	
		童宪章	采油	
		秦同洛	采油	
		刘文章	采油	
		王炳诚	钻井	
		侯祥麟	化工	
		敖明模	化工	
		朱康福	化工	
		闽恩泽	化工	
		杨光华	化工	
		朱亚杰	化工	
		林正仙	化工	
		张家骐	化工	
		何俊英	化工	
		龙显烈	炼油（包括人造油）	
		武　迟	炼油（包括人造油）	
		赵宗燠	炼油（包括人造油）	
		张　英	储运	
		梁翕章	储运	
		刘永年	仪表制造	

二、石油院校教授名单

年　份	职　称	姓　名	工作单位
1962.2	正教授	赵仁寿	北京石油学院
		蔡伯民	北京石油学院
		张　英	北京石油学院
		苏盛甫	北京石油学院
		秦同洛	北京石油学院
		王日才	北京石油学院
		杨光华	北京石油学院
		李志强	北京石油学院
1962.6	正教授	周世尧	东北石油学院
	副教授	王宗祥	东北石油学院
		臧福禄	东北石油学院
		高　彬	东北石油学院
		曾家蠡	东北石油学院

第四节 全国党代表、人大代表、政协委员及获得国家级表彰的先进集体和个人

一、全国党代表、人大代表、政协委员人员名单

（一）当选全国党代表人员名单

届 次	姓 名	工作单位及职务	备 注
中共八大	李聚奎	石油工业部部长、党组书记	
	余秋里	石油工业部部长、党组书记	
	周文龙	石油工业部副部长、党组副书记	
	孙敬文	石油工业部副部长、党组成员	
	邓 洁	石油工业部副部长、党组成员	
	张 俊	青海石油勘探局局长、党委第一书记	
中共九大	王进喜	大庆革委会副主任、党的核心小组副组长	中央委员
	臧成平	华北石油勘探指挥部党委常委	
	黄成连	兰州炼油厂革委会副主任	中央候补委员
	刘长江	石油六厂还原车间团支部书记	

（二）当选全国人大代表人员名单

届 次	姓 名	工作单位及职务	备 注
第二届	李范一	石油工业部副部长	
	吐尔逊·阿吉（维吾尔族）	新疆石油管理局井架安装大队架工	
	成晓法	四川石油管理局川中矿务局钻井队司钻	
	张文治	四川石油管理局	
第三届	李范一	石油工业部副部长	
	吴士璧	新疆石油管理局生产技术处主任工程师	
	克尤木·买提尼牙孜（维吾尔族）	新疆石油管理局井下作业处修井队副队长	
	司徒愈旺	四川石油管理局石油科学研究所总地质师	
	沙云和（女）	四川石油管理局四川设计院二室工程师	
	孟尔盛	六四六厂总工程师	
	翁文波	石油科学研究院总工程师	
	靳锡庚	石油科学研究院总地质师	
	毛鹏飞	兰州炼油厂副厂长	
	韩荣鑫	兰州炼油厂总机械动力师	

（三）担任全国政协委员人员名单

届　次	姓　名	工作单位及职务	备　注
第三届	周文龙	石油工业部副部长、党组副书记	
	邓　洁	石油工业部副部长、党组成员	
	杨　伟	石油一厂副总工程师	
第四届	邓　洁	石油工业部副部长、党组成员	
	杨　伟	石油一厂副总工程师	
	童宪章	石油科学研究院总工程师	特邀委员

二、获得国家荣誉称号人员名单

授予年份	荣誉称号	获奖者姓名	授予单位
1955年	一级八一勋章 一级独立勋章 一级解放勋章	李聚奎	中华人民共和国
	一级解放勋章	周文龙	中华人民共和国
1969年	一级劳动勋章	吴葆青	阿尔巴尼亚人民会议主席团

三、全国先进生产工作者人员名单

年　份	姓　名	工作单位及职务
1956	王亚洲	吉林电石厂车间主任
	田绣璋（女）	吉林销售公司吉林市分公司办公室副主任
	孙儒林	吉林肥料厂技术员
	于德泉	吉林化工厂管理员
	戚文举	吉林建设公司第一工厂公司木工厂厂长
	李德华	吉林建设公司第三工程公司组长
	朴允凤	吉林化学工业公司建设公司机械站
	龙　清	吉林建设公司加工厂工人
	明传长	吉林第一机电安装公司组长
	祝正仁	吉林第九机械安装公司工人
	周玉岭	吉林省机械厂副厂长
	钟立品	四川石油勘探局地球物理702队队长
	拓德祥	四川石油勘探局钻井队司钻
	钟泽金	四川石油勘探局钻井技术员
	张正基	四川石油勘探局修配厂刨工
	文伯清	四川石油勘探局烘装组组长
	李光进	四川石油勘探局柴油机司机
	王学禄	青海石油勘探局建筑工程队木工
	马忠义	青海石油勘探局地质技术员
	王德朝	青海石油勘探局测量技术员
	陈祖传	青海石油勘探局重磁力队小队长
	张永顺	青海石油勘探局钻井司钻
	田金成	青海石油勘探局试油队队长
	李作桐	青海石油勘探局井架安装队队长
	黄木郎	青海石油勘探局修配厂车工
	宁炳龙	青海石油勘探局电机技术员
	胡　荣	青海石油勘探局汽车修理工
	宋树斌	青海石油勘探局运输处汽车司机
	马德海	玉门油矿发电厂运行班长
	胡　毅	玉门油矿车工车间主任
	吕景祥	玉门油矿修理厂车间副主任
	吕显武	玉门油矿钻井柴油司机
	刘庭光	玉门油矿钻井柴油司机
	王传信	玉门油矿采油厂技师
	周金萍	玉门油矿汽车司机
	汪道富	玉门油矿汽车司机

续表

年　份	姓　名	工作单位及职务
1956	赵仲三	玉门油矿汽车司机
	徐　旺	玉门油矿地质调查处105队队长
	梅成村	玉门油矿炼油厂仪器室主任
	胡润杞	延长油矿电气技术员
	杨学恭	抚顺石油一厂电工车间技术员
	王衍香	抚顺石油一厂汽锅软化水组长
	张延和	抚顺石油一厂硫铵车间组长
	邱增印	抚顺石油一厂原油车间组长
	刘乃宽	抚顺石油一厂蒸馏车间组长
	张同义	抚顺石油一厂原油车间组长
	马宝坤	抚顺石油二厂电工车间技术员
	孙宝林	抚顺石油二厂原油车间组长
	李　源	抚顺石油二厂原油工段长
	黄宗灏	抚顺石油三厂车间工程师
	张泗存	抚顺石油三厂组长
	张传志	抚顺石油四厂锅炉班班长
	李书铭	抚顺石油四厂硫酸车间主任
	刘　贵	石油五厂管工组长
	杜锡山	石油六厂裂化车间主任
	佟文和	石油六厂瓦工班长
	任锡莹	石油六厂车间技术员
	杨振为	石油七厂裂化生产班长
	陈文志	石油七厂中央泵工
	张芳蹇	石油七厂炼油工程师
	李庆有	石油九厂管工
	韩九福	石油九厂破碎加工组长
	吴显亭	石油九厂汽车司机
	许依仁	抚顺石油公司工地技术员
	王贵岭	第一建筑安装工程公司超重工地主任
	董焕福	第一建筑安装工程公司钳工工段长
	赵桂林	第一建筑安装工程公司管工工长
	梁　源	第四建筑安装工程公司瓦工班长
	林　强	第四建筑安装工程公司工地副主任
	王广仁	第五建筑安装工程公司铆工队长
	张景弼	第五建筑安装工程公司段工工长
	戴玉如	兰州炼油厂工程师
	施关其	上海炼油厂司炉工

续表

年 份	姓 名	工作单位及职务
1956	陈益初	上海炼油厂裂化车间主任
	邵振宇	上海炼油厂动力室仪表技术员
	刘名扬	第一石油机械厂技术员
	常茂生	第一石油机械厂热处理技术员
	王炳年	西安地质调查处安装工
	李怀全	第一器材库管理员
	郑炳强	石油设计局工程师
	郭殿雄	石油工业部炼油处工程师
	徐 林	辽阳石油化纤二厂科长
	陈崇信	辽阳石油化纤公司亿方公司
	陈文志	大连石化七厂工段长
	杨振为	大连石化公司副经理
	王昌峰	济南柴油机厂技师
	达一木江	新疆石油公司采油技师
	宁学舜	新疆石油公司地质钻井技师
	张正仁	新疆石油公司测量技术员
	蔡富贵	新疆石油公司钻井处机械师
	秦光德	新疆石油公司钻井处试油技师
	郭进忠	新疆石油公司运输处汽车司机
	何生玉	新疆石油公司建筑安装工程部副主任
	何永福	新疆石油公司独山子炼油厂裂化车间班长
	黄志敏	新疆石油公司修理厂车工
	马 才	新疆石油公司运输处汽车司机
	张 凯	新疆石油公司克拉玛依钻探处地质师
	阿不都拉·吐尔逊	新疆石油公司修理厂段工技师
	杨趾祥	西安石油学校学习工厂钳工车间主任
	马英选	重庆石油学校制图教员
	王树强	北京石油地质学校数学教员
	张振华	抚顺第一石油学校机械科主任
	郑恩锡	天津石油学校机械科教员
	徐兰增	兰州培黎石油学校电工教员
	李国章	辽河石油勘探局兴工处工人
	华明玉	兰州石油采购供应站龙泉转运站工人
1959	王进喜	大庆油田1205钻井队队长
	薛国邦	大庆油田二矿六队队长
	高占旬	青海石油管理局地质处汽车司机

续表

年　份	姓　名	工作单位及职务
1959	刘秀娥（女）	青海石油勘探局工人
	王纯仁	青海石油管理局建筑公司工人
	朱洪昌	管道局局长
	朱立泰	玉门石油管理局机械厂车间主任
	彭佐猷	玉门石油管理局钻井处总工程师
	李生福	玉门石油管理局油建公司管工班长
	黄运生	玉门石油管理局钻井工人
	董　全	玉门石油管理局建筑公司施工队支部书记
	刘庆库	抚顺石油二厂副厂长
	李树生	抚顺石油三厂技术员
	王岐山	锦州石油六厂煤气车间钳工
	胡延林	辽阳石化机械厂技术科科长
	刘玉科	吉林化学工业公司副经理
	金绍棠	吉林化学工业公司工会生产部部长
	金惠元	吉林染料厂八号车间化验工
	吕凤春	吉林化学工业公司龙山化工厂党支部书记
	王友仁	吉林化工工程公司混凝土队队长
	朱树林	济南柴油机厂工人
	刘公之	四川石油管理局川中矿务南充大队技师
	常天饶	四川石油管理局川中矿务局蓬莱大队2503钻井队副队长
	张鸿陞	四川石油管理局川南矿务局石油沟气矿机修车间组长
	李树安	新疆石油管理局科学研究所装订工人
	张云清	新疆石油管理局克拉玛依钻井处兼1219钻井队队长
	托乎提·吐尔地	新疆石油管理局独山子建筑安装工程处木工
	卡依霞·可可思汗（女）	新疆石油管理局三八女子钻井队队员
1960	刘宗禹	华北石油管理局教育学院教师
	宋社民（女）	管道局工人

四、1956年石油工业先进生产者人员名单

青海石油勘探局（24人）		
序　号	姓　名	职　　务
1	周世英	浅钻科科长
2	常有顺	油家子钻井大队给水工人
3	刘大任	试验室助理技术员
4	王汗统	油家子钻井大队司钻
5	王玉全	浅钻队长
6	高占询	地质处司机
7	徐炳和	吊车司机
8	谢　展	地质小队长
9	马立邦	测量小队长
10	杨焕芳（女）	试验室技工
11	翟立志	运输处司机
12	王连惠	修车厂锻工组长
13	李民珍	运输处副科长
14	王学禄	建筑工程队木工
15	宋树斌	运输处司机
16	陈祖转	重磁力队小队长
17	马忠义	地质技术员
18	李作桐	井架安装队队长
19	胡　荣	汽车修理厂
20	田金成	试油队长
21	黄木郎	修配厂车工
22	王得朝	测量班长
23	张永顺	浅钻小队长
24	宁炳龙	水管工程队长

新疆石油公司（35人）		
序　号	姓　名	职　　务
1	沙木礼	行政服务科长
2	曾德利	电测工程师
3	黄葆真	测量队长
4	王景贤	测量队长
5	耿培元	地质采集员
6	吕云山	钻井技师

续表

序　号	姓　名	职　　务
7	荆义田	钻井员
8	陈昌福	运输处司机
9	赵清海	汽车电工
10	邓志春	钻井副司钻
11	蔡富贵	钻井处2064井队机械师
12	秦光德	钻井处试油技师
13	何永福	钳工班长
14	何生玉	建筑安装公司副主任
15	郭进忠	运输处司机
16	黄志敏	总机厂车工
17	张　凯	地质详查处技术员
18	张正仁	地质处助理技术员
19	宁学舜	地质处技师
20	马　才	运输处司机
21	刘克成	化验室工程师
22	乔忠和	供应处炊事班长
23	陶瑞明	地调处地质员
24	达一木江	采油处班长
25	霍家·阿不都拉阿吉	建筑处工人
26	买合买提·托乎提	电话线技师
27	阿吉巴也夫·依斯拜尔	油田处技师
28	木沙尤甫·阿山江	抽油部修理领班
29	吉利力·哈斯木	炼油厂汽锅车间主任
30	玉素甫·斯拉木	建筑处木工
31	乌马洛夫·卡西木	钻井员
32	买买提·尼牙孜	烘装车间领班
33	铁米诺夫·阿不都热依木	钻井处工人
34	艾买提江·牙合甫	供应处搬运领班
35	阿不都拉·吐尔逊	修理厂工人
四川石油勘探局（21人）		
序　号	姓　名	职　　务
1	熊忠益	浅钻区队长
2	彭玉章	地质队长

续表

序 号	姓 名	职 务
3	刘绍沛	测量队长
4	徐汁坪	事务管理员
5	钟运莹（女）	测量组长
6	张来忠	钻井队副司钻
7	李大金	柴油司司机
8	周邦彦	钳工
9	张仲珉	打捞技术员
10	张兴友	钻工
11	周嘉芳	汽车司机
12	杨长福	钻井司钻
13	周祥云	地质技工
14	李光进	汽车司机
15	钟泽金	钻井技术员
16	拓德祥	大班司钻
17	钟立品	电测队长
18	隂喜凤	浅钻队长
19	张正基	刨工
20	王秀生	钳工队长
21	文白清	洪装组长
玉门矿务局（64人）		
序 号	姓 名	职 务
1	王化兰	技师
2	田文宽	技师
3	吕显武	司机长
4	刘延光	司机
5	朱承叶	焊工
6	乔新智	司钻
7	杨海司	炉班长
8	付积隆	钻井队长
9	郝长林	司钻
10	吴振权	钻井地质师
11	颜宗禄	司钻
12	任禄生	机械工长

续表

序　号	姓　名	职　　务
13	虞有运	队长
14	曹　棋	钻井队长
15	韩永祥	供水工
16	马德海	运转工
17	张重生	工程师
18	范正林	食堂管理员
19	马良德	泥工
20	杨世友	班长
21	薛国邦	小队长
22	朱生海	班长
23	王传信	技师
24	郭学敏	采油工
25	王治同	采油地质师
26	郭思训	清蜡工
27	黄通义	会计员
28	郭振山	队长
29	陈增荣	小队长
30	刘公之	队长
31	董宝元	车间主任
32	马世昌	车间主任
33	梅成林	仪器室主任
34	王开国	车工
35	胡子祥	钳工
36	徐　旺	105队队长
37	赖正乐	206队队长
38	陈珠英（女）	402队队长
39	黄庆纯（女）	助理技术员
40	史　荣（女）	柴油司机
41	李清超	电测队长
42	张华同	司钻
43	蒋子文	司机
44	周金萍	司机
45	吕景祥	技术员

续表

序　号	姓　名	职　　务
46	王　寿	修车工
47	徐万生	木工班长
48	刘文远	泥工班长
49	赵国财	泥工班长
50	韩金旺	车间主任
51	韩学伦	铆焊班长
52	崔海天	副队长
53	殷尚贤	铆工班长
54	胡　毅	工程师
55	赵仲三	司机
56	彭忠海	司机
57	江道富	队长
58	黄金维	车工
59	杨孟海	科长
60	毛春林	管理员
61	马宏德	护士
62	蔡秉东	营业员
63	董德吉（女）	教员
64	万仁德	钻井工程师
西安地质调查处（7人）		
序　号	姓　名	职　　务
1	常吉元	打字员
2	白长生	柴油司机组长
3	高永禄	材料采购员
4	叶美松（女）	测量副队长
5	王丙年	安装组长
6	唐文翰	地质技术员
7	杨恒彬	电测小队长
西安地球物理仪器制造厂（4人）		
序　号	姓　名	职　　务
1	杨旭东	电工技师
2	洪鍆焜	材料员
3	金昌图	助理技术员
4	文振亭	钳工

续表

石油一厂（18人）		
序号	姓名	职务
1	张同义	西原油车间班长
2	王衍香	汽锅车间组长
3	张本连	汽油车间裂化工长
4	岳增印	西原油车间班长
5	张延和	硫酸车间班长
6	宋景长	东原油车间组长
7	刘乃宽	蒸馏车间组长
8	杨孝恭	汽锅车间技术员
9	李传义	接触车间主任
10	刘德顺	蒸馏车间电焊组长
11	於振兴	司炉工
12	郭绍卿	化验工
13	张玉林	车铣工
14	李树信	化验工
15	张林久	机械室工程师
16	白云起	化工技术员
17	刘荣生	润滑油工长
18	兰哲明	电修工
石油二厂（14人）		
序号	姓名	职务
1	代玉庆	机动工组长
2	王有恩	电工组长
3	董芳和	翻砂班长
4	李家兴	财务科副科长
5	李景春	汽车司机
6	蒋振西	原油工组长
7	王春喜	修理工组长
8	刘田立	汽锅运转工
9	刘明俭	机工车工班长
10	马保坤	电工技术员
11	孙保林	原油车间组长
12	李　源	原油工段长
13	张效柱	汽锅车间组长
14	林晶莹	原油班长

续表

石油三厂（8人）		
序　号	姓　名	职　　务
1	洪瑞芬	工程师
2	陈俊武	助理工程师
3	黄家昌	技术员
4	张遇春	水泵工
5	盖文喜	变换工
6	田福安	党支部书记
7	黄宗浩	助理工程师
8	张泗存	反应工
石油四厂（7人）		
序　号	姓　名	职　　务
1	李书铭	硫酸车间主任
2	张传志	锅炉班班长
3	郑泗江	活性炭班长
4	王吉洪	硬质炭黑班长
5	张永秀	组长
6	王文铎	钳工班长
7	姜凤山	经理科组长
石油五厂（9人）		
序　号	姓　名	职　　务
1	刘景荣	管工
2	杨田奎	煤油值班主任
3	刘昌禧	炼油技师
4	石玉厚	再蒸馏加热炉操作工
5	戴　平	汽车司机
6	尹锡怀	普工组长
7	王岐山	炊事员
8	杜锡山	技师车间主任
9	刘　贵	管工
石油六厂（12人）		
序　号	姓　名	职　　务
1	王昌尧	炼油班长
2	佟文和	造气车间班长
3	任锡莹	造气车间技术员
4	杨殿贤	合成车间工人
5	刘兰芳（女）	合成车间工人

续表

序　号	姓　名	职　　务
6	邢宝文	炼油车间工人
7	胡广瑞	接触剂车间工人
8	赵景禄	还原车间工人
9	邱景华	锅炉班长
10	张振山	锻工班长
11	王贵恒	统计科员
12	黄志鸿	技工学校教员
石油七厂（12人）		
序　号	姓　名	职　　务
1	杨振伟	操作工
2	陈文志	司泵工
3	鞠永富	装卸工
4	张云蹇	总工程师
5	周武斌	钳工
6	戴开祥	操作工
7	陈可搏	炊事员
8	张家乾	工段长
9	曲荣良	检修工
10	李桂凤（女）	化验工
11	于　群	车间主任
12	李仁铉	电工
石油九厂（9人）		
序　号	姓　名	职　　务
1	李学明	干馏二车间主任
2	李长明	干馏车间工人
3	李久成	动力室机电工人
4	陈玉顺	汽车修理工
5	彭永麟	工程师
6	王德之（女）	药房调剂员
7	李庆有	汽锅车间工人
8	韩九福	碾碎车间工人
9	吴显廷	汽车司机

续表

石油十厂（5人）		
序　号	姓　名	职　　务
1	袁中华（女）	医生
2	韩有恒	司机
3	白世华	材料员
4	张饴仁	材料员
5	张传镰	采购员
兰州炼油厂（3人）		
序　号	姓　名	职　　务
1	戴玉如	工程师
2	薛振东	土建检查员
3	张友石	工程师
上海炼油厂（9人）		
序　号	姓　名	职　　务
1	陈鑫生	机修主任
2	何永德	机修车工
3	印兆良	司炉工
4	胡荣军	管工
5	王德祥	材料员
6	施元狗	卸油工
7	陈孟初	炼油裂化车间主任
8	施关其	司炉工
9	邵振宇	动力室仪表技术员
第一建筑安装公司（12人）		
序　号	姓　名	职　　务
1	王贵岭	起重主任
2	董焕福	钳工班长
3	许依仁	技术员
4	王勇德	技术员
5	孙发深	铆工段长
6	陆怀春	起重班长
7	乔洪茹	管工班长
8	马德才	瓦工班长
9	卞玉信	架子工班长
10	涂秀森	管工
11	姚国栋	火焊调度
12	庞守则	木工

续表

第二建筑安装公司（3人）		
序　号	姓　名	职　　务
1	谢慧田（女）	技术员
2	王同伦	技术员
3	赵桂林	施工长
第四建筑安装公司（8人）		
序　号	姓　名	职　　务
1	马　松	材料员
2	冯　锦	铆工班长
3	关　璇	瓦工班长
4	胡　祥	木工组长
5	罗金德	木工组长
6	蓝其礼	三合土组长
7	林　强	工地副主任
8	梁　源	瓦工班长
第五建筑安装公司（7人）		
序　号	姓　名	职　　务
1	杜恩山	锻工班长
2	马玉田	管工组长
3	董凤停	计器工人
4	蔡德元	超重工工段长
5	王佐臣	瓦工组长
6	王广仁	第二工程队队长
7	张景弼	工段长
第一石油机械厂（8人）		
序　号	姓　名	职　　务
1	刘名声	气焊工
2	韩丙年	锻工生产组长
3	高振甲	锻工生产组长
4	陈玉坤	钳工生产组长
5	田　树	木工生产组长
6	代长江	车工
7	刘名福	技术员
8	常茂生	技术员

续表

石油设计局（8人）		
序　号	姓　名	职　　务
1	李树均	设计技术员
2	邵祖光	技术员
3	高　士	工程师
4	徐培钰	技术员
5	罗素琴（女）	描图员
6	郑秉强	技术员
7	廖明道	技术员
8	俞光辉	测量工
第一器材厂（4人）		
序　号	姓　名	职　　务
1	孙宝贵	材料员
2	李怀全	管理员
3	张家源	副科长
4	吴德林	技术员
天津石油学校（2人）		
序　号	姓　名	职　　务
1	郑恩锡	学科主任
2	陶立本	学科主任
双城计划经济学校（1人）		
序　号	姓　名	职　　务
1	刘仁舟	经济地理组教员
抚顺第一石油学校（2人）		
序　号	姓　名	职　　务
1	刘　磊	政治学科主任
2	张振华	机械科主任
广州石油学校（1人）		
序　号	姓　名	职　　务
1	张焕然	教师
天津供应处（1人）		
序　号	姓　名	职　　务
1	王　凯	办事员
西安石油学校（2人）		
序　号	姓　名	职　　务
1	姜宗雯	电工教员
2	杨趾祥	实习工厂副厂长

续表

培黎石油技工学校（1人）		
序　号	姓　名	职　务
1	徐兰曾	教师
北京石油地质学校（2人）		
序　号	姓　名	职　务
1	王树强	教学教员
2	张庆芳	总务科职员
北京石油炼制研究所（1人）		
序　号	姓　名	职　务
1	吴宝琛	副总工程师
石油工业部机关（6人）		
序　号	姓　名	职　务
1	何振鹏	炼油处副主任工程师
2	郭展雄	炼油司工程师
3	潘永奎	技术员
4	施鸿照	副科长
5	李国玉	翻译员
6	路美倚（女）	保育员

五、1960年大庆会战五面红旗人员名单

序号	姓　名	工作单位及职务
1	王进喜	1205钻井队队长
2	马德仁	1202钻井队队长
3	段兴枝	1247钻井队队长
4	薛国邦	采油队队长
5	朱洪昌	工段长

六、1966年石油工业部五好标兵人员名单

序号	姓　名	工作单位及职务
1	王进喜	大庆油田钻井指挥部副指挥
2	张洪池	大庆油田钻井测井队指导员
3	刘文章	大庆油田指挥部副总工程师
4	薛桂芳（女）	大庆油田钻井家属生产队指导员
5	马德仁	大庆油田运销处副处长
6	段兴枝	大庆油田钻井指挥部副指挥
7	薛国邦	大庆油田采油一部副指挥
8	朱洪昌	炼厂建设工程公司政治部主任
9	魏光荣	四川石油管理局32139钻采队副指导员
10	克尤木·买提尼牙孜	新疆石油管理局井下作业处钻井员
11	何全珍（女）	玉门石油管理局医院护理员
12	毛鹏飞	兰州炼油厂副厂长
13	王建中	胜利油田（九二三厂）3219钻井队司钻
14	申友武	胜利油田（九二三厂）井下作业四队作业工
15	石岳增	玉门石油管理局采油一油矿采油班长
16	王信武	四川石油管理局3269钻采队副队长
17	高清岚	石油科学研究院副院长
18	陈俊德	西安石油仪器厂三车间主任
19	王兆华（女）	大庆油田炼油厂司泵工
20	郭孟和	玉门石油管理局工会主席
大庆油田		
序号	姓　名	工作单位及职务
1	雷发瑞	32139钻井队指导员
2	赵　富	油建指挥部饲养员
3	周占鳌	油建一中队管工班长
4	刘明田（女）	采油一部综合二队井长
5	李生福	油建管道预制厂厂长
6	陈淑英（女）	采油一部综合六队井长
7	金绍康	运输十一车队司机
8	王立柱	油建指挥部起重工
9	侍广州	总机车车工
10	陈世玉	供应指挥部工程师
11	辛玉和	采油一部综合四队队长

续表

序号	姓　名	工作单位及职务
12	邵成祖	井下作业八号车长
13	宁第森	炼厂仓库保管员
14	韩建树	总机厂修理工
15	陈洪群	炼厂操作工
16	李　玉	油建一大队食堂管理员
17	姚建纲	32139钻井队司钻
18	张云清	钻井指挥部指挥
19	伎茂春	井下作业一队作业工
20	陈茂汗	钻井党委副书记
21	潘凤岐	采油一部井长
22	侯祖耀	井下作业指挥部副指挥
23	韩荣华	水电党委副书记
24	方新元	采油二部南一站站长
25	李天照	采油二矿副矿长
26	潘兴国	研究院开发室副主任
27	杨春文	钻井指挥部副指挥
28	黄彦英	炼建指挥部起重班长
29	奚华亭	运销生产办公室主任
30	蔡　升	设计院一室副主任
31	张　贵	水电指挥部副指挥
32	胡法莲（女）	采油一部综合四队采油工
33	马定帮	水电指挥部电工
胜利油田（九二三厂）		
序号	姓　名	工作单位及职务
1	单起华	32120钻井队队长
2	丁华生	1807钻井队司钻
3	王鸣凤	1807钻井队指导员
4	姜永吉	油建指挥部拖拉机手
5	曾庆斌	运输指挥部管理员
6	李宏瑛（女）	钻井指挥部实习员
7	刘篤才	济南柴油机厂车工
8	陈志琪	上海机修厂电工
9	周永贵	运输指挥部司机

续表

序号	姓 名	工作单位及职务
10	杨友生	运输指挥部司机
11	林宝进	地球物理站站长
12	李生虎	供应指挥部保管员
兰州炼油厂		
序号	姓 名	工作单位及职务
1	尚文章	汽车运输队队长
2	尼世经	安装公司副指导员
3	罗学信	机械分厂钳工
4	林德山	常减压车间副主任
5	王生联	氧化沥青车间操作工
玉门石油管理局		
序号	姓 名	工作单位及职务
1	葛占魁	井下作业处井架安装班长
2	孙育德	运输处司机
四川石油管理局		
序号	姓 名	工作单位及职务
1	闵志荣	3235钻采队队长
2	王芝顺	油建指挥部管工班长
3	陆农年	32122钻采队队长
4	史秀才	1812钻采队队长
5	封大华	隆昌矿区指挥部炭黑工
6	陈子琪（女）	地质指挥部所地质师
7	付文凯	川南矿区指挥部技师
8	马蔚英（女）	地质指挥所开发室副主任
9	杨乃强	井下作业指挥部测井工程师
10	张永庆	32111钻井队
11	王 平	32111钻井队
12	罗华泰	32111钻井队
13	吴仲启	32111钻井队
14	王祖明	32111钻井队
15	罗木全	32111钻井队
大港油田（六四一厂）		
序号	姓 名	工作单位及职务
1	臧成平	3258钻井队副队长

续表

序号	姓　名	工作单位及职务
2	黄元龙	井下作业八队发电工
3	于广生	32147钻井队柴油机司助
4	胡兴芳	六四六厂229地震队炊事员
5	邵洪第	六四六厂216地震队放线工
6	周林其	六四六厂220地震队钻工
新疆石油管理局		
序号	姓　名	工作单位及职务
1	刘光浩	供水大队维护班长
2	依米提那斯尔	油田维修公司装卸班长
青海石油管理局		
序号	姓　名	工作单位及职务
1	范万群	运输处司机
2	王自寿	3278钻井队司钻
3	朱　钧	器材库材料员
4	高虎子	冷湖油矿采油四队采油工
5	黄进明	冷湖油矿采油六队采油工
茂名石油公司		
序号	姓　名	工作单位及职务
1	曹显生	检修车间指导员
2	周克益	工程处二队副队长
3	谭光芬	炼制车间裂化工段副段长
4	权思和	原油车间操作工
延长油矿		
序号	姓　名	工作单位及职务
1	高锦义	机电车间车工
石油一厂		
序号	姓　名	工作单位及职务
1	岳增才	东原油车间一部炉班长
2	王文才	西原油车间操作工
3	李长海	热裂化车间操作工
石油二厂		
序号	姓　名	工作单位及职务
1	何国龙	供应科工程师
2	钱素英（女）	运销科泵工

续表

序号	姓　名	工作单位及职务
3	赵德福	检修车间铆工组长
4	李长良	催化裂化车间副班长
石油三厂		
序号	姓　名	工作单位及职务
1	李树生	第四车间指导员
2	贺明柱	机修车间焊工班长
石油五厂		
序号	姓　名	工作单位及职务
1	吕　升	旧料加工队指导员
2	张海兰（女）	家属委员会主任
序号	姓　名	工作单位及职务
3	管春风	铸造车间焊工
4	阎金山	丙烷脱沥青车间操作工
石油六厂		
序号	姓　名	工作单位及职务
1	孙学顺	设计研究所运转工
2	齐福玉	动力车间大班班长
石油七厂		
序号	姓　名	工作单位及职务
1	于文凤（女）	溶剂脱蜡车间泵工
2	李秀堂	检修车间焊工班班长
南京炼油厂		
序号	姓　名	工作单位及职务
1	赵日友	服务公司副指导员
2	王选金	油品车间成品班班长
3	郝传琨	常减压车间操作工
炼厂建设工程公司		
序号	姓　名	工作单位及职务
1	王道昌	机具厂大炉组长
2	林金亭	副经理
石油运输公司		
序号	姓　名	工作单位及职务
1	杨成年	一分公司三区队副区队长
2	孟翠英（女）	一分公司修保厂修车班班长
3	伍中顺	运输公司修配厂修车工
4	潘守美	职工医院护士长
5	齐文炳	一分公司三区队分队长

续表

第一机械厂		
序号	姓 名	工作单位及职务
1	常茂生	生产办公室副主任
2	田 树	铆焊车间铆工
宝鸡钢管厂		
序号	姓 名	工作单位及职务
1	李相阁	技术员
2	秦守智	机修车间主任
咸阳钢管钢绳加工厂		
序号	姓 名	工作单位及职务
1	何 奎	钢管车间副指导员
石油科学研究院		
序号	姓 名	工作单位及职务
1	闵秦麟（女）	油田开放室工程师
抚顺石油研究所		
序号	姓 名	工作单位及职务
1	孙永孝	修造车间副指导员
北京石油设计院		
序号	姓 名	工作单位及职务
1	陈自光	副院长
抚顺石油设计院		
序号	姓 名	工作单位及职务
1	谢振中	工程师
2	陈俊武	副总工程师
石油工业部机关		
序号	姓 名	工作单位及职务
1	孙立丰	行政处副科长
2	丘桂娴（女）	基建司档案员

七、先进集体名单

授予年份	荣誉称号	获奖者单位	授予单位
1964	“高度觉悟、严细作风”采油队	大庆采油三矿四队	石油工业部
1965	“深井能手”	塔里木3255钻井队	石油工业部
1966	“无产阶级革命英雄主义”钻井队	四川石油管理局32111钻井队	石油工业部
	“优质快速红旗”钻井队	大庆会战指挥部1202钻井队	石油工业部
		大庆会战指挥部1205钻井队	石油工业部
1966	石油工业部五好红旗单位标兵	81个单位（名单略）	石油工业部

中国石油组织史资料

第一卷（中）

国家部委时期

（1970.6—1978.3）

中国石油天然气集团公司人事部
中国石油天然气集团公司办公厅 编

石油工业出版社

目　录

中　册

第三编　燃料化学工业部（1970.6—1975.1）

第四编 石油化学工业部（1975.1—1978.3）

第三编
燃料化学工业部
（1970.6—1975.1）

综　述

1970年，国家开始新一轮以下放企业、实行包干制和精简机构为主要内容的工业管理体制改革。包括大庆油田等石油企业在内的许多中央直属大型企业都陆续下放给地方管理或实行双重管理，中央直属企事业单位由10533个减至1674个，中央直属企业在工业总产值中的比重从42.2%降至6%。为配合经济管理体制的变革，国家对政府机构和人员编制也进行大规模的撤并和压缩，决定将石油工业部、化学工业部、煤炭工业部合并，组建燃料化学工业部，石油工业的管理体制也随之发生改变。1970年至1975年期间，国家正处于“文化大革命”中后期，在周恩来、邓小平等领导的大力支持和关怀下，石油战线广大干部职工以各种形式，对“文化大革命”的干扰破坏进行坚决抵制和斗争，在极其困难的条件下努力工作、坚持生产，使石油工业成为当时发展最为迅速的行业，并带动了中国现代石油化工工业的迅速崛起，在国民经济建设中发挥了重要作用。

一、燃料化学工业部的成立和石油企业组织机构沿革

经过1966年至1968年“文化大革命”初期最混乱的三年，到1969年4月中共九大召开前后，国内社会局势开始逐渐稳定下来，中央开始落实毛泽东提出的“虚君共和”思想，决定向地方下放工业经济管理权限。同时，为了与“四五”计划提出的大办“五小”企业，建设不同水平、各自特点、各自为战、大力协同的经济协作区和各省区市的地方工业体系目标相适应，国家开始进行经济管理体制改革。这次改革的主要内容是调整国家与企业之间的关系，将中央直属企事业单位下放地方管理，并相应下放财政管理权、物资管理权、基本建设管理权等，同时对国家经济管理机构进行精简合并和改革。

1970年6月22日，中共中央批准的《关于国务院各部门建立党的核心小组和革命委员会的报告》中指出：国务院各部委、直属机构由原来的90个精简

合并为27个，各部委的干部编制总数压缩82%；在落实国家计划的工作中，国务院各部委所属各企事业单位，除极少数一时不宜下放外，一律都应下放；要继续精简机构，下放工作人员，办好五七学校。按照中共中央的批复精神，石油工业部、煤炭工业部、化学工业部合并，组建燃料化学工业部（以下简称燃化部），并成立燃化部党的核心小组和革命委员会（以下简称革委会）。中共中央任命伊文为燃化部党的核心小组组长、革委会主任，徐今强、王星、王素为党的核心小组副组长，徐今强、王星、王素、沈昌荣、唐克、孙晓风、范文彩为革委会副主任。燃化部革委会由33人组成，其中军代表7人、干部代表9人、群众代表17人、女代表2人。燃化部主要负责包括煤炭、石油在内的燃料和化学工业的发展建设工作，业务上归口新组建的国家计划委员会管理，原来归口管理石油工业的中央工业交通政治部同时撤销。

7月1日，燃料化学工业部革委会正式成立，同时撤销石油工业部军管会。

燃化部成立时，经国务院批准，将原来石油、煤炭、化工3个部机关的58个司局精简为15个大组：办事组、政工组、综合计划组、财务组、石油勘探开发组、化工生产组、炼油生产组、煤炭生产组、煤炭勘探开发组、产品分配组、对外联络组、科学技术组、基本建设组、机械制造组、供应组，原3个部机关人员由3940人减至830人，其余人员下放到五七学校和基层单位工作。机关办公地址在北京市北郊六铺炕原石油工业部办公楼。

成立初期，燃化部直属和实行以部为主双重领导的石油工业单位有16个：新疆石油管理局、六四六厂、第二机械厂、第五机械厂、工程建设红旗总队、工程建设东方红总队、运输公司、林木运输站、汉平运输站、东风贮备库、红旗贮备库、石油科学研究院、石油科学技术情报研究所、北京设计院、展览工作室、潜江五七学校。实行以地方为主的双重领导或完全由地方领导的石油工业单位有42个：大庆石油会战指挥部、九二三厂、华北石油勘探指挥部、辽河石油勘探指挥部、扶余油矿、玉门石油管理局、青海石油管理局、四川省石油管理局、五七油田会战指挥部、延长油矿、云南省石油会战指挥部、抚顺石油一厂、抚顺石油二厂、抚顺石油三厂、石油五厂、石油六厂、大连石油七厂、兰州炼油厂、南京炼油厂、茂名石油公司、北京石油化工总厂、山东石油化工建设指挥部、上海炼油厂、长岭炼油厂、杭州炼油厂、前郭炼油工程建设会战指挥部、盘锦三厂建设指挥部、沧州石油化工厂建厂筹建处、哈尔滨市石油化工会战指挥部、兰州化学工业公司、吉林化学工业公司、陕西省宝鸡石油机械厂、宝鸡钢管厂、咸阳钢管钢绳厂、抚顺石油机械厂、西安石油仪器厂、西安石油仪器二厂、上海第四石油机械厂、石油化工设备预制厂、西南石油学院、华东石油学院、东北石油学院。

1971年5月7日，中共中央决定，康世恩任燃化部党的核心小组第一副组长、革委会第一副主任。9月，伊文调出，由康世恩代理燃化部革委会主任和党的核心小组组长职务。

燃化部时期，许多下放的石油、煤炭、化工企业因地方管不了或者不愿意接收，还得由中央代管，所以燃化部只能按照石油、煤炭、化工三块业务，分别继续履行原来的管理职能，除领导机构和综合性部门外，三块业务在具体的工作部署、生产运行、业务指导、行业统计等方面实际上是名合实分，仍实行分条管理。期间，根据国家经济管理体制、领导体制调整的要求，结合石油化工工业和煤炭工业生产建设实际，燃化部机关工作机构和石油工业企业组织机构多次进行调整。

（一）健全机关工作机构，对分管的工业企业加强管理

1970年7月，燃化部决定潜江五七学校由政工组和办事组共同领导。10月，以化工生产组与科学技术组的军工业务为基础成立军工生产组。1971年4月，根据中共中央要求和周恩来总理关于进一步缩小机构、精减人员的多次讲话精神，燃化部党的核心小组通过关于机关体制调整和各大组负责干部安排配备的决定，将机关部门合并调整为13个大组。其中财务组与综合计划组合并为综合计划组，内设基建财务组和生产财务组；炼油生产组与化工生产组合并为炼油化工生产组；机械制造组与供应组合并为供应制造组；军工生产组改组为化工生产二组。同时，对各大组的领导班子进行调整。

1972年5月，供应制造组分设为供应组和机械制造组，定员各45人。6月，科学技术组更名为科技教育组，增设财务劳动组、化肥生产组、华北协作组，并对机关各大组领导班子进行充实调整。

1973年1月，燃化部决定成立燃化部外事领导小组，统一领导引进技术装备、援外和出口等外事方面的工作。2月，为加强物资供应管理工作，将供应组改组为物资供应管理局。10月，为加强化工进口项目工作，成立化工进口项

目办公室，负责化工进口项目设备、材料引进的组织工作。11月，机关增设医药局筹备小组。12月，为加强对参加石油化工建设的解放军基建工程兵的管理，成立工程兵办公室。同时为更好地在煤矿推行综合机械化，加快我国煤矿技术改造，组织好引进设备的矿务局参加会战，抓好综合机械化队伍的思想建设、组织建设和技术培训等工作，燃化部决定成立煤矿综合机械化会战指挥部。

1974年2月，为了加强化工进口项目建设的领导，将化工进口项目办公室改组为化工进口项目建设会战指挥部。4月，正式成立医药局。

到1974年底，燃化部机关设职能部门21个：办事组、政工组、综合计划组、财务劳动组、石油勘探开发组、炼油化工生产组、化工生产二组、煤炭生产组、煤炭勘探开发组、产品分配运销组、对外联络组、科技教育组、机械制造组、物资供应管理局、基本建设组、华北协作组、化肥生产组、化工进口项目建设会战指挥部、医药局、工程兵办公室、煤矿综合机械化会战指挥部。

（二）根据生产建设需要，组建和调整部分石油企事业单位机构

1970年7月，安徽省石油勘察处正式成立，由安徽省和燃化部双重领导，以安徽省为主。8月，扶余油矿更名为七〇油田、石油科学技术情报研究所更名为科学技术情报研究所；成立东北地区八三工程会战指挥部，由燃化部和沈阳军区双重领导。9月，辽河石油勘探指挥部更名为三二二油田，并先后成立武汉石油化工厂建设指挥部、天津市第一石油化工厂、安徽炼油厂指挥部。10月，浙江省第五地质大队成立，由浙江省重工业局领导；燃化部将工程建设东方红总队成建制下放至北京市化工局，并更名为北京市化工建筑安装公司，实行以地方为主的双重领导；第二机械厂下放至河南省管理，实行以地方为主的双重领导；林木运输站下放至广西壮族自治区，实行以地方为主的双重领导。11月，成立长庆油田会战指挥部，由兰州军区领导，业务上接受燃化部指导；长岭炼油厂划归中国人民解放军总后勤部企业部二三四八工程指挥部领导，命名为二三四八工程指挥部第三筹建处；第五机械厂下放至地方管理，并更名为承德石油机械厂，主要生产石油专用电机；以北京设计院和化工第一设计院为主抽调有关人员组建石油化工设计院。

1971年2月，贵州石油勘探指挥部从四川石油管理局分离出来，改由贵州省燃料化学工业局管理；石油科学研究院所属抚顺石油研究所上划燃化部直接领导。3月，燃化部将新疆石油管理局下放至新疆维吾尔自治区管理，并更

名为新疆维吾尔自治区石油管理局；在东北地区八三工程会战指挥部基础上成立东北输油管线指挥部，由燃化部和沈阳军区双重领导；沧州石油化工厂建厂筹建处更名为河北省沧州石油化工厂。4月，成立济南炼油厂筹建处。5月，南京炼油厂更名为南京石油化工厂；安庆石油化工厂正式成立；大庆油田所属大庆炼油厂更名为大庆石油化工总厂。6月，九二三厂更名为胜利油田；二三四八工程指挥部第三筹建处更名为三一〇一厂。8月，石油科学研究院更名为石油化工科学研究院兼六二一厂。9月，成立天津市石油化工总厂工程指挥部；安徽省石油勘察处更名为安徽省石油勘探处；宝鸡钢管厂更名为陕西省宝鸡石油钢管厂，咸阳钢管钢绳厂更名为陕西省咸阳石油钢管钢绳厂，西安石油仪器厂更名为陕西省西安石油仪器一厂，西安石油仪器二厂更名为陕西省西安石油仪器二厂；北京设计院军管组撤销北京设计院革委会，北京设计院的名称停止使用。10月，燃化部决定成立燃料化学工业出版社，与科学技术情报研究所合署办公。12月，济南炼油厂筹建处更名为济南石油化工厂筹建处，第二机械厂更名为河南省南阳石油机械厂。

1972年1月，广西重工业公司第十地质队改组为广西石油普查勘探队，改由广西壮族自治区燃料化学工业局管理。3月，正式成立盘锦炼油厂。4月，燃化部征得武汉军区党委和湖北省委同意，撤销五七油田会战指挥部，成立江汉石油管理局，由燃化部和湖北省双重领导，以燃化部为主；燃化部批复同意成立南阳石油勘探指挥部，由燃化部和河南省双重领导，以燃化部为主；正式成立吉林省白城地区前郭炼油厂；林木运输站更名为广西壮族自治区石油化工安装公司。5月，浙江省第五地质大队更名为浙江省石油地质大队；撤销哈尔滨石油化工会战指挥部，成立哈尔滨石油化工厂筹建处；燃化部决定将石油化工科学研究院兼六二一厂的地质研究部分分立，成立石油勘探开发规划研究院。6月，撤销山东石油化工建设指挥部，成立山东胜利石油化工总厂；撤销潜江五七学校。7月，以石油化工设计院为基础组建石油化工规划设计院；石油化工科学研究院兼六二一厂的炼油化工研究机构独立，成立石油化工科学研究院；六二一厂独立建制，由石油化工科学研究院领导。8月，胜利油田更名为胜利油田会战指挥部；华北石油勘探指挥部更名为华北石油会战指挥部；燃化部批复同意建立北京电机修造厂筹建处。9月，六四六厂更名为石油地球物理勘探局；北京市化工建筑安装公司划归北京石油化工总厂。11月，燃化部石油五厂更名为锦西石油五厂、燃化部石油六厂更名为锦州石油六厂。12月，燃化部商得河南省革委会同意，决定将河南省南阳石油机械厂更名为燃化部第二石油机械厂，为燃化部直属处级单位，由南阳石油勘探指挥部代管。

1973年2月，为恢复南海石油勘探工作，燃化部决定成立南海石油勘探筹备处，由茂名石油公司领导；撤销哈尔滨石油化工厂筹建处，恢复组建哈尔滨市石油化工会战指挥部；将驻疆运输公司第一分公司更名为石油运输公司。4月，工程建设红旗总队更名为第一石油化工建设公司；经国务院批准，燃化部成立石油天然气管道局，统一管理全国石油天然气管道建设和生产工作。5月，三二二油田更名为辽河石油勘探局。6月，成立吉林省石油会战指挥部，由吉林省和燃化部双重领导，以吉林省为主；成立广州石油化工总厂建设指挥部，由广东省和燃化部共同领导，以广东省为主；以中国人民解放军总后勤部化工生产管理局下属二三四八工程指挥部五七总队（六大队除外）为基础组建燃化部第四石油化工建设公司。7月，江汉石油管理局工程处独立建制，组建为燃化部第五石油化工建设公司。11月，南阳石油勘探指挥部更名为河南石油勘探指挥部。12月，成立天津市石油化工总厂筹建处。

1974年1月，抚顺市决定将石油化工设备预制厂与抚顺石油化工机械修配厂合并，组建抚顺市石油化工设备修造厂。4月，广州石油化工总厂建设指挥部更名为广州石油化工厂建设指挥部。9月，成立浙江炼油厂筹建处。11月，燃化部决定江汉石油管理局荆门炼油厂设计研究所的设计部分由湖北省迁至河北省石家庄市，组建燃化部炼油设计院。

截至1974年12月，燃化部直属和实行以部为主双重领导的石油工业单位有21个：石油地球物理勘探局、石油天然气管道局、江汉石油管理局、河南石油勘探指挥部、东北输油管线指挥部、第一石油化工建设公司、第四石油化工建设公司、第五石油化工建设公司、第二石油机械厂、北京电机修造厂筹建处、石油运输公司、汉平运输站、东风贮备库、红旗贮备库、石油勘探开发规划研究院、石油化工科学研究院、科学技术情报研究所（燃料化学工业出版社）、炼油设计院、石油化工规划设计院、抚顺石油研究所、展览工作室。实行以地方为主的双重领导或完全由地方领导的石油工业单位有56个：大庆石油会战指挥部、胜利油田会战指挥部、华北石油会战指挥部、辽河石油勘探局、吉林省石油会战指挥部、新疆维吾尔自治区石油管理局、玉门石油管理局、青海石油管理局、四川省石油管理局、长庆油田会战指挥部、延长油矿、云南石油勘探指挥部、安徽省石油勘探处、浙江省石油地质大队、贵州石油勘探指挥部、广西石油普查勘探队、抚顺石油一厂、抚顺石油二厂、抚顺石油三厂、锦西石油五厂、锦州石油六厂、大连石油七厂、兰州炼油厂、南京石油化工厂、茂名石油公司、北京石油化工总厂、山东胜利石油化工总厂、上海炼油厂、三一〇一厂、杭州炼油厂、吉林省白城地区前郭炼油厂、盘锦炼油厂、河北省沧州石油化工厂、哈尔滨市石油化工会战指挥部、天津市第一石油化工厂、武汉石油化工厂建设指挥部、安庆石油化工厂、济南石油化工厂筹建处、天津市石油化工总厂筹建处、广州石油化工厂建设指挥部、浙江炼油厂筹建处、兰州化学工业公司、吉林化学工业公司、陕西省宝鸡石油机械厂、陕西省宝鸡石油钢管厂、陕西省咸阳石油钢管钢绳厂、抚顺石油机械厂、陕西省西安石油仪器一厂、陕西省西安石油仪器二厂、抚顺市石油化工设备修造厂、广西壮族自治区石油化工安装公司、上海第四石油机械厂、承德石油机械厂、西南石油学院、华东石油学院、东北石油学院。

1975年1月，第四届全国人大第一次会议决定撤销燃料化学工业部，分别成立煤炭工业部和石油化学工业部。

二、石油工业发展战略及主要工作

燃化部成立时，国民经济正处在治“乱”和恢复计划工作后的关键时期，国家对石油的需求更加紧迫。针对大多数石油企业下放地方管理和当时国家经济体制管理的实际情况，燃化部在继续总结推广大庆石油会战模式和以往会战经验的基础上，又成功组织了一系列石油勘探和管道建设的会战，石油会战管理模式在全国石油战线得到全面推广，全国原油产量高速增长。

1970年11月20日至12月10日，燃化部与国家计划委员会物资局联合组织召开全国化工“抓革命、促生产”会议，提出为实现1971年和“四五”期间发展燃料化学工业的总方针，要坚决落实毛泽东“工业学大庆”的决策，进一步发扬大庆精神，走大庆道路；以战备为纲，集中力量，加快战略后方燃料化学工业的建设；搞好综合平衡，克服薄弱环节，加速经济协作区燃料化学工业的配套建设；狠抓资源的勘探、开发、利用和设备制造，加速燃料化学工业的基础建设；狠抓综合利用，大搞多种经营；坚持走政治建厂的道路，提高企业管理水平。1970年，全国原油产量突破3000万吨，达到3064万吨。

1971年7月12日至9月2日，全国燃料化学工业会议召开，李先念副总理在会上发表讲话。会议强调，石油工业要继续抓紧江汉油田会战，加速甘肃庆阳地区的勘探，积极在四川开发天然气和寻找石油，迅速建设大三线地区的战备石油基地；大力开展天津大港和山东广饶地区的石油会战，增加原油产量；开展渤海湾海上勘探，加强科学研究，打开海上采油的突破口；在地质条件较好的省区要积极找油，增加后备资源。

1972年10月15日至11月20日，燃化部全国石油勘探开发技术座谈会在胜利油田召开。会议总结断陷盆地断块油田勘探经验，研究寻找古生界石灰岩油藏问题，确定华北石油勘探指挥部的勘探方针是“大战凸起、猛攻灰岩”。同年，燃化部派先遣队到广东茂名，再次进行南海石油勘探。

1973年3月，国务院作出“全面开发大庆油田、两年建成喇嘛甸油田”的决定。8月，燃化部在玉门油田召开石油工业“抓革命、促生产”现场会议。当年全国原油产量突破5000万吨，达到5361万吨。

1974年11月，国家计划委员会地质局和燃化部在广东佛山联合召开南方十省区石油普查勘探座谈会。

燃化部时期，石油工业高速发展，并取得了巨大成就。

（一）组织开展一系列新的石油会战

组织开展江汉石油会战。1969年6月，国务院批准在江汉开展石油会战。1970年9月，江汉盆地王场、张港、广华寺等油田初步建成并投入生产。从1969年8月至1972年5月，参加江汉石油会战的人员共有12.9万人，其中来自40多个石油企事业单位的职工5.28万人、武汉军区和湖北省军区官兵2.56万人、国务院有关部委派出人员1.21万人、地方民兵师3.74万人、原石油工业部机关干部1250人。通过两年多的会战，在地质勘探、油田开发、炼油厂建设、石油机械制造、农副业生产等方面，都取得了显著成绩，实现了江汉石油会战的预定目标：建成年产原油100万吨的生产能力，在河南省南阳地区发现新油田；配套建设的荆门炼油厂初具规模；从敦煌、独山子、大庆迁到江汉油田的石油机械厂和石油仪表厂已达到迁厂前的生产能力，正式投入生产；在石油会战中，组建了石油科研设计机构，开展文化技术教育，使遭到“文化大革命”严重破坏的石油科技教育事业，开始在江汉油田得到恢复和发展。江汉石油会战，不仅在江汉平原上建设起了一个初具规模的综合石油基地，而且保护了石油战线一大批领导干部和技术骨干，扩大和锻炼了石油职工队伍，积累了丰富的工作经验，对石油工业的发展具有十分重要的意义。为加强其他油田的勘探、开发和建设，会战结束后，有1000多名各级领导干部和技术骨干、3万多名职工及900多台机动设备和10多万吨各类物资，分别调往胜利、大港、河南、长庆、吉林等油田及其他石油单位。

组织开展辽河石油勘探会战。1970年2月，国务院批转石油工业部《关于加速下辽河盆地石油勘探的报告》，要求在确保江汉石油会战的前提下，充分发挥石油职工的积极性，自力更生、艰苦奋斗，进一步勘探开发辽河油田。3月，会战开始后，燃化部（早期为石油工业部）先后组织大港、大庆、江汉、长庆等油田的3.6万名职工参加会战，并从辽宁省招收4500多名下乡知识青年和复转军人充实会战队伍。到1975年底，先后发现黄金带、于楼、热合台、兴隆台等油田，辽河油田年原油生产能力达到316万吨。

组织开展陕甘宁石油勘探会战。陕甘宁盆地南部的10多口探井相继钻获工业油流后，为了继续扩大这个地区的勘探成果，1970年9月，燃化部向中央呈报《关于请兰州军区组织陕甘宁地区石油勘探会战的请示报告》，经国务院、中央军委批准后，于11月成立陕甘宁石油勘探指挥部。燃化部为进一步加强陕甘宁地区的石油勘探和开发力量，在原玉门油田和新疆油田在陇东、渭北的万余人勘探队伍和设备的基础上，又陆续从四川、胜利、青海、江汉等油田和石油地球物理勘探局、运输公司抽调6000多名职工和设备，支援陕甘宁石油勘探会战。经中央军委批准，兰州军区抽调600多名军队干部和2万名复员军人参加石油会战，从而在陕甘宁地区初步集中了5.24万人的会战队伍，展开大规模的石油勘探和开发。到1975年9月，发现、探明了马岭、红井子等油田，扩大了南部侏罗系含油范围，初步确定了南部中生界天然气储量。

组织开展吉林石油勘探开发会战。为加速吉林油田勘探开发，1970年初，吉林省和石油工业部军管会决定，共同组织力量全面开发扶余油田。5月，吉林省抽调1万余名下乡知识青年和近千名解放军官兵投入会战，后被称为“七〇石油大会战”。1973年，燃化部从江汉油田抽调3000多名职工和相应设备，1975年从大庆油田抽调500名职工，先后参加石油勘探会战。到1975年底，在全面开发建设扶余油田的同时，先后探明红岗、木头、新北、新立等4个油田，发现双坨子、大安、新民等含油构造，扶余油田年原油生产能力达到200万吨。

此外，全国其他油区的勘探开发也有新的发现和进展。1971年10月，海洋勘探指挥部在渤海建成4号固定钻井平台，完钻海4井，发现海4油田——渤海海域第一个油田。1972年3月，江汉石油会战结束后，燃化部将会战队伍抽调到胜利、大港等油田参加会战，加大在河南南阳、广西百色、苏北盆地和四川川南、川西北、川东等地区的勘探力量，并取得显著成果。1973年越南战争结束后，燃化部决定重新上马南海项目，在广东湛江成立南海石油勘探筹备处，并从陆地油田调派技术人员和设备，开始对南海进行油气勘探和开采。但当时国内正处于“文化大革命”的混乱时期，海上勘探开采技术薄弱，技术和资金上存在巨大困难，海洋石油勘探开发进展缓慢。

（二）加强对大庆、胜利等油田的开发调整

组织进行大庆油田开发调整。“文化大革命”期间，由于注水不足，大庆油田地下形势恶化，出现油层压力下降、油井产量下降、原油含水上升“两降一升”的被动局面。1970年4月，根据周恩来总理的指示精神，开始对大庆油田的开发进行调整，从1971年起恢复每年一至两次的地下情况大调查，重新核实并补充大量资料和数据，加强资料的录取和分析研究工作，摸清地下情况；逐步恢复“两论”起家的基本功，增强油田调整的针对性；组织抢建843口油水井的会战，对萨尔图和杏树岗油田老区的开发进行调整和挖潜，大打“攻坚啃硬”的进攻仗。到1972年下半年，基本扭转了油田地下形势恶化的被动局面，萨尔图和杏树岗油田的原油产量开始回升，1975年达到3527万吨，比1971年增加858万吨，大庆油田的开发重新进入正常轨道。同时，由于全国煤炭产量下降，很多企业实行“以油代煤”大量烧油，国家能源缺口越来越大。为了适应当时的紧迫需要，1973年3月，国务院作出“全面开发大庆油田、两年建成喇嘛甸油田”的决定，批准大庆油田将原来作为后备的喇嘛甸油田投入开发。大庆油田迅速组织开发喇嘛甸油田会战，4月上钻机、6月上基建，几万名职工支起帐篷大干，98天就产出原油。到1974年底，仅用20个月时间，喇嘛甸油田年生产原油能力达到800万吨，1975年全面投入开发时产量已达到1099.2万吨。1975年，大庆油田原油生产能力达到4443万吨，为上产5000万吨创造了良好条件。

组织进行胜利油田开发调整。针对胜坨油田油藏情况的新认识和生产中遇到的实际问题，从1971年开始，胜利油田对油田开发进行全面综合调整，合理划分开发层系、完善注水系统。1971年，原油产量由1970年的333万吨提高到410万吨。胜利油田根据油田复杂断块油藏的特点，全面开发东辛油田，采用“层间接替，断块接替”的措施，取得良好开发效果。同时，发现临盘、孤岛等一批新油田，并陆续投入生产。1974年9月，胜利油田全面建成，年产原油1257万吨、天然气5.41亿立方米。

组织进行克拉玛依油田开发调整。重点对克拉玛依油田已开发区块进行注水井网、层系、流程的综合调整和挖潜，先后开发建设15个区块。1975年，克拉玛依油田原油产量提高到293.4万吨。

（三）炼油工业快速发展，原油加工能力大幅提升

原油产量持续大幅度增长，为炼油工业的发展和炼油布局的展开提供了资源保障。同时，由于从苏联进口的石油产品数量锐减，出现了全国性的“油荒”。国民经济和国防建设迫切需要从根本上扭转石油产品依靠进口的被动局面，这种国家安全和经济社会发展的要求，为加快炼油工业发展和布局调整提供了动力。从此，炼油工业进入一个大发展时期，炼油工业布局全面展开，炼油厂分布由主要集中在西北、东北和上海，开始向华东其他地区和沿海、沿江地区以及华北、中南地区扩展。国家“四五”计划期间，全国新增原油加工能力2362万吨。到1975年，全国共有35个炼油厂，其中大中型18个，全国原油年加工能力达到6764万吨，已生产出611种石油产品。

为了与油田勘探开发相适应，主要依托油田建设新厂或改造老厂。在东部地区，随着大庆、胜利、江汉、吉林、辽河、大港等油田的开发，燃化部先后对石油一厂、石油二厂、石油三厂、石油五厂、石油六厂、石油七厂、大庆炼油厂和山东胜利石油化工总厂进行扩建和改造。如大庆炼油厂，1970年9月年加工能力扩建到480万吨，并建成合成氨、硝酸铵、丙烯腈等生产装置，同时，在江汉油田附近建成荆门炼油厂。自1971年后，一些地方政府或其他部门在油田附近先后组建6个炼油厂：在大庆油田附近建设林源炼油厂、哈尔滨炼油厂，在大港油田和华北油田附近建设沧州炼油厂，在吉林油田附近建设前郭炼油

厂，依托胜利油田建设济南炼油厂，在辽河油田附近建设盘锦炼油厂。这些炼厂初期一般都采取规模小、投资少、建设快的简单加工模式，后期不断进行扩能。随着西北油田产量的增长，先后对兰州炼油厂、独山子炼油厂和玉门炼油厂进行技术改造。同时，为解决自用油和附近地区油品供应问题，油田企业先后在大港、南阳、长庆马岭和马家滩等地区，建设了年加工能力只有几十万吨的小炼厂。

靠近消费市场建设新厂和扩建老厂，缓解了石油生产资源地与石油产品消费地不相匹配所造成的区域供需矛盾。为解决华东地区的石油产品供应问题，先后扩建上海炼油厂、南京炼油厂；为解决京津和华北地区的石油产品供应问题，扩建北京石油化工总厂，并开工建设年生产能力30万吨乙烯、18万吨高压聚乙烯、8万吨聚丙烯、4.5万吨丁二烯抽提的“四烯”装置；1970年建设天津第一石油化工厂；为缓解中南地区石油产品供应紧张的矛盾，1971年5月，湖南岳阳长岭炼油厂一期工程建成，年加工250万吨的常减压蒸馏、120万吨的催化裂化、60万吨的延迟焦化、15万吨的催化重整装置投产；将原来以加工页岩油为主的茂名炼油厂改建为加工大庆、胜利等油田天然原油的炼油厂。在此期间，国家还初步完成广西南宁、福建福州、宁夏中卫、陕西渭南等4个炼油厂的选址工作，后因原油供应紧张和运输等问题停止建设。

配合石油化工和钢铁工业的发展加快建设新厂，充分发挥炼油工业对相关工业部门的原料供应及能源保障作用。20世纪70年代，在大力发展炼油工业的同时，为解决全国人民的吃、穿、用问题，国家对发展石油化工工业极为重视。配合当时从国外引进的中小型乙烯装置和合成纤维生产的需要，分别在上海石油化工总厂（1974年1月开工建设，其中年产11.5万吨乙烯等9套装置从日本和联邦德国引进，另9套装置由国内配套）、辽阳石油化学纤维总厂（后更名为辽阳石油化纤公司）和吉林化学工业公司配套建设炼油厂。根据增产化肥支援农业生产的需要，1974年前后，建设安庆、广州、浙江、乌鲁木齐等炼油与大化肥结合的炼油厂，这几个厂除炼油生产装置外，还建有引进的30万吨合成氨、52万吨尿素成套装置，以炼厂油气资源生产化学肥料。与此同时，为支援钢铁工业发展，1972年、1974年，先后建设鞍山、武汉原油拔头型炼油厂，主要为鞍钢、武钢提供燃料油。这一时期，除上述大中型炼厂外，延长、克拉玛依、南充、杭州等小型炼厂也都根据自身资源和经济条件，面向国内需求，对各自的工艺技术、产品结构等进行改造调整，形成了各自的产品特色。

由于考虑备战需要，这一时期的一部分新建炼厂按照“靠山、分散、隐蔽”的方针进行选址，给以后的生产、运输等带来了诸多不便。

（四）管道建设、机械制造业快速发展，一批新管线、新机械厂相继建成

随着油田建设的快速发展，一批管道储运设施、机械生产基地等重点项目相继建成，新技术、新设施陆续投入使用，石油工业的整体实力明显增强。

组织八三工程建设会战，开始大规模建设长距离输油管道。为解决大庆原油外运的难题，按照国务院、中央军委《关于建设东北输油管道的通知》要求，1970年8月3日，沈阳军区召开管道建设筹备会议，东北输油管道工程领导小组决定，第一期工程抢建大庆至抚顺输油管道，并在这一天将东北输油管道工程命名为“八三工程”。沈阳军区、燃化部以及大庆油田、四川油田、石油五厂和石油六厂等单位，先后组织20余万人投入八三工程建设会战，1971年9月，一期工程竣工。1971年至1975年期间，又先后建成大庆至铁岭、大庆至大连、铁岭至抚顺、抚顺至秦皇岛、大庆至秦皇岛、秦皇岛至北京、大庆至铁岭（复线）等原油管道。这是中国油气管道建设的第一个发展高峰期，也是中国油气管道发展史上一个重要的里程碑，标志着大庆油田与抚顺、锦州、锦西、大连、北京等地区的炼油厂及河北省秦皇岛油港、辽宁省大连新港（大庆原油的出口码头）连接起来，东北管网初步建成。

1971年11月，孤岛至东营输油管线建成投产。1973年9月，克拉玛依至乌鲁木齐输油管道工程建成投产。1974年9月，东营至黄岛输油管道建成投产，胜利油田原油首次从海上外运出口菲律宾。“四五”计划期间，共建成14条长距离原油管道，总长度3760千米，基本形成较完整的输油管网。同时，为配合东北原油通过海上运往南方炼厂以及原油出口和成品油进出口的需要，在沿海沿江一些城市建设油运码头，海江水路运输得到逐步发展。据统计，1975年，全国原油运输方式中，管道运输占44.8%，开始占据主导地位，水路运输占22.5%，而铁路运输比例由1966年的66%降至32.7%。在原油管道快速发展的同时，天然气管道也形成了一定规模，长距离成品油管道开始起步。1973年，国家引进大化肥和化纤装置，扩大了天然气的利用规模，大庆、胜利、辽河、大港等油田均进行了供气工程和输气管道的配套建设。1972年 5 月，国务院批准，从青海格尔木至西藏拉萨建设一条长距离成品油输送管线，全

长1080千米，并列为国家重点工程项目。解放军后勤部门克服高原、高寒和常年冻土的难题，于1977年建设完成，成功输送4种5个规格的成品油，为开发多种油品输送工艺积累了经验。到1975年底，国内长距离输油输气管线共4410千米，其中输油管道3340千米、输气管道1070千米。

加快石油机械制造业的技术改造和发展，逐步形成了包括科研、设计、制造、维修等门类比较齐全的石油专业机械制造体系。随着石油生产建设的加快，原有的石油机械修配制造能力已远远不能适应需要，因此有重点地对石油系统所属几个老厂进行技术改造并建设新厂。1970年至1971年期间，独山子机械厂迁至湖北天门县，更名为第三石油机械厂，经过技术改造，由原来生产动力机械配件调整为成套生产采油设备；甘肃敦煌石油运输公司的汽车修理厂迁至湖北江陵，扩建为第四石油机械厂，主要从事井下作业设备的改装和制造；原石油工业部第三石油仪表厂（1966年由大庆油田自动化研究所仪表厂和从西安石油仪器厂抽调部分骨干、设备扩建而成，由大庆石油会战指挥部管理）迁至湖北沙洋，扩建为第三石油仪表厂，主要生产石油钻采仪器仪表。与此同时，对陕西省宝鸡石油机械厂、宝鸡钢管厂、抚顺石油机械厂（原为抚顺第一石油安装公司供应站的一个检修工段，后改造为专业生产炼油配套设备的机械厂）、咸阳钢管钢绳厂、北京石油机械厂（原为北京石油学院的实习工厂，改造后生产液压防喷器控制设备等石油专用设备及钻采配件）也进行改造和扩建。在改造老厂的过程中，为进一步提高石油专用设备的配套制造能力，根据生产需要合理布局，新建了一批独立的机械厂、焊接钢管厂和油田内附属的机械厂、机修厂。1969年至1970年，在河南南阳建立第二石油机械厂，主要生产抽油机、试井车、修井机以及试采专用设备部件；在河北承德建立第五石油机械厂，主要生产石油专用电机。为解决焊接钢管急需的问题，在改造宝鸡石油钢管厂的同时，先后建立辽宁辽阳、山东东营、河北青县、四川资阳、湖北沙市等7个钢管厂。随着油田的快速开发，各油田内部也建立了一批机械厂和机修厂，如大庆油田总机厂、大港油田总机厂、胜利油田总机厂、江汉钻采机械厂、华北油田青县机修厂等。机械工业部、地质矿产部等部委、军工系统和江苏、浙江等省市，为石油工业提供大量的设备和部件，从各方面支援石油工业的建设和发展。如机械工业部兰州石油化工机器厂（国家“一五”计划时期建成的全国重点石油制造企业之一），为石油工业生产了多种钻机、抽油机和炼化设备等。

（五）引进化工技术设备，石油化工工业迅速崛起

石油工业的发展，为现代石油化工的发展奠定了基础，开始改变中国单纯以电石和粮食生产有机化工产品的格局，确立了煤、油、气并举发展化学工业的工作思路。在这个基础上，20世纪70年代初，引进13套大型化肥装置并施工建设北京石油化工总厂、上海石油化工总厂、广州石油化工总厂、南京烷基苯厂等大型工业企业和炼化生产装置，推动了我国石油化工行业迅速崛起，化肥工业和化学纤维工业发展迅速。

1970年初，中国乙烯年产量不到3万吨，乙烯生产水平的落后，制约着石化及下游工业水平的提高。1971年，毛泽东乘专列由上海返回北京的途中，听到一名工作人员讲述在上海买“的确良”布料难的情况，引起了毛泽东的重视。之后，周恩来、毛泽东先后批准引进建设一批石油化工、化纤、化肥装置，以解决人民群众的穿衣吃饭问题。

1971年12月，李先念副总理听取燃化部关于增加原油出口、引进大型化工装置情况的汇报。1972年9月，日本首相访华时提出希望能从中国进口原油，周恩来总理当即表示同意。1973年3月，大庆油田原油首次出口日本，当年中国向日本出口原油101.8万吨。周恩来总理并就此作出指示：“向日本出口100万吨石油一事，一定要办好，要合乎标准。这是中华人民共和国第一次出口石油，千万不能看作小事”。1974年，我国出口原油507万吨，其中出口日本406万吨。1975年，计划出口原油1200万吨，其中出口日本800万吨。此后，随着原油出口的逐年增加，国家外汇紧张的问题得到缓解，为设备引进和先进技术交流打下了基础。

1973年1月2日，国家计划委员会向国务院呈报的《关于增加设备进口、扩大经济交流的请示报告》中提出，应该利用西方处于经济危机的时机，在今后3至5年内引进成套设备和单机，预算为43亿美元①。这个方案被称为“四三方案”。2月，经毛泽东、周恩来同意，中共中央批准这一方案，这是新中国继20世纪50年代引进苏联援助的“156项工程”之后，第二次大规模的技术引进，也是同西方国家经济技术合作的重大突破。“四三方案”实施后，燃

① 之后在这个方案的基础上又追加了一批项目，计划总额51.4亿美元。利用“四三方案”引进的设备，结合国产设备配套，兴建了26个大型工业项目。

化部引进项目最多，包括1套30万吨乙烯设备、2套11.5万吨乙烯设备、4套大型化肥设备，共使用外汇18亿美元。1975年底，北京石油化工总厂（后更名为燕山石化公司）的30万吨乙烯工程，吉林石化11.5万吨乙烯工程，上海石化11.5万吨乙烯工程和涤纶、腈纶等化纤工程，辽阳、天津、四川3个化纤工程，大庆、南京、安庆、岳阳、广州、成都、淄博、沧州、枝江、辽河、泸州、贵州、云南等化肥工程陆续竣工投产。

在执行国家引进大型石油化工技术装备的同时，石油工业有选择地引进国外先进石油技术和设备。1966年以后，石油工业与国外的有限联系陷入停顿。1972年，中国石油代表团到加拿大、法国进行考察，并与日本、美国、瑞典等一些公司开展技术交流和民间贸易往来，先后引进一批数字地震仪、电子计算机、压裂设备、海上地震勘探船、自升式和半潜式钻井平台及海上工程船舶等。1973年4月，海洋勘探指挥部从日本引进“渤海2号”自升式钻井平台，此后陆续引进渤海4号、6号、8号、10号自升式钻井平台和一批三用工作船，并相继投入渤海石油勘探。8月，国务院批准燃化部《关于引进瑞典地下水封石洞油库技术和成套设备的请示》，1974年开始建设第一座地下水封石洞油库。

石油工业当时大规模的技术装备引进，是顶着“四人帮”所谓的“洋奴哲学”、“爬行主义”的巨大压力，在克服难以想象的困难情况下才得以实现。对于促进石油工业技术进步，改善石油化工产品结构，推动石油工业经济发展，满足人民生活需要，发挥了十分重要的作用，也为石油工业的对外开放和了解世界石油工业科技发展状况开启了一个窗口。

（六）开展对外经济技术援助

“文化大革命”期间，燃化部对外交流的活动虽然减少，但对第三世界国家提供经济技术援助却显著增加。1970年至1974年，燃化部根据中国和阿尔巴尼亚两国政府签订的协议，从六四六厂派专家组援助阿尔巴尼亚进行石油天然气勘探。1970年至1975年，派出石油考察组到民主也门、苏丹、尼泊尔、坦桑尼亚、越南民主共和国等进行石油天然气考察。先后援助阿尔巴尼亚、朝鲜、越南民主共和国、柬埔寨、罗马尼亚等国家建设炼油厂、输油管道、油库、分子筛脱蜡装置，以及石油勘探仪器设备的修理设施等。同时，克服受援国工种复杂、人员文化程度参差不齐等诸多困难，为受援国培训15个专业、30多个工种的实习生。20世纪60年代至70年代，石油工业共承担经济技术援助项目20个，受援国家9个，共派出石油工程技术和施工人员累计1409人次，为受援国培训人员约1000人，培训来华实习生589人。石油工业选派的援外人员思想作风好、技术水平过硬，得到受援国一致好评，获得受援国授予的勋章、奖章120多枚。

期间，石油科技工作也取得明显进步。1966年至1969年，许多科研机构被迫解散，科研工作陷入停顿状态，大批科技人员被下放劳动，许多专家受到冲击。进入20世纪70年代，老油田生产中出现了一系列问题，一些新油田在勘探开发中出现的大量科技问题也急需解决。在这种情况下，燃化部在北京组建石油勘探开发规划研究院，老油田科研机构也陆续恢复工作，新油田建立科研院（所），科技工作在油田勘探开发中开始发挥重要作用。

石油工业是“文化大革命”期间中国发展比较快的行业。1975年，全国已探明石油地质储量74亿吨，全国原油产量达到6485万吨（原油生产能力达7800万吨），在世界各产油国家中所占的位置，已由1949年的第30位上升到第13位。全国共有黑龙江大庆、山东胜利、天津大港、辽宁辽河、吉林扶余、新疆克拉玛依、湖北江汉、陕甘宁长庆、四川川中、甘肃玉门、青海冷湖和陕西延长等12个油田。大庆油田成为年产5000万吨的大型企业，胜利、大港、江汉、任丘、渤海等油田的勘探开发和建设工作取得长足进展。建国以来，国家对石油工业累计投资196亿元。同期，石油工业向国家累计上缴580亿元，为国家积累资金384亿元。石油产品出口换外汇在全国出口总收入中的比重，由“三五”时期的0.6%增加到“四五”时期的7.1%，为国家生产建设提供了重要资金保证。正如1981年国务院副总理姚依林在中央党校一次讲话中指出的那样：“‘文化大革命’期间，我们经济上有一个十分重要的物质因素在支持发展，那就是我们石油工业的发展。假如没有这个发展，‘文化大革命’时期的经济会比现在严重得多。我们是依靠石油的支持在发展，甚至包括以后两年，1978年、1979年也是这样。”

三、石油企业管理制度的恢复和发展

燃化部时期，随着石油工业经济的持续快速发展，石油产量和产品不断增加，经济规模迅速扩大，石油工业管理体制也进行了一些改进和调整。虽然这一时期国家对石油企业实行大规模的下放政策，但石油工业整体上实行的仍是高度计划经济管理体制。

（一）恢复企业生产秩序，实行党委领导下的厂长负责制

根据周恩来、邓小平等中央领导整顿企业、加强管理的要求，从1971年开始，石油企业逐步恢复和健全岗位责任制、考勤制度、经济核算制、技术操作规程、质量检验制度、设备管理和维修制度、安全生产制度，并围绕产量、品种、质量、原材料燃料动力消耗、劳动生产率、成本、利润7项经济指标来检查和考核企业。1973年，石油工业进一步加强经济管理，坚持统一计划和综合平衡，加强劳动纪律管理，开始尝试恢复按劳分配，石油企业的经营管理水平和职工积极性得到不断提高。

在恢复生产秩序的同时，企业的管理机构也逐步得到恢复和加强。自1970年下半年开始，石油企业的军管会、军管小组、军宣队、支左等领导机构陆续撤销，“三支两军”[①]人员撤回后，对企业党组织进行调整充实，主要由地方或企业干部担任领导职务。通过整党，燃化部企业重新恢复党的委员会，开始实行党的一元化领导。企业管理组织和管理机构也逐步恢复到与“夺权”以前相类似的状况，企业生产行政工作实行党委领导下的厂长负责制或厂长分工负责制，管理权限集中于企业党委。

（二）坚持石油会战管理体制，对人财物实行统一调度

燃化部成立前夕，当时的石油工业部考虑到石油工业的特殊情况，对企业提出了分类下放的原则：将凡适宜于地方管理，地方又有条件管理的石油企业，下放给地方管理；凡对石油工业生产的发展和起全局性作用的骨干企业，以及国家准备重点发展的石油企业，仍由燃化部直接管理；将科研、设计单位和院校设到厂矿去，走理论与实践相结合、加快培养技术人员的路子。同时，经国务院批准，石油企业下放给地方后，产品方向不变，其生产计划、产品分配等仍由燃化部根据国家统一计划平衡安排，专用原料、材料、设备的供应，在国家物资供应体制未改变前仍由燃化部统一安排解决。下放地方和以地方为主实行双重领导的企业，需承担抽调工人、干部和勘探开发、施工建设队伍支援新

① 三支两军指“文化大革命”期间，军队支左（支持当时被称为左派的群众组织）、支工（支援工业）、支农（支援农业）、军管（对一些地区、部门和单位实行军事管制）、军训（对学生进行军事训练）。

探区会战、新炼油厂建设，培训技术力量，承担全国性科研、新产品试制、援外及协作等任务。这一职能有力保证了后期石油会战的组织实施，虽然客观上石油企业的行政隶属关系发生变化，而生产组织和业务管理始终坚持统一领导。

期间，石油工业继续实行高度集中统一的管理体制，使有限的人力、财力、物力实行统一调拨和平衡，运用集中兵力打歼灭战的战略思想，选准关乎全局的重点方向，通过组织开展石油会战，推动了石油工业快速发展。

（三）加强人事劳资管理

在全国“工业学大庆”的旗帜下，燃化部将一大批下放的领导干部、业务技术骨干、科研人员调回工作岗位，并克服一切困难，为他们安心生产、管理和科研工作创造条件，最大限度地发挥他们的能力和作用。

随着全国生产形势的好转，国家也加强了劳动工资和福利保障管理。1971年7月，为解决生产建设特别是三线建设过程中造成的职工长期两地分居问题，国务院、中央军委下发《关于内地职工家属安置问题的指示》。之后，石油企业接收安排了大量职工家属。11月，国务院决定对一部分工人和工作人员的工资进行适当调整。1970年至1971年，工业生产和国民经济中出现了急功冒进、操之过急的状况，造成1971年国家全民所有制单位职工总人数、工资总额、粮食销售量3项全部突破国家计划，使国民经济出现了危险的征兆。1972年3月，国家计划委员会下发《关于严格控制增加职工，充分挖掘现有劳动力潜力的通知》，9月下发《关于进一步严格控制增加职工的通知》，要求加强党对劳动工资的一元化领导，建立企业编制定员和劳动定额制度，压缩组织机构、非生产人员和脱产职工，对超计划单位实行停止招工，对临时工、季节工实行到期辞退等政策。这一时期，由于石油生产和会战规模的扩大、农副业的发展以及解决家属工等原因，石油工业职工总量也迅速增加，1970年增加职工8万人，1971年增加职工11.8万人。从1972年开始，石油职工数量增幅开始下降，1972年至1974年三年共增加职工11.9万人。到1974年底，石油职工总数已由1969年底的40.3万人增至72.2万人，1975年达到81.4万人。

期间，燃化部根据国家规定，在建立食品制度①、职工安全生产等方面加

① 1963年以来，在全民所有制企业、事业单位从事有毒有害作业的工种中，普遍建立了保健食品制度，确保从事有毒有害作业工种的工人都能享受保健食品。

强了管理。

（四）实行“五对口”、“三落实”的石油计划管理

进入20世纪70年代，随着石油勘探开发规模的扩大，投资计划管理的难度越来越大。为了合理安排各项资金，确保勘探开发重点建设项目，搞好各方面的综合平衡，石油工业制定了“五对口”、“三落实”的计划管理办法。“五对口”是指项目、资金、材料、设备、劳动力5个方面的上下对口，平衡衔接；“三落实”是指储量、产能、产量3个方面的任务落实。每年初，组织召开所有石油厂矿企业参加“五对口”、“三落实”会议。会议以增储量上产量为中心，对所有投资项目逐项审查排队，形成年度投资决策方案，并确定石油工业和各厂矿企业的年度综合生产建设计划。这种以计划为龙头综合平衡的管理办法，成为当时计划经济时期保证重点、上下结合、平衡落实建设计划的有效措施。这种管理办法一直持续到20世纪90年代。

（五）原油实行单一计划价格管理

在国家计划经济体制的大环境下，石油和石油产品价格一直实行国家计划价格。新中国成立初期，由于天然石油产量很小，原油及其炼制产品由国家统一调拨，国家未对原油进行统一定价。1970年，在因“文化大革命”影响煤炭产量、实行“以油代煤”的情况下，国家有关部门要求降低原油价格。几经磋商后，1971年，决定将全国原油出厂价格从平均每吨130元降为103元，降幅达20.8%。1973年至1974年，由于国际上爆发石油危机，1974年国际原油价格上涨到每桶10.4美元，比20世纪60年代末期上升4.9倍，而国内油价只相当于国际油价的四分之一。这次石油价格调整，对当时十分困难的国民经济建设起到了重要的支撑作用。但由于长期不作价格回调，在一定程度上降低了石油企业资金的积累能力，加大了石油行业维持和扩大再生产的难度①。另外，由于油价过低，导致国内烧油量快速增长，原油浪费严重，也一定程度上加剧了国内石油资源的紧张局面。

（六）建立完善石油产品的分配和销售体制

新中国成立初期，为了控制国产和进口成品油资源，国家把石油产品划

① 1971年的这次价格调整，一直执行到1987年，维持了17年之久，期间国际油价经历了两次大幅度上涨。最终导致了在20世纪70年代末至80年代初原油产量下降和多年徘徊的不利局面。

为一类物资，由中央统一分配和管理，坚持对石油商品实行统购统配政策。经过不断的调整和完善，到1975年国内石油产品销售体制基本状况是：全国石油产品的生产销售均纳入国家计划，按照“保证重点、控制消费、节约用油、合理分配”的原则，实行集中计划管理，统一分配供应。其中石油工业主管部门负责石油的生产和炼制加工，管理原油、天然气、特种油品、沥青、液化石油气、石油焦、燃料重油和小厂油料等产品的销售；商业部统一管理汽油、煤油、柴油、润滑油等石油产品在全国的供应和终端销售；外贸部统一管理原油和石油产品的进出口业务；各油田和炼油厂按照国家下达的生产计划和产品统配调拨计划安排生产和组织运销。改革开放后，国家又对石油产品的购销体制进行了改革和调整。

四、工业学大庆活动

燃化部期间，石油工业在为共和国创造巨大物质财富的同时，还进一步总结、发展和弘扬大庆精神铁人精神，推动了全国“工业学大庆”活动的开展。

“文化大革命”开始后，大庆油田正常的生产、工作秩序被打乱，油田的开发建设遭到破坏，油田生产处于十分被动的局面。1970年3月11日，铁人王进喜到北京向国务院和石油工业部汇报大庆油田的情况，石油工业部向周恩来总理呈报《当前大庆油田主要情况的报告》。3月18日，周恩来在报告上作出大庆要“恢复‘两论’起家的基本功”的重要批示，并接见了王进喜。这一批示极大地鼓舞了大庆油田广大职工，为大庆油田迅速恢复正常的生产生活秩序，保障石油生产起到了决定性的作用。此后，原大庆会战的领导干部陆续恢复工作，油田职工深入开展学“两论”、忆传统活动，大庆的优良传统和作风逐渐得以恢复。

1970年11月15日，王进喜在北京病逝。王进喜，1923年出生，甘肃玉门人。15岁到玉门油矿做童工，1956年加入中国共产党，先后担任大庆油田1205钻井队队长、钻井大队队长、钻井指挥部副指挥等职务。1959年出席全国群英会，曾当选全国劳动模范、第三届全国人大代表、中共第九届中央委员。当年，他率领1205钻井队艰苦创业，打出了大庆第一口油井，并创造了年进尺10万米的世界钻井纪录，展现了大庆石油工人的气概，为我国石油事业立下了汗马功劳，成为中国工业战线一面火红的旗帜。王进喜以“宁可少活二十年，拼命也要拿下大油田”的顽强意志和冲天干劲，被誉为油田铁人。他为祖国石油工业的发展和社会主义建设立下了不朽的功勋，在创造了巨大物质财富的同时，还给石油工业留下了宝贵的精神财富——铁人精神。

1970年12月，在全国各省市自治区先后召开的党代会上，都号召和强调进一步开展“工业学大庆”运动，“工业学大庆”运动在全国开始升温。1971年1月1日，《人民日报》、《红旗》杂志、《解放军报》联合发表的元旦社论《沿着毛主席革命路线胜利前进》指出，1971年的主要任务是“进一步开展工业学大庆、农业学大寨、全国学人民解放军的群众运动”。之后，在1972年至1975年连续4年的元旦社论中，都提出要把“工业学大庆”作为全国工业企业的一项主要任务抓好。

1971年3月15日，燃化部党的核心小组下发的《关于进一步开展“工业学大庆”群众运动的决定》指出，大庆油田是在伟大的毛泽东思想哺育下成长起来的我国工业战线上的一面红旗，号召燃料化学工业战线要立即掀起一场声势浩大、深入持久的“工业学大庆”群众运动的新高潮。要学习大庆工人阶级狠抓根本，活学活用毛泽东思想，靠“两论”[①]起家、“老三篇”[②]引路、“两分法”[③]前进的根本经验，用辩证唯物主义和历史唯物主义的立场、观点、方法，去分析、研究、解决生产建设中的一系列问题。在任何时候、任何情况下都要坚持“两分法”，形势好的时候要看到不足，保持清醒的头脑，增强忧患意识，形势严峻的时候更要一分为二，看到希望，增强发展的信心。要学习大庆具体运用解放军的政治工作经验，发扬“三大民主”[④]，开展思想运动，加强基层建设。要像大庆那样，结合企业特点，做到“三老四严”、“四个一样”。即对待革命事业，要当老实人，说老实话，办老实事；对待工作，要有严格

① “两论”即毛泽东的《实践论》、《矛盾论》。大庆油田广大职工通过学习“两论”，认识大庆油田的具体实际和开发建设的规律，分析和解决了会战中遇到的各种问题。

② “老三篇”即毛泽东的《为人民服务》、《愚公移山》、《纪念白求恩》三篇短文。

③ “两分法”：毛泽东对辩证法或对立统一规律的通俗说法。认为对事物要采取辩证的分析态度，既要看到积极的方面，又要看到消极的方面，不能以偏概全。

④ “三大民主”，即政治民主、经济民主、军事民主，是中国人民解放军内部实行的民主制度。

的要求，严密的组织，严肃的态度，严明的纪律；干工作黑天和白天一个样；坏天气和好天气一个样；领导在场和领导不在场一个样；没有人检查和有人检查一个样。要学习大庆坚决执行毛主席提出的“独立自主、自力更生、艰苦奋斗、勤俭建国”的伟大方针，坚持先生产、后生活，发扬“干打垒”[①]精神。要学习大庆坚持群众路线、实行集中领导同群众运动相结合的原则，抓住主要矛盾，集中力量打歼灭战。要像大庆那样，全心全意地依靠工人阶级，办好社会主义企业。要学习大庆坚持高度的革命精神和严格的科学态度相结合的原则，破除迷信，解放思想，勇于实践，敢于创造，大搞技术革新，赶超世界先进水平。要像大庆那样，依靠工人群众，加强企业的科学管理，建立革命的生产秩序。要学习大庆坚持走五七道路，工人以工为主，兼搞农业，组织家属参加集体生产劳动，在有条件的地方，积极搞好农副业生产，建设“工农结合、城乡结合、有利生产、方便生活”的社会主义新型矿区。

6月20日，《人民日报》发表社论《工业学大庆》。社论说：“大庆，是伟大领袖毛主席提倡的一面红旗。‘工业学大庆’，是毛主席向全国人民发出的伟大号召。大庆，是活学活用毛泽东思想的榜样。大庆的道路，是按照毛主席的无产阶级革命路线发展工业的道路。”社论指出：“英雄的大庆工人高举毛泽东思想伟大红旗，头顶蓝天、脚踩荒原，发扬‘一不怕苦、二不怕死’的革命精神，在不到3年的时间里，建起了中国第一流的大油田，甩掉了西方资产阶级强加在我们头上的‘贫油国家’的帽子。”大庆油田的开发和建设，是中国工业史上一次伟大的革命实践。社论号召全国以大庆为榜样，为把中国建设成一个具有现代工业、现代农业、现代国防、现代科学文化的社会主义国家胜利前进。

1972年1月7日，《人民日报》发表通讯《一往无前、越战越强》，介绍大庆油田1205钻井队创造了年钻井进尺12.7万多米最新纪录的事迹。2月21日，《人民日报》发表长篇通讯《一个工作认真的人——记大庆油田老工人周占鳌》，介绍周占鳌对革命工作高度负责的精神和一丝不苟的工作作风。周占鳌多次被评为大庆会战标兵、黑龙江省劳动模范和石油工业部劳动英雄。

1974年2月17日，燃化部授予胜利油田3252钻井队“铁人式英雄钻井队”

① “干打垒”：一种简易的筑墙方法，在两块固定的木板中间填入黏土。大庆艰苦创业的“干打垒”精神，体现了大庆石油会战初期，广大干部职工因陋就简，解决居住困难的艰苦创业精神。

称号，该钻井队1973年创造年钻井进尺15.01万米的全国最高纪录。8月，针对当时批判“唯生产力论”的“极左”思潮，以大庆油田为代表的石油职工，提出了“大干社会主义有理、大干社会主义有功、大干社会主义光荣、大干了还要大干”的口号。

自1964年中共中央和毛泽东发出“工业学大庆”号召以来，大庆已成为中国工业战线的一面旗帜。在1970年至1975年期间，虽然遭到“四人帮”极力阻挠和破坏，但是“工业学大庆”运动仍在全国工业战线深入持续开展。这一时期，石油工业通过开展“工业学大庆”运动，高速度高效率组织开展了一系列大会战，促使石油工业快速发展，原油产量高速增长，炼化工业全面发展，为国民经济建设作出了重要贡献。

第一章　燃料化学工业部领导机构

1970年6月22日，中共中央批准国务院《关于国务院各部门建立党的核心小组和革命委员会的请示报告》，确定国务院各部委机构由90个精简为27个，各部委均建立党的核心小组和革命委员会（简称革委会）。其中石油工业部、煤炭工业部、化学工业部3个部合并成立燃料化学工业部，主管原三部的业务，同时建立燃料化学工业部党的核心小组和革委会。中共中央任命伊文为燃料化学工业部党的核心小组组长，徐今强、王星、王素为党的核心小组副组长；任命伊文为燃料化学工业部革委会主任，徐今强、王星、王素、沈昌荣、唐克、孙晓风、范文彩为革委会副主任。燃料化学工业部革委会由33人组成，其中军代表7人，革命干部代表9人，革命群众代表17人，女代表2名。7月1日，燃料化学工业部党的核心小组和革委会正式成立，同时石油工业部军管会撤销。

1971年5月，中共中央决定，康世恩任燃料化学工业部党的核心小组第一副组长、革委会第一副主任。9月，伊文调离，由康世恩代理燃料化学工业部革委会主任和党的核心小组组长职务。

1972年3月，在兰州化学工业公司蹲点的原化学工业部副部长杨叶澎调任燃料化学工业部革委会副主任。1973年1月，原陕西省委常委、陕西省革委会副主任李建平任燃料化学工业部革委会副主任、党的核心小组副组长。1974年10月，张珍任燃料化学工业部革委会副主任。11月，王素调回空军工作，撤销范文彩党内外一切职务，张定一不再担任革委会副主任。

1975年1月，第四届全国人大第一次会议批准，撤销燃料化学工业部，成立石油化学工业部。

期间，徐今强当选第四届全国人大代表。

一、燃料化学工业部党的核心小组领导名录（1970.6—1975.1）

组　　长　伊　文（军代表，1970.6—1971.9）

　　　　　　康世恩（代理，1971.9—1975.10）

第一副组长　康世恩（1971.5—9）

副　组　长　徐今强（1970.6—1975.10）
王　星（军代表，1970.6—　　）
王　素（军代表，1970.6—1974.11）
李建平（1973.1—1975.1）

成　　员　孙晓风（1970.6—1975.10）
唐　克（1970.6—1975.1）
范文彩（1970.6—1974.11）
沈昌荣（军代表，1970.6—　　）
毛叶舟（军代表，1970.6—1973.4）
张贻信（群众代表，1970.6—1975.10）
黄文仲（军代表，1970.6—1973.2）
邹　桐（1970.6—　　）

二、燃料化学工业部革委会领导名录（1970.6—1975.1）

主　　任　伊　文（军代表，1970.6—1971.9）
康世恩（代理，1971.9—1975.11）

第一副主任　康世恩（1971.5—9）

副　主　任　徐今强（1970.6—1975.10）
王　星（军代表，1970.6—　　）
王　素（军代表，1970.6—1974.11）
沈昌荣（军代表，1970.6—　　）
唐　克（1970.6—1975.10）
孙晓风（1970.6—1975.10）
范文彩（1970.6—1974.11）
张定一（　　—1974.11）[①]
张文彬（　　—1975.10）[①]
杨叶澎（1972.3—　　）[①]
李建平（1973.1—1975.1）
张　珍（1974.10—1975.10）

① 燃料化学工业部革委会副主任张定一、张文彬、杨叶澎因“文化大革命”期间受冲击，无任职或免职文件。

第二章　燃料化学工业部机关部门

燃料化学工业部成立时，机关设办事组、政工组、综合计划组、财务组、石油勘探开发组、化工生产组、炼油生产组、煤炭生产组、煤炭勘探开发组、产品分配组、对外联络组、科学技术组、基本建设组、机械制造组、供应组等15个大组。原3个部机关人员由3940人精减为830人，其余人员全部下放到燃料化学工业部各有关五七学校和基层单位工作。机关办公地点在北京市北郊六铺炕原石油工业部办公楼。

1970年7月，燃料化学工业部政工组和办事组决定成立机关保密委员会，黄文仲为主任，毛叶舟为副主任，于逢亭、鲁毅、甘宁、王志成和李洪甲为委员。同月，燃料化学工业部党的核心小组决定，健全燃料化学工业部人防领导小组，人防领导小组由7人组成，王素为组长，毛叶舟为副组长，王志成、孔世祥、曹国栋、牛一萍、王盛业等5人为领导小组成员。10月，以化工生产组和科学技术组的军工业务为基础成立军工生产组。

1971年4月，燃料化学工业部决定将机关部门调整为13个大组。其中：财务组与综合计划组合并为综合计划组、炼油生产组与化工生产组合并为炼油化工生产组、机械制造组与供应组合并为供应制造组，军工生产组改组为化工生产二组。同时，对各大组领导班子进行调整。

1972年3月，燃料化学工业部决定成立干部调配小组（9月并入政工组所下属的干部组）。5月，供应制造组分设为供应组和机械制造组。6月，科学技术组更名为科技教育组，增设财务劳动组、化肥生产组、华北协作组，同时对机关各大组领导班子进行充实调整。

1973年1月，燃料化学工业部决定成立燃料化学工业部外事领导小组，统一领导引进技术装备、援外和出口等外事方面的工作。外事领导小组由唐克、孙晓风、李建平、杨叶澎、焦力人、周太和、任成玉、刘子廉、杨毅、甘宁、王林秋、冯伯华、贾嵩明等13人组成，唐克为组长。2月，为加强物资供应管理工作，燃料化学工业部决定将供应组改组为物资供应管理局。10月，为加强化工进口项目工作，决定成立化工进口项目办公室，负责化工进口项目设备、材料引进的组织工作。11月，机关增设医药局筹建小组（1974年4月医药局正式成立）。12月，为加强对参与石油化工建设的解放军基建工程兵的管理，成立工程兵办公室。同时为更好地在煤矿推行综合机械化，加快我国煤矿技术改造，组织好引进设备的矿务局参加会战，抓好综合机械化队伍的思想建设、组织建设和技术培训等工作，燃料化学工业部决定成立煤矿综合机械化会战指挥部。

1974年2月，燃料化学工业部将化工进口项目办公室改组为化工进口项目建设会战指挥部。

截至1974年底，燃料化学工业部设21个机关职能部门：办事组、政工组、综合计划组、财务劳动组、石油勘探开发组、炼油化工生产组、化工生产二组、煤炭生产组、煤炭勘探开发组、产品分配运销组、对外联络组、科技教育组、机械制造组、物资供应管理局、基本建设组、华北协作组、化肥生产组、化工进口项目建设会战指挥部、医药局、工程兵办公室、煤矿综合机械化会战指挥部。

期间，干部人事工作由政工组负责，劳资工作由综合计划组负责。

一、办事组（1970.6—1975.1）

1970年6月，办事组内设机关政工组、秘书组、调研组、保密组、人防办公室、行管组等6个小组，编制165人。主要职责：主管部机关政治工作，负责秘书、纪要、信访、文书、档案处理工作；负责干校行政管理、生产建设等工作；负责机关行政事务工作和农副业生产。

10月，办事组调整燃料化学工业部机关档案后库的档案接收范围，只接收燃料化学工业部机关和直属企事业单位的档案。

12月，信访组从秘书组分出改组为信访接待室，由办事组直接领导。

1972年，增设附属单位管理处、和平里管理处。

1973年4月，撤销机关政工组。9月，信访接待室更名为人民来信来访接待处。

截至1974年底，办事组内设秘书组、调研组、保密组、人民来信来访接待处、人防办公室、行管处、行管二处、行管三处。

组　　长　毛叶舟（军代表，1970.6—1973.4）
第一副组长　刘　康（1973.4—1975.1）
副 组 长　王志成（1970.6—1972.6）
李洪甲（1970.6—1975.1）
孙世祥（1970.6—1972.6）
夏　朗（1971.4—1972.6）
刘　康（1972.6—1973.4）
康　宁（女，1972.6—1975.1）
张一之（1972.6—1975.1）
展青雷（1973.3—1975.1）
郑耀舜（1973.4—1975.1）
白凤祥（1973.4—1975.1）

二、政工组（1970.6—1975.1）

1970年6月，政工组内设秘书组、组织组、干部组、宣传组、保卫组等5个小组，编制48人。主要职责：负责部属企业、事业单位和干校的政治思想工作和干部的培养、选拔、使用等方面的工作；组织学习马列主义、毛泽东思想，传达贯彻党的决议指示，密切联系群众，完成部机关各项任务，开展政治思想工作；组织指导党的建设，加强党的领导，维护党的纪律，不断增强党的战斗力；领导共青团组织的工作；贯彻执行党的干部政策，对干部进行培养、考核、选拔、调配、任免等工作；对重点企业党的建设和干部队伍，有计划地调查研究，指导工作；搞好保卫、保密工作。

7月，燃料化学工业部决定，将原石油工业部、煤炭工业部、化学工业部清队审干工作机构合并，成立燃料化学工业部清队审干领导小组及清队审干办公室，领导小组由黄文仲负责，何金山、董绍杰、邱世政、张宗求组成，清队审干办公室负责日常具体工作。

10月，燃料化学工业部决定成立政工组党的核心小组，黄文仲为组长，韩立标为副组长。

11月，撤销清队审干领导小组，清队审干办公室仍保留，由政工组党的核心小组实施统一领导，其下属的审干组、历史组分别由干部组、保卫组直接领导。

1971年，增设军代表室。

7月，政工组党的核心小组改组为政工组党支部，黄文仲为书记，韩立标、张广华为副书记。

1972年3月，燃料化学工业部决定成立干部调配小组。9月，干部调配小组并入干部组，干部组设干部管理处、干部调配处、技术干部管理处，编制30人；成立直属政工组，设组织处、宣传处、保卫处、人事福利处，编制30人。干部组和直属政工组领导干部按司（局）级配备。

1973年4月，燃料化学工业部决定将政工组党支部改组为政工组党的核心小组，任成玉为组长，张贻信、王蕴心为副组长。同时对政工组的组织机构进行调整，设干部部、组织部、宣传部、保卫部、直属工作部、办公室，编制90人。

（一）政工组领导名录（1970.6—1975.1）

组　　长 柴　崑（1970.6—1971.4）
黄文仲（军代表，1971.4—1973.2）

第一副组长 任成玉（1973.4—1975.1）

副 组 长 韩立标（1970.6—1973.4）
何金山（1970.6—1973.4）
王志成（1970.6—1973.4）
董绍杰（1970.6—1975.1）
任成玉（1972.4—1973.4）
张贻信（1973.4—1975.1）
王蕴心（1973.4—1975.1）
马树良（1973.4—1975.1）

（二）政工组所属部门司（局）级领导名录

1. 干部部

部　　长 薛仁宗

副 部 长 王庭远　白凤仪　崔嘉鸿　梁绍忠　王一中

2. **组织部**

部　　长　杨国凡

副 部 长　刘忠勇　杨　克　杨乃昌

3. **宣传部**

部　　长（空缺）

副 部 长　左长安　吴训铎

4. **保卫部**

部　　长　秦　平

副 部 长　芦义贵

5. **直属工作部**

部　　长　康心浩

副 部 长　苏　甦　郑吉梧　范凤玲

6. **办公室**

主　　任　龚　镇

副 主 任　毛华鹤　赵　志

三、综合计划组（1970.6—1975.1）

1970年6月，综合计划组内设基建计划组、生产计划组、综合计划组、劳资教育组、综合利用组等5个小组及三大合成办公室，编制63人。主要职责：负责制定燃料化学工业长远和年度计划、军工生产和综合利用计划，负责综合统计、劳动工资、教育等工作。

1971年4月，燃料化学工业部决定，将财务组与综合计划组合并成立新的综合计划组，继续承担综合计划组和财务组的职能，并在综合计划组内增设基建财务组和生产财务组。

1972年6月，燃料化学工业部将综合计划组中的财务劳动业务划出，成立财务劳动组。调整后的综合计划组设长远计划组、基建计划组、生产计划组、综合利用组、统计组等5个小组，编制60人。

1974年初，综合计划组内增设总调度组。年底，综合计划组内设长远计划组、生产计划组、基建计划组、综合利用组、统计组、调度办公室。

组　　长　周太和（1970.6—1975.1）

副 组 长　张学信（1970.6—1972.6）

程振华（1970.6—1972.6）

丛萃滋（1970.6—1975.1）

季可达（1970.6—1975.1）

王若鲁（1971.4—1972.6）

张煜堃（1971.4—1972.6）

许在廉（1972.6—1975.1）

杨　展（1972.6—1975.1）

胡汉滨（1972.6—1975.1）

王守忠（1972.6—1975.1）

景　涛（1973.8—1975.1）

张明理（1973.9—1975.1）

四、财务组（1970.6—1971.4）

1970年6月，财务组内设生产财务组、基建财务组、事业财务组、价格组等4个小组，编制32人。主要负责燃料化学工业生产、基建、事业的财务和成本价格工作。

1971年4月，燃料化学工业部决定将财务组并入综合计划组。

组　　长　曹国栋（1970.6—1971.4）

副 组 长　王若鲁（1970.6—1971.4）

张煜堃（1970.6—1971.4）

五、财务劳动组（1972.6—1975.1）

1972年6月，燃料化学工业部决定将综合计划组财务劳动业务划出，成立财务劳动组，内设生产财务组、基建财务组、劳动工资组、劳动保护组等4个小组，编制40人。

组　　长　白猷之（1972.6—1975.1）
副 组 长　靳崇智（1972.6—1975.1）
张煜堃（1972.6—1975.1）
王志成（1972.6—1975.1）
程振华（1972.6—1975.1）
马玉云（1973.7—1975.1）
赵汝经（1973.7—1975.1）
康书丛（1973.9—1975.1）

六、石油勘探开发组（1970.6—1975.1）

1970年6月，石油勘探开发组内设勘探开发组、生产调度组、技术装备组、油田建设组等4个小组，编制46人。主要职责：油气田勘探开发和工艺技术规划、方案部署及年度计划；油气田及长输油管线重点工程设计方案和施工部署；制定油气田勘探开发相关技术装备规划及使用管理；负责检查年度储量、产量、工程等有关工作任务的完成，督导检查、汇总报表等。

截至1974年底，石油勘探开发组内设地质组、技术装备组、油田建设组、综合调度组。

组　　长　秦文彩（1970.6—1975.1）
副 组 长　赵声振（1970.6—1975.1）
贾金会（1970.6—1975.1）
李希文（1970.6—1971.4）

张殿臣（1971.4—1975.1）
程守礼（1971.4—1975.1）
邓礼让（1972.6—1975.1）
单永复（1972.6—1975.1）
李天相（1973.3—1975.1）
总地质师 翟光明（1972.6—1975.1）
谭文彬（1972.6—1975.1）

七、炼油生产组（1970.6—1971.4）

1970年6月，炼油生产组内设技术组和生产组，编制22人。主要负责原油加工生产、工艺技术和动力设备管理。

1971年4月，燃料化学工业部决定将炼油生产组与化工生产组合并为炼油化工生产组。

组　　长 任向文（1970.6—1971.4）
副 组 长 刘东明（1970.6—1971.4）

八、化工生产组（1970.6—1971.4）

1970年6月，化工生产组内设化肥组、有机组、橡胶组、医药组、调度组、矿山组等6个小组，编制52人。主要负责化工原料、橡胶、矿山的生产和工艺技术、设备管理。

1971年4月，燃料化学工业部决定将化工生产组与炼油生产组合并为炼油化工生产组。

组　　长 秦仲达（1970.6—1971.4）
副 组 长 于逢亭（1970.6—1971.4）
王宗杰（1970.6—1971.4）

九、炼油化工生产组（1971.4—1975.1）

1971年4月，燃料化学工业部决定将炼油生产组与化工生产组合并，成立炼油化工生产组，编制96人。设技术组、炼油组、化肥组、有机组、橡胶组、医药组、调度组、矿山组、机械动力安装组等9个小组。

1972年6月，炼油化工生产组领导班子和组织机构调整，内设有机组、无机组、医药组、橡胶组、炼油组、综合调度组等6个小组，编制63人。

1973年11月，医药组单独设立，成立燃料化学工业部医药局筹建小组。

截至1974年底，炼油化工生产组内设有机组、无机组、橡胶组、炼油组、综合调度组。

组　　长　任向文（1971.4—1975.1）

副 组 长　秦仲达（1971.4—1972.6）

于逢亭（1971.4—1972.6）

张树棠（1971.4—1975.1）

刘东明（1971.4—1975.1）

王宗杰（1971.4—1975.1）

盛华山（1971.4—1975.1）

张皓若（1972.6—1975.1）

高惠如（1973.8—1975.1）

十、军工生产组—化工生产二组（1970.10—1975.1）

1970年10月，燃料化学工业部决定以化工生产组和科学技术组的军工业务为基础成立军工生产组。

1971年4月，燃料化学工业部决定改组军工生产组，成立化工生产二组，内设综合组、合成材料组和专用材料组，编制32人。

1972年6月，化工生产二组领导班子和组织机构进行调整。合成材料组更名为合成材料橡胶制品组，增设胶片组。

截至1974年底，化工生产二组内设综合调度组、合成材料橡胶制品组、专用材料组、胶片组。

（一）**军工生产组领导名录**（1970.10—1971.4）

组　　长　（空缺）

副 组 长　陶　涛（女，1970.10—1971.4）

时国兴（1970.10—1971.4）

（二）**化工生产二组领导名录**（1971.4—1975.1）

组　　长　（空缺）

副 组 长　陶　涛（1971.4—1975.1）

时国兴（1971.4—1975.1）

李维范（1972.6—1975.1）

王　权（1973.9—1975.1）

金洪涛（1973.9—1975.1）

十一、煤炭生产组（1970.6—1975.1）

1970年6月，煤炭生产组内设生产组、机械动力组、选煤组、调度统计组等4个小组，编制49人。主要负责开拓掘进、采煤、选煤、安全、设备管理和新技术推广等工作。

1971年4月，煤炭生产组领导班子和组织机构进行调整。内设综合调度组、技术装备组、地质开拓组、选煤组、生产管理组等5个小组。

截至1974年底，煤炭生产组内设综合调度组、地质开拓组、选煤组、生产管理组、安全组、机械动力组。

组　　长　牛一萍（1971.4—1975.1）

副 组 长　张　梅（1970.6—1975.1）

马树良（1970.6—1975.1）

汤坤荣（1970.6—1975.1）

杨　毅（1971.4—1975.1）
宋迺金（1972.6—1975.1）
姜岐山（1972.6—1975.1）

十二、煤炭勘探开发组（1970.6—1975.1）

1970年6月，煤炭勘探开发组内设综合调度组、地质勘探组、设计管理组、工程管理组、动力机械组等5个小组及工程兵整编办公室，编制48人。主要负责煤炭资源的普查、勘探、开发，以及新矿井和选煤厂的建设工作。

1971年4月，煤炭勘探开发组领导班子和组织机构进行调整。设综合调度组、工程管理组、企业管理组、地质勘探组。

截至1974年底，煤炭勘探开发组内设综合调度组、工程管理组、设计组、地质勘探组、电机组。

组　　长　李华林（1971.4—1975.1）
副 组 长　郝古冷（1970.6—1971.4）
孙镜波（1970.6—1975.1）
赵景岐（1970.6—1975.1）
陈永常（1971.4—1975.1）
高振德（1972.6—1975.1）
刘　辉（1972.6—1975.1）
董永福（1972.6—1975.1）
韩之廉（1973.12—1975.1）

十三、产品分配组—产品分配运销组（1970.6—1975.1）

1970年6月，产品分配组内设煤炭分配组、石油分配组、化工分配组3个小组，编制36人。主要负责燃料化学工业产品的分配和运销工作。

1971年4月，产品分配组更名为产品运销分配组，内设处室不变，编制55人。

组　　长　李景新（1970.6—1975.1）
副 组 长　韩春田（1970.6—1975.1）
　　　　　吴裕华（1970.6—1975.1）
　　　　　滕玉彬（1970.6—1975.1）
　　　　　夏福干（1971.4—1975.1）
　　　　　魏化之（1972.6—1975.1）

十四、对外联络组（1970.6—1975.1）

1970年6月，对外联络组内设援外组和科技外事组，编制24人。主要负责燃料化学工业的援外、技术进出口和接待实习生培训及出国展览工作。

1972年5月，对外联络组领导班子和组织机构进行调整，内设项目组、科技合作组、国际组。

组　　长　甘　宁（1970.6—1975.1）
副 组 长　单永复（1970.6—1972.5）
　　　　　王炳臣（1970.6—1975.1）
　　　　　王林秋（1972.5—1975.1）
　　　　　窦炳文（1972.5—1975.1）
　　　　　刘宏胜（1972.5—1975.1）
　　　　　缪　文（女，1972.5—1975.1）
　　　　　白正之（1973.4—1975.1）

十五、科学技术组—科技教育组（1970.6—1975.1）

1970年6月，科学技术组内设教育组、综合计划组和科研管理组，编制30人。主要负责燃料化学工业的科研规划、计划和技术管理；掌握和交流国内外技术情报；领导情报所和出版社工作。

1972年6月，燃料化学工业部对科学技术组领导班子和机构进行调整，将科学技术组更名为科技教育组。

截至1974年底，科技教育组内设教育组、综合计划组、科研管理组。

（一）科学技术组领导名录（1970.6—1972.6）

组　　长 鲁　毅（1970.6—1972.6）

副 组 长 张培江（1970.6—1972.6）

程守礼（1970.6—1971.4）

陈自新（1970.6—1972.6）

（二）科技教育组领导名录（1972.6—1975.1）

组　　长 沈　晨（1972.6—1975.1）

副 组 长 张培江（1972.6—1975.1）

陈自新（1972.6—1975.1）

高光鉴（1972.6—1975.1）

朱献民（1972.6—1975.1）

十六、基本建设组（1970.6—1975.1）

1970年6月，基本建设组内设工程组、设计组、企业组、综合组等4个小组，编制57人。主要负责炼油厂、化工厂、机械厂、国家储备油库的选址、设计和建设工作。

1971年4月，基本建设组增设核留外汇组。

1972年6月，基本建设组对内设机构进行调整。内设工程计划组、综合调度组、化肥建设组、炼油化工建设组、企业管理组、核留外汇组等6个小组，编制53人。

组　　长 刘子廉（1970.6—1975.1）

副 组 长 刘少男（1970.6—1975.1）

黄兴盛（1970.6—1975.1）

张田英（1971.4—1975.1）

曹国栋（1971.4—1972.6）

贾庆礼（1972.6—1975.1）
山　峰（1972.6—1975.1）
王葆华（1972.6—1975.1）
王德英（王德瑛，1972.6—1975.1）

十七、机械制造组（1970.6—1971.4；1972.5—1975.1）

1970年6月，机械制造组内设企业管理组、生产计划组和技术组，编制41人。主要负责燃料化学工业设备、备品、配件的制造，制定机械制造厂的生产计划和技术管理工作。

1971年4月，燃料化学工业部决定将机械制造组与供应组合并，成立供应制造组。

1972年5月，燃料化学工业部决定将供应制造组分设为供应组和机械制造组，机械制造组内设计划组、生产组、技术组、配件组，编制45人。

截至1974年底，机械制造组内设计划组、生产组、技术组和工厂管理组。

1970年6月至1971年4月：

组　　长　牛一萍（1970.6—1971.4）
副 组 长　詹　石（1970.6—1971.4）
刘自德（1970.6—1971.4）

1972年5月至1975年1月：

组　　长　詹　石（1972.6—1975.1）
副 组 长　邸高峰（1972.6—1975.1）
李　薪（1972.6—1975.1）
王国良（1972.6—1975.1）
干志坚（1972.6—1975.1）
高铁英（1973.7—1975.1）
韩时针（1973.9—1975.1）

十八、供应组（1970.6—1971.4；1972.5—1973.2）

1970年6月，供应组内设综合组、原料组、多种经营组、材料组、设备组、配件组等6个小组。主要负责燃料化学工业原料、材料、设备、配件供应和管理工作。

1971年4月，燃料化学工业部决定将供应组和机械制造组合并为供应制造组。

1972年5月，燃料化学工业部决定将供应制造组分设为供应组和机械制造组。供应组内设综合组、材料组、设备组、多种经营组、仓储管理组、炼油化工配件组、化肥配套组、油田配套组、煤炭配套组等9个小组，编制45人。

1973年2月，燃料化学工业部决定将供应组改组为物资供应管理局。

1970年6月至1971年4月：

组　　长 宗世鉴（1970.6—1971.4）

副 组 长 张树棠（1970.6—1971.4）

马麟通（1970.6—1971.4）

王盛业（1970.6—1971.4）

1972年5月至1973年2月：

组　　长 （空缺）

副 组 长 马麟通（1972.6—1973.2）

王盛业（1972.6—1973.2）

刘自德（1972.6—1973.2）

龚振江（1972.6—1973.2）

姜天赋（1972.6—1973.2）

夏培清（1972.6—1973.2）

十九、供应制造组（1971.4—1972.5）

1971年4月，燃料化学工业部决定将机械制造组与供应组合并为供应制造组。设综合技术组、多种经营组、生产组、材料组、设备组等5个小组，编制125人。

1972年5月，燃料化学工业部决定将供应制造组分设为供应组和机械制造组。

组　　长 詹　石（1971.4—1972.6）
副 组 长 刘自德（1971.4—1972.6）
马麟通（1971.4—1972.6）
龚振江（1971.4—1972.6）
王盛业（1971.4—1972.6）
姜天赋（1971.4—1972.6）

二十、物资供应管理局（1973.2—1975.1）

1973年2月，为加强燃化工业物资供应管理工作，燃料化学工业部决定将供应组改组为物资供应管理局。主要负责燃料化学工业部直供企业的物资供应管理工作；燃化工业专需物资的供应、调剂工作；仓库管理工作；清仓查库和节约工作等。

局　　　长 刘子廉（1973.10—1975.1）
第一副局长 王盛业（1973.10—1975.1）
副　局　长 夏培清（1973.10—1975.1）
马麟通（1973.10—1975.1）
姜天赋（1973.10—1975.1）
张树铮（1973.10—1975.1）
刘子明（1973.10—1975.1）
余海波（1973.10—1975.1）
王若鲁（1973.10—1975.1）

二十一、华北协作组（1972.6—1975.1）

1972年6月，燃料化学工业部决定成立华北协作组，内设综合组、化工组、煤炭组、物资组等4个小组，编制20人。

组　　长　孔　勋（1972.6—1975.1）
副 组 长　曹维东（1972.6—1975.1）
　　　　　张学信（1972.6—1975.1）
　　　　　张　瑄（1973.8—1975.1）
　　　　　陈耕夫（1973.9—1975.1）
　　　　　张步云（1974.10—1975.1）

二十二、化肥生产组（1972.6—1975.1）

1972年6月，燃料化学工业部决定成立化肥生产组，内设综合调度组、生产技术组、矿山组3个小组，编制40人。主要负责化肥、酸碱、矿山的生产技术和设备管理。

截至1974年底，化肥生产组内设综合调度组、机动组、氮肥组、磷肥组、小氮肥组。

组　　长　（空缺）
副 组 长　刘　刚（1972.6—1975.1）
　　　　　于逢亭（1972.6—1975.1）
　　　　　盖仲民（1972.6—1975.1）
　　　　　匡永泰（1974.4—1975.1）

二十三、化工进口项目办公室—化工进口项目建设会战指挥部（1973.10—1975.1）

1973年10月，为加强化工进口项目工作，燃料化学工业部决定成立化工进口项目办公室。主要负责化工进口项目设备、材料引进的组织工作，办公室人员在机关内调剂解决，不增加行政编制，定员3人。

1974年2月，燃料化学工业部决定将化工进口项目办公室改组为化工进口项目建设会战指挥部，内设办公室、工程组、生产准备组。

（一）化工进口项目办公室（1973.10—1974.2）

负 责 人 （空缺）

（二）化工进口项目建设会战指挥部（1974.2—1975.1）

指　　挥 刘子廉（1974.2—1975.1）

副 指 挥 钱传钧（1974.2—1975.1）

贾庆礼（1974.2—1975.1）

陈　帛（1974.2—1975.1）

董本强（1974.2—1975.1）

徐士华（1974.2—1975.1）

王盛业（1974.2—1975.1）

陈自光（1974.2—1975.1）

二十四、医药局筹建小组—医药局（1973.11—1975.1）

1973年11月，燃料化学工业部决定成立医药局筹建小组。

1974年4月，燃料化学工业部医药局正式成立，内设办公室、生产技术组、质量组、科研组、规划组等5个小组，负责全国化学制药工业管理，配合卫生部和商业部进行全国医药工业规划和质量管理。

负 责 人 齐谋甲（1973.11—1975.1）

龙在云（1973.11—1975.1）

二十五、工程兵办公室（1973.12—1975.1）

1973年12月，为加强对石油化工重点工程项目施工队伍（解放军基本建设工程兵第四十一大队、第四十二大队、第八〇一大队）的领导，燃料化学工业部决定成立工程兵办公室。内设政工组和参谋组，编制6人。

主　　任 （空缺）

副 主 任 韩之廉（1973.12—1975.1）

二十六、煤矿综合机械化会战指挥部（1973.12—1975.1）

1973年12月，为更好地在煤矿推行综合机械化，加快煤矿技术改造，组织好引进设备的矿务局参加会战，抓好综合机械化队伍的思想建设、组织建设和技术培训等工作，燃料化学工业部决定成立煤矿综合机械化会战指挥部。内设办公室、政工组、业务组，编制13人。

1974年2月，燃料化学工业部任命煤矿综合机械化会战指挥部领导班子。

指　　挥　杨　毅（1974.2—1975.1）

副 指 挥　高铁英（1974.2—1975.1）

罗　非（1974.2—1975.1）

张惠德（1974.2—1975.1）

刘宝山（1974.2—1975.1）

第三章　石油工业企事业单位

第一节　油田、勘探、管道单位

燃料化学工业部成立初期，石油工业油田、勘探、管道单位有13个。其中，由燃料化学工业部直属的单位2个：新疆石油管理局、六四六厂；实行以地方为主的双重领导或完全由地方领导的单位11个：大庆石油会战指挥部、九二三厂、华北石油勘探指挥部、辽河石油勘探指挥部、扶余油矿、玉门石油管理局、青海石油管理局、四川省石油管理局、五七油田会战指挥部、延长油矿、云南省石油会战指挥部。

1970年7月，安徽省石油勘察处正式成立，由安徽省和燃料化学工业部双重领导，以安徽省为主。8月，扶余油矿更名为七〇油田。同月，东北地区八三工程会战指挥部成立，由燃料化学工业部和沈阳军区双重领导。9月，辽河石油勘探指挥部更名为三二二油田。10月，浙江省第五地质大队成立，由浙江省重工业局领导。11月，长庆油田会战指挥部成立，由兰州军区领导，业务上接受燃料化学工业部指导。

1971年2月，贵州石油勘探指挥部从四川省石油管理局分离出来，改由贵州省燃料化学工业局管理。3月，燃料化学工业部决定将新疆石油管理局下放新疆维吾尔自治区管理，并更名为新疆维吾尔自治区石油管理局。同月，燃料化学工业部在东北地区八三工程会战指挥部基础上成立东北输油管线指挥部，由燃料化学工业部和沈阳军区双重领导。6月，九二三厂更名为胜利油田。9月，安徽省石油勘察处更名为安徽省石油勘探处。

1972年1月，广西重工业公司第十地质队改组为广西石油普查勘探队，改由广西壮族自治区燃料化学工业局管理。4月，燃料化学工业部征得武汉军区党委和湖北省委同意，撤销五七油田会战指挥部，成立江汉石油管理局，由燃料化学工业部和湖北省双重领导，以燃料化学工业部为主。4月，燃料化学工业部批复同意成立南阳石油勘探指挥部，由燃料化学工业部和河南省双重领导，以燃料化学工业部为主。5月，浙江省第五地质大队更名为浙江省石油地质大队。8月，胜利油田更名为胜利油田会战指挥部，华北石油勘探指挥部更名为华北石油会战指挥部。9月，六四六厂更名为石油地球物理勘探局。

1973年4月，经国务院批准，燃料化学工业部成立石油天然气管道局，统一管理全国石油天然气管道建设和生产工作。5月，三二二油田更名为辽河石油勘探局。6月，成立吉林省石油会战指挥部，由吉林省和燃料化学工业部双重领导，以吉林省为主。11月，南阳石油勘探指挥部更名为河南石油勘探指挥部。

截至1974年底，燃料化学工业部所属石油工业油田、勘探、管道单位有21个。其中，由燃料化学工业部直属管理的单位2个：石油地球物理勘探局、石油天然气管道局；实行燃料化学工业部和地方双重领导、以燃料化学工业部为主的单位3个：江汉石油管理局、河南石油勘探指挥部、东北输油管线指挥部；实行地方为主的双重领导或完全由地方领导的单位16个：大庆石油会战指挥部、胜利油田会战指挥部、华北石油会战指挥部、辽河石油勘探局、吉林省石油会战指挥部、新疆维吾尔自治区石油管理局、玉门石油管理局、青海石油管理局、四川省石油管理局、长庆油田会战指挥部、延长油矿、云南石油勘探指挥部、安徽省石油勘探处、浙江省石油地质大队、贵州石油勘探指挥部、广西石油普查勘探队。

一、大庆石油会战指挥部（1970.6—1975.1）

1970年7月，为调动地方积极性，国务院批准将大庆油田下放给黑龙江省革委会管理，实行燃料化学工业部与黑龙江省双重领导，以黑龙江省为主的管理体制。大庆油田下放给黑龙江省后，其生产计划、产品分配等由燃料化学工业部根据国家统一计划平衡安排。专用原料、材料、设备的供应，在国家物资供应体制未改变前，仍由燃料化学工业部统一安排解决。党组织关系隶属于黑龙江省委，业务工作由燃料化学工业部管理。行政级别地（师）级。机关办公地点在黑龙江省安达市红旗镇。

8月，为保证大庆油田原油外运，国务院决定建设中国第一条大口径长距离输油管道（大庆至抚顺输油管道），大庆革委会成立大庆八三工程会战指挥部，负责承建首站全部建筑、安装、电气施工及其附属配套工程，以及216千米管道建设等。

截至1970年底，大庆革委会工作机构设四部三办，所属19个二级单位。职工总数7.15万人。

1971年5月，黑龙江省革委会决定，大庆炼油厂更名为大庆石油化工总厂。

6月20日，《人民日报》发表的《工业学大庆》社论中指出："英雄的大庆工人高举毛泽东思想伟大红旗，头顶蓝天、脚踩荒原，发扬'一不怕苦、二不怕死'的革命精神，在不到3年的时间里，建起了中国第一流的大油田，甩掉了西方资产阶级强加在我们头上的'贫油国家'的帽子。"

6月28日至30日，中共大庆第一次代表大会召开，选举产生第一届委员会，实行常委制，丁继先为党委书记，任云峰、齐健敏、李荆和、宋振明为党委副书记。同时撤销大庆党的核心小组。

1973年3月，国务院作出"全面开发大庆油田、两年建成喇嘛甸油田"的决定，批准大庆油田将原来作为后备喇嘛甸油田投入开发。为加强喇嘛甸油田的管理，1973年6月大庆党委决定成立第六采油指挥部。喇嘛甸油田从第一口生产井开钻到第一个计量站投入生产，仅用98天。1973年，喇嘛甸油田生产原油644.3万吨，1975年建成1120万吨生产规模，当年生产原油1099.2万吨，占大庆油田原油产量的23.8%，占全国产量的1/7，缓解了当时国家能源紧张的局面。

1973年2月，随着油田生产逐步恢复正常，黑龙江省委按照中共中央的要求，撤销大庆军管会。

9月，大庆党委结合综合性石油联合企业和政企合一管理体制的实际，对大庆机关工作机构进行调整，决定撤销大庆革委会政治部，成立大庆党委政治部；撤销生产指挥部、人民保卫部、后勤部和战备办公室，设立办公室、人民防空办公室、中级人民法院和公安局。同时，为加强对油田生产领导，虚设生产办公室，由大庆党委、大庆革委会分管生产的领导、总工程师、总地质师和负责各路生产的领导任正副主任，生产办公室所辖各处室作为大庆革委会的职能处室履行职责；为加强市政、矿区建设和生活管理，设立政务办公室，政务办公室所辖各局作为大庆革委会的职能局履行职责；为加强人民来信来访、接待和行政管理等工作，设立信访接待室，由大庆党委政治部领导；为加强接待工作，设立接待办公室，接受大庆革委会办公室领导；为加强机关及直属单位的行政管理工作，设立机关行政管理处，直属大庆革委会领导。为便于工作，大庆革委会部分职能局（处）实行一套机构两个名称。

截至1973年底，大庆油田机关工作机构设党委政治部、生产办公室（虚设）、政务办公室、革委会办公室、人民防空办公室、中级人民法院、公安局、机关行政管理处8个部门，其中，党委政治部内设办公室、组织处、宣传处、调查研究室、信访接待室5个部门，受大庆党委委托领导工会、团委、妇联和直属机关党委4个部门工作；生产办公室内设总调度室、钻探处、采油处、地质处、科技处（局）、机械动力处（局）、基本建设处（局）、交通运输管理处（局）、技术安全处（办）、劳动保护处、计划统计处（局）、财务处、技术教育处、劳动工资处（局）、运销处等15个部门；政务办公室内设秘书室、轻工业局、农林局、民政局、财政局、税务局、工商物价管理局、文化局、教育局、卫生局、体委会办公室、生活服务局、房地产管理局、机运处等14个部门；革委会办公室内设接待办公室。所属30个二级单位：钻井指挥部、勘探指挥部、第一采油指挥部、第二采油指挥部、第三采油指挥部、第四采油指挥部、第五采油指挥部、第六采油指挥部、井下作业指挥部、输气管理处、油田建设指挥部、气工程建设指挥部、建筑公司、水电指挥部（局）、物资供应指挥部（局）、运输指挥部、公路工程处、油田开发研究院、油田设计研究院、总机械修理厂、汽车修理厂、石油钻采学校、职工医院、第二医院、西区医院、大庆师范学校、五七学校、大庆卫生学校、大庆石油化工总厂、五七农场。职工总数11.3万人。

1974年7月，按照燃化部革委会主任康世恩关于“简化前头，完善后头，中间不开口，三脱三回收，出四种合格产品”的要求，大庆油田建成中国第一个实现油气全密闭集输和集中处理的喇二联合站。

1970年至1974年，大庆油田对萨尔图、杏树岗、喇嘛甸3个油田进行全面开发，并逐步向南北扩展，先后发现宋芳屯等新油田。截至1974年底，大庆油田动用油田面积779.6平方千米，动用地质储量23.36亿吨，投产油井3790口，注水井1864口，年产原油4106万吨。

1975年1月，大庆油田改由黑龙江省与石油化学工业部双重领导，以黑龙江省为主。

期间，大庆党委副书记、革委会副主任宋振明、张洪池当选中共十大代表、中共第十届中央委员。

大庆党委副书记、革委会副主任张洪池当选第四届全国人大代表、第四届全国人大常委会委员；大庆革委会副主任周占鳌、大庆生产办公室副主任屈清华、大庆运输指挥部党委副书记张廷栋当选第四届全国人大代表。

（一）**大庆党的核心小组领导名录**（1970.6—1971.6）

组　　长　丁继先（军代表，1970.6—1971.6）

第一副组长　任云峰（军代表，1970.6—1971.6）

副 组 长　王进喜（基层代表，1970.6—11）

李荆和（1970.6—1971.6）

成　　员　齐健敏（军代表，1970.6—1971.6）

燕培星（军代表，1970.6—9）

宋世宽（1970.6—1971.6）

刘淑源（女，群众代表，1970.6—9）

李福泉（群众代表，1970.6—9）

李成德（军代表，1970.6—1971.6）

范文斌（军代表，1970.6—9）

陈　俊（基层代表，1970.6—9）

高清廉（军代表，1970.6—9）

（二）**中共大庆委员会领导名录**（1971.6—1975.1）

书　　记　丁继先（军代表，1971.6—1975.1）

副 书 记　任云峰（军代表，1971.6—1973.5）

齐健敏（军代表，1971.6—1975.1）

李荆和（1971.6—1975.1）

宋振明（1971.6—1975.1）

宋望平（基层代表，1973.1—1974.9）

张洪池（基层代表，1973.8—1975.1）

宋世宽（1973.8—1975.1）

段荷华（军代表，1973.8—1975.1）

傅金平（军代表，1973.8—1975.1）

陈烈民（1973.8—1975.1）
张云清（基层代表，1973.8—1975.1）
喻新盛（基层代表，1973.8—1975.1）
黄　生（基层代表，1974.1—12）

常　　委　李成德（军代表，1971.6—1975.1）
宋世宽（1971.6—1973.8）
张洪池（基层代表，1971.6—1973.8）
季铁中（1971.6—1975.1）
高　峰（军代表，1971.6—1973.5）
高清廉（军代表，1971.6—1972.1）
陶冰华（女，群众代表，1971.6—1975.1）
傅金平（军代表，1971.6—1973.8）
李友林（基层代表，1973.1—6）
黄　生（1973.6—1974.1）
常　胜（军代表，1973.8—1975.1）
李虞庚（1973.8—1975.1）
王永祯（基层代表，1973.8—1975.1）
黄国斌（基层代表，1973.8—1975.1）
黄　伟（基层代表，1973.8—1975.1）
薛国邦（基层代表，1973.8—1975.1）
李玉生（基层代表，1973.8—1975.1）
周占鳌（基层代表，1973.8—1975.1）
李海峰（女，基层代表，1973.8—1975.1）
周大任（军代表，1973.8—1975.1）
胡绍中（基层代表，1974.1—1975.1）

政治部主任　陈烈民（兼任，1973.9—1975.1）

（三）大庆军管会领导名录（1970.6—1973.2）

主　　任　丁继先（1970.6—1973.2）

（四）大庆革委会领导名录（1970.6—1975.1）

主　　任　丁继先（军代表，1970.6—1975.1）

第一副主任　任云峰（军代表，1970.6—1973.5）
副　主　任　李荆和（1970.6—1975.1）
齐健敏（军代表，1970.6—1975.1）
王进喜（基层代表，1970.6—11）
张洪池（基层代表，1970.6—1975.1）
陈　俊（基层代表，1970.6—1975.1）
刘淑源（群众代表，1970.6—1975.1）
燕培星（军代表，1970.6—9）
傅金平（军代表，1970.6—1975.1）
李成德（军代表，1970.6—9）
范文斌（军代表，1970.6—9）
宋世宽（1970.9—1975.1）
张云清（基层代表，1970.9—1975.1）
高　峰（军代表，1970.9—1973.5）
高清廉（军代表，1970.9—1972.1）
张端武（军代表，1970.9—1975.1）
王云午（1970.11—1972.8）
宋振明（1971.9—1975.1）
季铁中（1971.9—1975.1）
陈烈民（1972.7—1975.1）
段荷华（军代表，1972.7—1975.1）
宋望平（基层代表，1973.1—1974.9）
李友林（基层代表，1973.1—6）
李虞庚（1973.8—1975.1）
黄国斌（基层代表，1973.8—1975.1）
周占鳌（基层代表，1973.8—1975.1）
只金耀（1973.8—1975.1）
崔海天（1973.8—1975.1）
李　云（基层代表，1973.8—1975.1）
张鸿飞（基层代表，1973.8—1975.1）

孙靖韬（基层代表，1973.8—1975.1）
胡绍中（基层代表，1974.1—1975.1）
黄　伟（基层代表，1974.12—1975.1）
政治部主任　高清廉（军代表，1976.6—1971.7）
周大任（第一主任，1971.7—1973.9）
陈烈民（1971.7—1972.8；兼任，1973.5—9）

（五）大庆总工会（1970.6—1975.1）

主　　任　薛国邦（基层代表，1973.6—1975.1）

二、九二三厂—胜利油田—胜利油田会战指挥部（1970.6—1975.1）

（一）九二三厂（1970.6—1971.6）

1970年6月，九二三厂由山东省和燃料化学工业部双重领导，以山东省为主。党组织关系隶属于山东省委。机关办公地点在山东省惠民专区。

1971年6月，九二三厂更名为胜利油田。

1. **九二三厂党的核心小组领导名录**（1970.6—1971.6）

组　　长　张　豪（军代表，1970.6—12）
刘逎晏（军代表，1970.12—1971.6）
副 组 长　贾仲岭（1970.6—1971.6）
张　豪（军代表，1970.12—1971.6）

2. **九二三厂革委会领导名录**（1970.6—1971.6）

主　　任　贾仲岭（1970.6—1971.6）
副 主 任　王岱东（军代表，1970.6—1971.6）
张　豪（军代表，1970.6—1971.6）
米宝石（军代表，1970.6—1971.6）
芦廷起（军代表，1970.6—1971.6）
刘佩荣（1970.6—1971.6）
欧阳义（1970.6—1971.6）

冯德堂（军代表，1970.7—1971.6）

刘迺晏（军代表，1970.12—1971.6）

（二）胜利油田（1971.6—1972.8）

1971年6月，山东省委决定将九二三厂更名为胜利油田，九二三厂革委会更名为胜利油田革委会。7月，地质调查大队更名为地质调查指挥部。截至年底，胜利油田革委会机关设政治部、生产办公室、生活办公室等部门。职工总数5.26万人。油田党委下属基层党委66个、党支部537个，共有党员1.17万名。年产原油621.67万吨、天然气1.63亿立方米，实现收入7.02亿元，上缴利税5.37亿元。

1972年5月，后调入胜利油田的五七油田十三团改建为临盘指挥部、钻井第三指挥部；五七油田调入胜利油田参加会战的油建队伍更名为胜利油田油田建设工程处。6月，成立河口指挥部。7月，成立孤岛指挥部。

8月，山东省委决定，胜利油田更名为胜利油田会战指挥部。

1. **胜利油田党的核心小组领导名录**（1971.6—1972.12）

组　　长　刘迺晏（军代表，1971.6—1972.12）

副 组 长　贾仲岭（1971.6—1972.12）

张　豪（军代表，1971.6—1972.3）

2. **胜利油田革委会领导名录**（1971.6—1972.8）

主　　任　贾仲岭（1971.6—1972.8）

副 主 任　王岱东（军代表，1971.6—1972.8）

张　豪（军代表，1971.6—1972.3）

米宝石（军代表，1971.6—1972.3）

芦廷起（军代表，1971.6—1972.8）

刘佩荣（1971.6—1972.8）

欧阳义（1971.6—1972.8）

冯德堂（军代表，1971.7—1972.8）

刘迺晏（军代表，1971.12—1972.8）

姚福林（1972.1—8）

（三）胜利油田会战指挥部（1972.8—1975.1）

1972年8月，山东省委决定将胜利油田更名为胜利油田会战指挥部。9月，成立油田设计处；油田建设工程处更名为油田建设第二指挥部。12月，山东省委批准胜利油田党的核心小组更名为胜利油田会战指挥部党的核心小组。

1972年至1973年，组织开展河口、临盘、孤岛等地区的勘探开发会战。

1973年5月，临盘指挥部和钻井第三指挥部合并，组成新的临盘指挥部。8月，成立石油勘探开发工艺研究所。10月，成立矿场地球物理测井总站。

1973年6月29日至7月1日，中共胜利油田会战指挥部第一次代表大会召开，选举产生第一届委员会，党委委员53人，刘佩荣为党委书记，余群立、王瑞龙、杨志钰为党委副书记。

9月，胜利油田会战指挥部派3264钻井队、32319钻井队到辽河油田参加会战。

1974年国庆前夕，新华社和《人民日报》首次公开报道，在中国渤海湾地区建成又一个大油田——胜利油田。

截至1974年底，胜利油田会战指挥部机关设政治部（内设办公室、组织部、宣传部、干部部、青年工作处、人民武装部、工会、直属政治处、保卫处、家属政治部）、生产办公室（内设总调度室、指挥部办公室、人事处、教育处、综合利用处、工农工作处、采油处、计划处、基建处、产品管理处、机动处、科委办公室、钻井处、财务处）、生活办公室（内设农副业处、行政处、接待处、卫生处）等部门。所属地质调查指挥部、钻井指挥部、井下作业处、测井总站、油田建设第一指挥部、油田建设第二指挥部、建筑工程指挥部、孤岛指挥部、临盘指挥部、河口指挥部、胜利采油指挥部、滨南采油指挥部、机械修理厂、汽车修配厂、运输处、供应处、地质处、设计处、水电指挥部、职工医院、石油勘探开发工艺研究所、技术学校、济南柴油机厂等23个二级单位。职工总数8.36万人。下属基层党委110个、党总支12个、党支部1024个，共有2.53万名党员。累计发现油田36个，探明石油地质储量9.22亿吨；年产原油1257.25万吨、天然气5.41亿立方米；工业生产总值11.99亿元，实现利税8.1亿元。

1975年1月，胜利油田会战指挥部改由山东省与石油化学工业部双重领导，以山东省为主。

1. **胜利油田会战指挥部党的核心小组领导名录**（1972.12—1973.6）

组　　长　刘迺晏（军代表，1972.12—1973.6）

副 组 长　刘佩荣（军代表，1972.12—1973.6）

余群立（1972.12—1973.6）

2. **中共胜利油田会战指挥部委员会领导名录**（1973.7—1975.1）

书　　记　刘佩荣（军代表，1973.7—1975.1）

副 书 记　余群立（1973.7—1975.1）

王瑞龙（1973.7—1975.1）

杨志钰（1973.7—1975.1）

焦万海（1973.12—1975.1）

常　　委　杨继清（1973.7—1975.1）

欧阳义（1973.7—1975.1）

刘占仓（1973.7—1975.1）

王　军（1973.7—1975.1）

李雨轩（1973.7—1975.1）

姚福林（1973.7—1975.1）

冯其俊（基层代表，1973.7—1975.1）

于清海（基层代表，1973.7—1975.1）

政治部主任　芦廷起（军代表，1972.8—1973.12）

3. **胜利油田会战指挥部领导名录**（1972.8—1975.1）

指　　挥　刘佩荣（军代表，1972.8—1975.1）

政　　委　刘迺晏（军代表，1972.8—1973.12）

副 指 挥　余群立（1972.8—1975.1）

欧阳义（1972.8—1975.1）

杨继清（1972.8—1975.1）

刘占仓（1972.8—1975.1）

姚福林（1972.8—1975.1）

王　军（1972.8—1975.1）

王云午（1972.8—1975.1）

李雨轩（1972.8—1975.1）

孙荣富（1972.8—1975.1）

王　录（军代表，1972.8—1973.12）

王思文（1972.8—1975.1）

张载褒（1973.8—1975.1）

李光明（1973.8—1975.1）
胡象尧（1973.8—12）
杨志钰（1973.8—1975.1）
副　政　委　于　明（1972.8—1973.9）
王福臣（军代表，1972.8—1973.12）
王瑞龙（1972.8—1973.7）
总工程师　张载褒（1972.8—1975.1）
总地质师　胡见义（1972.8—1975.1）

三、华北石油勘探指挥部—华北石油会战指挥部（1970.6—1975.1）

（一）华北石油勘探指挥部（1970.6—1972.8）

1970年6月，华北石油勘探指挥部由天津市和燃料化学工业部双重领导，以天津市为主，党组织关系隶属于天津市委。机关设政治部、生产指挥部、生活指挥部、武装部和革委会办公室；所属钻井指挥部、冀中石油勘探指挥部、海洋勘探指挥部、井下作业指挥部、基建指挥部、采油指挥部、机修厂、水电厂、运输处、供应处、炼油厂、职工医院、地球物理勘探大队、研究大队等14个二级单位。职工总数1.4万人。机关办公地点在天津市南郊区大港津歧路西侧二号院。

截至1970年底，探明地质储量2.37亿吨，开发面积140.7平方千米。按照边勘探、边开发、边建设的方针，已开发油田5个，油井开井291口，年产原油101.9万吨，年产天然气1.42亿立方米。

1972年5月，江汉石油管理局抽调7600余名职工支援华北石油勘探会战，其中第四分部进驻河北省沧州地区，成立华北石油勘探指挥部第二钻井指挥部。同年，在二号院西侧建起一片四合院式的平房，机关迁至此地办公，被命名为“三号院”。

8月，华北石油勘探指挥部更名为华北石油会战指挥部，同时撤销华北石油勘探指挥部革委会。

1. 中共华北石油勘探指挥部委员会领导名录（1970.6—1972.8）

书　　记 霍洪山（军代表，1971.1—1972.8）

副 书 记 霍洪山（军代表，1970.6—1971.1）

赵复成（赵维亚，1970.6—1972.8）

苑青山（军代表，1970.6—1972.8）

马永林（1970.6—1972.8）

刘仁杰（1970.6—1972.8）

魏定远（军代表，1971.1—1972.8）

常　　委 侯　忠（1970.6—1972.8）

贺清德（1970.6—1972.8）

臧成平（群众代表，1970.6—1972.8）

陈征富（军代表，1970.11—1971.10）

杨长威（1971.12—1972.8）

政治部主任 陈征富（军代表，1970.11—1971.10）

2. 华北石油勘探指挥部革委会领导名录（1970.6—1972.8）

主　　任 空　缺（1970.6—1972.8）

副 主 任 余　萍（1970.6—1972.8）

霍洪山（军代表，1970.6—1972.8）

苑青山（军代表，1970.6—1972.8）

赵复成（1970.6—1972.8）

马永林（1970.6—1972.8）

刘仁杰（1970.6—1972.8）

常　　委 冯　浩（1970.6—1972.8）

郭志忠（郭书义，1970.6—1972.8）

张金虎（军代表，1970.6—1972.8）

顾德华（1970.6—1972.8）

陈厚勇（1970.6—1972.8）

张景波（1970.6—1972.8）

侯　忠（1970.6—1972.8）

贺清德（1970.6—1972.8）

臧成平（群众代表，1970.6—1972.8）

吕连生（群众代表，1970.6—1972.8）

陈征富（军代表，1970.11—1971.10）

（二）华北石油会战指挥部（1972.8—1975.1）

1972年8月，华北石油勘探指挥部更名为华北石油会战指挥部。

1973年1月，华北石油会战指挥部机关设办公室、政治部（内设秘书处、组织处、宣传处、干部处）、总调度室、计划处、生产技术处、机动处、基建处、劳动工资处、财务处、保卫处、武装部、教育处、卫生处、农副业处、生活管理处、行政处、工会、团委等18个部门，机关编制333人。所属第一钻井指挥部、第二钻井指挥部、井下作业指挥部、地调指挥部、海洋勘探指挥部、油建指挥部、供应处、炼油厂、采油指挥部、运输指挥部、机修厂、水电厂、地质处、职工医院、石油技术学校等15个二级单位。

2月，胜利油田会战指挥部和六四六厂（后更名为石油地球物理勘探局）的5支地震队200人整建制调入华北石油会战指挥部。5月，六四六厂地震十大队833人整建制调入华北石油会战指挥部。6月，茂名石油公司基本建设技术骨干40人调入华北石油会战指挥部；华北石油会战指挥部大钻队、地震队、重力队以及气测、电测队等220人调往茂名石油公司南海石油勘探筹备处。9月，燃料化学工业部所属第十化建公司建安队伍950人调入华北石油会战指挥部。

1974年5月，石油地球物理勘探局钻井指挥部1000余人整建制划归华北石油会战指挥部。9月，燃料化学工业部决定，将燃料化学工业部驻华北石油会战指挥部技术引进一线办公室行政工作委托华北石油会战指挥部管理。11月，大庆石油会战指挥部300名领导干部和技术骨干调入华北石油会战指挥部。

1974年5月15日，新华社播发《我国自力更生建起大港油田》的消息，宣布在华北东部天津附近的滨海地区建起一个新油田——大港油田。

截至1974年底，华北石油会战指挥部在册职工4.84万人，已探明地质储量3.57亿吨，开发面积227.4平方千米，新增港中、六间房、羊三木、羊二庄、板桥5个油田，油田达到10个，其中板桥构造板3井获得高产，是中国最早发现的最大的凝析油气田，油井开井690口，年生产原油398.9万吨、天然气10.8亿立方米。

1975年1月，华北石油会战指挥部改由天津市和石油化学工业部双重领导，以天津市为主。

期间，华北石油会战指挥部副指挥李全亨当选中共十大代表，华北石油会战指挥部钻井二大队大队长张国祥当选第四届全国人大代表。

1. 中共华北石油会战指挥部委员会领导名录（1972.8—1975.1）

书　　记　霍洪山（军代表，1972.8—1973.10）
张文彬（兼任，1973.10—1975.1）
第一副书记　赵复成（赵维亚，1973.10—1975.1）
副 书 记　赵复成（1972.8—1973.10）
苑青山（军代表，1972.8—1973.10）
马永林（1972.8—1975.1）
刘仁杰（1972.8—1975.1）
魏定远（军代表，1972.8—1973.10）
裴虎全（1973.10—1975.1）
齐国贤（1973.10—1975.1）
施振芳（1973.10—1975.1）
常　　委　侯　忠（1972.8—1975.1）
贺清德（1972.8—1975.1）
臧成平（群众代表，1972.8—1975.1）
杨长威（1972.8—1973.10）
孙德福（孙安仕，1973.10—1975.1）
李全亨（陶气，1973.10—1975.1）
阎宝钧（1973.10—1975.1）
政治部主任　齐国贤（1972.8—1973.10）
阎宝钧（1973.10—1975.1）

2. 华北石油会战指挥部领导名录（1972.9—1975.1）

指　　挥　马永林（1973.10—1975.1）
政　　委　霍洪山（军代表，1972.9—1973.10）
第一副指挥　裴虎全（1973.10—1975.1）
副 指 挥　马永林（1972.9—1973.10）
苑青山（军代表，1972.9—1973.10）

	裴虎全（1972.9—1973.10）
	丁　达（1972.9—1975.1）
	钟一鸣（1972.9—1975.1）
	陈厚勇（1972.9—1975.1）
	王礼钦（1972.9—1975.1）
	郭志忠（1972.9—1975.1）
	冯　浩（1972.9—1975.1）
	万鹏飞（1972.9—1975.1）
	孙德福（1973.10—1975.1）
	李全亨（1973.10—1975.1）
	侯守智（1973.10—1975.1）
	禹福连（1973.10—1975.1）
	施鸣鹤（1973.10—1975.1）
副政委	申力生（1972.9—1973.10）
	魏定远（军代表，1972.9—1973.10）
	赵复成（1972.9—1973.10）
	刘仁杰（1972.9—1973.10）
	施振芳（1972.9—1973.10）
总工程师	王礼钦（1972.9—1975.1）
总地质师	吴华元（1972.9—1975.1）
基建总工程师	王连志（1972.9—1975.1）
采油总工程师	朱兆明（1973.10—1975.1）

四、三二二油田—辽河石油勘探局（1970.9—1975.1）

（一）三二二油田（1970.9—1973.5）

1970年6月，辽河石油勘探指挥部（对外称六七三石油勘探指挥部）由辽宁省和燃料化学工业部双重领导，以辽宁省为主。党组织关系隶属于辽宁省委。

9月，辽宁省革委会决定将辽河石油勘探指挥部更名为三二二油田。同时成立三二二油田革委会和三二二油田党的核心小组。机关设政工组、生产组、办事组、后勤组、人保组、人武部等6个部门。职工总数1.7万人。机关办公地点从辽宁省大洼县黄金带迁至大洼县于楼。

1970年至1971年，燃料化学工业部决定，抽调六四六厂（后更名为石油地球物理勘探局）部分地震队和东北输油管线建设指挥部第一建设大队参加辽河油田会战。

1971年9月，油田的第一列原油列车从渤海火车站始发外运。

1972年10月16日，中共三二二油田第一次代表大会召开，选举产生第一届委员会，实行常委制，黄达宣为党委第一书记，刘长亮为党委第二书记，贾皞、谢恒益、刘照民、林治开为党委书记。下属基层党委11个、党支部127个，共有党员2191名。同时，撤销三二二油田党的核心小组。

1973年5月，三二二油田更名为辽河石油勘探局。

1. **三二二油田党的核心小组领导名录**（1970.9—1972.10）

组　　长　王秀法（军代表，1970.9—1972.10）

副 组 长　黄达宣（军代表，1970.9—1972.10）

曹进奎（1970.9—1972.9）

成　　员　刘长亮（1970.9—1972.10）

马依文（军代表，1970.9—1972.9）

杨庆岚（军代表，1970.9—1972.9）

林治开（1970.9—1972.10）

2. **中共三二二油田委员会领导名录**（1972.10—1973.5）

第一书记　黄达宣（军代表，1972.10—1973.5）

第二书记　刘长亮（1972.10—1973.5）

书　　记　贾　皞（贾皋，1972.10—1973.5）

谢恒益（军代表，1972.10—1973.5）

刘照民（1972.10—1973.5）

林治开（1972.10—1973.5）

常　　委　满应科（1972.10—1973.5）

郭维范（军代表，1972.10—1973.5）

黄志斌（军代表，1972.10—1973.5）

王　涛（1972.10—1973.5）
王子正（1972.10—1973.5）
季生元（1972.10—1973.5）
高尚仁（军代表，1972.10—1973.5）

3. **三二二油田革委会领导名录**（1970.9—1973.5）

主　　任　王秀法（军代表，1970.9—1972.10）
黄达宣（军代表，1972.10—1973.5）

副 主 任　黄达宣（军代表，1970.9—1972.10）
曹进奎（1970.9—1972.9）
刘长亮（1970.9—1973.5）
贾　皞（1970.9—1973.5）
马依文（军代表，1970.9—1972.9）
杨庆岚（军代表，1970.9—1972.9）
林治开（1970.9—1973.5）
郭维范（军代表，1970.9—1973.5）
郑春发（群众代表，1970.9—1972.9）
刘照民（1971.11—1973.5）
胡亦民（1972.1—6）
黄志斌（军代表，1972.6—1973.5）
王　涛（1972.6—1973.5）
满应科（1972.6—1973.5）
王子正（1972.6—1973.5）
季生元（1972.6—1973.5）
杨　录（1972.6—1973.5）
谢恒益（军代表，1972.9—1973.5）
高尚仁（军代表，1972.9—1973.5）

4. **三二二油田工会**（1970.12—1973.5）

主　　任　康清明（1970.12—1973.5）

（二）辽河石油勘探局（1973.5—1975.1）

1973年5月，辽宁省委决定将三二二油田更名为辽河石油勘探局、中共三二二油田委员会更名为中共辽河石油勘探局委员会。同时撤销三二二油田革委会。党组织关系隶属于辽宁省委。

机关设政治部（内设办公室、组织部、干部处、宣传处、保卫处、人武部、工会、团委）、行政办公室、总调度室、生产技术处、机动处、基建处、财务处、人事处、教育处、科技处、计划处、运销处、行政管理处、农副业处、卫生处等部门。所属钻井指挥部、沈阳勘探指挥部、井下作业指挥部、采油指挥部、油建指挥部、地质指挥部、运输处、供应处、机修厂、水电厂、职工医院、东油一大队等12个二级单位。职工总数2.5万人。

9月，机关办公地址由辽宁省大洼县于楼迁至盘山县兴隆台。同月，胜利油田会战指挥部调3264钻井队、32319钻井队参加辽河石油会战。10月，四川油田、胜利油田共抽调4支钻井队参加辽河石油会战。1973年辽河油田生产原油104万吨、天然气5.1亿立方米，跨入年产百万吨油田行列。

1974年1月，燃料化学工业部决定，从大庆、胜利、长庆、江汉等油田抽调20支钻井队、8支试油队和钻前、运输、管子站、完井作业、机修等队伍及机关人员共4600余人参加辽河石油会战。4月，燃料化学工业部决定将参加辽河石油会战的石油地球物理勘探局两支地震队（包括全部设备）调给辽河石油勘探局，加强辽河地区物探力量。

截至1974年底，辽河石油勘探局设23个机关部门，所属地球物理勘探处、钻井处、沈阳勘探处、井下作业处、采油厂、油田建设工程处、地质处、运输处、第二钻井处、供应处、筑路工程处、机修厂、水电厂、油田建设规划设计院、消防大队、技工学校、职工医院等17个二级单位。职工总数4.1万人。年产原油212万吨、天然气8.74亿立方米。

1975年1月，辽河石油勘探局改由辽宁省和石油化学工业部双重领导，以辽宁省为主。

1. **中共辽河石油勘探局委员会领导名录**（1973.5—1975.1）

书　　记　刘长亮（1973.5—1975.1）

副 书 记　贾　皞（1973.5—1975.1）

刘照民（1973.5—1975.1）

林治开（1973.5—1975.1）

王　涛（1973.5—1975.1）

常　　委　满应科（1973.5—1975.1）
王子正（1973.5—1975.1）
季生元（1973.5—1975.1）
王天儒（1973.5—1975.1）
窦小群（1973.5—1975.1）
刘成章（1973.5—1975.1）
王镜心（1974.4—1975.1）
田丕儒（1974.4—1975.1）

2. **辽河石油勘探局领导名录**（1973.5—1975.1）

局　　长　贾　皞（1973.5—1975.1）
副 局 长　刘照民（1973.5—1975.1）
林治开（1973.5—1975.1）
王　涛（1973.5—1975.1）
满应科（1973.5—1975.1）
王子正（1973.5—1975.1）
季生元（1973.5—1975.1）
王天儒（1973.5—1975.1）
刘成章（1973.5—1975.1）
杨　录（1973.5—1975.1）
张子玉（1973.5—1975.1）
李国璋（1973.5—1975.1）
赵喜德（1973.5—1975.1）
刘　沐（1973.10—1975.1）
王镜心（1974.4—1975.1）
田丕儒（1974.4—1975.1）
总地质师　张文昭（1973.5—1975.1）
总工程师　蒋麟湘（1973.5—1975.1）

3. **辽河石油勘探局工会**（1973.5—1975.1）

主　　任　康清明（1973.5—6）
刘成章（1973.6—1975.1）

五、七〇油田—吉林省石油会战指挥部（1970.8—1975.1）

（一）七〇油田（1970.8—1973.6）

1970年6月，吉林省扶余油化厂（扶余油矿）由吉林省领导，党组织关系隶属于白城地委，机关办公地址：吉林省白城地区扶余县扶余镇长宁北街21号。

8月14日，吉林省革委会批准，吉林省扶余油化厂更名为七〇油田。同时，吉林省扶余油化厂革委会更名为七〇油田革委会。吉林省石油会战指挥部领导小组更名为七〇油田领导小组，实行以地方为主的双重领导体制。机关设政治部、生产指挥部、办公室等。

同月，贯穿第二松花江、年输油能力130万吨、长达10多千米的输油管线建成，解决了原油产量增加后的外运销售问题。

截至1970年底，扶余油矿原油产量由1969年的22.79万吨上升至80.44万吨，产能达到100万吨。职工总数1.2万人。下属基层党委13个、党支部137个，共有党员1896名。

1971年5月，七〇油田革委会工作机构调整为6个部室，即生产指挥部、政治部、后勤部、武装部、办公室、地质开发研究室。采油一厂、采油二厂、采油三厂合并为采油指挥部，钻井大队更名为钻井指挥部，机修厂更名为油建指挥部，井下大队更名为井下指挥部。6月，根据油田规模不断扩大、职工队伍倍增和各级组织机构定型的实际，为加强油田保密工作，经吉林省电信局批准，七〇油田统一使用“长春5097信箱”通讯联络代号。12月，七〇油田对所属组织机构进行调整，对非生产人员进行精减。将采油、钻井、油建、运输4个战区指挥部的油田、战区（指挥部）、营、连、排五级机构设置改为油田、战区（厂）、连队（车间）三级管理。撤销采油战区指挥部，将其所属采油三个营，分别改组为采油一厂、采油二厂、采油三厂；将钻井和勘探两个指挥部合并，成立钻探指挥部；将油建战区指挥部解体分设为机修厂和油建指挥部；非生产人员由过去的4227人减至3073人。年底，职工总数为1.63万人。

1972年3月，七〇油田党的核心小组成立。11月，油田消防队由生产指挥部移交政治部领导。年底，七〇石油大会战结束。在两年多的石油大会战中，安装自喷井300口，新建采油厂2个，扩建采油厂1个。形成160万吨/年的原油生产综合能力，年产原油126.32万吨，是会战前的5.7倍，成为全国第三个生产设施初步配套的油田。职工总数1.79万人。同时，形成了“一不怕苦、二不怕死”的“五上精神”，即解放思想，破除框框上；土法上马，因陋就简上；争分夺秒，抢着时间上；没有条件，创造条件上；遇到困难，迎着困难上，也为吉林油田企业精神的形成奠定了基础。

1973年3月，燃料化学工业部、吉林省决定，抽调江汉石油管理局3357名职工参加吉林省红岗油田勘探开发工作。

6月，为了加强对吉林省石油勘探开发会战的集中统一领导，成立吉林省石油会战指挥部。

1. **七〇油田领导小组成员名录**（1970.8—1972.2）

组　　长　皋　峰（军代表，1970.8—1972.2）
副 组 长　陈祖邦（军代表，1970.8—1972.2）
王子卿（军代表，1970.8—1972.2）
成　　员　孙善英（吉林省地质局局长，1970.8—1972.2）
贾承烈（吉林省石化厅副厅长，1970.8—1972.2）
王海波（军代表，1970.8—1972.2）
邓　岚（军代表，1970.8—1972.2）
郭　瑞（1970.8—1972.2）

2. **七〇油田军管会领导名录**（1970.8—1972.2）

主　　任　邓　岚（1970.8—1972.2）
副 主 任　杨茂永（1970.8—1972.2）
成　　员　钱正祥（1970.8—1972.2）
韩世锡（1970.8—1972.2）

3. **七〇油田党的核心小组领导名录**（1972.3—1973.6）

组　　长　刘存仁（1972.3—1973.6）
副 组 长　赵东黎（1972.3—1973.6）
赵南起（朝鲜族，1972.3—1973.6）
成　　员　李群星（1972.3—1973.6）
贾承烈（1972.3—1973.6）

徐尚风（1972.3—1973.6）
王　彬（1972.3—1973.6）
张景阳（1972.3—1973.6）

政治部主任　徐尚风（1972.3—1973.6）
马玉良（1973.6）

4. 七〇油田革委会领导名录（1970.8—1973.6）

主　　任　刘存仁（1972.2—1973.6）

副 主 任　郭　瑞（1970.8—1972.3）
张景阳（1970.11—1973.6）
赵南起（1972.2—1973.6）
李群星（1972.2—1973.6）
徐尚风（1972.2—1973.6）
王　彬（1972.2—1973.6）
赵东黎（1972.3—1973.6）
贾承烈（1972.3—1973.6）

常　　委　孙振魁（1970.8—1973.6）
徐维华（1970.8—1973.6）
张宝库（1970.8—1973.6）
雷茂久（1970.8—1973.6）
陈桂芳（1970.8—1973.6）
樊　宽（1970.11—1973.6）
魏凤石（1972.2—1973.6）
冷德芳（1972.2—1973.6）

（二）吉林省石油会战指挥部（1973.6—1975.1）

1973年6月，为加强对吉林省石油勘探开发会战的集中统一领导，吉林省委、燃料化学工业部党的核心小组决定成立吉林省石油会战指挥部，吉林省石油会战指挥部行政工作由吉林省负责，业务上由燃料化学工业部归口管理。同时，成立吉林省石油会战指挥部党的核心小组，党组织关系隶属于中共白城地委。机关办公地点在吉林省白城地区前郭尔罗斯蒙古族自治县前郭镇北。

机关设政治部（内设秘书室、组织处、宣传处、干部处、保卫处）、办公室、生产技术处、基建处、机电动力处、计划处、财务处、劳资处、物资供应管理处、行政处、地质处、工会、团委、武装部等14个部门。所属七〇油田指挥部[1]、红岗油田指挥部、勘探指挥部、钻井指挥部等4个二级单位。职工总数2.36万人。指挥部党委下属基层党委10个、党总支17个、党支部196个，共有党员2754名。

7月28日至31日，中共七〇油田第一次代表大会召开，选举产生第一届委员会，实行常委制，贾承烈为党委书记，徐尚风为党委副书记。

同月，吉林省委对吉林省石油会战指挥部党的核心小组领导班子进行任命。

8月，燃料化学工业部及玉门石油管理局分别派出工作组，指导吉林省的石油勘探开发会战。9月，增设卫生处。12月，七〇油田汽车修理厂划归吉林省石油会战指挥部直接领导。

1974年5月，红岗油田全面投入开发。10月1日，红岗油田投产，第一列原油罐车开往炼油厂。经国务院批准，从职工子女中招收500人，解决红岗油田开发建设急需人员问题。同年，成立消防大队、教育处、干部学校、石油学校。

1975年1月，石油化学工业部成立时，吉林省石油会战指挥部仍由吉林省领导，业务上接受石油化学工业部指导。

期间，吉林省石油会战指挥部七〇油田革委会副主任国荣当选中共十大代表。

1. **吉林省石油会战指挥部党的核心小组领导名录**（1973.6—1975.1）

组　　长　刘存仁（1973.7—1975.1）

副 组 长　马骥祥（马骥，1973.7—1975.1）

赵东黎（1973.7—1975.1）

成　　员　贾承烈（1973.7—1975.1）

汪启智（1973.7—1975.1）

梁树奎（1973.7—1975.1）

罗重群（1973.7—1975.1）

政治部主任　罗重群（1973.7—1975.1）

---

① 吉林省革委会考虑“七〇油田”企业称谓的历史成因和沿革，以及会战指挥部领导成员在“七〇油田”的兼任职情况，允许对外继续使用“七〇油田”称谓和公章。

2. 吉林省石油会战指挥部领导名录（1973.6—1975.1）

指　　挥 马骥祥（马骥，1973.6—1975.1）
政　　委 刘存仁（1973.6—1975.1）
副 指 挥 贾承烈（1973.6—1975.1）
汪启智（1973.6—1975.1）
梁树奎（1973.6—1975.1）
田在艺（1973.6—1975.1）
叶跃庭（1973.6—1975.1）
朱良久（1973.6—1975.1）
吴衍君（1973.6—1975.1）
张怀玺（1973.6—1975.1）
王　彬（1973.6—1975.1）
张景阳（1973.6—1975.1）
副 政 委 赵东黎（1973.6—1975.1）
罗重群（1973.6—1975.1）
徐尚风（1973.6—1975.1）
总工程师 王炳诚（1973.6—1975.1）

3. 所属七〇油田领导名录（1973.6—1975.1）

中共七〇油田委员会领导名录（1973.7—1975.1）

书　　记 贾承烈（1973.7—1975.1）
副 书 记 徐尚风（1973.7—1975.1）
常　　委 王　彬（1973.7—1975.1）
张景阳（1973.7—1975.1）
牛天杰（1973.7—1975.1）
李学明（1973.7—1975.1）
王雪涛（1973.7—1975.1）
魏凤石（1973.7—1975.1）
国　荣（女，1973.7—1974.5）

七〇油田革委会领导名录（1973.6—1975.1）

主　　任 贾承烈（1973.6—1975.1）

副　主　任　徐尚风（1973.6—1975.1）
王　彬（1973.6—1975.1）
张景阳（1973.6—1975.1）
牛天杰（1973.7—1975.1）
李学明（1973.7—1975.1）
王雪涛（1973.7—1975.1）
魏风石（1973.7—1975.1）
国　荣（1973.11—1974.5）

六、新疆石油管理局—新疆维吾尔自治区石油管理局（1970.6—1975.1）

（一）新疆石油管理局（1970.6—1971.3）

1970年6月，新疆石油管理局由燃料化学工业部领导，党组织关系隶属于新疆维吾尔自治区党委。职工总数2.8万人。机关办公地点在新疆维吾尔自治区克拉玛依市。

同年，新疆石油管理局抽调4995名职工支援江汉、长庆、辽河、华北等油田建设。

1971年3月，燃料化学工业部决定将新疆石油管理局下放新疆维吾尔自治区管理，并更名为新疆维吾尔自治区石油管理局，实行以新疆维吾尔自治区为主的双重领导。

1. **新疆石油管理局党的核心小组领导名录**（1970.6—1971.3）

组　　长　孙世英（军代表，1970.6—1971.3）
副 组 长　周忆云（军代表，1970.6—1971.3）
毕可钦（军代表，1970.6—1971.3）

2. **新疆石油管理局军管会领导名录**（1970.6—1971.3）

主　　任　孙世英（1970.6—1971.3）
副 主 任　张茂林（1970.6—1971.3）
毕可钦（1970.6—1971.3）

周忆云（1970.6—1971.3）

张孝升（1970.6—1971.3）

3. **新疆石油管理局革委会领导名录**（1970.6—1971.3）

主　　任　孙世英（军代表，1970.6—1971.3）

副 主 任　赵铭海（群众代表，1970.6—1971.3）

孙廷鋐（群众代表，1970.6—1971.3）

汪守良（群众代表，1970.6—1971.3）

曹芳春（群众代表，1970.6—1971.3）

毕可钦（军代表，1970.6—1971.3）

周忆云（军代表，1970.6—1971.3）

赵　炎（1970.9—1971.3）

刘照民（1970.9—1971.3）

总工程师　张　毅（1970.6—1971.3）

总地质师　张　恺（1970.6—1971.3）

总会计师　雷　震（1970.6—1971.3）

（二）新疆维吾尔自治区石油管理局（1971.3—1975.1）

1971年3月，燃料化学工业部决定将新疆石油管理局下放新疆维吾尔自治区管理，并更名为新疆维吾尔自治区石油管理局（简称新疆石油管理局），实行以新疆维吾尔自治区为主的双重领导。6月，新疆维吾尔自治区党委批准新疆石油管理局和克拉玛依市成立一个党委，即中共新疆石油管理局、克拉玛依市委员会。

1971年7月8日至11日，中共新疆石油管理局第三次代表大会召开，选举产生新一届委员会，由48人组成，孙世英为党委书记，贺景富、周忆云、秦峰、瓦力斯江·吐尔地为党委副书记。通过整党建党，新疆石油管理局23个直属单位有17个建立新党委，原有397个党支部恢复278个党支部，7063名党员中有4981名恢复党组织生活。

1973年7月，新疆石油管理局及其所属单位军事管制结束，恢复党委工作机构。同时，撤销新疆石油管理局革委会内设的政治工作组、办事组、生产指挥组、人民保卫组，改设相应的职能处室。

截至1974年底，新疆石油管理局机关设政治部（内设党委办公室、组织处、宣传处、干部处、机关党委）、报社、革委会办公室、计划处、财务处、劳动工资处、总调度室、生产技术处、地质处、机械动力处、运销处、设计处、卫生处、行政管理处、集体经济管理处、基建处等16个部门；所属南疆石油勘探会战指挥部、钻井处、地质调查处、采油一厂、采油二厂、采油三厂、独山子炼油厂、克拉玛依炼油厂、输油处、井下作业处、运输处、油建工程处、机械厂、电厂、供水处、油田研究所、油田工艺科研大队、器材供应处、服务公司、乌鲁木齐石油化工厂筹建处等28个二级单位，职工总数3.7万人。1974年，生产原油181.77万吨、天然气2.07亿立方米，加工原油94.75万吨，工业总产值4.02亿元。

1975年1月，新疆石油管理局改由新疆维吾尔自治区和石油化学工业部双重领导，以新疆维吾尔自治区为主。

期间，新疆石油管理局革委会主任瓦力斯江·吐尔地当选中共十大代表，新疆石油管理局工会副主任克尤木·买提尼牙孜当选第四届全国人大代表、第四届全国人大常委会委员。

1. **新疆维吾尔自治区石油管理局党的核心小组领导名录**（1971.3—7）

组　　长　孙世英（军代表，1971.3—7）

副 组 长　周忆云（军代表，1971.3—7）

毕可钦（军代表，1971.3—7）

2. **中共新疆维吾尔自治区石油管理局委员会领导名录**（1971.7—1975.1）

书　　记　孙世英（军代表，1971.7—1973.7）

李欣吾（1973.7—1975.1）

副 书 记　贺景富（军代表，1971.7—1973.7）

周忆云（军代表，1971.7—1975.1）

秦　峰（回族，1971.7—1973.7）

瓦力斯江·吐尔地（维吾尔族，1971.7—1975.1）

白成铭（1973.1—1973.8）

谢采贤（1973.7—1975.1）

王照明（1973.7—1975.1）

侯志诚（1973.7—1975.1）

张启华（1974.4—1975.1）

常　委　王　素（女，1971.7—1975.1）
田丕儒（1971.7—1973.7）
毕可钦（军代表，1971.7—1973.3）
张孝升（军代表，1971.7—1973.7）
张　敬（1971.7—1973.7）
张志文（军代表，1971.7—1973.7）
姚　亮（1971.7—1973.7）
蔡茂年（1971.7—1975.1）
王向群（1973.6—1975.1）
张　毅（1973.7—1975.1）
马合木提·司马义（维吾尔族，1973.7—1975.1）
张家达（1973.10—1975.1）

3. **新疆维吾尔自治区石油管理局军管会领导名录**（1971.3—1973.7）

主　任　孙世英（1971.3—1973.7）
副主任　张茂林（1971.3—1973.3）
毕可钦（1971.3—1973.3）
周忆云（1971.3—1973.7）
张孝升（1971.3—1973.7）

4. **新疆维吾尔自治区石油管理局革委会领导名录**（1971.3—1975.1）

主　任　孙世英（军代表，1971.3—1973.7）
瓦力斯江·吐尔地（1973.7—1975.1）
副主任　赵铭海（群众代表，1971.3—1975.1）
孙廷鋐（群众代表，1971.3—1975.1）
汪守良（群众代表，1971.3—1975.1）
曹芳春（群众代表，1971.3—1975.1）
毕可钦（军代表，1971.3—1973.3）
周忆云（军代表，1971.3—1975.1）
赵　炎（1971.3—1973.7）
刘照民（1971.3—12）
贺景富（军代表，1971.12—1973.7）

瓦力斯江·吐尔地（1971.12—1973.7）
张孝升（军代表，1971.12—1973.7）
秦　峰（1971.12—1973.7）
白成铭（1973.1—8）
王向群（1973.6—1975.1）
王照明（1973.7—1975.1）
侯志诚（1973.7—1975.1）
张　毅（1973.7—1975.1）
马合木提·司马义（1973.7—1975.1）
张家达（1973.10—1975.1）
周庆祖（1973.11—1975.1）
徐杜周（1973.11—1975.1）
肉孜·阿尤甫（维吾尔族，1973.11—1975.1）
买买提·艾沙（维吾尔族，1973.11—1975.1）
张启华（1974.4—1975.1）

总工程师　张　毅（1971.3—1973.10）
刘翔鹗（1973.10—1975.1）

总地质师　张　恺（1971.3—1973.10）
谢　宏（1973.10—1975.1）

总会计师　雷　震（1971.3—1975.1）

5. **新疆维吾尔自治区石油管理局工会**（1973.8—1974.9）

主　　任　石镇西（1973.8—1974.9）

七、玉门石油管理局（1970.6—1975.1）

1970年6月，玉门石油管理局由甘肃省领导，业务上接受燃料化学工业部指导，党组织关系隶属于甘肃省委。职工总数1.8万人。机关办公地点在甘肃省玉门市中坪区。

11月，玉门石油管理局组织近1.4万名职工，调用全局二分之一的设备参加长庆石油会战。

1971年5月，经甘肃省委批准，中共玉门石油管理局第六届委员会增补委员15人、常务委员7人，佟尊为党委书记，任志恒、王德礼、傅万祯为党委副书记。

同年，玉门石油管理局改由甘肃省燃料化学工业局（后更名为甘肃省石油化学工业厅）领导。

1974年，玉门石油管理局炼油厂建成国内第一套提升管催化裂化装置。

截至1974年底，玉门石油管理局机关设办公室、计划处、调度处、地质室、技术处、机动处、劳资处、财务处、器材处、行政处等10个职能处室；革委会政治部设组织处、宣传处、工会、团委、教育处、保卫处、武装部、机关党委等8个处室。所属老君庙油矿、鸭儿峡油矿、白杨河油矿、石油沟油矿、井下处、炼油厂、机械厂、修造厂、水电厂、运输处、地面工程处、研究所、职工医院、服务处、消防大队、石油工人学校等16个二级单位。职工总数1.72万人。局党委下属基层党委14个、党总支3个、党支部187个，共有党员4806名。

在第四个五年计划时期（1971—1975年），玉门石油管理局年均工业总产值2.29亿元、原油产量64.22万吨、原油加工量42.90万吨。

1975年1月，石油化学工业部成立时，玉门石油管理仍由甘肃省领导，业务上接受石油化学工业部指导。

（一）中共玉门石油管理局委员会领导名录（1970.6—1975.1）

书　　记　宋志斌（1970.6—1971.5）
佟　尊（1971.5—1973.8）
任志恒（1973.8—1975.1）

副 书 记　于耀先（1970.6—10）
任志恒（1971.5—1973.8）
王德礼（1971.5—1975.1）
傅万祯（1971.5—1975.1）
刘治敏（1973.5—1975.1）

常　　委　王德礼（1970.6—1971.5）
李一民（1970.6—1971.5）
窦小群（1970.6—1971.5）
陈秋来（1970.6—1971.5）

张健民（1970.6—10）
张一青（1970.6—1971.5）
林秀峰（1970.6—1971.5）
李江河（1970.6—1971.5）
白光明（1971.5—1975.1）
赵彭余（1971.5—1975.1）
刘治敏（1971.5—1973.5）
牛体君（1971.5—1975.1）

（二）玉门石油管理局革委会领导名录（1970.6—1975.1）

主　　任　宋志斌（1970.6—1971.5）
佟　尊（1971.5—1973.8）
任志恒（1973.8—1975.1）

副 主 任　于耀先（1970.6—10）
张健民（1970.6—10）
闫思贵（1970.6—10）
张文跃（1970.6—10）
张一青（1971.5—1972.7）
任志恒（1971.5—1973.8）
傅万祯（1971.5—1975.1）
魏勤身（1971.5—1975.1）
王德礼（1971.5—1975.1）
向同水（1973.5—1974.10）
刘治敏（1973.5—1975.1）
李芳兰（1973.5—1975.1）
同维焕（1973.5—1975.1）

（三）玉门石油管理局工会（1970.6—1975.1）

主　　任　林秀峰（代理，1970.6—1973.6）
索保根（1973.6—1975.1）

八、青海石油管理局（1970.6—1975.1）

1970年6月，青海石油管理局由青海省领导，业务上接受燃料化学工业部指导，党组织关系隶属于青海省委。职工总数8662人。机关办公地点在青海省冷湖镇。

1970年12月6日至11日，中共青海石油管理局第三次代表大会召开，选举产生新一届委员会，实行常委制，薛纪元为党委书记，刘松恒、周世英为党委副书记。下属基层党委13个，共有党员1385名。

1973年8月，军代表和基层代表退出局领导班子。10月，青海石油管理局撤销生产指挥部、后勤部，成立计划处、增产节约办公室、规划设计基建处、财务处、劳动工资处、器材处、机动处、勘探生产技术处、调度室、行政处、机关党委、家属管理办公室、局办公室等13个处室；政治部内设组织处、宣传处，代管工会、团委、保卫处、武装部、信访室等7个部门。所属14个二级单位：西部指挥部、勘探处、钻井大队、冷湖油矿、冷湖炼油厂、水电厂、机修厂、运输处、基建大队、地质研究所、器材供应处、职工医院、南湖农场、西宁办事处。职工总数9472人。当年，工业生产总值4030万元、原油产量11.06万吨。

1975年1月，石油化学工业部成立时，青海石油管理局仍由青海省领导，业务上接受石油化学工业部指导。

期间，青海石油管理局勘探处党委副书记闫清永当选第四届全国人大代表。

（一）中共青海石油管理局委员会领导名录（1970.6—1975.1）

书　　记　薛纪元（1970.6—1975.1）

副 书 记　刘松恒（军代表，1970.11—1972.12）

　　　　　周世英（1970.11—1971.12）

　　　　　张俊魁（1971.5—1975.1）

　　　　　尹克升（1971.5—1975.1）

　　　　　陈洪振（1973.8—1975.1）

常　　委　杜　广（军代表，1970.6—1973.8）

　　　　　刘志毅（军代表，1970.6—1973.8）

　　　　　尹克升（1970.6—1971.6）

陈志华（1970.6—1971.7）
李建辛（1971—1973）
任增寿（1973.8—1974.12）
李宗鸿（1973.8—1975.1）
薛崇仁（1973.8—1975.1）
张文安（1973.8—1975.1）
蒋一鸣（1973.8—1975.1）
聂延乾（军代表，1973.8）

政治部主任　陈志华（1970.6—1971.5）
尹克升（兼任，1971.5—1973.8）
陈洪振（兼任，1973.8—1975.1）

（二）青海石油管理局革委会领导名录（1970.6—1975.1）

主　　任　薛纪元（1970.6—1975.1）

副 主 任　冉振录（1970.6—1973.8）
王秉昌（1970.6—1973.8）
周世英（1970.6—1971.12）
陈泰祥（1970.6—1972.7）
赵延信（1970.6—1972.7）
尹克升（1971.5—1975.1）
张俊魁（1971.5—1975.1）
刘松恒（军代表，1971.7—1972.12）
薛崇仁（1973.6—1975.1）
任增寿（1973.8—1974.12）
张文安（1973.8—1975.1）
蒋一鸣（1973.8—1975.1）
李宗鸿（1973.8—1975.1）

常　　委　刘昌荣（1970.6—1972）
李建辛（1970.6—1972）
齐鹏效（1970.6—1972）
杜　广（军代表，1970.6—1972）

尹克升（1970.6—1971.6）
周世英（1970.6—1971.12）
张俊魁（1970.6—1971.6）
符宁秦（1971—1972）

九、四川省石油管理局（1970.6—1975.1）

1970年6月，四川石油管理局更名为四川省石油管理局，由四川省领导。业务上接受燃料化学工业部指导，党组织关系隶属于四川省委。机关办公地点由四川省内江市威远县红村迁回成都市府青路一段3号。

机关设4个部门：政治工作组、生产指挥组、办事组、后勤组；所属31个二级单位：泸州气矿、川中矿区、隆昌气矿、石油沟气矿、井下作业处、基建指挥部、运输指挥部、供应指挥部、四川石油设计院、地调处、重庆石油仪修厂、机械化筑路处、广宁石油勘探指挥部、一〇六工程指挥部、重庆物资供应站、合川化工厂、输气管理处、工程指挥所、总机修厂、内拖厂、合川子弟中学、荣县钻井半工半读学校、地质科研所、炼制研究所、云贵勘探处、一坪化工厂、南充炼油厂、南充汽修厂、钻前二团、钻前三团、钻前四团。职工总数4.1万人。

10月，燃料化学工业部决定，从四川省石油管理局抽调20支钻井队、15支试油队、1支运输大队和相应辅助生产人员共4400余人，赴江汉五七油田参加石油会战。11月，所属云贵石油勘探处更名为贵州石油勘探指挥部。

1970年，通过建立健全岗位责任制、深入开展工业学大庆群众运动、整党建党等措施，党组织活动、生产秩序逐步恢复。

1971年2月，四川省石油管理局所属贵州石油勘探指挥部划归贵州省燃料化学工业局管理。8月，组织23台钻机对泸州古隆起二叠系进行勘探会战，共钻井32口，基本查明古隆起顶部3000平方千米内气藏分布情况。11月，在川西北相继发现须家河组二段、雷口坡组三段气藏，结束了川西北26年勘探无重大发现历史，推动了川西北气区的形成。

1973年6月，机关增设政治部办公室、干部处、组织处、宣传处、保卫处等5个部门。

1974年2月10至13日，中共四川省石油管理局第四次代表大会召开，选举产生新一届委员会，党委常委15人，黄凯为党委书记，张忠良、马文林、刘璞、王合林、刘忠、杨型亮为党委副书记。局党委下属基层党委25个、党总支35个、党支部485个，共有党员1.08万名。

3月，撤销四川省石油管理局党的核心小组和四川省石油管理局军管会，基本恢复“文化大革命”前的机关职能部门。

1974年，四川省石油管理局生产天然气32.7亿立方米、原油8.23万吨，均创历史新高。年底，职工总数5.27万人。

1975年1月，石油化学工业部成立时，四川省石油管理局仍由四川省领导，业务上接受石油化学工业部指导。

期间，四川省石油管理局泸州气矿党委常委、团委书记、女子钻井队指导员唐克碧当选中共十大代表、第十届中央候补委员。

（一）四川省石油管理局党的核心小组领导名录（1970.6—1974.3）

组　　长 赵永清（军代表，1970.6—1972.2）
杨锡洪（军代表，1972.2—1973.6）
黄　凯（1973.6—1974.2）

副 组 长 杨锡洪（军代表，1970.6—1972.2）
张克文（军代表，1970.6—1972.2）
黄　凯（1970.6—1973.6）
秦文彩（1970.6—1971.5）
张忠良（1971.6—1974.2）

成　　员 尹文昌（军代表，1970.6—1972.2）
范德富（1970.6—1974.2）
赵汉臣（1970.6—1974.2）
王克贤（1970.6—1974.2）
马文林（1970.6—1974.2）
杨文彬（1970.6—1974.2）
董金璧（1973.6—1974.2）
靳学礼（1973.6—1974.2）
董中林（董中央，1973.6—1974.2）

王合林（1973.6—1974.2）
吴志峰（1973.6—1974.2）
高俊山（1973.6—1974.2）
李滋润（1974.1—2）

（二）中共四川省石油管理局委员会领导名录（1974.2—1975.1）

书　　记 黄　凯（1974.2—1975.1）
副 书 记 张忠良（1974.2—1975.1）
马文林（1974.2—1975.1）
刘　璞（1974.2—1975.1）
王合林（1974.2—1975.1）
刘　忠（1974.2—1975.1）
杨型亮（1974.2—1975.1）
常　　委 尹　光（1974.2—1975.1）
王存友（群众代表，1974.2—1975.1）
吴志峰（1974.2—1975.1）
董中林（1974.2—1975.1）
董金璧（1974.2—1975.1）
靳学礼（1974.2—1975.1）
彭家治（群众代表，1974.2—1975.1）
蔡玉芳（女，基层代表，1974.2—1975.1）
政治部主任 吴志峰（1974.2—1975.1）

（三）四川省石油管理局军管会领导名录（1970.6—1974.3）

主　　任 赵永清（1970.6—1972.2）
杨锡洪（1972.2—1974.3）
副 主 任 尹文昌（1970.6—1972.2）

（四）四川省石油管理局革委会领导名录（1970.6—1975.1）

主　　任 赵永清（军代表，1970.6—1972.2）
杨锡洪（军代表，1972.2—1974.3）
副 主 任 马文林（1970.6—1974.3；主持工作，1974.3—1975.1）
尹文昌（军代表，1970.6—1972.2）

杨文彬（1970.6—1975.1）
彭家治（群众代表，1970.6—1975.1）
金初明（群众代表，1970.6—1975.1）
李富荣（群众代表，1970.6—1975.1）
黄　凯（1970.6—1975.1）
秦文彩（1970.6—1971.5）
杨锡洪（军代表，1970.6—1972.2）
王存友（群众代表，1970.6—1975.1）
王守先（群众代表，1970.6—1975.1）
古昌州（群众代表，1970.6—1975.1）
王天元（群众代表，1970.6—1975.1）
张忠良（1971.6—1975.1）
夏云昌（1972.2—1973.3）
董金璧（1973.6—1975.1）
靳学礼（1973.6—1975.1）
董中林（1973.6—1975.1）
王合林（1973.6—1975.1）
郑　浩（1973.6—1975.1）
郝凤台（1973.6—1975.1）
刘选伍（1973.6—1975.1）
刘荫藩（1973.6—1975.1）
李滋润（1974.1—1975.1）

总工程师　郝凤台（1973.10—1975.1）
总机械师　任康生（1970.6—1975.1）

十、五七油田会战指挥部—江汉石油管理局（1970.6—1975.1）

（一）五七油田会战指挥部（1970.6—1972.4）

1970年6月，五七油田会战指挥部由武汉军区和湖北省革委会双重领导。

所属第一分指挥部、第三分指挥部、第四分指挥部、第八分指挥部和后勤部。机关办公地点在湖北省潜江县江汉一村。

1970年，在天门、江陵和荆门三县分别完成了第三石油机械厂、第四石油机械厂、第三石油仪表厂的迁建，形成了综合石油基地的雏形。其中，2月，甘肃敦煌石油运输公司汽车修理厂迁至湖北江陵，更名扩建为第四石油机械厂，主要从事井下作业设备的改装和制造；3月，由1966年大庆油田自动化研究所仪表厂和从西安石油仪器仪表厂抽调部分骨干、设备扩建而成的第三石油仪表厂迁至湖北荆门，主要生产石油钻采仪器仪表；8月，新疆石油管理局独山子矿务局机械厂迁至湖北省天门县龙尾山，更名为第三石油机械厂，并进行技术改造，由原来生产动力机械配件调整为成套生产采油设备。迁建后，第三石油机械厂、第四石油机械厂、第三石油仪表厂均由五七油田会战指挥部代管，至1972年基本恢复迁厂前的生产能力，会战结束后进行扩建。

1971年2月，经武汉军区和湖北省革委会批准，正式成立中共五七油田会战指挥部委员会。截至年底，会战取得重要成果，找到了张港、浩口、习家口油田，探明了江陵凹陷的花园油田，发现了丫角、新沟油田，扩大了王场、钟市、广华油田的面积和储量，在鄂西建南构造钻探发现了天然气，在南襄盆地钻探发现了石油，通过产能配套建设基本建成了100万吨原油生产能力，在荆门县基本建成年加工原油能力为250万吨的炼油厂主体工程。

从1972年3月开始，五七油田3.29万名职工先后调往胜利、长庆、大港油田及其他石油单位。4月，经燃料化学工业部批准，五七油田会战指挥部决定，将第三分指挥部机关和第六营的部分人员、第四分指挥部第十五团的大部分人员及第一分指挥部的少量队伍共4641人划归南阳石油会战指挥部管理。同月，燃料化学工业部党的核心小组商得湖北省委和武汉军区党委同意，撤销五七油田会战指挥部，成立江汉石油管理局，为地（师）级单位，由燃料化学工业部和湖北省双重领导，以燃料化学工业部为主。

1. **中共五七油田会战指挥部临时委员会、委员会领导名录**（1970.6—1972.4）

第一书记 韩东山（1971.2—1972.4）

书　　记 韩东山（1970.6—1971.2）

副 书 记 康世恩（1970.6—1972.4）

张显扬（1970.6—1972.4）

曾昌华（1970.6—1972.4）
常　　委　曹国栋（1970.6—1971.2）
王树成（1970.6—1972.4）
刘鹤田（1970.6—1972.4）
裴　凯（1970.6—1972.4）
江　洪（1970.6—1971.2）
任登仕（1970.6—1971.2）
白　琳（1970.6—1971.2）
焦力人（1970.6—1972.4）
马骥祥（马骥，1971.2—1972.4）

2. **五七油田会战指挥部领导名录**（1970.6—1972.4）

指 挥 长　韩东山（1970.6—1972.4）
政　　委　韩东山（1970.6—1972.4）
副指挥长　张显扬（1970.6—1972.4）
王树成（1970.6—1972.4）
曹国栋（1970.6—1972.4）
康世恩（1970.6—1972.4）
江　洪（1970.6—1972.4）
刘鹤田（1970.6—1972.4）
任登仕（1970.6—1972.4）
焦力人（1970.6—1972.4）
副 政 委　曾昌华（1970.6—1972.4）
裴　凯（1970.6—1972.4）
边宝山（1970.6—1972.4）

（二）江汉石油管理局（1972.4—1975.1）

1972年4月，燃料化学工业部党的核心小组商得湖北省委和武汉军区党委同意，撤销五七油田会战指挥部，成立江汉石油管理局，为地（师）级单位，由燃料化学工业部和湖北省双重领导，以燃料化学工业部为主。5月，江汉石油管理局正式成立。机关党群部门设政治部、党委办公室、团委、工会、机关党委。其中，政治部内设秘书室、组织部、干部部、宣传部、文教部、保卫部、家属工作部等7个部室。生产职能部门设局办公室、生产调度室、计划处、财务处、劳动工资处、基建处、机动处、工程技术处、卫生处、农副业管理处等10个处室。机关办公地点在湖北省潜江县广华寺。

同时，江汉石油管理局对机构进行调整，撤销连队建制。所属23个直属单位：钻井处、油田建设工程处、规划设计室、油田处、盐化厂筹建处、地质处、运输处、钻采机修厂、水电厂、农副业生产处、地质调查处、江汉石油地质学校、建南气矿、荆门炼油厂、工程处（1973年7月组建为燃料化学工业部第五石油化工建设公司——编者注）、《江汉石油报》报社、干部学校、电测站、矿机研究所、广华中学、第一职工医院、第二职工医院和武汉办事处。

1972年底，江汉石油管理局共有地震队14支、钻井队40支、地质队4支、电测队13支、井下作业队20支、采油队13支、油田建筑安装队24支。职工总数4.9万余人。

1973年，政治部干部部并入党委组织部；成立牙轮钻头实验工厂筹建处（后更名为钻头厂——编者注）；荆门炼油厂的建设队伍调出；原北京设计院和科学研究院设计人员返回北京；抽调2.1万余人支援七〇油田及其他石油单位。

1974年8月，成立制管厂筹建处、贸易公司。同年，抽调1398人支援辽河石油勘探局和华北石油会战指挥部等单位。

截至1974年底，江汉石油管理局所属26个直属单位，职工4.12万人。固定资产原值8.41亿元、净值6.97亿元，当年完成基本建设投资7038.98万元，生产原油50.81万吨，实现产品销售收入1.82亿元。

1975年1月，江汉石油管理局改由石油化学工业部和湖北省双重领导，以石油化学工业部为主。

1. **中共江汉石油管理局委员会领导名录**（1972.4—1975.1）

书　　记　雷世明（1972.4—11）
　　　　　　张兆美（1973.3—1975.1）
副 书 记　马骥祥（1972.4—1973.3）
　　　　　　张兆美（1972.4—1973.3）
　　　　　　李绍亮（1973.3—1975.1）
　　　　　　冯元富（1973.3—1975.1）
　　　　　　赵　炎（1974.2—1975.1）

常　　委　李欣吾（1972.4—1975.1）

王照明（1972.4—1975.1）

姬永兴（1972.4—1975.1）

冯元富（1972.4—1973.3）

李绍亮（1972.4—1973.3）

郭福礼（1972.4—1975.1）

政治部主任　郭福礼（1972.4—1973.3）

张恕基（1973.3—1975.1）

2. **江汉石油管理局领导名录**（1972.4—1975.1）

局　　长　马骥祥（1972.4—1973.3）

张兆美（1973.3—1975.1）

政　　委　雷世明（1972.4—11）

张兆美（1973.3—1975.1）

副 局 长　王照明（1972.4—1973.8）

姬永兴（1972.4—1973.8）

冯元富（1972.4—1973.3）

刘　彬（1972.4—8）

王有常（1972.4—1974.12）

李丽塘（1972.4—6）

李绍亮（1972.4—1975.1）

张邦杰（1972.4—1973.3）

王崇山（1972.4—　　）

郭水生（1972.4—1975.1）

霍文彬（1973.3—7）

李学尧（1973.3—1975.1）

陈　勇（1973.9—1975.1）

汪德修（1973.9—1975.1）

李怀学（1973.9—1975.1）

魏光荣（1973.9—1975.1）

赵　炎（1974.2—1975.1）

副　政　委　张兆美（1972.4—1973.3）
李欣吾（1972.4—1973.3）
冯元富（1973.3—1975.1）
郭福礼（1973.3—4）
张恕基（1973.3—1975.1）
黄先友（1973.8—1975.1）
总工程师　李荣藻（1972.4—1975.1）
总机械师　陈泽轩（1973.8—1975.1）
总地质师　胡朝元（1973.8—1975.1）

十一、长庆油田会战指挥部（1970.11—1975.1）

1969年10月，石油工业部以玉门石油管理局为主，组建陕甘宁石油勘探会战筹备组。12月，陕甘宁石油勘探会战筹备组更名为陇东石油勘探筹备处。1970年1月，陇东石油勘探筹备处更名为陇东石油勘探指挥部。9月26日，位于甘肃省庆阳县的“庆1井”喷出高产油流，拉开了陕甘宁盆地石油会战的序幕。

1970年10月，国务院、中央军委批转燃料化学工业部《关于请兰州军区组织陕甘宁地区石油会战的请示报告》，确定由兰州军区组织陕甘宁石油会战。11月3日，兰州军区党委决定组成兰州军区陕甘宁石油勘探指挥部和指挥部党委，负责组织陕甘宁盆地内石油勘探工作，主要在甘肃庆阳、华池，宁夏灵武、盐池，陕北吴旗等重点含油气有利地区开展会战。指挥部机关设在甘肃省庆阳地区宁县长庆桥村，长庆油田由此得名。24日，指挥部正式成立，定名为兰州军区长庆油田会战指挥部。长庆油田会战指挥部党委接受兰州军区党委领导，业务上接受燃料化学工业部指导，实行党委集体领导下的首长分工负责制。兰州军区副政委李虎任党委书记、指挥兼政委，兰州军区副参谋长齐涛任党委副书记、第一副指挥。

会战初期，从陕甘宁三省区抽调了630名军队干部和500多名地方干部。同时，中央军委批准2万余名解放军战士复转到陕甘宁参加石油勘探，燃料化学工业部又从石油系统内抽调约6000名职工陆续进入陇东探区参加会战，连同玉门石油管理局在陇东、宁夏和陕西渭北的队伍以及新疆石油管理局渭北大队的1万多人，组成了拥有5万余名职工、53台大中型钻机、35个试油队、66个地震队的工种基本配套的石油大军，转战在陕甘宁盆地的各主要探区。

1971年1月，长庆油田会战指挥部正式发文确立了编制序列及机构设置，机关设生产指挥部、政治部、后勤部和办公室，部室下设业务组。组建了5个分指挥部：第一分指挥部以玉门石油管理局在陕北的勘探队伍和新疆石油管理局渭北大队为主体组成；第二分指挥部以玉门石油管理局陇东勘探指挥部为主体组成；第三分指挥部以玉门石油管理局银川勘探指挥部为主体组成；第四分指挥部以玉门石油管理局陇东地震勘探队伍和六四六厂（后更名为石油地球物理勘探局）陕甘宁指挥部为主体组成；第五分指挥部以敦煌运输公司队伍为主体组成。各分指挥部下设团，团下编营、连、排。各分指挥部机关设生产指挥部、政治部、后勤部和办公室，团机关设生产指挥处、政治处和后勤处。长庆油田会战指挥部总体核定在册职工4.3万人。1971年3月，机关迁至甘肃省庆阳地区庆阳县北关。

1972年6月，长庆油田会战指挥部撤销第二分指挥部，其所属的十一团、十二团、运输团、工程团等机构由长庆油田会战指挥部直接领导。

1973年2月，长庆油田会战指挥部机关取消生产指挥部和后勤部，设行政管理处、农副处、教育处、人事处、财务处、生产技术处等22个职能处室，所属规划设计研究院、测井站、器材供应处、医院、报社、农场、家属管理办公室等7个附属单位。直属单位保留第一分指挥部、第三分指挥部，撤销第四分指挥部和第五分指挥部，各分指挥部和厂（处）单位机关取消生产部（处）和后勤部（处），将团、营、连、排的名称改为厂（处）、大队、车间、队。调整后，所属第一分指挥部、第三分指挥部、井下作业指挥部、钻井指挥部、地质调查指挥部、采炼处、筑路工程处、油建工程处、运输处、机械厂、水电厂、大修厂、职工学校等13个单位。

截至1974年底，长庆油田会战指挥部共钻井224口，进尺34.7万米，试油507层，压裂584次，原油年产量达到17万吨。

1975年1月，石油化学工业部成立时，长庆油田会战指挥部仍由兰州军区领导，业务上接受石油化学工业部指导。

（一）中共长庆油田会战指挥部委员会领导名录（1970.11—1975.1）

1970年11月至1972年6月：

书　　记　李　虎（1970.11—1972.6）
副 书 记　齐　涛（1970.11—1972.6）
委　　员　焦万海（1970.11—1972.6）
　　　　　夏继平（1970.11.—1972.6）
　　　　　于耀先（1970.11—1972.6）
　　　　　宋志斌（1970.11—1972.6）
　　　　　张少庭（1970.11—1972.6）
　　　　　胡正平（1970.11—1972.6）
政治部主任　魏光宗（1971.7—1972.6）

1972年6月至1975年1月：

第一书记　李　虎（1972.6—1975.1）
书　　记　齐　涛（1972.6—1974.10）
副 书 记　张鹤田（1972.6—1975.1）
　　　　　焦万海（1972.11—1974.10）
　　　　　郭究圣（1972.11—1975.1）
常　　委　夏继平（1972.6—1973.7）
　　　　　郭究圣（1972.6—11）
　　　　　焦万海（1972.6—11）
　　　　　李　敬（1972.11—1975.1）
　　　　　程国策（1972.11—1975.1）
　　　　　蒋清芝（1972.11—1975.1）
　　　　　王景周（1972.11—1975.1）
　　　　　刘瑞芳（1973.5—1975.1）
政治部主任　魏光宗（1972.7—1973.5）
　　　　　蒋清芝（1973.5—1975.1）

（二）长庆油田会战指挥部领导名录（1970.11—1975.1）

指　　挥　李　虎（1970.11—1975.1）
政　　委　李　虎（1970.11—1975.1）

第一副指挥　齐　涛（1970.11—1974.10）
副　指　挥　焦万海（1970.11—1975.1）
宋志斌（1970.11—1975.1）
张少庭（1970.11—1975.1）
胡正平（1970.11—1975.1）
郭究圣（1971.7—1975.1）
李　敬（1972.4—1975.1）
程国策（1972.4—1975.1）
刘瑞芳（1973.5—1975.1）
王景周（1973.5—1975.1）
王凤来（1973.5—1975.1）
职若愚（1973.5—1975.1）
于耀先（1973.5—1975.1）
周世英（1973.5—1975.1）
张振海（1973.5—8）
陈国法（1974.10—1975.1）
赵鸿翙（1974.10—1975.1）
李清芳（1974.10—1975.1）
蒋长安（1974.10—1975.1）
胡培成（1974.10—1975.1）
胡云卿（1974.10—1975.1）
侯国珍（1974.10—1975.1）
副　政　委　夏继平（1970.11—1975.1）
张鹤田（1971.7—1975.1）
蒋清芝（1974.10—1975.1）
赵文元（1974.10—1975.1）
钻井总工程师　王寿增（1974.12—1975.1）

十二、延长油矿（1970.6—1975.1）

1970年6月，延长油矿由陕西省领导，业务由燃料化学工业部指导。机关办公地点在陕西省延长县。

1971年，延长油矿开展企业整顿运动，进行清产核资，摸清全矿设备、油井现状；恢复建立经济核算制度、交接班制、巡回检查制等9项制度；修订33个工种、84个岗位专责制和13个科室的职责范围。

1972年7月，延长油矿革委会撤销办事组、生产组、后勤组，成立延长油矿革委会办公室、保卫科、工资科、计划科、地质室、供销科、财务科、质量检验科、总务科、生产计划科、勘探队等部门。12月，撤销政工组，恢复政治处。

1973年12月，成立开发科。

1974年，成立甘谷驿试采指挥部。

1975年1月，石油化学工业部成立时，延长油矿仍由陕西省领导，业务上接受石油化学工业部指导。

（一）中共延长油矿委员会领导名录（1970.6—1975.1）

书　　记　阴汝平（1972.3—1975.1）

副 书 记　孙存智（1972.3—1972）

曹海亮（1972.10—1975.1）

黄忠生（1972.3—1973）

王　博（1974.11—1975.1）

（二）延长油矿革委会领导名录（1970.6—1975.1）

主　　任　蒲正兴（1970.9—1971.8）

阴汝平（1971.8—1974.11）

副 主 任　孙存智（1970.6—1972.4）

曹海亮（1970.6—1974.11）

康定邦（1973.3—1975.1）

曹学文（1973.3—10）

陈智华（1974.11—1975.1）

十三、南阳石油勘探指挥部—河南石油勘探指挥部（1972.4—1975.1）

（一）南阳石油勘探指挥部（1972.4—1973.11）

1970年4月至1972年4月期间，五七油田会战指挥部（后更名为江汉石油管理局）派出队伍在湘西、鄂西、豫西开展石油地质勘探，随后在南襄盆地的南阳凹陷进行油气勘探，成功发现东庄油田和魏岗油田。

1972年4月，为加强南阳地区的石油勘探工作，燃料化学工业部党的核心小组商得河南省委同意，并经国务院批准，决定成立南阳石油勘探指挥部。南阳石油勘探指挥部由燃料化学工业部和河南省双重领导，以燃料化学工业部为主。行政级别为县（团）级。5月1日，在河南省新野县沙堰公社召开南阳石油勘探指挥部成立大会，对外称五一油田。机关设政治部、行政办公室、生产管理科、计划科、地质科、财务科、劳资科、调度室、工程技术科、机动科、基建科和器材供应科等部门，其中政治部设秘书科、组织科、干部科、宣传科、保卫科和机关党委。所属物探、钻前、钻井、试采、运输、机修大队等6个单位，拥有4支地震队、9支钻井队、4支试油队、4支运输中队等专业队伍，采用三级管理体制。职工人数3000余人。

4月，中共南阳石油勘探指挥部委员会成立，由10人组成，杜志福为党委书记，赵富贵、郭生吉为党委副书记。指挥部党委下属基层党委7个、党支部78个，共有党员1978名。

6月，燃料化学工业部党的核心小组对南阳石油勘探指挥部领导班子进行任命。

12月，河南省南阳石油机械厂更名为燃料化学工业部第二石油机械厂，为燃料化学工业部直属单位，由南阳石油勘探指挥部代管。

南阳石油勘探指挥部成立之后，在河南省东南部的中小盆地相继进行了油气勘探，又先后发现双河、下二门、张店、北马庄等11个油田。

1. **中共南阳石油勘探指挥部委员会领导名录**（1972.4—1973.11）

书　　记　杜志福（1972.4—1973.11）

副　书　记　赵富贵（1972.4—1973.4）
　　郭生吉（1972.4—1973.4）
　　关耀家（1973.4—11）

2. **南阳石油勘探指挥部领导名录**（1972.4—1973.11）

指　　挥　杜志福（1972.6—1973.11）
政　　委　郭生吉（1973.6—11）
副　指　挥　乔二虎（1972.6—1973.11）
　　朱树德（1972.6—1973.11）
　　孙麦则（1972.6—1973.11）
　　曾锡科（1972.6—1973.11）
　　邓玉兴（1972.6—1973.11）
　　王天才（1973.6—11）
　　李善才（1973.9—11）
副　政　委　赵富贵（1972.6—1973.4）
　　郭生吉（1972.6—1973.4）
　　关耀家（1973.4—11）
主任工程师　顾汝杰（1972.6—1973.11）
主任地质师　祖家祺（1972.6—1973.11）

（二）**河南石油勘探指挥部**（1973.11—1975.1）

1973年11月，南阳石油勘探指挥部更名为河南石油勘探指挥部。指挥部机关增设工会、团委、技安科。所属物探大队、钻前大队、钻井大队、试油大队、运输大队、机修厂6个二级单位以及代管的燃料化学工业部第二石油机械厂，职工总数5000余人。

同月，中共南阳石油勘探指挥部委员会更名为中共河南石油勘探指挥部委员会，实行常委制，杜志福、郭生吉为党委书记，关耀家为党委副书记。指挥部党委下属基层党委10个、党总支2个、党支部85个，共有党员2864名。

1975年1月，河南石油勘探指挥部改由石油化学工业部和河南省双重领导，以石油化学工业部为主。

1. **中共河南石油勘探指挥部委员会领导名录**（1973.11—1975.1）

书　　记　杜志福（1973.11—1975.1）

郭生吉（1973.11—1975.1）

副书记　关耀家（1973.11—　　）

周　鉴（1974.4—1975.1）

孙希濂（1974.8—1975.1）

2. **河南石油勘探指挥部领导名录**（1973.11—1975.1）

指　挥　杜志福（1973.11—1975.1）

政　委　郭生吉（1973.11—1975.1）

副指挥　乔二虎（1973.11—1975.1）

朱树德（1973.11—1975.1）

孙麦则（1973.11—1975.1）

曾锡科（1973.11—1975.1）

邓玉兴（1973.11—1975.1）

王天才（1973.11—1975.1）

李善才（1973.11—1975.1）

周　鉴（1974.2—1975.1）

胡振民（1974.9—1975.1）

副政委　孙希濂（1974.8—1975.1）

主任工程师　顾汝杰（1973.11—1975.1）

主任地质师　祖家祺（1973.11—1975.1）

十四、云南省石油会战指挥部—云南石油勘探指挥部（1970—1975.1）

1970年，为加强云南省境内的油气勘探工作，云南省革委会决定成立云南省石油会战指挥部，由云南省领导，业务上接受燃料化学工业部指导。机关设党委办公室、行政办公室、工会办公室、人事组、劳资组、计划组、财务组、工程组，所属云南石油地质队、云南石油地质调查大队、云南石油井下作业队。同时，四川石油管理局成建制抽调川东北钻探处到云南省，在曲靖市组建了云南石油勘探处。

1972年，云南省石油会战指挥部改由云南省燃料化学工业局管理。1973年10月，云南省石油会战指挥部更名为云南石油勘探指挥部。

1975年1月，石油化学工业部成立时，云南石油勘探指挥部仍由云南省领导，业务上接受石油化学工业部指导。

十五、安徽省石油勘察处—安徽省石油勘探处（1970.7—1975.1）

（一）安徽省石油勘察处（1970.7—1971.9）

1970年初，安徽省革委会决定组建安徽石油勘探专业队伍，开展油气资源的勘探工作。5月，开始筹建安徽省石油勘察处。7月，安徽省石油勘察处正式成立，由安徽省和燃料化学工业部双重领导，以安徽省为主，由安徽省冶金地质局代管，勘探资金由燃料化学工业部统一拨付。临时机关办公地点设在安徽省合肥市宁国路安徽省冶金地质局内，基地选在长丰县朱巷。机关设政工组、办事组、生产组和后勤组。从青海石油管理局、六四六厂（*后更名为石油地球物理勘探局——编者注*）和安徽省冶金地质局调入的主要骨干，以及地方招收、调入的部分人员，组建安徽省石油勘察处3289钻井队、2251地震队和实验室。年底，职工总数407人。

1971年9月，安徽省石油勘察处更名为安徽省石油勘探处。

1. **中共安徽省石油勘察处委员会领导名录**（1970.7—1971.9）

书　　记　李长山（1970.7—1971.9）

副 书 记　王树森（军代表，1970.7—1971.9）

委　　员　杨毓才（1970.7—1971.9）

郑三英（1970.7—1971.9）

罗锦澜（1970.7—1971.9）

张格荫（1970.7—1971.9）

杜　海（1970.7—1971.9）

张东良（1970.7—1971.9）

张瑞泽（1970.7—1971.9）

2. **安徽省石油勘察处革委会领导名录**（1970.7—1971.9）

主　　任　李长山（1970.7—1971.9）

副 主 任　杨毓才（1970.7—1971.9）

郑三英（1970.7—1971.9）

罗锦澜（1970.7—1971.9）

（二）安徽省石油勘探处（1971.9—1975.1）

1971年9月，安徽省革委会决定将安徽省石油勘察处划归安徽省燃料化工局管理，并更名为安徽省石油勘探处。年底，勘探队伍扩展到746人。机关设政工组、办事组、生产组和后勤组，所属地震大队、地质连、实验室、机修厂及2支钻井队。同年，组建2252地震队。

1972年初，测井和固井队伍合并，组成综合作业队；组建2253地震队。

1973年2月，机关成立基建科，后勤组更名为供应科。3月，机关办公地点迁至肥东县撮镇。

截至1974年底，职工总数1268人。

1975年1月，安徽省石油勘探处改由安徽省和石油化学工业部双重领导，以安徽省为主。

1. **中共安徽省石油勘探处委员会领导名录**（1971.9—1975.1）

书　　记　李长山（1971.9—1974.2）

陈善行（1974.2—1975.1）

副 书 记　杨毓才（1971.9—1975.1）

委　　员　郑三英（1971.9—1975.1）

罗锦澜（1971.9—1975.1）

张格荫（1971.9—1975.1）

杜　海（1971.9—1975.1）

张东良（1971.9—1975.1）

张瑞泽（1971.9—1975.1）

2. **安徽省石油勘探处革委会领导名录**（1971.9—1975.1）

主　　任　李长山（1971.9—1972.12）

杨毓才（1972.12—1975.1）

副 主 任　杨毓才（1971.9—1972.12）

　　　　　郑三英（1971.9—1975.1）

　　　　　罗锦澜（1971.9—1975.1）

3. **安徽省石油勘探处工会**（1973.5—1975.1）

主　　任　栗文耀（1973.5—1975.1）

十六、浙江省第五地质大队—浙江省石油地质大队（1970.10—1975.1）

（一）浙江省第五地质大队（1970.10—1972.5）

1958年，浙江省地质局所属浙江省石油地质队主要在永康盆地、金衢盆地开展了石油地质普查，发现了众多油气显示，未获油流。1962年初，随着国民经济的调整，撤销了专业石油队伍，石油勘探工作中断。

1970年，由于浙江省能源缺乏，根据经济建设的需要，在“夺煤大会战”的浪潮中，浙江省决定再次组建石油勘探队伍。10月，浙江省决定成立浙江省第五地质大队，由浙江省重工业局领导，党组织关系隶属于浙江省重工业党的核心小组，编制1318人，办公地点在浙江省杭州市余杭县闲林埠。12月，成立浙江省第五地质大队党的核心小组和浙江省第五地质大队革委会。

1971年6月7日，浙江省第五地质大队第一次党员代表大会召开，66名党员代表参加，选举产生第一届委员会，魏义山为党委书记，田鹏、常鹏、杨奇珍为党委副书记。7月，金深1井开钻，设计井深2000米。年底，机关设4个部门：政治处、生产科、行政科、后勤科；所属13个连：钻井第一连、钻井第二连、钻井第三连、钻井第四连、钻井第五连、钻井第六连、地震第二连、地震第三连、综合连、机修连、实验站、区测连、测绘连。

1972年3月，浙江省第五地质大队党政关系改由浙江省燃料化学工业局领导，同时所属区测连和测绘连划归浙江省重工业局直接领导。5月，浙江省第五地质大队更名为浙江省石油地质大队。

1. **浙江省第五地质大队党的核心小组领导名录**（1970.12—1971.6）

组　　长　魏义山（1970.12—1971.6）

副 组 长 田 鹏（1970.12—1971.6）
杨奇珍（1970.12—1971.6）
成 员 张世才（1970.12—1971.6）
邵祖根（1970.12—1971.6）
鲁忠宝（1970.12—1971.6）

2. **中共浙江省第五地质大队委员会领导名录**（1971.6—1972.5）

书 记 魏义山（1971.6—1972.5）
副 书 记 田 鹏（1971.6—1972.5）
常 鹏（军代表，1971.6—1972.5）
杨奇珍（1971.6—1972.5）
委 员 王顺令（军代表，1971.6—1972.5）
张世才（1971.6—1972.5）
邵祖根（1971.6—1972.5）
鲁忠宝（1971.6—1972.5）
吴保山（1971.6—1972.5）

3. **浙江省第五地质大队革委会领导名录**（1970.12—1972.5）

主 任 魏义山（1970.12—1972.5）
副 主 任 田 鹏（1970.12—1972.5）
杨奇珍（1970.12—1972.5）
常 鹏（军代表，1971.5—1972.5）
常 委 张世才（1970.12—1972.5）
鲁忠宝（1970.12—1972.5）
张书余（1970.12—1972.5）
邵祖根（1970.12—1972.5）
方贤儒（1970.12—1972.5）
王顺令（1970.12—1972.5）

（二）浙江省石油地质大队（1972.5—1975.1）

1972年5月，经浙江省燃料化学工业局党的核心小组批准，将浙江省第五地质大队更名为浙江省石油地质大队。7月，成立保卫科。10月，成立运输队。

1973年1月，成立1005钻井队。2月，成立物探科。同月，将原来的1202钻井队、1203钻井队、1204钻井队分别改编为1002钻井队、1003钻井队、1004钻井队。并将原综合钻井队一号钻机及人员改编为1005钻井队。3月，成立地质科，对分散在下属各地区的地质技术人员实行集中统一使用。7月，将天然气井队和综合井队（试油和固井部分除外）划归浙江省化工地质大队。12月，成立井下作业队。

1974年1月19日，浙江省石油地质大队召开第一次职工代表大会，选举产生第一届工会委员会。年底，机关设7个部门：政治处、地质科、物探科、钻井科、后勤科、行政科、保卫科；所属15个队（室、厂）：3514钻井队、1833钻井队、1002钻井队、1003钻井队、1001钻井队、1004钻井队、1005钻井队、井下作业队、实验室、运输队、机修厂、2295地震队、2296地震队、2297地震队、2298地震队。

1975年1月，石油化学工业部成立时，浙江省石油地质大队仍由浙江省领导。

1. **中共浙江省石油地质大队委员会领导名录**（1972.5—1975.1）

书　　记　魏义山（1972.5—1975.1）
　　　　　　田　鹏（1972.5—1973.3）
副 书 记　常　鹏（军代表，1972.5—1973）
　　　　　　杨奇珍（1972.5—1975.1）
委　　员　王顺令（1972.5—10）
　　　　　　张世才（1972.5—1975.1）
　　　　　　邵祖根（1972.5—1975.1）
　　　　　　鲁忠宝（1972.5—1975.1）
　　　　　　吴保山（1972.5—1975.1）
　　　　　　金允经（军代表，1972.10—1973）

2. **浙江省石油地质大队革委会领导名录**（1972.5—1975.1）

主　　任　魏义山（1972.5—1975.1）
副 主 任　田　鹏（1972.5—1973.3）
　　　　　　杨奇珍（1972.5—1975.1）
　　　　　　常　鹏（军代表，1972.5—1973）
　　　　　　鲁忠宝（1973.10—1975.1）
　　　　　　张世才（1973.10—1975.1）
常　　委　张世才（1972.5—1973.10）
　　　　　　鲁忠宝（1972.5—1973.10）

张书余（1972.5—1973.3）
邵祖根（1972.5—1975.1）
方贤儒（1972.5—1975.1）
王顺令（1972.5—10）
金允经（军代表，1972.10—1973）

3. **浙江省石油地质大队工会**（1974.1—1975.1）

主　　任　邵祖根（1974.1—1975.1）

十七、贵州石油勘探指挥部（1971.2—1975.1）

1970年11月，四川省石油管理局所属云贵石油勘探处更名为贵州石油勘探指挥部。1971年2月，四川省石油管理局贵州石油勘探指挥部划归贵州省领导，由贵州省燃料化学工业局管理，业务上接受燃料化学工业部指导，负责贵州省凯里、龙里等地的石油勘探工作，负责人为刘友道。指挥部地点在贵州省贵阳市。

1974年，四川省石油管理局泸州气矿将赤水县境内的钻井权、勘探权移交给贵州石油勘探指挥部。截至年底，贵州石油勘探指挥部所属28个单位：贵阳办事处、比孟基地、试采队、仪修站、炭黑厂、管道队、脱硫厂、车间、车队、管子站、保养场、供应站、库房、安装队、特业队、化验室、贵阳地质队、32101钻井队、32110钻井队、32126钻井队、32127钻井队、4059钻井队、地测102队、地测401队、地震大队、2281地震队、256地震队、260地震队。

1975年1月，石油化学工业部成立时，贵州石油勘探指挥部仍由贵州省领导，由贵州省石油化学工业厅管理，业务上接受石油化学工业部指导。

十八、广西石油普查勘探队（1972.1—1975.1）

1953年12月，广西开展陆地石油普查勘探工作，燃料工业部石油管理总局局长康世恩带领陈贲、王尚文、沈晨等地质专家陪同苏联特拉费姆等6位专家到百色盆地进行考察。1954年4月，燃料工业部组织广西101地质队8人到百色盆地，揭开了广西陆地石油地质普查勘探的序幕。1970年7月，在地质部第八普查勘探大队广西分队的基础上成立广西重工业公司第十地质队。

1972年1月，广西重工业公司第十地质队改组为广西石油普查勘探队，由广西壮族自治区燃料化学工业局管理，业务上接受燃料化学工业部指导。1973年3月，成立中共广西石油普查勘探队委员会。

1975年1月，石油化学工业部成立时，广西石油普查勘探队仍由广西壮族自治区领导，业务上接受石油化学工业部指导。

（一）中共广西石油普查勘探队委员会领导名录（1973.3—1975.1）

书　　记 覃灿光（1973.3—1975.1）

副 书 记 薛育英（1973.6—1975.1）

（二）广西石油普查勘探队革委会领导名录（1972.1—1975.1）

主　　任 覃灿光（1973.3—1975.1）

副 主 任 王玉林（1972.1—1973.3）

覃灿光（1972.1—1973.3）

保广安（1972.1—1975.1）

薛育英（1973.6—1975.1）

十九、六四六厂—石油地球物理勘探局（1970.6—1975.1）

（一）六四六厂（1970.6—1972.9）

1970年6月，六四六厂隶属于燃料化学工业部。同月，国家测绘总局第一分局第二地形测量队成建制调入六四六厂。12月，燃料化学工业部明确六四六厂担负全国石油地质、地球物理勘探任务，六四六厂参加各探区（如江汉、陕甘宁、下辽河等地区）石油会战的队伍仍属六四六厂领导。机关办公地点在河北省徐水县。

1971年4月，原煤炭部徐州制图厂划归六四六厂领导。5月，北京军区装甲兵驻六四六厂军管会撤走，三十八军随即派军宣队进驻六四六厂（1973年后陆续撤走）。6月，六四六厂参加江汉五七油田会战的5个大队（共25支地震队）调往陕甘宁地区参加长庆油田勘探会战，包括已参战的六四六厂队伍共

42支地震队、3支电法队、1支重力队，统编为长庆油田会战第四分部。10月，六四六厂组织机构进行调整，厂革委会机关设政治部、生产指挥部、后勤部，3个部下设15个科室，编制131人。所属9个二级单位：研究所、机械修造厂、仪器修造厂、第二大队、第三大队、第七大队、第十大队、第十四大队及参加长庆油田会战的第四分部。

1972年9月，燃料化学工业部决定将六四六厂更名为石油地球物理勘探局。

1973年2月，燃料化学工业部决定对六四六厂参加长庆石油会战的队伍进行调整。一部分队伍调给长庆油田会战指挥部及大庆油田，一部分调回六四六厂。3月，燃料化学工业部决定将六四六厂第十大队（含8支地震队，职工833人）调给华北石油会战指挥部。6月，石油地球物理勘探局正式成立。

1. **中共六四六厂委员会领导名录**（1970.6—1973.6）

书　　记　段志高（1970.6—1973.6）

副 书 记　李炳银（军代表，1970.6—1971.5）

刘　璞（1970.6—1971.5）

2. **六四六厂军管会领导名录**（1970.6—1971.5）

主　　任　李英明（1970.6—1971.5）

副 主 任　李玉海（1970.6—1971.5）

鲍恩成（1970.6—1971.5）

3. **六四六厂革委会领导名录**（1970.6—1973.6）

主　　任　段志高（1970.6—1973.6）

副 主 任　李炳银（军代表，1970.6—1971.5）

刘　璞（1970.6—1971.5）

庄国成（1970.6—1973.6）

何传弟（1970.6—1973.6）

（二）石油地球物理勘探局（1972.9—1975.1）

1973年6月，燃料化学工业部党的核心小组对石油地球物理勘探局的领导班子进行任命。同月，燃料化学工业部党的核心小组决定成立物探局党委，段志高为党委书记，安启元为第一副书记，刘毅为副书记。

7月，石油地球物理勘探局成立大会在河北省徐水县召开。机关设14个职能处室：政治部（内设办公室、组织处、宣传处、干部处、保卫处）、武装部、工会筹备办公室、团委、局办公室、总调度室、勘探处、机动装备处、人事处、财务处、计划处、供应处、行政处、农副业处。所属10个二级单位：第一指挥部、第二指挥部、钻井指挥部、机械厂、仪器厂、研究所、计算中心站、职工医院、技术学校、普查大队。总计48支物探队，其中地震队40支、电法队5支、重磁力队2支、地质队1支。在册职工1.06万人。机关办公地点在河北省徐水县。

1974年4月，燃料化学工业部决定将石油地球物理勘探局参加辽河石油会战的2154和2257两支地震队（包括全部设备）调给辽河石油勘探局，加强辽河地区物探力量。5月，燃料化学工业部征得河北省、天津市有关部门同意，决定将石油地球物理勘探局钻井指挥部1000余人整建制划归华北石油会战指挥部领导。6月，石油地球物理勘探局所属的太康基地移交给河南省太康县革委会。10月至12月，地球物理勘探局32支地震队在冀中坳陷进行大规模地震勘探，并开始应用数字地震仪。

1975年1月，石油地球物理勘探局改由石油化学工业部领导。

1. **中共石油地球物理勘探局委员会领导名录**（1973.6—1975.1）

书　　记 段志高（1973.6—1975.1）
第一副书记 安启元（1973.6—1975.1）
副 书 记 刘　毅（1973.6—1975.1）
严衍余（1975.1）
常　　委 林运根（1973.6—1975.1）
庄国成（1973.6—1975.1）
何传弟（1973.6—1975.1）
王绪东（1973.6—1975.1）
政治部主任 王绪东（1973.6—1975.1）

2. **石油地球物理勘探局领导名录**（1973.6—1975.1）

局　　长 安启元（1973.6—1975.1）
副 局 长 林运根（1973.6—1975.1）
庄国成（1973.6—1975.1）
何传弟（1973.6—1975.1）
李全慎（1973.6—1975.1）
王致中（1974.2—1975.1）

总工程师　王纲道（1973.6—1975.1）

　　　　　　孟尔盛（1973.6—1975.1）

总地质师　王尚文（1973.6—1975.1）

二十、东北地区八三工程会战指挥部—东北输油管线指挥部（1970.8—1975.1）

（一）东北地区八三工程会战指挥部（1970.8—1971.3）

为破解大庆原油主要靠火车外运的瓶颈，保证大庆油田原油增产和外输畅通，党中央、国务院决定抢建国内第一条长输原油管道——大庆至抚顺输油管道。国务院和中央军委指令沈阳军区、燃料化学工业部会同东北三省革委会组织实施。

1970年8月3日，中央军委、国务院发出《关于建设东北输油管道的通知》，大庆至抚顺输油管线工程领导小组在沈阳召开第一次会议，将建设大庆至抚顺输油管道工程定名为八三工程。同时，成立八三工程领导小组和东北地区八三工程会战指挥部，由燃料化学工业部和沈阳军区双重领导，肖全夫任领导小组组长，张文彬、李少元、罗坤山任副组长。东北地区八三工程会战指挥部由八三工程领导小组领导，王云午任指挥，邓聪任政委。参加八三工程会战的有军队指战员、政府部门干部、石油系统职工、部分地方厂矿职工和沿线民兵等。

同月，东北地区八三工程会战指挥部成立党的核心小组[①]，指挥部下设办公室、政工组、生产指挥组、后勤组、器材供应组等5个办事机构。编制91人，沈阳军区抽调22人，其他人员从大庆油田等单位抽调。同时，在辽宁、吉林、黑龙江三省设省八三工程会战指挥部。

1. **东北地区八三工程领导小组成员名录**（1970.8—1971.3）

组　　长　肖全夫（沈阳军区，兼任，1970.8—1971.3）

副 组 长　张文彬（兼任，1970.8—1971.3）

　　　　　　李少元（沈阳军区，兼任，1970.8—1971.3）

　　　　　　罗坤山（沈阳军区，兼任，1970.8—1971.3）

---

① 东北地区八三工程会战指挥部党的核心小组领导任免文件缺失。

2. 东北地区八三工程会战指挥部领导名录（1970.8—1971.3）

指　　挥 王云午（1970.8—1971.3）
政　　委 邓　聪（1970.8—1971.3）
副 指 挥 王培德（1970.8—1971.3）
张振勇（1970.8—1971.3）
李占标（1970.8—1971.3）
唐振华（1970.8—1971.3）
张志诚（1970.8—1971.3）
张福录（1970.8—1971.3）

（二）东北输油管线指挥部（1971.3—1975.1）

1971年3月，国务院、中央军委批准沈阳军区、燃料化学工业部《关于东北地区石油管线建设生产管理队伍的请示报告》，同意在东北地区八三工程会战指挥部基础上成立东北输油管线指挥部。8月，东北输油管线指挥部在沈阳正式成立，由燃料化学工业部和沈阳军区双重领导。机关设政治部、生产部、工程部、后勤器材部和办公室，编制198人。

9月，燃料化学工业部决定，从四川省石油管理局、胜利油田、新疆石油管理局等单位抽调560名职工参加东北输油管道建设。10月，第一期工程大庆至抚顺输油管道建成投产，开始输送大庆原油。这是国内第一条大口径、长距离输油管道。11月，沈阳军区和燃料化学工业部决定，王培德任东北输油管线指挥部指挥，朱洪昌任第一副指挥，张瀛洲、李占标任副指挥。

1972年2月，沈阳军区党委和燃料化学工业部党的核心小组批准，成立中共东北输油管线指挥部委员会，邓聪为党委书记，王培德、朱洪昌为党委副书记。5月，启用东北输油管线指挥部及所属单位公章。由于工程会战还在进行，东北地区八三工程会战指挥部公章继续使用。10月底，东北输油管线指挥部编制增至390人。

1974年7月，燃料化学工业部决定将东北输油管线指挥部第三工程处1271名职工和全部施工机具成建制调入华北输油管线指挥部，支援华北地区输油管线建设。12月，燃料化学工业部决定将东北输油管线指挥部设计研究所地质勘察队设备、器材及58名职工成建制调入石油天然气管道局。

1975年1月，东北输油管线指挥部改由石油化学工业部和沈阳军区双重领导。

1. **中共东北输油管线指挥部委员会领导名录**（1972.2—1975.1）

书　　记　邓　聪（1972.2—1975.1）

副 书 记　王培德（1972.2—1975.1）

朱洪昌（1972.2—1973.11）

张瀛洲（1973.5—1975.1）

2. **东北输油管线指挥部领导名录**（1971.11—1975.1）

指　　挥　王培德（1971.11—1975.1）

政　　委　邓　聪（1971.11—1975.1）

第一副指挥　朱洪昌（1971.11—1973.11）

副 指 挥　张瀛洲（1971.11—1975.1）

李占标（1971.11—1975.1）

唐振华（1972.4—1975.1）

杨作义（1973.5—1974.5）

张福录（1973.5—1975.1）

张振勇（1973.5—1975.1）

金元汉（1973.5—1975.1）

李兰生（1973.5—1974.10）

吕中士（1973.5—1975.1）

郭惠中（1974.9—1975.1）

副 政 委　张复青（1971.11—1975.1）

二十一、石油天然气管道局（1973.4—1975.1）

1973年4月16日，为保证长输管道建设正常有序进行，并与全国油气田开发及炼厂加工配套规划紧密结合，经国务院批准，燃料化学工业部决定成立石油天然气管道局，直属燃料化学工业部领导，主要负责全国石油天然气管道建设和生产管理工作。办公地点设在河北省秦皇岛市，临时在北京办公。5月，迁至河北省安次县廊坊镇。

10月，为便于对华北地区的管道建设和输油管理工作实行统一领导，燃料化学工业部成立华北输油管线指挥部，由石油天然气管道局领导。11月，燃料化学工业部党的核心小组决定成立中共石油天然气管道局委员会，石油天然气管道局开始实行党委领导下的局长负责制。同月，燃料化学工业部对石油天然气管道局领导进行任命。

1974年3月，石油运输公司抽调850名职工支援石油天然气管道局建设，组建管道局运输处，该处由华北输油管线指挥部领导。截至1974年底，石油天然气管道局机关设局办公室、综合计划处、规划设计处、供应制造处、财务劳资处、工程处、生产技术处、调度处、通讯处、政治部（内设办公室、干部处、组织处、宣传处、保卫科、共青团、工会、妇联）。所属5个二级单位：设计研究院、器材供应公司、管道学校、职工医院、会议楼。职工总数1.7万人。

1975年1月，石油天然气管道局改由石油化学工业部领导。

（一）中共石油天然气管道局委员会领导名录（1973.11—1975.1）

书　　记　何承华（1973.11—1975.1）

第一副书记　贾振礼（1973.11—1975.1）

副 书 记　朱洪昌（1973.11—1975.1）

王正棠（1973.11—1975.1）

吉美生（1973.11—1975.1）

常　　委　周文华（1973.11—1975.1）

徐文野（1973.11—1975.1）

政治部主任　徐文野（1973.11—1975.1）

（二）石油天然气管道局领导名录（1973.11—1975.1）

局　　长　朱洪昌（1973.11—1975.1）

副 局 长　周文华（1973.11—1975.1）

刘宏胜（1973.11—1975.1）

夏云昌（1973.11—1975.1）

杨作义（1973.11—1975.1）

焦福林（1973.11—1975.1）

（三）石油天然气管道局所属华北输油管线指挥部领导名录（1974.5—1975.1）

书　　记　王正棠（1974.5—1975.1）

指　　挥　周文华（1974.5—1975.1）

第二节　炼油化工单位

燃料化学工业部成立初期，石油工业炼油化工单位全部实行以地方为主的双重领导或完全由地方领导，共有20个：抚顺石油一厂、抚顺石油二厂、抚顺石油三厂、石油五厂、石油六厂、大连石油七厂、兰州炼油厂、南京炼油厂、茂名石油公司、北京石油化工总厂、山东石油化工建设指挥部、上海炼油厂、长岭炼油厂、杭州炼油厂、前郭炼油厂工程建设会战指挥部、盘锦三厂建设指挥部、沧州石油化工厂建厂筹建处、哈尔滨市石油化工会战指挥部、兰州化学工业公司、吉林化学工业公司。

1970年9月，成立武汉石油化工厂建设指挥部、天津市第一石油化工厂、安徽炼油厂指挥部。11月，长岭炼油厂划归中国人民解放军总后勤部企业部二三四八工程指挥部领导，命名为二三四八工程指挥部第三筹建处。

1971年3月，沧州石油化工厂建厂筹建处更名为河北省沧州石油化工厂。4月，成立济南炼油厂筹建处。5月，南京炼油厂更名为南京石油化工厂；安庆石油化工厂正式成立；大庆油田所属大庆炼油厂更名为大庆石油化工总厂。6月，二三四八工程指挥部第三筹建处更名为三一〇一厂。9月，天津市石油化工总厂工程指挥部成立。12月，济南炼油厂筹建处更名为济南石油化工厂筹建处。

1972年3月，正式成立盘锦炼油厂。4月，成立吉林省白城地区前郭炼油厂。5月，撤销哈尔滨市石油化工会战指挥部，成立哈尔滨石油化工厂筹建处。6月，撤销山东石油化工建设指挥部，成立山东胜利石油化工总厂。11月，石油五厂更名为锦西石油五厂，石油六厂更名为锦州石油六厂。

1973年2月，撤销哈尔滨石油化工厂筹建处，恢复组建哈尔滨市石油化工会战指挥部。6月，成立广州石油化工总厂建设指挥部，由广东省和燃料化学工业部共同领导，以广东省为主。12月，成立天津市石油化工总厂筹建处。

1974年4月，广州石油化工总厂建设指挥部更名为广州石油化工厂建设指挥部。9月，成立浙江炼油厂筹建处。

截至1974年底，石油工业炼油化工单位全部实行以地方为主的双重领导或完全由地方领导，共有27个：抚顺石油一厂、抚顺石油二厂、抚顺石油三厂、锦西石油五厂、锦州石油六厂、大连石油七厂、兰州炼油厂、南京石油化工厂、茂名石油公司、北京石油化工总厂、山东胜利石油化工总厂、上海炼油厂、三一〇一厂、杭州炼油厂、吉林省白城地区前郭炼油厂、盘锦炼油厂、河北省沧州石油化工厂、哈尔滨市石油化工会战指挥部、天津市第一石油化工厂、武汉石油化工厂建设指挥部、安庆石油化工厂、济南石油化工厂筹建处、天津市石油化工总厂筹建处、广州石油化工厂建设指挥部、浙江炼油厂筹建处、兰州化学工业公司、吉林化学工业公司。但在业务上，这些单位全部接受燃料化学工业部的指导。

一、抚顺石油一厂（1970.6—1975.1）

1970年6月，石油一厂由辽宁省和燃料化学工业部双重领导，以辽宁省为主，并更名为抚顺石油一厂。行政级别为县（团）级。党组织关系隶属于抚顺市委。厂址：辽宁省抚顺市新抚区千金路52号。

1970年12月，经抚顺市党的核心小组批准，恢复抚顺石油一厂党委。16日至20日，中共抚顺石油一厂第七次代表大会召开，选举产生新一届委员会和监察委员会。下属党总支1个、党支部51个，共有党员1809名。

截至1970年底，主要产品有页岩原油、硫铵、汽油、灯油、柴油、燃料油、石蜡、石油焦、硫酸、润滑脂、添氢原料、裂化原料、重整原料、溶剂油、润滑油等多个品种。全年生产页岩原油30.4万吨，加工原油125.5万吨，生产汽油、柴油、煤油、润滑油四大类油品48.7万吨，工业总产值2.9亿元。在册职工7400余人。

1973年6月，抚顺石油一厂机构进行调整。机关设24个部门：办公室、组织科、干部科、宣传科、保卫科、计划科、生产技术科、质量检查科、综合利用科、研究所、机械动力科、基建科、设计科、安全科、供应科、运销科、劳动工资科、教育科、财务科、卫生科、总务科、工会、团委、武装部。所属25个基层单位：原矿、东原油、西原油、硫铵、硫酸、东蒸馏、西蒸馏、焦化、裂化、石蜡、润滑油、油槽、电工、仪表、金工、供排水、锅炉、修造车间和设备检修大队、原油维修队、炼制维修队、战备工程队、勤俭队、农场、子弟学校。

1975年1月，抚顺石油一厂改由辽宁省和石油化学工业部双重领导，以辽宁省为主。

（一）中共抚顺石油一厂委员会领导名录（1970.12—1975.1）

书　　记　张保德（张宝德，军代表，1970.12—1974.5）
崔绳先（1973.8—1975.1）

副 书 记　赵玉鹏（1970.12—1975.1）
郭廷福（军代表，1970.12—1973.11）
杨宪贵（1973.12—1975.1）
周有奎（1973.12—1975.1）
郭建初（　　—1974.5）

常　　委　朱明银（1972.1—　　）
戴述金（1972.1—1975.1）
高大民（1972.11—　　）
杨宪贵（1973.4—12）
韩文盛（1973.4—　）
周有奎（1973.4—12）
范万才（军代表，　　—1973.7）
李向阳（群众代表，1973.11—1975.1）

（二）抚顺石油一厂革委会领导名录（1970.6—1975.1）

主　　任　张保德（张宝德，军代表，1970.6—1974.5）
郭廷福（军代表，1970.10—1973.11）
崔绳先（1974.5—1975.1）

副 主 任　赵玉鹏（1970.6—1975.1）
白桂清（军代表，1970.6—1973.11）
依希凡（群众代表，1970.6—1975.1）
李向阳（群众代表，1970.6—1975.1）
王大贵（军代表，1970.6—1975.1）
赵兴勤（1970.6—1971）
姚善同（军代表，1970.6—10）

范万才（军代表，1970.10—1973.7）
王殿钧（1972.1—1973.10）
王友庭（1972.1—1975.1）
戴述金（1972.1—1975.1）
朱明银（1972.1—1975.1）
高大民（1972.11—1975.1）
韩文盛（1972.11—1975.1）
杨宪贵（1972.11—1975.1）
周有奎（1973.4—1975.1）
崔绳先（1973.8—1974.5）
刘殿运（1973.11—1975.1）
李梅英（女，群众代表，1973.11—1975.1）
杨学凤（1973.11—1975.1）
蔡　黎（1974.5—1975.1）
岳增才（1974.11—1975.1）
郭建初（　　—1974.5）

总工程师 戴述金（1970.6—1975.1）

（三）抚顺石油一厂工代会（1970.6—1975.1）

主　　任 王德双（1970.6—1973.3）
杨宪贵（1973.3—1975.1）

二、抚顺石油二厂（1970.6—1975.1）

1970年6月，石油二厂由辽宁省和燃料化学工业部双重领导，以辽宁省为主，并更名为抚顺石油二厂。行政级别为县（团）级。党组织关系隶属于抚顺市委。厂址：辽宁省抚顺市东洲区东洲大街30-12号。

9月，成立援建阿尔巴尼亚巴尔什炼油厂办公室。

12月，恢复中共抚顺石油二厂委员会。同月，中共抚顺石油二厂第六次代表大会召开，选举产生新一届委员会。下属党总支5个、党支部69个，共有党员1535名。

截至1970年底，抚顺石油二厂主要产品有汽油、航煤、柴油、皂蜡、硬蜡、苯、甲苯、二甲苯、燃料油、液化气、润滑油、抽余油、硫铵、硫酸、二乙二醇醚、三乙二醇醚、乙二醇、环氧丙烷、甲乙酮、异丙醇等多个品种。原油加工能力500万吨/年，加工原油357.7万吨/年。工业总产值7.59亿元，实现利税2.05亿元。在册职工6300余人。

1973年3月，抚顺石油二厂恢复科室建制。机关设办公室、计划科、财务科、生产调度室、运销科、供应科、劳动工资科、机动科、安全技术监察科、生产技术科、检查科、基建科、生产技术科、行政科、教育科、房产科、研究所、设计室、政治部（内设办公室、组织科、宣传科）、工代会、团委、保卫科、武装部、审干办公室等24个部门；所属北蒸馏、南蒸馏、催化裂化、南焦化、铂重整、石蜡、烷基化、润滑油、化工、乙二醇、硫酸、油品、供排水、电工、汽锅、仪表、机工车间和干馏分厂、中转站、供应科汽车队、消防队等21个基层单位。

1975年1月，抚顺石油二厂改由辽宁省和石油化学工业部双重领导，以辽宁省为主。

期间，抚顺石油二厂工人李占兴当选第四届全国人大代表。

（一）中共抚顺石油二厂委员会领导名录（1970.12—1975.1）

书　　记　孙金跃（军代表，1970.12—　　）
　　　　　　吕鸿安（吕洪安，1973.8—1975.1）
　　　　　　欧阳章（1973.8—1975.1）

副 书 记　刘清槐（军代表，1970.12—1971.6）
　　　　　　廉永祥（军代表，1972.1—1973.12）
　　　　　　兰丕炜（1972.8—1973.7）
　　　　　　吕鸿安（1972.12—　　）
　　　　　　庞占元（1973.4—1975.1）
　　　　　　刘万臣（群众代表，1974.10—1975.1）
　　　　　　张　苾（1974.10—1975.1）

常　　委　张喜荣（1972.1—　　）
　　　　　　赵光忠（1972.1—　　）

孟宪春（1972.1— ）
兰丕炜（1972.4—8；1973.7— ）
武进文（1972.12—1974.11）
孙君贵（1973.12— ）
董洪科（1974.10— ）

（二）抚顺石油二厂革委会领导名录（1970.6—1975.1）

主　　任 孙金跃（军代表，1970.7— ）
吕鸿安（1973.8—1975.1）

副 主 任 张　苾（1970.6—1975.1）
刘清槐（军代表，1970.6—1973.12）
鲍素珍（女，群众代表，1970.6—1975.1）
张　翠（群众代表，1970.6—1975.1）
刘万臣（群众代表，1970.6—1975.1）
郑正权（1970.6—1975.1）
韩士英（军代表，1970.6—1973）
李盛图（1970.6—1974.5）
陈文志（ —1970.10）
孙玉宝（1970—1972）
廉永祥（军代表，1971.5—1973.12）
赵光忠（1972.1—1975.1）
吕鸿安（1972—1973.8）
孟宪春（1972.1—1975.1）
孙君贵（1972.1—1975.1）
张喜荣（1972.1— ）
兰丕炜（1972.4—1973.7）
王长荣（1972.8— ）
武进文（1972.8—1974.11）
赵宗麟（1972.8—1975.1）
陈永寿（1972.8—1975.1）
廖全清（1972.12—1975.1）

盖庆禄（1972.12—1975.1）
潘义文（1972.12—1973.12；1974.8—1975.1）
李文路（1972.12—1975.1）
董洪科（1972.12—1975.1）
庞占元（1973.4—1975.1）
李　侠（1973.4—1975.1）

总工程师　毕振德（1970.7—1975.1）

（三）抚顺石油二厂工代会（1973.5—1975.1）

主　　任　武进文（1973.5—1974.6）

三、抚顺石油三厂（1970.6—1975.1）

1970年6月，石油三厂由辽宁省和燃料化学工业部双重领导，以辽宁省为主，并更名为抚顺石油三厂。行政级别为县（团）级，党组织关系隶属于抚顺市委。厂机关设办事组、工代会、政工组、生产指挥、供应站、运销站、检验站、生产检验站、人民保卫组；所属一连、二连、三连、四连、五连、六连、八连、十一连、十二连、汽锅、仪表、维修、化工连、消防队、房产连、武装部、卫生所、后勤、生产调试、研究所、服务小组、古田一校、煤球厂、退休劳保编外等单位。厂址在辽宁省抚顺市望花区海城街鞍山路。

12月，中共抚顺石油三厂第八次代表大会召开，选举产生中共抚顺石油三厂第八届委员会。下属党支部30个，共有党员812名。

截至1970年底，主要石油产品有汽油、66号车用汽油、空白汽油、重汽油、煤油、灯用煤油、柴油、农用柴油、5号空白机油、7号空白机油、10号空白机油及加氢裂化、加氢精制催化剂等多个品种，原油加工量34.5万吨/年。工业总产值1.35亿元，实现利税4713万元。在册职工3800余人。

1972年10月至1973年5月，先后委派技术工人姚福生、刘国才、孙羽，赴阿尔巴尼亚巴尔什炼油厂进行技术援助。

1975年1月，抚顺石油三厂改由辽宁省和石油化学工业部双重领导，以辽宁省为主。

（一）中共抚顺石油三厂委员会领导名录（1970.12—1975.1）

书　　记 韩海儒（军代表，1970.12—1973.12）
刘　祥（1973.12—1975.1）

副 书 记 芦金祥（军代表，1970.12—1973.12）
李广明（1972.11—1974.11）
刘　祥（1972.1—1973.12）
崔绳先（1973.4—8）

常　　委 张永德（　　—1972.1）
骆登月（1972.1—　　）
林化启（1972.1—　　）
王世俭（1972.1—　　）
张义山（1972.11—　　）
金国斌（1972.11—　　）
肖殿环（群众代表，1973.11—　　）
田欣毅（1974.8—1975.1）

（二）抚顺石油三厂革委会领导名录（1970.7—1975.1）

主　　任 韩海儒（军代表，1970.7—1973.12）
刘　祥（1973.12—1975.1）

副 主 任 张永德（1970.7—1972.1）
夏文财（1970.7—1973.4）
白如栋（群众代表，1970.7—1975.1）
何有权（1970.7—1975.1）
芦金祥（军代表，1970.7—1973.12）
骆登月（1972.1—1975.1）
李广明（1972.1—1974.11）
刘　祥（1972.1—1973.11）
崔绳先（1972.8—1973.8）
张义山（1972.8—1975.1）
杨昭庆（1972.8—1974.11）
金国斌（1972.11—　　）

林化启（1972.11—1975.1）
王世俭（1972.11—1975.1）
王　勇（1973.4—1975.1）
肖殿环（群众代表，1973.11—1975.1）
刘景财（1973.12—1974.5）
田欣毅（1974.8—1975.1）

（三）抚顺石油三厂工代会（1972.10—1975.1）

主　　任　何有权（1972.10—1973.8）
刘恩德（1973.9—1975.1）

四、石油五厂—锦西石油五厂（1970.6—1975.1）

（一）石油五厂（1970.6—1972.11）

1970年6月，石油五厂由辽宁省和燃料化学工业部双重领导，以辽宁省为主。行政级别为县（团）级。党组织关系隶属于锦州市委。机关设办事组、政工组、生产指挥组、后勤组、人民保卫组、技术检查科。所属40个二级单位，其中，生产装置16个，检修、维修辅助单位24个。职工总数6597人。厂址在辽宁省锦州市锦西县。

石油五厂先后派出大批干部和技术工人支援兄弟企业生产建设。1970年，派出250名基建工人参加北京东方红炼油厂基建工程会战，历时2年。同年，调入湖北五七油田荆门炼油厂146名干部、332名工人。1971年，调入东北地区八三工程会战指挥部64名干部、400名工人。

石油五厂从1971年开始，连续3年对“龙头”生产装置南蒸馏进行技术改造，年原油加工能力从80万吨提高到300万吨。

1972年4月，撤销政工组，成立政治部。

11月，石油五厂更名为锦西石油五厂。

1. **中共石油五厂委员会领导名录**（1970.6—1972.11）

书　　记　朱　科（军代表，1970.6—1972.11）

副 书 记　时维乾（军代表，1970.6—1972.11）

张定理（1971.12—1972.11）

常　　委 刘玉新（军代表，1970.6—1972.11）

张铭枢（1970.6—1972.11）

李占林（1972.1—11）

胡魁成（1972.1—11）

2. **石油五厂革委会领导名录**（1970.6—1972.11）

主　　任 朱　科（军代表，1970.6—1972.11）

副 主 任 时维乾（军代表，1970.6—1972.11）

刘玉新（军代表，1970.6—1972.11）

张定理（1970.6—1972.11）

张铭枢（1970.6—1972.11）

宋宝玉（1970.6—1972.11）

乔文学（1970.6—1972.11）

姜作锟（军代表，1970.6—1972.11）

李占林（1971.12—1972.11）

官恩泽（1971.12—1972.11）

胡魁成（1971.12—1972.11）

曲才绪（1972.11）

3. **石油五厂工代会**（1970.6—1972.11）

主　　任 宋宝玉（1970.6—1972.11）

（二）锦西石油五厂（1972.11—1975.1）

1972年11月，石油五厂更名为锦西石油五厂，实行以辽宁省为主的双重领导，辽宁省委托锦州市管理。

1973年，“文化大革命”期间驻厂的军代表撤出，企业实行党委领导下的厂长分工负责制。

1973年，锦西石油五厂调入辽宁省管道二处39名干部。1974年，调入辽河石油勘探局32名干部。

1974年，对北蒸馏装置进行改造，新建石蜡装置、酮苯地蜡装置，企业产品生产能力有了很大提高。除主要产品汽油、柴油、润滑油外，6个牌号的工业齿轮油相继投产，3个牌号的石蜡投入生产，腻子油、马具油等多个小品种研制成功，13#冷冻机油、18#冷冻机油和8#稠化机油、11#稠化机油开始批量生产。

截至1974年底，党委下属党总支5个，共有党员1551名。在册职工7223人，年原油加工能力为450万吨。

1975年1月，锦西石油五厂改由辽宁省和石油化学工业部双重领导，以辽宁省为主。

期间，锦西石油五厂北酮苯车间政治指导员李超当选第四届全国人大代表。

1. **中共锦西石油五厂委员会领导名录**（1972.11—1975.1）

书　　记　朱　科（军代表，1972.11—1973.4）

石连惠（1973.10—1975.1）

副 书 记　时维乾（军代表，1972.11—1973.4）

张定理（1972.11—1975.1）

李占林（1974.12—1975.1）

杨吉民（1974.12—1975.1）

常　　委　刘玉新（军代表，1972.11—1975.1）

张铭枢（1972.11—1975.1）

李占林（1972.11—1974.12）

胡魁成（1972.11—1975.1）

2. **锦西石油五厂革委会领导名录**（1972.11—1975.1）

主　　任　朱　科（军代表，1972.11—1973.4）

石连惠（1973.10—1975.1）

副 主 任　时维乾（军代表，1972.11—1973.4）

张定理（1972.11—1975.1）

张铭枢（1972.11—1975.1）

宋宝玉（1972.11—1975.1）

乔文学（1972.11—1975.1）

姜作锟（军代表，1972.11—1973.4）

李占林（1972.11—1975.1）

官恩泽（1972.11—1975.1）

胡魁成（1972.11—1975.1）

曲才绪（1972.11—1975.1）

曲祝荣（1973.10—1975.1）

杨吉民（1974.12—1975.1）

3. **锦西石油五厂工代会**（1972.11—1973.5）

主　　任　宋宝玉（1972.11—1973.5）

五、石油六厂—锦州石油六厂（1970.6—1975.1）

（一）石油六厂（1970.6—1972.11）

1970年6月，石油六厂由辽宁省和燃料化学工业部双重领导，以辽宁省为主，由锦州市燃料化学工业局管理。党组织关系隶属于锦州市委。厂址：辽宁省锦州市古塔区重庆路2号。

1971年12月，石油六厂第一套催化裂化装置建成，1973年正式投产并首次炼制天然原油。

1972年，建成280万立方米/年丁烷转化制氢装置，同时废除原水煤气制氢装置。

1972年7月，石油六厂进行体制改革，撤销军队编制，恢复机关科室和生产车间编制。机关设14个科室：政治部、革委会办公室、生产办公室、后勤办公室、供销办公室、计划科、财务科、安全科、基建科、人事科、保卫科、质量检查科、生活福利科、武保部。所属32个单位：煤气车间、合成车间、催化剂车间、六〇一车间、七〇一车间、气体车间、添加剂车间、橡胶一车间、橡胶二车间、建材车间、供排水车间、动力车间、制造车间、仪表车间、油品车间、防腐车间、缝补车间、一车间、检修队、土建队、工程队、电工队、消防队、警卫队、研究所、设计室、职工医院、农场、石油学校、石油中学、石油一小、石油二小。在册职工5000余人。

11月，石油六厂更名为锦州石油六厂。

1. **中共石油六厂委员会领导名录**（1970.6—1972.11）

书　　记　王连仲（军代表，1970.6—1972.11）

副 书 记　陈宝库（1970.6—7）

张　炎（1970.6—1972.11）

刘汉卿（1970.6—1972.11）
李晓涛（1970.12—1972.11）

2. **石油六厂革委会领导名录**（1970.6—1972.11）

主　　任　王连仲（军代表，1970.6—1972.11）
副 主 任　刘汉卿（1970.6—1972.11）
张　炎（1970.6—1972.11）
陈宝库（1970.6—7）
李晓涛（1970.12—1972.11）
崔紫林（1972.6—11）
李树楷（1972.6—11）
黄兆珍（1972.6—11）
吕明泰（1972.8—11）
总工程师　李树楷（1970.6—1972.11）

3. **石油六厂工代会**（1970.6—1972.11）

主　　任　敖秉顺（满族，1970.6—1972.11）

（二）锦州石油六厂（1972.11—1975.1）

1972年11月，石油六厂更名为锦州石油六厂。

1974年，锦州石油六厂加工原油137.8万吨。

1975年1月，锦州石油六厂改由辽宁省和石油化学工业部双重领导，以辽宁省为主。

期间，锦州石油六厂刘长江当选中共十大代表。

1. **中共锦州石油六厂委员会领导名录**（1972.11—1975.1）

书　　记　王连仲（军代表，1972.11—1973.12）
张光辉（1974.1—1975.1）
副 书 记　张　炎（1972.11—1975.1）
刘汉卿（1972.11—1974.2）
李晓涛（1972.11—1973.5）
崔紫林（1973.1—1975.1）

2. **锦州石油六厂革委会领导名录**（1972.11—1975.1）

主　　任　王连仲（军代表，1972.11—1973.12）

张光辉（1974.1—1975.1）

副 主 任 刘汉卿（1972.11—1974.2）

张　炎（1972.11—1975.1）

李晓涛（1972.11—1973.5）

崔紫林（1972.11—1975.1）

李树楷（1972.11—1975.1）

黄兆珍（1972.11—1975.1）

吕明泰（1972.11—1975.1）

高占功（1974.3—1975.1）

总工程师 李树楷（1972.11—1975.1）

3. **锦州石油六厂工代会**（1972.11—1975.1）

主　　任 敖秉顺（1972.11—1973.5）

刘玉文（1973.5—1975.1）

六、大连石油七厂（1970.6—1975.1）

1970年6月，石油七厂由辽宁省和燃料化学工业部双重领导，以辽宁省为主，由旅大市代管，并更名为大连石油七厂，行政级别为县（团）级，党组织关系隶属于旅大市委。机关设6个部门：政工组、生产组、人保组、办事组、工会、武装部；5个直属单位：研究所、医院、石油子弟学校、检查科、器材供应科；18个车间：东蒸馏车间、西蒸馏车间、溶蜡车间、冷蜡车间、精制车间、热裂化车间、添加剂车间、石蜡车间、水汽车间、仪表车间、制造车间、检修车间、土木车间、油品车间、原油车间、汽车队、消防队、勤务连。职工总数3900余人。1970年加工原油217.24万吨。厂址：辽宁省旅大市甘井子区山中街1号。

1971年1月，中共大连石油七厂第五次代表大会召开，出席代表183人，选举产生新一届委员会，实行常委制，田维新为党委书记，贾振中、吴洪钦、刘衍德为党委副书记。下属党支部30个，共有党员598名。

1973年1月，大连有机合成厂划归大连石油七厂管理。

1974年底，大连石油七厂设6个机关部门：政工组、生产组、工会、武装部、后勤组、党委、革委办公室；直属单位3个：研究所、医院、石油子弟学校；24个车间：东蒸馏车间、西蒸馏车间、东溶蜡车间、西溶蜡车间、精制车间、热裂化车间、添加剂车间、石蜡车间、水汽车间、仪表车间、制造车间、检修车间、土木车间、油品车间、原油车间、汽车队、消防队、后勤维修车间、催化裂化车间、警卫连、机务队、电工车间、修复车间、丙烷脱沥青车间。年末职工总数5174人。当年原油加工量372万吨。

1975年1月，大连石油七厂改由辽宁省和石油化学工业部双重领导，以辽宁省为主。

（一）中共大连石油七厂委员会领导名录（1971.1—1975.1）

书　　记　田维新（军代表，1971.1—1975.1）

副 书 记　贾振中（1971.1—1974.4）

吴洪钦（军代表，1971.1—1973.8）

刘衍德（军代表，1971.1—1975.1）

曹彦福（1973.7—1975.1）

常　　委　杜英顺（1971.1—1975.1）

曹彦福（1971.1—1973.7）

翟福根（军代表，1971.1—1975.1）

周绍仲（1973.7—1975.1）

隋广文（1973.7—1975.1）

白福瑞（1973.7—1975.1）

袁玉茂（群众代表，1974.11—1975.1）

（二）大连石油七厂革委会领导名录（1970.6—1975.1）

主　　任　田维新（军代表，1970.6—1975.1）

副 主 任　刘英子（女，朝鲜族，群众代表，1970.6—1975.1）

姜文进（群众代表，1970.6—1975.1）

吴洪钦（军代表，1970.6—1973.7）

于景林（军代表，1970.6—1971.5）

曹彦福（1970.8—1973.7）

贾振中（1970.12—1974.4）

刘衍德（军代表，1971.5—1975.1）

翟福根（军代表，1971.5—1975.1）
隋广文（1972.9—1975.1）
唐启舜（1973.7—1975.1）
袁玉茂（群众代表，1974.11—1975.1）
金喜春（1974.11—1975.1）
周绍仲（1974.11—1975.1）

总工程师　唐启舜（1970.6—1975.1）

（三）大连石油七厂工会（1973.7—1975.1）

主　　任　白福瑞（1973.7—1975.1）

七、兰州炼油厂（1970.6—1975.1）

1970年6月，兰州炼油厂下放至甘肃省，由甘肃省煤炭化工局领导，原定产品的方向不变，业务上和人才调配、技术骨干培训等方面归口燃料化学工业部管理。行政级别为地（师）级。厂址在甘肃省兰州市西固区。职工总数1.05万人。

10月6日至15日，中共兰州炼油厂第三次代表大会召开，选举产生新一届委员会，王芝山为党委书记，赵启明、侯宏顺为党委副书记。共有党员1630名。

1971年11月，甘肃省革委会决定将石油工业部兰州炼油厂更名为兰州炼油厂。

1972年4月，兰州炼油厂所属直属连队恢复为直属车间。

1973年1月，兰州炼油厂机关撤销生产指挥部和后勤部，成立12个生产行政管理处室：办公室、综合计划处、生产调度室、技术处、机械动力处、供应处、劳动工资处、财务处、企业管理处、基建科、质量检验科、总务处。同时扩大政治部管理范围，政治部内设7个部门：组织处、干部处、宣教处、保卫处、群工处、武装部、团委。职工总数1.14万人。

8月，兰州军区驻兰州炼油厂的军管组撤出。

截至1973年底，兰州炼油厂原油加工能力250万吨/年，加工原油由单一的玉门原油发展到玉门、大庆、新疆原油，其中大庆、新疆原油占加工总量的87%，产品种类包括汽油、煤油、柴油、润滑油、催化剂、添加剂等，总资产达2.46亿元。

1974年10月，兰州炼油厂铂重整装置改建成为中国第一套双金属重整工业装置。

1975年1月，兰州炼油厂改由石油化学工业部和甘肃省双重领导，以甘肃省为主。

期间，兰州炼油厂革委会副主任黄成连当选中共十大代表、第十届中央候补委员。

（一）中共兰州炼油厂委员会领导名录（1970.6—1975.1）

书　　记　王芝山（军代表，1970.10—1973.8）
侯宏顺（1973.8—1975.1）

副 书 记　赵启明（1970.10—1971.9）
侯宏顺（1970.10—1973.8）
葛立兴（1972.3—11）
徐安民（1972.4—1975.1）
倪秀成（1973.8—1975.1）
马春发（1974.9—1975.1）

常　　委　张志惠（军代表，1970.10—1973.8）
时云增（1970.10—1973.5）
邵贵才（1970.10—1975.1）
孟祥起（1970.10—1973.5）
曾祖烈（1970.10—1972.2）
黄成连（群众代表，1972.3—1973.5）
马春发（1973.9—1974.9）
王金堂（1974.9—1975.1）
张秀珍（女，1974.9—1975.1）
李孝儒（1974.9—1975.1）

政治部主任　孟祥起（1970.8—1973.5）
马春发（1973.5—1975.1）

（二）兰州炼油厂革委会领导名录（1970.6—1975.1）

主　　任　王芝山（军代表，1970.6—1973.8）
侯宏顺（1973.8—1975.1）

副 主 任 毛鹏飞（1970.6—1972.9）
黄成连（群众代表，1970.6—1973.5）
赵启明（1970.6—1971.8）
侯宏顺（1970.6—1973.8）
孟祥起（1970.6—1974）
葛立兴（1972.3—1975.1）
徐安民（1972.4—1975.1）
王金堂（1974.9—1975.1）
黄大智（1974.9—1975.1）
黄鹏远（1974.9—1975.1）
王 洁（1974.9—1975.1）

（三）兰州炼油厂工会（1973.6—1975.1）

主 任 韩 真（1973.6—1974.3）

八、南京炼油厂—南京石油化工厂（1970.6—1975.1）

1970年6月，南京炼油厂下放至江苏省，由江苏省燃料化学工业局管理。原油加工能力为300万吨/年。

1971年5月，南京炼油厂更名为南京石油化工厂。

1973年1月，驻厂军代表撤出。

1975年1月，石油化学工业部成立时，南京石油化工厂仍由江苏省领导。

（一）南京炼油厂（1970.6—1971.5）

1. 中共南京炼油厂委员会领导名录（1970.6—1971.5）

书 记 姜福义（军代表，1970.6—1971.5）

副 书 记 薛秀川（1970.6—1971.5）
王 平（1970.6—1971.5）
蒋毅先（军代表，1970.10—1971.5）

2. 南京炼油厂革委会领导名录（1970.6—1971.5）

主 任 姜福义（军代表，1970.6—1971.5）

第一副主任　薛秀川（1970.6—1971.5）
副　主　任　王　平（1970.6—1971.5）
吴廷坤（1970.6—1971.5）
柯德全（1970.6—1971.5）
王　桦（军代表，1970.8—1971.5）
刘振科（1970.8—1971.5）

（二）南京石油化工厂（1971.5—1975.1）

1. 中共南京石油化工厂委员会领导名录（1971.5—1975.1）

书　　　记　姜福义（军代表，1971.5—1973.1）
王　平（1973.1—1975.1）
副　书　记　薛秀川（1971.5—1973.1）
王　平（1971.5—1973.1）
蒋毅先（军代表，1971.5—1973.1）

2. 南京石油化工厂革委会领导名录（1971.5—1975.1）

主　　　任　姜福义（军代表，1971.5—1973.1）
薛秀川（1973.1—1975.1）
第一副主任　薛秀川（1971.5—1973.1）
副　主　任　王　平（1971.5—1973.1）
吴廷坤（1971.5—1975.1）
柯德全（1971.5—1973.1）
王　桦（军代表，1971.5—1973.1）
刘振科（1971.5—1975.1）
戴　彬（1973.7—1975.1）
赵振西（1973.9—1975.1）
乔志斌（1974.10—1975.1）
王登云（1974.10—1975.1）
束寿昌（1974.10—1975.1）
谷良昭（1974.10—1975.1）
严亚夫（1974.10—1975.1）

九、茂名石油公司（1970.6—1975.1）

1970年6月，茂名石油公司由广东省和燃料化学工业部双重领导，以广东省为主。机关办公地点在广东省茂名市。11月，公司党委下属基层党委7个、党总支10个、党支部102个，共有党员2645名。职工总数1.56万人。

1972年，茂名石油公司革委会对组织机构进行调整。调整后，机关设13个部门：政治部（内设组织处、宣教处、保卫处、团委、工代会、武装部）、行政办公室、生产总调度室、计划处、生产技术处、机械动力处、劳动工资处、供应处、地质处、行政福利处、运销处、质量检查处、安全科。所属11个二级单位：人造油、炼制、动力仪表、检修、成品氧化铝车间和机修厂、水泥车间、露天矿、工程队、地质勘探指挥部、广东石油学校。

1973年2月，燃料化学工业部决定成立南海石油勘探筹备处，由茂名石油公司领导，恢复南海石油勘探。6月，燃料化学工业部决定，从茂名石油公司调给华北石油勘探指挥部40人，从华北石油勘探指挥部、江汉石油管理局、胜利油田调给茂名石油公司南海石油勘探筹备处共计262人。

1974年11月，成立炼油厂。12月，成立人造油厂、建材厂。年底，职工总数1.84万人。

1975年1月，茂名石油公司改由广东省革委会和石油化学工业部双重领导，以广东省为主。

（一）中共茂名石油公司委员会名录（1970.6—1975.5）

书　　记　李华瑞（军代表，1970.6—1973.9）
　　　　　　方　华（1973.10—1975.5）
第一副书记　乔聚星（军代表，1970.6—1973.5）
副 书 记　刘　燊（1970.6—1975.5）

（二）茂名石油公司革委会领导名录（1970.6—1975.5）

主　　任　乔聚星（军代表，1970.6—1973.5）
　　　　　　李华瑞（军代表，1973.5—9）
　　　　　　方　华（1973.10—1975.1）

副 主 任 简 坚（1970.6—1975.1）
郭庆祥（1970.6—1975.1）
王福泰（1970.6—1975.1）
黄成和（1970.6—1975.1）
钟广权（1970.6—1975.1）
张学恭（1970.6—1975.1）
吴玉超（1970.6—1975.1）
黄 燊（1970.6—1975.1）
王明章（1970.6—1975.1）
冯志功（1970.6—1973.10）
陈冰之（1970.11—1971.11）
郭春福（1971.9—1975.1）
孔繁蒲（1971.9—1972.5）
马伯鸿（1972.5—1975.1）
张荣昌（1972.11—1975.1）
郭 敏（1973.1—1975.1）
王 锷（1973.9—1975.1）

十、北京石油化工总厂（1970.7—1975.1）

1970年7月，经国务院业务组批准，北京市革委会在东方红炼油厂、向阳化工厂、胜利化工厂、东风化工厂、曙光日用化学厂的基础上，组建北京石油化工总厂。北京石油化工总厂是中国第一家石油化工联合企业，实行北京市和燃料化学工业部双重领导，以北京市为主。有关生产建设等业务工作由燃料化学工业部管理，党的工作由北京市委领导。

8月，中共北京石油化工总厂临时党委成立，企业开始建立健全基层党组织并开展党建工作。

1971年6月，燃料化学工业部决定，将留在北京的一连大部分人员下放到北京石油化工总厂，与原化学工业部第一设计院的部分人员组建为北京石油化工总厂设计所。

1972年4月，中共北京石油化工总厂第一次代表大会召开，选举产生第一届委员会。

9月，北京市化工建筑安装公司划归北京石油化工总厂。

1973年2月，驻厂军宣队撤出，北京石油化工总厂实行党的一元化领导。

6月，国务院批准北京石油化工总厂扩建工程计划任务书，同意引进年生产能力30万吨乙烯、18万吨高压聚乙烯、8万吨聚丙烯、4.5万吨丁二烯抽提等“四烯”装置。同月，经国务院批准，燃料化学工业部决定成立北京石油化工总厂基本建设会战指挥部，由北京石油化工总厂统一领导。姬永兴为指挥，芮杏文为第一副指挥，贾淮舟、霍文彬、杨铭、张源、张彦宁、李乾一、刘士寰、马洪、王业荣、王惠林为副指挥。

1970年至1973年期间，北京石油化工总厂炼油二期工程和综合利用工程开始建设，24套生产装置投产或试生产，形成了炼油、合成塑料、合成橡胶、有机化工原料和化肥共6个行业几十种产品的生产能力，成为中国第一个自己设计、制造、安装的大型石化联合企业。面对西方国家的全面封锁，在国务院有关部门的支持下，组织进行领导干部、技术人员和工人“三结合”的攻关会战，成功地开发出拥有自主知识产权的顺丁橡胶工艺技术，建成国内第一套万吨级顺丁橡胶生产装置，此成果荣获国家科技进步特等奖。

1973年，开始建设从国外引进的30万吨/年乙烯工程及其配套项目。11月，燃料化学工业部决定，抽调江汉石油管理局荆门炼油厂设计研究所中原北京设计院的职工参加北京石油化工总厂30万吨/年乙烯会战。

1975年1月，北京石油化工总厂改由北京市和石油化学工业部双重领导，以北京市为主。

期间，北京石油化工总厂党委书记杨春茂当选第四届全国人大代表。

（一）中共北京石油化工总厂临时委员会领导名录（1970.8—1972.4）

书　　记　彭树桢（军代表，1970.8—1972.4）

副 书 记　林　源（1970.8—1972.4）

　　　　　　李世源（1970.8—1970.10）

（二）中共北京石油化工总厂委员会领导名录（1972.4—1975.1）

书　　记　杨春茂（1972.5—1975.1）

副 书 记　彭树桢（军代表，1972.5—1973.1）
林　源（1972.5—1975.1）
蒋新生（1973.5—1975.1）
王　纯（兼任，1974.8—1975.1）

（三）北京石油化工总厂建厂指挥部领导名录（1970.7—1971.9）

指　　挥　彭树桢（军代表，1970.7—1971.9）
副 指 挥　胡体昭（1970.7—1971.9）
林　源（1970.7—1971.9）
李世源（1970.7—10）
芮杏文（1971.3—1971.9）

（四）北京石油化工总厂革委会领导名录（1971.9—1975.1）

组　　长　彭树桢（军代表，1971.9—1973.2）
杨春茂（1973.5—1975.1）
副 组 长　杨春茂（1971.9—1973.5）
林　源（1971.9—1975.1）
刘玉堂（军代表，1971.9—1973.2）
朱文俊（军代表，1971.9—1973.2）
芮杏文（1971.9—1975.1）
胡体昭（1971.9—1973.3）
谷移峰（军代表，1971.9—1973.2）
李霄露（1972.9—1975.1）
杨　浚（1973.5—1975.1）
董文兴（1973.5—1975.1）
李警民（1973.5—1975.1）
韩伯平（1973.5—1974.9）
楚孝忠（1973.12—1975.1）
刘友三（1973.12—1975.1）

（五）北京石油化工总厂工会（1973.12—1975.1）

主　　任　郝传琨（1973.12—1975.1）

十一、山东石油化工建设指挥部—山东胜利石油化工总厂（1970.5—1975.1）

（一）山东石油化工建设指挥部（1970.5—1972.6）

1970年5月，山东省革委会决定撤销胜利合成氨厂建设指挥部，成立山东石油化工建设指挥部，统一领导辛店地区的石油化工建设。山东石油化工建设指挥部实行山东省、燃料化学工业部双重领导，以山东省为主。指挥部办公地点在山东省淄博市临淄区。设生产建设部、政治部、后勤部，部下设12个专业管理组，直属胜利炼油厂、胜利合成氨厂2个单位。9月，成立人民武装部。

1971年2月，山东省革委会决定，山东石油化工建设指挥部计划、财务、物资由山东省石油化学工业局归口管理。10月，成立纤维厂。同月，燃料化学工业部将胜利化工厂下放，划归山东石油化工建设指挥部领导。

1972年3月，撤销纤维厂。6月，山东省委决定撤销山东石油化工建设指挥部，成立山东胜利石油化工总厂。

1. 山东石油化工建设指挥部党的核心小组领导名录（1970.5—1972.6）

组　　长　张瑞萍（1970.5—1972.6）

副 组 长　李子超（1970.5—1972.6）

成　　员　白书庆（1970.5—1972.6）

　　　　　应仁浩（1970.5—1972.6）

政治部主任　应仁浩（1970.5—1972.6）

2. 山东石油化工建设指挥部领导名录（1970.5—1972.6）

指　　挥　李子超（1970.5—1972.6）

政　　委　张瑞萍（1970.5—1972.6）

副 指 挥　白书庆（1970.5—1972.6）

　　　　　刘守杰（1970.5—1972.6）

（二）山东胜利石油化工总厂（1972.6—1975.1）

1972年6月，山东省委决定撤销山东石油化工建设指挥部，成立山东胜利石油化工总厂及建立山东胜利石油化工总厂党的核心小组，统一领导辛店地区的石油化工生产建设和规划，由山东省和燃料化学工业部双重领导，以山东省为主。

同月，撤销生产建设部和后勤部，成立8个行政业务处室。政治系统设政治部，内设秘书组、组织组、宣传组、保卫组、教育组、群工组等6个机构；直属单位有胜利炼油厂、胜利合成氨厂、胜利化工厂；另有山东石化建设公司由山东胜利石油化工总厂代管。

7月，胜利化工厂更名为橡胶厂。9月，科研所从胜利炼油厂划出，直属山东胜利石油化工总厂管理，并更名为山东胜利石油化工总厂科研设计所。12月，山东省革委会将淄博催化剂厂移交山东胜利石油化工总厂管理，更名为山东胜利石油化工总厂催化剂厂。

1972年，山东胜利石油化工总厂完成工业总产值6000万元，加工原油315万吨，生产合格氨2000万吨，实现利税2.5亿元，年底固定资产原值1.6亿元。

1973年1月，职工医院、检修营从胜利炼油厂划出，直属山东胜利石油化工总厂领导。

6月，山东胜利石油化工总厂首届职工代表大会召开，选举产生首届工会委员会。

11月，建立山东胜利石油化工总厂第二化肥厂建设指挥部。合成氨厂更名为第一化肥厂。

1974年1月，撤销政治部的保卫组，成立保卫处，由山东胜利石油化工总厂党的核心小组直接领导。7月，成立知识青年上山下乡领导小组。8月，成立第二化肥厂建设指挥部。9月，成立商业服务公司。10月，撤销科研设计所，分别成立科学研究所、设计院。

1975年1月，山东胜利石油化工总厂改由山东省和石油化学工业部双重领导，以山东省为主。

期间，山东胜利石油化工总厂胜利炼油厂联合装置车间主任马金昌当选中共十大代表，合成氨厂机修车间工人张志文当选第四届全国人大代表。

1. **山东胜利石油化工总厂党的核心小组领导名录**（1972.6—1975.1）

组　　长　张瑞萍（1972.6—1973.7）

　　　　　　李元荣（1973.7—1975.1）

副 组 长　李子超（1972.6—1973.7）

　　　　　　许剑波（1973.7—1975.1）

成　　员　白书庆（1972.6—1973.7）
胡涵秋（1972.6—1975.1）
许剑波（1972.6—1973.7）
孙喜华（军代表，1972.6—1973.7）
郑海珊（1972.6—1975.1）
赵　明（1972.6—1975.1）
丁福嵩（1972.6—1975.1）
刘守杰（1972.6—1975.1）
田野夫（1972.10—1975.1）
马金昌（1973.12—1975.1）
政治部主任　郑海珊（1972.6—1975.1）

2. **山东胜利石油化工总厂领导名录**（1972.6—1975.1）

指　　挥　李子超（1972.6—1973.7）
胡涵秋（1973.7—1975.1）
政　　委　张瑞萍（1972.6—1973.7）
李元荣（1973.7—1975.1）
副 指 挥　胡涵秋（1972.6—1973.7）
许剑波（1972.6—1973.7）
孙喜华（军代表，1972.6—1973.7）
赵　明（1972.6—1973.12）
丁福嵩（1972.6—1975.1）
刘守杰（1972.6—1975.1）
田野夫（1973.12—1975.1）
王远志（1973.12—1975.1）
荣镇中（1973.12—1975.1）
徐吉亨（1973.12—1975.1）
副 政 委　白书庆（1972.6—1973.7）
许剑波（1973.7—1975.1）
郑海珊（1973.12—1975.1）
赵　明（1973.12—1975.1）

十二、上海炼油厂（1970.6—1975.1）

1970年6月，上海炼油厂由燃料化学工业部和上海市双重领导，以上海市为主，并由上海市化学工业局代管。行政级别为县（团）级。实行党委领导下的厂长分工负责制。

上海炼油厂机关设生产组、后勤组、经营组、政宣组、组织组、办公室、工会。所属一车间、二车间、三车间、四车间、五车间、六车间等6个生产车间和仪表车间、动力车间、机一车间、机二车间等4个辅助车间。

8月，将原减黏装置改建成2号蒸馏装置，增加炼量150万吨/年，使全厂原油年加工能力提高至250万吨。9月24日，四车间并入一车间。同年，恢复团委。

1971年1月，成立给排水车间。11月，上海市化学工业局党委同意充实调整上海炼油厂党委及革委会成员。

1972年2月，撤销后勤组，成立四车间。9月，成立技工学校。

1973年，机关调整为人保组、生产计划组、劳资组、基建组、安全组、人防组、财务组、技术组、设备组、设计室等10个部门。

1974年12月，组建武装保卫组。

1975年1月，上海炼油厂由上海市和石油化学工业部双重领导，以上海市为主，并由上海市化学工业局代管。

（一）中共上海炼油厂委员会领导名录（1970.6—1975.1）

书　　记　马玉霖（1970.6—1975.1）

副 书 记　杨贤能（1970.6—1971）

张一飞（1971.2—1974）

张桂汀（1973.11—1975.1）

王维忠（1973.11—1975.1）

王海山（1973.11—1975.1）

（二）上海炼油厂革委会领导名录（1970.6—1975.1）

1970年6月至1973年11月：

第一召集人　马玉霖（1970.6—1973.11）

第二召集人　杨贤能（1970.6—1971）

第三召集人　王福生（1970.6—1973.11）

第四召集人　许科海（1970.6—1971）

第五召集人　张自友（1970.6—1973.11）

1973年11月至1975年1月：

主　　任　马玉霖（1973.11—1975.1）

副 主 任　王海山（1973.11—1975.1）

金松年（1973.11—1975.1）

张自友（1973.11—1974）

符利江（1973.11—1975.1）

管金余（1973.11—1975.1）

王福生（1973.11—1975.1）

（三）上海炼油厂工会（1970.6—1975.1）

主　　任　倪翰章（1970.6—12）

王福生（1971.4—1975.1）

十三、长岭炼油厂—二三四八工程指挥部第三筹建处—三一〇一厂（1970.6—1975.1）

（一）长岭炼油厂（1970.6—11）

1970年6月，长岭炼油厂由湖南省革委会领导。长岭炼油厂建厂革委会实行党的一元化领导，下设大庆炼建革委会、6501生产队革委会和炼油厂生产准备革命领导小组。

11月，长岭炼油厂正式划归中国人民解放军总后勤部企业部二三四八工程指挥部领导，更名为二三四八工程指挥部第三筹建处。

1．长岭炼油厂建厂党的核心小组领导名录（1970.6—11）

组　　长　楚　英（军代表，1970.6—11）
副 组 长　古德勤（1970.6—11）
组　　员　凌尔宽（军代表，1970.6—11）
李宝胜（军代表，1970.6—11）
张宝儒（军代表，1970.6—11）
刘忠勇（1970.6—11）
张振勇（1970.6—11）
庞守则（庞守则，1970.6—11）
崔达仁（1970.6—11）

2．长岭炼油厂建厂革委会领导名录（1970.6—11）

主　　任　楚　英（军代表，1970.6—11）
第一副主任　古德勤（1970.6—11）
副 主 任　许庆祥（军代表，1970.6—11）
刘忠勇（1970.6—11）
曹振恒（群众代表，1970.6—11）
邹志家（群众代表，1970.6—11）
李　云（1970.10—11）
董鸿斌（1970.10—11）
初万祥（1970.10—11）

（二）二三四八工程指挥部第三筹建处（1970.11—1971.6）

1970年11月，长岭炼油厂划归中国人民解放军总后勤部企业部二三四八工程指挥部领导，更名为二三四八工程指挥部第三筹建处，按军队建制，下设营、连。同时成立中共二三四八工程指挥部第三筹建处临时委员会，下属党总支部8个、党支部5个，共有党员956名。

1971年5月，二三四八工程指挥部第三筹建处的常减压、催裂化、延迟焦化、铂重整4套炼油装置和配套系统正式整体联运，一次开汽成功，相继生产出合格产品。

6月，二三四八工程指挥部第三筹建处更名为三一〇一厂。

1. **中共二三四八工程指挥部第三筹建处临时委员会领导名录**（1970.11—1971.6）

第一书记　史承法（军代表，1971.2—6）

第二书记　古德勤（1971.2—6）

副 书 记　张保华（军代表，1971.2—6）

常　　委　崔达仁（1970.11—1971.6）

董鸿斌（1970.11—1971.6）

李　云（1970.11—1971.6）

李　兴（1970.11—1971.6）

2. **二三四八工程指挥部第三筹建处领导名录**（1970.11—1971.6）

主　　任　古德勤（1970.11—1971.6）

副 主 任　崔达仁（1971.1—6）

董鸿斌（1971.1—6）

李　云（1971.1—6）

初万祥（1971.1—6）

王绍祖（1971.1—6）

（三）三一〇一厂（1971.6—1975.1）

1971年6月，中国人民解放军总后勤部企业部二三四八工程指挥部更名为中国人民解放军总后勤部企业部化工生产管理局，二三四八工程指挥部第三筹建处更名为三一〇一厂，改为由中国人民解放军总后勤部企业部化工生产管理局领导。同月，成立中共三一〇一厂临时委员会，隶属于中国人民解放军总后勤部企业部化工生产管理局党委。

1973年7月，成立工会。9月，营改为分厂，连队改为车间，机关改为科（办）。

1975年1月，石油化学工业部成立时，三一〇一厂仍由中国人民解放军总后勤部企业部二三四八工程指挥部领导。

1. **中共三一〇一厂临时委员会领导名录**（1971.6—1975.1）

书　　记　史承法（军代表，1971.6—1975.1）

副 书 记　张保华（军代表，1971.6—1975.1）

委　　员　古德勤（1971.6—1975.1）
崔达仁（1971.6—1975.1）
李　云（1971.6—1975.1）
李　兴（1971.6—1975.1）
王绍祖（1971.6—1975.1）
初万祥（1974.5—1975.1）
朱克中（1974.5—1975.1）
邹积同（1974.5—1975.1）
吴文太（1974.5—1975.1）

2. **三一〇一厂领导名录**（1971.6—1975.1）

厂　　长　古德勤（1971.6—1975.1）

副 厂 长　李　云（1971.6—1975.1）
初万祥（1971.6—1975.1）
王绍祖（1971.6—1975.1）

3. **三一〇一厂工会**（1973.7—1975.1）

主　　任　李　云（1973.7—1975.1）

十四、杭州炼油厂（1970.6—1975.1）

1970年6月，杭州炼油厂由浙江省领导，由杭州市化学工业局管理，业务上接受燃料化学工业部指导。党组织关系隶属于杭州市委。

1971年6月24日至25日，杭州炼油厂第一次党员代表大会召开，109名党员代表出席，选举产生第一届委员会，实行常委制，翟翕武为书记，顾汝德为副书记。党委设政工组、办事组和人民保卫组，下属7个党支部。

1975年1月，石油化学工业部成立时，杭州炼油厂仍由浙江省领导，业务上接受石油化学工业部指导。

（一）杭州炼油厂党的核心小组领导名录（1970.6—1971.6）

组　　长　顾汝德（1970.6—1971.6）

（二）中共杭州炼油厂委员会领导名录（1971.6—1975.1）

书　　记 翟翕武（1971.6—1973.11）

副 书 记 顾汝德（1971.6—1975.1）

常　　委 许世昌（1971.6—1975.1）

陈玉芳（1971.6—1975.1）

徐其火（1971.6—1975.1）

（三）杭州炼油厂革委会领导名录（1970.6—1975.1）

主　　任 顾汝德（1970.6—1971.6）

翟翕武（1971.6—1973.11）

副 主 任 徐其火（1970.6—1975.1）

周相仁（1970.6—1975.1）

李　森（1970.6—12）

陈玉芳（1970.12—1975.1）

许世昌（1971.4—1975.1）

顾汝德（1971.6—1975.1）

（四）杭州炼油厂工会（1973.10—1975.1）

主　　任 徐其火（1973.10—1975.1）

十五、前郭炼油厂工程建设会战指挥部—吉林省白城地区前郭炼油厂（1970.6—1975.1）

（一）前郭炼油厂工程建设会战指挥部（1970.6—1972.4）

1967年10月，国家计委批复同意在吉林省前郭县境内建设设计规模为年加工原油15万吨的前郭炼油厂，生产石油产品和合成氨原料。11月，吉林省军区决定由吉林省扶余油矿负责筹建前郭炼油厂。扶余油矿组建了前郭炼油厂筹建组，派鲍承志、林均长、王军担任筹建组负责人。

1968年12月，吉林省前郭三厂（炼油厂、化肥厂、热电厂）指挥部成立，由吉林省白城军区代表郑际言兼任总指挥，李世福任副总指挥。指挥部下设生产组、政工组、后勤组3个组，并设前郭炼油厂基建办公室、化肥厂基建办公室、热电厂办公室。鲍承志为前郭炼油厂基建办公室负责人。

1969年5月，前郭炼油厂工程建设破土动工。

1970年6月，吉林省白城专区革委会决定成立前郭炼油厂工程建设会战指挥部，同时任命指挥部领导班子。行政级别为县（团）级。指挥部由吉林省白城专区革委会和吉林省基建办公室领导，党组织关系隶属于吉林省白城专委。指挥部办事机构设7个组：生产组、政工组、办事组、施工组、供销组、计财组、保卫组。年底，职工总数801人，党员163人。指挥部办公地点在吉林省白城专区（后更名为白城地区）前郭尔罗斯蒙古族自治县。

1971年6月，建成并投用总变电所。

1972年4月，正式成立吉林省白城地区前郭炼油厂。

总　指　挥　聂玉堂（兼任，1970.6—7）
　　　　　　李建国（军代表，1970.7—1972.4）
第一副总指挥　苗育全（1970.6—8）
副 总 指 挥　陈国忠（1970.6—8）
　　　　　　姚洪权（1970.6—8）
　　　　　　孔维福（1970.6—8）
　　　　　　思　勤（1970.6—1972.4）
　　　　　　赵彩章（1970.6—8）
　　　　　　苗育全（1970.8—1972.4）
　　　　　　阎健伍（1970.8—1972.4）
　　　　　　鲍承志（1970.8—1972.4）
　　　　　　赵　文（1970.8—1972.4）

（二）吉林省白城地区前郭炼油厂（1972.4—1975.1）

1972年4月，吉林省白城地区革委会正式成立吉林省白城地区前郭炼油厂（简称前郭炼油厂），并成立中共前郭炼油厂委员会和前郭炼油厂革委会。前郭炼油厂机关设办公室、生产技术科、计划科、劳资科、财会科、安全科、供应科、机动科、教育科、行政管理科、基建科、五七办公室、农副科等13个行政科室；设政工科、工会、团委、武装部、保卫科、机关党总支等6个党群部门。

1972年，成立常减压车间、催裂化车间、电脱水车间、油品车间、电气车间、锅炉车间、仪表车间、化验车间和机修车间等9个车间。

1973年1月，撤销政工科，成立党委组织科、党委宣传科。

1974年10月，7.4万吨/年催化裂化装置建成试运投产，标志着前郭炼油厂全面投产，年加工原油能力为25万吨。年底，职工总数1155人，共有党员234人。

1975年1月，石油化学工业部成立时，前郭炼油厂仍由吉林省白城地区领导。

（一）中共前郭炼油厂委员会领导名录（1972.4—1975.1）

书　　记 崔德珍（1972.4—1975.1）

副 书 记 李树旺（1972.4—　　）

阎健伍（1972.4—　　）

刘自然（1973.2—　　）

曾昭允（1973.8—　　）

常　　委 刘庆林（1972.4—1975.1）

李至生（1972.4—　　）

曾昭允（1972.4—　　）

鲍承志（1972.4—　　）

刘自然（　　—1973.2）

李中荣（1973.2—1975.1）

周玉琢（1973.10—1975.1）

金哲训（朝鲜族，1973.10—1975.1）

（二）前郭炼油厂革委会领导名录（1972.4—1975.1）

主　　任 崔德珍（1972.4—1975.1）

副 主 任 李树旺（1972.4—1975.1）

阎健伍（1972.4—1975.1）

李至生（1972.4—1975.1）

鲍承志（1972.4—1975.1）

曾昭允（1972.4—1975.1）

李中荣（1973.2—1975.1）

刘自然（　　—1975.1）

周玉琢（　　—1975.1）

金哲训（1973.8—1975.1）

（三）前郭炼油厂工程建设会战指挥部领导名录（1972.4—1975.1）

总　指　挥　李建国（军代表，1972.4—1973.7）
颜承业（1973.7—1975.1）

副总指挥　思　勤（1972.4—1973.7）
苗育全（1972.4—1973.7）
阎健伍（1972.4—1973.7）
鲍承志（1972.4—1973.7）
赵　文（1972.4—1973.7）
田国举（1973.7—　　）
崔德珍（1973.7—1975.1）
刘万荣（1973.7—1975.1）
王家征（1973.7—1975.1）
孙　星（1973.7—1975.1）

十六、盘锦三厂建设指挥部—盘锦炼油厂（1970.3—1975.1）

（一）盘锦三厂建设指挥部（1970.3—1972.3）

1970年3月，根据石油工业部军管会《关于加速下辽河盆地石油勘探的报告》及国务院的批示精神，经石油工业部、辽宁省革委会批准，盘锦垦区在盘山区渤海公社牛官屯建设盘锦炼油厂、盘锦化肥厂、盘锦发电厂，合称为盘锦三厂。同时成立盘锦三厂建设指挥部，行政级别为县（团）级，统一管理盘锦三厂的筹建会战工作。盘锦三厂建设指挥部先后隶属盘锦垦区、盘锦地区管理，党组织关系隶属于中共盘锦地委。指挥部设盘锦炼油厂、盘锦化肥厂、盘锦发电厂的建厂领导小组及办事组、政工组、人保组、生产准备组、工程组、供应组、计划财务组、运输组。盘锦炼油厂建设队伍主要由抚顺石油一厂、抚顺石油二厂、抚顺石油三厂的干部、工人、工程技术人员和部分复员军人以及下乡知识青年组成，职工总数480人。

5月，盘锦炼油厂生产装置基础破土动工，将抚顺石油三厂停建的一套30万吨/年常减压蒸馏主体设备异地搬迁到此，改建成50万吨/年的常减压蒸馏装置。

1971年9月，50万吨/年常减压蒸馏装置建成并正式投产，首次生产出66号车用汽油、-35号轻柴油、20号重柴油、重油4种合格产品。

1972年3月，盘锦地委决定撤销盘锦三厂建设指挥部炼油厂建厂领导小组，成立盘锦炼油厂，归属盘锦地区管理。盘锦三厂建设指挥部仍负责领导其他厂的筹建会战工作。

1. **盘锦三厂建设指挥部党的核心小组领导名录**（1970.10—1972.3）

组　　长　孙　挺（1970.10—1971.7）

车柏龄（军代表，1971.7—1972.3）

副 组 长　车柏龄（军代表，1970.10—1971.7）

郭春新（1971.7—1972.3）

马玉金（1971.10—1972.3）

成　　员　徐兆福（1970.10—1972.3）

郭春新（1970.10—1971.7）

李国栋（1971.7—1972.3）

王克政（1971.7—1972.3）

和荣丰（1971.10—1972.3　）

2. **盘锦三厂建设指挥部领导名录**（1970.3—1972.3）

总 指 挥　孙　挺（1970.3—1971.7）

车柏龄（军代表，1971.7—1972.3）

副总指挥　车柏龄（军代表，1970.3—1971.7）

徐兆福（1970.3—1972.3）

郭春新（1970.3—1972.3）

李洪金（1970.3—1972.3）

康泽森（1970.3—1972.3）

夏文才（1970.3—1972.3）

王勤业（1970.3—1972.3）

谷盛芝（1970.3—1972.3）

（二）盘锦炼油厂（1972.3—1975.1）

1972年3月，盘锦地委决定撤销盘锦三厂建设指挥部炼油厂建厂领导小组，正式成立盘锦炼油厂，由盘锦地区领导，党组织关系隶属于中共盘锦地委。厂址位于盘锦地区渤海公社牛官屯，占地面积51.59公顷。在册职工近700人，行政级别为县（团）级。4月，成立盘锦炼油厂党的核心小组，张青山为组长，殷恒发为副组长。10月，盘锦炼油厂的生产列入国家计划。同月，盘锦地区革委会决定，盘锦炼油厂由盘锦地区工业局领导。

12月，厂机关设政工组、人保组、后勤组、供应组、财务组、生产组、工程组，成立办公室、组织科、宣传科、保卫科、团委、生产科、机动科、基建科、财务科、供应科、人事工资科、行政管理科等12个科（室）。所属蒸馏车间、储运车间、给排水车间、维修车间、化验室、卫生所、子弟小学等7个基层单位。职工总数690人。

1973年2月28日，中共盘锦炼油厂第一次代表大会召开，选举产生第一届委员会，由17人组成，张青山为党委书记，殷恒发、陈淑兴、黄振江为党委副书记。下属9个党支部，共有党员124名。9月，组建沥青车间。10月，盘锦地委任命盘锦炼油厂厂长、副厂长。

1974年2月，盘锦炼油厂党委由委员制改为常委制。6月，中共盘锦地区盘山区人民武装部委员会批准，组建盘锦炼油厂民兵团，黄振江任团长，殷恒发任政治委员。9月7日，经盘锦地区公安局批准，成立专业消防队。

截至1974年底，盘锦炼油厂设办公室、组织科、宣传科、团委、工会、保卫科、生产科、机动科、基建科、财务科、供应科、人事工资科、行政管理科等13个机关科室，所属蒸馏车间、沥青车间、储运车间、给排水车间、维修车间、化验室、卫生所、子弟小学等8个生产及辅助生产服务单位。在册职工800余人。加工原油38.1万吨，工业净产值2743万元，固定资产原值1356万元，净值1150万元。

1975年1月，石油化学工业部成立时，盘锦炼油厂仍由辽宁省盘锦地区领导，业务上接受石油化学工业部指导。

1. **盘锦炼油厂党的核心小组领导名录**（1972.4—1973.2）

组　　长　张青山（1972.4—1973.2）
副 组 长　殷恒发（军代表，1972.4—1973.2）
成　　员　陈淑兴（1972.4—1973.2）
　　　　　　黄振江（1972.4—1973.2）
　　　　　　孙桂轩（1972.4—1973.2）

2. 中共盘锦炼油厂委员会领导名录（1973.2—1975.1）

1973年2月至1974年2月：

书　　记　张青山（1973.2—10）
　　　　　殷恒发（军代表，1973.10—1974.2）
副 书 记　殷恒发（军代表，1973.2—10）
　　　　　陈淑兴（1973.2—1974.2）
　　　　　黄振江（1973.2—1974.2）
委　　员　孙桂轩（1973.2—1974.2）
　　　　　盖凌仁（1973.2—1974.2）
　　　　　杨廷山（1973.2—1974.2）
　　　　　张世泽（1973.2—1974.2）
　　　　　张锡久（1973.2—1974.2）
　　　　　黄守义（1973.2—1974.2）
　　　　　阎振东（1973.2—1974.2）
　　　　　李文发（1973.2—1974.2）
　　　　　窦永双（1973.2—1974.2）
　　　　　赵连喜（1973.2—1974.2）
　　　　　唐景义（1973.2—1974.2）
　　　　　史喜荣（女，1973.2—1974.2）
　　　　　刘　森（1973.2—1974.2）

1974年2月至1975年1月：

书　　记　殷恒发（军代表，1974.2—1975.1）
副 书 记　陈淑兴（1974.2—1975.1）
　　　　　黄振江（1974.2—1975.1）
常　　委　孙桂轩（1974.2—1975.1）
　　　　　盖凌仁（1974.2—1975.1）
　　　　　徐庆元（1974.2—1975.1）

3. 盘锦炼油厂领导名录（1973.10—1975.1）

厂　　长　殷恒发（军代表，1973.10—1975.1）
副 厂 长　陈淑兴（1973.10—1975.1）

黄振江（1973.10—1975.1）
盖凌仁（1973.10—1975.1）
孙桂轩（1973.10—1975.1）
徐庆元（1973.10—1975.1）

4. **盘锦炼油厂工会**（1973.5—1975.1）

主　　任 张世泽（正科级，1973.5—1975.1）

十七、沧州石油化工厂建厂筹建处—河北省沧州石油化工厂（1970.7—1975.1）

1970年初，为适应华北油田和大港油田大规模开发的形势，石油工业部批准河北省在沧州建设一座石油化工厂。

1970年7月，河北省革委会在沧州市成立沧州石油化工厂建厂筹建处，由河北省石油化工局管理，党组织关系隶属于沧州地委。筹建处设办事组、政工组、生产准备组、物资供应组、基建组、化工组。机关办公地点在河北省沧州市。10月，河北省革委会确定筹备建设的石油化工厂年处理原油50万吨，由两套炼油装置和3套石油化工装置组成，生产轻质油、橡胶、人造毛、塑料等石油化工产品。12月，成立沧州石油化工厂建厂领导小组，由7人组成。

1971年3月，撤销沧州石油化工厂建厂筹建处，正式成立河北省沧州石油化工厂。11月，成立油品车间。1972年5月，成立水汽车间。

1971年至1972年，先后从大连石油七厂调入技术干部和工人62人，从抚顺石油二厂、山东胜利炼油厂调入干部和工人114人。

1973年3月，成立仪表车间。5月，将安装连、土建连、机修连合并为机修车间。

1974年8月，燃料化学工业部所属第四石油化工建设公司、第五石油化工建设公司抽调人员组成援建工程队伍，和沧州地区组织的援建队伍共400人进厂参加施工。当年，先后成立电工车间、维修车间。年底，职工总数985人。

1975年1月，石油化学工业部成立时，河北省沧州石油化工厂仍由河北省领导，业务上接受石油化学工业部指导。当年，沧州石油化工厂正式投产，建厂领导小组撤销。

（一）沧州石油化工厂建厂筹建处领导名录（1970.7—1971.3）

负 责 人　李连信（1970.7—　　）
王春详（1970.8—　　）
赵永志（1970.12—　　）

（二）沧州石油化工厂建厂领导小组成员名录（1970.12—　　）

成　　员　赵永志（1970.12—　　）
张　杰（1970.12—　　）
崔亚明（1970.12—　　）
李连信（1970.12—　　）
贾万忠（1970.12—　　）
刘文丰（1970.12—　　）
邢宪忠（1970.12—　　）
孙国刚（　　）

十八、哈尔滨市石油化工会战指挥部（1970.8—1972.5；1973.2—1975.2）—哈尔滨石油化工厂筹建处（1972.5—1973.2）

1970年初，为缓解哈尔滨市汽柴油供应紧张的局面和哈尔滨市化工企业原料的供应问题，石油工业部与哈尔滨市革委会协商决定筹备建设哈尔滨石油化工厂。

8月，哈尔滨市石油化工会战指挥部（以下简称会战指挥部）成立，由哈尔滨市革委会生产指挥部领导，哈尔滨市革委会副主任徐咏之兼任总指挥，哈尔滨市革委会生产指挥部副主任王世杰兼任副总指挥，会战指挥部办公地点设在哈尔滨市道里区。

1971年2月，会战指挥部下设政工组、办事组、设计一组、设计二组、设计三组、供应组、工程组、财务组、计划组、劳资组、保卫组、后勤组等12个组，编制157人。5月，成立会战指挥部培训队。

1972年5月，撤销哈尔滨市石油化工会战指挥部，成立哈尔滨石油化工厂筹建处，隶属于哈尔滨市化学工业局。9月，哈尔滨石油化工厂筹建处党的核心小组成立，张柯为组长，鞠德明为副组长。

1973年2月，撤销哈尔滨石油化工厂筹建处，恢复组建哈尔滨市石油化工会战指挥部，哈尔滨市委常委、革委会副主任郭伟人兼任总指挥。8月，指挥部设政治处（内设组织、干部、监察、宣教等科室）、办公室、技术室、供应处、工程处、生产准备处、工会、团委等8个部门，职工总数562人。

1975年1月，石油化学工业部成立时，哈尔滨市石油化工会战指挥部仍由哈尔滨市领导，业务上接受石油化学工业部指导。2月，撤销哈尔滨市石油化工会战指挥部，成立哈尔滨炼油厂。

（一）哈尔滨市石油化工会战指挥部领导名录（1970.8—1972.5）

总 指 挥　徐咏之（兼任，1970.8—1972.5）

副总指挥　王世杰（兼任，1970.8—1972.5）

（二）哈尔滨石油化工厂筹建处党的核心小组领导名录（1972.9—1973.2）

组　　长　张　柯（1972.9—1973.2）

副 组 长　鞠德明（1972.9—1973.2）

成　　员　刘全良（1972.9—1973.2）

秦洪顺（1972.9—1973.2）

董再岩（1972.9—1973.2）

韩智田（1972.9—1973.2）

（三）哈尔滨市石油化工会战指挥部党的核心小组领导名录（1973.2—1975.2）

组　　长　张　柯（1973.2—1975.2）

副 组 长　鞠德明（1973.2—1975.2）

成　　员　刘全良（1973.2—1975.2）

秦洪顺（1973.2—1974.5）

董再岩（1973.2—1975.2）

韩智田（1973.2—1975.2）

（四）哈尔滨市石油化工会战指挥部领导名录（1973.2—1975.2）

总 指 挥　郭伟人（兼任，1973.2—1975.2）

副总指挥　张　柯（1973.2—1975.2）

鞠德明（1973.2—1975.2）

十九、天津市第一石油化工厂（1970.9—1975.1）

1970年，为解决京津和华北地区的石油产品供应问题，燃料化学工业部征得天津市同意，决定在天津市津西周李庄建设一座石油化工厂。9月，天津市革委会正式将其命名为天津市第一石油化工厂，由天津市化学工业局管理，业务上接受燃料化学工业部指导。

11月，天津市革委会决定成立中共天津市第一石油化工厂委员会，冯东生为党委书记，赵书梅为党委副书记。

截至1970年底，天津市第一石油化工厂炼油部分已建成常减压、催化裂化和氧化沥青等3套生产装置，化工部分也开始在南赵庄附近的盐碱荒滩上进行土建施工，燃料化学工业部所属兰州第五设计院、天津化工建设公司、第一建筑工程公司等建设、设计和施工单位参与天津市第一石油化工厂化工部分的建设。

1971年7月，天津市革委会决定成立天津市第一石油化工厂革委会。

1975年1月，石油化学工业部成立时，天津市第一石油化工厂仍由天津市领导，业务上接受石油化学工业部指导。

（一）中共天津市第一石油化工厂委员会领导名录（1970.11—1975.1）

书　　记　冯东生（1970.11—　　　　）

副 书 记　赵书梅（军代表，1970.11—　）

（二）天津市第一石油化工厂革委会领导名录（1971.7—1975.1）

主　　任　冯东生（1971.7—　　　　）

副 主 任　赵书梅（军代表，1971.7—　　）

文学解（军代表，1971.7—　　）

陈增培（1971.7—　　　　）

韩恩珠（1971.7—　　　　）

赵魁桐（1971.7—　　　　）

二十、武汉石油化工厂建设指挥部（1970.9—1975.1）

武汉石油化工厂建设指挥部的前身是1970年成立的武汉钢铁公司炼油厂（以下简称武钢炼油厂）。武钢炼油厂筹建时有21人，1971年增加到98人，武钢炼油厂建设指挥部（即一期工程指挥部）下设政工组、工程组、办事组。

1970年9月，在武钢炼油厂兴建的同时，武钢炼油厂化工装置也在筹备和选址之中，并在武汉市青山区青山镇凤凰山成立武汉石油化工厂建设指挥部（即二期工程指挥部），指挥部下设政工组、工程组、办事组。

1971年冬，由武汉石油化工厂建设指挥部负责的武钢炼油厂化工装置的建设工程，因受“文化大革命”的影响，资金没有来源而停建。与此同时，武钢炼油厂准备放弃化工装置的建设。这两期工程濒临下马。

1972年4月，在全国计划会议期间，为“保钢、保电、保化肥”，经湖北省、武汉市的努力，争得了工程“上马”的主动权。国家计委和燃料化学工业部决定将两期工程合并。5月，设办公室、政工组、计划组、财务组、物资供应组、炼油厂筹建组、化工筹建组、公用工程组、施工组。6月，撤销炼油厂党委，武汉市委批准成立中共武汉石油化工厂建设指挥部临时委员会。11月，成立炼油厂革委会，为县（团）级，由武汉石油化工厂建设指挥部领导。武汉石油化工厂建设指挥部下设办公室、人武部、政工处、计划工程处、物资处、财务处、化工筹建处，后又增设工会筹建办、共青团筹建办。炼油厂下设生产处、办公室、人武部等10个科室5个车间。

1973年3月，武汉市委组织部同意成立中共武汉石油化工厂炼油厂基层委员会，隶属于建设指挥部临时党委领导。

1974年11月，机构调整为人武部、办公室、调度室、上山下乡办公室、政工处、计划处、工程处、物资处、财务处、行政处、化工筹建处、驻汉办事处等12个部门。

1975年1月，石油化学工业部成立时，武汉石油化工厂建设指挥部仍由湖北省武汉市领导。

（一）中共武汉石油化工厂建设指挥部临时委员会领导名录（1972.6—1975.1）

书　　记　高　珣（1972.6—1975.1）
副 书 记　刘玉崐（1972.6—1974.3）
　　　　　　肖锡谦（1972.6—1974.3）
　　　　　　王子佩（1972.6—1975.1）
　　　　　　李　伟（1972.6—1975.1）

（二）武汉石油化工厂建设指挥部领导名录（1970.9—1975.1）

1970年9月至1972年4月：

指　　挥　时译民（1970.9—1972.4）
副 指 挥　高　珣（1970.9—1972.4）
　　　　　　刘玉崐（1970.9—1972.4）
　　　　　　王在田（1970.9—1972.4）
　　　　　　王子佩（1970.9—1972.4）
　　　　　　李维真（1970.9—1972.4）
　　　　　　曾庆云（1970.9—1972.4）
　　　　　　王瑞杰（1970.9—1972.4）

1972年4月至1975年1月：

指　　挥　高　珣（1972.4—1975.1）
副 指 挥　刘玉崐（1972.4—1974.3）
　　　　　　肖锡谦（1972.4—1974.3）
　　　　　　杨　铭（1972.4—1974.3）
　　　　　　王子佩（1972.4—1975.1）
　　　　　　曾庆云（1972.4—1974.3）
　　　　　　徐天和（1972.4—1974.3）
　　　　　　徐俊才（1972.4—1974.3）
　　　　　　王秉悦（1972.4—1975.1）
　　　　　　张　鹏（1972.4—1975.1）
　　　　　　冉宪仪（1974.3—1975.1）
　　　　　　张干臣（1974.3—1975.1）
　　　　　　姬兴华（1974.3—1975.1）

陆光壁（1974.3—1975.1）
蔡振江（1974.3—1975.1）
谌章佑（1974.3—1975.1）
郑忠毓（1974.3—1975.1）

二十一、安徽炼油厂指挥部—安庆石油化工厂（1970.9—1975.1）

1970年9月，为了填补安徽省石油加工工业的空白，国家计划委员会同意在安徽省建设一座年加工原油250万吨的炼油厂，并相应配套生产部分化工产品。同月，安徽省革委会决定成立安徽炼油厂指挥部，并迅速派出干部进行厂址勘察和制订建设规划，积极开展筹备工作。厂址从战备考虑，按照“靠山、隐蔽、分散”的原则，选定在安庆专区怀宁县山口镇，并开工兴建通往市区的公路、狮子口大桥、茅岭仓库、蜡烛山生活区等前期工程，至1972年底共完成投资350万元。

1971年5月，燃料化学工业部决定将该厂定名为安庆石油化工厂，由安徽省和燃料化学工业部双重领导，以安徽省为主。同时，安徽炼油厂指挥部更名为安庆石油化工厂指挥部。

1972年10月，安庆石油化工厂指挥部更名为安徽省革委会安庆石油化工厂建设指挥部，隶属安徽省革委会，业务上由燃料化学工业部指导。指挥部下设办事组、工程组、后勤组、劳动工资组、财务组、炼油第一分部、热电第三分部、供水、机修第四分部、运输部、驻合肥办事处。职工人数1260人。

1973年3月，国家计划委员会、基本建设委员会、燃料化学工业部联合发文，把国家准备引进的13套大化肥中的一套，即法国赫尔蒂公司的年产30万吨合成氨、52万吨尿素联合装置作为炼油配套工程，放在安庆建设，同时决定将安庆石油化工厂厂址由原来的怀宁县山口镇内迁至安庆市九里十八湾地区。

1974年2月，经安徽省委决定成立中共安庆石油化工厂建设指挥部临时委员会。3月，国家计划委员会批复安庆石油化工厂合成氨、尿素装置设计任务书，同意利用进口的成套装置，在安庆石油化工厂建设年产合成氨30万吨、尿素52万吨的车间。4月，安徽省革委会生产指挥组决定抽调淮南化肥厂200名技术工人以及从安徽省各市抽调238名技术骨干支援安庆石油化工厂。6月，燃料化学工业部征得山东省和江苏省同意，决定抽调南京石油化工厂和胜利石油化工厂293名技术骨干支援安庆石油化工厂。

10月，一期工程正式动工，安徽省物资供应、设备材料、交通运输等部门共1.8万人参加建设，会战高潮时施工队伍和民工总数达2.8万余人。

1975年1月，安庆石油化工厂改由安徽省和石油化学工业部双重领导，以安徽省为主。

期间，安庆石油化工厂还从石油化工行业科研部门、中国化学工程第三建设公司、安徽省直属有关厅局、安庆市直属有关单位先后调进一批专业人员，以及从下放和回乡知识青年中招收新工人700人支援安庆石油化工厂建设。

（一）中共安庆石油化工厂建设指挥部临时委员会领导名录（1974.2—1975.1）

书　　记 傅大章（1974.2—9）
郑家琪（1974.9—1975.1）

副 书 记 鲍岐仑（1974.2—12）
苏　桦（1974.2—1975.1）
齐世钦（1974.2—1975.1）
张李保（1974.9—1975.1）

常　　委 刘月亮（1974.2—　　）
钱思潮（1974.2—1975.1）
陈逸民（1974.2—1975.1）
张凤城（1974.2—1975.1）
倪寿松（1974.2—1975.1）
王姣凤（1974.2—1975.1）

（二）安徽炼油厂指挥部—安庆石油化工厂指挥部—安庆石油化工厂建设指挥部领导名录（1970.9—1975.1）

第一指挥 李任之（兼任，1970.9—1975.1）

指　　挥 娄学政（兼任，1970.9—1975.1）

副 指 挥 鲍岐仑（1970.9—1974.12）
郑家琪（1970.9—1974.9）
齐世钦（1970.9—1975.1）

苏　桦（1970.9—1974.2）
洛　仁（1970.9—1975.1）
钱思潮（1970.9—1975.1）
刘月亮（1970.9—1975.1）
张凤城（1970.9—1975.1）
陈逸民（1970.9—1975.1）
熊湖帆（1970.9—1975.1）
张　协（1970.9—1975.1）
张俊沂（1970.9—1975.1）
孟家芹（1974.12—1975.1）

二十二、济南炼油厂筹建处—济南石油化工厂筹建处（1971.4—1975.1）

（一）济南炼油厂筹建处（1971.4—12）

1970年2月，国务院在“四五”计划中，决定在山东等5个省区各建一座中小型规模炼油厂。

1971年3月，山东省决定在济南市新建一座年加工原油30万吨的炼油厂，总投资额1800万元。作为国家投资的基本建设项目，正式列入山东省、济南市1971年国民经济计划和建设规划，并列为济南市1971年基本建设7个重点项目之一。同月，济南市化学工业局选定在济南市历城县向阳人民公社义和村东侧建厂。

4月，济南市革委会生产指挥部决定成立济南炼油厂筹建处，隶属济南市化学工业局，下设政工组、后勤组、基建组、办事组，济南炼油厂筹建工作正式启动。同时，中共济南炼油厂筹建处支部委员会成立，徐祥洲为支部书记，杜春昊为支部副书记。同月，济南市委从济南市五七干校、济南市公安局等单位抽调25人，作为筹建处第一批工作人员。4月8日，济南炼油厂基本建设基础工程开工。5月，济南炼油厂设计工作全面展开，生产工艺设计由燃料化学工业部组织的济南炼油厂设计会战指挥部负责，其他公用工程由济南炼油厂自行设计。

8月2日，济南炼油厂第一期建设工程破土动工，成立了由济南市化工局主要领导任指挥的济南炼油厂基建工程现场指挥部，集中大量人力物力组织建设会战。12月，济南市革委会生产指挥部决定将济南炼油厂更名为济南石油化工厂。

1. **中共济南炼油厂筹建处支部委员会领导名录**（1971.4—12）

书　　记　徐祥洲（1971.4—12）
副 书 记　杜春昊（1971.4—12）
委　　员　于永礼（1971.4—12）
　　　　　　韩善堂（1971.4—12）
　　　　　　王光先（1971.4—12）

2. **济南炼油厂基建工程现场指挥部领导名录**（1971.8—12）

指　　挥　魏　明（1971.8—12）
副 指 挥　徐祥洲（1971.8—12）
　　　　　　王克俊（1971.8—12）
　　　　　　张永奎（1971.8—12）
　　　　　　张之栋（1971.8—12）
　　　　　　姬明经（1971.8—12）
　　　　　　于永礼（1971.8—12）
　　　　　　董　坚（1971.8—12）
　　　　　　王承顺（1971.8—12）

（二）济南石油化工厂筹建处（1971.12—1975.1）

1971年12月，济南市革委会生产指挥部将济南炼油厂更名为济南石油化工厂，济南炼油厂筹建处更名为济南石油化工厂筹建处，由济南市化学工业局管理（后改为由济南市燃料化学工业局管理）。济南炼油厂筹建处党支部改称济南石油化工厂筹建处党支部。

1972年1月，山东省革委会生产指挥部对济南石油化工厂设计方案作出批复，确定济南石油化工厂年生产能力为30万吨，以炼油为主，并有计划地发展液化气综合利用和石油化工。产品方案定为生产200号溶剂油、汽油、轻柴油、重柴油、道路沥青、氧化沥青、渣油等，工艺方案采用大庆红旗总队设计的701型催化裂化工艺，工程总投资控制在2500万元以内。

8月，燃料化学工业部决定将新开发的临邑盘河油田（简称临盘油田）原油转运站设在济南石油化工厂，铺设一条临盘油田至济南石油化工厂的输油管道，年输油能力100万吨，每年转运临盘原油30万吨至50万吨，并同意将济南石油化工厂工艺方案改为常减压—催化裂化联合装置，年加工能力由30万吨提高至50万吨。

1973年3月30日，根据济南市燃料化学工业局批复，济南石油化工厂初步确定了企业生产组织形式。筹建处下设11个机关科室：政治处、办公室、财务科、劳动工资科、计划调度科、技术科、安全科、机动科、基建科、供销科、行政科。所属9个二级单位：装置车间、油品储运车间、机修车间、仪表车间、动力车间、电工车间、化验室、修建队、汽车队。

4月2日，济南市燃料化学工业局党的核心小组决定，撤销中共济南石油化工厂党支部委员会，建立济南石油化工厂党的核心小组。4月13日，济南市委决定成立济南石油化工厂建设工程指挥部，下设政工组、施工组、物资组。

5月，济南石油化工厂自建的5.8千米铁路专用线与胶济铁路线接轨，总长67千米的临济输油管道穿越黄河铺设进厂。6月23日，济南石油化工厂工会委员会成立，王尔新任工会主任。7月1日，总投资540万元的原油转运工程按期完成。8月7日，首批临盘原油通过输油管道进厂。8月11日，第一列临盘原油转运出厂。临济原油转运站的建成投产，使济南石油化工厂有了第一条直通油田的输油管道，为济南炼油厂建成投产提供了可靠的原油资源保证。

1974年6月22日，汽车队并入供销科，修建队并入基建科。

1974年至1975年上半年，济南石油化工厂以确保常压装置1975年建成投产为目标，连续组织会战，常压塔、常压汽提塔、催化汽提塔等8台主要设备在2个月内顺利吊装成功。1974年底，全厂职工总数734人。

1975年1月，石油化学工业部成立时，济南石油化工厂仍由山东省济南市领导，业务上接受石油化学工业部指导。

1. **中共济南石油化工厂筹建处支部委员会领导名录**（1971.12—1973.4）

书　记　徐祥洲（1971.12—1973.4）

副书记　刘友路（1972.3—1973.4）

委　员　杜春昊（1971.12—1973.4）

于永礼（1971.12—1973.4）

韩善堂（1971.12—1973.4）

王光先（1971.12—1973.4）

王立顺（1972.3—1973.4）

董　坚（1972.3—1973.4）

2. 济南石油化工厂党的核心小组领导名录（1973.4—1975.1）

组　　长　李森林（1973.8—1975.1）

副 组 长　徐祥洲（1973.4—1975.1）

王克俊（1973.4—1975.1）

3. 济南石油化工厂基建工程现场指挥部领导名录（1971.12—1973.4）

指　　挥　魏　明（1971.12—1973.4）

副 指 挥　徐祥洲（1971.12—1973.4）

王克俊（1971.12—1973.4）

张永奎（1971.12—1973.4）

张之栋（1971.12—1973.4）

姬明经（1971.12—1973.4）

于永礼（1971.12—1973.4）

董　坚（1971.12—1973.4）

王承顺（1971.12—1973.4）

4. 济南石油化工厂建设工程指挥部领导名录（1973.4—1975.1）

指　　挥　李森林（1973.4—1975.1）

副 指 挥　张汝洲（1973.4—1975.1）

王克俊（1973.4—1975.1）

徐祥洲（1973.4—1975.1）

许花田（1973.4—1975.1）

刘光悦（1973.4—1975.1）

张之栋（1973.4—1975.1）

彭树德（1973.4—1975.1）

杨守先（1973.4—1975.1）

董　坚（1973.4—1975.1）

5. 济南石油化工厂筹建处领导名录（1973.4—1975.1）

主　　任　（空缺）

副 主 任　徐祥洲（1973.4—1975.1）

杜春昊（1973.4—1975.1）
杨守先（1973.4—1975.1）
周志明（1973.4—1975.1）
董　坚（1973.4—1975.1）
于永礼（1973.4—1975.1）

6. **济南石油化工厂筹建处工会**（1973.6—1975.1）

主　　任　王尔新（1973.6—1975.1）

二十三、天津市石油化工总厂工程指挥部—天津市石油化工总厂筹建处（1971.9—1975.1）

（一）天津市石油化工总厂工程指挥部（1971.9—1973.12）

1971年9月，天津市革委会决定在天津市南郊万家码头以东地区建设天津市石油化工总厂，并成立天津市石油化工总厂建设领导小组和天津市石油化工总厂工程指挥部。11月，天津市石油化工总厂工程指挥部成立党的核心小组，由姚元宝、钱铖、苏靖何、王文元、张英、包兰馥、李强组成，姚元宝为组长，钱铖为副组长。

1973年12月，天津市革委会决定成立天津市石油化工总厂筹建处。

1. **天津市石油化工总厂工程指挥部党的核心小组领导名录**（1971.11—1973.12）

组　　长　姚元宝（1971.11—1973.12）
副 组 长　钱　铖（1971.11—1973.12）
成　　员　苏靖何（1971.11—1973.12）
王文元（1971.11—1973.12）
张　英（1971.11—1973.12）
包兰馥（1971.11—1973.12）
李　强（1971.11—1973.12）

2. **天津市石油化工总厂工程指挥部领导名录**（1971.9—1973.12）

总 指 挥　姚元宝（1971.9—1973.12）

3. **天津市石油化工总厂建设领导小组成员名录**（1971.9—1973.12）

组　　长 王　一（1971.9—1973.12）

副 组 长 赵武成（1971.9—1973.12）

张波为（1971.9—1973.12）

（二）天津市石油化工总厂筹建处（1973.12—1975.1）

1973年12月，天津市革委会决定成立天津市石油化工总厂筹建处，对外名称仍沿用天津市石油化工总厂工程指挥部，同时撤销天津市石油化工总厂建设领导小组和天津市石油化工总厂工程指挥部党的核心小组，成立中共天津市石油化工总厂筹建处委员会。机关设12个部门：政治部、组织科、干部科、团委、工会、基建科、生产科、供应办公室、设备科、材料科、运输科、行政科；所属4个车间：动力车间、机修车间、常减压车间、催化车间。

1974年4月，天津市革委会决定成立天津市石油化工总厂现场指挥部，并任命张博为指挥部指挥，董鸿宾、曹树勋为副指挥。

5月，天津市石油化工总厂正式建厂，由天津市化学工业局管理。厂址在天津市南郊万家码头以东地区，建设规模为250万吨/年的炼油装置，总投资2.2亿元，占地面积85万平方米。该厂是国内20世纪70年代自行设计、自行制造和自行施工的5个大型燃料型炼油厂之一。

1975年1月，石油化学工业部成立时，天津市石油化工总厂仍由天津市领导。

1. **中共天津市石油化工总厂筹建处委员会领导名录**（1973.12—1975.1）

书　　记 张　博（1973.12—1975.1）

副 书 记 黄　维（1973.12—1975.1）

戴书林（1973.12—1975.1）

齐永华（1973.12—1975.1）

常　　委 陈增培（1973.12—1975.1）

崔呈佑（1973.12—1975.1）

王文田（1973.12—1975.1）

2. **天津市石油化工总厂筹建处领导名录**（1973.12—1975.1）

主　　任 张　博（1973.12—1975.1）

副 主 任 黄　维（1973.12—1975.1）

戴书林（1973.12—1975.1）

齐永华（1973.12—1975.1）
陈增培（1973.12—1975.1）
崔呈佑（1973.12—1975.1）
王文田（1973.12—1975.1）
吴伟志（1973.12—1975.1）
李振毅（1973.12—1975.1）
孙振东（1973.12—1975.1）
廖灿辉（1973.12—1975.1）
李家禄（1974.2—1975.1）

3. **天津市石油化工总厂现场指挥部领导名录**（1974.4—1975.1）

指　　挥　张　博（1974.4—1975.1）
副 指 挥　董鸿宾（1974.4—1975.1）
曹树勋（1974.4—1975.1）
齐永华（1974.8—1975.1）
涂秀森（1974.8—1975.1）
刘立芳（1974.8—1975.1）
陈增培（1974.8—1975.1）
王荫堂（1974.8—1975.1）
孙振东（1974.8—1975.1）

二十四、广州石油化工总厂建设指挥部—广州石油化工厂建设指挥部（1973.6—1975.1）

（一）广州石油化工厂建设指挥部（1974.4—1975.1）

1973年6月，燃料化学工业部决定在广州建设由年产30万吨合成氨和相应尿素装置以及250万吨/年常减压蒸馏装置组成的石油化工厂。同月，广东省委决定成立广州石油化工总厂建设指挥部，由广东省和燃料化学工业部双重领导，以广东省为主。7月，建设指挥部设政治部（内设组织组、干部组、宣传组、保卫组）、办公室、生产准备办公室、计划组、设计行政组、设备材料组、施工管理组、财务组、行政组。10月，广东省委决定成立广州石油化工总厂建设领导小组。同月，成立中共广州石油化工总厂建设指挥部临时委员会，李辉任书记，叶修青、刘桑、何凯、简坚任副书记。

1. **中共广州石油化工总厂建设指挥部临时委员会领导名录**（1973.10—1974.4）

书　　记　李　辉（1973.10—1974.4）

副 书 记　叶修青（1973.10—1974.4）

刘　桑（1973.10—1974.4）

何　凯（1973.10—1974.4）

简　坚（1973.10—1974.4）

委　　员　钟浩泉（1973.10—1974.4）

陈元泰（1973.10—1974.4）

苏白山（1973.10—1974.4）

郑方忠（1973.10—1974.4）

程林亭（1973.10—1974.4）

王佐华（1973.10—1974.4）

林之佑（1973.10—1974.4）

2. **广州石油化工总厂建设指挥部领导名录**（1973.6—1974.4）

指　　挥　叶修青（1973.6—1974.4）

副 指 挥　何　凯（1973.6—1974.4）

简　坚（1973.6—1974.4）

钟浩泉（1973.6—1974.4）

刘　桑（1973.7—1974.4）

陶茂林（1974.3—4）

（二）广州石油化工总厂建设指挥部（1973.10—1974.4）

1974年4月，经国家计委批复同意，广东省革委会决定将广州石油化工总厂建设指挥部更名为广州石油化工厂建设指挥部。广州石油化工厂由年产250万吨常减压蒸馏、120万吨催化裂化、30万吨合成氨、52万吨尿素等4套装置组成。

1975年1月，广州石油化工厂改由广东省和石油化学工业部双重领导，以广东省为主。

1. **中共广州石油化工厂建设指挥部临时委员会领导名录**（1974.4—1975.1）

书　　记　李　辉（1974.4—1975.1）
副 书 记　叶修青（1974.4—1975.1）
　　　　　　刘　燊（1974.4—1975.1）
　　　　　　何　凯（1974.4—1975.1）
　　　　　　简　坚（1974.4—1975.1）
委　　员　钟浩泉（1974.4—1975.1）
　　　　　　陈元泰（1974.4—1975.1）
　　　　　　苏白山（1974.4—1975.1）
　　　　　　郑方忠（1974.4—1975.1）
　　　　　　程林亭（1974.4—1975.1）
　　　　　　王佐华（1974.4—1975.1）
　　　　　　林之佑（1974.4—1975.1）

2. **广州石油化工厂建设指挥部领导名录**（1974.4—1975.1）

指　　挥　叶修青（1974.4—1975.1）
副 指 挥　何　凯（1974.4—1975.1）
　　　　　　简　坚（1974.4—1975.1）
　　　　　　钟浩泉（1974.4—1975.1）
　　　　　　刘　燊（1974.4—1975.1）
　　　　　　陶茂林（1974.4—1975.1）
　　　　　　陈元泰（1974.9—1975.1）
　　　　　　苏白山（1974.9—1975.1）

二十五、浙江炼油厂筹建处（1974.9—1975.1）

1974年7月，国家计划委员会同意在浙江省宁波市镇海县新建一座炼油厂，主要加工胜利油田原油，由年加工能力250万吨常减压蒸馏、120万吨催化裂化（包括气体脱硫）、15万吨催化重整和加氢精制、5万吨氧化沥青及三废处理利用等主要生产装置组成。9月，浙江省委决定成立浙江炼油厂筹建处、筹建处临时党委和革命领导小组，由浙江省委直接领导。筹建处下设政治处、办公室、基本建设办公室和生产准备办公室。办公地点在浙江省燃料化学工业局内。

1975年1月，石油化学工业部成立时，浙江炼油厂筹建处仍由浙江省领导。

（一）中共浙江炼油厂筹建处临时委员会领导名录（1974.9—1975.1）

书　　记　翟翕武（1974.9—1975.1）

（二）浙江炼油厂筹建处革命领导小组成员名录（1974.9—1975.1）

组　　长　翟翕武（1974.9—1975.1）

副 组 长　周明舫（1974.9—1975.1）

二十六、兰州化学工业公司（1970.6—1975.1）

兰州化学工业公司是在国家“一五”期间从苏联引进的156项重点工程中的化肥、橡胶两项工程基础上建设发展起来的。1952年10月，中央重工业部化工局决定在兰州成立西北化工厂筹备处，行政级别为地（师）级。1956年2月，西北化工厂筹备处撤销，分别成立兰州肥料厂和兰州橡胶厂。1957年9月，兰州肥料厂与兰州橡胶厂合并成立兰州化工厂，由化学工业部直接领导。建厂初期职工主要由吉林、大连、上海、玉门等地成批调入及通过社会招工、大中专毕业生分配、部队复转军人安置等渠道补充。1960年9月，在兰州化工厂的基础上成立兰州化学工业公司。1967年3月，兰州军区对兰州化学工业公司实行军事管制，机关处室改为组，车间改为连队建制。12月，成立兰州化学工业公司革委会。

1970年6月，燃料化学工业部成立时，兰州化学工业公司下放甘肃省，由甘肃省煤炭化工局管理，行政级别为地（师）级，党组织关系隶属于甘肃省委。公司原定产品方向不变，人才调配、技术骨干培训等方面归口燃料化学工业部负责。

1971年5月，中共兰州化学工业公司第三次代表大会召开，恢复公司党组织机构，党委和革委会实行党政合一的领导体制，选举产生新一届委员会，刘祺瑞为党委书记。共有党员3421名。

1972年4月，基层各单位连队改为车间、工地、队、室、科，改变后的车间（工地、队、室）除军工项目外，一律不用代号。5月，恢复处室建制。

1973年1月，机关设22个处室，其中政治部内设9个处室：组织处、宣传处、干部处、教育处、群工处、保卫处、武装部、直工处、干部学习班；行政生产系统设13个处室：办公室、计划财务处、生产调度处、机械动力处、基本建设处、安全处、科技处、劳动工资处、农副业处、行政处、支农办公室、外事处、总工程师室；机关编制288人。所属13个二级单位：化肥厂、石化厂、橡胶厂、机械厂、有机厂、化建公司、研究院、设计院、自动化所、化机所、医院、工人大学、供销公司。共有职工2.83万人。截至年底，经过10年的技术改造，兰州化学工业公司全面实现了以石油为原料生产化工产品。乙烯生产能力4.8万吨/年，可生产60多种化工产品，主要产品包括化肥、甲醇、合成树脂、合成橡胶、化学纤维、聚乙烯、聚丙烯、有机助剂等。

1975年1月，兰州化学工业公司改由甘肃省和石油化学工业部双重领导，以甘肃省为主。

期间，兰州化学工业公司化肥厂革委会副主任卜宪贵、化肥厂宣传科副科长张震南当选第四届全国人大代表。

（一）中共兰州化学工业公司委员会领导名录（1971.5—1975.1）

书　　记 刘祺瑞（1971.5—1972.7）
　　　　　李超伯（1972.7—1975.1）

副 书 记 郭宜民（1971.5—1975.1）
　　　　　杜锦章（1971.5—1972.10）
　　　　　李联珠（军代表，1971.5—1972.10）
　　　　　葛士英（1972.12—1975.1）
　　　　　张瑞琪（1973.7—1975.1）
　　　　　吴登第（1973.7—1975.1）

常　　委 王裕民（1971.5—1973.5）
　　　　　汤全起（军代表，1971.5—1972.10）
　　　　　李荣山（群众代表，1971.5—1975.1）
　　　　　黄恩顺（1971.5—1975.1）
　　　　　林　华（1972.7—1975.1）
　　　　　卓贡西（1972.7—1975.1）

政治部主任　王裕民（1970.6—1973.9）
　　　　　　张瑞琪（1973.9—1975.1）

（二）兰州化学工业公司革委会领导名录（1970.6—1975.1）

主　　任　刘祺瑞（1970.6—1972.7）
　　　　　　李超伯（1972.7—1975.1）

副 主 任　吴振刚（1970.6—11）
　　　　　　杜锦章（1970.6—1972.10）
　　　　　　王今印（1970.6—1975.1）
　　　　　　李荣山（群众代表，1970.6—1975.1）
　　　　　　王裕民（1970.6—1973.5）
　　　　　　郭宜民（1970.6—1975.1）
　　　　　　李联珠（军代表，1970.6—1972.10）
　　　　　　林　华（1972.3—1975.1）
　　　　　　葛士英（1972.12—1975.1）
　　　　　　吴登第（1973.7—1975.1）
　　　　　　卓贡西（1973.7—1975.1）

总工程师　林　华（1972.12—1975.1）

二十七、吉林化学工业公司（1970.6—1975.1）

吉林化学工业公司位于吉林省吉林市龙潭区，是国家“一五”期间兴建的全国第一个化学工业基地，被誉为“共和国的化工长子”，是新中国第一桶染料、第一袋化肥、第一炉电石的诞生地。1957年，化学工业部决定以吉林染料厂、吉林肥料厂、吉林电石厂为主体筹建吉林化学工业公司，筹建工作由李艺林负责。1958年1月，经化学工业部批准，正式成立吉林化学工业公司，李艺林任经理。在册职工3.5万人。1965年3月，化学工业部决定撤销吉林化学工业公司，5月正式撤销，其所属企业分别划归化学工业部化工原料工业公司、化肥工业公司、化工建设总公司、教育司管理。1970年2月，化学工业部军管会与吉林省革委会、吉林市革委会研究决定，成立化学工业部吉林化学工业公司，化学工业部在吉林市的直属企事业单位由吉林化学工业公司管理。同时，成立吉林化学工业公司革委会，许廉任主任。

1970年6月，燃料化学工业部成立时，吉林化学工业公司由吉林省和燃料化学工业部双重领导，以吉林省为主。机关办公地址：吉林省吉林市龙潭区遵义东路22号。

1972年2月，中共吉林化学工业公司（恢复建制后）第一次代表大会召开，选举产生第一届委员会，刘林为党委书记。党组织关系隶属于吉林市委。下属基层党委11个、党总支7个、党支部272个，共有党员5991名。

9月，燃料化学工业部将吉林化工机械学校移交吉林化学工业公司领导，并更名为吉林化学工业公司化工学校。

1973年12月，机关设18个职能部门：办公室、党委组织部、党委宣传部、工会、团委、武装部、计划处、生产处、科技处、机械动力处、劳动工资处、财务处、供销处、基建处、教育处、保卫处、行政处、卫生处；所属15个二级单位：染料厂、化肥厂、电石厂、机械厂、化工建设公司、试剂厂、钢铁材料厂、明城石灰石矿、仪表厂、运输部、设计院、研究院、职工医院、化工学校、干部学习班。在册职工3.4万人。电石生产能力15.5万吨/年，合成氨生产能力31万吨/年，有电石、合成氨、还原灰M、联碱、水泥等66套生产装置，实现工业总产值5.89亿元，利税总额2.88亿元。

1975年1月，吉林化学工业公司改由吉林省和石油化学工业部双重领导，以吉林省为主。

期间，吉林化学工业公司化肥厂革委会副主任李克祥当选第四届全国人大代表，吉林化学工业公司化工建设公司革委会副主任李国才当选中共十大代表。

（一）中共吉林化学工业公司委员会领导名录（1972.2—1975.1）

书　　记　刘　林（军代表，1972.2—1973.10）
曹波声（1973.10—1975.1）

副 书 记　曹波声（1972.2—1973.10）
吴绍参（吴少参，军代表，1972.2—1975.1）
王裕民（1973.10—1975.1）
庄署亭（1973.10—1975.1）

常　　委　陈　力（1972.2—1975.1）
李荫樾（军代表，1972.2—1975.1）
邵大光（1972.2—1975.1）
侯德武（群众代表，1972.2—1975.1）
庄署亭（1973.9—10）
王裕民（1973.9—10）
王成福（1973.9—1975.1）
徐增贵（季青，1973.9—1975.1）
纪清远（1973.9—1975.1）

（二）吉林化学工业公司革委会领导名录（1970.6—1975.1）

主　　任　许　廉（军代表，1970.6）
曹波声（1973.10—1975.1）

副 主 任　吴绍参（军代表，1970.6—1975.1）
曹波声（1970.6—1973.10）
侯德武（群众代表，1970.6—1975.1）
李荫樾（军代表，1971.5—1975.1）
邵大光（1971.5—1975.1）
王裕民（1973.7—1975.1）
庄署亭（1973.7—1975.1）
王成福（1973.7—1975.1）
徐增贵（1973.7—1975.1）
纪清远（1973.7—1975.1）
徐宝华（徐葆华，1973.7—1975.1）
匡永泰（1973.7—1974.4）

（三）吉林化学工业公司工会（1973.5—1975.1）

主　　任　侯德武（群众代表，1973.5—1975.1）

第三节 机械制造、基建、运输、贮备库单位

燃料化学工业部成立初期，石油工业机械制造、基建、运输、贮备库单位主要有17个。其中，燃料化学工业部直属的单位8个：第二机械厂、第五机械厂、工程建设红旗总队、运输公司、林木运输站、汉平运输站、东风贮备库、红旗贮备库；实行以燃料化学工业部为主双重领导的单位1个：工程建设东方红总队；实行以地方为主双重领导或完全由地方领导的单位8个：陕西省宝鸡石油机械厂、宝鸡钢管厂、咸阳钢管钢绳厂、抚顺石油机械厂、西安石油仪器厂、西安石油仪器二厂、上海第四石油机械厂、石油化工设备预制厂。

1970年10月，燃料化学工业部将工程建设东方红总队成建制下放至北京市化工局，更名为北京市化工建筑安装公司，由燃料化学工业部和北京市双重领导，以北京市为主；第二机械厂下放至河南省管理，实行以地方为主的双重领导；林木运输站下放至广西壮族自治区，实行以地方为主的双重领导。11月，第五机械厂下放至地方，更名为承德石油机械厂，主要生产石油专用电机。

1971年9月，宝鸡钢管厂更名为陕西省宝鸡石油钢管厂，咸阳钢管钢绳厂更名为陕西省咸阳石油钢管钢绳厂，西安石油仪器厂更名为陕西省西安石油仪器一厂，西安石油仪器二厂更名为陕西省西安石油仪器二厂。12月，第二机械厂更名为河南省南阳石油机械厂。

1972年4月，工程建设红旗总队更名为第一石油化工建设公司；林木运输站更名为广西壮族自治区石油化工安装公司。8月，燃料化学工业部批复同意建立北京电机修造厂筹建处。9月，燃料化学工业部将北京市化工建筑安装公司划归北京石油化工总厂。12月，燃料化学工业部商得河南省革委会同意，决定将河南省南阳石油机械厂更名为燃料化学工业部第二石油机械厂，为燃料化学工业部直属县（团）级单位，由南阳石油勘探指挥部代管。

1973年2月，燃料化学工业部将驻疆的运输公司第一分公司更名为石油运输公司。4月，工程建设红旗总队更名为第一石油化工建设公司。6月，以中国人民解放军总后勤部化工生产管理局所属二三四八工程指挥部五七总队（六大队除外）为基础组建燃料化学工业部第四石油化工建设公司。7月，江

汉石油管理局工程处组建为燃料化学工业部第五石油化工建设公司。

1974年1月，抚顺市决定将石油化工设备预制厂与抚顺石油化工机械修配厂合并，组建抚顺市石油化工设备修造厂。

截至1974年底，石油工业机械制造、基建、运输、贮备库单位共19个。其中，燃料化学工业部直属的单位9个：第一石油化工建设公司、第四石油化工建设公司、第五石油化工建设公司、第二石油机械厂、北京电机修造厂筹建处、石油运输公司、汉平运输站、东风贮备库、红旗贮备库；实行以地方为主双重领导或完全由地方领导的单位10个：陕西省宝鸡石油机械厂、陕西省宝鸡石油钢管厂、陕西省咸阳石油钢管钢绳厂、抚顺石油机械厂、陕西省西安石油仪器一厂、陕西省西安石油仪器二厂、抚顺市石油化工设备修造厂、广西壮族自治区石油化工安装公司、上海第四石油机械厂、承德石油机械厂。

一、陕西省宝鸡石油机械厂（1970.6—1975.1）

1970年6月，第一机械厂由陕西省和燃料化学工业部双重领导，以陕西省为主，更名为陕西省宝鸡石油机械厂。职工总数3865人。机关办公地点在陕西省宝鸡市。

9月，抽调200名职工支援第二石油机械厂建设。

1970年，完成总产值1871万元、产量5873吨，实现利润223万元。

1973年1月，陕西省宝鸡石油机械厂开始调整机构，截至10月，共设20个机关科室、11个生产车间、3个辅助车间、6个直属单位。3月，开办“七二一”工人大学。

1975年1月，陕西省宝鸡石油机械厂改由陕西省和石油化学工业部双重领导，以陕西省为主。

（一）中共陕西省宝鸡石油机械厂委员会领导名录（1970.6—1975.1）

书　　记　纪祥仁（1970.6—1975.1）

副 书 记　何美文（1970.9—1974）

马忠厚（1970.9—1975.1）

狄贵善（1972.3—1974.2）

姚 亮（1974.6—1975.1）

（二）**陕西省宝鸡石油机械厂革委会领导名录**（1970.6—1975.1）

主 任 纪祥仁（1970.6—1974.5）

姚 亮（1974.5—1975.1）

副主任 马忠厚（1970.6 —1975.1）

狄贵善（1971.11—1974）

曾慎达（1972.10—1975.1）

秦和先（1972.10—1973.5）

常茂生（1973.4—1974.2）

（三）**陕西省宝鸡石油机械厂工会**（1970.6—1975.1）

主 任 张健秋（1970.6—1973.7）

马凤祥（1973.7—1975.1）

二、宝鸡钢管厂—陕西省宝鸡石油钢管厂（1970.6—1975.1）

（一）宝鸡钢管厂（1970.6—1971.9）

1970年6月，宝鸡钢管厂由陕西省和燃料化学工业部双重领导，以陕西省为主。由陕西省燃料化学工业局代管，在业务上和人才调配、技术骨干培训等方面由燃料化学工业部管理。行政级别为县（团）级，党组织关系隶属于宝鸡市委。机关设厂办公室、财务科、劳资科、生产办、机动科、安全科、技术科、保卫科、武装部、工会、团委等11个部门；所属一车间、二车间、三车间、四车间、五车间、六车间、七车间、检查科、供销科、基建科、一号库、行政科、食堂科、家委会、卫生所、托儿所、子弟学校等17个二级单位。钢管年产能11万吨，资产总额4686万元，在册职工1800人。厂址：陕西省宝鸡市姜谭路10号。

8月，宝鸡市革委会党的核心小组决定，建立宝鸡钢管厂党的核心小组，杨再华为组长，范鸿秀为副组长。

12月，宝鸡市党的核心小组同意，建立中共宝鸡钢管厂委员会，并召开中共宝鸡钢管厂第四次代表大会，选举产生新一届委员会，由17人组成，杨再华为党委书记，范鸿秀、刘文纪为党委副书记。下属党支部15个，共有党员247名。

1971年9月，宝鸡钢管厂更名为陕西省宝鸡石油钢管厂。

1. 中共宝鸡钢管厂委员会领导名录（1970.6—8；1970.12—1971.9）

1970年6月至8月：

书　　记　苗德胜（1970.6—8）
副 书 记　刘文纪（1970.6—8）
委　　员　高玉印（1970.6—8）
　　　　　范鸿秀（1970.6—8）
　　　　　李家让（1970.6—8）
　　　　　赵宝珍（1970.6—8）
　　　　　纪根臣（1970.6—8）
　　　　　白世荣（1970.6—8）
　　　　　郑德顺（1970.6—8）
　　　　　田　浩（1970.6—8）
监委书记　高玉印（1970.6—8）

1970年12月至1971年9月：

书　　记　杨再华（1970.12—1971.9）
副 书 记　范鸿秀（1970.12—1971.9）
　　　　　刘文纪（1970.12—1971.9）
常　　委　王瑞光（军代表，1970.12—1971.9）
　　　　　张忠印（1970.12—1971.9）
　　　　　朱明显（1970.12—1971.9）
　　　　　赵宝珍（1970.12—1971.9）
　　　　　李　斌（1970.12—1971.9）

2. 宝鸡钢管厂党的核心小组领导名录（1970.8—12）

组　　长　杨再华（1970.8—12）
副 组 长　范鸿秀（1970.8—12）
成　　员　刘文纪（1970.8—12）
　　　　　赵宝珍（1970.8—12）
　　　　　张忠印（1970.8—12）
　　　　　王瑞光（军代表，1970.8—12）

3. **宝鸡钢管厂革委会领导名录**（1970.6—1971.9）

主　　任　范鸿秀（1970.9—1971.9）

副 主 任　张忠印（1970.6—1971.9）

朱明显（1970.6—1971.9）

丁凤祥（军代表，1970.6—1971.9）

苗德胜（1970.6—1971.9）

杨再华（1970.6—1971.9）

王瑞光（军代表，1970.7—1971.9）

（二）陕西省宝鸡石油钢管厂（1971.9—1975.1）

1971年9月，宝鸡钢管厂更名为陕西省宝鸡石油钢管厂。

1975年1月，陕西省宝鸡石油钢管厂改由陕西省和石油化学工业部双重领导，以陕西省为主。

1. **中共陕西省宝鸡石油钢管厂委员会领导名录**（1971.9—1975.1）

书　　记　杨再华（1971.9—1975.1）

副 书 记　范鸿秀（1971.9—1972.12）

刘文纪（1971.9—1975.1）

苗德胜（1972.5—1975.1）

2. **陕西省宝鸡石油钢管厂革委会领导名录**（1971.9—1975.1）

主　　任　范鸿秀（1971.9—1972.12）

苗德胜（1973.3—1975.1）

副 主 任　张忠印（1971.9—1973.7）

朱明显（1971.9—1975.1）

丁凤祥（军代表，1971.9—1975.1）

苗德胜（1971.9—1973.3）

杨再华（1971.9—1975.1）

王瑞光（军代表，1971.9—1975.1）

刘文纪（1971.9—1975.1）

赵宝珍（1971.9—1975.1）

高玉印（1972.10—1975.1）

三、咸阳钢管钢绳厂—陕西省咸阳石油钢管钢绳厂（1970.6—1975.1）

（一）咸阳钢管钢绳厂（1970.6—1971.9）

1970年6月，咸阳钢管钢绳厂由陕西省和燃料化学工业部双重领导，以陕西省为主。职工人数739人。厂址：陕西省咸阳市东风路35号。

1971年9月，咸阳钢管钢绳厂更名为陕西省咸阳石油钢管钢绳厂。

1. **咸阳钢管钢绳厂党的核心小组领导名录**（1970.6—1971.9）

组　　长　张清吉（1970.6—1971.9）

2. **咸阳钢管钢绳厂革委会领导名录**（1970.6—1971.9）

主　　任　李长青（1970.6—1971.9）

副 主 任　代恩庆（1970.6—1971.9）

王进荣（1970.6—1971.9）

张清吉（1970.6—1971.9）

（二）陕西省咸阳石油钢管钢绳厂（1971.9—1975.1）

1971年9月，咸阳钢管钢绳厂更名为陕西省咸阳石油钢管钢绳厂。

1973年8月，中共陕西省咸阳石油钢管钢绳厂第一次代表大会召开，选举产生第一届委员会，张清吉为党委书记，郭应怀为党委副书记。

截至1974年底，陕西省咸阳石油钢管钢绳厂工业总产值675.9万元，工业总产量2553.3吨，利润84.3万元。职工总数1077人。

1975年1月，陕西省咸阳石油钢管钢绳厂改由陕西省和石油化学工业部双重领导，以陕西省为主。

1. **陕西省咸阳石油钢管钢绳厂党的核心小组领导名录**（1971.9—1973.8）

组　　长　张清吉（1971.9—1973.8）

2. **中共陕西省咸阳石油钢管钢绳厂委员会领导名录**（1973.8—1975.1）

书　　记　张清吉（1973.8—1975.1）

副 书 记　郭应怀（1973.8—1975.1）

3. **陕西省咸阳石油钢管钢绳厂革委会领导名录**（1971.9—1975.1）

主　　任　魏绍颖（1971.9—1973.3）
　　　　　　张清吉（1973.8—1975.1）
副 主 任　王进荣（1971.9—1973.3）
　　　　　　张清吉（1971.9—1973.8）
　　　　　　侯国才（1971.9—1973.4）
　　　　　　关世孝（1971.9—1973.3）
　　　　　　张天翼（1973.8—1975.1）

四、抚顺石油机械厂（1970.6—1975.1）

1970年6月，抚顺石油机械厂由辽宁省和燃料化学工业部双重领导，以辽宁省为主。行政级别为县（团）级。厂址在辽宁省抚顺市露天区塔湾街。

1971年12月，成立中共抚顺石油机械厂委员会，由抚顺市委领导。

1975年1月，抚顺石油机械厂改由辽宁省和石油化学工业部双重领导，以辽宁省为主。

（一）**中共抚顺石油机械厂委员会领导名录**（1971.12—1975.1）

书　　记　王玉奎（1972.1—1973.5）
　　　　　　于长生（1973.5—1975.1）
副 书 记　鲍俊伯（1972.1—1973.12）
　　　　　　郝树成（1973.5—1975.1）
常　　委　李在家（1972.12—　　　）
　　　　　　刘俊杰（1972.12—　　　）
　　　　　　王玉舟（1972.12—　　　）
　　　　　　李焕章（1973.5—　　　）
　　　　　　方丛书（　　　—1973.12）

（二）**抚顺石油机械厂革委会领导名录**（1970.6—1975.1）

主　　任　于全名（1970.6—10）
　　　　　　王玉奎（1970.10—1973.5）

于长生（1973.5—1975.1）

副 主 任 刘德明（1970.6—10）

方丛书（　　—1973.12）

朴殿弼（1970.6—1973）

王玉舟（1970.6—1975.1）

崔德富（1970.6—1975.1）

刘　扣（1970.6—1975.1）

马龙才（1970.6—1972）

鲍俊伯（1970.10—1973.12）

李在家（1971—1975.1）

祝宝贤（1971—1972）

刘俊杰（1972.12—1974）

郝树成（1973.5—1975.1）

李焕章（1973.5—1975.1）

五、北京电机修造厂筹建处（1972.8—1975.1）

1972年8月，燃料化学工业部批复同意建立北京电机修造厂筹建处，直属燃料化学工业部领导，定员500人、设备171台、投资311万元，生产规模为年产3万千瓦电动机。北京电机修造厂以生产10千瓦以上至100千瓦以下电动机为主，以解决石油化工关键的专用机泵部分配套的动力（即抽油机、立式硫酸泵、离心油泵等机泵配套电动机），并承担一定电机修理任务。厂址在北京东郊定福庄。建厂初期的负责人主要有刘洪元、沙勇力、郭怀章、孙农、张金聚等。

1973年初，工厂迁至北京西郊学院路原矿业学院工厂旧址。6月，开始试生产。11月，燃料化学工业部决定成立北京电机修造厂党的核心小组，并对筹建处领导班子进行任命。职工总数270人，共有党员60名。

1973年，机关设政工组、生产技术组、基建组、供应组。职能部门设供销科、生产计划科、财务科、技术科、检查科、办公室、行政科、人保劳资科等8个科室，所属铸工车间、金工车间、装配车间、工具车间、维修车间等5个车间。年底，职工总数近300人。

1974年，生产电动机309台，提前超额完成燃料化学工业部下达的300台电动机的生产计划任务。

1975年1月，北京电机修造厂筹建处改由石油化学工业部领导。

（一）北京电机修造厂党的核心小组领导名录（1973.11—1975.1）

组　　长　郭怀章（1973.11—1975.1）
第一副组长　刘洪元（1973.11—1975.1）
副 组 长　沙勇力（1973.11—1975.1）
成　　员　张景库（1973.11—1975.1）
顿　羿（1973.11—1975.1）
孙　农（1973.11—1975.1）
张金聚（1973.11—1975.1）
政工组组长　沙勇力（1973.11—1975.1）

（二）北京电机修造厂筹建处领导名录（1973.11—1975.1）

主　　任　刘洪元（1973.11—1975.1）
副 主 任　张景库（1973.11—1975.1）
顿　羿（1973.11—1975.1）
孙　农（1973.11—1975.1）
张金聚（1973.11—1975.1）

六、西安石油仪器厂—陕西省西安石油仪器一厂（1970.6—1975.1）

（一）西安石油仪器厂（1970.6—1971.9）

1970年6月，西安石油仪器厂下放至陕西省，实行以陕西省为主的双重领导，业务归陕西省燃料化学工业局管理。同月，西安石油仪器厂气测仪生产任务，库存气测仪材料、技术资料移交上海第四石油机械厂。

7月，经陕西省革委会生产组领导小组批准，西安石油仪器厂成立党的核心小组。同月，西安石油仪器厂停办西安石油技术学校。9月，厂革委会决定撤销七连和八连，组建为独立营，从事检波器生产。10月，中共西安石油仪器厂委员会整党建党工作开始，恢复党的组织活动。

1970年，完成DZ664型基地回放仪、JW701型井温仪、JJ701型井径仪、WD701微电极系等产品的研制工作。

1971年9月，西安石油仪器厂更名为陕西省西安石油仪器一厂。

1. **西安石油仪器厂党的核心小组领导名录**（1970.7—1971.9）

组　　长 刘子谦（军代表，1970.7—1971.9）

副 组 长 陈东高（军代表，1970.7—1971.9）

高凤仪（1970.7—1971.9）

李清超（1970.7—1971.9）

2. **西安石油仪器厂革委会领导名录**（1970.6—1971.9）

主　　任 刘子谦（军代表，1970.6—1971.9）

副 主 任 李清超（1970.6—1971.9）

高凤仪（1970.6—1971.9）

白友三（1970.6—1971.9）

（二）陕西省西安石油仪器一厂（1971.9—1975.1）

1971年9月，陕西省燃料化学工业局决定将西安石油仪器厂更名为陕西省西安石油仪器一厂。厂址：西安市和平门外雁塔路33号。11月，陕西省委对陕西省西安石油仪器一厂党的核心小组领导班子进行任命。

1972年3月，陕西省委决定，陕西省西安石油仪器一厂业务上由陕西省燃料化学工业局主管，党组织关系隶属于西安市委。12月，恢复科室和车间建制。

1973年2月，中共陕西省西安石油仪器一厂第二次代表大会召开，选举产生新一届委员会，狄贵善为党委书记，李清超为党委副书记。

1975年1月，陕西省西安石油仪器一厂改由陕西省和石油化学工业部双重管理，以陕西省为主。

1. **陕西省西安石油仪器一厂党的核心小组领导名录**（1971.9—1973.2）

组　　长 刘子谦（军代表，1971.9—1972.11）

狄贵善（1972.11—1973.2）

副 组 长 陈东高（军代表，1971.9—1972.11）

高凤仪（1971.9—1972.11）

李清超（1971.9—1973.2）

刘觉民（1972.11—1973.2）

2. **中共陕西省西安石油仪器一厂委员会领导名录**（1973.2—1975.1）

书　　记　狄贵善（1973.2—1975.1）

副 书 记　李清超（1973.2—1975.1）

3. **陕西省西安石油仪器一厂革委会领导名录**（1971.9—1975.1）

主　　任　刘子谦（军代表，1971.9—1972.9）

狄贵善（1972.9—1975.1）

副 主 任　王马玉（1971.9—1975.1）

李清超（1971.9—1972.9）

高凤仪（1971.9—1972.9）

白友三（1971.9—1972.9）

刘觉民（1972.9—1975.1）

杜智固（1972.9—1975.1）

赵久长（1972.9—1975.1）

刘永年（1972.9—1975.1）

陈俊德（1972.9—1975.1）

连庆溥（1972.9—1975.1）

七、西安石油仪器二厂—陕西省西安石油仪器二厂（1970.6—1975.1）

（一）西安石油仪器二厂（1970.6—1971.9）

1970年6月，西安石油仪器二厂下放至陕西省，实行以陕西省为主的双重领导，由陕西省燃料化学工业局管理。厂址：陕西省西安市雁塔区红专南路8号。

1971年7月，中共西安石油仪器二厂委员会第一次代表大会召开，选举郭永明为党委书记，邬庆斌为党委副书记。

9月，陕西省委决定，西安石油仪器二厂更名为陕西省西安石油仪器二厂。

1. **中共陕西省西安石油仪器二厂委员会领导名录**（1971.7—9）

书　　记 郭永明（军代表，1971.7—9）

副 书 记 邬庆斌（军代表，1971.7—9）

常　　委 贺永才（军代表，1971.7—9）

葛连成（1971.7—9）

范子久（1971.7—9）

潘忠信（1971.7—9）

李汝贵（1971.7—9）

2. **陕西省西安石油仪器二厂革委会领导名录**（1970.6—1971.9）

主　　任 郭永明（军代表，1971.6—9）

副 主 任 葛连成（1970.6—1971.9）

潘忠信（1970.6—1971.8）

邬庆斌（军代表，1971.6—9）

贺永才（军代表，1971.6—9）

范子久（1971.6—9）

（二）陕西省西安石油仪器二厂（1971.9—1975.1）

1971年9月，西安石油仪器二厂更名为陕西省西安石油仪器二厂。机关设政工组、办事组、生产组、后勤组和武装部。

1972年3月，陕西省委明确，陕西省西安石油仪器二厂生产业务由陕西省燃料化学工业局管理，党组织关系隶属于西安市委。

1973年11月，厂机关设革委会办公室、生产计划科、供销科、技术科、检验科、财务科、劳资科、机动安全科、总务科、修建科等部门，所属试验研究室、卫生所、小学、礼泉分厂等单位。截至1974年12月，职工总数1171人。

1975年1月，陕西省西安石油仪器二厂改由陕西省和石油化学工业部双重领导，以陕西省为主。

1. **中共陕西省西安石油仪器二厂委员会领导名录**（1971.9—1975.1）

书　　记 郭永明（军代表，1971.9—1973.7）

魏韶颖（1971.9—1975.1）

副 书 记 邬庆斌（军代表，1971.9—1973.7）

常　　委 贺永才（军代表，1971.9—1975.1）

葛连成（1971.9—1975.1）

范子久（1971.9—1975.1）

潘忠信（1971.9—1975.1）

李汝贵（1971.9—1975.1）

2. **陕西省西安石油仪器二厂革委会领导名录**（1971.9—1975.1）

主　　任 郭永明（军代表，1971.9—1973.7）

副 主 任 葛连成（1971.9—1975.1）

邬庆斌（军代表，1971.9—1973.7）

贺永才（军代表，1971.9—1973.7）

范子久（1971.9—1972.1）

八、第二机械厂—河南省南阳石油机械厂—第二石油机械厂（1970.6—1975.1）

（一）第二机械厂（1970.6—1971.12）

1970年6月，第二机械厂由燃料化学工业部领导。同月，第二机械厂基本建设工程开工。9月，新疆克拉玛依油田抽调70多人支援第二机械厂。10月以后从信阳地区、南阳地区招收知识青年和复转军人入厂，派出部分职工赴玉门油田机械厂、大庆油田机械厂、上海大隆机器厂等单位进行短期技术培训，部分留厂参加第二机械厂建厂会战。

10月，第二机械厂下放至河南省管理，实行以地方为主的双重领导。12月，第二机械厂在芦席棚里组装出第一台试井车。

1971年12月，第二机械厂更名为河南省南阳石油机械厂。

指　　挥 周　鉴（1970.6—1971.9）

政　　委 郭海泉（军代表，1970.7—1971.12）

副 指 挥 石伏波（1970.6—1971.12）

艾振民（1970.6—1971.12）

赵奎英（1970.6—1971.12）

副 政 委　石伏波（1970.6—1971.12）

赵顺歧（1970.6—1971.12）

李济民（1970.6—1971.12）

（二）河南省南阳石油机械厂（1971.12—1972.12）

1971年12月，第二机械厂更名为河南省南阳石油机械厂。工厂实行党的一元化领导，各连队成立临时党支部。党委下属临时党支部14个，共有党员427名。

1972年1月，河南省南阳石油机械厂党的核心小组成立。

1972年，河南省南阳石油机械厂工业总产值315.4万元，职工总数2227人。

1. 河南省南阳石油机械厂党的核心小组领导名录（1972.1—12）

组　　长　尹作泉（1972.1—12）

副 组 长　郭海泉（军代表，1972.1—12）

石伏波（1972.1—12）

成　　员　董振春（1972.1—12）

徐德兴（1972.1—12）

赵风东（1972.1—12）

雷云新（1972.1—12）

2. 河南省南阳石油机械厂领导小组成员名录（1971.12—1972.12）

组　　长　尹作泉（1972.1—12）

成　　员　石伏波（1971.12—1972.12）

赵风东（1971.12—1972.12）

董振春（1971.12—1972.12）

（三）第二石油机械厂（1972.12—1975.1）

1972年12月，经河南省革委会同意，燃料化学工业部决定将河南省南阳石油机械厂更名为燃料化学工业部第二石油机械厂，为燃料化学工业部直属县（团）级单位，由南阳石油勘探指挥部代管。承担石油勘探设备维修配件的生产任务，同时承担一定的设备制造任务。第二石油机械厂机关设组室、基层设连队。同年，成立质量检测小组。

1973年，增设政治处，机关设置由组室改为科室，基层由连队改为车间。政治处下设办公室、组干科、保卫科、宣传科、机关总支办公室、工会办公室、团委办公室；厂部设厂办公室、行管科、计划科、技术科、调度室、检验科、劳资科、安全机动科、供销科、基建科、财务科。所属16个基层单位：铸钢车间（含木模）、铸铁车间、锻造车间、一加工车间、二加工车间、三加工车间、热处理车间、装配车间、铆焊车间、机修车间、动力车间、制氧车间、车队、家属队、职工医院、子弟学校。

8月30日，第二石油机械厂召开第一次职工代表大会，选举产生职代会主席团、秘书组、工会组织机构。

截至1974年底，第二石油机械厂实现产值1159.5万元，职工总数2491人。

1975年1月，第二石油机械厂改由石油化学工业部领导，并由南阳石油勘探指挥部代管。

1. **中共第二石油机械厂委员会领导名录**（1972.12—1975.1）

书　　记　尹作泉（1972.12—1973.3）
　　　　　　石伏波（1973.5—1974.3）
副 书 记　李善才（1973.5—1975.1）
　　　　　　董振春（1973.5—1975.1）
政治处主任　董振春（兼任，1973.6—1975.1）

2. **第二石油机械厂领导名录**（1972.12—1975.1）

厂　　长　李善才（1973.6—1975.1）
政　　委　石伏波（1973.6—1974.6）
　　　　　　常茂生（1974.6—1975.1）
副 厂 长　常茂生（1973.6—1974.4）
　　　　　　吴景祥（1973.6—1975.1）
　　　　　　徐德兴（1973.6—1975.1）
　　　　　　李建元（1974.1—1975.1）
　　　　　　徐培芝（1974.1—1975.1）
　　　　　　孟昭明（1974.4—1975.1）
副 政 委　董振春（1973.6—1975.1）

九、石油化工设备预制厂—抚顺市石油化工设备修造厂（1970—1975.1）

1970年，根据国家关于石油工业的总体部署，驻在辽宁省抚顺市的炼厂建设工程公司大部分人员成建制调往湖南、湖北等全国各地炼厂开展建设会战，留下的少部分人员和装备，组成石油化工设备预制厂，隶属于抚顺市管理，行政级别为县（团）级。厂址：辽宁省抚顺市新抚区高山路114号。

1974年1月，抚顺市决定将石油化工设备预制厂与抚顺石油化工机械修配厂合并，组建抚顺市石油化工设备修造厂。

1975年1月，石油化学工业部成立时，抚顺市石油化工设备修造厂仍由辽宁省抚顺市领导。

十、工程建设红旗总队—第一石油化工建设公司（1970.6—1975.1）

（一）工程建设红旗总队（1970.6—1972.4）

1970年6月，工程建设红旗总队由燃料化学工业部领导。机关办公地点在河南省洛阳地区宜阳县竹园沟。

1971年9月，工程建设红旗总队所属单位分别更名为第一工程处、第二工程处、第三工程处、第四工程处、第五工程处、机械运输处、器材供应处、设计研究所。

1972年3月，机关机构调整为办公室、计划科、工程技术科、质量安全科、设备科、供应科、劳资科、财务科、行管科等9个科室。

4月，工程建设红旗总队更名为第一石油化工建设公司。

1. 工程建设红旗总队党的核心小组领导名录（1970.6—1972.5）

组　　长　朱洪昌（1970.6—1971.5）
　　　　　　庄润霖（1971.5—1972.5）

副 组 长　刘恩惠（军代表，1970.6—1971）

2. **工程建设红旗总队革委会领导名录**（1970.6—1972.4）

主　　任　朱洪昌（1970.6—1971.5）

　　　　　　庄润霖（1971.5—1972.4）

副 主 任　刘恩惠（军代表，1970.6—1971）

　　　　　　何光大（群众代表，1970.6—1972.4）

　　　　　　林金亭（1970.6—1972.4）

　　　　　　邹国顺（1970.6—1972.4）

　　　　　　刘佩生（回族，1970.6—1972.4）

　　　　　　原所政（军代表，1971.11—1972.4）

　　　　　　吴惠农（军代表，1971.11—1972.4）

（二）第一石油化工建设公司（1972.4—1975.1）

1972年4月，燃料化学工业部决定将工程建设红旗总队更名为第一石油化工建设公司，由燃料化学工业部直接领导。

5月，中共第一石油化工建设公司第一次代表大会召开，选举产生第一届委员会，下属基层党委10个、党总支2个、党支部73个，共有党员1349名。年底，职工总数8343人。同年，机关办公地点迁至河南省洛阳市郊区关林镇。

1974年3月，党组织关系由中共洛阳地委改为隶属洛阳市委领导。

截至1974年底，机关设办公室、计划科、工程技术科、质量安全科、设备科、供应科、劳动工资科、财务科、教育科、行政管理科、家属办公室和计划生育办公室等12个科室，所属第一工程处、第二工程处、第三工程处、第四工程处、第五工程处、施工机具修配厂、设计研究院、油库工程分公司、建材厂、子弟一校、子弟二校、职工医院共12个单位。

1975年1月，第一石油化工建设公司改由石油化学工业部领导。

1. **中共第一石油化工建设公司委员会领导名录**（1972.5—1975.1）

书　　记　庄润霖（1972.5—1975.1）

副 书 记　原所政（军代表，1972.5—1973.6）

　　　　　　邹国顺（1972.5—1975.1）

　　　　　　刘佩生（1973.6—1975.1）

常　　委 孙风臣（孙风臣，1972.5—1975.1）
刘佩生（1972.5—1973.6）
吴惠农（军代表，1972.5—1973.6）
林金亭（1972.5—1975.1）
卢传斌（1973.6—1975.1）
李凯仁（1973.6—1975.1）
纪明申（1973.6—1975.1）
何光大（群众代表，1973.8—1975.1）

2. **第一石油化工建设公司革委会领导名录**（1972.4—1975.1）

主　　任 庄润霖（1972.4—1975.1）
副 主 任 原所政（军代表，1972.4—1973.6）
邹国顺（1972.4—1975.1）
何光大（群众代表，1972.4—1975.1）
林金亭（1972.4—1975.1）
刘佩生（1972.4—1975.1）
吴惠农（军代表，1972.4—1973.6）
卢传斌（1972.6—1975.1）
孙凤臣（1973.3—1975.1）
李凯仁（1973.6—1975.1）
纪明申（1973.6—1975.1）
李子凡（1973.6—1975.1）
汤学永（1973.6—1975.1）
高岐山（1973.6—1975.1）
王世功（1973.6—1975.1）
依福春（1973.6—1975.1）

3. **第一石油化工建设公司工会**（1973.8—1975.1）

主　　任 汤学永（1973.8—1975.1）

十一、工程建设东方红总队—北京市化工建筑安装公司（1970.6—1972.9）

（一）工程建设东方红总队（1970.6—10）

1970年6月，工程建设东方红总队由燃料化学工业部和甘肃省双重领导。

10月，工程建设东方红总队更名为北京市化工建筑安装公司。

工程建设东方红总队革委会领导名录（1970.6—10）

主　　任　张云波（军代表，1970.6—10）

（二）北京市化工建筑安装公司（1970.10—1972.9）

1970年10月，燃料化学工业部将工程建设东方红总队成建制下放至北京市，更名为北京市化工建筑安装公司，由燃料化学工业部和北京市双重领导，以北京市为主，由北京市化工局管理。同时成立革委会和整党领导小组，机关设4个组，直属8个连改为3个营，所属12个安装连、2个直属连。

1971年4月19日至21日，中共北京市化工建筑安装公司第一次代表大会召开，选举产生第一届委员会，党委委员15名、常委5名。

1972年9月，燃料化学工业部革委会副主任徐今强和北京市委书记万里主持讨论北京石化基地建设方案和对北京石油化工总厂综合利用方案进行调整，决定将北京市化工建筑安装公司划归北京石油化工总厂领导。

1. **北京市化工建筑安装公司整党领导小组**（1970.10—1971.4）

   组　　长　刘维三（军代表，1970.10—1971.4）

2. **中共北京市化工建筑安装公司委员会领导名录**（1971.4—1972.9）

   书　　记　刘维三（军代表，1971.4—1972.9）

3. **北京市化工建筑公司革委会领导名录**（1970.10—1972.9）

   主　　任　刘维三（军代表，1970.10—1972.9）

十二、第四石油化工建设公司（1973.6—1975.1）

1973年4月，燃料化学工业部与中国人民解放军总后勤部决定，将总后勤部化工生产管理局所属二三四八工程指挥部五七总队[①]（六大队除外）划归燃料化学工业部领导。6月，以五七总队为基础组建燃料化学工业部第四石油化工建设公司。机关设18个部门，所属一工程处、二工程处、三工程处、四工程处、机运处、五七管理站、机修车间、职工医院等8个单位。职工总数5564人。

6月，成立中共第四石油化工建设公司委员会，董鸿斌为党委书记，涂秀森、金林祥为党委副书记。

1974年2月，第四石油化工建设公司迁入天津，承担天津石油化工总厂250万吨/年常减压装置建设施工任务。党组织关系由天津市建工局党委代管。4月，天津市批准成立天津石油化工总厂现场指挥部，张博任指挥，董鸿斌任副指挥，涂秀森、武书雅为指挥部成员。

1975年1月，第四石油化工建设公司改由石油化学工业部领导。

（一）中共第四石油化工建设公司委员会领导名录（1973.6—1975.1）

书　　记　董鸿斌（1973.6—1975.1）
第一副书记　涂秀森（1973.6—1975.1）
副 书 记　金林祥（1973.6—1975.1）
常　　委　庞守则（庞守则，1973.6—1975.1）
　　　　王荫堂（1973.6—1975.1）
　　　　唐克明（1973.6—1975.1）
　　　　芦尚廉（1973.6—1975.1）
　　　　董占鳌（1973.6—1975.1）
　　　　孙浩然（1973.6—1975.1）

① 1966年，大庆炼建施工指挥部队伍赴湖南参加长岭炼油厂的建设施工，并与同时参与长岭炼油厂建设的抚顺炼建公司6501工地近千名职工组建为中国人民解放军总后勤部二三四八工程指挥部五七总队。

（二）第四石油化工建设公司领导名录（1973.6—1975.1）

经　　理　涂秀森（1973.6—1975.1）
副 经 理　庞守则（1973.6—1975.1）
　　　　　王荫堂（1973.6—1975.1）
　　　　　范大义（1973.6—1975.1）
　　　　　芦尚廉（1973.6—1975.1）
　　　　　王国栋（1973.6—1975.1）
　　　　　唐克明（1973.6—1975.1）
　　　　　陈序秋（1973.6—1975.1）
总工程师　陈序秋（1973.6—1975.1）

十三、第五石油化工建设公司（1973.7—1975.1）

1973年7月，江汉石油管理局工程处独立建制，组建为燃料化学工业部第五石油化工建设公司，由燃料化学工业部直接管理。

8月，燃料化学工业部对第五石油化工建设公司的领导班子进行任命。

1975年1月，第五石油化工建设公司改由石油化学工业部直接管理。

经　　理　乔明凯（1973.8—1975.1）
政　　委　刘庆元（1973.8—1975.1）
副 经 理　刘宝峰（1973.8—1975.1）
　　　　　孙发深（1973.8—1975.1）
　　　　　刘　贵（1973.8—1975.1）
　　　　　周敬忠（1973.8—1975.1）
　　　　　刘海廷（1973.8—1975.1）
　　　　　李凤林（1973.8—1975.1）
　　　　　刘福章（1973.8—1975.1）
副 政 委　任学文（1973.8—1975.1）
　　　　　万富杰（1973.8—1975.1）
　　　　　曹洪杰（1973.8—1975.1）

总 工 程 师　刘福章（1973.8—1975.1）

政治部主任　曹洪杰（兼任，1973.8—1975.1）

十四、林木运输站—广西壮族自治区石油化工安装公司（1970.6—1975.1）

（一）林木运输站（1970.6—1972.4）

1970年6月，林木运输站由燃料化学工业部直接管理，行政级别为县（团）级。办公地点在广西壮族自治区永福县，职工总数1740人。

10月，燃料化学工业部决定将林木运输站下放至广西壮族自治区，实行以地方为主的双重领导，由广西建工局管理。基地从永福县迁往桂林市内，机构设置不变，职工总数1500余人。主要负责在广东、广西地区承建石油、化工、化肥及水电站等工程建设。

1972年4月，林木运输站更名为广西壮族自治区石油化工安装公司。

1. **中共林木运输站委员会领导名录**(1970.6—1972.4)

书　　记　马德喜（1970.6—1972.4）

副 书 记　武玉山（1970.6—1972.4）

2. **林木运输站革委会领导名录**（1970.6—1972.4）

主　　任　马德喜（1970.6—1972.4　）

副 主 任　武玉山（1970.6—1972.4）

何林丰（1970.6—　　　）

张群生（1970.6—1972.4）

李　华（1970.6—1972.4）

3. **林木运输站工会**（1970.6—1972.4）

主　　任　张群生（1970.6—1972.4）

（二）广西壮族自治区石油化工安装公司（1972.4—1975.1）

1972年4月，林木运输站更名为广西壮族自治区石油化工安装公司（简称广西石油化工安装公司）。5月，广西石油化工安装公司改由广西壮族自治区燃料化工局代管，经费、设备、原料仍由燃料化学工业部管理。

1973年5月，广西石油化工安装公司党组织关系由桂林市城建局党的核心小组改为隶属于桂林市一轻局党的核心小组。11月，经广西壮族自治区燃料化工局批准，机关设办公室、政治处、工会、计划科、施工技术科、劳动工资科、财务科、供应科、设备管理科、质安检查科、保卫科等11个科室。所属单位撤销营连编制，设第一安装工程处、第二安装工程处、土建工程队、汽车队、修配厂和子弟学校等6个二级单位。

1975年1月，广西石油化工安装公司改由广西壮族自治区和石油化学工业部双重领导，以广西壮族自治区为主，由广西建工局管理。

1. **中共广西壮族自治区石油化工安装公司委员会领导名录**（1972.4—1975.1）

书　　记　马德喜（1972.4—1975.1）

副 书 记　武玉山（1972.4—1975.1）

2. **广西壮族自治区石油化工安装公司革委会领导名录**（1972.4—1975.1）

主　　任　马德喜（1972.4—1975.1）

副 主 任　武玉山（1972.4—1975.1）

张群生（1972.4—1975.1）

施百令（1972.4—1975.1）

李　华（1972.4—1975.1）

冯家有（1974.10—1975.1）

谢绍佳（1974.10—1975.1）

3. **广西壮族自治区石油化工安装公司工会**（1972.4—1975.1）

主　　任　张群生（1972.4—1973.7）

曾其南（1973.7—1975.1）

十五、运输公司—石油运输公司（1970.6—1975.1）

1970年6月，运输公司由燃料化学工业部领导。行政级别为地（师）级。机关设政治部、生产指挥部、办事组。机关办公地点在甘肃省敦煌县。

8月，燃料化学工业部决定，从运输公司抽调30名汽车驾驶员和20名修车工支援华北石油勘探指挥部；抽调50名汽车驾驶员支援玉门石油管理局陇东石油勘探筹备处。12月，运输公司抽调汽车55辆、职工900人，奔赴甘肃泾川投入长庆油田会战。同月，留守敦煌的287名职工，成立运输公司留守处。

1971年5月，运输公司抽调18名机械加工工人到承德机械厂参加建设。9月，燃料化学工业部决定，将运输公司主要力量调至长庆油田参加会战，接受燃料化学工业部和长庆油田会战指挥部双重领导，并将二分公司、三分公司的党、政关系和产权分别移交胜利油田、五七油田，将人员、设备、资产全部移交长庆油田。

1973年2月，燃料化学工业部将驻疆的运输公司第一分公司更名为燃料化学工业部石油运输公司，为部直属县（团）级单位，主要承担新疆、青海地区的油田运输工作。机关办公地点在克拉玛依市独山子区。

4月，石油运输公司成立党的核心小组。7月，石油运输公司党组织关系由甘肃省委改为隶属新疆维吾尔自治区党委。同月，石油运输公司军事管制结束，军管组撤出。

1974年3月，石油运输公司抽调850名职工支援石油天然气管道局建设，组建石油天然气管道局运输处。

12月9日至17日，中共燃料化学工业部石油运输公司第一次代表大会召开，选举产生第一届委员会，史少卿为党委书记，谢建国、李效胜、孟翠英为党委副书记。

截至1974年底，机关设政治处（内设组织科、宣传科、保卫科）、党委（革委会）办公室、人事科、生产科、财务科、技术室、技安科、供应站、行政科、武装部、工会、团委等部门。所属一区队、二区队、三区队、四区队、五区队、修配厂、修保厂、公司子女学校、乌市子女中学、职工医院、沙湾农场、向阳公社等12个基层单位。职工总数3684人，车辆485辆。

1975年1月，石油运输公司改由石油化学工业部领导。

（一）石油运输公司党的核心小组领导名录（1973.4—1974.12）

组　　长 史少卿（副局级，1974.5—12）

副 组 长 李效胜（1974.8—12）

左治民（1974.8—12）

刘　堃（1974.8—12）

王文清（1974.8—12）

成　　员　赵景昌（1973.6—1974.4）
程光庆（1973.6—1974.12）
陈金海（1974.8—12）
李炳全（1974.8—12）
马俊吉（1974.8—12）
谢建国（副局级，1974.11—12）

（二）中共石油运输公司委员会领导名录（1974.12—1975.1）

书　　记　史少卿（副局级，1974.12—1975.1）
副 书 记　谢建国（副局级，1974.12—1975.1）
李效胜（1974.12—1975.1）
孟翠英（女，基层代表，1974.12—1975.1）
常　　委　程光庆（1974.12—1975.1）
王文清（1974.12—1975.1）
刘　堃（1974.12—1975.1）
陈金海（1974.12—1975.1）
左治民（1974.12—1975.1）
马俊吉（1974.12—1975.1）
董昭芳（1974.12—1975.1）

（三）运输公司[①]革委会—石油运输公司革委会领导名录（1970.6—1975.1）

主　　任　杨　德（军代表，1973.2—1974.5）
史少卿（副局级，1974.5—1975.1）
副 主 任　李年才（1973.2—1974.12）
刘晓峰（1973.2—1974.4）
梁立德（1973.2—1974.4）
辛振林（辛正林，1973.2—1974.4）
王文清（1973.2—1975.1）
李效胜（1974.8—1975.1）
左治民（1974.8—1975.1）

① 1970年6月至1973年2月期间，运输公司在新疆只有一个留守处，党政机构实际不存在。

刘　堃（1974.8—1975.1）
陈金海（1974.8—1975.1）
谢建国（副局级，1974.11—1975.1）
程光庆（1974.11—1975.1）

（四）石油运输公司工会（1973.9—1975.1）

主　　任　李炳全（1973.9—1975.1）

第四节　科研事业单位及石油院校

燃料化学工业部成立初期，石油工业科研单位及石油院校主要有8个。其中，由燃料化学工业部直属管理的单位5个：石油科学研究院、石油科学技术情报研究所、北京设计院、展览工作室、潜江五七学校；完全由地方领导的单位3个：西南石油学院、华东石油学院、东北石油学院。

1970年7月，燃料化学工业部决定，将潜江五七学校由燃料化学工业部政工组和办事组共同领导。8月，石油科学技术情报研究所更名为科学技术情报研究所。11月，以北京设计院和化工第一设计院为主抽调有关人员组建石油化工设计院。

1971年2月，石油科学研究院所属抚顺石油研究所上划燃料化学工业部直接领导。8月，石油科学研究院更名为石油化工科学研究院兼六二一厂。9月，北京设计院军管组撤销北京设计院革委会，北京设计院的名称停止使用。10月，燃料化学工业部决定成立燃料化学工业出版社，与科学技术情报研究所合署办公。

1972年5月，燃料化学工业部决定将石油化工科学研究院兼六二一厂的地质研究部分分立，成立石油勘探开发规划研究院。6月，撤销潜江五七学校。7月，以石油化工设计院为基础组建石油化工规划设计院。同月，石油化工科学研究院兼六二一厂的炼油化工研究机构独立，成立石油化工科学研究院；六二一厂独立建制，由石油化工科学研究院领导。

1974年11月，燃料化学工业部决定江汉石油管理局荆门炼油厂设计研究所的设计部分由湖北省迁往河北省石家庄市，组建燃料化学工业部炼油设计院。

截至1974年底，石油工业科研单位及石油院校主要有10个。其中，燃料化学工业部直属领导的单位6个：石油勘探开发规划研究院、石油化工科学研究院、科学技术情报研究所（燃料化学工业出版社）、石油化工规划设计院、抚顺石油研究所、展览工作室；实行以燃料化学工业部为主双重领导的单位1个：炼油设计院；完全由地方领导的单位3个：西南石油学院、华东石油学院、东北石油学院。

一、石油科学研究院—石油化工科学研究院兼六二一厂（1970.6—1972.7）

（一）石油科学研究院（1970.6—1971.8）

1970年6月，石油科学研究院由燃料化学工业部领导。办公地址：北京市海淀区学院路18号院。

7月，石油工业部北京试验厂（代号六二一厂）更名为燃料化学工业部六二一厂，仍由石油科学研究院领导。

9月9日，燃料化学工业部决定成立石油科学研究院整党建党领导小组，舒风为组长，韩克为副组长。

1971年2月，石油科学研究院所属抚顺石油研究所上划燃料化学工业部直接领导。

8月，燃料化学工业部决定，将石油科学研究院更名为石油化工科学研究院兼六二一厂。

1. 石油科学研究院整党建党领导小组成员名录（1970.9—　　）

组　　长　舒　风（1970.9—　　）

副 组 长　韩　克（1970.9—　　）

2. 石油科学研究院革委会领导名录（1970.6—1971.8）

主　　任　李　真（1970.6—1971.8）

第一副主任　章德炎（1970.6—1971.8）

副 主 任　蔡见阔（1970.6—1971.8）

翟怀忠（1970.6—1971.8）

齐泽国（1970.6—1971.8）

（二）石油化工科学研究院兼六二一厂（1971.8—1972.7）

1971年5月，燃料化学工业部批准成立石油化工科学研究院兼六二一厂革命领导小组，舒风为组长，邸高峰、齐福海、侯祥麟为副组长。

8月，燃料化学工业部决定，将石油科学研究院正式更名为石油化工科学研究院兼六二一厂，同时，建立石油化工科学研究院兼六二一厂党的核心小组，由舒风任组长，齐福海、邸高峰为副组长。所属仪表车间、规格组，另设6个研究室。

1972年5月，燃料化学工业部决定将石油化工科学研究院兼六二一厂的地质研究部分分立，成立石油勘探开发规划研究院。7月，石油化工科学研究院兼六二一厂的炼油化工研究机构独立，成立石油化工科学研究院；六二一厂独立建制，由石油化工科学研究院领导。

1. 石油化工科学研究院兼六二一厂党的核心小组领导名录（1971.8—1972.7）

组　　长　舒　风（1971.8—1972.7）

副 组 长　齐福海（1971.8—1972.7）

邸高峰（1971.8—1972.7）

成　　员　侯祥麟（1971.8—1972.7）

王云庆（1971.8—1972.7）

张克俭（1971.8—1972.7）

贾　旺（1971.8—1972.7）

杨保春（1971.8—1972.7）

2. 石油化工科学研究院兼六二一厂革命领导小组成员名录

（1971.5—1972.7）

组　　长　舒　风（1971.5—1972.7）

副 组 长　邸高峰（1971.5—1972.7）

齐福海（1971.5—1972.7）

侯祥麟（1971.5—1972.7）

二、石油勘探开发规划研究院（1972.5—1975.1）

1972年5月，石油化工科学研究院兼六二一厂的地质研究机构单独设置，成立燃料化学工业部石油勘探开发规划研究院，行政级别为地（师）级，机关办公地址：北京市海淀区学院路20号院。

9月，燃料化学工业部决定，成立石油勘探开发规划研究院党的核心小组，张俊为组长，焦力人为副组长。11月，燃料化学工业部决定由石油勘探开发规划研究院统管石油勘探开发规划研究院、北京石油机械厂、原北京石油学院留守处、陈列室的房产、各种设施等；将北京石油机械厂从石油化工科学研究院划归石油勘探开发规划研究院领导。同月，原石油科学研究院地质研究所（“地质二线”）的人员开始分批从湖北潜江五七学校返回石油勘探开发规划研究院工作，石油勘探开发规划研究院机构逐渐得到了恢复，科研工作正常开展。

1972年至1973年间，石油勘探开发规划研究院参与对燃料化学工业部所属各油气田勘探开发单位的油田建设、基建计划、勘探、试采工程设计、初步总体规划等项目进行审查和批复。

1973年3月，燃料化学工业部在北京召开全国石油地球物理会战动员大会，成立地球物理会战指挥部，挂靠在石油勘探开发规划研究院。负责组织全国力量进行地球物理仪器和方法的攻关，参与设备和技术引进工作。

1974年5月，石油勘探开发规划研究院科技室创办了专业技术性刊物《石油勘探与开发》，作为内部刊物发行。

截至1975年1月，石油勘探开发规划研究院设政工组、办事组、勘探组、开发组、油气组、综合组、工艺组等机构，下属北京石油机械厂。职工总数1000余人。

1975年1月，石油勘探开发规划研究院改由石油化学工业部领导。

（一）石油勘探开发规划研究院党的核心小组领导名录（1972.9—1975.1）

组　　长　张　俊（1972.9—1975.1）
副 组 长　焦力人（1972.9—1975.1）
　　　　　　申力生（1974.2—1975.1）
成　　员　刘　南（1972.9—1975.1）
　　　　　　李　晔（1972.9—1975.1）
　　　　　　阎敦实（1972.9—1975.1）
　　　　　　秦同洛（1972.9—1975.1）
　　　　　　李伯诚（1972.9—1975.1）

（二）石油勘探开发规划研究院领导名录（1972.5—1975.1）

院　　长　焦力人（1972.5—1975.1）
副 院 长　刘　南（1972.5—1975.1）
　　　　　　李　晔（1972.5—1975.1）

阎敦实（1972.5—1975.1）
秦同洛（1972.5—1975.1）
张邦杰（1973.5—1975.1）
杨　达（女，1973.5—1975.1）
李欣吾（1973.8—1975.1）
余　萍（1973.9—1975.1）
秦　峰（回族，1974.2—1975.1）

总地质师　李德生（1972.5—1975.1）
翁文波（1972.11—1975.1）
谭文彬（1972.11—1975.1）

总工程师　童宪章（1972.5—1975.1）
王纲道（1972.5—1975.1）

三、石油化工科学研究院（1972.7—1975.1）

1972年7月，燃料化学工业部决定，石油化工科学研究院兼六二一厂的炼油化工研究机构分离出来，成立燃料化学工业部石油化工科学研究院，行政级别为地（师）级。石油化工科学研究院从事炼油科研的主体部分组成综合研究所，六二一厂改为独立建制，均由石油化工科学研究院领导。8月，燃料化学工业部决定成立石油化工科学研究院党的核心小组，并任命原化工部副部长李苏为党的核心小组组长、院长，侯祥麟、杨瑾、齐福海为党的核心小组副组长。

11月，燃料化学工业部将北京石油机械厂从石油化工科学研究院划归石油勘探开发规划研究院领导。

1975年1月，石油化工科学研究院划归石油化学工业部领导。

（一）石油化工科学研究院党的核心小组领导名录（1972.8—1975.1）

组　　长　李　苏（1972.8—1975.1）

副 组 长　侯祥麟（1972.8—1975.1）
杨　瑾（1972.8—1975.1）
齐福海（1972.8—1975.1）

谭生彬（1974.2—1975.1）

（二）石油化工科学研究院领导名录（1972.7—1975.1）

院　　长　李　苏（1972.8—1975.1）
第一副院长　侯祥麟（1972.8—1975.1）
副 院 长　龙在云（1972.8—1975.1）
潘生玺（1972.8—1975.1）
林　风（1972.8—1975.1）
邓家辉（1972.8—1975.1）
武　迟（1972.8—1975.1）
张西蕾（1972.8—1975.1）
卢　毅（1974.7—1975.1）
总工程师　林　风（1972.8—1975.1）
武　迟（1972.8—1975.1）
林正仙（女，1972.11—1975.1）
赵宗燠（1972.11—1975.1）

（三）石油化工科学研究院所属综合研究所及六二一厂

1. **综合研究所领导名录**（1972.7—1975.1）

党的核心小组组长　石　生（1972.11—1975.1）
所　　长　石　生（1972.11—1975.1）

2. **六二一厂领导名录**（1972.7—1975.1）

党的核心小组组长　王善庆（1972.11—1973.9）
书　　记　王善庆（1973.9—1975.1）
厂　　长　陈宜焜（1972.11—1975.1）

四、石油科学技术情报研究所—科学技术情报研究所（燃料化学工业出版社）（1970.8—1975.1）

1970年6月，石油科学技术情报研究所由燃料化学工业部领导。8月，更名为燃料化学工业部科学技术情报研究所，负责煤炭、石油、化工3个行业的科技情报研究和科技图书编辑工作。同月，成立石油图书编辑室；办公地点从北京市西城区六铺炕迁至东城区和平里。

1971年10月，中国工业出版社撤销，燃料化学工业部决定成立燃料化学工业出版社，与科学技术情报研究所合署办公，社、所合一。同时，对科学技术情报研究所石油图书编辑室进行调整。同月，中共燃料化学工业部核心小组决定建立中共科学技术情报研究所（燃料化学工业出版社）党的核心小组，宋恩远任组长，邵锐、徐晓任副组长。12月，燃料化学工业部决定成立科学技术情报研究所（燃料化学工业出版社）革命领导小组，宋恩远任组长，邵锐、徐晓任副组长。

1973年1月，为加强科学技术情报研究工作，燃料化学工业部对科学技术情报所（燃料化学工业出版社）的领导班子进行任命。

1975年1月，撤销科学技术情报研究所（燃料化学工业出版社），成立科学技术情报所（石油化学工业出版社），由石油化学工业部领导。

（一）科学技术情报研究所（1970.8—1971.10）

1. **中共科学技术情报研究所委员会领导名录**（1970.8—1971.10）

书　　记　徐　晓（1970.8—1971.10）

副 书 记　支明玉（女，1970.8—1971.10）

2. **科学技术情报研究所领导名录**（1970.8—1971.10）

所　　长　徐　晓（1970.8—1971.10）

（二）科学技术情报研究所（燃料化学工业出版社）（1971.10—1975.1）

1. **科学技术情报研究所（燃料化学工业出版社）党的核心小组领导名录**（1971.10—1975.1）

组　　长　宋恩远（军代表，1971.10—1973.5）

副 组 长　邵　锐（军代表，1971.10—1973.3）

徐　晓（1971.10—1975.1）

支明玉（1973.1—1975.1）

成　　员　张义和（1971.10—1975.1）

李　岩（1971.10—1975.1）

刘焕民（1971.10—1975.1）

李天华（1971.10—1975.1）

阎书方（1971.10—1975.1）
蔡剑秋（1971.10—1975.1）
靳仲敏（1973.5—1975.1）
毕汝訚（1973.5—1975.1）
冯 新（1973.5—1975.1）
吴德琪（1973.5—1975.1）

2. 科学技术情报研究所（燃料化学工业出版社）革命领导小组成员名录（1971.12—1973.1）

组　　长 宋恩远（军代表，1971.12—1973.1）
副 组 长 刘焕民（1971.8— ）
邵 锐（军代表，1971.12—1973.1）
徐 晓（1971.12—1973.1）

3. 科学技术情报研究所（燃料化学工业出版社）领导名录（1973.1—1975.1）

所 长（社 长） 徐 晓（1973.1—1975.1）
副所长（副社长） 李 岩（1973.1—1975.1）
刘焕民（1973.1—1975.1）
张义和（1973.1—1975.1）
李天华（1973.1—1975.1）
靳仲敏（1973.1—1975.1）

五、北京设计院（1970.6—1971.9）

1970年6月，北京设计院由燃料化学工业部领导，除一连250余人留京外，其余人员分赴各地，承担全国重点炼厂、战备油库等设计任务。

11月，燃料化学工业部决定，以北京设计院和化工第一设计院为主抽调有关人员组成燃料化学工业部石油化工设计院。

1971年6月，燃料化学工业部决定，将留在北京的一连大部分人员下放至北京石油化工总厂，与原化学工业部第一设计院的部分人员组建为北京石油化工总厂设计所。

9月，北京设计院军管组宣布北京设计院革委会撤销。至此，北京设计院的名称停止使用。

北京设计院革委会领导名录（1970.6—1971.9）

主　　任 韩立标（军代表，1970.6—　　）

副 主 任 孙振盛（军代表，1970.6—　　）

刘东明（1970.6—　　）

六、炼油设计院（1974.11—1975.1）

1972年10月，原北京设计院设计研究大队划归江汉石油管理局管理，并更名为江汉石油管理局荆门炼油厂设计研究所，恢复工艺、工厂安装、设备、动力、土壤等专业室，研究连改称研究室。

1974年11月，燃料化学工业部决定江汉石油管理局荆门炼油厂设计研究所的设计部分由湖北省迁往河北省石家庄市，组建燃料化学工业部炼油设计院，为地（师）级单位，由燃料化学工业部和河北省双重领导，以燃料化学工业部为主，后因情况变化未能在石家庄设院。职工总数近1200人。炼油设计院设生产办公室、工厂设计师室组、计划组和技术组。

1975年1月，炼油设计院改由石油化学工业部领导。

七、石油化工设计院—石油化工规划设计院（1970.11—1975.1）

（一）石油化工设计院（1970.11—1972.7）

1970年11月，燃料化学工业部决定，以北京设计院和化工第一设计院为主抽调有关人员组成石油化工设计院，主要任务是组织设计会战、援外设计、设计和设备的系列化、标准化以及业务建设等工作。编制70人。

1971年5月，燃料化学工业部决定成立石油化工设计院革命领导小组，由

5人组成，宋恩远为组长，王林秋、孙振盛为副组长，陈自光、杨义邦为组员。

9月，燃料化学工业部同意建立石油化工设计院党的核心小组，由5人组成，孙振盛为组长，王林秋为副组长，陈自光、杨义邦、吴立安为组员。同月，燃料化学工业部对石油化工设计院革命领导小组进行调整，革命领导小组增为7人，孙振盛为组长，王林秋为副组长，陈自光、杨义邦、王桂英、王成年、张兰卿为成员。

（二）石油化工规划设计院（1972.7—1975.1）

1972年7月，燃料化学工业部决定以石油化工设计院为基础组建石油化工规划设计院，冯伯华为院长，孙振盛、李铁轮、张仁、叶忠贵、杨义邦、邵祖光、陈自光为副院长，黄鸿宁为总工程师。石油化工规划设计院主要从事石油和化学工业发展战略、重大技术经济政策的研究和中、长期发展规划的编制，负责大、中型化工建设项目的前期工作，并向企业和有关单位提供咨询服务。

8月，经燃料化学工业部党的核心小组同意，石油化工规划设计院建立石油化工规划设计院党的核心小组，由鲁毅、冯伯华、袁荣、刘东明、孙振盛、李铁轮、张仁、杨义邦、陈自光等9人组成，鲁毅为组长，冯伯华、袁荣、刘东明为副组长。

1973年7月，燃料化学工业部党的核心小组决定杨华甫任石油化工规划设计院党的核心小组副组长。1974年8月，燃料化学工业部党的核心小组决定吕文亭任石油化工规划设计院党的核心小组副组长。

1975年1月，石油化工规划设计院改由石油化学工业部领导。

八、华东石油学院（1970.6—1975.1）

1970年6月，燃料化学工业部成立时，华东石油学院由山东省革委会领导，院址在山东省惠民专区。

10月，华东石油学院成立招生办公室。同月，华东石油学院开工建设年产10万吨的胜华炼油厂。同年，华东石油学院还建立机械厂和仪表厂等校办企业。

1971年2月，华东石油学院首批430名工农兵学员入学。

1972年5月，招收第二批工农兵学员567名。11月，华东石油学院党的核心小组决定，撤销专业连队建制，成立政治理论、体育、数学、物理、外语、石油地质、地球物理勘探、测井、基础地质、采油、钻井、炼油工程、石油化工、化学、矿场机械、化工机械、储运、炼厂仪表自动化、工程、力学、机械原理与零件、电工、金工、热工等24个教研室。同年，增设石油地球物理勘探、矿场地球物理测井和石油储运3个专业。

1973年1月，华东石油学院调整组织机构。办事组改称办公室；政工组改称政治部（内设宣传组、组织组、人事组、保卫组、青工组、人武组、政治理论教研室）；斗批改组（教育革命组）改称教革部（内设教学组、生产组、科研组、图书馆、印刷厂）；后勤组改称后勤部（内设行政组、房产管理组、供应组、财务组、基建组、伙食组、校医室、幼儿园等）。2月，工宣队、军宣队撤离。9月，招收第三批工农兵学员482名。1973年，在校学生人数约1500人。

1974年初，济南军区派军宣队入驻华东石油学院。1月，华东石油学院党的核心小组决定，成立华东石油学院革委会政治部学生组。3月，恢复共青团华东石油学院委员会。10月，招收第四批工农兵学员658名。1974年，为国家输送毕业生428名。

1975年1月，石油化学工业部成立时，华东石油学院仍由山东省领导。

期间，华东石油学院革委会副主任杨光华当选中共十大代表。

（一）华东石油学院党的核心小组领导名录（1970.6—1975.1）

组　　长　文山弟（1970.6—9）
冯德堂（1970.9—1973年底）
刘　众（1973年底—1974年初）
赵真武（1974年初—1975.1）

副 组 长　马西夫（1970.9—1975.1）
牛锁成（1970.12—1975.1）
梁　忠（1972.1—1975.1）
辛立国（1972.1—1975.1）
吕德甫（1972.1—1975.1）

（二）华东石油学院革委会领导名录（1970.6—1975.1）

主　　任　冯德堂（1970.6—1973年底）

　　　　　　尹建华（1973年底—1975.1）

副 主 任　王成一（1970.6—1975.1）

　　　　　　于从彬（1970.6—1975.1）

　　　　　　马西夫（1970.6—1975.1）

　　　　　　牛锁成（1972.1—1975.1）

　　　　　　闻祥德（1972.6—1975.1）

　　　　　　杨光华（　　　—1975.1）

九、西南石油学院（1970.6—1975.1）

1970年6月，经国务院业务组批准，石油工业部军管会根据中共中央关于高等学校下放问题的通知，决定四川石油学院更名为西南石油学院，自1970年7月下放至四川省革委会领导。院址在四川省南充市。

8月，西南石油学院在贵州省解放军农场参加劳动的69届和70届毕业生609人，就地毕业分配，其中地质系116人，开发系305人，机械系108人。

1972年4月，中共西南石油学院第三次党员大会召开，选举产生新一届委员会，韦丑海为党委书记，石志刚为党委副书记。

同月，西南石油学院招收第一批工农兵学员210人。

9月，学院招收第二批工农兵学员328人，分布于开发系、地质系、机械系的油气钻井、采油、石油地质、矿场机械4个专业，在校生总数532人。

10月，取消教研室教学组织，实行专业连队。

1974年9月，西南石油学院招收工农兵学员330人，在校生总数674人。

1975年1月，石油化学工业部成立时，西南石油学院仍由四川省领导。

（一）中共西南石油学院委员会领导名录（1970.6—1975.1）

书　　记　韦丑海（军代表，1972.4—1973.9）

副 书 记　石志刚（1970.6—1975.1）

　　　　　　张勉生（1974.10—1975.1）

（二）**西南石油学院革委会领导名录**（1970.6—1975.1）

主　　任　杨金彪（1970.6—1973.9）

副 主 任　张勉生（1974.10—1975.1）

（三）**西南石油学院领导名录**（1970.6—1975.1）

校　　长　（空缺）

副 校 长　王礼庭（1970.6—1975.1）

杨天贵（1970.6—1975.1）

张勉生（1974.4—1975.1）

十、东北石油学院（1970.4—1975.1）

1970年4月，经国务院批准，石油工业部军管会决定将东北石油学院下放至大庆革委会领导，实行以厂办校。5月，经大庆党的核心小组批准，将学院改为营连建制，设一营、二营、三营、四营，营下设专业连。党组织关系隶属于大庆市委。

1971年3月，中共东北石油学院第二次代表大会召开，选举产生新一届委员会，撤销东北石油学院党的核心小组。4月，经大庆油田军管会、大庆党的核心小组批准，恢复组建中共东北石油学院委员会。

1972年1月，东北石油院党委决定，撤销营连建制，恢复院、系两级领导体制，学院设开发系、机械系、炼制系、勘探系。中共东北石油学院委员会的工作机构为政治部。政治部内设办公室、组织组、宣传组、政教组、人保组、人事劳动工资组。

1975年1月，石油化学工业部成立时，东北石油学院仍由大庆革委会领导。

（一）**东北石油学院党的核心小组领导名录**（1970.4—1971.3）

组　　长　童贵锁（军代表，1970.4—5）

李宝柱（军代表，1970.5—1971.3）

副　组　长　彭国庆（军代表，1970.5—1971.3）
罗春木（军代表，1970.5—1971.3）
孙万发（工人代表，1970.5—1971.3）
成　　　员　齐　征（1970.5—1971.3）
赵青林（工人代表，1970.5—1971.3）
政治部主任　罗春木（军代表，兼任，1970.11—1971.2）

（二）中共东北石油学院委员会领导名录（1971.4—1975.1）

书　　　记　李宝柱（军代表，1971.4—1972.10）
李荆和（1972.10—1973.8）
副　书　记　陈国润（1971.4—1972.10）
童贵锁（军代表，1971.4—1972.10）
李宝柱（军代表，1972.10—1973.1）
李　云（1973.1—1973.8）
梁一民（主持党委工作，1973.8—1975.1）
齐　征（1973.8—1975.1）
常　　　委　姚贵荣（工人代表，1971.4—1972.2）
齐　征（1971.4—1973.8）
廖廷臻（工人代表，1971.8—1972.2）
罗春木（军代表，1971.8—1972.2）
叶德荣（工人代表，1973.1—1975.1）
李荆和（1973.8—1975.1）
政治部主任　罗春木（军代表，1971.4—1972.2）
姚贵荣（工人代表，1971.4—1972.2）

十一、潜江五七学校（1970.6—1972.7）

燃料化学工业部成立时，原石油工业部五七干校更名为燃料化学工业部潜江五七学校，由燃料化学工业部直接管理。燃料化学工业部共有潜江五七学校、太康五七学校、七台河五七学校、分宜五七学校4所干校来接收机关和企业下放劳动的职工，其中石油工业部分的职工主要下放至潜江五七学校劳动。

1970年7月，燃料化学工业部决定，潜江五七学校由燃料化学工业部政工组和办事组共同领导，政工组主要负责学校的政治思想工作和干部的培养、选拔、使用等方面的工作；办事组主要负责学校行政管理、生产建设等工作。9月，燃料化学工业部决定成立潜江五七学校党的核心小组和校革命领导小组，康心浩任组长。

1971年5月，燃料化学工业部决定将江西省分宜县的分宜五七学校并入潜江五七学校，并在原两校党的核心小组和革命领导小组的基础上成立新的潜江五七学校党的核心小组和革命领导小组。

1972年3月，燃料化学工业部决定将七台河五七学校并入潜江五七学校。五七学校设政工、办事、生产等职能机构，人员规模300余人。

7月，燃料化学工业部党的核心小组同意，逐步撤销太康五七学校、潜江五七学校，在北京市东郊农场筹建以轮训机关和在京直属单位干部为主的五七干校；潜江五七学校的房产、设备、土地移交江汉石油管理局。

（一）潜江五七学校党的核心小组领导名录（1970.9—1972.7）

组　　长　康心浩（1970.9—1972.7）

副 组 长　梅嘉林（1970.9—1971.5）

王延章（1971.5—1972.7）

薛仁宗（1971.5—1972.7）

成　　员　张禹琦（1970.9—1971.5）

沙勇力（1970.9—1972.7）

何高明（1970.9—1972.7）

桂立海（1971.5—1972.7）

梅嘉林（1971.5—1972.7）

武　林（1971.5—1972.7）

代懋源（1971.5—1972.7）

徐秋枫（1971.5—1972.7）

高永厚（军代表，1971.7—1972.7）

郭怀章（1972.7）

房　捷（1972.7）

（二）潜江五七学校革命领导小组成员名录（1970.9—1972.7）

组　长 康心浩（1970.9—1972.7）

副组长 梅嘉林（1970.9—1971.5）

王延章（1971.5—1972.7）

薛仁宗（1971.5—1972.7）

第四章　附　　录

第一节　燃料化学工业部时期石油工业组织机构及沿革图

一、1970年底燃料化学工业部机关及石油工业企事业单位主要组织机构名录

单　　位		所　在　地
一、燃料化学工业部机关部门（16个）		
1	办事组	北京市
2	政工组	北京市
3	综合计划组	北京市
4	财务组	北京市
5	石油勘探开发组	北京市
6	炼油生产组	北京市
7	化工生产组	北京市
8	军工生产组	北京市
9	煤炭生产组	北京市
10	煤炭勘探开发组	北京市
11	产品分配组	北京市
12	对外联络组	北京市
13	科学技术组	北京市
14	基本建设组	北京市
15	机械制造组	北京市
16	供应组	北京市
二、油田、勘探、管道单位（17个）		
1	大庆石油会战指挥部	黑龙江省安达市
2	九二三厂	山东省惠民专区
3	华北石油勘探指挥部	天津市
4	三二二油田	辽宁省大洼县
5	七〇油田	吉林省白城地区

续表

单　　位		所　在　地
6	新疆石油管理局	新疆维吾尔自治区克拉玛依市
7	玉门石油管理局	甘肃省玉门市
8	青海石油管理局	青海省冷湖镇
9	四川省石油管理局	四川省成都市
10	五七油田会战指挥部	湖北省潜江县
11	长庆油田会战指挥部	甘肃省庆阳地区
12	延长油矿	陕西省延长县
13	云南省石油会战指挥部	云南省
14	安徽省石油勘察处	安徽省合肥市
15	浙江省第五地质大队	浙江省杭州市
16	六四六厂	河北省徐水县
17	东北地区八三工程会战指挥部	辽宁省沈阳市
三、炼油化工单位（23个）		
1	抚顺石油一厂	辽宁省抚顺市
2	抚顺石油二厂	辽宁省抚顺市
3	抚顺石油三厂	辽宁省抚顺市
4	石油五厂	辽宁省锦州市
5	石油六厂	辽宁省锦州市
6	大连石油七厂	辽宁省旅大市
7	兰州炼油厂	甘肃省兰州市
8	南京炼油厂	江苏省南京市
9	茂名石油公司	广东省茂名市
10	北京石油化工总厂	北京市
11	山东石油化工建设指挥部	山东省淄博市
12	上海炼油厂	上海市
13	二三四八工程指挥部第三筹建处	湖南省岳阳地区
14	杭州炼油厂	浙江省杭州市
15	前郭炼油厂工程建设会战指挥部	吉林省白城专区
16	盘锦三厂建设指挥部	辽宁省盘锦垦区
17	沧州石油化工厂建厂筹建处	河北省沧州市
18	哈尔滨市石油化工会战指挥部	黑龙江省哈尔滨市
19	天津市第一石油化工厂	天津市
20	武汉石油化工厂建设指挥部	湖北省武汉市
21	安徽炼油厂指挥部	安徽省安庆专区
22	兰州化学工业公司	甘肃省兰州市
23	吉林化学工业公司	吉林省吉林市

续表

单　　位		所 在 地
四、机械制造、基建、运输、贮备库单位（17个）		
1	陕西省宝鸡石油机械厂	陕西省宝鸡市
2	宝鸡钢管厂	陕西省宝鸡市
3	咸阳钢管钢绳厂	陕西省咸阳市
4	抚顺石油机械厂	辽宁省抚顺市
5	西安石油仪器厂	陕西省西安市
6	西安石油仪器二厂	陕西省西安市
7	第二机械厂	河南省南阳地区
8	上海第四石油机械厂	上海市
9	承德石油机械厂	河北省承德市
10	石油化工设备预制厂	辽宁省抚顺市
11	工程建设红旗总队	河南省洛阳地区
12	北京市化工建筑安装公司	北京市
13	林木运输站	广西壮族自治区永福县
14	运输公司	甘肃省敦煌县
15	汉平运输站	陕西省宁强县
16	东风贮备库	广西壮族自治区永福县
17	红旗贮备库	河南省洛阳市
五、科研事业单位及石油院校（9个）		
1	石油科学研究院	北京市
2	科学技术情报研究所	北京市
3	北京设计院	北京市
4	石油化工设计院	北京市
5	展览工作室	北京市
6	华东石油学院	山东省惠民专区
7	西南石油学院	四川省南充市
8	东北石油学院	黑龙江省大庆市
9	潜江五七学校	湖北省潜江县

注：除兰州化学工业公司、吉林化学工业公司外，收录机构主要为石油工业单位，单位所在地名称均为当时名称。

二、燃料化学工业部机关及石油工业企事业单位组织机构沿革图

机构沿革图例说明

1. 本图主要按编年记事的方式简要绘制组织机构的沿革变化，主要包括机构的成立、更名、合并、拆分、撤销、划转、托管、业务重组整合等事项。

2. 本图中机构沿革变化以“机构名称”中首字对应年份为时间节点。机构名称在一年中发生多次变革的，只显示最终名称。

3. 机构延续用“⟶”符号表示；撤销用“‖”符号表示；合并用“⊐”符号表示；分设（分拆）用“⊏”符号表示；上划用“↑”符号表示；下放用“↓”符号表示。

4. 某机构被其他单位收购或整体划转其他单位（不再列组织机构序列），用“□”符号表示。

5. 两个机构合署办公，用“⊃”符号表示，并在其后标注合署对象。

6. 具体图例符号使用详见每页机构沿革图下的“图例说明”。

（一）燃料化学工业部机关部门沿革图

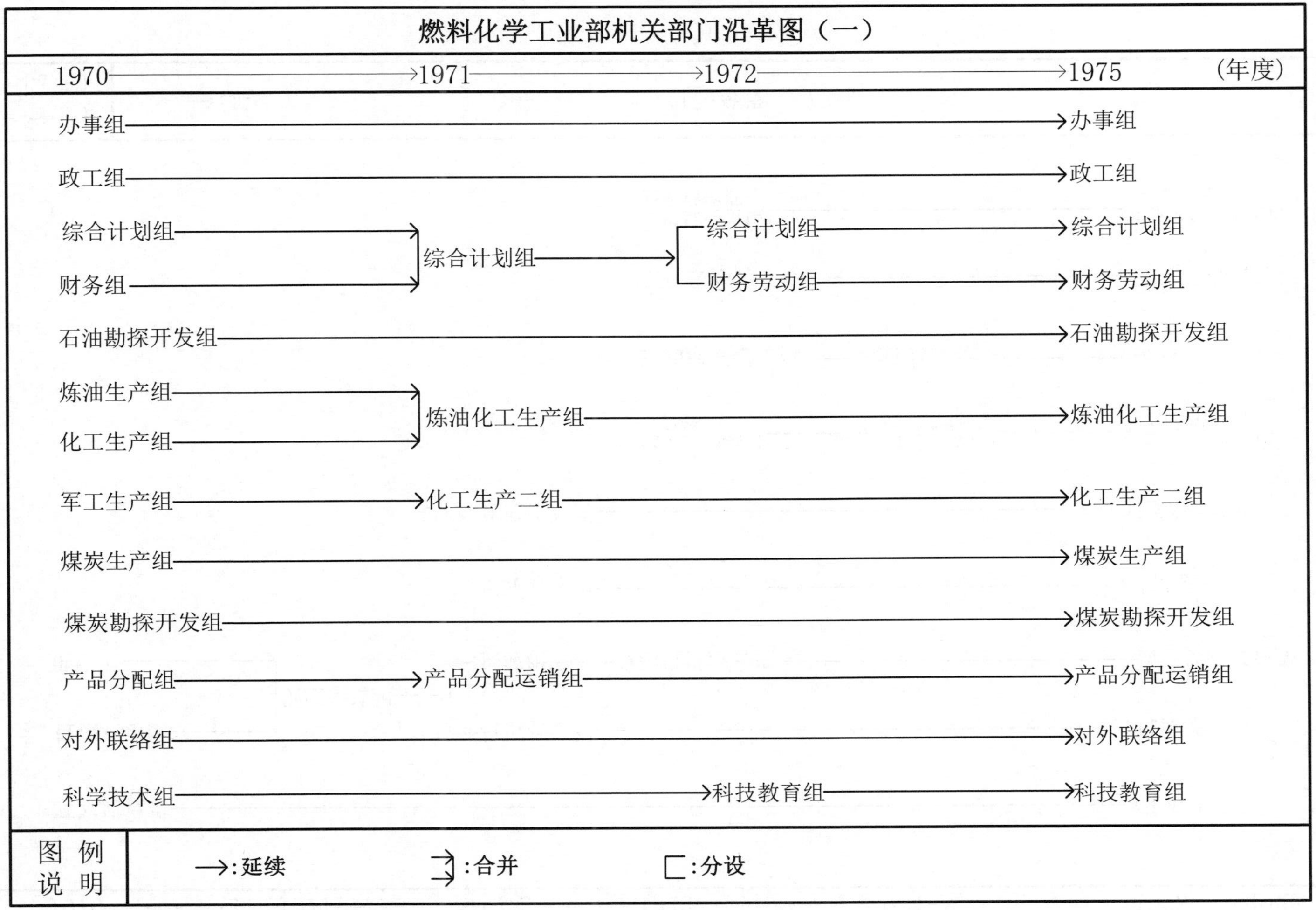

燃料化学工业部机关部门沿革图（二）

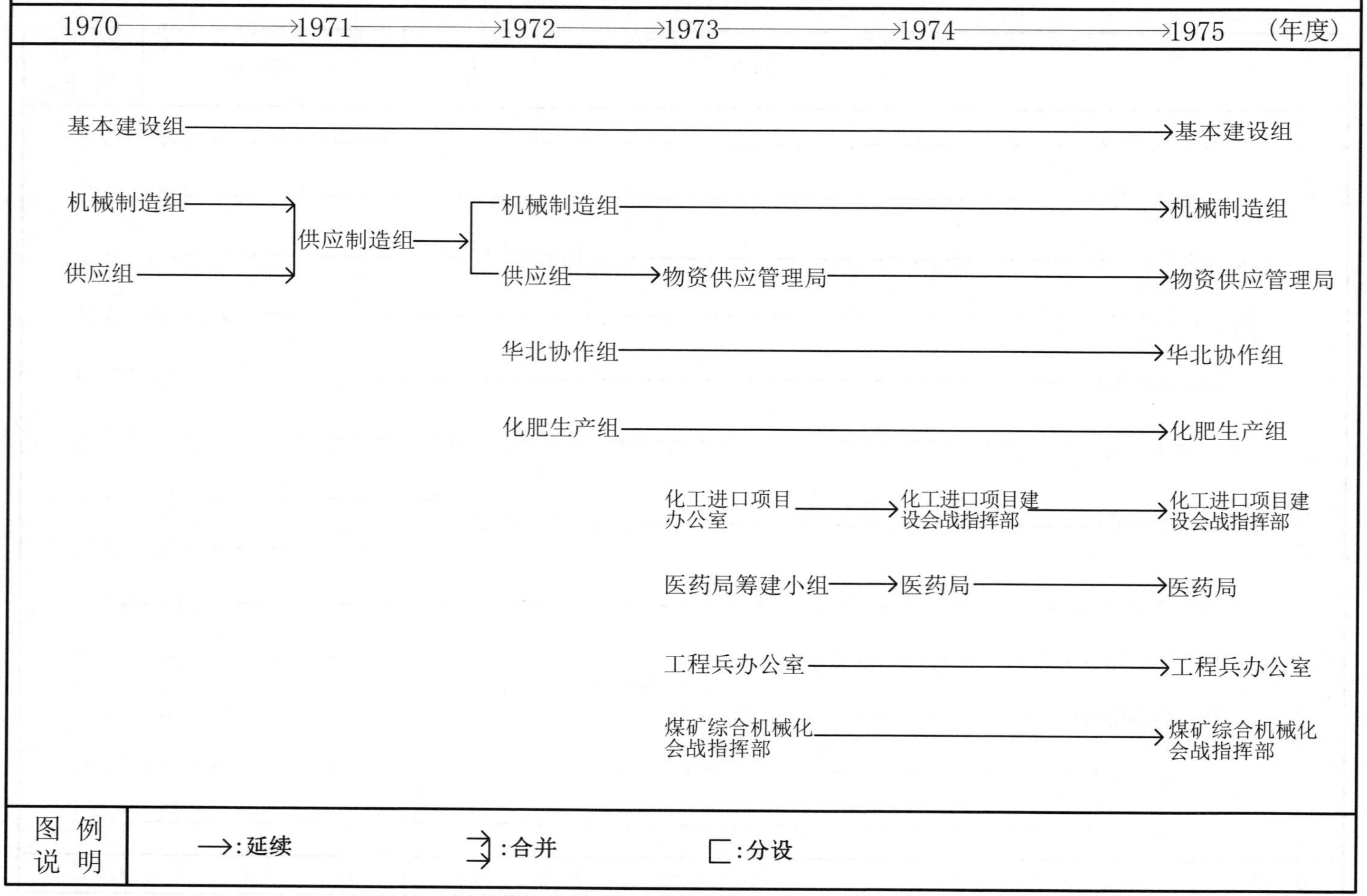

（二）石油工业企事业单位沿革图

石油工业企事业单位沿革图（一）

1970	1971	1972	1973	1975（年度）
1.油田、勘探、管道单位				
大庆石油会战指挥部 →				大庆石油会战指挥部
九二三厂 →	胜利油田 →	胜利油田会战指挥部 →		胜利油田会战指挥部
华北石油勘探指挥部 →		华北石油会战指挥部 →		华北石油会战指挥部
三二二油田 →			辽河石油勘探局 →	辽河石油勘探局
七〇油田 →			吉林省石油会战指挥部 →	吉林省石油会战指挥部
*新疆石油管理局 ↓	新疆维吾尔自治区石油管理局 →			新疆维吾尔自治区石油管理局
玉门石油管理局 →				玉门石油管理局
青海石油管理局 →				青海石油管理局
四川省石油管理局 →				四川省石油管理局
五七油田会战指挥部 →		*江汉石油管理局 →		江汉石油管理局
长庆油田会战指挥部 →				长庆油田会战指挥部

图例说明：→：延续　↓：下放　*：燃料化学工业部直接领导或实行以部为主双重领导的单位

石油工业企事业单位沿革图（二）

1970	1971	1972	1973	1975 （年度）
延长油矿 →				→延长油矿
		*南阳石油勘探指挥部 →	→河南石油勘探指挥部 →	→河南石油勘探指挥部
云南省石油会战指挥部 →			→云南石油勘探指挥部 →	→云南石油勘探指挥部
安徽省石油勘察处 →	→安徽省石油勘探处 →			→安徽省石油勘探处
浙江省第五地质大队 →		→浙江省石油地质大队 →		→浙江省石油地质大队
	↑贵州石油勘探指挥部 →			→贵州石油勘探指挥部
		↑广西石油普查勘探队 →		→广西石油普查勘探队
*六四六厂 →		→石油地球物理勘探局 →		→石油地球物理勘探局
*东北地区八三工程会战指挥部 →	→东北输油管线指挥部 →			→东北输油管线指挥部
			*石油天然气管道局 →	→石油天然气管道局

图例说明　→：延续　↑：上划　*：燃料化学工业部直接领导或实行以部为主双重领导的单位

石油工业企事业单位沿革图（三）

2.炼油化工单位

1970	1971	1972	1975（年度）
抚顺石油一厂			抚顺石油一厂
抚顺石油二厂			抚顺石油二厂
抚顺石油三厂			抚顺石油三厂
石油五厂		锦西石油五厂	锦西石油五厂
石油六厂		锦州石油六厂	锦州石油六厂
大连石油七厂			大连石油七厂
兰州炼油厂			兰州炼油厂
南京炼油厂	南京石油化工厂		南京石油化工厂
茂名石油公司			茂名石油公司
北京石油化工总厂			北京石油化工总厂
山东石油化工建设指挥部		山东胜利石油化工总厂	山东胜利石油化工总厂
上海炼油厂			上海炼油厂
二三四八工程指挥部第三筹建处	三一〇一厂		三一〇一厂
杭州炼油厂			杭州炼油厂

图例说明　→:延续

石油工业企事业单位沿革图（四）

1970	1971	1972	1973	1974	1975（年度）
前郭炼油厂工程建设会战指挥部 →		吉林省白城地区前郭炼油厂 →			吉林省白城地区前郭炼油厂
盘锦三厂建设指挥部 →		盘锦炼油厂 →			盘锦炼油厂
沧州石油化工厂建厂筹建处 →	河北省沧州石油化工厂 →				河北省沧州石油化工厂
哈尔滨市石油化工会战指挥部 →		哈尔滨石油化工厂筹建处 →	哈尔滨市石油化工会战指挥部 →		哈尔滨市石油化工会战指挥部
天津市第一石油化工厂 →					天津市第一石油化工厂
武汉石油化工厂建设指挥部 →					武汉石油化工厂建设指挥部
安徽炼油厂指挥部 →	安庆石油化工厂 →				安庆石油化工厂
	济南石油化工厂筹建处 →				济南石油化工厂筹建处
	天津市石油化工总厂工程建设指挥部 →		天津市石油化工总厂筹建处 →		天津市石油化工总厂筹建处
			广州石油化工总厂建设指挥部 →	广州石油化工厂建设指挥部 →	广州石油化工厂建设指挥部
				浙江炼油厂筹建处 →	浙江炼油厂筹建处
兰州化学工业公司 →					兰州化学工业公司
吉林化学工业公司 →					吉林化学工业公司

图例说明：→：延续

石油工业企事业单位沿革图（五）

1970	1971	1972	1975 (年度)
3.机械制造、基建、运输、贮备库单位			
陕西省宝鸡石油机械厂 →			陕西省宝鸡石油机械厂
宝鸡钢管厂 →	陕西省宝鸡石油钢管厂 →		陕西省宝鸡石油钢管厂
咸阳钢管钢绳厂 →	陕西省咸阳石油钢管钢绳厂 →		陕西省咸阳石油钢管钢绳厂
抚顺石油机械厂 →			抚顺石油机械厂
		*北京电机修造厂筹建处 →	北京电机修造厂筹建处
西安石油仪器厂 →	陕西省西安石油仪器一厂 →		陕西省西安石油仪器一厂
西安石油仪器二厂 →	陕西省西安石油仪器二厂 →		陕西省西安石油仪器二厂
第二机械厂 →	河南省南阳石油机械厂 →	*第二石油机械厂 →	第二石油机械厂
上海第四石油机械厂 →			上海第四石油机械厂
承德石油机械厂 →			承德石油机械厂

图例说明　→：延续　＊：燃料化学工业部直接领导或实行以部为主双重领导的单位

石油工业企事业单位沿革图（六）

1970	1972	1973	1974	1975
石油化工设备预制厂 →			抚顺市石油化工设备修造厂 →	抚顺市石油化工设备修造厂
*工程建设红旗总队 →		第一石油化工建设公司 →		第一石油化工建设公司
北京市化工建筑安装公司 →	□（划归北京石油化工总厂）			
		↑*第四石油化工建设公司 →		第四石油化工建设公司
		↑*第五石油化工建设公司 →		第五石油化工建设公司
林木运输站 →	广西壮族自治区石油化工安装公司 →			广西壮族自治区石油化工安装公司
*运输公司 →		石油运输公司 →		石油运输公司
*汉平运输站 →				汉平运输站
*东风贮备库 →				东风贮备库
*红旗贮备库 →				红旗贮备库

（年度）

图例说明　→：延续　□：划归　↑：上划　*：燃料化学工业部直接领导或实行以部为主双重领导的单位

石油工业企事业单位沿革图（七）

4. 科研事业单位及石油院校

1970	1971	1972	1974	1975（年度）
*石油科学研究院	石油化工科学研究院兼六二一厂	石油勘探开发规划研究院		石油勘探开发规划研究院
		石油化工科学研究院		石油化工科学研究院
*科学技术情报研究所	科学技术情报研究所			科学技术情报研究所（燃料化学工业出版社）
	*燃料化学工业出版社			
*北京设计院	‖			
			↑炼油设计院	炼油设计院
*石油化工设计院		石油化工规划设计院		石油化工规划设计院
	↑*抚顺石油研究所			抚顺石油研究所
*展览工作室				展览工作室
华东石油学院				华东石油学院
西南石油学院				西南石油学院
东北石油学院				东北石油学院
*潜江五七学校		‖		

图例说明　→：延续　[：拆分　‖：撤销　）：合署办公　↑：上划　*：燃料化学工业部直接领导或实行以部为主双重领导的单位

三、1974年底燃料化学工业部机关及石油工业企事业单位主要组织机构名录

单位		所在地
一、燃料化学工业部机关部门（21个）		
1	办事组	北京市
2	政工组	北京市
3	综合计划组	北京市
4	财务劳动组	北京市
5	石油勘探开发组	北京市
6	炼油化工生产组	北京市
7	化工生产二组	北京市
8	煤炭生产组	北京市
9	煤炭勘探开发组	北京市
10	产品分配运销组	北京市
11	对外联络组	北京市
12	科技教育组	北京市
13	机械制造组	北京市
14	物资供应管理局	北京市
15	基本建设组	北京市
16	华北协作组	北京市
17	化肥生产组	北京市
18	化工进口项目建设会战指挥部	北京市
19	医药局	北京市
20	工程兵办公室	北京市
21	煤矿综合机械化会战指挥部	北京市
二、油田、勘探、管道单位（21个）		
1	大庆石油会战指挥部	黑龙江省安达市
2	胜利油田会战指挥部	山东省惠民专区
3	华北石油会战指挥部	天津市
4	辽河石油勘探局	辽宁省盘山县
5	吉林省石油会战指挥部	吉林省前郭尔罗斯蒙古族自治县
6	新疆维吾尔自治区石油管理局	新疆维吾尔自治区克拉玛依市
7	玉门石油管理局	甘肃省玉门市
8	青海石油管理局	青海省冷湖镇
9	四川省石油管理局	四川省成都市
10	江汉石油管理局	湖北省潜江县
11	长庆油田会战指挥部	甘肃省庆阳地区
12	延长油矿	陕西省延长县
13	河南石油勘探指挥部	河南省南阳地区

续表

单　　位		所　在　地
14	云南石油勘探指挥部	云南省
15	安徽省石油勘探处	安徽省合肥市
16	浙江省石油地质大队	浙江省杭州市
17	贵州石油勘探指挥部	贵州省贵阳市
18	广西石油普查勘探队	广西壮族自治区
19	石油地球物理勘探局	河北省徐水县
20	东北输油管线指挥部	辽宁省沈阳市
21	石油天然气管道局	河北省安次县
三、炼油化工单位（27个）		
1	抚顺石油一厂	辽宁省抚顺市
2	抚顺石油二厂	辽宁省抚顺市
3	抚顺石油三厂	辽宁省抚顺市
4	锦西石油五厂	辽宁省锦州市
5	锦州石油六厂	辽宁省锦州市
6	大连石油七厂	辽宁省旅大市
7	兰州炼油厂	甘肃省兰州市
8	南京石油化工厂	江苏省南京市
9	茂名石油公司	广东省茂名市
10	北京石油化工总厂	北京市
11	山东胜利石油化工总厂	山东省淄博市
12	上海炼油厂	上海市
13	三一〇一厂	湖南省岳阳地区
14	杭州炼油厂	浙江省杭州市
15	吉林省白城地区前郭炼油厂	吉林省白城地区
16	盘锦炼油厂	辽宁省盘锦地区
17	河北省沧州石油化工厂	河北省沧州市
18	哈尔滨市石油化工会战指挥部	黑龙江省哈尔滨市
19	天津市第一石油化工厂	天津市
20	武汉石油化工厂建设指挥部	湖北省武汉市
21	安庆石油化工厂	安徽省安庆地区
22	济南石油化工厂筹建处	山东省济南市
23	天津市石油化工总厂筹建处	天津市
24	广州石油化工厂建设指挥部	广东省广州市
25	浙江炼油厂筹建处	浙江省宁波市
26	兰州化学工业公司	甘肃省兰州市
27	吉林化学工业公司	吉林省吉林市

续表

单 位		所 在 地
四、机械制造、基建、运输、贮备库单位（19个）		
1	陕西省宝鸡石油机械厂	陕西省宝鸡市
2	陕西省宝鸡石油钢管厂	陕西省宝鸡市
3	陕西省咸阳石油钢管钢绳厂	陕西省咸阳市
4	抚顺石油机械厂	辽宁省抚顺市
5	北京电机修造厂筹建处	北京市
6	陕西省西安石油仪器一厂	陕西省西安市
7	陕西省西安石油仪器二厂	陕西省西安市
8	第二石油机械厂	河南省南阳地区
9	上海第四石油机械厂	上海市
10	承德石油机械厂	河北省承德市
11	抚顺市石油化工设备修造厂	辽宁省抚顺市
12	第一石油化工建设公司	河南省洛阳市
13	第四石油化工建设公司	天津市
14	第五石油化工建设公司	甘肃省兰州市
15	广西壮族自治区石油化工安装公司	广西壮族自治区桂林市
16	石油运输公司	新疆维吾尔自治区克拉玛依市
17	汉平运输站	陕西省宁强县
18	东风贮备库	广西壮族自治区永福县
19	红旗贮备库	河南省洛阳市
五、科研事业单位及石油院校（10个）		
1	石油勘探开发规划研究院	北京市
2	石油化工科学研究院	北京市
3	科学技术情报研究所（燃料化学工业出版社）	北京市
4	炼油设计院	河北省石家庄市
5	石油化工规划设计院	北京市
6	抚顺石油研究所	辽宁省抚顺市
7	展览工作室	北京市
8	华东石油学院	山东省惠民专区
9	西南石油学院	四川省南充市
10	东北石油学院	黑龙江省大庆市

注：除兰州化学工业公司、吉林化学工业公司外，收录机构主要为石油工业单位，单位所在地名称均为当时名称。

第二节　石油工业基本情况统计表

一、石油工业基本情况

项目＼年份	1970	1971	1972	1973	1974
一、基本情况					
1.工业总产值*（亿元）	106.26	111.95	124.33	136.74	155.58
其中：独立机械厂	2.26	2.08	2.32	2.76	2.61
大型企业	—	105.92	117.66	128.60	144.14
中型企业	—	3.86	3.92	4.94	7.12
小型企业	—	2.17	2.75	3.21	4.32
2.资产总额（亿元）	71.62	88.30	98.42	114.73	111.36
3.固定资产净值（亿元）	12.54	39.17	50.55	55.91	64.19
二、销售情况					
1.利润总额（亿元）	42.67	44.16	51.80	59.56	69.48
2.销售收入（亿元）	114.69	128.65	135.72	150.78	173.15
3.销售税金（亿元）	10.75	17.37	15.40	16.86	17.92
4.销售利润（亿元）	42.81	44.02	51.95	59.48	69.81
三、劳动生产率					
1.全员劳动生产率（元/人）	48115	40090	39378	37910	42157
2.施工工人劳动生产率（元/人）	—	—	3935	5350	5642
3.采油工人劳动生产率（吨/人）	771	735	968	—	—
4.炼油工人劳动生产率（吨/人）	512	510	798	—	—

*1970年工业总产值按照1957年不变价格计算；1971—1974年按照1970年不变价格计算。

二、石油工业主要产品产量及生产能力情况

项目＼年份	1970	1971	1972	1973	1974
一、原油产量（万吨）	3065	3942	4567	5361	6485
其中：天然原油	3014	3885	4510	5307	6430
人造原油	51	57	57	56	55
二、原油生产能力（万吨/年）	4005	4493	4922	5811	6812
三、天然气产量（亿立方米）	41	55	66	78	75
四、天然气生产能力（亿立方米/年）	55	65	76	91.5	114
五、原油加工量（万吨）	2769	3478	3715	4024	4576
六、原油加工能力（万吨/年）	4402	5024	5264	5294	5844
七、汽、柴、煤、润总产量（万吨）	1362	1626	1799	1965	2222
其中：汽油	459	515	524	571	663
煤油	203	175	221	238	261
柴油	622	839	940	1031	1179
润滑油	78	97	114	125	119
八、重油产量（万吨）	1035	—	1437	1551	1803
其中：商品重油	877	—	1186	1317	1547
九、燃料油产量（万吨）	—	1373	—	—	—
其中：商品燃料油	—	1166	—	—	—
十、石蜡产量（万吨）	19	22	27	27	28
十一、石油焦产量（万吨）	37	43	56	61	64
十二、石油沥青产量（万吨）	66	94	92	96	98
十三、洗涤剂原料产量（万吨）	2	2	2	2	3
十四、苯类产量合计（万吨）	9	—	—	—	—
十五、石油机械产品产量（吨）	—	—	—	—	—
十六、石油企业钢产量（吨）	11605	17790	—	—	—
十七、石油企业发电量（千瓦·时）	200428	95531	104295	120566	—

三、石油工业职工人数及工资情况

项目			1970	1971	1972	1973	1974
职工总数（人）	总数		485100	603340	656532	686090	722743
	其中：女职工		—	101037	121918	127657	138957
	固定职工		447508	580755	653086	682927	720073
	临时职工		37592	22585	3446	3163	2670
	直属单位	小计	—	154411	185550	141875	146372
		其中：女职工	—	—	—	22038	22950
		固定职工	—	152918	185075	141434	145880
		临时职工	—	493	475	441	492
职工分类（人）	工人		377522	464099	495613	413496	460142
	学徒		—	87755	108986	71939	45605
	工程技术人员		—	—	—	36544	39256
	管理人员		—	—	—	66212	74275
	服务人员		—	—	—	81660	92081
	其他		—	—	—	16785	11384
工资情况	工资总额（万元）		32171	39616	44550	49423	52012
	年平均工资（元/人）		731	714	721	731	747

四、石油工业职工人数分类情况

单位：人

项目 \ 年份	1970	1971	1972	1973	1974
合　计	485100	603340	656532	686090	722743
一、工业生产部门	243389	299994	365591	359653	—
1. 采油	47495	64741	84358	92559	107094
2. 井下作业	—	—	—	25769	25821
3. 炼油	85183	59543	110544	111099	109350
4. 石油化工	—	—	—	6044	13731
5. 水电	—	10071	12491	14723	15004
7. 供应	—	—	—	—	17818
8. 运输	25628	30677	35542	37047	37436
9. 机械制造	28636	31200	37484	50980	54095
二、基本建设	55797	264570	265540	270521	—
1. 地球物理勘探	—	—	—	39952	—
2. 地质勘探	148701	170462	159688	8452	43766
3. 钻井	—	—	—	106657	122052
4. 施工单位	—	72811	44592	92370	—
其中：油田建设	20793	30403	40760	48288	51579
炼厂建设	23879	18883	14810	24960	26855
输油气管线建设	—	—	4373	10616	19455
油库建设	1466	1749	—	—	659
油库管理	—	—	—	—	1901
5. 勘察设计	4215	4090	1703	6501	6667
三、科学研究	6067	10188	9227	10588	11366
四、文教卫生	13101	13198	7251	11868	16328
五、管理机关	—	1489	—	12599	14105
六、石油储运	—	—	3863	373	—
七、其他（炭黑）	13830	13901	5060	20488	27661

五、石油主要专业队数及人数情况

（一）

年份	专业	地质	测量	地震	重磁力	电法	化学放射性勘探	综合研究	专题研究	电测	射孔	气测组	钻井
1970	队数（个）	27	14	206	7	7	3	20	4	64	36	61	457
	人数（人）	934	513	14792	230	268	105	1822	103	2480	844	878	37866
	其中：工人（人）	496	330	12817	172	226	82	756	43	2156	711	711	35042
1971	队数（个）	29	14	237	10	8	3	25	11	124	65	99	527
	人数（人）	1573	427	18780	343	386	118	1553	357	2287	1062	1241	43844
	其中：工人（人）	695	322	16394	260	377	86	722	234	1898	945	1140	39794
1972	队数（个）	38	18	252	9	8	4	23	3	157	88	138	545
	人数（人）	944	607	21163	387	541	74	1586	85	2287	1224	1162	45723
	其中：工人（人）	400	453	17840	299	440	53	655	54	1898	1087	1082	41550
1973	队数（个）	37	17	249	8	6	1	20	6	170	97	132	549
	人数（人）	1269	456	21493	264	454	13	1443	494	2176	1324	939	43808
	其中：工人（人）	532	342	19057	200	357	6	571	143	1907	1233	881	40020
1974	队数（个）	34	18	245	7	6	1	21	14	177	94	141	560
	人数（人）	1000	420	20073	246	366	8	2705	300	2650	1345	1059	43251
	其中：工人（人）	480	319	17715	195	296	4	1167	148	2285	1151	988	38883

（二）

年份	专业	试油	水井	固井	管子站	井架安装	采油（气）	输油（气）	井下作业	试井	油田建筑安装
1970	队数（个）	122	—	22	36	37	223	—	113	127	—
	人数（人）	7327	—	2451	4782	3972	23316	—	7483	7641	—
	其中：工人（人）	6698	—	2293	4410	3786	21483	—	6810	6743	—
1971	队数（个）	116	—	32	43	41	263	—	265	28	67
	人数（人）	6941	—	3892	5403	4384	27253	—	12584	1642	17503
	其中：工人（人）	6318	—	3682	4934	4199	25416	—	11225	1143	16584
1972	队数（个）	109	—	117	33	49	288	48	267	35	124
	人数（人）	6427	—	3124	5407	4631	32385	4392	15777	1923	26518
	其中：工人（人）	5838	—	2927	4905	4429	29394	3992	14354	1757	24235
1973	队数（个）	96	—	42	31	47	353	79	336	36	1100
	人数（人）	5000	—	2725	6053	4257	36471	4674	15626	1946	23484
	其中：工人（人）	4530	—	2580	5351	4047	34006	4286	14466	1784	21618
1974	队数（个）	102	—	51	36	49	384	109	364	36	124
	人数（人）	4651	—	3136	6880	4326	35733	6986	16636	1901	24327
	其中：工人（人）	4123	—	2955	6037	4056	32784	6122	15028	1736	22613

第三节 全国党代表、人大代表及获得国家级表彰的先进个人

一、全国党代表、人大代表人员名单

（一）当选中共十大代表名单

姓 名	工作单位及职务	备 注
马金昌	山东胜利石油化工总厂胜利炼油厂联合装置车间主任	
瓦力斯江·吐尔地（维吾尔族）	新疆石油管理局革委会主任	
刘长江	锦州石油六厂	
李全亨	华北石油会战指挥部副指挥	
李国才	吉林化学工业公司化工建设公司革委会副主任	
杨光华	华东石油学院革委会副主任	
宋振明	大庆党委副书记、革委会副主任	中央委员
张洪池	大庆党委副书记、革委会副主任	中央委员
国荣（女）	吉林省石油会战指挥部七〇油田革委会副主任	
黄成连	兰州炼油厂革委会副主任	中央候补委员
唐克碧（女）	四川省石油管理局泸州气矿党委常委、团委书记，女子钻井队指导员	

（二）当选第四届全国人大代表名单

姓　　名	工作单位及职务	备　注
卜宪贵	兰州化学工业公司化肥厂革委会副主任	
闫清永	青海石油管理局勘探处党委副书记	
克尤木·买提尼牙孜（维吾尔族）	新疆石油管理局工会副主任	常委会委员
李　超	锦西石油五厂北酮苯车间政治指导员	
李占兴	抚顺石油二厂工人	
李克祥	吉林化学工业公司化肥厂革委会副主任	
李范一	原石油工业部副部长	
杨春茂	北京石油化工总厂党委书记	
张廷栋	大庆运输指挥部党委副书记	
张志文	山东胜利石油化工总厂合成氨厂机修车间工人	
张国祥	华北石油会战指挥部钻井二大队大队长	
张洪池	大庆党委副书记、革委会副主任	常委会委员
张震南	兰州化学工业公司化肥厂宣传科副科长	
周占鳌	大庆革委会副主任	
屈清华	大庆生产办公室副主任	
徐今强	燃料化学工业部党的核心小组副组长、革委会副主任	

二、获得国家级表彰的先进个人名单

年　份	获得荣誉	获奖人	所在单位
1973	阿尔巴尼亚国家一级劳动勋章	安启元、金祖荣、何振香、谢济平、梁满德、刘清泉、马启富等10人	石油地球物理勘探局

注：本节收录人员为石油工业主要企事业单位当选人员。人员名单按姓氏笔画排列，其工作单位及职务均为当时所在单位和所担任的职务。

第四编
石油化学工业部

（1975.1—1978.3）

综　述

1975年春，邓小平主持国务院工作，大刀阔斧地对国民经济各个领域进行整顿，明确要求中央各部委对中央下放地方的企业以及地方原有的大中型企业进行必要的指导和管理。凡属跨省市的铁路、邮电、航运、电网、民航、输油管道和专业施工队伍、重要科研设计单位、重点建设项目以及大油田等少数关键企业，实行以中央各部委为主进行管理，物资管理体制等也都适当集中，以加强国家对经济生活的集中统一领导。与之相适应，决定对国务院工作部门进行调整和恢复，在此背景下燃料化学工业部分设为煤炭工业部和石油化学工业部。

1975年至1978年，国家正处于“文化大革命”即将结束、粉碎“四人帮”后百废待兴、国民经济极其困难的特殊时期。在当时的历史条件下，国家对石油工业实行严格的计划经济体制。石油工业发扬大庆精神铁人精神，集中和动员一切有限资源，迅速建立起比较完整的石油工业生产建设和经济发展体系，对于支撑当时严重失调的国民经济，发挥了重要作用。

一、石油化学工业部的成立和石油企业组织机构沿革

1975年1月，第四届全国人大一次会议决定，撤销燃料化学工业部，分别成立煤炭工业部和石油化学工业部（以下简称石化部），并任命康世恩为石化部部长。石化部是国务院主管石油化学工业的职能部门，主要任务是贯彻执行党中央、国务院的路线、方针、政策和指示，研究制定发展石油化学工业的具体方针、政策、法令、条例和企业管理办法，并检查执行情况。10月，中共中央决定成立石化部党的核心小组，康世恩任组长，同时任命石化部副部长。1977年9月，石化部党的核心小组改称党组，党的核心小组组长、副组长、成员分别改称党组书记、党组副书记、党组成员。

石化部成立时，机关设核心组、办事组、政治部、综合计划组、石油勘

探开发组、炼油化工生产组、化肥生产组、化工生产二组、机械制造组、产品分配运销组、外事组、科技教育组、财务劳动组、基本建设组、医药局、物资供应管理局、基建工程兵办公室等17个司局级机构（组、办），职工总数1110人。1975年10月，为加强对环境保护工作的领导，成立环境保护领导小组。1976年10月，为加强对清仓查库工作的管理，成立清仓查库办公室。

石化部成立后，在具体的生产工作部署和国家专业统计分类中，实际上仍按照石油工业和化学工业分别进行安排部署和工业统计。在石油工业所属单位中，除部分处于勘探开发会战阶段的油田勘探企业和物探、管道、运输、建设以及科研事业单位直接隶属石化部管理外，其他大多数单位都是由地方管理或实行与地方双重管理的领导体制，但在业务上尤其是油田勘探业务上都是由石化部统一领导或指导。各石油企业实行的仍是党的一元化领导体制，企业生产行政工作实行党委领导下的厂长负责制或厂长分工负责制，企业的决策权集中于企业党委。这一时期，化工医药企业主要以地方管理为主。

石化部成立初期，由石化部直属管理或以石化部为主双重管理的石油工业企事业单位主要有22个：江汉石油管理局、河南石油勘探指挥部、石油地球物理勘探局、东北输油管线指挥部、石油天然气管道局、华东输油管线指挥部、第二石油机械厂、第一石油化工建设公司、第四石油化工建设公司、第五石油化工建设公司、石油运输公司、北京电机修造厂、汉平贮备库、红旗贮备库、东风贮备库、石油勘探开发规划研究院、石油化工科学研究院、科学技术情报研究所（石油化学工业出版社）、石油化工规划设计院、炼油设计院、抚顺石油研究所和展览工作室。

实行以地方为主双重管理或完全由地方管理的石油工业企事业单位主要有57个：大庆石油会战指挥部、胜利油田会战指挥部、华北石油会战指挥部、辽河石油勘探局、吉林省石油会战指挥部、新疆维吾尔自治区石油管理局、玉门石油管理局、青海石油管理局、四川省石油管理局、长庆油田会战指挥部、延长油矿、云南石油勘探指挥部、安徽省石油勘探处、浙江省石油地质大队、贵州石油勘探指挥部、广西石油普查勘探队、抚顺石油一厂、抚顺石油二厂、抚顺石油三厂、锦西石油五厂、锦州石油六厂、大连石油七厂、兰州炼油厂、南京石油化工厂、茂名石油公司、北京石油化工总厂、山东胜利石油化工总厂、上海炼油厂、三一〇一厂、杭州炼油厂、天津市第一石油化工厂、吉林省白城地区前郭炼油厂、盘锦炼油厂、河北省沧州石油化工厂、哈尔滨炼油厂、武汉石油化工厂建设指挥部、安庆石油化工厂、济南石油化工厂筹建处、天津市石油化工总厂、广州石油化工厂建设指挥部、浙江炼油厂筹建处、石家庄炼油厂筹建指挥部、兰州化学工业公司、吉林化学工业公司、陕西省宝鸡石油机械厂、陕西省宝鸡石油钢管厂、陕西省咸阳石油钢管钢绳厂、抚顺石油机械厂、陕西省西安石油仪器一厂、陕西省西安石油仪器二厂、上海第四石油机械厂、承德石油机械厂、抚顺市石油化工设备修造厂、广西壮族自治区石油化工安装公司、华东石油学院、西南石油学院、东北石油学院。

1975年1月，三一〇一厂下放给湖南省领导，更名为湖南长岭炼油厂。3月，石化部决定组建江苏石油勘探开发会战指挥部，为地（师）级单位，实行石化部和江苏省双重领导，以石化部为主。5月，成立九江炼油厂筹建处；茂名石油公司更名为广东省茂名石油工业公司；成立南海石油勘探指挥部，由茂名石油公司领导。7月，济南石油化工厂筹建处更名为济南石油化工厂；黑龙江省革委会批准东北石油学院更名为大庆石油学院。8月，长庆油田会战指挥部改由石化部直接领导。10月，正式成立北京电机修造厂。

1976年1月，石化部决定将南海、三水、茂名3个地区的石油勘探工作合并，由广东省茂名石油工业公司南海石油勘探指挥部统一领导。2月，石化部与天津市委、河北省委商定，决定将华北石油会战指挥部移驻河北任丘油田，同时任命石化部副部长张文彬兼任华北石油会战指挥部党的核心小组组长、会战指挥部指挥。3月，天津市委决定成立大港油田指挥部，隶属天津市，油田生产仍由华北石油会战指挥部管理。6月，撤销浙江炼油厂筹建处，成立浙江炼油厂。7月，广州石油化工厂建设指挥部更名为广州石油化工总厂。

1977年4月，石化部决定由江汉石油管理局派会战队伍与河南石油勘探指挥部组建河南石油会战指挥部，直属石化部领导。7月，石化部征得国家建委和天津市同意，将第五石油化工建设公司调给华北石油会战指挥部，并更名为华北石油会战指挥部第四油田建设指挥部，由大港油田直接领导。9月，石化部决定，东北输油管线指挥部更名为东北八三管道局；石化部决定将第一石油化工建设公司炼油设计研究院独立建制，组建石化部炼油设计研究院，由石化部直属管理。12月，广州石油化工总厂更名为广州石油化工厂。

1978年1月，安庆石油化工厂更名为安庆石油化工总厂；石化部决定将第一石油化工建设公司的第二工程处、第三工程处及油库工程分公司独立建制，分别组成第十二石油化工建设公司、第十四石油化工建设公司和地下水封石洞油库建设公司，由石化部直接领导。2月，撤销石家庄炼油厂筹建指挥部，成立河北省石家庄炼油厂建设工程指挥部；南京石油化工厂与栖霞山化肥厂、南京化工厂、钟山化工厂、南京塑料厂、第二化机厂联合组建南京石油化工总厂；陕西省西安石油仪器一厂与陕西省西安石油仪器二厂合并，组建西安石油勘探仪器总厂；陕西省宝鸡石油机械厂与陕西省宝鸡石油钢管厂合并，组建宝鸡石油综合机械厂。

截至1978年3月，由石化部直属或以石化部为主双重管理的石油工业企事业单位主要有28个：华北石油会战指挥部、江汉石油管理局、长庆油田会战指挥部、河南石油会战指挥部、江苏石油勘探开发会战指挥部、石油地球物理勘探局、东北八三管道局、石油天然气管道局、华东输油管线指挥部、北京电机修造厂、第二石油机械厂、第一石油化工建设公司、第四石油化工建设公司、第十二石油化工建设公司、第十四石油化工建设公司、地下水封石洞油库建设公司、石油运输公司、汉平贮备库、红旗贮备库、东风贮备库、石油勘探开发规划研究院、石油化工科学研究院、科学技术情报研究所（石油化学工业出版社）、石油化工规划设计院、炼油设计院、炼油设计研究院、抚顺石油研究所、展览工作室。

实行地方为主双重管理或地方管理的石油工业企事业单位主要有57个：大庆石油会战指挥部、胜利油田会战指挥部、大港油田指挥部、辽河石油勘探局、吉林省石油会战指挥部、新疆维吾尔自治区石油管理局、玉门石油管理局、青海石油管理局、四川省石油管理局、延长油矿、云南石油勘探指挥部、安徽省石油勘探处、浙江省石油地质大队、贵州石油勘探指挥部、广西石油普查勘探队、抚顺石油一厂、抚顺石油二厂、抚顺石油三厂、锦西石油五厂、锦州石油六厂、大连石油七厂、兰州炼油厂、南京石油化工总厂、广东省茂名石油工业公司、北京石油化工总厂、山东胜利石油化工总厂、上海炼油厂、湖南长岭炼油厂、杭州炼油厂、天津市第一石油化工厂、吉林省白城地区前郭炼油厂、盘锦炼油厂、河北省沧州石油化工厂、哈尔滨炼油厂、武汉石油化工厂建设指挥部、安庆石油化工总厂、济南石油化工厂、天津市石油化工总厂、广州石油化工厂、浙江炼油厂、河北省石家庄炼油厂建设工程指挥部、九江炼油厂筹建处、兰州化学工业公司、吉林化学工业公司、宝鸡石油综合机械厂、陕西省咸阳石油钢管钢绳厂、抚顺石油机械厂、西安石油勘探仪器总厂、上海第四石油机械厂、承德石油机械厂、抚顺市石油化工设备修造厂、广西壮族自治区石油化工安装公司、华东石油学院、西南石油学院、大庆石油学院。

1978年3月，第五届全国人大一次会议决定撤销石油化学工业部，分别设立石油工业部和化学工业部。

二、石油工业发展战略及主要工作

石化部期间，石油企业努力排除各种困难，不断加大油气勘探开发力度，在加强老油田开发管理的基础上，继续沿用大庆会战的模式，成功组织开展了一系列石油勘探开发会战，使全国的石油产量不断创历史新高，炼化生产能力持续增长，保障了国民经济建设对石油产品的需求。

1975年1月15日，国家计划委员会地质局在《关于加强石油普查的报告》中提出，实行陆相和海相并举（以陆相为主），中、新生界和古生界并举（以中、新生界为主），陆地和海洋并举（以陆地为主），油气并举的油气勘查战略。“四个并举”成为石化部时期的石油勘探开发战略。

1976年11月，全国石油工业学大庆会议提出：大打勘探之仗，迅速提高地震、钻井、测井、试油和地质综合研究工作的水平，实行“五位一体”的联合方式，即努力寻找高产大油田；搞好油田开发，摸清地下动态，狠抓注水，强化油层改造，努力建设大庆式的高产稳产油田；搞好总体规划，油田生产建设坚持“三同时”[①]、“四配套”[②]的原则，坚持先生产、后生活，坚持集中兵力打歼灭战，坚持百年大计质量第一、多快好省地进行油田建设；大力开展科学研究，提出石油地质基础理论，数字地震勘探技术，深井、超深

① “三同时”：注水、采油和天然气集输利用工程同时设计、同时建设、同时投产，特别是采油、注水两项必须同时投产。

② “四配套”：分层注水，地面、地下工程配套；地面油气集输流程配套，包括原油脱水、天然气净化、轻油回收、污水处理工程配套；生产队伍和装备配套，包括采油、井下作业、机械维修、地面维修、交通运输、通信的配套；矿区建设配套，工业、农业、职工生活要统一规划，特别要搞好勘探、钻井、油建等野战队伍的基地建设。

井钻井及深井试油、测试一整套工艺装备及工艺技术，深井测井技术，“三合一”钻头和金刚石钻头的研究、制造，深井分层注水、分层测试、分层堵水、分层采油的一整套工艺技术，适用于海滩、沼泽等复杂地形条件下的勘探、施工和运载装备，海洋地震勘探、钻井及油田建设的一整套工艺装备和技术，长距离输油、输气管道的施工装备和工艺技术；提升管催化裂化、多金属重整和“两剂”、“三氢”等炼油新工艺、新技术等十大攻关项目，努力赶超世界先进水平；充分发挥中央和地方两个积极性，坚持石油大会战体制，实行统一认识、统一政策、统一计划、统一指挥和统一行动。

这一时期，石油工业在石油大会战中继续高速发展，对国民经济的贡献持续增强。

大庆油田产量突破5000万吨。大庆油田排除“四人帮”的干扰和破坏，在当时极其困难的条件下，许多基层干部白天挨批斗，晚上抓生产，很多老工人把行李搬到井场，黑夜白天连轴转，坚持生产。1975年7月，毛泽东对反映大庆石油会战的电影《创业》作出批示后，石油职工深受鼓舞，生产秩序得到进一步恢复。这一时期，大庆油田一方面加快新的产能建设步伐，一方面科学加强油田开发管理，油田的原油产量大幅度提高。1976年，大庆油田年产量达到5030.3万吨，对国民经济在大动乱中仍然得以维持起到了重要作用，并为全国原油年产上1亿吨打下了坚实基础。

组织开展冀中石油会战。1975年，辽河西斜坡、河北任丘、河南濮阳3个地区油气相继获得重大突破，石化部党的核心小组决定，大庆油田保辽河会战、大港油田保任丘会战、胜利油田保濮阳会战，3个石油会战战场全线出击。6月，华北石油会战指挥部任4井见到油气显示，9月获高产油气流，日产原油达1014吨，任丘会战率先突破。任4井是任丘油田的发现井，也是华北油田第一口千吨井，从而发现了古潜山油田，开拓了碳酸盐岩潜山找油的新领域，被誉为“华北油田功勋井”。此后，又先后成功钻探多口千吨井，其中任7井日产原油4620吨。为了加快冀中石油勘探，1976年1月28日，石化部向国务院呈报的《关于组织冀中地区石油会战的报告》中提出：“为了促进石油工业的发展，需要把华北石油勘探的重点转移到冀中地区来，打一场石油勘探开发的会战。”1月30日，国务院批准了这个报告。石化部从大港、吉林、胜利、长庆、江汉、四川、新疆、玉门、大庆等油田，以及解放军基建工程兵、河北省地方企业等组织抽调72台大型钻机、3万多人的会战大军，开展冀中石油勘探会战。4月，华北任丘碳酸盐岩高产大油田建成投产，共有油井14口，日产原油超过3万吨，年产能力达1000万吨，并实现了当年勘探、当年开发建设、当年建成投产、当年回收全部投资的113%。5月18日，任丘油田任9井日产原油达5435吨，为中国石油开发史上单井日产最高的油井。到1977年底，冀中石油勘探会战结束，两年内共发现14个油气田（藏）。1977年原油产量1230万吨，1978年达到1723万吨。

组织开展江苏石油会战。1974年11月，苏北盆地苏58井喷出工业油流，当时的燃化部党的核心小组决定开展江苏石油会战。1975年2月，石化部从胜利、江汉、长庆、青海、新疆、四川等油田抽调3600多名职工，开展江苏真武油田和刘庄气田勘探开发会战。到1975年底，共钻探井8口，生产原油6000多吨。随后又相继发现曹庄油田、刘庄气田。1978年，生产原油26.2万吨、天然气1097万立方米。

组织开展辽河地区曙光油田会战。1975年3月，辽河杜4井在杜家台油层试油成功，发现欢喜岭油田。4月，辽河杜7井获高产油气流，发现曙光油田。12月30日，国家计划委员会、国家基本建设委员会批复同意石化部《关于组织辽河地区与曙光油田会战的报告》，曙光油田会战正式开始，来自大庆、玉门、新疆的1万多名职工参加会战。1976年11月，曙光油田会战结束，原油日产量1388吨，全年生产原油32.32万吨。1977年，中国最大的稠油开采试验基地——辽河高升油田正式投入开发，当年生产原油3.74万吨。

组织开展河南石油会战。1973年11月，当时燃化部决定实施“立足南阳，着眼全河南”的勘探方针，在加快南阳盆地勘探的同时，重点勘探泌阳、东濮、中牟等凹陷。1975年至1977年，先后发现泌阳、双河、王集、下二门等油田。1977年4月，国家计划委员会和国家基本建设委员会批复同意石化部《关于组织河南魏岗、双河镇油田会战的报告》。石化部经与河南省研究决定，由江汉石油管理局派会战队伍与河南石油勘探指挥部组建河南石油会战指挥部。5月1日，河南石油会战指挥部成立暨会战誓师大会召开，河南石油会战正式开始。石化部从江汉、大庆、玉门、新疆、长庆等油田先后抽调1.5万多名职工参加会战。5月至7月，魏岗油田产能建设及原油外输管道、小炼油厂建设工程相继展开。8月至12月，集中力量建设双河油田及魏岗油田至江汉石油管理局所属荆门炼油厂的原油输送管道。之后，魏岗至荆门219千米输油管道建成通油，河南原油开始输往荆门炼油厂加工。1978年，河南油田生产原油167.4万吨。

长庆油田开发建设取得新成效。1975年9月，长庆油田会战指挥部按照石化部提出的“大力找高产，积极建设产能”的要求，在调出8千多人的队伍和设备支援兄弟油田会战建设的情况下，将工作重点由勘探转向油田开发建设。1975年，开发建设马岭油田中区，到年底长庆油田原油年生产能力达到28.4万吨；并全面开发城壕油田，原油年生产能力达到2.6万吨；陇东地区的原油生产初具规模。1977年，相继开发建设马岭油田北区、南区，油田年生产能力由28.4万吨上升到80万吨。同年，开始开发建设红井子油田，并进一步完善马家滩、李庄子、大水坑等油田的原油生产设施。到1978年6月，宁夏地区形成年产原油40万吨的生产能力。为了实现原油外输，1977年9月，石油天然气管道局组织施工队伍，开始建设红井子油田至中宁石空车站的输油管道，到1978年7月1日建成投产，长庆油田的原油开始通过输油管道和包兰铁路输送到兰州炼油厂。

组织开展塔里木石油会战的前期准备工作。1977年5月，塔里木盆地南缘发现柯克亚凝析油气田，这是塔里木盆地石油勘探的重大突破。1978年2月，石化部召开塔里木会战会议，决定石油勘探西移的战略，并成立南疆会战领导小组。年底参加塔里木会战的地震队和钻井队分别达到26个，会战职工约1.48万人。

除上述主要石油会战外，油田勘探还在其他油气区取得重要发现和建设成就。1975年8月，海洋勘探指挥部海4平台投产，该平台有油井8口，日产原油200多吨（至1985年12月停产封井，累计产油62万吨）。海4油田是中国开发建设的第一座海上油田。1977年8月，南海石油勘探指挥部“南海1号”钻井船在北部湾盆地首次发现油气。10月，在青海柴达木盆地发现尕斯库勒油田，到1979年柴达木盆地探明石油地质储量1.25亿吨，打开了油气勘探开发新局面。

石油勘探开发和工程技术有了长足进步和发展。1975年5月，石化部在大港油田召开新中国成立以来规模最大的一次钻井液技术座谈会，会上交流了聚丙烯酰胺聚合物钻井液和深井“三磺”钻井液的经验，讨论在全国推广应用聚合物优质轻钻井液的问题。会议强调，应特别重视各种国产处理剂的研制和生产工作，着重净化工作和仪器设备的研制工作等。1977年2月，江汉石油管理局制管厂生产出中国自行设计、制造和施工的第一根直径1020毫米双面螺旋焊接钢管，填补了中国生产高强度、大口径钢管的空白。6月，石化部通过中国技术进出口总公司从加拿大引进的10DA3600裸眼井数字测井仪器，以及射孔和数据处理设备到达国内港口（1978年9月初开始现场试用）。这是中国首次引进数字测井技术，实现了油气田完井测井技术的第二次跨越。7月，长庆油田开发建设第一个典型非背斜隐蔽性油田和河道型砂岩油田——马岭油田，建成具有国际先进水平的单管常温密闭集输流程，与相同规模的双管掺热油流程、热水伴送流程相比，节约投资40%（该项技术获1985年国家“六五”科技攻关先进项目奖）。8月，石化部石油地震勘探工作会议上讨论形成《石油地震工作“五五”期间及今冬明春部署意见》、《石油地震勘探四准确工作试行条例》、《石油地震勘探装备规则》和《石油地震勘探数字化规则》4个文件。9月，石化部从美国引进的首批5套千型压裂车组陆续到货。利用分配给大港油田指挥部的2套压裂车组，石化部在大港油田组织百口井压裂会战，作为对引进车组的现场验收。压裂会战历时106天，共计施工101口井，折算增加原油日产470吨。中国石油开发人员从此掌握了千型压裂车组操作技术，油井压裂施工的深度延伸到3000米。10月，中国自行设计和制造的第一套大口径、高压、高精度原油自动计量装置在大庆油田总外输计量站建成并投入使用。同月，胜利油田与华北油田合作，在任丘任4井试验成功当时国内排量最大的1000立方米水力活塞，钻井速度大幅提高。截至1978年2月19日，华北石油会战指挥部3222钻井队在泽71井钻井175小时，打出日进尺1071.84米、一只刮刀钻头钻进1875米的新纪录。

油田的不断发现和油气储量的增加，有力地促进了炼油工业的发展。新的炼化企业和装置相继投产，一批高科技装备和工艺技术相继研制成功，加工能力和石油产品种类均提高到一个新的水平。1975年9月，中国自行设计建造的大型甲酯装置在大庆石油化工总厂投产。11月，大连石油七厂按照国际航运协会标准，将大庆原油生产的3号喷气燃料（航空煤油）销往香港。1976年，大庆化肥厂建成投产；抚顺石油三厂、锦州石油六厂经过扩建改造成为加工天然原油的炼油厂。5月，北京石油化工总厂年产30万吨乙烯装置竣工投产，丁二烯抽提3套装置试车成功；我国第一套多金属催化重整装置在大连石油七厂建成投产，该装置首次采用压降小的径向反应器、立式换热器和四合一烟道。1977年3月，中国第一套用于处理炼油污水的大型活性炭吸附净化装置在湖南长岭炼油厂建成投产。4月，中国第一座地下水封石洞油库在山东黄岛建成投产。6月，中国第一座10万吨级深水油港——大连新港建成投用。

管道工程建设取得重大突破，原油、天然气输送能力显著增强。1975年6月，大庆至北京全长1507千米的输油管道贯通，输油能力可达4000万吨/年。秦皇岛至北京355千米原油管线建成，实现了大庆原油直接输往北京石油化工总厂。8月底，八三工程建成大庆至抚顺、铁岭至秦皇岛、大庆至铁岭（复线）、铁岭至大连、抚顺至鞍山、盘锦至锦西、丹东至朝鲜新义州、抚顺石油三厂至辽宁电厂等8条输油管道，总长度2471千米。同时建成输油泵站34座和输变电、通信、油码头等配套设施，八三管线成为我国第一条大口径、长距离的东北地区输油管道网。1976年4月，河北任丘至沧州输油管道竣工投产，管道全长133千米，输油能力500万吨/年。7月，河北任丘至北京输油管线建成投产，管线全长120千米，输油能力1000万吨/年。1977年5月23日，大港油田至沧州输气工程建成投产，25日大港天然气输送到河北沧州。从1976年起，管道输送开始在中国原油运输方式中占主导地位，比重为56.6%，铁路运输比重下降到22.4%，水路运输为21%。到1978年，累计建成原油管道2206千米、成品油管道407千米。全国原油运输方式中，管道运输占60.9%，比1966年提高35.6个百分点。

国家开始大力实施节约用油措施。1970年以来，虽然全国平均每年原油增产近1000万吨，但仍不能满足人民生产生活日益增长的需要。其中一个原因就是由于煤炭供应紧张，导致国内很多单位将原油作为燃料使用。原油是重要的能源和化工原料，是国家出口换汇率较高的重要商品，大量烧油不但加剧了供应紧张，而且造成极大浪费。为此，1977年11月，国务院转发国家计委《关于严格控制烧油的报告》，明确要求在除了千方百计增产原油外，还必须大力节约用油，特别是要严格控制以原油为燃料进行烧油。自此，石油单位也开始减少自用油的使用，大力降低能耗。

克服困难，战胜各种自然灾害。1975年2月4日，辽宁营口和海城地区发生里氏7.3级强烈地震，辽河石油勘探局半数油井被迫关闭停产。辽河石油勘探局全体职工奋力抗震救灾，半个月后油田全部恢复生产。1976年7月28日，河北省唐山、丰南一带发生里氏7.8级强烈地震，处于震区的大港油田遭受严重损失。震后，石化部立即成立抗震救灾支援小组，积极组织力量，千方百计克服困难，大力支援灾区抗震救灾。华北油田当天将救灾物资送到灾区，辽河油田组成抢险队赶赴开滦煤矿和秦皇岛进行抢险。到1977年5月27日，石化部已派出820人支援灾区排险和恢复生产，支援恢复重建所需化工原料和化工产品等102种共2万余吨，支援吊车及其他车辆139辆。8月4日，胜利油田会战指挥部抽调85人和40辆车，组成抗震救灾队，赴唐山抢险救灾54天，抗震救灾队被国务院授予"全国抗震救灾突击队"称号。

经过长期的艰苦奋斗，石油工业已经建立起石油勘探、油田开采、炼油生产、管道运输、设计施工到科学研究等比较完整配套的石油工业体系。石油勘探获得丰硕成果，重点探区获得重大发现。到1978年底，全国累计探明石油地质储量68.13亿吨、天然气地质储量1578.13亿立方米。从1965年至1978年的13年中，原油生产以平均每年18.6%的速度增长，超额完成国家生产计划。1978年，全国原油年产量突破1亿吨，达到1.04亿吨，天然气产量达到137.34亿立方米，原油、天然气产量分别占全国能源生产总量的23.7%和2.9%，出口原油1131万吨，中国成为当时世界上第八个产油大国，进入世界主要产油国行列。1978年，全国原油年加工能力达9291万吨，实际加工原油7069.1万吨，原油加工量比1965年增加了5倍多，共生产各种油品6500多万吨，品种达656种，基本上与我国原油生产规模相适应。乙烯生产从零起步，1962年产量0.08万吨，1970年1.51万吨，1978年达到38.03万吨。1966年至1978年，共生产工业燃料用油2.49亿吨；1978年石油工业总产值为244.13亿元，占当年全国生产总值的6.7%；实现利润104亿元，上缴税金27亿元。期间，石油工业财政上缴额占国家财政总收入的13%左右。

三、企业恢复性整顿和工业学大庆工作

石化部期间，由于受"文化大革命"的影响，企业生产管理和思想政治工作虽然受到很大冲击，但石油工业发扬大庆精神铁人精神，始终把推广大庆经验、学习大庆精神作为石油工业大干社会主义的有力思想武器。石油工业在企业管理上也进行了一些有益的探索，推广和建立健全了以岗位责任制为主要内容的各项规章制度，企业的各项管理工作得到加强。加强企业的领导班子建设，一大批生产管理和技术骨干陆续回到各自岗位。职工的主人翁责任感进一步增

强，积极性得到进一步提高。石油职工在石油大会战中，技术能力和素质不断增强，队伍不断壮大，1977年底，石油工业职工总数95.76万人。

1975年1月，邓小平着手主持经济工作的全面整顿，主要内容是：建立坚强的、敢字当头的、强有力的领导班子，重点抓好领导班子的整顿；强调所有企业必须建立以岗位责任制为核心的生产管理制度，全面考核并抓好产量、品种、质量、消耗、劳动生产率、成本、利润、流动资金占用等八项经济技术指标和各种设备完好率。3月24日至4月14日，石化部在兰州召开工业学大庆现场会议，交流兰州化学工业公司、兰州炼油厂等单位学大庆的经验。会议要求各炼化企业开展整顿工作，严格规章制度，加强劳动纪律，提高管理水平。会后，石化部向全国石化单位发出“学大庆、赶两兰”号召，并开始着手进行企业整顿，强化企业管理。

1976年11月23日，石化部召开石油企业工业学大庆会议，热烈庆祝粉碎“四人帮”反党集团，组织开展对“四人帮”滔天罪行进行大揭露、大控诉、大声讨、大批判，总结交流工业学大庆经验，动员全行业开展普及大庆式企业活动，加快石油工业发展步伐。12月2日，国务院召开全国工业学大庆座谈会，为召开全国工业学大庆会议作准备，国务院副总理余秋里主持会议，副总理谷牧讲话，副总理王震、孙建参加会议。同时，为恢复正常的生产秩序，从1976年底开始，结合工业学大庆活动，对石油企业进行恢复性整顿。主要措施是：围绕揭批“四人帮”，着重解决领导班子中存在的组织不纯、思想不纯、作风不纯和“软、懒、散”的问题；使广大职工明确地认识到，企业必须以生产为中心，全面完成和超额完成国家生产计划；恢复和建立必要的规章制度，使企业的生产秩序逐步走向正常，并提出要建设大庆式企业、普及大庆式企业。

1977年4月20日至5月13日，中共中央组织召开的全国工业学大庆会议先后在大庆油田和北京举行。华国锋、李先念、纪登奎、汪东兴、李德生、陈永贵、吴桂贤、苏振华、王震、余秋里、谷牧等中央领导和地方领导干部、英雄模范以及全国工业战线的代表7000多人参加了在大庆油田举行的开幕式。余秋里受中共中央委托，向大会作《全党、全国工人阶级动员起来，为普及大庆式企业而奋斗》的报告。石化部部长康世恩在北京召开的大会上介绍大庆经验。6月2日，石化部部长康世恩，副部长宋振明、张文彬，率领150人组成的石化部学大庆工作队，进驻华北石油会战指挥部领导会战。

10月12日，石化部下发通知，在全系统组织开展群众性的学大庆大检查活动，并下发《石油化学工业战线普及大庆式企业的规划》，提出主要是按照中央提出的大庆式企业六条标准，从政治上、思想上、组织上、管理上把企业切实整顿好。到1978年1月下旬，大检查活动基本结束。期间，石化部机关和石油企业直接参加检查的有3万多人，共检查60多个油田、探区、炼厂、机械厂、仪表厂等单位，行程10万多千米，蹲点跑面9572个基层单位，参加自检互检职工75万多人，发现各类问题114万多个，当即整改解决69.7万个。当时提出的大庆式企业六条标准为：一是认真学习马列主义、毛泽东思想，坚持党的基本路线，坚持企业的社会主义方向；二是有一个坚决执行党的路线、方针和政策，密切联系群众，团结战斗，老中青三结合党的领导核心；三是有一支反修防修，又红又专，具有“三老四严”革命作风，能在阶级斗争、生产斗争、科学实验三大革命运动中打硬仗的铁人式的职工队伍；四是坚持“两参一改三结合”的原则，有一套依靠群众、符合生产发展要求的科学管理制度；五是在技术革新和技术革命方面不断有新成果，全面完成国家计划，主要技术经济指标达到国内先进水平；六是坚持“五七”道路，工人以工为主，兼搞别样，在有条件的地方搞好农林牧副渔业生产，在搞好生产的同时，安排好职工生活。

通过开展企业整顿和工业学大庆活动，石油工业在揭批“四人帮”，加强党的建设和思想政治工作，加强领导班子建设和基层队伍建设，加强企业管理、生产建设和改善职工群众物质文化生活等诸多方面成效显著。

加强学习，提高认识，统一思想，拨乱反正。在揭批“四人帮”过程中，组织召开各种会议，组织传达、学习有关决议和文件，印发各种学习材料、举办各种临时性的学习班和讲座，并把这一学习活动和工业学大庆活动紧密结合起来。学习中坚持发扬大庆“两论”起家的基本功、实行“两分法”，坚持党的基本路线，坚持企业的社会主义方向。注重加强党的思想建设和组织建设，充分发挥各级党组织的领导核心作用。同时，认真开展清查活动，对在“文化大革命”中的打砸抢首恶分子、违法乱纪分子进行严惩。在清查工作中，认真执行党的政策，严格区分和正确处理两类不同性质的矛盾。对犯了错误的同志，包括犯了严重错误的人，严格执行“惩前毖后，治病救人”的方针，重证据，重调查研究，根据事实，区别对待，注重“扩大教育面，缩小打击面”。通过学习教育和清查，进一步提高了广大职工的思想认识。

整顿企业领导班子，坚持党对企业的绝对领导。从1977年开始，石化部和各省市自治区党委一起对395个重点石油化工企业进行调查和分析。其中好的104个，占26%；比较好的241个，占61%；问题多的50个，占13%。在整顿中，对个别有问题的班子成员中存在的“软、懒、散”现象，找差距，摆问题，开展思想斗争，增强了班子团结和战斗力。对问题多的单位，石化部派出工作组与省市自治区党委一起对领导班子进行调整，先后从石化部机关抽调20多名局级干部，担任这些单位的党政主要领导。期间，先后整顿和调整了80多个单位的领导班子。坚持按照接班人五项条件[①]，搞好老中青三结合，在领导班子内部做到思想、工作、缺点、生活“四个公开”，不断加强各级领导班子建设。通过整党整风和调整领导班子，一批经受斗争考验的优秀同志加入党组织，一批优秀干部进入领导班子。根据中央统一规定，对那些“突击入党”、“突击提干”，入党不符合党章规定、提拔干部不符合五项条件的人进行处理和调整。

整顿企业管理，恢复和健全企业规章制度。为了克服工业管理中的混乱局面，消除无政府主义影响，从1977年开始，国家对工业管理体制进行局部性的调整。按照统一领导、分级管理的原则，把在“文化大革命”中下放的一批骨干企业陆续上收，由中央有关工业管理部门直接管理；未上收的大中型企业，由地方管理，或实行中央和地方双重领导、以地方为主，即这些企业的生产建设计划、供产销平衡、劳动分配主要由地方负责，但要服从国家统一计划，保证产品配套和调出任务的完成。根据中央的这一部署和要求，石化部在继续抓好直属企业恢复性整顿的基础上，进一步加强对各省市为主管理的石油企业的业务领导和统一管理。通过群众性的批“四害”、肃流毒、学大庆、抓整顿，企业各项管理工作水平都有了新提高。各石油企业建立健全以岗位责任制为中心的八项制度，并定期开展岗位责任制大检查，真正把计划管理、物资管理、财务管理、劳动管理、技术管理和设备管理工作落到实处，做到人人有专责，事事有人管。队伍的组织纪律性进一步增强，“三老四严”作风进一步发扬。生产

---

① 1964年6月，毛泽东在一次谈话中提出了关于培养无产阶级革命事业接班人的五项基本条件：必须是真正的马克思主义者；必须是全心全意为中国和世界的绝大多数人服务的革命者；必须是能够团结绝大多数人一道工作的无产阶级政治家；必须是党的民主集中制的模范执行者；必须谦虚谨慎、戒骄戒躁，富于自我批评精神，勇于改正自己工作中的缺点和错误。

组织管理、设备查漏堵漏、厂容卫生、规格化建设等都有很大改观。石油企业按照国家规定的八项技术经济指标要求，在提高劳动生产率、提高产品质量、提高设备完好率、降低消耗、安全生产、扭转亏损等方面都取得了很大成绩。结合整顿和加强基层建设，机关工作也有了很大改进。“三个面向”、“五到现场”的工作作风得到恢复和发扬，机关为基层服务、二线为一线服务落到实处。许多物资供应和后勤部门学习大庆会战传统，发扬货郎担精神，送料、送货、送粮、送菜、送医到一线，全力服务一线生产。

加强基层建设，队伍面貌发生很大变化。在揭批“四人帮”斗争中，各单位狠抓基层队伍建设，大力加强党支部书记和班组长培养，配备好队长、指导员、班组长，帮助他们在政治上、思想上、生产上都能很好地发挥带头作用。通过整顿和工业学大庆活动，基层党组织的领导作用加强了，政治思想工作比较有力了，干部对工作敢抓敢管了。大多数基层干部坚持住队，与群众一起大干，基层队伍呈现出了新气象。一是恢复石油工业的优良传统作风形成风气。广大干部群众敢于讲真话，讲实话，能够一分为二地看问题了；许多单位坚持高标准、严要求，不护短、不遮丑，狠抓生产管理中的低标准、老毛病、坏作风。二是讲党性、讲纪律、讲团结开始形成风气，闹派系的人没有市场了，讲老乡关系、讲哥们义气的现象明显减少；打架斗殴、聚众赌博、吃吃喝喝、小偷小摸等歪风邪气基本刹住；不服从领导，不听从指挥，不遵守劳动纪律、无故旷工等现象大为减少；后进职工有了转化。三是奋发上进，你追我赶，开展比学赶帮竞赛开始形成风气。广泛开展评思想、比贡献、选模范、树标兵活动，使好的典型、先进的旗帜，树得起，叫得响，做到了学有榜样，赶有目标。各油田、炼化企业之间，以及企业内部车间、井队、班组之间，广泛开展比学赶帮超竞赛，争当先进、不甘落后蔚然成风。四是出大力，流大汗，为快速发展石油工业多作贡献形成风气。华北石油会战指挥部在石化部领导带领学大庆工作队的直接帮助下，放手发动群众，全面加强基层建设，大打钻井速度翻番仗，钻井速度不断提高，勘探成果不断扩大。大庆、华北、胜利、辽河、四川、新疆、长庆、江汉、江苏、青海、吉林、南海等油田勘探企业，迅速掀起钻井速度翻番的生产热潮。涌现出了一大批为生产服务的先进典型。

广大职工学文化、学技术、苦练基本功的积极性越来越高。“文化大革命”结束后，各石油企业积极开办各种业余技术学校，普遍开展岗位练兵活动，举办技术学习班、短期轮训班，广大石油职工学文化、学业务、学技术的热情高涨。许多基层单位都规定了文化技术学习日，建立练兵场、业务技术学习问答栏。紧密围绕生产实际和石油野外作业流动分散、条件艰苦等特点，生产一二三线组织开展了丰富多彩、生动活泼的技术表演赛，涌现出了一批生产技术能手。各单位发动群众大搞技术革新改造，对扩大生产规模、提高劳动工效和产品质量、解决急需设备配件、减轻劳动强度等都起到了很好的作用。下大力气抓技术人员的培训工作，到1978年，开办“七二一”大学①100多所，脱产学习2至3年，培养了具有大专水平的技术人员7000人。同时，鼓励业务干部、工程技术人员，努力钻研业务技术。有些单位开始恢复技术职称评定，注重从优秀工人、技术人员中选拔工程师。很多单位开始制定职工培训计划，落实教师、教材，组织系统的业务和技术培训。重视科学实验，鼓励学术上不同意见的争鸣和讨论，大力开展科技领域的学术活动。

组织职工家属大搞农林牧副渔业生产，职工生活得到改善。关心职工物质、文化生活，发展农副业和集体福利事业。据14个油田、24个炼油化工企业、30个化学矿山单位统计，1977年播种面积达到86.9万亩，比1976年增加20%；生产粮食2.12亿斤，增长24%；生产蔬菜2.88亿斤、油料209万斤，增长幅度较大；养猪28.8万头，产肉987万斤，增长30%；马、牛、羊、鸡、鸭、鱼养殖数量也都比1976年有所增长，基本保证了职工家属生活所需，职工生活得到明显改善。同时，组织职工开展业余文体活动，丰富了职工文化生活。

石化部期间，工业学大庆活动的深入开展，为当时石油工业的稳定和发展起到了积极的推动作用。但由于受“左”倾思想的影响，个别单位还存在浮夸和冒进倾向。同时，由于这一时期实行的仍然是高度集中的计划经济，管理体制僵化，企业缺乏自主权，工资分配上搞平均主义，在一定程度上仍然制约了石油工业的发展。

---

① 1968年7月21日，毛泽东在《人民日报》关于《从上海机床厂看培养工程技术人员的道路（调查报告）》的编者按清样中作出“……从有实践经验的工人农民中间选拔学生，到学校学几年以后，又回到生产实践中去”的批示。此后，“七二一”工人大学（又称“七二一”大学）的这种学制和教学模式逐步向全国的工矿企业推广。1978年，国家对“七二一”大学进行调整整顿，被批准保留的进一步充实提高，不具备条件的改为业余大学、企业中等专业学校和文化技术业余学校。1979年全国职工教育会议后，将原“七二一”大学进行了改造，统一改称职工大学。

第一章　石油化学工业部领导机构

1975年1月17日，第四届全国人民代表大会第一次会议决定撤销燃料化学工业部，分别成立煤炭工业部和石油化学工业部，任命康世恩为石油化学工业部部长。

10月，石油化学工业部党的核心小组召开第一次全体会议，会上宣布了中共中央《关于康世恩等同志任职的通知》，确定由康世恩、宋振明、孙敬文、张珍、焦力人、孙晓风、李艺林、张文彬、李国才、陶涛、杨义邦、刘祺瑞、李法兰、张贻信等14人组成石油化学工业部党的核心小组，康世恩为组长，宋振明、孙敬文、张珍、焦力人为副组长。确定宋振明、孙敬文、张珍、焦力人、孙晓风、李艺林、张文彬、李国才、陶涛、杨义邦为石油化学工业部副部长。

石油化学工业部党的核心小组领导成员的具体分工是：康世恩负责主持石化部的全面工作；宋振明兼任大庆油田党委书记，监管辽河油田会战，总结点上的经验，推动面上的工作；孙敬文负责石化部的日常工作，包括石油、化工生产业务工作，政治思想工作和计划、财务、劳动、供应、制造、科技教育、办公厅等综合部门的工作；张珍负责化工的生产建设等各项业务工作，侧重抓基本建设和石油化工；焦力人负责石油的生产建设等各项业务工作，侧重抓油气田生产；孙晓风负责外事、炼油生产和产品分配等各项业务工作；李艺林负责化工生产；张文彬负责石油勘探、油气田开发建设和管道工程；李国才负责器材供应、机械制造等生产业务工作；陶涛负责军工、电影胶片、医药等生产业务工作；杨义邦负责化工、炼油基本建设和科研、设计工作；刘祺瑞负责政治思想工作；李法兰负责石油化工企业家属政治工作；张贻信负责点上的工作。

1977年9月，石油化学工业部党的核心小组改称党组，党的核心小组组长、副组长、成员分别改称党组书记、党组副书记、党组成员。11月，陈烈民、周太和任石油化学工业部党组成员、副部长。12月，张珍不再担任石油化学工业部党组副书记职务；周太和不再担任石油化学工业部党组成员、副部长职务。

期间，石油化学工业部党组副书记、副部长孙敬文当选第五届全国人大代表。

一、石油化学工业部党的核心小组领导名录（1975.10—1977.9）

组　　长 康世恩（1975.10—1977.9）

副 组 长 宋振明（1975.10—1977.9）

孙敬文（1975.10—1977.9）

张　珍（1975.10—1977.9）

焦力人（1975.10—1977.9）

成　　员 孙晓风（1975.10—1977.9）

李艺林（1975.10—1977.9）

张文彬（1975.10—1977.9）

李国才（1975.10—1977.9）

陶　涛（女，1975.10—1977.9）

杨义邦（1975.10—1977.9）

刘祺瑞（1975.10—1977.9）

李法兰（女，大庆家属，1975.10—1977.9）

张贻信（群众代表，1975.10—1977.9）

二、石油化学工业部党组领导名录（1977.9—1978.3）

书　　记 康世恩（1977.9—1978.3）

副 书 记 宋振明（1977.9—1978.3）

孙敬文（1977.9—1978.3）

张　珍（1977.9—12）

焦力人（1977.9—1978.3）

成　　员 孙晓风（1977.9—1978.3）

李艺林（1977.9—1978.3）

张文彬（1977.9—1978.3）

李国才（1977.9—1978.3）

陶　涛（1977.9—1978.3）

杨义邦（1977.9—1978.3）

刘祺瑞（1977.9—1978.3）
李法兰（1977.9—1978.3）
张贻信（群众代表，1977.9—1978.3）
陈烈民（1977.11—1978.3）
周太和（1977.11—12）

三、石油化学工业部领导名录（1975.1—1978.3）

部　　长　康世恩（1975.1—1978.3）
副 部 长　宋振明（1975.10—1978.3）
孙敬文（1975.10—1978.3）
张　珍（1975.10—1977.12）
焦力人（1975.10—1978.3）
孙晓风（1975.10—1978.3）
李艺林（1975.10—1978.3）
张文彬（1975.10—1978.3）
李国才（1975.10—1978.3）
陶　涛（1975.10—1978.3）
杨义邦（1975.10—1978.3）
陈烈民（1977.11—1978.3）
周太和（1977.11—12）

第二章　石油化学工业部机关部门

1975年1月，石油化学工业部机关设核心组、办事组、政治部、综合计划组、石油勘探开发组、炼油化工生产组、化肥生产组、化工生产二组、机械制造组、产品分配运销组、科技教育组、外事组、财务劳动组、基本建设组、医药局、物资供应管理局、基建工程兵办公室等17个司局级机构①（组、办），职工人数1110人。办公地点在北京市北郊六铺炕。

10月，石油化学工业部决定成立环境保护领导小组，张珍兼任组长，胡汉滨、张树棠、刘少男、沈晨任副组长，对环境保护工作实行集体领导，分工负责。

1976年10月，为认真贯彻国务院关于进一步开展清扫仓库工作的通知，加强对清仓查库工作的领导，石油化学工业部决定成立清仓查库办公室，由李国才副部长兼任办公室主任，姜天赋、魏化之任副主任，编制50人。

截至1977年底，石油化学工业部机关设办公厅、政治部、综合计划组、石油勘探开发组、炼油化工生产组、化肥生产组、化工生产二组、机械制造组、产品分配运销组、科技教育组、外事组、财务劳动组、基本建设组、医药局、物资供应管理局、基建工程兵办公室等16个司局级机构。职工总数1296人。

一、核心组（1975.1—1976）

石油化学工业部成立初期，机关设核心组，于1976年撤销。

组　　长　刘祺瑞

① 由于该时期文件资料缺失，石油化学工业部时期机关部门情况主要依据当时统计报表和口碑资料获得，具体机构设置和领导名录情况以当时情况为准。

二、办事组—办公厅（1975.1—1978.3）

办事组内设办公室、秘书组、调研组、保密组、信访处、人防办公室、行管处等部门。主要负责秘书、纪要、信访、文书、档案处理工作，以及机关行政事务工作和农副业生产等。

1976年，石油化学工业部将办事组改组为办公厅。截至1977年底，编制219人。

组　　长　刘　康

副 组 长　郑耀舜

康　宁（女）

张一之

李洪甲

三、政治部（1975.1—1978.3）

政治部内设干部部、组织部、宣传部、保卫部、直属工作部、办公室等部门。主要负责企业、事业单位及五七干校的政治思想工作和干部的培养、选拔、使用等方面的工作。截至1977年底，编制86人。

期间，石油化学工业部政治部副主任董绍杰当选中共十一大代表。

主　　任　任成玉

季铁中

副 主 任　梁　健（女）

徐文野

董绍杰

四、综合计划组（1975.1—1978.3）

综合计划组内设长远规划组、生产计划组、基建计划组、综合利用组、统计组、调度办公室等部门。主要负责制定石油化学工业长远和年度计划、综合利用计划、综合统计等工作。截至1977年底，编制66人。

期间，综合计划组组长周太和在中共十一届三中全会上当选中纪委委员。

组　长 周太和

副组长 秦仲达

季可达

王守忠

胡汉滨

杨光启

五、石油勘探开发组（1975.1—1978.3）

石油勘探开发组内设办公室、综合调度组、油田勘探组、油田开发组、油田建设组、技术装备组。主要负责油气田勘探开发和工艺技术规划、方案部署及年度计划；油气田及长距离输油管线重点工程设计方案和施工部署；制定油气田勘探开发相关技术装备规划及使用管理；负责检查年度储量、产量、工程等有关工作任务的完成，督导检查、汇总报表等。截至1977年底，编制63人。

组　长 秦文彩

副组长 赵声振

李天相

贾金会

程守礼

邓礼让

单永复

六、炼油化工生产组（1975.1—1978.3）

炼油化工生产组内设办公室、调度组、炼油组、有机组、无机组、橡胶组、质量组、机动组、新型材料组。主要负责原油加工生产技术和设备管理以及化工原料、橡胶的生产技术、设备管理。截至1977年底，编制73人。

组　　长　任向文
副 组 长　张树棠
　　　　　　盛华山
　　　　　　张皓若
　　　　　　李　凤（女）

七、化肥生产组（1975.1—1978.3）

化肥生产组内设氮肥组、磷肥组、小化肥组、技术组、机械动力组。主要负责化肥、酸碱、矿山的生产技术、设备管理。截至1977年底，编制73人。

组　　长　（空缺）
副 组 长　匡永泰
　　　　　　季可达

八、化工生产二组（1975.1—1978.3）

化工生产二组内设综合调度组、合成材料橡胶制品组、专用材料组、胶片组等部门。主要负责化工产品的生产技术和设备管理。截至1977年底，编制40人。

负 责 人　时国兴
　　　　　　李维范
　　　　　　王　权
　　　　　　金洪涛

九、机械制造组（1975.1—1978.3）

机械制造组内设计划组、生产组、技术组、工厂管理组等部门。主要负责石油化学工业设备、备品、配件的制造，制定机械制造厂的生产计划和技术管理工作。截至1977年底，编制44人。

组　　长 詹　石
副 组 长 刘自法
　　　　　王登三

十、产品分配运销组（1975.1—1978.3）

产品分配运销组内设办公室、石油组、化工一组、化工二组。主要负责石油化学工业产品的分配和运销工作。截至1977年底，编制52人。

组　　长 李景新
副 组 长 魏化之
　　　　　滕玉彬

十一、科技教育组（1975.1—1978.3）

科技教育组内设教育组、综合计划组、科研管理组等部门。主要负责石油化学工业的科研规划、计划和技术管理，掌握和交流国内外技术情报，以及职工教育工作，领导科学技术情报研究所和石油化学工业出版社工作。截至1977年底，编制36人。

组　　长 沈　晨
副 组 长 高光鉴
　　　　　陈自新

十二、外事组（1975.1—1978.3）

外事组内设科技合作小组、国际会议小组和综合研究小组。主要负责对引进技术装备、援外和出口等外事方面的工作，并实行统一领导。截至1977年底，编制31人。

组　　长　甘　宁

副 组 长　王炳臣

窦炳文

十三、财务劳动组（1975.1—1978.3）

财务劳动组内设生产财务组、基建财务组、劳动工资组、劳动保护组、办公室。主要负责石油化学工业生产、基建、事业的财务和成本价格以及劳动工资等工作。截至1977年底，编制47人。

组　　长　王志成

副 组 长　程振华

康书丛

十四、基本建设组（1975.1—1978.3）

基本建设组内设工程计划组、综合调度组、化肥建设组、炼油化工建设组、企业管理组、核留外汇组。主要负责炼油厂、化工厂、机械厂、国家储备油库的选址、设计和建设工作。截至1977年底，编制83人。

组　　长　刘子廉

副 组 长　贾庆礼

十五、医药局（1975.1—1978.3）

医药局内设办公室、生产技术组、质量组、科研组、规划组。负责化学制药工业研究管理，配合卫生部、商业部进行全国医药工业规划和质量管理。截至1977年底，编制41人。

期间，医药局负责人龙在云任第五届全国政协委员。

负 责 人　齐谋甲
龙在云
卢雁侪
井振元
臧君伟
高惠如

十六、物资供应管理局（1975.1—1978.3）

物资供应管理局主要负责石油化学工业部直供企业的物资供应管理工作，石油工业专需物资的供应、调剂工作，仓库管理工作，清仓查库和节约工作等。截至1977年底，编制166人。

负 责 人　王盛业
夏培清

十七、基建工程兵办公室（1975.1—1978.3）

基建工程兵办公室（1980年1月撤销——编者注）内设政工组、参谋组。负责领导基本建设工程兵第八〇一大队、第八〇二大队的工程建设工作。

负 责 人　韩之廉

第三章　石油工业企事业单位

第一节　油田、勘探、管道单位

石油化学工业部成立时，石油工业油田、勘探、管道单位主要有22个。其中，石油化学工业部直属的单位3个：石油地球物理勘探局、石油天然气管道局、华东输油管线指挥部；实行以石油化学工业部为主双重领导的单位3个：江汉石油管理局、河南石油勘探指挥部、东北输油管线指挥部；实行以地方为主双重领导或完全由地方领导的单位16个：大庆石油会战指挥部、胜利油田会战指挥部、华北石油会战指挥部、辽河石油勘探局、吉林省石油会战指挥部、新疆维吾尔自治区石油管理局、玉门石油管理局、青海石油管理局、四川省石油管理局、长庆油田会战指挥部、延长油矿、云南石油勘探指挥部、安徽省石油勘探处、浙江省石油地质大队、贵州石油勘探指挥部、广西石油普查勘探队。

1975年3月，石油化学工业部决定组建江苏石油勘探开发会战指挥部，为地（师）级单位，实行石油化学工业部和江苏省双重领导，以石油化学工业部为主。8月，长庆油田会战指挥部改由石油化学工业部直接领导。

1976年2月，经石油化学工业部与天津市委、河北省委商定，决定将华北石油会战指挥部移驻河北任丘油田，同时任命石油化学工业部副部长张文彬兼任华北石油会战指挥部党的核心小组组长、会战指挥部指挥。3月，天津市委决定成立大港油田指挥部，行政归属天津市，油田生产仍由华北石油会战指挥部管理。

1977年4月，石油化学工业部决定由江汉石油管理局派会战队伍与河南石油勘探指挥部组建河南石油会战指挥部，直属石油化学工业部领导。9月，石油化学工业部决定，东北输油管线指挥部更名为东北八三管道局。

截至1978年3月，油田、勘探、管道单位主要有24个。其中，石油化学工业部直属的单位5个：长庆油田会战指挥部、河南石油会战指挥部、石油地球物理勘探局、石油天然气管道局、华东输油管线指挥部；以石油化学工业部为主双重领导的单位4个：华北石油会战指挥部、江汉石油管理局、江苏石油勘探开发会战指挥部、东北八三管道局；实行以地方为主双重领导或完全由地方领导的单位15个：大庆石油会战指挥部、胜利油田会战指挥部、大港油田指挥部、辽河石油勘探局、吉林省石油会战指挥部、新疆维吾尔自治区石油管理局、玉门石油管理局、青海石油管理局、四川省石油管理局、延长油矿、云南石油勘探指挥部、安徽省石油勘探处、浙江省石油地质大队、贵州石油勘探指挥部、广西石油普查勘探队。

一、大庆石油会战指挥部（1975.1—1978.3）

1975年1月，大庆石油会战指挥部由石油化学工业部与黑龙江省双重领导，以黑龙江省为主。大庆油田仍实行政企合一的体制，党组织关系隶属于黑龙江省委，业务工作由石油化学工业部管理，行政级别为地（师）级。机关设政治部、生产办公室、革委会办公室、政务办公室等13个部室。其中，生产办公室主要行使油田生产经营管理职能，政务办公室主要行使市政建设管理职能。所属31个二级单位，职工总数11.3万人。机关办公地点在黑龙江省安达市红旗镇。6月，大庆党委、大庆革委会对机构进行部分调整：撤销政务办公室，分别成立财贸办公室、农林办公室和文教办公室，仍行使市政建设管理职能。

在搞好大庆油田开发建设的同时，大庆石油会战指挥部积极抽调队伍参加其他新区勘探开发会战。1975年4月，大庆油田抽调6支钻井队支援新木油田勘探开发会战。10月，大庆油田抽调292人支援新木油田勘探开发会战。12月，大庆油田抽调一支500人的成建制油矿队伍并调往吉林石油会战指挥部组建成新木油矿，参加新木油田勘探开发会战。1976年1月，根据石油化学工业部支援辽河曙光油田会战的指示，大庆党委成立曙光油田会战指挥部和党的核心小组，组织1万多人自带设备器材以及生活用品，到曙光油田参加会战。1963年至1976年，大庆油田先后向全国各油田输送干部、工人5.6万人，支援各种物资11万吨，各种设备4900多台（套）。

1976年6月5日至7日，中共大庆第二次代表大会召开，选举产生新一届委员会，实行常委制，宋振明为党委书记，陈烈民为党委第一副书记。下属基层党委125个、党总支77个、党支部1192个，共有党员1.87万名。

1977年4月，全国工业学大庆会议在大庆召开，党和国家主要领导人以及来自全国各地的7000多名代表参加。这次会议把全国工业学大庆运动再次推向高潮。

1975年1月至1978年3月期间，大庆石油会战指挥部对组织机构进行多次调整，将政治部组织处、宣传处分别更名为党委组织部、党委宣传部，增设保卫部。同时，在所属单位机构设置上，强化油田开发、基本建设、科学研究等工作，突出专业化管理。将气工程建设指挥部合并到油田建设指挥部，先后成立建设材料指挥部和第二油田建设指挥部；大庆油田勘探开发研究院与大庆油田建设设计研究院合并为大庆油田科学研究设计院。

1978年初，大庆油田机关工作机构设党委政治部、生产办公室（虚设）、革委会办公室、农林办公室、文教办公室、财贸办公室、机关行政管理处、人民防空办公室、中级人民法院、科学技术委员会等10个部门，其中，党委政治部内设办公室、组织部、宣传部、调查研究室、信访接待室、保卫部（公安局）、妇女工作部等7个部门，受大庆党委委托领导工会、团委、妇联、直属机关党委4个部门工作；生产办公室内设总调度室、钻探处、基本建设处（局）、采油处、运销处、地质处、机械动力处（局）、技术安全处（办）、规划办公室、技术教育处、劳动工资处（局）、财务处（局）、知青办公室等14个部门；革委会办公室内设接待办公室1个部门；农林办公室内设农林处、农机处、农田基建处、畜牧处、综合处、林业处、财务处等7个部门；文教办公室内设教育局、技术教育处、卫生局、广播事业局、体育运动委员会办公室、文化局等6个部门；财贸办公室内设商业局、粮食局、财政局、外贸局、邮电局、工商局、工商物价管理局、生活服务局、轻工局、税务局、中国人民建设银行大庆分行等11个部门。所属30个二级单位：钻井指挥部、勘探指挥部、第一采油指挥部、第二采油指挥部、第三采油指挥部、第四采油指挥部、第五采油指挥部、第六采油指挥部、井下作业指挥部、输气管理处、油田建设指挥部、气工程建设指挥部、建筑公司、水电指挥部（局）、物资供应指挥部（局）、运输指挥部、公路工程处、油田开发研究院、油田设计研究院、总机械修理厂、汽车修理厂、石油钻采学校、职工医院、第二医院、西区医院、大庆师范学校、五七学校、大庆卫生学校、大庆石油化工总厂、五七农场。职工总数11.3万人。

20世纪70年代以后，根据国家对石油的需要，大庆油田在全面提高注采强度、搞好水井分层注水的基础上，广泛进行油井分层改造、分层采油和分层堵水，使原油产量从1966年的1000万吨上升到1976年的5000多万吨，占全国原油产量的一半以上，满足了国家发展建设的需要。与此同时，为实现原油年产5000万吨稳产10年的奋斗目标，满足油田生产建设管理的需要，在老区调整的同时，先后组建第五采油指挥部、第六采油指挥部，并加速开发建设葡萄花、太平屯等10个小油田，确保了原油长期稳产。截至1978年初，累计探明石油地质储量26.4亿吨、可采储量11.6亿吨，累计探明天然气储量54.67亿立方米，累计钻井7172口、钻井进尺869万米，累计生产原油3.75亿吨，累计财政上缴4.56亿元。

1978年3月，大庆石油会战指挥部改由黑龙江省和石油工业部双重领导，以黑龙江省为主。

期间，大庆党委书记兼革委会主任宋振明、大庆第四采油指挥部女子采油队队长关晓红当选中共十一大代表，大庆钻井指挥部1202钻井队队长吴全清当选中共十一大代表、中共第十一届中央委员，大庆党委副书记、革委会副主任王苏民在中共第十一届三中全会上当选中纪委委员。

大庆党委书记兼革委会主任陈烈民、大庆党委副书记兼革委会副主任周占鳌、大庆勘探开发研究院开发室副主任王启民、大庆石油化工总厂副厂长李景荣、大庆运输指挥部党委副书记张廷栋、大庆创业庄家属管理站主任李长荣当选第五届全国人大代表，其中周占鳌当选第五届全国人大常委会委员。

大庆革委会副主任兼总地质师闵豫、大庆党委常委兼总工会主任薛国邦、大庆党委常委李海峰、大庆创业庄家属管理站党支部书记薛桂芳任第五届全国政协委员。

（一）中共大庆委员会领导名录（1975.1—1978.3）

书　　记　丁继先（军代表，1975.1—2）
宋振明（1975.2—1977.11）
陈烈民（兼任，1977.11—1978.3）

第一副书记　陈烈民（1976.6—1977.11）

副 书 记　齐健敏（军代表，1975.1—2）
李荆和（1975.1—2）

宋振明（1975.1—2）
张洪池（基层代表，1975.1—2）
宋世宽（1975.1—2）
段荷华（军代表，1975.1—2）
傅金平（军代表，1975.1—2）
陈烈民（1975.1—1976.6）
张云清（基层代表，1975.1—6）
喻新盛（基层代表，1975.1—1978.3）
周占鳌（基层代表，1975.6—1978.3）
李虞庚（1975.6—1978.3）
黄　伟（基层代表，1975.6—1978.3）
韩荣华（基层代表，1975.8—1978.3）
郑耀舜（基层代表，1975.10—1978.3）
王苏民（基层代表，1977.7—1978.3）

常　　委　李成德（军代表，1975.1—1976.6）
季铁中（1975.1—2）
陶冰华（女，群众代表，1975.1—6）
常　胜（军代表，1975.1—1978.3）
李虞庚（1975.1—6）
王永祯（基层代表，1975.1—1978.3）
黄国斌（基层代表，1975.1—8）
黄　伟（基层代表，1975.1—6）
薛国邦（基层代表，1975.1—1978.3）
李玉生（基层代表，1975.1—1976.3）
周占鳌（基层代表，1975.1—6）
李海峰（女，基层代表，1975.1—1978.3）
周大任（军代表，1975.1—2）
胡绍中（基层代表，1975.1—6）
马德仁（基层代表，1975.6—1978.3）
张鸿飞（基层代表，1975.6—1978.3）

孙靖韬（基层代表，1975.6—1978.3）
唐恩来（基层代表，1975.6—1978.3）
张德国（基层代表，1975.6—1978.3）
王苏民（基层代表，1975.6—1977.7）

政治部主任 陈烈民（兼任，1975.1—4）
韩荣华（基层代表，1975.4—1978.3）

（二）大庆革委会领导名录（1975.1—1978.3）

主　　任 丁继先（军代表，1975.1—2）
宋振明（1975.2—1977.11）
陈烈民（兼任，1977.11—1978.3）

副 主 任 李荆和（1975.1—1978.3）
齐健敏（军代表，1975.1—2）
张洪池（基层代表，1975.1—2）
陈　俊（基层代表，1975.1—1978.3）
刘淑源（女，基层代表，1975.1—8）
傅金平（军代表，1975.1—2）
宋世宽（1975.1—1978.3）
张云清（基层代表，1975.1—6）
宋振明（1975.1—2）
季铁中（1975.1—1976.3）
陈烈民（1975.1—1977.11）
段荷华（军代表，1975.1—2）
李虞庚（1975.1—1978.3）
黄国斌（基层代表，1975.1—6）
周占鳌（基层代表，1975.1—1978.3）
只金耀（1975.1—1978.3）
崔海天（1975.1—1978.3）
李　云（基层代表，1975.1—6）
张鸿飞（基层代表，1975.1—1978.3）
孙靖韬（基层代表，1975.1—1978.3）

胡绍中（基层代表，1975.1—6）
黄　伟（基层代表，1975.1—1978.3）
喻新盛（1975.6—1978.3）
李玉生（1975.6—1976.3）
王永祯（1975.6—1978.3）
刘邦林（基层代表，1975.6—1978.3）
杨永贵（基层代表，1975.6—1978.3）
张瑞清（基层代表，1975.6—1978.3）
韩荣华（基层代表，1975.8—1978.3）
闵　豫（1975.8—1978.3）
郑耀舜（基层代表，1975.10—1978.3）
王苏民（基层代表，1977.7—1978.3）

（三）大庆总工会（1975.1—1978.3）

主　　任　薛国邦（1975.1—1978.3）

二、胜利油田会战指挥部（1975.1—1978.3）

1975年1月，胜利油田会战指挥部由山东省和石油化学工业部双重领导，以山东省为主。党组织关系隶属于山东省委。机关办公地点在山东省惠民专区。

4月至5月，石油化学工业部决定从胜利油田抽调机修、运输、钻井系统759名职工及相应设备赴江苏油田参加会战。10月，石油化学工业部决定成立东濮石油勘探会战指挥部（1978年更名为东濮石油会战指挥部），由胜利油田会战指挥部领导，并从胜利油田、南阳油田抽调队伍在山东东明和河南濮阳地区开展东濮石油勘探会战。

1976年7月28日，河北省唐山、丰南一带发生里氏7.8级强烈地震，8月4日，胜利油田会战指挥部抽调85人和各种车辆40部组成抗震救灾队赴唐山抢险救灾，历时54天结束。该抗震救灾队获国务院授予的“全国抗震救灾突击队”称号。

1977年10月，石油化学工业部决定，参加华北石油会战指挥部冀中地区会战的4个钻井队调回胜利油田会战指挥部。

截至1977年底，胜利油田会战指挥部机关设政治部、生产办公室、生活办公室、公安处等4个部门。其中政治部设党委办公室、党委组织部、党委宣传部、工会、团委、人民武装部、防空办公室、机关党委、家属政治部、知青办公室；生产办公室设总调度室、指挥部办公室、人事处、教育处、地质处、环境保护办公室、钻井处、采油处、水电讯处、基建处、资产处、计划处、财务处、天然气管理处、产品管理处、机动处、科委办公室；生活办公室设农副业处、行政处、接待处、卫生处。所属26个二级单位：地质调查指挥部、钻井指挥部、井下作业处、测井总站、油田建设第一指挥部、油田建设第二指挥部、建筑工程指挥部、孤岛指挥部、临盘指挥部、河口指挥部、胜利采油指挥部、滨南采油指挥部、机械修理厂、汽车修配厂、运输处、供应处、设计规划研究院、水电指挥部、职工医院、勘探开发规划研究院、石油勘探开发工艺研究所、东濮指挥部、莱州湾基地建设指挥部、五七学校、技术学校、济南柴油机厂。在册职工9.7万人。指挥部党委下属基层党委144个、党总支28个、党支部1359个，共有党员2.97万名。年产原油1751.32万吨、天然气11.72亿立方米。累计发现油田45个，累计探明石油地质储量11.08亿吨，投入开发油田21个，油井2404口，天然气井80口。

1978年3月，胜利油田会战指挥部改由山东省和石油工业部双重领导，以山东省为主。

（一）中共胜利油田会战指挥部委员会领导名录（1975.1—1978.3）

书　　记　刘佩荣（军代表，1975.1—1978.3）

副 书 记　余群立（1975.1—1978.3）

王瑞龙（1975.1—7）

杨志钰（1975.1—1978.3）

焦万海（1975.1—1978.3）

欧阳义（1975.7—1978.3）

王　军（1975.7—1978.3）

姚福林（1975.7—1978.3）

李　晔（1975.10—1978.3）

常　　委　杨继清（1975.1—1978.3）

欧阳义（1975.1—7）

刘占仓（1975.1—7）
王　军（1975.1—7）
李雨轩（1975.1—1978.3）
姚福林（1975.1—7）
冯其俊（基层代表，1975.1—1978.3）
于清海（基层代表，1975.1—1978.3）
李玉生（1975.10—1977）
张慎三（1976.3—1978.3）
王永祯（1976.9—1978.3）

政治部主任　李玉生（1975.10—1977）

（二）胜利油田会战指挥部领导名录（1975.1—1978.3）

指　　挥　刘佩荣（军代表，1975.1—1978.3）

副 指 挥　余群立（1975.1—1978.3）
欧阳义（1975.1—1978.3）
杨继清（1975.1—1978.3）
刘占仓（1975.1—7）
姚福林（1975.1—1978.3）
王　军（1975.1—1978.3）
王云午（1975.1—1978.1）
李雨轩（1975.1—1978.3）
孙荣富（1975.1—6）
王思文（1975.1—1978.3）
张载褒（1975.1—7）
李光明（1975.1—7）
杨志钰（1975.1—1978.3）
傅积隆（1975.7—1978.3）
刘积有（1975.7—1978.3）
李　晔（1975.10—1978.3）
张慎三（1976.3—1978.3）
侯心昶（1976.3—1978.3）

钱升旺（1976.3—1978.3）
乔聚星（1976.3—1978.3）
王永祯（1976.9—1978.3）

总工程师　张载褒（1975.1—7）

总地质师　胡见义（1975.1—1978.3）

三、华北石油会战指挥部（1975.1—1978.3）

（一）华北石油会战指挥部（1975.1—1976.2）

1975年1月，华北石油会战指挥部由天津市和石油化学工业部双重领导，以天津市为主，党组织关系隶属于天津市委，业务上接受石油化学工业部指导。在册职工4.84万人。机关办公地址在天津市南郊区津歧路西侧三号院。

9月，华北石油会战指挥部3269钻井队在河北省任丘县境内钻探的任4井获高产油气流，发现古潜山油田（被称为任丘油田）。10月，在任丘同一构造带上任6井喷油获高产，进一步证实了任丘构造古生界油藏。11月，华北石油会战指挥部决定，成立中共华北石油会战指挥部冀中石油会战领导小组，在河北省任丘县组织任丘油田会战。

1975年，石油化学工业部商得甘肃、黑龙江、广东、河北、天津、陕西等省市同意，将玉门石油管理局采油队和修井队等单位160人、大庆石油会战指挥部压裂车队65人、哈尔滨工程力学研究所建材研究室110人、石油地球物理勘探局150人、陕西省宝鸡石油钢管厂250人，整建制调入华北石油会战指挥部；将华北石油会战指挥部的海上地震队70人和设备调往茂名石油公司，油田建设施工队伍400人调往石油天然气管道局。

截至1975年底，华北石油会战指挥部机关设组织处、干部处、宣传处、秘书处、家属政工处、办公室、总调度室、科学技术处、财务处、劳动工资处、人民武装保卫部、机动处、基建处、教育处、计划处、卫生处、生活管理处、钻井处、油田处、农副业处、机关党委、工会、团委等23个部门。所属勘探开发研究院、规划设计院、第一钻井指挥部、冀中勘探指挥部、地质调查指挥部、井下作业指挥部、采油指挥部、炼油厂、油建指挥部、矿区建设指挥部、海洋勘探指挥部、运输指挥部、机修厂、汽车配件制造厂、水电厂、供应处、职工医院、大港商业公司、石油技术学校、干部学校等20个单位。职工总数5.7万人。当年生产原油449.6万吨、天然气11.6亿立方米。

1976年1月，在河北省任丘县境内发现高产油田后，经国务院批准，石油化学工业部决定把华北石油勘探的重点转移到冀中地区，打一场石油勘探和开发会战。会战队伍以华北石油会战指挥部为主，先后从长庆、吉林、胜利、大庆、玉门、江汉、四川、辽河、滇黔桂等油田，以及石油运输公司、兰州炼油厂、陕西省宝鸡石油机械厂、汉平贮备库、陕西省西安石油仪器一厂、陕西省宝鸡石油钢管厂整建制抽调队伍参加会战，国家基本建设委员会抽调部队支援。会战队伍共约3万人。

2月，经石油化学工业部与天津市委、河北省委商定，将华北石油会战指挥部移驻河北任丘油田。

1. **中共华北石油会战指挥部委员会领导名录**（1975.1—1976.2）

书　　记　张文彬（兼任，1975.1—1976.2）
第一副书记　赵复成（赵维亚，1975.1—1976.2）
副 书 记　马永林（1975.1—1976.2）
　　刘仁杰（1975.1—1976.2）
　　裴虎全（1975.1—1976.2）
　　齐国贤（1975.1—1976.2）
　　施振芳（1975.1—1976.2）
常　　委　侯　忠（1975.1—1976.2）
　　贺清德（1975.1—1976.2）
　　臧成平（群众代表，1975.1—1976.2）
　　孙德福（孙安仕，1975.1—1976.2）
　　李全亨（陶气，1975.1—1976.2）
　　阎宝钧（1975.1—1976.2）
政治部主任　阎宝钧（1975.1—1976.2）

2. **华北石油会战指挥部领导名录**（1975.1—1976.2）

指　　挥　马永林（1975.1—1976.2）
第一副指挥　裴虎全（1975.1—1976.2）

副　指　挥　钟一鸣（1975.1—1976.2）
丁　达（1975.1—1976.2）
孙德福（1975.1—1976.2）
李全亨（1975.1—1976.2）
陈厚勇（1975.1—1976.2）
王礼钦（1975.1—1976.2）
郭志忠（郭书义，1975.1—1976.2）
侯守智（1975.1—1976.2）
冯　浩（1975.1—1976.2）
万鹏飞（1975.1—1976.2）
禹福连（1975.1—1976.2）
施鸣鹤（1975.1—1976.2）
总工程师　王礼钦（1975.1—1976.2）
总地质师　吴华元（1975.1—1976.2）
基建总工程师　王连志（1975.1—1976.2）
采油总工程师　朱兆明（1975.1—1976.2）

（二）华北石油会战指挥部（1976.2—1978.3）

1976年2月，石油化学工业部与天津市委、河北省委商定，将华北石油会战指挥部移驻河北任丘油田，成立华北石油会战指挥部党的核心小组，统一指挥冀中地区会战、大港油田和渤海海上石油的勘探工作。华北石油会战指挥部党的核心小组共23人，由石油化学工业部副部长张文彬兼任会战指挥部党的核心小组组长、指挥。华北石油会战指挥部及其所属驻在河北省境内的机构和队伍，党的工作由河北省委领导；驻在天津市境内的大港油田和海洋石油勘探指挥部，党的工作由天津市委领导，生产业务仍受华北石油会战指挥部领导。

3月，冀中勘探指挥部、机修厂、汽车配件制造厂等单位整建制和采油指挥部、井下作业指挥部、油田机关部分职工，共计1.8万余人划归华北石油会战指挥部；6000余名职工划归海洋石油勘探指挥部；其余3万多名职工组建大港油田指挥部。

调整后，华北石油会战指挥部机关设3个部门共26个处。政治部设秘书处、组织部、宣传部、干部部、保卫部、家属工作处、工会、团委；生产办公室设办公室、总调度室、计划处、运销处、机动处、地质处、人事教育处、财务处、工农工作处、工程技术处、基建处；生活办公室设生活服务处、行政处、农副业处、接待处、卫生处，以及通讯处、机关党委。所属油田指挥部、油建指挥部、第二勘探指挥部、第三勘探指挥部、第四勘探指挥部、第五勘探指挥部、供应指挥部、石油勘探开发研究院、油田规划设计院等9个二级单位。此外，长庆油田、石油地球物理勘探局、炼油设计院、第五石油化工建设公司等单位参加华北石油会战的队伍，由华北石油会战指挥部直接领导。

7月28日，河北省唐山、丰南一带发生里氏7.8级强烈地震，华北油田当天派出车队将救灾物资送到灾区。

8月，华北石油会战指挥部油田指挥部行政级别明确为副局级。

随着会战大规模开展，队伍人员快速增加，华北石油会战指挥部机构相应进行调整。截至1976年底，机构设置调整为机关3个部门共30个处，所属21个单位，其中机关撤销工程技术处、人事教育处，增设钻井处、采油处、科技处、人事处、教育处、矿建处等；所属单位增加水电指挥部、运输指挥部、商业公司、第一机修厂、汽车配件厂、钻井工艺装备研究所、职工医院、石家庄办事处、技工学校等。1976年生产原油597.31万吨，实现了当年勘探、当年建设、当年开发、当年收回全部国家投资。

1977年7月，石油化学工业部决定，将北京石油化工总厂基本建设会战指挥部307人及所属运输处496人调给华北石油会战指挥部。8月，所属油田指挥部由副局级调整为处级，其所属井下作业指挥部上划华北石油会战指挥部直接管理，更名为酸化压裂指挥部。

10月，石油化学工业部决定，将胜利油田会战指挥部参加冀中地区会战的4支钻井队调回原单位。11月，从玉门石油管理局抽调400人至华北石油会战指挥部。12月，华北石油会战指挥部抽调5支钻井队约380人参加东濮石油勘探会战。

截至1977年底，冀中地区共发现14个潜山油气田和油气藏，当年生产原油1229.83万吨。职工总数4.74万人。

1978年初，华北石油会战指挥部机关设4个部室，下设30个处。其中，政治部设秘书处、组织部、武装部、宣传部、保卫部、工会、团委；生产办公室设办公室、总调度室、计划处、人事处、教育处、财务处、机动处、地质处、钻井处、采油处、科技处、运销处、基建处、运输处、工农工作处；生活办公室设行政处、生活服务处、卫生处、接待处；家属工作部设办公室、家属政工处、农副业处，以及机关党委。所属19个二级单位：油田指挥部、第一油田建设指挥部、第二勘探指挥部、第三勘探指挥部、第五勘探指挥部、北京勘探指挥部、供应指挥部、水电指挥部、运输指挥部、酸化压裂指挥部、通讯处、石油勘探开发设计研究院、职工医院、石家庄办事处、党校、技工学校、电厂筹建处、商业公司、石油机械修理厂。

3月，华北石油会战指挥部改由石油工业部和河北省双重领导，以石油工业部为主。

期间，华北石油会战指挥部副指挥李全亨当选中共十一大代表，副指挥孙德福、3269钻井队指导员郭顺源当选第五届全国人大代表。

1. **华北石油会战指挥部党的核心小组领导名录**（1976.2—1978.3）

组　　长　张文彬（兼任，1976.2—1977.1）
　　　　　　焦力人（兼任，1977.3—1978.3）

副 组 长　任成玉（1976.2—1978.3）
　　　　　　阎国钧（1976.2—1978.3）
　　　　　　马永林（1976.2—1978.3）
　　　　　　马骥祥（马骥，1976.2—1978.3）
　　　　　　姬永兴（1976.2—1978.3）
　　　　　　施宗林（1976.2—1978.3）
　　　　　　赵复成（1976.2—1978.3）

成　　员　霍文彬（1976.2—1978.3）
　　　　　　刘仁杰（1976.2—1978.3）
　　　　　　裴虎全（1976.2—1978.3）
　　　　　　钟一鸣（1976.2—1978.3）
　　　　　　孙德福（1976.2—1978.3）
　　　　　　郭志忠（1976.2—1978.3）
　　　　　　毛华鹤（1976.2—1978.3）
　　　　　　王福臻（1976.2—1978.3）

李全亨（1976.2—1978.3）
罗重群（袁尚业，1976.2—1978.3）
赵文元（赵文扬，1976.2—1978.3）
陈学俊（1976.2—1978.3）
姜　阳（1976.2—1978.3）
李向阳（李曼莉，女，1976.2—1978.3）
谢采贤（1977.8—1978.3）

政治部主任　施宗林（兼任，1976.2—1978.3）

2. **华北石油会战指挥部领导名录**（1976.2—1978.3）

指　　挥　张文彬（兼任，1976.2—1977.1）
焦力人（兼任，1977.3—1978.3）

副 指 挥　任成玉（1976.2—1978.3）
阎国钧（1976.2—1978.3）
马永林（1976.2—1978.3）
马骥祥（1976.2—1978.3）
姬永兴（1976.2—1978.3）
孙德福（1976.2—1978.3）
郭志忠（1976.2—1978.3）
阎敦实（1976.2—1978.3）
霍文彬（1976.2—1978.3）
刘仁杰（1976.2—1978.3）
裴虎全（1976.2—1978.3）
钟一鸣（1976.2—1978.3）
王福臻（1976.2—1978.3）
李全亨（1976.2—1978.3）
王礼钦（1976.2—1978.3）
谢采贤（1977.8—1978.3）

总地质师　阎敦实（1978.2—3）

钻井总工程师　王礼钦（1978.2—3）

3. 华北石油会战指挥部油田指挥部（副局级）主要领导名录（1976.8—1977.8）

指挥、党委书记　姬永兴（1976.8—1977.8）

四、大港油田指挥部（1976.3—1978.3）

华北石油会战指挥部迁址河北省任丘县后，天津市委于1976年3月决定成立大港油田指挥部，行政级别为地（师）级；将原华北石油会战指挥部党委更名为中共大港油田委员会，党组织关系隶属于天津市委，生产业务仍由华北石油会战指挥部管理。同时，任命大港油田指挥部党政领导班子成员。大港油田指挥部职工总数3.19万人。机关办公地址：天津市大港油田三号院。

7月28日，河北省唐山、丰南一带发生里氏7.8级强烈地震，处于震区的大港油田遭受严重损失。

12月，为适应大港油田体制变化和生产发展的需要，大港油田指挥部对内设机构进行调整。机关设政治部（内设秘书处、组织处、干部处、宣传处、家属政工处）、工会、团委、保卫处、武装部、生产办公室（内设办公室、总调度室、计划处、科技处、机动处、劳动工资处、财务处、教育处、基建处）、生活办公室（内设生活处、农副业处、卫生处）、机关党委办公室，编制270人。所属13个二级单位：第一勘探指挥部（钻井指挥部）、井下作业指挥部、地质调查指挥部、油田建设指挥部、矿区建设指挥部、采油指挥部、运输指挥部、供应处、炼油厂、水电厂、石油技术学校、大港商业公司、职工医院。指挥部党委下属基层党委19个、党总支46个、党支部597个，共有党员1.45万名。

1977年7月，国家建委决定，将天津市第八建筑工程公司和国家建委第一工程局二公司成建制划归大港油田指挥部领导，改编为大港油田指挥部第四油田建设指挥部和第五油田建设指挥部；石油化学工业部征得国家建委和天津市同意，将石油化学工业部第五石油化工建设公司划归大港油田指挥部领导，并更名为第三油田建设指挥部。同月，华北石油会战指挥部的第一机修厂、汽车配件厂等单位划归大港油田指挥部。9月，大港油田指挥部所属油田建设指挥部改编为第二油田建设指挥部。同时，大港油田指挥部领导的第四油田建设指挥部整建制划归海洋石油勘探指挥部。

截至1978年3月，大港油田指挥部职工总数5.06万人，共发现油田12个。

期间，大港油田指挥部钻井公司井队队长王永安当选中共十一大代表；大港油田指挥部采油指挥部四矿一队副指导员刘俊秀、大港油田指挥部矿机所主任工程师郭锡禄当选第五届全国人大代表。

（一）中共大港油田指挥部委员会领导名录（1976.3—1978.3）

第一书记　马骥祥（马骥，1977.7—1978.3）

书　　记　刘仁杰（1976.3—1978.3）

副 书 记　裴虎全（1976.3—1978.3）

齐国贤（1976.3—1978.3）

师秉毅（1976.3—1978.3）

施振芳（1976.3—1978.3）

李树仁（1976.3—1978.3）

杜志福（1977.11—1978.3）

常　　委　侯　忠（1976.3—1978.3）

臧成平（1976.3—1978.3）

阎宝钧（1976.3—1978.3）

于秋云（女，1976.3—1978.3）

冯　浩（1976.3—1978.3）

陈厚勇（1976.3—1978.3）

施鸣鹤（1976.3—1978.3）

丁　达（1976.3—1978.3）

政治部主任　阎宝钧（1976.3—1978.3）

（二）大港油田指挥部领导名录（1976.3—1978.3）

指　　挥　刘仁杰（1976.3—1977.7）

马骥祥（1977.7—1978.3）

副 指 挥　裴虎全（1976.3—1978.3）

齐国贤（1976.3—1978.3）

师秉毅（1976.3—1978.3）

施振芳（1976.3—1978.3）

李树仁（1976.3—1978.3）
于秋云（1976.3—1978.3）
冯　浩（1976.3—1978.3）
陈厚勇（1976.3—1978.3）
侯　忠（1976.3—1978.3）
施鸣鹤（1976.3—1978.3）
丁　达（1976.3—1978.3）
臧成平（1976.3—1978.3）
侯守智（1976.3—1978.3）
万鹏飞（1976.3—1978.3）
禹福连（1976.3—1978.3）
张显文（1976.3—1978.3）
张明义（1976.3—1978.3）
杜志福（1977.11—1978.3）

总地质师　吴华元（1976.3—1978.3）

基建总工程师　王连志（1976.3—1978.3）

五、辽河石油勘探局（1975.1—1978.3）

1975年1月，辽河石油勘探局由辽宁省和石油化学工业部双重领导，以辽宁省为主。党组织关系隶属于辽宁省委。设23个机关处室，所属17个二级单位。职工总数4.1万人。机关办公地点在辽宁省盘山县兴隆台。

2月，辽宁营口、海城地区发生里氏7.3级强烈地震，辽河石油勘探局半数油井被迫关闭停产。全局职工奋力抗震救灾，15天后油田全部恢复生产。3月，辽河杜4井在杜家台油层试油成功，发现欢喜岭油田。4月，辽河杜7井获高产油气流，发现曙光油田。同月，玉门石油管理局480名职工参加辽河石油会战。12月30日，国家计划委员会、国家基本建设委员会批复同意石油化学工业部《关于组织辽河地区与曙光油田会战的报告》，曙光油田会战开始。

1976年1月，石油化学工业部从大庆、玉门、新疆等油田和石油地球物理勘探局等单位抽调1万余人参加辽河曙光石油会战，11月曙光石油会战结束。

1977年，中国最大的稠油开采试验基地——辽河高升油田正式投入开发，全年生产原油3.74万吨。

截至1978年初，辽河石油勘探局机关设政治部（内设办公室、组织部、干部处、宣传处、保卫处、人武部、工会、团委）、行政办公室、总调度室、生产技术处、机动处、基建处、财务处、人事处、教育处、科技处、计划处、运销处、行政管理处、农副业处、卫生处、技安处和公安处等处室。所属地球物理勘探处、钻井处、沈阳勘探处、井下作业处、采油厂、油田建设工程处、地质处、运输处、第二钻井处、供应处、筑路工程处、机修厂、水电厂、油田建设规划设计院、消防大队、技工学校、职工医院、科学技术研究院、油气管理处、曙光采油指挥部、测井总站和党校等22个二级单位。共有职工5.42万人。共开发黄金带、于楼、热河台、兴隆台、曙光、欢喜岭、高升等13个油田。

3月，辽河石油勘探局改由辽宁省和石油工业部双重领导，以辽宁省为主。

期间，辽河石油勘探局副局长、工会主任刘成章当选中共十一大代表。

（一）中共辽河石油勘探局委员会领导名录（1975.1—1978.3）

书　　记　刘长亮（1975.1—1977.7）
　　　　　　白凤仪（1977.7—1978.3）
副 书 记　贾　皞（贾皋，1975.1—1977.7）
　　　　　　刘照民（1975.1—1978.3）
　　　　　　林治开（1975.1—1977.7）
　　　　　　王　涛（1975.1—1978.3）
　　　　　　王苏民（1976.3—1978.3）
　　　　　　邓礼让（1977.7—1978.3）
　　　　　　张延杰（1977.7—　　）
　　　　　　夏　云（1977.7—　　）
　　　　　　郭惠中（1977.12—1978.3）
　　　　　　张中奇（1978.3）
常　　委　满应科（1975.1—1978.3）
　　　　　　王子正（1975.1—1978.3）
　　　　　　季生元（1975.1—1978.3）

王天儒（1975.1—1978.3）
窦小群（1975.1—1978.3）
刘成章（1975.1—1978.3）
王镜心（1975.1—1978.3）
田丕儒（1975.1—1978.3）
崔海天（1976.3—1978.3）
张中奇（1976.3—1978.3）
单　奎（1977.7—　　）
杨福山（1977.7—　　）
孙学才（1977.7—　　）

（二）辽河石油勘探局领导名录（1975.1—1978.3）

局　　长　贾　皞（1975.1—1977.7）
邓礼让（1977.7—1978.3）
副 局 长　刘照民（1975.1—1978.3）
林治开（1975.1—1977.7）
王　涛（1975.1—1978.3）
满应科（1975.1—1978.3）
王子正（1975.1—1978.3）
季生元（1975.1—1978.3）
王天儒（1975.1—1978.3）
刘成章（1975.1—1978.3）
杨　录（1975.1—1978.3）
张子玉（1975.1—1978.3）
李国璋（1975.1—1978.3）
赵喜德（1975.1—1978.3）
刘　沐（1975.1—1978.3）
王镜心（1975.1—1978.3）
田丕儒（1975.1—1978.3）
崔海天（1976.3—1978.3）
王秉祥（1976.3—1978.3）

总 工 程 师　蒋麟湘（1975.1—1978.3）

总 地 质 师　张文昭（1975.1—1978.3）

（三）辽河石油勘探局工会（1975.1—1978.3）

主　　　任　刘成章（1975.1—1978.3）

六、吉林省石油会战指挥部（1975.1—1978.3）

1975年1月，吉林省石油会战指挥部由吉林省领导，业务上接受石油化学工业部指导，党组织关系隶属于吉林省白城地委。职工总数2.73万人。机关办公地点在吉林省白城地区前郭尔罗斯蒙古族自治县前郭镇北。

2月，石油化学工业部决定，从玉门石油管理局抽调404名职工及随行家属433人，到红岗油矿参加吉林石油会战。4月，大庆油田抽调6支钻井队支援新木油田勘探开发会战，同时组成大庆油田钻井前线新木指挥所，以支援新木油田的开发建设。10月又抽调292人支援新木油田勘探开发会战。

1975年，吉林省石油会战指挥部对机构进行调整，3月，成立红岗油矿。4月，成立规划设计室，组建农副业处。5月，成立第一钻井指挥部、地质调查指挥部，撤销勘探指挥部，组建地质指挥部。7月，成立第二钻井指挥部。9月，以第二钻井指挥部水电队为主，组成水电厂筹建组。12月，大庆油田抽调一支542人的成建制油矿队伍参加吉林石油会战指挥部新木油矿的组建工作。同年，陆续成立5所“七二一”工人大学，为在工人中培养人才提供条件。截至年底，吉林省石油会战指挥部机关设政治部（内设秘书室、组织处、宣传处、干部处、保卫处）、办公室、生产技术处、基建处、机电动力处、计划处、财务处、劳资处、物资供应管理处、行政处、农副业处、工会、团委、武装部等14个部门，所属七〇油田指挥部（领导班子由吉林省委直接任命）、红岗油矿、新木油矿、地质调查指挥部、第一钻井指挥部、第二钻井指挥部、地质指挥部、水电厂筹建组、规划设计室、井下指挥部、油建指挥部、供应指挥部、机修厂、化肥厂、汽修厂、教育处、石油学校、技工学校、职工医院、洮河农村、工农新村等21个二级单位。已开发扶余、红岗、新木3个油田，年产原油135万吨。职工总数2.73万人，专业技术人员897人。指挥部党委下属基层党委18个、党总支40个、党支部537个，共有党员6922名。

1976年2月，经吉林省同意，石油化学工业部决定，由吉林省石油会战指挥部指挥马骥祥带队，组织勘探和油建等4600名职工参加河北省冀中石油会战。4月，吉林省计委同意吉林省石油会战指挥部组建2500人的土建施工队伍（集体所有制企业）。9月，吉林省决定，从白城地区招收3000名知识青年参加吉林油田勘探开发生产建设。

1977年5月，撤销吉林省石油会战指挥部党的核心小组，成立中共吉林省石油会战指挥部临时委员会。10月，“七二一”工人大学首届两年制450余名学员毕业，在之后的油田勘探开发生产建设中发挥了作用，缓解了油田专业技术人才短缺的状况。

1978年1月，吉林省石油会战指挥部机关增设地质处。2月，所属石油学校、技工学校分别举行首届开学典礼，开办9所分校共17个教学班，为油田勘探开发建设培养专业人才。3月，会战指挥部决定开发新北油田，组建新北油田筹建组。

1973年至1978年末，指挥部累计探明石油地质储量2.11亿吨。

1978年3月，石油工业部成立时，吉林省石油会战指挥部仍由吉林省领导，业务上接受石油化学工业部指导。

期间，吉林省石油会战指挥部钻井指挥部32661女子钻井队副队长侯小维当选中共十一大代表。

（一）吉林省石油会战指挥部党的核心小组领导名录（1975.1—1977.5）

组　　长　刘存仁（1975.1—1977.5）

副 组 长　马骥祥（马骥，1975.1—1976.2）

赵东黎（1975.1—1977.5）

成　　员　贾承烈（1975.1—1976.10）

汪启智（1975.1—1976.2）

梁树奎（1975.1—1976.2）

罗重群（1975.1—1976.9）

王炳诚（1976.10—1977.5）

赵炳辉（1976.10—1977.5）

张景阳（1976.10—1977.5）

韩　友（1976.10—1977.5）

王雪涛（1976.10—1977.5）
田在艺（1976.10—1977.5）
杨恒业（1976.10—1977.5）
魏凤石（1977.3—5）

政治部主任　罗重群（1975.6—1976.2）

（二）中共吉林省石油会战指挥部临时委员会领导名录（1977.5—1978.3）

书　　记　何春泉（1977.5—1978.3）

副 书 记　赵东黎（1977.5—11）
张立业（1977.10—1978.3）

委　　员　王炳诚（1977.5—1978.3）
赵炳辉（1977.5—1978.3）
张景阳（1977.5—1978.3）
韩　友（1977.5—1978.3）
王雪涛（1977.5—12）
魏凤石（1977.5—1978.3）
田在艺（1977.5—12）
杨恒业（1977.5—1978.3）

纪委书记　韩　友（1977.5—1978.3）

（三）吉林省石油会战指挥部领导名录（1975.1—1978.3）

指　　挥　马骥祥（1975.1—1976.2）

政　　委　刘存仁（1975.1—1977.5）

副 指 挥　贾承烈（1975.1—1976.10）
汪启智（1975.1—1976.2）
梁树奎（1975.1—1976.2）
田在艺（1975.1—1977.12）
叶跃庭（1975.1—1976.2）
朱良久（1975.1—1976.2）
吴衍君（1975.1—1976.2）
张怀玺（1975.1—1976.2）
王　彬（1975.1—1976.6）

张景阳（1975.1—1978.3）
赵东黎（1976.10—1978.3）
王炳诚（1976.10—1978.3）
赵炳辉（1976.10—1978.3）
韩 友（1976.10—1977.12）
王雪涛（1976.10—1977.12）
杨恒业（1976.10—1978.3）
魏凤石（1977.3—1978.3）
张自清（1977.8—1978.3）
王毓峰（1978.2—3）

副 政 委 徐尚风（1975.1—1977.9）
罗重群（1975.6—1976.2）

总工程师 王炳诚（1975.1—1976.10）

（四）所属七〇油田领导名录（1975.1—1978.3）

1. **中共七〇油田委员会领导名录**（1975.1—1978.3）

书 记 贾承烈（1975.1—1976.10）
韩 友（1976.10—1978.3）

副 书 记 徐尚风（1975.1—1977.9）

常 委 王 彬（1975.1—1976.6）
张景阳（1975.1—1976.10）
王雪涛（1975.1—1976.10）
魏凤石（1975.1—1977.3）

政治部主任 马玉良（1975.1—1978.3）

2. **七〇油田革委会领导名录**（1975.1—1978.3）

主 任 贾承烈（1975.1—1976.10）
韩 友（1976.10—1978.3）

副 主 任 徐尚风（1975.1—1977.9）
王 彬（1975.1—1976.6）
张景阳（1975.1—1976.10）
牛天杰（1975.1—4）

李学明（1975.1—1978.3）
王雪涛（1975.1—1976.10）
魏凤石（1975.1—1977.3）

七、新疆维吾尔自治区石油管理局（1975.1—1978.3）

1975年1月，新疆维吾尔自治区石油管理局（简称新疆石油管理局）由新疆维吾尔自治区和石油化学工业部双重领导，以新疆维吾尔自治区为主，党组织关系隶属于新疆维吾尔自治区党委。职工人数3.9万人。机关办公地点在新疆维吾尔自治区克拉玛依市。

10月，石油化学工业部决定从新疆石油管理局抽调2576名职工支援石油天然气管道局的管道建设和辽河石油勘探局、长庆油田指挥部、江苏石油勘探开发会战指挥部、华东输油管线指挥部、华北石油会战指挥部的石油会战。

1975年，新疆石油管理局原油产量首次突破300万吨。

1977年5月，塔里木盆地西南叶城境内的柯参1井喷油，发现柯克亚油气田，新疆石油管理局决定扩大南疆勘探规模，陆续抽调6000多人参加会战。石油地球物理勘探局、华北石油会战指挥部等单位也抽调人员一并参加南疆石油勘探会战。

1978年2月，石油化学工业部召开塔里木会战会议，决定石油勘探战略西移，成立南疆会战领导小组，统一领导参加会战的各有关单位，李敬为组长。年末参加会战的地震队和钻井队分别达到26个，会战职工约1.48万人。

1975年至1978年，新疆石油管理局对组织机构进行多次调整，先后成立钻探处、采油处、增产节约办公室、钻采设备修理厂、汽车修理厂、矿建处，并将生产技术处更名为科技处，行政管理处更名为生活管理处，集体经济管理处更名为家属生产管理处。截至1978年3月，设机关处室19个，所属二级单位33个，职工总数5.8万人。

1978年3月，新疆石油管理局改由新疆维吾尔自治区和石油工业部双重领导，以新疆维吾尔自治区为主。

期间，中共新疆维吾尔自治区石油管理局委员会副书记、新疆维吾尔自治区石油管理局革委会主任瓦力斯江·吐尔地，新疆石油管理局南疆石油勘探指挥部技术员吕星文当选中共十一大代表；工会副主任克尤木·买提尼牙孜当选第五届全国人大代表、第五届全国人大常委会委员。

（一）中共新疆维吾尔自治区石油管理局委员会领导名录（1975.1—1978.3）

书　　记　李欣吾（1975.1—1978.3）

副 书 记　周忆云（军代表，1975.1—1976.5）

瓦力斯江·吐尔地（维吾尔族，1975.1—1978.2）

谢采贤（1975.1—1976.7）

王照明（1975.1—1978.3）

侯志诚（1975.1—1978.3）

张启华（1975.1—11）

国际巩（1975.7—1978.3）

李保孚（1975.7—1978.3）

胡绍普（1975.10—1978.3）

常　　委　张　毅（1975.1—1978.3）

张家达（1975.1—1978.3）

马合木提·司马义（维吾尔族，1975.1—1978.3）

王　素（女，1975.1—1978.3）

蔡茂年（1975.1—1978.3）

王向群（1975.1—1976.4）

李　茜（1975.7—1978.3）

任荣堂（1977.2—1978.3）

政治部主任　李保孚（兼任，1975.7—1978.3）

（二）新疆维吾尔自治区石油管理局革委会领导名录（1975.1—1978.3）

主　　任　瓦力斯江·吐尔地（1975.1—1978.2）

副 主 任　赵铭海（群众代表，1975.1—1978.3）

孙廷鋐（群众代表，1975.1—7）

汪守良（群众代表，1975.1—12）

曹芳春（群众代表，1975.1—11）

周忆云（军代表，1975.1—1976.5）

王向群（1975.1—1976.4）
王照明（1975.1—1978.3）
侯志诚（1975.1—1978.3）
张　毅（1975.1—1978.3）
马合木提·司马义（1975.1—1978.3）
张家达（1975.1—1978.3）
周庆祖（1975.1—1978.3）
徐杜周（1975.1—1978.3）
肉孜·阿尤甫（维吾尔族，1975.1—1978.3）
买买提·艾沙（维吾尔族，1975.1—1978.3）
张启华（1975.1—10）
李　茜（1975.7—1978.3）
任荣堂（1977.2—1978.3）
吕全良（1977.2—1978.3）

总工程师　刘翔鹗（1975.1—1978.3）
总地质师　谢　宏（1975.1—1978.3）
总会计师　雷　震（1975.1—1978.3）

（三）新疆维吾尔自治区石油管理局工会（1975.9—1978.3）

主　　任　丰光远（1975.9—1978.3）

八、玉门石油管理局（1975.1—1978.3）

1975年1月，玉门石油管理局隶属甘肃省领导，由甘肃省石油化学工业厅管理，党组织关系隶属于甘肃省委，业务上接受石油化学工业部指导，行政级别为地（师）级。机关设18个处室，所属16个二级单位，职工总数1.7万人。机关办公地点在甘肃省玉门市中坪区。

1975年至1976年，玉门石油管理局为支援辽河油田、吉林油田和任丘油田的建设，共调出职工2168人。1977年至1978年，又先后调出1482名职工支援南阳油田和中原油田的建设。

截至1978年初，玉门石油管理局机关设政治部、办公室、计划处、调度处、地质室、技术处、机动处、劳资处、财务处、器材处、行政处等11个部门；政治部下设组织处、宣传处、工会、团委、教育处、武装保卫处、机关党委、工业学大庆办公室、妇女政治工作处等9个处室。所属地质勘探处、老君庙油矿、鸭儿峡油矿、白杨河油矿、石油沟油矿、井下处、炼油厂、机械厂、修造厂、水电厂、运输处、地面工程处、研究所、职工医院、服务处、消防大队、石油工人学校等17个二级单位。在册职工2.11万人。

1978年3月，石油工业部成立时，玉门石油管理局仍由甘肃省领导。

（一）中共玉门石油管理局委员会领导名录（1975.1—1978.3）

书　　记　任志恒（1975.1—10）
　　　　　傅万祯（1975.10—1978.3）

副 书 记　王德礼（1975.1—1978.3）
　　　　　傅万祯（1975.1—10）
　　　　　刘治敏（1975.1—1976.4）
　　　　　李芳兰（1977.9—1978.3）
　　　　　同维焕（1977.9—1978.3）

常　　委　白光明（1975.1—1978.3）
　　　　　赵彭余（1975.1—1978.3）
　　　　　牛体君（1975.1—1978.3）
　　　　　张立杰（1975.9—1978.3）
　　　　　刘治敏（1976.4—1978.3）
　　　　　赵宗鼐（1977.9—1978.3）

（二）玉门石油管理局革委会领导名录（1975.1—1978.3）

主　　任　任志恒（1975.1—10）
　　　　　傅万祯（1975.10—1978.3）

副 主 任　傅万祯（1975.1—10）
　　　　　魏勤身（1975.1—1978.3）
　　　　　王德礼（1975.1—1978.3）
　　　　　刘治敏（1975.1—1976.4）
　　　　　李芳兰（1975.1—1978.3）

同维焕（1975.1—1978.3）
刘品璋（1975.9—1976.5）
王祖惠（1975.9—1978.3）
张立杰（1975.9—1978.3）
王道路（1975.9—1978.3）
赵宗鼐（1977.9—1978.3）

总工程师　赵宗鼐（1977.9—1978.3）

（三）玉门石油管理局工会（1975.1—1978.3）

主　　任　索保根（1975.1—1978.3）

九、青海石油管理局（1975.1—1978.3）

1975年1月，青海石油管理局由青海省领导，业务上接受石油化学工业部指导，党组织关系隶属于青海省委。机关设20个部门，所属14个二级单位。职工总数9472人。机关办公地点在青海省冷湖镇。

1976年，青海石油管理局调集5支钻井队、7支地震队、1支运输队、3支试气队及其后勤人员1400多人，在涩北地区组织天然气勘探会战，当年确定涩北一号、涩北二号和驼峰山3个构造的含气面积和天然气储量。

1977年6月1日，青海石油管理局成立西部前线指挥部，负责西部地区会战的生产指挥。

1977年10月至1978年2月，位于尕斯库勒湖东畔的跃进一号构造的跃参1井、跃深1井相继获得高产油流，标志着亿吨级尕斯库勒油田的诞生。

截至1978年初，青海石油管理局设24个机关处室：组织处、宣传处、局工会、局团委、信访室、局办公室、保卫处、武装部、计划处、调度室、地质处、钻井处、基建处、机动处、财务处、劳动工资处、教育处、科技处、安全处、试采处、规划设计处、家属管理处、行政处、机关党委；所属15个二级单位：勘探处、西部指挥部、钻井指挥部、冷湖油矿、冷湖炼油厂、水电厂、机修厂、运输处、油建指挥部、地质研究所、器材供应处、技工学校、职工医院、南湖农场、西宁办事处。职工总数1.39万人。

1978年3月，石油工业部成立时，青海石油管理局仍由青海省领导。

期间，青海石油管理局采油厂女子采油班班长张勤秀当选第五届全国人大代表。

（一）中共青海石油管理局委员会领导名录（1975.1—1978.3）

书　　记　薛纪元（1975.1—1978.3）

副 书 记　张俊魁（1975.1—3）

尹克升（1975.1—1978.3）

陈洪振（1975.1—1978.3）

常　　委　李宗鸿（1975.1—1978.3）

薛崇仁（1975.1—1976.4）

张文安（1975.1—1978.3）

蒋一鸣（1975.1—1978.3）

政治部主任　陈洪振（兼任，1975.1—1978.3）

（二）青海石油管理局革委会领导名录（1975.1—1978.3）

主　　任　薛纪元（1975.1—1978.3）

副 主 任　张俊魁（1975.1—1978.3）

尹克升（1975.1—1978.3）

李宗鸿（1975.1—1978.3）

薛崇仁（1975.1—1976.4）

张文安（1975.1—1978.3）

蒋一鸣（1975.1—1978.3）

十、四川省石油管理局（1975.1—1978.3）

1975年1月，四川省石油管理局由四川省领导，业务上接受石油化学工业部指导，党组织关系隶属于四川省委。机关办公地址：四川省成都市府青路一段3号。

四川省石油管理局设机关部门25个：局办公室、计划处、财务处、基建处、劳资处、教育处、总调度室、勘探处、生产技术处、科技情报室、技术安全处、资产处、运输处、机动处、行政处、家属工作处、接待处、局生产办公室、后勤办公室、生活办公室、政治部、机关党委、监委、工会、团委；所属29个二级单位：泸州气矿、川中矿区、隆昌气矿、石油沟气矿、川西北石油勘探指挥部、油气田建设指挥部、井下作业处、地质调查处、输气管理处、成都总机厂、南充汽修厂、南充炼油厂、内拖厂、一坪化工厂、重庆仪器修理厂、成都车队、供应处、地质科研大队、四川石油设计院、职工总医院、第二职工医院、重庆石油学校、重庆办事处、天然气研究所、威远机械厂、资阳钢管厂、六〇八二化工厂、资阳车队、矿机研究大队。共有职工5.63万人。

4月，石油化学工业部决定，从四川省石油管理局抽调钻井队、试油队、气测队等队伍共计582人参加江苏油田会战。

1975年，四川省石油管理局处于生产恢复阶段，勘探开发生产走上正轨。年产原油8.67万吨、天然气39.31亿立方米，工业总产值突破1.8亿元。

1976年2月，7002钻井队在川中钻成中国第一口井深6011米的超深井——女基井，创全国深井钻井新水平，四川省和石油化学工业部授予该队“勇攀高峰深井钻井队”光荣称号。1977年12月，7001钻井队在川西北钻成井深7175米的关基井，深井钻井技术再上新台阶，使中国成为当时世界上第4个能钻7000米以上超深井的国家。

1977年，根据国家计委安排，四川省石油管理局集中6000余名职工参加300亿立方米天然气配套工程建设，建成威成输气复线。同时进行威远两个脱硫厂改造、威远气田集输工程扩建等工程，后因后备储量增长不足，迫使工程停工。

同年，根据业务发展需要，四川省石油管理局先后将石油沟气矿更名为川东矿区，隆昌气矿更名为川西南矿区，泸州气矿更名为川南矿区，川西北石油勘探指挥部更名为川西北矿区，这4个矿区与川中矿区一起构成四川省石油管理局5大油气生产单位。成立卧龙河脱硫引进工程指挥部，主要负责该地区天然气勘探开发及脱硫任务。

1978年2月，石油化学工业部商得四川省同意，从四川省石油管理局抽调4500余人参加新疆克拉玛依乌尔禾地区石油会战。

3月，石油工业部成立时，四川省石油管理局仍由四川省领导。

（一）中共四川省石油管理局委员会领导名录（1975.1—1978.3）

书　　记　黄　凯（1975.1—1978.3）

副 书 记 马文林（1975.1—1978.3）
刘 璞（1975.1—1978.3）
王合林（1975.1—6）
刘 忠（1975.1—1978.3）
杨型亮（1975.1—1978.3）
董金璧（1975.6—1978.3）
常 委 尹 光（1975.1—1978.3）
王存友（群众代表，1975.1—9）
吴志峰（1975.1—9）
董中林（董中央，1975.1—9）
靳学礼（1975.1—1978.3）
彭家治（群众代表，1975.1—1976）
蔡玉芳（女，基层代表， 1975.1—1978.3）
李滋润（1975.6—1978.3）
唐大素（女，基层代表， 1975.6—1978.3）
王芝顺（基层代表，1975.6—1978.3）
胡成贵（1975.6—1978.3）
政治部主任 刘 璞（兼任，1975.6—1978.3）

（二）四川省石油管理局革委会领导名录（1975.1—1978.3）

主 任 马文林（1975.6—1978.3）
副 主 任 马文林（主持工作，1975.1—6）
黄 凯（1975.1—6）
彭家治（群众代表，1975.1—1978.2）
李富荣（群众代表，1975.1—1978.3）
金初明（群众代表，1975.1—1978.3）
王存友（群众代表，1975.1—9）
王守先（群众代表，1975.1—1978.3）
古昌州（群众代表，1975.1—1978.3）
王天元（群众代表，1975.1—1978.3）
董金璧（1975.1—1978.3）

靳学礼（1975.1—1978.3）
董中林（1975.1—9）
郝凤台（1975.1—1978.3）
刘选伍（1975.1—1978.3）
刘荫藩（1975.1—1978.3）
李滋润（1975.1—1978.3）
杨型亮（1975.6—1978.3）
刘　忠（1975.6—1978.3）
唐大素（女，基层代表，1975.6—1978.3）
王芝顺（基层代表，1975.6—1978.3）
胡成贵（1975.6—1978.3）
蔡崇法（1977.12—1978.3）

总工程师　郝凤台（1975.1—1978.3）
总机械师　任康生（1975.1—1978.3）
总地质师　包　茨（1975.9—1978.3）

十一、江汉石油管理局（1975.1—1978.3）

1975年1月，江汉石油管理局由石油化学工业部和湖北省双重领导，以石油化学工业部为主。机关办公地点在湖北省潜江县江汉一村。

10月，经国家计划委员会、石油化学工业部批准，江汉石油管理局成立川汉输气管道指挥部。同年，江汉石油管理局的地质调查处更名为南方石油地质勘探研究所，矿机研究所更名为钻采设备研究所。

1976年2月，撤销川汉输气管道指挥部，在局机关内成立管道办公室，负责管道建设日常工作。6月至7月，以油田建设工程处为基础，补充从四川石油管理局调来的部分施工队伍，组建油田建设工程处、建筑工程大队、管道第一工程处、管道第二工程处、管道第三工程处、管道第四工程处、机运处、电讯大队、管道预制厂、管道机修厂；以江汉石油管理局规划设计室为基础成立江汉石油管理局设计院，同时在湖北省沙市县建设制管生产线，江汉石油管理局制管筹建处更名为江汉石油管理局制管厂。9月，石油化学工业部将由江汉石油管理局代管的第三石油机械厂、第四石油机械厂、第三石油仪表厂划归江汉石油管理局管理，分别更名为机械厂、汽车制造厂、仪表厂。

1976年底，局机关设政治部、局办公室、生产办公室、管道办公室和生活办公室。其中，政治部内设秘书室、调查研究室、组织部、宣传部、武装部、保卫部、家属工作部、团委、工会、机关党委；生产办公室设生产调度室、计划处、财务处、劳动工资处、基建处、机动处、机械制造处、安全管理处、科技办公室、援外办公室；管理办公室设施工准备组、施工技术组、综合组；生活办公室设教育处、卫生处、生活管理处、农副业管理处。所属钻井处、油田处、地质处、运输处、钻采机修厂、水电厂、农副业生产处、《江汉石油报》报社、电测站、钻采设备研究所、广华中学、第一职工医院、第二职工医院、武汉办事处、规划设计室、盐化厂筹建处、干部学校、南方石油地质勘探研究所、江汉石油地质学校、建南气矿、荆门炼油厂、油田建设工程处、建筑工程大队、管道第一工程处、管道第二工程处、管道第三工程处、管道第四工程处、机运处、电讯大队、管道预制厂、管道机修厂、设计院、制管厂、机械厂、汽车制造厂、仪表厂、钻头厂筹建处、贸易公司等38个二级单位。

1977年4月，江汉石油管理局派石油会战队伍与河南石油勘探指挥部共同组建河南石油会战指挥部，由石油化学工业部直接领导，全面开展南阳油田开发建设。8月，江汉石油管理局在湖南衡阳成立第一勘探指挥部，在湘中和鄂西地区展开勘探。同月，以建南气矿为基础成立第二勘探指挥部。同年，撤销武汉办事处。

1977年，江汉石油管理局生产原油103.64万吨，首次突破100万吨大关，职工总数4.87万人。

1978年3月，江汉石油管理局改由石油工业部和湖北省双重领导，以石油工业部为主。

（一）中共江汉石油管理局委员会领导名录（1975.1—1978.3）

书　　记　张兆美（1975.1—1978.3）

副 书 记　李绍亮（1975.1—1978.3）

冯元富（1975.1—1978.3）

赵　炎（1975.1—1978.3）

张恕基（1975.3—1978.3）
李庆阁（女，1975.3—1978.3）
政治部主任　张恕基（兼任，1975.1—3）
李继良（1975.3—1978.3）

（二）江汉石油管理局领导名录（1975.1—1978.3）

局　　长　张兆美（1975.1—1978.3）
政　　委　张兆美（1975.1—1978.3）
副 局 长　李绍亮（1975.1—1978.3）
郭水生（1975.1—1978.3）
李学尧（1975.1—1978.3）
陈　勇（1975.1—1978.3）
汪德修（1975.1—1978.3）
李怀学（1975.1—1978.3）
魏光荣（1975.1—1978.3）
赵　炎（1975.1—1978.3）
陈泽轩（1975.3—1978.3）
李自新（1975.3—1978.3）
李荣藻（1975.3—1978.3）
段兴枝（1975.3—1978.3）
王勇德（1975.3—1978.3）
王玉峰（1975.3—1978.3）
刘鸿武（1975.3—1978.3）
王瑞龙（1975.6—1978.3）
副 政 委　冯元富（1975.1—1978.3）
张恕基（1975.1—1978.3）
黄先友（1975.1—1978.3）
总工程师　李荣藻（1975.1—1978.3）
总地质师　胡朝元（1975.1—1978.3）
总机械师　陈泽轩（1975.1—1978.3）

十二、长庆油田会战指挥部（1975.1—1978.3）

1975年1月，长庆油田会战指挥部由兰州军区领导，业务上接受石油化学工业部指导。党组织关系隶属于兰州军区党委，下属基层党委47个、党总支58个、党支部752个，共有党员1.35万名。机关办公地点在甘肃省庆阳地区庆阳县北关。

8月，长庆油田会战指挥部改由石油化学工业部直接领导，军队干部陆续撤出，少数转业留油田工作。党组织关系改为隶属甘肃省委。所属二级单位实行党委领导下的厂（处）长分工负责制。职工总数4.9万人。当年原油产量21万吨。

1976年2月，石油化学工业部决定以长庆油田会战指挥部钻井二处为基础，组建一个3000余人的勘探指挥部，参加华北任丘油田会战。6月，长庆油田会战指挥部地质调查指挥部的机关、机修站、运输队、第二大队、第三大队、第四大队及其所属的19支地震队，共计2100余人，参加华北任丘油田会战，组建为华北石油地震勘探会战第三指挥部，由华北石油会战指挥部领导。8月，石油化学工业部决定，从长庆油田会战指挥部抽调300名职工参加华北任丘油田会战，同时，抽调500名职工支援华东输油管线指挥部。

1976年至1977年，长庆油田会战指挥部制定了以“抢建陇东马岭、宁夏红井子两个油田和一条长输管道，使长庆油田年产量达到百万吨以上规模”为主要内容的工作部署，工作重点由勘探向开发建设转移，陕甘宁盆地3个探区9个油田15个区块先后投入开发。1977年，原油产量34万吨。

截至1977年底，长庆油田会战指挥部机关设行政管理处、农副处、教育处、人事处、财务处、生产技术处等22个职能处室，规划设计研究院、测井站、器材供应处、医院、报社、农场、家属管理办公室等7个附属单位；所属第一分指挥部、第三分指挥部、井下作业指挥部、钻井指挥部、地质调查指挥部、采炼处、筑路工程处、油建工程处、运输处、机械厂、水电厂、大修厂、职工学校等13个单位。指挥部党委下属基层党委47个、党总支59个、党支部776个，共有党员2.22万名。

1978年3月，长庆油田会战指挥部改由石油工业部直接领导。

（一）中共长庆油田会战指挥部委员会领导名录（1975.1—1978.3）

第一书记 李 虎（1975.1—8）
书　　记 郭究圣（1975.1—1978.3）
副书记 李 敬（1975.1—1977.1）
程国策（1975.1—1976.5）
张鹤田（1975.1—1976.3）
张云清（1975.9—1978.3）
常　　委 王景周（1975.1—1977.11）
蒋清芝（1975.1—1976.4）
刘瑞芳（1975.1—1976.4）
王凤来（1975.1—1976.10）
宋志斌（1975.1—8）
周世英（1975.1—1978.3）
陈国法（1975.1—1978.3）

（二）长庆油田会战指挥部领导名录（1975.1—1978.3）

指　　挥 李 虎（1975.1—8）
政　　委 李 虎（1975.1—8）
副指挥 宋志斌（1975.1—8）
张少庭（1975.1—8）
胡正平（1975.1—8）
郭究圣（1975.1—1978.3）
刘瑞芳（1975.1—1976.4）
王景周（1975.1—1977.11）
王凤来（1975.1—1976.10）
职若愚（1975.1—1978.3）
周世英（1975.1—1978.3）
于耀先（1975.1—1978.3）
李 敬（1975.1—1977.1）
程国策（1975.1—1976.5）
陈国法（1975.1—1978.3）

赵洪翙（1975.1—1978.3）
李清芳（1975.1—1978.3）
蒋长安（1975.1—1978.3）
胡培成（1975.1—1978.3）
胡云卿（1975.1—1975.8）
侯国珍（1975.1—1978.3）
耿　健（1975.7—1978.3）
张云清（1975.9—1978.3）
李　云（1976.9—1978.3）

副　政　委　张鹤田（1975.1—1976.3）
蒋清芝（1975.1—1976.4）
赵文元（1975.1—1976.3）

钻井总工程师　王寿增（1975.1—1978.3）

（三）长庆油田会战指挥部工会（1975.1—1978.3）

主　　任　耿　健（1975.1—1978.3）

十三、延长油矿（1975.1—1978.3）

1975年1月，延长油矿由陕西省领导，业务上接受石油化学工业部指导。机关办公地点在陕西省延长县。

1976年2月，延长油矿压裂队成立。同年，加砂压裂工艺的突破，使延长油矿生产跨上了新的水平。

1977年，延长油矿在全国工业学大庆会议上被评为“工业学大庆先进企业”。

1978年3月，石油工业部成立时，延长油矿仍由陕西省领导，业务上接受石油工业部指导。

（一）中共延长油矿委员会名录（1975.1—1978.3）

书　　记　阴汝平（1975.1—1976.8）

副 书 记　曹海亮（1975.1—1978.3）
王　博（1975.1—1978.3）

（二）**延长油矿革委会领导名录**（1975.1—1978.3）

副　主　任　康定邦（1975.1—1978.3）

陈智华（1975.1—1978.3）

贺　斌（1975.2—7）

十四、河南石油勘探指挥部—河南石油会战指挥部（1975.1—1978.3）

（一）**河南石油勘探指挥部**（1975.1—1977.4）

1975年1月，河南石油勘探指挥部由石油化学工业部和河南省双重领导，以石油化学工业部为主。机关办公地点在河南省南阳地区。

3月，泌参1井钻探开钻，8月完井试油，获得工业油流，发现泌阳油田。1975年至1977年又先后发现双河、王集、下二门油田。

1977年4月，经国家计划委员会、国家基本建设委员会批准组织河南魏岗和双河镇油田会战。同月，石油化学工业部决定由江汉石油管理局派会战队伍与河南石油勘探指挥部组建河南石油会战指挥部，为石油化学工业部直属单位。河南石油勘探指挥部划归河南石油会战指挥部管理，同时成立中共河南石油会战指挥部工作委员会。

1. **中共河南石油勘探指挥部委员会领导名录**（1975.1—1977.4）

书　　记　杜志福（1975.1—1977.3）

郭生吉（1975.1—1977.4）

副 书 记　孙希濂（1975.1—1977.4）

周　鉴（1975.1—1977.4）

2. **河南石油勘探指挥部领导名录**（1975.1—1977.4）

指　　挥　杜志福（1975.1—1977.3）

政　　委　郭生吉（1975.1—1977.4）

副 指 挥　周　鉴（1975.1—1977.4）

乔二虎（1975.1—1977.4）

朱树德（1975.1—1977.4）

孙麦则（1975.1—1977.4）
曾锡科（1975.1—1976.5）
邓玉兴（1975.1—1977.4）
王天才（1975.1—1977.4）
李善才（1975.1—1977.4）
胡振民（1975.1—8）

副 政 委　孙希濂（1975.1—1977.4）

主任工程师　顾汝杰（1975.1—1977.4）

主任地质师　祖家祺（1975.1—10）

（二）河南石油会战指挥部（1977.4—1978.3）

5月1日，河南石油会战指挥部成立暨会战誓师大会召开，河南石油会战开始。河南石油会战指挥部在会战期间采用四级管理体制：会战指挥部、厂（处）、大队、基层队（车间），实行党委一元化领导。指挥部设政治部、行政办公室、生产组、综合组、基建组等5个机关部门及二级指挥部（厂、处）。

参加河南石油会战的单位有江汉石油管理局的第一钻井指挥部、第一运输指挥部、油田建设工程处、管道一处、管道二处、管道三处、管道四处、后勤部和河南石油会战指挥部等12个单位，主要有48支钻井队、13支试油队、8支地震队、12支井下作业队、11支采油队、2支输油队专业队伍以及油田建设、机械维修、运输修保、器材供应、医疗卫生、生活服务等配套队伍，职工总数达到2.38万人。江汉石油管理局参加会战的队伍接受河南石油会战指挥部和江汉石油管理局双重领导，生产业务由河南石油会战指挥部统一安排。整个参战队伍在党的领导和生产行政指挥上合为一体，但人事关系、工资、劳保、福利待遇等仍由原单位负责。

1978年3月，河南石油会战指挥部改由石油工业部领导。

1. 中共河南石油会战指挥部工作委员会领导名录（1977.4—1978.3）

书　　记　张兆美（1977.4—1978.3）

副 书 记　杜志福（1977.4—10）
张学文（1977.4—1978.3）
王勇德（1977.4—1978.3）
张天一（1977.8—1978.3）

孙麦则（1977.8—1978.3）

政治部主任　张学文（兼任，1977.4—1978.3）

2. **河南石油会战指挥部领导名录**（1977.4—1978.3）

指　　挥　张兆美（1977.4—1978.3）

副 指 挥　杜志福（1977.4—10）

张天一（1977.4—1978.3）

陈　勇（1977.4—1978.3）

李荣藻（1977.4—1978.3）

王勇德（1977.4—1978.3）

孙麦则（1977.8—1978.3）

郭生吉（1977.8—1978.3）

孙希敬（1977.8—1978.3）

周　鉴（1977.8—1978.3）

孙希濂（1977.8—1978.3）

朱树德（1977.8—1978.3）

3. **河南石油会战指挥部工会**（1977.8—1978.3）

主　　任　郭生吉（1977.8—1978.3）

十五、江苏石油勘探开发会战指挥部（1975.3—1978.3）

1974年11月，苏北盆地苏58井喷出工业油流，燃料化学工业部决定开展江苏石油会战。

1975年3月，石油化学工业部决定组建江苏石油勘探开发会战指挥部，为地（师）级单位。实行石油化学工业部和江苏省双重领导，以石油化学工业部为主。同月，石油化学工业部商得山东、甘肃、四川三省省委同意后，决定从胜利油田会战指挥部、长庆油田会战指挥部和四川省石油管理局抽调石油勘探、开发专业队伍共3652人赴江苏参加会战。

4月，江苏石油勘探开发会战指挥部成立大会在北京举行。机关设卫生处、行政管理处、工农工作处、人事处、财务处、基建处、机动处、计划处、生产技术处、总调度室、指挥部办公室、政治部办公室、团委、工会、保卫处、宣传处、组干处等17个处室；所属地质调查处、钻井处、试采处、油建处、运输处、供应处、地质处、水电讯大队、南京办事处等9个二级单位。共有职工5050人。指挥部机关办公地点在江苏省江都县邵伯镇。

6月，石油化学工业部党的核心小组决定，成立中共江苏石油勘探开发会战指挥部委员会。

截至1975年底，共钻探井8口，完成钻井进尺36246米，勘探建设总投资3253.49万元，原油产量6176吨，结束了江苏省没有油田、不产原油的历史。

1975年至1978年期间，江苏石油勘探开发会战指挥部从其他7个石油单位以及部队和地方成建制或成批调入共计5730人。其中，从胜利油田调入2830人（含5个钻井队），从四川省石油管理局调入712人（含5支钻井队、2支作业队），从长庆油田调入一个地调处（含5支地震队）638人，从新疆石油管理局调入一个试采处（含5支作业架子队）568人，从江汉石油管理局调入100人（含1支水上地震队），从青海石油管理局调入144人，从石油地球物理勘探局调入1支地震大队（含3支地震队）346人，接收南京军区2个医院共15人，接收江都县第二机械厂156人，从江苏省8个轮船公司调入船工共86人。

1976年5月，江苏石油勘探开发会战指挥部党组织关系由石油化学工业部党的核心小组改为隶属于江苏省委。

1978年3月，江苏石油勘探开发会战指挥部改由石油工业部和江苏省双重领导，以石油工业部为主。

（一）中共江苏石油勘探开发会战指挥部委员会领导名录（1975.6—1978.3）

书　　记　秦　峰（1975.6—1978.3）

副 书 记　张俊魁（1975.6—1978.3）
　　　　　　李光明（1975.6—1978.3）

委　　员　张载褒（1975.6—1978.3）
　　　　　　张克让（1975.6—1978.3）
　　　　　　杨贵玺（1975.6—1978.3）
　　　　　　朱天孝（1975.6—1978.3）
　　　　　　申维富（1975.6—1978.3）
　　　　　　石　军（1975.6—1978.3）

孙洪喜（1975.6—1978.3）
孙嘉章（1975.6—1978.3）
王安华（1975.6—1978.3）

政治部主任　张俊魁（兼任，1975.6—1978.3）

（二）江苏石油勘探开发会战指挥部领导名录（1975.3—1978.3）

指　　挥　秦　峰（1975.3—1978.3）

副 指 挥　张载褒（1975.3—1978.3）
张克让（1975.3—1978.3）
梁　俊（1975.3—1978.3）
李光明（1975.3—1978.3）

总工程师　张载褒（1975.3—1978.3）

总地质师　张　恺（1975.12—1978.3）

十六、安徽省石油勘探处（1975.1—1978.3）

1975年1月，安徽省石油勘探处由安徽省和石油化学工业部双重领导，以安徽省为主，由安徽省燃料化工局管理。机关办公地点在安徽省合肥市肥东县撮镇。4月，成立试油队。5月，安徽省石油勘探处划归安徽省石油化学工业厅管理。7月，安徽省石油勘探处机关办公地点迁往天长县汊涧镇。同月，成立2123地震队。

1976年5月，成立试油二队。

1977年8月，天深9井获得工业油流。年底，安徽省石油勘探处职工总数1827人。

1978年3月，安徽省石油勘探处改由安徽省和石油工业部双重领导，以安徽省为主。

（一）中共安徽省石油勘探处委员会领导名录（1975.1—1978.3）

书　记　陈善行（1975.1—7）
杨毓才（1975.7—1978.3）

副书记　杨毓才（1975.1—7）
王树森（1975.1—1978.3）

（二）安徽省石油勘探处领导名录（1975.1—1978.3）

处　　长　杨毓才（1975.1—1978.3）

副 处 长　郑三英（1975.1—1978.3）

罗锦澜（1975.1—1978.3）

（三）安徽省石油勘探处工会（1975.1—1978.3）

主　　任　栗文耀（1975.1—1978.3）

十七、浙江省石油地质大队（1975.1—1978.3）

1975年1月，浙江省石油地质大队由浙江省燃料化学工业局管理，党组织关系隶属于浙江省燃料化学工业局党的核心小组。9月，成立财务劳动工资科、长河指挥所。年底，机关设8个部门：政治处、地质科、物探科、钻井科、行政科、后勤科、保卫科、财务劳动工资科；所属16个基层单位：3514钻井队、1833钻井队、1001钻井队、1002钻井队、1003钻井队、1004钻井队、1005钻井队、井下作业队、实验室、运输队、机修厂、2295地震队、2296地震队、2297地震队、2298地震队、长河指挥所。

1976年2月，撤销行政科，成立办公室。7月1日，开办“七二一”大学。同月，石油化学工业部调拨一台3200米型钻机给浙江省石油地质大队。

1977年4月，建立32659钻井队。年底，机关设8个部门：政治处、办公室、地质科、物探科、钻井科、后勤科、保卫科、财务劳动工资科；所属16个基层单位：3514钻井队、1833钻井队、32659钻井队、1004钻井队、1001钻井队、1005钻井队、井下作业队、实验室、运输队、机修厂、2295地震队、2296地震队、2297地震队、2298地震队、长河指挥所。

1978年3月，石油工业部成立时，浙江省石油地质大队仍由浙江省领导。

（一）中共浙江省石油地质大队委员会领导名录（1975.1—1978.3）

书　　记　魏义山（1975.1—1977）

副 书 记　杨奇珍（1975.1—1978.3）

委　　员　张世才（1975.1—1978.3）

邵祖根（1975.1—1978.3）

鲁忠宝（1975.1—1978.3）

吴保山（1975.1—1978.3）

（二）浙江省石油地质大队革委会领导名录（1975.1—1978.3）

主　　任　魏义山（1975.1—1978.3）

副 主 任　杨奇珍（1975.1—1978.3）

鲁忠宝（1975.1—1978.3）

张世才（1975.1—1978.3）

常　　委　邵祖根（1975.1—1978.3）

方贤儒（1975.1—1978.3）

（三）浙江省石油地质大队工会（1975.1—1978.3）

主　　任　邵祖根（1975.1—1978.3）

十八、广西石油普查勘探队（1975.1—1978.3）

1975年1月，广西石油普查勘探队由广西壮族自治区燃料化学工业局管理，业务上接受石油化学工业部指导。

1969年至1976年，广西石油普查勘探队在百色、桂平、南流江盆地和桂中坳陷地区完成地震普查测线669千米，普查面积1.4万平方千米，评查面积250平方千米，钻井34口，进尺5万米。

1976年3月，石油化学工业部部长康世恩再次带队到广西，指出，“在广西找油条件很有利，只要坚持勘探，一定能找到石油”，并同意选择百色盆地、十万大山盆地、桂西田林和桂中来宾4个地区进行勘探，重点放在百色盆地。年底，职工总数1800人。1977年，石油化学工业部加大对广西陆地石油的普查勘探经费的投入，同时从全国各地油田抽调技术骨干充实广西石油普查勘探队伍，职工人数增加到2300人。指挥部的钻机由1台增至7台，形成了拥有地质、地震、重力、钻探、测井、固井、试油、机修和运输等工种配套齐全的石油普查勘探设备和队伍。

1978年3月，石油工业部成立时，广西石油普查勘探队仍由广西壮族自治区领导，业务上接受石油工业部指导。

（一）中共广西石油普查勘探队委员会领导名录（1975.1—1978.3）

书　　记　覃灿光（1975.1—7）
　　　　　　王喜臣（1975.7—1978.3）
副 书 记　薛育英（1975.1—1978.3）
　　　　　　黄雄飞（1975.7—1978.3）
　　　　　　赵富英（1975.7—1978.3）
　　　　　　张仁玉（1977.3—1978.3）

（二）广西石油普查勘探队革委会领导名录（1975.1—1978.3）

主　　任　覃灿光（1975.1—7）
　　　　　　王喜臣（1975.7—1978.3）
副 主 任　保广安（1975.1—1978.3）
　　　　　　薛育英（1975.1—1978.3）
　　　　　　黄雄飞（1975.7—1978.3）
　　　　　　魏宜义（1976.12—1978.3）
　　　　　　马连科（1976.12—1978.3）
　　　　　　张仁玉（1977.3—1978.3）

十九、石油地球物理勘探局（1975.1—1978.3）

1975年1月，石油地球物理勘探局（以下简称物探局）由石油化学工业部领导，机关设18个职能部门：局办公室、总调度室、勘探处、机动装备处、人事处、财务处、计划处、供应处、行政处、农副业处、政治部办公室、组织处、宣传处、干部处、保卫处、武装部、工会筹备办公室、团委；所属9个二级单位：第一指挥部、第二指挥部、机械厂、仪器厂、研究所、计算中心站、职工医院、技术学校、普查大队。机关办公地点在河北省徐水县。

1976年9月，为加强对华北地震会战的组织领导，物探局机关临时迁往河北省霸县煎茶铺办公，驻地位于霸县东16千米处。

10月，石油化学工业部决定，将长庆油田参加会战的308重力队、310重力队和胜利油田参加会战的316重力队成建制调入物探局。12月，物探局调给石油天然气管道局200人、华北石油会战指挥部150人。

1977年10月，物探局机关迁至河北省涿县。年底，共有物探队48支，职工总数1.15万人。

1978年3月，石油化学工业部决定将长庆油田参加华北地震会战的指挥部机关，第二大队、第三大队、第四大队共19支地震队，以及机修站、仪修站、运输队等单位自1978年5月1日起成建制调入物探局，整编为物探局第三指挥部。

1975年1月至1978年3月，物探局分别在渤海湾盆地和华南北盆地及周边先后投入共183支队伍，共完成二维地震勘探3.2万千米，落实构造455个，发现油气富集区3个，提供井位290口，其中任9井日产原油5435吨。共发现以冀中任丘为首的油气田29个。

1978年3月，石油地球物理勘探局改由石油工业部领导。

（一）中共石油地球物理勘探局委员会领导名录（1975.1—1978.3）

书　　记　段志高（1975.1—1977.7）
严衍余（1977.7—1978.3）

副 书 记　安启元（1975.1—1977.7）
刘　毅（1975.1—1978.3）
严衍余（1975.1—1977.7）
林运根（1977.7—1978.3）
高凤仪（1978.3）
庄国成（1978.3）

常　　委　林运根（1975.1—1977.7）
庄国成（1975.1—1978.3）
何传弟（1975.1—1978.3）
王绪东（1975.1—1978.3）
高凤仪（1978.2—3）
张俊瑞（1978.3）

政治部主任　王绪东（1975.1—1978.2）
高凤仪（1978.2—3）
张俊瑞（1978.3）

（二）石油地球物理勘探局领导名录（1975.1—1978.3）

局　　长　安启元（1975.1—1977.7）
林运根（1977.7—1978.3）

副 局 长　林运根（1975.1—1977.7）
庄国成（1975.1—1978.3）
何传弟（1975.1—1978.3）
李全慎（1975.1—1978.3）
王致中（1975.1—1978.3）
王绪东（1978.2—3）
柴桂林（1978.2—3）
徐绍仲（1978.2—3）
丁满喜（1978.3）
赵景明（1978.3）

总工程师　王纲道（1975.1—5）
孟尔盛（1975.1—1978.3）

总地质师　王尚文（1975.1—1978.3）
柴桂林（1978.2—3）

二十、东北输油管线指挥部—东北八三管道局（1975.1—1978.3）

1975年1月，东北输油管线指挥部由石油化学工业部和沈阳军区双重领导，办公地点在辽宁省沈阳市皇姑区。

5月，石油化学工业部决定将东北输油管线指挥部设计研究所设备、器材及282名职工成建制调入石油天然气管道局。9月，东北输油管线指挥部机关设政治部、工会、团委、办公室、生产调度处、综合计划处、机动处、工程技术处、通信处、供应处、人事处、财务处、行政处、技术培训队、农副业处、教育处。机关编制435人。所属第一工程处、第二工程处、第三工程处。

8月，八三工程建成大庆至抚顺、铁岭至秦皇岛、大庆至铁岭（复线）、铁岭至大连、抚顺至鞍山、盘锦至锦西、丹东至朝鲜新义州、抚顺石油三厂至辽宁电厂等8条输油管道，总长2471千米。同时建成输油泵站34座及输变电、通信、油码头等配套设施，使八三管线成为国内第一条大口径、长距离的东北地区输油管道网。

1977年6月，石油化学工业部决定，将东北输油管线指挥部第一工程处和第二工程处成建制划归石油天然气管道局领导。8月，东北输油管线指挥部党组织关系由沈阳军区党委改为隶属辽宁省委。9月，石油化学工业部决定，东北输油管线指挥部更名为东北八三管道局。

1978年1月，吉林省石油钢管厂划归东北八三管道局直接领导。3月，东北八三管道局改由石油工业部领导。

（一）东北输油管线指挥部（1975.1—1977.9）

1. 中共东北输油管线指挥部委员会领导名录（1975.1—1977.9）

书　　记　邓　聪（1975.1—1977.9）

副 书 记　王培德（1975.1—1977.9）

张瀛洲（1975.1—1977.9）

政治部主任　张福录（1975.1—1977.9）

2. 东北输油管线指挥部领导名录（1975.1—1977.9）

指　　挥　王培德（1975.1—1977.9）

政　　委　邓　聪（1975.1—1977.9）

副 指 挥　张瀛洲（1975.1—1977.9）

李占标（1975.1—1977.9）

唐振华（1975.1—1977.9）

张福录（1975.1—1977.9）

张振勇（1975.1—1977.9）

金元汉（1975.1—1977.9）

吕中士（1975.1—1977.9）

郭惠中（1975.1—1977.9）

副 政 委　张复青（1975.1—1977.9）

（二）东北八三管道局（1977.9—1978.3）

1. 中共东北八三管道局委员会领导名录（1977.9—1978.3）

书　　记　（空缺）

副　书　记　张瀛洲（1977.9—1978.3）

政治部主任　张福录（1977.9—1978.3）

2. **东北八三管道局领导名录**（1977.9—1978.3）

局　　　长　吕中士（1977.9—1978.3）

副　局　长　李占标（1977.9—1978.3）

金元汉（1977.9—1978.3）

李传禄（1977.9—1978.3）

杜再生（1977.9—1978.3）

高志和（1977.9—1978.3）

二十一、石油天然气管道局（1975.1—1978.3）

1975年1月，石油天然气管道局（以下简称管道局）由石油化学工业部领导。机关办公地址在河北省安次县廊坊镇。

4月，河北省输油管理处更名为华北输油管线指挥部秦京线管理处，由管道局所属的华北输油管线指挥部领导。5月，石油化学工业部决定，将东北输油管线指挥部设计研究所设备、器材及282名职工成建制调入管道局。6月，规划设计处从管道局机关分出，与调入管道局的原东北输油管线指挥部设计研究所合并，组建为管道局勘察设计研究院。年底，将财务劳资处分设为财务处和人事处，增设教育处、机动处、农副业生产处，政治部内增设调研室、工会办公室。同月，秦皇岛至北京355千米原油管线建成，并与1974年12月建成输油的大庆至秦皇岛原油管线贯通，大庆原油直接输往北京石油化工总厂。

1976年2月，管道局职工子弟学校划归华北输油管线指挥部领导。3月，华北输油管线指挥部通讯总站划为管道局直属单位。

4月，华北任丘至沧州输油管道建成输油。管道全长133千米，年输油能力500万吨。5月，机关增设电力通讯处。同月，管道局所属华北输油管线指挥部增设沧州输油管理处和北京输油管理处。7月，河北任丘至北京输油管线建成投产。该管线全长120千米，年输油能力1000万吨。

1977年5月，大港油田至沧州输气工程建成投产，大港油田天然气于25

日输送到河北沧州。

6月，为便于集中力量，统一指挥，适应新区输油管道建设的需要，东北输油管线指挥部的第一工程处、第二工程处及华北输油管线指挥部的管道工程公司、电力通讯工程公司、运输公司划归管道局直接领导。7月，管道局在位于北京市西城区六铺炕的石油化学工业部机关通信楼内设管道局北京通信站，为管道局机关直属单位。同月，机关增设安全处和行政处。

截至1977年底，管道局机关设局办公室、政治部、计划处、供应处、教育处、人事处、财务处、工程处、调度处、生产技术处、电力通讯处、机动处、安全处、农副业生产处、行政处等15个部门。其中，政治部设办公室、组织处、干部处、宣传处、武装保卫部、工会、团委等7个部门。

1978年3月，石油天然气管道局改由石油工业部领导。

（一）中共石油天然气管道局委员会领导名录（1975.1—1978.3）

书　　记　何承华（1975.1—1978.3）
第一副书记　贾振礼（1975.1—1978.3）
副 书 记　朱洪昌（1975.1—1978.3）
王正棠（1975.1—1978.3）
吉美生（1975.1—1978.3）
张忠良（1975.1—1978.3）
常　　委　周文华（1975.1—1978.3）
徐文野（1975.1—1978.3）
政治部主任　徐文野（1975.1—1978.3）

（二）石油天然气管道局领导名录（1975.1—1978.3）

局　　长　朱洪昌（1975.1—1978.3）
副 局 长　周文华（1975.1—1978.3）
刘宏胜（1975.1—1978.3）
夏云昌（1975.1—1978.3）
杨作义（1975.1—1978.3）
焦福林（1975.1—1978.3）
张振宇（1975.1—1978.3）
关祯元（1975.1—1978.3）

黄国斌（1975.9—1978.3）

郑　浩（1975.9—1978.3）

（三）石油天然气管道局所属华北输油管线指挥部领导名录（1975.1—1978.10）[①]

书　　记　王正棠（1975.1—8）

张湘荣（1975.8—1978.3）

指　　挥　周文华（1975.1—1978.7）

刘宏胜（1978.7—10）

二十二、华东输油管线指挥部（1975.1—1978.3）

1974年底，为了从根本上解决胜利油田原油外运问题，燃料化学工业部决定建设一条从山东东营到江苏南京的输油管道。

1975年1月，石油化学工业部成立华东输油管线指挥部，负责山东临沂至江苏仪征原油管道（鲁宁线）的建设和运营管理。2月，华东输油管线指挥部成立大会在北京召开。同月，石油化学工业部党的核心小组决定，成立中共华东输油管线指挥部委员会，贾振礼为党委书记，朱洪昌、刘占仓、唐振华、白振洞为党委副书记。

3月，从胜利油田调入262名职工。4月，从长庆油田调入500名职工。11月，从新疆石油管理局调入300名职工。此外，还从东北输油管线指挥部、青海油田、大庆油田及石油系统以外单位调入部分人员，从江苏省招工2100人，从安徽省招工100人，从山东省招工400人。截至1976年1月，华东输油管线指挥部共有职工4220人。

1975年5月，华东输油管线指挥部机关在江苏省徐州市开始办公，设11个机关职能部门：办公室、调度处、人事处、生产处、工程处、机动处、基建处、计划处、财务处、行政处、农副业处。政治部下设组织处、干部处、

① 华北输油管线指挥部于1978年10月撤销。

宣传处、武装保卫处、团委、工会。所属9个二级单位：山东输油管理处、江苏输油管理处、通信总站、管道工程公司、运输处、综合机械修理厂、器材供应处、职工医院、学校。11月，机关增设教育处。

1977年5月，政治部内增设办公室。

1978年1月，机关增设直属政治处、人武部、通讯处和家属工作处，撤销生产处和工程处；成立科研所。

3月，华东输油管线指挥部改由石油工业部领导。

（一）中共华东输油管线指挥部委员会领导名录（1975.2—1978.3）

书　　记　贾振礼（1975.2—1978.3）

副 书 记　朱洪昌（1975.2—1978.3）

刘占仓（1975.2—1978.3）

唐振华（1975.2—1978.3）

白振洞（1975.2—1978.3）

政治部主任　郭传才（1975.2—1978.3）

（二）华东输油管线指挥部领导名录（1975.1—1978.3）

指　　挥　朱洪昌（1975.1—1978.3）

第一副指挥　唐振华（1975.1—1978.3）

副 指 挥　张振勇（1975.1—1978.3）

焦福林（1975.1—1978.3）

韩建平（1975.8—1978.3）

第二节　炼油化工单位

石油化学工业部成立初期，炼油化工单位全部实行以地方为主双重领导或完全由地方领导，主要单位共28个：抚顺石油一厂、抚顺石油二厂、抚顺石油三厂、锦西石油五厂、锦州石油六厂、大连石油七厂、兰州炼油厂、南京石油化工厂、茂名石油公司、北京石油化工总厂、山东胜利石油化工总厂、上海炼油厂、湖南长岭炼油厂、杭州炼油厂、天津市第一石油化工厂、吉林省白城地区前郭炼油厂、盘锦炼油厂、河北省沧州石油化工厂、哈尔滨炼油厂、武汉石油化工厂建设指挥部、安庆石油化工厂、济南石油化工厂筹建处、天津市石油化工总厂、广州石油化工厂建设指挥部、浙江炼油厂筹建处、石家庄炼油厂筹建指挥部、兰州化学工业公司、吉林化学工业公司。

1975年1月，三一〇一厂下放给湖南省领导，更名为湖南长岭炼油厂。5月，成立九江炼油厂筹建处；茂名石油公司更名为广东省茂名石油工业公司；成立南海石油勘探指挥部，由茂名石油公司领导。7月，济南石油化工厂筹建处更名为济南石油化工厂。

1976年6月，撤销浙江炼油厂筹建处，成立浙江炼油厂。7月，广州石油化工厂建设指挥部更名为广州石油化工总厂。

1977年12月，广州石油化工总厂更名为广州石油化工厂。

1978年1月，安庆石油化工厂更名为安庆石油化工总厂。2月，撤销石家庄炼油厂筹建指挥部，成立河北省石家庄炼油厂建设工程指挥部。同月，南京石油化工厂与栖霞山化肥厂、南京化工厂、钟山化工厂、南京塑料厂、第二化机厂联合成立南京石油化工总厂。

截至1978年3月，炼油化工单位全部实行以地方为主双重领导或完全由地方领导，主要单位共29个：抚顺石油一厂、抚顺石油二厂、抚顺石油三厂、锦西石油五厂、锦州石油六厂、大连石油七厂、兰州炼油厂、南京石油化工总厂、广东省茂名石油工业公司、北京石油化工总厂、山东胜利石油化工总厂、上海炼油厂、湖南长岭炼油厂、杭州炼油厂、天津市第一石油化工厂、吉林省白城地区前郭炼油厂、盘锦炼油厂、河北省沧州石油化工厂、哈尔滨炼油厂、武汉石油化工厂建设指挥部、安庆石油化工总厂、济南石油化工厂、天津市石油化工总厂、广州石油化工厂、浙江炼油厂、河北省石家庄炼油厂建设工程指挥部、九江炼油厂筹建处、兰州化学工业公司、吉林化学工业公司。但在业务上，这些单位全部接受石油化学工业部的指导。

一、抚顺石油一厂（1975.1—1978.3）

1975年1月，抚顺石油一厂由石油化学工业部和辽宁省双重领导，以辽宁省为主。行政级别为县（团）级，党组织关系隶属于抚顺市委。厂机关设办公室、组织科、干部科、宣传科、保卫部、工会、团委、计划科、生产技术科、机械动力科、基建科、财务科、劳动工资科、安全技术监察科、环保组、质量检查科、供应科、运销科、研究所、设计科、安全科、教育科、卫生科、总务科、武装部等25个部门。所属原矿、东原油、西原油、硫铵、硫酸、东蒸馏、西蒸馏、焦化、热裂化、铂重整、分蜡、石蜡、润滑油、供排水、电工、仪表、金工、防腐、锅炉、油品、油库、修造车间和检修大队、原油维修队、炼制维修队、战备工程队、农场、子弟学校等28个二级单位。厂址：辽宁省抚顺市新抚区千金路52号。

1975年，抚顺石油一厂页岩原油产量28.7万吨，原油加工量251.8万吨，汽油、煤油、柴油、润滑油总产量为97.2万吨。主要产品有页岩原油、硫铵、汽油、灯油、柴油、燃料油、石蜡、石油焦、硫酸、润滑脂、裂化原料、溶剂油、航煤、液化气、干气、润滑油等多个品种。工业总产值5.4亿元，职工总数8000余人。

1978年3月，抚顺石油一厂改由辽宁省和石油工业部双重领导，以辽宁省为主。

期间，抚顺石油一厂检修大队队长王锡明当选中共十一大代表。

（一）中共抚顺石油一厂委员会领导名录（1975.1—1978.3）

书　　记　崔绳先（1975.1—1977.1）

　　　　　　赵玉鹏（1977.6—1978.3）

副书记 赵玉鹏（1975.1—1977.6）
杨宪贵（1975.1—1978.3）
周有奎（1975.1—1978.3）
范恩铎（1977.7—1978.3）

常　委 戴述金（1975.1—12）
王锡珪（1977.6—　）
王大贵（军代表，　—1978.3）

（二）抚顺石油一厂革委会领导名录（1975.1—1978.3）

主　任 崔绳先（1975.1—1977.1）
赵玉鹏（1977.6—1978.3）

副主任 赵玉鹏（1975.1—1977.6）
依希凡（群众代表，1975.1—12）
李向阳（群众代表，1975.1—1978.3）
王大贵（军代表，1975.1—1978.3）
王友庭（1975.1—1977.4）
戴述金（1975.1—12）
朱明银（1975.1—1978.3）
高大民（1975.1—1978.3）
韩文盛（1975.1—1978.3）
杨宪贵（1975.1—1978.3）
周有奎（1975.1—1978.3）
刘殿运（1975.1—1978.3）
李梅英（女，群众代表，1975.1—1978.3）
杨学风（1975.1—1978.3）
蔡　黎（1975.1—1977.9）
岳增才（1975.1—1978.3）
王成海（1976.3—1978.3）
张振武（1976.8—1978.3）
王锡珪（1977.6—1978.3）
范恩铎（1977.7—1978.3）

王怀德（1977.12—1978.3）

（三）抚顺石油一厂工代会（1975.1—1978.3）

主　　任　杨宪贵（1975.1—11）

王德双（1975.11—1977.3）

二、抚顺石油二厂（1975.1—1978.3）

1975年1月，抚顺石油二厂由石油化学工业部和辽宁省双重领导，以辽宁省为主。行政级别为县（团）级，党组织关系隶属于抚顺市委。厂机关设厂长办公室、计划科、财务科、生产调度室、运销科、供应科、劳动工资科、机动科、安全技术监察科、生产技术科、环境保护办公室、检查科、基建科、生产技术科、行政科、教育科（青年办）、房产科、研究所、设计室、政治部（内设办公室、组织科、宣传科）、工会、团委、保卫科、人民武装部、审干办公室等25个科室。所属北蒸馏、南蒸馏、催化裂化、南焦化、铂重整、石蜡、烷基化、润滑油、化工、聚乙烯、硫酸、油品、供排水、电工、汽锅、仪表车间和干馏分厂、中转站、军工战备办公室、运输大队、消防队等21个基层单位。厂址：辽宁省抚顺市东洲区东洲大街30-12号。

截至1975年底，抚顺石油二厂主要产品有汽油、航煤、柴油、皂蜡、硬蜡、苯、甲苯、二甲苯、燃料油、液化气、一蜡、抽余油、粗轻、干冰、硫铵、硫酸、单乙醇胺、二乙二醇醚、三乙二醇醚、乙二醇、环氧丙烷、异丙醇等多个品种，年加工原油419万吨，年产汽油56.4万吨，实现利税总额3.3亿元。职工总数7900余人。党委下属党总支7个、党支部82个，共有党员1923名。

1977年，抚顺石油二厂工代会更名为抚顺石油二厂工会。

1978年3月，抚顺石油二厂改由辽宁省和石油工业部双重领导，以辽宁省为主。

（一）中共抚顺石油二厂委员会领导名录（1975.1—1978.3）

书　　记　吕鸿安（吕洪安，1975.1—1978.3）

欧阳章（1975.1—1978.3）

李盛图（1977.6—1978.3）

副书记 庞占元（1975.1—1977.6）
张　苾（1975.1—1976.10）
刘万臣（群众代表，1975.1—1978.3）
常　委 张　翠（群众代表，1976.8—　）
张继雷（1976.8—　）
李占兴（群众代表，1976.8—　）
李文路（　—1976.8）

（二）抚顺石油二厂革委会领导名录（1975.1—1978.3）

主　任 吕鸿安（1975.1—1977.6）
李盛图（1977.6—1978.3）
副主任 张　苾（1975.1—1976.1）
鲍素珍（女，群众代表，1975.1—1978.3）
张　翠（群众代表，1975.1—1978.3）
刘万臣（群众代表，1975.1—1978.3）
郑正权（1975.1—1978.3）
赵光忠（1975.1—1976.10）
孟宪春（1975.1—1976.12）
赵宗麟（1975.1—1978.3）
李文路（1975.1—1976.8）
陈永寿（1975.1—1978.3）
董洪科（1975.1—1978.3）
廖全清（1975.1—1978.3）
盖庆禄（1975.1—1978.3）
潘义文（1975.1—4）
庞占元（1975.1—1977.6）
李　侠（1975.1—1976.10）
李文波（1976.5—1978.3）
张继雷（1976.8—1978.3）
李占兴（群众代表，1976.8—1978.3）
孙君贵（1976.10—1978.3）

总工程师　毕振德（1975.1—5）

（三）抚顺石油二厂工代会—抚顺石油二厂工会（1975.1—1978.3）

主　　任　程连印（1977.4—　　）

三、抚顺石油三厂（1975.1—1978.3）

1975年1月，抚顺石油三厂由石油化学工业部和辽宁省双重领导，以辽宁省为主。行政级别为县（团）级，党组织关系隶属于抚顺市委。机关设厂办公室、组织科、宣传科、武装部、生产调度科、团委、工会、财务科、工资科、计划科、保卫科、基建科、安全科、卫生科、总务科等15个科室，所属一车间、二车间、三车间、四车间、五车间、六车间、常减压车间、电工车间、仪表车间、维修车间、检修车间、金工车间、修配车间、服务大队、研究所、检查科、运销科、供应科、房产科、福利科、教育科、设计室、消防队、战备连、小学、医院、农副业办公室、"七二一"工人大学等28个基层单位。厂址在辽宁省抚顺市望花区海城街鞍山路。

7月，保卫科与武装部、消防队合并为武装保卫部。

截至1975年底，抚顺石油三厂主要产品有66号车用汽油、空白汽油、重汽油、轻汽油、灯用煤油、2号航空煤油、0℃柴油、－35℃柴油、20℃柴油、农用柴油、5号机械油、7号机械油、10号机械油、20号机械油、30号机械油、10号汽油机油、10号空白汽油机油、15号汽油机油、11号柴油机油、14号柴油机油、商品燃料油、自用燃料油、重油、其他燃料油、苯、二甲苯等多个品种。年原油加工量94.9万吨，年加氢处理量25.4万吨，年产汽油、煤油、柴油、润滑油总量为37.5万吨，工业总产值1.8亿元，实现利税4239万元。职工总数4700余人。

1976年，150吨/年贵金属催化剂生产装置、650吨/年非贵金属催化剂生产装置开始动工兴建，10千伏安变电所（二电源）、设计能动力为5000立方米/时的制氢装置建成投产。当年，抚顺石油三厂经过扩建，改造成为加工天然原油的炼油厂。

1977年1月，撤销五车间，成立催化剂一车间和催化剂二车间。2月，厂办公室划分为党委办公室、厂革委会办公室；撤销武装保卫部，恢复保卫科、武装部和消防队建制。同年，抚顺石油三厂工代会更名为抚顺石油三厂工会。

1978年2月，撤销生产调度科，成立生产技术科和总调度室。

3月，抚顺石油三厂改由辽宁省和石油工业部双重领导，以辽宁省为主。

（一）中共抚顺石油三厂委员会领导名录（1975.1—1978.3）

书　记　刘　祥（1975.1—1976）

副书记　王世俭（1975.7—1976.10）

骆登月（1975.7—　）

金国斌（1977.6—　）

常　委　田欣毅（1975.1—1978.3）

白如栋（群众代表，1975.7—1978.3）

赵恒泰（群众代表，1977.4—1978.3）

张绪良（1977.4—　）

（二）抚顺石油三厂革委会领导名录（1975.1—1978.3）

主　任　刘　祥（1975.1—1978.3）

副主任　白如栋（群众代表，1975.1—1978.3）

何有权（1975.1—7）

骆登月（1975.1—1978.3）

王世俭（1975.1—1978.3）

林化启（1975.1—1978.3）

张义山（1975.1—1978.3）

王　勇（1975.1—1978.3）

肖殿环（群众代表，1975.1—1978.3）

田欣毅（1975.1—1978.3）

刘景财（　—1976.8）

王　荣（1976.5—　）

赵恒泰（1977.4—1978. 3）

张绪良（1977.4—1978.3）

赵永福（1977.6—　）

金国干（1977.6—1978.3）

总工程师　金国干（1977.6—1978.3）

（三）抚顺石油三厂工代会—抚顺石油三厂工会（1975.1—1978.3）

主　　任　刘恩德（1975.1—1978.3）

四、锦西石油五厂（1975.1—1978.3）

1975年1月，锦西石油五厂由石油化学工业部和辽宁省双重领导，以辽宁省为主，行政级别为县（团）级。党组织关系隶属于锦州市委。机关设14个部门：厂部办公室、计划科、总工程师办公室、生产科、安技科、财务科、运销科、机械动力科、基本建设科、保卫科、人事科、教育办公室、计划生育办公室、行政管理科。所属44个二级单位：质量检查科、环境保护科、计量管理科、供应管理科、设计室、研究院、南蒸馏车间、北蒸馏车间、裂化车间、油品车间、原油车间、沥青车间、石蜡车间、精制车间、尿素车间、催化车间、酚精炼车间、汽车队、装运队、机车队、一车间、供排水车间、污水车间、电站、配件加工办公室、检修一队、检修二队、检修三队、检修四队、自动化车间、电气车间、仪表车间、维修车间、消防队、警察队、职工医院、农场、工人大学、高级中学、技工学校、第一子弟初中、第二子弟初中、第一子弟小学、第二子弟小学。职工总数7100人。厂址在辽宁省锦州市锦西县。

7月，锦西石油五厂开始加工辽河原油，是第一个加工辽河原油的炼化企业。

1976年，加工原油338万吨。生产的8#液力传动油满足了高级轿车、重型卡车、越野车的自动变速器技术需要。用辽河原油生产的1#喷气燃料油试产成功，为国防建设作出了贡献。

截至1977年底，全厂在册职工7253人。党委下属党总支8个、党支部82个，共有党员1600名。

1978年3月，锦西石油五厂改由辽宁省和石油工业部双重领导，以辽宁省为主。

（一）中共锦西石油五厂委员会领导名录（1975.1—1978.3）

书　　记　石连惠（1975.1—1977.7）

郑丕谟（1977.7—1978.3）

副 书 记　张定理（1975.1—2）
李占林（1975.1—1978.3）
杨吉民（1975.1—1977.7）
李振清（1975.4—1978.3）
石连惠（1977.7—1978.3）
曲才绪（1977.7—1978.3）

常　　委　张铭枢（1975.1—1978.3）
胡魁成（1975.1—1976.8）
刘玉新（军代表，1975.1—1978.3）
李继仁（1975.4—1978.3）
葛启宽（1977.7—1978.3）
曹戈江（1977.7—1978.3）

（二）锦西石油五厂革委会领导名录（1975.1—1978.3）

主　　任　石连惠（1975.1—1977.7）
郑丕谟（1977.7—1978.3）

副 主 任　张定理（1975.1—2）
张铭枢（1975.1—1978.3）
宋宝玉（1975.1—1978.3）
乔文学（1975.1—1978.3）
李占林（1975.1—1978.3）
官恩泽（1975.1—1978.3）
胡魁成（1975.1—1976.8）
曲才绪（1975.1—1978.3）
曲祝荣（1975.1—1978.1）
杨吉民（1975.1—1977.7）
李继仁（1975.4—1978.3）
李振清（1975.4—1978.3）
葛启宽（1976.2—1978.3）
董明声（1976.4—1978.3）
刘福臣（1976.12—1978.3）

石连惠（1977.7—1978.3）
曹戈江（1977.7—1978.3）
张玉林（1977.11—1978.3）
总工程师　曲才绪（1976.10—1978.3）

五、锦州石油六厂（1975.1—1978.3）

1975年1月，锦州石油六厂由石油化学工业部与辽宁省双重领导，以辽宁省为主。党组织关系隶属于锦州市委。机关设政治部及革委会办公室、行政管理科、生产办公室、供销办公室、基建科、保卫科、财务科、人事科、计划科、安全科、质量检查科、生活福利科、武装部等13个部门。所属32个二级单位：警消队、六〇一车间、七〇一车间、合成车间、二六四车间、添加剂车间、橡胶一车间、橡胶二车间、催化剂车间、气体车间、动力车间、供排水车间、制造车间、仪表车间、建材车间、一车间、缝补车间、防腐车间、油品车间、松山泵站、检修队、土建队、工程队、电工队、设计室、研究所、五七厂、石油一中、石油二中、石油一小、石油二小、职工医院。在册职工5700余人。厂址：辽宁省锦州市古塔区重庆路2号。

1975年，为了满足催化裂化加工原料需求，在“一顶二”装置大修时增加减压装置，原油加工量达到200万吨/年、催化加工能力60万吨/年。

1976年，锦州石油六厂经过扩建，改造成为加工天然原油的炼油厂。

1977年，随着辽河油田产量的增加，石油化学工业部决定锦州石油六厂停炼大庆原油，改炼辽河原油。锦州石油六厂对减压装置设备材料进行更新换代，工艺上采取原料预处理方式，解决了辽河油酸值高、设备腐蚀的严重问题。7月，锦州石油六厂自行设计、研发、施工的国内第一套年产能力为2万吨的异丙醇装置建成投产，采用水合法生产异丙醇，月产异丙醇1000吨以上。

截至1977年12月，机关设政治部及厂办公室、总工程师室、生产科、基建科、保卫科、财务科、人事科、计划科、安全科、环保科、教育科、武装部、机动科等13个部门。所属36个二级单位：六〇一车间、七〇一车间、合成车间、二六四车间、添加剂车间、橡胶车间、催化剂车间、气体车间、动力车间、供排水车间、制造车间、仪表车间、建材车间、试验车间、裂解车间、一车间、缝补车间、防腐车间、质量检查科、运销科、生活福利科、农副业科、研究所、设计室、供应科、电工队、检修队、土建队、工程队、知青支农办、石油一中、石油二中、石油小学、职工医院、工人大学、五七厂。年加工原油184.5万吨。

1978年3月，锦州石油六厂改由辽宁省和石油工业部双重领导，以辽宁省为主。

期间，锦州石油六厂党委副书记刘长江当选中共十一大代表。

（一）中共锦州石油六厂委员会领导名录（1975.1—1978.3）

书　　记 张光辉（1975.1—12）
崔紫林（1975.12—1978.3）

副 书 记 张　炎（1975.1—1978.3）
崔紫林（1975.1—12）
刘长江（1975.9—1978.3）

（二）锦州石油六厂革委会领导名录（1975.1—1978.3）

主　　任 张光辉（1975.1—12）
崔紫林（1975.12—1978.3）

副 主 任 张　炎（1975.1—1978.3）
崔紫林（1975.1—12）
李树楷（1975.1—1978.3）
黄兆珍（1975.1—1978.3）
吕明泰（1975.1—7）
高占功（1975.1—1978.3）
周素珍（女，1975.2—1978.3）
高　峰（1976.1—1978.3）
张文清（1976.4—1978.3）
贾辅廷（1977.1—1978.3）
陈玉常（1977.1—1978.3）

总工程师 李树楷（1975.1—1978.3）

（三）锦州石油六厂工代会（1975.1—1978.3）

主　　任 刘玉文（1975.1—1978.3）

六、大连石油七厂（1975.1—1978.3）

1975年1月，大连石油七厂由石油化学工业部和辽宁省双重领导，以辽宁省为主，由旅大市化工局管理，为县（团）级单位，党组织关系隶属于旅大市委。厂址：辽宁省旅大市甘井子区山中街1号。机关设21个科室、5个直属单位，27个车间（队）。职工总数5300余人，当年原油加工量383.73万吨。

11月，按照国际航运协会标准，大连石油七厂用大庆原油生产的3号喷气燃料（航空煤油）销往香港，中国喷气燃料首次进入国际市场。

1976年5月，国内第一套多金属催化重整装置在大连石油七厂建成投产。该装置首次采用压降小的径向反应器、立式换热器和四合一烟道。

1977年4月，“文化大革命”期间驻厂军代表撤出。

1977年底，大连石油七厂设机关科（室）20个：厂长办公室、政治部、工会、团委、组织科、干部科、宣教科、教育科、劳动工资科、财务科、调度室、计划科、技术科、机动科、设计室、安全科、环保科、运销科、基建科、武装保卫部；直属单位5个：研究所、医院、石油子弟学校、检查科、供应科；车间（队）30个：东蒸馏车间、西蒸馏车间、东溶蜡车间、西溶蜡车间、精制车间、热裂化车间、催化裂化车间、丙烷脱沥青车间、添加剂车间、石蜡车间、供排水车间、电工车间、仪表车间、制造车间、检修车间、土木车间、油品车间、原油车间、修复车间、运输科、警卫队、消防队、后勤维修车间、机务队、总务科、房产科、农副业科、铂铼重整车间、动力车间、气体车间。职工总数5552人，年加工原油420万吨。

1978年3月，大连石油七厂改由辽宁省和石油工业部双重领导，以辽宁省为主。

（一）中共大连石油七厂委员会领导名录（1975.1—1978.3）

书　　记　田维新（军代表，1975.1—1977.4）

　　　　　　万震寰（1977.8—1978.3）

副 书 记　刘衍德（军代表，1975.1—1977.4）

　　　　　　曹彦福（1975.1—1978.3）

唐启舜（1977.8—1978.3）

常　　委　杜英顺（1975.1—1978.3）

翟福根（军代表，1975.1—1977.4）

周绍仲（1975.1—1978.3）

隋广文（1975.1—1977.1）

白福瑞（1975.1—1978.3）

袁玉茂（群众代表，1975.1—1978.3）

唐启舜（1976.4—1977.8）

吕秀峰（1977.8—1978.3）

金喜春（1977.8—1978.3）

（二）大连石油七厂革委会领导名录（1975.1—1978.3）

主　　任　田维新（军代表，1975.1—1977.4）

万震寰（1977.8—1978.3）

副 主 任　刘英子（女，朝鲜族，群众代表，1975.1—1978.3）

姜文进（群众代表，1975.1—1978）

刘衍德（军代表，1975.1—1977.4）

翟福根（军代表，1975.1—1977.4）

隋广文（1975.1—1977.1）

唐启舜（1975.1—1978.3）

袁玉茂（群众代表，1975.1—1978.3）

金喜春（1975.1—1978.3）

周绍仲（1975.1—1978.3）

王占虎（军代表，1976.4—1977.4）

杜英顺（1976.4—1978.3）

李瑞平（1977.8—1978.3）

吕秀峰（1977.8—1978.3）

赵　科（1977.8—1978.3）

总工程师　唐启舜（1975.1—1978.3）

（三）大连石油七厂工会（1975.1—1978.3）

主　　任　白福瑞（1975.1—1978.3）

七、兰州炼油厂（1975.1—1978.3）

1975年1月，兰州炼油厂由石油化学工业部和甘肃省双重领导，以甘肃省为主。行政级别为地（师）级，党组织关系隶属于甘肃省委。厂址在甘肃省兰州市西固区。原油加工能力250万吨/年，加工原油以新疆原油为主（约占80%），玉门、大庆原油加工逐年减少，产品种类包括汽油、煤油、柴油、润滑油、催化剂、添加剂等，总资产2.7亿元，职工总数1.15万人。

3月24日至4月14日，石油化学工业部在兰州召开工业学大庆现场会议，交流兰州炼油厂、兰州化学工业公司等单位学大庆的经验。会议要求各炼油化工厂整顿企业，严格规章制度，加强劳动纪律，提高管理水平。会后，石油化学工业部向全国石化单位发出“学大庆、赶两兰”号召。

1978年3月，兰州炼油厂改由甘肃省和石油工业部双重领导，以甘肃省为主。

期间，兰州炼油厂党委副书记薛金达当选中共十一大代表、中共第十一届中央委员。

（一）中共兰州炼油厂委员会领导名录（1975.1—1978.3）

书　　记　侯宏顺（1975.1—1978.2）
　　　　　王金堂（1978.2—3）
副 书 记　徐安民（1975.1—1978.3）
　　　　　倪秀成（1975.1—1978.3）
　　　　　马春发（1975.1—3）
　　　　　刘启富（1978.2—3）
　　　　　薛金达（1978.2—3）
常　　委　王金堂（1975.1—1978.2）
　　　　　邵贵才（1975.1—1978.3）
　　　　　张秀珍（女，1975.1—1978.3）
　　　　　李孝儒（1975.1—　　）
　　　　　聂英华（1978.2—3）
　　　　　尚文章（1978.2—3）

政治部主任　马春发（1975.1—1976.12）
　　　　　　倪秀成（1977.3—1978.3）

（二）兰州炼油厂革委会领导名录（1975.1—1978.3）

主　　任　侯宏顺（1975.1—1978.2）
　　　　　　王金堂（1978.2—3）
副 主 任　张　进（1975.1—1977.10）
　　　　　　王金堂（1975.1—1978.2）
　　　　　　黄大智（1975.1—1978.3）
　　　　　　黄鹏远（1975.1—1978.3）
　　　　　　王　洁（1975.1—1978.3）
　　　　　　徐安民（1976.3—1978.3）
　　　　　　尚文章（1978.2—3）
　　　　　　匡振安（1978.2—3）
　　　　　　王育贤（1978.2—3）
　　　　　　徐源和（1978.2—3）
　　　　　　徐诚愿（1978.2—3）
　　　　　　胡玉龙（1978.2—3）

（三）兰州炼油厂工会（1975.1—1978.3）

主　　任　权海生（1976.12—1978.3）

八、南京石油化工厂（1975.1—1978.2）

1975年1月，南京石油化工厂隶属江苏省，由江苏省燃料化学工业局管理。

1976年7月，随着加工能力为250万吨/年的第二套常减压蒸馏装置的建成投产，南京石油化工厂年加工原油能力达到550万吨，成为全国大型炼油骨干企业之一。

1978年2月，南京石油化工厂与栖霞山化肥厂、南京化工厂、钟山化工厂、南京塑料厂、第二化机厂联合成立南京石油化工总厂。

3月，石油工业部成立时，南京石油化工总厂由江苏省领导。

（一）中共南京石油化工厂委员会领导名录（1975.1—1978.2）

书　　记 王　平（1975.1—1978.2）

副 书 记 吴廷坤（1976.1—1978.2）

戴　彬（1976.1—1978.2）

刘振科（1976.3—1978.2）

（二）南京石油化工厂革委会领导名录（1975.1—1978.2）

厂　　长 薛秀川（1975.1—6）

吴廷坤（1975.6—1978.2）

副 厂 长 吴廷坤（1975.1—6）

严亚夫（1975.1—1977.7）

刘振科（1975.1—1978.2）

戴　彬（1975.1—1978.2）

赵振西（1975.1—1978.2）

乔志斌（1975.1—1978.2）

王登云（1975.1—1978.2）

束寿昌（1975.1—1978.2）

谷良昭（1975.1—1978.2）

李元华（1977.4—1978.2）

九、茂名石油公司—广东省茂名石油工业公司（1975.1—1978.3）

1975年1月，茂名石油公司由广东省和石油化学工业部双重管理，以广东省为主，领导机构延续了燃料化学工业部时期的状况。3月，石油化学工业部决定，茂名石油公司抽调250名技术骨干支援广州石油化工厂建设。

5月，经石油化学工业部同意，广东省革委会批准茂名石油公司更名为广东省茂名石油工业公司（以下简称茂名石油公司），由广东省管理，办公地点在广东省茂名市。党委下属基层党委8个、党总支24个、党支部181个，共有党员4870名。职工总数2.03万人。

同月，为加速南海地区的石油勘探，石油化学工业部与广东省研究决定成立南海石油勘探指挥部，由茂名石油公司领导，1976年1月任命邹家智为南海石油勘探指挥部党委书记，张志友为南海石油勘探指挥部指挥。

1975年9月，成立研究所，设计室更名为设计所。

1976年1月，石油化学工业部决定，将南海、三水、茂名3个地区的石油勘探工作合并，由茂名石油公司所属南海石油勘探指挥部统一领导。8月，撤销地质处。

1977年3月，撤销炼油厂，成立炼油会战指挥部。1978年初，撤销卫生科，成立职工医院；成立润滑油厂。职工总数2.64万人。

1978年3月，石油工业部成立时，广东省茂名石油工业公司仍由广东省领导，业务上由石油工业部指导。

（一）茂名石油公司（1975.1—5）

1. **中共茂名石油公司委员会领导名录**（1975.1—5）

书　　记 方　华（1975.1—5）

副 书 记 刘　燊（1975.1—5）

2. **茂名石油公司革委会领导名录**（1975.1—5）

主　　任 方　华（1975.1—5）

副 主 任 简　坚（1975.1—5）

郭庆祥（1975.1—5）

王福泰（1975.1—5）

黄成和（1975.1—5）

钟广权（1975.1—5）

张学恭（1975.1—5）

吴玉超（1975.1—5）

黄　燊（1975.1—5）

王明章（1975.1—5）

郭春福（1975.1—5）

马伯鸿（1975.1—5）

张荣昌（1975.1—5）

郭　敏（1975.1—5）

王　锷（1975.1—5）

（二）广东省茂名石油工业公司（1975.5—1978.3）

1. **中共广东省茂名石油工业公司委员会领导名录**（1975.5—1978.3）

书　　记　方　华（1975.5—1978.3）

副 书 记　黄　檠（1976.5—　　）

钟广权（1976.5—　　）

2. **广东省茂名石油工业公司革委会领导名录**（1975.5—1978.3）

主　　任　方　华（1975.5—1978.3）

副 主 任　黄成和（1975.5—1976.10）

钟广权（1975.5—1976.10）

吴玉超（1975.5—1976.10）

郭庆祥（1975.5—1978.3）

马伯鸿（1975.5—1978.3）

冉济川（1975.5—1978.3）

王　锷（1975.5—1978.3）

郭　敏（1975.5—1978.3）

张荣昌（1975.5—1978.3）

王明章（1975.5—1978.3）

黄　檠（1975.5—1978.3）

王启贤（1976.5—1978.3）

谭光芬（1976.5—1978.3）

滕义发（1976.5—1978.3）

总工程师　黄时荣（1975.9—1978.3）

十、北京石油化工总厂（1975.1—1978.3）

1975年1月，北京石油化工总厂由北京市和石油化学工业部双重领导，以北京市为主。党组织关系隶属于北京市委。

1976年5月，北京石油化工总厂年产30万吨乙烯装置竣工投产，丁二烯抽提等3套装置试车成功。6月，国内第一套30万吨/年乙烯装置及丁二烯、高压聚乙烯、聚丙烯工程建成投产。

1977年7月，石油化学工业部决定，抽调北京石油化工总厂基本建设会战指挥部307人及所属运输处496人支援华北石油会战指挥部建设。

1978年3月，北京石油化工总厂改由化学工业部领导。

（一）中共北京石油化工总厂委员会领导名录（1975.1—1978.3）

书　　记　杨春茂（1975.1—1978.3）

副 书 记　林　源（1975.1—1978.3）

蒋新生（1975.1—1978.3）

王　纯（兼任，1975.1—1977.1）

（二）北京石油化工总厂革委会领导名录（1975.1—1978.3）

组　　长　杨春茂（1975.1—1978.3）

副 组 长　林　源（1975.1—1978.3）

芮杏文（1975.1—10）

李霄露（1975.1—1978.3）

杨　浚（1975.1—1978.3）

董文兴（1975.1—5）

李警民（1975.1—1978.3）

楚孝忠（1975.1—1978.3）

刘友三（1975.1—1978.3）

梁志汇（1975.7—1978.3）

葛立兴（1977.3—1978.3）

（三）北京石油化工总厂工会（1975.1—1978.3）

主　　任　郝传琨（1975.1—1978.3）

十一、山东胜利石油化工总厂（1975.1—1978.3）

1975年1月，山东胜利石油化工总厂由山东省和石油化学工业部双重领导，以山东省为主。厂址在山东省淄博市临淄区。

6月，胜利机修厂竣工投产。9月，总厂政治部下设的组改为处（室），分别为办公室、组织处、干部处、宣传处、教育处。同月，成立公用工程公司和供销公司。11月，公用工程公司更名为公用事业公司。

1976年2月，成立五七干部学校。6月，成立卫生处。7月，建立抗震领导小组。10月，第二化肥厂正式投产，生产出合格的尿素产品。

1977年1月，山东胜利石油化工总厂第一化肥厂获得山东省“大庆式企业”称号。2月，撤销政治部办公室，成立核心小组办公室（工业学大庆办公室），1978年2月更名为政治部办公室（工业学大庆办公室）。

1978年2月，政治部的干部处合并到组织处。3月，山东胜利石油化工总厂改由山东省和化学工业部双重领导，以山东省为主。

期间，山东胜利石油化工总厂党的核心小组副组长、副指挥马金昌当选中共十一大代表，山东胜利石油化工总厂副总工程师徐谦当选第五届全国人大代表。

（一）山东胜利石油化工总厂党的核心小组领导名录（1975.1—1978.3）

组　　长　李元荣（1975.1—4）
段　林（1975.4—1978.3）

副 组 长　许剑波（1975.1—1977.9）
马金昌（1975.9—1978.3）
钟　超（1977.9—1978.3）

成　　员　胡涵秋（1975.1—1978.3）
许剑波（1977.9—1978.3）
郑海珊（1975.1—1978.3）
赵　明（1975.1—9）
丁福嵩（1975.1—1978.3）
刘守杰（1975.1—1978.3）
田野夫（1975.1—1978.3）
马金昌（1975.1—9）
徐吉亨（1975.9—1978.3）
荣镇中（1975.9—1978.3）
仇发英（1975.9—1978.3）

政治部主任　郑海珊（1975.1—1978.3）

（二）山东胜利石油化工总厂领导名录（1975.1—1978.3）

指　　挥　胡涵秋（1975.1—1978.3）

政　　委　李元荣（1975.1—4）

段　林（1975.4—1978.3）

副 指 挥　丁福嵩（1975.1—1978.3）

刘守杰（1975.1—1978.3）

田野夫（1975.1—1978.3）

王远志（1975.1—1978.3）

荣镇中（1975.1—1978.3）

徐吉亨（1975.1—1978.3）

马金昌（1976.3—1978.3）

卓贡西（1977.3—1978.3）

副 政 委　许剑波（1975.1—1978.3）

郑海珊（1975.1—1978.3）

赵　明（1975.1—9）

十二、上海炼油厂（1975.1—1978.3）

1975年1月，上海炼油厂由石油化学工业部和上海市双重领导，以上海市为主，由上海市化学工业局代管。行政级别为县（团）级。实行党委领导下的厂长分工负责制。

9月，上海炼油厂成立后勤组，上海炼油厂技工学校更名为上海炼油厂厂校。

1976年5月，政宣组并入办公室；撤销生产计划组，成立综合计划组和生产调度组；成立土建队。

1977年8月，厂部成立政工、生产、生活3个部门，将工艺生产系统的一车间、二车间、三车间、四车间、五车间、六车间重组为蒸馏、催化、焦化、溶剂、石蜡、热裂化、铂重装、酮苯、白土、添加剂车间等10个车间，动力车间拆分为电气车间和锅炉车间。同年，机关各组改为科，成立宣传科、教育科、环保科，消防队从武装保卫组划出并独立建制，成立修旧利废车间，食堂改为伙食科。

1978年3月，上海炼油厂改由上海市和石油工业部双重领导，以上海市为主。

（一）中共上海炼油厂委员会领导名录（1975.1—1978.3）

书　　记　马玉霖（1975.1—1977）
　　　　　　薛秀川（1977.7—1978）
副 书 记　张桂汀（1975.1—1977）
　　　　　　王维忠（1975.1—1977）
　　　　　　王海山（1975.1—1978.3）
　　　　　　李滋圃（1977.7—1978.3）
　　　　　　赵文卿（1977.7—1978.3）

（二）上海炼油厂革委会领导名录（1975.1—1977）

主　　任　马玉霖（1975.1—1977）
副 主 任　王海山（1975.1—1977）
　　　　　　金松年（1975.1—1977）
　　　　　　符利江（1975.1—1977）
　　　　　　管金余（1975.1—1977）
　　　　　　王福生（1975.1—1977）

（三）上海炼油厂领导名录（1977—1978.3）

厂　　长　（空缺）
副 厂 长　王海山（1977—1978.3）

（四）上海炼油厂工会（1975.1—1978.3）

主　　任　王福生（1975.1—1977）
　　　　　　顾宝福（1977—1978.3）

十三、湖南长岭炼油厂（1975.1—1978.3）

1975年1月，中国人民解放军总后勤部企业部化工生产管理局撤销，三一〇一厂下放给湖南省领导，更名湖南长岭炼油厂。同月，中共三一〇一厂临时委员会更名为中共湖南省长岭炼油厂临时委员会，下属基层党委1个、党总支7个，共有党员1543名。

4月，湖南长岭炼油厂对组织机构进行调整，机关设科室22个：政治部、组织科、宣传科、干部科、保卫科和办公室，工会、团委、机关党总支、总调度室、办公室、机械设备科、安全科、环境保护科、计划统计科、技术科、质量监督科、劳资科、教育科、财务科、保护科、基建科、武装部；所属二级单位（直属车间）24个：催化剂分厂、机修分厂、陆城管理站、储运管理站、常减压车间、催化裂化车间、延迟焦化车间、铂重整车间、动力车间、供排水车间、电气车间、仪表车间、供应科、化验室、消防队、研究室、设计室、厂汽车队、家属管理站、职工医院、子弟中学、子弟小学、幼儿园、总务科招待所。

1977年10月，中共湖南长岭炼油厂首次党员代表大会召开，选举产生第一届委员会，并设立纪委。

1978年3月，石油工业部成立时，湖南长岭炼油厂仍由湖南省领导。

（一）中共湖南长岭炼油厂临时委员会领导名录（1975.1—1977.10）

书　　记　古德勤（1975.5—1977.10）

副 书 记　李　兴（1975.5—1977.10）

初万祥（1977.7—1977.10）

委　　员　吴文太（1975.1—1977.10）

李　云（1975.1—1977.10）

邹积同（1975.1—1977.10）

朱克中（1975.1—1977.10）

李树义（1975.6—1977.10）

俞海潮（1975.6—1977.10）

周　皓（1975.6—1977.10）

沈浚源（1975.6—1977.10）

蔡海良（1975.6—1977.10）

顾林娣（女，1975.6—1977.10）

肖华清（工人代表，1975.6—1977.10）

柳新民（女，1975.6—1977.10）

封正普（军代表，1975.9—1977.10）

（二）中共湖南长岭炼油厂委员会领导名录（1977.10—1978.3）

书　　记　古德勤（1977.10—1978.3）

副 书 记　李　兴（1977.10—1978.3）

初万祥（1977.10—1978.3）

委　　员　李树义（1977.10—1978.3）

俞海潮（1977.10—1978.3）

周　皓（1977.10—1978.3）

李　云（1977.10—1978.3）

沈浚源（1977.10—1978.3）

蔡海良（1977.10—1978.3）

吴文太（1977.10—12）

邹积同（1977.10—1978.3）

朱克中（1977.10—1978.3）

顾林娣（女，1977.10—1978.3）

于英兰（女，工人代表，1977.10—1978.3）

王永和（1977.10—1978.3）

刘　杰（女，1977.10—1978.3）

肖中和（1977.10—1978.3）

肖华清（工人代表，1977.10—1978.3）

杜志才（1977.10—1978.3）

周　林（1977.10—1978.3）

罗玉昆（1977.10—1978.3）

罗佐华（1977.10—1978.3）

封正普（军代表，1977.10—1978.3）

柳新民（女，1977.10—1978.3）

郭明贵（1977.10—1978.3）

黄文明（1977.10—1978.3）

熊应平（1977.10—1978.3）

纪委书记　古德勤（1977.10—1978.3）

（三）**湖南长岭炼油厂领导名录**（1975.1—1978.3）

厂　　长 古德勤（1975.5—1978.3）

副 厂 长 初万祥（1975.5—1978.3）

吴文太（1975.5—1978.3）

李树义（1975.5—1978.3）

俞海潮（1975.5—1978.3）

周　皓（1975.5—1978.3）

李　云（1975.5—1978.3）

沈浚源（1975.5—1978.3）

蔡海良（1975.5—1978.3）

邹积同（1977.7—1978.3）

（四）**湖南长岭炼油厂工会**（1975.1—1978.3）

主　　任 李　云（1975.1—1978.3）

十四、杭州炼油厂（1975.1—1978.3）

1975年1月，杭州炼油厂由浙江省领导，由杭州市化学工业局管理，业务上接受石油化学工业部指导。党组织关系隶属于杭州市委。1976年10月，实行厂长负责制。1977年10月，杭州市委对杭州炼油厂党委领导班子进行调整和充实。截至1978年初，机关设党委办公室、组织科、宣传科、保卫科、武装部、教育科等部门。

1978年3月，石油工业部成立时，杭州炼油厂仍由浙江省领导。

（一）**中共杭州炼油厂委员会领导名录**（1975.1—1978.3）

书　　记（空缺）

副 书 记 顾汝德（1975.1—1978.3）

卢显顺（1977.10—1978.3）

沈一鸣（1977.10—1978.3）

常　　委 许世昌（1975.1—1978.3）

陈玉芳（1975.1—1978.3）

徐其火（1975.1—1976.10）
沈一鸣（1975.1—1977.10）
卢显顺（1975.1—1977.10）
胡贵全（1977.10—1978.3）

（二）杭州炼油厂革委会领导名录（1975.1—1976.10）

主　　任　（空缺）
副 主 任　徐其火（1975.1—1976.10）
周相仁（1975.1—1976.10）
陈玉芳（1975.1—1976.10）
许世昌（1975.1—1976.10）
顾汝德（1975.1—1976.10）

（三）杭州炼油厂领导名录（1976.10—1978.3）

厂　　长　卢显顺（1977.10—1978.3）
副 厂 长　顾汝德（1976.10—1978.3）
许世昌（1976.10—1978.3）
陈玉芳（1976.10—1978.3）
周相仁（1976.10—1978.3）
胡贵全（1977.10—1978.3）

（四）杭州炼油厂工会（1975.1—1978.3）

主　　任　徐其火（1975.1—1978.3）

十五、吉林省白城地区前郭炼油厂（1975.1—1978.3）

1975年1月，吉林省白城地区前郭炼油厂（简称前郭炼油厂）正式纳入国家计划进行生产。党组织关系隶属于中共吉林省白城地委，厂址在吉林省白城地区前郭尔罗斯蒙古族自治县。

2月，撤销基建科，成立基本建设办公室；撤销运销科；成立油品车间；撤销供应科，成立供销科和仓库保管科。8月，前郭炼油厂工程建设会战指挥部领导班子进行了调整。截至1975年底，全厂职工总数1444人。共有党员247

名。全年加工原油23.5万吨，实现利税792.8万元。

1976年4月，前郭炼油厂工程技术人员与大庆石油学院合作，在Ⅳ型催化裂化装置上掺合使用稀土Y型分子筛催化剂试验获得成功。当年原油加工量首次突破35万吨的设计能力，达到41.6万吨，实现利税1807.8万元。

截至1977年底，前郭炼油厂党群系统设组织部、宣传部、工会、团委、武保科等5个部门。行政系统设办公室、生产科、总工办公室、科学技术研究室、计划科、财会科、劳资科、五七办公室、行管科、供销科、供应科和基建办公室等18个科室。职工总数1676人，共有党员369名。

1978年1月，机修车间分设为金工车间和检修车间。2月，成立教育科。3月，石油工业部成立时，前郭炼油厂仍由吉林省白城地区领导。

（一）中共前郭炼油厂委员会领导名录（1975.1—1978.3）

书　　记　崔德珍（1975.1—1976.7）
　　　　　　许　武（1976.7—1977.1）
　　　　　　王　彬（1977.1—1978.3）

副 书 记　曾昭允（1975.1—1976.5）
　　　　　　刘自然（1975.1—1976.5）
　　　　　　王凤仪（1976.3—1978.3）
　　　　　　唐德平（1976.6—1977.10）
　　　　　　王兰香（女，1976.6—1978.3）
　　　　　　王　彬（1976.7—12）
　　　　　　崔德珍（1976.12—　　）

常　　委　刘庆林（1975.1—12）
　　　　　　关秀峰（1975.3—1976.5）
　　　　　　王德春（1976.5—1978.3）
　　　　　　高殿祥（1976.6—1978.3）
　　　　　　苏志学（1976.11—　　）

（二）前郭炼油厂革委会领导名录（1975.1—1978.3）

主　　任　崔德珍（1975.1—1976.7）
　　　　　　许　武（1976.7—1977.1）
　　　　　　王　彬（1977.1—1978.3）

副 主 任　刘庆林（1975.1—12）
阎健伍（1975.1—1976.6）
曾昭允（1975.1—1976.6）
李中荣（1975.1—1976.12）
鲍承志（1975.1—1976.6）
李至生（1975.1—1978.7）
刘自然（1975.1—1976.6）
周玉琢（1975.1—1978.3）
关秀峰（1975.3—1978.3）
王凤仪（1976.3—1978.3）
王德春（1976.5—1978.3）
唐德平（1976.6—1977.10）
金哲训（朝鲜族，1976.6 —1978.3）
王兰香（女，1976.6—1978.3）
王　彬（1976.7—1977.1）
高哲臣（1976.7—　　）
苏志学（1976.11—　　）
崔德珍（1976.12—　　）
高殿祥（1977.1—1978.3）

（三）前郭炼油厂工程建设会战指挥部领导名录（1975.1—　　）

总 指 挥　颜承业（1975.1—8）
曾昭允（1975.8—　）

副总指挥　崔德珍（1975.1—8）
刘万荣（1975.1—8）
王家征（1975.1—8）
孙　星（1975.1—8）
李至生（1975.8—　）
王玉林（1975.8—　）
葛凤春（1975.8—　）

十六、盘锦炼油厂（1975.1—1978.3）

1975年1月，盘锦炼油厂由辽宁省盘锦地区领导，由辽宁省盘锦地区工业局管理，党组织关系隶属于盘锦地委。11月，盘锦炼油厂划归营口市石油化学工业局领导。行政级别为县（团）级。职工总数800余人。

1976年3月，盘锦炼油厂成立运销科、质量检查科（化验室）、生产计划科，撤销储运车间和生产科。5月，撤销人民武装部和保卫科，成立武装保卫部。1977年6月，成立畜牧场。

截至1978年初，机关设办公室、组织科、宣传科、团委、工会、武装保卫部、计财科、人事工资科、行政管理科、供应科、运销科、质量检查科（化验室）、生产计划科、机动科、基建科等15个科室，所属蒸馏车间、小沥青车间、给排水车间、维修车间、化验室、卫生所、子弟小学、畜牧场等8个生产及辅助单位。职工总数950人。原油加工能力50万吨/年，工业净产值3992万元，固定资产原值1789万元、净值1340万元。

1978年3月，石油工业部成立时，盘锦炼油厂仍由辽宁省盘锦地区领导。

（一）中共盘锦炼油厂委员会领导名录（1975.1—1978.3）

书　　记　殷恒发（军代表，1975.1—1976.3）
黄振江（1976.3—1977.1）
崔振国（1977.1—1978.3）

副 书 记　陈淑兴（1975.1—1976.12）
黄振江（1975.1—1976.3）
曲兆安（1976.3—1978.3）
夏兆集（1976.12—1978.3）
刘长印（1977.1—1978.3）
盖凌仁（1977.1—1978.3）

常　　委　孙桂轩（1975.1—1978.3）
盖凌仁（1975.1—1977.1）
徐庆元（1975.1—1978.3）

唐景华（1977.1—1978.3）
孙宝常（1977.1—1978.3）
齐成良（1977.1—1978.3）

（二）盘锦炼油厂领导名录（1975.1—1978.3）

厂　　长　殷恒发（军代表，1975.1—1976.3）
黄振江（1976.3—1977.1）
崔振国（1977.1—1978.3）

副 厂 长　陈淑兴（1975.1—1976.12）
黄振江（1975.1—1976.3）
盖凌仁（1975.1—1978.3）
孙桂轩（1975.1—1978.3）
徐庆元（1975.1—1978.3）
曲兆安（1976.3—1978.3）
齐成良（1976.3—1978.3）
夏兆集（1976.12—1978.3）
孙宝常（1977.1—1978.3）
刘长印（1977.1—1978.3）

（三）盘锦炼油厂工会（1975.1—1978.3）

主　　任　张世泽（正科级，1975.1—1978.3）

十七、河北省沧州石油化工厂（1975.1—1978.3）

1975年1月，河北省沧州石油化工厂由河北省石油化工局管理，党组织关系隶属于沧州地委。厂址在河北省沧州市。职工总数1044人。

2月，中共河北省沧州石油化工厂委员会成立，赵永志为党委书记，张杰、崔亚明、李克林为党委副书记。同时，撤销沧州石油化工厂建厂领导小组。工厂的人事、生产、行政等一切管理工作由党委实行一元化领导，没有成立正式的行政领导机构。

1975年，河北省沧州石油化工厂各部分基建工程陆续竣工，并相继进行单机试运行、水联运、油联运。10月，沧州石油化工厂基建任务基本完成，正式投产。1976年1月，水汽车间拆分为供排水车间和动力车间。1977年12月，成立沥青车间。全厂职工总数1428人。

1978年3月，石油工业部成立时，河北省沧州石油化工厂仍由河北省领导。

中共河北省沧州石油化工厂委员会领导名录（1975.2—1978.3）

第一书记　解　彬（1976.7—1978.3）

书　　记　赵永志（1975.2—1978.3）

副 书 记　张　杰（1975.2—1978.3）

崔亚明（1975.2—1978.3）

李克林（1975.2—1978.3）

朱清汉（1975.5—1978.3）

常　　委　边金声（1975.2—1976.7）

王　瑛（1975.2—1976.7）

李连信（1975.2—1978.3）

李文国（1975.2—1978.3）

孙国刚（1975.2—1978.3）

高贵祥（1975.2—1978.3）

十八、哈尔滨炼油厂（1975.2—1978.3）

1975年2月，哈尔滨市革委会决定撤销哈尔滨市石油化工会战指挥部，成立哈尔滨炼油厂，由哈尔滨市化学工业局管理。机关设办公室、政治部、调度室、计财科、劳资科、技术室、供应科、总务科等部门。所属运输队、仓库、安装队、土建队、护厂队等单位。职工总数565人，厂址在哈尔滨市太平区。

6月，哈尔滨市革委会成立哈尔滨炼油厂革委会，同时对哈尔滨炼油厂党的核心小组领导班子进行任命。

1976年7月，哈尔滨炼油厂建成投产，年加工原油能力为30万吨。

1977年5月，中共哈尔滨炼油厂第一次党员大会召开，选举产生第一届委员会，陈清亭为党委书记，张景春、谭述宽为党委副书记，共有党员219名。

1977年，哈尔滨炼油厂实现工业总产值3873万元，原油加工量24.6万吨，综合商品率为74.74%，轻质油收率为32.14%，利润612万元。

截至1978年3月，机关设科室11个：办公室、安全技术科、调度室、设备科、技术科、计划科、财务科、劳资科、组织部、宣传部、工会；直属单位9个：消防队、保卫科、武装部、供应科、运销科、基建科、仓库、汽车队和电话班。所属车间7个：催化车间、动力车间、供排水车间、化验车间、供电车间、仪表车间、机修车间。职工总数1353人。

1978年3月，石油工业部成立时，哈尔滨炼油厂仍由黑龙江省领导。

（一）哈尔滨炼油厂党的核心小组领导名录（1975.6—1977.5）

组　长　陈清亭（1975.6—1977.5）

成　员　于登美（1975.6—1977.5）

于善永（1975.6—1977.5）

丁喜德（1975.6—1977.5）

（二）中共哈尔滨炼油厂委员会领导名录（1977.5—1978.3）

书　记　陈清亭（1977.5—1978.3）

副书记　张景春（1977.5—1978.3）

谭述宽（1977.5—1978.3）

（三）哈尔滨炼油厂领导名录（1975.2—6）

负责人　张　柯（1975.2—6）

鞠德明（1975.2—6）

（四）哈尔滨炼油厂革委会领导名录（1975.6—1978.3）

主　任　陈清亭（1975.6—1978.3）

副主任　于登美（1975.6—1978.3）

于善永（1975.6—1978.3）

丁喜德（1975.6—1978.3）

韩春仁（1975.6—1978.3）

郭庆海（1975.6—1978.3）

谭述宽（1975.12—1978.3）

张景春（1977.2—1978.3）

罗英杰（1977.12—1978.3）

十九、武汉石油化工厂建设指挥部（1975.1—1978.3）

1975年1月，武汉石油化工厂建设指挥部由湖北省武汉市领导，党组织关系隶属于武汉市委。

1975年3月，为适应扩建催化裂化装置和减压装置的需要，武钢炼油厂机构并入武汉石油化工厂建设指挥部，撤销炼油厂党委。

1976年7月6日，经武汉市委批准，成立中共武汉石油化工厂建设指挥部委员会，下属党总支5个、党支部12个。

1977年8月，国家计划委员会决定，武汉石油化工厂建设指挥部由石油化学工业部代管。同年，武汉石油化工厂建成投产。

1978年2月，武汉市委决定撤销中共武汉石油化工厂建设指挥部委员会。3月，武汉石油化工厂正式成立，与武汉石油化工厂建设指挥部为一个机构两块牌子，仍由武汉市领导。

（一）中共武汉石油化工厂建设指挥部临时委员会领导名录（1975.1—1976.7）

书　　记　高　珣（1975.1—1976.7）

副 书 记　王子佩（1975.1—1976.7）

　　　　　李　伟（1975.1—1976.7）

（二）中共武汉石油化工厂建设指挥部委员会领导名录（1976.7—1978.2）

书　　记　高　珣（1976.7—1978.2）

副 书 记　冉宪仪（1976.7—1978.2）

　　　　　杨家胜（1976.7—1978.2）

（三）武汉石油化工厂建设指挥部领导名录（1975.1—1978.3）

指　　挥　高　珣（1975.1—1978.3）

副 指 挥　王子佩（1975.1—1978.3）

　　　　　王秉悦（1975.1—1978.3）

　　　　　张　鹏（1975.1—1978.3）

　　　　　冉宪仪（1975.1—1978.3）

张干臣（1975.1—1978.3）

姬兴华（1975.1—1978.3）

陆光壁（1975.1—1978.3）

蔡振江（1975.1—1978.3）

谌章佑（1975.1—1978.3）

郑忠毓（1975.1—1978.3）

二十、安庆石油化工厂—安庆石油化工总厂（1975.1—1978.3）

1975年1月，安庆石油化工厂由安徽省和石油化学工业部双重领导，以安徽省为主。从1970年9月破土动工到1975年2月全部建成投产，除建成炼油厂、化肥厂、热电厂、机修厂等主要生产厂外，还相继建成油品中转站、可供数百万人口生活饮用的供水场、可停靠万吨巨轮的油港码头、污水处理厂、总长310千米的各种工艺管线以及职工生活区、学校、医院等设施。职工总数1995人。

1976年11月，第一轮原油运进安庆港，常减压装置建成投产。安庆石油化工厂的投产，结束了安徽省没有石油化工工业的历史。

1977年11月，成立中共安庆石油化工厂委员会。12月，撤销安庆石油化工厂建厂指挥部。

1978年1月，安庆石油化工厂更名为安庆石油化工总厂。2月，安庆热电厂划归安庆石油化工总厂管理。至此，总投资6.14亿元的安庆石油化工总厂具备了油、化、电联合试生产的条件。

3月，安庆石油化工总厂改由化学工业部领导。

（一）中共安庆石油化工厂建设指挥部临时委员会领导名录（1975.1—1977.11）

书　　记　郑家琪（1975.1—1977.11）

副 书 记　苏　桦（1975.1—1977.11）

（二）中共安庆石油化工厂委员会领导名录（1977.11—1978.3）

第一书记　郑家琪（1977.11—1978.3）

书　　记　苏　桦（1977.11—1978.3）

副 书 记 范涡河（1977.12—1978.3）

洛　仁（1977.12—1978.3）

陈逸民（1977.12—1978.3）

（三）安庆石油化工厂建设指挥部领导名录（1975.1—1977.12）

第一指挥 李任之（兼任，1975.1—1977.12）

副 指 挥 孟家芹（1975.1—1977.12）

洛　仁（1975.1—1977.12）

钱思潮（1975.1—1977.12）

刘月亮（1975.1—1977.12）

张凤城（1975.1—1977.12）

陈逸民（1975.1—1977.12）

熊湖帆（1975.1—1977.12）

张　协（1975.1—1977.12）

张俊沂（1975.1—1977.12）

（四）安庆石油化工厂—安庆石油化工总厂领导名录（1975.1—1978.3）

厂　　长 苏　桦（1977.11—1978.3）

副 厂 长 洛　仁（1975.7—1977.12）

陈逸民（1977.12—1978.3）

钱思潮（1977.12—1978.3）

张凤城（1977.12—1978.3）

姜贤哲（1977.12—1978.3）

宋长汉（1977.12—1978.2）

总工程师 何俊英（1978.2—3）

张六一（1978.2—3）

总会计师 严家骏（1978.2—3）

二十一、济南石油化工厂筹建处—济南石油化工厂（1975.1—1978.3）

（一）济南石油化工厂筹建处（1975.1—7）

1975年1月，济南石油化工厂筹建处由济南市燃料化学工业局管理，业务接受石油化学工业部指导，建设指挥机构为济南石油化工厂建设工程指挥部，指挥部下设政工组、施工组、物资组。

5月，济南石油化工厂筹建处机关增设计划生育办公室。6月，机关增设组织科、宣传科，武装部改为武装保卫部。调整后，机关设政治处（组织科、宣传科、武装保卫部）、办公室、财务科、劳动工资科、计划调度科、技术科、安全科、机动科、基建科、供销科、行政科、计划生育办公室等12个科室，所属装置车间、油品储运车间、机修车间、仪表车间、动力车间、电工车间、化验室等7个基层单位。

7月，50万吨/年常压装置建成投产，一次开车成功，生产出汽油、煤油、轻柴油等石油产品，结束了济南地区没有石油工业的历史。

同月，济南石油化工厂筹建处更名为济南石油化工厂。

1. **济南石油化工厂党的核心小组领导名录**（1975.1—7）

组　　长　李森林（1975.1—7）

副 组 长　徐祥洲（1975.1—7）

张汝洲（1975.1—7）

王克俊（1975.1—7）

2. **济南石油化工厂建设工程指挥部领导名录**（1975.1—7）

指　　挥　李森林（1975.1—7）

副 指 挥　张汝洲（1975.1—7）

王克俊（1975.1—7）

徐祥洲（1975.1—7）

许花田（1975.1—7）

刘光悦（1975.1—7）

张之栋（1975.1—7）
彭树德（1975.1—7）
杨守先（1975.1—7）
董　坚（1975.1—7）

3. **济南石油化工厂筹建处领导名录**（1975.1—7）

主　　任　（空缺）

副 主 任　徐祥洲（1975.1—7）
杜春昊（1975.1—7）
杨守先（1975.1—7）
周志明（1975.1—7）
董　坚（1975.1—7）
于永礼（1975.1—7）

4. **济南石油化工厂筹建处工会**（1975.1—7）

主　　任　王尔新（1975.1—7）

（二）济南石油化工厂（1975.7—1978.3）

1975年7月，济南市燃料化学工业局决定，济南石油化工厂筹建处更名为济南石油化工厂，为济南市市属企业，由济南市燃料化学工业局管理。10月，济南石油化工厂正式投产。年底，职工总数1150人。

1976年6月，减压装置建成，与常压装置并联投产。12月，油品储运车间分为油品车间和运销科；成立第一车间。

1977年1月，撤销武装保卫部，成立人民武装部、保卫科、消防队。3月，济南市委决定，撤销济南石油化工厂党的核心小组、建设工程指挥部、济南石油化工厂筹建处；成立中共济南石油化工厂委员会，王长欣为党委书记，董坚、徐祥洲、谢火金、张群力为党委副书记；济南石油化工厂行政领导班子设正、副主任。

6月，基建科所属安装队、修建队分别单独设立为检修车间、修建车间，机修车间更名为金属加工车间。10月，催化裂化装置建成投产，与常减压装置并联一次开车成功，处理能力超过设计的12.5万吨/年。同月，3万吨/年氧化沥青装置建成投产，并成立氧化沥青车间。年底，职工总数为1414人。

1978年3月，石油工业部成立时，济南石油化工厂仍由山东省济南市领导。

1. **济南石油化工厂党的核心小组领导名录**（1975.7—1977.3）

组　　长　李森林（1975.7—1976.6）

副 组 长　徐祥洲（1975.7—1977.3）

张汝洲（1975.7—1977.3）

王克俊（1975.7—1977.3）

2. **中共济南石油化工厂委员会领导名录**（1977.3—1978.3）

书　　记　王长欣（1977.3—1978.3）

副 书 记　董　坚（1977.3—1978.3）

徐祥洲（1977.3—1978.3）

谢火金（1977.3—1978.3）

张群力（1977.3—1978.3）

委　　员　周志明（1977.3—1978.3）

温从海（1977.3—1978.3）

于永礼（1977.3—1978.3）

胡延德（1977.3—1978.3）

梁卫平（1977.3—1978.3）

孙成才（1977.3—1978.3）

李树森（1977.3—1978.3）

张明明（1977.3—1978.3）

3. **济南石油化工厂建设工程指挥部领导名录**（1975.7—1977.3）

指　　挥　李森林（1975.7—1976.6）

副 指 挥　徐祥洲（1975.7—1977.3）

杨守先（1975.7—1977.3）

董　坚（1975.7—1977.3）

4. **济南石油化工厂筹建处领导名录**（1975.7—1977.3）

主　　任　（空缺）

副 主 任　徐祥洲（1975.7—1977.3）

杜春昊（1975.7—1977.3）

杨守先（1975.7—1977.3）

周志明（1975.7—1977.3）

董　坚（1975.7—1977.3）
于永礼（1975.7—1977.3）
胡延德（1975.7—1977.3）

5. **济南石油化工厂领导名录**（1977.3—1978.3）

主　　任 王长欣（1977.3—1978.3）
副 主 任 董　坚（1977.3—1978.3）
徐祥洲（1977.3—1978.3）
谢火金（1977.3—1978.3）
张群力（1977.3—1978.3）
周志明（1977.3—1978.3）
于永礼（1977.3—1978.3）
胡延德（1977.3—1978.3）

6. **济南石油化工厂工会**（1975.7—1978.3）

主　　任 王尔新（1975.7—1977.2）
温从海（1977.2—1978.3）

二十二、天津市石油化工总厂（1975.1—1978.3）

1975年1月，天津市石油化工总厂正式成立，由天津市化学工业局管理，行政级别为县（团）级。设18个机关科（部）室：政治部（内设组织科、干部科、宣传科、武装保卫部）、战备科、厂容办公室、财务科、计划科、劳资科、技术科、生产科、机动科、运销科、安技科、基建办公室、供应办公室、教育科、行政科、卫生科、工会、团委；所属9个车间：常减压车间、催化车间、精制车间、油品车间、供汽车间、供排水车间、机修车间、电气车间、仪表车间；7个辅助单位：消防队、设计室、研究所、仓库、中学、农副业科、办事处。

1976年2月，为了适应边生产边建设的需要，天津市化工局革委会对天津市石油化工总厂组织机构进行调整。调整后，天津市石油化工总厂设18个机关科（部）室：政治部、工会、团委、武保部、办公室、教育科、战备科、劳资科、财务科、安技科、生产科、技术科、机动科、运销科、基建办公室、供应办公室、行政科、卫生科；所属9个车间：常减压车间、催化裂化车间、油品车间、精制车间、机修车间、仪表车间、电气车间、供汽车间、供排水车间；14个辅助单位：质量检查科、研究所、设计室、机车队、工程队、运输队、消防队、仓库、修建队、农副业科、办事处、职工医院、中学、小学。

1978年3月，石油工业部成立时，天津市石油化工总厂仍由天津市领导。

（一）中共天津市石油化工总厂委员会领导名录（1975.1—1978.3）

书　　记　张　博（1975.1—1978.3）
副 书 记　黄　维（1975.1—1978.3）
戴书林（1975.1—9）
齐永华（1975.1—8）
张定理（1975.3—1978.3）
耿建中（1976.4—1978.3）
陈增培（1977.10—1978.3）

（二）天津市石油化工总厂领导名录（1975.1—1978.3）

厂　　长　张　博（1975.1—1978.3）
副 厂 长　黄　维（1975.1—1978.3）
戴书林（1975.1—1976.9）
齐永华（1975.1—1975.8）
陈增培（1975.1—1978.3）
崔呈佑（1975.1—1978.3）
王文田（1975.1—1977.10）
吴伟志（1975.1—1978.3）
李振毅（1975.1—1978.3）
孙振东（1975.1—1978.3）
廖灿辉（1975.1—1978.3）
李家禄（1975.1—1978.3）
张定理（1975.3—1978.3）
贾庆儒（1975.8—1978.3）
杨思义（1975.8—1978.3）

李　珍（1975.8—1978.3）
杜文澍（1975.8—1978.3）
耿建中（1976.4—1978.3）
孟凡志（1976.6—1978.3）
王清余（1976.6—1978.3）
沈　伟（1976.9—1978.3）
倪常荣（女，1976.9—1978.3）

（三）天津市石油化工总厂现场指挥部领导名录（1975.1—1978.3）

指　　挥　张　博（1975.1—1978.3）
副指挥　董鸿宾（1975.1—1978.3）
曹树勋（1975.1—5）
齐永华（1975.1—8）
涂秀森（1975.1—1978.3）
刘立芳（1975.1—1978.3）
陈增培（1975.1—1978.3）
王荫堂（1975.1—1978.3）
孙振东（1975.1—1978.3）
张定理（1975.5—1978.3）
崔呈佑（1975.5—1978.3）

二十三、广州石油化工厂建设指挥部—广州石油化工总厂—广州石油化工厂（1975.1—1978.3）

（一）广州石油化工厂建设指挥部（1975.1—1976.7）

1975年1月，广州石油化工厂建设指挥部由广东省和石油化学工业部双重领导，以广东省为主。

2月，广州石油化工厂机关增设设备检验组，成立机修车间和仪表车间。

3月，石油化学工业部决定，从茂名石油公司抽调250名技术骨干支援广州石油化工厂建设。

4月，机关增设总调度室、运输组和对外技术联络组，成立合成氨车间。8月，机关增设机械动力组和生产技术组，成立常减压车间、催化裂化车间、油品车间、电工车间。8月，成立尿素车间。9月，成立工会筹备小组。11月，机关增设化肥指挥组、炼油指挥组、公用工程指挥组、码头指挥组。

1976年1月，机关增设质量安全组。5月，撤销常减压车间、催化裂化车间，成立一联合车间和二联合车间。6月，成立动力车间、供排水车间、尿素包装车间、化肥水汽车间、中心试验室，总调度室更名为生产调度室。

7月，广州石油化工厂建设指挥部更名为广州石油化工总厂。

1. **中共广州石油化工厂建设指挥部临时委员会领导名录**（1975.1—1976.7）

书　　记　李　辉（1975.1—1976.7）
副 书 记　叶修青（1975.1—1976.7）
　　　　　刘　燊（1975.1—1976.7）
委　　员　钟浩泉（1975.1—1976.7）
　　　　　陈元泰（1975.1—1976.7）
　　　　　苏白山（1975.1—1976.7）
　　　　　郑方忠（1975.1—1976.7）
　　　　　程林亭（1975.1—1976.7）
　　　　　王佐华（1975.1—1976.7）
　　　　　林之佑（1975.1—1976.7）
政治部主任　何　凯（1975.1—1976.7）

2. **广州石油化工厂建设指挥部领导名录**（1975.1—1976.7）

指　　挥　叶修青（1975.1—1976.7）
副 指 挥　刘　燊（1975.1—1976.7）
　　　　　何　凯（1975.1—1976.7）
　　　　　简　坚（1975.1—1976.7）
　　　　　钟浩泉（1975.1—1976.7）
　　　　　陶茂林（1975.1—1976.7）
　　　　　陈元泰（1975.1—1976.7）
　　　　　苏白山（1975.1—1976.7）
　　　　　程林亭（1975.4—1976.7）

王佐华（1975.5—1976.7）
倪恒德（1975.12—1976.7）
谢　均（1975.12—1976.7）
段昆一（1975.12—1976.7）
林之佑（1975.12—1976.7）
张效武（1975.12—1976.7）
郑方忠（1976.5—7）

（二）广州石油化工总厂（1976.7—1977.12）

1976年7月，广州市委决定将广州石油化工厂建设指挥部更名为广州石油化工总厂，同时对机构进行调整，机关设10个部门：办公室、计划调度室、基建办公室、劳动工资组、生产技术组、安全组、机械动力组、供应组、财务组、行政组；所属4个二级单位：炼油厂、化肥厂、机械动力厂、总厂设计所。9月，成立对外贸易招待所。

1977年6月，撤销机械动力厂。7月，成立供应组和运销组，将原运输组属下的汽车队成建制划归供应组。8月，成立职工子弟学校。9月，成立医院筹备小组。

12月，广州石油化工总厂更名为广州石油化工厂。

1. **中共广州石油化工总厂委员会领导名录**（1976.7—1977.12）

书　　记　李　辉（1976.7—1977.11）
叶修青（1977.11—12）
副 书 记　叶修青（1976.7—1977.11）
刘　燊（1976.7—1977.12）
倪恒德（1977.11—12）
简　坚（1977.11—12）
李　墨（1977.11—12）
委　　员　钟浩泉（1976.7—1977.12）
陈元泰（1976.7—1977.12）
苏白山（1976.7—1977.12）
郑方忠（1976.7—1977.12）
程林亭（1976.7—1977.12）

王佐华（1976.7—1977.12）
林之佑（1976.7—1977.12）
政治部主任　何　凯（1976.7—1977.12）

2. **广州石油化工总厂领导名录**（1976.7—1977.12）

指　　　挥　叶修青（1976.7—1977.12）
副　指　挥　刘　燊（1976.7—1977.12）
何　凯（1976.7—1977.12）
简　坚（1976.7—1977.12）
钟浩泉（1976.7—1977.12）
陶茂林（1976.7—1977.12）
陈元泰（1976.7—1977.12）
苏白山（1976.7—1977.12）
程林亭（1976.7—1977.12）
王佐华（1976.7—1977.12）
倪恒德（1976.7—1977.12）
谢　均（1976.7—1977.12）
段昆一（1976.7—1977.12）
林之佑（1976.7—1977.12）
张效武（1976.7—1977.12）
郑方忠（1976.7—1977.12）

（三）**广州石油化工厂**（1977.12—1978.3）

1977年12月，广州市委决定将广州石油化工总厂更名为广州石油化工厂，撤销炼油厂和化肥厂建制，不设分厂，只设车间，实行二级管理，机关内设组改为科。机关设14个科室：厂部办公室、总调度室、生产技术科、设计室、计划科、安全技术科、质量检查科、机械动力科、财务科、劳动工资科、行政科、供应科、运销科、基本建设办公室。所属14个二级单位：一联合车间、二联合车间、原油中转车间、合成氨车间、尿素车间、水汽车间、成品包装车间、机修车间、仪表车间、电工车间、动力车间、供排水车间、石油化工研究所、中心试验室。

1978年3月，广州石油化工厂改由化学工业部领导。

1. **中共广州石油化工厂委员会领导名录**（1977.12—1978.3）

书　　记　叶修青（1977.12—1978.3）

副 书 记　倪恒德（1977.12—1978.3）

简　坚（1977.12—1978.3）

李　墨（1977.12—1978.3）

政治部主任　李　墨（兼任，1977.12—1978.3）

2. **广州石油化工厂领导名录**（1977.12—1978.3）

厂　　长　倪恒德（1977.12—1978.3）

副 厂 长　简　坚（1977.12—1978.3）

陈元泰（1977.12—1978.3）

苏白山（1977.12—1978.3）

郑方忠（1977.12—1978.3）

钟浩泉（1977.12—1978.3）

张　彬（1977.12—1978.3）

陶震麟（1978.1—3）

二十四、浙江炼油厂筹建处—浙江炼油厂（1975.1—1978.3）

（一）浙江炼油厂筹建处（1975.1—1976.6）

1975年1月，浙江炼油厂筹建处由浙江省领导，办公地点在浙江省燃料化学工业局内。

5月，浙江炼油厂建设破土动工。9月，为便于浙江炼油厂筹建处对外联系工作，成立浙江炼油厂筹建处杭州工作组和浙江炼油厂筹建处宁波工作组。

1976年6月，浙江炼油厂正式成立。

1. **中共浙江炼油厂筹建处临时委员会领导名录**（1975.1—1976.6）

书　　记　翟翕武（1975.1—1976.6）

2. **浙江炼油厂筹建处革命领导小组成员名录**（1975.1—1976.6）

组　　长　翟翕武（1975.1—1976.6）

（二）浙江炼油厂（1976.6—1978.3）

1976年6月，浙江省委决定撤销中共浙江炼油厂筹建处临时委员会和浙江炼油厂筹建处革命领导小组，成立中共浙江炼油厂委员会和浙江炼油厂革委会。同月，浙江省革委会决定建立浙江炼油厂建设工程会战指挥部。

1977年4月，成立中共浙江炼油厂建设工程会战指挥部临时委员会，翟翕武为党委书记，隋宏、崔达仁为党委副书记。9月26日，浙江炼油厂原油码头第一泊位建成。12月24日，浙江炼油厂试车成功。

1978年3月，石油工业部成立时，浙江炼油厂仍由浙江省领导。

1. **中共浙江炼油厂委员会领导名录**（1976.6—1978.3）

书　　记　翟翕武（1976.6—1977.11）
　　　　　　崔达仁（1977.11—1978.3）
副 书 记　隋　宏（1976.6—1977.11）
　　　　　　崔达仁（1976.6—1977.11）
　　　　　　于光礼（1976.6—1978.3）
　　　　　　孙玉宝（1977.11—1978.3）
　　　　　　苏永茂（1977.11—1978.3）

2. **浙江炼油厂革委会领导名录**（1976.6—1978.3）

主　　任　翟翕武（1976.6—1977.11）
　　　　　　孙玉宝（1977.11—1978.3）
副 主 任　隋　宏（1976.6—1977.11）
　　　　　　崔达仁（1976.6—1977.11）
　　　　　　于光礼（1976.6—1978.3）
　　　　　　孙玉宝（1977.9—11）
　　　　　　苏永茂（1977.11—1978.3）
　　　　　　姜　平（1977.11—1978.3）
　　　　　　姚太云（1977.11—1978.3）
　　　　　　梁　通（1977.11—1978.3）
　　　　　　华顺根（1977.11—1978.3）
　　　　　　倪松年（1977.11—1978.3）
总工程师　孙玉宝（1977.11—1978.3）

3. 浙江炼油厂建设工程会战指挥部（1976.6—1978.3）

中共浙江炼油厂建设工程会战指挥部临时委员会领导名录（1977.4—1978.3）

书　　记　翟翕武（1977.4—1978.3）
副 书 记　隋　宏（1977.4—1978.3）
　　　　　崔达仁（1977.4—1978.3）
委　　员　姜　平（1977.4—1978.3）
　　　　　姚泰云（1977.4—1978.3）
　　　　　王世初（1977.4—1978.3）
　　　　　曹惠寿（1977.4—1978.3）
　　　　　刘汉臣（1977.4—1978.3）
　　　　　张士元（1977.4—1978.3）

浙江炼油厂建设工程会战指挥部领导名录（1976.6—1978.3）

指　　挥　翟翕武（1976.6—1978.3）
副 指 挥　隋　宏（1976.6—1978.3）
　　　　　崔达仁（1976.6—1978.3）
　　　　　于光礼（1976.6—1978.3）
　　　　　苏永茂（1976.6—1978.3）
　　　　　姜　平（1976.6—1978.3）
　　　　　王世功（1976.6—1978.3）
　　　　　袁清彬（1976.6—1978.3）
　　　　　韩　真（1976.6—1978.3）
　　　　　钱春暄（1976.6—1978.3）
　　　　　陈梅芳（女，1976.6—1978.3）

二十五、石家庄炼油厂筹建指挥部（1975.1—1978.2）

1974年8月，国家计划委员会批复同意河北省在石家庄地区建设炼油厂，厂址选在石家庄地区正定县凌透村附近。

1975年1月，河北省委决定成立石家庄炼油厂筹建指挥部，筹建指挥部下设办事组、政工组、生产准备组、基建管理组、供销组、劳资财务组。同时，成立石家庄炼油厂筹建指挥部党的核心小组。

1976年9月，石家庄炼油厂改选在河北省石家庄地区藁城县丘头村西南建厂。同时，筹建指挥部机构增至10个：办事组、政工组、供销组、生产准备组、劳资财务组、设计管理组、工程管理组、征地组、运输组、计划组。

1978年2月，经河北省革委会批准，撤销石家庄炼油厂筹建指挥部，成立河北省石家庄炼油厂建设工程指挥部。3月，石油工业部成立时，河北省石家庄炼油厂建设工程指挥部仍由河北省领导。

（一）石家庄炼油厂筹建指挥部党的核心小组领导名录（1975.1—1978.2）

组　　长　刘庆林（1975.1—1978.2）

副 组 长　刘冠三（1975.1—1978.2）

邢　苔（1975.1—1978.2）

刘昌彬（1976.8—1978.2）

张　苾（1977.8—1978.2）

（二）石家庄炼油厂筹建指挥部领导名录（1975.1—1978.2）

指　　挥　刘庆林（1975.1—1978.2）

副 指 挥　刘冠三（1975.1—1978.2）

邢　苔（1975.1—1978.2）

苏如松（1975.1—1978.2）

张智勇（1975.1—1978.2）

江仲怡（1975.1—1978.2）

宋洪儒（1975.1—1978.2）

武宪堂（1975.1—1978.2）

王东法（1975.1—1978.2）

刘庆才（1975.1—1978.2）

黄云生（1975.1—1978.2）

张岐山（1975.1—7）

冯国强（1975.1—1978.2）

藏跃东（1975.1—1978.2）

刘松如（1975.1—1978.2）

杨贵生（1975.10—1977.8）
刘昌彬（1976.8—1978.2）
张　苾（1977.8—1978.2）
赵光中（1977.8—1978.2）
孟宪春（1977.8—1978.2）

二十六、九江炼油厂筹建处（1975.5—1978.10）

1975年1月，国家计划委员会同意在九江地区建设年加工原油250万吨的炼油厂。5月，九江炼油厂筹建处成立，同时成立九江炼油厂筹建处党的核心小组和九江炼油厂筹建领导小组，负责九江炼油厂前期筹备工作。1977年6月，主装置破土动工。

1978年3月，石油工业部成立时，九江炼油厂筹建处仍由江西省领导。10月，九江炼油厂筹建处更名为九江炼油厂。

（一）九江炼油厂筹建处党的核心小组领导名录（1975.5—1978.10）

组　　长 唐惠民（1975.5—1978.10）
成　　员 廉　俊（1975.5—1978.10）
赵金保（1975.5—1978.10）
孟希平（1975.5—1978.10）
王宏友（1975.5—1978.10）

（二）九江炼油厂筹建领导小组名录（1975.5—1978.10）

组　　长 唐惠民（1975.5—1978.10）

二十七、兰州化学工业公司（1975.1—1978.3）

1975年1月，兰州化学工业公司由石油化学工业部和甘肃省双重领导，以甘肃省为主。行政级别为地（师）级。机关办公地点为甘肃省兰州市西固区。职工总数2.79万人。乙烯生产能力3.6万吨/年，主要产品种类包括化肥、合成树脂、合成橡胶、纤维、有机助剂等，总资产5.67亿元。

3月24日至4月14日，石油化学工业部在兰州召开工业学大庆现场会议，交流兰州化学工业公司、兰州炼油厂等单位学大庆经验。会议要求各炼油化工厂整顿企业，严格规章制度，加强劳动纪律，提高管理水平。会后，石油化学工业部向全国石化单位发出“学大庆、赶两兰”号召。

1977年9月，兰州化学工业公司对机关机构进行改革，设政治部、生产建设指挥部、生产后勤指挥部、革委会办公室。其中，政治部内设9个处室：党委办公室、学大庆办公室、组织处、宣传处、保卫处、教育处、武装部、工会、团委；生产建设指挥部下设10个处室：综合计划处、总调度室、财务处、机械动力处、基本建设处、外事处、科技处、安全技术处、环境保护处、劳动工资处；生产后勤指挥部下设2个处室：行政福利处、农副业处。机关编制318人。

1978年3月，兰州化学工业公司改由甘肃省和化学工业部双重领导，以甘肃省为主。

期间，兰州化学工业公司党委副书记、革委会副主任葛士英当选第五届全国人大代表。

（一）中共兰州化学工业公司委员会领导名录（1975.1—1978.3）

书　　记　李超伯（1975.1—1978.3）
　　　　　　赵启明（1978.3）

副 书 记　郭宜民（1975.1—7）
　　　　　　葛士英（1975.1—1978.3）
　　　　　　吴登第（1975.1—1977.2）
　　　　　　张瑞琪（1975.1—1977.2）
　　　　　　林殷才（1975.9—1978.3）
　　　　　　王振国（1975.9—1978.3）
　　　　　　傅一夫（1975.9—1977.6）
　　　　　　沈　策（1977.2—1978.3）
　　　　　　郑国善（1977.11—1978.3）
　　　　　　初世灿（1977.11—1978.3）
　　　　　　刘治敏（1978.3）

常　　委　李荣山（群众代表，1975.1—1977.6）
黄恩顺（群众代表，1975.1—1978.3）
林　华（1975.1—1976.4）
卓贡西（1975.1—1976.9）
焦金虎（1975.9—1978.3）
刘国霞（女，1975.9—1978.3）
韩永泰（1975.9—1978.3）
初世灿（1977.2—11）
李明祖（1977.2—1978.3）
刘天干（1977.11—1978.3）

政治部主任　张瑞琪（1975.1—8）
马祖灵（1975.8—1977.10）
刘天干（1977.10—1978.3）

（二）兰州化学工业公司革委会领导名录（1975.1—1978.3）

主　　任　李超伯（1975.1—1978.3）
赵启明（1978.3）

副 主 任　王今印（1975.1—1978.2）
李荣山（群众代表，1975.1—1977.7）
郭宜民（1975.1—7）
林　华（1975.1—1976.4）
葛士英（1975.1—1978.3）
卓贡西（1975.1—1976.9）
吴登第（1975.1—1977.2）
林殷才（1975.9—1978.3）
王振国（1975.9—1978.2）
傅一夫（1975.9—1977.6）
赵文秀（1975.9—1978.3）
初世灿（1975.9—1978.3）
李恩德（1975.9—1977.8）
黄鹏远（1975.9—1978.3）

孙立基（1975.9—1978.3）
毛春荣（1975.9—1978.3）
沈　策（1977.4—1978.3）
郑国善（1977.4—1978.3）
李明祖（1977.11—1978.3）
李枝荣（1977.11—1978.3）
幺喜魁（1977.11—1978.3）

总工程师　林　华（1975.1—1976.4）

（三）兰州化学工业公司工会（1975.1—1977.10）

主　　任　赵　琪（1975.1—8）
周兆积（1975.8—1976.12）
韩永泰（1976.12—1977.10）

二十八、吉林化学工业公司（1975.1—1978.3）

1975年1月，吉林化学工业公司由吉林省和石油化学工业部双重领导，以吉林省为主。行政级别为地（师）级。党组织关系隶属于吉林市委。电石生产能力15.79万吨/年，合成氨生产能力34万吨/年，苯胺生产能力1.7万吨/年。职工总数3.6万人。机关办公地址：吉林市龙潭区遵义东路31号。

1977年4月，国家“六五”重点工程11.5万吨/年乙烯工程破土动工。8月，吉林化学工业公司党组织和工会组织工作开始逐步走上正轨，党委政治部成立，由公司党委副书记、革委会副主任初善贵兼任主任。下属基层党委17个、党总支32个、党支部507个，共有党员1.02万名。

12月，吉林化学工业公司被石油化学工业部评为全国化学工业重点企业。

截至1978年初，吉林化学工业公司机关设22个部门：办公室、党委组织部、党委宣传部、工会、团委、武装部、机关党委、安全处、环保办公室、计划处、技术处、总调度室、机动处、劳动工资处、财务处、教育处、保卫处、行政处、卫生处、房产处、人防办公室、基建指挥部；所属17个二级单位：染料厂、化肥厂、电石厂、有机合成厂、动力厂、建设公司、机械厂、试剂厂、钢铁材料厂、明城石灰石矿、仪表厂、设计院、研究院、供销公司、职工医院、化工学校、党校。职工总数4.09万人。

1978年3月，吉林化学工业公司改由吉林省和化学工业部双重领导，以吉林省为主。

期间，吉林化学工业公司党委副书记侯德武任第五届全国政协委员、研究院副总工程师朱宝英当选第五届全国人大代表、染料厂分析工张素芬当选中共十一大代表。

（一）中共吉林化学工业公司委员会领导名录（1975.1—1978.3）

第一书记　巩玉然（兼任，1976.11—1977.7）
第二书记　王万春（张文平，兼任，1976.11—1977.7）
第三书记　李茂林（1976.11—1977.7）
书　　记　曹波声（1975.1—1976.2）
李茂林（1976.2—11）
贾庆礼（主持工作，1977.7—1978.3）
副 书 记　王裕民（1975.1—1978.3）
吴绍参（吴少参，军代表，1975.1—1977.7）
庄署亭（1975.1—1978.3）
侯德武（群众代表，1976.7—1978.3）
初善贵（1976.7—1978.3）
郭崇隆（1977.7—1978.3）
常　　委　李荫樾（军代表，1975.1—1977.7）
邵大光（1975.1—1978.3）
王成福（1975.1—1978.3）
徐增贵（季青，1975.1—1978.3）
纪清远（1975.1—1978.3）
何春泉（军代表，1976.6—　　）
于树明（军代表，1976.6—　　）
朴俊彦（1976.6—1978.3）
徐宝华（徐葆华，1977.8—1978.3）
政治部主任　初善贵（兼任，1977.8—1978.3）

（二）吉林化学工业公司革委会领导名录（1975.1—1978.3）

主　　任 曹波声（1975.1—1976.2）
李茂林（1976.2—1977.7）
贾庆礼（主持工作，1977.7—1978.3）

副 主 任 王裕民（1975.1—1978.3）
吴绍参（军代表，1975.1—1977.7）
庄署亭（1975.1—1978.3）
侯德武（群众代表，1975.1—1978.3）
李荫樾（军代表，1975.1—1977.7）
邵大光（1975.1—1978.3）
王成福（1975.1—1978.3）
徐增贵（1975.1—1978.3）
纪清远（1975.1—1978.3）
徐宝华（1975.1—1978.3）
初善贵（1976.6—1978.3）
冯锡瑞（1976.6—1978.3）
王　熠（满族，1976.6—1978.3）
石春娥（女，1976.6—1978.3）
赵义生（1976.6—1978.3）

总工程师 徐宝华（1977.8—1978.3）

（三）吉林化学工业公司工会（1975.1—1978.3）

主　　任 侯德武（群众代表，1975.1—1978.3）

第三节　机械制造、基建、运输、贮备库单位

石油化学工业部成立初期，石油工业机械制造、基建、运输、贮备库主要单位共19个。其中，由石油化学工业部直属的单位9个：第二石油机械厂、第一石油化工建设公司、第四石油化工建设公司、第五石油化工建设公司、石油运输公司、北京电机修造厂筹建厂、汉平贮备库、红旗贮备库、东风贮备库；实行以地方为主双重领导或完全由地方领导的单位10个：陕西省宝鸡石油机械厂、陕西省宝鸡石油钢管厂、陕西省咸阳石油钢管钢绳厂、抚顺石油机械厂、陕西省西安石油仪器一厂、陕西省西安石油仪器二厂、上海第四石油机械厂、承德石油机械厂、抚顺市石油化工设备修造厂、广西壮族自治区石油化工安装公司。

1975年10月，北京电机修造厂正式成立。

1977年7月，石油化学工业部征得国家建委和天津市同意，将第五石油化工建设公司调给华北石油会战指挥部，并更名为华北石油会战指挥部第四油田建设指挥部，由大港油田直接领导。

1978年1月，石油化学工业部决定，将第一石油化工建设公司的第二工程处、第三工程处及油库工程分公司独立建制，分别组成第十二石油化工建设公司、第十四石油化工建设公司和地下水封石洞油库建设公司，由石油化学工业部直接领导。2月，陕西省委决定，陕西省西安石油仪器一厂与陕西省西安石油仪器二厂合并，成立西安石油勘探仪器总厂；陕西省宝鸡石油机械厂与陕西省宝鸡石油钢管厂合并，成立宝鸡石油综合机械厂。

截至1978年3月，石油工业基建、机械制造、运输、贮备库主要单位共19个，其中由石油化学工业部直属管理的单位11个：北京电机修造厂、第二石油机械厂、第一石油化工建设公司、第四石油化工建设公司、第十二石油化工建设公司、第十四石油化工建设公司、地下水封石洞油库建设公司、石油运输公司、汉平贮备库、红旗贮备库、东风贮备库；实行以地方为主双重领导或完全由地方领导的单位8个：宝鸡石油综合机械厂、陕西省咸阳石油钢管钢绳厂、抚顺石油机械厂、西安石油勘探仪器总厂、上海第四石油机械厂、承德石油机械厂、抚顺市石油化工设备修造厂、广西壮族自治区石油化工安装公司。

一、陕西省宝鸡石油机械厂（1975.1—1978.2）

1975年1月，陕西省宝鸡石油机械厂（简称宝鸡石油机械厂）由陕西省和石油化学工业部双重领导，以陕西省为主，厂址在陕西省宝鸡市，职工总数4428人。

11月，宝鸡石油机械厂7000米电测车试制成功。该电测车是当时全国最大的电测车，测井深度达5531米。

1976年6月，为支援华北油田开发建设，宝鸡石油机械厂抽调385名职工在河北青县建立机修厂。

1976年，产量9600吨，产值3400万元，试制新产品62项，自行设计制造出多种炼油设备、特种工程车、钻采设备和配件，为华北、大港、江汉、长庆、南阳等油田的开发作出了贡献。

1978年2月，陕西省宝鸡石油机械厂与陕西省宝鸡石油钢管厂合并，成立宝鸡石油综合机械厂。3月，石油工业部成立时，宝鸡石油综合机械厂由陕西省领导。

（一）中共陕西省宝鸡石油机械厂委员会领导名录（1975.1—1978.2）

书　　记　纪祥仁（1975.1—1978.2）

副 书 记　马忠厚（1975.1—1978.2）

姚　亮（1975.1—1978.2）

（二）陕西省宝鸡石油机械厂革委会领导名录（1975.1—1978.2）

主　　任　姚　亮（1975.1—1978.2）

副 主 任　曾慎达（1975.1—1978.2）

杨玉杰（1975.1—1978）

邢志信（1975.1—1978）

许　超（1975.1—1977.10）

麻芝保（1975.1—1978.2）

王焕明（1975.3—1978.2）

高文岐（1977.7—1978.2）

潘茂祥（1977.10—1978.2）

（三）陕西省宝鸡石油机械厂工会（1975.1—1978.2）

主　　任　马凤祥（1975.1—1978.1）

二、陕西省宝鸡石油钢管厂（1975.1—1978.2）

1975年1月，陕西省宝鸡石油钢管厂（简称宝鸡石油钢管厂）由陕西省和石油化学工业部双重领导，以陕西省为主。行政级别为县（团）级，党组织关系隶属于宝鸡市委。厂址：陕西省宝鸡市姜谭路10号。

1975年2月，武装部和保卫科合并，成立武装保卫部。6月，成立"七二一"工人大学，于7月21日正式开学。当年，宝鸡石油钢管厂先后支援胜利石油会战指挥部淄博钢管厂、华北石油会战指挥部青县钢管厂、江汉石油管理局钢管厂、四川省石油管理局资阳钢管厂技术骨干共160人。截至年底，机关设政治处、厂办公室、财务科、劳资科、生产办、机动科、安全科、技术科、武装保卫部、工会、团委、计划生育办公室等12个科室；所属一至八车间、质量检验科、供销科、基建科、行政科、食堂科、家属队、家委会、卫生所、托儿所、子弟学校、"七二一"工人大学等19个二级单位。职工总数2600人。钢管年产能15万吨，资产总额6179万元。

1976年，宝鸡石油钢管厂援建华北石油会战指挥部青县钢管厂，除承担建厂所需的生产线工艺设计、工装设计、厂房设计及设备提供外，还支援干部、工人250人。

1977年，宝鸡石油钢管厂党组织开始恢复正常活动。5月，撤销武装保卫部，分别成立保卫科和武装部。12月，成立修复车间。

截至1977年底，宝鸡石油钢管厂设机关科室17个：厂办公室、政治处、财务科、生产办、劳资科、组织科、宣传科、安全科、技术科、机动科、武装部、保卫科、行政科、教育科、计育办、工会、团委；所属基层单位18个：一至八车间、修复车间、供销科、检查科、基建科、食堂科、研究所、汽车队、家属队、职工医院、子弟学校。职工总数2700人。钢管年产能15万吨，资产总额6687万元。

1978年2月，陕西省委决定，陕西省宝鸡石油钢管厂与陕西省宝鸡石油机械厂合并为宝鸡石油综合机械厂。3月，石油工业部成立时，宝鸡石油综合机械厂由陕西省领导。

（一）中共陕西省宝鸡石油钢管厂委员会领导名录（1975.1—1978.2）

书　　记　杨再华（1975.1—1977.8）
苗德胜（1977.8—1978.2）

副 书 记　刘文纪（1975.1—1977.10）
苗德胜（1975.1—1977.8）
张宏亭（1976.3—1977.4）
武思清（1976.7—1978.2）

（二）陕西省宝鸡石油钢管厂革委会领导名录（1975.1—1978.2）

主　　任　苗德胜（1975.1—1978.2）

副 主 任　朱明显（1975.1—1977.10）
丁凤祥（军代表，1975.1—1978.2）
杨再华（1975.1—1977.8）
王瑞光（军代表，1975.1—1978.2）
刘文纪（1975.1—1977.10）
赵宝珍（1975.1—1978.2）
高玉印（1975.1—1978.2）
张宏亭（1975.5—1977.4）
周生财（1975.10—1977.10）
薛　平（1976.7—1978.2）
罗定远（1976.7—1978.2）
武思清（1976.7—1978.2）
张忠印（1976.8—1978.1）
郝　枫（1977.8—1978.2）
赵　亮（1978.1—2）

三、陕西省咸阳石油钢管钢绳厂（1975.1—1978.3）

1975年1月，陕西省咸阳石油钢管钢绳厂由陕西省和石油化学工业部双重领导，以陕西省为主。职工总数1077人。机关办公地址：陕西省咸阳市东风路35号。4月，建立政治处，统一管理党群工作。截至1977年底，陕西省咸阳石油钢管钢绳厂工业总产量3421.4吨，工业总产值754.6万元，利润78.2万元。职工总数1199人。

1978年3月，陕西省咸阳石油钢管钢绳厂改由陕西省和石油工业部双重领导，以陕西省为主。

（一）中共陕西省咸阳石油钢管钢绳厂委员会领导名录（1975.1—1978.3）

书　　记　张清吉（1975.1—1978.3）

副 书 记　郭应怀（1975.1—1978.3）

（二）陕西省咸阳石油钢管钢绳厂革委会领导名录（1975.1—1978.3）

主　　任　张清吉（1975.1—1978.3）

副 主 任　王进荣（1975.1—1978.3）

关世孝（1975.1—1978.3）

张天翼（1975.1—1978.3）

孙殿试（1977.3—1978.3）

四、抚顺石油机械厂（1975.1—1978.3）

1975年1月，抚顺石油机械厂由辽宁省和石油化学工业部双重领导，以辽宁省为主。行政级别为县（团）级。厂址在辽宁省抚顺市露天区塔湾街。1978年，撤销工代会，恢复工会组织。

1978年3月，抚顺石油机械厂由辽宁省和石油工业部双重领导，以辽宁省为主。

（一）**中共抚顺石油机械厂委员会领导名录**（1975.1—1978.3）

书　　记　于长生（1975.1—1978.3）

副 书 记　郝树成（1975.1—1978.3）

王文昌（1975.12—1978.3）

常　　委　刘廷铭（1975.12—1978.3）

（二）**抚顺石油机械厂革委会领导名录**（1975.1—1978.3）

主　　任　于长生（1975.1—1978.3）

副 主 任　王玉舟（1975.1—1978.3）

崔德富（1975.1—1978.3）

刘　扣（1975.1—1978.3）

李在家（1975.1—1977）

郝树成（1975.1—1978.3）

李焕章（1975.1—1978.3）

王文昌（1975.12—1978.3）

刘廷铭（1975.12—1978.3）

李彦儒（1975.12—1978.3）

马水虎（1975.12—1978.3）

白晓东（1975.12—1978.3）

李世尧（1975.12—1978.3）

五、北京电机修造厂筹建处—北京电机修造厂（1975.1—1978.3）

1975年1月，北京电机修造厂筹建处由石油化学工业部领导。厂址在北京西郊学院路原矿业学院工厂旧址。职工总数360人。累计完成投资237万元，生产能力为年产2万千瓦电动机。10月，石油化学工业部任命北京电机修造厂领导班子，石油化学工业部北京电机修造厂正式成立。

1976年，北京电机修造厂扭转亏损状况，实现利润6万元。

1978年3月，北京电机修造厂改由石油工业部领导。

（一）北京电机修造厂党的核心小组领导名录（1975.1—1978.3）

组　　长　郭怀章（1975.1—10）
　　　　　范兆清（1975.10—1978.3）
第一副组长　刘洪元（1975.1—10）
副 组 长　沙勇力（1975.1—10）
　　　　　朱有和（1975.10—1978.3）
　　　　　石长顺（1975.10—1978.3）
成　　员　张景库（1975.1—10）
　　　　　顿　羿（1975.1—10）
　　　　　孙　农（1975.1—10；1976.5—1978.3）
　　　　　张金聚（1975.1—10；1976.5—1978.3）
　　　　　李育英（1975.10—1978.3）
　　　　　安志忠（1975.10—1978.3）
政工组组长　沙勇力（1975.1—10）
　　　　　安志忠（1975.10—1978.3）

（二）北京电机修造厂筹建处领导名录（1975.1—10）

主　　任　刘洪元（1975.1—10）
副 主 任　张景库（1975.1—10）
　　　　　顿　羿（1975.1—10）
　　　　　孙　农（1975.1—10）
　　　　　张金聚（1975.1—10）
　　　　　李育英（1975.4—10）

（三）北京电机修造厂领导名录（1975.10—1978.3）

厂　　长　朱有和（1975.10—1978.3）
副 厂 长　石长顺（1975.10—1978.3）
　　　　　李育英（1975.10—1978.3）
　　　　　孙　农（1976.5—1978.3）
　　　　　张金聚（1976.5—1978.3）

六、陕西省西安石油仪器一厂（1975.1—1978.2）

1975年1月，陕西省西安石油仪器一厂由陕西省和石油化学工业部双重领导，以陕西省为主。党组织关系隶属于西安市委。厂址：西安市和平门外雁塔路33号。

3月，陕西省燃料化学工业局决定，陕西省西安石油仪器一厂与陕西省西安石油仪器二厂组建地球物理仪器会战领导小组，狄贵善任组长、魏韶颖任副组长。

1975年，陕西省西安石油仪器一厂开始研制SDZ751-A型数字地震仪；完成SDZ751数字磁带机、SD751型数字地震检波器、FC751闪烁放射性测井仪、LN60冷阴极中子管等产品的研制；完成SDZ731型数字地震仪样机研制；研制的DZ701型磁带地震仪通过部级鉴定，并生产185套。

1977年，厂机关设党委（革委会）办公室、生产计划科、技术科、检验科、技术安全科、劳资科、财务科、供销科、研究室、基建科、行政科等11个科室部门；所属卫生所、职工食堂、汽车队、职工大学以及9个生产车间。职工总数2340人。

1978年1月，DZ701型磁带地震仪获得全国科学大会科技成果奖。

2月，陕西省委决定，陕西省西安石油仪器一厂与陕西省西安石油仪器二厂合并，成立西安石油勘探仪器总厂。3月，石油工业部成立时，西安石油勘探仪器总厂由陕西省领导。

（一）中共陕西省西安石油仪器一厂委员会领导名录（1975.1—1978.2）

书　　记　狄贵善（1975.1—1978.2）

副 书 记　李清超（1975.1—1978.2）

（二）陕西省西安石油仪器一厂革委会领导名录（1975.1—1978.2）

主　　任　狄贵善（1975.1—1978.2）

副 主 任　王马玉（1975.1—1978.2）

刘觉民（1975.1—1978.2）

杜智固（1975.1—1978.2）

赵久长（1975.1—1978.2）

刘永年（1975.1—1978.2）
陈俊德（1975.1—1978.2）
连庆溥（1975.1—1978.2）

七、陕西省西安石油仪器二厂（1975.1—1978.2）

1975年1月，陕西省西安石油仪器二厂由陕西省和石油化学工业部双重领导，以陕西省为主。党组织关系隶属于西安市委，业务由陕西省燃料化学工业局管理。厂址：陕西省西安市雁塔区红专南路8号。

3月，陕西省燃料化学工业局决定，陕西省西安石油仪器二厂与陕西省西安石油仪器一厂组建地球物理仪器会战领导小组，狄贵善任组长、魏韶颖任副组长。

7月，成立“七二一”工人大学。

1975年，陕西省西安石油仪器二厂完成SS75型深井声波测井仪、GJ75型深井固井测井仪、CX73型七侧向测井仪、JJ75型井径仪、SJJ75型深井井径仪、ZH751型自动换电极装置的研制并投入生产。

1976年，设22个部门和单位：党委（革委会）办公室、生产计划科、供销科、技术科、检验科、财务科、劳资教育科、安全科、机动科（六车间）、总务科、修建科、试验研究室（五车间）、卫生所、小学、“七二一”工人大学、支农办公室、礼泉分厂、一车间、二车间、三车间、四车间、七车间。

1977年，陕西省西安石油仪器二厂完成BSS75型双发双收声速测井仪、SJX77型深井井斜仪、SSJJ77型超深井井径仪、JZW77型井径—微电极组合仪的研制并投入生产。年底，职工总数2037人。

1978年2月，陕西省委决定，陕西省西安石油仪器二厂与陕西省西安石油仪器一厂合并，成立西安石油勘探仪器总厂。3月，石油工业部成立时，西安石油勘探仪器总厂由陕西省领导。

（一）中共陕西省西安石油仪器二厂委员会领导名录（1975.1—1978.2）

书　记　魏韶颖（1975.1—1978.2）

副书记　范止霙（1975.1—1978.2）

常　委　葛连成（1975.1—1978.2）
范子久（1975.1—1978.2）
潘忠信（1975.1—1978.2）
李汝贵（1975.1—1978.2）

（二）陕西省西安石油仪器二厂革委会领导名录（1975.1—1978.2）

主　任　范止霙（1975.1—1978.2）
副主任　葛连成（1975.1—1977.6）
李汝贵（1975.1—1978.2）
林　峰（1975.1—1978.2）
罗生儒（1975.7—1978.2）

八、第二石油机械厂（1975.1—1978.3）

1975年1月，第二石油机械厂为石油化学工业部直属处级单位，由河南石油勘探指挥部代管，职工总数2491人。7月，机关增设教育科。机关办公地点在河南省南阳地区镇平县。

1976年2月，成立新厂筹建领导小组。5月，成立技术攻关队。当年，石油化学工业部要求第二石油机械厂1980年生产能力达到4000~5000吨，但第二石油机械厂的规模已难以达到，为适应石油工业发展的需要，1977年第二石油机械厂经河南省建委批准在陈铁岗以西、李庄以东征地1078.61亩，兴建第二石油机械厂新厂。

1977年，成立计划生育领导小组、爱国卫生领导小组、清查办公室。

1978年3月，第二石油机械厂改由石油工业部领导，由河南石油会战指挥部代管。

（一）中共第二石油机械厂委员会领导名录（1975.1—1978.3）

书　　记　刘秉候（1975.11—1978.3）
副 书 记　李善才（1975.1—9）
董振春（1975.1—10）
常茂生（1975.11—1978.3）

常　　委　陈自新（1975.1—1978.3）
吴景祥（1975.1—1978.3）
李如海（1975.11—1978.3）
政治处主任　李如海（1975.10—1978.3）

（二）第二石油机械厂领导名录（1975.1—1978.3）

厂　　长　李善才（1975.1—9）
常茂生（1975.9—1978.3）
政　　委　常茂生（1975.1—9）
副 厂 长　徐德兴（1975.1—1976.12）
吴景祥（1975.1—1978.3）
李建元（1975.1—1976.6）
徐培芝（1975.1—1978.3）
陈自新（1975.9—1978.3）
杨钦然（1976.10—1978.3）
孟昭明（1975.1—11）
副 政 委　董振春（1975.1—10）

九、抚顺市石油化工设备修造厂（1975.1—1978.11）

1975年1月，抚顺市石油化工设备修造厂由辽宁省抚顺市领导，行政级别为县（团）级。厂址：辽宁省抚顺市新抚区高山路114号。

1976年1月，成立抚顺石化建筑安装工程处，将土建队和一部分装配车间移交该处。

8月，中共抚顺市石油化工设备修造厂第一次代表大会召开，选举产生第一届委员会，董庆林为党委书记，李金声、王阳林为党委副书记。

1978年3月，石油工业部成立时，抚顺市石油化工设备修造厂仍隶属辽宁省抚顺市。11月，抚顺市石油化工设备修造厂更名为石油工业部施工机具修造厂，改由石油工业部和辽宁省双重领导，以石油工业部为主。

中共抚顺市石油化工设备修造厂委员会领导名录（1976.8—1978.11）

书　　记　董庆林（1976.8—1978.11）

副 书 记　李金声（1976.8—1978.11）

　　　　　王阳林（1976.8—1978.11）

十、第一石油化工建设公司（1975.1—1978.3）

1975年1月，第一石油化工建设公司由石油化学工业部管理。行政级别为县（团）级。机关设12个行政科室：办公室、计划科、工程技术科、质量安全科、设备科、供应科、劳动工资科、财务科、教育科、行政管理科、家属办公室和计划生育办公室；所属12个二级单位：第一工程处、第二工程处、第三工程处、第四工程处、第五工程处、施工机具修配厂、炼油设计研究院、油库工程分公司、建材厂、子弟一校、子弟二校、职工医院。机关办公地点在河南省洛阳市郊关林镇。

1975年，第一石油化工建设公司职工总数1.01万人，完成建筑安装工作量5027万元。

1977年9月，石油化学工业部决定将第一石油化工建设公司炼油设计研究院独立建制，组建为石油化学工业部炼油设计研究院，由石油化学工业部直接领导。

1978年1月，石油化学工业部决定，将第一石油化工建设公司所属的第二工程处、第三工程处及油库工程分公司独立建制，分别组建第十二石油化工建设公司、第十四石油化工建设公司和地下水封石洞油库建设公司，由石油化学工业部直接领导。

3月，第一石油化工建设公司改由石油工业部领导，更名为石油工业部第一工程公司。

（一）中共第一石油化工建设公司委员会领导名录（1975.1—1978.3）

书　　记　庄润霖（1975.1—1978.1）

　　　　　林金亭（1978.2—3）

副 书 记　刘佩生（1975.1—1977）

　　　　　林金亭（1977.5—1978.2）

孙凤臣（孙凤臣，1977.5—9）
依福春（1978.2—3）
石玉柱（1978.2—3）
委　　员 汤学永（1977.5—1978.3）
依福春（1977.5—1978.2）
王世功（1978.2—3）
政治部主任 孙凤臣（1976.8—1977.5；兼任，1977.5—1978.1）
石玉柱（1978.1；兼任，1978.2—3）

（二）第一石油化工建设公司领导名录（1975.1—1978.3）

经　　理 庄润霖（1975.1—1978.1）
林金亭（1978.1—3）
副 经 理 刘佩生（1975.1—1977）
林金亭（1975.1—1978.1）
卢传斌（1975.1—1978.1）
孙凤臣（1975.1—1977.9）
李凯仁（1975.1—1978.1）
纪明申（1975.1—1978.1）
李子凡（1975.1—1977.8）
何光大（1975.1—1978.1）
汤学永（1975.1—1978.3）
依福春（1975.1—1978.3）
王世功（1975.1—1978.3）
高岐山（1975.1—1976.10；1978.1—3）
朱永刚（1978.1—3）
张功权（1978.1—3）

（三）第一石油化工建设公司工会（1975.1—1978.3）

主　　任 汤学永（1975.1—1978.3）

十一、第四石油化工建设公司（1975.1—1978.9）

1975年1月，第四石油化工建设公司由石油化学工业部管理。年底，第四石油化工建设公司完成湖南农场移交，开始实施以天津为基地，面向全国的战略施工部署。机关办公地点在天津市南郊区。

1976年10月，撤销第四工程处，调整后设第一工程处、第二工程处、第三工程处、机运处4个处，另设有五七管理站、机修车间、职工医院和学校等单位。

1977年10月，增设石油化工施工技术研究所，为第四石油化工建设公司所属专门从事石油化工施工技术研究的单位。

1978年3月，第四石油化工建设公司改由石油工业部直接领导。9月，第四石油化工建设公司更名为第四工程公司。

（一）中共第四石油化工建设公司委员会领导名录（1975.1—1978.9）

书　　记　董鸿斌（1975.1—1978.9）

副 书 记　涂秀森（1975.1—1978.9）

　　　　　金林祥（1975.1—1978.9）

常　　委　庞守则（庞守则，1975.1—1978.9）

　　　　　王荫堂（1975.1—1978.9）

　　　　　唐克明（1975.1—1978.9）

　　　　　芦尚廉（1975.1—1978.9）

　　　　　董占鳌（1975.1—1978.9）

　　　　　孙浩然（1975.1—1978.9）

（二）第四石油化工建设公司领导名录（1975.1—1978.9）

经　　理　涂秀森（1975.1—1978.9）

副 经 理　庞守则（1975.1—1978.9）

　　　　　王荫堂（1975.1—1978.9）

　　　　　范大义（1975.1—1978.9）

　　　　　芦尚廉（1975.1—1978.9）

王国栋（1975.1—1976.3）
唐克明（1975.1—1978.9）
陈序秋（1975.1—1978.9）
马化民（1975.5—1978.9）
总工程师　陈序秋（1975.1—1978.9）

十二、第五石油化工建设公司（1975.1—1977.7）

1975年1月，第五石油化工建设公司由石油化学工业部直接领导。

1977年7月，石油化学工业部征得国家建委和天津市同意，将第五石油化工建设公司调给华北石油会战指挥部，并更名为华北石油会战指挥部第三油田建设指挥部，由大港油田直接领导，承担华北地区（包括天津大港、渤海海上以及河北冀中等）油田建设任务。

经　　理　乔明凯（1975.1—1977.7）
政　　委　刘庆元（1975.1—1977.7）
副 经 理　刘宝峰（1975.1—1977.7）
孙发深（1975.1—1977.7）
刘　贵（1975.1—1977.7）
周敬忠（1975.1—1977.7）
刘海廷（1975.1—1977.7）
李凤林（1975.1—1977.7）
刘福章（1975.1—1977.7）
副 政 委　任学文（1975.1—1977.7）
万富杰（1975.1—1977.7）
曹洪杰（1975.1—1977.7）
总工程师　刘福章（1975.1—1977.7）
政治部主任　曹洪杰（兼任，1975.1—1977.7）

十三、广西壮族自治区石油化工安装公司（1975.1—1978.3）

1975年1月，广西壮族自治区石油化工安装公司（简称广西石油化工安装公司）由广西壮族自治区和石油化学工业部双重领导，以广西壮族自治区为主，由广西建工局管理。行政级别为县（团）级。办公地点在广西壮族自治区桂林市。

1977年10月，中共广西石油化工安装公司第二次代表大会召开，选举产生新一届委员会，实行常委制，党委委员25名、党委常委8名，王凤海为党委书记，卜庆喜为党委副书记。下属基层党委1个、党总支3个、党支部13个，共有党员495名。

1977年，广西石油化工安装公司将土建工程队改为第三工程处。机关设办公室、政治处、工会、计划科、施工技术科、劳动工资科、财务科、供应科、设备管理科、质安检查科、保卫科等11个科室，所属第一工程处、第二工程处、第三工程处、修配厂、汽车队、子弟学校等6个二级单位。职工总数1871人。

1978年3月，广西石油化工安装公司改由广西壮族自治区和石油工业部双重领导，以广西壮族自治区为主。

（一）中共广西石油化工安装公司委员会领导名录（1975.1—1978.3）

书　记　马德喜（1975.1—1976）
　　　　王凤海（1977.11—1978.3）
副书记　武玉山（1975.1—　）
　　　　卜庆喜（1977.1—1978.3）

（二）广西石油化工安装公司革委会领导名录（1975.1—1978.3）

主　任　马德喜（1975.1—1976）
　　　　王凤海（1977.11—1978.3）
副主任　武玉山（1975.1—1978.3）
　　　　张群生（1975.1—1978.3）
　　　　施百令（1975.1—1978.3）

李　华（1975.1—1978.3）

冯家有（1975.1—1978.3）

谢绍佳（1975.1—1978.3）

卜庆喜（1977.1—1978.3）

（三）广西石油化工安装公司工会（1975.1—1978.3）

主　　任　曾其南（1975.1—1978.3）

十四、石油运输公司（1975.1—1978.3）

1975年1月，石油运输公司划归石油化学工业部管理，行政级别为县（团）级。主要承担新疆独山子至乌鲁木齐市王家沟的成品油外运和克拉玛依油田的器材物资运输工作。机关办公地点在新疆维吾尔自治区克拉玛依市独山子区。

1976年3月，石油化学工业部决定，石油运输公司抽调800名职工组建运输指挥部参加华北油田石油会战。

1977年11月，石油化学工业部决定，石油运输公司承担南疆石油勘探开发的运输任务，并增加车辆。石油运输公司随即在乌鲁木齐市王家沟成立三大队。

截至1978年初，石油运输公司设16个机关部门：政治处、经理办公室、生产科、计划科、技术检验科、技安科、财务科、人事科、教育科、供应科、人武部、行政科、基建科、卫生科、工会、团委。其中，政治处内设办公室、组织科、宣传科、保卫科。所属15个基层单位：第一运输大队、第二运输大队、第三运输大队、直属队、修配厂、综合车间、沙湾农场（农副业科）、独山子职工医院、独山子子女中学、独山子子女学校、乌鲁木齐子女学校、向阳公社、王家沟站、呼图壁站、玛纳斯站。职工总数6447人，车辆860辆。主要负责新疆克拉玛依油田、塔里木油田和青海柴达木油田的物资器材、原油、成品油运输工作。

3月，石油运输公司改由石油工业部领导。

（一）中共石油运输公司委员会领导名录（1975.1—1978.3）

书　　记　史少卿（副局级，1975.1—1978.3）

副 书 记　谢建国（副局级，1975.1—1978.3）

李效胜（1975.1—1976.3）

孟翠英（女，基层代表，1975.1—1978.3）
程光庆（1976.11—1978.3）
马俊吉（1976.11—1978.3）

常　　委　王文清（1975.1—1978.3）
刘　堃（1975.1—1978.3）
程光庆（1975.1—1976.7）
马俊吉（1975.1—3）
陈金海（1975.1—1976.3）
左治民（1975.1—1976.3）
董昭芳（1975.1—1976.3）

（二）石油运输公司革委会领导名录（1975.1—1978.3）

主　　任　史少卿（副局级，1975.1—1976.11）
谢建国（副局级，1976.11—1978.3）

副 主 任　王文清（1975.1—1978.3）
李效胜（1975.1—1976.3）
谢建国（1975.1—1976.11）
左治民（1975.1—1976.3）
刘　堃（1975.1—1978.3）
陈金海（1975.1—1976.3）
程光庆（1975.1—1978.3）
周玉干（1976.11—1978.3）
黄宝才（1976.11—1978.3）
郑成岚（1976.11—1978.3）

（三）石油运输公司工会（1975.1—1978.3）

主　　任　李炳全（1975.1—1976.3）
朱朝庆（1976.3—1978.3）

第四节　科研事业单位及石油院校

石油化学工业部成立初期，石油工业主要科研单位及石油院校共10个。其中，以石油化学工业部直属管理的单位6个：石油勘探开发规划研究院、石油化工科学研究院、科学技术情报研究所（石油化学工业出版社）、石油化工规划设计院、抚顺石油研究所、展览工作室；实行以石油化学工业部为主双重领导的单位1个：炼油设计院；完全由地方领导的单位3个：华东石油学院、西南石油学院、东北石油学院。

1975年7月，黑龙江省革委会批准东北石油学院更名为大庆石油学院。

1977年9月，石油化学工业部决定将第一石油化工建设公司炼油设计研究院独立建制，组建石油化学工业部炼油设计研究院，由部直属管理。

截至1978年3月，石油工业主要科研单位及石油院校共11个。其中，由部直属管理的单位7个：石油勘探开发规划研究院、石油化工科学研究院、科学技术情报研究所（石油化学工业出版社）、石油化工规划设计院、炼油设计研究院、抚顺石油研究所、展览工作室；实行以石油化学工业部为主双重管理的单位1个：炼油设计院；实行完全由地方领导的单位3个：华东石油学院、西南石油学院、大庆石油学院。

一、石油勘探开发规划研究院（1975.1—1978.4）

1975年1月，石油勘探开发规划研究院由石油化学工业部直接领导。

1976年3月，为加强石油机械业务的规划研究，在北京石油机械厂基础上成立石油机械规划研究所。同时，调整组织机构，机关设10个部门：办公室、生产办公室、勘探室、开采室、科技管理室、设计管理室、天然气室、机械装备室、情报资料室、农副业规划室；直属2个单位：石油机械规划研究所、北京石油机械厂。

1977年，石油勘探开发规划研究院主编的《石油勘探与开发》刊物开始正式对外发行。

1978年初，由石油勘探开发规划研究院主持完成和合作完成的8项重大科技成果受到全国科学大会表彰。自成立以来，石油勘探开发规划研究院全面参与了国内油气勘探开发规划、钻井规划、科技发展计划等上游发展规划与计划的编制工作，完成了油气管道设计和规划研究，组织开展了全国性的经验技术交流和重大技术攻关。成立若干工作组，参加大庆、胜利、大港、辽河、四川、新疆、吉林、江苏、河南等油田的建设，协助制定勘探部署，落实生产任务，为国家原油产量上亿吨发挥了参谋决策和技术支持作用。

3月，石油勘探开发规划研究院改由石油工业部领导，职工总数550人。4月，石油工业部决定以石油勘探开发规划研究院为基础，建立石油勘探开发科学研究院。

期间，石油勘探规划研究院总地质师翁文波任第五届全国政协委员，总工程师童宪章任第五届全国政协特邀委员。

（一）石油勘探开发规划研究院党的核心小组领导名录（1975.1—1978.4）

组　　长　张　俊（1975.1—1977）

副 组 长　焦力人（1975.1—10；兼任，1975.10—1976.3）

申力生（1975.1—1978.4）

张邦杰（1976.3—1978.4）

刘　南（1976.3—1978.4）

成　　员　刘　南（1975.1—1976.3）

李　晔（1975.1—10）

阎敦实（1975.1—1978.4）

李　杰（女，1975.1—1978.4）

秦同洛（1975.1—1978.4）

李伯诚（1975.1—1978.4）

谭文彬（1976.3—1978.4）

杨　达（女，1976.3—1978.4）

杨文彬（1976.3—1978.4）

余　萍（1976.3—1978.4）

张振海（1976.3—1978.4）

陈淑英（女，1976.3—1978.4）
赵衍友（1976.3—1978.4）
政工组组长　李　杰（1975.1—1978.4）

（二）石油勘探开发规划研究院领导名录（1975.1—1978.4）

院　　长　焦力人（1975.1—10；兼任，1975.10—1978.4）
副 院 长　张邦杰（1975.1—1978.4）
刘　南（1975.1—1978.4）
李　晔（1975.1—10）
阎敦实（1975.1—1978.4）
谭文彬（1975.1—1978.4）
杨　达（女，1975.1—1978.4）
余　萍（1975.1—1978.4）
秦同洛（1975.1—1978.4）
李欣吾（1975.1—1978.4）
李　季（1975.1—1976）
秦　峰（回族，1975.1—1978.4）
许士杰（1975.9—1978.4）
杨文彬（1975.12—1978.4）
张振海（1976.7—1978.4）
总工程师　童宪章（1975.1—1978.4）
王纲道（1975.1—1978.4）
总地质师　李德生（1975.1—1978.4）
翁文波（1975.1—1978.4）
谭文彬（1975.1—1978.4）

二、石油化工科学研究院（1975.1—1978.3）

1975年1月，石油化工科学研究院由石油化学工业部管理。所属综合研究所主要从事炼油科研工作，六二一厂仍由石油化工科学研究院领导。

1976年4月，石油化工科学研究院开办“七二一”工人大学，于1978年1月停办。

1977年5月，石油化工科学研究院在油田化学组（第七研究室）的基础上，组建油田化学室（第十一研究室）。

1978年3月，石油化工科学研究院改由石油工业部领导。

期间，石油化工科学研究院党的核心小组代理组长、代理院长侯祥麟任第五届全国政协常委，副院长龙在云任第五届全国政协委员。

（一）石油化工科学研究院党的核心小组领导名录（1975.1—1978.3）

组　　长　李　苏（1975.1—1977.4）
代理组长　侯祥麟（1977.4—1978.3）
副 组 长　侯祥麟（1975.1—1977.4）
杨　瑾（1975.1—1978.3）
齐福海（1975.1—1978.3）
谭生彬（1975.1—1977.4）
车时英（1977.4—1978.3）
黄大智（1977.4—1978.3）
政工组组长　车时英（1977.4—1978.3）

（二）石油化工科学研究院领导名录（1975.1—1978.3）

院　　长　李　苏（1975.1—1977.4）
代理院长　侯祥麟（1977.4—1978.3）
第一副院长　侯祥麟（1975.1—1977.4）
副 院 长　龙在云（1975.1—1978.3）
潘生玺（1975.1—1978.3）
林　风（1975.1—1978.3）
邓家辉（1975.1—1978.3）
武　迟（1975.1—1978.3）
张西蕾（1975.1—1978.3）
卢　毅（1975.1—1978.3）
黄大智（1977.4—1978.3）
印德麟（1977.4—1978.3）

章德炎（1977.8—1978.3）

（三）所属综合研究所和六二一厂

1. 综合研究所领导名录（1975.1—1978.3）

党的核心小组组长　石　生（1975.1—1977.4）
　　贾　旺（代理，1977.4—1978.3）

所　　长　林　风（1975.1—9）
　　贾　旺（1975.9—1978.3）

2. 六二一厂领导名录（1975.1—1978.3）

书　　记　王善庆（1975.1—1978.3）

厂　　长　陈宜焜（1975.1—7）
　　高清岚（1975.7—1978.3）

三、科学技术情报研究所（石油化学工业出版社）（1975.1—1978.3）

1975年1月，石油化学工业部决定撤销科学技术情报研究所（燃料化学工业出版社），成立科学技术情报研究所（石油化学工业出版社），由石油化学工业部领导，继续实行合署办公。办公地点在北京市东城区和平里。

科学技术情报研究所（石油化学工业出版社）承担全国石油、化工方面的科技情报研究和科技图书编辑出版业务。其中，石油化学工业出版社设石油、化工两个编辑室，以及编务、印制、发行等机构。

1978年3月，科学技术情报研究所（石油化学工业出版社）改由石油工业部领导。

（一）中共科学技术情报研究所（石油化学工业出版社）委员会领导名录（1975.1—1978.3）

书　　记　徐　晓（1975.1—1978.3）

副 书 记　支明玉（1975.1—1978）

（二）科学技术情报研究所（石油化学工业出版社）领导名录

（1975.1—1978.3）

所　长（社　长）　徐　晓（1975.1—1978.3）

副所长（副社长）　李　岩（1975.1—1978.3）

刘焕民（1975.1—1978.3）

张义和（1975.1—1978.3）

李天华（1975.1—1978.3）

靳仲敏（1975.1—1978.3）

齐泽国（1977.12—1978.3）

四、石油化工规划设计院（1975.1—1978.3）

1975年1月，石油化工规划设计院由石油化学工业部管理。5月，石油化学工业部党的核心小组同意增补刘玉贤、董星五、赵彦为石油化工规划设计院党的核心小组成员。

1977年5月，石油化学工业部决定，石油化工规划设计院院长冯伯华代理党的核心小组组长，增补刘东明为石油化工规划设计院副院长，增补赵彦、华荔年为副院长、党的核心小组成员。6月，石油化学工业部决定，免去叶忠贵石油化工规划设计院副院长职务。

8月，石油化学工业部决定，将石油化学工业部直属从事化学工业的勘察公司、设计院划归石油化工规划设计院领导。

1978年3月，石油化工规划设计院改由化学工业部领导。

五、炼油设计院（1975.1—1978.4）

1975年1月，炼油设计院由石油化学工业部和河北省双重领导，以石油化学工业部为主。行政级别为地（师）级。下设生产办公室、工厂设计师室、计划组和技术组。

同月，石油化学工业部决定成立中共炼油设计院委员会，同时对炼油设计院的领导班子进行任命；从抚顺石油一厂、抚顺石油二厂和抚顺石油三厂抽调共163名技术干部充实到炼油设计院。6月，为加强计算机应用，组建电子计算机室。

1976年3月，石油化学工业部决定，炼油设计院参加华北油田会战，在参加华北石油会战期间，归华北石油会战指挥部领导，同时炼油设计院的院址改在河北省冀中地区。年底，炼油设计院设生产办公室、行政办公室、工艺室、安装室、设备室、动力室、土建室、电子计算机室、出版室等9个处室。

1978年3月，炼油设计院改由石油工业部和河北省双重领导，以石油工业部为主。4月，石油工业部决定，将北京石油化工总厂设计院原北京设计院的炼油设计力量（原北京设计院一连）调回炼油设计院，炼油设计院更名为北京炼油设计研究院，改由石油工业部领导，院址设在北京市房山区。

（一）中共炼油设计院委员会领导名录（1975.1—1978.4）

书　　记　邹国顺（1975.1—1978.4）
副 书 记　刘汉卿（1975.1—1978.4）
　　　　　　王生联（1975.1—1978.4）
政治部主任　王生联（兼任，1975.1—1978.4）

（二）炼油设计院领导名录（1975.1—1978.4）

院　　长　刘汉卿（1975.1—1978.4）
副 院 长　李孝儒（1975.1—1978.4）
　　　　　　李玉龙（1975.1—1978.4）
　　　　　　王彦梅（1975.1—1978.4）
　　　　　　张汝存（1975.1—1978.4）
　　　　　　赵志荣（1975.1—1978.4）
　　　　　　张文渊（1975.1—1978.4）

六、炼油设计研究院（1977.9—1978.3）

1977年9月，石油化学工业部决定，将第一石油化工建设公司炼油设计研究院独立建制，组建石油化学工业部炼油设计研究院，由石油化学工业部直接领导，院址在河南省洛阳市李屯基地。设生产办公室、行政办公室、综合室、工艺室、安装室、设备室、动力室、土建室、电子计算机室、出版室等10个部门，职工总数1350人。

1978年1月，石油化学工业部对炼油设计研究院领导班子进行任命。同月，河南省委决定，炼油设计研究院党组织关系隶属于洛阳市委。2月，中共炼油设计研究院委员会成立，孙风臣为党委书记，李子凡、侯宪元、张明学为党委副书记。

3月，炼油设计研究院改由石油工业部领导。

期间，炼油设计研究院党委副书记李子凡当选第五届全国人大代表。

（一）中共炼油设计研究院委员会领导名录（1978.2—3）

书　　记　孙风臣（1978.2—3）

副 书 记　李子凡（1978.2—3）

侯宪元（1978.2—3）

张明学（1978.2—3）

政治部主任　张明学（1978.1；兼任，1978.2—3）

（二）炼油设计研究院领导名录（1978.1—3）

院　　长　李子凡（1978.1—3）

副 院 长　侯宪元（1978.1—3）

陈俊武（1978.1—3）

周祖萌（1978.1—3）

丁宝圣（1978.1—3）

刘月庆（1978.1—3）

赵家仁（1978.1—3）

徐洛德（1978.1—3）

聂根太（1978.1—3）

总工程师　陈俊武（1978.1—3）

七、华东石油学院（1975.1—1978.3）

1975年1月，华东石油学院由山东省革委会领导，院址在山东省惠民专区。

10月，华东石油学院招收第五批工农兵学员，12个专业（包括英语班）招收普通班新生360人、进修班学员228人，学生来自4个省市。1975年，534人毕业。

1976年11月，华东石油学院招收第六批工农兵学员，11个专业招收新生474人，来自全国23个省市自治区。1976年，477人毕业。

1977年，军宣队撤离。10月，恢复基础课教学处。11月，工宣队撤离。

1977年，华东石油学院恢复全国统考招生，本科生学制为四年。招生的专业为石油及天然气地质勘探、石油地球物理勘探、石油矿场地球物理勘探、石油及天然气钻井工程、石油及天然气开采工程、石油炼制工程、基本有机化工、石油及天然气矿场机械与设备、炼油化工机械、化工仪表自动化、石油及天然气运输及储存等11个，油田生产自动化专业当年未招生。

1978年2月，国务院转发教育部《关于恢复和办好全国重点高等学校的报告》，华东石油学院重新被确定为全国重点高校。3月，华东石油学院恢复统招的第一批新生（77级）共783名入学，分布在11个专业和4个师资班。

3月，石油工业部成立时，华东石油学院仍由山东省革委会领导。

（一）华东石油学院党的核心小组领导名录（1975.1—1978.3）

组　　长　赵真武（1975.1—1976.9）
　　　　　孙汉卿（1976.9—1978年初）
　　　　　康　斌（1978年初—1978.3）

副 组 长　尹建华（1975.1—1978.3）
　　　　　梁　忠（1975.1—1978.3）
　　　　　辛立国（1975.1—1978.3）
　　　　　吕德甫（1975.1—1978.3）
　　　　　闻祥德（1975.1—1978.3）
　　　　　李万胜（1976.9—1978.3）

（二）华东石油学院革委会领导名录（1975.1—1978.3）

主　　任　尹建华（1975.1—1978.3）

副 主 任　王成一（1975.1—1978.3）

于从彬（1975.1—1978.3）

马西夫（1975.1—1978.3）

牛锁成（1975.1—1978.3）

闻祥德（1975.1—1978.3）

杨光华（1975.1—1978.3）

八、西南石油学院（1975.1—1978.3）

1975年1月，西南石油学院由四川省革委会领导。院址在四川省南充市。6月，西南石油学院实行厂校结合，开门办学，组织师生参加川气出川会战。9月，招收工农兵学员230人，在校生总数691人。10月，第一批工农兵大学生203人完成学业。

1976年7月，73级部分工农兵学员参加任丘油田会战。9月，招收工农兵学员497人。

1977年4月至6月，学院筹划建立油田化学、油田自动化、油田地球物理勘探、石油地球物理测井4个新专业。7月至9月，全国科学大会召开，西南石油学院参与研究的“6000米、7000米超深井钻井工艺技术”、“聚丙烯酰胺泥浆（PAM）”、“油气田大型酸化压裂工艺技术”和研制的“XNC6-2型旋转黏度仪”、“硬地层牙轮钻头”获得全国科学大会奖。11月，撤销专业连队建制，恢复基础教研处，重新设立数学、物理、化学、外语、体育等5个教研室。12月，工宣队撤离。

1978年春季，西南石油学院招收“文化大革命”后第一届四年制本科生（77级）441人。除招收石油地质、石油钻井、石油开采、矿场机械专业外，还招收数学、物理、化学师资班各10人，外语师资班5人。

3月，石油工业部成立时，西南石油学院仍由四川省革委会领导。

期间，西南石油学院俞千里当选第五届全国人大代表。

（一）**中共西南石油学院委员会领导名录**（1975.1—1978.3）

书　　记　张九山（1976.2—1978.3）

副 书 记　石志刚（1975.1—1978.3）

张勉生（1975.1—1978.3）

（二）**西南石油学院革委会领导名录**（1975.1—1978.3）

主　　任　张九山（1976.6—1978.3）

副 主 任　张勉生（1975.1—1978.3）

（三）**西南石油学院领导名录**（1975.1—1978.3）

校　　长　（空缺）

副 校 长　王礼庭（1975.1—1978.3）

杨天贵（1975.1—1978.3）

张勉生（1975.1—1978.3）

邢汝霖（1977.2—1978.3）

九、东北石油学院—大庆石油学院（1975.1—1978.3）

1975年1月，石油化学工业部成立时，东北石油学院由大庆革委会领导，党组织关系隶属于大庆市委。7月，经黑龙江省革委会批复同意，东北石油学院更名为大庆石油学院，继续实行厂办大学的体制。“文化大革命”后期，大庆石油学院在院党委和院革委会领导下，开始恢复教学工作。

1976年6月，中共大庆石油学院第三次代表大会召开，选举产生新一届委员会。

1978年2月，大庆石油学院被确定为全国重点高等学校。1978年后，实行党委领导下的院长分工负责制。

截至1978年初，大庆石油学院设院办公室、教革处、院务处、人事科、保卫科等5个机关部门，所属石油勘探系、石油开发系、石油炼制系、石油机械系、基础课处等5个系（处）。

1978年3月，石油工业部成立时，大庆石油学院仍由大庆革委会领导。

（一）中共东北石油学院委员会—中共大庆石油学院委员会领导名录（1975.1—1978.3）

书　　记　齐　征（1976.8—1977.10）
刘继文（1977.10—1978.3）

副 书 记　梁一民（主持党委工作，1975.1—1976.6）
齐　征（1975.1—1976.6）
申志民（1975.4—1976.6；1976.8—1978.3）
冯兆麟（1975.11—1976.6）
黄真榜（1976.8—1978.3）
杨洪文（1976.8—1978.3）
戴献永（1977.10—1978.3）

常　　委　李荆和（1975.1—9）
叶德荣（工人代表，1975.1—1976.6）
谢桂香（女，1975.4—7）
魏可用（工人代表，1975.7—1976.6）
李树庆（工人代表，1975.7—　　）
魏可用（1976.6—1978.3）
王来华（1976.6—1978.3）
马培业（1977.10—1978.3）
范铁荣（1977.10—1978.3）

（二）东北石油学院—大庆石油学院领导名录（1976.6—1978.3）

院　　长（空缺）

副 院 长　陶景明（1976.6—1978.3）
潘秉智（1976.6—1978.3）
朱国兴（1976.6—1978.3）
唐　海（1976.6—1978.3）
戴献永（1977.10—1978.3）

第四章　附　　录

第一节　石油化学工业部时期石油工业组织机构及沿革图

一、1975年初石油化学工业部机关及石油工业企事业单位主要组织机构名录

单　　位		所　在　地
一、石油化学工业部机关部门（17个）		
1	核心组	北京市
3	办事组	北京市
3	政治部	北京市
4	综合计划组	北京市
5	石油勘探开发组	北京市
6	炼油化工生产组	北京市
7	化肥生产组	北京市
8	化工生产二组	北京市
9	机械制造组	北京市
10	产品分配运销组	北京市
11	科技教育组	北京市
12	外事组	北京市
13	财务劳动组	北京市
14	基本建设组	北京市
15	医药局	北京市
16	物资供应管理局	北京市
17	基建工程兵办公室	北京市
二、油田、勘探、管道单位（23个）		
1	大庆石油会战指挥部	黑龙江省安达市
2	胜利油田会战指挥部	山东省惠民专区
3	华北石油会战指挥部	天津市
4	辽河石油勘探局	辽宁省盘山县
5	吉林省石油会战指挥部	吉林省前郭尔罗斯蒙古族自治县
6	新疆维吾尔自治区石油管理局	新疆维吾尔自治区克拉玛依市
7	玉门石油管理局	甘肃省玉门市
8	青海石油管理局	青海省冷湖镇

续表

单　　位		所　在　地
9	四川省石油管理局	四川省成都市
10	江汉石油管理局	湖北省潜江县
11	长庆油田会战指挥部	甘肃省庆阳地区
12	延长油矿	陕西省延长县
13	河南石油勘探指挥部	河南省南阳地区
14	江苏石油勘探开发会战指挥部	江苏省江都县
15	云南石油勘探指挥部	云南省
16	安徽省石油勘探处	安徽省合肥市
17	浙江省石油地质大队	浙江省杭州市
18	贵州石油勘探指挥部	贵州省
19	广西石油普查勘探队	广西壮族自治区
20	石油地球物理勘探局	河北省徐水县
21	东北输油管线指挥部	辽宁省沈阳市
22	石油天然气管道局	河北省安次县
23	华东输油管线指挥部	江苏省徐州市
三、炼油化工单位（28个）		
1	抚顺石油一厂	辽宁省抚顺市
2	抚顺石油二厂	辽宁省抚顺市
3	抚顺石油三厂	辽宁省抚顺市
4	锦西石油五厂	辽宁省锦州市
5	锦州石油六厂	辽宁省锦州市
6	大连石油七厂	辽宁省旅大市
7	兰州炼油厂	甘肃省兰州市
8	南京石油化工厂	江苏省南京市
9	茂名石油公司	广东省茂名市
10	北京石油化工总厂	北京市
11	山东胜利石油化工总厂	山东省淄博市
12	上海炼油厂	上海市
13	湖南长岭炼油厂	湖南省岳阳地区
14	杭州炼油厂	浙江省杭州市
15	天津市第一石油化工厂	天津市
16	吉林省白城地区前郭炼油厂	吉林省白城地区
17	盘锦炼油厂	辽宁省盘锦地区
18	河北省沧州石油化工厂	河北省沧州市
19	哈尔滨炼油厂	黑龙江省哈尔滨市
20	武汉石油化工厂建设指挥部	湖北省武汉市
21	安庆石油化工厂	安徽省安庆地区
22	济南石油化工厂筹建处	山东省济南市
23	天津市石油化工总厂	天津市
24	广州石油化工厂建设指挥部	广东省广州市
25	浙江炼油厂筹建处	浙江省杭州市

续表

单　位		所　在　地
26	石家庄炼油厂筹建指挥部	河北省石家庄地区
27	兰州化学工业公司	甘肃省兰州市
28	吉林化学工业公司	吉林省吉林市
四、机械制造、基建、运输、贮备库单位（19个）		
1	陕西省宝鸡石油机械厂	陕西省宝鸡市
2	陕西省宝鸡石油钢管厂	陕西省宝鸡市
3	陕西省咸阳石油钢管钢绳厂	陕西省咸阳市
4	抚顺石油机械厂	辽宁省抚顺市
5	北京电机修造厂筹建处	北京市
6	陕西省西安石油仪器一厂	陕西省西安市
7	陕西省西安石油仪器二厂	陕西省西安市
8	第二石油机械厂	河南省南阳地区
9	上海第四石油机械厂	上海市
10	承德石油机械厂	河北省承德市
11	抚顺市石油化工设备修造厂	辽宁省抚顺市
12	第一石油化工建设公司	河南省洛阳市
13	第四石油化工建设公司	天津市
14	第五石油化工建设公司	甘肃省兰州市
15	广西壮族自治区石油化工安装公司	广西壮族自治区桂林市
16	石油运输公司	新疆维吾尔自治区克拉玛依市
17	汉平贮备库	陕西省宁强县
18	红旗贮备库	河南省洛阳市
19	东风贮备库	广西壮族自治区永福县
五、科研事业单位及石油院校（10个）		
1	石油勘探开发规划研究院	北京市
2	石油化工科学研究院	北京市
3	科学技术情报研究所（石油化学工业出版社）	北京市
4	石油化工规划设计院	北京市
5	炼油设计院	石家庄地区
6	抚顺石油研究所	辽宁省抚顺市
7	展览工作室	北京市
8	华东石油学院	山东省惠民专区
9	西南石油学院	四川省南充市
10	东北石油学院	黑龙江省安达市

注：除兰州化学工业公司、吉林化学工业公司外，收录机构主要为石油工业单位，单位所在地名称均为当时名称。

二、石油化学工业部机关及石油工业企事业单位组织机构沿革图

机构沿革图例说明

1．本图主要按编年记事的方式简要绘制组织机构的沿革变化，主要包括机构的成立、更名、合并、拆分、撤销、划转等事项。

2.本图中机构沿革变化以“机构名称”中首字对应年份为时间节点。机构名称在一年中发生多次变革的，只显示最终名称。

3.机构延续用“→”符号表示；撤销用“‖”符号表示；合并用“⊐”符号表示；分拆用“⊏”符号表示；上划用“↑”。

4．某机构整体划入其他单位（不再列组织机构序列），用“□”符号表示。

5．具体图例符号使用详见每页机构沿革图下的“图例说明”。

（一）石油化学工业部机关部门机构沿革图

石油化学工业部机关部门沿革图

1975	1976	1978
核心组	‖（撤销）	
办事组	办公厅	办公厅
政治部		政治部
综合计划组		综合计划组
石油勘探开发组		石油勘探开发组
炼油化工生产组		炼油化工生产组
化肥生产组		化肥生产组
化工生产二组		化工生产二组
机械制造组		机械制造组
外事组		外事组
产品分配运销组		产品分配运销组
科技教育组		科技教育组
财务劳动组		财务劳动组
基本建设组		基本建设组
医药局		医药局
物资供应管理局		物资供应管理局
基建工程兵办公室		基建工程兵办公室

（年度）

图例说明　→：延续　‖：撤销

（二）石油化学工业部所属石油工业企事业单位沿革图

石油工业企事业单位沿革图（一）

1975	1976	1978（年度）
1.油气、勘探、管道单位		
大庆石油会战指挥部	→	大庆石油会战指挥部
胜利油田会战指挥部	→	胜利油田会战指挥部
华北石油会战指挥部 →	华北石油会战指挥部	华北石油会战指挥部
	大港油田指挥部	大港油田指挥部
辽河石油勘探局	→	辽河石油勘探局
吉林省石油会战指挥部	→	吉林省石油会战指挥部
新疆维吾尔自治区石油管理局	→	新疆维吾尔自治区石油管理局
玉门石油管理局	→	玉门石油管理局
青海石油管理局	→	青海石油管理局
四川省石油管理局	→	四川省石油管理局
*江汉石油管理局	→	江汉石油管理局

图例说明　→：延续　[：分拆　*：燃料化学工业部直接领导或实行以部为主双重领导的单位

石油工业企事业单位沿革图（二）

1975	1977	1978（年度）
*长庆油田会战指挥部	→	长庆油田会战指挥部
延长油矿	→	延长油矿
*河南石油勘探指挥部	河南石油会战指挥部	河南石油会战指挥部
*江苏石油勘探开发会战指挥部	→	江苏石油勘探开发会战指挥部
云南石油勘探指挥部	→	云南石油勘探指挥部
安徽省石油勘探处	→	安徽省石油勘探处
浙江省石油地质大队	→	浙江省石油地质大队
贵州石油勘探指挥部	→	贵州石油勘探指挥部
广西石油普查勘探队	→	广西石油普查勘探队
*石油地球物理勘探局	→	石油地球物理勘探局
*东北输油管线指挥部	东北八三管道局	东北八三管道局
*石油天然气管道局	→	石油天然气管道局
*华东输油管线指挥部	→	华东输油管线指挥部

图例说明：→：延续　　***：燃料化学工业部直接领导或实行以部为主双重领导的单位**

石油工业企事业单位沿革图（三）

1975	→	1978（年度）
2.炼油化工单位		
抚顺石油一厂	→	抚顺石油一厂
抚顺石油二厂	→	抚顺石油二厂
抚顺石油三厂	→	抚顺石油三厂
锦西石油五厂	→	锦西石油五厂
锦州石油六厂	→	锦州石油六厂
大连石油七厂	→	大连石油七厂
兰州炼油厂	→	兰州炼油厂
南京石油化工厂	→	南京石油化工总厂
广东省茂名石油工业公司	→	广东省茂名石油工业公司
北京石油化工总厂	→	北京石油化工总厂
山东胜利石油化工总厂	→	山东胜利石油化工总厂
上海炼油厂	→	上海炼油厂
湖南长岭炼油厂	→	湖南长岭炼油厂
杭州炼油厂	→	杭州炼油厂

图例说明　→：延续

石油工业企事业单位沿革图（四）

1975	1976	1977	1978
天津市第一石油化工厂			天津市第一石油化工厂
吉林省白城地区前郭炼油厂			吉林省白城地区前郭炼油厂
盘锦炼油厂			盘锦炼油厂
河北省沧州石油化工厂			河北省沧州石油化工厂
哈尔滨炼油厂			哈尔滨炼油厂
武汉石油化工厂建设指挥部			武汉石油化工厂建设指挥部
安庆石油化工厂			安庆石油化工总厂
济南石油化工厂			济南石油化工厂
天津市石油化工总厂			天津市石油化工总厂
广州石油化工厂建设指挥部	广州石油化工总厂	广州石油化工厂	广州石油化工厂
浙江炼油厂筹建处	浙江炼油厂		浙江炼油厂
石家庄炼油厂筹建指挥部			河北省石家庄炼油厂建设工程指挥部
九江炼油厂筹建处			九江炼油厂筹建处
兰州化学工业公司			兰州化学工业公司
吉林化学工业公司			吉林化学工业公司

（年度）

图例说明　→：延续

石油工业企事业单位沿革图（五）

1975 →	1976 →	1978（年度）

3.机械制造、基建、运输、油库

1975	→	1978
陕西省宝鸡石油机械厂	合并	陕西省宝鸡石油机械厂
陕西省宝鸡石油钢管厂	合并	陕西省宝鸡石油机械厂
陕西省咸阳石油钢管钢绳厂	→	陕西省咸阳石油钢管钢绳厂
抚顺石油机械厂	→	抚顺石油机械厂
*北京电机修造厂	→	北京电机修造厂
陕西省西安石油仪器一厂	合并	西安石油勘探仪器总厂
陕西省西安石油仪器二厂	合并	西安石油勘探仪器总厂
*第二机械厂	→	第二机械厂
上海第四石油机械厂	→	上海第四石油机械厂
承德石油机械厂	→	承德石油机械厂

图例说明　→:延续　⇉:合并　*:燃料化学工业部直接领导或实行以部为主双重领导的单位

石油工业企事业单位沿革图（六）

1975	1977	1978
抚顺市石油化工设备修造厂 →		→ 抚顺市石油化工设备修造厂
*第一石油化工建设公司 →		→ 第一石油化工建设公司
*第四石油化工建设公司 →		→ 第四石油化工建设公司
*第五石油化工建设公司 →	□ 大港油田指挥部	
		↑*第十二石油化工建设公司
		↑*第十四石油化工建设公司
		↑*地下水封石洞油库建设公司
广西壮族自治区石油化工安装公司 →		→ 广西壮族自治区石油化工安装公司
*石油运输公司 →		→ 石油运输公司
*东风贮备库 →		→ 东风贮备库
*红旗贮备库 →		→ 红旗贮备库
*汉平贮备库 →		→ 汉平贮备库

(年度)

图例说明　→:延续　□:划入　↑:上划　*:燃料化学工业部直接领导或实行以部为主双重领导的单位

石油工业企事业单位沿革图（七）

1975 →	1977 →	1978 （年度）
4.科研院校及其他		
*石油勘探开发规划研究院 →		石油勘探开发规划研究院
*石油化工科学研究院 →		石油化工科学研究院
*科学技术情报研究所（石油化学工业出版社） →		科学技术情报研究所（石油化学工业出版社）
*石油化工规划设计院 →		石油化工规划设计院
*炼油设计院 →		炼油设计院
	↑*炼油设计研究院 →	炼油设计研究院
*抚顺石油研究所 →		抚顺石油研究所
*展览工作室 →		展览工作室
华东石油学院 →		华东石油学院
西南石油学院 →		西南石油学院
大庆石油学院 →		大庆石油学院

图例说明　→：延续　↑：上划　*：燃料化学工业部直接领导或实行以部为主双重领导的单位

三、1978年初石油化学工业部机关及石油工业企事业单位主要组织机构名录

单位		所在地
一、石油化学工业部机关部门（16个）		
1	办公厅	北京市
2	政治部	北京市
3	综合计划组	北京市
4	石油勘探开发组	北京市
5	炼油化工生产组	北京市
6	化肥生产组	北京市
7	化工生产二组	北京市
8	机械制造组	北京市
9	产品分配运销组	北京市
10	科技教育组	北京市
11	外事组	北京市
12	财务劳动组	北京市
13	基本建设组	北京市
14	医药局	北京市
15	物资供应管理局	北京市
16	基建工程兵办公室	北京市
二、油田、勘探、管道单位（24个）		
1	大庆石油会战指挥部	黑龙江省安达市
2	胜利油田会战指挥部	山东省惠民专区
3	华北石油会战指挥部	河北省沧州地区
4	大港油田指挥部	天津市
5	辽河石油勘探局	辽宁省盘山县
6	吉林省石油会战指挥部	吉林省前郭尔罗斯蒙古族自治县
7	新疆维吾尔自治区石油管理局	新疆维吾尔自治区克拉玛依市
8	玉门石油管理局	甘肃省玉门市
9	青海石油管理局	青海省冷湖镇
10	四川省石油管理局	四川省成都市
11	江汉石油管理局	湖北省潜江县
12	长庆油田会战指挥部	甘肃省庆阳地区
13	延长油矿	陕西省延长县
14	河南石油会战指挥部	河南省南阳地区
15	江苏石油勘探开发会战指挥部	江苏省江都县
16	云南石油勘探指挥部	云南省
17	安徽省石油勘探处	安徽省合肥市

续表

单　位		所　在　地
18	浙江省石油地质大队	浙江省杭州市
19	贵州石油勘探指挥部	贵州省贵阳市
20	广西石油普查勘探队	广西壮族自治区
21	石油地球物理勘探局	河北省涿县
22	东北八三管道局	辽宁省沈阳市
23	石油天然气管道局	河北省安次县
24	华东输油管线指挥部	江苏省徐州市
三、炼油化工单位（29个）		
1	抚顺石油一厂	辽宁省抚顺市
2	抚顺石油二厂	辽宁省抚顺市
3	抚顺石油三厂	辽宁省抚顺市
4	锦西石油五厂	辽宁省锦州市
5	锦州石油六厂	辽宁省锦州市
6	大连石油七厂	辽宁省旅大市
7	兰州炼油厂	甘肃省兰州市
8	南京石油化工总厂	江苏省南京市
9	广东省茂名石油工业公司	广东省茂名市
10	北京石油化工总厂	北京市
11	山东胜利石油化工总厂	山东省淄博市
12	上海炼油厂	上海市
13	湖南长岭炼油厂	湖南省岳阳地区
14	杭州炼油厂	浙江省杭州市
15	天津市第一石油化工厂	天津市
16	吉林省白城地区前郭炼油厂	吉林省白城地区
17	盘锦炼油厂	辽宁省盘锦地区
18	河北省沧州石油化工厂	河北省沧州市
19	哈尔滨炼油厂	黑龙江省哈尔滨市
20	武汉石油化工厂建设指挥部	湖北省武汉市
21	安庆石油化工总厂	安徽省安庆地区
22	济南石油化工厂	山东省济南市
23	天津市石油化工总厂	天津市
24	广州石油化工厂	广东省广州市
25	浙江炼油厂	浙江省宁波市
26	石家庄炼油厂建设工程指挥部	河北省石家庄地区
27	九江炼油厂筹建处	江西省九江地区
28	兰州化学工业公司	甘肃省兰州市
29	吉林化学工业公司	吉林省吉林市

续表

单　位		所　在　地
四、机械制造、基建、运输、贮备库单位（19个）		
1	宝鸡石油综合机械厂	陕西省宝鸡市
2	陕西省咸阳石油钢管钢绳厂	陕西省咸阳市
3	抚顺石油机械厂	辽宁省抚顺市
4	北京电机修造厂	北京市
5	西安石油勘探仪器总厂	陕西省西安市
6	第二石油机械厂	河南省南阳地区
7	上海第四石油机械厂	上海市
8	承德石油机械厂	河北省承德市
9	抚顺市石油化工设备修造厂	辽宁省抚顺市
10	第一石油化工建设公司	河南省洛阳市
11	第四石油化工建设公司	天津市
12	第十二石油化工建设公司	江苏省南京市
13	第十四石油化工建设公司	浙江省宁波市
14	地下水封石洞油库建设公司	山东省青岛市
15	广西壮族自治区石油化工安装公司	广西壮族自治区桂林市
16	石油运输公司	新疆维吾尔自治区克拉玛依市
17	汉平贮备库	陕西省宁强县
18	红旗贮备库	河南省洛阳市
19	东风贮备库	广西壮族自治区永福县
五、科研事业单位及石油院校（11个）		
1	石油勘探开发规划研究院	北京市
2	石油化工科学研究院	北京市
3	科学技术情报研究所（石油化学工业出版社）	北京市
4	石油化工规划设计院	北京市
5	炼油设计院	河北省冀中地区
9	炼油设计研究院	河南省洛阳市
7	抚顺石油研究所	辽宁省抚顺市
8	展览工作室	北京市
9	华东石油学院	山东省惠民专区
10	西南石油学院	四川省南充市
11	大庆石油学院	黑龙江省安达市

注：除兰州化学工业公司、吉林化学工业公司外，收录机构主要为石油工业单位，单位所在地名称均为当时名称。

第二节　石油工业基本情况统计表

一、石油工业基本情况

项目 \ 年份	1975	1976	1977
一、基本情况			
1.工业总产值（亿元）	177.31	196.60	214.57
其中：独立机械厂	3.19	3.42	3.20
大型企业	163.52	185.50	196.34
中型企业	8.04	5.05	13.07
小型企业	5.75	6.05	5.16
2.资产总额（亿元）	132.45	152.94	173.43
3.固定资产净值（亿元）	74.97	87.20	93.41
二、销售情况			
利润总额（亿元）	81.47	87.35	94.09
销售收入（亿元）	201.07	222.72	244.31
销售税金（亿元）	20.41	21.9	23.9
销售利润（亿元）	81.74	87.62	94.26
三、劳动生产率			
全员劳动生产率（元/人）	47937	49996	51537
施工工人劳动生产率（元/人）	6915	5237	5707
采油工人劳动生产率（吨/人）	1603	—	—

注：工业总产值按照1970年不变价格计算。

二、石油工业主要产品产量及生产能力情况

项目＼年份	1975	1976	1977
一、原油产量（万吨）	7706	8716	9364
其中：天然原油	7654	8673	9329
人造原油（页岩原油）	51	42	35
二、原油生产能力（万吨/年）	7812	8609	9197
三、天然气产量（亿立方米）	115	124	136
四、天然气生产能力（亿立方米/年）	142	174	201
五、原油加工量（万吨）	5087	5771	6310
六、原油加工能力（万吨/年）	6764	8151	8739
四、汽、柴、煤、润总产量（万吨）	2483	2740	2957
其中：汽油	737	817	867
煤油	290	303	317
柴油	1324	1493	1616
润滑油	133	128	157
五、燃料油产量（万吨）	2052	2376	2582
其中：商品燃料油	1771	2015	2237
六、石蜡产量（万吨）	31	31	32
七、石油焦产量（万吨）	65	74	78
八、石油沥青产量（万吨）	106	110	126
九、洗涤剂原料产量（万吨）	3	3	4
十、石油企业钢产量（万吨）	—	—	4
十一、石油企业发电量（万千瓦·时）	143708	156559	234962

三、石油工业职工人数及工资情况

项目＼年份			1975	1976	1977
职工总数（人）	总　　数		814161	892380	957599
	其中：女职工		165335	207071	227691
	固定职工		809145	887723	953015
	临时职工		5016	4657	4584
	直属单位	小　计	177150	281219	314087
		其中：女职工	32821	60844	72091
		固定职工	176370	280892	313801
		工　人	102258	157343	157932
职工分类（人）	工　人		476242	484857	519150
	学　徒		90303	132532	132401
	工程技术人员		41998	41329	46921
	管理人员		85516	95892	89051
	服务人员		106144	119464	77236
	其　他		13958	18306	92840
工资情况	工资总额（万元）		55735	60100	64856
	年平均工资（元/人）		733	717	717

四、石油工业职工人数分类情况

单位：人

项目 \ 年份	1975	1976	1977
合　　计	814161	892380	957599
采　　油	114675	127111	136584
井下作业	34419	33667	34154
炼　　油	122089	128078	138071
石油化工	17145	13468	17250
水　　电	15159	18484	20101
运　　输	40410	48334	47747
机械制造	58671	64586	72782
地质勘探	54032	62453	65557
钻　　井	126969	134919	146197
油田建设	61171	64311	76561
炼厂建设	29048	34124	23995
输油气管线建设	34272	40927	44659
油库建设	889	1561	1410
油库管理队伍	1969	2234	3240
勘察设计	8031	8516	10039
供应队伍	18570	21572	23321
科学研究	12464	13077	15097
文教卫生	18186	22050	25034
管理机关	13533	17679	19466
其　　他	32459	35229	36334

五、石油工业主要队数及人数情况

年份	专业	地质	测量	地震	重磁力	电法	化学放射性勘探	综合研究	专题研究	电测	射孔	气测组	钻井	试油	水井	固井	管子站	井架安装	采油（采气）	输油（输气）	井下作业	试井	油田建筑安装	管道施工	汽车运输
1975	队数（个）	37	14	247	6	7	—	18	6	169	93	147	574	142	—	58	38	54	430	89	391	46	204	—	—
	人数（人）	1009	427	20535	268	392	—	2695	242	2404	1120	1319	44612	6291	—	3322	7753	4461	38137	6099	16814	2234	31003	—	—
	其中：工人（人）	490	337	18478	235	337	—	1240	114	2102	1044	1208	40112	5346	—	3220	6089	4160	34303	5625	14820	1986	28154	—	—
1976	队数（个）	40	16	252	7	6	2	18	10	167	102	145	577	133	—	77	38	49	453	91	414	46	195	69	—
	人数（人）	1280	441	19402	280	319	35	2884	609	2505	1241	1274	46264	6038	—	3765	6768	4405	39266	6400	17330	1990	25032	9999	—
	其中：工人（人）	617	362	16337	244	274	25	1330	291	2160	1139	1172	40592	4764	—	3508	5990	4067	35325	5727	15476	1748	22826	9532	—
1977	队数（个）	46	17	248	8	6	—	29	20	176	90	144	570	—	46	50	44	52	55	142	590	50	191	71	328
	人数（人）	1650	431	20196	326	334	—	2084	1267	2594	1121	1196	47413	—	2027	3877	7345	3975	128304	13042	26482	2265	25089	10548	33977
	其中：工人（人）	895	348	18448	293	306	—	907	703	2332	1050	1113	42621	—	1814	3567	6476	3677	106938	10245	23090	2046	22917	8298	31079

第三节　全国党代表、人大代表、政协委员及获得国家级表彰的先进个人

一、全国党代表、人大代表、政协委员人员名单

（一）当选中共十一大代表人员名单

姓　名	工作单位及职务	备　注
马金昌	山东胜利石油化工总厂党的核心小组副组长、副指挥	
王永安	大港油田指挥部钻井公司井队队长	
王苏民	大庆党委副书记、革委会副主任	中纪委委员
王锡明	抚顺石油一厂检修大队队长	
瓦力斯江·吐尔地（维吾尔族）	中共新疆维吾尔自治区石油管理局委员会副书记、新疆维吾尔自治区石油管理局革委会主任	
吕星文	新疆石油管理局南疆石油勘探指挥部技术员	
刘长江	锦州石油六厂党委副书记	
刘成章	辽河石油勘探局副局长、工会主任	
关晓红（女）	大庆第四采油指挥部女子采油队队长	
李全亨	华北石油会战指挥部副指挥	
吴全清	大庆钻井指挥部1202钻井队队长	中央委员
宋振明	大庆党委书记、革委会主任	
张素芬（女）	吉林化学工业公司染料厂分析工	
周太和	石油化学工业部综合计划组组长	中纪委委员
侯小维（女）	吉林省石油会战指挥部钻井指挥部32661女子钻井队副队长	
董绍杰	石油化学工业部政治部副主任	
薛金达	兰州炼油厂党委副书记	中央委员

（二）当选第五届全国人大代表名单

姓　名	工作单位及职务	备　注
王启民	大庆勘探开发研究院开发室副主任	
朱宝英	吉林化学工业公司研究院副总工程师	
刘俊秀（女）	大港油田指挥部采油指挥部四矿一队副指导员	
孙敬文	石油化学工业部党组副书记、副部长	
孙德福	华北石油会战指挥部副指挥	
克尤木·买提尼牙孜（维吾尔族）	新疆石油管理局工会副主任	常委会委员
李子凡	炼油设计研究院党委副书记	
李长荣（女）	大庆创业庄家属管理站主任	
李景荣	大庆石油化工总厂副厂长	
张廷栋	大庆运输指挥部党委副书记	
张勤秀（女）	青海石油管理局采油厂女子采油班班长	
陈烈民	大庆党委书记、革委会主任	
周占鳌	大庆党委副书记、革委会副主任	常委会委员
俞千里	西南石油学院	
徐　谦	山东胜利石油化工总厂副总工程师	
郭顺源	华北石油会战指挥部3269钻井队指导员	
郭锡禄	大港油田指挥部矿机所主任工程师	
葛士英	兰州化学工业公司党委副书记、革委会副主任	
张　雁	四川省石油管理局泸州气矿女子钻井队队长	
沙云和（女）	四川省石油管理局四川设计院二室主任工程师	

（三）担任第五届全国政协委员名单

姓　名	工作单位及职务	备　注
龙在云	石油化学工业部医药局负责人、石油化工科学研究院副院长	
李海峰（女）	大庆党委常委	
闵　豫	大庆革委会副主任、总地质师	
侯祥麟	石油化工科学研究院党的核心小组代理组长、代理院长	常委
侯德武	吉林化学工业公司党委副书记	
翁文波	石油勘探规划研究院总地质师	
童宪章	石油勘探规划研究院总工程师	特邀委员
薛国邦	大庆党委常委、总工会主任	
薛桂芳（女）	大庆创业庄家属管理站党支部书记	

二、获得国家级表彰的先进个人名单

<table>
<tr><th>年份</th><th>荣誉称号</th><th>获奖者姓名</th><th>单 位</th></tr>
<tr><td>1975</td><td>阿尔巴尼亚一级劳动勋章</td><td>吴葆青</td><td>四川石油科学研究所</td></tr>
<tr><td rowspan="11">1977</td><td rowspan="11">全国先进工作者</td><td>王芝顺</td><td>四川石油管理局川南矿区油建四大队</td></tr>
<tr><td>古礼初</td><td>四川石油管理局川南矿区3299钻井队</td></tr>
<tr><td>刘宝海</td><td>大庆油田第五采油指挥部作业二队</td></tr>
<tr><td>李景荣</td><td>大庆石油化工总厂</td></tr>
<tr><td>吴全清</td><td>大庆油田钻井指挥部</td></tr>
<tr><td>胡宁帮</td><td>华北石油会战指挥部一分公司二中队</td></tr>
<tr><td>禹秀珍（女）</td><td>新疆石油管理局采油三厂</td></tr>
<tr><td>侯德武</td><td>吉林化学工业公司染料厂</td></tr>
<tr><td>黄碧云</td><td>大港油田油建指挥部</td></tr>
<tr><td>蒋成龙</td><td>大庆油田第六采油指挥部采油七队</td></tr>
<tr><td>蒋兴德</td><td>青海油田运输处橡胶班</td></tr>
</table>

注：本节收录人员为石油工业主要企事业单位当选人员。人员名单按姓氏笔画排列，其工作单位及职务均为当时所在单位和所担任的职务。

中国石油组织史资料

第一卷（下）

国家部委时期

（1978.3—1988.9）

中国石油天然气集团公司人事部
中国石油天然气集团公司办公厅　编

石油工业出版社

目 录

下 册

第五编 石油工业部（1978.3—1988.9）

第五编
石油工业部
（1978.3—1988.9）

综　述

1978年以来，在中共十一届三中全会的路线、方针、政策指引下，石油工业认真贯彻执行“调整、改革、整顿、提高”的方针和对外开放、对内搞活的政策，以积极进取的精神，经过艰苦努力，战胜了十年动乱带来的严重困难，原油产能、地质储量以及炼化生产都有较大幅度的增长，石油队伍迅速成长和壮大，石油工业进入了一个新的发展时期。

一、石油工业部的成立和组织机构沿革

1978年 3 月，第五届全国人大一次会议决定撤销石油化学工业部，分别设立石油工业部（简称石油部）和化学工业部，宋振明任石油部部长。4月，中共中央批准宋振明任石油部党组书记，张文彬、焦力人、黄凯、陈烈民任石油部党组副书记、副部长，孙晓风任石油部党组成员、副部长，张兆美任石油部党组成员、副部长兼政治部主任，侯祥麟、阎敦实、闵豫、李天相任石油部党组成员、副部长，季铁中、李欣吾、李法兰任石油部党组成员。

石油部主要职责：贯彻执行党中央、国务院的路线、方针、政策和指示，研究制定发展石油工业的具体方针、政策、法令、条例和企业管理办法，并检查执行情况；根据国家经济建设计划的要求，编制石油工业的长远规划和年度计划，送国家计委综合平衡，经国家批准后，组织实施并负责检查执行情况，研究解决执行中的重大问题，保证完成国家下达的原油、天然气、石油产品和其他各项生产建设计划任务；研究制订石油勘探开发的重大部署和大型生产建设项目，报国家计委审查同意纳入国家计划后，负责组织实施；组织编制石油科技研究规划，研究石油发展中带有战略性的问题，审查重大科研项目和技术改造项目，报国家计委、国家经委、国家科委审查同意，纳入国家计划，负责组织实施；根据国家对外开放合作政策，负责海上石油对外合作工作，审定石油工业对外经济技术合作的重大项目，积极利用外资引

进先进技术、装备，组织石油方面的对外科学技术交流活动，经国家批准后组织实施；根据国家经济体制改革委员会的部署和要求，负责组织实施石油工业管理体制的改革工作，研究改革油田、炼厂、炼油化工综合利用的管理体制，扩大企业自主权，实行生产组织和经营的合理化，研究世界石油工业发展趋势和我国石油工业经济问题，搞好经济预测，并对石油工业产品价格改革提出意见；协同国家计委编制原油分配计划、成品油加工生产和出口计划，经国家批准后，负责部管产品的分配、调拨，对超产原油、油品组织统一出口销售，筹措石油勘探开发基金，协同铁路部门编制石油运输计划，制定合理的运输方案，根据四大类油品的具体分配计划，协同商业部门组织好油品生产和供应工作，根据压缩节约重油分配计划，协同物资部门做好重油货源组织和调拨工作，根据出口计划，协同外贸部门组织好石油货源和调拨工作，积极加强调度，及时了解情况，做好石油的产、炼、储、输、运等环节的综合平衡及部外协调配合工作；统筹管理石油工业生产和建设基金，对所属企业的经营管理、经济核算、财经纪律和其他财务活动进行监督、检查、指导，不断提高企业的经济效益，协同财政部门做好石油工业的财政上交工作；负责了解石油系统领导班子建设情况，管理部属企事业单位部管干部的任免、考核、培训、调配、升级、晋职和奖惩工作；负责组织和指导石油职工全员培训工作，提高职工队伍的政治素质和科学技术文化素质，办好石油大专院校，培训石油专业技术人才，研究确定所属企事业单位的人员编制，改善劳动组织，提高劳动生产率。

1978年底，石油部机关设政治部、石油科学技术委员会、办公厅、总调度司、地质勘探司、钻井工程司、油田开发司、炼油化工生产司、运销司、计划司、人事教育司、财务司、科技司、外事局、行政司、农副业生产办公室、基本建设局、机械制造局、物资供应管理局等19个部门，编制800人。

石油工业企事业单位主要有93个，其中石油部直属单位有37个：河南石油会战指挥部、江汉石油管理局、滇黔桂石油开发会战指挥部、石油地球物理勘探局、石油天然气管道局、东北八三管道局、华东输油管线指挥部、北京电机修造厂、第二石油机械厂、第一工程公司、第二工程公司、第三工程公司、第四工程公司、地下石洞油库工程公司、勘察公司、运输公司、汉平储备库、东风储备库、红旗储备库、沧州器材库、中南供应办事处、华北供应办事处、华东供应办事处、广州供应办事处、西南供应办事处、东北供应办事处、西北供应办事处、郑州器材库、石油勘探开发规划研究院、抚顺石油研究所、石油化工科学研究院、石油规划设计总院、北京石油设计院、炼油设计研究院、石油科学技术情报研究所（石油工业出版社）、展览工作室、教材编译室；双重领导以石油部为主的单位有14个：华北石油会战指挥部、长庆油田会战指挥部、江苏石油勘探开发会战指挥部、海洋石油勘探局、第六工程公司、施工机具修造厂、华东石油学院、西南石油学院、江汉石油学院、西安石油学院、承德石油学校、重庆石油学校、兰州石油学校、广东石油学校；双重领导以地方为主或完全由地方管理的单位有42个：大庆石油会战指挥部、胜利油田会战指挥部、辽河石油勘探局、新疆石油管理局、大港油田指挥部、吉林省石油会战指挥部、玉门石油管理局、青海石油管理局、四川省石油管理局、延长油矿、安徽省石油勘探处、浙江省石油地质大队、抚顺石油一厂、抚顺石油二厂、抚顺石油三厂、锦西石油五厂、锦州石油六厂、大连石油七厂、兰州炼油厂、上海炼油厂、湖南长岭炼油厂、杭州炼油厂、天津市第一石油化工厂、广东省茂名石油工业公司、南京石油化工厂（南京石油化工总厂）、吉林省白城地区前郭炼油厂、盘锦炼油厂、河北省沧州石油化工厂、哈尔滨炼油厂、武汉石油化工厂、济南石油化工厂、天津市石油化工总厂、浙江炼油厂、河北省石家庄炼油厂建设工程指挥部、九江炼油厂、宝鸡石油综合机械厂、咸阳石油钢管钢绳厂、西安石油勘探仪器总厂、抚顺石油机械厂、承德石油机械厂、上海第四石油机械厂、大庆石油学院。

1980年，国家能源委员会成立，负责管理石油部、煤炭部、电力部。1982年，国家能源委员会撤销后，石油部直接由国务院领导。

1981年1月，中共中央决定康世恩副总理兼任石油部部长。

1982年3月，中共中央决定唐克任石油部部长、党组书记。

1985年6月，中共中央决定王涛任石油部部长、党组书记。

石油部成立后，根据石油工业改革发展需要和国家的统一部署，先后对机关工作机构和石油工业企事业单位的管理体制进行调整。期间，先后将大部分油气田勘探企业上划石油部直接管理或改以石油部管理为主。1982年，国家成立中国海洋石油总公司，对海洋石油勘探开发实行统一管理，由石油部领导。1983年，国家成立直属国务院管理的中国石油化工总公司，石油部相关炼油化工企业和业务划转其管理。

（一）调整机关机构，理顺机关职能

1979年7月，成立石油部党组纪检组。1980年7月，成立石油部机关临时党委。

1981年2月，国务院批复石油部机关部分组织机构调整方案，撤销政治部，其下属直工部改为机关临时党委的办事机构，干部部改为干部司；人事教育司分设为教育司和劳动工资司；行政司并入办公厅。11月，成立体制改革办公室。

1982年8月，根据国务院精兵简政，深化经济体制改革，较大幅度地撤并经济管理部门，并将其中一些条件成熟的单位改革成经济组织的要求，石油部按照撤销重叠机构，扩大企业经营自主权，减少日常行政事务，以及能改为企业的改为企业单位的原则，对工作机构进行较大规模的调整。机关设办公厅、政策研究室、计划司、财务司、石油勘探司、油田开发生产司、钻井司、机械制造司、劳动工资司、教育司、科技司、外事司、干部司、老干部管理局等14个司局级行政机构，编制670人。另设有党组纪律检查组和机关党委。石油科学技术委员会、炼油化工生产司、运销司、基本建设局、物资供应管理局等机构仍保留，但不列入机关行政编制。

1983年5月，中纪委向石油部派驻纪律检查组；7月，炼油化工生产司整建制划转中国石油化工总公司；12月，运销司恢复列入机关行政编制。1984年7月，设立审计司。1986年12月，设立天然气工业司。1987年8月，设立矿产资源管理组。

到1988年初，石油部机关共设23个司局级单位：办公厅、政策研究室、计划司、财务司、石油勘探司、油田开发生产司、钻井司、机械制造司、劳动工资司、教育司、科技司、外事司、干部司、老干部局、运销司、审计司、矿产资源管理组、天然气工业司、基本建设局、物资供应管理局、石油科学技术委员会、中纪委驻部纪检组、直属机关党委。

石油部成立后，进一步调整理顺了基本建设工程兵石油石化管理体制。1978年10月，根据石油部和化工部分设的实际，国务院撤销基本建设工程兵石化部办公室，成立基本建设工程兵石油部办公室和化工部办公室，石油部办公室接受基建工程兵和石油部的双重领导，党组织关系隶属于基建工程兵党委。1979年8月，国务院、中共中央军委同意撤销基本建设工程兵石油工业部办公室和化工部办公室，成立基本建设工程兵石油化工指挥部，为军级单位，受基本建设工程兵和石油工业部领导。1980年1月，根据国务院、中央军委的批复，中国人民解放军基本建设工程兵（简称基建工程兵）总部经与石油部、化工部商量，决定撤销基建工程兵石油部、化工部办公室，合并成立基建工程兵石油化工指挥部，隶属于基建工程兵，受基建工程兵和石油部、化工部双重领导，所属部队分别承担石油部和化工部的施工任务。1月17日，经基建工程兵党委批准，成立基建工程兵石油化工指挥部临时党委，党委委员13人，党委常委6人，张文秀任党委副书记。9月6日，召开基建工程兵石油化工指挥部党委全会，选举产生纪律检查委员会，委员8人（暂缺1人），推选张文秀为书记。1981年4月，经基建工程兵党委研究，同意增补张兆美为党委委员、常委、第一书记，刘子廉为党委委员、常委、第二书记。1983年11月1日，国务院、中央军委决定正式撤销基建工程兵石油化工指挥部。

（二）调整石油企业管理体制，成立和更名部分企事业单位

1978年4月，以石油勘探开发规划研究院为基础组建石油勘探开发科学研究院；炼油设计院更名为北京炼油设计研究院，12月又更名为北京石油设计院。7月，成立规划设计总院。8月，成立滇黔桂石油勘探开发会战指挥部，直属石油部管理。10月，成立教材编译室；东北八三管道局更名为东北输油管理局，华东输油管线指挥部更名为华东输油管理局，两个单位业务上改由管道局领导。11月，成立施工技术研究所。

1979年1月，广西石油普查勘探队更名为广西石油勘探开发指挥部。2月，成立甘青藏石油勘探开发会战指挥部（1983年会战结束后撤销）；安徽省石油勘探处更名为安徽省石油勘探指挥部。4月，抚顺石油研究所更名为抚顺石油炼制研究所。5月，炼油设计研究院更名为第二炼油设计研究院。7月，四川省石油管理局更名为四川石油管理局，由省属企业改由石油部和四川省双重领导，以石油部为主，此后干部管理实际上仍以四川省委为主。自1979年10月石油部任命甘青藏石油勘探开发会战领导班子以后，青海石油管理局的领导任免开始改为以石油部管理为主。

1980年2月，大庆石油会战指挥部改为大庆石油管理局，仍实行政企合一的管理体制。5月，国家财政部、国家经委、石油部联合发出通知，大庆油田

实行石油部和黑龙江省双重领导，以石油部为主。6月，成立中国石油工程建设公司，与石油部基本建设局实行一个机构两块牌子。

1981年6月，大港油田指挥部的油田生产不再由华北石油会战指挥部管理，改由石油部直接管理，行政上仍隶属于天津市；华北石油会战指挥部更名为华北石油管理局。8月，隶属胜利油田会战指挥部的东濮石油会战指挥部改由石油部和河南省双重领导，以石油部为主，机构规格为正局级。9月，新疆石油管理局改由石油部和新疆维吾尔自治区双重领导，以石油部为主，此后干部管理实际上仍以新疆维吾尔自治区党委为主。10月，吉林省石油会战指挥部更名为吉林省油田管理局，仍为省属企业。

1982年3月，东濮石油会战指挥部更名为中原石油勘探局。9月，六二一厂对外使用石油工业部长城高级润滑油公司名称，实行一个机构两块牌子。

1983年3月，江苏石油勘探开发会战指挥部更名为江苏石油勘探开发公司。4月，河南石油会战指挥部更名为河南石油勘探开发公司。9月，长庆油田会战指挥部更名为长庆石油勘探局。11月，大港油田指挥部更名为大港石油管理局；滇黔桂石油勘探开发会战指挥部更名为滇黔桂石油勘探局。12月，石油部党组和黑龙江省委批准了大庆体制改革方案，明确自1984年1月起由政企合一管理体制改为政企分开。政企分开后，为了有利于大庆地区的经济发展，经黑龙江省委、石油部党组、中国石油化工总公司党组协商研究，确立大庆实行“三位一体”的领导体制，即大庆市、大庆石油管理局、大庆石油化工总厂为一个有机整体，在领导班子配备上，主要领导成员实行交叉任职。1983年，胜利油田会战指挥部改由石油部和山东省双重领导，以石油部为主。

1984年7月，成立天然气公司（1986年12月撤销）；成立中国石油天然气勘探开发公司。9月，成立石油管理干部学院；安徽省石油勘探指挥部更名为安徽石油勘探公司。11月，成立油田化工设计承包公司（1986年1月更名为油田化工设计公司，5月批准其同时使用油田化工设计研究院名称，实行一个机构两块牌子；1987年3月更名为华东勘察设计研究院）。

1985年1月，浙江省石油地质大队更名为浙江石油地质大队，由石油部和浙江省双重领导，以石油部为主。6月，中国石油天然气勘探开发公司更名为中国石油开发公司。9月，成立西北石油地质勘探研究所。

1986年3月，成立中国石油报社。5月，河南石油勘探开发公司更名为河南石油勘探局；江苏石油勘探开发公司更名为江苏石油勘探局。10月，延安地区石化局与延长油矿合并为延长油矿管理局（延安地区石油化学工业局），实行一个机构两块牌子，仍由陕西省管理。

1987年3月，浙江石油地质大队更名为浙江石油勘探处。6月，经对外经济贸易部批准，成立石油投资开发公司，7月更名为中国石油技术开发公司。

1988年3月，安徽石油勘探公司更名为安徽石油勘探总公司。4月，成立冀东石油勘探开发公司。

（三）调整海洋石油勘探开发管理体制，国家组建中国海洋石油总公司

1978年6月，为加强海洋石油勘探开发，将隶属于华北石油会战指挥部的海洋石油勘探指挥部单独划出，成立海洋石油勘探局，实行石油部和天津市双重领导，以石油部为主。

1979年8月，南海石油勘探指挥部升格为正局级单位，由隶属于广东省茂名石油工业公司改由石油部和广东省双重领导，以石油部为主。

1982年2月，依据《中华人民共和国对外合作开采海洋石油条例》的规定，经国务院批准，成立中国海洋石油总公司，为国务院直属副部级单位，归口石油部管理。石油部从事海上石油勘探开发的直属单位海洋石油勘探局和南海石油勘探指挥部，以及司局中负责对外合作的专门机构和人员一并划入中国海洋石油总公司。

1983年3月，海洋石油勘探局更名为中国海洋石油总公司渤海石油公司。4月，南海石油勘探指挥部更名为中国海洋石油总公司南海西部石油公司。6月，成立中国海洋石油总公司南海东部石油公司；在南海石油勘探指挥部的基础上组建中国海洋石油总公司南海西部石油公司。7月，成立中国海洋石油总公司南黄海石油公司。10月，成立中国海洋石油总公司海洋石油开发工程设计公司；成立浅海石油勘探会战领导小组（1985年1月撤销）。

1984年4月，成立中国海洋石油总公司海洋石油勘探开发研究中心。

1985年9月，成立中国海洋石油总公司天然气利用公司。

（四）调整炼油化工管理体制，国家组建中国石油化工总公司

1981年，为解决我国石油资源综合利用率低、重复建设严重、经济效益差等问题，国务院决定，打破条块分割，推动石油化工企业实行横向联合，着手对国家部委所属和地方所属炼化企业管理体制进行改革，自此石油工业

勘探开发和炼油化工上下游一体化的管理格局开始发生重大变化。

1981年11月，国务院批准成立上海高桥石油化工公司，由上海炼油厂、上海高桥化工厂、上海高桥热电厂、上海第二化纤厂、上海合成洗涤剂厂等原来分属石油部、化工部、上海市的炼油化工企业横向联合组成。

1982年1月，国务院批准，成立金陵石油化学总公司，由南京炼油厂、南京栖霞山化肥厂、南京烷基苯厂、南京化工厂、南京钟山化工厂、南京合成化工厂（原南京塑料厂）、南京长江石油化工厂等企业联合组成；国家经济委员会批准，成立抚顺石油工业总公司，由抚顺石油一厂、抚顺石油二厂、抚顺石油三厂、抚顺市化学纤维厂、抚顺市化工二厂等企业联合组成。4月，天津市政府将石油化工总厂、第一石油化工厂和石油化工研究所从天津市化学工业局划出，组建天津市石油化学工业公司。7月，国家经济委员会批准，成立锦州石油工业总公司，由锦西石油五厂、锦州石油六厂、锦州化工一厂和锦州石油化工厂等企业联合组成。

1983年2月，中共中央、国务院批转国家经委等四部委的报告，决定组建直属国务院管理的中国石油化工总公司，对分属石油部、化工部、纺织部等部门和地方管理的炼油、石油化工和化纤企业实行集中领导、统筹规划、统一管理。7月，中国石油化工总公司在北京正式成立。实际划归中国石油化工总公司的企业共计38个，其中石油化工企业13个：上海高桥石油化工公司、南京金陵石油化学总公司（所属南京化工厂划归化工部）、抚顺石油工业总公司、锦州石油工业总公司、天津市石油化学工业公司、北京燕山石油化工总公司、山东齐鲁石油化工总公司、兰州化学工业公司、广东省茂名石油工业公司、南京三十万吨乙烯及大芳烃工程、大庆石油化工总厂、安庆石油化工总厂、广州石油化工厂；化纤企业4个：上海石油化工总厂、辽阳石油化纤总公司、天津石油化纤总厂、四川长寿维尼纶厂；炼油企业16个：大连石油七厂、鞍钢炼油厂、吉林省前郭炼油厂、黑龙江林源石油化工厂、哈尔滨炼油厂、兰州炼油厂、乌鲁木齐石化厂、河北省沧州石油化工厂、济南石油化工厂、湖南长岭炼油厂、荆门炼油厂、武汉石油化工厂、九江炼油厂、浙江镇海石油化工厂、河北省石家庄炼油厂、河南济源炼油厂；化肥、化工厂5个：湖南岳阳化工总厂、湖南洞庭化肥厂、湖北枝江化肥厂、宁夏化肥厂、第四套乙烯工程。11月，石油部明确，从1984年1月1日起，石油部所属乌鲁木齐石油化工厂、大庆石油化工总厂、大庆石油管理局石油化工会战指挥部、北京石油设计院、北京石油化工科学研究院（不含油田化学室）、石油规划设计总院（炼油部分）、石油科学技术情报研究所（炼油部分）、石油成套技术引进公司（炼油化工部分）、荆门炼油厂、长城高级润滑油公司、第二工程公司、第三工程公司、第四工程公司、东风储备库、红旗储备库、汉平储备库、第二炼油设计研究院、抚顺石油炼制研究所、勘察公司、兰州石油学校等20个企事业单位的劳动工资统计业务移交中国石油化工总公司管理。1984年4月，盘锦炼油厂调整为辽河石油勘探局二级单位。

石油部期间，国家对石油产品的分配和销售体制进行改革。1978年，国家规定汽油、煤油、润滑油是国家统一管理的商品，收购、调拨、销售、库存均纳入国家计划，实行统一分配管理。所有国内生产和国外进口的成品油，一律由商业部门统一收购，由商业部按计划分配调拨，并实行定量、凭证供应。1982年，规定商业部根据国家计划，负责执行成品油的统购、统配、调拨和供应工作。1983年，由中国石油化工总公司对石油产品产、供、销实行统一管理和经营。同时，国务院批转国家计委、经委等六部委《关于高价原油加工和分配试行办法》规定，高价原油加工所得成品油，经商业部与石油部签订合同，除石油部直接供应部分外，均由商业部统一收购后，供应国内市场和外贸出口。同年，改高价油为市场调节商品，不受计划限制，敞开供应。随后，又有多渠道进货的规定，允许石油企业自采、集资经营和与炼油厂联营等，使石油经营管理体制在改革中迈出了新步伐。1985年，商业部所属成品油销售业务和渠道陆续划归中国石油化工总公司管理。

（五）理顺石油院校管理体制，调整教育培训组织机构

十年动乱中，石油教育遭到严重破坏，招生工作中断。粉碎“四人帮”后，石油院校全面整顿，恢复正规办学。1978年2月，华东石油学院、大庆石油学院被列为全国首批重点院校。石油部成立初期，直接主管的石油院校只有华东石油学院和承德石油学校，此后，西南石油学院、重庆石油学校、广东石油学校、大庆石油学院相继改由石油部主管。

为加快石油工业高级专业技术人才的培养，1978年4月，成立江汉石油学院；8月，兰州炼油厂石油学校恢复为兰州石油学校；10月，恢复西安石油学院。1979年2月，兰州炼油厂技工学校更名为兰州石油技工学校，由兰州炼油

厂管理改由石油部和甘肃省双重领导，以石油部为主，委托管道局代管。1980年5月，成立抚顺石油学院。1983年1月，恢复新疆石油学院办学，由新疆石油管理局管理。1984年4月，兰州石油技工学校更名为培黎石油技工学校，直属石油部领导。1985年12月，培黎石油技工学校改为中等专业学校，更名为培黎石油学校。1988年2月，华东石油学院更名为石油大学，实行山东东营、北京昌平两地办学；在承德石油学校基础上成立承德石油高等技术专科学校。

为加强石油工业外语（英语与俄语）、财会、管理等方面的干部培训工作，1981年5月，成立广州外语培训中心。为加强石油工业中层以上领导干部、局处两级三梯队和经济专业管理干部的培训工作，1984年9月成立石油管理干部学院。

期间，兰州石油学校于1983年、抚顺石油学院和广东石油学校于1985年划转中国石油化工总公司。

（六）改革干部管理体制，明确石油部干部管理权限

1984年12月，为适应经济体制改革的需要，遵照中央关于改革干部管理体制的要求，石油部对部管理的干部职务名称表进行修订、规范，下发《石油工业部管理的干部职务名称表》，对各单位的干部管理权限进行调整。

石油部协助中央管理的干部职务名称：大庆石油管理局党委书记、副书记，局长、副局长，总工程师、总会计师、总经济师；胜利油田会战指挥部党委书记，指挥；中国海洋石油总公司董事长，总经理，分党组书记，顾问。

石油部报中央备案的干部职务名称：部机关局级以上干部；中国海洋石油总公司和胜利油田会战指挥部党政领导班子副职；华北石油管理局和华东石油学院、大庆石油学院党政领导班子成员；西南石油学院、西安石油学院、江汉石油学院党政主要领导。

石油部管理的干部职务名称：部机关处级以上干部；大庆石油管理局总地质师，纪委书记，工会主席，调研员；胜利油田会战指挥部党委副书记，副指挥，总工程师、总地质师、总会计师、总经济师，纪委书记，工会主席，调研员；中国海洋石油总公司分党组副书记，副总经理，顾问，总工程师、总地质师、总会计师、总经济师，部门经理，纪律检查组组长；华北石油管理局、华北石油管理局二连石油勘探开发公司、中原石油勘探局、江汉石油管理局、长庆石油勘探局、河南石油勘探局、江苏石油勘探局、青海石油管理局、滇黔桂石油勘探局、石油部地球物理勘探局、管道局、东北输油管理

局、华东输油管理局、运输公司，中国石油天然气勘探开发公司、中国石油工程建设公司、天然气公司、通信公司、浅海石油勘探会战领导小组，华东石油学院、大庆石油学院、西南石油学院、西安石油学院、江汉石油学院、华北石油职工大学、石油管理干部学院，承德石油学校、重庆石油学校、广东石油学校、培黎石油技工学校、广州外语培训中心，第一、第六、第七工程公司、施工机具修选厂（后更名为第八工程公司）、施工技术研究所、油田化工设计承包公司（后更名为华东石油勘探设计院），华北、华东、东北、西北、西南、中南、广州、郑州等供应办事处和沧州器材库，石油勘探开发科学研究院、石油规划设计总院、石油科学技术情报研究所、石油工业出版社，等以上单位的党政工领导班子成员（包括纪委书记）；渤海石油公司、南黄海石油公司、南海东部石油公司、南海西部石油公司等单位党政主要领导；部属企事业单位党政领导班子的后备干部。

协助省、直辖市、自治区党委管理的干部职务名称：辽河石油勘探局、新疆石油管理局、大港石油管理局、四川石油管理局、玉门石油管理局、吉林省油田管理局等单位党政工主要领导（包括纪委书记）；西安石油勘探仪器总厂、宝鸡石油机械厂、宝鸡石油钢管厂、咸阳石油钢管钢绳厂、抚顺石油机械厂和新疆石油学院等单位党政领导班子成员。

向石油部备案的干部职务名称：大庆石油管理局、胜利油田会战指挥部、华北石油管理局、辽河石油勘探局、新疆石油管理局等单位副总师和组织部长；中国海洋石油总公司副总师；渤海石油公司、南黄海石油公司、南海东部石油公司、南海西部石油公司党政副职；海洋石油勘探开发研究中心、海洋石油开发工程设计公司、海洋石油测井公司党政主要领导；石油勘探开发科学研究院、石油规划设计总院、石油科学技术情报研究所、石油工业出版社等单位副总师、副总编。

截至1988年3月，由石油部直属管理和实行业务归口管理的企事业单位主要有71个，其中石油部直接管理的单位38个：中国海洋石油总公司、河南石油勘探局、江汉石油管理局、滇黔桂石油勘探局、冀东石油勘探开发公司、中国石油开发公司、石油地球物理勘探局、管道局、东北输油管理局、华东输油管理局、第二石油机械厂、中国石油技术开发公司、第一工程公司、第七工程公司、中国石油工程建设公司、运输公司、通信公司、沧州器材库、中南供应办事处、华北供应办事处、华东供应办事处、广州供应办事处、西南供应办事处、东北供应办事处、西北供应办事处、郑州供应办事处、石油勘探开发科学研究院、西北石油地质勘探研究所、施工技术研究所、石油管材试验研究中心、石油规划设计总院、华东勘察设计研究院、石油科学技术情报研究所、石油工业出版社、中国石油报社、教材编译室、培黎石油学校、石油管理干部学院；双重管理以石油部为主的单位19个：大庆石油管理局、胜利油田会战指挥部、华北石油管理局、新疆石油管理局、中原石油勘探局、长庆石油勘探局、江苏石油勘探局、四川石油管理局、浙江石油勘探处、第六工程公司、第八工程公司、石油大学、大庆石油学院、西南石油学院、江汉石油学院、西安石油学院、承德石油高等技术专科学校、重庆石油学校、广州外语培训中心；双重管理以地方为主或完全由地方管理的14个：辽河石油勘探局、大港石油管理局、吉林省油田管理局、玉门石油管理局、青海石油管理局、延长油矿管理局、安徽石油勘探总公司、宝鸡石油机械厂、宝鸡石油钢管厂、咸阳石油钢管钢绳厂、西安石油勘探仪器总厂、抚顺石油机械厂、上海石油仪器厂、浙江省石油地质研究所。到1987年底，石油企业共有固定职工120万人，其中干部30.3万人。

1988年4月9日，第七届全国人大一次会议审议通过《国务院机构改革方案》，决定撤销石油部、煤炭部、电力部，组建能源部。石油部政府职能（包括制定和发展战略、长远规划、重大方针政策和法规，确定对外合作区域，以及组织协调、检查监督等）转交能源部，在石油部基础上组建中国石油天然气总公司。石油部在国家陆地全境（包括岛屿、海滩、水深0～5米极浅海在内）石油、天然气的生产建设和经营管理职能由中国石油天然气总公司行使，并承担能源部和其他政府部门授权或委托的部分政府管理职能。5月，隶属于石油部的中国海洋石油总公司分立，归口能源部管理。9月17日，中国石油天然气总公司成立大会在北京召开。

二、石油工业发展战略及主要工作

1978年至1988年期间，中国石油工业在改革开放中步入全新的发展时期。

改革开放以来，国家对石油产品的需求急剧增加。石油部按照中央和国务院要求，从工作部署、任务指标到具体措施始终贯穿着一条以生产为中心，多找储量、多产原油的主线。

1978年4月，石油部向中共中央、国务院汇报《1976—1985年石油工业发展规划纲要》,提出把石油资源勘探放在第一位,将全国划分为12个勘探区域，重点组织渤海湾、塔里木、柴达木、四川 4 个盆地的勘探会战，认真搞好老油田调整改造，并提出1978年全国原油产量要实现过亿吨的奋斗目标。8月，石油部抽调大港油田指挥部10个钻井队及相应配套队伍1600余人，赴辽河欢喜岭参加石油会战。12月，石油部在北京召开石油企业领导干部会议。会议中心议题是：突出勘探，多找储量；千方百计，保住一亿零六；努力增产，厉行节约；创造条件，继续前进。为加强原油勘探开发的力量，经国务院领导批准,1978年,共有50342名退伍战士被安置到石油部门参加石油工业建设，新组建钻井队233个、地震队45个和试油队40个。

1979年4月，中共中央召开工作会议，提出对整个国民经济实行“调整、改革、整顿、提高”的方针。经中共中央批准的《1979年国民经济计划的安排》中提出，要充分发挥煤、油、电和建材企业的潜力，努力增加新的生产能力，逐步改变目前供应紧张的状况。要求石油工业要扎扎实实地搞好地质勘探，大力增加后备资源。石油部党组认真贯彻中央工作会议精神，在当年以及“六五”时期的规划中都突出以加强勘探开发、增加原油产量为工作重心，从工作思路到具体措施都进行了周密的部署和安排，也得到了党中央、国务院及有关部委、省市的大力支持和协作，原油产量下降、徘徊的趋势开始出现稳定和上升。

1980年12月，石油部召开全国油田领导干部会议，研究讨论石油工业的方针和下一步工作的安排。中共中央政治局委员、国务院副总理余秋里在会上指出：我们搞石油是大有希望、大有可为的，要力争在几年内有所突破；要突破，首先要搞好地球物理勘探。在油田开发上，应把提高采收率作为最重要的技术政策；在石油上要有新的突破，就必须全面提高技术水准和管理水平。

由于国家原油价格长期偏低，勘探开发投资不足，老油田出现产量递减，原油产量自1980年开始出现下降趋势，1981年石油工业自身发展遇到严重困难。2月，石油部在大庆油田召开全国油田提高采收率会议，研究国民经济调整期间油田开发的方针、技术政策、任务和措施。7月，中共中央专门听取国家能源委员会的汇报，同意石油工业提出的三项政策：一是对石油工业实行一亿吨原油产量包干，解决资金不足的困难，增强自我发展能力；二是沿海大陆架实行对外开放，开发海上油气资源；三是允许采取多种形式引进国外先进技术和装备。

1982年2月，石油部在大庆油田召开全国石油工作会议，着重讨论了三个问题：一是明确在新形势下，必须恢复和发扬大庆会战以来做好政治思想工作的基本功；二是制定了《石油企业整顿和管理体制改革纲要》，明确石油企业整顿和管理改革的原则、步骤和具体做法；三是进一步落实完成1982年生产建设任务的主要措施。会议要求：坚决落实一亿吨原油产量包干任务；努力提高炼油工业水平，用好一亿吨原油，发挥更大的经济效益；下决心搞好企业整顿和管理改革。会上，根据康世恩部长关于"把美金变成技术，把人民币变成工作量"的指示，提出加快先进技术和设备引进工作。同年，开始组织进行精简机构和大规模职工轮训工作。

1983年 9 月，石油部召开全国石油企业整顿工作座谈会，会议总结了一年多来石油企业整顿工作情况，提出以提高经济效益为目标，进一步搞好企业整顿，提高企业素质，要求石油企业在1984年底以前全部完成整顿验收工作。当年，中央领导多次对新疆石油勘探开发、加强海洋石油对外合作等作出重要批示。

1984年5月，石油部召开全国石油工业局（厂）领导干部会议，明确本世纪末石油工业发展的战略目标，要求5年内再建一批高产油井，尽快把产量搞上去。要认真地有步骤地进行改革，进一步调动企业和职工积极性，进一步解放思想，扩展视野，勇于探索，知难而进。根据中央领导同志对处于生产第一线最艰苦工种的工人，首先使他们多劳多得，收入有较多增加的指示精神，安排部署改革工资、奖励、福利制度。

1985年6月，石油部召开全国油气资源评价工作会议，第一次全国油气资源评价工作正式启动（到1987年10月结束）。10月，石油部召开油田主要领导干部会议，国务委员康世恩在会上提出要少花钱、多干事、当文明人，要提高工程质量和作业质量，向质量要成果、要效益；要降低工程造价，降低生产成本，大力减少物质消耗；厉行节约，讲求增收节支，少当"油大头"；紧缩采购，处理库存，减少积压，加速资金周转；充分利用油气资源，学会生财、聚财之道。会议提出：要坚持把油气勘探工作放在首位，持续不断地增加石油、天然气储量；要把天然气勘探放到与石油勘探同等重要位置上来。要继续搞好老油田综合调整和技术改造，加快新油田、新区块的开发建设，保证全国原油、天然气产量持续稳定增长。1985年是中国石油出口最多的一年，达到3775万吨，其中原油3115万吨，油品660万吨，石油出口总收入69.6亿美元，占全国出口创汇总额的26.86%。

1986年1月，全国石油工业局（厂）领导干部会议在大庆油田召开。康世恩在题为《打大仗，打硬仗，再展宏图》的书面讲话中指出，石油部要组织开展好全国石油行业经济活动和科技活动，勘探上打进攻仗，油田开发同样要打进攻仗。会议重点讨论了《石油工业“七五”计划发展纲要》(草案)，讨论部署“七五”规划、1986年生产计划、大庆油田年产5000万吨原油再稳产十年的方案、胜利油田建设“第二个大庆”的方案和石油企业改革方案。会议提出，在修订和推行“七五”计划时，要注意处理好三个方面的关系：一是全局和局部的关系；二是改革与生产建设的关系；三是国家、企业和个人的关系。在石油工业生产建设的安排上，要注意理顺三个关系：一是储量、产能与产量之间的关系；二是科学技术与生产的关系；三是速度、质量与效益的关系。坚持把勘探工作放在领先地位，全力确保新增石油、天然气储量任务的完成。天然气勘探要与石油勘探分开，实行专探制度。3月，胜利油田组织50多台钻机、2000多部车辆、1.5万名职工和1.8万名民工，展开孤东油田开发建设会战。6月，石油部部长王涛在新疆石油管理局和克拉玛依市干部大会上指出：加快西部地区石油勘探步伐，做好大规模开发准备，是发展国民经济、振兴西北经济、加速石油工业发展的需要。争取两三年内勘探上取得重大发现，尽快打开北疆地区石油勘探新局面。加速南疆地区石油勘探步伐，采取新的管理体制，应用现代化工艺技术和装备，选择全国最优秀的队伍，以最精干的力量和少量的探井，打开广阔的勘探领域，为石油工业大发展做好战略准备。12月，全国石油工业局（厂）领导干部会议在胜利油田召开，国务委员康世恩在《党的十二大提出到本世纪末工农业年总产值“翻两番”的宏伟目标，石油工业怎么办》的讲话中，分析当时客观形势，针对国内市场对石油天然气需求的增长和石油天然气勘探进展的情况，预计到20世纪末油气总量大体上能够“翻两番”。

1987年9月，根据1986年中共中央、国务院颁发的《全民所有制工业企业厂长工作条例》、《全民所有制工业企业职工代表大会条例》和《中国共产党全民所有制工业企业基层组织工作条例》，石油部在大庆油田召开石油企业深化改革座谈会，总结石油工业自党的十一届三中全会以来取得的显著成就，贯彻党中央、国务院关于加快和深化经济体制改革的指示精神，分析认识深化石油企业改革的紧迫形势，要求深化石油企业改革，全面实行局（厂）长负责制，积极推行承包经营责任制，搞好企业内部各项配套改革。

党的十一届三中全会以来，石油工业贯彻执行对外开放、对内搞活的政策，不断取得新成绩。自1981年起，国家对石油工业相继采取了一系列重大政策，包括一亿吨原油产量包干政策，海上和南方十一省区石油对外开放政策，天然气商品量常数包干政策，储量有偿使用政策，以及设立石油勘探开发专用基金，超产原油出口创汇留用、引进技术装备和进口原材料审批权，利用外资、特别是政府贷款开发油田，完善油田维护费的提取和使用办法，生产一线职工奖金和超产原油奖励基金免征奖金税等优惠政策。在国家政策的支持下，经过十年的奋斗和改革，原油产量迅速增长，石油工业布局发生根本性变化；炼油工业迅速发展，油品数量、品种满足了国民经济发展需要；石油出口为国家创造大量外汇，为国家积累了大量资金，石油工业已经发展成为用现代技术装备起来的专业配套的能源生产部门。

（一）实行原油产量包干制和企业内部经济责任制，不断增强石油行业自我发展能力

1979年初，中央决定利用3年左右时间，对国民经济实行“调整、改革、整顿、提高”。调整的主要内容是压缩固定资产投资规模，其中对石油部的投资从1979年的44亿元压缩到1980年的12.6亿元，1981年计划再减到10亿元。加上国家定价的原油价格长期偏低，石油企业的投入得不到合理回收，导致勘探投入不足，储量接替不上，油田产量自然递减加快，维持原油产量的难度加大。

面对这些困难，在康世恩副总理建议下，石油部党组提出实行一亿吨原油产量包干的政策方案，得到国务院领导的同意。1981年6月3日，国务院办公厅转发国家能源委员会《关于协调组织石油工业部超产原油、成品油出口安排问题的报告》，一亿吨原油产量包干方案正式出台，石油工业第一个在全

国实行行业大包干。

一亿吨原油产量包干政策的主要内容是：石油部承包生产原油一亿吨，原油统配商品率94.5%，炼油厂产品总收率90.5%，超产、节约自用和降低损耗的原油，允许石油部委托外贸部门代理出口（1982年又规定可以在国内按国际价格销售）；所得国际价格与国内价格的差价收入，85%作为石油勘探开发基金，15%作为职工福利和奖励基金；所得外汇全额留成，用于进口专用器材和技术，并免征各种税金。这些政策原定3年不变，之后国务院决定延长到1985年；1986年起改为原油产量递增包干，并将包干指标每年增加250万吨；1988年将包干基数固定为1.06亿吨（这一基数一直执行到1990年），超过一亿吨基数的递增包干原油称为"贡献油"。

此外，1987年，国务院批转国家计委、国家经委、财政部、石油部《关于在全国实行天然气商品量常数包干办法的报告》，决定对石油工业天然气商品量实行常数包干，1987年至1990年，每年包干基数为67.5亿立方米，包干基数内的天然气执行现行价格（四川130元/千立方米，其他地区80元/千立方米），超过包干基数的天然气执行价格260元/千立方米，高、平价差收入用作天然气勘探开发基金。包干政策对当时稳定和提高天然气产量、保证商品量的供应起到了重要的促进作用。1987年12月，国务院召开办公会议，研究解决石油工业资金困难等问题。批准从1988年1月1日起，国内高、平价原油价格统一每吨提价10元，同时实行石油及天然气储量有偿使用办法，每吨原油（天然气每千立方米）提取储量有偿使用费5元①，所得收入用于建立油气勘探基金。石油主管部门可以根据勘探需要，在全国范围内统一调剂使用，并免征各种税收。同时，对超产分成所得勘探开发基金，征收15%的能源交通建设基金和10%的预算外调节基金。

国家对石油部实行产量包干后，石油部在胜利油田进行产量包干试点的基础上，1981年8月10日，召开一亿吨原油产量包干动员大会，宣布对各油气田实行"五包"、"五定"、"三保"经济责任制。"五包"指：企业包原油产量、包原油统配商品量、包外供天然气量、包新增地质储量、包新增生产能力。

① 1988年1月1日以后，国家有关部门又连续5次上调储量有偿使用费提取标准，到1998年提取的标准达到原油80元/吨、天然气40元/千立方米，其中大庆等6个主要油田达到100元/吨。

“五定”指：定包干时间、定油田勘探开发区域、定资金、定包干分成比例、定包干分成资金的使用。“三保”指：石油部里保统配和部管物资供应、保原油外运和销售、保用电指标。同时规定，石油企业超产和节约原油获得的高平价差税后收入与石油部“二八”分成，即石油部集中20%，企业留成80%。企业留成中的85%用于勘探开发基金，15%作为职工福利和奖励基金。

一亿吨包干经济责任制是对石油企业扩权让利的一种特殊形式，给了石油企业在完成国家计划（即包干指标）之外一定的产品销售和定价权及相应的利益，使企业获得了相应自我发展的能力，职工个人所得也随超产情况而浮动，给油田增加了压力、带来了活力，促进了油气产量的增长。从1981年到1988年，石油部原油产量从1.01亿吨增长到1.37亿吨，累计超产原油1.4亿吨。在包干基数内原油价格偏低和原材料价格上涨的情况下，石油工业上缴国家税利（不含炼油）687亿元，仍相当于以往30年的1.04倍。原油出口创汇320亿美元，筹集勘探开发基金294亿元，相当于同期国家投资和贷款的1.6倍，并获得超产原油出口留成外汇100亿美元。国家投入在陆上石油工业总投资中的比重，从1981年的41.9%下降到1987年的18.3%，石油工业投资主体从国家逐步转移到行业内部，进一步增强了石油工业自我发展的能力。

石油行业实行一亿吨原油产量包干政策，是石油工业由计划经济向市场经济过渡时期的现实选择和必要过渡，实践证明是成功的。但1986年后，石油工业面临的经济环境发生了重大变化，原油包干基数逐年提高，国家实行利改税改革，土地费用急剧增长，石油工业所用原材料按市场价格采购的越来越多，成本大幅上升，而国际市场油价出现下跌，原油出口创汇减少，等等。在诸多因素影响下，石油工业发展又面临着新的问题，一方面由于资源条件恶化和投入原材料价格上涨，新增原油生产能力和储量所需的综合投资大幅增加；另一方面，国家全面推行“拨改贷”，国家拨款减少，贷款增加了企业还本付息的负担。而国家对石油行业的生产、流通和价格等仍然实行严格的计划控制，并且原油价格长期不到位，石油企业筹资能力大大下降，严重制约了企业自我积累、自我发展。石油天然气勘探开发的盈利水平在全国工业中开始处于劣势，1988年全行业陷入亏损状态。

（二）执行新的财政和税收政策，建立以生产经营为中心的管理机制

1979年7月13日，国务院发出《关于扩大国营工业企业经营管理自主权的

若干规定》、《关于国营企业实行利润留成的规定》、《关于开征国营工业企业固定资产税的暂行规定》、《关于提高国营工业企业固定资产折旧率和改进折旧费使用办法的规定》和《关于国营工业企业实行流动资金全额信贷的暂行规定》等文件，以指导扩大企业自主权试点。主要内容是“放权让利”：允许企业实行利润留成；提高固定资产折旧率；在保证完成国家计划的前提下，企业可制定补充计划，自行销售产品；有权设置内部机构，任免中层以下干部。目的是改革现行管理体制，调动企业和职工的积极性，搞活生产。

1980年，石油部开启了以扩权让利为主要内容的石油企业改革。主要包括：一是允许石油企业在完成国家计划的前提下，制定补充生产计划，增产社会和其他企业需要的产品，商业、外贸、物资部门不收购的，石油企业可以按照国家规定价格自行销售；二是实行石油企业利润留成办法，根据不同企业的具体情况合理确定利润留成比例，石油企业用留成利润建立生产发展基金、集体福利基金和职工奖励基金，有权自主支配、自行安排使用；三是改革石油企业固定资产折旧使用办法，石油企业按照国家规定提取的固定资产折旧费，70%由企业安排使用，30%上交石油部，在企业之间有偿调剂使用；四是实行固定资产和流动资金有偿占用办法，对石油企业占用的固定资产开征固定资产税，占用的流动资金实行全额信贷。这些扩权让利措施，是对原有统购统销、统收统支“大锅饭”经济体制的初步松动，在一定程度上调动了石油企业增产节约、增收节支的积极性。

1983年，为彻底打破统收统支的“大锅饭”体制，规范国家与企业的利益分配关系，国家对石油工业实行第一步“利改税”，明确规定：石油企业实现利润先按55%的统一税率缴纳国营企业所得税，再上缴税后利润；税后利润上缴指标由财政部以1982年实现利润指标为基数核定，石油部包干上缴，税后利润每年递增8%；上缴税后利润后的企业留利，95%作为职工福利和奖励基金，5%作为生产发展基金和新产品研制基金。

由于第一步“利改税”不够彻底，国家从1984年开始对石油企业实行第二步“利改税”，即对石油企业实现利润在征收55%国营企业所得税后，再征收国营企业调节税，以调节税代替上缴税后利润。财政部、石油部共同制定下发《关于石油工业直属企业实施第二步利改税试行办法的具体规定》，以石油部为整体，由财政部统一核定1983年基期利润、合理留利额和调节税税率，从1985年到1990年6年不变；石油企业缴纳所得税和调节税后的税后留利，40%作为生产发展基金和新产品试制基金，25%作为职工福利基金，35%作为职工奖励基金。在实行第二步“利改税”的同时，国家对税制也进行了大规模改革，将原工商统一税划分为产品税、增值税、营业税，并开征资源税、奖金税、特别烧油税、国家能源交通重点建设基金等一些新的税种，石油企业税负比过去有较大幅度增加。

1985年，国家又对石油企业实行“拨改贷”，主要内容是：把石油企业的国家基本建设投资分为经营性资金和非经营性资金两类，非经营性资金仍属于国家对事业单位的财政拨款，经营性资金用于国家支持的重点基本建设项目，如油气开发、油气管道建设等，其资金来源由国家财政拨款改为银行贷款。两项资金均纳入年度基本建设计划，由专业银行按照国家批准的基建计划拨付，其中经营性资金按国家规定的利率计算（利率低于银行贷款），石油企业按规定还本付息。当年石油工业“拨改贷”资金共24亿元。

“利改税”、“拨改贷”政策的施行，终结了计划经济时期形成的统收统支体制，开始划清国家与石油企业的分配关系。从1981年到1987年，国家投资（含“拨改贷”）占石油工业全部投资的比重从41.9%下降到14.1%。这些经济改革所形成的利益机制，对调动石油企业坚持以生产为中心、持续增加产量的迫切性和积极性，发挥了重要作用。

（三）加强对外经济技术交流与合作，积极引进先进技术和装备

开展对外合作，加快海洋石油的勘探开发。中国海上油气勘探从20世纪50年代起步，到80年代对外开放、开展国际合作进入大发展时期，期间经历了许多艰难曲折。

从1957年起，石油部、地质部、中国科学院、国家海洋局等就先后在南海、渤海、黄海和东海开展实验勘探，但由于受技术、资金等条件制约，一直采用陆上勘探模式，到1981年，仅建立了2个海上石油勘探基地，累计生产原油96.3万吨，与陆上石油工业的快速发展形成鲜明的反差。

1978年3月，中共中央、国务院领导在听取中国石油代表团赴美考察的汇报后，决定在坚持独立自主、自力更生的原则下，中国海上石油勘探开发可以采取平等互利的补偿贸易方式，在国家指定的海域，直接与外国石油公司建立商务关系，开展对外合作。这一重大战略决策，是中国海洋石油工业对

外开放的讯号，海洋石油行业也成为中国最早实行对外开放的行业，是中国的“海上特区”。从此，中国海洋石油工业进入了一个新的发展时期。4月14日，中共中央、国务院批准石油部、外交部、外贸部呈报的《加快海上石油勘探，邀请外国石油公司来华进行接触和谈判的请示报告》。随后，石油部以中国石油天然气勘探开发公司[①]名义，先后邀请美国、英国、法国、日本、联邦德国、挪威、荷兰、加拿大等国家30多个石油公司和联合国跨国中心进行意向性商务洽谈。同时，派出多批人员出国考察，为海上石油对外合作做准备。1979年4月至7月，先后与13个国家48个石油公司签订了地球物理勘探协议。作为合作试验，1980年5月，分别与法国和日本的石油公司签订了第一批4个对外合作石油合同。海洋石油对外合作的显著特点是立法先行，率先建立起配套的法规体系。9月，国务院批转国家计划委员会《关于开发海上石油需要解决的问题的报告》，涉及海上石油对外合作的税收、国产设备材料、口岸、基地、人才、生产、销售以及税法、海上安全法等政策法规。

1982年1月30日，为使我国海洋石油纳入国际轨道，国务院颁布《中华人民共和国对外合作开采海洋石油条例》，并决定成立中国海洋石油总公司，作为国家履行海洋对外合作的国家公司和经济实体，仍隶属于石油部管理。中国海洋石油总公司先后于1982年2月、1984年11月、1987年1月组织了三轮国际招标，与美国、法国、英国、日本、意大利、加拿大等10多个国家的40多个石油公司进行合作，在中国渤海、南黄海、东海、南海开展石油勘探。

海洋石油自营业务在对外合作中迅速崛起。从1983年开始，中国海洋石油坚持对外合作与自营“两条腿走路”的方针。一方面积极参与作业合同竞标，通过设备维修和更新，提高装备、技术水平，提高队伍素质，越来越多地从竞标中获得外国公司的作业合同竞标，积累自营资本；另一方面，通过对外合作获得的收入，采取“滚雪球”的方式开展自营勘探开发。

开展陆上石油合作勘探。根据海上石油勘探对外招标合作的成功经验，1980年以来，先后雇佣来自美国、法国等国家的40个地震队、钻井队、测井队、

① 1978年5月，为便于与外国公司进行对外交流合作，石油部以外事局为基础，增调一批骨干，组建中国石油天然气勘探开发公司，以该公司名义负责石油勘探开发方面对外技术交流和技术装备的引进。此公司挂在外事局下，主要领导由外事局和石油化工成套技术进出口公司的领导兼任，1982年以其经办的有关海上石油勘探开发合作事务为基础组建中国海洋石油总公司。

测试队、压裂队等专业服务队伍，在一些油田和探区进行技术服务。1985年，国家宣布对海上大陆架和南方10个省区实行对外开放，采取公开招标的方式开采石油资源，欢迎外国石油公司投资合作。通过对外开放与合作，解决了当时资金和设备短缺的困难，提供了学习国外先进技术和管理经验的机会。1987年6月，石油部在北京钓鱼台国宾馆举行新闻发布会，对外宣布“共担风险、合资开发、联合管理，我当作业者，中方总承包”的陆上石油对外合作方式。

充分利用外资，加快先进技术和关键设备的引进。在实行一亿吨原油包干和海上大陆架及陆上对外开放的同时，国家允许石油工业采取多种方式，引进国外先进技术和国内暂时不能生产的先进装备，并允许利用外资，特别是政府贷款开发油田，为迅速提高中国石油工业的技术水平创造了有利条件。在引进内容上，由买单机和成套设备，发展到技贸结合和许可证贸易的方式，引进组装技术、制造技术、新工艺、新技术。在引进方式上，采用购买、雇佣、租赁、咨询、合作研究、培训等多种方式方法。在利用外资上，主要采用两种方式：一是利用国外贷款，解决急需建设而又缺乏资金的工程项目；二是吸收外资直接投资，举办合资（合作）企业。与外商的关系也从一项一办的临时单纯买卖关系，逐步发展到以双方互利为基础、较长时间的经济技术合作关系，如技贸结合、合资经营、合作生产、工业合作等。从1981年开始，石油部从包干出口原油的外汇留成中动用28亿多美元，用于引进技术，引进设备数字地震仪、电子计算机、组装和生产休斯钻头等，使队伍的装备水平和技术水平都有很大提高。先后有270个地震队全部换装更新了引进的数字地震仪，并使用性能良好的震源车和沙漠运输车，勘探能力和勘探成功率大大提高。从1982年开始，石油部实行自借自还的利用外资（外汇）贷款政策，开发大庆高台子油田，这是利用世界银行贷款的第一个项目。随后，在大庆、新疆、四川等油田的开发项目中都使用了国外贷款，共利用外资40多亿美元。1983年，海关总署和财政部批准，石油工业利用外资、外汇贷款进口设备和材料一律免征进口环节工商税。1984年7月，组建中国石油天然气勘探开发公司（1985年更名为中国石油开发公司），专门负责石油部自筹外汇的石油技术、设备引进工作和开展对外经济技术合作与科技合作。9月，中美合资成立中国岩心研究有限公司，通过合资经营引进美国国际岩心公司的仪器设备和技术，研制国产化开发实验装备。1985年，石油部与第一机械工业部共同出资，采取技贸结合的方式，由大庆石油管理局配合天津电机厂，引进美国雷达公司潜油电泵成套技术。1988年8月，从联邦德国萨尔茨吉特公司引进的当时中国最大的焊管生产线——16英寸（约40.6厘米）直缝焊管机组在宝鸡石油钢管厂建成投产。期间，通过技贸结合、引进制造技术的方式，对江汉钻头厂、济南柴油机厂部分产品进行了技术改造。同时，广泛进行技术交流活动，开展政府间的双边和多边科技合作，并进行了多项技术咨询和可行性研究。

开展对外承包工程和劳务合作，开始走出国门。1980年，为了开展对外承包石油工程和劳务合作，经国务院批准，成立中国石油工程建设公司，按照政府间协议和民间贸易两种方式，对外进行石油工程承包。1987年10月，石油部与缅甸能源部签订《中国石油工程建设公司与缅甸缅玛石油公司为在缅甸中部盆地进行地震勘探的服务合同》，这是石油部物探局首次承担国外施工任务。这一时期，中国石油的钻井队也走出国门，承包伊拉克等国家的钻井工程服务。到1988年，先后与科威特、伊拉克、日本、法国、德国、意大利等20多个国家的100多个公司建立业务联系，签订工程承包和劳务合同50多项，共派出5400多人到9个国家承包石油勘探和建设工程。

通过对外石油经济技术交流与合作，促进了中国石油工业的科学技术水平，加速了引进国外智力和国内人才培养的步伐，学习借鉴了国外的先进技术、装备和管理经验，促进了石油工业队伍素质和管理水平的提高。

（四）开展企业整顿，改革管理体制机制，强化企业管理

完善领导体制，建立健全党委领导下的厂长（经理）负责制和职工代表大会制。按照中共中央、国务院颁发的《国营工厂厂长工作暂行条例》和关于转发《国营工业企业职工代表大会暂行条例》的精神，企业实行党委集体领导，厂长行政指挥，职工民主管理，改变了一些企业党委包揽事情过多、削弱党的领导的状况。企业党委集中精力抓好三个环节：一是对企业的重大问题进行研究决策，加强方针政策的领导；二是做好思想政治工作，加强思想政治领导；三是建立职工代表大会制，加强民主管理的领导。厂长作为企业的行政负责人，对企业的生产经营活动实行集中统一指挥，对企业党委和上级主管单位直接负责。副厂长在厂长领导下进行工作，改变了过去正副厂长分工负责、多头指挥的状况。职工代表大会是企业实行民主管理的基本形

式，企业党委要积极领导和支持职工行使当家做主的权利。同时继续坚持和发扬石油企业以往实行的技术民主座谈会、开展群众性合理化建议活动、三结合攻关等职工参加管理的好经验、好方法。到1987年上半年，全国共有28个石油企业开始进行这项改革，中国海洋石油总公司及其所属企业全部实行经理负责制，石油机械厂和部分油田实行厂长负责制，石油院校普遍实行校长负责制和教师职务聘任制。

改革管理体制机制，实行简政放权，扩大企业生产经营自主权。从1981年实行原油产量承包后，石油部对各石油企业下放了部分计划、资金、物资、采购、干部任免等方面的自主权。各企业也对所属二级单位相应放权，允许企业自行审批一定规模的项目，允许企业开辟多种物资供应渠道，由企业自行决定内部劳动人事、奖金分配、部分出国人员政审和中层干部任免等，从而使企业的生产经营、资金安排和物资采购有了一定程度的权限。同时，按照所有权和经营权相分离的原则，实行政企分开管理、工业和农副业分开核算、全民和集体分开核算、自负盈亏等政策。开始改变政企不分、主辅不分和所有制不分的现象，使人人有压力、有动力，调动了生产积极性。同时，改革科研、教育管理体制，促进科技成果向生产力转化，加快各类人才培养。按照生产建设依靠科学技术、科技工作面向生产建设的方针，进一步端正了科研方向。有20多个石油科研院（所），根据生产需要设置课题，以课题为中心进行承包，实行纵向上的任务承包制、横向上的技术合同制，以及技术人员职务聘任制。石油勘探开发科学研究院进一步发挥全行业科研中心的作用，为油田生产建设服务的方向更加明确。教育改革全面深入，石油院校实行校长负责制和教师职务聘任制后，调动了广大教职员工的工作积极性。与此同时，石油企业还与中国科学院、国防科工委、军工部门和高等院校等120个单位建立了良好的科研合作关系，与石油部外14所高等院校签订了定向培养专门人才的合同。

部分企业在划小核算单位的基础上，对勘探、开发工程按照项目进行管理，实行甲乙方合同制。从1984年开始，大庆、华北、中原、长庆、四川、新疆等油气田陆续进行项目管理试点，并逐步推开。以大庆油田为例，其具体做法是：将生产资金和建设资金分开管理、分别核算，用于固定资产投资的资金按项目进行管理，逐步实行概算投资包干、承包责任制和奖励制；建立项目管理组织，任命项目经理、副经理，对工程项目全面负责，包工期、包质量、包主要材料用量、包投资效益和形成综合生产能力；逐步把管理和控制建设项目的权力交给项目管理组全权处理；企业有关处室主要负责制定全油田的建设规划、年度安排、勘探和建设项目的可行性研究、论证等前期工作，以及设计方案的审定，并为项目管理组做好服务。这项改革对提高投资效益，保证工程质量，缩短建设周期，实现少投入、多产出，起到了重要作用。1986年7月，南疆石油勘探公司采用全国招标、择优录用、以甲乙方合同制为主要形式的新体制，按照国际规范进行管理，为陆上石油工业体制改革探索了一条新途径。

按照发展横向经济联合的原则，加强石油企业之间、部内外单位之间的横向合作。对一些新地区石油勘探，以老油田为依托，由现有油田组织力量开展工作，不再建设新的基地，促进专业化协作。这对于打破以往“小而全”、“大而全”的状况，充分发挥各方面优势，起到很好作用。1985年，参加这项活动的单位有75个、职工1.28万人。“七五”后，体制机制改革在科研领域也进行了有益的尝试。石油科研院（所）实行课题承包等技术合同制以及技术人员职务聘任制，调动和激发了广大科研人员的积极性。1988年4月，石油部决定由石油勘探开发科学研究院对冀东油田实行总承包，建立石油部第一个大型科研与生产联合体。

坚持和发展岗位责任制，建立责权利相结合的生产经营管理制度，推行多种形式的经济责任制。在落实一亿吨原油产量包干政策中，各石油企业在原有岗位责任制的基础上，建立健全企业内部经济责任制。在大庆油田首先实行纵向上的包干责任制、横向上的经济合同制、个人岗位经济责任制、各级经济核算制、逐级考核奖励等5项制度，并在各油田企业全面推广。其基本特点是：纵向上建立以目标管理为中心的包干指标分解体系，以及相应的考核指标体系，把石油部核定的各种包干指标逐项分解、逐级落实到单位和个人；横向上实行内部经济合同制，把各单位之间的经济往来和生产协作关系用内部经济合同确定下来，明确各自的工作职责和经济责任；加强企业内部纵向和横向沟通，建立以经济效益为中心的经济核算体系，健全三级管理、四级核算网，提高工作效率和经营效果；企业内部的不同单位，根据各自专业特点，建立不同形式的经济承包制。如采油实行吨油成本包干、吨油工资含量包干或产量包干、联产提成，投资包干、工资含量包干或单项工程任务包干、节约提成，产量和成本包干或利润（亏损）包干、增盈（减亏）提成，基建实行百元产值工资含量包干，对辅助生产、科研设计单位实行百元收入工资含量包干或费用包干等办法。1987年，石油部开始积极推行局（厂）长负责制和承包经营责任制，探索完善企业内部的各项配套改革。1988年1月，石油部决定对大庆油田实行以“四包”、“四挂”为主要内容的承包经营责任制。即包原油产量、包新增储量、包新建产能和包投入工作量，工资奖金同吨油资金含量挂钩、同工作量工资含量挂钩、同多种经营效益挂钩，职工福利基金同原油产量与项目投资包干和节约分成挂钩。通过多种经济责任制的改革，把企业和职工的经济责任、经济效益和经济利益等责权利相结合，使企业的生产经营管理制度由过去单纯重工时、重劳动数量、重体力劳动向重劳动质量、重智力因素、重多种技能发挥的方向转变，职工吃企业“大锅饭”的问题逐步得到解决。

开展企业整顿，强化企业管理。1982年1月2日，中共中央、国务院颁布《关于国营工业企业进行全面整顿的决定》，用两三年时间，有计划有步骤地、点面结合地、分期分批地对所有国营工业企业进行整顿。4月3日，石油部发出《关于试行〈石油企业整顿和管理体制改革纲要〉的通知》，对企业整顿和改革工作作出部署，重点明确了通过企业整顿和改革需要强化的9项管理内容：一是经营计划管理。在国家计划的指导下，实行企业内部的全面计划管理，用计划把生产、技术、供销、财务等各项工作组织起来，使各个部门、各个环节、各个岗位都严格按计划进行工作，以实现经营目标，全面完成国家计划。二是生产管理。按照计划确定的目标组织实施，采用行政指挥和经济办法，把生产过程中不同阶段、工序和专业工种，组织衔接起来，合理安排，紧密配合，搞好环境保护和安全工作，多快好省地完成各项生产任务。三是质量管理。根据质量标准的要求，在企业内部建立起包括生产全过程、全员参加的全面质量管理网，保证各种资料数据的高质量、各项工程的高质量和各类产品的高质量。四是科学技术管理。充分依靠各个方面的技术力量，搞好人才配套和专业技术配套；大力开展科学研究，加强规划设计，组织好科技论证；抓好新技术的推广应用，开展群众性的技术革新活动；严密组织企业的技术工作，健全各项技术规程和管理制度，不断提高石油工业科学技术水平。五是装备管理。根据生产和技术发展的需要，制订合理的设备更新和技术改造方案，做好规划计划，并组织实施；严格设备管理制度，管好用好各种设备，保证生产的正常进行。六是物资管理。从物资采购、保管到供应都建立科学的管理制度，以最少的物资库存量，保证生产建设的需要，加快资金周转，主动周到地为生产现场服务。七是能源管理。严格能源管理制度，做到损耗、消耗有定额，使用有计量，管理有专人，考核有奖惩，大力提高能源利用效率。八是人事劳动、职工培训管理。搞好劳动组织，正确运用工资奖励制度，办好石油院校和职工培训中心，把职工培训和考核、晋升结合起来，调动职工的积极性，提高工作效率和劳动生产率。九是经济核算、财务管理。建立各级经济核算制度，加强成本管理和财务管理，严格执行国家的财政制度和财经纪律，最大限度地提高资金使用效果。按照九项管理的要求，建立健全60多项基本规章制度。

各石油企业把整顿和改革紧密结合，着眼于加强企业管理基础工作，加强基层建设，提高了企业素质和经济效益。通过整顿、改革以及勘探、开发、建设、技术进步等各方面工作的加强，基本实现了产值、利润和财政上缴同步增长，全面完成了企业整顿的各项任务。在石油部归口管理的34个大中型企业中，21个由石油部负责整顿验收，13个由地方负责整顿验收。1985年6月上旬全部通过验收。为整顿财经纪律，强化财务管理，石油部先后组织3次财经纪律大检查，查出违纪金额1.48亿元，增加财政收入5009万元。在对违纪问题进行处理的同时，开展了修订材料、燃料等内部核算单价，加强原始凭证、台账、报表的管理，充实财会人员以及进行业务培训等项工作。

（五）加强企业基础工作管理，通过现代化管理手段和方式提升企业素质

全面加强企业管理基础工作。通过全面整顿，石油企业在恢复过去传统的基层建设、基础工作和基本功训练“三基”工作的基础上，又提出对标准、定额、计量、信息、以责任制为核心的规章制度和基础教育等6个方面的企业管理基础工作进行发展和提高，进一步增强基础工作的科学性和条理性。成立标准化技术委员会，积极开展标准的规划和制定工作，拟定石油工业标准体系大表，制定和执行国家标准52项、部标准150项、企业标准259项，人员、资金、物资消耗基本实行定额管理。计量工作大大加强，1985年上半年各油田的油、气、水、电、燃料油的计量装表率达80%～100%，油田企业基本实现了四级计量。普遍建立生产原始记录、统计台账；建立健全以责任制为中心的各项规章制度，很多单位开始着手建立工作流程，生产作业、管理业务按流程运行，使生产和

管理工作向规范化、条理化方向发展；基础教育进展较快，基本完成了工人文化补课、技术补课和青工系统教育体系。信息收集和处理工作有了加强，在传统的取全取准资料数据的基础上，发展到建立生产信息、技术信息和经济信息网络，一些单位开始利用信息反馈组织生产、改善管理、考核效益、测定奖罚。

石油企业管理向现代化管理迈出了重要一步。从1984年开始，石油企业从实际出发，有重点、有步骤地应用和推广现代管理方法和手段，机械制造、基建系统首先推行了全面质量管理。到1985年底，这两个系统共成立QC小组（质量控制小组）1700多个，评选出部级优秀小组200多个，国家级优秀小组18个。从1984年起，大庆等油田及渤海、南海西部石油公司，不同程度地开始采用目标管理、决策技术、ABC管理法、量本利分析等现代管理技术与方法，在提高企业决策能力、控制企业经营活动全过程等方面都取得了成果，并逐步推广到各个油田。同时，一些企业在管理工作中开始使用微机辅助管理。石油企业计算机的应用范围，开始从科研、工程、地质储量计算扩大到油藏模拟、地质开发资料处理以及经营管理的各个领域。

（六）推进石油科技快速发展，缩小与世界先进水平的差距

改革开放以来，石油工业科技研究体制机制建设逐年完善，投入逐年增加。科研与生产相互促进，共同发展，不断取得新成果。石油工业的科研实力、技术装备、管理水平、队伍建设取得了长足进步，一大批新技术和装备相继投用，有许多项目填补了国内空白，有力促进了产能的提高和企业综合实力的增强。

1979年6月，石油部召开石油科技工作会议，在石油工业企事业单位中部署拨乱反正、统一认识，检查落实知识分子政策，发挥专家的作用，加强科技管理，把优秀中青年科技工作者提拔到各级领导岗位上来等一系列重大的调整、整顿措施。特别强调要建立石油科研体系，充实重点科研院（所），解决石油科技工作中存在的不同程度的力量分散、课题重复、水平不高等问题。

在“六五”期间，根据“经济建设必须依靠科学技术，科学技术必须面向经济建设”的方针和中共中央、国务院关于科学技术体制改革的决定，石油部对各石油科研机构进一步进行整顿，着重理顺全国性的、油田企业直属的和企业二级单位的科研机构之间的任务分工。中国石油工业的发展，既需要不断进行全国油气资源的评价，及时开展新探区、待探区的地质研究和各

个油田开发动态的预测，以便为全国的储量、产量的接替提出建议，又需要对科学研究作好纵深部署，通过基础性的应用研究，不断提高科技水平，通过中长期技术开发，作好技术储备，使石油科学技术能走在生产建设的前面。因此，石油部直属的全国性石油科研院所，主要有石油勘探开发科学研究院、科技情报研究所、施工技术研究所、江汉测井研究所、江汉钻采设备研究所、西北石油地质勘探研究所等6个科研机构，他们是全行业的科技中心，为宏观决策和总体发展服务，为全国石油单位开展服务。各石油企业，为解决本单位生产中的具体技术问题和提供生产决策服务，也大都成立了勘探开发研究院、工艺技术研究院、物探研究院、管道研究院等科研机构，并各具特长和优势。为发挥各石油高等院校人才密集和多学科的优势，石油部先后在各石油院校成立22个研究室，这些科研力量，面向生产，结合教学，既从石油部接受科研课题，也承接一些油田委托的科学研究和技术开发任务，帮助油田培训人才。到1985年底，石油工业构建了部直属科研院所、企业的研究院所、石油院校的研究室各有专长、各具特点的三支科研力量，拥有3.7万余人的专业研发队伍（其中科技人员约1.65万人）和一批造诣较深的专家，有了一批科研基地和先进科研设备，石油部所属的科研机构共有139个，连同与其他部门合办的研究机构，形成了石油工业完整的科技体系。其中分属于各石油企业的科研院所共111个，占全部石油科研机构总数的80%，职工和技术人员占全国石油科研职工和科技人员总数的90%。

同时，大力组织科技攻关，进行科技改革试点，加速科技成果配套并迅速形成生产能力。“六五”期间，石油工业有7大课题列入国家科技攻关计划，即油田高含水期采油技术、稠油热力开采技术、优选钻井参数、原油常温输送技术、含煤盆地行程及煤成气分布规律与煤成气勘探开发技术、三维地震勘探和地震资料特殊处理技术。这些科研技术全部如期完成并应用于生产，使这几项技术与世界的差距缩短了10至15年。在石油地质研究方面，基本上掌握了东部复式油、气聚集带的特点和规律，并初步总结出一套滚动勘探开发的工作程序。地球物理勘探方面，地震队已基本实现数字化，掌握了数字地震、三维地震、计算机特殊处理等全套技术。钻井方面，高压喷射钻井，打定向井、丛式井和优先参数钻井等新的工艺技术已掌握、推广，大、中型钻机的更新改造也基本完成。石油科学技术水平的提高，增强了中国勘探开发复杂油气藏的本领，带来的经济效益超过16亿元。

1986年，石油部“天然气形成规律和勘探方向研究”和“塔里木油气资源评价”项目继续被列为国家计委、科委确定的“七五”全国科技攻关重点项目。7月，石油部原副部长、著名石油化工专家侯祥麟获意大利“马太依国际科学技术奖”。11月，国家经济委员会授予大庆石油管理局“六五”全国技术进步企业全优奖，胜利油田会战指挥部、石油地球物理勘探局、辽河石油勘探局、江汉石油管理局江汉钻头厂、西安石油勘探仪器总厂、宝鸡石油机械厂被国家经济委员会评为“六五”全国技术进步先进企业。当年，玉门炼油厂生产的-35℃军用柴油荣获国家金质奖。1987年9月，中国第一台沙漠钻机25-60DS在宝鸡石油机械厂研制成功。11月，石油专用卫星通信网全网开通。该卫星通信网由15个地面站和 5 座数字微波站组成，具有加密电路功能，可同时开通话音、电传、传真、数据传输和电视转播等业务。1988年2月，石油部启动《全国注水油田提高采收率方法筛选及潜力分析》项目，共有13个油气区82个油田184个区块投入研究、筛选和分析，工艺技术和生产规模均居世界领先水平。

经过科技攻关，1978年至1988年，石油部共取得重大科研成果1000多项，其中国家级成果139项，部级成果729项。石油科技水平与世界的差距已明显缩小，具有中国特点的石油地质理论和适合中国复杂地质条件的配套的勘探开发技术已基本形成。与此同时，不断创新科技管理，对量大面广的重大技术问题，组织开展石油部内外多层次、多学科、多工种纵横结合的联合攻关，从形成生产能力出发部署科研工作，注意技术的综合配套，科研管理工作逐步向科学化方向迈进。

（七）推进原油产量迅速增长，促进石油行业全面发展

1978年，我国原油产量突破1亿吨（1.04亿吨），进入世界产油大国行列。1979年，产量达到1.06亿吨。1980年生产原油1.05亿吨，产量开始呈现下降趋势。1981年，国家对石油工业实行一亿吨原油产量包干等重大决策，对迅速扭转原油产量的短暂下降，进入新的稳定发展阶段，起到了决定性作用，不仅增强了石油工业自我发展能力，而且强化了老油田调整和新油田开发工作，首次出现了石油地质储量增长幅度高于产量增长幅度的可喜局面。这一时期中国石油工业勘探、开发出现了新的大好形势，概括起来有两大突破和十项重大发现。

两大突破：一是大庆油田开发工艺技术的提高。80年代上半期，大庆油

田的开发在原有分层开采、分层注水的基础上又有新发展。主要是，深入油藏研究，细分层系，调整开发井网，实现了开发区内层间接替稳产；高含水期采油工艺技术和薄油层限流压裂等应用了一系列新工艺、新技术；引进一批先进采油设备，使过去难以开采的油层变成可以开采的油层，扩大了油田的可采储量，从而保证了油田连续十年稳产，并在此基础上继续稳产。二是胜利油田勘探、开发复式油气区的实践，打开了东部地区石油勘探的新局面。胜利油田不断扩展勘探视野，重新复查、处理原来的地震、测井和油井资料，在老开发区内发现了几十个新的含油气块，并进一步开拓出六大片新的找油找气区域。从1981年至1985年，已发现孤东等15个油田，新增探明储量比第五个五年计划期间探明的储量增加8倍，居全国各油区之首。

十项重大发现：一是辽河油田在上部第三系地层中找到一批新的含油、气区块和层系，在古生界地层中发现35个潜山油藏。特别是在大民屯凹陷中，在花岗岩中获得高产油流，开辟了一个新的找油领域。1981至1985年，又新探明3个油田，使探明的石油地质储量增加了近一倍。二是大港油田在唐山以南的近海地区发现了很有前景的含油构造，并控制了一定储量。三是中原油田自1983年国务院批准开展会战以来，积极采用新技术，运用地震地层学、数字地震、油藏工程学探明黄河北岸400平方千米地区不同含油层系之间是迭加连片的，黄河以南发现了大面积的深层天然气，在东濮凹陷胡状集斜坡带找到了油气富集区。到1985年，累计探明储量比1980年增加3倍多。四是河南油田在泌阳凹陷的井楼等地区，发现和探明了大面积的浅层稠油油藏。五是新疆准噶尔盆地的勘探，已证实盆地北部的克拉玛依—乌尔禾逆掩断裂带面积达5000平方千米，从上到下有4个找油领域；盆地东部的火烧山、北三台地区发现5个含油构造，初步控制了大面积的含油地区。六是在青海柴达木盆地西部地区，打出了新的高产油气井，尕斯库勒油田含油面积又有扩大。七是华北油田在内蒙古二连盆地的阿尔善地区探明和控制了一批储量。八是四川气田突破了只在裂缝性地层中找气的狭小领域，在川东和川中—川南过渡区发现了高产的、大面积的孔隙型含气储层。九是渤海石油公司在辽东湾海域的中央隆起带的3个构造上发现了高产油气藏。十是南海石油公司在莺歌海海域找到一个大气田，初步测算储量达数百亿立方米；在南海惠州凹陷找到一些中型油气富集区。

1978年至1988年间，新增探明石油地质储量69.4亿吨，天然气地质储量2776亿立方米，全国探明石油地质储量和建成的原油生产能力相当于以往30年探明油气总量的总和。油气产量逐年增长，1985年全国原油产量上升到世界第6位，1988年全国原油产量达到1.37亿吨、天然气产量达到138.6亿立方米，原油、天然气总量相当于以往30年的1.6倍。1981年至1988年，累计超产原油1.4亿吨。

与此同时，石油工业的分布状况发生了根本变化。到1985年底，全国已在21个省市自治区发现了丰富的油气资源，找到油田253个、气田78个；投入开发的油田161个、气田52个，陆上建成大庆、吉林、辽河、大港、华北、胜利、中原、河南、江苏、江汉、新疆、青海、玉门、长庆、四川、滇黔桂和延长油矿等17个油气生产勘探开发基地，以及渤海、东海、南海东部、南海西部等4个海上油田生产基地。1979年，任丘油田和辽河油田相继投产。1982年，广西田东油田建成投产。1985年，大庆油田原油产量达到5528万吨，实现第一个10年稳产5000万吨以上的目标。1986年，辽河油田原油产量达到1001万吨，成为中国第三个年产原油超过1000万吨的油气区；胜利油田孤东油田投产，原油年生产能力500万吨，成为10多年来建成的最大整装油田。1987年，胜利油田原油产量超过3000万吨，成为中国第二大油气区；华北油田连续10年原油年产量保持在1000万吨以上，累计上缴利润相当于国家总投资的5.5倍。自大庆会战以后，东部地区迅速成为中国的主要产油区，到1985年，已累计产油13.58亿吨，占全国36年来累计原油总产量的91.9%。与建国初期天然石油生产偏处西北一隅的情况相比，在布局上已经发生了根本变化。石油工业分布的重大变化，有力地支援了全国和地区经济建设的发展。

一批输油输气管道工程和重点项目建成投用。1982年4月，大庆油田已累计建成24座含油污水处理站，回注污水达2亿立方米，回收原油120万吨，成为中国第一个实现含油污水基本回注的油田。12月，兰州石油化工机器厂制造的ZJ45钻机出厂，这是符合国家标准的第一台大型钻机。1984年6月，中国研制的第一座半潜式海上石油钻井平台勘探3号在上海建成，并投入东海作业。1985年10月，华北油田向北京输送天然气工程建成投产，正式向北京输气，实现了周恩来总理生前“气化北京”的夙愿。1987年10月，中国第一条输送高凝油的沈阳至抚顺输油管道建成投产。沈阳油田和沈抚管线工程是国家“七五”重点工程，沈阳油田原油凝固点67℃，开采和输送难度很大。沈阳至抚顺输油管道的建成投产，标志着中国开发建设此类油田配套工艺技术获得成功。同时，一批先进技术和设备陆续投用。

炼油工业快速发展，油品数量、品种适应了国民经济和国防用油的需要。1978年，石油部成立之初，全国原油加工能力9290多万吨，炼油厂主要集中在西北、东北和上海，并开始向华东、华北、中南地区和沿海、沿江地区扩展，到1983年，全国的原油加工能力达到1.04亿吨。随着原油产量的持续增长，广州石油化工厂、浙江炼油厂、安庆石油化工总厂、石家庄炼油厂和山东齐鲁石油化工总公司低压加氢装置、兰州炼油厂同轴式提升管催化裂化装置等一批新的炼化企业或装置相继建成投产，全国已有22个省市自治区有了炼油厂，以油气为原料的石油化工产品生产快速发展，在炼油化工中的产品比重持续提高。1983年7月，中国石油化工总公司成立后，全国39个重要的炼油、石油化工和化纤企业划归其统一领导，中国的炼油化工工业和油品销售管理体制发生了根本性变化。

油田多种经营活动逐步发展，提高了企业综合经济效益。按照国务院有关规定，各油田注意综合利用油气资源，建设了一批加工处理装置，生产油气副产品；注重发挥企业技术、装备、人才等方面的优势，生产一些勘探、开发需要的设备、配件、仪表以及社会上适销对路的产品；在继续搞好农副业生产的同时，积极发展农工商联合体，发展第三产业，为职工和家属服务。到1986年底，全行业集体经济的多种经营年产值达到7亿多元，安置职工家属、子女就业近50万人。在生产发展的基础上，职工人均年收入相当于10年前的2.3倍。1981年以来，建设职工住宅3300多万平方米，超过了前30年的总和，职工生活、医疗、文化、教育条件明显改善。

改革开放的十年，是石油工业持续发展的十年，是石油工业实力增长较快的十年，也是石油职工生活条件得到较大改善的时期。通过十年的改革实践，石油工业的经济管理体制发生了变化：一是初步探索了自我积累、自我发展、以油养油、以气养气的新路子，过去主要依靠国家投资发展生产的情况有较大改变。1981年以来，自筹资金占石油工业总工作量的比重越来越大，1988年已达到80%以上，石油工业的投资主体已基本转移到行业内部，开始形成了“超产—筹集资金—扩大工作量和推进技术进步—再增加产量”这样一个有利于石油工业自我发展的循环。二是生产经营机制有所转变。通过简政放权，石油工业内部开始形成分级分权管理，各企业及基层单位自主经营能力有较大增强；以行政手段为主的生产组织方式，开始向以经济手段为主组织生产经营运行的转变；企业之间、地区之间的横向经济技术联合与协作开始展开。三是开始改变石油工业单一化的生产经营模式，开辟了以油为主、综合利用、多种经营、全面发展的良好前景。全国各主要油气田的油气综合利用逐步展开，集体经济有了较大发展，解决了部分职工家属的就业问题。四是实行开放，石油工业开始外向型发展。五是为国家经济建设做出了重要贡献，在1983年炼油加工企业划出前，石油工业总产值和财政上缴额在国民经济中所占比重很大，1980年占全国工业总产值的5.3%，占国家财政总收入的13%以上。

三、干部人事及教育培训工作

1978年以来，与中国石油工业的发展和改革相适应，石油干部人事、劳动工资、教育培训工作在改革创新中全面发展，通过建章立制，整顿提高，形成了比较完善的干部人事和教育培训管理体系，人事人才工作由此进入了一个新的历史阶段。

（一）积极探索干部制度改革

加强干部管理制度建设。1980年，制定《关于中专毕业生按干部分配工作的通知》，明确中专生统一按干部管理。1983年，下发《关于实行大中专毕业生实行见习试用制度的试行办法》、《关于整顿“以工代干”工作中的补充意见》和《关于整顿“以工代干”工作中若干问题的答复》，对从“文化大革命”开始至1979年末期间的“以工代干”人员，经审查符合年龄及有关政治条件的，全部办理“转干”手续。1984年，制定《关于改进干部调配工作的试行办法》、《关于石油企业从工人中选聘干部的暂行规定》和《石油部管理干部名称表》等制度，明确干部实行分级管理，层层负责，适当下放干部管理权限，以及只管下一级的原则，并对协助中央管理、报中央备案、部管理、协助省直辖市自治区管理和需报部备案的干部职务名称进行规范。1985年，下发《关于实行厂长任期制有关问题的补充通知》、《关于企业领导班子调整中几个问题的通知》和《关于加强领导班子思想作风建设的规定》。1986年，修订了《领导干部素质测评参照标准》。1987年，提出《关于进一步改善石油企业领导班子群体结构的意见》、《关于实行局（厂）长你负责制的石油企业干部管理实施办法》(《关于实行局(厂)长负责制的石油企业管理的意见》)、《关于油田企业实行厂长任期目标责任制的意见》和《关于石油工业企业局（厂）长离任经济责任审计暂行办法》等，同时还分别制定《石油企业总地质师暂行工作条例（讨论稿）》、《石油企业总工程师暂行工作条例（讨论稿）》和《石油企业总会计师暂行工作条例（讨论稿）》等，并明确了《企业干部岗位划分》。

按照干部队伍“革命化、年轻化、知识化、专业化”的要求，调整充实企业领导班子。在1979年12月召开的石油企业领导干部会议上，石油部提出，企业领导成员年龄多数要小于55岁，年富力强，最大年龄不超过60岁，身体健康，能够胜任第一线繁重的领导工作。增加各级领导班子中的专业技术干部，三年内逐步使专业技术干部在各级领导班子中占三分之一至二分之一左右。一把手是政治上强，工作上有能力，熟悉生产业务的老同志或较年轻同志；二把手是年富力强，能干实事，全力抓生产的内行；三把手是生产技术上的专家。部分单位要做到由专业技术干部担任厂长或指挥等主要领导职务。文化程度上，要求地（师）级单位50岁以下的党政主要领导干部和县（团）级领导干部要逐步达到中专水平，努力达到大专水平。1982年，针对一些企业领导班子普遍存在的“班子软、成员多、组织散、作风松”的状况，对石油企业领导班子进行整顿。精干领导班子，按照“革命化、专业化、知识化、年轻化”的标准和企业实际工作需要，选拔配备领导成员。从岗位责任制入手，严格控制编制，按任务逐项确定具体业务职责，按照业务职责定岗位，因岗配备人员。按照石油企业规模，设党委书记1人，副书记1~2人；厂长1人，副厂长1～5人。大中型企业可根据工作需要，设总经济师、总地质师、总工程师、总机械师和总会计师。

实行企业领导任期制、干部选聘合同制。取消终身制，企业主要行政干部实行任期目标责任制，科级干部逐步推行聘任制。执行干部退休制和建立干部轮训制，把一部分企业领导干部抽调出来学习培训，年老体弱的实行退休离休或担任顾问。到1985年，创业时期参加工作的老同志大多数已退居二三线，一大批年轻干部走上领导岗位。石油部所属企业领导成员由原来的389人减至262人，平均年龄由53.4岁降至47.5岁，大专以上文化程度由28%提高到67.2%。1987年，开始探索实行厂长负责制和任期目标责任制。

改进干部考核办法。在坚持年度考核和民主评议制度的基础上，采取科学的功能素质测评法，开始探索定性与定量考核相结合，上级考核与民主投票相结合，向干部管理工作的科学化迈出了一步。加强领导班子自身的思想建设、业务建设，提高战斗力。要求企业厂长和副厂长必须懂生产技术，会经营管理，具有组织领导技术业务工作和指挥生产的能力。加大企业间和企业内部实行定期交流干部力度。试行企业领导干部职务津贴，使责任和报酬相挂钩。

大力选拔培养后备干部，加强领导班子梯队建设。培养、选拔中青年干部做到：坚持年龄服从条件，不能片面追求年轻；坚持到基层去选拔人才；坚持走群众路线，倾听群众意见；坚持必要的台阶，一般不越级，不坐直升飞机；坚持选拔干部不突击，不搞运动，不搞浪潮，主要是选准；坚持集体决策的原则，组织部门考察，党委集体讨论，不要个别人、少数人说了算。提出要充分信任，大胆使用；要缺啥补啥，加强学习培训；发挥老同志传帮带作用。

加强技术人才队伍建设。为进一步落实党的知识分子政策，尊重知识，尊重人才，1978年后，石油部以石油院校作为培养高、中级石油技术干部的基地，大规模组织进行技术干部培训，重点普及外语和电子计算机应用。同时，举办短期培训班，学习新技术、新理论和经济管理基本知识。1984年，石油部专门下发《关于落实知识分子政策有关问题的暂行规定》，对尊重知识、尊重人才、大胆提拔重用知识分子，以及切实解决知识分子待遇等方面都作了规定，并选拔大批知识分子充实各级领导岗位。将选拔出来的800名中青年优秀技术骨干，有计划地组织他们出国或到国内大学、科研单位、合资企业学习深造。通过在职培训和培养大中专毕业生，1985年，石油技术干部比例已占职工总数的10%左右。同时，加大政工干部培养力度，1980年至1985年期间，共培养1万多名具有大中专以上学历的政工干部，约占政工干部总数的三分之一。

（二）初步探索企业劳动工资制度改革

加强劳动工资制度建设。为了贯彻执行国家的劳动工资政策、法规和规定，提高石油企业劳资系统的管理水平，石油部先后制定和下发劳动定员定额及机构编制管理、劳动计划管理、工资管理、奖金管理、职工奖惩、劳动保护、职工福利和保险制度、职工培训等制度和指导性文件343个。其中综合类15个，劳动力管理、劳动计划方面26个，劳动组织、定员定额方面23个，技工学校、工人培训考核方面33个，技师聘任制方面3个，劳动卫生方面6个，劳动报酬方面160个（含各类人员工资待遇64个、工资制度及工资调整55个、津补贴30个、奖金类11个），劳动保险福利方面77个。

探索石油企业用工制度改革。1978年，石油部成立时共有职工95万人，随后职工人数迅速增长，到1984年石油系统固定职工达到113.6万人，其中干部22.2万人、工人91.4万人，35岁以下青工占65%。具有大专以上学历占4.2%，中专占3.9%，高中占16%，初中占45.1%，小学以下占30.8%。为有效控制固定职工的增长，从单一招收固定工的用工形式，发展为包括合同工、轮换工、临时工等在内的多种用工形式。到1985年，石油工业固定工增长14.3%，其他用工增长62.4%，120万石油职工总数中，其他用工比重由4.2%提高到6.3%。加强一线队伍建设，改善专业队伍结构。1981年至1985年，地震队伍增加24.7%，电测队伍增加52.4%，井下队伍增加27.5%，均高于其他专业队伍的增长。石油企业一线生产人员占34.9%，二线辅助生产人员占28.4%，三线管理人员和服务人员占36.7%。开辟多种就业门路，安置企业富余人员和待业职工子女。各石油企业通过建立农工商联合公司和劳动服务公司，兴办3000多个多种经营厂（店）和第三产业项目，安置从生产一线调离的富余人员1.5万人、待业职工子女10万多人，较好地发挥了对劳动力的调节和吞吐作用。1986年，下发《关于贯彻国务院改革劳动制度四个规定的实施意见》，对国营企业实行劳动合同制、招用工人、辞退违纪职工、企业职工待业保险等进行明确，进一步改变劳动力管理上的统包、统配和“铁饭碗”的弊端，逐步建立起一套能够适应社会主义商品经济发展要求的新型劳动制度，以激励广大职工的主人翁责任感和生产积极性。自1986年起，石油企业新增工人全部实行合同制，并对职工总数实行严格控制。到1987年9月，合同制职工共有5.8万人，占职工总数的4.7%。

积极开展劳动组织改革试点。通过企业整顿，1982年至1984年期间，局（厂）两级机构减少5.7%，职工定员减少3.4%，一二线生产人员比例提高21.1%，清理富余人员44632人，清退计划外用工25922人。进一步做好基层队伍定员定额工作，到1985年，石油行业修订了地震、钻井、采油、井下作业等10个主要专业的定员定额标准，定额单位实行面达到95%以上，定额人员实行面达到90%左右，企业职工出勤率达到92.7%，清理富余人员4.4万人，基本做到了按定员定额组织生产。从石油生产实际出发，改革劳动作业制度，在钻井、地震、井下作业、油建施工等一线基层队伍，试行弹性工作制。到1987年，实行专业管理和白班、夜间巡井制度的采油队共有537个，占全国采油队总数的三分之二左右；实行四班两倒、每班工作12小时作业制度的钻井队共有319个，约占全国钻井队总数的三分之二；提倡兼岗作业，一专多能，充分挖掘劳动潜力。这些改革措施，有效稳定了一线队伍，提高了劳动效率，节约了用人和交通费、野营房购置费、搬家车辆费等各种开支，同时也解决了职工学习和生活上的一些实际困难。企业之间横向联系和合作有了更大发展，各油田通过签订经济合同，工程承包、项目承包、技术服务、技术咨询等业务不断增多。据不完全统计，参加此类业务活动的钻井队有75个，职工达1.28万人。对合理调剂企业劳动力，加速勘探开发工作，特别是新区勘探工作，起到了重要作用。

改革工资制度和奖励办法，开始打破分配上的平均主义。自1981年开始，结合一亿吨原油包干政策，对工资制度和奖励办法进行初步改革，石油企业一二线职工的收入拉开了差距，调动了一线岗位工人的积极性，出现了工人争活干的新局面。同时，建立企业福利基金，建立健全福利管理制度。1983年和1985年，石油企业先后实行工资套改，统一全行业的工资标准，在事业单位实行结构工资制度。同时，结合各种专业队伍的作业特点，以保证质量和提高效益为重点，实行多种形式的分配方法，包括超定额工时计奖、计件工资、岗位等级浮动工资、全面指标考核综合计奖、岗位津贴等，使石油职工特别是一线职工的收入有了较大的增长。1986年与1980年相比，职工人均年收入（包括奖金）由934元增加到1766元，增长89%，扣除物价因素后，平均每年增长7.2%以上。1986年，石油企业工资制度改革主要有两个方面的内容：一是按照国家的规定，将石油企业工资标准调整过渡到国营大中型企业职工工资标准；二是补充完善石油企业工资制度，包括改进年功工资发放办法，统一新参加工作人员工资待遇，统一离退休职工的生活补贴费等。改革后，石油企业各类人员之间的工资分配关系进一步趋向合理，职工工资收入在生产发展基础上有所提高。1987年与1978年相比，职工人均年工资收入增长1.5倍，人均福利费387元，是1980年的3倍。1987年，为了使工资收入与技术水平挂钩，规定工人在达到本工资等级技术标准的基础上，必须参加高一等级考试，并结合其劳动态度和贡献进行综合考评，合格者择优晋级。同时，为有效挖掘劳动潜力，提高劳动生产率，在油田试行工资总额包干，在核定的范围内“增人不增资，减人不减资”。期间，对学徒工、熟练工、学校毕业生、复员转业退伍军人、调动人员和脱产学习人员、海洋勘探合作人员、出国承担劳务人员等特殊工作条件下人员的工资待遇进行了规范。

加强一线队伍建设，提高工人的技能素质。自1984年开始，明确要求技术工种的工人主要从技校毕业生中录用；两年内对现有工人在培训的基础上普遍进行一次考核，关键岗位须取得岗位合格证，并对中级技术工人进行培训试点；坚持职工培训同人事考核、晋升、使用结合起来，从招工、转正、定级到分配工作，都组织进行严格考试。经考核后的工人平均技术等级，由1980年的2.7级提高到1985年的3.5级，1988年达到6级。五年间，在新增加的固定工人中，技校毕业生达到50%以上。期间，重点对基层队领导班子和班组长加大培训、培养和考核力度，提高了一线队伍的素质和战斗力。

劳动卫生和职业病防治工作逐步走上轨道。各石油企业对有毒作业场所进行综合治理，加强职业危害因素监测，推广无毒或低毒作业工艺。对从事有毒害作业的职工，普遍建立了工业卫生档案和个人体检档案，劳动保护条件和医疗防治条件都得到改善。

（三）加快发展石油教育和职工培训

中共十一届三中全会以来，经过改革开放后的恢复、整顿和提高，石油教育与培训工作蓬勃发展，石油教育初步形成了由石油普通高等院校、石油中等专业学校、石油技工学校、石油职工学校和培训中心等构成的学校教育和职工培训两大体系。当时在国家百废待兴、各行各业专业技术人才十分短缺的情况下，石油教育与培训体系的形成和发展，及时为石油工业输送各级各类的专门人才，有力地缓解了人才供求矛盾，为石油工业克服专业技术人员和一线技能人员断层起到了不可替代的历史作用。

石油部门历来重视石油教育培训工作，石油工业的发展很大程度上取决于科学技术的进步和人才的培养。1978年8月，石油部在教育工作会议上传达全国教育工作会议精神，讨论修订《1976—1985年石油教育事业发展规划纲要（草案）》，提出要在10年内培养各类专业人员14万人，组织起18万人的科技队伍，使技术干部占职工总数的4%提高到10%左右的目标。自此，石油教育培训工作进入快速发展期。1986年，石油部在教育工作会议上，要求石油战线各级领导要像重视生产那样重视教育工作，加快石油教育的改革与发展，提高办学水平。石油部部长王涛对石油教育的发展提出三个目标：相当部分的大专院校、中专学校、职工大学和中小学，达到所在地区同类学校的先进水平；一些石油学院的重点基础学科，达到国内高等院校的先进水平；几个基础比较好的石油学院和中专学校，努力办出国内一流的学校，或为办成一流的学校打下基础。期间，石油工业在发展资金非常紧张的情况下，加大对石油教育和职工培训的资金投入，使石油教育进入一个由量变到质变的调整和改革发展阶段。

加强石油职工教育培训工作，提升职工的文化技术素质。中共十一届三中全会后，石油部和所属企事业单位认真贯彻中共中央、国务院《关于加强职工教育的决定》，加强对职工教育的领导和投入。各石油企事业单位普遍成立培训中心，逐步建立部、局、厂三级职工教育基地，初步形成了一个从扫盲班到职工大学、从工人到干部比较完整的多层次、多形式的石油职工教育体系。到1979年，包括脱产和半脱产的各种专业技术班和文化班，共开办各种类型的业余文化技术学校3000多所。到1983年，已有37.9万名职工参加培训学习。其中接受高等教育的有2.3万人，中等技术教育的有5900多人，参加文化学习的有17.29万人，参加技术业务学习的有17.7万人（含参加各司局培训点学习的7800多人）。按照中共中央组织部的统一要求，为了尽快提高干部队伍的学历层次和文化素质，1985年开始对现职干部进行中专以上文化程度补课。当时石油系统职工队伍中专以上文化程度的比例仅为14%，干部文化补课的任务非常艰巨，石油部依托石油高校和石油中专，相继成立了一批石油职工大学和石油职工中专等学校，石油职工高等、中等成人学历教育快速发展①。1986年，设置的成人教育机构及教育方式主要有：石油职工大学14所，教育学院 4 所，管理干部学院 1 所；在 5 所石油高校设置干部专修科，在 3 所石油高校开办夜大学，在 2 所石油高校设置教师本科班；在16所石油中专开办工人中专班，在 3 所石油中专开办干部中专班。另外还开办了28所

① 学历补课工作一直持续到1992年。其中中专补课连续举办10年，到1995年石油系统接受中专补课培训的人员达3万人，职工队伍中中专以上学历比例达27.2%，比10年前翻一番。

职工中专学校、6所干部学校和6所教师进修学校。为缓解工学矛盾，恢复了中断20年的石油高等函授教育，在华东石油学院设立石油高等函授教育总部，在其他石油学院和石油职工大学设立9个函授分部，在油田企业设立30多个函授站，为职工业余接受高等教育学习创造了条件。同时，各单位还成立了电视大学、分校以及电视中专。全国石油系统各类职工高等、中等学校共设置84个专业，其中职工大学34个、干部专修科8个、石油高教函授14个、职工中专28个，在校学生有2.7万人。由于石油院校的成人教育主要是石油工科专业，因此，在暨南大学、天津财经学院、河北大学、湘潭大学等14所院校委托培养财务管理、环境保护和计划统计等专业的人才。

加强干部教育培训，提高经营管理干部和技术人员的政治、文化素质与技术业务能力。石油部从1982年开始举办企业管理研究班，轮训局（厂）领导干部和总工程师、总地质师等，组织学习党的路线、方针、政策和现代化管理知识。3月1日至6月8日，石油部第一期领导干部企业管理研究班在华北油田职工大学开班，首批学员为来自各油田的47名领导干部，学期3个月。1984年以后，开始对7万名技术干部进行知识更新的技术专题培训，组织916名局（厂）领导干部参加国家厂长经理统考培训班，对基层队长和车间主任进行分批轮训。同时，各企业、各石油院校和部分职工大学成立各种培训中心、培训部，组织技术人员和管理人员学习新技术、新工艺、新理论和现代企业管理知识，学习外语和电子计算机应用知识。联合国援建的华东石油学院勘探开发培训中心，自1980年11月成立以来，共派出23名教师出国进修，邀请9名外国专家来华讲课，培训了技术干部1700多名，推广现代化科学钻井和油田开发新技术。在第六个五年计划期间，石油系统共培训各级各类干部22.8万人次。从1985年开始，为了尽快提高干部队伍的学历层次和文化素质，开始大规模开展职工学历教育，特别是对经营管理干部和技术人员继续教育的培训规模逐年增大。

加强工人培训，提高工人的文化技术水平和操作技能。各石油企业在加强培训干部的同时，在工人中也广泛开展文化、技术学习、政治轮训和岗位培训等工作，石油企业所属二级单位成立了以培训工人和基层干部为主的石油职工学校320多所。“六五”期间，重点对全行业30多万名青壮年职工进行政治、文化、技术“三补”培训。到1985年底，青壮年职工文化补课合格率达82.3%，技术补课合格率达88%，达到了国家规定80%的高限要求。在完成文化、技术补课任务的基础上，各单位根据生产建设发展和推广新技术的需要，开展了中级工和新技术培训。石油企业职工学习文化知识和科学技术的热情空前高涨，1983年，有37.9万名职工参加了大中专等文化和技术业务的学习。1985年，有19万名工人参加各类技术学习，其中参加高中级技术培训的有3.2万人。此外，还举办脱产一个月以上的各种技术培训班1600多期，共培训5.7万人，有效地提高了工人队伍的文化、技术素质。全面开展工人技术等级培训、班组长培训和高级工培训，同时还开展了职业技能竞赛和技术能手评选表彰活动。1986年，石油部印发《石油工人技术考核实施办法》，按照“先培训后考核，先考核后晋级”的原则，把工人的培训、考核与使用、待遇结合起来，全面开展有计划、有步骤的工人培训。1987年共有27个石油单位建立了工人考核委员会，在67.1万技术工人中有54.4万人首次参加技术等级达标考核，考核率达81.1%，及格率达84.5%。“七五”期间，共有250万人次参加技术等级达标和提高培训。为壮大石油高级技工队伍，为聘任技师准备人才，另有近万人参加了高级技工培训。

大力发展石油高等教育，实行产学研相结合。改革开放以后，国家恢复高考制度，中国由此重新迎来了尊重知识、尊重人才的春天，给石油工业的发展提供了强大的人力和智力支撑。1978年至1985年期间，国务院先后批准增设江汉石油学院，恢复、成立西安石油学院、抚顺石油学院和新疆石油学院，部分院校在原基础上增设了油田开发、化工、机械、仪器、自动化、计算机和经济管理等专业。1988年4月，经国家教委批准，华东石油学院更名为石油大学，在山东东营和北京昌平两地办学。在教育改革进程中，各石油院校均实行了院长负责制和教师职务聘任制。在改善学校管理方面，改革招生和毕业生分配制度，扩大学校自主权；试行学分制，学生中期筛选制和奖学金制度；加强学生思想政治教育，坚持四项基本原则，发扬艰苦奋斗、勇于开拓的精神，加深热爱石油事业的感情。在提高教学质量方面，开展教学内容和教学方法的改革，按照“拓宽专业、加强基础、重视实践、提高能力、办出特色”的要求，修订各专业的教学计划和教学大纲，加强基础课、实验课和计算机教学，开设选修课，丰富教学内容。在开展科学研究方面，根据石油工业生产建设发展的需要，各石油高校紧密结合教学，先后建立了一大批研究室，在一些科研领域中已初步形成自己的特色。在提高教育水平方面，石油高等教育建立了学位制，进一步与石油工业现代化生产建设发展的需要相适应。石油部对石油高等教育增加投资，改善石油高等院校的办学条件。1979年至1985年石油部对华东石油学院、大庆石油学院、西南石油学院、江汉石油学院、西安石油学院等5所石油学院共投资3.1亿元，新建校舍63万平方米，建成教学、科研实验室172个，可进行1785项实验。另外，还为这些高校装备一批现代化的教学、科研仪器设备，在教学中发挥了重要作用。积极组织广大教师参加国内外的学术交流活动，从1978年到1985年，共选派219名教师、研究生到美国、英国、日本、法国、加拿大、苏联等国交流讲学、协作科研及进修、学习；派出参加国际性学术会议、进行学术考察的有67人次；聘请外籍语言教师40多人次，有14名外籍学者、专家来华进行短期讲学。10年间，石油院校共培养大中专毕业生8.3万人。

发挥企业办学优势，大力发展石油中专、石油技校等职业技术教育。改革开放以来，为提高生产一线职工队伍的文化素质和专业技能，在逐步“变招工为招生”的思想指导下，石油中等职业学校和技工学校的数量、专业设置、教育规模和办学条件都有较大发展，各大型石油企业基本都自办全日制中专和技校。1986年，石油部提出“打好基础，加强实践，提高动手能力，突出培养应用型、技能型人才”的办学要求，促进了石油中专进一步发挥石油企业办学优势，探索厂校联合育人的培养模式。同时，下发《石油技工学校“七五”发展规划》，要求全面开展创建一流石油技工学校活动，努力实现四个一流水平：建设一支素质好、专业配套的教师队伍，师资水平是第一流的；配备齐全先进适用的教学设施，办学条件是第一流的；各项管理工作实现正规化、科学化，学校管理水平是第一流的；培养的毕业生是德智体全面发展具有扎实操作基本功的技术工人，教学质量是第一流的。为使争创活动全面深入有效的开展，制定了七个方面30项争创标准和评分细则。1988年，石油部组织各校自查和进行重点抽查，并表彰、命名争创活动中成绩显著的大庆、华北、江汉等5所技校为石油先进技校。到1988年，石油中专学校数量由1977年的13所发展到26所，在校生人数由1977年的5000人发展到2.18万人，设置专业40多个，不仅有为石油专业生产建设所需要的专门学校，而且有为社会和职工服务的卫生、师范、政法、农业和体育学校；石油技工学校发展到73所，设置专业（工种）50多个，在校生6万多人。期间，各石油企业先后开办职业高中20所，主要设置为石油工业生产建设和为第三产业服务的专业，也部分解决了石油职工子女就业前的培训问题。

发展基础教育，稳定职工队伍。1984年7月，石油部下发《关于加强石油普通教育工作的意见的通知》，对石油普通教育的地位、学校领导班子、教师的地位、办学条件等10个方面提出明确要求。此后，各石油企业在加强中小学师资队伍建设、提高教师待遇、改善办学条件等方面做了大量工作。1986年，石油企事业单位自办中小学的数量达到922所，在校生55万人。高等学校录取石油高中毕业生的比例逐年增长，另有相当数量的高中、初中毕业生到石油中专和技校继续学习。石油企业自办的中小学，在保证职工子女就学、稳定职工队伍方面发挥了重要作用，既为高一级学校输送了合格的生源，也为石油企业培养了优秀的后备劳动力量。

四、党的建设和思想政治工作

持续开展工业学大庆活动。1978年5月18日至6月11日，全国石油化学工业第二次工业学大庆会议在大庆油田召开，国务院副总理康世恩到会并发表讲话。石油部和化工部发出《关于授予石油化工战线先进集体、先进个人荣誉称号的决定》，表彰63名劳动英雄、447名学铁人标兵、57个荣誉单位和261个红旗单位。十一届三中全会后，国家于1979年7月对大庆式企业标准修订为：一是坚持四项基本原则，调动一切积极因素，为实现四个现代化作出较大贡献。二是有一个坚决执行党的路线、方针、政策和国家法令，熟悉本行业业务技术，懂得科学管理，坚持民主集中制，密切联系群众，团结战斗的领导班子。三是有一支思想觉悟高，技术业务好，干劲大，具有“三老四严”革命作风的职工队伍。四是坚持“两参一改三结合”的原则，有一套符合生产发展要求、行之有效的科学管理制度。五是全面完成国家计划，主要经济技术指标达到国内先进水平。在挖潜、革新、改造和采用新技术、新工艺等方面不断有新的成果。安全生产好，综合利用、治理“三废”有显著成绩。六是在发展生产的基础上，办好集体福利事业，不断改善职工物质文化生活。

在有条件的企业，组织职工家属搞好农林牧副渔业生产。1980年5月，大庆石油会战20周年庆祝大会召开，会议号召各油田企业要坚持学习运用《实践论》、《矛盾论》的立场、观点和方法去解决工作中遇到的各种问题，坚持"实践是检验真理的唯一标准"，进一步解放思想。1981年12月，中共中央转发国家经委党组《关于工业学大庆问题的报告》的通知指出，大庆石油职工自力更生、艰苦创业的实践，大庆油田不断前进和发展的历史，大庆广大干部和群众创造的一套中国自行建设和管理现代化企业的经验，表明大庆不愧为中国工交战线的先进典型，大庆职工不愧为中国工人阶级的先进部分。过去在长期"左"的思想影响下，把大庆的一切经验几乎都和阶级斗争、路线斗争联系起来，直至把有些经验绝对化、模式化，在宣传和推广中出现了这样或那样的问题，这是在特定的历史条件下造成的。在指出这些问题的同时，必须肯定大庆的许多宝贵经验，仍然有着重要的现实意义。中央希望，全国工交战线的领导干部和广大职工，都要从自己的实际情况出发，学习和发展包括大庆在内的一切先进典型的好经验，以改进领导作风，建设职工队伍，加强企业管理，推进四化建设。

组织开展平反冤假错案、落实干部政策工作。1978年12月，十一届三中全会总结了新中国成立以来的正反两方面历史经验，开始全面纠正"文化大革命"及其以前的"左"的错误，重新确定党的正确的思想路线、政治路线和组织路线。石油部党组遵照中央的有关指示精神，在中纪委和中组部的具体指导下，开展平反冤假错案、落实干部政策工作，并认真加强党员干部和职工群众的思想教育工作。在"文化大革命"中，石油部机关受到错误批判被立案审查276人（其中正副部长7人、司局级干部37人、处级干部41人、技术六级以上工程师44人、一般干部142人、工人5人），此外还有126人受到牵连。经复查，结论全错的111人，部分错的56人，维持过去已作了纠正复查结论的109人。石油部党组在1979年2月和1980年11月先后召开落实政策大会，为在"文化大革命"中受到错误审查、批判和处理的同志平反、恢复名誉和消除影响。在做好复查工作的同时，还对"反右派"、"反右倾"中的案件进行复查。在1957年"反右派"期间，石油部机关和在京直属单位有105人被划为右派分子，属于错划予以改正的104人，不予改正的1人。在1959年反右倾运动中，定为"右倾机会主义分子"的1人，作为"右倾"问题受到批判和处分的43人，在1962年甄别的基础上，全部进行了纠正。按照中央部署，石油部党组及所属企业党组织认真组织开展揭批“四人帮”、清查“三种人”工作，并组织广大干部职工参加关于“实践是检验真理的唯一标准”的大讨论。

开展打击经济领域违法犯罪活动。1983年9月，按照中纪委的部署，石油部纪检组以石油部名义向各石油企事业单位发出《关于加强领导，把打击经济领域中严重犯罪活动的斗争进一步引向深入的通知》，并提出具体要求。各石油企事业单位在地方党委和纪委的领导下认真开展“经打”工作。据32个石油企事业单位的统计，到1984年10月，共立案3901件，结案3210件。万元以上46件，结案36件。全部案件涉及6177人，其中局级干部7人、处级干部86人、党员2222人，受党纪处分967人、政纪处分1396人、刑事处罚623人（其中判处死刑1人）。收缴赃款赃物合计464万元。另外，还配合公安机关开展严厉打击刑事犯罪活动，促进了党风和社会风气的好转，保障了石油生产经营的顺利进行。

加强和改进思想政治工作，坚持“两个文明一起抓”。中共十二大召开以后，各石油企业认真贯彻全国职工思想政治工作会议和《国营企业职工思想政治工作纲要（试行）》精神，在发扬优良传统的同时，注意研究新情况，解决新问题，总结新经验。围绕党的中心工作进行党的路线、方针、政策的教育，努力提高职工在政治上和党中央保持一致的自觉性。各石油企业认真开展实事求是的思想路线和工作着重点转移的教育活动，积极抓好生产建设和整顿改革中的思想政治工作。针对实行经济责任制后出现的新情况，有的放矢地引导职工正确处理好国家、集体、个人三者利益关系。根据中共中央关于“两个文明一起抓”的要求，各石油企业在坚持“抓生产从思想入手，抓思想从生产出发”的传统经验基础上，把思想政治工作内容参照目标管理的原则，分解为可供考核的具体指标，同生产指标一起纳入岗位责任制，落实到每个单位和职工本人，把党群和生产行政方面的两路活动综合在一起，实行统一领导，成果一起考核，评比表彰一起进行。以青工为对象，开展系统的政治理论轮训，进行系统的爱国主义、社会主义、共产主义思想教育。开展“五讲、四美、三热爱”活动，从根本上提高青工的政治觉悟。加强对政工干部的培训，采取多种形式培训现职和后备政工干部，加强对企业思想政治工作的科学研究。1985年，石油企业中达到“文明单位”标准的基层队约占全行业基层队总数的二分之一，大庆油田、江汉油田、河南油田等先后被所在省市授予“文明单位”称号。

1986年4月，石油部作出《表彰一九八五年度“为发展石油工业献青春，争当新长征突击手”竞赛优胜单位、新长征突击队、新长征突击手的决定》，并在胜利油田召开竞赛活动总结评比、表彰先进大会。7月，石油工业基层建设工作会议提出基层建设工作总的要求：把石油职工队伍建设成为一支符合“有理想、有道德、有纪律、有文化”要求的、掌握现代化科学技术和管理知识的、能打硬仗的队伍，主要依靠现有120万名石油职工完成“七五”期间的任务。明确要尊重一线职工的劳动，提高一线职工的社会地位和物质待遇；继续提高基层干部的素质，充分发挥有经验基层干部的作用，保持基层干部队伍的稳定；基层职工培训做到经常化、系统化、制度化，提高整个队伍的技术素质；积极稳妥地进行劳动制度和劳动组织的改革，进一步挖掘企业内部劳动力的潜力；加强基层队伍的党组织建设和新时期的思想政治工作，继续开展创建“双文明”单位活动，建立部、局（公司）、厂处三级责任制度，依据职责分工建立逐级考核制度。随后，出台了《关于加强基层队伍建设的若干意见》，并制定17个专业队种的分类等级标准，下发各油田试行。还围绕创建“双文明”单位工作，在基层队伍中普遍开展“学先进，找差距”、“抓管理，上等级”，以及“达标、提档、升级”等活动，推进了基层队伍建设，进一步夯实了基层基础工作。

第一章　石油工业部领导机构

1978年3月，第五届全国人大一次会议决定撤销石油化学工业部，分别设立石油工业部和化学工业部。宋振明任石油工业部部长。4月，中共中央批准宋振明任石油工业部党组书记；原石油化学工业部党组成员、副部长张文彬任石油工业部党组副书记、副部长；原石油化学工业部党组副书记、副部长焦力人任石油工业部党组副书记、副部长；调四川省石油管理局党委书记黄凯任石油工业部党组副书记、副部长；原石油化学工业部党组成员、副部长陈烈民任石油工业部党组副书记、副部长；原石油化学工业部党组成员、副部长孙晓风任石油工业部党组成员、副部长；调江汉石油管理局党委书记、局长张兆美任石油工业部党组成员、副部长兼政治部主任；调石油化工科学研究院院长侯祥麟任石油工业部党组成员、副部长；调石油勘探开发规划研究院副院长阎敦实任石油工业部党组成员、副部长；调大庆油田革委会副主任兼总地质师闵豫任石油工业部党组成员、副部长；原石油化学工业部勘探开发组副组长李天相任石油工业部党组成员、副部长；原石油化学工业部政治部负责人季铁中任石油工业部党组成员；调新疆石油管理局党委书记李欣吾任石油工业部党组成员；原石油化学工业部党组成员李法兰任石油工业部党组成员。

宋振明负责主管石油工业部的全面工作，管理长远规划、计划工作。张文彬负责主管石油工业部的常务工作，管理生产、基本建设和石油天然气管道局工作。焦力人负责管理石油工业部的日常工作，主管石油勘探、钻井工作、油田开发、财务、石油勘探开发科学研究和设计工作。黄凯负责管理石油工业部的日常工作，主管人事教育、办公厅和工程兵办公室的工作。陈烈民负责主管大庆的工作，管理东北地区石油勘探和开发工作。孙晓风负责主管炼油生产、石油和天然气运销、外事工作。张兆美负责主管政治工作，管理家属、农林牧副渔生产、机关党委和行政司的工作。侯祥麟负责主管石油科学技术委员会，石油化工科学研究和设计，管理炼油化工方面的工作。阎敦实负责主管石油、天然气勘探工作。闵豫负责主管油气田开发工作。李天相负责主管机械制造，管理器材供应和技术装备方面的工作。季铁中负责主管政治部日常工作。李法兰负责主管职工家属、农林牧副渔生产工作。

1979年3月，中共中央批准秦文彩、李敬任石油工业部党组成员、副部长。7月，中共中央批准张文彬兼任石油工业部纪律检查组组长。

1980年1月，中共中央同意季铁中任石油工业部副部长，批准张定一任石油工业部顾问。8月，第五届全国人大常委会第十五次会议决定解除宋振明的石油工业部部长职务（1985年3月，中共中央批准恢复宋振明原部长待遇）。9月，中央决定免去宋振明的石油工业部党组书记职务。

1981年1月，中共中央决定康世恩副总理兼任石油工业部部长。3月，第五届全国人大常委会第十七次会议通过康世恩兼任石油工业部部长的任命。

1982年3月，中共中央批准唐克任石油工业部部长、党组书记，张文彬、孙晓风为石油工业部顾问。8月，中共中央批准赵宗鼐任石油工业部副部长、党组成员（列在李敬之前）；宋惠任石油工业部党组成员；阎敦实任石油工业部总地质师。12月，中共中央同意焦力人任石油工业部顾问。

1983年3月，中共中央纪律检查委员会下发《关于健全党的纪律检查系统加强纪检队伍建设的暂行规定》，并决定向石油工业部派驻纪律检查组。中央纪委派驻的纪律检查组在中央纪委直接领导和石油工业部党组指导下进行工作，纪律检查组组长（副组长）列席石油工业部党的领导组织的有关会议。根据中央规定，派驻纪检组的主要工作是：协同党组织检查驻在部门和系统执行中央的路线、方针、政策的情况；检查处理驻在部门和系统重大或复杂的违纪案件；指导驻在部门机关和所属单位党的纪律检查委员会的工作。5月，中共中央同意黄凯任中央纪委驻石油工业部纪律检查组组长。

1985年6月，中共中央决定：王涛任石油工业部部长、党组书记，免去唐克的石油工业部部长、党组书记职务；赵宗鼐任石油工业部党组副书记。12月，中共中央批准周永康任石油工业部副部长、党组成员（列在赵宗鼐之后）。

1986年4月，中共中央批准，调赵宗鼐任中央直属机关党委副书记（常务），免去其石油工业部副部长、党组副书记职务。

1987年7月，中共中央同意，免去焦力人的石油工业部顾问职务；免去张文彬、孙晓风的石油工业部顾问职务，离职休养。8月，中共中央同意金钟超任中央纪律检查委员会驻石油工业部纪律检查组组长；免去黄凯的组长职务。

期间，唐克当选中共第十二届中央委员。王涛当选中共第十三届中央委员。侯祥麟当选中共十二大代表，任第六届、第七届全国政协常委。

一、石油工业部党组领导名录（1978.3—1988.8）

书　　记　宋振明（1978.4—1980.9）[①]
唐　克（1982.3—1985.6）
王　涛（1985.6—1988.8）

副 书 记　张文彬（1978.4—1982.3）
焦力人（1978.4—1982.3）
黄　凯（1978.4—1982.3）
陈烈民（1978.4—1982.3）
赵宗鼐（1985.6—1986.4）

成　　员　孙晓风（1978.4—1982.3）
张兆美（1978.4—1982.3）
侯祥麟（1978.4—1982.3）
阎敦实（1978.4—1982.3）
闵　豫（1978.4—1982.3）
李天相（1978.4—1988.5）
季铁中（1978.4—1982.3）
李欣吾（1978.4—1982.3）
李法兰（女，1978.4—1980.2）
李　敬（1979.3—1988.8）
秦文彩（1979.3—1982.3）
赵宗鼐（1982.8—1985.6）
宋　惠（1982.8—1984.12）
周永康（1985.12—1988.8）

纪检组组长　张文彬（1979.7—1983.4）

中纪委驻部纪检组组长　黄　凯（1983.5—1987.8）
金钟超（1987.8—1988.8）

① 1980年9月至1982年3月，中共中央未任命党组书记。

政治部主任 张兆美（兼任，1978.4—1982.8）

二、石油工业部领导名录（1978.3—1988.8）

部长 宋振明（1978.3—1980.8）
康世恩（兼任，1981.3—1982.3）
唐　克（1982.3—1985.6）
王　涛（1985.6—1988.5）

副部长 张文彬（1978.4—1982.3）
焦力人（1978.4—1982.3）
黄　凯（1978.4—1982.3）
陈烈民（1978.4—1982.3）
孙晓风（1978.4—1982.3）
张兆美（1978.4—1982.3）
侯祥麟（1978.4—1982.3）
阎敦实（1978.4—1982.3）
闵　豫（1978.4—1982.3）
李天相（1978.4—1988.5）
秦文彩（1979.3—1982.2）
李　敬（1979.3—1988.5）
季铁中（1980.1—1982.3）
赵宗鼐（1982.8—1986.4）
周永康（1985.12—1988.5）

总地质师 阎敦实（1982.8—1988.8）

三、石油工业部顾问（1978.3—1988.9）

张定一（1980.1—1982.3）
张文彬（1982.3—1987.7）
孙晓风（1982.3—1987.7）
焦力人（1982.12—1987.7）

四、石油工业部副总工程师（1986.7—1988.8）

李虞庚（正局级，1986.7—1988.8）

第二章　石油工业部机关部门

1978年3月，石油工业部成立。7月，国务院同意石油工业部设立19个部门：政治部、石油科学技术委员会、办公厅、总调度司、地质勘探司、钻井工程司、油田开发司、炼油化工生产司、运销司、计划司、人事教育司、财务司、科技司、外事局、行政司、农副业生产办公室、基本建设局、机械制造局、物资供应管理局。编制800人。同月，石油工业部党组决定恢复部保密委员会，季铁中兼任部保密委员会主任，梁健、吴宗英、翟光明、王守忠、沈晨、秦平为委员。其办事机构设在政治部保卫部。

10月，国务院撤销基本建设工程兵石油化学工业部办公室，成立基本建设工程兵石油工业部办公室，接受基建工程兵和石油工业部双重领导，党组织关系隶属于基建工程兵党委。1980年1月，撤销基建工程兵石油工业部办公室，与基建工程兵化学工业部办公室合并成立基建工程兵石油化工指挥部，隶属基建工程兵，受基建工程兵和石油工业部、化学工业部双重领导，所属部队分别担负石油工业部和化学工业部的施工任务。1981年4月，石油工业部党组成员、副部长张兆美为基建工程兵石油化工指挥部党委委员、常委、第一书记。1983年11月，国务院、中央军委决定撤销基建工程兵石油化工指挥部。

1979年7月，成立石油工业部党组纪律检查组。8月，撤销基本建设工程兵石油工业部办公室，成立基本建设工程兵石油化工指挥部，为军级单位，受基本建设工程兵和石油工业部领导，编制定员100人。

1980年2月，农副业生产办公室改为处级机构，划入办公厅。7月，中央国家机关临时党委同意石油工业部成立机关临时党委会，委员12人。11月，成立石油工业部直属机关工会。

1981年2月，国务院同意石油工业部组织机构进行调整：撤销政治部，其所属直工部改为部机关临时党委的办事机构；干部部改为石油工业部干部司；人事教育司分设为教育司和劳动工资司；行政司并入办公厅。11月，石油工业部决定成立体制改革办公室，主要负责对石油工业的体制改革进行调查研究，草拟方案，以及石油工业产量包干和经济责任制方面的协调工作。任向文任主任，郑浩任副主任。

1982年2月，外事局负责海洋石油对外合作的外事部门人员调入中国海洋石油总公司。8月，根据国务院精兵简政、深化经济体制改革的要求，石油工业部进行机构改革。经国务院批准，石油工业部机关设办公厅、政策研究室、计划司、财务司、石油勘探司、油田开发生产司、钻井司、机械制造司、劳动工资司、教育司、科技司、外事司、干部司、老干部管理局等14个机关部门，编制670人，另设有机关党委和纪律检查组。炼油化工生产司、基本建设局、物资供应管理局、运销司、石油科学技术委员会不列入机关行政编制，并撤销石油工业部直属机关工会。

1983年5月，中纪委决定向石油工业部派驻纪律检查组。7月，经中共中央国务院批准，成立中国石油化工总公司。石油工业部决定：凡分管炼油化工的司局、处室成建制移交给中国石油化工总公司；部机关综合部门分管炼油化工业务的人员划给中国石油化工总公司。12月，设立运销司，行政编制内部调剂解决。

1984年7月，设立审计司，机关行政编制增加13人。

1985年8月，石油工业部成立打击严重经济犯罪活动斗争领导小组，黄凯任组长，李敬任副组长，王正棠、刘忠勇、刘立娜为成员。下设办公室，其日常工作由中纪委驻部纪检组代管。

1986年12月，设立天然气工业司，机关行政编制增加20人，编制合计703人。

1987年2月，石油工业部机关职工总数750人，其中干部640人，工人110人，司局级以上干部72人。8月，设立矿产资源管理组。9月，恢复设立石油工业部机关工会。

截至1988年4月，石油工业部机关设办公厅、政策研究室、计划司、财务司、石油勘探司、油田开发生产司、钻井司、机械制造司、劳动工资司、教育司、科技司、外事司、干部司、老干部局、运销司、审计司、矿产资源管理组、天然气工业司、基本建设局、物资供应管理局、石油科学技术委员会、中纪委驻部纪检组、直属机关党委等23个部门。其中，基本建设局、物资供应管理局、石油科学技术委员会不列入机关行政编制。

1988年8月，国务院批准同意在石油工业部机关机构设置的基础上组建中国石油天然气总公司，并陆续任命部分机关职能部门的主要领导。10月，根据国务院的批复，为适应政企分开的管理体制，中国石油天然气总公司在石油工业部机关的基础上，对机关设置和职能进行调整。

一、政治部（1978.7—1982.8）

1978年7月，石油工业部设立政治部，内设办公室、组织部、干部部、宣传部、保卫部、直工部、工业学大庆办公室等。主要负责各级党的组织和党委核心的管理；基层党团组织建设；党的路线、方针、政策和形势的宣传教育；马列主义、毛泽东思想的系统教育；干部的调配、任免、管理工作。

1981年2月，国务院批准撤销政治部。政治部内设的组织部、宣传部、直工部改为部机关临时党委的办事机构，干部部改为石油工业部干部司；保卫部改为保卫处，划归办公厅领导。

1982年8月，石油工业部机构改革时，政治部正式撤销。

主　　任　张兆美（兼任，1978.4—1982.8）

副 主 任　季铁中（1978.8—1980.8）

　　　　　李法兰（女，1978.8—1980.2）

　　　　　梁　健（女，1978.8—1980.8）

　　　　　徐文野（1978.8—1982.8）

（一）办公室

副 主 任　陈炳骞（1978.8—1981.5）

　　　　　乐秀民（1978.8—1980.9）

（二）组织部

副 部 长　王正棠（1978.8—1980.10）

（三）干部部

部　　长　季铁中（兼任，1978.8—1982.8）

副 部 长　卢义贵（1978.8—1982.2）

　　　　　彭昌忠（1978.8—1982.11）

　　　　　张宽信（1978.8—1982.11）

（四）宣传部

部　　长　徐文野（兼任，1978.8—1982.8）

副 部 长　张江漪（1978.8—1982.8）

（五）保卫部

部　　长　秦　平（1978.8—1980.8）

（六）直工部

部　　长　梁　健（兼任，1978.8—1980.8）

副 部 长　魏绪顺（1978.8—1979.11）

范凤玲（女，1978.8—1980.9）

（七）工业学大庆办公室

副 主 任　陈炳骞（1978.8—1981.5）

乐秀民（1978.8—1980.9）

二、办公厅（1978.7—1988.10）

1978年7月，石油工业部设立办公厅，下设办公室、秘书处、调研室、文书档案处、信访处等处室。主要负责协助部领导组织和协调机关办公，协同各司局，保证党的路线、方针、政策在机关工作中的贯彻执行，完成上级和部领导下达的各项任务，做好为机关服务的有关工作。

具体职责：协助部领导组织有关司局贯彻执行国务院和上级机关有关综合性问题的指示，了解落实情况，负责上报下达；根据部的工作部署，了解各个时期中心工作的贯彻执行情况，协调各司局的工作，帮助解决有关问题；协助部领导，安排好机关工作和各种专业会议，了解司局的工作情况，组织好机关办公；负责部党组会议、部务会议的准备和组织工作，担任会议记录，整理会议纪要，并做好会议决定事项的催办工作，定期向部领导报告；负责起草石油工业部的工作报告和主要文件，部主要领导同志的讲话，以及有关其他重要材料，编辑出版《石油工业通讯》、《石油工业简报》、《部内参阅文件》和《情况反映》；负责部值班室工作，实行二十四小时值班，并检查和协助各司局的值班工作，保证上级指示及时传达、企业情况及时反映，准确地处理好各项工作；

负责部领导的秘书工作，协助处理日常事务和业务，并做好领导的安全工作；按照部的工作部署，进行有关石油工业的政策研究、经济研究和国际情况研究，总结经验，反映情况，提出有关建议；负责人民来信来访工作，会同有关业务部门，按照党的政策妥善处理，对来信来访中反映的重大问题，及时向部领导汇报，并提出处理意见；负责石油工业的新闻报导和国内外展览工作；负责管理部的印鉴，管理机要电报、党内文件、机密资料和刊物，以及部发文的审核和文件、信件、电报的收发、通讯工作；负责部机关的文书档案和技术资料的管理工作，并对厂矿企业的档案管理进行业务指导；负责文件资料的打印和铅印工作，以及报刊、杂志的订阅和分发；完成部领导交办的其他工作。

1980年2月，农副业生产办公室改为处级机构，划入办公厅。

1981年2月，行政司并入办公厅。

1982年8月，石油工业部决定，以办公厅调研室为基础组建政策研究室。

1983年1月，办公厅下设办公室、秘书处、档案管理处、信访处、行政处、房产管理处、房建办公室、绿化环卫办公室、劳动服务公司、保卫处、农副业生产办公室等处室。编制214人，其中工人100人。2月，农副业生产办公室划入政策研究室。

1985年5月，成立办公厅分党委，下设办公室。同月，成立办公厅人事处。6月，成立机关服务公司，为副局级单位。

1987年8月，石油工业部党组对办公厅的业务范围、机构设置进行调整，进一步明确机关服务公司的机构和职责。办公厅主要负责政务、机关文秘工作及司、局日常业务协调；机关服务公司集中管理机关后勤服务工作。同时，撤销办公厅人事处、绿化环卫办公室，劳动服务公司划给机关服务公司领导。机构调整后，办公厅设办公室、秘书处、档案处、信访处、保卫处、保密办、调查研究室（由政策研究室划入）等处室，编制89人。

1988年10月，在石油工业部办公厅的基础上组建中国石油天然气总公司办公厅。

主　　任　王福臻（1982.11—1988.8）

副 主 任　吴宗英[①]（1978.8—1981.7；1987.8—1988.8）

① 1981.7—1987.8 调任国家能源委员会政策研究室副主任。

任学忠（1978.8—1983.1）
展青雷（1979.8—1982.11）
陈炳骞（1981.5—1983.5）
李洪甲（1982.11—1985.1）
陈福成（1982.11—1988.8）
张淮江（1985.3—1987.8）
朱有和（1987.8—1988.8）

顾　　问　甘　宁（1978.8—1983.2）
刘长亮（1980.8—1983.9）
宋　惠（1981.4—1982.8）
章德炎（1981.2—1982.11）

机关服务公司（1985.6—1988.10）

1985年6月，石油工业部党组决定将部机关行政后勤工作实行集中管理，成立石油工业部机关服务公司。隶属办公厅领导，为副局级单位。负责机关行政后勤服务工作，为部属单位来京人员提供生活服务，兴办第三产业。机关服务公司设综合办公室。

1987年8月，机关服务公司设办公室、行政处、房产处、基建处、接待处等处室，编制131人。办公厅所属劳动服务公司划归机关服务公司领导。

1988年8月，中国石油天然气总公司在筹建过程中，将机关服务公司相关管理职能划入新成立的行政事务部，机关服务公司领导陆续被任命为行政事务部领导。10月，中国石油天然气总公司正式成立行政事务部。

经　　理　李培宗（1984.11—1987.8）
朱有和（兼任，1987.8—1988.8）

副 经 理　王廷锦（副局级，1985.4—1987.12）
李培宗（副局级，1987.8—1988.9）
张淮江（副局级，1987.8—1988.9）

调 研 员　王廷锦（副局级，1987.12—1988.12）

三、政策研究室（1982.8—1988.10）

1982年8月，石油工业部设立政策研究室。主要负责政策调研、职工思想政治工作、经济法规建设、企业体制改革以及农副业生产、多种经营等业务，编制30人。

1983年1月，政策研究室下设综合调查研究处、企业管理处、经济法规处、基层政治工作处、办公资料室等处室。2月，办公厅农副业生产办公室划入政策研究室。

1987年8月，政策研究室综合调查研究处划给办公厅。

1988年10月，中国石油天然气总公司成立后，将政策研究室的职能纳入办公厅。

主　　任　康心浩（1987.8—1988.8）

副 主 任　康心浩（正局级，1982.11—1987.8）

温厚文（1982.11—1988.8）

吴宗英（1982.11—1987.8）

总经济师　李维谌（1987.8—1988.8）

调 研 员　张江漪（副局级，1983.9—1987.3）

刘素阁（女，副局级，1984.12—1985.4）

段志高（正局级，1988.1—5）

四、总调度司（1978.7—1982.8）

1978年7月，石油工业部设立总调度司，下设办公室、调度处、综合处、电力通讯处、安全处、运输处等处室。主要负责石油工业生产建设计划的实施，以及日常生产的组织管理和调度工作。

具体职责：按照部确定的年度和季度计划，会同计划司和有关司局安排月度生产计划，搞好生产准备和物资、燃料、动力、劳动力、运输力量的综合平衡，制订实施方案，并督促检查执行；负责日常生产调度指挥工作，及时准确地掌握生产动态，搞好日、旬、月、季度的综合分析，会同有关司局解决存在的问题；负责重点战场生产建设的综合调度运行，与有关司局一起，搞好各个环节的衔接工作，协同组织指挥；负责生产管理工作，检查企业生产指挥系统的工作情况及各项规章制度执行情况，总结交流先进经验，提高生产管理水平；负责油田、管道单位在册设备的管理和调动，检查设备的使用和维修情况，会同有关司局提出专用设备和配件的制造、引进计划，制订平衡分配方案；负责石油企业电力和通讯的管理，参与规划设计、技术引进和订货工作；负责运输公司的生产和管理工作，掌握各油田运输车辆的使用情况，组织好公路、铁路的联运，保证完成重点物资的调运任务；管理石油企业的生产技术安全工作，检查规章制度和安全措施的执行情况，调查处理重大事故；编写石油生产日报、周报、月报，重点探井日报，石油生产建设综合调度月报和生产调度年报；负责组织部生产调度会和全国生产电话会，参加国家经济委员会召开的调度会议。

1978年10月，石油工业部决定将管道局北京通讯总站改为直属单位，由石油工业部领导，业务上受总调度司领导。

1982年，总调度司并入油田开发生产司。

司　　长　秦文彩（1978.8—1979.12）
　　　　　　张鸿飞（1979.12—1981.5）

副 司 长　肖玉昆（1978.8—1982.8）
　　　　　　王福臻（1978.8—1981.7）
　　　　　　关祯元（1978.8—1982.8）
　　　　　　李国玉（1978.8—1979.12）
　　　　　　白世荫（1978.8—1982.8）
　　　　　　王镜心（1979.8—1982.11）

五、计划司（1978.7—1988.10）

1978年7月，石油工业部设立计划司，下设办公室、长远计划处、基建计划处、生产计划处、综合利用环境保护处、统计处等处室。主要负责组织和编制石油工业生产、基本建设计划，搞好综合平衡，管理统计工作和环境保护工作。

具体职责：编制石油工业的长远发展规划、五年计划、年度生产建设计划和季度生产计划，对有关司局编制的物资、劳动、财务等计划进行综合平衡；合理安排石油工业勘探、开发、炼油、管道、机修、科研、文教等方面发展的比例关系，搞好原油分配和产、炼、储、输、运等环节的综合平衡，以及与外部的协作配合；研究石油工业布局，制订建设方案，编报和组织审批建设项目的计划任务书；安排好原油和成品油的出口计划，编制石油工业引进新技术和成套设备计划，搞好外汇平衡；配合有关司局，经常分析计划执行情况，抓住主要矛盾和薄弱环节，采取相应措施，促进国家计划的完成和超额完成；按照国家关于环境保护的方针和政策，同有关司局一起，制定石油工业的环境保护条例，编制以消除“三废”为主要内容的综合利用规划，并组织实施；管理石油工业的统计工作，组织编制石油工业统计年报和有关统计报表，及时准确地提供统计资料，归口管理统计报表和对外的主要统计数字。

1983年1月，计划司下设办公室、长远规划处、基建计划处、生产计划处、统计处、环境保护处等处室，编制35人。4月，计划司分管炼油计划、规划、统计和环境保护的部分人员划给中国石油化工总公司。

1988年10月，在石油工业部计划司的基础上组建中国石油天然气总公司计划部。

司　　长　王守忠（1978.8—1981.7）
　　　　　　任向文（1981.9—1982.11）
　　　　　　周庆祖（1982.11—1988.10）
副 司 长　蔡述圣（1981.4—1985.12）
　　　　　　胡汉滨（1978.8—1979.1）
　　　　　　张鸣治（1978.8—1982.2）
　　　　　　周庆祖（1980.12—1982.11）
　　　　　　杨承志（1987.5—1988.8）
　　　　　　朱秉刚（1984.8—1988.8）
总经济师　吴康玉（吴康圉，1984.8—1985.12）
　　　　　　潘明方（1987.5—1988.8）
顾　　问　王守忠（1983.5—1984.12）

六、财务司（1978.7—1988.10）

1978年7月，石油工业部设立财务司，下设办公室、一处、二处、综合处、国外处等处室。主要负责石油工业的财务工作。坚持勤俭办企业的方针，贯彻国家有关财政金融政策法令，从生产出发，管好各项资金，不断降低成本，增加盈利。

具体职责：按照财务工作要为生产建设服务的原则，制订和贯彻石油工业财务工作条例以及各项财务管理、会计、成本核算制度，开展经济核算，加强财务管理，督促有关经济合同的正确执行；配合有关部门，加强各项经济技术指标的管理，抓好石油企业利润、成本、资金三项指标的完成，根据有关规定实行企业基金和利润留成办法，并加强管理；组织搞好生产、基建、施工、供销、文教、设计、科研等单位各项资金的平衡调度，管好银行贷款和财务结算，编制和审查石油企事业单位财务计划（预算）和月、季度会计报表、年终决算报告；加强有关财务成本的定额管理，抓好各项费用开支标准的制订和执行，安排好企业生产流动资金、基建储备资金和银行信贷资金；配合有关司局搞好清产核资，加强固定资产和器材的管理，搞好固定资产和材料的核算，和供应局共同审批器材的报废、削价处理，办理固定资产调拨、报废手续；加强价格管理，制订石油产品、石油机械产品和油气管输收费价格，研究产品价格、成本以及国内国外比价情况，合理调整价格，促进生产的发展；参加与外商谈判，做好贸易外汇、非贸易外汇、外汇贷款的管理和结算。搞好利用外资勘探开发石油的有关财务工作，加强经济效果分析，配合外事局搞好对外贸易合同的签订；正确执行国家税法，并积极提出改进意见，搞好国内税收和涉外税收工作；管好用好更新改造资金、大修理基金和油田维护费等各项专用基金，以及科技三项费用、油田维护费等，充分发挥经济效果，严格财经纪律，加强社会集团购买力的管理，搞好在京单位社会集团购买力的审批，节约非生产性开支；认真贯彻执行国务院颁发的《会计人员职权条例》，建立健全总会计师制度，充分发挥各级财会人员的作用。

1983年1月，财务司设供销事业财务处、生产财务处、基建财务处、监察审计处、综合处等处室，编制30人。

1986年3月，财务司成立外事财务处，编制由内部解决。4月，财务司分管炼油生产、基建财务的部分人员划转中国石油化工总公司。

1988年10月，在石油工业部财务司的基础上组建中国石油天然气总公司财务部。

司　　长 胡汉滨（1982.11—1988.9）
副 司 长 陈敬业（1978.8—1985.1）
徐会祥（1978.8—1983.5）
李长林（1979.6—1988.8）
高润清（1987.5—1988.8）
总会计师 李长林（1978.9—1979.6）
陆寿椿（1987.5—1988.8）
顾　　问 王凤来（1978.8—1979.10）

七、地质勘探司—石油勘探司（1978.7—1988.10）

1978年7月，石油工业部设立地质勘探司，下设办公室、地质处、地球物理勘探处、测井工艺处等处室。主要负责石油、天然气勘探的规划、部署、实施和技术管理工作，增加石油和天然气储量。

具体职责：组织制订全国石油、天然气勘探的长远规划，年度和战役部署，协同总调度司组织实施；掌握全国石油地质、地球物理和试油工作的动态和成果，准确了解和综合分析重点探区、重点探井情况，及时调整勘探部署；协同有关司局，抓好石油勘探的生产工作，督促完成年度新增石油和天然气的地质储量任务，并做好审定和管理工作；协同外事局做好外商承包石油勘探的技术谈判，研究签订承包合同，组织好配合工作，并监督执行情况；加强石油勘探的技术管理，建立健全石油地质、地球物理、试油方面的各项规章制度和操作规程，制定有关技术政策和技术标准，不断提高各项勘探资料的齐全准确度及勘探工作质量；协同有关司局编制石油勘探技术发展规划，提出石油地质、地球物理、试油方面的国外新技术引进、考察计划和分配方案，及时总结、交流科研新成果，推广新工艺、新技术；协同有关司局制定石油勘探队伍和装备的发展规划，参与编制石油地质、地球物理、试油方面专用器材、设备和配件的需用计划，并提出分配意见。

1982年8月，地质勘探司更名为石油勘探司。

1983年1月，石油勘探司设办公室、勘探处、测井处、试油处、综合处等处室，编制35人。

1988年10月，在石油工业部石油勘探司的基础上组建中国石油天然气总公司勘探部。

司　　长　翟光明（1978.8—1987.6）
　　　　　邱中建（1987.6—1988.9）
副 司 长　张邦杰（1978.8—1985.6）
　　　　　程守礼（1978.8—1983.4）
　　　　　王镜心（1982.11—1984.8）
　　　　　李国玉（1979.12—1987.8）
　　　　　查全衡（1984.8—1988.8）
　　　　　王慎言（1985.5—1987.8）
　　　　　张文昭（1987.8—1988.8）
总地质师　翟光明（1978.8—1982.11）
总工程师　陆邦干（1978.9—1988.8）

八、钻井工程司—钻井司（1978.7—1988.10）

1978年7月，石油工业部设立钻井工程司，下设办公室、钻井工艺处、钻头钻具处等处室。主要负责钻井工程管理工作，制定钻井技术政策，推广钻井新技术，不断提高钻井速度和质量，并协同总调度司，抓好钻井生产。

具体职责：参与编制全国石油钻井的长远规划和年度、季度计划，提出钻井队伍和装备的发展规划，协同有关司局组织实施；掌握重点地区的钻井动态，及时了解重点探井、新技术试验井的工程情况，帮助解决钻井生产技术中存在的问题；大力推广优质轻泥浆、高效率钻头、高压喷射等三大钻井技术，组织好装备配套和技术培训工作，总结交流先进经验，不断提高钻井工艺技术水平；加强钻井工程的生产管理、技术管理和经济管理，针对不同地区的地质情况，制定钻井工程质量标准和技术操作规程，建立和健全管理制度，抓好均衡生产，提高钻井工效，降低钻井成本，并组织好各油田和钻井队生产技术指标的评比，每季通报公布一次；参与编制全国石油钻井专用管材、仪器、器材和工具的需用计划，提出分配方案，并协同有关司、局搞好钻井装备的标准化、系列化、通用化；掌握国外钻井技术的发展动向，提出钻井新工艺、新设备、新材料的引进计划和分配意见，并检查推广、使用情况。

1982年8月，钻井工程司更名为钻井司。1983年1月，钻井司下设办公室、钻井工艺处、生产管理处、泥浆处等处室，编制25人。

1988年10月，在石油工业部钻井司的基础上组建中国石油天然气总公司钻井司。

司　　长　屈清华（1979.8—1980.6）
　　　　　　张鸿飞（1981.5—1988.8）
副 司 长　李荣藻（1978.8—1988.8）
　　　　　　王关清（1978.8—1988.8）
　　　　　　李克向（1982.11—1988.9）
总工程师　李克向（1978.9—1982.11）

九、油田开发司—油田开发生产司（1978.7—1988.10）

1978年7月，石油工业部设立油田开发司，下设办公室、地质处、采油采气工艺处、油气田管理处、生产处等处室。主要负责油气田开发的规划、部署和技术管理工作，不断提高开发技术水平，搞好稳产高产。

具体职责：协同地质勘探司，管理石油、天然气的储量，并负责油气田储量的最后核实，可采储量的核定，上报储量的归口；组织编制油气田开发的长远规划和年度、季度的开发部署，掌握新油气田的勘探情况，协同地质勘探司抓好油气田的详探，并做好开发准备工作，组织审定油气田开发方案和调整方案，搞好油气田生产能力的核定；搞好油气田生产安排，做好年度、季度的配产配注工作，根据生产需要提出有关装备分配意见，并协同有关司局组织实施，抓好当年原油、天然气生产；根据部制定的油气田开发方针，拟定油气田开发技术政策和技术标准，审定技术方案，根据油气田开发中的关键问题，提出科研课题，并会同有关司局组织攻关，进行技术交流，参加技术鉴定，推广新技术，掌握国内外油气田开发和采油工艺技术发展动向，提出引进新技术、新装备的计划和分配意见，并掌握使用情况；抓好油气田的生产管理、技术管理、经济管理，制定队伍及装备发展规划，不断改善劳动组织，完善管理体制和各种制度，提高开发效果，降低成本，降低消耗，提高劳动生产率。

1982年8月，油田开发司更名为油田开发生产司。

1983年1月，油田开发生产司设办公室、安全生产调度处、设备管理处、油藏工程处、油气田管理处、采油工艺处等处室，编制55人。

1986年3月，油田开发生产司成立油田开发规划发展处，编制由内部解决。8月，成立安全技术处，定编5人。

1988年10月，在石油工业部油田开发生产司的基础上组建中国石油天然气总公司开发生产部。

司　　长　谭文彬（1978.8—1988.8）
副 司 长　郑　浩（1982.11—1985.1）
　　　　　　贾金会（1978.8—1985.2）
　　　　　　万仁溥（1985.3—1988.8）
　　　　　　曲广玲（女，1978.8—1980.10；1985.1—1988.8）
　　　　　　白世荫（1982.11—1988.8）
总地质师　谭文彬（1978.8—1988.10）
　　　　　　王乃举（1985.3—1988.8）
总工程师　万仁溥（1983.12—1985.3）

十、炼油化工生产司（1978.7—1983.7）

1978年7月，石油工业部设立炼油化工生产司，下设办公室、综合调度处、生产技术处、产品质量处、机动处、油田化学处等处室。主要负责组织全国炼油企业和部属石油化工厂的生产、管理和技术发展工作，完成国家规定的石油、化工产品生产任务。

具体职责：参与编制全国炼油工业长远规划和年、季、月度生产计划，配合有关司局搞好产、运、销衔接，并组织实施，加强炼油生产调度和技术管理，定期检查企业生产情况，帮助解决有关问题；会同有关司局，组织编制老厂挖潜、革新、改造计划，并组织贯彻执行，参与制定新厂的布点、建设方案和设计审批工作，并组织开工投产；负责石油产品品种和质量管理，参与制定石油产品规格标准，监督检查执行情况，建立和健全质量管理制度，落实提高产品质量的措施，发展新品种，赶超世界先进水平；管理军用油品和石油新型材料的研究、试验、试制和生产工作，担负国产航空、舰艇油料鉴定委员会秘书组的日常工作；负责管理油田化学产品的生产，配合有关司局编制生产计划，安排生产任务；参与制订炼油科技发展规划，提出国外先进技术的考察和引进计划，组织新工艺、新技术的试验、推广，不断提高炼油技术水平；负责所属企业设备、动力、仪表的管理，编制主要生产装置的大修计划，抓好设备维修、炼厂机械修造和网点配件生产，并配合有关司局搞好生产所需材料、设备的供应和分配工作；抓好炼油化工企业的综合利用，参与制定消除“三废”的具体措施，搞好环境保护工作。

1982年8月，石油工业部机构改革时，炼油化工生产司暂时保留，但不列入机关行政编制。

1983年3月，炼油化工生产司设办公室、机动处、调度处、技术处、产品质量处、安全处、新型材料处、化工处、企业管理处等处室，编制37人。7月，炼油化工生产司整建制划转中国石油化工总公司。

司　　长 薛秀川（1978.8—1983.7）

副 司 长 李　风（女，1978.8—1983.2）

陈宜焜（1978.8—1982.11）

侯芙生（1980.7—1983.7）

总工程师 朱吉仁（1978.9—　　）

顾　　问 任向文（1978.8—1981.9）

十一、运销司（1978.7—1988.10）

1978年7月，石油工业部设立运销司，下设调度处、分配处、储运处等处室。主要负责组织管理全国原油和石油产品的分配和运输工作。

具体职责：根据石油工业的生产计划，负责编制年、季、月度的石油运输计划，与交通部、铁道部、管道局密切配合，制定合理的运输方案；抓好运输调度，掌握油田、炼厂、管道、铁路、水运各环节的运输情况，及时分析处理各种矛盾，搞好产运销衔接，以保证和促进石油生产的发展；根据国家计划的安排，加强与商业部、物资总局的联系，搞好汽、煤、柴、润滑油四种产品和烧油资源、天然气、液化气的产需平衡，并配合外贸等有关部门，组织原油和石油产品的出口货源和运输工作，督促检查经济合同的执行情况；负责编制部管石油产品分配计划，做到保证重点，择优供应，管供管用，促进生产；调查了解油田、炼厂储运设施情况，提出搞好储运配套，不断扩大综合能力的建设，适应生产发展的需要；参与直供石油企业的自备铁路机车和车辆的分配、调拨及检修工作，提出引进国外先进储运设备的计划和分配意见，抓好油罐、油槽车的标定和外销原油计量的管理工作；负责直供石油企业自用汽、煤、柴、润滑油的计划编制、申请、分配和管理工作；负责部属战备油库的管理工作。

1982年8月，石油工业部机构改革时，运销司暂时保留，但不列入机关行政编制。

1983年12月，国务院批准石油工业部保留运销司，运销司恢复列入机关行政编制，下设调度处、综合处、储运处、分配处、办公室等处室，所需人员在部现有行政编制内调剂解决。

1988年10月，在石油工业部运销司的基础上组建中国石油天然气总公司经营销售部。

司　长　李景新（1978.8—1984.2）
孙延祯（1984.2—1988.10）

副 司 长　孙延祯（1978.8—1984.2）
高喜发（1984.2—8）
梁高才（1984.2—1988.8）
杨景民（1987.5—1988.8）

十二、机械制造局—机械制造司（1978.7—1988.10）

1978年7月，石油工业部设立机械制造局，下设办公室、生产调度处、生产技术处、装备处、制管处、综合计划处、工厂管理处等处室。主要负责组织石油技术装备、工具、零部件、钢管的生产，以及部属机械厂、仪表厂、钢管厂的管理工作。

具体职责：根据石油工业长远发展规划，归口编制石油装备规划和机械制造的长远发展规划，协同有关司局搞好石油专用装备部内外的综合平衡，逐步做到按专业化协作原则组织生产；负责编制机械制造的年度、季度生产计划，抓好生产准备，加强生产调度，组织均衡生产，完成各项机械产品的制造任务；负责编制并上报机械制造的原材料计划，协同供应局提出机械制造的其他物资计划，组织召开机厂“五对口”会议，搞好综合平衡，安排好订货工作；加强机械产品的质量管理，建立健全质量标准，严格质量检验和技术责任制度，不断提高产品质量，提供优质的石油技术装备、工具和零部件；根据石油工业发展的需要，会同有关司局，制定各机械厂、仪表厂、钢管厂的基本建设计划，技术措施计划，以及劳动、财务计划，协助安排好各项工作，不断扩大机械制造能力；积极推广国内外机械制造、仪器仪表和制管方面的新工艺、新技术、新材料，参与提出引进国外石油机械装备和新技术项目，组织好新产品试制、仿制和鉴定等工作，不断提高机械制造的技术水平；加强机械制造企业的管理，建立健全各项规章制度，实行经济核算，开展经济活动分析，实行优质优价，提高管理水平；协同科技司编制机械制造的科研规划，组织机械制造科研单位搞好科研工作，逐步实现产品的标准化、系列化、通用化；会同有关司局，协助主要石油企业，加强所属机械厂的管理，统筹安排制造和大修任务，充分挖掘潜力，发挥其作用。

1982年8月，机械制造局更名为机械制造司。1983年1月，机械制造司下设办公室、计划规划处、工厂管理处、技术引进处、生产调度处、装备科研处等处室，编制30人。

1988年10月，在石油工业部机械制造司的基础上组建中国石油天然气总公司装备部。

（一）机械制造局（1978.7—1982.8）

局　　长　詹　石（1978.8—1983.12）

副 局 长　杨永贵（1978.8—1983.12）

陈泽轩（1978.8—1983.12）

张德禄（1978.8—1983.12）

王有常（1979.6—10）

总机械师　安锦高（1978.9—1987.11）

（二）机械制造司（1982.8—1988.8）

司　　长　陈泽轩（1983.12—1988.8）

副 司 长　杨永贵（1983.12—1988.8）

张德禄（1983.12—1988.8）

张文学（1984.11—1988.8）

十三、基本建设局（1978.7—1988.10）

1978年7月，石油工业部设立基本建设局，下设办公室、综合计划处、调度处、企业管理处等处室。归口管理油气田、炼油厂、输油输气管道、机械厂和科研文教基地的建设工作，负责施工安排、试车投产、竣工验收等工作。

具体职责：参加编制石油工业基本建设的长远规划和年度、季度计划，参与建设方案审查和设计文件审批工作，组织编制审查重点工程施工组织设计，负责审批、下达直属施工企业的年、季度计划，并督促实施；根据年度建设计划，参加成套设备预安排、订货和“五对口”、“三落实”工作，安排好施工力量，提出材料、设备和施工装备的分配意见，并配合有关部门，努力做到配套供应，送货到现场；对列入计划的建设项目，会同有关部门，抓好施工前的准备，负责基建调度，掌握工程动态，搞好衔接运行，确保完成投资和实物工程量；加强工程质量管理，坚持质量第一、好中求快的原则，制定工程质量标准，严格责任制定和验收制定，把进度和质量统一起来，做到工程按期完成、质量优良、配套投产；负责工程技术管理工作，组织编制施工技术规程、规范，建立健全技术专责制，以工厂化、预制化、机械化施工为重点，制定施工科研、双革规划，组织技术攻关，推广国内外先进经验，提高施工技术水平；加强施工企业的经济管理，组织编制施工定额，抓好经济核算，坚持实行概算、预算、决算制度，降低施工成本，提高施工效率；负责石油工业成套引进工程项目的建设，参与有关考察、谈判、签订合同等工作，检查合同执行情况；会同有关部门，负责基本建设需要的设备、材料以及施工机具的引进工作，并提出分配意见。

1980年6月，经国务院批准，石油工业部、对外经济贸易部决定，成立中国石油工程建设公司，与石油工业部基本建设局实行一套机构两块牌子。基本建设局行使行政职能；中国石油工程建设公司是独立的经济实体，负责管理石油工业部施工企业和对外承包工程的工作。

1982年8月，基本建设局不再列入石油工业部机关行政编制。

1988年10月，在石油工业部基本建设局的基础上成立中国石油天然气总公司基建工程部。

局　　长　单永复（1978.8—1988.8）

副 局 长　刘忠勇（1978.8—1982）

叶忠贵（1978.8—1983.4）

胡象尧（1978.8—1984.2）

刘少男（1978.8—1984.12）

孙柏诚（1978.8—1979.5）

徐世广（1978.8—1988.8）

郝景玉（1978.8—1988.9）

李芳百（1980.7—1988.9）

总工程师　李芳百（1978.9—1988.9）

十四、行政司（1978.7—1981.2）

1978年7月，石油工业部设立行政司。主要负责部机关的行政管理和生活服务工作，组织在京直属单位有关的行政事务工作，协助石油企业解决有关的行政事务问题。下设办公室、行政处、接待处、房产管理处等处室。

具体职责：负责部机关的行政管理和后勤保障工作，加强机关经费管理，供应办公用品，搞好车辆管理和办公楼的服务工作，维护办公楼的秩序，保证机关正常办公；搞好部机关的生活服务工作，办好机关食堂，保证供水、供电、供暖，办好医务室、幼儿园、澡堂和理发室等集体福利事业；负责部机关办公用房和职工宿舍的建设、管理、维修和分配，会同有关司局搞好部机关和在京直属单位房屋建设的统一规划，统一申请和分配建设指标，有计划地改善职工居住条件；负责接待工作，办好招待所，安排好部批准召开的会议的食宿交通，做好基层单位来部办事人员的接待工作；协助企业办理有关事务工作，帮助来京人员解决临时发生的有关问题；负责部机关的人防工事施工和维护管理，组织在京直属单位搞好人防工程计划、施工检查、质量验收和经验交流；组织机关职工参加农副业生产劳动，办好机关牧场。

1981年2月，行政司并入办公厅。

司　　长　张鸿飞（1978.8—1979.12）
副 司 长　张　钦（1978.8—1981.2）
　　　　　　李洪甲（1978.8—1981.2）
顾　　问　章德炎（1978.8—1981.2）

十五、农副业生产办公室（1978.7—1980.2）

1978年7月，石油工业部设立农副业生产办公室。主要负责组织石油企业的农林牧副渔业生产，搞好社会主义新型矿区，抓好家属队伍建设。

具体职责：负责制订石油企业农副业长远发展规划和年度生产计划，深入基层，调查研究，及时总结交流经验，搞好农副业生产的经营管理，提高劳动生产率；抓好农业机械化，组织石油企业自力更生搞好农机具配套，加强管理和使用，并会同有关司局，帮助企业解决一部分急需的农业机械和化肥，加快农业现代化的步伐；抓好农副业生产的科研工作，组织农林牧副渔各行各业的科学试验，推广国内外新的耕作和饲养技术，逐步实现科学种田、科学管理、科学饲养，实现高产稳产；按照"工农结合，城乡结合，有利生产，方便生活"的方针，逐步完善老油田的矿区建设，做到布局合理、设施配套，搞好新油田的矿区规划，在油田开发的同时，搞好农副业生产，在有条件的石油企业积极组织农工商联合企业的试点，总结经验，逐步推广；抓好职工家属队伍建设，充实、健全家属组织管理机构，加强政治思想工作，组织家属学政治、学文化、学科学技术，积极参加集体生产劳动，充分发挥家属在农副业生产中的主力军作用。

1980年2月，农副业生产办公室划入办公厅。

主　　任　李法兰（兼任，女，1978.8—1980.2）

副 主 任　王廷锦（1978.8—1980.6）

十六、物资供应管理局（1978.7—1988.10）

1978年7月，石油工业部设立物资供应管理局，下设办公室、调度处、管理处、配件处、钢材处、设备处、国外订货处、非金属材料处等处室。主要负责部直属直供企业事业单位所需生产资料的申请、分配、调拨和各项物资的管理工作。9月，正式启用"石油工业部物资供应管理局"印章。

具体职责：根据国家批准的生产建设计划，按照"五统一"的物资管理体制，负责编制年度物资申请计划，统一归口向上级和各部申请物资，并做好争取资源、组织订货、成套供应、对外加工等工作；负责对部直属直供的企业事业单位分配物资，与有关司局共同召开"五对口"会议，进行综合平衡，下达物资分配指标，并负责研究处理直属直供单位需要地方供应物资的有关问题；根据石油工业的长远发展规划，参加编制石油长远供应规划及器材预安排，会同有关部门编制新产品的试制和试用计划；参与制定部属机械厂的生产计划，组织好有关订货工作，并负责产品分配；负责进口材料、设备等的一般贸易及有关专项订货，组织进口物资验收和对外索赔工作；加强物资的供应调度，组织现场办公，服务到基层，对企业事业单位的库存物资进行平衡调度；抓好物资使用和管理，负责组织企事业单位进一步健全送料制度，做到送料到现场，搞好物资库存的核定、清库、利库，修旧利废，以及钢材、木材、有色金属的节约工作，落实节约措施；负责管理部属供应办事处和直属仓库的工作。

1982年8月，物资供应管理局不再列入石油工业部机关行政编制。

截至1987年2月，物资供应管理局职工总数98人。

1988年10月，中国石油天然气总公司成立后，在物资供应管理局的基础上成立中国石油物资公司。

局　长　张振海（1978.8—1983.12）

　　　　　郑　浩（1985.1—1987.8）

副局长　夏培清（1978.8—1982.8）

　　　　　徐杜周（1978.8—1984.12）

　　　　　刘子明（1978.8—1988.9）

十七、人事教育司（1978.7—1982.8）

1978年7月，石油工业部设立人事教育司，下设办公室、劳动组织处、劳动工资处、学校教育处、技术培训处等处室。主要负责劳动工资、技术培训、职工教育、学校教育和劳动保护工作。

具体职责：根据石油工业生产发展的需要，负责编制石油行业劳动工资中长期发展规划和年度计划并组织实施；负责劳动力的平衡调配，以及在京直属单位的工人管理工作；研究企业的管理体制，审批企业和在京直属单位的组织机构和定员标准，组织制定劳动定额，加强定额管理，改善劳动组织，挖掘企业的劳动潜力，提高劳动生产率；组织制定工资、奖励和各种津贴制度，修订各类工人的技术标准，管理职工升级、转正定级和工资基金等工作；督促企业贯彻执行国家关于职工退职、退休、死亡、医疗、职业病等劳动保险待遇的规定，并检查执行情况；负责石油工业劳动统计工作，分析劳动管理情况，提出改进意见；抓好工人技术培训和技术考核工作，不断提高工人技术素质，协助有关部门搞好引进项目和新建厂所需技术工人的培训工作；大力发展石油技工学校，搞好石油技工学校的规划、招生安排和管理工作，提高教学水平；负责管理石油院校工作，拟定院校的发展规划、招生计划、专业设置及布点方案，组织编制教学计划和教学大纲，拟定专业教材的出版规划并搞好教材编审工作，抓好师资培训，提高教学质量，壮大教师队伍，并会同科技部门编制石油学院的科研计划，协助计划部门安排好院校的建设工作；抓好职工教育，组织部属企业办好七二一大学、广播电视大学、业余学校、短训班等，组织经验交流，提高职工文化技术水平；协助主要油气田逐步完善从小学、中学到大学的教育体系，经常了解矿区中小学的情况，研究提高教育质量的措施，处理有关问题；负责劳动保护工作，组织研究改进劳保用品，掌握劳保用品的管理和使用情况，拟定保健标准和发放办法，掌握公费医疗范围、标准和使用情况，管理部直属和直供单位的工业卫生和职业病防治工作。

1980年，人事教育司设办公室、高等教育处、职工教育处、中等技术教育处、劳动组织处、劳动工资处等处室。

1981年2月，国务院批准石油工业部人事教育司分设为教育司和劳动工资司。1982年8月，石油工业部机构改革时，人事教育司正式分设为教育司和劳动工资司。

司　　长　王志成（1978.8—1982.11）
副 司 长　王者春（1978.8—1982.11）
　　　　　　康书丛（1978.8—1982.11）
　　　　　　师尚义（1978.8—1982.11）
　　　　　　连庆溥（女，1979.8—1981.2）
顾　　问　雷　振（1978.8—1981.2）

十八、劳动工资司（1982.8—1988.10）

1981年2月，国务院批准石油工业部人事教育司分设为教育司和劳动工资司。1982年8月，石油工业部机构改革时，人事教育司正式分设为教育司和劳动工资司，并于11月任命康书丛和师尚义为劳动工资司副司长。

劳动工资司主要职责：负责编制石油行业劳动工资中长期发展规划和年度计划；负责制定行业劳动用工、工资分配和劳动保险方面的政策，并组织落实；搞好石油行业劳动工资的宏观调控，主要是用工总量和机构规格的调整，审查机构设置与定员编制，安排好工资的合理增长；建立和培育石油行业劳务市场，组织好国内外劳动力流动的协调服务；组织制定石油行业劳动定员定额标准，指导企业搞好定员定额工作；负责石油行业职工的社会保险和劳动统计工作；组织制定石油行业各工种（岗位）规范标准，指导企业办好技工学校及在岗工人的培训工作；负责制定石油行业劳动卫生标准、制度，以及劳动卫生的监督检查工作。

1983年1月，石油工业部决定，劳动工资司下设综合处（劳保卫生办公室）、劳动组织处、技工培训处、劳动工资处等处室，编制30人。

1988年10月，在石油工业部劳动工资司的基础上组建中国石油天然气总公司劳动工资部。

司　　长　唐克伦（1984.8—1988.8）
副 司 长　康书丛（1982.11—1988.9）
　　　　　　师尚义（1982.11—1985.4）
　　　　　　陈　耕（1985.4—1988.8）

十九、教育司（1982.8—1988.10）

1981年2月，国务院批准石油工业部人事教育司分设为教育司和劳动工资司。1982年8月，石油工业部机构改革时，人事教育司正式分设为教育司和劳动工资司，并于11月任命王者春和陈鸿璠为教育司副司长。

教育司主要职责：负责本部所属高等院校、中等专业学校以及所属企事业单位中小学及幼儿园教育、职工培训、出国留学选派和外语培训工作；负责编制石油教育和职工培训长远发展规划；组织制订石油高等院校和中等专业学校教育事业发展规划和年度招生计划，以及专业设置和审批，组织教学计划、教学大纲和统编教材的制订、编写等项工作；组织教学评估改革和经验交流，培养师资队伍；负责直属院校的基本建设长远规划和投资（含教学设备的购置）；负责高中等职业教育院校教师系列高级职称评聘工作；配合干部部门做好直属院校毕业生分配工作。

1983年1月，石油工业部决定，教育司下设办公室、高教处、中教处、职工教育处等处室，编制25人。

1987年2月，教育司设办公室、高等教育处、职工教育处、综合处等处室。

1988年10月，在石油工业部干部司和教育司的基础上组建中国石油天然气总公司人事教育部。

司　　长　王者春（1983.6—1985.12）
代理司长　赵国珍（1986.4—1988.8）
副 司 长　王者春（1982.11—1983.6）
　　　　　陈鸿璠（1982.11—1988.8）
　　　　　张宽信（1985.12—1988.10）
　　　　　尹道墨（1986.4—1988.10）

二十、科技司（1978.7—1988.10）

1978年7月，石油工业部设立科技司，作为主管石油科学技术的职能部门和部科技委员会的办事机构。下设办公室、油气田科研处、炼化科研处、科研条件处、综合计划处等处室。全面规划石油工业科学技术的发展，归口管理科学技术工作和群众性的科学实验活动。

具体职责：根据石油工业发展的需要，参照国外石油科学技术发展动向，组织编制石油科学技术发展规划，制订长远和近期的奋斗目标，有计划、有步骤地赶超世界先进水平；从我国石油工业的实际出发，总结自己的经验，学习国外先进经验，会同有关司局组织制定石油勘探、开发、炼油、管道建设等方面的科学技术政策，经部科技委员会审定后，组织贯彻执行；根据部科技委员会的部署，协助有关部门编制石油科学技术队伍的发展规划，明确各类人员的培养方向，提出培养目标和措施，造就一支又红又专的石油科技队伍；管理部直属研究院、所和一批重点研究院、所，指导企业科学研究工作，确定重大科研课题，归口下达科研计划，协调科研工作，会同有关司局组织科研成果的鉴定和推广；负责科研三项费用、科技专项外汇、科研器材、仪器、装备的申请、分配，会同供应局、制造局提出科研物资的需要计划、引进计划和科研装备的研制计划，并组织落实，检查使用情况；与国家标准总局对口，归口管理石油工业标准化工作，会同有关司局，组织制定有关石油工业产品的国家标准和部级标准，报请上级机关颁发执行；组织编制计量研究的规划、计划，并检查执行情况，协同有关司、局，抓好石油工业的计量工作，开展计量方法的研究，制定计量标准，加强计量管理；协同各业务司局了解新技术推广和技术革新工作情况，负责向国家经济委员会申报新技术推广计划和执行情况；归口管理重大科技成果和发明创造的鉴定和奖励，协同有关司局了解和总结群众性技术革新成果，制订新技术推广计划，并检查执行情况；负责组织国际学术交流活动，组织制订出国科技考察、科研人才引进等计划，会同外事局组织实施，并协助有关部门做好科研人员的出国进修培训工作；协助石油学会和国家科委专业组等机构，开展有关石油工业的科学研究、学术交流及科学普及等工作。

1983年1月，科技司下设办公室、综合计划处、油田科研处、炼油化工科技处、标准条件处等处室，编制35人。4月，炼油化工处全部、综合计划处及标准条件处部分人员划转中国石油化工总公司。

1988年10月，在石油工业部科技司的基础上组建中国天然气总公司科技发展部。

司　　长　沈　晨（1978.8—1982.11）
　　　　　　金钟超（1982.11—1987.8）

副 司 长　蒋其垲（蒋其凯，1978.8—1988.8）
　　　　　　吕寿斌（1978.8—1984.1）

高光鉴（1979.6—1982.10）
金钟超（1980.4—1982.11）
史训知（1985.5—1988.6）

二十一、石油科学技术委员会（1978.7—1988.10）

1978年7月，为适应石油工业生产建设和科学技术发展的需要，国务院批准石油工业部设立石油科学技术委员会，由51名委员组成。

1982年初，根据情况变化，对部分委员进行调整，委员增加到77人。“六五”（1981—1985）期间，石油科学技术委员会在部党组的领导下，在制订石油工业科技发展规划、审定石油工业科技政策、论证和确定重大科技攻关项目、勘探部署、开发方案、评定科技成果等方面，做了许多工作。8月，石油工业部机构改革时，石油科学技术委员会继续保留，但不作为部职能机构。

1986年4月，石油工业部党组对石油科学技术委员会的性质和组成进行调整。调整后的石油科学技术委员会是为部党组、部科技领导小组制定石油工业经济发展战略、科技发展规划的咨询机构。委员实行聘任制，任期三年。侯祥麟任主任委员，阎敦实、翁文波、翟光明、朱亚杰、梁翕章、邹明、李德生、秦同洛、安锦高、王守忠、史训知等11人任副主任委员，委员88人，总数100人。

1988年10月，石油工业部石油科学技术委员会更名为中国石油天然气总公司科技委员会，设在科技发展部。

主　　任　侯祥麟（兼任，1980.12—1982.8）
副 主 任　刘　南（1979.12—1982.8）
翁文波（1981.9—1982.8）
赵宗燠（1981.9—1982.8）

二十二、外事局—外事司（成套技术引进公司）（1978.7—1988.10）

1978年7月，石油工业部设立外事局，主要负责组织石油工业的对外科技合作、技术交流、技术引进、经济合作，以及有关国际会议等外事工作。

具体职责：组织与国外石油公司进行石油勘探开发的工作，搞好调查研究、联络、谈判、签订协议和合同，并会同有关单位组织实施；负责编制对外科技交流、科技合作、引进人才、参加国际会议等各项计划，并组织执行，会同有关司局推广国外先进科学技术和管理经验，检查了解推广效果；协同有关司局参与编制技术引进计划，参与审查引进方案、订货卡片、询价书，组织引进项目的技术交流、谈判、订货、出国考察、监造、人员培训等工作，掌握订货情况，及时调整计划；会同有关部门掌握国外交货、到货情况，组织好引进设备验收、索赔、技术培训等涉外工作，协助搞好国内配套和分配，了解引进设备的使用效果；负责组织部各种代表团的出访工作，以及外国来华代表团的接待、外宾会见等工作，统一向上级提出报告、方案，经批准后组织实施；负责与外国经济合作和对外经援工作，组织调查研究、联络、谈判、签订协议和合同，并会同有关单位组织实施；负责部出国人员的选审、报批工作，进行对外方针、政策和外事纪律的教育。

1978年9月，石油工业部党组决定，唐亚芳任石油工业部外事局党委副书记兼政治处主任。

1979年3月，中共中央批准，秦文彩兼任石油工业部外事局局长，成套技术引进公司党委书记、经理。

1979年12月30日，召开中共石油工业部外事局党员大会，选举产生中共外事局委员会，由秦文彩、尤德华、何渊清、窦炳文、唐亚芳、王振华、张镕、缪文、赵声振、杨泾安、魏玉峰等11名同志组成。秦文彩兼任书记，尤德华、唐亚芳为副书记。1980年1月，石油工业部党组批复同意以上任命。

1982年2月，外事局负责海洋石油对外合作的外事部门人员97人调入中国海洋石油总公司。8月，石油工业部机构改革时，成立外事司。

1983年1月，外事司下设办公室、综合调研处、联络处、科技合作处、勘探开发引进处、炼化引进处、计划财务处等处室，编制与成套技术引进公司[①]合一，定编30人。

1987年2月，外事司职工总数82人，其中干部74人。

1988年10月，在石油工业部外事司的基础上组建中国石油天然气总公司外事局。

（一）外事局（成套技术引进公司）（1978.7—1982.8）

局　长（经　理）　秦文彩（兼任，1979.3—1982.2）

副局长（副经理）　尤德华（1978.8—1982.2）

赵声振（1978.8—1982.9）

缪　文（女，1978.8—1982.11）

窦炳文（1978.8—1982.11）

王振华（1978.8—1981.1）

何渊清（1978.8—1981.8）

张　镕（1978.8—1982.2）

顾　　　　问　王　泽（1978.8—1982.8）

刘树人（1978.8—1982.8）

史久光（1978.8—1982.8）

邹　明（1978.8—1982.8）

（二）外事司（成套技术引进公司）（1982.8—1988.8）

司　长（经　理）　窦炳文（1982.11—1988.8）

副司长（副经理）　陈宜焜（1982.11—1983.9）[②]

王振华（1983.3—1983.9）

曾庆红（1983.12—1984.8）

李　元（1984.8—1985.9）

秦　晓（1985.3—1986.4）

① 成套技术引进公司前身是成立于1972年5月的中国燃料化工成套技术进出口公司，属于燃料化学工业部化学工业直属单位，负责成套设备的引进工作，后更名为成套技术引进公司。

② 陈宜焜、王振华已于1983年调至中国石油化工总公司，1984年7月补发外事司副司长免职文件。

傅志达（1985.9—1988.8）
顾　　问　王　泽（1982.8—12）
刘树人（1982.8—12）
史久光（1982.8—1983.11）
邹　明（1982.8—1983.11）
缪　文（1982.11—1984.11）

二十三、干部司（1982.8—1988.10）

1981年2月，石油工业部决定撤销政治部，其所属干部部改为石油工业部干部司，负责干部管理工作。1982年8月，石油工业部机关改革时，政治部正式撤销，干部司正式成立。

具体职责：管理干部的考察、任免、提拔、奖惩、调配，并协助了解考察中央管理的干部；拟定干部需要及平衡计划和后备干部的挑选、提拔计划并掌管干部统计工作；编审在职及后备干部的培训计划，并组织监督其按期完成；拟定出国实习人员及出国留学生的派遣计划，办理出国人员的政治审查等事宜；审核、拟定干部管理制度；督促、检查本部系统干部政策的贯彻执行；领导机关人事工作。

1983年1月，干部司下设办公室、机关干部处、企业干部处、技术干部处、青年干部处等处室，编制30人。4月，干部司负责管理有关炼油企事业单位干部业务的人员划转中国石油化工总公司。

1988年10月，在石油工业部干部司、教育司的基础上组建中国石油天然气总公司人事教育部。

司　　长　白凤仪（1983.6—1988.6）
副 司 长　白凤仪（1982.11—1983.6）
彭昌忠（1982.11—1988.12）
张宽信（1982.11—1984.10）
孙晓群（1984.10—1988.10）

二十四、审计司（1984.7—1988.10）

1984年7月，石油工业部设立审计司，下设办公室、一处、二处，编制13人。主要职责：依据国家有关政策、法规，制订行业内部审计工作制度、办法和工作标准，并组织实施；负责制定内审发展规划，编报年度审计工作计划，以及行业内部审计工作的组织、指导、检查和监督；负责承包项目审计，企业财务收支、经济效益等专项审计，合资企业审计，领导离任审计等工作，以及对行业生产建设及经营管理中带倾向性的问题进行审计调查，提出建议和改进措施；领导派出审计机构和审计所的工作，负责审定重大审计项目的审计报告和审计决定；协助有关部门进行经济案件的查处工作，纠正行业不正之风，加强廉政建设。

1988年10月，在石油工业部审计司的基础上组建中国石油天然气总公司审计部。

副 司 长　陈敬业（1985.1—1988.2）
　　　　　孙寿荣（1987.5—1988.8）

二十五、天然气工业司（1986.12—1988.10）

1986年12月，石油工业部决定以天然气公司为基础组建天然气工业司，设办公室、勘探开发处、工艺技术处、生产管理处等处室，编制20人。主要负责编制全国天然气勘探、开发、生产、综合利用、产品分配的规划和部署，并组织实施；对天然气生产单位的企业管理、队伍建设、人才培养、科技进步的组织、协调和指导以及必要的对外合作业务。

1988年10月，中国石油天然气总公司成立后，撤销天然气工业司。相关业务分别划入勘探部、开发生产部等相关部门。

党委书记　段志高（1986.12—1988.1）
司　　长　王镜心（1986.12—1988.8）

副　司　长　高喜发（1986.12—1988.8）
　　　　　　　胡朝元（1986.12—1988.8）
总地质师　叶秉三（1986.12—1987.11）

二十六、矿产资源管理组（1987.8—1988.10）

1987年8月，为实施《中华人民共和国矿产资源法》，加强油气资源的管理，促进合理开发利用，石油工业部党组决定设立矿产资源管理组，行使国务院授予石油工业部的对油气勘察、开采登记发证及监督检查的管理权。

1988年10月，在石油工业部矿产资源管理组的基础上组建中国石油天然气总公司油气资源管理局。

组　　　长　李国玉（正局级，1987.8—1988.8）
副　组　长　王慎言（副局级，1987.8—1988.8）

二十七、老干部管理局—老干部局（1982.8—1988.10）

1982年8月，国务院批准石油工业部设立老干部管理局，负责部机关和企事业单位的老干部工作。

具体职责：办理部机关、部属单位部管离休干部提高待遇的审批手续，编制、上报石油系统离休干部统计年报等材料；对部属单位贯彻执行中央、国务院关于离休干部方针、政策的情况，进行调查研究，督促检查；办理进驻部干休所人员的审批手续，协同代管单位抓好部属干休所的各项管理工作；做好部机关离休干部的政治学习、文件传阅、听重要报告、参加有关会议等活动的具体组织工作；配合各司局，组织部机关离休干部为四化建设承担力所能及的任务，发挥离休干部的“余热”，及时宣传和表扬离休干部中的好人好事；编制部机关离休干部活动经费的预、决算，并按有关规定统一掌握使用；负责部机关离休干部生活服务、保健医疗和参观、疗养等组织工作，搞好离休干部活动室，开展适宜的文体活动，安排好离休干部用车；对部机关离休干部进行家访和组织节日慰问，经常了解离休干部的身体、学习、生活状况，协同各司局认真解决离休干部的困难和正当要求；协同部有关司局，处理好部机关和部属单位离休干部来信来访中反映的问题；承办部领导交办的其他老干部工作事宜。

1983年1月，老干部管理局下设办公室、一处、二处，编制15人。2月，老干部管理局更名为老干部局。

1984年3月，成立石油工业部咨询委员会，办事机构设在老干部局。

1988年10月，在石油工业部老干部局的基础上组建中国石油天然气总公司老干部局。

局　　长　展青雷（1982.11—1984.4）
　　　　　　魏绪顺（1984.8—1988.10）
副 局 长　刘玉贤（女，1982.11—1984.12）
　　　　　　唐亚芳（女，1982.12—1987.11）
　　　　　　张　坚（1985.5—1988.10）
顾　　问　王志成（1982.11—1984.11）

二十八、党组纪律检查组—中纪委驻部纪律检查组（1979.7—1988.10）

1979年7月，成立石油工业部党组纪律检查组。张文彬兼任组长，杨达任副组长。

1983年1月，纪检组下设办公室，编制14人。

1983年5月，根据中共中央纪委可以向中央一级党和国家机关派驻党的纪律检查组的规定，中纪委决定向石油工业部派驻纪律检查组。中共中央组织部同意黄凯任中央纪委驻石油工业部纪律检查组组长，邹国顺、王正棠任副组长，张文仁任成员、副局级检查员。

1985年8月，石油工业部成立打击严重经济犯罪活动斗争领导小组，黄凯任组长，李敬任副组长，王正棠、刘忠勇、刘立娜为成员，下设“经打”办公室，作为部的常设机构，其日常工作由中纪委驻部纪检组代管。

1986年3月，纪检组下设办公室、一处、二处、经打办等处室。

1988年8月，中国石油天然气总公司临时纪委成立。10月，中央纪律检查委员会同意撤销中央纪委驻石油工业部纪检组。

（一）**党组纪律检查组**（1979.7—1983.5）

组　　长　张文彬（兼任，1979.7—1983.4）

副 组 长　杨　达（女，1979.7—1982.11）

王正棠（1980.10—1983.4）

（二）**中纪委驻部纪律检查组**（1983.5—1988.8）

组　　长　黄　凯（兼任，1983.5—1987.8）

金钟超（1987.8—1988.8）

副 组 长　邹国顺（1983.5—1988.8）

王正棠（1983.5—1988.8）

成　　员　张文仁（副局级，1983.5—1988.8）

单庆颐（副局级，1985.3—1988.8）

二十九、机关临时党委—机关党委（1980.7—1988.10）

1980年7月，中央国家机关临时党委同意石油工业部成立机关临时党委，由季铁中、梁健、李杰、甘宁、秦平、展青雷、张钦、王志成、秦峰、焦万海、蒋其垲（蒋其凯）、邹国顺等12人组成，季铁中兼任党委书记，梁健、李杰、甘宁、秦平任副书记。

机关临时党委在中央国家机关临时党委的领导和部党组的指导下进行工作，领导机关各司、局和在京各院、所、厂党的基层组织。其主要任务是：对党员（包括行政负责人）的思想、作风、道德品质，以及他们执行制度、遵守法纪、联系群众等方面的情况进行监督，协助行政领导改进工作，提高效率，防止和克服官僚主义，及时把机关工作的缺点、问题通知行政负责人或报告党的上级组织。

1980年11月，经北京市总工会批准，成立石油工业部直属机关工会。1981年1月，甘宁兼任主席。1982年机构调整时，撤销工会。有关职工疗养、困难补助等福利工作移交干部司，其他工作由机关党委代管。

1981年2月，撤销政治部，政治部的直工部改为部机关临时党委的办事机构。

1982年8月，成立石油工业部机关党委。

1983年1月，机关党委下设办公室、组织部、宣传部、共青团委员会等部门，编制20人。12月，石油工业部党组调整机关党委成员，宋惠、段志高、李杰、周齐鲲、梁健、焦万海、王志成、邹国顺、白凤仪、王福臻、蒋其垲、展青雷、秦平、刘东明、申力生、徐文野、魏绪顺、于瑛、谢全国等19人为委员；宋惠、段志高、李杰、周齐鲲、梁健、焦万海、王志成、邹国顺、白凤仪、王福臻、蒋其垲等11人为常委；宋惠任书记，段志高、李杰、周齐鲲任副书记。

1984年9月，召开中共石油工业部机关第五次党员代表大会，选举产生中共石油工业部机关第五届委员会和纪律检查委员会，赵宗鼐为机关党委书记，任学忠、周齐鲲为机关党委副书记，刘立娜为纪委书记。

1985年4月，石油工业部机关党委决定，增补石油勘探开发科学研究院党委书记贾金会为石油工业部机关党委委员。

1987年9月，恢复设立石油工业部机关工会，为处级机构，编制4人。

石油工业部机关党委的工作一直延续到1988年10月中国石油天然气总公司党委工作部正式成立。

书　　记　季铁中（兼任，1980.8—1982.8）
宋　惠（1982.8—1984.9）
赵宗鼐（兼任，1984.9—1986.4）
任学忠（1986.5—1988.8）

副 书 记　李　杰（女，1980.8—1984.11）
梁　健（女，1980.8—1984.9）
甘　宁（1980.8—1984.9）
秦　平（1980.8—1984.9）
周齐鲲（1982.11—1988.8）
任学忠（1984.9—1986.5）
段志高（1983.12—1984.8）

纪委书记　刘立娜（女，1984.9—1985.12）

第三章　石油工业企事业单位

第一节　油田、勘探、管道单位

1978年3月，石油工业部成立时，石油工业油田、勘探、管道单位主要有24个。其中石油工业部直属单位6个：河南石油会战指挥部、江汉石油管理局、石油地球物理勘探局、石油天然气管道局、东北八三管道局、华东输油管线指挥部。双重领导以石油工业部为主的单位3个：华北石油会战指挥部、长庆油田会战指挥部、江苏石油勘探开发会战指挥部。双重领导以地方为主或完全由地方领导的单位15个：大庆石油会战指挥部、胜利油田会战指挥部、辽河石油勘探局、新疆石油管理局、大港油田指挥部、吉林省石油会战指挥部、玉门石油管理局、青海石油管理局、四川省石油管理局、延长油矿、安徽省石油勘探处、云南石油勘探指挥部、贵州石油勘探指挥部、广西石油普查勘探队、浙江省石油地质大队。

6月，成立海洋石油勘探局，由石油工业部和天津市委双重领导，以石油工业部为主。8月，成立滇黔桂石油勘探开发会战指挥部，直属石油工业部管理。10月，石油天然气管道局更名为管道局；东北八三管道局更名为东北输油管理局，华东输油管线指挥部更名为华东输油管理局，业务上改由管道局领导。

1979年1月，广西石油普查勘探队更名为广西石油勘探开发指挥部。2月，成立石油工业部甘青藏石油勘探开发会战指挥部，直属石油工业部管理，1983年该机构撤销；安徽省石油勘探处更名为安徽省石油勘探指挥部。7月，四川省石油管理局更名为四川石油管理局，改为由石油工业部和四川省双重领导，以石油工业部为主。8月，南海石油勘探指挥部升格为局级单位，由隶属广东省茂名石油工业公司改由石油工业部和广东省双重领导，以石油工业部为主；滇黔桂石油勘探开发会战指挥部与云南石油勘探指挥部实行一套机构两块牌子。1979年，广西石油普查勘探队更名为广西石油勘探开发会战指挥部。

1980年2月，大庆石油会战指挥部更名为大庆石油管理局。5月，大庆石油管理局改由石油工业部和黑龙江省双重领导，以石油工业部为主。

1981年6月，华北石油会战指挥部更名为华北石油管理局；大港油田指挥部的生产业务不再由华北石油会战指挥部管理，改由石油工业部直接管理，行政上隶属天津市不变。8月，东濮石油会战指挥部脱离与胜利油田的隶属关系，改由石油工业部和河南省双重领导，以石油工业部为主。9月，新疆石油管理局改由石油工业部和新疆维吾尔自治区双重领导，以石油工业部为主。10月，吉林省石油会战指挥部更名为吉林省油田管理局。

1982年2月，成立中国海洋石油总公司，为国务院直属副部级单位，由石油工业部归口管理。3月，东濮石油会战指挥部更名为中原石油勘探局。

1983年3月，江苏石油勘探开发会战指挥部更名为江苏石油勘探开发公司；石油工业部海洋石油勘探局更名为中国海洋石油总公司渤海石油公司。4月，河南石油会战指挥部更名为河南石油勘探开发公司。6月，成立中国海洋石油总公司南海东部石油公司；在南海石油勘探指挥部的基础上组建中国海洋石油总公司南海西部石油公司。7月，成立中国海洋石油总公司南黄海石油公司；9月，长庆油田会战指挥部更名为长庆石油勘探局。10月，中国海洋石油总公司海洋石油开发工程设计公司在北京成立；成立浅海石油勘探会战领导小组；贵州石油勘探指挥部和广西石油勘探开发指挥部由以省（区）为主改为由部省（区）双重领导、以石油工业部为主的领导体制，由滇黔桂石油勘探开发会战指挥部管理。

11月，大港油田指挥部更名为大港石油管理局；滇黔桂石油勘探开发会战指挥部更名为滇黔桂石油勘探局。1983年，胜利油田会战指挥部改由石油工业部和山东省双重领导，以石油工业部为主。

1984年4月，中国海洋石油总公司组建海洋石油勘探开发研究中心。7月，成立中国石油天然气勘探开发公司，直属石油工业部管理；成立石油工业部天然气公司。9月，安徽省石油勘探指挥部更名为安徽石油勘探公司。

1984年12月，石油工业部修订《石油工业部管理的干部职务名称表》，规定自1985年1月1日起，大庆石油管理局党政领导班子成员、胜利油田会战指挥部和中国海洋石油总公司党政正职由石油工业部协助中央管理；胜利油田会战指挥部和中国海洋石油总公司党政副职、华北石油管理局党政领导班子成员由石油工业部报中央备案；胜利油田会战指挥部、中国海洋石油总公司党政副职，华北石油管理局及所属二连石油勘探开发公司和华北石油职工大学、中原石油勘探局、江汉石油管理局、长庆石油勘探局、河南石油勘探开发公司、江苏石油勘探开发公司、青海石油管理局、滇黔桂石油勘探局、石油地球物理勘探局、中国石油天然气勘探开发公司、中国石油工程建设公司、天然气公司、通信公司、浅海石油勘探会战领导小组等单位党政领导班子成员，中国海洋石油总公司所属渤海石油公司、南黄海石油公司、南海东部石油公司、南海西部石油公司党政正职由石油工业部管理；辽河石油勘探局、新疆石油管理局、大港石油管理局、四川石油管理局、玉门石油管理局、吉林省油田管理局党政领导班子成员由石油工业部协助有关省、直辖市、自治区党委管理；中国海洋石油总公司所属渤海石油公司、南黄海石油公司、南海东部石油公司、南海西部石油公司党政副职，海洋石油勘探开发研究中心、海洋石油开发工程设计公司、海洋石油测井公司党政正职向石油工业部备案。

1985年1月，浙江省石油地质大队更名为浙江石油地质大队，由石油工业部和浙江省双重领导，以石油工业部为主；撤销浅海石油勘探会战领导小组。6月，中国石油天然气勘探开发公司更名为中国石油开发公司。9月，成立中国海洋石油总公司天然气利用公司。

1986年5月，河南石油勘探开发公司更名为河南石油勘探局；江苏石油勘探开发公司更名为江苏石油勘探局。10月，延安地区石化局与延长油矿合并为“延安地区石油化学工业局，延长油矿管理局”，实行一套机构两块牌子。12月，撤销天然气公司。

1987年3月，浙江石油地质大队更名为浙江石油勘探处。

1988年3月，安徽石油勘探公司更名为安徽石油勘探总公司。4月，成立冀东石油勘探开发公司，为部直属局级单位。

截至1988年4月，石油工业所属油田、勘探、管道主要单位共24个。石油工业部直属单位8个：河南石油勘探局、江汉石油管理局、滇黔桂石油勘探局、中国海洋石油总公司、冀东石油勘探开发公司、中国石油开发公司、石油地球物理勘探局、管道局。双重领导以石油工业部为主的单位9个：大庆石油管理局、胜利油田会战指挥部、华北石油管理局、新疆石油管理局、中原石油勘探局、长庆石油勘探局、江苏石油勘探局、四川石油管理局、浙江石油勘探处。双重领导以地方为主或完全由地方领导的单位7个：辽河石油勘探局、大港石油管理局、吉林省油田管理局、玉门石油管理局、青海石油管理局、延长油矿管理局、安徽石油勘探总公司。

1988年4月，第七届全国人大一次会议决定撤销石油工业部，组建中国石油天然气总公司。5月，中国海洋石油总公司正式分立，归口能源部管理。

一、大庆石油会战指挥部—大庆石油管理局（1978.3—1988.9）

（一）大庆石油会战指挥部（1978.3—1980.2）

1978年3月，大庆石油会战指挥部由石油工业部与黑龙江省双重领导，以省为主。实行政企合一的体制。党组织关系隶属于黑龙江省委，业务工作由石油工业部管理，行政级别为地（师）级。机关办公地址：大庆市萨尔图区中七大街32号。

大庆油田机关工作机构设党委政治部、生产办公室（虚设）、革委会办公室、农林办公室、文教办公室、财贸办公室、机关行政管理处、人民防空办公室、中级人民法院、科学技术委员会等10个部门。其中，党委政治部内设办公室、组织部、宣传部、调查研究室、信访接待室、保卫部（公安局）、妇女工作部等7个部门受大庆党委委托领导工会、团委、妇联、直属机关党委等4个部门工作；生产办公室内设总调度室、钻探处、基本建设处（局）、采油处、运销处、地质处、机械动力处（局）、技术安全处（办）、规划办公室、技术教育处、劳动工资处（局）、财务处（局）、知青办公室等14个部门；革委会办公室内设接待办公室1个部门；农林办公室内设农林处、农机处、农田基建处、畜牧处、综合处、林业处、财务处等7个部门；文教办公室内设教育局、技术教育处、卫生局、广播事业局、体育运动委员会办公室、文化局等6个部门；财贸办公室内设商业局、粮食局、财政局、外贸局、邮电局、工商局、工商物价管理局、生活服务局、轻工局、税务局、中国人民建设银行大庆分行等11个部门。所属钻井指挥部、勘探指挥部、第一采油指挥部、第二采油指挥部、第三采油指挥部、第四采油指挥部、第五采油指挥部、第六采油指挥部、井下作业指挥部、输气管理处、油田建设指挥部、气工程建设指挥部、建筑公司、水电指挥部（局）、物资供应指挥部（局）、运输指挥部、公路工程处、油田开发研究院、油田设计研究院、总机械修理厂、汽车修理厂、石油钻采学校、职工医院、第二医院、西区医院、大庆师范学校、五七干校、大庆卫生学校、大庆石油化工总厂、五七农场等30个二级单位。职工总数11.3万人。

4月，根据国务院决定，将安达县西部所属大同镇和高台子等10个人民公社（乡镇），总面积1300平方千米划归安达市管辖，同时成立大同区，油田勘探开发面积进一步扩大。

8月，石油工业部决定以大庆油田为基础，成立东北地区石油勘探开发会战指挥部，作为东北地区石油勘探开发会战指挥部的具体办事机构。指挥部的领导班子以大庆油田为主，黑龙江、吉林、辽宁、内蒙古等省（自治区）石化厅（局）和辽河石油勘探局、吉林石油会战指挥部的主要领导参加组成。指挥部设领导小组，由石油工业部党组副书记、副部长兼大庆党委书记陈烈民任组长。

1979年3月，大庆党委、大庆革委会发出通知，决定撤销所属单位革命委员会，实行党委领导下的厂长（指挥）分工负责制。

4月，根据石油工业部指示，为加快内蒙古二连盆地油气田的勘探工作，成立大庆油田内蒙古二连盆地石油勘探会战指挥部。王汉民任指挥，王福印任党委书记。大庆石油会战指挥部下设10个地震队。1980年10月，石油工业部决定，大庆油田队伍撤出二连勘探，交由华北油田继续开展工作。

1979年12月，国务院批准安达市更名为大庆市。

截至1979年底，大庆油田累计探明石油地质储量28.4亿吨、可采储量12.2亿吨，累计探明天然气储量56.77亿立方米，累计钻井8084口、钻井进尺986万米，累计生产原油4.76亿吨，连续4年实现5000万吨以上高产稳产。职工总数15.2万人。

1. **中共大庆委员会领导名录**（1978.3—1980.4）

书　　记　陈烈民（兼任，1978.3—1980.4）

副 书 记　喻新盛（1978.3—6）

周占鳌（1978.3—6）

李虞庚（1978.3—1980.4）

黄　伟（1978.3—6）
韩荣华（1978.3—12）
郑耀舜（1978.3—1980.4）
王苏民（1978.3—1980.4）
薛国邦（1978.6—1980.4）
张德国（1978.6—1980.4）
张云中（1978.6—1980.2）
王瑞藩（1978.6—1980.4）
刘国良（1978.6—1980.4）

常　委　常　胜（1978.3—6）
王永祯（1978.3—6）
薛国邦（1978.3—6）
李海峰（女，1978.3—6）
马德仁（1978.3—1980.4）
张鸿飞（1978.3—6）
孙靖韬（1978.3—6）
唐恩来（1978.3—6）
张德国（1978.3—6）
刘继文（1978.6—1980.4）
胡学义（1978.6—1980.4）
董继美（1978.6—1980.4）
刘邦林（1978.6—1980.4）
金毓荪（1978.6—1980.4）
林瑞峰（1978.6—1980.4）
李长荣（女，1978.6—1980.4）
李惠新（1978.6—1980.4）
王汉民（1978.6—1980.4）

纪委书记　郑耀舜（1979.5—1980.4）

政治部主任　韩荣华（1978.3—11）
李惠新（1978.11—1980.4）

2. **大庆革委会领导名录**（1978.3—1980.4）

主　　　任　陈烈民（兼任，1978.3—1980.4）

副　主　任　李荆和（1978.3—1979.9）

陈　俊（1978.3—1980.4）

宋世宽（1978.3—1979.1）

李虞庚（1978.3—1980.4）

周占鳌（1978.3—6）

只金耀（1978.3—1979.1）

崔海天（1978.3—1980.4）

张鸿飞（1978.3—6）

孙靖韬（1978.3—6）

黄　伟（1978.3—6）

韩荣华（1978.3—12）

王苏民（1978.3—1980.4）

郑耀舜（1978.3—1980.4）

喻新盛（1978.3—6）

王永祯（1978.3—6）

刘邦林（1978.3—1980.4）

杨永贵（1978.3—6）

张瑞清（1978.3—6）

闵　豫（1978.3—6）

张德国（1978.6—1979.6）

张云中（1978.6—1980.2）

王瑞藩（1978.6—1980.4）

刘国良（1978.6—1980.4）

马德仁（1978.6—1980.4）

金毓荪（1978.6—1980.4）

张立中（1978.6—1980.4）

固　革（1978.6—1980.4）

郝万春（1978.6—1980.4）

杨万里（1978.6—1980.4）
白士辉（1978.6—1980.4）
王志武（1978.6—1980.4）
徐修玲（女，1978.6—1980.4）

总 地 质 师　王志武（1978.11—1980.4）
总 设 计 师　杨育芝（1978.8—1980.4）
总 会 计 师　陈泽奎（1978.8—1980.4）
石化总工程师　王可驹（1978.8—1980.4）
钻井副总工程师　严世才（1978.8—1980.4）
采油副总工程师　王德民（1978.8—1980.4）
副 总 地 质 师　唐曾熊（1978.8—1980.4）
钟其权（1978.8—1980.4）
副 总 设 计 师　金培孚（1978.8—1980.4）
副 总 机 械 师　郭福民（1978.8—1980.4）
刘善德（1978.8—1980.4）

3．**大庆总工会**（1978.3—1980.4）

主　　任　薛国邦（1978.3—1980.4）

（二）**大庆石油管理局**（1980.2—1988.9）

1980年2月，经中共黑龙江省委和石油工业部党组批准，大庆石油会战指挥部更名为大庆石油管理局，成立中共大庆石油管理局委员会，仍实行政企合一的体制。大庆石油管理局由石油工业部与黑龙江省双重领导，以黑龙江省为主，行政级别为正局级。党组织关系隶属于黑龙江省委。4月，撤销革委会，任命大庆石油管理局党政领导班子成员。

5月，国家财政部、国家经济委员会、石油工业部联合发出通知，大庆石油管理局实行石油工业部和黑龙江省双重领导，以石油工业部为主。

12月，大庆石油管理局调整组织机构，将所属二级单位指挥部名称改为厂或公司，领导职务名称由指挥、副指挥改为厂长、副厂长或经理、副经理。同时，撤销各级政治部（处），取消矿（大队）教导员和小队指导员。政治部（处）撤销后，日常思想政治工作，在党委统一领导下，主要由党委宣传部、党委组织部负责。矿（大队）设专职党委书记，小队设专职党支部书记。

1983年3月，中央军委决定，中国人民解放军基本建设工程兵八十二支队3个团的官兵7800余人集体转业到大庆油田，参加油田建设。

随着油田生产的发展和一批化工企业的兴建，大庆作为一个大型矿区城市初具规模，地区经济得到发展，人民物质、文化等社会需求不断增长，企业对市政建设、社会福利、人民生活等方面，已无力包揽；同时，企业自身需要加强专业化领导，改善企业管理，集中力量搞活经济，提高效率。在这种形势下，经石油工业部党组和黑龙江省委批准，1984年1月1日，大庆正式实行政企分开。大庆市人民政府和大庆石油管理局、中共大庆市委员会和中共大庆石油管理局委员会分设机构。大庆市人民政府负责市政工作，由黑龙江省人民政府领导；大庆石油管理局负责石油生产建设，由石油工业部领导，党组织关系由黑龙江省委转至大庆市委管理。大庆石油化工总厂划转中国石油化工总公司。同时，为有利于大庆经济整体发展，经黑龙江省委、石油工业部党组、中国石油化工总公司党组协商研究，确定大庆实行"三位一体"的领导体制。在领导班子配备上，主要领导成员实行交叉任职。大庆石油管理局党委书记陈烈民兼大庆市委书记，大庆市市长郑耀舜兼任大庆石油化工总厂党委书记，大庆石油管理局局长李虞庚兼大庆市委常委。

根据机关组织机构改革方案，大部分市（局）机构按照管理职能的不同开始分设，各司其职。总工会、团委、妇女工作部、科学技术协会、档案处、保卫处、外事办、接待处、机关行政事务管理处、驻哈尔滨办事处、报社、电台、电视台等13个暂时分不开的部门实行合署办公。

政企分开后，大庆石油管理局党委工作机构设党委办、党委组织部、党委宣传部、纪检委、机关党委，临时机构设整党办和经打办；行政机构设勘探部、钻井部、开发部、基建工程部、生产协调部、计划规划部、财务经营部、劳动人事培训部、科技发展部、局办公室，编制1200人。所属主要二级单位33个：钻井一公司、钻井二公司、钻井技术服务公司、试油试采公司、地球物理勘探公司、测井公司、第一采油厂、第二采油厂、第三采油厂、第四采油厂、第五采油厂、第六采油厂、第七采油厂、宋芳屯试验区、龙虎泡试验区、井下作业公司、采油技术服务公司、天然气公司、油田建设公司、供水公司、供电公司、通讯公司、总机械修理厂、汽车修理厂、运输公司、建设材料公司、建筑公司、公路工程公司、公共汽车公司、房产公司、物资供应处、科学研究设计院、大庆石油学校、大庆技工学校。职工总数15.4万人。

1984年8月8日，中共大庆石油管理局第三次代表大会召开，选举产生中共大庆石油管理局第三届委员会和纪律检查委员会，实行常委制，陈烈民为党委书记，李虞庚、杨万里、张轰为党委副书记，马德仁为纪委书记。下属基层党委233个、党总支173个、党支部2865个，共有党员4.22万名。

1985年，大庆油田原油产量5528万吨，实现5000万吨第一个稳产10年。

1987年1月，大庆师范专科学校、大庆师范学校、大庆卫生学校、大庆农业学校、大庆人民警察学校由大庆市政府划归大庆石油管理局管理。同月，大庆石油管理局正式由党委领导下的局长负责制转为局长负责制。为适应这一新变化，管理局对行政生产经营机构进行相应调整：保留局办公室、勘探部、钻井部、油田开发部、基建工程部、科技发展部、审计处、工农事务办公室8个工作机构，撤销生产协调部、经营管理部、计划规划部、劳动人事培训部4个工作机构。同时，增设干部处、多种经营办公室、计划规划处、总调度室、机动处、动力处、节能处、安全监察处、财务处、劳动工资处、培训部、企业管理处、资产处、引进办公室、运销处、计算机办公室等16个处室。截至1987年底，设党委工作机构5个、局机关行政生产经营职能处室24个，所属二级单位55个，职工总数21.4万人。累计探明石油地质储量47.7亿吨，可采储量16.5亿吨；累计探明天然气储量142.75亿立方米；累计钻井17506口、钻井进尺2186万米；累计生产原油9.03亿吨，连续12年实现原油5000万吨以上高产稳产。

1987年，大庆石油管理局根据资源型企业发展规律，制定《大庆石油管理局多种经营整体发展规划》，将发展多种经营作为一项战略任务，陆续组建以油气加工、石油化工、精细化工为支柱的主导产业。

1988年3月，化学助剂厂开工建设，主要产品为高分子聚合物。随着化学助剂厂投产，大庆油田开始了大规模向油层注入聚合物驱油的开发新阶段，第一年增产原油近60万吨。

9月，大庆石油管理局改由中国石油天然气总公司管理。

期间，大庆石油管理局局长王苏民当选中共十二大代表；钻井二公司党委常委、工会主席吴全清当选中共第十二届中央委员；大庆石油管理局党委书记陈烈民当选中共十三大代表；大庆石油管理局局长王志武当选中共第十三届中央候补委员。

大庆石油管理局党委常委、妇联主任李长荣（女）当选第六届全国人大代表；油田建设设计院副总设计师冯家潮当选第六届全国人大代表；油建公司党委委员、工会主席周占鳌当选第六届、第七届全国人大代表；大庆石油管理局副总工程师王德民当选第六届、第七届全国人大代表；钻井二公司1205钻井队队长申冠当选第七届全国人大代表。

大庆石油管理局高级工程师王瑜珑任第六届、第七届全国政协委员。

1. **中共大庆石油管理局委员会领导名录**（1980.4—1988.9）

书　　记　陈烈民（兼任，1980.4—1988.9）

副 书 记　李虞庚（1980.4—1983.4；1983.6—1986.7）

郑耀舜（1980.4—1983.4）

王苏民（1980.4—1982.12）

薛国邦（1980.4—1983.4）

张德国（1980.4—1981.3）

王瑞藩（1980.4—1981.3）

刘国良（1980.4—1983.4）

李惠新（1981.4—1983.4）

杨万里（1983.4—1987.3）

张　轰（1984.6—1985.6；1987.8—1988.9）

王志武（1986.7—1988.9）

王福印（1986.7—1988.9）

常　　委　马德仁（1980.4—1987.12）

刘继文（1980.4—1983.6）

胡学义（1980.4—1983.6）

董继美（1980.4—1983.6）

刘邦林（1980.4—1983.6）

金毓荪（1980.4—1983.6）

林瑞峰（1980.4—1983.6）

李长荣（1980.4—1983.6）

李惠新（1980.4—1981.4）

王汉民（1980.4—1983.6）
崔海天（1981.4—1983.6）
王志武（1983.6—1986.7）
茹作斌（1983.6—1988.9）
陈灼华（1983.6—1988.9）
苏冠玉（1984.8—1986.9）
宋传清（1984.8—1986.9）
秦玉海（1984.8—1986.9）
陆　敬（1986.9—1988.9）
丁贵明（1986.9—1988.9）
钱棣华（1986.9—1988.9）
王德民（1986.9—1988.9）

纪委书记　郑耀舜（1980.4—1983.7）
黄盛田（1983.7—12）
马德仁（1983.12—1987.12）

政治部主任　李惠新（1980.5—12）

2．**大庆石油管理局领导名录**（1980.4—1988.9）

局　　长　王苏民（1980.4—1982.12）
李虞庚（1983.6—1986.7）
王志武（1986.7—1988.9）

副 局 长　郑耀舜（1980.4—1983.4）
李虞庚（1980.4—1983.4）
金毓荪（1980.4—1986.7）
马德仁（1980.4—1983.4）
林瑞峰（1980.4—1983.4）
崔海天（1980.4—1983.4）
张立中（1980.4—1983.4）
固　革（1980.4—1983.4）
郝万春（1980.4—1984.5）
杨万里（1980.4—1983.4）

王志武（1980.4—1986.7）
白士辉（1980.4—1983.4）
徐修玲（1980.4—1983.4）
李同起（1980.4—1983.4）
詹世清（1980.4—1983.4）
钱棣华（1980.4—1988.9）
梅　江（1981.11—1988.9）
周家俊（1983.4—1988.9）
郭正印（1983.4—1988.9）
夏国理（1984.3—1986.7）
陆　敬（1984.6—1988.9）
丁贵明（1986.7—1988.9）

总工程师　李虞庚（1981.6—1985.8）
王德民（1985.8—1988.9）

总地质师　王志武（1980.4—1985.8）
唐曾熊（1985.8—1988.9）

总设计师　杨育芝（1980.4—1988.9）

总会计师　陈泽奎（1980.4—1985.8）
张光照（1985.8—1988.9）

采油总工程师　金毓荪（1981.3—1986.7）

石化总工程师　王可驹（1980.4—12）

3. **大庆石油管理局工会**（1980.4—1988.9）

主　席　薛国邦（1980.4—1981.4）
陈洪启（1981.4—1987.4）
刘万友（1987.4—1988.9）

4. **大庆师范专科学校主要领导名录**（1987.1—1988.9）

党委书记　梁振邦（1987.1—1988.3）
王进一（1988.3—9）

校　长　詹林森（1987.1—1987.11）
王德安（1988.3—9）

二、胜利油田会战指挥部（1978.3—1988.9）

1978年3月，胜利油田会战指挥部由山东省和石油工业部双重领导，以山东省为主。机关办公地点在山东省惠民专区。10月，石油工业部副部长张兆美兼任胜利油田党委书记、会战指挥部指挥。1978年，累计发现46个油气田，原油年产量1946万吨。

1979年2月至1982年3月，胜利油田抽调地质调查、钻井、测井、运输等队伍共8100多人参加青海柴达木盆地石油勘探会战。

1981年6月，胜利油田会战指挥部在全国石油系统率先实行“原油产量包干”，为筹措石油发展资金提供了有利政策条件，调动了职工增储上产的积极性，原油产量持续大幅度增长。1984年，胜利油田原油产量突破2000万吨，达到2301万吨。

1982年，胜利油田会战指挥部党委书记、指挥改由中央管理。

1983年9月，胜利油田撤销水电厂指挥部，成立供水公司、供电公司、通讯公司，实行水电讯专业化管理。

1983年，胜利油田改由石油工业部和山东省双重领导，以石油工业部为主。

1985年10月，以胜利油田为主完成的“渤海湾盆地复式油气（区）带勘探理论及实践——以济阳等坳陷复杂断块油田的勘探开发为例”获国家科技进步特等奖。1981年至1987年，应用该理论指导渤海湾地区勘探实践，先后发现孤东、桩西、王庄等28个油气田。

1986年1月，胜利油田会战指挥部决定，成立孤东采油指挥部、胜利采油指挥部、东辛采油指挥部、纯梁采油指挥部、现河采油指挥部、油气集输公司，撤销胜利油田采油指挥部。7月，成立跨地区区块总承包的试点单位——清河采油指挥部，主要负责山东省寿光市和广饶县境内八面河油田的滚动勘探开发任务，行政隶属江汉油田，业务接受胜利油田的领导。11月，胜利油田电子计算中心成立。同年，组织开展孤东油田开发建设会战，初步建成一个年产能力500万吨的大油田。随后又组织开展滨海地区勘探开发会战，巩固和扩大了孤东会战的成果。1987年，胜利油田原油产量突破3000万吨，达到

3160万吨。

1986年4月，李晔任山东省副省长，仍兼任胜利油田党委书记。同月，石油工业部副部长李敬兼任胜利油田会战指挥部指挥。

1987年3月，胜利油田会战指挥部决定，合并孤东采油指挥部与孤岛采油指挥部，成立胜利油田滨海采油指挥部。

截至1987年底，胜利油田会战指挥部机关设党委办公室、党委组织部、党委宣传部、纪律检查委员会、工会、团委、人民武装部、老干部工作处、机关党委、调查研究室、经打办、总调度室、指挥部办公室、地质处、勘探处、生产办公室、开发生产处、节能管理处、技术安全处、水电讯处、产品销售处、机动处、基建处、规划管理处、科技处、资产处、企业管理处、计划处、劳动工资处、财务处、合同管理处、教育处、审计处、外事办公室、工农工作办公室、职工培训处、档案管理室、环境保护中心、计划生育办公室、接待处、生活管理处、机关事务管理处、家属管理处、农副业处、卫生处、公安处、司法处、山东省人民检察院胜利油田分院、胜利油田中级人民法院等49个部门。

所属二级单位47个：地质调查指挥部、滨海采油指挥部、临盘指挥部、河口采油指挥部、胜利采油指挥部、东辛采油指挥部、纯梁采油指挥部、现河采油指挥部、滨南采油指挥部、油气集输公司、钻井工程公司、浅海钻井工程公司、井下作业公司、测井公司、油田建设第一指挥部、油田建设第二指挥部、建筑工程指挥部、港口建设指挥部、莱州湾基地建设指挥部、电子计算中心、计量测试中心、无杆采油泵公司、地质科学研究院、钻井工艺研究院、采油工艺研究院、设计规划研究院、农业开发研究院、机械修理厂、汽车修配厂、运输指挥部、供应处、供电公司、供水公司、通讯公司、济南柴油机厂、石油学校、师范学校、中心医院、胜利医院、烟台疗养院、油田党校、卫生学校、职工培训学校、职工中等专业学校、干部休养所、胜利报社及稠油处理厂等。在册员工15.29万人。1987年，生产原油3160.19万吨、天然气14.83亿立方米，实现产值71.23亿元、利税5.27亿元，年末固定资产净值85.47亿元，累计发现油田60个，探明石油地质储量25.81亿吨，投入开发油田40个。

1988年9月，胜利油田会战指挥部改由中国石油天然气总公司管理。

（一）中共胜利油田委员会领导名录（1978.3—1988.9）

书　　记 刘佩荣（1978.3—10）
张兆美（兼任，1978.10—1980.2）
陈　宾（1980.2—1983.3）
李　晔（1983.3—1986.4；兼任，1986.4—1988.9）

副 书 记 余群立（1978.3—8）
杨志钰（1978.3—1983.1）
焦万海（1978.3—1980.12）
欧阳毅（1978.3—1983.1）
王　军（1978.3—1983.1）
姚福林（1978.3—1983.1）
李　晔（1978.3—1983.1）
唐恩来（1978.10—1983.1）
王思文（1980.4—1983.1）
王永祯（1981.10—1983.1）
朱文科（1981.10—1983.1）
任学忠（1983.1—1984.5）
张文彦（1984.5—1986.3）
王福成（1986.8—1988.9）

常　　委 杨继清（1978.3—1983.1）
李雨轩（1978.3—1983.1）
冯其俊（基层代表，1978.3—10）
于清海（基层代表，1978.3—10）
张慎三（1978.3—1981.12）
王永祯（1978.3—1981.10）
王思文（1979.2—1980.4）
于万祥（1979.2—1988.9）
叶大信（1979.2—1983.1）
陈　宾（1980.2—1983.3）
何富荣（1980.4—1983.1）

何忠正（1981.10—1986.12）
江云海（1981.10—1983.1）
欧阳毅（1983.1—1986.12）
朱文科（1983.1—1988.9）
陈树基（1984.4—1988.9）
张文彦（1986.3—1988.9）
唐生海（1986.12—1988.9）
李继顺（1986.12—1988.9）

纪委书记 王永祯（1981.5—10）
江云海（1981.10—1983.1）
陈树基（1984.4—1988.9）

政治部主任 唐恩来（兼任，1978.10—1980.11）

（二）胜利油田会战指挥部领导名录（1978.3—1988.9）

指挥 刘佩荣（1978.3—10）
张兆美（兼任，1978.10—1980.2）
陈　宾（1980.2—1982.1）
李　晔（1982.1—1983.3）
朱文科（1983.11—1986.4；1988.3—9）
李　敬（兼任，1986.4—1988.3）

常务副指挥 朱文科（正局级，1986.4—1988.3）

副指挥 余群立（1978.3—8）
欧阳毅（1978.3—1983.1）
杨继清（1978.3—1983.1）
姚福林（1978.3—1988.9）
王　军（1978.3—1983.1）
李雨轩（1978.3—1983.1）
王思文（1978.3—1980.4）
杨志钰（1978.3—1983.1）
傅积隆（1978.3—1981.8）
刘积有（1978.3—1983.1）

李　晔（1978.3—1982.1）
张慎三（1978.3—1981.8）
侯心昶（1978.3—1983.1）
钱升旺（1978.3—1983.1）
乔聚星（1978.3—1983.1）
王永祯（1978.3—1981.10）
何忠正（1978.10—1983.1）
聂代兴（1978.12—1988.9）
于万祥（1978.12—1986.3）
叶大信（1978.12—1983.1）
何富荣（1978.12—1986.3）
孙燕文（1978.12—1983.1）
刘元勋（1981.9—12）
侯庆生（1981.9—1988.9）
李继顺（1981.9—1986.3）
朱文科（1983.1—11）
郝敦典（1983.1—1988.9）
介　霖（1983.9—1986.3）
张文彦（1986.3—1988.9）
周庆祖（兼任，1986.3—1988.3）
单永复（兼任，1986.3—1988.3）
刘兴材（1986.3—1988.9）
刘子明（兼任，1986.3—1988.3）
王乃举（兼任，1986.3—1988.3）
姜连成（1986.8—1988.9）
王永杰（1986.8—1988.9）
林希泉（1987.6—1988.9）

总工程师 于万祥（1978.12—1983.1；1986.3—1988.9）

总地质师 叶大信（1978.12—1988.9）
刘兴材（1983.10—1988.9）

总 经 济 师　张如椿（1986.8—1988.9）

（三）胜利油田会战指挥部工会（1984.1—1988.9）

主　　　席　何忠正（1984.1—1986.3）

李继顺（1986.3—1988.9）

三、华北石油会战指挥部（1978.3—1981.6）

1978年3月，华北石油会战指挥部由石油工业部和河北省双重领导，以石油工业部为主，党组织关系隶属于中共河北省委。机关办公地点在河北省任丘县。

4月，华北石油会战指挥部抽调200人支援河南石油会战指挥部。6月，石油工业部决定，将华北石油会战指挥部所属渤海湾研究所并入石油工业部勘探开发科学研究院。同月，经商得天津市革委会同意，石油工业部决定将海洋石油勘探指挥部从华北石油会战指挥部划出，成立石油工业部海洋石油勘探局。10月，华北石油会战指挥部抽调2个钻井队约220人及汽车司机50人到海洋石油勘探局。

1978年，原油产量达到1723万吨，跃居全国第三位。

1979年4月，华北石油会战指挥部抽调机修工人50人到海洋石油勘探局。6月，石油地球物理勘探局抽调300人到华北石油会战指挥部。

1979年6月，石油工业部决定成立华北石油学院筹建处，由华北石油会战指挥部领导。10月，在河北省固安县组建成立华北石油七二一大学，由华北石油学院筹建处管理。1980年5月，在华北石油七二一大学的基础上，成立华北石油职工大学，由华北石油会战指挥部领导，规模暂定3000人，设10个专业，学制三年。

1979年8月，经中共河北省委批准，中共华北石油会战指挥部核心小组成立纪律检查组。10月，纪律检查组改称纪律检查委员会。

1980年4月，华北石油会战指挥部首次工会会员代表大会召开，选举产生首届工会委员会。

1981年3月，石油工业部决定，将内蒙古自治区二连盆地的勘探工作由大庆石油管理局移交华北石油会战指挥部，并提出"立足冀中、开辟二连、侦察山西"的发展战略。内蒙古自治区二连盆地成为华北石油会战指挥部的第二勘探区域。

截至1981年6月，机关设40个部门：政治部、生产办公室、生活办公室、农林办公室、秘书处、党委组织部、党委宣传部、公安处、人民武装部、工会、团委、纪委、生产办公室、总调度室、综合计划处、人事处、教育处、财务处、资产处、地质处、钻井处、试油井下作业处、采油处、运销处、基建处、机动处、科技处、工农工作处、培训处、技术安全处、经济研究室、农林办公室、家属政工处、农副业处、生活行政管理处、卫生处、接待处、计划生育办公室、机关党委、体委。所属单位25个：北京勘探指挥部、第二勘探指挥部、第三勘探指挥部、第五勘探指挥部、第一油田建设指挥部、第三油田建设指挥部、油田指挥部、井下作业指挥部、测井公司、石油机械修理厂、水电指挥部、运输指挥部、供应指挥部、通讯处、油田勘探开发设计研究院、钻井工艺研究所、华北石油职工大学、华北石油学校、技工学校、党校、中心学校、职工医院、商业公司、北戴河石油工人疗养院、石家庄办事处。职工总数7.3万人。

1981年6月，冀中地区大规模勘探开发会战结束，经中共河北省委、天津市委、石油工业部党组商定，华北石油会战指挥部更名为华北石油管理局，中共华北石油会战指挥部核心小组更名为中共华北石油管理局委员会，党组织关系隶属于中共河北省委。华北油田与大港油田在生产业务上分开，实行单独管理。

（一）中共华北石油会战指挥部核心小组领导名录（1978.3—1981.6）

组　　长　焦力人（兼任，1978.3—1981.6）

副 组 长　任成玉（1978.3—8）

阎国钧（1978.3—1981.6）

马永林（1978.3—1981.6）

马骥祥（马骥，1978.3—8）

姬永兴（1978.3—1981.6）

施宗林（1978.3—1981.6）

赵复成（赵维亚，1978.3—1981.6）

余群立（1978.8—1981.6）

李玉生（李唐敬，1978.8—1981.6）

刘安时（1979.10—1981.6）

成　　员　阎敦实（1978.3—8）
霍文彬（1978.3—8）
刘仁杰（1978.3—8）
裴虎全（1978.3—1981.6）
钟一鸣（1978.3—8）
孙德福（孙安仕，1978.3—1981.6）
郭志忠（郭书义，1978.3—1981.6）
毛华鹤（1978.3—1981.6）
王福臻（1978.3—8）
李全亨（陶气，1978.3—1981.6）
罗重群（袁尚业，1978.3—1981.6）
赵文元（赵文扬，1978.3—1981.6）
陈学俊（1978.3—1981.6）
姜　阳（1978.3—1980）
李向阳（李曼莉，女，1978.3—1981.6）
谢采贤（1978.3—8）
王礼钦（1978.8—1981.6）
梁树魁（1978.8—1981.6）
查全衡（1978.8—1981.6）
王若坚（1978.8—1979）
施鸣鹤（1978.8—1981.6）
孔　靖（静宇，1978.8—1981.6）
游静裕（1979.4—1981.6）
朱志贤（1979.4—1981.6）
张会智（1979.4—1981.6）
纪委书记　赵复成（1979.10—1981.6）
政治部主任　施宗林（兼任，1978.3—8）
李玉生（兼任，1978.8—1981.6）

（二）华北石油会战指挥部领导名录（1978.3—1981.6）

指　　挥　焦力人（1978.3—1981.6）

副　指　挥　任成玉（1978.3—8）
阎敦实（1978.3—8）
阎国钧（1978.3—1981.6）
马永林（1978.3—1981.6）
马骥祥（1978.3—8）
姬永兴（1978.3—1981.6）
孙德福（1978.3—1981.6）
郭志忠（1978.3—1981.6）
霍文彬（1978.3—8）
刘仁杰（1978.3—8）
裴虎全（1978.3—1981.6）
钟一鸣（1978.3—8）
王福臻（1978.3—8）
李全亨（1978.3—1981.6）
王礼钦（1978.3—1981.6）
谢采贤（1978.3—8）
余群立（1978.8—1981.6）
毛华鹤（1978.8—1981.6）
赵文元（1978.8—1981.6）
梁树魁（1978.8—1981.6）
查全衡（1978.8—1981.6）
王若坚（1978.8—1979）
施鸣鹤（1978.8—1981.6）
施宗林（1979.4—1981.6）
游静裕（1979.4—1981.6）
朱志贤（1979.4—1981.6）
张会智（1979.4—1981.6）
刘安时（1979.10—1981.6）
宋世宽（1979.10—1981.6）

钻井总工程师　王礼钦（1978.3—1981.6）
游静裕（1979.4—1981.6）

总 地 质 师　阎敦实（1978.3—8）
查全衡（1978.8—1981.6）

总 机 械 师　朱志贤（1979.4—1981.6）

（三）华北石油会战指挥部工会（1980.4—1981.6）

主　　　席　赵文元（1980.4—1981.6）

四、华北石油管理局（1981.6—1988.9）

1981年6月，冀中大规模勘探开发会战结束，经中共河北省委、天津市委、石油工业部党组商定，华北石油会战指挥部更名为华北石油管理局，中共华北石油会战指挥部核心小组更名为中共华北石油管理局委员会。由石油工业部和河北省双重领导，以石油工业部为主，党组织关系隶属于中共河北省委。华北油田与大港油田在生产业务上分开，实行单独管理。华北石油管理局主要负责冀中平原地区和二连盆地的油气勘探开发。机关办公地点在河北省沧州地区任丘县。

调整后，机关设39个部门：政治部、生产办公室、生活办公室、农林办公室、秘书处、党委组织部、党委宣传部、公安处、人民武装部、工会、团委、纪委、生产办公室、总调度室、综合计划处、人事处、教育处、财务处、资产处、地质处、钻井处、试油井下作业处、采油处、运销处、基建处、机动处、科技处、工农工作处、培训处、技术安全处、经济研究室、农林办公室、家属政工处、农副业处、生活行政管理处、卫生处、接待处、计划生育办公室、机关党委、体委。所属25个单位：第一勘探公司、第二勘探公司、第三勘探公司、第四勘探公司、第一油田建设公司、第二油田建设公司、采油厂、井下作业公司、测井公司、机械修理厂、水电厂、运输公司、器材供应处、通讯处、石油勘探开发设计研究院、钻井工艺研究所、华北石油职工大学、华北石油学校、华北石油技工学校、党校、第一中学、职工医院、商业公司、职工疗养院、石家庄办事处。

1983年12月，石油工业部批复华北石油管理局管理体制改革方案，华北石油管理局机构进行了较大调整，机关撤销政治部、生产办公室、生活办公室、农林办公室，设27个部门：党委办公室、党委组织部、党委宣传部、工会（体委）、团委、纪检办公室、武装部、调查研究室、勘探处、钻井处、油田开发处、基建处、生产协调处、机动处、技安环保处、节能计量处、科技处（外事办公室）、运销处、综合计划处、财务处、劳动工资处、教育培训处、工农处、局办公室（侨务办公室）、卫生处、公安处、行政处。所属单位35个：第一勘探公司、第二勘探公司、第三勘探公司、第四勘探公司、第一采油厂、第二采油厂、第三采油厂、第四采油厂、井下作业公司、测井公司、油气井测试公司、第一油田建设公司、第二油田建设公司、运输公司、水电厂、综合机械修理厂、机械厂、器材供应处、通讯处、勘探开发设计研究院、钻井工艺研究所、采油工艺研究所、党校、华北石油教育学院、华北石油职工大学、华北石油学校、华北石油职工中专、华北石油卫生学校、华北石油技工学校、公用事业处、综合商业公司、总医院、华北石油疗养院、干休所、石家庄办事处。

1984年1月，石油工业部决定，华北石油职工大学按局级单位组建，除继续承担华北石油管理局职工高等教育任务外，同时承担石油工业部干部高等教育和培训任务，由华北石油管理局管理。中纪委驻石油工业部纪检组组长黄凯兼任华北石油职工大学党委书记，石油工业部企业整顿领导小组组长（国家经济委员会副主任）薛仁宗兼任校长。

3月，华北石油管理局在生活办公室、农林办公室基础上，成立生活服务公司、劳动服务公司。所属各单位相应成立劳动服务公司等集体所有制企业，大力发展农副业、工副业和商业，安置职工家属和待业青年。

11月，石油工业部成立华北石油管理局二连石油勘探开发公司，为具有法人地位的相对独立的经济实体，企业行政级别为正局级，由华北石油管理局领导，主要承担二连盆地的石油勘探开发建设，办公地点在河北省任丘县。

12月，石油工业部决定，华北石油管理局勘探开发设计研究院北部地区分院（位于河北省廊坊市万庄镇）划归石油勘探开发科学研究院领导，更名为石油勘探开发科学研究院廊坊分院。

1985年9月，华北石油管理局针对地处冀中经济发达地区的优势，做出了发展炼油化工、实施上下游一体化、建立新的经济增长点的决策，决定在河北省任丘县成立化学药剂厂。1987年11月，化学药剂厂建成投产，年加工原油能力15万吨。

1985年10月，华北油田向北京输气工程建成投产。整个工程包括河北省永清县—北京70千米输气干线、93千米集气管线、11口天然气井，日输气40万立方米。

1986年3月，华北石油管理局派出20个钻井队参加胜利油田新户地区石油会战。

1987年3月，石油工业部决定，二连石油勘探开发公司改为副局级单位。

1988年1月，华北石油管理局实行局长负责制，局属二级单位实行厂长（经理）任期目标责任制和经济责任制。

华北油田从1977年到1986年，原油年产量连续十年稳产1000万吨以上。1987年，华北油田地下压力下降，储量接替日趋紧张，油田进入快速递减阶段，年产原油795.01万吨，首次降至千万吨以下。

截至1988年9月，华北石油管理局机关设34个处室：办公室、党委办公室、党委组织部、党委宣传部、调查研究室、老干部处、武装部、纪委办公室、工会、团委、生产协调处、勘探处、钻井处、油田开发处、技术发展部、基建处、机动处、综合计划处、劳动工资处、财务处、运销处、教育培训处、技安环保处、节能计量处、工农处、审计处、经济管理研究室、天然气管理办公室、法律事务处、行政处、生活管理处、卫生处、计划生育办公室、机关党委。所属45个单位：二连石油勘探开发公司（副局级）、职工大学（正局级）、第一勘探公司、第二勘探公司、第三勘探公司、第四勘探公司、地球物理勘探公司、测井公司、油气井测试公司、第一采油厂、第二采油厂、第三采油厂、第四采油厂、第五采油厂、井下作业公司、第一油田建设公司、第二油田建设公司、化学药剂厂、通讯处、器材供应处、第一机械厂、第二机械厂、运输公司，水电厂、勘探开发研究院、勘察设计院、钻井工艺研究所、采油工艺研究所、地质服务公司、教育学院、党校、华北石油学校、财经学校、技工学校、第一中学（科级）、公用事业管理处、商业公司、公安处、总医院、第二医院、职工疗养院、石家庄办事处、干休所、华北石油报社、劳动服务公司。

1988年9月，华北石油管理局改由中国石油天然气总公司管理。

期间，华北石油管理局局长姬永兴当选中共十二大代表。华北石油管理局副总工程师林祖訚当选第六届全国人大代表。华北石油管理局党委书记王子正当选中共十三大代表。华北石油管理局局长杨万里、华北石油管理局通讯处处长郭佩珍当选第七届全国人大代表。华北石油管理局勘察设计研究院总工程师田复任第七届全国政协委员。

（一）中共华北石油管理局委员会领导名录（1981.6—1988.9）

书　　记　焦力人（兼任，1981.6—1983.6）
张恕基（1983.6—1987.3）
王子正（王云治，1987.3—1988.9）

副 书 记　姬永兴（1981.6—1983.6）
施宗林（1981.6—1982.12）
马永林（1981.6—1983.6）
赵复成（1981.6—1983.6）
刘安时（1981.6—1983.6）
李玉生（1981.6—1983.6）
杨栋梁（1983.6—1986.9）
李玉超（1984.4—1988.9）
王子正（1984.7—1985.2）
扈连才（1985.2—1988.9）
杨万里（1987.3—1988.9）

常　　委　扈连才（1983.6—1985.2）
朱良久（1983.6—1988.9）
罗重群（1983.6—1984.3）
徐天明（刘新武，1983.6—1988.9）
袁　申（组织部长，正处级，1983.6—1988.9）
于孔照（1983.6—1988.9）
咸雪峰（咸保龙、咸朝微，1984.4—1988.9）
王子正（1985.2—1987.3）

纪委书记　赵复成（1981.6—1983.10）
罗重群（1983.10—1984.3）

政治部主任　李玉生（兼任，1981.6—1983.6）

（二）华北石油管理局领导名录（1981.6—1988.9）

局　　　长　姬永兴（1981.9—1983.6）
扈连才（1983.6—1985.2）
王子正（1985.2—1987.3）
杨万里（1987.3—1988.9）

副　局　长　姬永兴（1981.6—9）
施宗林（1981.6—1982.12）
马永林（1981.6—1983.6；1984.11—1988.9）
刘安时（1981.6—1983.6）
孙德福（1981.6—1983.6）
郭志忠（1981.6—1982.11）
王礼钦（1981.6—1983.6）
毛华鹤（1981.6—1982.12）
梁树魁（1981.6—1988.9）
施鸣鹤（1981.6—1988.9）
李全亨（1981.6—1983.6）
赵文元（1981.6—1983.6）
游静裕（1981.6—1988.9）
朱志贤（1981.6—1983.6）
张会智（1981.6—1983.6）
宋世宽（1981.6—1983.6）
咸雪峰（1983.6—1988.9）
朱良久（1983.6—1988.9）
唐　智（1983.6—1988.9）
黄　炎（1984.4—1988.9）
段大钧（回族，1986.11—1988.9）

钻井总工程师　王礼钦（1981.6—1983.6）
游静裕（1981.6—1988.9）

机械总工程师　朱志贤（1981.6—1983.6）

（三）华北石油管理局工会（1981.6—1988.9）

主　　　席　赵文元（1981.6—1984.3）
　　　　　　徐天明（1984.3—1988.9）

（四）华北石油管理局所属局级单位领导名录

1. 二连石油勘探开发公司（1984.11—1988.9）

1984年11月至1987年3月（正局级）：

党委书记　扈连才（兼任，1984.11—1987.3）
党委副书记　梁文成（1984.11—　　）
经　　　理　马永林（副局级，兼任，1984.11—1987.3）
副　经　理　谭绪承（正处级，1984.11—1987.3）
　　　　　　胡　杰（正处级，1984.11—1987.3）
　　　　　　孟达让（正处级，1984.11—1987.3）
　　　　　　王汉泉（正处级，1984.11—1987.3）
总会计师　王汉泉（正处级，1984.11—1987.3）
总地质师　王长安（正处级，1984.11—1987.3）
总工程师　刘　钺（正处级，1984.11—1987.3）

1987年3月至1988年9月（副局级）：

党委书记　段大钧（兼任，1987.2—1988.9）
经　　　理　段大钧（兼任，1987.2—1988.9）

2. 华北石油职工大学（正局级，1984.1—1988.9）

（1）中共华北石油职工大学委员会领导名录（1984.1—1988.9）

书　　　记　黄　凯（兼任，1984.1—1986.3）
副　书　记　薛仁宗（兼任，1984.1—1986.3）
　　　　　　石则砺（1984.1—1986.3）
　　　　　　于溶源（1985.2—1988.9）
纪委书记　刘金铭（1987.3—1988.9）

（2）华北石油职工大学领导名录（1984.1—1988.9）

校　　　长　薛仁宗（兼任，1984.1—1986.3）

副　校　长　王明德（1984.1—1985.2）
闫国志（1984.1—1985.2）
贾福绵（贾捷平，1985.2—1988.9）
孙慰祖（1985.2—1988.9）
承光武（女，1987.8—1988.9）

五、辽河石油勘探局（1978.3—1988.9）

1978年3月，辽河石油勘探局由辽宁省和石油工业部双重领导，以辽宁省为主。行政级别为正局级。在册职工5.42万人，设机关处室25个，二级单位22个。投入开发黄金带、于楼、热河台、兴隆台、曙光、欢喜岭等13个油田。党组织关系隶属于中共辽宁省委。机关办公地点在辽宁省盘山县兴隆台。

8月，石油工业部决定，抽调大港油田指挥部的10个钻井队1600余人参加辽河欢喜岭石油会战。

1978年，生产原油355万吨、天然气16.5亿立方米。

1980年1月，辽河油田建成投产，年产原油500万吨、天然气17亿立方米，成为我国主要油田之一。

1982年2月，石油工业部决定，将江汉石油管理局所属的安装公司一大队、二大队及部分机关人员2000余人调入辽河石油勘探局，成立辽河石油勘探局第二油田建设指挥部。

1984年3月，辽河石油勘探局调整机关组织机构，同时将所属二级单位分别改称公司、厂、处。机关设26个处室：办公室、总调度室、钻探处、采油处、基建处、地质处、运销处、机动处、技安处、科技处、环保处、计划处、财务处、企管处、劳资处、卫生处、接待处、党委办公室、党委宣传部、党委组织部、纪委、武装部、工会、团委、计生办、政法委。所属二级单位37个：物探公司、钻井一公司、钻井二公司、测井公司、油田建设工程一公司、油田建设工程二公司、筑路工程公司、兴隆台采油厂、曙光采油厂、欢喜岭采油厂、高升采油厂、沈阳采油厂、茨榆坨采油厂、炼油厂、油气管理处、井下作业公司、物资供应处、运输公司、水电厂、总机械厂、科学技术研究院、规划设计院、报社、消防支队、公安处、检察院、法院、职工第一医院、职工第二医院、兴城疗养院、石油学校、技工学校、职工大学、干部学校、财贸处、教育培训中心、生活服务公司。4月，盘锦市炼油厂划归辽河石油勘探局领导，并更名为辽河石油勘探局沥青厂。

1985年1月，盘锦市热电厂划归辽河石油勘探局领导，并更名为辽河石油勘探局热电厂。

1986年，辽河油田原油产量突破1000万吨，成为全国第三大油田和最大的稠油、高凝油生产基地。

1987年9月，中共辽河石油勘探局第二次代表大会召开，选举产生中共辽河石油勘探局第二届委员会和纪律检查委员会，实行常委制，邓礼让为党委书记，张林生、刘安、陈富贤为党委副书记，宋道堂为纪委书记。下属基层党委33个、党总支117个、党支部1667个，共有党员2.48万名。

12月，辽河石油勘探局实行局长负责制。1988年2月，辽河石油勘探局在所属二级生产和科研单位实行厂长（经理、院长）负责制。

截至1988年9月，辽河石油勘探局机关设处室37个：办公室、总调度室、钻井处、采油处、地质处、基建处、科技处、运销处、机动处、环保处、技安处、土地处、计划处、财务处、劳资处、企管处、审计处、监察处、技教处、教育处、化工处、基地办、引进办、稠油攻关指挥部、行政处、接待处、卫生处、生活处、党委办公室、党委组织部、党委宣传部、纪委、武装部、工会、团委、报社、计生办。所属二级单位37个：兴隆台采油厂、曙光采油厂、欢喜岭采油厂、高升采油厂、沈阳采油厂、茨榆坨采油厂、科学技术研究院、规划设计院、钻井一公司、钻井二公司、井下作业公司、地球物理勘探公司、测井公司、油建一公司、油建二公司、水电厂、物资供应处、筑路工程公司、沥青厂、油气管理处、运输公司、机修总厂、报社、消防支队、公安局、检察院、法院、第一职工医院、第二职工医院、兴城疗养院、辽河石油学校、技工学校、职工大学、干部学校、热电厂、附属企业公司、有线电视台。在册职工10.14万人，固定资产原值100.9亿元。投入开发兴隆台、曙光、欢喜岭、高升、大民屯、茨榆坨、大平房、大洼等21个油田，1988年生产原油1258万吨、天然气16.4亿立方米。

1988年9月，辽河石油勘探局改由辽宁省与中国石油天然气总公司双重领导，以辽宁省为主。

期间，辽河石油勘探局党委副书记王涛当选中共第十二届中央委员；党委书记邓礼让当选中共十三大代表。辽河石油勘探局科学技术研究院副院长葛泰生当选第六届全国人大代表；辽河石油勘探局局长张林生当选第七届全国人大代表。

（一）中共辽河石油勘探局委员会领导名录（1978.3—1988.9）

书　　记　邓礼让（1978.3—1982.5；1983.12—1988.9）
段志高（1982.5—1984.5）

副 书 记　刘照民（1978.3—1983.12）
王　涛（1978.3—1983.6）
王苏民（1978.3—1983.12）
张中奇（1978.3—1983.12）
王镜心（1978.10—1982.11）
王瑞范（1979.1—1983.12）
窦小群（1979.10—1983.12）
邓礼让（1982.7—1983.12）
王子正（1983.12—1984.7）
周永康（1984.6—1985.12）
施少荃（1984.8—1986.6）
张林生（1986.6—1988.9）
刘　安（1986.6—1988.9）
陈富贤（1986.6—1988.9）

常　　委　王天儒（1978.3—1985.11）
窦小群（1978.3—1979.10）
刘成章（1978.3—1986.12）
王镜心（1978.3—10）
田丕儒（1978.3—1980.3）
崔海天（1978.3—1983.12）
满应科（1978.3—1980.12）
王永成（1979.10—1983.12）
周永康（1983.12—1984.6）
施少荃（1983.12—1984.8）

刘　安（1983.12—1986.6）
王显骢（1986.6—1988.9）
周守忠（1986.6—1988.9）
宋道堂（1986.12—1988.9）
王德明（1986.12—1988.9）

纪委书记　王子正（1983.12—1984.7）
施少荃（1984.8—1986.12）
宋道堂（1986.12—1988.9）

政治部主任　窦小群（1978.3—1979.10）
王永成（1979.10—　　）

（二）辽河石油勘探局领导名录（1978.3—1988.9）

局　　长　邓礼让（1978.3—1983.12）
周永康（1984.5—1985.12）
张林生（1986.6—1988.9）

常务副局长　施少荃（1986.6—1988.9）

副 局 长　王　涛（1978.3—1983.6）
刘照民（1978.3—1983.12）
满应科（1978.3—1980.12）
王子正（1978.3—1983.12）
季生元（1978.3—1983.12）
王天儒（1978.3—1983.12）
刘成章（1978.3—1983.12）
杨　录（1978.3—1983.12）
张子玉（1978.3—1979.6）
李国璋（1978.3—1983.12）
赵喜德（1978.3—1983.12）
刘　沐（1978.3—1986.6）
王镜心（1978.3—1982.11）
田丕儒（1978.3—1980.4）
崔海天（1978.3—1983.12）

王秉祥（1978.3—1983.12）
周永康（1979.10—1983.12；主持工作，1983.12—1984.6）
王瑞范（1979.10—1986.6）
芦振钧（1979.10—1983.12）
杨维庆（1979.10—1988.9）
赵光明（1979.10—1986.6）
范元绶（1979.10—1983.12）
高清勤（1979.10—1983.12）
张　凭（1979.10—1983.12）
李佩实（1979.10—1983.12）
周守忠（1979.10—1988.9）
华光兴（1979.10—1983.12）
崔仁义（1983.12—1988.9）
刘玉林（1983.12—1988.9）
王显骢（1986.6—1988.9）

总工程师　蒋麟湘（1978.3—1983.12）
杨　录（1979.3—1987.12）
辛一平（1987.12—1988.9）

总地质师　张文昭（1978.3—1987.8）
王　涛（1979.9—1983.6）
张林生（1983.12—1986.6）
王秋华（1986.12—1988.9）

总经济师　刘　沐（1979.9—1988.9）

总会计师　郭忠范（1985.6—1988.9）

顾　　问　刘照民（1983.12—　　）
窦小群（1983.12—　　）

（三）辽河石油勘探局工会（1978.3—1988.9）

主　　席　刘成章（1978.3—1986.12）
王德明（1986.12—1988.9）

六、新疆石油管理局（1978.3—1988.9）

1978年3月，新疆石油管理局由新疆维吾尔自治区和石油工业部双重领导，以新疆维吾尔自治区为主。机关办公地点在新疆维吾尔自治区克拉玛依市。1978年生产原油353万吨、天然气3.80亿立方米，加工原油140.85万吨。

1979年1月，成立新疆石油学院。校址设在原乌鲁木齐石油学校，规模4000人。买买提·艾沙任新疆石油学院筹备领导小组组长，张福斋、郭追、王湘清任副组长。4月，成立新疆石油管理局南疆石油勘探会战指挥部。

1980年3月10日至14日，中共新疆石油管理局第四次代表大会召开，选举产生第四届委员会和纪律检查委员会，李敬为党委书记，国际巩为纪委书记。

6月，撤销新疆石油管理局革委会，任命新疆石油管理局行政领导班子。

1981年9月，新疆石油管理局改由石油工业部和新疆维吾尔自治区双重领导，以石油工业部为主。实际运行中，新疆石油管理局领导班子仍以新疆维吾尔自治区管理为主。

1982年6月，新疆石油管理局东部勘探指挥部成立，领导机关设在吉木萨尔县。准噶尔盆地东部石油勘探全面展开。7月，乌鲁木齐石油化工厂更名为乌鲁木齐石油化工总厂，仍归新疆石油管理局领导。

1983年1月，新疆石油学院恢复办学，由新疆维吾尔自治区人民政府和石油工业部双重领导，委托新疆石油管理局管理。

1983年，乌鲁木齐石油化工总厂移交中国石油化工总公司管理。

1984年7月25日至28日，新疆石油管理局召开第一次职工代表大会。

1986年3月，经石油工业部党组批准，成立新疆石油管理局塔里木盆地沙漠勘探项目管理经理部。7月，塔里木盆地沙漠勘探项目管理经理部更名为南疆石油勘探公司，行政级别为副局级。

9月15日至17日，中共新疆石油管理局第五次代表大会召开，选举产生第五届委员会和纪律检查委员会，张毅为党委书记，刘允祥为纪委书记。

1987年8月，经石油工业部批准，独山子炼油厂调整为新疆石油管理局所属副局级单位。

1988年1月，张毅任新疆维吾尔自治区政协副主席，仍兼任新疆石油管理局党委书记。4月，新疆石油管理局实行局长负责制。

截至1988年9月，新疆石油管理局机关设34个部门：党委办公室、党委组织部、党委宣传部、纪委、机关党委、政法委员会、老干部处、统战部、史志办公室、女工部、保密委员会办公室、协调部、局办公室、地质处、钻探处、采油处、炼化处、机动处、基建处、科技处、技术安全环保处、质量标准计量处、引水工程处、计划处、财务处、劳资处、销售处、经济研究所、审计处、监察处、卫生处、接待处（外事办公室）、保卫处、人民防空办公室。所属48个企事业单位：独山子炼油厂、泽普石油天然气开发公司、准东勘探指挥部、地质调查处、钻井公司、采油一厂、采油二厂、采油三厂、百口泉采油厂、重油开发公司、克拉玛依炼油厂、输油公司、试油处、井下作业处、测井公司、油田建设工程公司、筑路公司、矿建处、器材供应处、运输公司、机械厂、汽车修理厂、二机厂、供水管理处、电厂、通讯公司、勘探开发研究院、采油工艺研究所、设计院、钻井工艺研究所、重油研究所、教育培训中心、党校、电大分校、新疆石油学校、教育学院、卫生学校、技工学校、石油报社、广播电视中心、总医院、生活公司、机关生活公司、劳动服务公司、驻乌鲁木齐办事处、太湖疗养院、新源铁厂，另代管新疆石油学院。在册职工9.69万人。下属基层党委69个、党总支132个、党支部1766个，共有党员2.8万名。

1988年，生产原油615.04万吨、天然气5.35亿立方米，全年加工原油379.29万吨，工业生产总值16.24亿元。

1988年9月，新疆石油管理局改由中国石油天然气总公司和新疆维吾尔自治区双重领导。

期间，新疆石油管理局党委书记李敬当选中共十二大代表；新疆石油管理局局长谢志强当选中共十三大代表。新疆石油管理局钻井处钻井队长李聪恒当选第七届全国人大代表。新疆石油管理局采油三厂工程师热夏提·亚森任第六届、第七届全国政协委员。

（一）**中共新疆石油管理局委员会领导名录**（1978.3—1988.9）

书　　记　李欣吾（1978.3—7）
李　敬（1978.7—1979.3；兼任，1979.3—1982.10）
王照明（1983.7—1985.3）

张　毅（1986.3—1988.1；兼任，1988.1—9）

副　书　记　王照明（1978.3—1983.7）

侯志诚（1978.3—9）

国际巩（1978.3—1982.10）

李保孚（1978.3—1983.7）

帕达哈·吐木尔（维吾尔族，1978.5—1981.6）

刘　凯（1978.5—1983.7）

张　毅（1978.7—1980.3；1983.7—1986.3）

刘仁杰（1978.9—1982.12）

史少卿（1978.9—1980.3）

瓦力斯江·吐尔地（维吾尔族，1981.6—1983.7）

阿瓦哈里·沙比洛夫（维吾尔族，1981.6—1986.3）

谢志强（1983.7—1986.3）

买买提·努尔（维吾尔族，1986.3—1988.9）

周　原（1986.3—1988.9）

常　委　张　毅（1978.3—7；1980.3—1983.7）

张家达（1978.3—1986.3）

马合木提·司马义（维吾尔族，1978.3—1980.3）

李　茜（1978.3—1980.3）

王　素（女，1978.3—1980.3）

蔡茂年（1978.3—1980.3）

任荣堂（1978.3—1988.9）

郑　浩（1978.9—1980.3）

李全慎（1978.12—1980.3）

韩继武（1978.12—1983.7；1985.6—1988.9）

吕全良（1978.12—1983.7）

宋洪道（1978.12—1979.11）

宋汉良（1980.3—1983.6）

瓦力斯江·吐尔地（1983.7—1986.3）

刘允祥（1983.7—1988.9）

马化民（1983.7—1988.9）
谢志强（1986.3—1988.9）
谢　宏（1986.3—1988.9）
买买提·艾沙（维吾尔族，1986.3—1988.9）

纪委书记 国际巩（1980.3—1982.10）
张家达（1983.7—1986.3）
刘允祥（1986.3—1988.9）

（二）新疆石油管理局革委会领导名录（1978.3—1980.6）

主任 李　敬(1978.7—1979.3;兼任,1979.3—1980.6)

副主任 王照明（1978.3—1980.6）
侯志诚（1978.3—9）
张　毅（1978.3—1980.6）
马合木提·司马义（1978.3—1980.6）
张家达（1978.3—1980.6）
周庆祖（1978.3—1980.6）
徐杜周（1978.3—10）
肉孜·阿尤甫（维吾尔族，1978.3—1980.6）
买买提·艾沙（1978.3—1980.6）
李　茜（1978.3—1980.6）
赵铭海（1978.3—1979.8）
任荣堂（1978.3—1980.6）
吕全良（1978.3—1980.6）
韩继武（1978.5—1980.6）
田玉庆（1978.5—1980.6）
刘玉吉（1978.5—1980.6）
胡玉昆（1978.5—1980.6）
刘仁杰（1978.9—1980.6）
郑　浩（1978.9—1980.5）
史少卿（1978.9—1980.6）
李全慎（1978.10—1980.6）

郑维田（1979.3—1980.6）
阿瓦哈里·沙比洛夫（1979.3—1980.6）
谢　宏（1979.12—1980.6）
段振廷（1979.12—1980.6）
沈增鑫（1979.12—1980.6）
宋汉良（1979.12—1980.6）

总工程师　刘翔鹗（1978.3—1980.4）
总地质师　谢　宏（1978.3—1980.6）
总会计师　雷　震（1978.3—1980.6）
钻井总工程师　郑维田（1979.3—1980.6）
炼油总工程师　刘志泉（1979.12—1980.6）

（三）新疆石油管理局领导名录（1980.6—1988.9）

局长　王照明（1980.6—1983.7）
张　毅（1983.7—1986.3）
谢志强（1986.3—1988.9）

副局长　张　毅（1980.6—1983.7）
刘仁杰（1980.6—1982.12）
宋汉良（1980.6—1983.6）
张家达（1980.6—1983.7）
任荣堂（1980.6—1988.9）
韩继武（1980.6—1988.9）
吕全良（1980.6—1983.7）
李　茜（1980.6—9）
马合木提·司马义（1980.6—1983.7）
肉孜·阿尤甫（1980.6—1983.7）
周庆祖（1980.6—7）
郑维田（1980.6—1982.5）
刘玉吉（1980.6—1983.7）
胡玉昆（1980.6—1985.2）
田玉庆（1980.6—1983.7）

买买提·艾沙（1980.6—1986.3）
阿瓦哈里·沙比洛夫（1980.6—1983.7）
谢 宏（1980.6—1988.9）
段振廷（1980.6—1983.6）
沈增鑫（1980.6—1986.3）
赵景明（1980.9—1985.10）
瓦力斯江·吐尔地（1981.6—1986.3）
戴菊生（回族，1983.7—1988.9）
宋世权（1983.7—1988.9）
方天禄（1983.7—1988.9）
钟树德（锡伯族，1986.3—1988.9）
尼牙孜·阿不都拉（维吾尔族，1986.3—1988.9）

总地质师 谢 宏（1980.6—1986.3）
张国俊（1986.3—1988.9）

总会计师 雷 震（1980.6—1982.7）

炼油总工程师 刘志泉（1980.6—1988.9）

钻井总工程师 郑维田（1980.6—1982.5）

总工程师 钟树德（1986.3—1988.9）

总经济师 戴明梓（1986.3—1988.9）

（四）新疆石油管理局工会（1978.3—1988.9）

主席 丰光远（1978.3—1979.11）
帕达哈·吐木尔（1979.11—1982.2）
买买提·努尔（1983.7—1986.4）
买买提·艾沙（1986.4—1988.9）

（五）所属局级单位领导名录（1978.3—1988.9）

1. 乌鲁木齐石油化工厂—乌鲁木齐石油化工总厂

（副局级，1978.3—1986.12）

党委书记 国际巩（1978.3—5）
刘 凯（兼任，1978.5—1984.3）

田玉庆（1984.3—1986.12）

厂　　长　周庆祖（兼任，1978.3—5）

田玉庆（兼任，1978.5—1983.7；1983.7—1984.3）

袁铭遂（1984.3—1986.12）

2. **独山子炼油厂**（副局级，1987.8—1988.9）

党委书记　王德华（1987.8—1988.9）

厂　　长　杨生汉（1987.8—1988.9）

3. **新疆石油学院**（正局级，代管，1979.1—1988.9）

党委书记　王照明（兼任，1982.5—1985.3）

张　毅（兼任，1985.3—1986.7）

阿瓦哈里·沙比洛夫（1986.5—1988.9）

院　　长　阿瓦哈里·沙比洛夫（兼任，1985.3—1986.5）

张　毅（兼任，1986.5—1988.9）

七、大港油田指挥部—大港石油管理局（1978.3—1988.9）

（一）大港油田指挥部（1978.3—1983.11）

1978年3月，大港油田指挥部由天津市和石油工业部双重领导，以天津市管理为主。党组织关系隶属于中共天津市委，生产业务仍由华北石油会战指挥部管理。机关办公地点在天津市南郊区津岐路西侧三号院。

8月，石油工业部决定，大港油田指挥部的10个钻井队及二线配套队伍1600人，支援辽河欢喜岭石油会战。

1978年底，大港油田指挥部机关设政治部（秘书处、组织处、干部处、宣传处、人民武装部、保卫处）、工会、团委、生产办公室（办公室、总调度室、综合计划处、科技处、机动处、劳动工资处、财务处、教育处、基建处、地质处、钻井处、采油处）、生活办公室（办公室、行政生活处、接待处、农副业处、农林办公室、卫生处）、机关党委。在册职工4.96万人。探明地质储量3.57亿吨，开发面积227.4平方千米，共开发王徐庄、港东、港西、周青庄、唐家河、港中、六间房、羊三木、羊二庄、板桥、孔店、王官屯、风化店等

13个油田，油井开井818口，年产原油300万吨、天然气11.14亿立方米。

1979年1月，为适应南部油田开发管理需要，采油指挥部一分为二，成立第一采油指挥部、第二采油指挥部。采油指挥部所管理的采油三矿、采油五矿、王官屯油矿，按原建制归属第二采油指挥部管理。2月，大港油田指挥部所属完井大队的电视测井队和电视攻关组整建制划归华北石油会战指挥部。8月，华北石油会战指挥部从冀中勘探指挥部抽调8个钻井队及600名职工划归大港油田指挥部。

8月22日至27日，中共大港油田指挥部第一次代表大会召开，选举产生中共大港油田指挥部第一届委员会和纪律检查委员会，余群立为党委书记，裴虎全、杜志福为党委副书记，杜志福为纪委书记。下属基层党委23个、党总支70个、党支部715个，共有党员1.14万名。

1980年3月，大港油田指挥部第一次工会会员代表大会召开，选举产生第一届工会委员会。

1981年1月，撤销政治部。6月，石油工业部党组、中共河北省委员会商定，华北石油会战指挥部更名为华北石油管理局。华北石油会战指挥部不再管理大港油田指挥部的生产业务。大港油田与华北油田在生产业务上分开，实行单独管理。

1982年4月，成立大港油田指挥部北部试采筹建处。10月，石油工业部征得天津市同意，将长庆油田15个钻井队、5个试油队以及相应配套队伍4000余人调入大港油田指挥部。

1983年11月，石油工业部决定，将驻天津石油技术引进管理处与大港油田指挥部接待处合并，实行一套机构两块牌子，由大港油田指挥部领导，对外技术引进业务归口石油工业部成套技术引进公司管理。

期间，大港油田指挥部机动处副处长师郭锡禄当选第六届全国人大代表。

1. **中共大港油田指挥部委员会领导名录**（1978.3—1983.11）

第 一 书 记 马骥祥（1978.3—1979.10）

书　　　记 刘仁杰（1978.3—8）

余群立（1978.11—1983.9）

张丁华（1983.9—11）

副　书　记　裴虎全（1978.3—1983.7）
齐国贤（1978.3—1979.10）
师秉毅（1978.3—1979.5）
施振芳（1978.3—1979.10）
李树仁（1978.3—1979.5）
杜志福（1978.3—1983.7）
张俊杰（1983.7—11）
常　　委　于秋云（女，1978.3—1979.5）
冯　浩（1978.3—1979.10）
陈厚勇（1978.3—1983.7）
侯　忠（1978.3—1979.5）
施鸣鹤（1978.3—1979.10）
丁　达（1978.3—1983.7）
师秉毅（1979.5—1983.7）
臧成平（1978.3—1979.5）
阎宝钧（1978.3—1979.10）
张丁华（1979.10—1983.7；主持工作，1983.7—9）
陈光虞（1979.10—1983.11）
李道品（1979.10—1983.7）
秦振华（1979.10—1983.7）
杨晓华（1983.7—11）
裴虎全（1983.7—11）
李东昌（1983.7—11）
纪委书记　杜志福（1979.10—1983.7）
李东昌（1983.7—11）
政治部主任　阎宝钧（1978.3—1981.1）

2. **大港油田指挥部领导名录**（1978.3—1983.11）

指　　挥　马骥祥（1978.3—11）
余群立（1978.11—1983.9）
陈光虞（1983.9—11）

副　指　挥　裴虎全（1978.3—1983.7）
齐国贤（1978.3—1979.12）
师秉毅（1978.3—1983.7）
施振芳（1978.3—1983.7）
李树仁（1978.3—1979.5）
于秋云（1978.3—1979.5）
冯　浩（1978.3—1983.7）
陈厚勇（1978.3—1983.11）
侯　忠（1978.3—1979.5）
施鸣鹤（1978.3—1983.7）
丁　达（1978.3—1983.7）
臧成平（1978.3—1979.5）
侯守智（1978.3—1983.7）
万鹏飞（1978.3—1979.5）
禹福连（1978.3—1983.7）
张显文（1978.3—1983.7）
张明义（1978.3—1979.5）
杜志福（1978.3—1979.5）
李道品（1978.11—1983.11）
秦振华（1978.11—1983.7）
刘安时（1978.11—1983.7）
张丁华（1979.5—1982.9）
史汝先（1979.5—1983.7）
陈光虞（1979.5—1983.7；主持工作，1983.7—9）
王　锷（1981.8—1983.7）
张大德（1983.7—11）
俞叔武（1983.7—11）
张树明（1983.7—11）

总 地 质 师　吴华元（1978.3—1983.7）

基建总工程师　王连志（1978.3—1979.5）

总 工 程 师 陈光虞（1979.5—1983.7）

顾　　　问 万鹏飞（1979.5—1982.12）

王连志（1979.5—1983.11）

3. **大港油田指挥部工会**（1978.3—1983.11）

主　　　席 柳恒昌（1980.3—1983.11）

（二）大港石油管理局（1983.11—1988.9）

1983年11月，石油工业部征得天津市同意，将大港油田指挥部更名为大港石油管理局，同时明确了机关行政职能机构和所属二级单位的设置意见。

1983年底，大港石油管理局机关设25个部门：办公室、总调度室、综合计划处、运销计量处、技安环保处、钻井处、地质处、浅海办公室、机动资产处、采油处、基建处、科技处、财务处、经济研究室、劳动工资处、保卫处、武装部、农林处、卫生处、党委办公室、党委组织部、党委宣传部、纪委办公室、工会、团委。所属单位30个：地球物理勘探公司、第一钻井公司、第二钻井公司、定向井技术服务公司、测井公司、北部石油勘探开发公司、第一采油厂、第二采油厂、天然气开发管理处、井下作业公司、油田建设工程公司、矿区建设公司、运输公司、机修厂、汽车配件制造厂、炼油厂、水电厂、石油地质勘探开发研究院、采油工艺研究所、规划设计院、教育培训中心、职工大学、石油学校、技工学校、供应处、天津大港商业公司、职工总医院、生活服务公司、劳动服务公司、团泊洼生活基地。在册职工5.36万人。已探明地质储量3.53亿吨，开发面积240.4平方千米，新增马西、小集2个油田，已开发油田达到15个，油井开井1058口，年产原油301.4万吨、天然气5.93亿立方米，工业总产值3.34亿元。

1984年3月，大港石油管理局根据相关业务变化，调整6个机关处室，增加机关定员23人，总数为517人。同月，在保卫处的基础上组建大港石油公安处。

1986年4月1至2日，中共大港石油管理局第二次代表大会召开，选举产生中共大港石油管理局第二届委员会和纪律检查委员会，张俊杰为党委书记，陈光虞、姚和清为党委副书记，李东昌为纪委书记。下属基层党委26个、党总支86个、党支部988个，共有党员1.53万名。

1988年3月，石油工业部决定，将大港石油管理局北部石油勘探开发公司及902名职工划出，成立冀东石油勘探开发公司，为石油工业部直属局级单位。4月，石油工业部批准大港油田石油管理局实行局长负责制，所属二级单位实行厂长（经理、院长、校长）负责制。

截至1988年9月，大港石油管理局机关设审计处、老干部管理处、地方工作办公室、勘探部、开发部、企业管理办公室、工农工作处、标准计量处（全面质量管理办公室）、民事工作处、干部处，撤销地质处、采油处、经济研究室、农林处，勘探部列所属单位管理；所属单位机修厂、汽车配件厂更名为总机械厂、石油机械厂，第一钻井公司、第二钻井公司合并为钻井工程公司，成立地质录井公司（综合录井技术服务中心）、矿建管理工程公司（矿建管理处）、第三采油厂。调整后，机关部门29个，所属单位34个。

1988年9月，大港石油管理局改由天津市与中国石油天然气总公司双重领导，以天津市为主。

期间，大港石油管理局测井公司主任工程师爱新觉罗·衡志当选第七届全国人大代表。

1. **中共大港石油管理局委员会领导名录**（1983.11—1988.9）

书　　记　张丁华（1983.11—1986.4）
张俊杰（1986.4—1988.9）

副 书 记　张俊杰（1983.11—1986.4）
陈光虞（1986.4—1988.9）
姚和清（1986.4—1988.9）

常　　委　陈光虞（1983.11—1986.4）
裴虎全（1983.11—1986.4）
杨晓华（1983.11—1986.4）
李东昌（1983.11—1988.9）
石玉呈（组织部长，1986.4—1988.9）
张德寿（宣传处长，1986.4—1988.9）
高兰成（1986.4—1988.9）

纪委书记　李东昌（1983.11—1988.9）

2. **大港石油管理局领导名录**（1983.11—1988.9）

局　　长　陈光虞（1983.11—1988.9）

副 局 长　李道品（1983.11—1984.8）
陈厚勇（1983.11—1988.9）

张大德（1983.11—1988.9）
俞叔武（1983.11—1988.9）
张树明（1983.11—1988.9）
张连生（1984.8—1988.9）
李允富（1986.4—1988.4）

总工程师 郑伦叙（1984.8—1985.4）
陈厚勇（1988.7—9）

总地质师 郑长明（1984.9—1988.9）

总经济师 俞叔武（1988.7—9）

副局级干部 王连志（调研员，1983.11—1984.10）
王寿增（副总工程师，1984.2—1988.9）
柳恒昌（工会调研员，1984.7—1988.9）
秦振华（调研员，1984.11—1988.9）
师秉毅（调研员，1984.11—1985.12）
冯　浩（调研员，1984.11—1988.9）
王　锷（调研员，1984.11—1988.9）
裴虎全（调研员，1986.2—1988.9）
杨晓华（巡视员，1986.12—1988.9）

3．**大港石油管理局工会**（1983.11—1988.9）

主　　席 柳恒昌（1983.11—1984.1）
杨晓华（1984.1—1986.4）
高兰成（1986.4—1988.9）

八、河南石油会战指挥部—河南石油勘探开发公司—河南石油勘探局（1978.3—1988.9）

（一）河南石油会战指挥部（1978.3—1983.4）

1978年3月，河南石油会战指挥部直属石油工业部领导。机关办公地点在河南省南阳地区。下属基层党委15个、党总支17个、党支部245个，共有党员8849名。

1979年4月，河南石油会战指挥部第一次工会会员代表大会召开，选举产生第一届工会委员会，郭生吉任主席。

1979年底，江汉石油管理局参加会战的队伍大部分撤回后，河南石油会战指挥部组织机构进行调整，机关设政治部、生产办公室、生活办公室、行政办公室；其中政治部设办公室、宣传处、组织处、保卫处、人民武装部、工会、团委和机关党委等8个处室，生产办公室设生产调度室、计划处、机动处、基建处、财务处、人事教育处和科技办公室等7个处室，生活办公室设生活管理处、农副业处和家属工作处等3个处。所属15个二级单位。

1981年4月，河南石油会战指挥部第二次工会会员代表大会召开，选举产生第二届工会委员会，关耀家任主席。

1982年底，增设地质调查指挥部、商业公司和干部学校，后勤部更名为供应指挥部。职工总数2.4万人。

1. **中共河南石油会战指挥部工作委员会领导名录**（1978.3—1983.3）

第一副书记　冯元富（1978.7—1983.3）

副　书　记　张天一（兼任，1978.3—1983.3）

张学文（1978.3—1983.3）

孙麦则（1978.3—1983.3）

王勇德（1978.3—1979.3）

石万福（1978.5—1983.3）

政治部主任　张学文（兼任，1978.3—1979.10）

宋洪道（1979.10—1983.3）

2. **河南石油会战指挥部领导名录**（1978.3—1983.3）

副　指　挥　冯元富（1978.3—1983.3）

张天一（兼任，1978.3—1983.3）

孙麦则（1978.3—1983.3）

王勇德（1978.3—1979.3）

李荣藻（1978.3—1979.3）

陈　勇（1978.3—1980.1）

郭生吉（1978.3—1983.3）

孙希敬（1978.3—1983.3）

周　鉴（1978.3—1983.3）
孙希濂（1978.3—1983.3）
朱树德（1978.3—1983.3）
李培杰（1978.3—1983.3）
石万福（1978.5—1983.3）
蔡保安（1979.4—1983.3）
靳学礼（1979.9—1983.3）
刘占仓（1979.10—1982.3）
关耀家（1980.1—1983.3）
何传弟（1980.6—1983.3）
王晓民（1980.8—1983.3）
侯志诚（1982.8—1983.3）

3．河南石油会战指挥部工会（1978.3—1983.3）

主　　席　郭生吉（1978.3—1981.3）
关耀家（1981.4—1983.3）

（二）河南石油勘探开发公司（1983.4—1986.5）

1983年4月，河南石油会战指挥部更名为河南石油勘探开发公司，原会战指挥部所属各二级指挥部相应更名为公司、厂、处。河南石油勘探开发公司增设矿建公司、公安局、职工大学、劳动服务公司、生活服务公司等5个二级单位和第一中学、经济贸易开发公司两个直属单位。调整后，机关设31个处室，所属24个二级单位。

1984年4月，河南石油勘探开发公司第三次工会会员代表大会召开，选举产生第三届工会委员会，侯志诚任主席。

5月，中共河南石油勘探开发公司临时委员会成立，党委委员8人，石万福为党委书记，孙希敬、汤昌钧为党委副书记。

1985年3月，张轰任党委书记，杨国珍任党委副书记。下属基层党委20个、党总支41个、党支部427个，共有党员9127名。

1．中共河南石油勘探开发公司临时委员会领导名录（1983.3—1986.5）

书　　记　石万福（1983.3—1985.3）
张　轰（1985.3—1986.5）

副　书　记　孙希敬（1983.3—1986.5）
汤昌钧（1983.3—1985.3）
杨国珍（女，1985.3—1986.5）

2．**河南石油勘探开发公司领导名录**（1983.3—1986.5）

经　　理　孙希敬（1983.3—1986.5）
副 经 理　张学文（1983.3—1986.5）
孙麦则（1983.3—1985.3）
陈培基（1983.3—1985.3）
张殿权（1983.3—1985.3）
李光明（1983.3—1985.3）
周蔚云（1985.3—1986.5）
杜有年（1985.3—1986.5）
彭生明（1985.3—1986.5）
总机械师　李培杰（1983.3—1986.5）
总工程师　顾汝杰（1984.2—1985.3）
周蔚云（1985.3—1986.5）
总地质师　朱水安（1984.2—1986.5）
总会计师　王永凡（1985.3—1986.5）
总经济师　陈培基（1985.3—1986.5）

3．**河南石油勘探开发公司工会**（1983.3—1986.5）

主　　席　侯志诚（1983.3—1985.3）
张殿权（1985.3—1986.5）

（三）河南石油勘探局（1986.5—1988.9）

1986年5月，河南石油勘探开发公司更名为河南石油勘探局。实行党委领导下的局长负责制。同时，对组织机构调整，撤销经打办、热采办公室、多种经营处、“五讲四美三热爱”办公室、经济研究室、生活服务公司；增设钻井处、生活管理处、碱矿筹备处、消防支队；将卫生处并入职工医院，老干部管理处并入干休所。调整后，局机关设25个职能处室。

6月，中共河南石油勘探局临时委员会成立，张轰任党委书记，孙希敬、杨国珍任党委副书记。

1987年8月，河南石油勘探局第四次工会会员代表大会召开，选举产生第四届工会委员会，张殿权任主席。

1987年，河南石油勘探局领导体制由党委领导下的局长负责制改为局长负责制，实行党政分开。同时，对组织机构进行调整，增设企业管理处、干部处；将采油厂更名为第一采油厂；增设第二采油厂、采油工艺研究所、井下作业公司、地质录井公司、油田计算机中心。职工总数2.9万人。

1988年，局机关增设监察处；成立通信公司、无锡疗养院；将干部学校并入职工大学。职工总数3.1万人。

1988年9月，河南石油勘探局改由中国石油天然气总公司管理。

1. **中共河南石油勘探局临时委员会领导名录**（1986.6—1988.9）

书　　记 张　轰（1986.6—1987.4）
唐光裕（1987.4—1988.9）

副 书 记 孙希敬（1986.6—1988.9）
杨国珍（女，1986.6—1988.9）

纪委书记 张学文（1986.6—1988.9）

2. **河南石油勘探局领导名录**（1986.6—1988.9）

局　　长 孙希敬（1986.6—1988.9）

副 局 长 周蔚云（1986.6—1988.9）
杜有年（1986.6—1988.9）
彭生明（1986.6—1988.9）

总机械师 李培杰（1986.6—1988.9）

总工程师 周蔚云（1986.6—1988.9）

总地质师 朱水安（1986.6—1988.9）
徐世庸（1986.6—1988.9）

总会计师 王永凡（1986.6—1988.9）

总经济师 陈培基（1986.6—1988.9）

3. **河南石油勘探局工会**（1986.5—1988.9）

主　　席 姚大福（1986.5—1988.9）

九、东濮石油会战指挥部—中原石油勘探局（1981.8—1988.9）

东濮石油勘探会战指挥部成立于1975年10月，隶属于胜利油田会战指挥部，为正处级单位。机关办公地址在河南省濮阳市。1978年10月，石油工业部决定，东濮石油勘探会战指挥部更名为东濮石油会战指挥部，为副局级单位，仍隶属于胜利油田会战指挥部。

（一）东濮石油会战指挥部（1981.8—1982.3）

1981年8月，石油工业部与河南、山东两省人民政府协商，东濮石油会战指挥部脱离与胜利油田的隶属关系，成为独立核算的正局级单位，由石油工业部和河南省双重领导，以石油工业部为主。同时，石油工业部党组决定成立中共东濮石油会战指挥部委员会。指挥部机关设办公室、人事处、教育处、工农办公室、行政管理处、接待处、卫生处、计划处、财务处、经委办公室、总调度室、钻井处、采油处、科技办公室、基建处、机动处、安全处、水电讯管理处、综合利用处、农林办公室、机关党委、政治处等22个部门，其中政治处下设秘书处、党委组织部、党委宣传部、工会、团委、保卫处等6个部门。新组建油田建设指挥部、采油第三指挥部、规划设计处等3个直属处级单位。截至1981年底，指挥部机关设22个处室，所属16个二级单位和2个直属科级单位，职工总数2.57万人。累计探明石油地质储量1.7亿吨、天然气储量155.63亿立方米，年产原油141.50吨、天然气1.40亿立方米。

1982年2月，为尽快探明黄河以南及外围地区的石油、天然气储量，经研究，同意设立东濮石油会战指挥部勘探指挥部。

1. 中共东濮石油会战指挥部委员会领导名录（1981.8—1982.3）

书　　记　李　晔（1981.8—1982.3）

副 书 记　张慎三（1981.8—1982.3）

胡笑云（1981.8—1982.3）

刘元勋（1982.2—3）

常　　委　傅积隆（1981.8—1982.3）

林治开（1981.8—1982.3）

方颂扬（1981.8—1982.3）
车卓吾（1981.8—1982.3）

2．**东濮石油会战指挥部领导名录**（1981.8—1982.3）

指　　挥　胡笑云（1981.8—1982.3）
副 指 挥　傅积隆（1981.8—1982.3）
方颂扬（1981.8—1982.3）
林治开（1981.8—1982.3）
车卓吾（1981.8—1982.3）
梁帮民（1981.8—1982.3）
陆人杰（1981.8—1982.3）
李允子（1981.8—1982.3）
胡振民（1981.8—1982.3）
总工程师　李允子（1981.8—1982.3）
总地质师　车卓吾（1981.8—1982.3）
总经济师　方颂扬（1981.8—1982.3）

（二）中原石油勘探局（1982.3—1988.9）

1982年3月，东濮石油会战指挥部更名为中原石油勘探局，负责豫北、豫东、鲁西地区石油天然气的勘探开发工作，由石油工业部和河南省双重领导，以石油工业部为主，党组织关系仍隶属于中共河南省委。8月，中共中原石油勘探局纪律检查委员会成立，刘元勋为纪委书记。年底，勘探局设31个机关部门，19个二级单位，正式职工3.67万人。年生产原油215.08万吨、天然气2.36亿立方米。

1983年4月，发现三春集油田。6月，发现胡状集油田。当年，勘探局机关不再设政治处、生产办公室、行政办公室等中间机构，行政系统设17个职能处室，党群系统设6个处室。当年组建教育培训中心等3个副局级单位，钻井二公司等5个处级单位。

1984年7月，中原石油勘探局第一次工会会员代表大会召开。当年，成立中原油田公安处、天然气公司、泥浆公司、采油四厂、地球物理勘探公司、钻井四公司、科学技术情报研究所、驻郑州办事处等8个直属处级单位。

1985年6月至7月，撤销钻采工艺研究所，成立钻井工艺研究所、采油工艺研究所、资料公司、运销处、中原石油报社、中原石油学校、中原油田职工中等专业学校、中原油田干部中专分部。

1986年10月，发现庆祖集油田。当年，成立油气综合处理厂、钻井五公司、采油五厂，撤销社会服务公司。

1987年4月，中共中原石油勘探局第一次代表大会召开，选举产生中共中原石油勘探局第一届委员会和纪律检查委员会。

6月，发现刘庄油气田。7月，为适应经济管理体制和企业领导制度改革的要求，中原石油勘探局对机关组织机构设置进行改革，通过合并职能、重新划分职责范围等方法，撤销、合并、更名部分处室，局机关处室由35个调整为28个，机关工作人员由818人减为635人。当年，教育培训中心、劳动服务公司由副局级调整为处级；成立中原油田消防支队、中原油田党校。

截至1987年底，累计探明石油地质储量4.06亿吨、天然气储量372.76亿立方米，年产原油680.22万吨、天然气9.89亿立方米。在册职工6.90万人。

1988年1月，中原石油勘探局开始实行局长负责制。8月，发现马寨油田。9月，中原石油勘探局归中国石油天然气总公司管理。

1. **中共中原石油勘探局委员会领导名录**（1982.3—1988.9）

书　　记　李　晔（1982.4—1983.2）
唐光裕（1984.7—1986.3）
胡笑云（1986.3—1987.12）
林治开（1987.12—1988.9）

副 书 记　胡笑云（1982.4—1983.2；代理书记，1983.2—1984.7）
张慎三（1982.4—1984.4）
刘元勋（1982.4—1984.7）
林治开（1983.2—1984.7；1986.3—1987.12）
田庆鲁（1984.7—1988.9）
唐光裕（1986.3—1987.4）
周　沛（1986.5—1988.9）
金毓荪（1987.6—1988.9）
刘恩学（1987.10—1988.9）
李清璧（1987.12—1988.9）

常　　委 傅积隆（1982.4—1984.7）
方颂扬（1982.4—1986.5；1987.2—1988.9）
林治开（1982.4—1983.2）
车卓吾（1982.4—1988.9）
胡笑云（1984.7—1986.3）
陆人杰（1984.7—1987）
谢英涵（1986.5—1988.9）
裴宗正（1986.5—1988.9）
金毓荪（1986.7—1987.6）

纪委书记 刘元勋（兼任，1982.8—1984.8）
裴宗正（1986.5—1987.9）

2．**中原石油勘探局领导名录**（1982.3—1988.9）

局　　长 胡笑云（1982.4—1986.3）
唐光裕（1986.3—1987.4）
金毓荪（1987.12—1988.9）

副 局 长 刘占仓（1982.4—1984.7）
傅积隆（1982.4—1984.7）
方颂扬（1982.4—1986.5；1987.2—1988.9）
林治开（1982.4—1983.2；1984.7—1986.3）
车卓吾（1982.4—1988.9）
梁邦民（1982.4—1984.7）
陆人杰（1982.4—1987.2）
李允子（1982.4—1988.9）
胡振民（1982.4—1984.7）
唐生海（1982.4—1984.4）
李怀学（1982.11—1984.7）
裴宗正（1983.5—1984.7）
谢英涵（1984.7—1988.9）
郭升超（1986.5—1987.9）
金毓荪（1986.7—1987.12）

裴宗正（1987.9—1988.9）

总 工 程 师　李允子（1982.4—1985.5）

商永和（1985.5—1988.9）

总 地 质 师　车卓吾（1982.4—1986.5）

陆荣生（1986.5—1988.9）

总 经 济 师　方颂扬（1982.4—1987.2）

潘义纯（1987.5—1988.9）

总 会 计 师　陈景福（1985.5—1988.9）

副局级调研员　刘占仓（1984.8—1986.4）

刘元勋（1984.8—1987.10）

傅积隆（1984.8—1988.9）

梁邦民（1984.8—1988.9）

裴宗正（1984.8—1986.5）

李怀学（1984.8—1988.9）

胡振民（1984.8—1986.10）

段兴枝（1985.3—1988.9）

3. **中原石油勘探局工会**（1982.3—1988.9）

主　　　席　王宗荣（1985.5—1988.9）

十、吉林省石油会战指挥部—吉林省油田管理局（1978.3—1988.9）

（一）吉林省石油会战指挥部（1978.3—1981.10）

1978年3月，吉林省石油会战指挥部由吉林省领导，业务上接受石油工业部指导，党组织关系隶属于中共吉林省委。机关办公地点在吉林省白城地区前郭尔罗斯蒙古族自治县。

4月，试油大队从钻井指挥部分离，成为石油会战指挥部直属的二级单位；规划设计室与地质指挥部合并，组建地质规划研究院；成立落实政策办公室。

同月，共有800名复转军人参加石油勘探开发会战。7月，七〇油田指挥部更名为扶余油田指挥部，下辖采油一厂、采油二厂、采油三厂和化肥厂4个单位；吉林省石油会战指挥部组建井下作业指挥部、水电厂。8月，增设钻井处和采油处。

1978年，原油产量186.2万吨，上缴利润2800万元。

1979年11月，增设生产办公室、生活办公室；行政处改为生活处；成立井下指挥部；规划设计室和地质指挥部合并成立勘探开发研究院；洮河五七干校改为洮河农场；五七干校改为油田党校。1979年，生产原油186.2万吨，实现工业产值1.39亿元。在乾安地区钻探深井8口，乾深2井压裂后日产油5.2立方米。

1980年10月，吉林省委决定，吉林省石油会战指挥部临时党委改由省委工交部管理。职工总数3.2万人。

1981年2月，吉林省石油会战指挥部撤销政治部、生产办公室、生活办公室；油建指挥部与矿建指挥部合并为建设公司；运输指挥部改为运输公司，汽修厂划归运输公司领导。3月，撤销扶余油田指挥部，其所属的采油一厂、采油二厂、采油三厂和化肥厂均由吉林省石油会战指挥部直接领导；组建卫生防疫站和妇幼保健站。5月，测井队伍从钻井指挥部分离，组建测井总站。9月，成立油田公安局。

1981年10月，吉林省石油会战指挥部更名为吉林省油田管理局。

1. **中共吉林省石油会战指挥部临时委员会领导名录**（1978.3—1981.10）

书　　记　何春泉（1978.3—10）
张德国（1978.10—1980.10）
王　汝（1980.10—1981.10）

副 书 记　张立业（1978.3—1981.10）
雷发瑞（1978.10—1980.10）
裴宗正（1978.10—1980.10）

委　　员　王炳诚（1978.3—1979.10）
赵炳辉（1978.3—8）
张景阳（1978.3—1981.10）
韩　友（1978.3—1981.10）
魏凤石（1978.3—1981.10）
杨恒业（1978.3—1981.10）

张自清（1978.5—1979.12）
王毓峰（1978.5—1981.10）
纪委书记　韩　友（1978.3—1981.10）
政治部主任　雷发瑞（兼任，1978.10—1980.9）
韩　友（1980.9—1981.10）

2. **吉林省石油会战指挥部领导名录**（1978.3—1981.10）

指　　挥　张德国（1978.10—1980.10）
张立业（1980.10—1981.10）
副 指 挥　张立业（1978.3—1980.10）
王炳诚（1978.3—1979.10）
张自清（1978.3—1979.12）
王毓峰（1978.3—1981.10）
赵炳辉（1978.3—8）
张景阳（1978.3—1981.10）
杨恒业（1978.3—1981.10）
韩　友（1978.3—1981.10）
魏凤石（1978.3—1981.10）
裴宗正（1978.10—1980.10）
王润才（1978.10—1980.10）
唐世伦（1981.2—10）
杨祖序（1981.2—10）
卢林生（1981.2—10）
总工程师　王炳诚（1978.3—1979.10）
总地质师　杨祖序（1981.2—10）

（二）吉林省油田管理局（1981.10—1988.9）

1981年10月，经吉林省政府批准，吉林省石油会战指挥部更名为吉林省油田管理局，由吉林省石油化工局管理，业务上由石油工业部指导。

1981年10月30日至11月2日，中共吉林省油田管理局第一次代表大会召开，选举产生中共吉林省油田管理局第一届委员会和纪律检查委员会，党委实行常委制，王汝为党委书记，张立业、韩友为党委副书记，韩友为纪委书记。下属基层党委27个、党总支51个、党支部647个，共有党员7436名。

11月，红岗油矿更名为红岗采油厂。同月，吉林省委、石油工业部党组联合工作组进驻吉林油田开展企业整顿工作。12月，新木油矿更名为新木采油厂。

1982年2月，成立人民武装委员会。3月，撤销地质处，钻井处改为勘探处，采油处改为开发处。同月，吉林省石化厅决定关闭油田所属化肥厂。4月，成立钻采工艺研究所。9月，发现海坨子油田。10月，组建生活服务公司、劳动服务公司；将水电厂升格为处级单位；成立吉林油田第一高级中学和第二高级中学；撤销生活处、房产处和化肥厂。11月，发现英台油田。

1983年1月，组建新立、新北两个采油厂。吉林省政府同意全面开发新立油田。7月，成立锅炉压力容器检验所。10月，成立教师进修学校。12月，成立审干办公室和总工程师办公室。

1984年2月，成立职工大学。4月，将职工教育业务从教育处划出，移交工会管理。6月，将石油学校（技工学校）调整为教育处所属副处级单位。9月，组建勘探部，新立采油厂升格为处级，职工大学与党校合并，局计划生育办公室划归局办公室，洮河农场移交吉林省劳改局管理。11月，测井总站更名为测井公司。12月，勘探开发设计研究院划分为勘探开发研究院、钻采工艺研究所和勘察设计所3个单位。同年，组建职业高中，对部分油田子女实施岗前就业教育。

1985年1月，在大连市七贤岭疗养区建设吉林省油田管理局大连疗养院。2月，吉林省政府成立乾安、英台油田开发建设协调小组。同月，成立经济技术引进和协作办公室。3月，成立乾安采油厂。9月，成立审计处。10月，勘察设计所改为勘察设计院，为直属二级单位。1985年，生产原油213万吨，首次突破200万吨。

1986年2月，设立法律事务室。3月，撤销农副业生产处和劳动服务公司，设立农工商管理处；成立天然气处、英台采油厂。

1986年5月29日至6月1日，中共吉林省油田管理局第二次代表大会召开，选举产生中共吉林省油田管理局第二届委员会和纪律检查委员会，张立业为党委书记，张业生为纪委书记。下属基层党委32个、党总支85个、党支部794个，共有党员8074名。

1986年7月，组织乾安油田开发会战。9月，发现四五家子油田。10月，勘察设计所更名为勘察设计院，为吉林省油田管理局所属二级单位。12月，成立钻采工程处。

1987年1月，吉林省劳改局所属的洮河农场移交吉林省油田管理局管理。3月，成立老干部处。8月，设立石油综合利用厂；撤销天然气处，业务全部并入勘探处。10月，成立青年联合开发公司。截至1987年底，生产原油284.4万吨，生产总值为9.9亿元，职工总数4.6万人。

1988年3月，实行局长负责制。同月，发现双阳油田。6月，成立干部处。7月，设立驻北京办事机构。8月，成立监察处，与经打办合署办公；成立离退休职工管理处；建立双阳采油厂（后改为长春采油厂）。

截至1988年9月，吉林省油田管理局机关设党委办公室、党委组织部、党委宣传部、纪委、工会、团委、武装部、机关党委；局办公室、计划处、总调度室、勘探处、开发处、基本建设处、机动处、科技处、安全处、财务处、干部处、劳动工资处、监察处、教育处、农副业处、卫生处、工农办公室、经济管理研究室、计划生育办公室等27个处室。所属地质调查处、第一钻井指挥部、第二钻井指挥部、钻井技术服务公司、地质公司、测井公司、试油处、井下作业工程服务公司、扶余采油一厂、扶余采油二厂、扶余采油三厂、新木采油厂、新立采油厂、乾安采油厂、红岗采油厂、英台采油厂、双阳采油厂、石油综合利用厂、机械厂、水电厂、勘探开发研究院、钻采工艺研究所、勘察设计院、公用事业公司、通信总站、运输公司、教育处、职工大学、物资供应处、建设公司、公安局、报社、洮河农场、大连疗养院等34个二级单位。

1988年9月，吉林省油田管理局仍由吉林省管理。

1. **中共吉林省油田管理局委员会领导名录**（1981.10—1988.9）

书　　记　王　汝（1981.10—1983.10）
　　　　　　张立业（1983.10—1988.9）

副 书 记　张立业（1981.10—1983.10）
　　　　　　韩　友（1981.10—1983.10）
　　　　　　常小平（1984.9—1988.7）
　　　　　　单纪宽（1986.4—1988.9）

常　　委　张景阳（1981.10—1983.10）
　　　　　　杨恒业（1981.10—1984.4）
　　　　　　卢林生（1981.10—1987.6）
　　　　　　唐世伦（1981.10—1984.9）

袁宝裕（1981.10—1986.5）
满　良（1981.10—1986.5）
魏凤石（1981.10—1984.9）
王雪涛（1981.10—1984.9）
林治政（1984.1—1985.3）
刘春贵（1984.1—1988.9）
范力群（1984.1—1988.9）
张业生（1985.3—1988.9）
崔万瑛（1986.6—1988.9）
高立元（1986.6—1988.9）
侯殿才（1986.6—1988.9）

纪委书记 韩　友（兼任，1981.10—1983.10）
王雪涛（1984.9—1985.3）
张业生（1985.3—1988.9）

2. **吉林省油田管理局领导名录**（1981.10—1988.9）

局　　长 张立业（1982.4—1983.10）
崔万瑛（1983.10—1988.9）

副 局 长 张景阳（1981.10—1983.10）
杨恒业（1981.10—1984.4）
卢林生（1982.2—1987.6）
唐世伦（1982.2—1984.9）
魏凤石（1982.7—1984.9）
王雪涛（1982.7—1984.9）
崔万瑛（1983.1—10）
高立元（1983.10—1988.9）
于俊武（1984.9—1988.9）
范力群（1984.9—1988.9）
赵炳辉（1986.4—1988.9）
常小平（1988.7—9）

总会计师 魏凤石（1983.12—1988.9）

总　工　程　师　唐世伦（1984.9—1988.8）
钻采总工程师　黄明登（1984.9—1988.9）
勘探总地质师　丁正言（女，1984.9—1988.9）
采油总地质师　谢　燊（1984.9—1988.9）

3. **吉林省油田管理局工会**（1983.5—1988.9）

主　　　　席　林治政（1983.5—1985.3）
　　　　　　　刘春贵（1985.3—1988.9）

十一、长庆油田会战指挥部—长庆石油勘探局（1978.3—1988.9）

（一）长庆油田会战指挥部（1978.3—1983.9）

1978年3月，长庆油田会战指挥部由石油工业部和甘肃省双重领导，以石油工业部管理为主。机关设职能处室22个、附属单位7个，所属二级单位13个。党组织关系隶属于中共甘肃省委。机关办公地点在甘肃省庆阳地区庆阳县（今庆阳市庆城县）北关。

6月，在红井子油田建成13万吨产能，连同马坊、摆宴井等油田，形成年产40万吨生产能力。与此同时，建成红井子至惠安堡管段（红惠线）和惠安堡至中宁石空管段（惠宁线）干线输油管道。7月1日，宁夏原油正式外输兰州，长庆油田开始向外销售商品原油。

12月，为有利于形成跨省区的集中统一领导，实现专业化生产，长庆油田会战指挥部决定改变分区综合管理体制，撤销在陕西的第一分指挥部和在宁夏的第三分指挥部，全油田组成3个钻井指挥部、3个采油指挥部。地质调查指挥部和第三分指挥部地调处合并组成地质调查指挥部；油建工程处更名为油田建设指挥部，管辖第三分指挥部油建大队；运输处更名为运输指挥部，管辖第一、第三分指挥部运输大队；规划设计研究院分设为勘探开发研究院、规划设计研究院、钻采工艺研究所；测井站更名为测井总站，管辖陕西和宁夏测井分站；增设输油管道处；器材供应处更名为器材指挥部；五七干校更名为技工学校；七二一工人大学更名为七二一大学；并增设长庆石油学校；

成立西安、兰州、银川三个办事处。

调整后，长庆油田会战指挥部机关设4个部室：生产办公室、生活办公室、办公室、政治部。其中，生产办公室设技术教育处、学校教育处、人事处、财务处、技术安全检查处、机械动力处、科技处、油田开发处、钻井工程处、地质处、基建工程处、调度室、计划处等13个处室；生活办公室设商业处、卫生处、家属政治处、农副处、生活管理处、行政事务管理处等6个业务处室；政治部设机关政治处、政治部办公室、组织处、干部处、宣传处、保卫处、人民武装部、团委、工会等9个处室。所属二级单位27个。职工总数5.4万人。

1978年至1979年，长庆油田会战指挥部增设总工程师、总地质师、总会计师等岗位，分管技术和经营等工作。

1982年2月，长庆油田会战指挥部将钻井一部、试采一部、运输五大队、陕西测井分站、富县工矿公司合并，成立第一勘探开发指挥部，统管陕西地区钻井、试油压裂、测井、采油、炼油、运输以及文教卫生、生活服务等工作。10月，石油工业部决定，从长庆油田会战指挥部抽调15个钻井队、5个试油队，以及相应的配套队伍共计4000余人到大港油田指挥部工作。1982年，生产原油139万吨、天然气0.21亿立方米。

1983年8月，从长庆油田会战指挥部抽调10个钻井队，以及相应的配套人员共计2200余人到胜利油田会战指挥部工作。

截至1983年9月，长庆油田会战指挥部党委下属基层党委32个、党总支80个、党支部862个，共有党员1.8万名。

1. **中共长庆油田会战指挥部委员会领导名录**（1978.3—1983.11）

书　　　记　郭究圣（1978.3—1983.11）
副　书　记　蒋长安（1978.9—1983.11）
　　　　　　　周世英（1978.9—1983.11）
　　　　　　　李　云（1978.9—1983.11）
常　　　委　陈国法（1978.3—1983.11）
　　　　　　　刘俊卿（1978.9—1983.11）
　　　　　　　赵兴勤（1978.9—1983.11）
　　　　　　　张志华（1978.9—1983.11）
政治部主任　刘俊卿（1978.9—1983.11）

2. **长庆油田会战指挥部领导名录**（1978.3—1983.11）

指　　挥　张云清（1978.9—1983.11）

副 指 挥　郭究圣（1978.3—9）

张云清（1978.3—9）

于耀先（1978.3—1983.11）

周世英（1978.3—1983.11）

陈国法（1978.3—1983.11）

赵鸿翙（1978.3—1983.11）

李清芳（1978.3—1983.11）

蒋长安（1978.3—1983.11）

胡培成（1978.3—1981.10）

耿　健（1978.3—1983. 11）

朱锡龄（1978.9—1980.2）

王寿增（1978.9—1983.3）

宋凤翥（1978.9—1983.11）

赵兴勤（1979.4—1983.11）

张志华（1979.4—1983.11）

杨俊杰（1979.4—1983.11）

张俊魁（1981.6—1983.11）

雷发瑞（1982.2—1983.11）

钻井总工程师　朱锡龄（1978.9—1980.2）

王寿增（1978.9—1983.3）

基建总工程师　王天增（1979.3—1983.11）

总 地 质 师　杨俊杰（1979.4—1983.11）

副局级干部　吴开富（1982.4—1983.11）

3. **长庆油田会战指挥部工会**（1978.3—1983.11）

主　　席　耿　健（1978.3—1983.11）

（二）长庆石油勘探局（1983.9—1988.9）

1983年9月，长庆油田会战指挥部更名为长庆石油勘探局，仍实行石油工业部和甘肃省双重领导，以石油工业部为主的管理体制。党组织关系隶属于中共甘肃省委。11月，石油工业部任命长庆石油勘探局党政领导班子。

1983年底，长庆石油勘探局根据勘探开发区域地处陕、甘、宁、蒙、晋五省区，生产布局分散的实际情况，采用“专业和生产区域制”组织形式，所属单位改为厂、处、公司，实行局、厂（处、公司）、车间（中队）、班组四级管理，少数单位设大队，实行五级管理，各级领导机关实行党委领导下的局（厂）长负责制。职工总数5.3万人。年产原油141万吨、天然气2200万立方米。

1984年3月，长庆石油勘探局对劳动组织工作进行全面整顿，实行党政分工、生产经营与生活服务分开的管理体制。5月，机关设办公室、生产协调处、钻井工程处、勘探处、油田开发处、基建处、机动处、计划处、安全环保处、财务处、审计处、劳资处、科技处、经济研究室、教育培训处、卫生处等16个职能处室，党委办公室、党委组织部、党委宣传部、纪委、工会、团委、武装部、保卫处、“经打”办公室、机关党委等10个党群部门，机关定员480人。所属17个工业生产单位、3个科研单位、3个文教单位、2个医疗卫生单位、2个服务单位和3个驻外办事处。

1986年8月，召开中共长庆石油勘探局第一次代表大会，选举产生中共长庆石油勘探局第一届委员会和纪律检查委员会，实行常委制，魏光强为党委书记，李云为党委副书记，雷发瑞为纪委书记。下属基层党委32个、党总支86个、党支部816个，共有党员1.65万名。

截至1988年9月，长庆石油勘探局设机关处室26个，所属二级单位30个。在册职工4.7万人。

1988年9月，长庆石油勘探局改由中国石油天然气总公司管理。

1. **中共长庆石油勘探局委员会领导名录**（1983.11—1988.9）

书　　记　蒋长安（1984.2—1985.3）
　　　　　魏光强（1985.3—1988.9）

副 书 记　李　云（1983.11—1988.9）
　　　　　魏光强（1983.11—1985.3）

常　　委　蒋长安（主持工作，1983.11—1984.2）
　　　　　王祖文（1983.11—1988.9）
　　　　　倪崇僖（1983.11—1988.9）
　　　　　杨俊杰（1983.11—1988.9）

陈国法（1983.11—1988.9）
雷发瑞（1983.11—1988.9）
纪委书记　雷发瑞（1983.11—1988.9）

2．**长庆石油勘探局领导名录**（1983.11—1988.9）

局　　长　王祖文（1984.2—1988.9）
副 局 长　倪崇僖（1983.11—1988.9）
杨俊杰（1983.11—1988.9）
刘福德（1983.11—1988.9）
陈　耕（1983.11—1985.4）
孙玉辰（1983.11—1988.9）
史兴全（1988.6—9）
油建总工程师　王天增（1984.7—1988.9）
总经济师　曲贯星（1985.10—1988.9）
总地质师　李德渊（1985.10—1988.9）
调 研 员　宋凤翥（1983.11—1984.4）
赵鸿翙（1984.7—1988.9）
顾　　问　张云清（1984.2—1987.5）
副局级干部　吴开富（1983.11—1986.12）

3．**长庆石油勘探局工会**（1983.11—1988.9）

主　　席　陈国法（1983.11—1988.9）

十二、江汉石油管理局（1978.3—1988.9）

1978年3月，江汉石油管理局隶属石油工业部领导。机关办公地点在湖北省潜江市。9月，以江汉石油管理局为基础，成立鄂豫湘赣石油会战指挥部，张恕基任组长；以江汉石油管理局地质处、钻采设备研究所、矿场地球物理研究所为基础组建鄂豫湘赣石油会战指挥部勘探开发研究院。11月，成立鄂豫湘赣石油机械制造公司，后更名为江汉石油机械制造公司。同时，成立石油师范学校和技工学校。

1979年8月，撤销管道办公室，成立管道指挥部。10月，根据国家计划委员会、国家建设委员会和财政部通知要求，川汉输气管道工程正式停建，管道指挥部随之撤销，所属单位由江汉石油管理局直接管理。同时，为实施专业化领导，教育处由机关职能处室变为二级单位，成立教育处党委，统管油田中小学；第一职工医院与第二职工医院合并，成立总医院。当年，抽调2247名职工支援南阳、辽河油田建设。

1980年3月，组建技术引进办公室，由江汉石油机械制造公司代管。同年，成立衡阳疗养院，并以农副业生产处为基础成立农工商联合公司。

1981年，撤销管道施工一处，部分人员并入荆门炼油厂；管道施工二处与机运处合并组建安装公司；电讯大队、金属容器厂和施工机具修理厂并入油田建设工程处；成立地层测试公司，1983年成建制调往华北油田。

1982年，江汉石油管理局对组织机构进行调整。撤销政治部，机关设党委办公室、党委组织部、党委宣传部、武装部、保卫部、纪律检查委员会、团委、工会、知青办公室、机关党委、局办公室、生产调度室、计划处、财务处、劳动工资处、勘探开发处、基建处、机动处、技术安全处、科技办公室、卫生处和农副业管理处。同时，成立社会服务公司，并将农工商联合公司和贸易公司并入该公司；撤销安装公司，机运队伍并入运输处，建筑安装施工队伍成建制调往辽河油田；撤销教育处党委，油田中小学管理职能并入社会服务公司；以原干部学校为基础，成立党校。调整后，二级单位由1977年的39个减至27个。当年，建筑工程大队、油建处一大队、施工机具修理厂成建制调往中原油田；一批技术干部支援中国海洋石油总公司南海东部公司，全局共调出职工2.8万人。

1982年11月，中共江汉石油管理局第一次代表大会召开，选举产生中共江汉石油管理局第一届委员会和纪律检查委员会，党委委员23人，张恕基为党委书记，郭兴和为纪委书记。

1983年，撤销知青办公室；以生产调度室为基础，成立生产经营处；撤销社会服务公司，分别成立生活服务公司、劳动服务公司、教育培训部和职工大学；盐化厂改为石油化工厂，直属管理局领导；钻采机修厂、机械厂、汽车修造厂、制管厂、鄂豫湘赣勘探开发研究院、江汉石油报社、贸易公司分别更名为总机厂（后更名为机械厂）、第三机械厂、第四机械厂、钢管厂、勘探开发研究院、报社、商业公司；荆门炼油厂划转中国石油化工总公司。

1984年，成立老干部处；将财务处审计科划出独立成立审计处；成立经打办；技工学校并入职工大学；商业公司并入生活服务公司；地质调查处更名为地球物理勘探公司，钻井处更名为钻井公司，电测站更名为测井公司，油田处更名为油田开发公司，油田建设工程处更名为油田建设工程公司，运输处更名为运输公司。同年，将钻采设备研究所、测井研究所分别从江汉石油机械制造公司和研究院划出，业务上作为石油工业部直属科研单位，行政上由管理局直接领导。江汉测井研究所有职工350多人，其中科技人员120多人，主要从事地球物理测井新方法和新仪器的研究和研制，推广新技术，并为各油田提供技术服务。江汉钻采设备研究所（后更名为机械研究所）有职工420余人，其中科技人员170人，主要从事石油钻采设备及工具的研制。当年，江汉石油管理局共有4520人调往中原油田和其他石油单位。

1985年，撤销江汉石油机械制造公司，成立装备处；机动处更名为资产机动处。

1986年1月，撤销教育培训部，成立教育处。7月，江汉石油管理局组织队伍对胜利石油管理局所辖的山东省八面河地区实行油田勘探开发区块总承包，成立清河石油勘探开发指挥部。

1987年4月，以生产经营处运销科为主体，成立运销处；将生产经营处变更为总调度室，其企业管理职能划出，成立企业综合管理处。7月，成立干部处。同年，生活服务公司与劳动服务公司合并，成立劳动服务公司；第二勘探指挥部更名为天然气勘探开发公司。

1988年1月，江汉石油管理局实行局长负责制。5月，成立化工处。7月，成立盐化工指挥部，李自新兼任指挥长。年底，企业综合管理处多种经营科划出，成立综合经营管理处。

9月，江汉石油管理局改由中国石油天然气总公司管理。

（一）中共江汉石油管理局委员会领导名录（1978.3—1988.9）

书　　记　张兆美（1978.3—4）
张恕基（1978.9—1983.6）
袁光明（代理，1983.3—11；1983.11—1985.3）
王煌今（1985.3—1986.3）
文光辉（1986.3—1988.9）

副　书　记　李绍亮（1978.3—1982.11）
冯元富（1978.3—12）
赵　炎（1978.3—1980.4）
张恕基（1978.3—9）
李庆阁（女，1978.3—1980.12）
郭兴和（1978.9—1982.11）
陈　勇（1980.1—1982.11）
文光辉（1982.11—1986.3）
张树平（1986.7—1988.9）
陆人杰（1987.2—1988.9）

常　　委　李绍亮（1978.3—1985.3）
郭兴和（1978.9—1985.3）
陈　勇（1980.1—1988.9）
訾祖耀（1982.11—1985.3）
李自新（1984.1—1988.9）
张义发（1984.1—1988.9）
袁光明（1985.3—1987.1）
郭永诚（1985.3—1988.9）
张树平（1986.1—7）

纪委书记　郭兴和（1980.1—1985.3）
张义发（1985.3—1988.9）

政治部主任　张恕基（兼任，1978.3—9）
文光辉（1978.9—1982.11）

（二）江汉石油管理局领导名录（1978.3—1988.9）

局　　长　张兆美（1978.3—6）
陈　勇（1980.1—1985.3）
袁光明（1985.3—1987.2）
陆人杰（1987.2—1988.9）

政　　委　张兆美（1978.3—6）

副　局　长　李绍亮（1978.3—1985.3）

郭水生（1978.3—1980.2）
李学尧（1978.3—1982.11）
陈　勇（1978.3—1980.1；正局级，1985.3—1988.9）
汪德修（1978.3—1982.11）
李怀学（1978.3—1982.11）
魏光荣（1978.3—1982.11）
赵　炎（1978.3—1980.4）
陈泽轩（1978.3—12）
李荣藻（1978.3—12）
王玉峰（1978.3—1982.11）
刘鸿武（1978.3—1982.11）
王勇德（1978.3—12）
段兴枝（1978.3—1985.3）
李自新（1978.3—1988.9）
王瑞龙（1978.3—1982.11）
李春甫（1978.9—1982.11）
魏启厚（1978.9—1982.11）
韩学伦（1978.9—1982.11）
张昌杰（1978.9—1982.11）
訾祖耀（1980.1—1985.3）
谢国光（1980.1—1982.11）
戴世昭（1985.3—1988.9）
李国信（1985.3—1988.9）

副　政　委　冯元富（1978.3—12）
张恕基（1978.3—9）
黄先友（1978.3—1980.12）

总 工 程 师　李荣藻（1978.3—12）
訾祖耀（1985.3—12）

总 地 质 师　胡朝元（1978.3—12）
张祇生（1978.9—1979.12）

戴世昭（1985.3—1988.9）
总机械师　陈泽轩（1978.3—12）
物探总工程师　訾祖耀（1980.1—1988.9）
钻井总工程师　谢国光（1980.1—1988.9）
采油总工程师　黄家瑗（1980.1—1988.9）
总经济师　韦布仁（1986.3—1988.9）
总会计师　罗耀光（1986.7—1988.9）
调研员　李绍亮（1985.4—1987.11）
韩学伦（1985.4—1988.9）
王玉峰（1985.4—1988.9）
郭兴和（1985.4—1988.9）
魏光荣（1985.4—1988.9）
魏启厚（1986.1—1988.9）
顾问　王瑞龙（1982.11—1985.7）
汪德修（1982.11—1985.3）

（三）江汉石油管理局工会（1978.3—1988.9）

主席　韩学伦（1982.11—1985.3）
张树平（1985.3—1986.7）
翁青山（1988.1—9）

十三、玉门石油管理局（1978.3—1988.9）

1978年3月，玉门石油管理局由甘肃省领导，业务上接受石油工业部指导，行政级别为正局级。设机关处室20个，所属二级单位17个，在册职工2.11万人。党组织关系隶属于中共甘肃省委。机关办公地点在甘肃省玉门市。

4月，撤销政治部。5月，撤销革委会办公室，成立党委办公室。

1978年，年产原油63.17万吨，原油年加工量50.38万吨。

1979年10月，经中共甘肃省委批准，玉门石油管理局撤销革委会，实行党委领导下的厂长分工负责制。机关党群系统设党委办公室、党委组织部、党委宣传部、纪委、工会、团委、武装部、机关党委8个部门；行政序列设办公室、计划处、调度处、地质处、采油处、机动处、科技处、劳资处、财务处、基建处、设计室11个处室；所属地质勘探指挥部、老君庙油矿、鸭儿峡油矿、白杨河油矿、石油沟油矿、井下处、炼油厂、机械厂、修造厂、水电厂、运输处、油建处、行政处、研究院、保卫处、器材处、卫生处、技工学校、报社、兰州办事处等20个二级单位。

1979年11月，中共玉门石油管理局第七次代表大会召开，选举产生中共玉门石油管理局第七届委员会和纪律检查委员会。

1981年，玉门石油管理局开始在老君庙油矿、炼油厂、油建公司、研究院等4个单位进行厂长（经理）负责制试点，1988年完成局（厂）长负责制的推行工作。

1985年12月，中共玉门石油管理局第八次代表大会召开，选举产生中共玉门石油管理局第八届委员会和纪律检查委员会。截至1986年底，下属基层党委22个、党总支9个、党支部337个，共有党员6358名。

1978年3月至1988年9月，玉门石油管理局为支援南阳、中原、江苏、冀东等油田建设，共调出职工8856人。

截至1988年，玉门石油管理局机关设党委办公室、党委组织部、党委宣传部、纪委、工会、团委、武装部、直属工作处、局办公室、计划处、财务处、劳资处、调度处、教育处、油田处、机动处、科技处、基建处、设计处、勘探处、企管处、安保处、外事处、培训处、审计处、情报所、调研室、质量处等28个部门。所属老君庙油矿、鸭儿峡油矿、白杨河油矿、石油沟油矿、钻井处、地调处、井下处、炼油厂、油建公司、水电厂、运输处、机械厂、修理厂、研究院、通讯处、保卫处、器材处、生活公司、职工医院、技工学校、培训总校、石油工人报社、农工商公司、酒泉疗养院、兰州办事处等25个二级单位。职工总数2.61万人，年产原油54.76万吨，全年工业总产值3.63亿元。

1988年9月，玉门石油管理局改由甘肃省和中国石油天然气总公司双重领导，以甘肃省为主。

（一）中共玉门石油管理局委员会领导名录（1978.3—1988.9）

书　　记 傅万祯（1978.3—1985.1）

王　鹏（1985.1—1988.9）

副 书 记　王德礼（1978.3—11）
李芳兰（1978.3—1983.5）
同维焕（1978.3—1983.6）
魏绪顺（1979.11—1982.2）
赵宗鼐（1979.11—1982.2）
胡廷尧（1982.2—1983.6）
贾志仁（1982.2—1985.1）
王　鹏（1983.6—1985.1）
李志新（1985.1—1988.9）

常　　委　赵熙寿（1979.11—1988.9）
陶保阳（1979.11—1982.9）
康　恺（1979.11—1984.7）
郭孟和（1979.11—1985.12）
贾志仁（1979.11—1988.9）
赵宗鼐（1978.3—1979.11；1982.2—5）
胡廷尧（1983.6—1984.7）
黄树德（1984.7—1988.9）
张焕君（1985.12—1988.9）
王德仁（1985.12—1988.9）
黄亦纯（女，1985.12—1988.9）
刘世洲（1986.3—1988.9）

纪委书记　魏绪顺（1980.4—1982.2）
贾志仁（1985.1—1988.1）

（二）玉门石油管理局革委会领导名录（1978.3—1979.10）

主　　任　傅万祯（1978.3—1979.10）

副 主 任　魏勤身（1978.3—10）
王德礼（1978.3—11）
李芳兰（1978.3—1979.10）
同维焕（1978.3—1979.10）
王祖惠（1978.3—1979.3）

张立杰（1978.3—1979.10）
王道路（1978.3—1979.10）
赵宗鼐（1978.3—1979.10）
总工程师　赵宗鼐（1978.3—1979.10）
总地质师　杨秀森（1979.3—10）

（三）玉门石油管理局领导名录（1979.11—1988.9）

局　　长　赵宗鼐（1979.11—1982.5）
胡廷尧（1982.5—1984.7）
黄树德（1984.7—1988.9）
副 局 长　胡廷尧（1979.11—1982.5）
陶保阳（1979.11—1982.9）
刘智英（1979.11—1983.5）
李芳兰（1979.11—1983.5）
黄自强（1979.11—1983.9）
同维焕（1979.11—1984.7）
康　恺（1979.11—1984.7）
李和明（1979.11—1985.1）
赵熙寿（1979.11—1988.9）
唐光裕（1983.6—1984.7）
罗玉成（1984.7—1988.9）
李志新（1984.9—1985.1）
张　斌（1984.9—1988.9）
吴碧莲（女，1985.1—1988.9）
总工程师　赵宗鼐（1979.11—1982.5）
张焕君（1983.6—1988.9）
总地质师　杨秀森（1979.11—1988.9）
吴震权（1979.11—1984.7）
总机械师　于树椿（1979.11—1982.5）
周汉卿（1979.11—1980.8）
总会计师　陈景福（1979.11—1988.9）

总经济师　吴碧莲（1986.3—1988.9）

顾　　问　李芳兰（1983.6—1985.1）

（四）玉门石油管理局工会（1978.3—1988.9）

主　　任　索保根（1978.3—1980.9）

主　　席　同维焕（1980.9—1983.7）

刘智英（1983.7—1986.3）

刘世洲（1986.3—1988.9）

十四、江苏石油勘探开发会战指挥部—江苏石油勘探开发公司—江苏石油勘探局（1978.3—1988.9）

（一）江苏石油勘探开发会战指挥部（1978.3—1983.3）

1978年3月，江苏石油勘探开发会战指挥部由石油工业部和江苏省双重领导，以石油工业部为主。指挥部机关办公地点在江苏省江都县邵伯镇。8月，成立苏浙皖地区石油勘探开发会战指挥部，以江苏石油勘探开发会战指挥部为具体办事机构，秦峰任组长。

1. 中共江苏石油勘探开发会战指挥部委员会领导名录（1978.3—1983.3）

书　　记　秦　峰（回族，1978.3—1980.1）

喻新盛（1980.6—1983.3）

副 书 记　张俊魁（1978.3—1980.1）

李光明（1978.3—12）

喻新盛（1978.11—1980.6）

韩谭贻（1980.6—1983.3）

刘　毅（1980.6—1983.3）

常　　委　张载褒（1978.3—1979）

张克让（1978.3—1983.3）

杨贵玺（1978.3—1983.3）

韩谭贻（1978.11—1983.3）

尹行柱（1979.10—1983.3）

倪秀成（1980.2—1983.3）

纪委书记 喻新盛（1980.12—1983.3）

政治部主任 张俊魁（兼任，1978.3—1980.1）

喻新盛（兼任，1978.10—1983.3）

2. **江苏石油勘探开发会战指挥部领导名录**（1978.3—1983.3）

指挥 秦 峰（1978.3—1980.1）

韩谭贻（1980.1—1983.3）

副指挥 李光明（1978.3—12）

张载褒（1978.3—1979）①

张克让（1978.3—1983.3）

梁 俊（1978.3—1983.3）

韩谭贻（1978.10—1980.1）

倪秀成（1979.8—1983.3）

沈福权（1980.1—1983.3）

总工程师 张载褒（1978.3—1979）

总地质师 张 恺（1978.3—1980）

顾问 周茂祥（1981.10—1982.10）

（二）江苏石油勘探开发公司（1983.3—1986.5）

1983年3月，江苏石油勘探开发会战指挥部更名为江苏石油勘探开发公司。同时，对组织机构进行调整，撤销政治部，其所属办公室、组干处、宣传处改为党委办公室、党委组织部、党委宣传部。4月，江苏石油勘探开发公司所属地调处、钻井处、试采一处、试采二处、油建处、运输处、供应处等7个二级单位分别更名为地球物理勘探公司、钻井公司、试采一厂、试采二厂、油田建设公司、运输公司、器材供应公司。5月，江苏石油学校更名为江苏油田职工中等专业学校。

截至1983年底，江苏石油勘探开发公司机关设卫生处、农副业处、行政管理处、经济办公室、生产技术处、基建处、财务处、人事教育处、机动处、勘探部、总调度室、计划处、公司办公室、机关党委、团委、人武部、保卫处、党委宣传

① 1979年底去上海混合委员会，1983年8月正式转出工资、人事关系。

部、党委组织部、党委办公室等20个处室。所属地球物理勘探公司、钻井公司、试采一厂、试采二厂、油田建设公司、运输公司、机械修理厂、器材供应公司、地质研究所、设计处、水电讯大队、职工医院、南京办事处、党校、技工学校、昆山石油配件公司、劳动服务公司等17个二级单位。职工总数1.2万人。

1983年，生产原油35.6万吨、天然气1936万立方米，新增探明石油地质储量389.80万吨。

1986年5月，石油工业部商中共江苏省委同意，江苏石油勘探开发公司党委常委会由王煌今、孟宪铎、介霖、沈福权、王厚德等5人组成。

1. **中共江苏石油勘探开发公司委员会领导名录**（1983.3—1986.5）

书　　记　喻新盛（1983.3—1986.3）
　　　　　王煌今（1986.3—5）
副 书 记　韩谭贻（1983.3—8）
常　　委　尹行柱（1983.3—1986.5）
　　　　　朱天孝（1983.8—1986.5）
　　　　　吴元礼（1983.8—1986.5）
纪委书记　喻新盛（1983.3—7）
　　　　　尹行柱（1983.7—1986.5）

2. **江苏石油勘探开发公司领导名录**（1983.3—1986.5）

经　　理　韩谭贻（1983.3—1986.3）
　　　　　介　霖（1986.3—5）
副 经 理　倪秀成（1983.3—1986.5）
　　　　　沈福权（1983.3—1986.5）
　　　　　罗益策（1983.3—1986.5）
　　　　　何富荣（1986.3—5）
总地质师　马　力（1985.12—1986.5）

3. **江苏石油勘探开发公司工会**（1986.3—5）

主　　席　朱天孝（1986.3—5）

（三）江苏石油勘探局（1986.5—1988.9）

1986年5月，江苏石油勘探开发公司更名为江苏石油勘探局。6月，江苏石油勘探局所属器材供应公司更名为供应处，油田建设公司更名为油建处，运输公司更名为运输处。10月，成立教育培训中心、老干部处。

截至1986年底，机关设党委办公室、党委组织部、党委宣传部、纪委办公室、机关党委、团委、公安处、科学技术委员会办公室、安全技术处、对外合作部、经济研究室、审计处、勘探开发部、教育处、机动处、生产技术处、基建处、劳资处、财务处、计划处、总调度室、局办公室、人武部、经济案件办公室、老干部处等25个处室。所属地质调查处、钻井处、试采一厂、试采二厂、油田建设处、运输处、机械修理厂、器材供应处、地质科学研究院、规划设计研究院、水电讯处、职工医院、教育培训中心、党校、南京办事处、昆山石油配件公司、洪泽农场、生活服务公司、劳动服务公司等18个二级单位。职工总数1.4万人。

1986年，生产原油57万吨、天然气4239万立方米。

1988年9月，江苏石油勘探局改由中国石油天然气总公司管理。

1. **中共江苏石油勘探局委员会领导名录**（1986.5—1988.9）

书　　记　王煌今（1986.5—1988.9）

副 书 记　孟宪铎（1986.5—1988.9）

常　　委　介　霖（1986.5—1988.9）

沈福权（1986.5—1988.9）

王厚德（1986.5—1988.9）

杨贵玺（1986.5—1988.9）

陈济中（1986.5—1988.9）

纪委书记　王厚德（1986.5—1988.9）

2. **江苏石油勘探局领导名录**（1986.5—1988.9）

局　　长　介　霖（1986.5—1988.9）

副 局 长　倪秀成（1986.5—1988.9）

沈福权（1986.5—1988.9）

罗益策（1986.5—1988.9）

何富荣（1986.5—1988.9）

总地质师　马　力（1986.5—1988.9）

3. **江苏石油勘探局工会**（1986.5—1988.9）

主　　席　朱天孝（1986.5—7）

杨贵玺（1986.7—1988.9）

十五、青海石油管理局（1978.3—1988.9）

1978年3月，青海石油管理局由青海省领导，党组织关系隶属于中共青海省委，业务上接受石油工业部指导，实行党委领导下的局长分工负责制。机关办公地点在青海省海西蒙古族藏族哈萨克族自治州冷湖镇。

11月，青海石油管理局革命委员会撤销。

1978年12月，青海石油管理局撤销钻井处、西部勘探指挥部、生产技术处、地质室；成立钻井指挥部、西部指挥部、油建指挥部；局机关设立勘探室、开发室、科技处、教育处、基建处、家属管理处。1978年原油产量13.6万吨。

1979年2月，石油工业部决定成立甘青藏石油勘探开发会战指挥部，青海石油管理局的党政机关同时也作为会战指挥部的工作机构。1979年至1982年，石油工业部在柴达木组织甘青藏石油勘探开发会战，探明了尕斯库勒油田地质储量，扩大了勘探成果，更新了油田设备，改善了野外职工的生活条件。期间，油田抓住机遇，集中力量加快油气勘探步伐，与美国地球资源公司合作，在砂西、跃进等15个构造区带开展地震研究，搞清了柴达木盆地基底骨架形态，取得了符合地质要求的地震资料，扭转了地震落后于钻井的被动局面。从甘青藏石油勘探开发会战开始，青海石油管理局的领导干部任免主要由石油工业部管理。

1980年1月，设立中共青海石油管理局纪律检查委员会。1981年10月，撤销政治部；青海石油管理局工会委员会改称中国石油工会青海省委员会，工会主席改为副局级。

1983年9月，青海石油管理局进行组织机构改革，机关设24个职能处室：党委办公室、党委组织部、党委宣传部、纪委办公室、局办公室、计划处、财务处、审计处、劳资处、企业管理处、调度室、地质处、钻井处、油田开发室、机动处、安全处、基建处、科技处、教育处、保卫处、武装部、信访室、直工处、劳动服务公司。所属19个二级单位：地质调查公司、外事办、钻井公司、油建工程处、采油厂、炼油厂、水电厂、运输处、机械修理厂、器材供应处、地质研究所、职工总医院、敦煌办事处、西宁办事处、规划设计处、生活服务公司、太湖疗养院、西安办事处、敦煌培训部。10月，位于柴达木盆地西部南区狮子沟构造花土沟高点轴线附近，海拔3430.09米，世界上海拔最高的油井——狮20井开钻，该井于1984年11月14日完钻，完钻井深4564.58米。

1984年6月，石油工业部批准青海石油管理局敦煌基地建设总体设计，批准基地建筑面积总规模为55万平方米，总投资1.8亿元。1984年7月、1985年4月，青海石油管理局两次组织援藏钻井队伍赴西藏羊八井钻探地热井获得成功，共钻探地热井7口。

1986年11月，国家计委批准青海油田“石油三项工程”项目建议书，即：尕斯库勒油田120万吨产能、花土沟至格尔木435千米输油管道、格尔木100万吨炼油厂。1987年6月，工程正式立项，并列入国家“七五”、“八五”重点建设工程。

1987年7月28日至30日，中共青海石油管理局第四次代表大会召开，选举产生中共青海石油管理局第四届委员会和纪律检查委员会，实行常委制，张德国为党委书记，李秋杰为党委副书记，张文安为纪委书记。下属基层党委23个、党总支16个、党支部299个，共有党员5034名。

1988年1月，石油工业部批准青海石油管理局实行局长负责制。随后，油田各二级单位分期分批实行厂长（经理）负责制。

截至1988年9月，青海石油管理局设机关部门31个：党委办公室、党委组织部、党委宣传部、纪委办公室、信访室、工会、团委、调研室、打经办公室、机关党委、局办公室、干部处、调度室、计划处、企管处、财务处、审计处、监察处、劳资处、教育处、科技处、安全处、地质处、钻井处、油田开发处、机动处、基建处、资产处、离退休管理处、多种经营办公室、青海石油报社。所属二级单位25个：物探处、钻井工程处、地质测井处、油建工程处、井下作业处、管道输油处、采油厂、炼油厂、水电厂、机修厂、器材供应处、运输处、公安处、勘探开发研究院、规划设计院、敦煌筹建处、培训部、党校、通讯电视处、生活服务处、职工总医院、西宁办事处、兰州办事处、西安办事处、太湖疗养院。职工总数2.13万人。1988年生产原油64.2万吨。

1988年9月，青海石油管理局行政关系上仍由青海省领导，业务和干部管理工作改由中国石油天然气总公司负责。

期间，青海石油管理局党委书记、局长尹克升当选中共十二大代表。

（一）中共青海石油管理局委员会领导名录（1978.3—1988.9）

书　　记　薛纪元（1978.3—1981.10）
　　　　　张德国（1982.7—1988.9）

副 书 记　尹克升（1978.3—1983.12；代理书记，1981.10—1982.7）
　　　　　肖玉昆（1981.7—1982.7）
　　　　　陈洪振（1978.3—1986.5）
　　　　　李秋杰（1986.5—1988.9）

常　　委　李宗鸿（1979.1—1982.12）
　　　　　张文安（1979.1—1988.9）
　　　　　蒋一鸣（1979.1—1988.9）
　　　　　杨秀东（1979.3—1983.12）
　　　　　税为群（1979.3—1983.12）
　　　　　孟令章（1979.3—1983.12）
　　　　　王晓民（1979.3—1981.12）
　　　　　董福科（组织部长，1983.12—1987.7）
　　　　　刘扬寿（宣传部长，1983.12—1986.7）
　　　　　周　沛（1981.7—1986.7）
　　　　　党喜坤（1983.8—1988.9）
　　　　　苗玉辰（1986.7—1988.9）
　　　　　吴耀文（1986.10—1988.6）
　　　　　张佩荣（宣传部长，1987.6—1988.9）

纪委书记　陈洪振（1979.7—1983.8）
　　　　　张文安（1984.11—1988.9）

政治部主任　陈洪振（兼任，1978.3—11）

（二）青海石油管理局革委会领导名录（1978.3—11）

主　　任　薛纪元（1978.3—11）

副 主 任　张俊魁（1978.3—11）
　　　　　尹克升（1978.3—11）
　　　　　李宗鸿（1978.3—11）
　　　　　薛崇仁（1978.3—11）

张文安（1978.3—11）
蒋一鸣（1978.3—11）

（三）青海石油管理局领导名录（1978.11—1988.9）

局　　长　薛纪元（1978.11—1979.3）
尹克升（1979.3—1983.2）
周　沛（1983.7—1986.5）
吴耀文（1986.10—1988.6）
蒋一鸣（1988.6—9）

副 局 长　蒋一鸣（1979.1—1988.6）
李宗鸿（1979.1—1982.12）
张文安（1979.1—1983.12）
杨秀东（1979.3—1986.5）
税为群（1979.3—1988.9）
孟令章（1979.3—1986.5）
王晓民（1979.3—1981.12）
周　沛（1981.7—1983.7）
肖玉昆（1981.7—1982.7）
陈文玺（1981.7—1986.5）
苗玉辰（1986.5—1988.9）

总地质师　顾树松（1983.9—1988.9）

总经济师　张听源（1981.7—1986.5）
严振鸣（1986.5—1988.9）

总会计师　贾国明（1986.5—1988.9）

总工程师　杨秀东（1986.5—1988.9）

副局级调研员　陈洪振（1986.5—1987.1）
孟令章（1986.5—1988.9）
陈文玺（1986.5—1988.9）

（四）青海石油管理局工会（1978.3—1988.9）

主　　席　陈洪振（1981.10—1983.8）
党喜坤（1983.8—1988.9）

十六、甘青藏石油勘探开发会战指挥部（1979.2—1982.12）

1977年5月，随着柴达木盆地西部南区尕斯库勒亿吨级主力油田（位于青海省海西蒙古族藏族哈萨克族自治州）诞生，青海石油管理局调整勘探部署，加强盆地西部深层勘探工作。

1979年2月，石油工业部党组决定成立石油工业部甘青藏石油勘探开发会战指挥部，从胜利油田会战指挥部、玉门石油管理局、石油工业部运输公司等3个单位抽调3000余名职工到柴达木盆地同青海石油管理局一起进行甘青藏石油勘探开发会战。3月，甘青藏石油勘探开发会战指挥部在青海冷湖正式成立。5月，陈宾任甘青藏石油勘探开发会战指挥部领导小组副组长。10月，石油工业部党组决定组成中共甘青藏石油勘探开发会战指挥部工作委员会，石油工业部副部长、总地质师阎敦实任甘青藏石油勘探开发会战指挥部指挥兼工委书记。甘青藏石油勘探开发会战指挥部的工作机构即青海石油管理局的工作机构，中共甘青藏石油勘探开发会战指挥部工委的工作机构即青海石油管理局党委的工作机构，石油工业部和胜利油田会战指挥部、玉门石油管理局在工作机构中相应增加了工作人员。

1983年，甘青藏石油会战结束，甘青藏石油勘探开发会战指挥部撤销。

期间累计钻探3000米以上的深井96口，探明石油地质储量8500多万吨，摸清了盆地基底骨架形态，取得了符合地质要求的地震资料，提供了可供钻探的圈闭。

（一）中共甘青藏石油勘探开发会战指挥部工作委员会领导名录（1979.10—1982.12）

书　　记　阎敦实（兼任，1979.10—1982.12）

副 书 记　张邦杰（1979.10—1982.12）

薛纪元（1979.10—1982.12）

姚福林（1979.10—1982.12）

傅万祯（1979.10—1982.12）

尹克升（1979.10—1982.12）

王关清（1980.6—1982.12）
陈洪振（1980.6—1982.12）
肖玉昆（1981.7—1982.7）

政治部主任 陈洪振（1979.10—1981.10）

（二）甘青藏石油勘探开发会战指挥部领导名录（1979.10—1982.12）

指　　挥 阎敦实（兼任，1979.10—1982.12）

副 指 挥 张邦杰（1979.10—1982.12）
薛纪元（1979.10—1982.12）
姚福林（1979.10—1982.12）
傅万祯（1979.10—1982.12）
尹克升（1979.10—1982.12）
同维焕（1979.10—1982.12）
王关清（1979.10—1982.12）
蒋一鸣（1979.10—1982.12）
李宗鸿（1979.10—1982.12）
张文安（1979.10—1982.12）
杨秀东（1979.10—1982.12）
税为群（1979.10—1982.12）
孟令章（1979.10—1982.12）
王晓民（1979.10—1982.12）
刘　堃（1979.10—1982.12）
江　措（兼任，1979.10—1982.12）
赵宗鼐（兼任，1979.10—1982.12）
肖玉昆（1981.7—1982.7）

总工程师 叶蜚庭（1979.10—1982.12）

总地质师 陈斯忠（1979.10—1982.12）

总机械师 胡　毅（1979.10—1982.12）

十七、四川省石油管理局—四川石油管理局（1978.3—1988.9）

（一）四川省石油管理局（1978.3—1979.7）

1978年3月，四川省石油管理局接受四川省和石油工业部双重领导，以四川省为主，业务上接受石油工业部的指导。行政级别为正局级。党组织关系隶属于中共四川省委。机关办公地址：成都市府青路一段3号。

7月，经中共四川省委批准，撤销四川省石油管理局革委会，实行党委领导下的局长分工负责制。同时，调整四川省石油管理局党政领导班子。11月，所属各二级单位亦不再沿用革委会体制，恢复原机构和职务称谓。

9月，重庆石油学校改由石油工业部和四川省双重领导，以石油工业部为主，党组织关系仍隶属四川省石油管理局。

截至1978年底，四川省石油管理局机关设职能部门27个：局办公室、计划处、基建处、财务处、劳资处、教育处、总调度室、油气田开发处、生产技术处、科技处、技安处、运输处、机动处、资产处、行政处、卫生处、农副业处、接待处、基建办公室、钻井处、地质处、生活办公室、政治部、机关党委、监委、局工会、局团委。所属二级单位32个：川南矿区、川西南矿区、川东矿区、川西北矿区、川中矿区、井下作业处、地质调查处、输气管理处、成都总机厂、南充炼油厂、南充汽修厂、资阳钢管厂、威远机械厂、重庆仪器修理厂、重庆办事处、供应处、内拖厂、地质勘探开发研究院、勘探规划设计院、钻采工艺研究所、一坪化工厂、天然气研究所、成都一车队、资阳二车队、职工总医院、南充职工医院、技工学校、油气田建设指挥部、六〇八二化工厂、通讯总站、卧龙河脱硫引进工程指挥部、干部学校。职工总数7.21万人，年产天然气65.09亿立方米、原油9.42万吨。

期间，四川省石油管理局党委书记黄凯、川中矿区钻井队司钻罗学成、泸州气矿女子钻井队队长张雁、四川设计院二室主任工程师沙云和当选第五届全国人大代表。四川省石油管理局地质勘探开发研究院总地质师司徒愈旺任第五届全国政协委员。

1．**中共四川省石油管理局委员会领导名录**（1978.3—1979.7）

书　　　记　黄　凯（1978.3—4）
杨型亮（1978.7—1979.7）

副　书　记　刘　忠（1978.3—4）
杨型亮（1978.3—7）
刘　璞（1978.3—1979.7）
董金璧（1978.3—1979.7）

常　　　委　靳学礼（1978.3—7）
李滋润（1978.3—12）
蔡玉芳（女，基层代表，1978.3—7）
唐大素（女，基层代表，1978.3—7）
王芝顺（基层代表，1978.3—7）
胡成贵（1978.3—1979.7）
尹　光（1978.3—1979.7）
侯国珍（1978.7—1979.7）

政治部主任　刘　璞（兼任，1978.3—7）

2．**四川省石油管理局革委会领导名录**（1978.3—7）

主　　　任（空缺）

副　主　任　董金璧（主持工作，1978.3—7）
李富荣（群众代表，1978.3—7）
王守先（群众代表，1978.3—7）
古昌州（群众代表，1978.3—7）
王天元（群众代表，1978.3—7）
金初明（群众代表，1978.3—7）
靳学礼（1978.3—7）
刘选伍（1978.3—7）
刘荫藩（1978.3—7）
杨型亮（1978.3—7）
刘　忠（1978.3—4）
李滋润（1978.3—7）

唐大素（1978.3—7）
王芝顺（1978.3—7）
胡成贵（1978.3—7）
蔡崇发（1978.3—7）
总机械师 任康生（1978.3—7）
总地质师 包 茨（1978.3—7）

3. **四川省石油管理局领导名录**（1978.7—1979.7）

局长 董金璧（1978.7—1979.7）
副局长 侯国珍（1978.7—1979.7）
李滋润（1978.7—12）
党万廷（1978.7—1979.7）
蔡崇法（1978.7—1979.7）
刘选伍（1978.7—1979.7）
尹 光（1978.7—1979.7）
孟庆瑗（1978.7—1979.7）
贾奉辛（1978.7—1979.7）
胡成贵（1978.7—1979.7）
刘荫藩（1978.7—12）
马兴峙（回族，1978.7—1979.7）
史鑑生（史鉴生，1978.7—1979.7）
丁耀民（1978.12—1979.7）
总地质师 包 茨（1978.7—1979.7）
总机械师 任康生（1978.7—1979.7）

（二）**四川石油管理局**（1979.7—1988.9）

1979年7月，中共四川省委、石油工业部党组决定，四川省石油管理局名称恢复为四川石油管理局，实行石油工业部和四川省双重领导，以石油工业部为主（干部任免业务实际上由四川省为主进行管理），党组织关系隶属中共四川省委。行政级别为正局级。

机关设职能部门29个：办公室、计划处、财务处、基建处、劳资处、教育处、总调度室、气田开发处、生产技术处、科技处、技术安全处、资产处、运输处、机动处、行政处、卫生处、接待处、农副业处、试油修井处、炼油化工处、家属处、通讯处、信访处、基建办公室、政治部、机关党委、纪委筹建组、工会、团委。所属二级单位35个：川南矿区、川东矿区、川西南矿区、川西北矿区、川中矿区、地质调查处、川东北钻井会战指挥部、油气田建设指挥部、井下作业处、输气管理处、重庆办事处、供应处、卧龙河引进指挥部、成都总机厂、南充汽修厂、南充炼油厂、内拖厂、一坪化工厂、重庆仪器修理厂、威远机械厂、钢管厂、六〇八二化工厂、钻采工艺研究所、天然气研究所、勘探规划设计院、地质开发研究院、成都车队、资阳车队、技工学校、通讯总站、干部学校、石油财经学校、职工总医院、第二职工医院、四川省天然气公司。

从1978年开始，四川石油管理局组织力量开展川东会战，在优先拿下川东低、潜构造后，又集中攻关高陡构造，成功获得一批“双高”气田，迅速扩大了石炭系勘探成果，钻井33口，获气井18口，新发现卧龙河、福成寨、张家场、雷音铺等构造的石炭系气藏，在14个构造上证实有石炭系地层存在。1979年，生产天然气68亿立方米，创天然气产量增长第一高峰。

1983年5月，石油工业部党组决定，四川石油管理局实行党委领导下的局长负责制。9月，中共四川省石油管理局委员会改为中共四川石油管理局委员会。10月，四川石油管理局在川东矿区进行专业化管理试点，将川东矿区的钻探、开发和净化业务分开，分别成立川东钻探公司、川东开发公司和川东脱硫总厂。

12月，中共四川石油管理局第五次代表大会召开，选举产生中共四川石油管理局第五届委员会和纪律检查委员会，杨型亮为党委书记，傅尧生为党委副书记，尹光为纪委书记。下属基层党委32个、党总支99个、党支部1014个，共有党员2.01万名。

1984年3月，四川石油管理局所属的重庆一坪化工厂划转中国石油化工总公司。1986年2月，四川石油管理局成立四川石油天然气工程公司。

1987年6月28日至7月1日，四川石油管理局首次职工代表大会在成都召开。

截至1987年底，四川石油管理局职工总数9.91万人，年产天然气58.98亿立方米、原油8.59万吨。

1988年1月，四川石油管理局实行局长负责制。2月，在资中机械厂等三个单位试点的基础上，相继在南充炼油厂、川东钻探公司、川东开发公司等31个单位推行矿（厂）长负责制。

9月，四川石油管理局改由中国石油天然气总公司管理。

期间，四川石油管理局南充炼油厂副厂长管友鍊当选中共十二大代表，四川石油管理局党委书记袁光明当选中共十三大代表。四川石油管理局副局长王宓君、川南矿区高级工程师李松旺当选第七届全国人大代表。四川石油管理局地质勘探开发研究院总地质师司徒愈旺任第六届全国政协委员。

1. 中共四川省石油管理局委员会领导名录（1979.7—1983.9）

书　　记 杨型亮（1979.7—1983.9）

副 书 记 董金璧（1979.7—1983.5）

刘　璞（1979.7—1983.5）

唐克碧（女，1981.2—1983.5）[①]

傅尧生（1983.5—9）

常　　委 董金璧（1983.5—9）

胡成贵（1979.7—1983.5）

侯国珍（1979.7—1983.5）

尹　光（1979.7—1983.9）

蔡玉芳（基层代表，1979.7—1983.5）

石志刚（1980.3—1982.9）

党万廷（1980.5—1983.5）

丁耀民（1980.5—1983.5）

史兴全（1983.5—9）

纪委书记 尹　光（1983.5—9）

2. 中共四川石油管理局委员会领导名录（1983.9—1988.9）

书　　记 杨型亮（1983.9—1985.4）

刘金铭（1985.4—1987.2）

袁光明（1987.2—1988.9）

① 1974年12月至1979年1月，任中共四川省委书记（当时省委设有第一、第二书记）；1979年1月至1982年12月，任中共四川省委常委。

副　书　记　傅尧生（1983.9—1985.4）
陈应权（1985.4—1988.9）
唐克碧（1985.4—1988.9）

常　　委　史兴全（1983.9—1985.4）
董金璧（1983.9—1985.4）
尹　光（1983.9—1985.4）
马兴峙（1984.1—1988.9）
高杰先（组织部长，1984.1—1988.9）
蒋长安（1985.4—1988.9）
许德林（1985.4—1988.9）
王宓君（1986.7—1988.9）

纪委书记　尹　光（1983.9—1985.4）
许德林（1985.4—1988.9）

3．**四川石油管理局领导名录**（1979.7—1988.9）

局　　长　董金璧（1979.7—1983.5）
史兴全（1983.5—1985.4）
蒋长安（1985.4—1988.9）

副　局　长　侯国珍（1979.7—1983.5）
党万廷（1979.7—1983.5）
蔡崇法（1979.7—1983.5）
刘选伍（1979.7—1981.4）
尹　光（1979.7—1983.5）
孟庆瑗（1979.7—1982.9）
贾奉辛（1979.7—1983.5）
胡成贵（1979.7—1983.5）
马兴峙（1979.7—1985.4）
史鉴生（1979.7—1985.4）
丁耀民（1979.7—1983.5）
石志刚（1980.3—1982.9）
徐文渊（1983.5—1985.4）

王宓君（1983.5—1988.9）
许德林（1983.5—1985.4）
刘　璞（1983.5—1988.9）
傅尧生（1985.4—1988.9）
夏鸿辉（1985.4—1988.9）
滕耀坤（1985.4—1988.9）
栗源林（1985.4—1986.7）
樊友珍（1985.4—1988.9）

总工程师　马兴峙（1985.4—1988.9）
徐文渊（1985.4—1988.9）

总地质师　包　茨（1979.7—1988.5）

总经济师　栗源林（1986.7—1988.9）

总机械师　任康生（1979.7—1988.2）

正局级干部　董金璧（1983.6—1988.9）
杨型亮（1985.4—1988.9）

副局级干部　唐克碧（离职学习，1983.5—1985.4）
侯国珍（1983.5—1986.1）
贾奉辛（1983.5—1987.12）
党万廷（1983.5—1988.9）
胡成贵（1983.5—1988.9）
董中林（1983.6—1988.9）
王靖寰（1985.6—1988.9）
包　茨（1988.5—1988.9）

4．**四川石油管理局工会**（1983.10—1988.9）

主　　席　丁耀民（1983.10—1988.9）

十八、延长油矿—延长油矿管理局（1978.3—1988.9）

（一）延长油矿（1978.3—1986.10）

1978年3月，延长油矿仍由陕西省管理。机关办公地址在陕西省延长县。

1979年6月，延长油矿革命委员会撤销，恢复延长油矿党政机构。同时，撤销生产技术科、计划财务科、人事教育科，成立生产计划科、机动科、劳动工资科、财务科，增设教育科和知识青年办公室。

1980年，劳动工资科改为人事科；成立子长试采队。

1981年，设总工程师办公室。

1983年，撤销资产科、供销科，增设调查研究室、供应科、销售科。

1984年，甘谷驿油田并入延长油田，更名为七里村油田；撤销子长试采队，成立子长油田；永坪采油车间并入子长油田，改为子长油田第一采油大队；成立延长油矿勘探大队、电测站、科学技术管理科；撤销总工程师办公室，分设采油科、地质科、机动科、设计室。

1985年4月，延长县石油钻采公司成立。随后延安市、延川县、甘泉县、富县相继成立石油钻采公司。当年，撤销勘探队，成立勘探大队、生产技术办公室。年底，职工总数5134人。

1986年，成立姚店探区试采领导小组。

1. **中共延长油矿委员会领导名录**（1978.3—1986.10）

书　　记　刘生连（1978.3—1982.12）
段长明（1982.12—1984.3）
闫凤玉（1984.3—12）
贾仲良（1984.12—1986.10）

副 书 记　段长明（1978.3—1982.12）
曹海亮（1978.3—1980.9）
王　博（1978.3—1982）
曹崇廉（1984.2—1985）

2．**延长油矿革委会领导名录**（1978.3—1979.6）

主　　　任　段长明（1978.3—1979.6）

副　主　任　陈智华（1978.3—1979.6）

康定邦（1978.3—1979.6）

3．**延长油矿领导名录**（1979.6—1988.9）

矿　　　长　段长明（1979.6—1982.12；1984.3—12）

邬书城（1982.12—1984.3）

朱明恭（1984.12—1986.10）

副　矿　长　康定邦（1979.6—1980）

陈智华（1979.6—1984.2）

周占旭（1979.6—1984.12）

杨有道（1981.1—1984.2）

李　勤（1981.12—1984.2）

邬书城（1981.1—1982.12；1984.2—1986.10）

贾仲良（1984.2—12）

李海波（1984.2—1986.11）

王　荣（1984.12—1986.10）

（二）**延长油矿管理局**（1986.10—1988.9）

1986年10月，延安地委决定，将延安地区石化局与延长油矿合并为“延安地区石油化学工业局，延长油矿管理局”，实行两块牌子一套机构，负责延安地区石油化学工作的统一规划、开发、管理，县级建制，企业性质，兼有行政职能，管理范围是原延长油矿所属各单位、桐树底炼油厂（延安炼油厂）、各县市石化企业和地直属各化工企业。同年，七里村、甘谷驿、子长、青化砭4个油田改称油矿。年底，职工总数5230人。

1987年5月，石油工业部决定将长庆石油勘探局的下寺湾油田移交延长油矿管理局，其中包括直罗油田的88口油井和地面资产。同年，增设钻前工程办公室、勘探部、开发部、钻井指挥部、钻采公司协调办公室、炼化办公室、企业管理科、审计科、监察室等部门；组建固井队；延安市石油钻采公司更名为延长油矿管理局玉皇庙钻采公司，延长县石油钻采公司更名为延长油矿管理局王家川钻采公司，延川县钻采公司更名为延长油矿管理局青平川钻采公司，甘泉县石油开采公司更名为延长油矿管理局下寺湾钻采公司，富县石油开发公司更名为延长油矿管理局直罗湾钻采公司；成立延长油矿管理局瓦窑堡、杏子川钻采公司。

1988年4月，延长油矿管理局成立勘探部，勘探大队并入勘探部。

9月，中国石油天然气总公司成立时，延长油矿管理局仍隶属于陕西省。

1. **中共延长油矿管理局委员会领导名录**（1986.11—1988.9）

书　　记　高鹏飞（1986.11—1988.9）

副 书 记　曹崇廉（1987.10—1988.9）

纪委书记　陈巨泰（1986.11—1988.9）

2. **延长油矿管理局领导名录**（1986.10—1988.9）

局　　长　高鹏飞（1986.10—1988.9）

副 局 长　段长明（1986.10—1988.9）

邬书城（1986.10—1988.9）

贾仲良（1986.10—1988.9）

朱明恭（1986.10—1988.9）

李海波（1987.9—1988.9）

十九、广西石油普查勘探队—广西石油勘探开发指挥部（1978.3—1983.10）

1978年3月，广西石油普查勘探队仍由广西壮族自治区领导。

1979年1月，广西石油普查勘探队更名为广西石油勘探开发指挥部。

1983年10月，石油工业部决定将广西石油勘探开发指挥部改为由石油工业部和广西壮族自治区双重领导、以石油工业部为主的领导体制，由滇黔桂石油勘探开发会战指挥部管理。

（一）广西石油普查勘探队（1978.3—1979.1）

1. **中共广西石油普查勘探队委员会领导名录**（1978.3—1979.1）

书　记　王喜臣（1978.3—1979.1）

副书记　黄雄飞（1978.3—1979.1）

薛玉英（1978.3—1979.1）

赵富英（1978.3—1979.1）
张仁玉（1978.3—1979.1）

2. **广西石油普查勘探队革委会领导名录**（1978.3—1979.1）

主　任　王喜臣（1978.3—1979.1）
副主任　黄雄飞（1978.3—1979.1）
薛玉英（1978.3—1979.1）
保广安（1978.3—1979.1）
魏宜义（1978.3—1979.1）
马连科（1978.3—1979.1）
张仁玉（1978.3—1979.1）

（二）广西石油勘探开发指挥部（1979.1—1983.10）

1. **中共广西石油勘探开发指挥部委员会领导名录**（1979.1—1983.10）

书　记　于长安（1982.1—1983.10）
副书记　朱仁厚（1981.6—1983.10）
曾宪岱（1982.1—1983.10）

2. **广西石油勘探开发指挥部领导名录**（1979.1—1983.10）

指　挥　朱仁厚（1981.6—1983.10）
副指挥　曾宪岱（1982.1—1983.10）
魏宜义（1982.1—1983.10）
何　正（1982.1—1983.3）
赵建君（1982.1—1983.10）
徐凤甫（1983.3—10）

二十、滇黔桂石油勘探开发会战指挥部—滇黔桂石油勘探局（1978.8—1988.9）

1978年8月，经国务院批准，石油工业部决定成立滇黔桂石油勘探开发会战指挥部。职工总数216人。地点在云南省昆明市东南郊石坝彝族乡小新村南侧。9月，滇黔桂石油勘探开发会战指挥部正式成立，王振英任党委书记、指挥。

1979年8月，滇黔桂石油勘探开发会战指挥部与云南石油勘探指挥部实行两块牌子一套机构。机关设政治部、指挥部办公室、地质勘探处、调度室、机动处、计划财务处、人事教育处、供应处等部门；政治部下设办公室、组干处、宣传处、保卫处，代管工会、团委。在云南地区设勘探处、地质调查处、机修厂、运输队等勘探生产单位，并组建地质科研所。同时，将贵州、广西地区石油勘探业务划归滇黔桂石油勘探开发会战指挥部管理。滇黔桂石油勘探开发会战指挥部领导小组组成：安增彬、董衍乐、兰建超、陈世英任副组长，刘荫藩、陈桐元、王靖怀、李潮海、刘友道、刘玉呈为成员。

1981年5月，撤销调度室，其业务工作并入地质勘探处。

10月，焦益文、王海亮、黄云开、郝焕文、秦延华增补为滇黔桂石油勘探开发会战指挥部领导小组成员，焦益文、刘荫藩为领导小组副组长，免去刘玉呈领导小组成员。

1983年10月，石油工业部决定将贵州石油勘探指挥部和广西石油勘探开发指挥部从以省（区）为主的领导体制，改为部省（区）双重领导、以石油工业部为主的领导体制，由滇黔桂石油勘探开发会战指挥部管理。

11月，经征得云南、贵州、广西三省（区）人民政府同意，石油工业部决定将滇黔桂石油勘探开发会战指挥部更名为滇黔桂石油勘探局。机关设局办公室、地质勘探处、工程技术处、保卫处、计财处、人教处等职能处室；所属滇黔桂贵州石油勘探指挥部、滇黔桂广西石油勘探指挥部、滇黔桂云南石油地质调查处、滇黔桂云南石油勘探处、滇黔桂石油供应运输处、滇黔桂石油地质科学研究所、滇黔桂石油技工学校等二级单位。

1984年1月，滇黔桂石油勘探局在昆明正式挂牌成立。同月，石油工业部商中共云南省委同意，中共滇黔桂石油勘探局委员会由安增彬、李超祖、韩明镜、王靖寰、黄云开等5名同志组成，安增彬任党委书记，李超祖任党委副书记。2月，成立滇黔桂石油勘探局广西前线指挥部，同时撤销原滇黔桂石油勘探开发会战指挥部十万山地区前线指挥部。7月，成立滇黔桂石油勘探局广西前线指挥部领导小组，安增彬任组长，成员有王献智、王家栋、沈鸿基、赵健君、段维怀、王荣道、刘汉江。领导小组下设生产办公室、政治办公室、行政办公室、后勤办公室。9月，成立滇黔桂石油勘探局石油地球物理勘探公司。云南石油地调处、贵州石油地调大队、广西石油地调大队的人财物由石油地球物理勘探公司统一管理。

1986年1月，云南石油勘探处与钻采公司合并，成立滇黔桂石油勘探局钻探公司。钻探公司基地设在云南省曲靖市。

1987年9月，以广西石油指挥部科研所为基础成立勘探开发科学研究院。11月，钻探公司更名为第一钻探公司，同时，在广西田东县成立第二钻探公司。12月，以百色试采大队为基础成立百色采油厂。之后，又相继成立田阳污油处理厂、信息公司、技术服务处、职工医院、疗养院等单位。

1988年9月，滇黔桂石油勘探局改由中国石油天然气总公司管理。

（一）滇黔桂石油勘探开发会战指挥部（1978.8—1983.11）

1. 中共滇黔桂石油勘探开发会战指挥部委员会领导名录（1978.9—1983.11）

书　　记　王振英（1978.9—1979.11）

副 书 记　丁跃民（1978.10—1979.11）

2. 滇黔桂石油勘探开发会战指挥部领导名录（1978.9—1983.11）

指　　挥　王振英（1978.9—1979.11）

副 指 挥　丁跃民（1978.10—1979.11）

焦益文（1980.5—　　　）

总地质师　曾鼎乾（1980.12—1981.12）

（二）滇黔桂石油勘探局（1983.11—1988.9）

1. 中共滇黔桂石油勘探局委员会领导名录（1983.12—1988.9）

书　　记　安增彬（1983.12—1985.6）

韩明镜（1985.6—1988.9）

副 书 记　李超祖（1983.12—　　　）

纪委书记　黄云开（　　　—1985.12）

方其录（1985.12—　　　）

2. 滇黔桂石油勘探局领导名录（1983.12—1988.9）

局　　长　韩明镜（1983.12—1985.6）

王献智（1985.6—1988.9）

副 局 长　王靖寰（1983.12—1985.6）

王润才（1983.12—1988.9）

曾宪代（1983.12—1988.9）

王琼华（1983.12—1988.9）

汤昌钧（1987.4—1988.9）

总工程师　杜全义（1983.12—1985.6）

吴令英（1985.6—1988.9）

总地质师　杜全义（1985.6—1988.9）

二十一、安徽省石油勘探处—安徽省石油勘探指挥部—安徽石油勘探公司—安徽石油勘探总公司（1978.3—1988.9）

（一）安徽省石油勘探处（1978.3—1979.2）

1978年3月，安徽省石油勘探处隶属安徽省石油化学工业厅管理。机关办公地址在安徽省合肥市天长县汊涧镇。4月，发现潘庄油田。12月，地质研究队更名为石油地质研究所。

截至1978年底，职工总数1898人。

1. **中共安徽省石油勘探处委员会领导名录**（1978.3—1979.2）

书　　记　杨毓才（1978.3—1979.2）

委　　员　郑三英（1978.3—1979.2）

罗锦澜（1978.3—1979.2）

2. **安徽省石油勘探处领导名录**（1978.3—1979.2）

处　　长　杨毓才（1978.3—1979.2）

副 处 长　郑三英（1978.3—1979.2）

罗锦澜（1978.3—1979.2）

3. **安徽省石油勘探处工会**（1978.3—1979.2）

主　　席　栗文耀（1978.3—1979.2）

（二）安徽省石油勘探指挥部（1979.2—1984.9）

1979年2月，经安徽省编委批复，同意安徽省石油勘探处更名为安徽省石油勘探指挥部，仍隶属于安徽省石油化学工业厅。

1980年，地震队达到5个。

1982年8月，成立江苏海安指挥所，2251、2253地震队赴海安承包地震工程项目。

1983年8月，经安徽省政府批准，指挥部技工班更名为安徽石油技工学校。

1984年6月，安徽省石油勘探指挥部机关迁至安徽省合肥市肥东县撮镇。

1．**中共安徽省石油勘探指挥部委员会领导名录**（1979.2—1984.9）

书　　记　郝清维（1979.2—1984.4）
栗文耀（1984.4—1984.9）

副 书 记　杨春文（1979.2—1980.3）
雷光鹏（1984.4—1984.9）

纪委书记　郝清维（1980.5—1984.5）
吴景芳（1984.5—1984.9）

2．**安徽省石油勘探指挥部领导名录**（1979.2—1984.9）

指　　挥　杨春文（1979.2—1980.3）
栗文耀（1982.9—1984.4）
吴少华（1984.4—1984.9）

副 指 挥　郑三英（1979.2—1984.9）
罗锦澜（1979.2—1984.9）
郭青松（1979.2—1984.9）
章寒光（1979.2—1984.9）
翟全福（1979.11—1984.9）
燕尽才（1979.11—1984.9）
肖军发（1979.11—1984.9）
贺忠林（1981.11—1984.9）
高前清（1983.3—1984.9）
严太广（1984.4—9）
丁大民（1984.4—9）

3．**安徽省石油勘探指挥部工会**（1979.2—1984.9）

主　　席　栗文耀（1979.2—1982.9）
颜明生（1982.9—1984.9）

（三）安徽石油勘探公司（1984.9—1988.3）

1984年9月，安徽省石油勘探指挥部更名为安徽石油勘探公司，行政级别为县（团）级，隶属于安徽省石油化学工业厅。

1985年3月，组建4551、4574、新三队3个钻井队和1个电测队。

截至1987年底，职工总数2255人。

1. **中共安徽石油勘探公司委员会领导名录**（1984.9—1988.3）

书　　记　栗文耀（1984.9—1988.3）

第一副书记　雷光鹏（1984.9—1988.3）

副 书 记　吴景芳（1985.11—1988.3）

纪委书记　吴景芳（1984.9—1985.11）

杨学亮（1985.11—1988.3）

2. **安徽石油勘探公司领导名录**（1984.9—1988.3）

经　　理　吴少华（1984.9—1987.12）

栗文耀（1987.12—1988.3）

第一副经理　赵永康（1985.10—1988.3）

副 经 理　肖发军（1984.9—1988.3）

严太广（1984.9—1988.3）

丁大民（1984.9—1988.3）

总地质师　贺忠林（1984.9—1987.12）

吴少华（1987.12—1988.3）

3. **安徽石油勘探公司工会**（1984.9—1988.3）

主　　席　颜明生（1984.9—1988.3）

（四）安徽石油勘探总公司（1988.3—9）

1988年3月，安徽石油勘探公司更名为安徽石油勘探总公司，隶属于安徽省石油化学工业厅，企业性质及级别不变。

截至1988年9月，安徽石油勘探总公司机关设党委工作部、对外合作部、生产经营部、经理办公室、总地质师办公室、教育培训办公室、保卫办公室、计划办公室、财务办公室、劳动人事办公室、审计监察办公室、科技管理办公室、离退休管理办公室、企业改革办公室、工会等15个部门。所属物探公司、钻井公司、采油公司、运输公司、物资供应公司、油建安装公司、生活服务公司、劳务服务公司、地质研究所、油田研究所、技工学校、子弟学校和职工医院等13个二级单位。职工总数2403人。

1988年9月，中国石油天然气总公司成立时，安徽石油勘探总公司仍隶属于安徽省。

1. **中共安徽石油勘探总公司委员会领导名录**（1988.3—9）

书　　记　吴景芳（1988.3—9）

副 书 记　雷光鹏（1988.3—9）

委　　员　栗文耀（1988.3—9）

颜明生（1988.3—9）

杨乐山（1988.3—9）

杨学亮（1988.3—9）

王英勋（1988.3—9）

徐凡隆（1988.3—9）

钱平盛（1988.3—9）

纪委书记　杨学亮（1988.3—9）

2. **安徽石油勘探总公司领导名录**（1988.3—9）

经　　理　栗文耀（1988.3—9）

副 经 理　丁大民（1988.3—9）

胡景荣（满族，1988.3—9）

颜明生（1988.3—9）

严太广（1988.3—9）

总地质师　吴少华（1988.3—9）

3. **安徽石油勘探总公司工会**（1988.3—9）

主　　席　杨乐山（1988.3—9）

二十二、浙江省石油地质大队—浙江石油地质大队—浙江石油勘探处（1978.3—1988.9）

浙江省石油地质大队前身是1970年10月成立的浙江省第五地质大队，办公地点在浙江省余杭县闲林埠，主要从事石油地质勘探工作，先后隶属于浙江省重工业局、浙江省燃料化学工业局、浙江省石油化学工业厅，1972年5

月更名为浙江省石油地质大队。

1978年5月，成立物探队，撤销物探科。成立地质普查队、机械动力科、计划财务科、劳动工资科、行政科，后勤科更名为物资供应科。撤销长河指挥所。

1985年1月，浙江省石油地质大队更名为浙江石油地质大队，由石油工业部和浙江省双重领导，以石油工业部为主。行政级别为正处级。主要职责：对以往取得的地质、物探、钻井资料进行系统的综合研究，开展油气资源评价；在宁波盆地、杭州湾盆地开展少量数字地震勘探工作。职工总数1359人。党组织关系隶属于浙江省石油化学工业厅党组。下属党支部21个，共有党员266名。

3月，撤销32659钻井队、3514钻井队、1833钻井队、试油队，成立32499钻井队、4573钻井队，成立山东东营钻井指挥所。4月，撤销2295地震队、2296地震队，成立数字地震队。7月，撤销党委办公室，成立组织科、宣传科。8月，撤销综合研究队、医务室，成立石油勘探研究所、医务所；将实验室、资料情报室、制印车间划转石油勘探研究所。9月，成立金华基地管理委员会、金华基地党总支。

1986年3月，成立多种经营办公室；浙江石油地质大队第三次工会会员代表大会召开，选举产生第三届工会委员会。

1987年3月，浙江石油地质大队更名为浙江石油勘探处。

截至1988年9月，浙江石油勘探处机关设办公室、组织科、宣传科、生产办公室、人事教育科、财务科、行政科、材料设备科、保卫科、多种经营办公室等10个科室。所属石油勘探研究所、井下作业队、2296地震队、2297地震队、2298地震队、山东东营钻井指挥所、32499钻井队、4573钻井队、1004钻井队、制印厂、运输队、机械厂、金华基地管委会、医务所等14个二级单位。

1988年9月，浙江石油勘探处改由中国石油天然气总公司和浙江省双重领导，以中国石油天然气总公司为主。

（一）浙江省石油地质大队—浙江石油地质大队（1978.3—1987.3）

1. 中共浙江省石油地质大队委员会—中共浙江石油地质大队委员会领导名录（1978.3—1987.3）

书　　记　魏义山（1978.3—6）

　　　　　　王志中（1981.7—1984.6）

副 书 记 杨奇珍（1978.3—1981.2）
李明夫（1978.6—1984.6）
邹鑫祜（1978.6—1981.7）
王志中（1980.5—1981.7）
应光宇（主持工作，1984.6—1987.3）

委 员 张世才（1978.3—1981.7）
邵祖根（1978.3—1981.1）
鲁忠宝（1978.3—1982.9）
吴保山（1978.3—1984.6）
周秀山（物探队党总支副书记，1978.6—1984.6）
孙念杰（1979.8—1982.10）
杨守来（1980.5—1984.6）
薛静诚（1984.6—1987.3）
陈志维（1984.6—1987.3）
郑锡祥（1985.5—1987.3）

纪检组组长 王志中（1981.4—1984.6）

纪 委 书 记 陈志维（1984.9—1987.3）

政治处主任 李明夫（兼任，1978.6—1979.8）
孙念杰（1979.8—1982.10）

2. 浙江省石油地质大队革委会领导名录（1978.3—6）

主 任 魏义山（1978.3—6）

副 主 任 杨奇珍（1978.3—6）
鲁忠宝（1978.3—6）
张世才（1978.3—6）

常 委 邵祖根（1978.3—6）
方贤儒（1978.3—6）

3. 浙江省石油地质大队—浙江石油地质大队领导名录（1978.6—1987.3）

大 队 长 张世才（1978.6—1981.7）
邹鑫祜（1981.7—1984.6）
徐克定（1984.6—1985.3）

郑锡祥（1985.3—1987.3）

副 大 队 长　鲁忠宝（1978.6—1982.9）

吴保山（1978.6—1984.6）

陈清泉（1978.6—1984.6）

杨守来（1980.6—1984.6）

薛静诚（1984.6—1987.3）

林银松（1984.6—1987.3）

总 工 程 师　蒋维三（1984.6—1987.3）

总 地 质 师　徐克定（1985.6—1987.3）

4. **浙江省石油地质大队—浙江石油地质大队工会**（1978.6—1986.3）

主　　任　邵祖根（1978.3—1981.1）

主　　席　周秀山（1983.5—1986.3）

（二）**浙江石油勘探处**（1987.3—1988.9）

1. **中共浙江石油勘探处委员会领导名录**（1987.3—1988.9）

副 书 记　应光宇（主持工作，1987.3—1988.9）

委　　员　郑锡祥（1987.3—1988.9）

陈志维（1987.3—1988.9）

薛静诚（1987.3—1988.9）

纪委书记　陈志维（1987.3—1988.9）

2. **浙江石油勘探处领导名录**（1987.3—1988.9）

处　　长　郑锡祥（1987.3—1988.9）

副 处 长　薛静诚（1987.3—1988.9）

林银松（1987.3—1988.9）

总工程师　蒋维三（1987.3—1988.9）

总地质师　徐克定（1987.3—1988.9）

二十三、中国石油天然气勘探开发公司—中国石油开发公司（1984.7—1988.9）

1984年7月，经国务院对外经济贸易部批准，石油工业部决定成立中国石油天然气勘探开发公司[1]，下设办公室、合同条法部、勘探开发部、计划发展部、财务部和对外联络部6个职能部门，在册人员30人。主要负责石油工业部自筹外汇的石油技术、设备引进工作，并开展对外经济技术合作和科技合作。办公地点在北京市西城区六铺炕。

8月，石油工业部党组决定，李天相兼任中国石油天然气勘探开发公司总经理，窦炳文兼任党委书记。

1985年2月，国务院确定石油工业部为对外合作开采陆上石油资源的政府主管部门。石油工业部决定由中国石油天然气勘探开发公司负责经营对外合作开采陆上石油的业务，并批准同意陆上石油对外合作勘探开发在江苏、浙江、安徽、福建、湖南、江西、云南、贵州、广西、广东等10个省（区）以及内蒙古二连地区进行。3月，中国石油天然气勘探开发公司成立广州代表处。6月，中国石油天然气勘探开发公司更名为中国石油开发公司。9月，石油工业部党组决定成立中国石油开发公司分党组，任命宋振明为分党组书记。

1988年6月，石油工业部确定实行对内自营勘探、对外国际合作的“两条腿走路”策略，委托中国石油开发公司负责南方地区自营勘探工作。

9月，中国石油开发公司归中国石油天然气总公司管理。

（一）中共中国石油天然气勘探开发公司委员会—中共中国石油开发公司委员会—中国石油开发公司分党组领导名录（1984.8—1988.9）

书　　记　窦炳文（兼任，1984.8—1985.9）
　　　　　　宋振明（正部级，1985.9—1988.9）

副 书 记　杨泾安（1984.8—1985.9）

---

① 中国海洋石油总公司成立前，石油工业部在从事海洋石油对外合作交流中，曾使用过“中国石油天然气勘探开发公司”名称，但没有正式注册。

成　　员　李　元（1985.9—1986）
李湘鲁（1985.9—1988）
杨泾安（1985.9—1988.9）
程守礼（1986.9—1988.9）

（二）中国石油天然气勘探开发公司—中国石油开发公司领导名录
（1984.8—1988.9）

总 经 理　李天相（兼任，1984.8—1985.4）
宋振明（正部级，1985.4—1988.9）
副总经理　窦炳文（兼任，1984.8—1985.9）
李　元（1984.8—1986）
张培生（1984.8—1985.9）
傅志达（满族，1984.8—1985.9）
李湘鲁（1984.10—1988）
杨泾安（1985.9—1988.9）
程守礼（1986.9—1988.9）
总工程师　胡乃人（1984.8—1988.9）

二十四、天然气公司（1984.7—1986.12）

1984年7月，成立石油工业部天然气公司。主要任务是负责天然气的勘探、开发，以及经营管理。为司局级单位，编制30人。1986年12月，石油工业部设天然气工业司，撤销天然气公司。

党 委 书 记　段志高（1984.8—1986.12）
经　　　理　王镜心（1984.8—1986.12）
副　经　理　李昭仁（1984.8—1986.3）
高喜发（1984.8—1986.12）
曲广玲（女，1984.8—1985.1）
胡朝元（1986.11—12）
总 地 质 师　叶秉三（1984.8—　　）

二十五、海洋石油勘探局（1978.6—1983.3）

1978年6月，石油工业部决定将华北石油会战指挥部海洋石油勘探指挥部单独划出，成立海洋石油勘探局，实行石油工业部和天津市双重领导，以石油工业部为主，并于8月1日起正式对外办公。9月，石油工业部批准海洋石油勘探局机关设政治部、生产办公室、生活办公室三大部27个处，所属钻井处、采油处等18个二级单位。在册职工1.29万人。12月，中共天津市委批准成立中共海洋石油勘探局委员会，下属基层党委9个、党总支15个、党支部193个，共有党员4732名。党组织关系隶属于中共天津市委。机关办公地点在天津市塘沽区。

1982年，生产原油9.2万吨。在册职工1.5万人。

1983年3月，经国务院批准，石油工业部海洋石油勘探局更名为中国海洋石油总公司渤海石油公司，为中国海洋石油总公司的地区公司，其党政主要领导由石油工业部直接管理。

（一）中共海洋石油勘探局委员会领导名录（1978.12—1983.3）

书　　记　马骥祥（1978.12—1980.9）
赵宗鼐（1981.9—1982.11）
刘仁杰（1982.11—1983.3）

副 书 记　段志高（1978.12—1979.9）
钟一鸣（1978.12—1983.3）
侯志诚（1978.12—1982.7）
韦布仁（1978.12—1983.3）
许荣富（1981.4—1983.3）

（二）海洋石油勘探局领导名录（1978.6—1983.3）

局　　长　马骥祥（1978.10—1980.11）

副 局 长　钟一鸣（1978.10—1983.3）
侯志成（1978.10—1982.7）
韦布仁（1978.10—1983.3）
孙继先（1978.10—1983.3）

王兆诸（1978.10—1980.9）
曹德安（1978.10—1983.3）
曹学汉（1978.10—1983.3）
张景春（1978.10—1983.3）
王炳诚（1979.10—1983.3）
许荣富（1980.7—1983.3）
吴训铎（1980.8—1983.3）
穆　青（1981.4—1983.3）
阎宝钧（1981.4—1983.3）

总地质师　李秉泉（1978.10—　　）
总工程师　王炳诚（1979.10—1983.3）

二十六、南海石油勘探指挥部（1979.8—1983.6）

1975年5月，南海石油勘探指挥部成立，隶属广东省茂名石油工业公司领导。

1979年8月，南海石油勘探指挥部与广东省茂名石油工业公司分立，由石油工业部和广东省双重领导，以石油工业部为主。行政级别为正局级。机关办公地点在广东省湛江市。11月，对组织机构进行调整，机关设政治部、总调度室、办公室、顾问室、外事处、机动处、技术安全处、计划处、人事教育处和财务处等职能部门，其中政治部内设组织处、干部处、宣传处、调查研究室、公安处、武装部，并代管工会、团委，编制175人。所属勘探开发公司、钻探工程公司、建筑安装公司、交通运输公司、物资供应公司、生活服务公司、机修厂、勘探开发设计研究院、通讯处、职工医院、干部学校、技工学校、子弟学校等单位。

1980年5月，南海石油勘探指挥部党的组织关系由广东省委工交政治部管理改为隶属广东省湛江地委。

1981年5月，南海石油勘探指挥部设总调度室、办公室、地质勘探办公室、钻井工程办公室、机械动力办公室、外事办公室、基建办公室、综合管理办公室、物资供应办公室、生活办公室、北部湾对外合作处、珠江口对外合作筹备处、莺歌海对外合作筹备处等行政机构。

11月，在广州市成立南海石油勘探指挥部珠江口筹建处。主要任务：参加对珠江口盆地综合评价工作；在统一安排下，做好基地的规划和建设工作；参与招标工作和对外合作合同的谈判。领导工作由王涛、王礼钦、马启富负责，并由王涛主持全面工作。

1983年6月，在南海石油勘探指挥部的基础上组建中国海洋石油总公司南海西部石油公司，为中国海洋石油总公司的地区公司，其党政主要领导由石油工业部直接管理。

（一）中共南海石油勘探指挥部委员会领导名录（1979.10—1983.6）

第一书记 方　华（兼任，1979.10—1983.1）
第二书记 马文林（1979.10—1983.6）
书　　记 李镇靖（1979.10—1983.6）
副 书 记 邹家智（1979.10—　　）
张志友（1979.10—　　）
王　辉（1979.10—1983.6）
李继良（1979.10—　　）
常　　委 王存友（1979.10—　　）
王　彦（1979.10—1983.6）
温连枝（1979.10—1983.6）
李有元（1979.10—　　）

（二）南海石油勘探指挥部领导名录（1979.10—1983.6）

指　　挥 马文林（1979.10—1981）
副 指 挥 邹家智（1979.10—　　）
张志友（1979.10—　　）
王　辉（1979.10—1983.6）
李继良（1979.10—　　）
王存友（1979.10—　　）
王　彦（1979.10—1983.6）
李有元（1979.10—　　）
陈有年（1979.10—　　）
张云中（1980.2—1983.6）

郭水生（1980.2—1983.6）

总机械师　周汉卿（1980.8—1983.6）

总地质师　郭水生（1980.2—　　）

曾鼎乾（1981.12—1983.6）

二十七、中国海洋石油总公司（1982.2—1988.5）

1982年2月，依据《中华人民共和国对外合作开采海洋石油条例》的规定，国务院决定成立中国海洋石油总公司，为国务院直属副部级单位，归口石油工业部管理。机关办公地点在北京市。同月，中央组织部任命秦文彩为中国海洋石油总公司总经理。

中国海洋石油总公司主要任务：在国家批准的海区内，以与外国合作者合作和自营方式，加强石油、天然气资源的勘探、开发、生产设施的建设、油气的生产，完成国家下达的指令性计划任务；不断提高科学技术水平、生产能力和管理能力，保证油气储量不断扩大，保证产量的持续稳定增长；在此前提下，实行国际化经营，发展海外，进行海外油气资源的勘探、开发，并开发石油化工产品和天然气加工利用，促进企业经济效益的提高。

石油工业部以中国石油天然气勘探开发公司名义与外国公司签订的物探协议和石油合同，转由中国海洋石油总公司执行。机关设勘探开发部、生产作业部、对外合作部、对外联络部、工程部、财务部、计划部、供销部、技术发展培训部、劳动工资部、人事部、行政管理部以及总经理办公室等13个部门，编制450人。机关人员主要来源：石油工业部机关调入63人，石油工业部外事局转入97人，接收大中专毕业生和配偶关系76人，从石油工业部在京院所和京外企业调入119人。办公地点在北京东长安街31号。所属4个地区公司：渤海石油公司，设在天津市塘沽；南黄海石油公司，设在上海市；南海东部石油公司，设在广东省广州市；南海西部石油公司，设在广东省湛江市。

9月，中国海洋石油总公司正式登记注册，注册资本60亿人民币。10月，国务院批复，中国海洋石油总公司是具有法人资格的国家公司，是独立核算、依法纳税、自负盈亏、自主经营的经济实体，其所属地区公司、研究发展中心、海上石油开发工程设计公司行政级别相当于司局级，并任命钟一鸣为中国海洋石油总公司副总经理。11月，中共中国海洋石油总公司机关临时委员会成立，由刘东明、刘忠勇、张江漪、陈炳骞、白东亮、房义坤等6名同志组成，刘东明任书记，房义坤任副书记。

1983年3月，成立中国海洋石油总公司分党组，唐克兼任分党组书记，秦文彩任分党组副书记。同月，海洋石油勘探局更名为中国海洋石油总公司渤海石油公司。6月，中国海洋石油总公司南海东部石油公司、南海西部石油公司分别在广州市和湛江市成立。7月，中国海洋石油总公司南黄海石油公司在上海成立。10月，中国海洋石油总公司海洋石油开发工程设计公司在北京成立。11月，石油工业部党组决定，中国海洋石油总公司机关临时党委纪检筹备组由魏玉峰等5名同志组成，魏玉峰任组长。

1984年4月，中国海洋石油总公司成立海洋石油勘探开发研究中心。

6月，中国海洋石油总公司成立审计部，编制20人。机关编制增至470人。

1985年2月，石油工业部批复，同意陈炳骞任中国海洋石油总公司分党组成员兼机关临时党委书记，免去刘东明兼任的机关临时党委书记职务。9月，中国海洋石油总公司在广州成立天然气利用公司。

1983年至1985年，中国海洋石油总公司先后在香港、休斯敦、伦敦、东京设立了4个驻外代表处。

1988年4月，国家决定撤销石油工业部，组建能源部。5月，中国海洋石油总公司分立，归口能源部管理。

（一）中共中国海洋石油总公司分党组领导名录（1983.3—1988.5）

书　　记　唐　克（兼任，1983.3—1986.1）
　　　　　　王　涛（兼任，1986.1—1988.5）
副 书 记　秦文彩（1983.3—1987.1）
　　　　　　钟一鸣（1987.1—1988.5）
成　　员　钟一鸣（1983.3—1987.1）
　　　　　　尤德华（1983.3—1988.5）
　　　　　　赵声振（1983.3—1986.12）
　　　　　　刘东明（1983.3—1985.11）
　　　　　　唐振华（1983.3—1988.5）

陈炳骞（1985.2—1988.5）

（二）中国海洋石油总公司领导名录（1982.2—1988.5）

总 经 理　秦文彩（1982.2—1987.1）
钟一鸣（1987.1—1988.5）

副总经理　赵宗鼐（1982.2—8）
尤德华（1982.2—1988.5）
刘东明（1982.2—1985.11）
赵声振（1982.9—1986.12）
钟一鸣（1982.10—1987.2）
唐振华（1983.7—1988.5）
陈炳骞（1985.11—1988.5）

总会计师　徐会祥（1983.5—1988.5）

总地质师　邱中建（1983.5—1987.6）
龚再生（1988.2—5）

调 研 员　邹家智（1987.6—1988.5）

顾　　问　邹　明（1983.11—1987.1）
张　英（1983.11—1987.1）
史久光（1983.11—1987.1）
舒自清（1984.5—1987.1）

（三）中国海洋石油总公司机关部门领导名录（1982.2—1988.5）

1. **勘探开发部**

经　　理　邱中建（兼任，1982—1985.5）
肖玉昆（1985.5—　　　　）

2. **生产作业部**

经　　理　郑维田（1982.5—1988.5）

3. **对外合作部**

经　　理　肖玉昆（1982.8—1985.5）

4. **对外联络部**

经　　理　张炳骞（1983.5—1987.2）
吴训铎（1987.2—1988.5）

5. **工程部**

经　　理　胡年奎

6. **财务部**

经　　理　徐会祥（兼任）

7. **计划部**

经　　理　张鸣治（1982.2—1985.9）

8. **供销部**

经　　理　钱良坦

9. **技术发展培训部**

经　　理　程守礼（　　—1986.9）

10. **劳动工资部**

经　　理　朱荣林（1982—　　）

11. **人事部**

经　　理　卢义贵（1982.2—1985.12）

12. **行政管理部**

经　　理　张　镕（1982.2—　　）

13. **科技发展部**

经　　理　何渊清（1987.2—1988.5）

（四）所属局级单位

1. **中国海洋石油总公司渤海石油公司**（1983.3—1988.5）

1983年3月，经国务院批准，石油工业部海洋石油勘探局更名为中国海洋石油总公司渤海石油公司，行政级别为正局级。机关办公地点在天津市塘沽。

1984年4月，渤海石油公司机关设23个部门，所属22个二级单位。

1986年12月，石油工业部商中共天津市委同意，渤海石油公司党委常委会由刘仁杰、刘福、曹德安、李秉铨、许荣富、马继祖、张宝昆等7名同志组成，刘仁杰为党委书记，刘福为党委副书记，马继祖为纪委书记。

截至1988年底，在册职工1.59万人。下属基层党委25个、党总支22个、党支部347个，共有党员5371名。1988年，新增原油生产能力8.6万吨。

（1）**中共中国海洋石油总公司渤海石油公司委员会领导名录**（1983.3—1988.3）

书　　记　刘仁杰（1983.3—　　　）

副 书 记　王裴修（1983.3—1985.3）

刘　福（1985.3—1988.5）

纪委书记　王裴修（1985.3—1986.12）

马继祖（1986.12—1987.11）

（2）**中国海洋石油总公司渤海石油公司领导名录**（1983.3—1988.5）

总 经 理　钟一鸣（兼任，1983.3—1985.3）

曹德安（1985.3—1988.5）

副总经理　曹德安（1983.3—1985.3）

王炳诚（1983.3—1985.3）

曹学汉（1983.3—1985.3）

吴训铎（1983.3—1984.10）

阎宝钧（1983.3—1988.5）

李秉铨（1983.3—1988.5）

张卫平（1985.3—　　　）

傅同运（1985.3—　　　）

赵志强（1985.3—　　　）

张　钧（1987.12—　　　）

（3）**中国海洋石油总公司渤海石油公司工会**（1984.3—1988.5）

主　　席　许荣富（1984.3—1988.5）

2. 中国海洋石油总公司南黄海石油公司（1983.7—1988.5）

1981年，石油工业部在上海设立海洋石油勘探局上海筹备处。1983年3月，石油工业部决定在筹备处的基础上成立中国海洋石油总公司南黄海石油公司，并于1983年7月举行成立大会。南黄海石油公司设勘探开发部、生产作业部、工程建设部、采办部、计划财务部、人事部等6个部门，以及总经理办公室、党委办公室、地质研究室等科室，并设立BP、C/T、CLUFF等联合管理委员会。

主要任务：执行对外合作勘探开发合同，领导管委会工作，完成国家交付的南黄海石油勘探、开发任务；负责按国家的规定和总公司安排管理合同区原油销售业务；根据国务院关于东海勘探开发的决定负责东海的勘探开发任务等。总部设在上海市龙柏饭店4号楼。编制240人。

（1）**中共中国海洋石油总公司南黄海石油公司委员会领导名录**（1983.3—1988.5）

书　　记　韦布仁（代理，1983.3—1984.4）
曾庆红（1984.4—8）
胡克杰（1984.8—1987.6）
马启富（1987.6—1988.5）

副 书 记　刘锡三（1983.7—1986.1）

（2）**中国海洋石油总公司南黄海石油公司领导名录**（1983.3—1988.5）

总 经 理　韦布仁（1983.3—1985.5）
马启富（1985.8—1988.5）

副总经理　张载褒（1983.7—1986.1）
吴耀文（1983.7—1986.10）
胡克杰（1983.7—1984.9）
刘锡三（1986.1—1988.5）

3. **中国海洋石油总公司南海东部石油公司**（1983.6—1988.5）

1983年6月，中国海洋石油总公司南海东部石油公司成立，是中国海洋石油总公司的直属局级单位，具有独立法人资格。机关设勘探开发部、生产作业部、采办部、工程部、经济计划部、总经理办公室、对外联络部、财务部、人事部、基建办公室、研究中心、技术发展培训中心、深圳工作部等行政、生产管理部室和党委办公室、党委组织部、党委宣传部等部门。编制950人。主要承担珠江口海域东部地区对外合作勘探开发和生产销售石油的任务。党组织关系隶属于广东省直机关党委。机关办公地点在广东省广州市。

1985年6月，撤销勘探开发部、工程部，成立勘探部、开发工程部、研究所；将技术发展培训中心拆分为技术发展部和培训中心；经济计划部改为规划室；服务公司改为行政管理部；设立基建办公室及技术服务公司（隶属研究所）、生活服务公司（隶属行政管理部）和劳动服务公司（隶属人事部）3个多种经营公司。

1986年底，南海东部石油公司部分人员调往天然气利用公司，职工总数减至871人。

1987年10月，成立采油准备组和技术资料服务中心筹备组。同年，蛇口海洋石油大厦竣工投入使用，并在蛇口成立前线领导小组和联合办公室。

1988年1月，成立经营管理领导小组。

（1）**中共中国海洋石油总公司南海东部石油公司委员会领导名录**（1983.6—1988.5）

书　　记　邹家智（1983.6—1987.6）

副 书 记　高崇禹（1983.6—1985.4）

王淦清（1987.6—1988.5）

（2）**中国海洋石油总公司南海东部石油公司领导名录**（1983.6—1988.5）

总 经 理　王　涛（1983.6—1985.6）

陈铜台（1985.8—1988.5）

副总经理　王礼钦（1983.6—1986.3）

张志友（1983.6—1986.3）

马启富（1983.6—1985.8）

陈铜台（1985.4—8）

戴宗林（1986.3—1987.7）

张武辇（1986.3—1988.5）

苑凤彬（1986.3—1988.5）

王淦清（1988.3—5）

总地质师　陈斯忠（1984.6—1988.5）

总机械师　金世望（1984.6—1988.5）

调 研 员　王礼钦（1986.10—1988.5）

张志友（1986.10—1988.5）

高崇禹（1987.6—1988.3）

（3）**中国海洋石油总公司南海东部石油公司工会**（1985.4—1987.6）

主　　席　高崇禹（1985.4—1987.6）

4．**中国海洋石油总公司南海西部石油公司**（1983.6—1988.3）

1983年6月，在南海石油勘探指挥部的基础上组建中国海洋石油总公司南海西部石油公司，为正局级单位。主要承担北部湾、莺歌海和珠江口西部部分海区的对外合作任务，负责南海海域的对外专业承包业务和广东省陆地的石油勘探工作。经石油工业部批准，南海西部石油公司新组织7个联合管理委员会，并从长庆、江汉等油田调配131名技术骨干充实到联合管理委员会。机关办公地点在广东省湛江市。

成立初期，南海西部石油公司机关设办公室、对外联络部、对外合作部、勘探开发部、生产作业部、基建工程部、安全环保部、计划部、财务部、人事部、劳动工资部、技术发展培训部、公安处和行政管理部（生活服务公司）等14个部门。编制500人。所属第一钻井工程公司、第二钻井工程公司、物资供应公司、勘探开发科学研究院、广州办事处、海洋物探公司、陆地勘探公司、建筑安装工程公司、船舶公司、汽车运输公司、机修水电公司、通讯公司、党校、技工学校、子弟学校、职工医院、劳动服务公司、三亚办事处、北海办事处等19个二级单位。

1983年12月，石油工业部批准成立中共中国海洋石油总公司南海西部石油公司临时委员会，委员由马文林、温连枝、王彦、郭水生、张云中、朱锡林、王淦清、王存友、许祥枢、刘致义等10名同志组成，马文林任党委书记，温连枝任党委副书记。

1984年2月，机关增设机械动力部、教育处和企业管理部。

1985年12月，中共中国海洋石油总公司南海西部石油公司第一次代表大会召开，选举产生中共中国海洋石油总公司南海西部石油公司第一届委员会和纪律检查委员会，实行常委制，张云中为党委书记，温连枝为党委副书记。

1987年底，职工总数1万余人。

（1）中共中国海洋石油总公司南海西部石油公司临时委员会、委员会领导名录（1983.6—1988.3）

书　　记　马文林（1983.6—1985.4）

　　　　　　张云中（1985.4—　　　）

副 书 记　温连枝（1983.6—1987.6）

纪委书记　许祥枢（1984.3—　　　）

（2）中国海洋石油总公司南海西部石油公司领导名录（1983.6—1988.5）

总 经 理　王　彦（1983.6—1988.5）

副总经理　郭水生（1983.6—　　　）

　　　　　　张云中（1983.6—1985.1）

　　　　　　朱锡林（1983.6—1987.1）

王淦清（1983.6—1985.7）
李国璋（1984.7—1987.6）
卫留成（1985.4—1988.5）
施德丰（1985.4—1986.4）
米晋升（1985.10—1988.5）

总会计师　陶阳声（1983.6—1988.5）
总机械师　周江卿（1983.6—1988.5）
总经济师　汪善征（1984.3—　）
总地质师　刘雨芬（1985.4—1988.5）
顾　　问　王　辉（1983.6—1985.1）
曾鼎乾（1983.6—1985.1）

（3）**中国海洋石油总公司南海西部石油公司工会**（1983.9—1988.5）

主　　席　王存友（1983.9—1985.3）
刘家南（1985.10—1988.5）

5. **中国海洋石油测井公司**（1981.10—1988.5）

中国海洋石油测井公司成立于1981年10月，在海洋石油勘探局、南海石油勘探指挥部电测站的基础上组建。1981年，与美国西方阿特拉斯公司在深圳合资经营中国石油测井—阿特拉斯合作服务公司。

中国海洋石油总公司成立后，中国海洋石油测井公司成为中国海洋石油总公司直属的、为油气田勘探开发提供测井、资料解释的专业公司。机关办公地点在河北省三河市燕郊开发区。燕郊基地于1985年开始建设，1988年基本建成。

1984年7月，成立中共中国海洋石油测井公司委员会。同年，成立资料解释中心。

经　理（总　经　理）　段　康
副经理（副总经理）　欧阳健
单用寅
书　　　　　　记　李大昌

6. **海洋石油开发工程设计公司**（1983.10—1988.5）

1983年10月，国务院同意，中国海洋石油总公司在石油规划设计总院海工处的基础上组建海洋石油开发工程设计公司，级别相当于司局级。设计公司为海洋石油总公司直属企业，机关办公地点在北京市。

（1）**中共海洋石油开发工程设计公司委员会领导名录**（1984.2—1988.5）

代理书记　张振国（1984.2—　　）

副 书 记　秦学宏（1984.2—　　）

（2）**海洋石油开发工程设计公司领导名录**（1984.2—1988.5）

经　　理　张振国（1984.2—　　）

副 经 理　姜耀祖（1984.2—　　）

7. **中国海洋石油总公司海洋石油勘探开发研究中心**（1984.4—1988.5）

1984年4月，中国海洋石油总公司在石油工业部地球物理勘探局石油天然气资源评价所的基础上组建海洋石油勘探开发研究中心，是中国海洋石油总公司的直属海洋石油勘探开发科研机构，行政级别相当于司局级。1986年1月，机关办公地点迁至河北省新城县高碑店。

海洋石油勘探开发研究中心于1988年建立储层地球物理、地化分析、人工智能专家系统、油藏模拟4大技术支柱和资源评价机构，实行矩阵式管理。同时，建立以北部湾、莺琼、珠江口、东海、渤海、辽东湾等6大区域研究，组成项目组开展工作。有固定资产16433万元。

主　任　龚再升（1984.5—1988.2）

副主任　王善书（1984.5—　　）

　　　　　郝万春（1984.5—　　）

　　　　　戴宗林（1984.5—1986.3）

8. **中国海洋石油总公司天然气利用公司**（1985.9—1988.5）

1985年9月，中国海洋石油总公司天然气利用公司成立，简称海洋天然气利用公司（英文简称为COGUC）。党组织关系隶属于广东省委，行政级别相当于司局级。海洋天然气利用公司是中国海洋石油总公司直属的经济实体，实行独立核算，注册资本为3亿元人民币。编制250人。业务范围：统筹管理和经营南海天然气的下游利用，作为莺歌海崖13-1气田天然气的总买方，对下游作为总销售方，向用户供气，同时负责统筹建设和经营长距离输气管道和其他天然气利用项目。公司设办公室、计财部、市场部、公共关系部、工程部、条法部、采办部、人事培训部等部门。机关办公地点在广东省广州市。

9月，中国海洋石油总公司任命唐振华兼任中国海洋石油总公司天然气利用公司总经理，张鸣治为副总经理，王斐修负责党委工作。

1986年9月，广东省委组织部同意成立中共海洋天然气利用公司临时委员会，唐振华任党委书记、王斐修任党委副书记。

1988年1月，海洋天然气利用公司成立海南海莺开发公司。

（1）**中共中国海洋石油总公司天然气利用公司临时委员会领导名录**（1986.9—1988.5）

书　　记　唐振华（1986.9—1988.5）
副 书 记　王斐修（1986.9—1988.5）
委　　员　李裕晨（1986.9—1988.5）
王雪梅（1986.9—1988.5）
叶植荣（1986.9—1988.5）

（2）**中国海洋石油总公司天然气利用公司领导名录**（1985.9—1988.5）

总 经 理　唐振华（兼任，1985.9—1988.5）
副总经理　张鸣治（1985.9—1988.5）
李裕晨（1986.11—1988.5）

二十八、浅海石油勘探会战领导小组（1983.10—1985.1）

1983年10月，石油工业部在天津市设立浅海石油勘探会战领导小组，为部属局级单位。马骥祥任浅海石油勘探会战领导小组组长、分党组书记，王苏民任浅海石油勘探会战领导小组副组长。

1985年1月，石油工业部决定撤销浅海石油勘探会战领导小组。撤销后，渤海湾地区浅海、海滩油、气勘探开发任务由渤海湾地区各有关油田分别承担。有关浅海油气勘探的整体规划、部署、协调、指导、服务等项工作，分别由部计划司、勘探司负责。两个物探队和新引进的两套浅海地震设备，组建成4个物探队，成立浅海石油地球物理勘探服务公司，隶属中国海洋石油总公司渤海石油公司领导。以4条浅海钻探船及相应辅助设施、职工队伍为基础，成立浅海钻探工程服务公司，隶属胜利油田会战指挥部领导；浅海钻探工程服务公司以签订经济合同的形式，承包渤海湾地区各油田的浅海钻探任务。

二十九、石油地球物理勘探局（1978.3—1988.9）

1978年3月，石油地球物理勘探局（简称物探局）直属石油工业部领导。机关办公地点在河北省涿县。6月，石油工业部决定将物探局第二指挥部第五大队及2163、2179、2180地震队成建制调入江苏石油勘探开发会战指挥部。12月，物探局机关设办公室、工会、团委、政治部办公室、组织处、宣传处、干部处、保卫处、学大庆办公室、机关党委、生产办公室、勘探一处、勘探二处、总调度室、计划处、财务处、人事处、装备处、机动处、科教处、基建处、工农工作处、生活办公室、行政处、家属工作处、农副业处等部门。所属第一指挥部、第二指挥部、第三指挥部、第四指挥部、普查大队、机械厂、仪器厂、大修厂、元件厂、研究院、供应处、引进管理处、职工医院、徐水办事处、石油物探学校、技工学校、运输大队、基建大队等二级单位。

1979年12月，成立石油地球物理勘探局党委纪律检查委员会。

1980年11月，物探局撤销政治部，成立局党委办公室，政治部组织处、干部处、宣传处在局党委直接领导下开展工作。

1981年4月，石油工业部批准成立石油天然气资源评价所，由物探局领导，承担全国油气资源评价任务。

1984年3月，石油工业部决定将物探局石油天然气资源评价所划归中国海洋石油总公司管理。5月，物探局第一指挥部220、2258、2311地震队和第四指挥部2150、2108、2221地震队调入华北石油管理局。6月，物探局第二指挥部214、250、2103、2143、2155、2313等6个地震队调入中原石油勘探局。同月，物探局组织机构调整：机关设办公室、计划处、财务处、审计处、劳动工资处、企业管理处、勘探一处、勘探二处、生产管理处、科技处、机动处、装备制造处、教育培训处、基建处、保卫处、安全处、外事办公室、档案处、卫生处等19个处室，以及党委办公室、党委组织部、党委宣传部、老干部处、纪委办公室、工会、团委等7个党群部门；所属第一勘探公司、第二勘探公司、第三勘探公司、第四勘探公司、地质普查公司、研究院、解释中心、机械厂、仪器厂、半导体器件厂、大修厂、供应处、物探引进技术服务公司、职工大学筹建处、石油物探学校、干部学校、技工学校、职工医院、徐水办事处、农副总场、生活服务公司（行政处）、劳动服务公司、房屋维修公司、建筑公司等24个二级单位，以及特车厂、装备研究所、科技情报所、运输大队、通讯总站、十三陵疗养院、石油物探报社、建筑设计所、涿县子弟学校、徐水子弟学校、制图印刷厂等11个科级直属单位。

1985年12月，石油工业部决定将培黎石油技工学校更名为培黎石油学校，并从1986年起由物探局代管。

1978年3月至1988年9月，物探局发现2个油气富集区，提供井位53口，探明储量2012.97万吨，发现肃宁、武强、留楚、大王庄等20余个油气田。截至1988年9月，物探局共有物探队67个，在册职工2.5万人。

1988年9月，物探局改由中国石油天然气总公司管理。

期间，物探局地质专家吴奇之当选第六届全国人大代表。

（一）中共石油地球物理勘探局委员会领导名录（1978.3—1988.9）

书　　记　严衍余（1978.3—1988.9）

副 书 记　刘　毅（1978.3—1980.6）

林运根（1978.3—1983.12）

高凤仪（1978.3—1983.12）

庄国成（1978.3—1983.12）

陈启发（1983.12—1988.9）

常　　委　何传弟（1978.3—1980.6）

王绪东（1978.3—1983.12）

张俊瑞（1978.3—1988.9）

潘　瑗（1983.12—1988.9）

武慎让（1983.12—1988.9）

徐绍仲（1983.12—1988.9）

曹云福（1983.12—1988.9）

刘颂威（1987.5—1988.9）

纪委书记　高凤仪（1979.12—1983.12）

徐绍仲（1984.1—1988.9）

政治部主任　张俊瑞（1978.3—1983.12）

（二）石油地球物理勘探局领导名录（1978.3—1988.9）

局　　长　林运根（1978.3—1984.5）
潘　瑗（1984.5—1988.9）

副 局 长　庄国成（1978.3—1988.9）
何传弟（1978.3—1980.6）
李全慎（1978.3—1983.12）
王致中（1978.3—1983.12）
王绪东（1978.3—1983.12）
柴桂林（1978.3—1983.12）
徐绍仲（1978.3—1983.12）
丁满喜（1978.3—1983.12）
赵景明（1978.3—1980.9）
潘　瑗（1979.2—1984.5）
李荆和（正局级，1979.7—1983.12）
王　恕（1980.2—1981.10）
钟辛生（1983.12—1988.9）
许大坤（1983.12—1988.9）
王见仁（1983.12—1988.9）
武慎让（1983.12—1988.9）
刘颂威（1987.5—1988.9）

总工程师　孟尔盛（1978.3—1988.4）

总地质师　王尚文（1978.3—1983.1）
柴桂林（1978.3—1988.9）

副总工程师　李全慎（副局级，1984.1—1988.9）

顾　　问　张美璠（1979.5—1980.4）
时云增（1981.10—1984.4）
路　遥（1981.10—1984.4）
王　恕（1981.10—1984.4）
林运根（1983.12—1988.4）

调　研　员　高凤仪（1984.1—1991.1）

王绪东（1984.1—1988.12）

丁满喜（1984.1—1988.4）

（三）石油地球物理勘探局工会（1984.1—1988.9）

主　　　席　张俊瑞（1984.1—1988.9）

三十、石油天然气管道局—管道局（1978.3—1988.9）

1978年3月，石油天然气管道局隶属石油工业部管理，行政级别为正局级。机关办公地点在河北省安次县（今廊坊市）。5月，成立七二一大学。

10月，为适应石油工业的发展，加强对管道施工和输油生产的领导，石油工业部决定，将石油天然气管道局更名为管道局，为部直属企业单位；将东北八三管道局更名为东北输油管理局，华东输油管线指挥部更名为华东输油管理局，业务上划归石油工业部管道局领导，两个单位的干部管理工作仍由石油工业部直接管理。同时，撤销华北输油管线指挥部，其业务并入石油工业部管道局。

1979年2月，管道局机关机构调整，设政治部、生产办公室、生活办公室和局办公室。政治部下设办公室、组织处、干部处、宣传处、保卫处、机关党委及工会、团委、人民武装部等9个处室，生产办公室下设总调度处、计划处、工程处、生产处、电力通信处、科技处、机动处、质量安全处、资产处、财务处、人事处、教育处、基地建设处、维修处等14个处室，生活办公室下设行政处、农副业处和卫生处等3个处室，局办公室下设信访接待办公室。编制353人。同月，管道局运输公司更名为管道局第一运输公司，华东输油管理局运输处更名为管道局第二运输公司，均由管道局直接领导。3月，管道局所属华北输油管线指挥部维修处更名为管道局维修处。

1979年4月18日至20日，召开管道局第一次工会代表大会，选举李广明为工会主席。8月，局机关增设基地建设处。

1980年1月24日至27日，中共管道局第一次代表大会召开，选举产生中共管道局第一届委员会，张福录为党委书记，朱洪昌、唐振华、刘宏胜、张湘荣为党委副书记。下属基层党委23个、党总支33个、党支部398个，共有党员7992名。

6月，管道局七二一大学更名为管道局职工学院。11月，局机关增设运输处；撤销局总调度处，其业务分别划归工程处、生产处和运输处管理。

1981年1月，机关增设能源管理处和环境保护处。

1981年，管道局提出“立足管道、服务油田，面向社会，走出国门”的发展思路，首次选派1200人以劳务形式参加伊拉克巴格达市供水管道工程建设。

1983年1月，管道局调整组织机构：撤销政治部，设立办公室、党委组织部、党委宣传部、党委干部部、纪检部、工会、团委、武装部等工作机构，政治部所属保卫处、信访办公室由管道局直接领导；《管道工人》报社由党委宣传部领导。12月，经石油工业部和江苏省人民政府协商，同意成立石油工业部管道局南京干部学校。同月，经石油工业部批准，长庆石油勘探局长输管道处划入管道局，更名为管道局庆阳输油公司；河南油田输油大队划入管道局，更名为管道局襄樊输油公司。

1984年1月，撤销党委干部部，将干部管理业务并入党委组织部；增设调研室、打击经济领域犯罪活动办公室。3月，田庄技校移交大港油田管理。8月，胜利油田所属的东黄、东临输油管线移交管道局管理，成立石油工业部管道局胜利输油公司。12月，成立投资开发公司、建筑公司、石油管道学校、文体中心和档案馆。

1985年1月，石油工业部决定，将管道勘察技工学校更名为石油管道技工学校，由管道局领导。办学地点设在河北省廊坊市，规模1500人。

2月21日至23日，中共管道局第二次代表大会召开，选举产生中共管道局第二届委员会和纪律检查委员会，张福录为书记，徐世仁为副书记，刘勇为纪委书记。党员总数9700名。

8月，设立法律顾问室。12月，撤销科技处，设立总工程师室；撤销财务处，设立总会计师室；撤销运输处，设立运销部；撤销机动处，设立机运部；将综合计划处、能源管理处和经济研究室合并，设立总经济师室；工程处和基地建设处（部分）合并，设立基建工程部；劳动工资处与教育培训处合并，设立人事教育部；生活管理处和卫生处合并，设立后勤部；增设外事办公室；撤销通信总站，设立通信处；通信处和器材供应处调整为局属二级单位，兼有机关职能。

1986年1月，撤销基地建设处，成立管道局基地建设公司。

1988年5月，设立集体经济管理处。

截至1988年9月，管道局机关设局办公室、总经济师室、人事教育部、总会计师室、基建工程部、运销部、机运部、质量安全处、总工程师室、审计处、保卫处、外事办公室、档案馆、法律顾问室、集体经济管理处、后勤处、党委办公室、党委组织部、党委宣传部、调研室、纪委、机关党委、人民武装部、工会、团委、老干部处等26个部室。所属东北输油管理局、华东输油管理局、第一运输公司、第一管道工程公司、第二管道工程公司、第三管道工程公司、管道工程公司、中原输气公司、秦皇岛输油公司、北京输油公司、襄樊输油公司、长庆输油公司、新乡输油公司、胜利输油公司、滨州输油公司、电力通讯工程公司、基地建设公司、投资开发公司、通信处、供应处、机械制造厂、设计院、研究院、职工医院、职工学院、南京干部学校、石油管道学校、子弟中学、石油管道报社、文体中心等30个二级单位。职工总数4.8万人。

1988年9月，管道局改由中国石油天然气总公司管理。

（一）中共石油天然气管道局委员会—中共管道局委员会领导名录

（1978.3—1988.9）

书　　记　何承华（1978.3—10）

张福录（1978.10—1988.9）

第一副书记　贾振礼（1978.3—10）

副 书 记　朱洪昌（1978.3—1983.11）

王正棠（1978.3—10）

吉美生（1978.3—1983.11）

张忠良（1978.3—10）

唐振华（1978.10—1983.11）

刘宏胜（1978.11—1983.11）

张湘荣（1978.10—1983.11）

徐世仁（1983.11—1988.9）

常　　委　周文华（1978.3—1983.11）

徐文野（1978.3—1983.11）

张振勇（1978.10—1983.11）

杨作义（1978.10—1983.11）
孙锦丽（孙景丽，1978.10—1983.11）
朱洪昌（1983.11—1988.9）
李星斗（1983.11—1985.3）
于茂林（1983.11—1988.9）
吕中士（1985.2—1988.9）
马培泉（1985.2—1988.9）
刘　勇（1985.2—1986.7）
李克成（1986.7—1988.9）

纪委书记　张湘荣（1980.3—1983.11）
李星斗（1983.11—1985.2）
刘　勇（1985.2—1986.6）
李克成（1986.6—1988.9）

政治部主任　徐文野（1978.3—10）
张湘荣（兼任，1978.10—1983.1）

（二）石油天然气管道局—管道局领导名录（1978.3—1988.9）

局　　长　朱洪昌（1978.3—1988.9）

副 局 长　周文华（1978.3—10）
刘宏胜（1978.3—1983.11）
夏云昌（1978.3—1983.11）
杨作义（1978.3—1983.11）
焦福林（1978.3—1988.9）
张振宇（1978.3—1982.12）
关祯元（1978.3—10）
黄国斌（1978.3—1983.11）
郑　浩（1978.3—10）
唐振华（1978.10—1983.11）
张振勇（1978.10—1983.11）
孙锦丽（1978.10—1983.11）
焦喜林（1978.10—1983.11）

韩建平（女，1978.10—1983.11）
贾振礼（1978.10—1983.11）
吉美生（1978.10—1983.11）
李越之（1978.10—1979.12）
齐国贤（1979.12—1983.11）
栾　克（1980.11—1983.11）
芦振刚（卢振刚，1980.11—1983.11）
李兰生（1980.11—1983.11）
刘万宝（1981.6—1985.7）
邢振亚（1983.11—1988.9）
蔡适生（1983.11—1985.7）
吕中士（1984.3—1988.9）

总工程师　高俊凯（1980.9—1984.3）
潘家华（1984.3—1988.9）

总经济师　蔡适生（1985.7—1988.9）

总会计师　于嘉禾（1985.7—1988.9）

顾　　问　李越之（1979.12—1982.12）

调 研 员　孙锦丽（1983.11—1987.11）
齐国贤（1983.11—1984.9）
栾　克（1983.11—1984.9）
李兰生（1983.11—1988.9）
芦振刚（1983.11—1984.9）
李星斗（1985.3—1986.12）
刘万宝（1985.7—1988.9）
赵景昌（1985.10—1988.9）
郝万春（1987.10—1988.9）

（三）管道局工会（1979.5—1988.9）

主　　席　李广明（满族，1979.5—1984.9）
马培泉（1984.10—1988.9）

三十一、东北八三管道局—东北输油管理局（1978.3—1988.9）

1978年3月，东北八三管道局改由石油工业部直接领导。机关办公地址在辽宁省沈阳市皇姑区岐册中路39号。

4月，中朝友谊输油管线和中国对外贸易运输总公司丹东分公司输油站划归东北八三管道局管理，并更名为东北八三管道局中朝友谊输油管理处。8月，辽宁省革委会决定，将辽阳钢管厂划归东北八三管道局领导。

10月，东北八三管道局更名为东北输油管理局，划归石油工业部管道局领导，党政领导班子由石油工业部直接管理。

1984年，东北输油管理局将各输油管理处更名为输油公司，设大庆输油公司、长春输油公司、大连输油公司、锦州输油公司、中朝友谊输油公司、沈阳输油公司、辽阳钢管厂、铁岭机械厂、物资供应总站、管道学校、疗养院等二级单位。

（一）中共东北八三管道局委员会—中共东北输油管理局委员会领导名录（1978.3—1988.9）

书　　记　张瀛洲（1978.10—11）
　　　　　张湘荣（1984.3—1988.9）

副 书 记　张瀛洲（1978.3—10）
　　　　　吕中士（1978.11—1983.12）
　　　　　周韶华（1978.11—1983.12）
　　　　　郭典贵（1978.11—1983.12）
　　　　　崔学良（1983.12—1986.3）
　　　　　李　钊（1986.3—1988.9）

常　　委　高志和（1984.3—1986.6）
　　　　　戴秀庠（1984.3—1988.9）
　　　　　李传录（1984.3—1986.6）
　　　　　李葆恒（1983.12—1988.9）
　　　　　王景和（1984.10—　　）

李　钊（1986.6—1988.9）
武敬州（1986.6—1988.9）
纪委书记　李葆恒（1983.12—1988.9）
政治部主任　张福录（1978.3—10）

（二）东北八三管道局—东北输油管理局领导名录（1978.3—1988.9）

局　　长　吕中士（1978.3—1984.3）
戴秀庠（1985.3—1988.9）
副 局 长　李占标（1978.3—1983.12）
高志和（1978.3—1983.12；1984.3—1986.3）
金元汉（1978.3—1983.12）
李传录（1978.3—1986.3）
杜再生（1978.3—1983.12）
阎庆林（1978.10—1983.12）
戴秀庠（1983.12—1985.3）
焦喜林（1983.12—1988.9）
李裕晨（1983.12—1988.9）
武敬州（1986.3—1988.9）
总工程师　张昭明（1984.3—1988.5）
总经济师　罗玉琮（1986.3—1988.9）
调 研 员　高志和（1986.3—1988.9）
李传录（1986.3—1988.9）

（三）东北输油管理局工会（1983.12—1988.9）

主　　席　高纪清（1983.12—1988.9）

三十二、华东输油管线指挥部—华东输油管理局（1978.3—1988.9）

1978年3月，华东输油管线指挥部改由石油工业部直接领导。机关办公地点在江苏省徐州市。5月，成立南京办事处。7月，成立济南办事处。

10月，华东输油管线指挥部更名为华东输油管理局，划归石油工业部管道局领导，党政领导班子由石油工业部直接管理。

1979年2月，华东输油管理局运输处改为管道局第二运输公司，由管道局直接领导，基地仍设在徐州市。

11月，召开中共华东输油管理局第一次代表大会，选举产生中共华东输油管理局委员会，郭惠中为书记，周文华、张岱成、乐秀民为副书记。共有党员1793名。

1980年2月，石油工业部同意中共华东输油管理局纪律检查委员会的人员组成，乐秀民任纪委书记。3月，南京办事处划给江苏输油管理处。

1983年8月，撤销政治部，党委工作机构设组织部、宣传部、纪委和办公室，工会、团委和人武部在党委统一领导下独立开展工作。

1984年5月，机关党群部门设党委办公室、组织部、宣传部、纪委、工会、团委、武装部、机关党委。机关行政处室设局长办公室、计划处、生产调度处、管道技术处、机动处、计量能源处、安全环保处、财务处、审计处、劳动工资处、保卫处、经济研究室。二级单位设沧州输油公司、邹县输油公司、南京输油公司、聊城输油公司、徐州机修厂、第二运输公司、通信总站(通信处）、供应处、技术开发中心（科学研究所）、教育培训中心、技工学校、生活服务公司、劳动服务公司、职工医院（卫生处）。技工学校归教育培训中心领导。职工总数8280人。

1985年7月，成立老干部处。

1986年4月，成立行政处。同月，成立教育处，撤销教育培训中心。8月，成立总工程师室。9月，技术开发中心更名为科研设计所。10月，机关行政处与生活服务公司合并，对外称行政处，对内称生活服务公司，另成立基地建设规划处。同月，成立党校筹备组。11月，通信总站（通信处）分为通信总站和通信处。

1987年3月，召开中共华东输油管理局第二次代表大会，选举产生中共华东输油管理局第二届委员会和纪律检查委员会，刘勇为党委书记，潘希柏为党委副书记，李华隆为纪委书记。下属基层党委12个、党总支4个、党支部136个，共有党员2119名。

11月，华东输油管理局四个输油公司更名，恢复为输油管理处：南京输油公司更名为江苏输油管理处，邹县输油公司更名为山东第一输油管理处，聊城输油公司更名为山东第二输油管理处，沧州输油公司更名为沧州输油管理处。

1988年5月，成立集体所有制经济形式的华东管道开发总公司。8月，基地建设处与生活服务公司合并，成立徐州基地管理处，生活服务公司生活管理部分独立出来，成立生活管理处。

（一）中共华东输油管线指挥部委员会—中共华东输油管理局委员会领导名录（1978.3—1988.9）

书　　记　郭惠中（1978.3—1986.6）
刘　勇（1986.6—1988.9）

副 书 记　朱洪昌（1978.3—10）
刘占仓（1978.3—10）
白振洞（1978.3—10）
唐振华（1978.3—10）
周文华（1978.10—1983.12）
张岱成（1978.10—1983.12）
乐秀民（1978.10—1980.8）
于开洛（1983.12—1986.6）
潘希柏（1986.6—1988.9）

常　　委　张子玉（1979.12—1983.12）
胡笑云（1979.12—1980.1）
刘文渊（1979.12—1986.6）
白振洞（1981.6—1983.12）
周文华（1983.12—1984.3）
于开洛（1984.3—1986.8）
张振勇（1984.3—1988.9）
龚锦文（1984.3—1988.9）
李华隆（1984.3—1987.5）
郭惠中（1986.6—8）
方嘉华（1986.8—1988.9）

纪委书记　张岱成（1981.1—1983.12）
　　　　　李华隆（1983.12—1987.5）
　　　　　潘希柏（1987.6—1988.9）
政治部主任　郭传才（1978.3—10）
　　　　　乐秀民（兼任，1978.10—1980.8）

（二）华东输油管线指挥部领导名录（1978.3—10）

指　　挥　朱洪昌（1978.3—10）
　　　　　郭惠中（1978.4—10）
第一副指挥　唐振华（1978.3—10）
副 指 挥　张振勇（1978.3—10）
　　　　　焦福林（1978.3—10）
　　　　　韩建平（女，1978.3—10）

（三）华东输油管理局领导名录（1978.10—1988.9）

局　　长　周文华（1978.10—1984.3）
　　　　　张振勇（1984.3—1988.9）
副 局 长　刘万宝（1978.10—1981.6）
　　　　　胡笑云（1978.10—1980.1）
　　　　　刘文渊（1978.10—1986.6）
　　　　　王明山（1978.10—1983.12）
　　　　　张子玉（1979.6—1983.12）
　　　　　白振洞（1980.11—1983.12）
　　　　　李兴杰（1983.12—1988.9）
　　　　　李春光（1983.12—1988.9）
　　　　　方嘉华（1983.12—1986.6）
总经济师　韩建平（1984.3—1988.9）
总会计师　马猛龙（1986.6—1988.9）
总工程师　李春光（1986.6—1988.9）
调 研 员　张岱成（1983.12—1987.8）
　　　　　张子玉（1983.12—1986.2）
　　　　　周文华（1984.4—1986.2）

王明山（1985.3—1987.12）
郭惠中（1986.6—1988.9）
刘文渊（1986.6—1988.9）
白振洞（1986.6—1987.10）
李华隆（1987.5—1988.9）

（四）华东输油管理局工会（1983.12—1988.9）

主　　席 白振洞（1983.12—1986.6）
方嘉华（1986.6—1988.9）

第二节　炼油化工单位

1978年3月，炼油化工单位主要有23个：抚顺石油一厂、抚顺石油二厂、抚顺石油三厂、锦西石油五厂、锦州石油六厂、大连石油七厂、兰州炼油厂、上海炼油厂、湖南长岭炼油厂、杭州炼油厂、天津市第一石油化工厂、广东省茂名石油工业公司、南京石油化工厂（南京石油化工总厂）、吉林省白城地区前郭炼油厂、盘锦炼油厂、河北省沧州石油化工厂、哈尔滨炼油厂、武汉石油化工厂、济南石油化工厂、天津市石油化工总厂、浙江炼油厂、河北省石家庄炼油厂建设工程指挥部、九江炼油厂筹建处。炼油化工单位主要实行以地方为主的双重领导或完全由地方领导。

9月，吉林省白城地区前郭炼油厂更名为吉林省前郭炼油厂。10月，南京石油化工厂更名为南京炼油厂，九江炼油厂筹建处更名为九江炼油厂。

1981年11月，上海高桥石油化工公司成立，上海炼油厂改由上海高桥石油化工公司领导。

1982年1月，南京炼油厂等7个石油化工企业联合成立金陵石油化学总公司，抚顺石油一厂、抚顺石油二厂、抚顺石油三厂等5个工厂联合组建抚顺石油工业总公司。4月，天津市政府将石油化工总厂、第一石油化工厂和石油化工研究所3个单位从天津市化学工业局划出，组建天津市石油化学工业公司。7月，包括锦西石油五厂、锦州石油六厂在内的4个企业联合成立锦州石油工业总公司。12月，浙江炼油厂更名为浙江镇海石油化工厂。

1983年6月，撤销河北省石家庄炼油厂建设工程指挥部，成立河北省石家庄炼油厂。

7月，中共中央、国务院批转国家经济委员会等四部委报告，决定组建直属国务院管理的中国石油化工总公司，大连石油七厂、兰州炼油厂、广东省茂名石油工业公司、吉林省前郭炼油厂、河北省沧州石油化工厂、哈尔滨炼油厂、武汉石油化工厂、济南石油化工厂、浙江镇海石油化工厂、河北省石家庄炼油厂、九江炼油厂、抚顺石油工业总公司、锦州石油工业总公司、湖南长岭炼油厂、杭州炼油厂等陆续划转中国石油化工总公司管理。

1984年4月，盘锦炼油厂调整为辽河石油勘探局管理的二级单位。

一、抚顺石油一厂（1978.3—1982.1）

1978年3月，抚顺石油一厂由辽宁省和石油工业部双重领导，以辽宁省为主。行政级别为县（团）级，党组织关系隶属于中共抚顺市委。

4月，抚顺石油一厂革命委员会撤销。10月，实行党委领导下的厂长分工负责制。

1978年，抚顺石油一厂主要产品有页岩原油、硫铵、汽油、灯油、柴油、燃料油、石蜡、石油焦、硫酸、润滑脂、裂化原料、溶剂油、航煤、液化气、干气、润滑油等多个品种。原油产量18.2万吨，原油加工量272.2万吨，汽油、煤油、柴油、润滑油总产量154.6万吨。工业总产值6.9亿元，利税2.9亿元。

1979年6月，中共抚顺石油一厂第八次代表大会召开，选举产生新一届委员会和纪律检查委员会。下属党总支5个、党支部88个，共有党员1979名。

1982年，抚顺石油一厂机关设厂办公室、计划科、总工程师室、生产科、安全科、环保科、设计科、计量科、研究所、质量检查科、机动室、基建科、财务科、供应科、运销科、劳动工资科、教育办公室、房产科、人防办公室、卫生科、生活服务公司、劳动服务公司、党委办公室、党委组织部、党委宣传部、武装部、保卫科、机关总支、团委、纪委、工会等31个部门。所属硫酸、东蒸馏、西蒸馏、焦化、裂化、石蜡、润滑油、铂重整、油品、油库、污水处理、锅炉、供排水、电工、仪表、金工、燃料气车间和干馏分厂、检修大队、维修一队、维修二队、汽车队、职工医院、职工学校、子弟中学、技工学校等26个基层单位。在册职工7800余人。

1982年1月，国家经济委员会批准组建抚顺石油工业总公司，抚顺石油一厂由抚顺石油工业总公司管理，更名为抚顺石油工业总公司石油一厂。

（一）中共抚顺石油一厂委员会领导名录（1978.3—1982.3）

书　　记　赵玉鹏（1978.3—1981.6）
　　　　　姜克成（1981.6—1982.3）

副　书　记　杨宪贵（1978.3—1982.3）
周有奎（1978.3—4）
范恩铎（1978.3—1982.3）
赵玉鹏（1981.6—1982.3）
金国斌（1981.6—1982.3）
常　　　委　王大贵（军代表，1978.3—4）
李向阳（群众代表，1978.3—1980.3）
王怀德（1978.10—　　）
张　奇（1981.8—　　）
纪委书记　杨宪贵（1978.3—1982.3）
政治部主任　范恩铎（兼任，1978.4—　　）

（二）**抚顺石油一厂革委会领导名录**（1978.3—4）

主　　　任　赵玉鹏（1978.3—4）
副　主　任　李向阳（1978.3—4）
朱明银（1978.3—4）
王大贵（1978.3—4）
杨宪贵（1978.3—4）
周有奎（1978.3—4）
刘殿运（1978.3—4）
李梅英（女，群众代表，1978.3—4）
杨学风（1978.3—4）
岳增才（1978.3—4）
范恩铎（1978.3—4）
王怀德（1978.3—4）
王锡硅（1978.3—4）
高大民（1978.3—4）
韩文盛（1978.3—4）
王成海（1978.3—4）
张振武（1978.3—4）

（三）**抚顺石油一厂领导名录**（1978.4—1982.3）

厂　　长　赵玉鹏（1978.4—1982.3）

副 厂 长　朱明银（1978.4—1982.3）

王锡硅（1978.4—1982.3）

高大民（1978.4—1982.3）

韩文盛（1978.4—1982.3）

王成海（1978.4—1982.3）

张振武（1978.4—1982.3）

王怀德（1978.10—1982.3）

吕文盛（1978.12—1982.3）

刘兴业（1979.9—1980.6）

李德安（1980.7—1982.3）

吴春元（1980.12—1982.3）

朱家甄（1980.12—1982.3）

张　奇（1981.8—1982.3）

罗德余（1982.1—3）

总工程师　王锡硅（1978.4—1982.3）

（四）**抚顺石油一厂工会**（1978.3—1982.3）

主　　席　宋尚忠（1978.5—1981.12）

刘洪海（1982.1—3）

二、抚顺石油二厂（1978.3—1982.1）

1978年3月，抚顺石油二厂由辽宁省和石油工业部双重领导，以辽宁省为主。行政级别为县（团）级，党组织关系隶属于中共抚顺市委。

4月，抚顺石油二厂革命委员会撤销。

1978年，抚顺石油二厂主要产品有汽油、航煤、柴油、皂蜡、硬蜡、苯、甲苯、二甲苯、防冰剂、降凝剂、燃料油、液化气、一蜡、抽余油、粗轻、干冰、硫铵、硫酸、单乙醇胺、二乙醇胺、三乙醇胺、二乙二醇醚、三乙二醇醚、乙二醇、环氧丙烷、甲乙酮等多个品种。原油加工量453万吨，生产汽油74万吨、航煤40.5万吨、柴油137.4万吨、石蜡4.7万吨、石油焦7.8万吨、商品燃料油106.8万吨。实现利税4.3亿元。

1981年，抚顺石油二厂机关设厂长办公室、计划科、财务科、生产调度室、运销科、供应科、劳动工资科、机动科、安全技术监察科、总工程师室、环境保护办公室、计量管理科、检查科、基建科、技术情报档案科、行政科、教育办公室、房产科、离休退休职工办公室、计划生育办公室、研究所、设计室、党委办公室、党委组织部、党委宣传部、党委统战部、纪委、党校、工会、团委、保卫科、人民武装部、科协等33个科室。所属北蒸馏、南蒸馏、催化裂化、南焦化、铂重整、石蜡、烷基化、润滑油、化工、北化工、硫酸、油品、供排水、净水、电工、汽锅、管网、仪表、维修车间和干馏分厂、中转站、运输大队、消防队等23个基层单位。在册职工8400余人。

1979年6月，召开中共抚顺石油二厂第七次代表大会，选举产生中共石油二厂第七届委员会和纪律检查委员会。下属党总支5个、党支部90个，共有党员2033名。

1981年，原油加工量429.1万吨，生产汽油76.8万吨、航煤38.9万吨、柴油116.9万吨、石蜡4.1万吨、石油焦11.3万吨、商品燃料油98.8万吨，实现利税5亿元。

1982年1月，国家经济委员会批准组建抚顺石油工业总公司，抚顺石油二厂由抚顺石油工业总公司管理，更名为抚顺石油工业总公司石油二厂。

（一）中共抚顺石油二厂委员会领导名录（1978.3—1982.3）

书　　记[①] 吕鸿安（1978.3—7）
欧阳章（1978.3—1979.6）
李盛图（1978.3—1982.3）

副 书 记 刘万臣（群众代表，1978.3—1979.10）
于长生（1978.4—1982.3）
臧传连（1981.11—　　）
周祥尧（1981.11—　　）

① 同时任命3个书记，李盛图主持工作。

常　　委　董洪科（1978.3—4）
张　翠（群众代表，1978.3—1979.9）
李占兴（群众代表，1978.3—1979.9）
陈永寿（1978.4—　　）
李文波（1978.4—　　）
赵宗麟（1978.4—1981.8）
廖全清（1978.4—　　）
李长良（1978.4—　　）

纪委书记　周祥尧（1979.6—1982.3）

政治部主任　李文波（1978.4—1981.2）

（二）抚顺石油二厂革委会领导名录（1978.3—4）

主　　任　李盛图（1978.3—4）

副 主 任　鲍素珍（女，群众代表，1978.3—4）
张　翠（1978.3—4）
刘万臣（1978.3—4）
郑正权（1978.3—4）
陈永寿（1978.3—4）
董洪科（1978.3—4）
赵宗麟（1978.3—4）
廖全清（1978.3—4）
盖庆录（1978.3—4）
李文波（1978.3—4）
张君贵（1978.3—4）
张继雷（1978.3—4）
李占兴（1978.3—4）
张俊德（1978.3—4）

（三）抚顺石油二厂领导名录（1978.4—1982.3）

厂　　长　李盛图（1978.4—1980.2）
陈永寿（1980.2—1982.3）

副　厂　长　陈永寿（1978.4—1979.7）
赵宗麟（1978.4—1981.8）
廖全清（1978.4—1982.3）
李长良（1978.4—1982.3）
张君贵（1978.4—1979.2）
张继雷（1978.4—1982.3）
刘甲增（1978.4—1982.3）
张俊德（1978.4—1982.3）
王计春（1979.9—1980.2）
康庆泽（1979.9—1982.3）
王志平（1979.9—1982.3）
李文波（1981.2—1982.3）
隋长山（1981.2—　　）
潘清盛（1981.2—1982.3）
梁锡彬（1981.2—1982.3）
李志才（1981.6—1982.3）
金宝鑫（1982.2—3）

总工程师　陈永寿（1978.4—1982.3）
刘甲增（1978.4—1982.3）

（四）抚顺石油二厂工会（1978.3—1982.3）

主　　席　程连印（1982.1—　　）

三、抚顺石油三厂（1978.3—1982.1）

1978年3月，抚顺石油三厂由辽宁省和石油工业部双重领导，以辽宁省为主。行政级别为县（团）级，党组织关系隶属于中共抚顺市委。机关设生产技术科、调度室、厂部办公室、计划科、财务科、供应科、劳动工资科、节能办公室、安全技术科、运销科、保卫科、质量检查科、生产技术科、档案科、工程科、机动科、卫生科、环境保护科、设计所、研究所、总务科、房产科、教育办公室、职工医院、消防队等25个部门。所属常减压、造气、轻油制氢、压缩、加氢、蒸馏、重整等7个生产车间，供排水、锅炉、电工、仪表、金工、钳工、修配、污水处理等8个辅助车间。在册职工4800余人。

1978年，主要产品有70号车用汽油、66号车用汽油、空白汽油、重汽油、轻汽油、2号航空煤油、0℃柴油、-35℃柴油、20℃柴油、5号机械油、7号机械油、商品燃料油、自用燃料油、重油、其他燃料油、重油制氢用油等多个品种。原油加工量98.6万吨，加氢处理量29.0万吨，汽油、煤油、柴油、润滑油总产量为51.6万吨。实现利税7658万元。

4月，抚顺石油三厂革命委员会撤销。

1979年6月，中共抚顺石油三厂第九次代表大会召开，选举产生第九届委员会和纪律检查委员会。下属党总支1个、党支部47个，共有党员1063名。

1982年1月，国家经济委员会批准组建抚顺石油工业总公司，抚顺石油三厂由抚顺石油工业总公司管理，更名为抚顺石油工业总公司石油三厂。

（一）中共抚顺石油三厂委员会领导名录（1978.3—1982.3）

书　　记　刘　祥（1978.5—1979.3）
金国斌（1979.3—1981.6）
董洪科（1981.6—1982.3）

副 书 记　骆登月（1978.5—1982.3）
金国斌（1978.5—1979.3）
王　瑛（1978.12—1982.3）
王世俭（1981.8—1982.3）

常　　委　张义山（1978.3—4）
赵恒泰（群众代表，1978.3—4）
白如栋（群众代表，1978.3—4）
田欣毅（1978.3—4）
赵永福（1978.4—　　）
梁恒智（1978.4—　　）
肖殿环（群众代表，　　—1980.5）

纪委书记　金国斌（1979.2—1982.3）

政治部主任　梁恒智（1978.4—　　）

（二）抚顺石油三厂革委会领导名录（1978.3—4）

主　　任 刘　祥（1978.3—4）
副 主 任 田欣毅（1978.3—4）
白如栋（1978.3—4）
骆登月（1978.3—4）
王　勇（1978.3—4）
赵恒泰（群众代表，1978.3—4）
张绪良（1978.3—4）
林化启（1978.3—4）
赵永福（1978.3—4）
金国干（1978.3—4）
李宝才（1978.3—4）
王　荣（1978.3—4）
金国斌（1978.3—4）
张义山（1978.3—4）
肖殿环（群众代表，1978.3—4）
总工程师 金国干（1978.3—4）

（三）抚顺石油三厂领导名录（1978.4—1982.3）

厂　　长 刘　祥（兼任，1978.4—1979.3）
骆登月（1979.3—1982.3）
副 厂 长 骆登月（1978.4—1979.3）
张绪良（1978.4—1982.3）
林化启（1978.4—　　）
赵永福（1978.4—1982.3）
金国干（1978.4—1982.3）
李宝才（1978.4—1982.3）
王　荣（1978.4—1982.3）
王殿成（1978.4—1982.3）
刘玉启（1978.4—1982.3）
翟永谦（1978.10—1981.2）

李长峰（1978.12—1982.3）
孙忠诚（1981.11—1982.3）
张瑞池（1981.11—1982.3）
总工程师　金国干（1978.4—1982.3）

（四）抚顺石油三厂工会（1978.3—1982.3）

主　　席　刘恩德（1979.7—1980.11）
马云祥（1982.1—3）

四、抚顺石油工业总公司（1982.1—1983.7）

1982年1月，经国家经济委员会批准，抚顺石油一厂、抚顺石油二厂、抚顺石油三厂、抚顺化学纤维厂、抚顺化工二厂等5个工厂联合组建抚顺石油工业总公司，由辽宁省和石油工业部双重领导，以辽宁省为主，辽宁省委托抚顺市管理。行政级别为地（师）级。生产计划、产品分配、专用原料、材料和设备等由石油工业部统一安排和解决。党组织关系隶属于中共抚顺市委。办公地址：辽宁省抚顺市新抚区东二街。

3月，抚顺石油工业总公司成立大会召开。机关设办公室、党委组织部、党委宣传部、纪委、工会、团委、机关党委、综合计划部、生产调度室、科学技术部、安全监察部、财务部、人事教育部、机械动力部、基本建设部、供应部、运销部（对外销售公司）等17个部门。所属石油一厂、石油二厂、石油三厂及化学纤维厂、化工塑料厂等5个厂。同月，成立中共抚顺石油工业总公司委员会和纪律检查委员会筹备组，赵玉鹏任筹备组组长。

1982年，抚顺石油工业总公司加工原油791万吨、页岩原油23.73万吨。主要生产汽油、航煤、柴油、石脑油、润滑油、润滑脂、石蜡、石油焦、催化剂、活性白土等200种石油化工产品。

1983年7月，抚顺石油工业总公司划转中国石油化工总公司。

（一）抚顺石油工业总公司董事会名录（1982.3—1983.7）

董　事　长　谈立人（1982.3—1983.7）
第一副董事长　孙晓风（1982.3—1983.7）

副董事长　季琏元（1982.3—1983.7）
金　石（1982.3—1983.7）
宋飞鸿（1982.3—1983.7）
李盛图（1982.3—1983.7）
秘书长　赵玉鹏（1982.3—1983.7）
董　事　齐　光（1982.3—1983.7）
于　迈（1982.3—1983.7）
李　隽（1982.3—1983.7）
张　敏（1982.3—1983.7）
冯培祯（1982.3—1983.7）
孙仲贤（1982.3—1983.7）
李　平（1982.3—1983.7）
王崇武（1982.3—1983.7）
田欣毅（1982.3—1983.7）
卢　炎（1982.3—1983.7）
吴春元（1982.3—1983.7）
刘甲曾（1982.3—1983.7）
赵永福（1982.3—1983.7）
袁大生（1982.3—1983.7）
刘庆库（1982.3—1983.7）

（二）中共抚顺石油工业总公司委员会领导名录（1982.3—1983.7）

书　记　李盛图（1982.3—1983.7）
常　委　陈永寿（1982.3—1983.7）
赵玉鹏（1982.3—1983.7）
骆登月（1982.3—1983.7）
马克起（1982.3—1983.7）

（三）抚顺石油工业总公司领导名录（1982.3—1983.7）

总经理　李盛图（1982.3—1983.7）
副总经理　陈永寿（1982.3—1983.7）
赵玉鹏（1982.3—1983.7）

骆登月（1982.3—1983.7）
王志平（1982.3—1983.7）
朱家甄（1982.3—1983.7）
总 工 程 师 陈永寿（1982.3—1983.7）

五、锦西石油五厂（1978.3—1982.7）

1978年3月，锦西石油五厂由辽宁省和石油工业部双重领导，以辽宁省为主，行政级别为县（团）级，党组织关系隶属于中共锦州市委。厂址在辽宁省锦州市锦西县。7月，锦西石油五厂革委会撤销，实行党委领导下的厂长负责制。机关设厂办公室、财务科、计划科、生产科、安技科、机动科、供应管理科、运销科、劳动人事科、保卫科、企业管理办公室、资产科、退管科、计生办、调解办、卫生科、党委办公室、党委组织部、党委宣传部、纪律检查科、工会、团委、武装部、科协等24个部门。

1979年4月，锦西石油五厂第九次工会会员代表大会召开，选举产生锦西石油五厂工会委员会。6月，中共锦西石油五厂第六次代表大会召开，选举产生第六届委员会和纪律检查委员会。下属党总支8个、党支部82个，共有党员1639名。

1982年，机关设厂办公室、计划科、生产科、安技科、机动科、财务科、劳动人事科、供应管理科、运销科、保卫科、党委办公室、党委组织部、党委宣传部、纪律检查科、工会等15个部门。

7月，国家经济委员会批准组建锦州石油工业总公司，锦西石油五厂划归锦州石油工业总公司领导。

（一）中共锦西石油五厂委员会领导名录（1978.3—1982.7）

书　　记 郑丕谟（1978.3—1982.7）
副 书 记 李占林（1978.3—7）
李振清（1978.3—7）
石连惠（1978.3—1982.7）
曲才绪（1978.3—1982.4）
赵　祥（1981.3—1982.7）

常　　委 张铭枢（1978.3—1982.7）
曹戈江（1978.3—7）
刘玉新（军代表，1978.3—1982.7）
官恩泽（1978.7—1982.7）
葛启宽（1978.7—1981.5）
李继仁（1978.7—1982.7）
于治水（组织部长，正科级，1979.6—1982.7）
战桂芬（女，1981.12—1982.7）

纪委书记 郑丕谟（1979.7—1981.12）
战桂芬（1981.12—1982.7）

（二）锦西石油五厂革委会领导名录（1978.3—7）

主　　任 郑丕谟（1978.3—7）

副 主 任 张铭枢（1978.3—7）
宋宝玉（1978.3—7）
乔文学（1978.3—7）
李占林（1978.3—7）
官恩泽（1978.3—7）
曲才绪（1978.3—7）
曲祝荣（1978.3—7）
李继仁（1978.3—7）
李振清（1978.3—7）
葛启宽（1978.3—7）
董明声（1978.3—7）
刘福臣（1978.3—7）
石连惠（1978.3—7）
曹戈江（1978.3—7）
张玉林（1978.3—7）

总工程师 曲才绪（1978.3—7）

（三）锦西石油五厂领导名录（1978.7—1982.7）

厂　　长 石连惠（1978.7—1982.7）

副　厂　长　尹　生（1978.7—1982.7）
曲才绪（1978.7—1982.4）
刘福臣（1978.7—1982.7）
李继仁（1978.7—1982.7）
葛启宽（1978.7—1981.5）
肖德祥（1978.7—1982.7）
官恩泽（1978.7—1982.7）
张铭枢（1978.7—1982.7）
赵　祥（1978.7—1981.3）
董明声（1978.7—1982.7）
赵连恩（1978.12—1982.7）
于学成（1980.12—1982.7）
李宗维（1981.10—1982.7）
周存义（1981.10—1982.7）
张兆玉（1981.10—1982.7）
总工程师　曲才绪（1978.7—1982.4）

（四）锦西石油五厂工会（1978.3—1982.7）

主　　席　李洪升（1979.2—1982.7）

六、锦州石油六厂（1978.3—1982.7）

1978年3月，锦州石油六厂由辽宁省与石油工业部双重领导，以辽宁省为主。行政级别为县（团）级。党组织关系隶属于中共锦州市委。厂址：辽宁省锦州市古塔区重庆路2号。

7月，锦州石油六厂革命委员会撤销。

1978年，锦州石油六厂共有生产装置29套，产品40余种。原油加工量203.1万吨。

1979年7月，恢复厂工会。8月，召开中共锦州石油六厂第六次代表大会，选举产生新一届委员会和纪律检查委员会。崔紫林为党委书记，李树楷、贾辅廷、欧阳庆源为党委副书记，贾辅廷为纪委书记。下属党支部42个，共有党员1389名。

截至1982年6月，锦州石油六厂机关设20个科室：政治部、总工程师室、厂办公室、接待室、生产科、计划科、机动科、人事科、财务科、安全科、环保科、基建科、保卫科、教育科、资产科、行政科、科协办、武装部、退休职工管理科、工会。所属45个基层单位：生活福利科、房产管理科、质量检查科、计量管理科、运销科、供应科、二六四车间、六〇一车间、七〇一车间、合成车间、橡胶车间、气体车间、添加剂车间、动力车间、制造车间、建材车间、试验车间、仪表车间、防腐车间、供水车间、污水车间、微球催化剂车间、油品车间、一车间、研究所、设计室、档案室、劳保站、通讯站、电工队、工程队、检修队、消防队、机车队、汽车队、警卫队、派出所、修建公司、石油技校、职工大学、石油中学、石油小学、职工医院、服务公司、兴城疗养院。在册职工7000余人。

1982年7月，国家经济委员会批准组建锦州石油工业总公司，锦州石油六厂划归锦州石油工业总公司领导。

（一）中共锦州石油六厂委员会领导名录（1978.3—1982.7）

书　　记　崔紫林（1978.3—1982.7）

副 书 记　张　炎（1978.3—7）

刘长江（1978.3—7）

李树楷（1978.7—1982.7）

贾辅廷（1979.8—1982.7）

欧阳庆源（1979.8—1982.7）

纪委书记　贾辅廷（1979.8—1982.7）

（二）锦州石油六厂革命委员会领导名录（1978.3—7）

主　　任　崔紫林（1978.3—7）

副 主 任　张　炎（1978.3—7）

李树楷（1978.3—7）

黄兆珍（1978.3—7）

高占功（1978.3—5）

周素珍（女，1978.3—7）

高　峰（1978.3—7）

张文清（1978.3—7）
贾辅廷（1978.3—7）
陈玉常（1978.3—7）
总工程师　李树楷（1978.3—7）

（三）锦州石油六厂领导名录（1978.7—1982.7）

厂　　长　李树楷（1978.7—1982.7）
副 厂 长　黄兆珍（1978.7—1982.7）
高　峰（1978.7—1982.7）
张文清（1978.7—1982.7）
贾辅廷（1978.7—1979.8）
陈玉常（1978.7—1982.7）
李廷茂（1978.7—1982.7）
刘忠和（1980.3—1982.7）
张国栋（1981.7—1982.7）
陆维敏（1981.7—1982.7）
总工程师　李树楷（1978.7—1982.7）

（四）锦州石油六厂工代会（1978.3—1979.7）

主　　任　刘玉文（1978.3—1979.7）

（五）锦州石油六厂工会（1979.8—1982.7）

主　　席　欧阳庆源（1979.8—1981.7）
陈宏泰（1981.7—1982.7）

七、锦州石油工业总公司（1982.7—1983.7）

1982年7月，经国家经济委员会批准，锦西石油五厂、锦州石油六厂、锦州化工一厂和锦州石油化工厂联合成立锦州石油工业总公司，由辽宁省和石油工业部双重领导，以辽宁省为主。行政级别为地（师）级。机关设办公室、综合计划处、科学技术处、生产调度处、供销处、财务处、设备工程处、安全技术监察处、人事教育处等9个部门。党组织关系隶属于中共锦州市委。机关办公地址：辽宁省锦州市重庆路二段10号。

1983年5月，锦州石油工业总公司工会成立。

7月，锦州石油工业总公司划转中国石油化工总公司。

（一）中共锦州石油工业总公司委员会领导名录（1982.9—1983.7）

书　　记 郑丕谟（1982.9—1983.7）

副 书 记 石连惠（1982.9—1983.7）

（二）锦州石油工业总公司领导名录（1982.9—1983.7）

总 经 理 李树楷（1982.9—1983.7）

第一副总经理 刘　祥（1982.9—1983.7）

副总经理 官恩泽（1982.9—1983.7）

陆维敏（1982.9—1983.7）

八、大连石油七厂（1978.3—1983.7）

1978年3月，大连石油七厂由辽宁省和石油工业部双重领导，以辽宁省为主。行政级别为县（团）级。大连石油七厂设19个机关科（室）：厂长办公室、政治部办公室、干部科、组织科、宣传科、工会、团委、教育科、财务科、劳动工资科、调度室、技术科、机动科、计划科、安全科、环保科、运销科、保卫科、武装部；12个直属单位：研究所、设计室、供应科、检查科、基建科、警卫队、运输科、职工医院、子弟学校、房产科、总务科、农副业科；24个车间（队）：东蒸馏车间、西蒸馏车间、东溶蜡车间、西溶蜡车间、精制车间、热裂化车间、催化裂化车间、重整车间、添加剂车间、石蜡车间、丙烷脱沥青车间、供排水车间、电工车间、仪表车间、制造车间、检修车间、土木车间、油品车间、机务队、修复车间、动力车间、气体车间、消防队、后勤维修车间。在册职工5700余人。机关办公地点在辽宁省旅大市。6月，大连石油七厂革委会撤销，实行党委领导下的厂长负责制。1978年，原油加工量455万吨。

1979年2月，甘井子区水产养殖场和捕捞场移交大连石油七厂管理，与原旅大市化学工业局直属白土加工厂合并，成立大连石油七厂综合服务队（集体所有制)。3月，大连石油七厂综合服务队更名为大连石油七厂工程公司(集体所有制)。12月，旅大市计委决定，将有机合成分厂从大连石油七厂分离，从1980年1月1日起独立建制和核算。

1980年7月8日，中共大连石油七厂第六次代表大会召开，出席代表304人，选举产生新一届委员会，实行常委制，王文鹏为党委书记，唐启舜、吕秀峰为党委副书记，吕秀峰为纪委书记。下属党支部49个，共有党员1430名。

截至1983年6月，大连石油七厂设20个机关科（室）：厂长办公室、党委办公室、组织部、宣传部、工会、团委、财务科、劳动工资科、调度室、总工程师室、机动科、计划科、安全技术监察科、环保科、运销科、保卫科、武装部、工程管理科、计划生育办公室、信访调解办公室；11个直属单位：研究所、设计室、供应科、检查科、警卫队、汽车队、工程公司、计量室、生活服务公司、教育培训中心、党校；27个车间(队)：东蒸馏车间、西蒸馏车间、东溶蜡车间、西溶蜡车间、精制车间、热裂化车间、催化裂化车间、重整车间、添加剂车间、石蜡车间、丙烷脱沥青车间、供排水车间、电工车间、仪表车间、机修车间、检修车间、土木车间、东油品车间、西油品车间、原油车间、修复车间、热电站、气体车间、消防队、西糠醛车间、调合车间、加氢精制车间。在册职工7000余人。

1983年7月，大连石油七厂划转中国石油化工总公司。

（一）**中共大连石油七厂委员会领导名录**（1978.3—1983.7）

书　　记　万震寰（1978.3—1979.9）
王文鹏（1980.6—1983.7）

副 书 记　曹彦福（1978.3—1980.11）
唐启舜（1978.3—1982.8）
吕秀峰（1979.10—1983.7）
张万华（1982.8—1983.7）

常　　委　杜英顺（1978.3—6）
周绍仲（1978.3—6）
袁玉茂（1978.3—6）
吕秀峰（1978.3—1979.10）
金喜春（1978.3—1982.8）

崔　英（1978.6—1982.8）
白福瑞（1978.3—1980.11）
韩聚山（1980.3—1982.8）

纪委书记　吕秀峰（1980.8—1983.7）

（二）大连石油七厂革委会领导名录（1978.3—6）

主　　任　万震寰（1978.3—6）

副 主 任　刘英子（女，朝鲜族，群众代表，1978.3—6）
唐启舜（1978.3—6）
袁玉茂（群众代表，1978.3—6）
金喜春（1978.3—6）
周绍仲（1978.3—6）
杜英顺（1978.3—6）
李瑞平（1978.3—6）
吕秀峰（1978.3—6）
赵　科（1978.3—6）

常　　委　白福瑞（1978.3—6）

（三）大连石油七厂领导名录（1978.6—1983.7）

厂　　长　唐启舜（1978.6—1982.8）
金喜春（1982.8—1983.7）

副 厂 长　金喜春（1978.6—1982.8）
李瑞平（1978.6—1980.4）
解登峰（1978.6—1980.4）
崔　英（1978.6—1982.8）
赵　科（1978.6—1980.12）
周绍忠（1978.6—1979.6）
杨振伟（1978.6—1982.8）
马连德（1978.6—1983.7）
孔昭君（1978.12—1982.8）
孙文祥（1978.12—1982.8）
韩聚山（1980.3—1982.8）

黄春萼（1980.10—1983.7）
丛　昶（1980.10—1983.7）
孟纯绪（1980.10—1982.8）
刘仁和（1981.5—1983.7）
陈丽泉（1981.9—11）

总工程师　唐启舜（1978.3—1981.12）
孟纯绪（1982.8—1983.7）

（四）大连石油七厂工会（1978.3—1983.7）

主　　席　白福瑞（1978.3—1980.11）
韩聚山（1982.8—1983.7）

九、兰州炼油厂（1978.3—1983.11）

1978年3月，兰州炼油厂由石油工业部和甘肃省双重领导，以甘肃省为主。行政级别为地（师）级。党组织关系隶属于中共甘肃省委。厂址在甘肃省兰州市西固区。

12月，石油工业部决定将兰州石油学校从兰州炼油厂划出，为部直属单位，由兰州炼油厂代管。

1979年2月，石油工业部决定将兰州炼油厂技工学校从兰州炼油厂划出，更名为石油工业部兰州石油技工学校，为部属单位，委托管道局代管。3月，撤销兰州炼油厂革委会，实行党委领导下的厂长分工负责制。在册职工1.34万人。

1980年7月31至8月1日，中共兰州炼油厂第四次代表大会召开，选举产生新一届委员会和纪律检查委员会，王金堂为党委书记，刘启富、徐安民、聂英华为党委副书记，徐安民为纪委书记。共有党员2434名。

截至1983年6月，厂机关设7个党群部门：党委办公室、党委组织部、党委宣传部、纪委办公室、武装部、工会、团委；15个生产行政部门：厂办公室、总工程师室、综合计划处、调度室、技术处、机械动力处、安全技术监察处、质量管理处、环境保护处、工程管理处、企业管理处、财务处、劳动工资处、保卫处、卫生处；2个科级机构：科学技术档案科、技术情报科。所属16个二级单位：机械厂、仪表厂、安装公司、设备维修厂、催化剂厂、添加剂厂、化工厂、运销处、供应处、运输处、石油炼制研究所、设计处、教育培训中心、生活服务公司、劳动服务公司、职工医院。在册职工1.35万人。原油加工能力300万吨/年，加工原油仍以新疆原油为主（约占75%），并开始增炼长庆原油（约占25%），停止加工玉门、大庆原油，产品种类包括汽油、煤油、柴油、润滑油、催化剂、添加剂等，总资产2.97亿元。

9月27至29日，中共兰州炼油厂第五次代表大会召开，选举产生新一届委员会和纪律检查委员会，聂英华为党委书记，刘品璋、阎三忠为党委副书记，窦彦平为纪委书记。共有党员2400名。

11月，兰州炼油厂划转中国石油化工总公司。

期间，兰州炼油厂工会主席薛金达当选第六届全国人大代表。

（一）中共兰州炼油厂委员会领导名录（1978.3—1983.11）

书　　记　王金堂（1978.3—1983.4）
聂英华（1983.4—11）

副 书 记　徐安民（1978.3—1983.4）
倪秀成（1978.3—1979.5）
刘启富（1978.3—1983.4）
薛金达（1978.3—1979.3）
聂英华（1980.9—1983.4）
刘品璋（1983.4—11）
阎三忠（1983.4—11）

常　　委　邵贵才（1978.3—1979.3）
张秀珍（1978.3—1979.3）
聂英华（1978.3—1980.9）
龙显烈（1979.3—1983.11）
王　洁（1979.3—1983.4）
王信祥（1980.9—1983.4）
刘启富（1983.4—11）
李文成（1983.4—9）

杨宗儒（组织部长，正处级，1983.9—11）

纪委书记 徐安民（1980.8—1983.9）

窦彦平（1983.9—11）

政治部主任 倪秀成（1978.3—1979.8）

（二）兰州炼油厂革委会领导名录（1978.3—1979.3）

主　　任 王金堂（1978.3—1979.3）

副 主 任 徐安民（1978.3—1979.3）

黄大智（1978.3—1979.3）

黄鹏远（1978.3—1979.3）

王　洁（1978.3—1979.3）

尚文章（1978.3—1979.3）

匡振安（1978.3—1979.3）

王育贤（1978.3—1979.3）

徐源和（1978.3—1979.3）

徐诚愿（1978.3—1979.3）

胡玉龙（1978.3—1979.3）

龙显烈（1978.9—1979.3）

（三）兰州炼油厂领导名录（1979.3—1983.11）

厂　　长 刘启富（1979.3—1983.11）

副 厂 长 龙显烈（1979.3—1983.4）

聂英华（1979.3—1983.4）

王　洁（1979.3—1983.4）

徐诚愿（1979.3—1983.11）

王育贤（1979.3—1983.11）

徐源和（1979.3—1983.4）

胡玉龙（1979.3—1983.4）

王信祥（1980.3—1983.4）

艾奇化（1980.10—1983.4）

李文成（1983.4—11）

周明义（1983.4—11）

总 工 程 师 龙显烈（1983.4—11）

顾　　　问 王　洁（1983.4—11）

（四）兰州炼油厂工会（1980.7—1983.11）

主　　　任 权海生（1978.3—1979.5）

刘振庄（1979.5—1980.2）

主　　　席 刘振庄（1980.2—1982.5）

薛金达（1983.7—11）

十、上海炼油厂（1978.3—1981.11）

1978年3月，上海炼油厂由石油工业部和上海市双重领导，以上海市为主，由上海市化学工业局代管。4月，运输队从供应科划出。7月，成立学大庆办公室。10月，成立计量室。同年，成立党委办公室和厂长办公室。

1979年5月，增设医务室。9月，成立厂容队；修旧利废车间更名为第一车间。

1980年5月，成立信访科和出口办。6月，成立档案情报科和人防办。9月，成立纪律检查委员会；撤销设备科，成立动力科和机械科。同年，成立总工程师办公室。

1981年10月，成立经济民警中队。11月，撤销给排水车间，分别成立供水和排水车间；油品车间从运销科划出。同月，上海高桥石油化工公司成立，上海炼油厂改由上海高桥石油化工公司领导。

1983年7月，上海炼油厂随上海高桥石油化工公司一并划转中国石油化工总公司。

（一）中共上海炼油厂委员会领导名录（1978.3—1981.11）

书　　　记 赵文卿（1978.6—1981.11）

副　书　记 赵文卿（1978.3—6）

朱　翔（1979.12—1981.11）

纪 委 书 记 朱　翔（1980.9—1981.11）

（二）上海炼油厂领导名录（1978.3—1981.11）

厂　　　长 王海山（1978.6—1981.11）

副　厂　长　王海山（1978.3—6）
李明兴（1978.6—1981.11）
龚焕曾（1978.6—1981.11）
符利江（1978.6—1981.11）
周文虎（1978.6—1981.11）
顾宝福（1978.6—1981.11）
哈宝信（1978—1979）
杨永林（1979.2—1981.11）
隋培安（1979.11—1981.11）

（三）**上海炼油厂工会**（1978.3—1981.11）

主　　席　顾宝福（1978.3—1981.11）

十一、湖南长岭炼油厂（1978.3—1983.11）

1978年3月，湖南长炼油厂仍由湖南省领导。

1983年5月，湖南长炼油厂机关撤科设处，科室升格为正处级。

1983年11月，划转中国石油化工总公司领导。

（一）**中共湖南长岭炼油厂委员会领导名录**（1978.3—1983.10）

书　　记　古德勤（1978.3—1983.5）
李　兴（1983.5—10）

副 书 记　李　兴（1978.3—1983.5）
初万祥（1978.3—1979.3）
俞海潮（1978.9—1983.1）
李树义（1978.12—1983.10）
王民余（1983.3—10）

委　　员　李树义（1978.3—12）
俞海潮（1978.3—9）
周　皓（1978.3—1982.5）
李　云（1978.3—1983.10）

沈浚源（1978.3—1983.10）
蔡海良（1978.3—1983.10）
邹积同（1978.3—1983.10）
朱克中（1978.3—1983.10）
顾林娣（女，1978.3—1983.10）
于英兰（女，工人，1978.3—1983.10）
王永和（1978.3—1983.10）
刘　杰（女，1978.3—1983.10）
肖中和（1978.3—1983.10）
肖华清（工人，1978.3—1983.10）
杜志才（1978.3—1983.10）
周　林（1978.3—1983.10）
罗玉昆（1978.3—1983.10）
罗佐华（1978.3—1983.10）
封正普（军代表，1978.3—1983.10）
柳新民（女，1978.3—1983.10）
郭明贵（1978.3—1983.10）
黄文明（1978.3—1983.10）
熊应平（1978.3—1983.10）
李志才（1978.4—1983.10）
刘作春（1980.9—1983.10）
胡安定（1980.9—1983.10）
周灿龄（1980.9—1983.10）

纪委书记　古德勤（1978.3—1983.5）
王民余（1983.5—10）

（二）湖南长岭炼油厂领导名录（1978.3—1983.11）

厂　　长　古德勤（1978.3—1983.5）
李树义（1983.5—11）

副 厂 长　初万祥（1978.3—1979.3）
吴文太（1978.3—1983.5）

李树义（1978.3—1983.5）
俞海潮（1978.3—1983.1）
周　皓（1978.3—1982.5）
李　云（1978.3—1983.5）
沈浚源（1978.3—1983.11）
蔡海良（1978.3—1983.11）
邹积同（1978.3—1983.11）
李志才（1978.3—1983.5）
刘作春（1980.5—1983.11）
胡安定（1980.8—1983.11）
周灿龄（1980.8—1983.5）

总工程师　李树义（1979.1—1983.11）

总会计师　周灿龄（1982.12—1983.5）

总机械师　胡安定（1982.6—1983.11）

（三）湖南长岭炼油厂工会（1978.3—1983.11）

主　　席　李　云（1978.3—1983.11）

十二、杭州炼油厂（1978.3—1983.12）

1978年3月，杭州炼油厂设党委办公室、组织科、宣传科、保卫科、武装部和教育科。9月，撤销组织科。设财务、技术科等8个科室。

1982年11月，召开中共杭州炼油厂第二次代表大会，选举产生第二届中共杭州炼油厂委员会和第一届纪律检查委员会。同时，取消常委制，下属党支部14个。

1983年7月后，杭州炼油厂划转中国石油化工总公司。

（一）中共杭州炼油厂委员会领导名录（1978.3—1982.12）

书　　记　朱龙潭（1978.7—1982.12）

副 书 记　顾汝德（1978.3—1981.4）
卢显顺（1978.3—1982.12）
沈一鸣（1978.3—1982.12）

常　　委　许世昌（1978.3—1982.11）
陈玉芳（1978.3—1981.1）
胡贵全（1978.3—1982.9）
陈性初（1978.7—1980.6）

（二）杭州炼油厂领导名录（1978.3—1982.12）

厂　　长　卢显顺（1978.3—1982.12）

副 厂 长　顾汝德（1978.3—1981.4）
许世昌（1978.3—1982.11）
陈玉芳（1978.3—1981.1）
周相仁（1978.3—1982.10）
胡贵全（1978.3—1982.10）
陈性初（1978.7—1980.6）
连云标（1978.6—1982.6）
焦云景（1979.11—1982.10）
陈　霆（1980.12—1982.12）
戈弘基（1982.9—12）
冯　俊（1982.9—12）

（三）杭州炼油厂工会（1978.3—1982.12）

主　　席　来宝祥（1978.10—1982.12）

十三、天津市第一石油化工厂（1978.3—1982.4）

1978年3月，天津市第一石油化工厂仍隶属天津市管理，厂址位于天津市津西周李庄。

1982年4月，天津市政府将天津市石油化工总厂、天津市第一石油化工厂和石油化工研究所从天津市化学工业局划出，组建天津市石油化学工业公司，为市属局级单位。天津市第一石油化工厂更名为天津第一炼油厂。

1983年7月，天津第一炼油厂随天津市石油化学工业公司一并划转中国石油化工总公司。

十四、天津市石油化工总厂（1978.3—1982.4）

1978年3月，天津市石油化工总厂由天津市化学工业局领导，机关设23个部门：政治部、组织科、干部科、宣传科、团委、工会、武装部、保卫科、厂长办公室、财务科、计划科、劳资科、技术科、生产科、机动科、运销科、安技科、基建办公室、供应办公室、生产供应科、教育科、行政科、环保科。所属11个车间：常减压车间、催化车间、精制车间、油品车间、供汽车间、供水车间、排水车间、机修车间、电气车间、仪表车间、检修队，13个辅助单位：质检科、机车队、运输队、设计室、研究所、七二一大学、中学、职工医院、办事处、招待所、消防队、农副业科、印刷厂。

1982年4月，天津市政府将天津市石油化工总厂、天津市第一石油化工厂和石油化工研究所从天津市化学工业局划出，组建天津市石油化学工业公司，为市属局级单位。

1983年7月，天津市石油化工总厂随天津市石油化学工业公司一并划转中国石油化工总公司。

（一）中共天津市石油化工总厂委员会领导名录（1978.3—1982.4）

书　　记　李英杰（1978.3—1982.4）

副 书 记　张定理（1978.3—1982.4）

　　耿建中（1978.3—1982.4）

　　韦兴弟（1978.4—1979.2）

常　　委　李英杰（1978.3—1982.4）

　　张定理（1978.3—1982.4）

　　陈增培（1978.3—1982.4）

　　耿建中（1978.3—1982.4）

　　崔呈佑（1978.3—1982.4）

　　李家禄（1978.3—1982.4）

　　沈　伟（1978.3—1982.4）

倪常荣（女，1978.3—1979.2）
韦兴弟（1978.4—1979.2）
孙振东（1978.4—1982.4）

（二）天津市石油化工总厂领导名录（1978.3—1982.4）

主　任 张定理（1978.3—1982.4）
副主任 崔呈佑（1978.3—1982.4）
李家禄（1978.3—1982.4）
沈　伟（1978.3—1982.4）
倪常荣（1978.2—1979.2）
吴伟志（1978.3—1982.4）
廖灿辉（1978.3—1979.2）
杨思义（1978.3—1982.4）
李　珍（1978.3—1982.4）
孟凡志（1978.3—1982.4）
王清余（1978.3—1982.4）
王志强（1978.4—1982.4）
李文翰（1978.4—1979.11）
王宗仁（1978.9—1982.4）
吴　凯（1978.9—1982.4）
夏玉友（1979.11—1982.4）
王波忠（1979.11—1982.4）
郭雨东（1980.5—1982.4）
总工程师 郭雨东（1980.5—1982.12）

（三）天津市石油化工总厂工会（1978.3—1982.4）

主　席 曹由毕（1978.3—1979.11）
莫泽富（1979.11—1982.4）

十五、广东省茂名石油工业公司（1978.3—1983.7）

1978年3月，广东省茂名石油工业公司仍由广东省领导，机关办公地点在广东省茂名市。同月，成立润滑油厂、职工医院，撤销卫生科。9月，撤销炼油指挥部，分别成立炼油厂、动力厂、储运部、汽车大队。职工总数2.6万人。

1979年7月，成立中共广东省茂名石油工业公司纪律检查委员会筹备组。8月，广东省茂名石油工业公司所属南海石油勘探指挥部改由石油工业部和广东省双重领导，以石油工业部为主。

1980年1月，成立茂油生活服务公司（集体所有制）。2月，成立油品出口基地建设指挥部。4月，成立计划生育办公室和卫生办公室。7月，成立公司党校。

1981年5月，动力厂、检修工程大队、润滑油厂、炼油厂及公司质量检查科合并，成立炼油厂。7月，撤销政治部，设立党委办公室、党委组织部、党委宣传部。11月，设立进出口办公室。12月，设立企业管理办公室；成立职工学校；茂名石油工业公司与茂名市合资组建广东省茂名化工纺织联合总厂。

1982年10月，职工总数2.24万人。

1983年4月，设立管道处；成立生活服务公司。5月，成立教育培训中心。7月，广东省茂名石油工业公司划转中国石油化工总公司。

（一）中共广东省茂名石油工业公司委员会领导名录（1978.3—1983.7）

书　　记　方　华（1978.3—1982.12）
　　　　　　李远雄（1982.12—1984.1）

副 书 记　黄　燊（1978.3—　　）
　　　　　　钟广权（1978.3—　　）
　　　　　　简　坚（1979.8—1982.12）
　　　　　　马伯鸿（1979.12—1983.7）
　　　　　　冉济川（1979.12—1980.8）
　　　　　　郭庆祥（1979.12—1983.7）
　　　　　　李远雄（1980.9—1983.2）

王　杰（1980.9—1983.7）
杨　志（1983.2—7）
纪委书记 冉济川（1980.9—1981.7）
李远雄（1981.7—1983.7）

（二）广东省茂名石油工业公司革委会领导名录（1978.3—1979.8）

主　　任 方　华（1978.3—1979.8）
副 主 任 郭庆祥（1978.3—1979.8）
马伯鸿（1978.3—1979.8）
冉济川（1978.3—1979.8）
王　锷（1978.3—1979.8）
郭　敏（1978.3—1979.8）
张荣昌（1978.3—1979.8）
王明章（1978.3—1979.8）
黄　燊（1978.3—1979.8）
王启贤（1978.3—1979.8）
谭光芬（1978.3—1979.8）
滕义发（1978.3—1979.8）
王　杰（1979.3—8）

（三）广东省茂名石油工业公司领导名录（1979.8—1983.7）

经　　理 简　坚（1979.8—1982.12）
王　杰（1982.12—1983.7）
副 经 理 郭庆祥（1979.8—11）
马伯鸿（1979.8—11）
冉济川（1979.8—11）
王　锷（1979.8—1980.12）
郭　敏（1979.8—1981.1）
张荣昌（1979.8—1983.3）
王明章（1979.8—1983.3）
黄　燊（1979.8—1983.7）
王启贤（1979.8—1983.7）

谭光芬（1979.8—1983.4）
滕义发（1979.8—1983.7）
王　杰（1979.8—1983.3）
张千仓（1979.12—1982.11）
马逢顺（1979.12—1982.7）
单吉有（1979.12—1982.7）
胡玉顺（1980.3—1983.3）
黄时荣（1980.3—1983.3）
孙玉宝（1983.2—7）
吴长锦（1983.2—7）
李继宏（1983.2—7）

总工程师　黄时荣（1978.3—1983.7）

顾　　问　简　坚（1982.12—1983.1）
方　华（1983.1—7）

十六、南京石油化工厂（南京石油化工总厂）—南京炼油厂（1978.2—1982.1）

1978年2月，南京石油化工厂与栖霞山化肥厂、南京化工厂、钟山化工厂、南京塑料厂、第二化机厂联合成立南京石油化工总厂。隶属江苏省燃料化学工业局管理。南京石油化工总厂以南京石油化工厂为基础，加以扩大、充实、加强而成立，并直接领导南京石油化工厂工作，实行一套机构两块牌子。9月，南京石油化工总厂撤销，恢复南京石油化工厂党委会，撤销南京石油化工厂革委会。10月，南京石油化工厂更名为南京炼油厂。

1982年1月，经国务院批准，南京炼油厂与南京栖霞山化肥厂、南京烷基苯厂、南京化工厂、南京钟山化工厂、南京合成化工厂（原南京塑料厂）、南京长江石油化工厂等7个工厂组成金陵石油化学总公司。

1983年7月，南京炼油厂随金陵石油化学总公司一并划转中国石油化工总公司。

（一）中共南京石油化工厂（南京石油化工总厂）—南京炼油厂委员会领导名录（1978.2—1982.1）

书　记　王　平（1978.2—1982.1）

副书记　吴廷坤（1978.2—1982.1）

戴　彬（1978.2—1982.1）

刘振科（1978. 2—1982.1）

（二）南京石油化工厂（南京石油化工总厂）革委会领导名录（1978.2—9）

主　任　吴廷坤（1978.2—9）

副主任　李元华（1978.2—9）

谷良昭（1978.2—9）

束寿昌（1978.2—9）

王登云（1978.2—9）

乔志斌（1978.2—9）

赵振西（1978.2—9）

戴　彬（1978.2—9）

刘振科（1978.2—9）

（三）南京石油化工厂（南京石油化工总厂）—南京炼油厂领导名录（1978.9—1982.1）

厂　长　吴廷坤（1978.9—1982.1）

副厂长　刘振科（1978.9—1982.1）

戴　彬（1978.9—1982.1）

赵振西（1978.9—1982.1）

乔志斌（1978.9—1981.8）

王登云（1978.9—1982.1）

束寿昌（1978.9—1982.1）

谷良昭（1978.9—1982.1）

李元华（1978.9—1982.1）

崔楚祯（1980.5—1982.1）

杨阿弟（1980.5—1982.1）

杨　展（1980.8—1982.1）

十七、吉林省白城地区前郭炼油厂—吉林省前郭炼油厂（1978.3—1983.11）

1978年3月，吉林省白城地区前郭炼油厂隶属吉林省白城地区。党组织关系隶属于中共吉林省白城地委，厂址在吉林省白城地区前郭尔罗斯蒙古族自治县。

7月，划归吉林省石油化工局直接管理，更名为吉林省前郭炼油厂。下设24个部门：党委办公室、党委组织部、党委宣传部、纪检委、工会、团委、武装部、保卫科、机关党总支、办公室、生产办公室、基建办公室、计划科、财会科、劳资科、机动科、供应科、安全科、设计室、总工办、行政管理科、房产科、教育科、技术情报档案室。10月，撤销生产科，成立生产办公室、供水车间，农场直接归厂部领导。

11月，实行党委领导下的厂长分工负责制。

12月，成立吉林省石油建筑公司炼油厂工程队（集体所有制），由吉林省前郭炼油厂直接领导和管理，并由白城地区安排解决150名集体所有制招工指标。截至1978年底，职工总数2003人，其中工程技术人员41人、管理人员315人，共有党员397名。

1979年3月，吉林省前郭炼油厂被吉林省委、吉林省革命委员会授予“大庆式企业”称号。9月，200号溶剂油正式投产。10月，引用松花江水工程竣工。同月，中共吉林省委、吉林省革命委员会授予前郭炼油厂“吉林省先进企业”称号。同月，五七办公室更名为五七厂。11月，党委宣传科更名为党委宣传部，党委组织科更名为党委组织部。成立环保科。年底，职工总数1915人，共有党员431名。

1980年11月，成立厂办公室、总工程师办公室，生产技术科改为生产科，劳资科改为人事工资科，计划生育办公室由医院管理改为由厂部直接领导。同月，成立纪律检查委员会、党委办公室。

1981年8月，撤销子弟学校，成立子弟中学、子弟小学。9月，建立厂、车间、班组三级经济核算体系。11月，成立房产管理科、炼油厂第一车间（对外称设备修造厂），将五七厂更名为综合厂。

12月17日至20日，中共吉林省前郭炼油厂第二次代表大会召开，选举产生新一届委员会，王曰俭为党委书记，王凤仪、刘凤英为党委副书记，王曰俭为纪委书记。

1982年1月，吉林省石油化工局对前郭炼油厂10万吨/年溶剂脱沥青装置初步设计予以批复。8月，成立劳动服务公司（集体所有制）。11月，由吉林省人民政府命名、吉林省前郭炼油厂生产的“鹿牌”-10号轻柴油被评为省级优质产品。同月，经吉林省石油化工局检查验收，吉林省前郭炼油厂被评为“无泄漏工厂”。12月，被吉林省石油化工局、劳动厅，白城地区劳动局批准为生产一、二类压力容器的单位。1982年底，全厂职工总数1864人，共有党员493名。

1983年11月，吉林省前郭炼油厂划转中国石油化工总公司。

（一）中共吉林省白城地区前郭炼油厂委员会—中共吉林省前郭炼油厂委员会领导名录（1978.3—1983.11）

书　　记 王　彬（1978.3—10）
崔德珍（1978.10—12）
周玉琢（代理，1979.1—1981.3）
王曰俭（1981.12—1983.4）
唐德平（代理，1983.4—11）
柏承强（1983.11）

副 书 记 周玉琢（1978.10—1979.1）
唐德平（1978.10—1980.11；1982.3—1983.4）
王凤仪（1978.3—1983.11）
王兰香（女，1978.3—12）
刘凤英（女，1981.12—1983.11）

常　　委 高殿祥（1978.3—　　　）
关秀峰（1978.10—1982.3）
王德春（1978.10—1982.3）
王兰香（女，1978.10—1982.3）
张正明（1979.1—1983.11）

纪委书记 王曰俭（1981.2—3）
周玉琢（1981.3—12）

王曰俭（1981.12—1983.4）

（二）吉林省白城地区前郭炼油厂—吉林省前郭炼油厂革委会领导名录（1978.3—10）

主　　任　王　彬（1978.3—7）
　　崔德珍（1978.7—10）

副 主 任　王凤仪（1978.3—10）
　　王德春（1978.3—10）
　　关秀峰（1978.3—10）
　　周玉琢（1978.3—10）
　　王兰香（女，1978.3—10）
　　金哲训（朝鲜族，1978.3—10）
　　高殿祥（1978.3—　　）

（三）吉林省前郭炼油厂领导名录（1978.12—1983.11）

厂　　长　周玉琢（1978.10—1981.3）
　　唐德平（1981.3—1983.11）

副 厂 长　唐德平（1978.12—1981.3）
　　王凤仪（1978.10—1980.11）
　　关秀峰（1978.10—1983.11）
　　王兰香（女，1978.10—1980.11）
　　金哲训（1978.10—1983.11）
　　王德春（1978.10—1983.11）
　　张正明（1980.11—1983.11）
　　秦福江（1980.11—1983.11）
　　刘凤英（女，1980.11—1983.11）
　　王兰香（女，1981.3—1983.11）
　　徐云泉（1983.11）
　　陈善堂（1983.11）

总会计师　程贤卿（1980.3—1983.11）

总工程师　张玉诚（1983.6—11）

总机械师　张正明（1981.3—1983.11）

（四）吉林省前郭炼油厂工会（1979.12—1983.11）

主　　席 韩濯心（1979.12—1981.11）

王凤仪（兼任，1981.11—1983.11）

十八、盘锦炼油厂（1978.3—1984.4）

1978年3月，盘锦炼油厂隶属营口市石油化学工业局领导，党组织关系隶属于中共营口市委，行政级别为正处级。厂址位于辽宁省盘锦地区盘山县渤海公社牛官屯，占地面积80公顷。原油加工能力50万吨/年，工业净产值3992万元，固定资产原值1789万元。在册职工950人。

1978年11月，成立质量检查科、安全科、第一车间（修旧利废车间）。

1979年9月，成立教育科、计划生育办公室。

1980年12月，成立全面质量管理科、计划科、财务科、研究室、设计室和修缮车间，撤销畜牧场、计财科。同月，成立党委办公室。

1981年12月，中共盘锦炼油厂第二届党员代表大会召开，选举产生新一届委员会和纪律检查委员会，夏兆集为党委书记，沈启荣为党委副书记、纪委书记。

1982年7月，成立电工车间、仪表车间，撤销原电仪车间。9月，成立技术科、卫生科、劳动服务公司，撤销厂储运车间、石油酸车间、修缮车间、设计室、计划生育办公室、检查科，劳资科改组为人事科。

1983年10月，撤销营口盘锦石油酸厂、修建车间，组建综合服务公司（科级单位）。1983年，被评为石油工业部节能先进单位，生产的“盘锦牌”石脑油荣获国家银质奖。

截至1984年4月，盘锦炼油厂机关设党委办公室、组织科、宣传科、工会、团委、武装部、厂办、调度室、保卫科、教育科、技术科、卫生科、机动科、安全科、计划科、财务科、人事科、质量管理科、运销科、供应科、行政科、科研室、视察室、调研室、基建科等25个科室，所属蒸馏车间、沥青车间、机修车间、电工车间、仪表车间、供排水车间、综合服务公司等7个基层单位。在册职工1193人。下属党支部24个，共有党员303名。原油加工能力50万吨/年，固定资产原值3177万元，工业净产值2906万元。

1984年4月，盘锦炼油厂划归辽河石油勘探局管理。

（一）**中共盘锦炼油厂委员会领导名录**（1978.3—1984.4）

书　　记　崔振国（1978.3—11）
夏兆集（1979.3—1984.4）

副 书 记　曲兆安（1978.3—1984.4）
夏兆集（1978.9—1979.3）
刘长印（1978.3—1984.4）
盖凌仁（1978.9—1984.4）
沈起荣（1981.8—1982.9）
刘文华（1982.12—1984.4）

常　　委　徐庆元（1978.3—1981.7）
唐景华（1978.3—1984.4）
孙宝常（1978.3—1984.4）
孙桂轩（1978.3—1984.4）
齐成良（1978.3—9）
崔恩元（1978.9—1984.4）

纪委书记　沈启荣（1981.12—1982.9）

政治处主任　夏兆集（兼任，1978.9—1979.9）

（二）**盘锦炼油厂领导名录**（1978.3—1984.4）

厂　　长　崔振国（1978.3—11）
盖凌仁（1978.9—1984.4）

副 厂 长　盖凌仁（1978.3—9）
孙宝常（1978.3—1984.4）
孙桂轩（1978.3—1984.4）
徐庆元（1978.3—1981.7）
夏兆集（1978.3—9）
刘长印（1978.3—1984.4）
曲兆安（1978.3—1984.4）
齐成良（1978.3—9）
崔恩元（1978.9—1982.9）

李永德（1979.6—1984.4）

刘玉田（1984.1—4）

视　察　员　沈启荣（1982.9—1984.4）

唐景华（1982.9—1984.4）

崔恩元（1982.9—1984.4）

（三）盘锦炼油厂工会（1978.3—1984.4）

主　　　任　张世泽（科级，1978.3—1980.3）

主　　　席　刘玉田（1982.2—1984.4）

十九、河北省沧州石油化工厂（1978.3—1983.12）

1978年3月，河北省沧州石油化工厂由河北省石油化学工业厅领导，生产、基建等行政工作由厂党委全面负责。职工总数1415人。

1979年4月，实行党委领导下的厂长分工负责制。11月，撤销政治处，分别成立党委办公室、纪律检查委员会、组干科、宣传科。

1981年1月，北京军区装甲六师炼油厂移交沧州石油化工厂。年底，职工总数1868人。

1984年1月，沧州石油化工厂划转中国石油化工总公司。

（一）中共河北省沧州石油化工厂委员会领导名录（1978.3—1983.12）

第一书记　解　彬（1978.3—1979.4）

书　　　记　赵永志（1978.3—1983.5）

副　书　记　张　杰（1978.3—1983.5）

崔亚明（1978.3—1983.5）

崔丙义（1979.9—1983.5）

李连信（1979.9—1981.4）

常　　　委　刘吉珍（1978.3—1983.12）

李文国（1978.3—1983.5）

孙国刚（1978.3—1980.12）

高贵祥（1978.3—1983.12）

牛振江（1979.11—1983.12）
刘文丰（1982.1—1983.12）

（二）河北省沧州石油化工厂领导名录（1979.4—1983.12）

厂　　长　赵永志（1979.4—1983.5）
副 厂 长　李连信（1979.9—1981.4）
崔丙义（1979.9—1983.5）
刘吉珍（1979.9—1983.12）
史河旺（1979.9—1983.5）
柏景林（1979.10—1980.3）
李文国（1981.7—1983.5）
郭俊兰（1981.10—1983.5）

二十、哈尔滨炼油厂（1978.3—1983.6）

1978年3月，哈尔滨炼油厂隶属于哈尔滨市化学工业局管理，在册职工1350余人。厂址：哈尔滨市太平区化工路173号。

1979年4月，撤销哈尔滨炼油厂革命委员会，实行党委领导下的厂长分工负责制。6月，组建哈尔滨炼油厂纪律检查委员会。同月，哈尔滨炼油厂第一次职工代表大会暨工会会员代表大会召开，选举产生第一届工会委员会。

1980年9月，召开中共哈尔滨炼油厂第二次代表大会，选举刘全良为党委书记，尚增玉为党委副书记。

1982年4月，哈尔滨炼油厂第二次职工代表大会暨第二次工会会员代表大会召开，选举王哲为工会主席。

1982年，原油加工量552.841吨，实现工业总产值13169万元，综合商品率92.15%，轻质油收率46.24%，销售收入12526万元，利税4869万元。

截至1983年7月，设机关部门16个：办公室、党委组织部、党委宣传部（团委）、纪检科、劳资科、安全技术科、调度室、设备科、技术科、计划科、财务科、节能办、计量科、工会、企业整顿办公室、教育科。直属单位15个：消防队、保卫科、武装部、经警队、工程师室、运销科、供应科、基建科、设计科、仓库、档案科、行政科、房产科、汽车队、电话班。所属生产单位9个：催化车间、供电车间、仪表车间、动力车间、化验车间、油品车间、常压车间、机修车间。职工总数1790人。

1983年6月，哈尔滨炼油厂由哈尔滨市划转中国石油化工总公司。

（一）中共哈尔滨炼油厂委员会领导名录（1978.3—1983.6）

书　记 陈清亭（1978.3—1979.5）

刘全良（1979.5—1981.3）

王俊明（1981.3—1983.4）

尚增玉（1983.4—6）

副书记 张景春（1978.3—1980.10）

谭述宽（1978.3—1979.4）

尚增玉（1979.12—1983.4）

刘　汉（1982.2—1983.6）

纪委书记 刘全良（1980.11—1981.3）

刘　汉（1982.2—1983.6）

（二）哈尔滨炼油厂革委会领导名录（1978.3—1979.4）

主　任 陈清亭（1978.3—1979.4）

副主任 于登美（1978.3—1979.4）

于善永（1978.3—1979.4）

丁喜德（1978.3—1979.4）

韩春仁（1978.3—1979.4）

谭述宽（1978.3—1979.4）

郭庆海（1978.3—1979.4）

张景春（1978.3—1979.4）

罗英杰（1978.3—7）

（三）哈尔滨炼油厂领导名录（1979.4—1983.6）

厂　长 张景春（1979.4—12）

尚增玉（1979.12—1983.4）

郭庆海（1983.4—6）

副 厂 长　邢长生（1979.4—1983.6）
　　郭庆海（1979.4—1983.4）
　　于善永（1979.4—1983.4）
　　丁喜德（1979.4—1981.4）
　　杜康民（1979.4—1983.6）
　　李文山（1982.1—1983.1）
　　洪启后（1983.4—6）

（四）哈尔滨炼油厂工会（1979.6—1983.6）

主　　席　王　哲（1982.4—1983.1）
　　李文山（1983.1—6）

二十一、武汉石油化工厂（1978.3—1983）

1978年3月，武汉石油化工厂成立，为武汉市属局级单位，与武汉石油化工厂建设指挥部实行一个机构两块牌子。

1979年12月，武汉石油化工厂建设指挥部撤销。

1982年，调整工厂领导班子，加大技术人员比例。厂级班子由10人减为6人，5名副厂长均有技术职称；主要科室领导中，技术干部占68.2%；66名车间干部中，技术人员占45.5%。

1983年，武汉石油化工厂所属13个处级单位、11个科级单位、6个生产科室、17个车间。全民所有制职工3925人，集体所有制职工539人。加工原油150.12吨，生产汽煤柴油55.36吨，实现利润9641万元，利税1.5亿元。

1983年，武汉石油化工厂划转中国石油化工总公司。

（一）中共武汉石油化工厂委员会领导名录（1978—1983）

书　记　王子佩（1978—1983）

副书记　冉宪仪（1978）
　　杨家胜（1978—1982）
　　刘志远（1982—1983）
　　刘汉卿（1983）

（二）**武汉石油化工厂领导名录**（1978—1983）

厂　长 李　伟（1978—1979）

刘汉卿（1980—1983）

副厂长 冉宪仪（1978—1979）

王秉悦（1978—1979）

张　鹏（1978—1980）

陆光璧（1978—1983）

王传诗（1978—1982）

马保坤（1980—1983）

刘文显（1980—1982）

鞠毓春（1980）

孙君贵（1980—1983）

蹇永忠（1980—1982）

瞿润和（1982）

叶良渝（1983）

孙贤圣（1983）

（三）**武汉石油化工厂工会**（1978—1983）

主　席 安　礼（1979—1982）

蹇永忠（1983）

二十二、济南石油化工厂（1978.3—1983.7）

1978年3月，济南石油化工厂由济南市燃料化学工业局管理，为济南市市属企业，业务归口石油工业部管理。5月，建立职工医院。9月，化验室改为质量检验科。11月，成立教育科、变压器油车间。12月底，济南石油化工厂常减压—催化裂化联合装置经过改造，原油加工能力提高到100万吨/年，催化裂化加工能力提高到18万吨/年，并建成一套完整的原油、成品油储运系统和水、电、汽、风等系统公用工程。至此，历时8年、工程总投资3958万元的第一期建设工程全部完成，初步建成较完整的燃料型生产体系，生产汽油、煤油、柴油、重油、200号溶剂油、氧化沥青、液化气等10余种产品，固定资产原值达到4223万元。

1979年1月，经山东省计划委员会、基本建设委员会批复，以润滑油装置建设为中心的济南石油化工厂第二期扩建工程全面启动。3月，成立基建办公室。6月，济南石油化工厂实行党委领导下的厂长负责制，董坚任济南石油化工厂厂长。7月，济南市燃化局党委根据济南市委、市经济委员会决定，任命王长欣为济南石油化工厂党委书记，徐祥洲、董坚为党委副书记；经济南市燃化局党委批准，中共济南石油化工厂纪律检查委员会成立，徐祥洲任纪委书记。10月，1.5万吨/年变压器油装置建成投产，填补了山东省和邻近省区润滑油产品的空白。

1980年1月，动力车间拆分为动力车间、供排水车间。3月，设立环保科，成立酮苯车间（后改为润滑油二车间）、精制车间（后改为润滑油三车间）、调合车间（后改为润滑油四车间）。4月，成立济南石油化工厂分厂；研究所更名为科研所。5月，成立钳工车间。7月，计划调度科拆分为计划科、调度科。9月，成立研究所。

经过两年多建设，至1981年11月，酮苯脱蜡装置、糠醛精制装置、白土精制装置、润滑油调合装置先后一次开车成功，生产出多种润滑油产品，5万吨/年润滑油装置顺利建成投产。同期，减压装置完成改造，常减压装置加工能力提高到150万吨/年。至此，第二期扩建工程基本完成，工程总投资4853.9万元，济南石油化工厂由燃料型企业转变为燃料—润滑油型炼油企业，固定资产原值达到9247万元。

1982年1月9日，成立设计室；21日，成立总工程师办公室。2月，成立房产管理科；撤销润滑油四车间，合并到油品车间。9月，成立基建科、修建车间、汽车队，撤销基建办公室。

1983年4月，撤销总工程师办公室、设计室，成立规划设计室；房产管理科合并到行政科；供排水车间合并到环保科；撤销钳工车间、金属加工车间，成立维修车间；撤销生产调度科，成立生产技术科；教育科改为教育办公室。

截至1983年，济南石油化工厂机关设厂长办公室、计划科、生产技术科、规划设计室、安全科、机动科、环保科、财务科、劳动工资科、运销科、供应科、基建科、教育办公室、武装部、保卫科、行政科、计划生育办公室等

17个部门。所属装置车间、沥青车间、润滑油一车间、润滑油二车间、润滑油三车间、油品车间、质量检验科、动力车间、电工车间、仪表车间、检修车间、维修车间、科研所、消防队、汽车队、济南石油化工厂分厂、医院、青年服务社等18个基层单位。职工总数2400人。

1983年7月，济南石油化工厂划转中国石油化工总公司管理。

（一）中共济南石油化工厂委员会领导名录（1978.3—1983.7）

书　　记　王长欣（1978.3—1982.12）
于德成（1982.12—1983.7）

副 书 记　徐祥洲（1978.3—1983.7）
董　坚（1978.3—1983.7）
谢火金（1978.3—1983.7）
张群力（1981.8—1983.7）
万克茂（1982.3—5）

纪委书记　徐祥洲（1979.7—1983.7）

（二）济南石油化工厂领导名录（1978.3—1983.7）

1978年3月至1979年6月：

主　　任　王长欣（1978.3—1979.6）

副 主 任　董　坚（1978.3—1979.6）
徐祥洲（1978.3—1979.6）
谢火金（1978.3—1979.6）
张群力（1978.3—1979.6）
周志明（1978.3—1979.6）
于永礼（1978.3—1979.6）
胡延德（1978.3—1979.6）

1979年6月至1983年7月：

厂　　长　董　坚（1979.6—1983.7）

副 厂 长　徐祥洲（1979.6—1983.7）
胡延德（1979.6—1983.7）
于永礼（1979.6—1983.7）

孙成才（1979.6—1983.4）
董文鹏（1979.6—1983.7）
辛　林（1980.4—1982）
唐清林（1980.4—1983.7）
李家瑞（1979.4—1983.7）
陈励生（1979.4—1983.7）
张群力（1981.8—1983.7）
曲才绪（1982.6—1983.7）

（三）济南石油化工厂工会（1978.3—1983.7）

主　　任　伏广荣（1978.4—1981.10）
孙成才（1981.10—1983.7）

二十三、浙江炼油厂—浙江镇海石油化工厂（1978.3—1983.12）

1978年3月，浙江炼油厂隶属浙江省，党组织关系隶属于浙江省委。厂址在浙江省宁波市。4月，浙江炼油厂成立化肥组。

1979年4月，撤销浙江炼油厂革委会。8月，浙江炼油厂首次职工代表大会召开。

1981年9月，撤销政治部，设立党委办公室（与厂办公室合署办公）、党委组织部、党委宣传部。同月，成立保卫处。

1982年2月，中共浙江省经济委员会同意建立浙江炼油厂化肥分厂。

12月，浙江炼油厂更名为浙江镇海石油化工厂。机关设7个党群机构：党委办公室、党委组织部、党委宣传部、纪律检查委员会、工会、团委、人民武装部，12个行政处室：办公室、计划处、生产技术处、机械动力处、基建处、供销处、教育处（教育培训中心）、劳动工资处、财务处、保卫处、行政处（生活服务公司）、劳动服务公司；所属3个二级单位：炼油分厂、化肥分厂、机修分厂。

1983年6月，浙江镇海石油化工厂工会代表大会召开，选举产生厂工会第一届委员会，华顺根为工会主席。

12月，浙江镇海石油化工厂划转中国石油化工总公司。

（一）**浙江炼油厂**（1978.3—1982.12）

1. **中共浙江炼油厂委员会领导名录**（1978.3—1982.12）

书　　记　崔达仁（1978.3—1980.8）
　　　　　　于光礼（1980.8—1982.7）
　　　　　　马村应（1982.7—12）
副 书 记　于光礼（1978.3—1980.8）
　　　　　　孙玉宝（1978.3—1982.7）
　　　　　　苏永茂（1978.3—1982.12）
　　　　　　徐惠清（1982.7—12）
常　　委　姜　平（1979.4—1982.7）
　　　　　　邹天泰（1980.8—1982.7）

2. **浙江炼油厂革委会领导名录**（1978.3—1979.4）

主　　任　孙玉宝（1978.3—1979.4）
副 主 任　于光礼（1978.3—1979.4）
　　　　　　苏永茂（1978.3—1979.4）
　　　　　　姜　平（1978.3—1979.4）
　　　　　　姚太云（1978.3—11）
　　　　　　梁　通（1978.3—7）
　　　　　　华顺根（1978.3—1979.4）
　　　　　　倪松年（1978.3—1979.4）
　　　　　　邹天泰（1978.4—1979.4）
总工程师　孙玉宝（1978.3—1979.4）

3. **浙江炼油厂领导名录**（1979.4—1982.12）

厂　　长　孙玉宝（1979.4—1982.7）
　　　　　　倪松年（1982.7—12）
副 厂 长　于光礼（1979.4—1982.7）
　　　　　　苏永茂（1979.4—1982.7）
　　　　　　姜　平（1979.4—1982.12）
　　　　　　华顺根（1979.4—1982.12）

倪松年（1979.4—1982.7）
邹天泰（1979.4—1982.7）
沈　民（1979.4—1982.7）
高启浩（1979.4—1982.12）
竺勤锐（1979.4—1982.12）
总工程师　孙玉宝（1979.4—1982.7）
邹天泰（1982.7—12）

（二）浙江镇海石油化工厂（1982.12—1983.12）

1. **中共浙江镇海石油化工厂委员会领导名录**（1982.12—1983.12）

书　　记　马村应（1982.12—1983.12）
副 书 记　苏永茂（1982.12—1983.8）
陈同海（1983.8—12）
徐惠清（1982.12—1983.12）

2. **浙江镇海石油化工厂领导名录**（1982.12—1983.12）

厂　　长　倪松年（1982.12—1983.12）
副 厂 长　姜　平（1982.12—1983.8）
华顺根（1982.12—1983.8）
高启浩（1982.12—1983.12）
竺勤锐（1982.12—1983.12）
白浮波（1982.12—1983.12）
瞿国华（1982.12—1983.12）
王福善（1982.12—1983.12）
总工程师　邹天泰（1982.12—1983.12）

二十四、河北省石家庄炼油厂建设工程指挥部—河北省石家庄炼油厂（1978.2—1983.11）

1978年2月，经河北省革委会批准，撤销石家庄炼油厂筹建指挥部，成立河北省石家庄炼油厂建设工程指挥部。河北省石家庄炼油厂筹建指挥部党的核心小组更名为河北省石家庄炼油厂建设工程指挥部党的核心小组。下设办公室、总调度室、政治处、生产处、工程处、供应处、保卫处、交运处、行政处等处室。办公地点在河北省石家庄地区。

1981年12月，中共河北省石家庄炼油厂建设工程指挥部临时委员会成立，下属党总支1个、党支部30个。机关党群工作机构设干部科、组织科、宣传科3个部门和纪委、工会、共青团、武装部4个筹备小组。

1983年6月，河北省委决定撤销河北省石家庄炼油厂建设工程指挥部，成立河北省石家庄炼油厂，隶属河北省化工厅领导。

11月，河北省石家庄炼油厂划转中国石油化工总公司。

（一）河北省石家庄炼油厂建设工程指挥部（1978.2—1983.6）

1. 河北省石家庄炼油厂建设工程指挥部党的核心小组领导名录（1978.2—1981.12）

组　　长　甄三禄（1978.2—1981.12）
副 组 长　刘昌彬（1978.2—1981.12）
　　　　　　王　云（1978.2—1981.12）
　　　　　　刘冠三（1978.2—1981.12）
　　　　　　张　苾（1978.2—1981.12）
　　　　　　邢　苔（1978.2—1981.12）
　　　　　　刘松如（1979.2—1981.12）
纪委书记　李其训（1981.11—1982.12）

2. 中共河北省石家庄炼油厂建设工程指挥部临时委员会领导名录（1981.12—1983.7）

书　　记　甄三禄（1981.12—1983.5）
　　　　　　金　明（1983.5—7）
第一副书记　刘昌彬（1981.12—1983.5）
副 书 记　刘冠三（1981.12—1983.5）
　　　　　　张　苾（1981.12—1983.5）
　　　　　　张治川（1983.5—7）

3. 河北省石家庄炼油厂建设工程指挥部领导名录（1978.2—1983.5）

指　　挥　甄三禄（1978.2—1983.5）

副　指　挥　刘昌彬（1978.2—1983.5）
王　云（1978.2—1983.5）
刘冠三（1978.2—1983.5）
张　苾（1978.2—1983.5）
邢　苔（1978.2—1980.10）
孟宪春（1978.2—1983.5）
江仲怡（1978.2—1983.5）
赵光中（1978.2—1983.5）
宋洪儒（1978.2—1983.5）
刘松如（1978.2—1980.12）
曹梦达（1978.2—1983.5）
武宪堂（1978.2—1983.5）
黄云生（1978.2—1983.5）
藏跃东（1978.2—1983.5）
李树义（1978.2—1983.5）
张治勇（1978.2—1980.10）
冯国强（1978.2—1983.5）
白维波（1978.2—1983.5）
解玉林（1978.2—1983.5）
张　树（1978.2—1983.5）
龙以林（1978.2—1983.5）
王汉三（1978.2—1983.5）
史瑞生（1981.11—1983.5）
曹振邦（1981.11—1983.5）
张俊荣（1981.11—1983.5）
张治川（1981.11—1983.5）
侯玉章（1982.2—1983.5）

（二）河北省石家庄炼油厂（1983.6—11）

1. 中共河北省石家庄炼油厂临时委员会领导名录（1983.7—11）

书　　　记　于金明（1983.7—11）

副　书　记　张治川（1983.7—11）

2．**河北省石家庄炼油厂领导名录**（1983.5—11）

厂　　长　赵光中（1983.5—11）

副　厂　长　史瑞生（1983.5—11）

曹振邦（1983.5—11）

孟宪春（1983.5—11）

张俊荣（1983.5—11）

总 工 程 师　史瑞生（1983.5—11）

二十五、九江炼油厂（1978.10—1983.7）

1978年10月，九江炼油厂筹建处更名为九江炼油厂，隶属江西省。同时，成立中共九江炼油厂委员会，党组织关系隶属于九江油电工程建设指挥部党委。实行党委领导下的厂长分工负责制。

1979年4月，九江油电工程建设指挥部撤销，工程建设由九江炼油厂自行负责。中共九江炼油厂委员会由九江市委领导。

1980年10月，九江炼油厂一期工程基本建成，试投产成功。1981年全厂投产。

截至1983年6月，九江炼油厂机关设14个行政部门：办公室、调度室、计划科、机动科、安全技术处、运销科、技术科、中心化验室、环保科、劳动科、财务科、保卫科、物资供应处、行政科，6个党群部门：党委办公室、党委组织部、党委宣传部、人民武装部、工会、团委。所属18个二级单位。

1983年7月，九江炼油厂划转中国石油化工总公司。

（一）中共九江炼油厂委员会领导名录（1978.10—1983.7）

书　　记　于俊义（1978.10—1981.5）

门忠臣（1981.5—1983.7）

副 书 记　廉　俊（1978.10—1981.5）

赵金保（1978.10—1983.7）

江春泉（1980.1—1983.7）

委　　员　江春泉（1978.10—1980.1）
宋吉顺（1978.10—1983.7）
王宏友（1978.10—1983.7）
王　哲（1981.5—1983.7）

（二）**九江炼油厂领导名录**（1978.10—1983.7）

厂　　长　于俊义（1978.10—1981.5）
宋吉顺（1981.6—1983.7）

副 厂 长　廉　俊（1978.10—1981.6）
赵金保（1978.10—1983.7）
王宏友（1978.10—1983.7）
宋吉顺（1978.10—1981.6）
江春泉（1980.1—1983.7）
王　哲（1980.3—1983.7）
兰庭楷（1982.8—1983.7）

第三节　机械制造单位

1978年3月，石油工业机械制造单位主要有8个。其中，北京电机修造厂、第二石油机械厂隶属石油工业部管理；咸阳石油钢管钢绳厂、抚顺石油机械厂由地方和石油工业部双重领导，以地方为主；宝鸡石油综合机械厂、西安石油勘探仪器总厂、承德石油机械厂、上海第四石油机械厂完全由地方管理。

1979年9月，撤销宝鸡石油综合机械厂，恢复宝鸡石油机械厂和宝鸡石油钢管厂两厂建制，均由陕西省和石油工业部双重领导，以陕西省为主。

1981年10月，撤销北京电机修造厂。

1982年2月，承德石油机械厂划归石油工业部领导。5月，并入承德石油学校，改为校办工厂。

1987年6月，成立石油投资开发公司，直属石油工业部管理。7月，更名为中国石油技术开发公司。同年，上海第四石油机械厂更名为上海石油仪器厂。

截至1988年9月，石油工业所属机械制造单位主要有8个。其中，第二石油机械厂、中国石油技术开发公司直属石油工业部管理；宝鸡石油机械厂、宝鸡石油钢管厂、咸阳石油钢管钢绳厂、抚顺石油机械厂由地方和石油工业部双重领导，以地方为主；西安石油勘探仪器总厂、上海石油仪器厂完全由地方管理。

一、宝鸡石油综合机械厂（1978.2—1979.9）

1978年2月，宝鸡石油钢管厂与宝鸡石油机械厂合并为宝鸡石油综合机械厂，隶属陕西省管理，行政级别为县（团）级。下设5个分厂、1个研究所。5月，机关设厂办公室、政治处、财务科、生产办、劳资科、组织科、宣传科、安全科、技术科、机动科、武装部、保卫科、行政科、教育科、计育办、工会、团委等17个科室。所属一车间、二车间、三车间、四车间、五车间、六车间、七车间、八车间、修复车间、供销科、检查科、基建科、食堂科、研究所、汽车队、家属队、职工医院、子弟学校等18个基层单位。在册职工2700人。

1979年9月，撤销宝鸡石油综合机械厂，宝鸡石油机械厂和宝鸡石油钢管厂分开办公。

（一）**中共宝鸡石油综合机械厂委员会领导名录**（1978.3—1979.9）

书　　记　苗德胜（1978.3—1979.9）

副 书 记　姚　亮（1978.3—1979.9）

　　　　　曾慎达（1978.3—1979.9）

（二）**宝鸡石油综合机械厂领导名录**（1978.3—1979.9）

厂　　长　曾慎达（1978.3—1979.9）

二、宝鸡石油机械厂（1979.9—1988.9）

1979年9月，撤销宝鸡石油综合机械厂，恢复宝鸡石油机械厂建制，由陕西省和石油工业部双重领导，以陕西省为主，隶属陕西省石化局主管。行政级别为正处级。机关办公地点在陕西省宝鸡市。12月，成立经销服务部。

1980年8月，成立宝鸡石油机械厂技工学校。

同年9月11日至14日，召开中共宝鸡石油机械厂第九次代表大会，选举姚亮、曾慎达、潘茂祥、张守仁、马忠厚、刘逢田、吴道荣、姚继唐等8人为委员，姚亮为党委书记，曾慎达、潘茂祥为党委副书记。1980年，在册员工5223人。

1982年6月，石油工业部决定由宝鸡石油机械厂中心试验室承担石油专用管材料试验工作，并成立石油专用管材料试验中心（后更名为石油管材试验研究中心）。8月，成立职工电视大学。

1983年3月31日，宝鸡石油机械厂厂长曾慎达调任陕西省省委书记。

1984年10月，249名职工调往胜利油田。

1985年6月，与江苏吴县太湖乡冲山村商定联合开办经营宝湖工业服务公司。

1986年1月，调整党群系统，设党委办公室、党委组织部、党委宣传部、纪委办、工会、团委、武装部，所属党总支11个、党支部19个。

1986年，宝鸡石油机械厂被授予全国企业管理优秀奖（十佳企业）。

1987年11月，党委办公室、党委组织部、党委宣传部、纪委办合并成立党委工作部。

1988年3月，石油管材试验研究中心划归石油工业部直接领导。4月，宝鸡石油机械厂被国家经济委员会等五个部委批准为第一批大型工业企业。

截至1988年9月，机关设厂部办公室、经济计划部、产品制造部、政策研究室、审计室、党委工作部、团委、工会、人事部、保卫部、计划生育办、参谋部等12个部室。所属铸造分厂、锻压分厂、铆焊分厂、设备一分厂、设备二分厂、齿轮分厂、工具分厂、配件分厂、热处理分厂、动力分厂、制氧分厂、综合服务工厂、建安公司、宝湖公司、生活服务公司、劳动服务公司、研究所、中心实验室、中心计量室、计算机中心、职工医院、子弟学校、经销总公司、俱乐部、招待所等25个单位，职工总数6601人。产品主要有石油钻机、专用车辆、抽油机、泥浆泵、钻井工具等。

1988年9月，宝鸡石油机械厂改由陕西省和中国石油天然气总公司双重领导，以陕西省为主。

（一）中共宝鸡石油机械厂委员会领导名录（1979.9—1988.9）

书　　记 姚　亮（1979.9—1983.4）
华伟棠（1983.4—1985.5）
王道纯（1985.5—11）
吴道荣（1985.12—1988.9）

副 书 记 曾慎达（1979.9—1983.4）
潘茂祥（1979.9—1988.9）

纪委书记 石康才（1985.3—1988.9）

（二）宝鸡石油机械厂领导名录（1979.9—1988.9）

厂　　长 曾慎达（1979.9—1983.4）
王道纯（1983.4—1988.9）

副 厂 长 张守仁（1979.9—1988.9）
刘逢田（1979.9—1982.2）
张培栋（1980.7—1982.11）
王道纯（1980.6—1983.4）
刘敬义（1983.4—1984.4）
乐美瑜（1982.11—1988.9）

何世华（1984.8—1988.9）
李一澄（1984.8—1988.9）
郭耀德（1988.3—9）
总工程师　吴道荣（1983.4—1984.4）

（三）宝鸡石油机械厂工会（1979.9—1988.9）

主　　席　马凤祥（1979.9—1980.2）
谌文全（1980.3—1982.10）
姚继堂（1982.11—1988.9）

三、宝鸡石油钢管厂（1979.9—1988.9）

1979年9月，撤销宝鸡石油综合机械厂，恢复宝鸡石油钢管厂建制，由陕西省和石油工业部双重领导，以陕西省为主，隶属陕西省石化局管理。行政级别为县（团）级，党组织关系隶属宝鸡市委。同月，成立党委办公室。

1980年10月，召开中共宝鸡石油钢管厂第八次代表大会，选举产生第八届委员会，苗德胜为党委书记。下属党支部20个，共有党员477名。

1981年，实行党委领导下的厂长负责制和职工代表大会制。

1981年10月，成立职工学校，1983年5月获陕西省教委正式批准。

1984年6月，成立技工学校，规模为在校学生200人，设焊接、钳工、电工等专业，学制二至三年。11月，宝鸡石油钢管厂焊接钢管试验中心划归石油工业部直接领导，更名为石油工业部焊接钢管试验中心。

1985年1月，与陕西省宁强县代家坝区联办宁强焊接材料分厂；3月，与山东省烟台市福山区东北关村联办宝鸡石油钢管厂福山分厂。

1986年5月，七车间铸造和木模分出，成立第九车间。11月，与陕西省宝鸡县杨家沟乡太公庙村联办五金铆焊综合厂。

1987年4月，陕西省石化厅环保监测中心站依托该厂设立。

1988年8月，引进的16英寸高频直缝焊管生产线正式投产，新增产能20万吨。

截至1988年9月，宝鸡石油钢管厂机关设厂办公室、党委办公室、企管办、财务科、生产科、劳资科、组织科、宣传科、安全科、总工办、设备资产科、计划科、审计科、武装部、保卫科、司法科、教育科、横向经济联合办公室、工会办公室、团委、老干部科、参事室、计划生育办公室等23个部门。所属一车间至十车间、电气科、供应科、销售科、检验计量科、研究所、建筑安装公司、劳动服务公司、职工学校、技校、汽车队、总务科、食堂科、职工医院、子弟学校、宾馆、宁强分厂、福山分厂、太公庙五金铆焊厂等28个基层单位。职工总数3300余人。固定资产26254万元，钢管年产能33万吨。

1988年9月，宝鸡石油钢管厂改由陕西省和中国石油天然气总公司管理，以陕西省为主。

（一）中共宝鸡石油钢管厂委员会领导名录（1979.9—1988.9）

书　　记　苗德胜（1979.9—1983.9）
　　　　　　刘治汉（1983.9—1985.1）
　　　　　　辛希贤（1985.1—1987.3）

副 书 记　高玉印（1979.9—1983.9）
　　　　　　刘治汉（1979.9—1983.4）
　　　　　　李生富（1983.4—1985.1）
　　　　　　李自强（1985.1—1987.3；主持工作，1987.3—1988.9）

委　　员　李生富（1979.9—1983.4）
　　　　　　赵　亮（1979.9—1985.1）
　　　　　　蒋洪谟（1979.9—1985.1）
　　　　　　郝　枫（1979.9—1981.3）
　　　　　　赵宝珍（1979.9—1981.3）
　　　　　　李德海（1981.3—1985.1）
　　　　　　冯喜康（1981.3—1985.1）
　　　　　　杨爱源（1983.4—1985.1）
　　　　　　崔积坤（1983.4—1988.9）
　　　　　　蔚长春（1981.3—1988.9）
　　　　　　田秀婷（女，1985.1—1988.9）
　　　　　　韩双辰（1985.1—1988.9）

监委书记　高玉印（1979.9—1980.12）

纪委书记 李德海（1980.12—1983.4）
杨爱源（1983.4—1985.1）
田秀婷（1985.1—1988.9）

（二）宝鸡石油钢管厂领导名录（1979.9—1988.9）

厂　　长 高玉印（1979.9—1983.9）
崔积坤（1983.9—1988.9）

副 厂 长 赵宝珍（1979.9—1983.4）
郝　枫（1979.9—1980.11）
赵　亮（1979.9—1985.1）
李生富（1979.9—1983.4）
蒋洪谟（1979.9—1983.4）
冯喜康（1981.3—1983.4）
金振玉（1981.8—1988.9）
蔚长春（1983.4—1988.9）
辛希贤（1983.4—1985.1）
钟木泉（1985.1—1988.9）
赵庆州（1985.1—1988.9）

总工程师 蒋洪谟（1982.8—1985.1）
蔚长春（1985.1—1988.9）

（三）宝鸡石油钢管厂工会（1979.9—1988.9）

主　　席 李家祯（1980.1—7）
李德海（1982.8—1985.1）
韩双辰（1985.1—1988.9）

四、咸阳石油钢管钢绳厂（1978.3—1988.9）

1978年3月，咸阳石油钢管钢绳厂由陕西省和石油工业部双重领导，以陕西省为主。主要生产钢丝绳、钢丝、泵管、紧固件、阀门和铆焊等产品。

1984年12月，召开中共咸阳石油钢管钢绳厂第二次代表大会，选举苏志高为党委书记。

1988年，职工总数1600余人，下设25个科室、11个车间、4个公司、2个产品研究所及经济开发部、职工教育中心、职工医院等单位。

9月，咸阳石油钢管钢绳厂改由陕西省和中国石油天然气总公司双重领导，以陕西省为主。

（一）中共咸阳石油钢管钢绳厂委员会领导名录（1978.3—1988.9）

书　　记 张清吉（1978.3—10）
郭应怀（1979.10—1981.4）
马学英（1982.1—1984.7）
苏志高（1984.7—1988.9）

副 书 记 郭应怀（1978.3—1979.10）
张天翼（1979.1—1981.8）
杨本诚（1979.9—1981.12）
苏志高（1981.8—1984.7）
张建会（1982.8—1984.7）

（二）咸阳石油钢管钢绳厂革委会领导名录（1978.3—1979.1）

主　　任 张清吉（1978.3—10）

副 主 任 王进荣（1978.3—1979.1）
关世孝（1978.3—1979.1）
张天翼（1978.3—1979.1）
孙殿试（1978.3—1979.1）

（三）咸阳石油钢管钢绳厂领导名录（1979.1—1988.9）

厂　　长 张天翼（1979.3—1981.7）
苏志高（1981.7—1984.7）
张桂林（1984.7—1988.9）

副 厂 长 张天翼（1979.1—3）
王进荣（1979.1—1983.3）
关世孝（1979.1—1983.3）
孙殿试（1979.1—1983.3）
周达生（1979.1—1988.9）

王永孝（1982.8—1984.7）

曹家麟（1983.3—1988.9）

潘友民（1984.7—1987.1）

王宏孝（1986.9—1988.9）

汪　信（1987.3—1988.9）

梁　森（1987.3—1988.9）

（四）咸阳石油钢管钢绳厂工会（1984.7—1988.9）

主　　席　王永孝（1984.7—1988.9）

五、西安石油勘探仪器总厂（1978.2—1988.9）

1978年2月，陕西省委决定，将陕西省西安石油仪器一厂和陕西省西安石油仪器二厂合并，成立西安石油勘探仪器总厂。行政级别为正处级。业务上归陕西省石油化学工业局管理。党组织关系隶属于中共西安市化工局党组领导。机关设党委办公室、厂长办公室、总工程师室、财务器材室等28个科室。下设一分厂、二分厂、三分厂、四分厂、五分厂5个分厂和总厂研究所。主要从事物探装备研发和制造、测井装备制造、钻机电控系统研发和制造、工程车改装、射孔弹制造和基地后勤服务等业务。职工总数4560人。下属分厂党委6个、党支部49个，共有党员854名。厂址：西安市和平门外雁塔路39号。

1979年1月，石油工业部决定，将西安石油勘探仪器总厂三分厂元件车间并入石油地球物理勘探局元件厂。5月，西安石油勘探仪器总厂增设政治部、基建办公室。6月，石油工业部决定成立西安石油学院筹建处，由西安石油勘探仪器总厂着手恢复建院的筹备工作。

1982年2月，一分厂的五、六车间与二分厂的五、六车间合并成立综合车间，直属西安石油勘探仪器总厂领导。12月，厂址迁至西安市雁塔区红专南路8号。

1983年6月，成立生活服务公司、劳动服务公司、职工培训教育中心和参事室。机关设厂办公室、经济计划科、总调度室、机动安全科、供应科、劳动工资科、引进办公室、科研管理科、基建科、总工程师室、质量管理科、设计科、工艺科、财务科等14个科室。所属检波器分厂、工程车分厂、总厂研究所和13个直属车间。党委下设党委办公室、组织干部科、宣传科，下属基层党委1个、党总支5个、党支部50个，共有党员1022名。

1985年3月，撤销西安石油勘探仪器总厂直属一车间至八车间，成立地震仪分厂。4月，撤销组织干部科，成立组织科和干部科。6月，西安石油勘探仪器总厂被国家经济委员会评为1984—1985年全国设备管理先进单位。7月，成立老干部工作科。

1986年1月，召开中共西安石油勘探仪器总厂第一次代表大会，选举产生中共西安石油勘探仪器总厂委员会和纪律检查委员会，委员会由姚亮、林峰、赵元惠、华高翔、马安涛、张永泰、简世信、徐国伟组成，姚亮为党委书记，华高翔为纪委书记。5月，成立西安石油勘探仪器总厂测井服务公司。7月，成立政治学校。11月，成立总厂测井技术研究所。

截至1987年12月，机关设厂长办公室、企业管理办公室、干部科、引进办公室、保卫科、审计科、经济计划科、财务科、技术服务部、产品出口科、供应科、节约节能办公室、劳资科、车管科、总调度室、机动安全科、总工程师办公室、新产品开发部、检验科、计量科、全面质量管理办公室、工艺科、标准化办公室、情报室、基建科、培训教育中心、生活服务公司。党群管理机构设党委办公室、党委组织部、党委宣传部、纪委、老干部科、工会、团委、政治学校、武装部。下设生产经营部、地震仪分厂、检波器分厂、工程车分厂、研究所、测井技术研究所等二级单位。职工总数5341人。下属分厂党委2个、党总支5个、党支部81个，共有党员1296名。

1988年9月，西安石油勘探仪器总厂改由陕西省和中国石油天然气总公司双重领导，以陕西省为主。

（一）中共西安石油勘探仪器总厂委员会领导名录（1978.2—1988.9）

书　　记 狄贵善（1978.2—1983.4）
姚　亮（1983.4—1988.9）

副 书 记 李清超（1978.2—1983.4）
连庆溥（女，1978.2—1979.8）
范止霙（1978.2—1983.4）
赵元惠（1983.4—1985.2）
强建三（1985.2—1986.1）

纪委书记　罗生儒（1979.6—1985.2）
　　　　　华高翔（1985.2—1988.9）

（二）西安石油勘探仪器总厂领导名录（1978.2—1988.9）

厂　　长　李清超（1978.2—1985.2）
　　　　　林　峰（1985.2—1988.9）

副 厂 长　范止霙（1978.2—1983.4）
　　　　　赵久长（1979.6—1984.12）
　　　　　杜智固（1979.6—1983.4）
　　　　　赵乃騄（1979.6—1980.12）
　　　　　陈俊德（1979.6—1983.4）
　　　　　林　峰（1979.6—1985.2）
　　　　　李忠厚（1983.4—1985.2）
　　　　　简世信（1983.4—1988.9）
　　　　　薛向贵（1985.2—1988.9）
　　　　　徐国伟（1985.2—1988.9）
　　　　　韩彦华（1985.2—1988.9）

总工程师　赵久长（1978.7—1983.4）
　　　　　李宇衡（1983.4—1984.6）
　　　　　林　峰（1984.6—1985.2）
　　　　　何国信（1985.2—1988.9）

总会计师　施鸣九（1983.4—1988）

（三）西安石油勘探仪器总厂工会（1985.2—1988.9）

主　　席　赵元惠（1985.2—1988.9）

六、抚顺石油机械厂（1978.3—1988.9）

1978年3月，抚顺石油机械厂隶属辽宁省和石油工业部双重领导，以辽宁省为主。行政级别为县（团）级。厂址在抚顺市露天区塔湾街。4月，撤销抚顺石油机械厂革委会。

1988年9月，抚顺石油机械厂隶属辽宁省和中国石油天然气总公司双重领导，以辽宁省为主。

（一）中共抚顺石油机械厂委员会领导名录（1978.3—1988.9）

书　　记　于长生（1978.3—4）
周有奎（1978.4—1986.12）
李世尧（1986.12—1988.9）

副 书 记　郝树成（1978.3—4）
王文昌（1978.3—1979）
董洪科（1978.4—1981.6）
徐守让（1982.12—1983）
滕学荣（1983.6—1986）
王树文（1984.12—1988.9）

常　　委　刘廷铭（1978.3—10）
王玉舟（　—1978.10）

纪委书记　田志钧（1987.1—1988.9）

（二）抚顺石油机械厂革委会领导名录（1978.3—4）

主　　任　于长生（1978.3—4）

副 主 任　王玉舟（1978.3—4）
崔德富（1978.3—4）
刘　扣（1978.3—4）
郝树成（1978.3—4）
李焕章（1978.3—4）
王文昌（1978.3—4）
刘廷铭（1978.3—4）
李彦儒（1978.3—4）
马水虎（1978.3—4）
白晓东（1978.3—4）
李世尧（1978.3—4）

（三）抚顺石油机械厂领导名录（1978.4—1988.9）

厂　　长　董洪科（1978.4—1981.6）
李在家（1981.7—1982.12）
李世尧（1982.12—1986.12）
周有奎（1986.12—1988.9）

副 厂 长　李在家（1978.4—1981.7；1982.12—1988.9）
刘廷铭（1978.4—12）
李彦儒（1978.4—1981）
李世尧（1978.10—1982.12）
王贵林（1978.12—1982.1）
于文彬（1979.5—1983.4）
杜宝玉（1979.9—1981）
韩其印（1980.12—1988.9）
许前智（1981.5—1983）
王树文（1981.11—1984.12）
孔令枢（1984.8—1988.9）
叶明光（1984.12—1988.9）
赵翔来（1986.7—1988.9）

总工程师　李在家（1978.4—1988.9）

（四）抚顺石油机械厂工会（1978.3—1988.9）

主　　席　王贵林（1982.1—1984.6）
滕学荣（1984.6—1988.9）

七、北京电机修造厂（1978.3—1981.10）

1978年3月，北京电机修造厂隶属石油工业部管理，行政级别为县（团）级。主要生产油田采油抽油机的配套电机等产品。机关设办公室、政工组、财务科、供应科、劳资科、技术科、行政科、团总支等8个科室，下设金工车间、铸造车间、装配车间、机修车间、汽车队、医务室等6个基层单位，职工

489人。北京电机修造厂党的核心小组下属党支部6个，共有党员87名。厂址在北京西郊原矿业学院实习工厂旧址。

1979年，为油田生产柴油机零部件12万套件、移动式电焊机60台、各种电机800台。

1980年底，共有职工403人。拥有固定资产原值367万元，净值281万元。其中设备254台，原值315万元，净值244万元。

北京电机修造厂占用的房屋所有权归煤炭工业部，煤炭工业部为筹建矿院研究生部多次催促该厂搬迁。同时，该厂生产任务不足，国家正处于国民经济调整期间，对部分工厂企业实行“关、停、并、转”的方针。因此，1981年10月1日，撤销北京电机修造厂。原占用矿业学院实习工厂的厂房校舍全部归还煤炭工业部。

（一）北京电机修造厂党的核心小组领导名录（1978.3—1981.10）

组　长　范兆清（1978.3—1981.10）

副组长　朱有和（1978.3—1981.10）

（二）北京电机修造厂领导名录（1978.3—1981.10）

厂　长　朱有和（1978.3—1981.10）

副厂长　顿　羿（1980.11—1981.10）

孙　农（1978.3—1981.10）

曹景昌（1979.4—　　　）

张金聚（1978.3—1981.10）

李育英（1979.4—1981.10）

八、第二石油机械厂（1978.3—1988.9）

1978年3月，第二石油机械厂归石油工业部领导，更名为石油工业部第二石油机械厂，仍由河南石油会战指挥部（后更名为河南石油勘探局）代管。行政级别为处级，机关办公地点在河南省南阳地区。同年，撤销技术科，成立设计科、工艺科和工具科；成立河南油田技校二机厂分校，兼管工人大学。1978年底，职工总数2443人，全年实现产值2305.6万元，固定资产原值3611.9

万元，设备822台。下属党支部28个，共有党员656名。

1980年，设档案室。同年，随着供应与销售工作的发展，供销科分离，成立供应科，销售与计划科合并成立计划经营办公室；市场经济的发展促使计划科与销售分离，成立计划科、销售部，销售部开始在各油田建立技术服务站。

1981年，设立电视室。同年，成立新厂工作机构，设置分厂（即新厂）及机关组室。

1982年，成立劳动服务队，后扩建为劳动服务公司，安置待业青年。

1983年，设立标准化组；撤销政治处，政治处办公室改为党委办公室，党委办公室、组干科、保卫科、宣传科、机关总支办公室、工会办公室、团委办公室直接由厂党委领导；撤销设计科、工艺科，成立设计研究所、工艺研究所、科技办公室，科技办公室内先后设标准化室、专利情报室、计算中心；设置标准化委员会、技术职称评审委员会、新技术新工艺新材料合理化建议审定委员会、教育委员会、安全生产委员会、民事调解委员会和居民委员会。

1984年，成立审计科。7月，召开中共第二石油机械厂第一次代表大会，选举产生第一届委员会和纪律检查委员会。

1985年，成立改革办公室、经济办公室，厂办公室改为厂长办公室，调度室改为总调度室，新老两厂机构合并，扩大基层自主权，工人试行优化组合，干部试行聘任制、交流制，工资收入随工作效益浮动。

1986年，在劳动服务公司基础上成立集体性质的南石综合厂。

1987年，成立多种经营公司、技校实习工厂（后改为设备配件公司）。同年，成立综合治理领导小组。

1988年，拥有设备1054台，实现产值7017.5万元，职工总数3245人，下属党支部44个，共有党员947名。

1988年9月，第二石油机械厂改由中国石油天然气总公司管理。12月，更名为中国石油天然气总公司第二石油机械厂，仍由河南石油勘探局代管。

（一）中共石油工业部第二石油机械厂委员会领导名录（1978.3—1988.9）

书　　记　刘秉候（1978.3—1985.6）

　　　　　　潘　岱（1985.6—1988.9）

副 书 记　常茂生（1978.3—10）

靳学礼（1980.1—1983.9）
李如海（1978.3—1983.12）
徐培基（1983.11—1988.3）

常　　委 陈自新（1978.3—1983.9）
吴景祥（1978.3—1983.10）
靳学礼（1984.8—1985.6）
孟昭明（1980.1—1984.7）
付兴旺（1984.8—1988.9）
李一杰（1984.8—1988.9）
华伟棠（1985.6—1988.9）

纪委书记 李如海（1980.5—1983.12）
徐培基（1983.12—1988.3）
凌发祥（1988.3—9）

（二）石油工业部第二石油机械厂领导名录（1978.3—1988.9）

厂　　长 常茂生（1978.3—10）
靳学礼（1979.10—1985.6）
华伟棠（1985.6—1988.9）

副 厂 长 吴景祥（1978.3—1983.10）
徐培芝（1978.3—1983.10）
陈自新（1978.3—1988.3）
杨钦然（1978.3—8）
舒练臣（1978.9—1983.10）
陈土生（1978.9—1983.10）
靳学礼（1979.6—10）
孟昭明（1979.9—1983.10）
凌发祥（1980.8—1988.3）
房镇九（1980.8—1983.10）
付兴旺（1983.10—1988.9）
范新科（1983.10—1988.9）
唐文清（1983.10—1988.3）

尤耀泉（1988.6—9）

郑本幸（1988.8—9）

总工程师　孟昭明（1984.7—1988.6）

华伟棠（1988.6—9）

总经济师　唐文清（1988.6—9）

（三）**石油工业部第二石油机械厂工会**（1979.3—1988.9）

主　　席　李如海（1979.3—1981.4）

杨锦木（1981.4—1984.4）

韩文政（1984.4—1988.3）

徐培基（1988.3—9）

九、承德石油机械厂（1978.3—1982.5）

1970年3月，在征得河北省革委会同意后，石油工业部军管会决定，自1970年4月1日起，将承德石油学校改组为石油工业部第五机械厂，生产石油专用设备及配件，并由工厂办一所石油机电学校。11月，第五机械厂下放至河北省，更名为承德石油机械厂，主要生产石油专用电机。

在经历燃料化学工业部、石油化学工业部时期后，1978年3月，石油工业部成立时，承德石油机械厂仍由河北省领导。厂址在河北省承德市。

1982年2月，承德石油机械厂由河北省划归石油工业部领导。5月，并入承德石油学校，改为校办工厂。

十、上海第四石油机械厂—上海石油仪器厂（1978.3—1988.9）

1978年3月，上海第四石油机械厂行政隶属上海市机电工业局管理，生产业务由石油工业部统一分配。厂址在上海市交通路3891弄22号。主要生产各种油品分析仪器及油田勘探开发所需的气测仪、综合录井仪、固井仪表车、试井车、柴油机的三对精密配套油嘴、偶件等。

20世纪80年代中期，开发石油产品试验仪器30余种，试验勘探仪器5种，并开发多用途电脑控制的综合录井仪、固井仪及泥浆仪器系列产品9种。1984年，引进美国、法国综合录井仪组装、维修技术。该厂生产的190型油嘴、油泵、出油阀3种配套产品及恩氏粘度计于1981—1985年度获石油工业部优质产品奖。

1987年，上海第四石油机械厂更名为上海石油仪器厂。

1988年，年产量为178.2吨，年产值为1000万元，职工总数700余人。

1988年9月，中国石油天然气总公司成立后，上海石油仪器厂仍隶属上海市管理。

十一、石油投资开发公司—中国石油技术开发公司（1987.6—1988.9）

1987年6月，经对外经济贸易部批准，石油工业部成立石油投资开发公司。7月，更名为中国石油技术开发公司。行政级别为正局级。

中国石油技术开发公司是石油工业部直属的全民所有制法人企业，注册资本人民币4亿元，办公地点在北京市六铺炕。主要经营范围是采取联合经营、委托进口或直接进口的方式，引进石油专用技术和器材（钢材、木材、车辆除外）；经营石油工业部所属企事业单位自产石油专用器材的出口业务。

中国石油技术开发公司设项目（计划）、财务、销售（出口）、物资（进口）、综合等业务部门，职工总数100人。

总　经　理　焦力人（1987.7—1988.9）

副总经理　夏培清（1987.7—1988.9）

傅志达（满族，1987.7—1988.9）

第四节　基建、运输、通信单位

1978年3月，石油工业基建、运输、通信单位主要有8个：第一工程公司、第十二石油化工建设公司、第十四石油化工建设公司、第四石油化工建设公司、广西石油化工安装公司、地下水封石洞油库建设公司、抚顺市石油化工设备修造厂、运输公司。其中，广西石油化工安装公司为双重领导以地方为主，抚顺市石油化工设备修造厂由地方管理，其余单位由石油工业部直接管理。

8月，成立石油工业部勘察公司，直属石油工业部领导。

9月，原属石油化学工业部的第十二石油化工建设公司、第十四石油化工建设公司、第四石油化工建设公司、地下水封石洞油库建设公司分别更名为石油工业部第二工程公司、石油工业部第三工程公司、石油工业部第四工程公司、石油工业部地下石洞油库工程公司，直属石油工业部领导。

10月，广西石油化工安装公司改由石油工业部和广西壮族自治区双重领导，以石油工业部为主。

11月，抚顺市石油化工设备修造厂更名为石油工业部施工机具修造厂，由石油工业部和辽宁省抚顺市双重领导，以石油工业部为主；广西石油化工安装公司更名为石油工业部第六工程公司。

1980年6月，成立中国石油工程建设公司，与石油工业部基本建设局实行一套机构两块牌子。

1982年7月，石油工业部地下石洞油库工程公司更名为石油工业部第七工程公司。

1983年7月，石油工业部第二工程公司、石油工业部第三工程公司、石油工业部第四工程公司、石油工业部勘察公司相继划转中国石油化工总公司管理。10月，成立石油工业部通讯公司。

1984年12月，石油工业部通讯公司更名为石油工业部通信公司。同月，石油工业部修订《石油工业部管理的干部职务名称表》，规定自1985年1月1日起，管道局、东北输油管理局、华东输油管理局、运输公司、第一工程公司、第六工程公司、第七工程公司、施工机具修造厂等单位领导班子成员由石油工业部管理；西安石油勘探仪器总厂、宝鸡石油机械厂、宝鸡石油钢管厂、咸阳石油钢管钢绳厂、抚顺石油机械厂等单位领导班子成员由石油工业部协助有关省、直辖市、自治区党委管理。

1985年1月，石油工业部施工机具修造厂更名为石油工业部第八工程公司。

截至1988年9月，石油工业所属基建、运输、通信单位主要有7个。其中，第一工程公司、第七工程公司、中国石油工程建设公司、运输公司、通信公司直属石油工业部管理，第六工程公司、第八工程公司等单位实行以石油工业部为主的双重领导。

一、第一工程公司（1978.3—1988.9）

1978年3月，石油化学工业部第一石油化工建设公司划归石油工业部管理，更名为石油工业部第一工程公司。行政级别为县（团）级。职工总数5550人。机关办公地点在河南省洛阳市郊关林镇。当年，完成建筑安装工作量3691.38万元。

1984年11月，第一工程公司行政级别调整为地（师）级。

1986年5月，中共石油工业部第一工程公司第二次代表大会召开，选举产生第二届委员会和纪律检查委员会。各工程处（厂）及机关均设党委，其他直属单位分别设直属党总支、党支部。截至1986年12月，下属基层党委8个、党总支5个、党支部62个，共有党员1264名。

截至1987年12月，机关设党委办公室、党委组织部、党委宣传部、纪律检查委员会、工会、团委、经理办公室、经营计划科、施工管理科、经济技术开发办公室、工程技术科、器材设备科、质量科、计量办公室、设计室、劳动工资科、财务科、审计科、行政科和保卫科等部门，下设第一工程处、第二工程处、第三工程处、金属结构厂、机运处、教育培训中心、职工医院和劳动服务公司等二级单位。

1988年，完成建筑安装工作量8274万元。职工总数6163人。

1988年9月，第一工程公司改由中国石油天然气总公司领导，12月更名为中国石油天然气总公司第一建设公司。

（一）第一工程公司（处级，1978.3—1984.11）

1. 中共第一工程公司委员会领导名录（1978.3—1984.11）

书　　记　林金亭（1978.3—1982.8）
国际巩（1982.8—1983.11）
张志华（1983.11—1984.11）

副 书 记　依福春（1978.3—1983.9）
石玉柱（1978.3—1983.9）
林金亭（1982.9—1983.9）
夏清成（1983.9—1984.11）

委　　员　王德礼（1979.9—1982.1）
于德海（1979.9—1983.9）
夏清成（1979.9—1983.9）
张志华（1983.9—11）
陈家元（1983.9—1984.11）
魏立孝（1983.9—1984.11）

纪委书记　陈凤朝（1984.6—11）

2. 第一工程公司领导名录（1978.3—1984.11）

经　　理　林金亭（1978.3—1984.11）

副 经 理　依福春（1978.3—1983.9）
王世功（1978.3—1983.9）
朱永刚（1978.3—1984.11）
汤学永（1978.3—1983.9）
张功权（1978.3—1983.9）
高岐山（1978.3—1983.9）
于德海（1978.10—1983.9）
刘振波（1978.10—1983.9）
王学忠（1978.10—1984.11）
王德礼（1979.3—1982.1）
陈家元（1983.9—1984.11）
王祖荣（1983.9—1984.11）

陈敬才（1983.9—1984.11）

甘志兴（1983.9—1984.11）

总工程师　何应训（1983.9—1984.11）

3. **第一工程公司工会**（1978.3—1984.11）

主　　席　汤学永（1978.3—1982.1）

王德礼（1982.1—1984.11）

（**二**）**第一工程公司**（**局级，**1984.11—1988.9）

1. **中共第一工程公司委员会领导名录**（1984.11—1988.9）

书　　记　张志华（1984.11—1985.3）

夏清成（1985.3—1988.3）

王俊岭（1988.7—9）

副 书 记　夏清成（1984.11—1985.3）

张志华（1985.3—1988.9）

委　　员　王俊岭（1986.5—1988.7）

邢宏坤（1986.5—1988.9）

陈敬才（1986.5—1988.9）

纪委书记　陈凤朝（1984.11—1988.9）

2. **第一工程公司领导名录**（1984.11—1988.9）

经　　理　林金亭（1984.11—1985.3）

王俊岭（1985.3—1988.7）

邢宏坤（1988.7—9）

副 经 理　王学忠（1984.11—1985.5）

陈家元（1984.11—1985.3）

王祖荣（1984.11—1988.8）

陈敬才（1984.11—1985.10）

甘志兴（1984.11—1985.10）

李玉明（1985.3—1988.9）

鹿其民（1985.10—1988.9）

张丙寅（1988.8—9）

总工程师　何应训（1984.11—1985.3）
陈家元（1985.3—1988.8）
上官寻国（1988.8—9）
总会计师　甘志兴（1985.3—1988.9）
总经济师　陈敬才（1985.3—1988.9）
顾　　问　国际巩（1983.11—　　）
3. **第一工程公司工会**（1984.11—1988.7）
主　　席　王德礼（1984.11—1985.5）
邢宏坤（1985.3—1988.7）

二、第十二石油化工建设公司—第二工程公司（1978.1—1983.9）

1978年1月，石油化学工业部决定，将第一石油化工建设公司第二工程处独立建制，组建第十二石油化工建设公司，由石油化学工业部直接领导。生产生活基地在山东辛店，党组织由中共山东石油化工总厂核心小组领导。公司下设生产办公室、生活办公室，所属第一施工队、第二施工队、第四施工队、第六施工队、第七施工队、第八施工队、第九施工队、第十施工队。3月，机关设政治部办公室、组干科、宣传科、保卫科、武装部、工会、团委、计划调度科、工程科技科、质量安全科、供应科、人事科、财务科、设备科、行政管理科、职工医院、子弟学校、金属结构预制场。4月，第一施工队、第二施工队和金属结构预制场重新组建为第一安装队、第二安装队、第十一安装队和金属结构管道预制场。

9月，石油化学工业部第十二石油化工建设公司更名为石油工业部第二工程公司，由石油工业部直接领导。基地在江苏省南京市。

1979年1月，撤销生产办公室和生活办公室。4月，第一安装队、第二安装队分别更名为第一施工队、第二施工队，并成立第三施工队、第五施工队。8月，成立纪律检查委员会。

1980年2月，施工研究科与技术科合并为技术科；第八施工队并入第六施工队。4月，成立基层工会组织。

1981年1月，设立节能办公室。3月，撤销计划调度科，设立计划科和调度室；增设定额办公室；第一施工队、第二施工队、第三施工队分别更名为第一工程处、第二工程处、第三工程处。5月，第六施工队拆分为第六施工队和第八施工队。10月，设立全面质量管理办公室。11月，第四施工队更名为土建施工队；第五施工队更名为电气仪表施工队；第六施工队更名为金属结构预制场；第七施工队更名为汽车队；撤销第八施工队，分别划归第三工程处和金属结构预制场。12月，设立经理办公室。同月，党组织关系改为隶属于南京市委。

1982年7月，成立劳动服务公司。10月，撤销定额办公室。11月，子弟学校拆分为第一子弟学校（南京基地部分）、第二子弟学校（辛店部分）。

1983年9月，石油工业部第二工程公司划转中国石油化工总公司。

（一）中共第十二石油化工建设公司委员会—中共第二工程公司委员会领导名录（1978.1—1983.9）

书　记　纪明申（1978.1—1983.9）

副书记　张志华（1978.1—1983.7）

袁振新（1978.1—1983.9）

（二）第十二石油化工建设公司—第二工程公司领导名录（1978.1—1983.9）

经　理　袁振新（1978.1—1983.9）

副经理　王树祥（1978.8—1983.9）

吕来新（1978.8—1983.9）

孔文庆（1978.8—1983.9）

张　喜（1978.9—1983.9）

刘天应（1978.9—1983.9）

王汝森（1978.9—1983.9）

卢传彬（1978.9—1983.9）

王俊杰（1980.7—1983.9）

李宪诚（1980.7—1983.9）

（三）第二工程公司工会（1982.6—1983.9）

主　席　周修云（1982.6—1983.9）

三、第十四石油化工建设公司—第三工程公司（1978.1—1983.7）

1978年1月，石油化学工业部第一石油化工建设公司第三工程处独立建制，组建第十四石油化工建设公司。生产生活基地在浙江宁波镇海，党组织关系隶属于宁波市委。同时，成立第十四石油化工建设公司党委。所属生产单位由工程处的8个专业队改为8个施工队。9月，石油化学工业部第十四石油化工建设公司更名为石油工业部第三工程公司，由石油工业部直接领导。所属8个工程队、1个检验站。

1983年7月，石油工业部第三工程公司划转中国石油化工总公司。

（一）中共第十四石油化工建设公司委员会—中共第三工程公司委员会领导名录（1978.1—1983.7）

书　　记　廖荣珍（1978.1—1983.7）

副 书 记　庞家盛（1978.1—1983.7）

原永生（1978.1—1983.7）

政治部主任　原永生（兼任，1978.1—1983.7）

（二）第十四石油化工建设公司—第三工程公司领导名录（1978.1—1983.7）

经　　理　庞家盛（1978.1—1983.7）

副 经 理　李广志（1978.1—1983.7）

片锡发（1978.1—1983.7）

肖德有（1978.1—1983.7）

四、第四工程公司（1978.9—1983.7）

1978年9月，石油化学工业部第四石油化工建设公司更名为石油工业部第四工程公司，由石油工业部直接领导。

1979年11月，机关所在地天津市南郊区改称天津市大港区。

1980年2月，成立中共石油工业部第四工程公司纪律检查委员会，下设办公室。同年，召开首次职工代表大会。

1983年7月，第四工程公司机关设党委办公室、党委组织部、党委宣传部、工会、团委、武保部、经理办公室、总务处、经营管理部、施工管理部、技术开发部、质量安全部、供应部、劳动工资部等部门。所属第一工程处、第二工程处、第三工程处、机械化运输处、金属结构厂、综合服务公司、教育中心、职工医院、研究所、生活服务公司、隔热耐磨衬里工程公司等二级单位。职工总数7482人。

同月，石油工业部第四工程公司划转中国石油化工总公司。

（一）中共第四工程公司委员会领导名录（1978.9—1983.7）

书　　记　董鸿斌（1978.9—1983.7）

副 书 记　涂秀森（1978.9—1983.7）

　　　　　金林祥（1978.9—1983.7）

常　　委　庞守则（厖守则，1978.9—1983.7）

　　　　　王荫堂（1978.9—1983.7）

　　　　　唐克明（1978.9—1983.7）

　　　　　芦尚廉（1978.9—1983.7）

　　　　　董占鳌（1978.9—1983.7）

（二）第四工程公司领导名录（1978.9—1983.7）

经　　理　涂秀森（1978.9—1983.7）

副 经 理　庞守则（1978.9—1983.7）

　　　　　王荫堂（1978.9—1983.7）

　　　　　范大义（1978.9—1983.7）

芦尚廉（1978.9—1983.7）
唐克明（1978.9—1983.7）
陈序秋（1978.9—1983.7）
马化民（1978.9—1983.7）
徐心志（1980.9—1983.7）
总工程师　陈序秋（1978.9—1983.7）

五、广西壮族自治区石油化工安装公司—第六工程公司（1978.3—1988.9）

1978年3月，广西壮族自治区石油化工安装公司（以下简称广西石油化工安装公司）由广西壮族自治区和石油工业部双重领导，以广西壮族自治区为主。党组织关系隶属于桂林市一轻局党的核心小组。行政级别为县（团）级。机关办公地点在广西壮族自治区桂林市。10月，广西石油化工安装公司改由以石油工业部为主的双重领导。11月，更名为石油工业部第六工程公司。1978年，职工总数2260人。

1979年5月，第六工程公司党组织改由桂林市建工局党的核心小组领导。同月，成立技工学校。12月，撤销革委会，改为经理负责制。

1983年12月，石油工业部干部司决定，第六工程公司党委会由秦安民、马世华、邹学绅、张周武、蔡仲铭等5名同志组成，秦安民任党委书记，马世华任党委副书记。

1984年1月，机关设经理办公室、技术经济开发室、计划预算科、施工管理科、设备器材供应科、劳动工资科、财务科、总务科、保卫科、党委组织部、党委宣传部、纪委、工会、团委等14个部门，编制210人。所属第一工程处、第二工程处、机运队、修造厂、检验站、设计室、教育培训中心、劳动服务公司、职工医院、招待所等10个二级单位。年底，职工总数2300余人。

1984年，第六工程公司开始在科威特、伊拉克、利比亚等国承担石油工程建设。

1985年3月，设立多种经营科和审计科；劳动工资科改为劳动人事科。

1988年3月，第六工程公司管理机构进行改革，将内部机构划分为经营决策、项目管理、骨干队伍作业三个层次和以施工为主体的工程建设与以生活服务为主体的后勤保障两大部分。机关设经理办公室、企业管理办公室、经营部、技术部、质量安全监察部、人事部、财务部、物资部、审计室、保卫武装部、检测中心、党委组织部、党委宣传部、纪委、工会、团委等16个部门。下设工程建设部（下辖各施工工地、劳动管理处和设备机具管理处）、修造厂、设计研究所、教育培训中心（下辖干部管理学校、技工学校、子弟学校、幼儿园）、综合服务处、劳动服务公司、招待所、职工医院等8个二级单位。

6月，召开中共石油工业部第六工程公司第三次代表大会，选举产生第三届委员会和纪律检查委员会。下属基层党委3个、党总支2个、党支部21个，共有党员532名。

1988年，完成产值8675万元。职工总数2900余人。

1988年9月，第六工程公司改由中国石油天然气总公司领导，12月更名为中国石油天然气总公司第六建设公司。

（一）中共广西石油化工安装公司委员会—中共第六工程公司委员会领导名录（1978.3—1988.9）

书　　记　王凤海（1978.3—1981）
　　　　　　秦安民（1983.12—1985.2）
　　　　　　梁福源（1985.2—1988.9）

副 书 记　卜庆喜（1978.3—　）
　　　　　　王瑞庭（1979.12—1983.12）
　　　　　　马世华（1983.12—1985.2）
　　　　　　刘增运（1985.2—1988.9）

委　　员　邹学绅（1983.12—1988.9）
　　　　　　张周武（1983.12—1988.6）
　　　　　　蒋仲铭（1983.12—1987.11）

纪委书记　张周武（1983.12—1988.6）
　　　　　　刘增运（1988.6—9）

政治处主任　王宗志（1979.12—　）

（二）广西石油化工安装公司—第六工程公司革委会领导名录（1978.3—1979.12）

主　　任　王凤海（1978.3—　　）

副 主 任　谢绍佳（1978.3— 1979.12）

武玉山（1978.3—1979.12）

施百令（1978.3—1979.12）

张群生（1978.3—1979.12）

李　华（1978.3—　　）

冯家有（1978.3—　　）

卜庆喜（1978.3—　　）

（三）第六工程公司领导名录（1979.12—1988.9）

经　　理　王瑞庭（1979.12—1983.12）

秦安民（1985.2—1988.9）

副 经 理　谢绍佳（1979.12—1987.11）

武玉山（1979.12—1983.12）

施百令（1979.12—1983.12）

张群生（1979.12—1983.12）

秦安民（1979.12—1983.12）

张周武（1979.12—1983.12）

马世华（1982.4—1983.12）

邹学绅（1983.12—1988.9）

李凡起（1983.12—1987.11）

杨　军（1983.12—1988.9）

刘亚利（1985.2—1987.11）

总会计师　吴上开（1987.11—1988.9）

总工程师　李凡起（1987.11—1988.9）

总经济师　刘亚利（1987.11—1988.9）

（四）广西石油化工安装公司—第六工程公司工会（1978.3—1988.9）

主　　席 曾其南（1978.3— ）

蔡仲铭（1984.3—1987.11）

谢绍佳（1987.11—1988.9）

六、地下水封石洞油库建设公司—地下石洞油库工程公司—第七工程公司（1978.1—1988.9）

（一）地下水封石洞油库建设公司—地下石洞油库工程公司（1978.1—1982.7）

1978年1月，石油化学工业部决定，将第一石油化工建设公司的油库工程分公司独立建制，成立地下水封石洞油库建设公司，行政级别为县（团）级，由石油化学工业部直接领导，党组织关系隶属于山东昌潍地委，办公地点在山东省胶县（现山东省胶州市）。

9月，石油化学工业部地下水封石洞油库建设公司更名为石油工业部地下石洞油库工程公司。

机关设行政办公室、计划调度科、技术科、供应科、质量安全科、财务科、劳动工资科、设备科、行政管理科、政治部（下设政治部办公室、组干科、宣传科、保卫科）、武装部、工会筹备小组和团委筹备小组等13个部门。所属泰安工程处、七〇一大队、预制安装大队、掘进机具修配厂、勘察设计研究所、职工子弟学校、职工医院、五七管理站等8个基层单位。职工总数1760人。

1. **中共地下水封石洞油库建设公司委员会—中共地下石洞油库工程公司委员会领导名录**（1978.1—1982.7）

书　　记 冯玉民（1978.1—1982.7）

副 书 记 李凯仁（1978.1—1982.7）

张廷茂（1978.1—1982.7）

李延瑞（1981.6—1982.7）

常　　委 何凤友（1979.11—1982.7）

朴殿举（1979.11—1982.7）

纪委书记 张廷茂（1979.7—1981.6）

李延瑞（1981.6—1982.7）

政治部主任　谷宝林（1978.1—1982.7）

2. **地下水封石洞油库建设公司—地下石洞油库工程公司领导名录**（1978.1—1982.7）

经　　理　李凯仁（1978.1—1982.7）

副 经 理　张廷茂（1978.1—1982.7）

张志勋（1978.1—1982.7）

何光大（1978.1—1980.3）

朴殿举（1978.1—1982.7）

李印东（1978.1—1982.7）

何凤友（1978.1—1982.7）

总工程师　何凤友（1978.1—1982.7）

3. **地下石洞油库工程公司工会**（1981.6—1982.7）

主　　席　赵锦亭（1981.6—1982.7）

（二）第七工程公司（1982.7—1988.9）

1982年7月，石油工业部决定将地下石洞油库工程公司更名为第七工程公司。1983年8月，机关办公地点从山东省胶县水寨基地迁至黄埠岭基地。

1983年12月，石油工业部干部司决定，第七工程公司党委会由李凯仁、殷德之、朴殿举、李延瑞、曹洪金等5名同志组成，李凯仁任党委书记，殷德之任党委副书记。

1984年11月，石油工业部决定，以第七工程公司所属勘察设计研究所为基础，成立油田化工设计承包公司（后更名为华东勘察设计研究院），由石油工业部直接管理。

1988年9月，第七工程公司改由中国石油天然气总公司领导，12月更名为中国石油天然气总公司第七建设公司。

1. **中共石油工业部第七工程公司委员会领导名录**（1982.7—1988.9）

书　　记　冯玉民（1982.7—1983.12）

李凯仁（1983.12—1985.6）

殷德之（1985.6—1987.11）

朴殿举（1987.11—1988.9）

副 书 记 李凯仁（1982.7—1983.12）
张廷茂（1982.7—1983.12）
李延瑞（1982.7—1983.12）
殷德之（1983.12—1985.6）
邓德利（1985.6—1988.9）

常 委 何凤友（1982.7—1983.12）
朴殿举（1982.7—1983.12）

纪委书记 李延瑞（1982.7—1985.7）
曹鸿金（1985.7—1988.9）

政治部主任 谷宝林（1982.7—1983.12）

2. **石油工业部第七工程公司领导名录**（1982.7—1988.9）

经 理 李凯仁（1982.7—1983.12）
朴殿举（1983.12—1987.11）
殷德之（1987.11—1988.9）

副 经 理 张廷茂（1982.7—1983.12）
朴殿举（1982.7—1983.12）
李印东（1982.7—1983.12）
张志勋（1982.7—1985.6）
何凤友（1982.7—1983.12）
季成忠（1983.12—1985.6）
杨文信（1983.12—1985.6）
伍金堂（1985.6—1988.9）
葛墨轩（1985.6—1988.9）

总工程师 何凤友（1982.7—1985.1）
杨文信（1985.6—1988.9）

总会计师 季成忠（1985.6—1988.9）

总经济师 付广奎（1985.6—1988.9）

3. **石油工业部第七工程公司工会**（1982.7—1988.9）

主 席 赵锦亭（1982.7—1985.6）
李周文（1985.10—1988.9）

七、施工机具修造厂—第八工程公司（1978.11—1988.9）

1978年11月，抚顺市石油化工设备修造厂更名为石油工业部施工机具修造厂，由石油工业部和辽宁省双重领导，以石油工业部为主。行政级别为县（团）级，厂址：辽宁省抚顺市新抚区高山路114号，主要承担石油基本建设施工企业技术装备和配件的修造任务，以及油田和炼厂的部分非标配件的生产任务。

1985年1月，石油工业部施工机具修造厂更名为石油工业部第八工程公司。1988年1月，实行经理负责制。

1988年9月，第八工程公司改由中国石油天然气总公司领导。12月更名为中国石油天然气总公司第八建设公司。

（一）石油工业部施工机具修造厂（1978.11—1985.1）

1. 中共石油工业部施工机具修造厂委员会领导名录（1978.11—1985.1）

书　　记 董庆林（1978.11—1983.1）
王阳林（1983.1—10）

副 书 记 李金声（1978.11—1983.10）
王阳林（1978.11—1983.1）
马水虎（1979.12—1983.1）
杨儒廷（1980.1—1983.10）
孟庆余（1981.9—1983.10）
张遵杰（1983.1—10）

常　　委 袁辉仁（1979.1—　）
马水虎（1979.1—12）

2. 石油工业部施工机具修造厂领导名录（1979.12—1985.1）

厂　　长 王阳林（1979.12—1983.1）
李恒振（1983.1—10）

副 厂 长 袁辉仁（1979.1—　）
马水虎（1979.1—12；1983.1—1985.1）
张遵杰（1979.12—1983.1）

于清林（1979.12—1985.1）
王清惠（1979.12—　　）
宋文学（1979.12—　　）
尚学道（1979.12—1980.12）
何自铭（1980.1—1985.1）
董德玉（1980.12—1985.1）
彭学臣（1981.9—1985.1）
崔自省（1981.9—1985.1）
孟庆国（1983.1—1985.1）
徐长普（1983.10—1985.1）

顾　　问　尚学道（1980.12—　　）

3．**石油工业部施工机具修造厂工会**（1981.9—1985.1）

主　　席　张连涛（1981.9—1983.10）
孟庆余（1983.10—1985.1）

（二）石油工业第八工程公司（1985.1—1988.9）

1．**中共石油工业部第八工程公司委员会领导名录**（1985.1—1988.9）

书　　记　张遵杰（1985.10—1988.9）

副 书 记　杨儒廷（1985.1—11）

2．**石油工业部第八工程公司领导名录**（1985.1—1988.9）

经　　理　李金声（1985.10—1988.9）

副 经 理　徐长普（1985.1—1988.9）
于清林（1985.1—1988.9）
何自铭（1985.1—11）
董德玉（1985.1—11）
彭学臣（1985.1—11）
崔自省（1985.1—11）
马水虎（1985.1—11）
孟庆国（1985.1—11）

3．**石油工业部第八工程公司工会**（1985.1—1988.9）

主　　席　孟庆余（1985.1—1988.9）

八、勘察公司（1978.8—1984.1）

1978年8月，原石油化学工业部勘察公司石油部分划出，成立石油工业部勘察公司，直属石油工业部领导，归口石油规划设计总院领导。行政级别为县（团）级。主要承担全国炼厂、油库建设的工程地质、水文地质勘探和测量工作。机关设办公室、政治处、武保科、宣传科、组干科、劳资科、行政科、财务科、供应科、生产技术科、基建科等部门。编制600人，实有职工410人。基地设在河北省徐水县。

1979年7月，石油工业部勘察技术中心站成立，由勘察公司领导。

1980年2月，石油工业部党组决定，勘察公司临时党委改由部党组直接领导，行政业务工作仍归口石油规划设计总院领导。

1984年1月，石油工业部勘察公司划转中国石油化工总公司。

（一）中共石油工业部勘察公司委员会领导名录（1979.8—1984.1）

书　　记　魏振国（1981.2—1984.1）

副 书 记　周长庆（1979.8—1981.2）

李文岳（1979.8—1984.1）

张文渊（1981.2—1984.1）

委　　员　兰长瑞（1979.8—1984.1）

陈全忠（1979.8—1984.1）

魏良道（1979.8—1984.1）

任令昌（1979.8—1982）

许文志（1979.8—1982.12）

（二）石油工业部勘察公司领导名录（1979.8—1984.1）

经　　理　周长庆（1979.8—1981.2）

张文渊（1981.2—1984.1）

副 经 理　李文岳（1979.8—1984.1）

兰长瑞（1979.8—1984.1）

陈全忠（1979.8—1984.1）

魏良道（1979.8—1984.1）

九、中国石油工程建设公司（1980.6—1988.9）

1980年6月，经国务院批准，石油工业部、对外经济贸易部决定成立中国石油工程建设公司，与石油工业部基本建设局实行一套机构两块牌子，代行基本建设局行政职能，主要从事对外承包各类石油工程建设和土木工程建设，提供劳务和技术服务等。中国石油工程建设公司是独立经营、自负盈亏的综合性对外承包工程建设的国营企业，由石油工业部直接管理，编制150人。机关办公地点在北京市西城区六铺炕。

1980年12月15日，中国石油工程建设公司正式营业。

1981年1月，石油工业部副部长张兆美兼任中国石油工程建设公司董事长，单永复任总经理，王振华、李芳百任副总经理。

1983年4月，行政领导职务名称由“总经理”、“副总经理”改为“经理”、“副经理”。

1988年9月，中国石油工程建设公司改由中国石油天然气总公司管理。

（一）中国石油工程建设公司董事会（1981.1—1988.9）

董 事 长　张兆美（1981.1—　　　）
　　　　　　张文彬（　　　—1986.4）
副董事长　姬永兴（1983.7—1985.12）
董　　事　单永复（1981.1—　　　）
　　　　　　周庆祖（1981.1—1986.4）
　　　　　　徐会祥（1981.1—　　　）
　　　　　　康书丛（1981.1—1986.4）
　　　　　　王振华（1981.1—　　　）
　　　　　　徐杜周（1981.1—　　　）
　　　　　　张振国（1981.1—1986.4）
　　　　　　张福录（1981.1—　　　）
　　　　　　李怀学（1981.1—　　　）
　　　　　　林金亭（1981.1—　　　）

董鸿斌（1981.1—　　）
胡汉滨（　　—1986.4）
李荣藻（　　—1986.4）

（二）中国石油工程建设公司领导名录（1981.1—1988.9）

1981年1月至1983年4月：

总 经 理　单永复（1981.1—1983.4）
副总经理　王振华（1981.1—1983.4）
李芳百（1981.1—1983.4）

1983年4月至1988年9月：

经　　理　单永复（1983.4—1988.9）
副 经 理　徐世广（1983.4—1988.9）
李芳百（1983.4—1988.9）
郝景玉（1983.4—1988.9）
康卫平（1983.4—1988.9）
刘定江（1983.4—1988.8）
总工程师　李芳百（1983.4—5）
金燕凯（1983.5—1988.9）

十、运输公司（1978.3—1988.9）

1978年3月，石油运输公司划归石油工业部领导，并更名为石油工业部运输公司。行政级别为处级。主要承担青海、新疆两地区石油勘探物资运输和独山子至乌鲁木齐市的成品油运输工作。机关办公地点在新疆维吾尔自治区克拉玛依市独山子区。

1979年1月，运输公司原驻新疆克拉玛依市独山子区的一大队迁往新疆南部的库车县；原驻乌鲁木齐市王家沟的三大队迁往甘肃敦煌七里镇。2月，成立技工学校，校址设在独山子。

4月，运输公司革委会撤销，恢复党政领导系统，实行党委领导下的经理负责制。5月，运输公司恢复为局级单位，机关设政治部、经理办公室、计划处、技术处、生产调度处、财务处、器材供应处、人事教育处、行政处等部门，其中政治部内设办公室、组织处、宣传处、保卫处，并代管工会、团委。编制150人。同月，一大队、二大队、三大队分别更名为第一运输分公司、第二运输分公司、第三运输分公司；汽车修配厂升格为处级单位，仍驻乌鲁木齐市。8月，技工学校升格为处级单位；机关办公地点迁至乌鲁木齐市。

1980年5月，运输公司机关增设技安科、卫生科、基建办公室、农副业生产办公室、环境保护办公室和计划生育办公室。

1980年7月5日至9日，中共运输公司第二次代表大会召开，选举产生第二届委员会和纪律检查委员会，史少卿为党委书记，谢建国、禹富连、郭进山为党委副书记，史少卿为纪委书记。

1981年底，运输公司共有各类车辆1411辆，职工总数8253人。

1984年7月，按照石油工业部统一部署，运输公司以三分公司为主体，抽调1110名职工、418辆汽车、82辆机床设备参加胜利油田会战。1985年7月，运输公司又调集在青海服务的180辆车和454名职工赴胜利油田参加会战。截至1985年12月，累计抽调2380余名职工参加胜利油田会战。

1985年9月，为适应青海油田开发需要，运输公司调集第二分公司288辆汽车、900余名职工赴甘肃敦煌承担青海花土沟至甘肃柳园、玉门炼油厂的原油运输任务。

1986年11月24日，中共运输公司第八次代表大会召开，选举产生第八届委员会和纪律检查委员会，张士清为党委书记，姜善亭为党委副书记，任生杰为纪委书记。

截至1988年9月，运输公司机关设党委办公室、党委组织部、党委宣传部、机关党委、纪委办公室、经理办公室、协调处、财务处、技术处、技术安全处、综合经营管理处、教育处、劳动工资处、干部处、保卫处（武装部）、审计处、基建办公室、团委、工会等部门；所属第一运输分公司、第二运输分公司、第三运输分公司、汽车修配厂、生活服务公司、劳动服务公司、器材供应公司、职工学校、技工学校、职工医院（卫生科）、子弟中学、子弟小学等二级单位。共有车辆1200余辆，职工总数8618人。

1988年9月，运输公司改由中国石油天然气总公司领导。

1978年3月至1979年5月（处级）：

（一）**中共运输公司委员会领导名录**（1978.3—1979.5）

书　　记　史少卿（副局级，1978.3—1979.5）

副 书 记　谢建国（副局级，1978.3—1979.5）

程光庆（1978.3—7）

马俊吉（1978.3—1979.5）

孟翠英（女，职工代表，1978.3—1979.5）

常　　委　王文清（1978.3—1979.5）

刘　堃（1978.3—1979.5）

（二）**运输公司革委会领导名录**（1978.3—1979.4）

主　　任　谢建国（1978.3—1979.4）

副 主 任　王文清（1978.3—1979.4）

刘　堃（1978.3—1979.4）

程光庆（1978.3—7）

周玉干（1978.3—1979.4）

黄宝才（1978.3—1979.4）

郑成岚（1978.3—1979.4）

（三）**运输公司领导名录**（1979.4—5）

经　　理　谢建国（1979.4—5）

副 经 理　王文清（1979.4—5）

刘　堃（1979.4—5）

周玉干（1979.4—5）

黄宝才（1979.4—5）

郑成岚（1979.4—5）

（四）**运输公司工会**（1978.3—1979.5）

主　　任　朱朝庆（1978.3—1979.5）

1979年5月至1988年9月（局级）：

（一）**中共运输公司委员会领导名录**（1979.5—1988.9）

书　　记　史少卿（副局级，1979.5—1980.1；1980.1—1983.11）

韩新盛（1983.11—1985.2）
张士清（1985.2—1988.9）

副书记　谢建国（1979.5—1980.1；正局级，1980.1—1983.11）
禹富连（1979.6—1983.9）
郭进山（1980.1—1985.2）
姜善亭（1985.2—1988.9）

常　委　赵景昌（1979.6—1983.12）
董建国（1980.4—1983.12）
韩新盛（1980.9—1983.11）
禹富连（1983.9—1985.6）
毛继昌（1983.12—1988.9）
任生杰（1983.12—1988.9）
郭进山（1985.2—6）
李志敏（1985.6—1988.9）

纪委书记　史少卿（1980.9—1983.9）
任生杰（1983.9—1988.9）

（二）运输公司领导名录（1979.5—1988.9）

经　理　谢建国（副局级，1979.5—1980.1；1980.1—1983.11）
毛继昌（1983.11—1985.2）
李志敏（1985.2—1988.9）

副经理　王文清（副处级，1979.5—1980.1）
刘　堃（副处级，1979.5—1980.1；1980.1—1983.9）
周玉干（副处级，1979.5—1980.1；1980.1—1983.4）
黄宝才（副处级，1979.5—1980.1）
郑成岚（副处级，1979.5—1980.1）
禹富连（1979.5—1983.9）
赵景昌（1979.5—1985.2）
董建国（1980.1—1988.9）
陈远富（1983.9—1988.9）
毛继昌（1985.2—1988.9）

喻新盛（1986.9—1988.9）
总工程师　赵景昌（1979.5—1983.9）
赖昆炎（1983.9—1988.9）
总经济师　张德芳（1983.9—1985.2）
谈葆棠（1985.2—1986.8）
总会计师　张德芳（1985.2—1988.3）
顾　　问　史少卿（1983.9—1986.1）
调 研 员　谢建国（1983.9—1986.1）
韩新盛（1985.2—1988.9）
赵景昌（1985.2—10）
郭进山（1985.2—1988.9）

（三）运输公司工会（1983.9—1988.9）
主　　席　禹富连（1983.9—1986.1）

十一、通讯公司—通信公司（1983.10—1988.9）

1982年3月，石油工业部决定成立卫星通讯工程筹备组，主要负责石油专用卫星通信网的筹建工作。由关祯元为组长，任曼莉、卢世彦、郑清河、田凤祥、杨福才为成员。

1983年10月，为适应石油勘探开发工作的需要和加强15座卫星地面站的管理工作，石油工业部决定成立石油工业部通讯公司，行政级别为副局级，直属石油工业部管理。主管全国石油通信业务，主要任务是组织审查各油田管道的通讯规划、建设和管理工作，负责石油专用卫星通讯网的建设和现有通讯网的管理等。通讯公司的成立，标志着石油通信走上了网络化、系统化的轨道，为我国陆上石油工业实现现代化科学管理奠定了基础。11月，卫星通信工程筹备组领导关祯元、陈人炳等在固安开始筹建通讯公司。机关办公地址在河北省廊坊地区固安县华北石油职工大学院内。编制80人（含固安通信总站40人）。

1984年5月，石油工业部李敬副部长主持召开卫星通信专用网工程建设会议，决定成立石油卫星通信工程领导小组，负责石油系统通信工作的规划、计划、业务和技术管理，以及通信队伍的建设，下设工程技术组、后勤组。11月，中共石油工业部通讯公司临时委员会成立。12月，根据通讯公司的业务范围和工作内容，石油工业部通讯公司更名为石油工业部通信公司，设通信处、经营管理处、技术开发处、总务处、办公室、固安中心地面站和北京通信站。

1986年2月，召开通信公司第一次工会会员代表大会，选举产生第一届工会委员会。3月，通信公司第一次党代会召开，选举胡廷尧、王金瑞、张敏文、朱自珍、张棋5位同志组成中共石油工业部通信公司委员会，胡廷尧为党委书记，朱自珍分工负责纪律检查工作。

截至1988年9月，通信公司设通信处、经营管理处、技术开发处、总务处（内设行政管理科）、办公室、固安中心地面站、北京通信站和通信技术服务站。通信公司内部先后成立计划财务科、器材供应科、基本建设科、人事科、生产调度科，直接受公司主管副经理领导。党委设办公室和组织干部科。

1988年9月，通信公司改由中国石油天然气总公司领导。

（一）中共石油工业部通讯公司临时委员会—中共石油工业部通信公司临时委员会、委员会领导名录（1984.11—1988.9）

书　　记　胡廷尧（1984.11—1988.9）

委　　员　关祯元（1984.11—1986.3）

陈人炳（1984.11—1986.3）

张敏文（1984.11—1988.9）

任曼莉（1984.11—1986.3）

王金瑞（1986.3—1988.9）

朱自珍（1986.3—1988.9）

张　棋（1986.3—1988.9）

（二）石油工业部通讯公司—石油工业部通信公司领导名录（1984.10—1988.9）

经　　理　胡廷尧（1984.10—1988.9）

副 经 理　关祯元（1984.10—1988.9）

陈人炳（1984.10—1988.9）

张敏文（1984.10—1988.9）

第五节　储备油库、物资供应单位

1978年3月，石油工业部所属主要物资供应、储备油库单位有：汉平储备库、东风储备库、红旗储备库、沧州器材库。同年，石油工业部陆续恢复和成立华东供应办事处、华北供应办事处、广州供应办事处、西南供应办事处、东北供应办事处、西北供应办事处、中南供应办事处和郑州器材库。

1981年1月，石油工业部决定，将在洛阳市石油工业部第一工程公司的部器材管理科的供销业务工作，同石油工业部郑州器材库合并为石油工业部郑州器材库。

1984年1月，汉平储备库、红旗储备库、东风储备库划转中国石油化工总公司管理。6月，石油工业部郑州器材库更名为石油工业部郑州供应办事处。

1984年12月，石油工业部修订《石油工业部管理的干部职务名称表》，规定自1985年1月1日起，华北、华东、东北、西北、西南、中南、广州、郑州等8个供应办事处和沧州器材库的领导班子由石油工业部管理。

1988年9月中国石油天然气总公司成立后，原石油工业部所属沧州器材库、中南供应办事处、华北供应办事处、华东供应办事处、广州供应办事处、西南供应办事处、东北供应办事处、西北供应办事处和郑州供应办事处等9个单位，划归其管理。

1989年2月，沧州器材库、中南供应办事处、华北供应办事处、华东供应办事处、广州供应办事处、西南供应办事处、东北供应办事处、西北供应办事处和郑州供应办事处划给中国石油物资公司管理。

一、汉平储备库（1978.3—1983.12）

汉平储备库于1965年开始建设，1966年建成，当时称汉平运输站，作为储存战备石油的油库，主要储存轻质油，储油能力15.4万立方米。库址在陕西省宁强县代家坝镇朱家垭村。1975年，更名为汉平储备库（汉平贮备库）。到1975年底，累计投资1259万元。

1978年3月，汉平储备库隶属石油工业部管理。1978年职工人数102人。

1981年1月，机关设党委办公室、生产管理科和行政管理科。

1984年1月，汉平储备库划转中国石油化工总公司管理。

党委书记　窦忠岭（1980.4—　　）

主　　任　吴德堂（1979.12—　　）

副 主 任　王长春（1980.4—　　）

二、东风储备库（1978.3—1983.12）

东风储备库（东风贮备库）于1968年开始建设，1971年建成，作为储存战备石油的油库，主要储存轻质油，储油能力12.6万立方米。到1975年累计投资2035万元。

1978年3月，东风储备库隶属石油工业部，库址在广西壮族自治区永福县。1978年职工人数109人。

1984年1月，东风储备库划转中国石油化工总公司。

三、红旗储备库（1978.3—1983.12）

红旗储备库（红旗贮备库）于1967年开始建设，1972年建成，作为储存战备石油的油库，主要储存轻质油，储油能力15.7万立方米。到1975年累计投资2801万元。

1978年3月，红旗储备库隶属石油工业部。机关设政工组、生产组、供应组、后勤组。所属两个工段、3个维修班和消防队。库址在河南省洛阳市洛宁县。1978年职工人数118人。

1981年1月，机构进行改革。机关设党委办公室、生产管理科和行政管理科。供应工作由生产管理科统一管理。所属宜阳装卸工段、库区工段以及设备维修队和消防队。

1984年1月，红旗储备库划转中国石油化工总公司。

党委书记　魏绍斌（1981.8—　　）

四、沧州器材库（1977—1989.2）

石油化学工业部沧州器材库筹建于1977年，行政级别为正处级。主要承担石油化学工业大中型项目和国外引进项目所需器材的存放、检验及配套供应任务。库址在河北省沧州市。

1978年8月，石油工业部和化学工业部发布联合通知，决定将原石油化学工业部沧州器材库划分为石油、化工两个部分管理，相应成立石油工业部沧州器材库和化学工业部沧州器材库，并就库区划分、人员安排、现有设备、专用设备、部管材料、分库后的工程施工及各自完善生活福利设施等七个方面做出了具体规定。9月底，完成分库工作，石油工业部沧州器材库筹建处由任志林负责。

1979年9月，沧州器材库与华北办签订了第一个《物资储运协议书》。

1979年底，沧州器材库总计进货1.0286万吨，配件361项，金额达454万元人民币。

1988年9月，沧州器材库改由中国石油天然气总公司领导。1989年2月，更名为中国石油物资公司沧州公司。

主　　任　任志林（1979.8—　　）

副 主 任　陈步云（1979.8—　　）

五、中南供应办事处（1978.9—1989.2）

1978年9月，成立石油工业部中南供应办事处，行政级别为正处级。主要经营企业所需生产资料如钢材、机电产品、化工物资及建筑材料等的供应、仓储业务，并兼营横向联合和社会其他单位生产资料的购销、仓储、运输及技术咨询等业务。办公地址：湖北省武汉市武昌区中北路185号。

1988年初，职工总数55人。

1988年9月，中南供应办事处改由中国石油天然气总公司领导。1989年2月，更名为中国石油天然气总公司中南供应办事处，并在其基础上成立中国石油物资公司中南公司，与办事处一套机构两块牌子。

（一）中共中南供应办事处委员会领导名录

书　　记　程宝华（1988.5—　　）

委　　员　肖佑山

余贵银

（二）中南供应办事处领导名录

主　　任　王福海（1979.3—　　）

程宝华（1988.5—　　）

副 主 任　单孝良（1979.3—　　）

田清锦（1988.5—　　）

六、华北供应办事处（1978.8—1989.2）

1978年8月，石油工业部恢复华北供应办事处，行政级别为正处级。主要经营企业所需生产资料如钢材、机电产品、化工物资及建筑材料等的供应、仓储业务，并兼营横向联合和社会其他单位生产资料的购销、仓储、运输及技术咨询等业务。办公地址：天津市河西区友谊路前进道45号。

1988年初，职工总数70人。

1988年9月，华北供应办事处改由中国石油天然气总公司领导。1989年2月，更名为中国石油天然气总公司华北供应办事处，并在其基础上成立中国石油物资公司华北公司，与办事处一套机构两块牌子。

（一）中共华北供应办事处委员会领导名录

书　　记　张清吉

刘　珩（　　—1986.4）

管　琪（1986.4—　　）

副　书　记　于书文（　　—1986.5）

委　　　员　李济林

于书文

叶金福

刘兴和

甘金生

李成林

刘景瑞（科级）

库京生（科级）

（二）华北供应办事处领导名录

主　　　任　张清吉（1979.3—　　）

刘　珩（　　—1986.4）

刘兴和（1986.4—　　）

管　琪

副　主　任　叶金福（1979.3—　　）

李济林（1979.3—　　）

于书文（1979.8—1986.4）

主任工程师　刘　珩（1986.4—　　）

调　研　员　于书文（1986.4—　　）

七、华东供应办事处（1978.7—1989.2）

1978年7月，石油工业部恢复华东供应办事处，行政级别为正处级。主要经营企业所需生产资料如钢材、机电产品、化工物资及建筑材料等的供应、仓储业务，并兼营横向联合和社会其他单位生产资料的购销、仓储、运输及技术咨询等业务。办公地址：上海市巨鹿路371号。

1988年初，职工总数64人。

1988年9月，华东供应办事处改由中国石油天然气总公司领导。1989年2月，更名为中国石油天然气总公司华东供应办事处，并在其基础上成立中国石油物资公司华东公司，与办事处一套机构两块牌子。

（一）中共华东供应办事处委员会领导名录

书　记　钱　萍
　　　　朱志贤
副书记　王祖成
委　员　王庆学
　　　　王龙林

（二）华东供应办事处领导名录

主　任　钱　萍（1979.3—　　）
　　　　朱志贤
副主任　王祖成（1979.3—　　）
　　　　陈济民（1979.3—　　）

八、广州供应办事处（1978.8—1989.2）

1978年8月，石油工业部广州供应办事处成立，行政级别为正处级。主要经营石油天然气工业需要的各种生产物资。办公地点在广东省广州市。

1988年9月，广州供应办事处改由中国石油天然气总公司领导。1989年2月，更名为中国石油天然气总公司广州供应办事处，并在其基础上成立中国石油物资公司广州公司，与办事处一套机构两块牌子。

（一）中共广州供应办事处委员会领导名录

书　记　高崇禹（1981.7—　　）
副书记　傅兆岩（1981.7—　　）

（二）广州供应办事处领导名录

主　任　高崇禹（1979.3—1981.7）
　　　　傅兆岩（1981.7—　　）
副主任　吴长锦（1979.3—　　）
　　　　吴万福（1979.5—1980.9）
　　　　陈秀元

九、西南供应办事处（1978.8—1989.2）

1978年8月，石油工业部恢复西南供应办事处，行政级别为正处级。主要经营企业所需生产资料如钢材、机电产品、化工物资及建筑材料等的供应、仓储业务，并兼营横向联合和社会其他单位生产资料的购销、仓储业务。办公地址：四川省成都市建设北路一段2号。

1988年初，职工总数33人。

1988年9月，西南供应办事处改由中国石油天然气总公司领导。1989年2月，更名为中国石油天然气总公司西南供应办事处，并在其基础上成立中国石油物资公司西南公司，与办事处一套机构两块牌子。

（一）中共西南供应办事处委员会领导名录

书　　记　黄光祥

（二）西南供应办事处领导名录

主　　任　郑忠贤（1979.3—　　）

黄光祥

唐克孝

副 主 任　乔远芳（1979.3—　　）

宋　昱

戴世壁（1979.8—　　）

十、东北供应办事处（1978.8—1989.2）

1978年8月，石油工业部恢复东北供应办事处，行政级别为正处级。主要负责国家计划调拨物资、进口石油专用管材以及主要设备的接运、储存和调拨工作，为石油系统的企事业单位提供物资供应服务。成立初期，办公地址在沈阳市和平区中兴街三段一里9号（原石化部产品管理处）。1980年9月，办公地点迁至沈阳市皇姑区泰山路二段7号，后改为泰山路21号。

1988年9月，东北供应办事处改由中国石油天然气总公司领导。1989年2月，更名为中国石油天然气总公司东北供应办事处，并在其基础上成立中国石油物资公司东北公司，与办事处一套机构两块牌子。

（一）中共东北供应办事处委员会领导名录

书　　记　乔庆年
孙书尊
何　冰（1988.5—　　）

副 书 记　李占贤
佟志勋
王法民（1986.8—1988.5）

委　　员　田清锦
王忠礼（科级）
谢长清（科级）
侯继孟（科级）
吴志祥（科级）
王国满（干部）

纪委书记　谢长清

（二）东北供应办事处领导名录

主　　任　乔庆年（1983.5—1985.3）
田清锦（1986.8—1988.5）
何　冰（1988.5—　　）

副 主 任　李占贤（1979.3—　　）
乔庆年（1979.3—1983.5）
佟志勋（1983.5—1988.5）
吴世祥（1988.5—　　）

主任工程师　佟志勋（1988.5—　　）

（三）东北供应办事处工会

副 主 席　王永贵

十一、西北供应办事处（1978.8—1989.2）

1978年8月，石油工业部恢复西北供应办事处，行政级别为正处级。主要经营石油天然气工业需要的各种生产物资。办公地址：西安测绘路12号。

1988年9月，西北供应办事处改由中国石油天然气总公司领导。1989年2月，更名为中国石油天然气总公司西北供应办事处，并在其基础上成立中国石油物资公司西北公司，与办事处一套机构两块牌子。

主　　任 林生祥（1979.3—　　）
刘敬义

副 主 任 梁淮西（1979.8—　　）

十二、郑州器材库—郑州供应办事处（1978—1989.2）

1978年，石油工业部成立郑州器材库，行政级别为正处级。主要负责为石油企事业单位提供物资供应服务。

1981年1月，石油工业部决定，将原在洛阳市石油工业部第一工程公司部器材管理科的供销业务工作同石油工业部郑州器材库合并为石油工业部郑州器材库。办公地点在郑州市。

1984年3月，石油工业部干部司同意，郑州器材库党委会由赵明文、赵秉恒、崔鹏飞、过德治、赵竹亭等5名同志组成，赵明文任党委书记。6月，石油工业部郑州器材库更名为石油工业部郑州供应办事处，行政及业务由石油工业部直接管理。党组织关系由第一工程公司党委改为隶属中原石油勘探局党委。办公地点在河南省郑州市管城区南曹乡小李庄。

1988年9月，郑州供应办事处改由中国石油天然气总公司领导。1989年2月，更名为中国石油天然气总公司郑州供应办事处，并在其基础上成立中国石油物资公司郑州公司，与办事处一套机构两块牌子。

（一）中共郑州供应办事处委员会领导名录

书　记　赵明文（1981.7—　　）
　　　　　赵秉恒

副书记　孙少春（1981.7—　　）
　　　　　焦尔孔（1981.7—　　）

（二）郑州供应办事处领导名录

主　任　孙少春（1981.7—　　）
　　　　　王运章
　　　　　赵秉恒

副主任　崔鹏飞
　　　　　李正善（1981.7—　　）
　　　　　何志坚（1981.7—　　）

第六节　科研事业单位

1978年3月，石油工业部直属科研事业单位主要有7个：石油勘探开发规划研究院、抚顺石油研究所、石油化工科学研究院、炼油设计研究院、科学技术情报研究所（石油化学工业出版社）、展览工作室。4月，以石油勘探开发规划研究院为基础成立石油勘探开发科学研究院；组建北京炼油设计研究院。7月，成立石油规划设计总院。8月，科学技术情报研究所和石油化学工业出版社分别更名为石油科学技术情报研究所和石油工业出版社，对外两块牌子，内部统一领导。10月，成立教材编译室。12月，北京炼油设计研究院更名为北京石油设计院。

1979年4月，抚顺石油研究所更名为抚顺石油炼制研究所。5月，炼油设计研究院更名为第二炼油设计研究院。

1980年8月，六二一厂由隶属石油化工科学研究院改为直属石油工业部管理。

1982年9月，六二一厂使用"石油工业部长城高级润滑油公司"名称，实行一个机构两块牌子。

1983年7月，北京石油设计院、第二炼油设计研究院、石油化工科学研究院、六二一厂（长城高级润滑油公司）、抚顺石油炼制研究所划转中国石油化工总公司。11月，石油科学技术情报研究所与石油工业出版社分为两个单位。

1984年1月，施工技术研究所改由石油工业部和天津市双重领导，以石油工业部为主。5月，展览工作室并入石油工业出版社。

1984年11月，成立油田化工设计承包公司；1986年1月，更名为石油工业部油田化工设计公司，5月，同时使用石油工业部油田化工设计研究院名称；1987年3月，更名为石油工业部华东勘察设计研究院。

1984年12月，成立浙江省石油地质研究所，由浙江省与石油工业部双重领导，以浙江省为主。

1985年9月，石油工业部决定成立西北石油地质勘探研究所，为部直属局级单位。

1986年3月，石油工业部决定成立中国石油报社。

5月，石油工业部决定，对大庆石油管理局油田建设设计研究院等9个单位的油田设计研究院机构对外使用石油工业部××石油勘察研究院名称，其隶属关系不变，仍属各油气田管理局领导，实行技术经济责任制，石油规划设计总院在业务上给予指导。

1988年3月，石油管材试验研究中心由宝鸡石油机械厂上划石油工业部直接领导。

截至1988年9月，石油工业所属科研事业单位主要有11个。其中，石油勘探开发科学研究院、西北石油地质勘探研究所、施工技术研究所、石油管材试验研究中心、石油规划设计总院、华东勘察设计研究院、石油科学技术情报研究所、中国石油报社、石油工业出版社、教材编译室直属石油工业部领导，浙江省石油地质研究所由浙江省和石油工业部双重领导，以浙江省为主。

一、石油勘探开发科学研究院（1978.4—1988.9）

1978年4月，石油工业部决定以石油勘探开发规划研究院为基础，建立石油勘探开发科学研究院（以下简称勘探院），行政级别为正局级，编制2500人。办公地点在北京市海淀区学院路20号。6月，石油工业部党组在大庆专门召开会议，明确勘探院要开展全国综合性、战略性、长期性的研究工作，要开展好石油勘探开发的基础理论研究工作，做好石油科学的精尖研究工作，抓好六个地区（松辽、渤海湾、新疆、陕甘宁、四川、江汉南方）的勘探开发研究。

9月，石油勘探开发科学研究院正式成立，设政治部、总工程师室、总地质师室、院办公室、业务处、技术交流处、技术培训处、技术后勤处、修建处、石油地质研究所、油气田开发研究所、钻井工艺研究所、采油工艺研究所、钻采装备研究所、情报资料研究所、测井研究所、中心试验室、计算中心和科学实验工厂（原北京石油机械厂）。院领导职数15人。同月，成立中共石油勘探开发科学研究院临时委员会。

1978年至1983年，石油工业部将华北石油会战指挥部渤海湾研究所、江汉石油管理局南方石油地质研究所、石油化工科学研究院油田化学研究室划归石油勘探开发科学研究院领导。

1984年12月，经国家科委批准，石油工业部决定将华北石油管理局北部地区研究分院划归石油勘探开发科学研究院领导，并更名为石油勘探开发科学研究院廊坊分院（以下简称廊坊分院），为石油勘探开发科学研究院所属处级单位。廊坊分院是勘探院科研业务的发展和延伸，是以天然气勘探开发研究、油气藏压裂酸化工艺技术研究和渗流流体力学研究为主，包括完井工艺技术和油气田环境监测技术研究的综合型研究机构，与勘探院的科研配套、专业互补。

1985年1月，石油工业部决定，在石油勘探开发科学研究院设立全国储委油气专委办公室。10月，在石油勘探开发科学研究院标准化室的基础上成立石油工业标准化研究所，编制30人，业务上受石油工业部科技司指导。

1986年3月，勘探院撤销政治部，政治部办公室改为党委办公室。

1988年3月，石油工业部和中国科学院协商并征得甘肃省政府同意，决定将中国科学院兰州渗流力学研究室改由石油工业部、中国科学院双重领导，以石油工业部为主的合办研究所，名称为石油工业部、中国科学院渗流流体力学研究所，归石油勘探开发科学研究院具体领导，所址在河北省廊坊市万庄。

4月，石油工业部下发文件，成立冀东石油勘探开发公司，为部直属局级单位，由石油勘探开发研究院总承包，形成科研—生产联合体，并先后派出340余名科研人员，承担冀东油田的科研任务。

1988年9月，勘探院机关设院办公室、党委办公室、党委组织部、党委宣传部、纪检办公室、工会、团委、科研管理处（业务处）、计划财务处、国际合作处、技术后勤处、技术培训处（研究生部）、保卫处、老干部处、石油发展史研究室、生活后勤服务公司（行政处）、基建处、体制改革办公室等18个部门。所属石油地质研究所、油气田开发研究所、石油钻井工艺研究所、采油工程研究所、石油机械研究所、石油地质实验中心、计算中心、石油遥感地质研究所、石油采收率研究所、油田化学研究所、国外油气田研究所（情报资料室）、储量管理室、石油标准化研究所、北京陆海科技开发中心等14个研究单位和1个实验工厂，以及廊坊分院、华北渤海湾研究所和江汉南方石油地质研究所3个直属京外单位。全院职工总数3000余人。

这一时期，勘探院坚持理论与实践的紧密结合，逐步形成有自身特色的理论和技术体系，获得了一大批科研成果，不断确立中国油气勘探开发理论技术创新“国家队”的重要地位。期间，共获24项重大科技奖项，其中获国家级科技奖励19项（特等奖1项，一等奖4项，二等奖6项，三等奖8项）；获省部级科技一等奖以上共5项。这些成果中，“渤海湾盆地复式油气聚集（区）带勘探理论与实践——以济阳等坳陷复杂断块油田的勘探开发为例”、“稠油注蒸汽吞吐工艺技术”、“数字地震勘探技术的应用与发展”、“中国煤成气的开发研究”等成果，组织完成的“第一次全国油气资源评价研究”，参与的以“台参1井”和“陕参1井”为代表的科学探索井项目等，为国家制定油气勘探战略、陆上石油工业开辟吐哈盆地与陕甘宁盆地两大油气区、建立煤系成烃理论，为石油勘探开发战略决策提供了依据，为油田解决了一些难度较大的关键性科学技术问题，推动了石油工业的理论与技术进步。

期间，副院长胡见义当选中共十三大代表。总工程师翁文波任第六届、第七届全国政协委员，总地质师李德生、总工程师童宪章任第六届全国政协委员。

1988年9月，石油勘探开发科学研究院改由中国石油天然气总公司领导。

（一）石油勘探开发科学研究院党的核心小组领导名录（1978.3—9）

副 组 长　申力生（1978.3—9）
　　　　　张邦杰（1978.3—7）
　　　　　刘　南（1978.3—9）

成　　员　阎敦实（1978.3—9）
　　　　　谭文彬（1978.3—9）
　　　　　杨　达（女，1978.3—9）
　　　　　杨文彬（1978.3—9）
　　　　　李　杰（女，1978.3—9）
　　　　　余　萍（1978.3—9）
　　　　　张振海（1978.3—9）
　　　　　秦同洛（1978.3—9）
　　　　　李伯诚（1978.3—9）
　　　　　陈淑英（女，1978.3—9）
　　　　　赵衍友（1978.3—9）

（二）中共石油勘探开发科学研究院临时委员会、委员会领导名录（1978.9—1988.9）

书　　记　李欣吾（1978.9—1983.2）
申力生（代理，1983.2—1984.12）
贾金会（1985.2—1988.9）

副 书 记　申力生（1978.9—1983.2）
毛华鹤（1985.6—1986.7）
孙希文（1987.8—1988.9）

委　　员　刘　南（1978.9—1981.11）
余　萍（1978.9—1985.6）
李　杰（1978.9—1980.8）
秦同洛（1978.9—1985.6）
向同水（1978.9—1985.6）
胡见义（1978.9—1988.9）
韩大匡（1978.9—1988.9）
唐克伦（1980.8—1984.9）
翟光明（1985.6—1988.9）
张邦杰（1985.6—1988.9）
于炳忠（1985.6—1988.9）
李伯诚（1985.6—1988.9）

纪委书记　李伯诚（1985.6—1988.9）

（三）石油勘探开发科学研究院领导名录（1978.4—1988.9）

院　　长　申力生（1978.4—1984.12）
翟光明（兼任，1985.2—1988.9）

副 院 长　刘　南（1978.4—1981.10）
张邦杰（1978.4—7；1985.6—1988.9）
张振海（1978.4—7）
谭文彬（1978.4—7）
杨　达（1978.4—9）
杨文彬（1978.4—1984.12）

余　萍（1978.4—1984.12）
秦　峰（1978.4—1979.12）
秦同洛（1978.4—1985.6）
田在艺（1978.4—1985.6）
韩大匡（1979.1—1985.6）
于炳忠（1979.1—1985.6）
胡见义（1979.1—1988.9）
蒋其垲（蒋其凯，1979.7—1982.4）
范元绶（1980.1—1984.12）
贾金会（兼任，1985.6—1988.9）
郭尚平（正局级，1987.8—1988.9）
王盛基（1987.8—1988.9）

总工程师 童宪章（1978.4—1988.9）
王纲道（1978.4—1984.2）
向同水（1978.7—1988.2）
翁文波（1978.7—1988.9）
刘文章（1978.7—1988.9）
朱兆明（1978.7—1988.9）

总地质师 李德生（1978.4—1988.9）
谭文彬（1978.4—7）
张　庚（1978.7—　）
邱中建（1978.7—1979.10）
靳锡庚（1978.7—1988.2）
胡见义（1978.9—1988.9）
田在艺（1979.10—1985.6）

（四）石油勘探开发科学研究院工会（1978.4—1988.9）

主　　席 李建辛（1982.4—1984.12）

二、西北石油地质勘探研究所（1985.9—1988.9）

1985年9月，石油工业部决定成立西北石油地质勘探研究所，为部直属局级单位，党组织关系隶属中共甘肃省委。主要任务：承担西北地区包括陕、甘、宁、青等省（自治区）的地球物理勘探资料处理和解释；西北地区石油地质综合研究及地震地层学研究工作，包括基础地质研究、盆地研究、资源评价、规划部署方案；建立西北地区地质勘探数据库，成为全国石油信息网络的组成部分。编制500人。办公地点在甘肃省兰州市。

西北石油地质勘探研究所在筹建期间，委托玉门石油管理局组成筹建小组，主持建所工作。由傅万祯、赵熙寿、康恺、晁吉俊、王昌桂组成筹建领导小组，傅万祯担任组长，赵熙寿、康恺任副组长。随即抽调约50人组成筹建处，设生产准备办公室和工程办公室。

1987年11月，石油工业部党组决定，傅万祯任党委书记，于文铎任所长。

1988年4月，西北石油地质勘探研究所正式挂牌。设所办公室、党委办公室、科研生产管理办公室、生活办公室、基建办公室、电算中心、综合研究室、技术发展研究室等部门，所属劳动服务公司。编制350人。

1988年，西北石油地质勘探研究所在继续较大规模基建的同时，着力基础技术条件准备，开始组织科研生产。所属各单位（部门）明确了职责范围，制订了管理规章以及岗位责任制，全所重大问题决策、运行指挥调度等各项工作以科研生产为中心协同运转。KJ-8920大型计算机勘探数据处理系统于同年5月进行中期调试。引进的PE3284地震资料处理解释系统于6月顺利投产，相继在民和盆地、陕甘宁盆地、酒泉盆地开展地质综合研究和地震资料处理解释工作。

9月，西北石油地质勘探研究所改由中国石油天然气总公司领导。

（一）中共西北石油地质勘探研究所委员会领导名录（1987.11—1988.9）

书　　记　傅万祯（1987.11—1988.9）

（二）西北石油地质勘探研究所领导名录（1987.11—1988.9）

所　　长　于文铎（副局级，1987.11—1988.9）

副 所 长 晁吉俊（1988.4—9）
总工程师 王 愫（女，1988.4—9）

三、浙江省石油地质研究所（1984.12—1988.9）

1983年7月，浙江省石油化学工业厅党组决定成立浙江省石油地质研究所筹建领导小组，由邹鑫祜、于世鸿、俞士良组成，邹鑫祜任组长、临时党支部书记。办公地点在浙江省杭州市留下镇。

1984年12月，国家科委批准建立浙江省石油地质研究所，为浙江省直属事业单位，行政级别为县（团）级，由浙江省与石油工业部双重领导，以浙江省为主。研究方向是开展东海大陆和浙江、福建、台湾地区的石油地质研究。具体负责浙江省和其他重点勘探地区的石油地质勘探研究及资源评价工作，收集和研究东海及其毗邻地区的地质、物探、钻井资料，承担部分东海海域的油气资源评价及研究工作等。编制200人，职工总数70余人。

1985年7月，中共浙江省石油地质研究所委员会成立，徐立寿任党委副书记，陈清泉任纪委书记。

1986年9月，初步建立所、室两级管理体制。机关部门设党委办公室、行政办公室、科技办公室、人事保卫科、行政基建科和条件科。科研单位设东海油气地质研究室、浙闽油气地质研究室、区域油气地质研究室和情报资料室。12月，办公地点迁至杭州市西溪路166-1号（现西溪路920号）科研综合大楼。

截至1988年9月，浙江省石油地质研究所行政管理科室设所办公室、行政基建科（含计划财务组）、条件科、人事保卫科、石油科技交流中心等5个科室。科研系统设陆相研究室、海相研究室、东海盆地研究室、情报资料室、实验室、科技办公室等6个单位。职工总数165人。这一时期，浙江省石油地质研究所主要开展了台湾海峡和东海陆架盆地石油地质研究和资源评价、浙闽油气资源评价以及南方重点盆地勘探部署研究，开展了南方海相碳酸盐岩石油地质条件的初步研究，共获得3项省部级奖。

1988年9月，浙江省石油地质研究所改由浙江省和中国石油天然气总公司双重领导，以浙江省为主。

一、中共浙江省石油地质研究所委员会领导名录（1985.3—1988.9）

书　　记　刘友民（1986.12—1988.9）

副 书 记　徐立寿（1985.3—1988.9）

委　　员　邹鑫祜（1985.7—1988.9）

陈清泉（1985.7—1988.9）

纪委书记　陈清泉（1985.5—1988.9）

二、浙江省石油地质研究所领导名录（1985.5—1988.9）

所　　长　刘友民（1986.12—1988.9）

副 所 长　邹鑫祜（1985.5—1988.9）

陈继贤（1985.5—1988.9）

王根海（1985.5—1988.9）

四、抚顺石油研究所—抚顺石油炼制研究所（1978.3—1983.7）

1978年3月，抚顺石油研究所隶属石油工业部管理。

1979年3月10日，召开抚顺石油研究所工会第三次会员代表大会，选举产生由13人组成的工会第六届委员会，孙兴为主席。4月，抚顺石油研究所更名为抚顺石油炼制研究所。

1980年5月，经石油工业部批准，恢复页岩油研究工作，并成立页岩油加工研究室。

1983年2月，拥有工程技术人员335名，其中高级工程师11名，工程师158名。6月28日，召开中共抚顺石油炼制研究所第六次代表大会，选举产生由7人组成的第六届委员会，承光武为党委书记，王有廷为党委副书记，孙兴为纪委书记。

抚顺石油研究所设13个研究室：第一研究室（催化重整催化剂与工艺及造氢）、第二研究室（稠油加工及沥青）、第三研究室（加氢精制催化剂及工艺）、第四研究室（加氢裂化催化剂及工艺、分子筛）、第五研究室（油品分析及测试）、第六研究室（炼厂污水处理及监测）、第七研究室（自动化及仪表）、第八研究室（情报、图书）、第九研究室（特种蜡及蜡标准）、第十研究室（无机分析及基础理论）、第十一研究室（页岩油加工）、第十三研究室（化工）、第十五研究室（引进加氢工艺装置以及加氢工艺试验场、特蜡生产场）。

1983年7月，抚顺石油炼制研究所划转中国石油化工总公司领导。

（一）中共抚顺石油炼制研究所委员会领导名录

书　　记　耿　坚
　　　　　承光武（1983.6—7）
副 书 记　王有廷（1983.6—7）
纪委书记　孙　兴（1983.6—7）

（二）抚顺石油研究所—抚顺石油炼制研究所革委会领导名录

主　　任　（不详）
副 主 任　倪毓孚（　—1979.6）
　　　　　杨世诚（　—1979.6）
　　　　　杨雨时（　—1979.6）

（三）抚顺石油炼制研究所领导名录

所　　长　倪毓孚（1979.6—　）
副 所 长　张明道（1979.6—　）
　　　　　顾　群（1979.6—　）
　　　　　杨世诚（1979.6—　）
　　　　　杨雨时（1979.6—　）
　　　　　李文斌（1979.6—　）
　　　　　李家鹏（1980.1—　）
　　　　　辛福海（1980.1—　）
　　　　　承光武（1980.7—　）
总工程师　钱鸿业（1979.8—　）

（四）抚顺石油炼制研究所工会

主　　席　孙　兴

五、施工技术研究所（1984.1—1988.9）

1978年11月，石油工业部决定成立施工技术研究所，为县（团）级单位。隶属于石油工业部第四工程公司。设政治处、科研办公室、后勤办公室3个机关处室和施工工艺研究室、施工装备研究室、工程材料研究室、技术经济研究室、技术情报研究室5个研究室。编制200人。主要承担全国油气田（包括海上油气田）及石油炼厂化工建设施工技术的研究，以及技术经济、科技情报，引进外国先进技术等任务。12月，成立施工技术研究所临时党支部。

1980年11月，石油工业部政治部决定，将工程材料研究室的部分业务划出成立工程结构研究室，施工工艺研究室和施工装备研究室合并为施工工艺装备研究室。同月，石油工业部政治部批准成立中共施工技术研究所委员会。

1981年2月，调整组织机构，设施工工艺装备研究室、工程材料研究室、工程结构研究室、技术经济研究室、技术情报研究室等5个研究室；行政办公室、科研办公室、科研条件办公室、人事培训办公室、基建办公室等5个职能部门；综合试验场1个辅助部门。年末职工人数301人，其中专业技术人员149人。

1984年1月，施工技术研究所改由石油工业部和天津市双重领导，以石油工业部为主，行政级别为县（团）级。党组织关系隶属于天津市建工局党委。

1986年2月，调整组织结构，设固井水泥及外加剂研究室、工程材料研究室、工程结构研究室、防腐保温技术研究室、工艺装备研究室、焊接技术研究室、微机应用研究室、设计室、标准定额站、技术经济室、技术情报室等11个科研机构；所长办公室、总工办公室、科研办公室、人事教育科、财务科、供应科等6个行政管理机构；科研装备技术服务站、服务公司2个后勤服务机构。10月，施工技术研究所党组织关系改为由天津市塘沽区委代管。年末职工人数422人，其中专业技术人员295人。

截至1987年底，施工技术研究所共承担科研项目143项，其中部级鉴定项目14项，获得部级科技进步奖8项，授权专利1项。

1988年9月，施工技术研究所改由中国石油天然气总公司领导。

（一）中共施工技术研究所委员会领导名录（1984.1—1988.9）

书　　记 阎庆麟（1984.1—1985.10）
　　　　　纪明申（1985.10—1988.9）
副 书 记 袁中立（1985.10—1988.9）
委　　员 张忠廉（1984.1—1988.9）
　　　　　龚家森（1984.1—1985.11）
　　　　　于培国（1984.1—1985.11）
　　　　　卢锡茂（1985.11—1988.9）
　　　　　侯浩杰（1985.11—1988.9）

（二）施工技术研究所领导名录（1984.1—1988.9）

所　　长 纪明申（1985.10—1988.9）
副 所 长 龚家森（1984.1—1985.10）
　　　　　张家琪（1984.1—1986.3）
　　　　　张忠廉（1984.1—1988.9）
　　　　　黄其兴（1984.1—1987.4）
　　　　　周兴山（1985.10—1988.9）
总工程师 张家琪（1984.1—1985.10）
　　　　　龚家森（1985.10—1988.9）

六、石油化工科学研究院（1978.3—1983.12）

1978年3月，石油化工科学研究院管理全国化工科技的部分归属化工部；其他部分组建新的石油化工科学研究院，隶属于石油工业部。院址在北京市。7月，石油工业部决定，石油化工科学研究院院部与综合研究所合并，撤销综合研究所建制，研究院不再兼有管理全国炼油和石化科技的职能。8月，石油工业部党组决定，石油化工科学研究院临时党委由侯祥麟、车时英、黄大智、潘生玺、林风、高清岚、卢成锹、韩浩、贾旺、张定超等10人组成，侯祥麟兼任党委书记，车时英、黄大智任党委副书记。9月，设立培训处。11月，成立学术委员会，武迟任主任。

1979年1月，石油化工科学研究院由11个研究室调整为15个研究室，设置82个题目组。新成立的十二室为喷气燃料研究室，十三室为润滑脂研究室，十四室为裂化催化剂研究室，十五室为物化分析室。新成立引进办公室和发展部。6月，成立油品车间。8月，成立计算机站（第十六研究室）。

1980年7月，石油工业部决定，自1980年8月1日起，石油化工科学研究院所属六二一厂改变隶属关系，由石油工业部直接领导。

1981年12月，成立科研条件处。

1982年7月，石油工业部决定在石油化工科学研究院成立石油工业部润滑油评定中心，代院长卢成锹兼任中心主任。同月，成立临氢试验室（第十七研究室）。8月，成立分析站（第十八研究室）。至1982年底，石油化工科学研究院发展为18个研究室、1个发展部。

1983年2月，成立润滑油评定中心（第十九室）、标准管理室（第二十室）。至此，全院共有20个研究室。

12月，石油化工科学研究院整体划转中国石油化工总公司领导，但该院的油田化学研究室仍留在石油工业部，划归石油勘探开发科学研究院管理。

（一）中共石油化工科学研究院临时委员会领导名录（1978.3—1983.12）

书　　记　侯祥麟（1978.3—4；兼任，1978.4—1979.8）
焦万海（1979.9—1983.4）
王文鹏（1983.4—12）

副 书 记　车时英（1978.3—1983.12）
黄大智（1978.3—1983.12）
谢采贤（1978.8—1979.9）
任向文（1979.9—　　）
魏绪顺（1981.11—1983.4）

（二）石油化工科学研究院领导名录（1978.3—1983.12）

院　　长　侯祥麟（1978.3—4；兼任，1978.4—1979.9）
任向文（1979.9—1981.9）
卢成锹（代院长，1982.3—1983.4；1983.4—12）

副 院 长　黄大智（1978.3—1983.12）
车时英（1978.3—1983.12）

潘生玺（1978.3—1983.4）
林　风（1978.3—1983.4）
武　迟（1978.3—1983.4）
高清岚（1978.3—1983.12）
卢成锹（1978.3—1983.4）
韩　浩（1978.3—1983.4）
贾　旺（1978.3—1983.4）
闵恩泽（1978.3—1983.12）
张定超（1978.3—1983.4）
汪燮卿（1983.4—12）
丁友声（1983.4—12）

总工程师　林　风（1983.4—12）
赵宗燠（1983.4—12）
武　迟（1983.4—12）
林正仙（1983.4—12）
陆婉珍（1983.4—12）
程之光（1983.4—12）
武宝琛（1983.4—12）

（三）所属六二一厂领导名录（1978.3—1980.8）

党委书记　王善庆（1978.3—1979.5）
刘　祥（1979.5—1980.8）

厂　　长　高清岚（1978.3—1979.5）
刘　祥（1979.5—1980.8）

七、六二一厂—六二一厂（长城高级润滑油公司）（1980.8—1983.7）

1978年3月，六二一厂仍隶属石油化工科学研究院。

1980年8月，六二一厂改为直属石油工业部管理，为县（团）级单位，有关生产科研方面业务由石油工业部炼油化工生产司归口管理。厂址在北京市。

1982年9月，为适应炼油生产发展的需要和对外开展工作，六二一厂对外使用“石油工业部长城高级润滑油公司”名称，实行一个机构两块牌子。

1983年7月，长城高级润滑油公司划转中国石油化工总公司。

（一）中共六二一厂委员会领导名录（1980.8—1983.7）

书　　记　刘　祥（1980.8—1982.8）

刘炳文（1982.8—1983.7）

副 书 记　徐元达（1980.8—1982.8）

刘炳文（1980.8—1982.8）

孙万安（1980.8—1982.8）

纪检组组长　刘炳文（1980.8—1983.7）

政治处主任　孙万安（兼任，1980.8—12）

（二）六二一厂领导名录（1980.8—1983.7）

1980年8月至1982年12月：

厂　　长　刘　祥（1980.8—1982.8）

徐元达（1982.8—12）

副 厂 长　邵经聪（1980.8—1982.12）

信海泉（1980.8—1982.12）

徐元达（1980.8—1982.8）

刘炳文（1980.8—1982.8）

王　普（1980.8—1982.12）

朱明贤（1980.8—1982.12）

范凤玲（女，1980.8—1982.12）

1982年12月至1983年7月：

经　　理　徐元达（1982.12—1983.7）

副 经 理　邵经聪（1982.12—1983.7）

信海泉（1982.12—1983.7）

王　普（1982.12—1983.7）

朱明贤（1982.12—1983.7）

范凤玲（1982.12—1983.7）

（三）六二一厂工会（1980.8—1983.7）

主　　席　张卫东（1980.8—1983.7）

八、石油规划设计总院（1978.7—1988.9）

1978年3月，石油工业部决定组建石油规划设计总院，7月完成组建并开始运行。建院初期，油田部分以及机关在北京市海淀区学院路20号石油大院地质楼内办公，炼油部分仍在东城区和平里七区16号楼办公。

石油规划设计总院为石油工业部直属正局级事业单位，同时挂“石油工业部设计管理局”牌子，是石油工业部编制油气田、长输管道及炼厂建设规划的部门，同时对部所属勘查设计单位实行业务指导和管理。主要职责包括长远规划、设计管理、设计审查、标准及“三化”（即标准化、通用化、系列化）、发展新技术和技术情报等。机构设政治部、生产办公室、行政办公室3个职能部门和设计管理处、油气管道规划设计处、炼油化工规划设计处、标准规范处、设备处、资料情报室、电子计算室等7个业务部门。职工总数168人。

9月，石油工业部党组决定，由杨达、胡象尧、陈自光、邵祖光、陈人炳、陈炳泉、刘玉贤等7名同志组成石油规划设计总院临时党委，杨达任党委书记，胡象尧任党委副书记。1980年4月，临时党委设纪律检查组，由刘玉贤任组长。

1979年，完成规划和专题研究、设计管理、设计审查、新技术开发等各类生产任务606项。

1982年，石油规划设计总院成立海工处。

1983年7月，石油规划设计总院炼油部分成建制划转中国石油化工总公司，炼油化工规划设计处同时撤销。10月，海工处成建制划转中国海洋石油总公司。1984年1月，针对业务范围的变化对机构进行调整，油气管道规划设计处更名为规划设计处，电子计算室更名为科学研究处，职能部门由3个归并为2个，分别为院办公室和党委办公室。

1984年3月，石油工业部机关临时党委同意由魏绪顺、胡象尧、周箴铭、苗承武等4名同志组成石油规划设计总院党委，魏绪顺任党委书记。

截至1988年9月，石油规划设计总院设院办公室、党委办公室、总工程师办公室、人事教育处、行政处等5个职能部门和设计管理处、规划处、设计所、标准规范处、技术咨询公司、环境影响评价所、资料情报室、科学研究处等8个业务部门，职工总数220人。

1988年9月，石油规划设计总院改由中国石油天然气总公司领导。

（一）中共石油规划设计总院临时委员会、委员会领导名录（1978.7—1988.9）

1. **中共石油规划设计总院临时委员会领导名录**（1978.7—1984.3）

书　　记　杨　达（女，1978.9—1979.7）
　　　　　秦　峰（1979.12—1982.12）
副 书 记　胡象尧（1978.9—1984.3）
　　　　　乐秀民（1980.9—1983.11）
委　　员　陈自光（1978.9—1983.7）
　　　　　邵祖光（1978.9—1983.7）
　　　　　陈人炳（1978.9—1983.11）
　　　　　陈炳泉（1978.9—1980.11）
　　　　　刘玉贤（女，1978.9—1980.9）
　　　　　郑　浩（1981.7—1982.7）
　　　　　兰田方（1981.7）
　　　　　张振国（1981.7—1983.11）
纪检组组长　刘玉贤（1980.4—9）

2. **中共石油规划设计总院委员会领导名录**（1984.3—1988.9）

书　　记　魏绪顺（1984.3—8）
　　　　　胡象尧（1984.8—1988.9）
副 书 记　乐秀民（1984.8—1988.9）
委　　员　胡象尧（1984.3—8）
　　　　　周箴铭（1984.3—1988.9）
　　　　　苗承武（1984.3—1988.9）
　　　　　屈清华（1986.12—1988.9）

（二）石油规划设计总院领导名录（1978.7—1988.9）

院　　长　胡象尧（1978.7—1988.9）

副　院　长　邵祖光（1978.8—1983.7）
陈自光（1978.8—1983.7）
陈人炳（1978.8—1983.11）
张　仁（1978.11—1982.6）
兰田方（1978.11—1981.7）
张振国（1979.10—1983.11）
郑　浩（1980.4—1982.11）
苗承武（1983.11—1988.9）
屈清华（正局级，1986.10—1988.9）

总 工 程 师　张　英（1978.12—1982）
梁翕章（1978.7—1988.6）
朱康福（1978.10—1983.7）
敖明模（1980.2—　　　）
周箴铭（1983.11—1988.9）

九、北京炼油设计研究院—北京石油设计院（1978.4—1983.8）

1978年4月，北京石油化工总厂设计院原北京设计院的设计力量（设计院一连）划回炼油设计院，炼油设计院更名为北京炼油设计研究院，直属石油工业部领导，归口石油规划设计总院领导，院址在北京房山。至此，北京设计院分散近十年的炼油设计力量又重新组织在一起。12月，经国务院批准，北京炼油设计研究院更名为北京石油设计院。职工总数1350人。

1980年2月，北京石油设计院党委改由石油工业部党组直接领导，其行政业务工作仍归口石油规划设计总院领导。6月，召开中共北京石油设计院党员代表大会，选举邹国顺、李子凡、王生联、李玉龙、赵志荣、李昌彀、梁丰、张汝存、魏功隆等9名同志组成中共北京石油设计院委员会。邹国顺为党委书记，李子凡、王生联为党委副书记。

1980年9月，由于从外地调入炼油设计院的职工难以在北京落户，约400

名职工陆续调出，其中200多名技术人员调往南京、武汉、济南、洛阳、天津等地的17个企事业单位。职工减至900多人。

1983年8月，北京石油设计院划转中国石油化工总公司。

（一）中共北京炼油设计研究院委员会—中共北京石油设计院委员会领导名录（1978—1983.8）

书　　记　邹国顺（1978—1983.5）

副 书 记　李子凡（1980.7—1983.8）

刘汉卿（1978—1979）

王生联（1978—1983.8）

高成奎（1980.7—1982）

叶赞录（1982—1983.8）

纪委书记　王生联（1980.7—1983.8）

（二）北京炼油设计研究院—北京石油设计院领导名录（1978—1983）

院　　长　刘汉卿（1978—1979）

李子凡（1980—1984）

副 院 长　李晓如（1978—1983）

李玉龙（1978—1983）

王彦梅（女，1978—1983）

张汝存（1978—1983）

赵志荣（1978—1983）

魏高兴（魏澎，1978—1983）

张文渊（1978—1979）

陈福生（1978—1979）

邢活舒（1980—1983）

徐承恩（1980—1983）

总工程师　徐承恩（1980—1983）

十、炼油设计研究院—第二炼油设计研究院（1978.3—1983.6）

1978年3月，炼油设计研究院隶属石油工业部。党组织关系隶属于洛阳市委。办公地点在河南省洛阳市。4月，更名为石油工业部炼油设计研究院。12月，成立培训部，撤销教育科。年底职工总数2290人。

1979年5月，石油工业部决定，炼油设计研究院更名为第二炼油设计研究院，直属石油工业部领导。同月，石油工业部批准第二炼油设计研究院成立技工学校。

1980年2月，为加强科研实验工作，第二炼油设计研究院设炼制研究所、设备研究所和炼油实验厂3个二级单位，设计专业室由院直接领导。7月，成立保密委员会，由10人组成，赵秀峰任主任；成立人民调解委员会，由8人组成，刘月庆任主任。9月，洛阳市委决定孙风臣、侯宪元、陈俊武、丁宝圣、付敏修、周祖荫、汪景砺、赵秀峰等8人组成中共石油工业部第二炼油设计研究院第六届委员会，孙风臣任党委书记，侯宪元、周祖荫任党委副书记，周祖荫任纪委书记。10月，撤销政治部。

1983年6月，第二炼油设计研究院划转中国石油化工总公司管理。

（一）中共炼油设计研究院委员会—中共第二炼油设计研究院委员会领导名录（1978.3—1983.6）

书　　记　孙风臣（1978.3—1983.6）

副 书 记　李子凡（1978.3—1979.12）

　　　　　侯宪元（1978.3—　　）

　　　　　张明学（1978.3—1980.9）

　　　　　周祖荫（1980.9—1983.6）

纪委书记　周祖荫（1980.9—1983.6）

政治部主任　张明学（兼任，1978.3—1980.10）

（二）炼油设计研究院—第二炼油设计研究院领导名录（1978.3—1983.6）

院　　长　李子凡（1978.3—1980.1）

　　　　　侯宪元（1980.1—1983.6）

副　院　长　侯宪元（1978.3—1980.1）
陈俊武（1978.3—1983.6）
周祖荫（1978.3—1983.6）
丁宝圣（1978.3—1983.6）
付敏修（1978.3—　　）
刘月庆（1978.3—1983.6）
赵家仁（1978.3—1980.1）
徐洛德（1978.3—1980.1）
聂根太（1978.3—1983.6）
汪景砺（1980.1—1983.6）
杨景瑞（1980.1—1983.6）
马　龙（1980.11—1983.6）
总工程师　陈俊武（1978.3—1983.6）
顾　　问　赵家仁（1980.1—1983.6）
徐洛德（1980.1—1983.6）

（三）第二炼油设计研究院工会（1980.10—1983.6）
主　　席　赵秀峰（1980.10—1983.6）

十一、油田化工设计承包公司—油田化工设计公司（油田化工设计研究院）—华东勘察设计研究院（1984.11—1988.9）

1984年11月，石油工业部将第七工程公司所属勘察设计研究所分立，成立油田化工设计承包公司，职工271人。办公地点在山东省青岛市胶州。

1985年12月，油田化工设计承包公司设6个机关部门、8个基层单位。职工360人。

1986年1月，油田化工设计承包公司更名为石油工业部油田化工设计公司。5月，为便于油气田管理局所属设计院对内对外开展工程设计的招标和投标，技术咨询和技术服务，以及跨省、跨地区开展工作，批准石油工业部油田化工设计公司同时使用石油工业部油田化工设计研究院名称。

1987年3月，石油工业部油田化工设计公司更名为石油工业部华东勘察设计研究院，经济上仍实行独立核算、自负盈亏。

1988年9月，华东勘察设计研究院改由中国石油天然气总公司领导。

书　　　　记 徐东河（1985.10—1988.9）
经　理（院　长） 张　金（1985.10—1988.9）
副经理（副院长） 何凤友（1985.10—1988.9）
代 总 工 程 师 何凤友（1986.2—1987.4）

十二、科学技术情报研究所（石油化学工业出版社）—石油科学技术情报研究所（石油工业出版社）（1978.3—1983.11）

1978年3月，科学技术情报研究所和石油化学工业出版社仍为所、社合一体制，归石油工业部领导，为石油工业部直属局级事业单位。职工总数93人。办公地址：北京市东城区和平里七区16号楼。

8月，更名为石油科学技术情报研究所和石油工业出版社，对外两块牌子，内部统一领导。下设2个职能部门：政治部、办公室，5个业务部门：报刊编译室、情报处、情报交流处、文献资料处、图书编辑出版部。截至1983年初，职工总数280人。

1983年11月，石油科学技术情报研究所与石油工业出版社各自独立建制，均直属石油工业部管理。

（一）中共石油科学技术情报研究所（石油工业出版社）委员会领导名录（1978.8—1983.12）

书　　　　记 高光鉴（1978.8—1983.2）
徐文野（1983.4—11）
副　书　记 齐泽国（1978.8—1983.12）
张清杰（1980.5—1983.12）
纪 委 书 记 高光鉴（1980.7—1983.2）

（二）**石油科学技术情报研究所（石油工业出版社）领导名录**

（1978.8—1983.12）

所　长（社　长）　高光鉴（1978.8—1983.2）

副所长（副社长）　齐泽国（1978.8—1983.12）

吴德琪（1978.8—1983.11）

白正之（1978.8—1983.11）

张清杰（1980.5—1983.12）

王寿山（1978.8—1983.11）

十三、石油科学技术情报研究所（1983.11—1988.9）

1983年11月，石油科学技术情报研究所与石油工业出版社各自独立建制。同月，石油工业部将石油科学技术情报研究所炼油部分划转中国石油化工总公司，40余人随业务划出。

1984年4月，石油科学技术情报研究所机构进行调整，撤销政治部，增设业务管理处，业务部门调整为情报调研室、情报动态室、石油经济室、报刊编译部、电影录像部和文献资料部，职工总数260人。12月，50余名出版业务相关人员正式划转石油工业出版社。

1985年，石油科学技术情报研究所将情报调研室、情报动态室调整为地质勘探室、石油工程室、装备油建室，并设立计算机室，保留石油经济室、电影录像部和文献资料部，成立基层情报管理处。1988年，增设老干部处。全所职工总数234人，其中专业技术人员187人。

1988年9月，石油科学技术情报研究所改由中国石油天然气总公司领导。

期间，石油科学技术情报研究所副总工程师张朝琛任第七届全国政协委员。

（一）**中共石油科学技术情报研究所委员会领导名录**（1983.11—1988.9）

书　　记　徐文野（1983.11—1988.9）

委　　员　毛华鹤（1986.7—1988.9）

章兆淇（1987.5—1988.9）

（二）石油科学技术情报研究所领导名录（1983.11—1988.9）

所　　长　吴德琪（1984.2—1988.9）
副 所 长　吴德琪（1983.11—1984.2）
　　　　　毛华鹤（1986.7—1988.9）
　　　　　章兆淇（1987.5—1988.9）
总工程师　胡文海（1983.12—1988.9）

十四、石油工业出版社（1983.11—1988.9）

1983年11月，石油工业部党组决定，将石油科学技术情报研究所与石油工业出版社各自独立建制。石油工业出版社为石油工业部在京直属局级事业单位。

1984年4月，石油工业部批准石油工业出版社设总编室、石油勘探编辑室、油气田开发编辑室、综合编辑室、图书出版发行部、人事教育科、财务科、办公室和党委办公室，编制130人。同月，石油工业部决定将部展览工作室并入石油工业出版社，对外联系仍保留展览工作室牌子。5月，石油工业部机关党委批准中共石油工业出版社委员会组成人员，白正之、陈炳泉任党委委员、副书记，郑育琪为党委委员。

1985年8月，石油工业部批准撤销展览工作室。1985年，石油工业出版社为石油系统3000多个基层站队配送图书共120余种，整顿固定购书户3500多个，建立图书销售点5个。

1986年初，成立计算机激光照排系统引进项目小组。1988年6月，激光照排、照相制版系统投入试运转。石油工业出版社成为全国首批使用激光照排先进排版技术的出版社。

1987年4月，召开中共石油工业出版社第一次党员大会，选举产生第一届委员会，于瑛为党委副书记。

1988年1月，石油工业出版社从安定门外外馆东后街甲36号平房院搬入安定门外安华里二区1号楼。8月，召开石油工业出版社第一次工会会员代表大会，选举产生出版社第一届工会委员会和工会经费审查委员会，薛树培当选工会主席。

1983年至1988年，石油工业出版社出版图书978个品种。先后出版《预测论基础》、《中国页岩油工业》、《英汉财经大辞典》、《石油地质进展丛书》等一批重点图书。1985年出版的大庆油田勘探开发25周年科技图书（包括《松辽陆相盆地石油地质》、《油田分层开采》、《多油层砂岩油藏开发》、《采油地质工程》）获石油工业部优秀科技出版二等奖。1987年出版的《石油炼制工程》和《石油钻采机械》获全国高等学校优秀教材奖。1987年图书销售码洋首次突破百万元。1985年至1988年期间，出版总码洋806.58万元，实现图书销售码洋447.74万元。

截至1988年9月，石油工业出版社职工总数190余人，其中编辑、出版、发行人员140余人。

1988年9月，石油工业出版社改由中国石油天然气总公司领导。

（一）中共石油工业出版社委员会领导名录（1983.11—1988.9）

书　　记（空缺）

副 书 记　陈炳泉（1983.11—1985.3）

白正之（1984.5—1985.12）

于　瑛（1985.3—1988.9）

委　　员　郑育琪（正处级，副总编，1984.5—1987.5）

李昭仁（1986.4—1988.9）

陈炳泉（1987.5—1988.9）

牛　瑄（女，副处级，1987.5—1988.9）

李希文（正处级，1987.5—1988.9）

（二）石油工业出版社领导名录（1983.11—1988.9）

社　　长　白正之（1983.11—1985.12）

副 社 长　陈炳泉（1985.3—1988.9）

李昭仁（主持工作，1986.3—1988.9）

十五、展览工作室（1978.3—1985.8）

1978年3月，展览工作室隶属石油工业部直接管理，由办公厅代管。

1982年12月，石油工业部党组决定，将展览工作室划转中国石油工程建设公司领导。

1984年5月，展览工作室并入石油工业出版社，承担石油工业部交给的任务。为提高工作效率，除留精干的业务骨干组成工作班子外，管理工作和辅助工作由石油工业出版社统一负责，其余职工由石油工业出版社统一安排分配。为对外联系，保留展览工作室的牌子，有关业务可独立对外。

1985年8月，石油工业部批准撤销展览工作室。

主　任　王维新（1979.12—　）

副主任　贾玉洁（1979.12—　）

陈君仁（1979.12—　）

李常隆（1979.12—　）

十六、中国石油报社（1986.3—1988.9）

1985年9月，石油工业部党组召开会议，原则通过创办《中国石油报》的决定。11月，成立《中国石油报》筹备组，赵宗鼐副部长兼任《中国石油报》筹备组组长，温厚文、张江漪和魏宜清为副组长。

1986年1月，《中国石油报》出版试刊第1期，王涛部长亲自撰写题为《为中国石油报试刊说几句话》的重要文章。

3月，中共中央宣传部正式批准《中国石油报》试刊内部发行。石油工业部决定成立中国石油报社，创办《中国石油报》。明确指出《中国石油报》是石油工业部党组机关报，是石油工业战线的专业报纸，以马列主义、毛泽东思想为指针，坚持党的十一届三中全会以来的路线、方针、政策，坚持四项基本原则，积极宣传党中央、国务院有关石油工业的方针、政策和部党组的重要决策，宣传石油战线社会主义物质文明和精神文明建设的新成就、新经验和新人新事，传播国内外石油工业经济和科技信息。中国石油报社为部属司（局）级事业单位。中国石油报社下设总编室、经济部、思想理论部、科普文艺部、记者部、群工部、经理部。部、室为处级单位，编制95人。中国石油报社在各大石油企、事业单位设记者站（组），设记者2至3人，编制列入所属单位。社址在河北省保定地区涿州县。

4月，石油工业部副部长周永康兼任《中国石油报》筹备组组长。中共中央宣传部同意创办《中国石油报》，并在北京市文化局出版处办理登记手续；北京市文化局批准《中国石油报》公开发行，北京市报纸登记证第324号。12月，石油工业部党组任命魏宜清为中国石油报社副社长兼总编辑，丁满喜为副社长。同年，中国石油思想政治工作研究会会刊——《石油政工研究》由中国石油报社承办。

1987年1月，《中国石油报》正式创刊，为对开四版周一刊，每周三出版。国务委员康世恩撰写了代发刊词《前进！中国石油工业》。

5月，中共石油工业部机关委员会批准成立中共中国石油报社委员会，委员会由张恕基、张江漪、魏宜清、丁满喜、牛治国等5名同志组成。8月，北京市新闻出版局成立后，《中国石油报》重新登记为国内统一刊号：CN11-0037。

1988年1月，《中国石油报》由每周一刊改为每周两刊，每周三、日出版。3月，在《中国石油报》内部通讯的基础上，由中国石油报社、中国石油企业新闻学会、中国石油企业新闻工作者协会联合主办的《石油新闻工作者之友》创刊。

截至1988年9月，中国石油报社增设办公室，机构由7个增加为8个，全社编制150人，实有职工173人。1988年，《中国石油报》每期发行量为96832份。

1988年9月，中国石油报社改由中国石油天然气总公司领导。

（一）中共中国石油报社委员会领导名录（1987.3—1988.9）

书　　记　张恕基（1987.3—1988.9）

副 书 记　张江漪（1987.3—1988.9）

委　　员　魏宜清（1987.5—1988.9）

丁满喜（1987.5—1988.4）

牛治国（正处级，工会主席，1987.5—1988.9）

（二）中国石油报社领导名录（1986.12—1988.9）

社　　长　张恕基（1987.3—1988.9）

副 社 长　魏宜清（1986.12—1988.9）

丁满喜（1986.12—1988.4）

张江漪（1987.3—1988.9）

总 编 辑　魏宜清（1986.12—1988.9）

十七、教材编译室（1978.10—1988.9）

1978年10月，石油工业部决定成立教材编译室，编制50人，作为石油工业部直属事业单位。

1988年9月，教材编译室改由中国石油天然气总公司领导。

第七节　石油院校

1978年3月，石油院校主要有5所。其中，华东石油学院、承德石油学校由石油工业部和地方双重领导，以石油工业部为主；大庆石油学院、西南石油学院、广东石油学校归地方管理。4月，成立江汉石油学院，由石油工业部和湖北省双重领导，以石油工业部为主。8月，西南石油学院改由石油工业部和四川省双重领导，以石油工业部为主；兰州炼油厂石油学校恢复为兰州石油学校。9月，重庆石油学校改由石油工业部和四川省双重领导，以石油工业部为主。10月，恢复西安石油学院，由石油工业部与陕西省双重领导，以石油工业部为主。12月，石油工业部明确兰州石油学校实行石油工业部和甘肃省双重领导，以石油工业部为主，由兰州炼油厂代管；广东石油学校改由石油工业部和广东省双重领导，以石油工业部为主。

1979年2月，兰州炼油厂技工学校更名为兰州石油技工学校，由兰州炼油厂管理改由石油工业部和甘肃省双重领导，以石油工业部为主，委托石油工业部管道局代管。

1980年5月，建立抚顺石油学院，由石油工业部与辽宁省双重领导，以石油工业部为主。

1981年5月，成立广州外语培训中心。10月，石油工业部明确广州外语培训中心由石油工业部和广东省双重领导，以石油工业部为主。

1982年7月，大庆石油学院改由石油工业部和黑龙江省双重领导，以石油工业部为主。

1983年1月，新疆石油学院恢复办学，由新疆维吾尔自治区人民政府和石油工业部双重领导，委托新疆石油管理局管理。11月，兰州石油学校划转中国石油化工总公司。

1984年4月，兰州石油技工学校更名为培黎石油技工学校，直属石油工业部领导。9月，成立石油管理干部学院。

1984年12月，石油工业部修订《石油工业部管理的干部职务名称表》，规定自1985年1月1日起，华东石油学院、大庆石油学院、西南石油学院、西安石油学院、江汉石油学院、石油管理干部学院、承德石油学校、重庆石油学校、广东石油学校、培黎石油技工学校、广州外语培训中心领导班子成员由石油工业部管理，其中华东石油学院、大庆石油学院领导班子成员和西南石油学院、西安石油学院、江汉石油学院党政正职由石油工业部报中央备案。新疆石油学院主要领导由石油工业部协助新疆维吾尔自治区党委管理。

1985年1月，抚顺石油学院划转中国石油化工总公司。4月，广东石油学校移交中国石油化工总公司。12月，培黎石油技工学校改为中等专业学校，更名为培黎石油学校，改由石油地球物理勘探局代管。

1988年2月，华东石油学院更名为石油大学，实行山东东营、北京昌平两地办学；在承德石油学校基础上成立承德石油高等技术专科学校。

截至1988年9月，石油工业所属院校主要有10所。其中，石油管理干部学院、培黎石油学校直属石油工业部领导，石油大学、大庆石油学院、西南石油学院、江汉石油学院、西安石油学院、承德石油高等技术专科学校、重庆石油学校、广州外语培训中心为石油工业部和地方双重领导，以石油工业部为主。

一、华东石油学院—石油大学（1978.3—1988.9）

1978年3月，华东石油学院由石油工业部和山东省双重领导，以石油工业部为主。机关设办公室、政治部、教革部、后勤部、基础课教研处等部门。共设石油勘探、石油开发、石油炼制、石油机械、管理工程等5个系，石油及天然气地质勘探、石油地球物理勘探、石油矿场地球物理勘探、石油及天然气钻井工程、石油及天然气开采工程、石油炼制工程、基本有机化工、石油及天然气矿场机械与设备、炼油化工机械、化工仪表自动化、石油及天然气运输及储存、油田生产自动化等12个专业，学制四年。院址在山东省东营市。

5月，成立自动化系。7月，中共山东省委任命胜利油田会战指挥部党委副书记焦万海兼任华东石油学院党的核心领导小组组长、院长，恢复院长负责制。9月，基础课教研处更名为基础课教学部。10月，撤销教革部，恢复教务处、科学研究处、生产实验管理处；撤销后勤部，恢复总务处；保留政治部，陈树基兼任主任。

1978年3月和10月，华东石油学院“文化大革命”后第一次招收的77级、78级学生共1664人相继入学。10月，“文化大革命”后录取的第一批研究生20人入学。截至1978年底，华东石油学院共有教师645人，其中教授、副教授43人，讲师276人，助教326人，教职工总数2196人。

1979年3月，恢复中国教育工会华东石油学院委员会。4月，召开工会第九次代表大会，选举吕德甫为主席。

1980年3月，撤销华东石油学院革委会，实行党委领导下的院长负责制。石油工业部党组任命胜利油田会战指挥部党委书记陈宾兼任华东石油学院党委第一书记，赵炎为党委书记，杨光华为院长。4月，成立中共华东石油学院纪律检查委员会，刘应元任纪委书记。6月，成立华东石油学院学术委员会。

1981年2月，成立财务供应处。6月，经国务院同意，教育部、石油工业部批准华东石油学院在原北京石油学院校址内建立北京研究生部，由华东石油学院领导。研究生部在校生规模为400人，教职工编制300人，设石油地质、石油地球物理、油田开发工程、石油机械工程、石油储运工程、石油加工工程、石油化工、石油生产自动化及石油工程管理等9个专业，学制二至三年。同年，石油开发系增设石油管理工程专业。

1983年5月，石油工业部批准举办成人函授专科教育。

1984年，增设计算机科学系、社会科学系和基础科学系，全院共9个系。

1984年7月，石油工业部同意在北京市昌平卫星城镇选址建设华东石油学院北京研究生部。1986年暑假后，北京研究生部开始在昌平办公，部分学生开始在昌平新校址上课。

1985年1月，根据教育部有关高等学校内部领导体制改革的精神，华东石油学院决定成立院务委员会。杨光华任主任委员，康斌任副主任委员，林世洪任秘书长。

1985年，华东石油学院设石油地质勘察、勘察地球物理、矿业地球物理、钻井工程、采油工程、石油加工、应用化学、矿业机械、化工设备与机械、石油储运、热能工程、生产过程自动化、应用电子技术、工业管理工程、应用数学、应用物理等16个本科专业。共有教师1005人，其中教授34人、副教授144人、讲师348人。

1986年9月，中共华东石油学院第六次代表大会召开，选举产生第六届委员会和纪律检查委员会，华泽澎为党委书记，李秀生为党委副书记，刘应元为纪委书记。

1987年，设立学生工作处。

1988年2月，经国家教委批准，华东石油学院更名为石油大学，实行山东东营和北京昌平两地办学，校本部设在北京。山东部分由石油工业部与山东省双重领导，以石油工业部为主，以培养本科生为主，兼招少量研究生；北京部分由石油工业部和北京市双重领导，以石油工业部为主，以培养研究生为主，兼招少量本科生，并承担石油工业科技、管理干部的培训任务。

截至1988年9月，石油大学机关设党委办公室、校长办公室、教务处、科研处、学生工作处等22个部门；设石油勘探系、石油开发系、石油炼制系、石油机械系、自动化系等10个教学系部，以及图书馆、电化教育中心、出版社、胜华炼油厂、劳动服务公司、附属中学等10个教辅单位。

（一）**华东石油学院**（1978.3—1988.2）

1978年3月至1980年3月：

1. **华东石油学院革委会党的核心小组领导名录**（1978.3—1980.3）

组　　长　康　斌（1978.3—7）
焦万海（兼任，1978.7—1980.3）

副 组 长　尹建华（1978.3—1980.3）
梁　忠（1978.3—1980.3）
辛立国（1978.3—7）
吕德甫（1978.3—7）
李万胜（1978.3—7）
闻祥德（1978.3—7）
康　斌（1978.7—1980.3）
陈树基（1978.7—1980.3）

2. **华东石油学院领导名录**（1978.3—1980.3）

院　　长　尹建华（1978.3—7）
焦万海（1978.7—1980.3）

副 院 长　王成一（1978.3—7）
于从彬（1978.3—7）
马西夫（1978.3—7）
牛锁成（1978.3—7）
闻祥德（1978.3—7）
康　斌（1978.7—1980.3）
尹建华（1978.7—1980.3）
梁　忠（1978.7—1980.3）
杨光华（1978.3—1980.3）
吕德甫（1978.7—1980.3）
朱亚杰（1978.7—1980.3）

1980年3月至1988年2月：

1. **中共华东石油学院委员会领导名录**（1980.3—1988.2）

第一书记　陈　宾（1980.3—1984.6）
书　　记　赵　炎（1980.3—1984.6）
华泽澎（1984.6—1988.2）
副 书 记　杨光华（1980.3—1984.6）
刘应元（1980.3—1986.3）
李秀生（1986.3—1988.2）
委　　员　华泽澎（1986.9—1988.2）
李秀生（1986.9—1988.2）
杨光华（1986.9—1988.2）
张一伟（1986.9—1988.2）
刘应元（1986.9—1988.2）
蒋南华（1986.9—1988.2）
陆介明（1986.9—1988.2）
李玉琛（1986.9—1988.2）
杜金亮（1986.9—1988.2）
纪委书记　刘应元（1980.4—1988.2）

2. **华东石油学院领导名录**（1980.3—1988.2）

院　　长　杨光华（1980.3—1988.2）

副 院 长　乔聚星（1980.3—1984.6）

尹建华（1980.3—1988.2）

陈树基（1980.3—1984.6）

华泽澎（1980.3—1984.6）

康　斌（1980.3—1984.6）

朱亚杰（1980.3—1984.6）

吕德甫（1980.3—1984.6）

胡湘炯（1980.3—1986.3）

张炳林（1984.6—1988.2）

方华灿（1984.6—1988.2）

张一伟（1986.3—1988.2）

3. **华东石油学院工会**（1979.4—1988.2）

主　　席　吕德甫（1979.4—1985.6）

陈如恒（1985.6—1988.2）

（二）**石油大学**（1988.2—9）

1. **中共石油大学委员会领导名录**（1988.2—9）

书　　记　华泽澎（1988.2—9）

副 书 记　李秀生（1988.2—9）

委　　员　华泽澎（1988.2—9）

李秀生（1988.2—9）

杨光华（1988.2—9）

张一伟（1988.2—9）

刘应元（1988.2—9）

蒋南华（1988.2—9）

陆介明（1988.2—9）

李玉琛（1988.2—9）

杜金亮（1988.2—9）

纪委书记　刘应元（1988.2—9）

2. **石油大学领导名录**（1988.2—9）

校　　长　杨光华（1988.2—9）

副 校 长　张一伟（1988.2—9）

张炳林（1988.2—9）

方华灿（1988.2—9）

尹建华（1988.2—9）

3. **石油大学工会**（1988.2—9）

主　　席　陈如恒（1988.2—9）

二、大庆石油学院（1978.3—1988.9）

1978年3月，大庆石油学院隶属大庆革委会领导，实行以厂办校。校址在黑龙江省安达市。

1979年8月，成立中共大庆石油学院纪律检查委员会，戴献永任书记。

1980年12月，大庆石油学院撤销政治部，成立党委办公室、统战部、学生工作部。原属政治部的组织部、宣传部直接归党委领导。大庆石油学院党的机构设办公室、党委组织部、党委宣传部、统战部、学生工作部、保卫处等部门。纪检委工作机构设办公室。

1982年7月，大庆石油学院改由石油工业部和黑龙江省双重领导，以石油工业部为主。8月，大庆石油学院由大庆石油管理局代管。12月，大庆石油学院成立科学技术协会，陶景明当选为科协主席。

1984年4月20日至21日，召开中共大庆石油学院第四次代表大会，选举产生第四届委员会和纪律检查委员会，刘继文为党委书记，金国梁为党委副书记，朱国兴为纪委书记。

截至1988年9月，大庆石油学院机关设院长办公室、科技服务公司办公室、外事办、人事处、保卫处、财务处、教务处、科研处、总务处、基建处、高教研究室、学生工作处、培训部、函授分部等部门。所属石油勘探系、石油开发系、石油炼制系、石油机械系、计算机与控制工程系、基础课处、秦皇岛科技研究培训部、社会科学部、农工商服务公司、图书馆等行政机构。

（一）中共大庆石油学院委员会领导名录（1978.3—1988.9）

书　　记 刘继文（1978.3—1986.11）
龙乃昌（1986.11—1988.9）

副 书 记 申志民（1978.3—1979.3）
黄真榜（1978.3—1979.3）
杨洪文（1978.3—1979.3）
戴献永（1978.3—1979.8）
陶景明（1979.3—1984.1）
金国梁（1984.1—1988.9）

常　　委 魏可用（1978.3—1984.1）
王来华（1978.3—　　）
马培业（1978.3—1981.2）
范铁荣（1978.3—1984.1）
潘秉智（1979.2—1984.1）
朱国兴（1979.2—1984.1）
唐　海（1979.2—1983.3）

纪委书记 戴献永（1979.8—1984.1）
朱国兴（1984.1—1988.9）

（二）大庆石油学院领导名录（1978.3—1988.9）

院　　长 陶景明（1980.12—1988.9）

副 院 长 陶景明（1978.3—1980.12）
戴献永（1978.3—1984.2.1）
潘秉智（1978.3—1988.9）
朱国兴（1978.3—1981.1）
唐　海（1978.3—1983.3）
王明德（1980.12—1984.1）
韩德旺（1984.1—1988.9）
李云鹏（1984.1—1988.9）
黄匡道（1984.1—1988.9）
姜淑卿（女，1984.1—1988.9）

（三）大庆石油学院工会（1984.5—1988.9）

主　　席　戴献永（1984.5—1988.9）

三、西南石油学院（1978.3—1988.9）

1978年3月，西南石油学院隶属于四川省革委会领导。8月，改由石油工业部和四川省双重领导，以石油工业部为主。

1978年春季招收77级四年制本科生441人，8月，招收78级本科生529人，并招收建院以来首届硕士研究生13人。设石油地质、石油钻井、石油开采、矿场机械、物探、测井、油田化学、石油储运等专业。

1979年8月，成立科研生产处。

1980年6月，增设学生工作部。7月，石油工业部在西南石油学院设立钻头、泥浆、碳酸盐岩、油田开发、钻井5个研究室，批复专职研究人员编制150人。8月，成立第一届学术委员会，邢汝霖任主任委员，赵国珍、曹开胜为副主任委员。

1981年4月，西南石油学院工会召开第四次会员代表大会，选举张九山为工会主席。6月，《西南石油学院学报》正式出版。

1985年7月，成立应用化学系和培训部。9月，成立研究生部、军事教研室和高等教育研究室。

1986年5月，召开中共西南石油学院第四次党员代表大会，选举产生第四届委员会和纪律检查委员会，由常委制改为委员制，张永一为党委书记，曹开胜为党委副书记。

1987年9月，招收首届博士研究生。

1988年4月，设立外国语言文学系。

截至1988年9月，西南石油学院设院长办公室、人事处、教务处、科研处、保卫处、财务处、设备处、基建处等机关部门和石油开发系、石油勘探系、石油机械系、海洋工程系、应用化学系、管理工程系、社会科学部、外语系、培训部等系部。

（一）中共西南石油学院委员会领导名录（1978.8—1988.9）

1978年8月至1986年5月：

书　　记 张九山（1978.8—1983.11）
赵国珍（1983.11—1986.4）
张永一（1986.4—5）

副 书 记 杨天贵（1978.6—1980.03）
邢汝霖（1980.3—1983.11）
曹开胜（1983.11—1986.5）

常　　委 王礼庭（1978.8—1983.11）
杨天贵（1978.8—1983.11）
邢汝霖（1978.8—1983.11）
鲍立功（1978.8—1983.11）
李素英（1978.8—1983.11）
张勉生（1978.8—1983.11）
杨型亮（1980.7—1983.11）
赵国珍（1980.7—1983.11）
田丕儒（1980.7—1983.11）
崔汝梁（1980.7—1986.5）
曹开胜（1980.7—1983.11）
张绍槐（1983.11—1986.5）
张永一（1984.10—1986.5）
葛家理（1984.10—1986.5）

纪委书记 田丕儒（1983.12—1986.5）

1986年5月至1988年9月：

书　　记 张永一（1986.5—1988.9）

副 书 记 曹开胜（1986.5—1988.9）

委　　员 张绍槐（1986.5—1988.9）
林维澄（1986.5—1988.9）
崔汝梁（1986.5—1988.9）
葛家理（1986.5—1988.9）

（二）西南石油学院领导名录（1978.3—1988.9）

院　　长　石志刚（1978.6—1980.4）

杨型亮（1980.4—1983.11）

张永一（1983.11—1986.4）

张绍槐（1986.4—1988.9）

副 院 长　王礼庭（1978.6—1980.3）

张勉生（1978.6—1980.3）

刑汝霖（1978.6—1983.11）

赵国珍（1980.3—1983.11）

田丕儒（1980.3—1983.11）

杨天贵（1980.3—1983.11）

崔汝梁（1980.3—1986.4）

曹开胜（1980.3—1983.11）

张绍槐（1983.11—1986.4）

葛家理（1983.11—1988.9）

林维澄（1986.4—1988.9）

李士伦（1987.4—1988.9）

（三）西南石油学院工会（1978.3—1988.9）

主　　席　张九山（兼任，1981.4—1986.4）

崔汝梁（1986.4—1988.9）

四、江汉石油学院（1978.4—1988.9）

1978年4月，教育部批准江汉石油学院在原江汉石油地质学校的基础上建院，校址定在湖北省江陵县，办学规模为在校生1500名，主要面向中南地区，由石油工业部和湖北省双重领导，以石油工业部为主。设石油地质勘探、石油地球物理勘探、石油矿场地球物理测井、石油钻井工程、石油采油工程、石油矿场机械、油田生产自动化、油田化学、机械制造9个专业。

6月，石油工业部批准江汉石油学院扩大办学规模为在校生3000人，设9

个专业，规划建筑面积12万平方米，总投资300万元。8月，湖北省革命委员会基本建设委员会同意江汉石油学院校址选在湖北省荆沙市遵义路南侧，以原江汉石油地质学校为中心向东西方向延伸。9月，石油工业部批准，张恕基、章贻俊、宗有葆、杨华超、白光第、张学义、曹维卿等7人组成中共江汉石油学院临时委员会，张恕基任党委书记兼院长，章贻俊、宗有葆任党委副书记、副院长，杨华超任党委副书记、政治部主任，白光第、张学义任副院长，曹维卿任政治部副主任。11月，临时党委决定成立首届工会委员会，曹维卿任主任。

1979年7月，江汉石油学院设生产科研处，下设生产、计划、科研、财务、设备、基建、供应7个科和维修队、实习工厂、汽车队3个直属单位。

1980年2月，成立学术委员会，章贻俊任主任委员，宗有葆、白光第、张昌义任副主任委员。

1984年2月，中共江汉石油学院第一次代表大会召开，选举产生第一届委员会和纪律检查委员会，牟杰为党委书记，白光第为党委副书记，张学义为纪委书记。

1986年7月，江汉石油学院被国务院学位委员会批准为硕士学位授予单位，石油地质勘探、应用地球物理为硕士学位授权的学科、专业点。

1987年5月，中共江汉石油学院第二次代表大会召开，选举产生第二届委员会和纪律检查委员会，牟杰为党委书记，白光第为党委副书记，张学义为纪委书记。

（一）中共江汉石油学院临时委员会、委员会领导名录（1978.9—1988.9）

书　　记　张恕基（1978.9—1983.11）
　　　　　　牟　杰（1983.11—1988.9）
副 书 记　章贻俊（1978.9—1983.11）
　　　　　　宗有葆（1978.9—1983.11）
　　　　　　白光第（1978.9—1988.9）
　　　　　　杨华超（1978.9—1983.11）
委　　员　曹维卿（1978.9—1983.11）
　　　　　　章贻俊（1983.11—1988.9）
　　　　　　张学义（1983.11—1988.9）
　　　　　　王书仁（1983.11—1987.6）

宗有葆（1987.6—1988.9）
马秀奇（1987.6—1988.9）
凌克宽（1987.6—1988.9）

纪委书记　张学义（1983.11—1988.9）

政治部主任　杨华超（兼任，1978.9—）

（二）江汉石油学院领导名录（1978.9—1988.9）

院　　长　张恕基（1978.9—1983.11）
章贻俊（1983.11—1988.9）

副 院 长　章贻俊（1978.9—1983.11）
宗有葆（1978.9—1988.9）
白光第（1978.9—1983.11）
张学义（1978.9—1988.9）
杨华超（1978.9—1983.11）
郑基英（1983.11—1988.9）
凌克宽（1983.11—1988.9）

顾　　问　杨华超（1983.11—1986.2）

（三）江汉石油学院工会（1978.9—1983.11）

主　　席　曹维卿（1978.9—1983.11）

五、西安石油学院（1978.10—1988.9）

1978年10月，经陕西省革委会同意，石油工业部决定在原址恢复西安石油学院。

1979年6月，石油工业部决定成立西安石油学院筹建处，由西安石油勘探仪器总厂着手恢复建院的筹备工作，赵乃騄任筹建处领导小组组长。

1980年5月，国务院正式批准恢复西安石油学院，学制四年，办学规模2000人。设石油矿场机械、炼厂机械、机械制造工艺与设计、石油仪器制造、石油炼制、炼厂仪表及自动化、电子计算机应用等专业。由石油工业部与陕西省双重领导，以石油工业部为主。12月，石油工业部任命西安石油勘探仪器总厂党委书记狄贵善兼任西安石油学院党委书记，薛纪元为党委副书记。同时，任命赵乃騄、王恕仁、李茜、余国安、满应科等5人为副院长。赵乃騄负责全面行政工作，并主管人事；王恕仁主管教学；余国安主管科研并协助管教学；李茜主管后勤、财务；满应科主管基建。筹建处领导小组随即撤销。

截至1988年1月，西安石油学院党群系统设党委办公室、党委组织部、党委宣传部、统战部、纪委、工会、团委、机关第一党总支、机关第二党总支等部门。行政系统设院长办公室、人事处、教务处、科研处、学生工作处、实验教学处、保卫处、计划财务处、总务处、基建处、图书馆、劳动服务公司、《石油工业标准与计量》编辑部等部门。同时，还设院学术委员会、职务评审委员会、体育运动委员会、劳保福利委员会、爱国卫生委员会、学生工作委员会、学报编辑委员会、基金管理委员会、绿化委员会、招生委员会、图书馆委员会等机构。

（一）中共西安石油学院委员会领导名录（1980.12—1988.9）

书　　记　狄贵善（1980.12—1984.7）
　　　　　　吴林祥（1984.7—1988.9）
副 书 记　薛纪元（1980.12—1987.8）
　　　　　　屈维章（1984.7—1988.9）
委　　员　赵乃騄（1981.1—1987.5）
　　　　　　李　茜（1981.1—　　　）
　　　　　　王恕仁（1982.1—　　　）
　　　　　　余国安（1982.1—　　　）
　　　　　　满应科（1982.1—1986.7）
纪委书记　满应科（1984.7—1986.7）
　　　　　　薛纪元（1986.7—1987.8）
　　　　　　李原平（1987.8—1988.9）

（二）西安石油学院领导名录（1980.5—1988.9）

院　　长　邢汝霖（1983.12—1988.9）
副 院 长　赵乃騄（1980.12—　　　）
　　　　　　李　茜（1980.12—　　　）
　　　　　　王恕仁（1980.12—　　　）

余国安（1980.12—　　）
满应科（1980.12—　　）
李　鎏（1984.7—　　）
薛纪元（1987.8—1988.9）

（三）西安石油学院工会（1984.7—1988.9）

主　　席　李　茜（1984.7—1988.6）

六、抚顺石油学院（1980.5—1985.1）

1980年5月，抚顺石油学院以原抚顺化工学院异地搬迁后留在抚顺部分为基础建校，学制四年，办学规模3000人，由石油工业部与辽宁省双重领导，以石油工业部为主。设炼油、炼厂机械、炼厂仪表及自动化、石油分析、催化剂、石油储运、电子计算机、基本有机化工等专业。

1985年1月，抚顺石油学院划转中国石油化工总公司。

七、承德石油学校—承德石油高等技术专科学校（1978.3—1988.9）

1978年3月，石油工业部决定恢复承德石油学校，由石油工业部与河北省双重领导，以石油工业部为主。设机械制造、工业企业电气化两个专业。生源为高中毕业生，学制三年，办学规模600人。

1979年，增设热工和化学分析专业。同时，承德石油学校改为招收高中毕业生，学制二年。

1980年，增设电子技术和油田化学专业。学制由二年改为三年。

1980年11月，承德石油学校被列为全国重点中等专业学校。

1982年5月，石油工业部决定将承德石油机械厂并入承德石油学校，改为校办工厂。

1984年，增设焊接工艺与设备专业。1985年增设电子计算机、内燃机、环境监测专业。至此，承德石油学校共设10个专业。

1986年，召开首次教职工代表大会。

1988年2月，石油工业部决定，在承德石油学校基础上成立承德石油高等技术专科学校，在校生规模增加至2000人，学制三年。设化工、热工、机械、电气与电子系和基础教学部，共有机械制造工艺与设备、焊接工艺及设备、热能动力机械与装置、内燃机、工业企业电气化、应用电子技术、计算机应用、油田应用化学、环境监测、工业分析等10个专业，从1988年暑期开始招收专科生。

1988年9月，承德石油高等技术专科学校改由中国石油天然气总公司领导。

党委书记　冯际平（1978—1982）
　　　　　许自超（1982—1984）
　　　　　陈志荣（1984—1988）

校　　长　张克庸（1978—1984）
　　　　　崔士文（1984—1988）

八、重庆石油学校（1978.9—1988.9）

1978年9月，重庆石油学校由隶属四川省石油管理局改由石油工业部和四川省双重领导，以石油工业部为主，党组织关系仍隶属于中共四川省石油管理局委员会（1983年9月更名为中共四川石油管理局委员会）。校址在四川省重庆市渝中区。同月，师范专业开始招生。12月，石油企业财务会计、物资供应专业开始招生，并恢复和建立21个教研组。

1979年2月，教学组织机构改组，设教务科，以及地质、钻井、采气、输气、矿机等5个专业科和基础科。11月，恢复学生科。

1980年11月，重庆石油学校被教育部列为全国重点中等专业学校。

1982年1月，召开中共重庆石油学校第四次代表大会，选举产生第四届委员会，由秦政枢、吕德功、夏树华、李世长、蒋德芳、徐启荣、周永珍等7人组成。秦政枢为党委书记，吕德功、夏树华为党委副书记，吕德功为纪委书记。9月，成立职工培训办公室。

1983年9月，重庆石油学校进行组织机构改革。撤销政治处，设党委办公室、组织科、宣传科、纪委办公室、学校办公室、财务科、保卫科、总务科、伙食科、教务科、学生科、团委等机关部门。同月，将采气和输气两个专业科合并成立开采专业科；将职工培训办公室划给教务科领导。

12月9日至10日，中共重庆石油学校第五次代表大会召开，选举产生第五届委员会，由秦政枢、邹水生、夏树华、蒋德芳、徐启荣、周永珍、侯中勇等7人组成，秦政枢为党委书记，邹水生为党委副书记，徐启荣为纪委书记。

1984年3月，设钻井、泥浆、财会三个职工中专班。同月，石油工业部决定，将重庆石油学校在校生规模由2000人逐渐扩大到3600人，增设工业与民用建筑、汽车使用与修理、计划统计、财务会计、物资管理、劳动工资等急需专业。5月，增设财经专业科（含建筑专业）。9月，工业与民用建筑、汽车运用与维修等专业开始招生。

1985年1月，图书馆从教务科划出列为科级机构。2月，职工培训办公室从教务科划出成立职工教育科。

1987年7月，成立人事劳资科、卫生所和汽车队。同月，专业技术中级职务评审委员会成立，负责高级职务任职资格的评审、推荐和中级职务的审定。评审委员会下设地质、钻井、开采、基础课、机电、经济、土建等7个专业评审组。

1988年1月，成立钻井井控培训中心。2月，增设实验管理科。

9月，重庆石油学校改由中国石油天然气总公司领导。

（一）中共重庆石油学校委员会领导名录（1978.9—1988.9）

书　　记　秦政枢（1978.9—1987.5）
　　　　　邹水生（1987.5—1988.9）
副 书 记　吕德功（1978.9—1982.11）
　　　　　邹水生（1983.9—1987.5）
委　　员　蒋德芳（1978.9—1988.9）
　　　　　徐启荣（1983.1—　　）
　　　　　周永珍（1983.1—　　）
　　　　　夏树华（1983.1—　　）
　　　　　侯中勇（1983.12—1988.9）
纪委书记　徐启荣（1983.1—　　）
政治处主任　周永珍（1978.11—1983.9）

（二）**重庆石油学校领导名录**（1978.9—1988.9）

校　　长 吕德功（1978.9—1982.11）
秦政枢（1982.11—1983.9）
夏树华（1983.9—1988.9）

副 校 长 夏树华（1978.11—1983.9）
李世长（1978.11—1982.11）
蒋德芳（1978.9—1988.9）
徐启荣（1979.10—1983.1）
曾祥清（1983.9—1987.5）
高国炎（1987.5—1988.9）
侯中勇（1987.5—1988.9）

（三）**重庆石油学校工会**（1983.9—1988.9）

主　　席 周永珍（1983.9—1988.9）

九、兰州石油技工学校—培黎石油技工学校—培黎石油学校（1979.2—1988.9）

1978年3月，兰州炼油厂党委报请甘肃省燃化局党组，将石油学校附属工厂划出，恢复为兰州炼油厂技工学校，仍由兰州炼油厂管理，校址在甘肃省兰州市。

1979年2月，兰州炼油厂技工学校更名为兰州石油技工学校，由石油工业部和甘肃省双重领导，以石油工业部为主，委托石油工业部管道局代管。主要培养车工、钳工、电工、焊工和管道施工等工种的技术工人。

1984年4月，兰州石油技工学校更名为培黎石油技工学校，直属石油工业部领导。

1985年12月，培黎石油技工学校改为中等专业学校，更名为培黎石油学校。同时，石油工业部决定，该校从1986年起由石油地球物理勘探局代管。

1987年6月，在校学生增至1600人。

1988年9月，培黎石油学校改由中国石油天然气总公司领导，仍由石油地球物理勘探局代管。

（一）兰州石油技工学校（1979.2—1984.4）

1. 中共兰州石油技工学校临时委员会、委员会领导名录（1979.3—1984.4）

书　　记　张俊魁（1979.3—10；1983.9—1984.4）
　　　　　袁泽溪（1979.10—1983.9）
副 书 记　袁泽溪（1979.3—10；1983.9—1984.4）
　　　　　张宗茂（1979.3—1984.4）

2. 兰州石油技工学校领导名录（1979.3—1984.4）

校　　长　袁泽溪（1979.3—1984.4）
副 校 长　段世谋（1979.3—1984.4）
　　　　　王兴邦（1979.3—1984.4）
　　　　　霍振林（1981.3—1983.2）
顾　　问　李庆云（1979.3—1982）
　　　　　张兴海（1979—1983）

（二）培黎石油技工学校—培黎石油学校（1984.4—1988.9）

1. 中共培黎石油技工学校委员会—中共培黎石油学校委员会领导名录（1984.4—1988.9）

书　　记　张俊魁（1984.4—1988.5）
　　　　　刘祖泰（1988.5—9）
副 书 记　张宗茂（1984.4—1985.12）
　　　　　刘期楚（1985.12—1988.5）

2. 培黎石油技工学校—培黎石油学校领导名录（1984.4—1988.9）

校　　长　袁泽溪（1984.4—1985.12）
　　　　　刘祖泰（1985.12—1988.5）
　　　　　刘期楚（1988.5—9）
副 校 长　王兴邦（1984.4—1985.12）
　　　　　袁泽溪（1985.12—1988.9）
　　　　　陈如皋（1985.12—1988.9）

十、广东石油学校（1978.3—1985.4）

1978年12月，石油工业部征得广东省革委会同意，将广东石油学校由省属改为实行石油工业部和广东省双重领导、以石油工业部为主的领导体制，由广东省茂名石油工业公司代管。

1980年11月，教育部批准广东石油学校列为全国重点中等专业学校。

1983年7月，广东省茂名石油工业公司划转中国石油化工总公司。

1984年4月，经中国石油化工总公司和石油工业部商定，广东省茂名石油工业公司对广东石油学校党的工作、后勤工作继续代管。

1985年4月，广东石油学校移交中国石油化工总公司。

党委书记　吴　健（　　—1981.5）
　　　　　　冉济川（1981.5—　　）
党委副书记　吴　健（1981.5—　　）
　　　　　　张　健（1981.5—　　）
校　　长　吴　健（1981.5—　　）
副 校 长　张　健（1981.5—　　）
　　　　　　苏　志（　　—1981.6）

十一、兰州石油学校（1978.8—1983.11）

1978年8月，石油工业部确定兰州炼油厂石油学校恢复为兰州石油学校，为部属重点中等专业学校。9月，经省政府批准，受兰州炼油厂委托，依托兰州石油学校开办兰炼职工大学，学制三年。12月，石油工业部发函，明确兰州石油学校实行石油工业部和甘肃省双重领导，以石油工业部为主，由兰州炼油厂代管。

1980年11月，教育部批准兰州石油学校列为全国重点中等专业学校。

1983年6月，兰州炼油厂党委决定，撤销兰州石油学校党总支，成立由张碧波、陈恩海、徐翔鹏、张俊儒4人组成的临时党委会，张碧波任书记，陈恩海、徐翔鹏任副书记。

截至1983年11月，兰州石油学校设党委办公室、学校办公室、人事科、教务科、学生科、财务科、器材科、总务科、保卫科、工会、团委等机构和炼油科、炼机科、仪表科、电工科、实习工厂、图书馆等教学及教辅机构，教职工316人，在校学生2600人。

1983年11月，兰州石油学校划转中国石油化工总公司。

（一）中共兰州石油学校党总支、临时委员会领导名录（1978.8—1983.11）

书　记　张碧波（1978.8—1983.11）

副书记　高会来（1978.8—1983.6）

徐翔鹏（1978.8—1983.11）

陈恩海（1983.6—11）

委　员　张俊儒（1983.6—11）

（二）兰州石油学校领导名录（1978.8—1983.11）

校　长　陈恩海（1978.8—1983.11）

副校长　张俊儒（1978.8—1983.11）

于树谦（1978.8—1981.10）

王璠瑜（1980.6—1983.6）

高俊卿（1981.1—1983.11）

（三）兰州石油学校工会（1978.8—1983.11）

主　席　张俊儒（1978.8—1983.11）

十二、石油管理干部学院（1984.9—1988.9）

1984年1月，华北石油职工大学受石油工业部委托进行石油管理干部学院的筹备工作，筹备组成员由华北石油职工大学领导班子成员兼任，党委书记由石油工业部副部长黄凯兼任，校长和党委副书记由国家经济委员会副主任薛仁宗兼任，副校长为王明德、闫国志。9月，经国家教委、北京市计划委员会、市成人教育局同意，石油管理干部学院在北京成立。11月，石油工业部明确其为石油工业部直属司局级单位。行政上以干部司为主管理，教学业务由教育司归口管理。办学规模为800人，举办二至三年制的干部专修科和半年至一年左右的干部短训班。主要轮训石油工业部中层以上领导干部、局处两级三梯队和经济专业管理干部。

1985年3月，石油工业部任命石油管理干部学院第一届领导班子，黄凯副部长、薛仁宗副主任仍兼管学院工作，廖国芳任党委副书记，王明德、王庭树、闫国志任副院长。教学地点在北京市海淀区西三旗。

9月，石油管理干部学院招收第一批学历班100余名学员，开设企业管理、思想政治教育和纪律监察3个专业，正式开始干部专修科学历教育办学阶段。

1986年5月，石油工业部机关党委批复，同意中共石油管理干部学院临时委员会由白凤仪、赵国珍、廖国芳、王明德、王庭树、王翔书等6人组成。白凤仪任党委书记，廖国芳任党委副书记，后又增补闫国志为党委委员，实行党委领导下的院长负责制。

9月，为扩大教学规模，经石油工业部和北京市城市规划局同意，在位于昌平县城东关的国防大学昌平分校租用两栋楼临时办学。石油管理干部学院内设院长办公室、教务处和行政处。教工编制200人。1986年底，实有教职工122人，其中专职教师46人。

截至1987年底，石油管理干部学院设思想政治教育系、企业管理系、院长办公室、党委办公室、基建办公室、总务处、教务处、人事处8个处级单位。教职工近200人。

1988年9月，石油管理干部学院改由中国石油天然气总公司领导。

（一）中共石油管理干部学院临时委员会领导名录（1985.3—1988.9）

书　　记　白凤仪（兼任，1986.4—1988.9）

副 书 记　廖国芳（1985.3—1988.9）

委　　员　赵国珍（兼任，1986.5—1988.9）

王明德（1986.5—1988.9）

王庭树（1986.5—1988.9）

王翔书（1986.5—　　）

闫国志（　　—1988.9）

（二）石油管理干部学院领导名录（1985.3—1988.9）

院　　长　赵国珍（兼任，1986.4—1988.9）

副 院 长　王明德（1985.3—1988.9）
王庭树（1985.3—1988.9）
闫国志（1985.3—1988.9）

十三、广州外语培训中心（1981.5—1988.9）

1980年2月，石油工业部决定在广州开办外语训练班，其教学、行政以及经费预算、决算等方面的工作，由广东石油学校负责。办班地点在广东省粤剧学校。9月，在广州市沙河大塘岗建起固定办学地点。

1981年5月，石油工业部决定，以广州外语训练班为基础，组建广州外语培训中心，为石油工业部直属单位，行政级别为县（团）级，编制50人，由广东石油学校兼管。所需人员除骨干教师外，主要从石油工业部在粤单位中选调。主要职能：为石油工业培训外语（英语与俄语）、财会、管理等方面的干部。培训规模为200至300人。

6月，石油工业部决定，由广东石油学校校长吴健兼任广州外语培训中心主任，苏志任广州外语培训中心副主任。

7月，石油工业部同意成立中共广州外语培训中心委员会，由冉济川、吴健、苏志3人组成，冉济川（广东石油学校党委书记）兼任党委书记，吴健兼任党委副书记，苏志任党委副书记。党组织关系隶属于广东省人民政府文教办党委。

9月，培训规模扩大为800人。

10月，石油工业部明确广州外语培训中心由石油工业部和广东省双重领导，以石油工业部为主。为有利开展工作，委托广东省石油化工厅代管。

1983年5月，广州外语培训中心党组织关系转到中共广东省石油化工厅机关委员会。

1984年5月，广州外语培训中心与广东石油学校正式分开，独立核算。共有教职工43人。

1985年3月，召开广州外语培训中心第一次职工代表大会，选举产生第一届工会委员会，苏志为工会主席。同月，召开中共广州外语培训中心代表大会，选举产生第二届委员会，聂国栋为党委书记，苏志为党委副书记。共有党员21名。

截至1988年9月，广州外语培训中心下设中心办公室、党委办公室、临时团委、财务科、教务科5个机关部门，外语、财经、基础3个教研室，电化教学室、图书馆2个教辅部门，行政管理科、基建科、生活福利科、劳动服务公司4个后勤服务单位。教职工136人。

1988年9月，广州外语培训中心改由中国石油天然气总公司领导。

（一）中共广州外语培训中心委员会领导名录（1981.7—1988.9）

书　　记　冉济川（1981.7—1984.12）

聂国栋（1984.12—1988.9）

副 书 记　吴　健（1981.7—1985.3）

苏　志（1981.7—1988.9）

委　　员　朱　海（1985.3—1988.9）

王惠华（女，1985.3—1988.9）

赖汉坤（1985.3—1988.9）

（二）广州外语培训中心领导名录（1981.6—1988.9）

主　　任　吴　健（1981.6—1983.10）

聂国栋（1984.12—1986.11）

苏　志（1986.11—1988.9）

副 主 任　苏　志（1981.6—1983.10；主持工作，1983.10—1984.12；1984.12—1986.11）

沈尧年（1984.12—1988.9）

顾　　问　吴　健（1983.10—1986.2）

（三）广州外语培训中心工会（1985.3—1988.9）

主　　席　苏　志（1985.3—1988.9）

第八节 社会团体、专业委员会

石油工业部时期，所属社会团体、专业委员会主要有：中国石油学会、中国石油企业管理协会、中国石油体育协会、全国储委石油天然气专业委员会、教育指导委员会。

一、中国石油学会（1978.10—1988.9）

1978年6月，石油工业部向中国科学技术协会提出申请，成立中国石油学会。10月，石油工业部和中国科学技术协会联合行文，报请方毅副总理并国务院批准成立中国石油学会办事机构及人员编制，得到方毅、余秋里、耿飚、王震等中央领导的亲自批示，同意中国石油学会办事机构设在石油工业部，编制25人。中国石油学会办事机构包括秘书组、学术交流组、编辑部，下设石油地质学会、石油工程学会、石油炼制学会。中国石油学会是由中国石油、石化、海洋石油广大科技工作者组成的学术性群众团体，是中国科学技术协会的组成部分，英文名称为：Chinese Petroleum Society（简称CPS）。主要任务是团结石油、石化、海洋石油科技工作者，积极开展国内外学术交流活动，推动石油、天然气和石油化工科学技术知识；出版学术期刊；开展对石油、天然气和石油化工发展战略及经济建设重大决策的咨询服务。

12月，中国石油学会成立临时理事会，理事长由石油工业部副部长侯祥麟担任，秘书长由石油工业部科技司副司长蒋其垲（蒋其凯）担任。全国相继成立16个省、市、自治区地方石油学会，并积极开展工作，发展会员5400人。

（一）中国石油学会第一届理事会（1979.4—1983.11）

1979年4月，中国石油学会在成都召开第一次全国代表大会，选举产生中国石油学会第一届理事会理事141人，常务理事27人，会员5400人。

1979年11月17日，经常务理事（扩大）会议讨论通过，增补石油工业部科技司副司长吕寿斌为副秘书长。

1980年1月，中国石油学会主办的石油科学技术综合性学术期刊《石油学报》创刊。

中国石油学会第一届理事会期间，经中国科学技术协会同意，建立石油地质、石油工程、石油炼制、石油储运、石油物探5个专业学会和石油腐蚀与防护、石油经济2个专业学组；建立石油科普工作委员会、《石油学报》编委会以及文献资料部。全国21个省、市、自治区相继建立地方石油学会，积极进行会员发展工作。

理 事 长　侯祥麟（1979.4—1983.11）
副理事长　阎敦实（1979.4—1983.11）
闵　豫（1979.4—1983.11）
李天相（1979.4—1983.11）
申力生（1979.4—1983.11）
顾敬心（辽宁省石化局，1979.4—1983.11）
张文佑（中国科学院，1979.4—1983.11）
翁文波（1979.4—1983.11）
潘钟祥（武汉地院，1979.4—1983.11）
秘 书 长　蒋其垲（蒋其凯，1979.4—1983.11）
副秘书长　秦同洛（1979.4—1983.11）
张金泉（1979.4—1983.11）
陈祖庇（1979.4—1983.11）
吕寿斌（1979.11—1983.11）

（二）中国石油学会第二届理事会（1983.11—1988.9）

1983年11月，中国石油学会在南京召开第二次全国会员代表大会，选举产生中国石油学会第二届理事会理事147人，常务理事28人，会员2万人。

1985年，经国家科委批准，在原有学术刊物《石油学报》的基础上，开始分专业出版《石油学报（石油加工）》版。

1986年初，为给领导部门实现科学化决策提供服务和为企业提供具体技术服务，经中国科协批准，成立中国石油学会咨询服务中心。

1986年7月，中国石油学会自1985年开始在辽河石油勘探局支持下试刊的《石油知识》科普刊物，经辽宁省出版总社正式批准在国内公开发行。

1987年8月，《石油知识》经重新登记注册，国务院新闻出版署正式审查批准在国内公开发行。

中国石油学会第二届理事会期间，经中国科学技术协会同意，石油腐蚀与防护、石油经济2个专业学组改为专业学会，又相继建立了海洋石油、石油测井、天然气、石油科技装备、石油物资管理工程5个专业学会和环境保护学组。浙江、江西、宁夏、云南、广西等省自治区相继建立地方石油学会，全国地方石油学会总数达26个。

理 事 长　侯祥麟（1983.11—1988.9）
副理事长　张文佑（中国科学院，1983.11—1988.9）
闵　豫（1983.11—1988.9）
申力生（1983.11—1988.9）
朱　夏（上海海洋地质调查局，1983.11—1988.9）
沈　晨（1983.11—1988.9）
张皓若（中国石油化工总公司，1983.11—1988.9）
秘 书 长　蒋其垲（1983.11—1987.9）
刘同刚（代理，1987.9—1988.9）
副秘书长　徐　旺（专职，1983.11—1987.9）
张金泉（兼职，1983.11—1988.9）
陈祖庇（兼职，1983.11—1988.9）
李章亚（专职，1986.3—1987.9）
彭德洪（中国石油化工总公司，兼职，1986.11—1988.9）

二、中国石油企业管理协会（1984.8—1988.9）

1984年8月，石油工业部批准成立中国石油企业管理协会。秘书处挂靠于石油工业部政策研究室开展工作，日常工作由政策研究室企业管理处的工作人员兼职开展。

（一）中国石油企业管理协会第一届理事会（1984.8—1987.9）

1984年8月，石油工业部在大庆召开会议宣布成立中国石油企业管理协会，并选举产生中国石油企业管理协会第一届理事会领导人员。

会　　长 李　敬（1984.8—1987.9）
常务副会长 薛仁宗（1984.8—1987.9）
副 会 长 康心浩（1984.8—1987.9）
秦　峰（1984.8—1987.9）
任向文（1984.8—1987.9）
张清洁（1984.8—1987.9）
周庆祖（1984.8—1987.9）
胡汉宾（1984.8—1987.9）
康书丛（1984.8—1987.9）
钟一鸣（1984.8—1987.9）
侯国珍（1984.8—1987.9）
彭振南（1984.8—1987.9）
秘 书 长 康心浩（兼任，1984.8—1987.9）

（二）中国石油企业管理协会第二届理事会（1987.9—1988.9）

1987年9月，中国石油企业管理协会第二届理事会第一次会议在大庆召开，选举产生石油企业管理协会第二届理事会。

会　　长 李　敬（1987.9—1988.9）
副 会 长 康心浩（1987.9—1988.9）
唐克伦（1987.9—1988.9）
单永复（1987.9—1988.9）
尤德华（1987.9—1988.9）
李芳百（1987.9—1988.9）
彭振南（1987.9—1988.9）
陆寿椿（1987.9—1988.9）
郑国平（1987.9—1988.9）
秘 书 长 康心浩（兼任，1987.9—1988.9）

三、中国石油体育协会（1984.8—1988.9）

1984年8月，中国石油体育协会成立。11月，在北京召开中国石油体育协会成立大会。中国石油体育协会是全国石油系统职工、家属和各专业学院（校）的教职工按自愿原则组织起来的群众性的业余体育团体。基本任务：积极宣传、贯彻党和国家的体育工作方针政策；广泛吸引和组织本系统职工及其家属经常参加体育活动，增强体质，提高学习、生产和工作效率；丰富和活跃业余生活；提高运动技术水平；培养有理想、有道德、有文化、守纪律的共产主义品质和勇敢、机智、乐观、富于拼搏的精神；搞好两个文明建设，在四个现代化的建设中，为发展我国的石油工业作出贡献。

中国石油体育协会在石油工业部和中华全国体育总会、国家体育运动委员会、工会全国委员会领导下进行工作。其各级组织是在各行政单位和同级工会委员会以及中国石油体育协会的领导下进行工作。

中国石油体育协会的各级组织主要有：全国石油系统——中国石油体育协会全国理事会；协作区负责单位——东北区（大庆石油管理局）、华北区（石油工业部管道局）、西北区（新疆石油管理局）、中南和西南区（中原石油勘探局）、华东区（胜利油田会战指挥部）、院校区（华东石油学院）；各协作区所辖单位——各单位体育协会。

各级组织的主要职责：根据上级理事会和同级工会委员会的指示，结合实际情况，制订工作计划，经常督促检查，总结和交流经验；组织开展群众性的体育活动，制订各种竞赛制度，举办各种运动竞赛，并推行国家体育运动委员会所颁布的各项体育规章制度；发展和完善中国石油体育协会的组织，经常进行体育运动的宣传教育工作，培养与训练干部和积极分子；编造经费预算。

1985年6月，石油工业部决定设立中国石油体育协会办公室，专职工作人员编制3至5人，为处级单位。

名誉主席　唐　克

主　　席　孙晓风

副 主 席　王福臻　康书丛　韩荣华

秘 书 长　王福臻（兼任）

四、全国储委石油天然气专业委员会（1983.10—1988.9）

1983年10月，地质矿产部组建全国矿产储量委员会，下设不同矿种的专业委员会。

1984年9月，在石油工业部组建石油天然气专业委员会，副部长阎敦实兼任主任。

1985年1月，在石油勘探开发科学研究院设立全国储委石油天然气专业委员会办公室，直属石油勘探开发科学研究院领导。该办公室既是石油工业部油气储量的研究管理部门，又是全国储委石油天然气专业委员会的办事机构。编制10人左右，杨通佑任主任。

主　　任　阎敦实（兼任，1983.10—1988.9）

五、教育指导委员会（1987.8—1988.9）

1987年8月，为加速石油教育事业的发展，全面提高各级各类石油教育质量，加强宏观控制和管理，做到决策科学化民主化，石油工业部党组研究决定，成立石油工业部教育指导委员会。

石油工业部教育指导委员会是在部党组领导下的教育工作的参谋和咨询机构。基本任务：全面贯彻《中共中央关于教育体制改革的决定》，坚持教育必须为社会主义建设服务、必须与社会实践相结合、培养德智体美全面发展的“四有”人才的方针。具体任务：结合石油教育实际，认真贯彻落实中央关于教育的方针、政策；研究论证石油教育的发展规划、学校布局、结构层次以及人才规格等问题；推进石油教育体制的改革，改革不适应石油工业发展的教育思想、教育内容和教学方法，全面提高教育质量；研究加强石油教育队伍建设，改善办学条件等重大问题，推动各级各类教育的发展；督促、检查各单位的办学情况；开展石油教育研究。

石油工业部教育指导委员会成员从石油系统内部热爱和熟悉教育事业的干部、专家和教师，以及退出第一线，能胜任此项工作的老同志中聘请。每届任期三年。下设高等教育、中等专业教育、职工教育、中小学教育4个组。经费由财务司拨专款资助。设主任1人，副主任4人，秘书长1人，委员21人。

主　任：李天相

副主任：阎敦实　李虞庚　贾　皞　赵国珍

委　员：李天相　阎敦实　李虞庚　贾　皞　王者春　赵国珍
孙晓群　陈　耕　杨光华　张一伟　陶景明　张绍槐
邢汝霖　章贻俊　王炳诚　张克庸　王锡光　徐　滨
荀永年　徐怀平　包尔汉·木拉提

秘书长：赵国珍（兼任）

第四章　附　　录

第一节　石油工业部时期石油工业组织机构及沿革图

一、1978年底石油工业部机关及石油工业企事业单位组织机构名录

单　　位		所 在 地
一、石油工业部机关部门（19个）		
1	政治部	北京市
2	办公厅	北京市
3	总调度司	北京市
4	计划司	北京市
5	财务司	北京市
6	地质勘探司	北京市
7	钻井工程司	北京市
8	油田开发司	北京市
9	炼油化工生产司	北京市
10	运销司	北京市
11	机械制造局	北京市
12	基本建设局	北京市
13	行政司	北京市
14	农副业生产办公室	北京市
15	物资供应管理局	北京市
16	人事教育司	北京市
17	科技司	北京市
18	石油科学技术委员会	北京市
19	外事局	北京市
二、油田、勘探、管道单位（23个）		
1	大庆石油会战指挥部	黑龙江省安达市
2	胜利油田会战指挥部	山东省惠民专区
3	华北石油会战指挥部	河北省任丘县
4	辽河石油勘探局	辽宁省盘山县

续表

单　　位		所在地
5	新疆石油管理局	新疆维吾尔自治区克拉玛依市
6	大港油田指挥部	天津市
7	河南石油会战指挥部	河南省南阳地区
8	吉林省石油会战指挥部	吉林省白城地区
9	长庆油田会战指挥部	甘肃省庆阳地区
10	江汉石油管理局	湖北省潜江县
11	玉门石油管理局	甘肃省玉门市
12	江苏石油勘探开发会战指挥部	江苏省江都县
13	青海石油管理局	青海省海西蒙古族藏族哈萨克族自治州
14	四川省石油管理局	四川省成都市
15	延长油矿	陕西省延安地区
16	滇黔桂石油开发会战指挥部	云南省昆明市
17	安徽省石油勘探处	安徽省合肥市
18	浙江省石油地质大队	浙江省杭州市
19	海洋石油勘探局	天津市
20	石油地球物理勘探局	河北省涿县
21	石油天然气管道局	河北省安次县
22	东北八三管道局	辽宁省沈阳市
23	华东输油管线指挥部	江苏省徐州市
三、炼油化工单位（23个）		
1	抚顺石油一厂	辽宁省抚顺市
2	抚顺石油二厂	辽宁省抚顺市
3	抚顺石油三厂	辽宁省抚顺市
4	锦西石油五厂	辽宁省锦州市
5	锦州石油六厂	辽宁省锦州市
6	大连石油七厂	辽宁省旅大市
7	兰州炼油厂	甘肃省兰州市
8	上海炼油厂	上海市
9	湖南长岭炼油厂	湖南省岳阳地区
10	杭州炼油厂	浙江省杭州市
11	天津市第一石油化工厂	天津市
12	广东省茂名石油工业公司	广东省茂名市
13	南京石油化工厂（南京石油化工总厂）	江苏省南京市
14	吉林省白城地区前郭炼油厂	吉林省白城地区
15	盘锦炼油厂	辽宁省盘锦地区
16	河北省沧州石油化工厂	河北省沧州市
17	哈尔滨炼油厂	黑龙江省哈尔滨市

续表

单　　位		所　在　地
18	武汉石油化工厂	湖北省武汉市
19	济南石油化工厂	山东省济南市
20	天津市石油化工总厂	天津市
21	浙江炼油厂	浙江省宁波市
22	河北省石家庄炼油厂建设工程指挥部	河北省石家庄地区
23	九江炼油厂	江西省九江地区
四、机械制造单位（8个）		
1	宝鸡石油综合机械厂	陕西省宝鸡市
2	咸阳石油钢管钢绳厂	陕西省咸阳市
3	西安石油勘探仪器总厂	陕西省西安市
4	抚顺石油机械厂	辽宁省抚顺市
5	北京电机修造厂	北京市
6	第二石油机械厂	河南省南阳地区
7	承德石油机械厂	河北省承德市
8	上海第四石油机械厂	上海市
五、基建、运输、通信单位（9个）		
1	第一工程公司	河南省洛阳市
2	第二工程公司	江苏省南京市
3	第三工程公司	浙江省宁波市
4	第四工程公司	天津市
5	第六工程公司	广西壮族自治区桂林市
6	地下石洞油库工程公司	山东省青岛市
7	施工机具修造厂	辽宁省抚顺市
8	勘察公司	河北省徐水县
9	运输公司	新疆维吾尔自治区克拉玛依市
六、储备油库、物资供应单位（12个）		
1	汉平储备库	陕西省宁强县
2	东风储备库	广西壮族自治区永福县
3	红旗储备库	河南省洛宁县
4	沧州器材库	河北省沧州市
5	中南供应办事处	湖北省武汉市
6	华北供应办事处	天津市
7	华东供应办事处	上海市
8	广州供应办事处	广东省广州市
9	西南供应办事处	四川省成都市
10	东北供应办事处	辽宁省沈阳市
11	西北供应办事处	陕西省西安市

续表

单　　位		所　在　地
12	郑州器材库	河南省郑州市
七、科研事业单位（9个）		
1	石油勘探开发科学研究院	北京市
2	抚顺石油研究所	辽宁省抚顺市
3	石油化工科学研究院	北京市
4	石油规划设计总院	北京市
5	北京石油设计院	北京市
6	炼油设计研究院	河南省洛阳市
7	石油科学技术情报研究所（石油工业出版社）	北京市
8	展览工作室	北京市
9	教材编译室	北京市
八、石油院校（9个）		
1	华东石油学院	山东省惠民专区
2	大庆石油学院	黑龙江省大庆市
3	西南石油学院	四川省南充市
4	江汉石油学院	湖北省江陵县
5	西安石油学院	陕西省西安市
6	承德石油学校	河北省承德市
7	重庆石油学校	四川省重庆市
8	广东石油学校	广东省茂名市
9	兰州石油学校	甘肃省兰州市

注：单位所在地名称均为当时名称。

二、石油工业部机关及石油工业企事业单位组织机构沿革图

机构沿革图例说明

1．本图主要按编年记事的方式简要绘制组织机构的沿革变化，主要包括机构的成立、更名、合并、拆分、撤销、划转、托管、业务重组整合等事项。

2．本图中机构沿革变化以“机构名称”中首字对应年份为时间节点。机构名称在一年中发生多次变化的，只显示最终名称。

3．机构延续用“⟶”符号表示；撤销用“‖”符号表示；分设（分拆）用“ ⊏ ”符号表示。

4．某机构被其他单位收购或整体划转其他单位（不再列组织机构序列），用“ □ ”符号表示。

5．具体图例符号使用详见每页机构沿革图下的“图例说明”。

（一）石油工业部机关部门组织机构沿革图

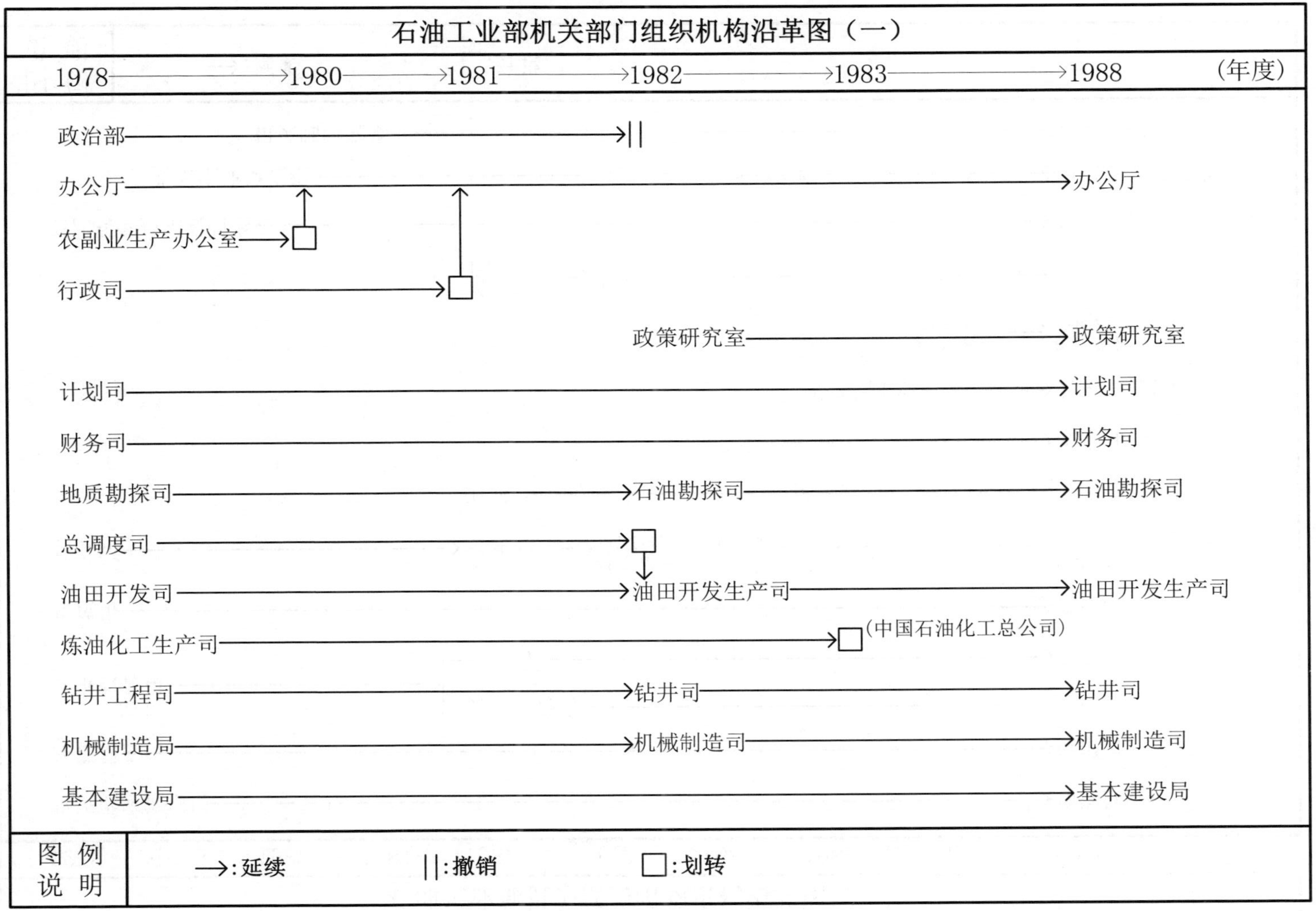

石油工业部机关部门组织机构沿革图（二）

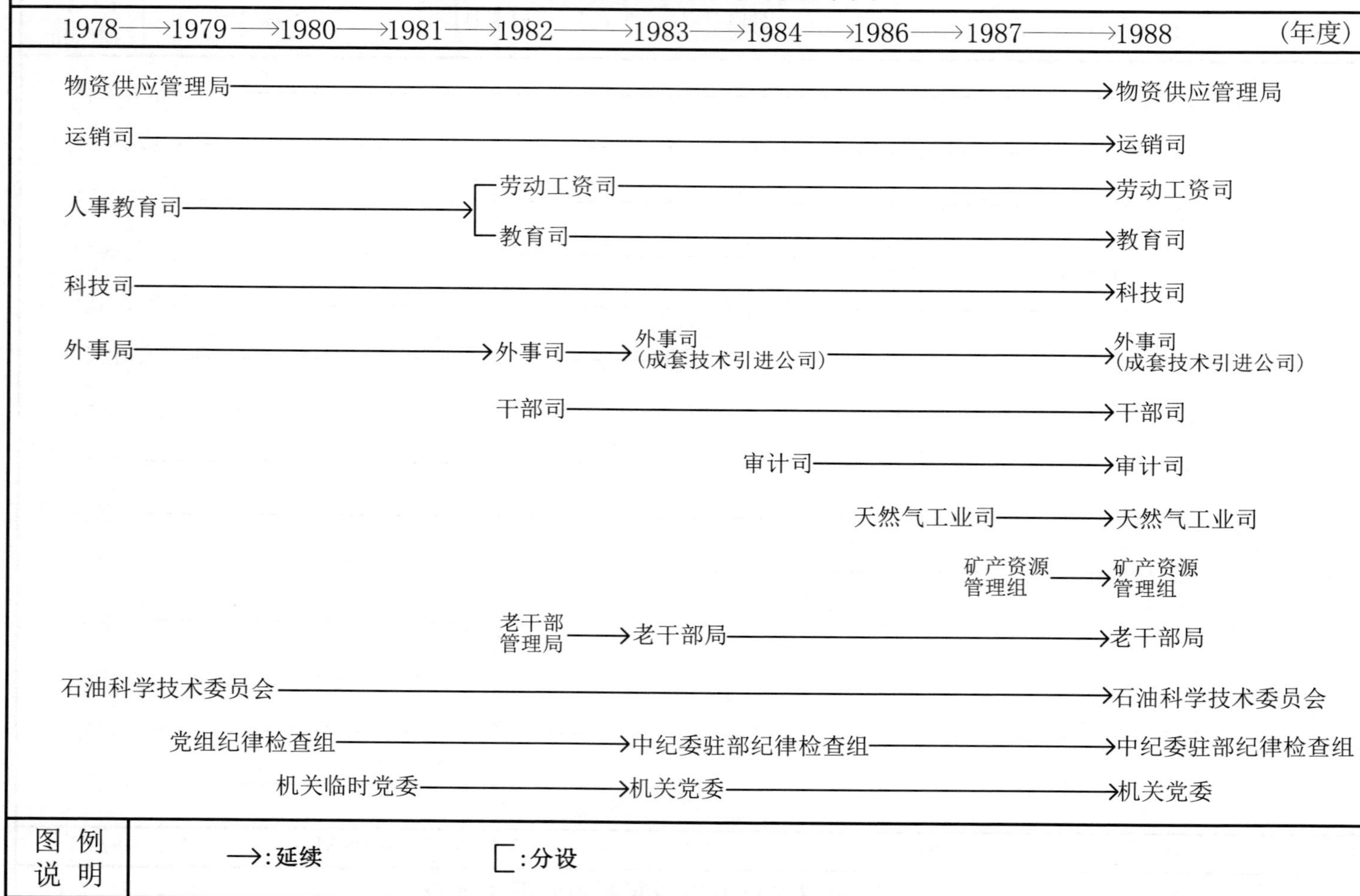

（二）石油工业企事业单位沿革图

石油工业企事业单位沿革图（一）

1. 油田、勘探、管道单位(一)

1978	1979	1980	1981	1982	1983	1986	1988（年度）
大庆石油会战指挥部		大庆石油管理局					大庆石油管理局
胜利油田会战指挥部							胜利油田会战指挥部
华北石油会战指挥部			华北石油管理局				华北石油管理局
辽河石油勘探局							辽河石油勘探局
新疆石油管理局							新疆石油管理局
大港油田指挥部					大港石油管理局		大港石油管理局
河南石油会战指挥部					河南石油勘探开发公司	河南石油勘探局	河南石油勘探局
			东濮石油会战指挥部	中原石油勘探局			中原石油勘探局
吉林省石油会战指挥部			吉林省油田管理局				吉林省油田管理局
长庆油田会战指挥部					长庆石油勘探局		长庆石油勘探局
江汉石油管理局							江汉石油管理局
玉门石油管理局							玉门石油管理局
江苏石油勘探开发会战指挥部					江苏石油勘探开发公司	江苏石油勘探局	江苏石油勘探局
青海石油管理局							青海石油管理局
	甘青藏石油勘探开发会战指挥部			||			

图例说明　→：延续　||：撤销

石油工业企事业单位沿革图（二）

1978→1979→1982→1983→1984→1985→1986→1988 （年度）

1. 油田、勘探、管道单位（二）

四川省石油管理局→四川石油管理局→四川石油管理局

延长油矿→延长油矿管理局→延长油矿管理局

广西石油普查勘探队→广西石油勘探开发指挥部→广西石油勘探开发指挥部

滇黔桂石油勘探开发会战指挥部→滇黔桂石油勘探局→滇黔桂石油勘探局

安徽省石油勘探处→安徽省石油勘探指挥部→安徽石油勘探公司→安徽石油勘探总公司

浙江省石油地质大队→浙江石油地质大队→浙江石油勘探处

中国石油天然气勘探开发公司→中国石油开发公司→中国石油开发公司

天然气公司→||

海洋石油勘探局→□中国海洋石油总公司

南海石油勘探指挥部→□中国海洋石油总公司

中国海洋石油总公司→中国海洋石油总公司

浅海石油勘探会战领导小组→||

石油地球物理勘探局→石油地球物理勘探局

石油天然气管道局→管道局→管道局

东北八三管道局→东北输油管理局→东北输油管理局

华东输油管线指挥部→华东输油管理局→华东输油管理局

图例说明 →：延续 ||：撤销 □：划转

石油工业企事业单位沿革图（三）

1978 → 1981 → 1982 → 1983 → 1988 （年度）

2. 炼油化工单位(一)

- 抚顺石油一厂 → □抚顺石油工业总公司（1982）
- 抚顺石油二厂 → □抚顺石油工业总公司（1982）
- 抚顺石油三厂 → □抚顺石油工业总公司（1982）
- 抚顺石油工业总公司 → □中国石油化工总公司（1983）
- 锦西石油五厂 → □锦州石油工业总公司（1982）
- 锦州石油工业总公司 → □中国石油化工总公司（1983）
- 锦州石油六厂 → □锦州石油工业总公司（1982）
- 大连石油七厂 → □中国石油化工总公司（1983）
- 兰州炼油厂 → □中国石油化工总公司（1983）
- 上海炼油厂 → □上海高桥石油化工公司（1981）
- 湖南长岭炼油厂 → □中国石油化工总公司（1983）
- 杭州炼油厂 → □中国石油化工总公司（1983）
- 广东省茂名石油工业公司 → □中国石油化工总公司（1983）

图例说明	→:延续	□:划转

石油工业企事业单位沿革图（四）

1978 → 1982 → 1983 → 1984 → 1988（年度）

2. 炼油化工单位(二)

天津市第一石油化工厂 → □ 天津市石油化学工业公司

天津市石油化工总厂 → □ 天津市石油化学工业公司

南京炼油厂 → □ 金陵石油化学总公司

吉林省前郭炼油厂 → □ 中国石油化工总公司

盘锦炼油厂 → □ 辽河石油勘探局

河北省沧州石油化工厂 → □ 中国石油化工总公司

哈尔滨炼油厂 → □ 中国石油化工总公司

武汉石油化工厂 → □ 中国石油化工总公司

济南石油化工厂 → □ 中国石油化工总公司

浙江炼油厂 → 浙江镇海石油化工厂 → □ 中国石油化工总公司

河北省石家庄炼油厂建设工程指挥部 → 河北省石家庄炼油厂 □ 中国石油化工总公司

九江炼油厂 → □ 中国石油化工总公司

图例说明　→：延续　□：划转

石油工业企事业单位沿革图（五）

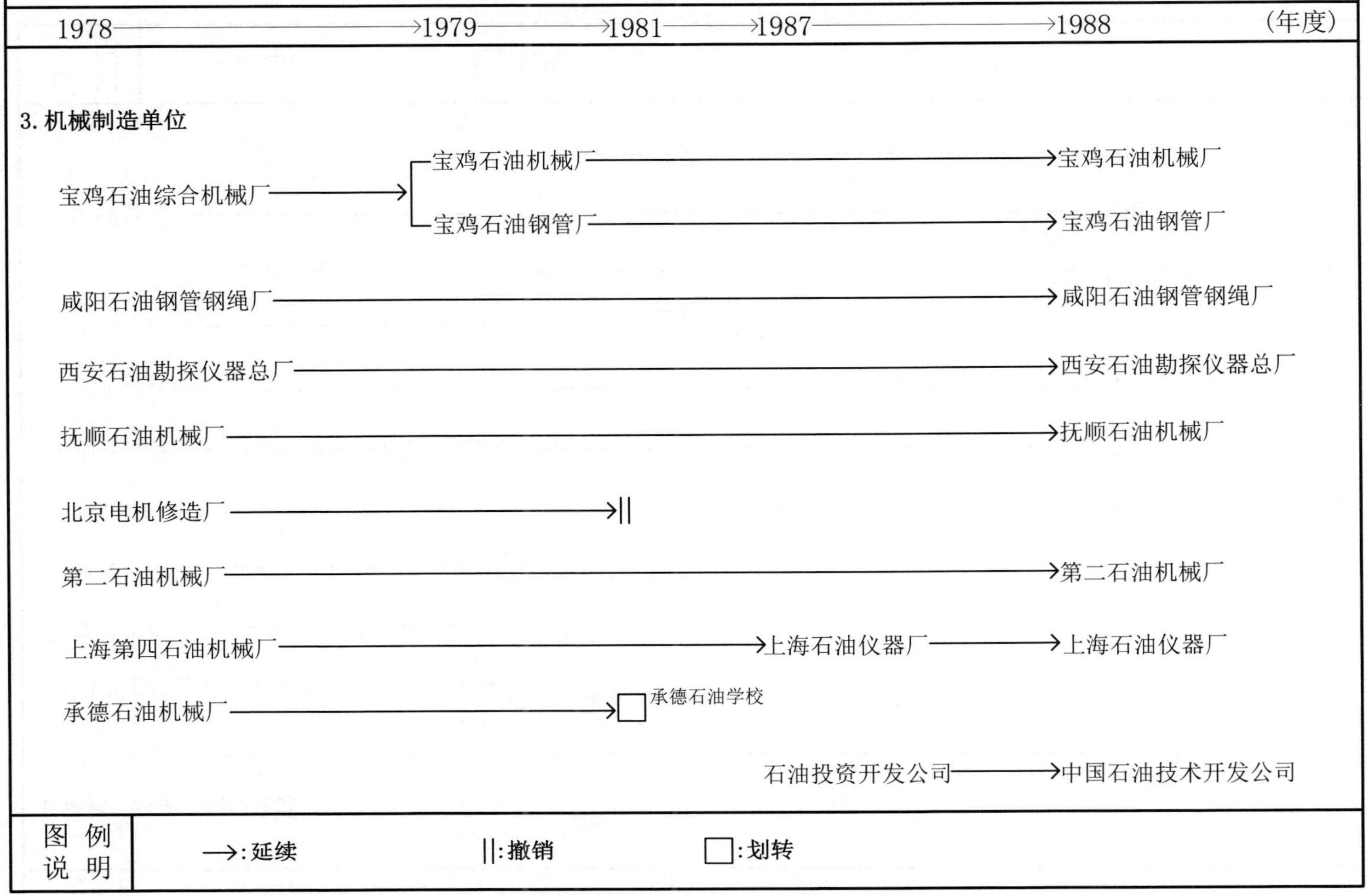

石油工业企事业单位沿革图（六）

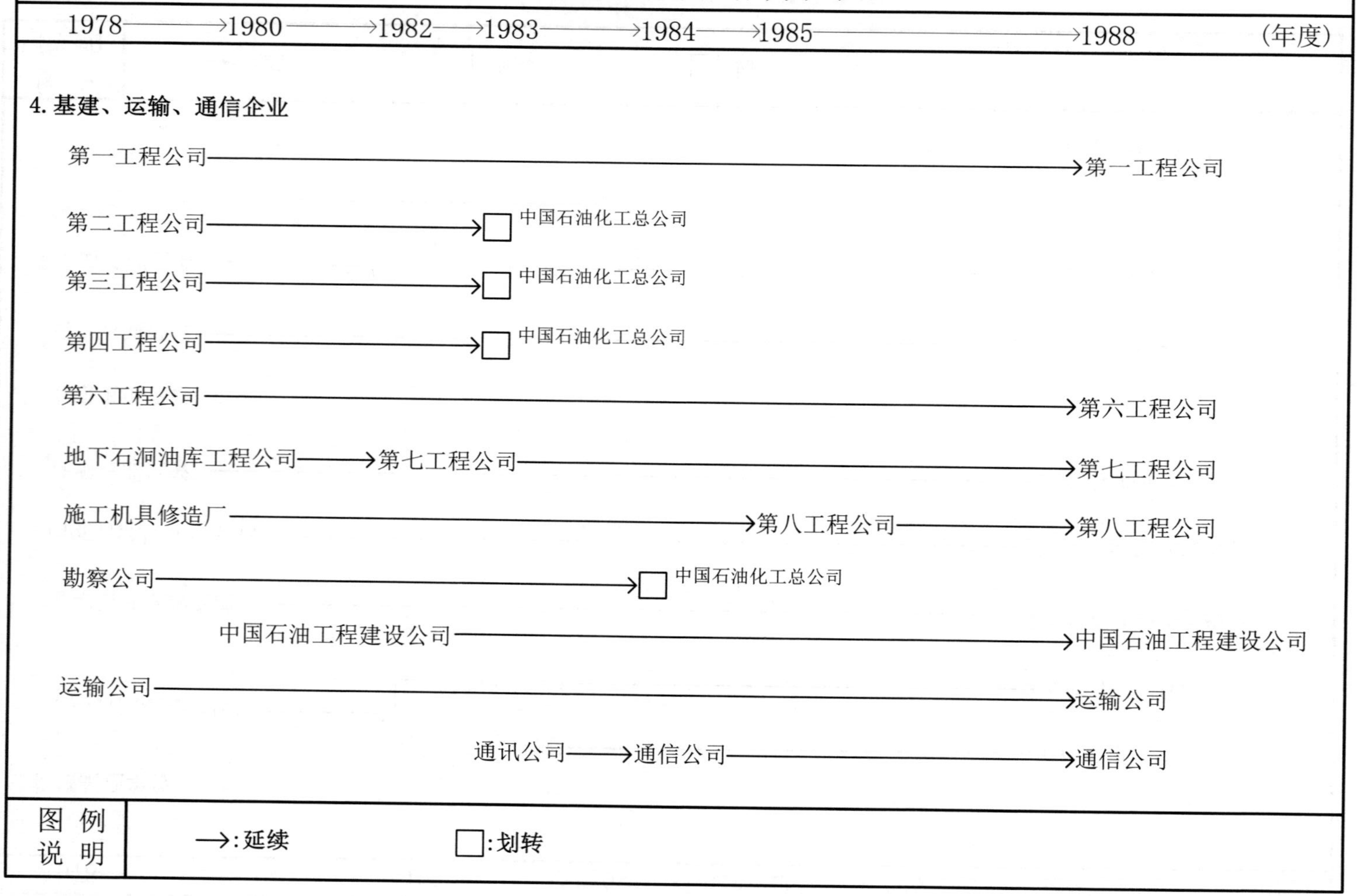

石油工业企事业单位沿革图（七）

1978	1981	1984	1988（年度）
5. 储备油库、物资供应单位			
汉平储备库 →		□中国石油化工总公司	
东风储备库 →		□中国石油化工总公司	
红旗储备库 →		□中国石油化工总公司	
沧州器材库 →			沧州器材库
中南供应办事处 →			中南供应办事处
华北供应办事处 →			华北供应办事处
华东供应办事处 →			华东供应办事处
广州供应办事处 →			广州供应办事处
西南供应办事处 →			西南供应办事处
东北供应办事处 →			东北供应办事处
西北供应办事处 →			西北供应办事处
郑州器材库 →		郑州供应办事处 →	郑州供应办事处

图例说明　→：延续　□：划转

石油工业企事业单位沿革图（八）

1978→1979→1982→1983→1984→1985→1988 （年度）

6. 科研事业单位(一)

石油勘探开发科学研究院→石油勘探开发科学研究院

西北石油地质勘探研究所→西北石油地质勘探研究所

浙江化工科学研究院→浙江化工科学研究院

抚顺石油研究所→抚顺石油炼制研究所→□中国石油化工总公司

施工技术研究所→施工技术研究所

石油化工科学研究院→□中国石油化工总公司

六二一厂→六二一厂(长城高级润滑油公司)→□中国石油化工总公司

图例说明	→:延续	□:划转

石油工业企事业单位沿革图（九）

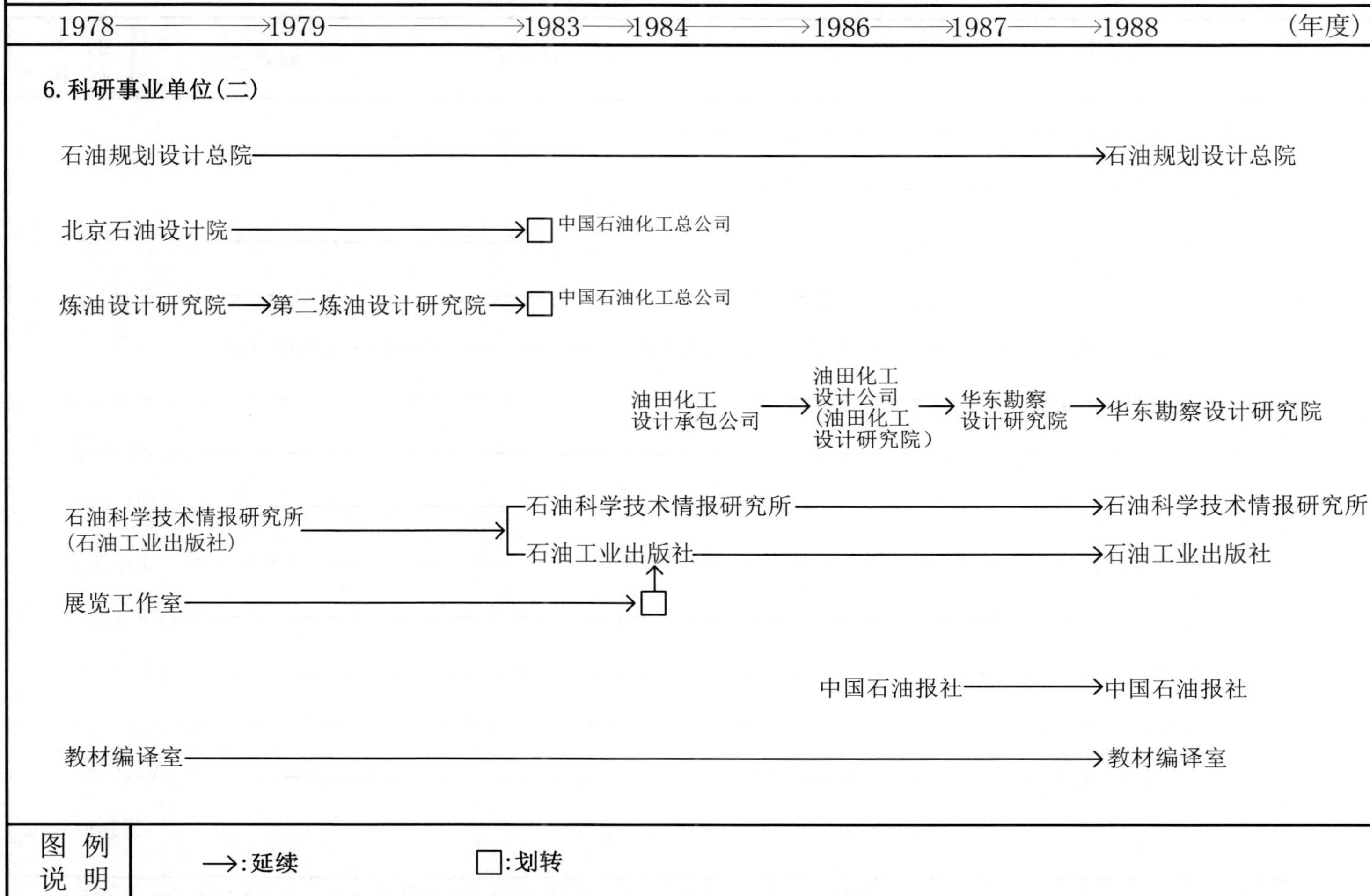

石油工业企事业单位沿革图（十）

1978→1979→1981→1983→1984→1985→1988 （年度）

7. 石油院校

华东石油学院→石油大学

大庆石油学院→大庆石油学院

西南石油学院→西南石油学院

江汉石油学院→江汉石油学院

西安石油学院→西安石油学院

抚顺石油学院→抚顺石油学院

承德石油学校→承德石油高等技术专科学校

重庆石油学校→重庆石油学校

兰州石油技工学校→培黎石油技工学校→培黎石油学校

广东石油学校→□中国石油化工总公司

兰州石油学校→□中国石油化工总公司

石油管理干部学院→石油管理干部学院

广州外语培训中心→广州外语培训中心

图例说明　→:延续　□:划转

石油工业企事业单位沿革图（十一）

1978→1983→1984→1987→1988 （年度）

8. 社会团体

中国石油学会（1978）→中国石油学会（1988）

中国石油企业管理协会（1984）→中国石油企业管理协会（1988）

中国石油体育协会（1984）→中国石油体育协会（1988）

全国储委石油天然气专业委员（1983）→全国储委石油天然气专业委员（1988）

教育指导委员会（1987）→教育指导委员会（1988）

图例说明　→：延续

三、1988年4月石油工业部机关及石油工业企事业单位组织机构名录

单　位		所　在　地
一、石油工业部机关部门（23个）		
1	办公厅	北京市
2	政策研究室	北京市
3	计划司	北京市
4	财务司	北京市
5	石油勘探司	北京市
6	钻井司	北京市
7	油田开发生产司	北京市
8	运销司	北京市
9	机械制造司	北京市
10	基本建设局	北京市
11	物资供应管理局	北京市
12	劳动工资司	北京市
13	教育司	北京市
14	科技司	北京市
15	石油科学技术委员会	北京市
16	外事司（成套技术引进公司）	北京市
17	干部司	北京市
18	审计司	北京市
19	天然气工业司	北京市
20	矿产资源管理组	北京市
21	老干部局	北京市
22	中纪委驻部纪律检查组	北京市
23	机关党委	北京市
二、油田、勘探、管道单位（26个）		
1	大庆石油管理局	黑龙江省大庆市
2	胜利油田会战指挥部	山东省东营市
3	华北石油管理局	河北省任丘市
4	辽河石油勘探局	辽宁省盘锦市
5	新疆石油管理局	新疆维吾尔自治区克拉玛依市
6	大港石油管理局	天津市
7	河南石油勘探局	河南省南阳市
8	中原石油勘探局	河南省濮阳市
9	吉林省油田管理局	吉林省白城地区
10	长庆石油勘探局	甘肃省庆阳地区
11	江汉石油管理局	湖北省潜江县

续表

单 位		所 在 地
12	玉门石油管理局	甘肃省玉门市
13	江苏石油勘探局	江苏省扬州市
14	青海石油管理局	青海省海西蒙古族藏族自治州
15	四川石油管理局	四川省成都市
16	延长油矿管理局	陕西省延安地区
17	滇黔桂石油勘探局	云南省昆明市
18	冀东石油勘探开发公司	河北省唐山市
19	安徽石油勘探总公司	安徽省合肥市
20	浙江石油勘探处	浙江省杭州市
21	中国石油开发公司	北京市
22	中国海洋石油总公司	北京市
23	石油地球物理勘探局	河北省保定地区
24	管道局	河北省廊坊地区
25	东北输油管理局	辽宁省沈阳市
26	华东输油管理局	江苏省徐州市
三、机械制造单位（8个）		
1	宝鸡石油机械厂	陕西省宝鸡市
2	宝鸡石油钢管厂	陕西省宝鸡市
3	咸阳石油钢管钢绳厂	陕西省咸阳市
4	西安石油勘探仪器总厂	陕西省西安市
5	抚顺石油机械厂	辽宁省抚顺市
6	第二石油机械厂	河南省南阳市
7	上海石油仪器厂	上海市
8	中国石油技术开发公司	北京市
四、基建、运输、通信单位（7个）		
1	第一工程公司	河南省洛阳市
2	第六工程公司	广西壮族自治区桂林市
3	第七工程公司	山东省青岛市
4	第八工程公司	辽宁省抚顺市
5	中国石油工程建设公司	北京市
6	运输公司	新疆乌鲁木齐市
7	通信公司	河北省廊坊地区
五、储备油库、物资供应单位（9个）		
1	沧州器材库	河北省沧州市
2	中南供应办事处	湖北省武汉市
3	华北供应办事处	天津市
4	华东供应办事处	上海市

续表

单　　位		所　在　地
5	广州供应办事处	广东省广州市
6	西南供应办事处	四川省成都市
7	东北供应办事处	辽宁省沈阳市
8	西北供应办事处	陕西省西安市
9	郑州供应办事处	河南省郑州市
六、科研事业单位（11个）		
1	石油勘探开发科学研究院	北京市
2	西北石油地质勘探研究所	甘肃省兰州市
3	浙江省石油地质研究所	浙江省杭州市
4	施工技术研究所	天津市
5	石油管材试验研究中心	陕西省宝鸡市
6	石油规划设计总院	北京市
7	华东勘察设计研究院	山东省青岛市
8	石油科学技术情报研究所	北京市
9	石油工业出版社	北京市
10	中国石油报社	河北省保定地区
11	教材编译室	北京市
七、石油院校（10个）		
1	石油大学	山东省东营市
2	大庆石油学院	黑龙江省大庆市
3	西南石油学院	四川省南充市
4	江汉石油学院	湖北省沙市
5	西安石油学院	陕西省西安市
6	承德石油高等技术专科学校	河北省承德市
7	重庆石油学校	四川省重庆市
8	培黎石油学校	甘肃省兰州市
9	石油管理干部学院	北京市
10	广州外语培训中心	广东省广州市
八、社会团体、专业委员会（5个）		
1	中国石油学会	北京市
2	中国石油企业管理协会	北京市
3	中国石油体育协会	北京市
4	全国储委石油天然气专业委员	北京市
5	教育指导委员会	北京市

注：单位所在地名称均为当时名称。

第二节　石油工业基本情况统计表

一、石油工业基本情况

项　目 ＼ 年　份	1978	1979	1980	1981	1982	1983	1984	1985	1986	1987
一、工业总产值（亿元）	244.13	257.27	265.59	297.31	303.97	134.08	149.34	167.49	177.67	183.82
二、利润（亿元）	104.19	105.21	106.16	100.46	94.99	50.97	41.86	28.01	18.90	7.33
三、资产总额（亿元）	210.21	236.95	257.90	287.48	320.70	297.25	325.74	373.05	441.52	520.58
四、主要产品产量										
1.原油（万吨）	10404.90	10614.90	10594.10	10121.90	10220.50	10606.59	11460.05	12488.71	13066.99	13412.50
2.天然气（亿立方米）	133.3	140.1	137.3	121.3	108.9	121.1	123.2	128.3	133.8	135.4
3.汽油（万吨）	991.40	1069.90	1079.00	1101.20	1100.10	73.43	75.75	78.31	83.40	95.87
4.煤油（万吨）	356.00	409.30	398.50	364.10	381.00	11.44	11.94	10.55	9.97	10.47
5.柴油（万吨）	1825.70	1872.80	1827.80	1739.30	1711.30	85.74	88.76	95.63	105.40	126.04
五、主要生产能力										
1.原油（万吨/年）	9748	9684	9557	9601	9793	9953	10745	11887	12658	13372
2.天然气（亿立方米）	92.5	85.2	77.5	65.7	63.9	65.4	68.6	74.7	77.9	94.0
3.原油加工（万吨/年）	9291	9311	9386	9867	9913	473	493	—	—	—
六、单位个数（个）	64	63	66	66	66	30	32	28	29	29

注：1. 工业总产值按照1970年不变价计算。

2. 1983年以后数据统计不包括中国石油化工总公司。

二、石油工业人数、工资与劳动生产率情况

项目＼年份	1978	1979	1980	1981	1982	1983	1984	1985	1986	1987
一、职工人数（人）	1005566	1127070	1212928	1265310	1305134	1344342	1179149	1199296	1236221	1294827
其中：临时职工	3531	2642	3053	2373	4266	6329	9783	11788	13210	14525
计划外用工	—	69540	63144	60116	52513	43956	49083	21540	12499	18576
二、工资总额（万元）	76977.45	93246.38	112751.81	120931.60	129849.52	142573.48	157761.06	190580.65	212856.87	244032.39
三、平均工资（元/人）	783	849	964	997	1024	1088	1406	1617	1767	1943
四、劳动生产率										
1.工业生产（元/人）	53820	50922	50909	53062	50658	52071	32940	18457	30873	31250
2.施工单位（元/人）	6955	8549	7474	6518	7561	7818	10525	13199	14715	16459
3.采油工人（吨/人）	1506	1504	1409	1186	1137	1185	1232	1322	1322	1286
4.炼油工人（吨/人）	765	765	775	772	695	767	255	321	337	320

注：1．劳动生产率按照1970年不变价计算。

2．1983年以后数据统计不包括中国石油化工总公司。

三、石油工业职工按岗位分类情况

单位：人

项目 \ 年份		1978	1979	1980	1981	1982	1983	1984	1985	1986	1987
年末人数	总数	1005566	1127070	1212928	1265310	1305134	1103958	1179149	1199296	1236221	1294827
	女性	233581	298966	333358	361074	372606	305912	334368	334587	354795	379477
工人		582534	641972	696671	717386	733382	606272	650149	648668	659284	682855
学徒		86741	83982	85955	77635	54491	39564	38185	30229	25101	24932
工程技术人员		50314	52797	59321	64968	75985	66520	71393	77253	81968	90287
管理人员		105468	115753	125579	133685	141654	125596	133715	141413	151644	156994
服务人员		139655	185355	199490	218006	238341	213073	222423	233913	250150	270099
其他人员		40854	47211	45912	53630	61281	52933	63284	67820	68074	69660

注：1．“其他人员”包括农副业、长期学习、长期病伤假、出国援外、派出外单位人员。

2．1983年以后数据统计不包括中国石油化工总公司。

四、石油工业职工队伍人数分类情况

单位：人

年份 队伍	1978	1979	1980	1981	1982	1983	1984	1985	1986	1987
合　计	1005566	1057530	1149784	1205194	1252621	1068148	1130066	1177756	1223722	1276251
地质勘探队伍	67540	66988	75698	79885	82636	88930	102334	84154	84837	98886
钻井队伍	172072	181960	189238	191426	202608	213135	223578	221779	229910	229181
采油（气）队伍	144768	147636	166950	177530	185469	196440	209653	221354	232427	283236
井下作业队伍	37687	39370	40819	42687	43735	45416	49146	62324	65658	45317
炼油队伍	114438	116366	142172	156536	159931	19461	19911	21834	23574	24869
石油化工队伍	23794	28596	37306	35466	37260	627	2317	—	—	—
油田建设队伍	84843	83391	84794	94823	87636	92186	95811	97796	111606	115732
炼厂建设队伍	20019	22263	24799	25403	25489	8289	10786	10500	—	—
输油气管线队伍	50671	48711	49619	44022	45236	45160	45069	51386	53942	50268
机械制造队伍	76429	78629	78517	81499	78810	79118	81971	93831	96208	99104
勘察设计队伍	8721	7996	8342	9488	9728	9230	8434	10649	10630	11395
科研队伍	20257	22397	24091	22854	27646	22426	24110	25436	27361	29258
文教卫生队伍	35918	38987	43647	50637	51368	50850	57862	64050	69543	67756
其他	148409	174240	183792	192938	215069	196880	199084	212663	218026	221249

注：1. 职工人数不含计划外用工人数。

2. “其他”包含油库建设、油库管理、水电队伍、运输队伍、供应队伍、管理机关以及其他人员。

3. 1983年以后数据统计不包括中国石油化工总公司。

五、石油工业主要专业队数及人数情况

队名 \ 年份		1978	1979	1980	1981	1982	1983	1984	1985	1986	1987
1.地质队	队数（个）	42	42	42	37	41	40	48	43	52	71
	职工数（人）	1656	1752	1894	1923	2211	2433	2908	4082	5218	4727
2.测量队	队数（个）	16	16	19	19	18	18	25	22	23	24
	职工数（人）	588	545	654	754	672	675	836	865	843	713
3.地震队	队数（个）	290	294	311	289	280	280	289	289	289	290
	职工数（人）	22198	21288	26269	26556	26844	28656	30003	32699	3237	34623
4.重磁力队	队数（个）	9	10	11	10	9	10	13	12	13	14
	职工数（人）	411	358	424	439	416	409	457	464	459	473
5.电法队	队数（个）	6	7	6	6	6	6	6	6	6	6
	职工数（人）	247	228	283	285	310	233	360	294	211	250
6.化学放射性勘探队	队数（个）	—	—	—	—	1	1	1	—	—	—
	职工数（人）	—	—	—	—	10	10	10	—	—	—
7.研究队	队数（个）	53	54	59	69	63	56	129	51	51	58
	职工数（人）	4563	3551	3406	4087	4144	4163	3955	3128	3151	3308
8.电测队	队数（个）	242	214	222	188	212	234	265	244	—	313
	职工数（人）	3058	2857	2945	3214	3883	3733	3967	4494	—	4484
9.射孔队	队数（个）	116	100	106	95	97	99	118	120	—	124
	职工数（人）	1284	1149	1235	1567	1453	1557	1647	1637	—	1691
10.气测队	队数（个）	187	192	186	145	135	147	158	167	—	169
	职工数（人）	1295	1306	1332	1305	1241	1314	1267	1346	—	1378
11.钻井队	队数（个）	803	793	808	806	824	835	895	967	982	991
	职工数（人）	65446	60923	68015	65245	63971	63229	67055	65638	63112	62474
12.试油队	队数（个）	182	184	205	194	195	202	213	214	222	225
	职工数（人）	8311	7623	8907	8471	8365	8561	8345	8501	8776	8630
13.水井队	队数（个）	46	42	37	32	28	28	31	31	—	33
	职工数（人）	2221	1858	1815	1389	1390	1178	1240	1258	—	1228
14.固井队	队数（个）	52	58	47	42	44	44	51	52	—	62
	职工数（人）	5041	4637	4279	4468	5352	5699	5240	5530	—	5277
15.管子站（队）	队数（个）	43	41	43	40	45	56	57	54	—	52
	职工数（人）	8302	8840	9110	9174	9015	8979	8667	8991	—	9472

续表

队名	年份	1978	1979	1980	1981	1982	1983	1984	1985	1986	1987
16.井架安装队	队数（个）	62	56	61	67	75	72	75	80	—	86
	职工数（人）	5146	4725	5150	4994	5136	5647	5204	5261	—	5127
17.钻机搬家队	队数（个）	21	24	26	21	19	23	27	29	—	31
	职工数（人）	1926	2128	2206	2558	1791	2144	2443	2495	—	2394
18.采油（气）队	队数（个）	506	525	550	568	601	642	720	737	787	836
	职工数（人）	42343	41051	43163	51715	51162	51282	53692	57179	78600	62927
19.输油（气）队	队数（个）	179	191	196	198	220	250	298	223	233	278
	职工数（人）	16297	16242	19134	19082	21106	22857	22937	19853	18960	21651
20.井下作业队	队数（个）	321	366	433	416	496	478	539	562	637	733
	职工数（人）	12651	11777	15325	16264	17493	17949	19975	20178	22472	24556
21.试井队	队数（个）	47	54	62	73	79	74	98	88	—	104
	职工数（人）	2359	2429	2847	3252	3503	3451	4457	3709	—	4225
22.油田建筑安装队	队数（个）	263	267	262	248	246	228	268	287	299	387
	职工数（人）	32855	35055	36252	30539	29032	29074	28388	27764	29039	35579
23.管道施工队	队数（个）	82	75	86	49	40	47	44	44	47	65
	职工数（人）	12676	11544	10314	6020	5440	5969	5435	5258	5916	5864
24.汽车运输队	队数（个）	387	443	449	460	520	398	470	362	—	557
	职工数（人）	38543	41223	39706	40864	42107	38211	45259	30422	—	40830

注：1983年以后数据统计不包括中国石油化工总公司。

六、石油工业职工文化、年龄结构情况

单位：人

项目		1979	1985	1986	1987
文化结构	合计	927823	1165968	1210512	1261726
	大专以上	43012	81628	92573	109402
	中专	36843	86434	95672	106973
	技校	—	99217	112664	126922
	高中	137037	107553	173643	177194
	初中	415078	487795	506373	519051
	小学以下	295853	240341	229587	222184
年龄结构	20岁以下	—	89844	80236	79947
	21岁至25岁	—	250031	267401	662578
	26岁至35岁	—	389589	393905	
	36岁至45岁	—	275327	296122	497823
	46岁至55岁	—	144222	153965	
	55岁以上	—	16955	18883	21378
技师合计		—	1629	1846	

注：1．统计数据中不含临时用工和计划外用工。

2．1983年以后数据统计不包括中国石油化工总公司。

七、石油工业技工学校基本情况

计量单位：人

项目		1979	1985	1986	1987
文化结构	合计	927823	1165968	1210512	1261726
	大专以上	43012	81628	92573	109402
	中专	36843	86434	95672	106973
	技校	—	99217	112664	126922
	高中	137037	107553	173643	177194
	初中	415078	487795	506373	519051
	小学以下	295853	240341	229587	222184
年龄结构	20岁以下	—	89844	80236	79947
	21岁至25岁	—	250031	267401	662578
	26岁至35岁	—	389589	393905	
	36岁至45岁	—	275327	296122	497823
	46岁至55岁	—	144222	153965	
	55岁以上	—	16955	18883	21378
技师合计		—	1629	1846	—

注：1．统计数据中不含临时用工和计划外用工。

2．1983年以后数据统计不包括中国石油化工总公司。

第三节　全国党代表、人大代表、政协委员及获得国家级表彰的先进个人

一、全国党代表、人大代表、政协委员人员名单

（一）当选全国党代表人员名单

届　次	姓　名	工作单位及职务	备　注
中共十二大	王　涛	辽河石油勘探局党委副书记	中央委员
	王苏民	大庆石油管理局局长	
	尹克升	青海石油管理局局长、党委副书记	
	李　敬	新疆石油管理局党委书记	
	吴全清	大庆钻井二公司党委常委、工会主席	中央委员
	侯祥麟	中国石油学会理事长	
	姬永兴	华北石油管理局局长、党委副书记	
	唐　克	石油工业部党组书记、部长	中央委员
	康世恩	国务院副总理兼任石油工业部部长	
	黄　凯	石油工业部党组副书记	中纪委委员
	管友鍊	四川石油管理局南充炼油厂副厂长	
中共十三大	王　涛	石油工业部党组书记、部长	中央委员
	王子正	华北石油管理局党委书记	
	王苏民	大庆石油管理局党委书记	
	王志武	大庆石油管理局局长	中央候补委员
	邓礼让	辽河石油勘探局党委书记	
	胡见义	石油勘探开发科学研究院副院长、总地质师	
	袁光明	四川石油管理局党委书记	
	谢志强	新疆石油管理局局长	

注：按姓氏笔画排序，工作单位及职务均为当选时所在单位和所担任主要职务。

（二）当选全国人大代表人员名单

届 次	姓 名	工作单位及职务	备 注
第六届	王宗祥	大庆石油学院炼制系主任	
	王德民	大庆石油管理局副总工程师	
	冯家潮	大庆油田建设设计院副总设计师	
	宋振明	石油工业部部长	
	吴奇之	石油地球物理勘探局副总地质师	
	李长荣（女）	大庆石油管理局常委、妇联主任	
	陈烈民	石油化工部副部长兼大庆党委书记、中共大庆石油管理局书记	
	周占鳌	大庆油建公司党委委员、工会主席	
	林祖膂	华北石油管理局副总工程师	
	郭锡禄	大港油田指挥部机动处副处长兼主任工程师	
	葛泰生	辽河石油勘探局科学技术研究院副院长	
	薛金达	兰州炼油厂工会主席	
第七届	王宗祥	大庆石油学院石油化工研究所所长	
	王德民	大庆石油管理局总工程师	
	申 冠	大庆石油管理局钻井二公司1205钻井队队长	
	李聪恒	新疆石油管理局钻井处钻井队长	
	张林生	辽河石油勘探局局长	
	吴奇之	石油地球物理勘探局总地质师	
	周占鳌	大庆市人大常委会副主任、大庆石油管理局油建公司党委委员、工会主席	
	杨万里	华北石油管理局局长	
	爱新觉罗·衡志	大港石油管理局测井公司主任工程师	
	郭佩珍	华北石油管理局通讯处处长	
	李松旺	四川石油管理局川南矿区高级工程师	

注：按姓氏笔画排序，工作单位及职务均为当选时所在单位和所担任主要职务。

（三）担任全国政协委员人员名单

届 次	姓 名	工作单位及职务	备 注
第六届	王瑜珑	大庆石油管理局高级工程师	
	白文元	抚顺石油一厂副总工程师	
	司徒愈旺	四川石油管理局地质勘探开发研究院总地质师	
	张 英	中国海洋石油总公司顾问	
	闵 豫	石油工业部副部长	
	李德生	石油勘探开发科学研究院总地质师	政协常委
	邹 明	中国海洋石油总公司顾问	
	侯祥麟	石油工业部顾问	
	翁文波	石油勘探开发科学研究院总工程师	
	热夏提・亚森	新疆石油管理局采油三厂工程师	
	梁翕章	石油勘探开发科学研究院总工程师	
	焦力人	石油工业部顾问	
	童宪章	石油勘探开发科学研究院总工程师	
第七届	王瑜珑	大庆石油管理局高级工程师	
	王宓君	四川石油管理局副局长	
	焦力人	石油工业部顾问	
	侯祥麟	中国石油学会理事长	政协常委
	翁文波	石油勘探开发科学研究院总工程师	
	热夏提•亚森	新疆石油管理局采油三厂工程师	
	邹 明	中国海洋石油总公司顾问	
	张 英	中国海洋石油总公司顾问	
	张朝琛	石油科学技术情报研究所副总工程师	

注：按姓氏笔画排序，工作单位及职务均为当选时所在单位和所担任主要职务。

二、1979年全国劳动模范人员名单

获奖者姓名	工作单位及职务
耿玉亭	大庆石油化工总厂工程师
吴全清	大庆油田钻井二公司工会主席
齐莉莉（女）	大庆油田物资供应公司工会副主席
黄恩富	四川石油管理局川西矿区3238钻井队队长
董松江	兰州化学工业公司石油化工厂高压聚乙烯车间化工三班班长
买买提·依明·依不拉音木	新疆石油管理局南疆石油勘探指挥部5014钻井队队长

注：收录人员包括部分石油化工企业获奖人员。

三、1978年全国先进生产者人员名单

获奖者姓名	工作单位及职务
王德民	大庆油田公司科学技术委员会副主任
徐文倬	大庆油田公司井下作业公司副总工程师
安圣究	大庆石油管理局钻井研究院高级工程师
郭其安	大庆石油管理局副总工程师
郭福民	大庆石油管理局副总机械师
李学成	大庆石化公司炼油厂副总机械师
朱宝英（女）	吉林石化公司研究院副总工程师
刘国昌	辽河石油勘探局研究院高级工程师
张昭明	管道局东北管道公司工人
沈夑泉	新疆石油管理局油田工艺科研大队技术员
周学厚	四川石油管理局副总工程师
蔡复礼	大庆石油化工总厂研究所副所长

注：收录人员包括部分石油化工企业获奖人员。

四、全国五一劳动奖章人员名单

授予年份	获奖者姓名	工作单位及职务
1985年	贾身乾	大庆石油管理局油田建设设计研究院主任工程师
	郑传亮	大庆石油管理局1284队支部书记
	袁凤林	大庆石油管理局化工总厂化肥厂副总工程师
	王成敏	大庆石油管理局采油二厂工会主席
	刘国昌	辽河石油勘探局茨榆坨采油厂主任地质师
	刘希坤	东北输油管理局科研所工程师
	林惠忠	吉林化学工业有限公司有机分厂值班班长
	王留顺	青海油田钻井公司工会副主席
	张富生	玉门石油管理局钻井处处长
	林德高	四川石油管理局工程师
	王　涤	长庆石油勘探局物探公司研究所副主任工程师
	夏明生	新疆石油局勘探开发研究院主任地质师
	梁狄刚	华北石油勘探开发研究院总地质师
	冯国治	抚顺石化公司石油二厂副总工程师
	丁玉龙	承德石油机械厂工人
	俞定奎	兰州石化机械公司钻机事业部工段长
1986年	申　冠	大庆石油管理局钻井三公司一大队1205钻井队队长
	于振忠	辽河石油勘探局测井公司一中队一小队队长
	张行民	吉林石化公司电石厂四车间化工一班班长
	奕玉库	辽阳石油化纤公司供排水厂三车间班长
	王家林	兰州炼油厂机械动力中心电气车间四班长
	张　军	西安石油勘探仪器总厂检波器分厂三车间熔炼组组长
	韩秀山	大庆石油管理局物探公司地震一大队工会主席
	张新兰（女）	大庆石油管理局第二采油厂43队工人
	高瑞琪	大庆石油管理局勘探开发研究院副院长
	李　旭	辽河石油勘探局钻井一公司3285队队长
	龚伟安	长庆石油勘探局钻采工艺研究所主任工程师
	刘仁达	华北石油管理局采油一厂副主任地质师
	曾庆光	青海石油管理局教师
	于春来	吉林石井沟联合化工厂工人
	刘元芳	吉林化学工业总公司电石厂车间主任
	孙秀麟	兰州化学工业公司合成橡胶厂工程师

续表

授予年份	获奖者姓名	工作单位及职务
1986年	孟庆云	管道局东北输油管理局大连输油公司工程师
	王宏琳	物探局研究院高级工程师
	张贵郎	大港石油管理局钻井工程公司司钻
	文传义	四川石油管理局川东钻探公司工程师
	艾买提·依明	新疆石油管理局机械厂供气车间工人
	辛利民	管道局廊坊机修厂车间主任
	李玉民	辽阳石油化纤公司化工一厂副总工程师
	刘永胜	大庆石化总厂炼油厂热裂化车间党支部书记
	卢济新	陕西石油公司延安分公司经理、副书记
	崔积坤	宝鸡石油钢管厂厂长
	聂荣本	锦西化工研究院工会主席
1987年	于晓红（女）	大庆石油管理局油建公司电焊工
	潘时景	大庆石油管理局采油技术服务公司助理工程师
	魏兴柱	大庆石油管理局人事监察调配科科长
	尹宝山	辽河油田欢喜岭采油厂采油三队工人
	郑康惠	四川石油管理局重庆协调组高级政工师
	李　明	青海石油管理局主任工程师
	杨益钧	管道局设计研究院线路室技师
	宋兴忠	华北石油管理局勘探研究院高级工程师
	俞寿朋	物探局研究院高级工程师
	王道纯	宝鸡石油机械厂厂长
	木　沙	青海石油管理局运输处司机
	刘桂芝（女）	渤海石油公司海洋工程公司工人
	顾秀君（女）	抚顺石油化工研究院高级工程师
	史艳（女）	管道局锦州输油公司锦县输油站班长
	曹淑英（女）	吉林省油田江北小学教师
	李秀元（女）	大庆石油化工总厂化工厂动力车间工人
	李春富	陕西省石油公司榆林分公司
	段长明	延安炼油厂处主任
	罗学信	兰州炼油厂机械厂二金工车间工人
	徐　模	锦西化工机械厂主任工程师
	帕尔斯·赛玛尔	新疆石油管理局采油一厂驾驶员

注：收录人员包括部分石油化工企业获奖人员。

五、1978年石油工业战线劳动英雄人员名单

获奖者姓名	工作单位及职务
马德仁	大庆油田革委会副主任
段兴枝	江汉石油管理局副局长
薛国帮	大庆油田党委常委、工会主任
朱洪昌	管道局局长
薛桂芳（女）	大庆油田妇联主任
周占鳌	大庆油田党委副书记
吴全清	大庆油田钻井指挥部革委会副主任
高金颖	大庆油田钻井指挥部革委会副主任
徐淑英（女）	大庆油田采油四部党委副书记
蒋成龙	大庆油田采油六部二大队副指导员
李景荣	大庆油田石油化工总厂党委副书记
李长荣	大庆油田政治部副主任
王洪学	大庆油田石油化工总厂尿素车间主任
闫智福	大庆油田采油二部作业九队队长
蔡国珍	大庆油田采油六部三大队指导员
胡功祥	大庆油田井下作业指挥部作业四队队长
夏良才	大庆油田采油一部生活服务科副科长
涂文如	大庆油田油建一部十一中队队长
耿玉亭	大庆油田石油化工总厂热电车间技术员
高连和	大庆油田运输指挥部十三车队司机
卢菊（女）	大庆油田钻井指挥部互助村管理站副指导员
齐莉莉（女）	大庆油田供应指挥部萨尔图仓库配件库保管员
李纪扎	华北石油会战指挥部海洋石油勘探指挥部渤海一号钻井船队长
胡宁邦	华北石油会战指挥部油建一部机修厂副厂长
何富荣	胜利油田河口指挥部党委副书记、指挥
王志坤	四川省石油管理局3238钻井队原队长
刘汉贤	四川省石油管理局7001钻井队队长
孔照林	四川省石油管理局川南矿区运输三中队司机
郭国兴	江汉石油管理局汽车修造厂磨车工
买买提·伊明	新疆石油管理局5014钻井队副队长
吕星文	新疆石油管理局依奇克里克矿采油三队副队长
王武臣	辽河石油勘探局井下作业指挥部副指挥
蒋兴德	青海石油管理局运输处四车队橡胶班班长
薛金达	兰州炼油厂党委副书记
李秀堂	石油七厂检修车间焊接技师
温从海	济南石油化工厂火车司机
赵明升	石油运输公司直属车队司机
田　树	宝鸡石油综合机械厂铆焊分厂铆工
丁玉龙	承德石油机械厂车工
王渤洋	抚顺石油研究所室主任、工程师
王祖惠	玉门石油管理局革委会副主任

六、1978年石油工业学铁人标兵人员名单

大庆油田	
获奖者姓名	工作单位及职务
王茂顺	钻井指挥部二大队12100钻井队队长
罗强邦	钻井指挥部一大队6010钻井队副队长
安明启	勘探指挥部探井大队副教导员
唐成杰	勘探指挥部探井大队32663钻井队工人
王友全	采油一部三大队一中队采油工
王立忠	采油一部一大队北二队工人
黄友书	采油二部机关养猪场指导员
李堂福	采油二部49队采油工
李建生	采油三部302队队长
张恩敏（女）	采油三部北2—2联合站指导员
关晓红（女）	采油四部一大队女子采油队指导员
毛绍发	采油四部作业大队机动员
刘宝海	采油五部作业大队作业二队指导员
王书山	采油六部采油三大队喇三联合站站长
徐文卓	井下指挥部采油工艺研究所四室主任
李永芳	井下指挥部准备大队井架队司机
李学成	石油化工总厂研究所维修车间主任
牛　选	油建一部八大队二中队副中队长
程宝江	油建一部二大队一中队铆工小队队长
袁秀英（女）	油建二部施工大队材料工
马文书	建材指挥部金属材料结构厂三中队中队长
李玉会	建材指挥部混凝土构件厂二中队副队长
高凤久	供应指挥部修旧回收队仪表班班长
鄢长松	供应指挥部缝补厂副厂长
于敬书	大庆建筑公司四大队一中队油工班班长
沙德根	运输指挥部中站交通一队司机
王风英（女）	总机厂钻采分厂采油树车间副主任
韩培进	汽修厂车身车间焊工
崔静娴（女）	水电指挥部中学教师
曲贤才	研究设计院地球物理研究所工程师
王景德	职工医院外科主治医师
高敬贤（女）	商业局第一百货商店指导员
王锡武	粮食局让湖路粮食管理站54粮店主任
窦荣宝	1205钻井队副指导员

续表

华北石油会战指挥部	
获奖者姓名	工作单位及职务
郭顺源	第二勘探指挥部3269钻井队指导员
古礼初	北京勘探指挥部3299钻井队指导员
张泽贵	北京勘探指挥部7002钻井队队长
沈焕成	北京勘探指挥部32142钻井队队长
李裕行	第三勘探指挥部32708钻井队指导员
朱德玉	第二勘探指挥部家属工作处副主任
倪良坤	海洋石油勘探指挥部船泊处副处长
黄碧云	大港油田指挥部第二油田建设一大队副中队长
袁桂德	大港油田指挥部32137钻井队工人
王淑芳（女）	大港油田指挥部井下作业大队配液站工人
刘俊荣（女）	大港油田指挥部采油指挥部四矿副指导员
刘金荣	大港油田指挥部机修厂服务队副队长
陈万玉	第五勘探指挥部3222钻井队副队长
胡灯仿	北京勘探指挥部3220钻井队副队长
贾先梅（女）	油田指挥部第一油矿采油一队副队长
郭正清	第五勘探指挥部运输大队司机
王欣国	大港油田指挥部地质调查2278地震队队长
胜利油田	
获奖者姓名	工作单位及职务
孟庆勋	钻井指挥部32358钻井队指导员
尹长青（女）	油建一部五七大队一中队家属
周爱竹（女）	孤岛采油指挥部采油一队指导员
黄成友	钻井指挥部32620女子钻井队技师
于圣兰（女）	胜利采油指挥部莱州湾农场副指导员
刘成国	地质调查指挥部农副业大队大队长
李维黄	油田建设第二指挥部机械大队副大队长
胡洪孝	井下作业处作业八队炊事班班长
孙树乐	河口指挥部4070钻井队队长
任志华	济南柴油机厂一车间工人
孙兆玉	东濮石油勘探会站指挥部32527钻井队司钻
郑星斋	油井总站计算室技术员
刘玉兰（女）	胜利采油指挥部采油学校教师
四川省石油管理局	
获奖者姓名	工作单位及职务
张忠于	川西北矿区3238钻井队技术员
钟子成	南充炼油厂三车间检修工

续表

获奖者姓名	工作单位及职务
赵怀英	川中矿区矿长
施大文	川南矿区4061钻井队大班司钻
邓忠明	川西矿区4103钻井队副司钻
龙光成	川东矿区32526钻井队司钻
刘学田	川中矿区1818钻井队司钻
罗淑清（女）	输气管理处泸威队兴隆女子配气站站长
景耀模	川东矿区4051钻井队发电工
代天和	川南矿区32513钻井队副队长
江汉石油管理局	
获奖者姓名	工作单位及职务
孙庆刚	油田处作业七队队长
董乐山	运输处大修厂四车间修理工
杨秀富	管道机运处七中队代中队长
管迎春	运输处三中队司机
陈蓉（女）	供应处红旗总库保管员
樊树奇	仪表厂设计室技术员
杜从英（女）	钻采机修厂家属站副站长
陈丕政	管道第三工程处安装二队副队长
姜　庆	管道电讯大队生产办公室技术组技术员
邓仁初	机械厂五车间工人
王铁冠	江汉石油地质学校地质科副科长
王洪福	荆门炼油厂维修车间副主任
庄继秀（女）	荆门炼油厂潜江农场家属四队队长
新疆石油管理局	
获奖者姓名	工作单位及职务
克尤木·买提尼牙孜	新疆石油管理局、克拉玛依市工会副主任
刘绍先	小拐农场车连农工
扎甫拉·赛依提卡玛尔（女）	采油二厂采油六队采油工
胡永显	运输处汽车三队司机
高素清（女）	井下作业处家属管理站副站长
吐苏甫别克·阿不都拉	输油管理处修理部电焊工
新疆石油管理局	
刘光浩	供水管理处党委副书记
张凤顺	独山子炼油厂双炉裂化车间操作工
潘龙福	独山子炼油厂政治处副主任

续表

长庆油田会战指挥部	
获奖者姓名	工作单位及职务
于乃俭	一分部井下作业大队焊工
马振杰	钻井一处32677钻井队队长
王　英	三分部钻井处副处长
苟崇福	采炼处采油六队队长
周永革（女）	地调指挥部机修站钳工
祁文濯	三分部运输处运输二队司机
夏银田	规划院设计室技术员
宋振洪	筑路工程处农场农工
何文福	一分部运输大队司机
包保才	三分部水电厂电焊工
辽河石油勘探局	
获奖者姓名	工作单位及职务
郝家奎	钻井处3285钻井队队长
王喜英	兴隆台油田指挥部特车大队司机
周传弼	油建处十三中队队长
李书清（女）	井下作业指挥部后四站工人
那景权	水电指挥部1232水井队队长
王洋洋	勘探指挥部32376钻井队队长
罗振举	曙光采油指挥部采油二队4号站站长
刘国昌	科学技术研究院动态室主任
张文库	运输处轮胎车间工人
玉门石油管理局	
获奖者姓名	工作单位及职务
赵和元	老君庙油矿采油五队小队长
刘公之	鸭儿峡油矿修井技师
郭孟和	局机关党委副书记
康　恺	局副总工程师
王忠堂	运输处二车队司机
周玉珍（女）	石油沟油矿石门子农场副指导员
段学彬	职工医院外科主任
雷月英（女）	服务处五七学校教师
符怀恭	玉门炼油厂维修车间工人
青海石油管理局	
获奖者姓名	工作单位及职务
刘德义	运输处五车队司机
何光灿	机械修理厂工艺室描图员

续表

获奖者姓名	工作单位及职务
黄述平	机械修理厂主任机械工程师
张勤秀（女）	西部指挥部采油队采油工
王立满	钻外指挥部18155钻井队队长
吉林省石油会战指挥部	
获奖者姓名	工作单位及职务
王云岗	七〇油田采油二厂二队队长
丁万义	油建指挥部木工队队长
庞洪林	新木油矿服务队队长
王凤兰（女）	七〇油田工农新村革委会副主任
陈坤尧	地调指挥部242地震队副队长
杨松栋	汽车修理厂生产科调度员
河南油田会战指挥部	
获奖者姓名	工作单位及职务
陈明政	钻井二部32687钻井队队长
史天才	采油指挥部攻关队工人
陈土生	石油二机厂生产调度室副主任
高盘跟	油建大队一中队副队长
倪庆龙	钻井一部32778钻井队队长
汪茹春（女）	石油二厂家属队副队长
江苏石油勘探开发会战指挥部	
获奖者姓名	工作单位及职务
孔凡文	钻井处3291钻井队指导员
胡继尧	钻井处32730钻井队队长
童耀庭	试采一处作业二队队长
康金珍（女）	运输处三中队副指导员
南海石油勘探指挥部	
获奖者姓名	工作单位及职务
吕庆墀	物探大队501地震船水手长
田小立	南海一号钻井船司钻
车琼茹（女）	物探大队2175地震队副指导员
延长油矿	
获奖者姓名	工作单位及职务
孟四海	青化砭油田机电工段铁焊组组长
高俊智	永坪油田增产组组长
王景芳	甘谷驿油田403钻井队队长
云南石油勘探指挥部	
获奖者姓名	工作单位及职务
赵家文	云南石油地质调查大队地震2302队机长
吴明成	云南石油勘探处司机

续表

贵州石油勘探指挥部	
获奖者姓名	工作单位及职务
张武莘	生产技术科技术员
王家学	32101钻井队队长
安徽省石油勘探处	
获奖者姓名	工作单位及职务
高恒东	32400钻井队副队长
广西石油普查勘探处	
获奖者姓名	工作单位及职务
王干礼	1857钻井队队长
黄宁辉	18152钻井队副指导员
浙江省石油地质大队	
获奖者姓名	工作单位及职务
陈维权	物探科技术员
石油地球物理勘探局	
获奖者姓名	工作单位及职务
吴春凯	普查大队副指导员
郑延芳（女）	仪器厂工会干事
宋小堂	机械厂车工
杨文州	第一指挥部司机
刘洪斌	第二指挥部214地震队钻工
王宏琳	研究院技术员
石油天然气管道局	
获奖者姓名	工作单位及职务
蒋宗瑞	东北八三管道局大庆管理处维修大队副大队长
张书香（女）	华东输油管线指挥部子弟学校家属教师
张进孝	管道勘探设计研究院电力通讯室外电组技术员
任金岭	局职工医院儿科副主任
陈淑芳（女）	第三管道工程公司第四工程队焊工
胡朝栋	运输公司运输二队司机
许孟鹤	电力通讯工程公司载波队指导员
江胜启	华北输油管线指挥部雄县泵站维修工
抚顺石油一厂	
获奖者姓名	工作单位及职务
王锡明	检修大队土木二队副队长
吴怀柱	原矿车间工人
抚顺石油二厂	
获奖者姓名	工作单位及职务
曹圭德	中转站锅炉班班长
张志来	机工车间工人
孙莲凤（女）	供应科仓库保管员

续表

抚顺石油三厂	
获奖者姓名	工作单位及职务
杨恒胜	加氢车间工人
锦西石油五厂	
获奖者姓名	工作单位及职务
金文祥	生活办公室房产维修队水道班班长
王春田	检修三队瓦工二班班长
沈志良	北裂化车间副主任
锦州石油六厂	
获奖者姓名	工作单位及职务
王歧山	机动科副科长
孙　杰	二六四车间工人
大连石油七厂	
获奖者姓名	工作单位及职务
宋敏官	供排水车间海水工段段长
广东省茂名石油工业公司	
获奖者姓名	工作单位及职务
林波年	润滑油厂副厂长
权思和	人造油厂党委副书记
冯华球	露天矿机电厂工会副主任
黄文龙	工程队回收队技术员
余凯旋	供应处总仓库保管员
兰州炼油厂	
获奖者姓名	工作单位及职务
林德山	企业管理处副处长
尚文章	革委会副主任
魏存诚	仪表厂党总支书记
万长运	五七学校副队长
姜　皓	研究所工程师
湖南长岭炼油厂	
获奖者姓名	工作单位及职务
田太清	催化裂化车间副主任
张行湖	供排水车问技师
蔡林福	供应科第一车间主任
肖人卓	综合研究所副主任工程师
天津市第一石油化工厂	
获奖者姓名	工作单位及职务
潘义清	党委副书记

续表

上海炼油厂	
获奖者姓名	工作单位及职务
顾宝福	工会主任
吴顺祥	工会副主任
南京石油化工厂	
获奖者姓名	工作单位及职务
赵日友	供应科仓库主任
王国芳（女）	一套常减压车间副指导员
浙江炼油厂	
获奖者姓名	工作单位及职务
李善堂	催化裂化车间班长
宝鸡石油综合机械厂	
获奖者姓名	工作单位及职务
蔚长春	钢管分厂援外办公室工程师
西安石油勘探仪器总厂	
获奖者姓名	工作单位及职务
董秋库	二分厂六乍间管工
咸阳石油钢管钢绳厂	
获奖者姓名	工作单位及职务
冯克娥（女）	钢绳车间三八女子拔丝班班长
上海第四石油机械厂	
获奖者姓名	工作单位及职务
黄秀珍（女）	三车间研磨工
抚顺石油机械厂	
获奖者姓名	工作单位及职务
丁著标	金工车间工人
第一石油化工建设公司	
获奖者姓名	工作单位及职务
柳玺礼	五处一队大炉班班长
赵承芳	一处三队超重工
第四石油化工建设公司	
获奖者姓名	工作单位及职务
潘祥茂	二处二队管工三班班长
刘广礼	一处四队瓦工二班班长
第十二石油化工建设公司	
获奖者姓名	工作单位及职务
徐文清	第二安装队指导员

续表

第十四石油化工建设公司	
获奖者姓名	工作单位及职务
李锡海	起重队队长
地下水封石洞油库建设公司	
获奖者姓名	工作单位及职务
魏天增	七〇一大队掘进队队长
运输公司	
获奖者姓名	工作单位及职务
夏建民	第二运输大队工人
汪乾贵	第一运输大队保养车间工人
炼油设计研究院	
获奖者姓名	工作单位及职务
刘铭芳	土建室主任
华东石油学院	
获奖者姓名	工作单位及职务
任　瑛	机械系热工教研室主任
西南石油学院	
获奖者姓名	工作单位及职务
景天佑	开发系钻井教研室助教
部机关及在京直属单位	
获奖者姓名	工作单位及职务
闵恩泽	石油化工科学研究院综合研究所总工程师
刘文章	石油勘探开发规划研究院生产办公室副主任
王福生	部机关办公厅保密组机要印刷组负责人
王文太	炼油设计院工艺室技术员

七、1979年石油工业部表彰学习标兵人员名单

获奖者姓名	工作单位及职务
齐莉莉	大庆油田供应萨库配件保管员
耿玉亭	大庆石油化工总厂动力供电车间技术员
王洪学	大庆化肥厂副厂长
张凤喻	大庆油田第一采油指挥部中一队副地质师
阎　勤	华北油田酸化压裂车间电器技师
窦永兴	大港油田油建二部金属结构厂电焊工
刘万民	吉林石油会战指挥部扶余油田采油二厂十三队自动化班副班长
周凤石	胜利油田钻采工艺研究院副总工程师
李秀深	胜利油田油建二部预制厂革新班班长
顾长山	第三工程公司一队自动焊班班长
张金义	四川石油管理局川东矿区采气五队二号集气站站长
冯国治	抚顺石油二厂设计室主任工程师

八、1979年石油战线劳动模范人员名单

单 位	获奖者姓名	职 务
大庆油田	耿玉亭	大庆石油化工总厂动力供电车间技术员
	吴全清	钻探指挥部副指挥
	齐莉莉（女）	供应指挥部萨尔图仓库保管员
	阎智福	第二采油指挥部井下作业九队队长
	王洪学	大庆石油化工总厂化肥厂副厂长
	张凤喻	第一采油指挥部三大队中一队指导员
	陈佩华（女）	大庆石油化工总厂机修厂资料室资料员
	王长海	科学研究院设计室土建室工程师
	徐文倬	井下作业指挥部采油工艺研究所四室主任
	赵雅琴（女）	第一油建指挥部器材供应站保管员
	高连和	运输指挥部十三队小队长
	刘延吉	五七农场生产办公室副主任
	王德民	大庆油田生产办公室采油副总工程师
	蒋成龙	第六采油指挥部采油二大队七队队长
	陆法娣（女）	六采油指挥部家属
华北石油会战指挥部	郭顺源	第二勘探指挥部三二六九钻井队指导员
	胡宁帮	第一油田建设指挥部机修厂副厂长
	赵秋（女）	油田指挥部采油二矿三队井长
	周德猛	北京勘探指挥部三二七一七钻井队司钻
	孙秀镇	大港油田第二采油指挥第二综合队站长
	江锡华	大港油田运输指挥部六中队司机
胜利油田	邓邦枢	钻井指挥部三二三五八钻井队队长
	孙兆玉	东濮钻井指挥部三二七七钻井队队长
	杨仲海	济南柴油机厂工程师
	周凤石	钻井采油工艺研究院副总工程师
	郑星斋	矿场地球物理测井总站工程师
	徐希胜	第一油田建设指挥部四大队一中队小队长
	艾国富	运输处一大队汽车司机
四川石油管理局	黄恩富	川西北矿区三二三八钻井队队长
	张金义	川东矿区试采五队集气站站长
	汤世勋	川中矿区运输大队三中队司机
	程文江	勘察规划设计院三室副主任工程师
	谢德生	一坪化工厂工程师
江汉石油管理局	杨寿山	开发研究室主任地质师
	晁洪柱	机械厂运输队司机
	陈蓉（女）	供应处红旗总库配件库电料班副班长
	全秀荣（女）	油田处家属八队队长

续表

单　　位	获奖者姓名	职　　务
新疆石油管理局	买买提·依明·依布拉音木	南疆第一钻井指挥部五〇一四钻井队队长
	吕星文	依奇克里克矿采油三队队长
	扎甫拉·赛依提·卡玛尔（女）	采油二厂采油六队采油工
	彭顺龙	油田工艺研究所副主任工程师
辽河石油勘探局	王武臣	井下作业指挥部指挥
	郝家奎	钻井指挥部五大队大队长
	王喜英	兴隆台采油指挥部特车大队司机
长庆油田会战指挥部	马振杰	第二钻井指挥部一大队副大队长
	于乃俭	第一试采指挥部修保工段气焊工
	魏义新	运输指挥部三大队八中队司机
河南石油会战指挥部	郭振华	油建指挥部二中队电焊工
	李海林	采油指挥部双河油矿作业四队队长
吉林石油会战指挥部	刘万民	扶余油田指挥部采油二厂十三队技术员
	肖建国	钻井指挥部三二七四六钻井队队长
玉门石油管理局	张富生	地质勘探指挥部三二六三九钻井队队长
	符怀恭	玉门炼油厂维修车间工人
青海石油管理局	刘德义	运输处五车队司机
	杨　藩	地质研究所主任地质师
	何广灿	机修厂工艺室描图员
江苏石油勘探开发会战指挥部	胡继莞	钻井处三二七三〇钻井队队长
	汤玉玲（女）	试采一处采油一队地质师兼队长
海洋石油勘探局	李纪扎	钻井处渤海六号钻井船队长
	牛世广	钻井处三二一九〇钻井队工程师
南海石油勘探指挥部	王志坤	南海二号钻井船副船长
延长油矿	谭　鹏	压裂队司机
滇黔桂石油勘探开发会战指挥部	吴明成	云南石油勘探处运输队司机
石油工业部地球物理勘探局	王宏琳	研究院工程师
	无春常	第二指挥部研究队技术员
	雒昭明	第三指挥部二一七地震队仪器组长
石油工业部管道局	刘成信	管道工程一公司生产办公室副主任
	张福弟	管道工程二公司工人
	陈义祥	北京输油管理处雄县泵站技术员
抚顺石油一厂	林茂禄	检修大队技师
抚顺石油二厂	冯国治	设计室工程师
	孙凤莲（女）	供应科保管员
抚顺石油三厂	杨恒胜	加氢车间油泵检查员

续表

单　　位	获奖者姓名	职　　务
锦西石油五厂	金文祥	大修队水道班班长
锦州石油六厂	王歧山	检修队副队长
大连石油七厂	张守琦	西蒸馏车间操作员
兰州炼油厂	聂英华	副厂长
	罗学信	机械分厂钳工
广东省茂名石油工业公司	唐业昭	炼油厂第一些蒸馏车间副主任
	余凯旋	供应处总仓库副主任
湖南长岭炼油厂	李瑞亨	催化裂化车间操作工
上海炼油厂	竺恒芳（女）	添加剂车间操作工
天津市第一石油化工厂	杨宗铭	设计科工程师
南京炼油厂	赵日友	供应仓库主任
宝鸡石油机械厂	汤振清	二车间锻工
西安石油勘探仪器总厂	黄继贞	研究所工程师
宝鸡石油钢管厂	蔚长春	技术科副主任工程师
承德石油机械厂	丁玉龙	阀门车间车工
抚顺石油机械厂	丁著标	金工车间副主任
上海第四石油机械厂	刘鹤云	一车间钳工组组长
石油工业部第一工程公司	柳玺礼	第五处第一施工群众基础大炉班班长
	赵承芳	第一工程处起重队队长
石油工业部第三工程公司	黎元兴	计划调度科副科长
石油工业部第四工程公司	王秀芹（女）	二处一工地电焊工
石油工业部第六工程公司	莫秦业	工程三处八队瓦工班班长
石油工业部施工机具修造厂	王朝柱	装配车间管工班长
石油工业部运输公司	赵明升	直属车队司机
抚顺石油炼制研究所	王渤洋	副总工程师
石油工业部第二炼油设计研究院	陈俊武	副院长、总工程师
华东石油学院	曹玲（女）	力学教研室副主任
大庆石油学院	曾慕蠡	基础课处主任、数学教研室主任教授
西南石油学院	罗平亚	开发第泥浆研究室讲师
抚顺石油学院	陆其芳	物化教研室负责人
重庆石油学校	张膺才（女）	力学教研组组长、副主任工程师
广东石油学校	刘德周	力学教研组组长
承德石油学校	张克庸	副校长
兰州石油学校	王璠瑜	炼机教研组组长
在京直属单位	闵恩泽	石油化工科学研究院副院长、总工程师
	陈钟祥	石油勘探开发科学研究院油田开发所副主任工程师

后　记

在中国石油天然气集团公司领导和历任石油工业老领导、老职工的关心和支持下，经过全体编纂人员的辛勤努力，由中国石油天然气集团公司人事部牵头，会同办公厅、石油工业出版社共同组织编纂的《中国石油组织史资料》(1949—2013)正式出版了。这套丛书对展现中国石油工业发展历程，总结组织建设发展规律和经验，传承历史，资政育人，将起到积极的作用。

编纂中国石油工业的组织史资料，是中国石油天然气集团公司领导一直思考的一项重要基础性工作，也是多年来许多石油战线老领导、老职工的共同愿望。2011年3月，根据集团公司基础管理建设要求，在综合考虑各方面情况后，时任人事部总经理单昆基主动提出，编纂工作由人事部牵头组织，并要求人事部综合处以中共中央组织部主编的《中国共产党组织史资料》(1949—1997)为蓝本进行顶层设计。2012年1月，经过10个多月的前期调研和准备工作，编纂初步方案经时任集团公司总经理助理李润生审阅后，呈送集团公司党组领导审定并获得批准。2月，人事部、办公厅、出版社相关负责人召开碰头会，对编纂方案进行研究、细化，并召集中共中央党建研究所、党史研究室、全国党建研究会和集团公司人事、档案、出版等方面的专家、老领导对方案进行研讨，广泛征求意见。3月中旬，集团公司正式批准人事部提交的《中国石油组织史资料编纂工作方案》和《中国石油组织史资料编纂技术规范》，并下发《关于全面启动中国石油组织史资料编纂工作的通知》(厅发〔2012〕11号)，全面启动《中国石油组织史资料》编纂工作。同时，成立编审委员会和编纂工作领导小组，在人事部综合处设立编纂办公室，并组织和抽调20多人组成总部卷编纂组。4月，编纂办公室分批对总部机关、专业公司和企事业单位资料征集人员进行业务培训，并向已划出系统外的涉编石油高校和部分油田、管道单位发送资料征集函。从5月7日开始，集团公司编纂办公室组织专门人员耗时两个多月，每天前往中央档案馆查阅档案。5月15日，人事部下发《关于进一步做好中国石油组织史资料编纂工作的通知》(人事〔2012〕251号)。6月，分业务板块对各单位上报的总部卷征集资料进行第一次审核对接。7月5日，人事部下发《关于下发组织史总部卷上报材料最新规范要求的通知》(人事函〔2012〕183号)。8月，向中国石油化工集团公司、中国海洋石油总公司等所属部委时期40多家涉编单位征集相关资料。9月13日，人事部下发《关于企业卷组织史资料编纂工作有关问题的通知》(人事〔2012〕432号)，全面启动企业卷、基层卷编纂工作。2013年1月9日，人事部组织召开编纂工作领导小组会议，对总部卷初稿的编纂凡例、框架结构、内容编排、具体收录范围界定、特殊问题处理等进行初审。4月2日，人事部下发《关于开展组织史资料总部卷审核对接暨企业卷培训的通知》(人事函〔2013〕56号)，分两批对各单位上报的资料进行终审对接和企业卷培训，共有600多人参加培训。从6月中下旬开始，先后将总部卷各卷的《征求意见稿》送有关老领导、老专家进行审定，并在一定范围内征求意见。10月，1949年至2012年期间的总部卷组织史资料完成统稿。

2014年6月，集团公司编纂领导小组决定将总部卷编纂下限时间由2012年12月延至2013年12月，6月30日，人事部下发《关于补充核对总部卷组织史资料暨进一步做好企业卷编纂工作的通知》(人事函〔2014〕209号)，全面启动2013年组织史资料的补充和征集工作。11月，总部卷全套丛书定稿并交付石油工业出版社出版印刷。与此同时，所属各单位企业卷、基层卷编纂工作正在有条不紊地进行，随后将陆续出版。

编纂《中国石油组织史资料》(1949—2013)是集团公司组织人事和基础管理建设工作的一件大事，是一项政策性、业务性、技术性、规范性较强的业务工作，是一项艰巨浩繁的系统工程。本套丛书涉编内容时间跨度长达六十多年，期间历经七个时期，组织机构分合变迁，错综复杂，人事更迭频繁，时过境迁，物易人非，欲追本寻源，首尾相应，编纂完整、准确的资料，需要调研和查阅的档案工作量非常大。作为史料性著作，标准要求高，时间要求紧，其难度和倾注的精力之大，均非始料所及。在资料无先例可援、无前规可循的情况下，编纂人员积极探索，边干边学，发现问题，解决问题，不断研究，逐步完善。在编纂体例、编目结构的确定，收录范围的宽严、各时期和层级机构的详略，文字叙述的内容、层次、规范化，名录、图表的有机结合，干部任免时间的确定，组织人事工作特定内容的注释，历史背景的把握等方面，都形成了一系列可遵循、可操作的技术规范。

在编纂工作中，编纂人员始终坚持实事求是的原则和“广征、核准、精编、严审”的工作方针。完整、准确的原始基础资料是做好编纂工作的关键。编纂组在查阅中央档案馆和集团公司档案馆原始文件的基础上，向涉编的240多个系统内外单位和部门开展“普征、普查、普访”，做了大量艰巨细致的资料搜集与整理工作，从历史资料、文献档案、干部履历表、当事人回忆及群众中搜集了大量资料，尤其从老同志那里抢救了大批珍贵的“活资料”，并建立了资料依据、参考文献等方面的档案索引表。据不完全统计，总部卷编纂组直接整理档案条目16.6万余条，审核修改摘录查阅资料2亿多字。组织参与总部卷资料征集人员1500余人，参与企业卷、基层卷编纂人员1万余人。在广征资料的基础上，全体编纂人员始终坚持在核准环节上下大工夫。在档案原件与其他文献资料之间、档案资料文献与回忆资料之间、不同的个人回忆资料之间，以档案为主又不唯档案，分清主次，相互补充，综合考证。对有争议、有分歧的问题，不厌其烦，不辞辛苦，深入调查分析，力求核实无误。在广征、核准资料的基础上，编纂组按照总部卷编纂技术规范，采取实事求是、秉笔直书和由此及彼、由表及里的工作方法，撰写提炼各机构文字叙述，科学组合各部分内容，精心编纂书稿。这是编纂工作中最为艰苦、最耗时间精力、最需要文字功底的环节，也是出精品的关键。编纂组先后七次组织全书统稿，在尊重史实的基础上，做到突出重点，材料有取舍，突出主干，枝蔓有删减，确保结构体例合乎规范，观点鲜明正确，文字简明精炼，内容详略得当，前后相互照应。审查定稿是立准立好资料的最后保证。编纂组要求凡征集收录的资料，必须经涉编单位主要领导亲自审定，并严格按照自审、互审、会审和最后报审的“四审”制度，分级负责，层层把关，从而保证了本套资料丛书的准确性、真实性和可靠性。

中国石油组织史资料的编纂，如实理清了中国石油工业从国家部委时期到中国石油天然气总公司时期再到中国石油天然气集团公司时期，60多年来各级党政组织的成立、更名、发展、撤并以及领导干部变动情况等内容，为企业存史、资政、育人、交流等提供了可信的依据。这套系统、完整的中国石油组织史资料，既丰富了石油企业的历史资料，又增添了国家的工业企业史资料，不仅为组织人事、史志研究、档案管理等部门的有关业务提供了诸多便利，而且为体制改革和机构调整提供了历史借鉴。

编纂《中国石油组织史资料》（1949—2013），得到了中国石油天然气集团公司领导和编纂工作领导小组以及各涉编单位的重视和指导。本书分别呈送中国石油天然气集团公司周吉平等现任领导和王涛、马富才、陈耕等离退休老领导进行审阅，收集和采纳了他们许多宝贵的意见和建议。编纂工作之所以能够顺利完成，也是有关部门和单位共同协助的结果，人事部总经理单昆基、刘志华对编纂工作全过程给予了大力支持和具体指导，人事部各处都落实有专人配合，提供全力支持；办公厅在办公场所、档案查阅等方面给予了密切配合和帮助，石油工业出版社为该项工作专门成立了领导小组，并配备和抽调了一批精兵强将参与编纂。各涉编单位不辞辛苦，为本书提供了包括文字叙述、领导名录、大事纪要、文件依据等大量基础性资料。在本丛书第一卷的档案查阅和资料征集过程中，还得到了中央档案馆和中国石油化工集团公司人事部、中国海洋石油总公司人力资源部等单位的大力支持和无私帮助。作为石油工业发展历史的见证者，许多长期从事和热爱组织人事、企业管理以及史志出版研究工作的老专家、老同志都非常关心和支持编纂工作，也积极主动为本书提供了大量素材和资料。总部卷编纂组人员在时间紧、任务重的情况下，怀着对历史、对后人负责的高度责任心和对石油事业的浓厚感情，按照编纂领导小组提出的精准、精编、精品的要求，加班加点，任劳任怨，一丝不苟，辛勤耕耘，按时、保质地完成了编纂任务。

本丛书由单昆基、刘志华任执行主编。编纂办公室由张昌寰、白广田、周家尧负责统筹协调和指导，由白广田具体负责整体编纂方案设计、技术规范制定和总部卷、企业卷全套丛书的编纂组织工作，由王昕具体负责编辑部的日常管理和全套丛书的出版协调工作。本丛书总部卷编纂组由白广田负责总编纂、总统稿和综述、前言总纂稿，由孙万安、齐治欣、郭光明、张建华牵头负责初纂组织和分卷统稿，由于晓飞、董凤霞、徐涛、王一端具体负责分卷编纂和文字统稿。本书第一卷分别由张建华（上册）、徐涛（中册）、齐治欣（下册）负责组织编纂，由李廷璐、鲜于文晶、王海英任责任编纂，张洪国、王晓平、吴雁荣、石军、白丽任常务编辑；第二卷由孙万安、郭光明负责组织编纂，周勇任责任编纂，于晓飞、刘浩、尚桂秋任常务编辑；第三卷（上下册）由白广田、董凤霞负责组织编纂，武晓达、李廷璐任责任编纂，于晓飞、马乾钧、袁媛、李怀志、卢晓东任常务编辑；附卷一和附卷二由孙万安、郭光明、张建华、王晓平、吴雁荣负责初纂，由周勇、王海英、鲜于文晶、武晓达、李廷璐负责编纂，由白广田、于晓飞、董凤霞负责总纂。全书排版、图表制作、文书管理分别由常务编辑邢军、刘浩、杜昕负责。参与总部卷编辑编务工作的还有：于维海、候瑞华、宋艳钊、宗德、朱明、张丽东、郑岩、曾路、曹月、王子云、任宏伟、梁保伟、刘巍、何晓东、曲子洲、闫好强、刘晓芳、潘煜斌、张万莉、孙树红、朱晨喆、龚志康、职丽枫、何波、刘玉娟、王强、任洁江、绳德芳等。

为加强编纂统稿工作，后期还邀请了一批近年来刚从岗位上退下来、较为熟悉干部人事工作和石油工业发展情况的老同志对书稿进行了分卷统稿和征求意见，他们是（按姓氏笔画排序）：牛瑄、卢思忠、叶东风、兰谊平、许永发、许进军、李友弟、李希文、林传礼、曹政言、裴德海、樊胜利、魏宜清。负责出版和文字统稿的专业编辑有马新福、王金凤、刘文国、李玲、李梅、潘玉全、任洪林、孙喧等。负责提供口碑资料的有尤乃文、孙延祯、金衍泰、贾金会、高喜发、曹炳炎等离退休老同志。各涉编单位编纂组人员负责整理上报了本单位征集资料。中国石油化工集团公司戴锭、钟文标和中国海洋石油总公司唐代治、徐晓武分别组织协调提供了国家部委时期石化企业和海洋企业的资料。

为编纂好本套丛书，在编写各卷卷首综述和卷末附录附表过程中参考了大量文献资料。如历年中国石油《年鉴》、《年报》、《社会责任报告》、《石油工业统计年报》、《人事劳资统计年报》和《中国工业五十年》、《当代中国的石油工业》、《百年石油》、《中国石油工业经济若干问题回顾与思考》、《中国石油通史》、《中国油气田开发志》、《中国海洋石油总公司志》、《石油教育》、《康世恩传》、《李聚奎传》、《余秋里传》和《世纪大庆》等。由于篇幅所限，不再一一列示。

值此《中国石油组织史资料》（1949—2013）出版之际，谨向对该套丛书编纂工作给予支持和帮助的所有单位和人员表示衷心的感谢。

60多年来，由于中国石油组织机构沿革错综复杂，人事更迭频繁，早期有些文献资料和人事档案保存不够完整，有些档案分散在全国各地查找非常困难，有些机构设置和干部任免手续也不尽完备，加之编纂者水平有限，虽经一再努力，书中内容难免有错漏之处，恳请读者批评指正。按照中共中央组织部关于“十三大以后的组织史资料要继续编下去，而且要把它作为组织部门的一项经常性业务”的要求和集团公司有关编纂文件规定，集团公司总部及各企事业单位今后每年都要进行企业组织史资料的征集，并每五年统一续编一次。届时，错漏之处一并修正。

编纂办公室联系方式

地址:北京市东直门北大街9号中国石油天然气集团公司人事部综合处

邮编：100007

电话：010-59984913　传真：010-62095679

电子邮箱：rsbzhc@cnpc.com.cn

编辑部联系方式

地址：北京市朝阳区安华里二区1号楼石油工业出版社

邮编：100011

电话：010-62067197　64523611　64523616

电子邮箱：cnpczzs@cnpc.com.cn

《中国石油组织史资料》编纂办公室

2014年11月

图书在版编目（CIP）数据

中国石油组织史资料. 第一卷：全3册/中国石油天然气集团公司人事部，中国石油天然气集团公司办公厅编.—北京：石油工业出版社，2014.12

ISBN 978-7-5183-0541-4

Ⅰ. 中…

Ⅱ. ①中… ②中…

Ⅲ. 石油企业–工业企业管理–史料–中国–1949～1988

Ⅳ. F426.22

中国版本图书馆CIP数据核字（2014）第286968号

中国石油组织史资料　第一卷（1949.10—1988.9）

中国石油天然气集团公司人事部
中国石油天然气集团公司办公厅　编

责任编辑：李廷璐　鲜于文晶　王海英　张洪国
　　　　　李　梅　王金凤　卢　蕊

责任校对：黄京萍

出版发行：石油工业出版社
　　　　　（北京安定门外安华里2区1号　100011）
　　　　　网　址：www.petropub.com
　　　　　编辑部：（010）64523616

印　　刷：北京中石油彩色印刷有限责任公司

2014年12月第1版　2014年12月第1次印刷

787×1092毫米　开本：1/16　印张：88.5　插页：2

字数：1440千字

定价：450.00元（全3册）

ISBN 978-7-5183-0541-4